荊楚文庫

# 〔光緒〕黃岡縣志

（上）

〔清〕戴昌言　修
〔清〕劉恭冕　纂

荊楚文庫編纂出版委員會
武漢大學出版社

荆楚文庫

# 〔光緒〕黄岡縣志

GUANGXU HUANGGANG XIANZHI


**圖書在版編目（CIP）數據**

〔光緒〕黄岡縣志/〔清〕戴昌言修；〔清〕劉恭冕纂.
—武漢：武漢大學出版社，2019.12
ISBN 978-7-307-21041-7
Ⅰ.光…
Ⅱ.①戴…　②劉…
Ⅲ.黄岡—地方志
Ⅳ.K296.33
中國版本圖書館 CIP 數據核字（2019）第 144074 號

責任編輯：程牧原
整體設計：范漢成　曾顯惠　思　蒙
責任校對：汪欣怡
出版發行：武漢大學出版社（中國・武漢）
地址：武昌珞珈山
電話：（027）87215822　　郵政編碼：430072
録排：武漢恒清圖文菲林輸出工作室
印刷：湖北新華印務有限公司
開本：787mm×1092mm　1/16
印張：59
版次：2019 年 12 月第 1 版　2019 年 12 月第 1 次印刷
定價：283.00 元（上、下册）

ISBN 978-7-307-21041-7

## 《荆楚文庫·方志編》編纂組

組　　長：賀定安　陽海清（執行）

副 組 長：劉傑民（執行）　王　濤　謝春枝　范志毅（執行）

參編人員（按姓氏筆畫排名）：

王　濤　李云超　宋澤宇　范志毅　柳　巍　馬盛南　陳建勛

梅　琳　張　晨　張雅俐　陽海清　彭余煥　彭筱溦　賀定安

劉傑民　潘　玲　謝春枝　嚴繼東

編　　審：周　榮

顧　　問：沈乃文　李國慶　吴　格

# 出版説明

湖北乃九省通衢，北學南學交會融通之地，文明昌盛，歷代文獻豐厚。守望傳統，編纂荆楚文獻，湖北淵源有自。清同治年間設立官書局，以整理鄉邦文獻爲旨趣。光緒年間張之洞督鄂後，以崇文書局推進典籍集成，湖北鄉賢身體力行之，編纂《湖北文徵》，集元明清三代湖北先哲遺作，收兩千七百餘作者文八千餘篇，洋洋六百萬言。盧氏兄弟輯録湖北先賢之作而成《湖北先正遺書》。至當代，武漢多所大學、圖書館在鄉邦典籍整理方面亦多所用力。爲傳承和弘揚優秀傳統文化，湖北省委、省政府決定編纂大型歷史文獻叢書《荆楚文庫》。

《荆楚文庫》以「搶救、保護、整理、出版」湖北文獻爲宗旨，分三編集藏。

甲、文獻編。收録歷代鄂籍人士著述，長期寓居湖北人士著述，省外人士探究湖北著述。包括傳世文獻、出土文獻和民間文獻。

乙、方志編。收録歷代省志、府縣志等。

丙、研究編。收録今人研究評述荆楚人物、史地、風物的學術著作和工具書及圖册。

文獻編、方志編録籍以一九四九年爲下限。

研究編簡體横排，文獻編繁體横排，方志編影印或點校出版。

《荆楚文庫》編纂出版委員會

二〇一五年十一月

# 前言

《〔光緒〕黄岡縣志》二十四卷首一卷，清戴昌言修，清劉恭冕纂，清光緒八年（一八八二）刻本，牌記鐫：「光緒八年春仲刊於縣署」。

戴昌言，字松心，號禹卿，清安徽合肥人，舉人，歷任湖北潛江、黄岡知縣。劉恭冕，字叔俛，號勉齋，江蘇寶應人，舉人，主講經心書院。

邑於明萬曆有志，知縣茅瑞徵修。清有四修，前志成於道光二十八年（一八四八），由知縣俞昌烈主修。其後邑之文獻屢遭兵燹，久未採輯。戴昌言治邑三年，適逢《湖北通志》將修，省府檄下郡縣，「飭守牧令各取郡邑志以進，用備採輯」。昌言遂召集邑中文學之士，考獻征文，參訂舊志，焕爲新編。光緒七年（一八八一）二月開局，十閲月而志成。

志分八綱，即地理志、建置志、賦役志、學校志、職官志、選舉志、人物志、藝文志，後附雜志，共五十四目，成二十四卷，首列一卷。昌言於凡例言「舊志以茅志爲最善」，乾隆工正常續修志與道光俞志皆沿用其體例。是志依用之，所設綱目與道光俞志幾完全一致，僅略有小異。志以圖爲重，卷首仍冠新舊各圖，因同治八年（一八六九）所定水師分防長江營制，特增繪長江圖。星野後遵《大清一統志》推定，添載日出入時刻表、晷刻高弧表。山川、古蹟、建置、學校後，依明康海《武功縣志》體例，各附藝文。户口、賦役多因舊志，特載胡林翼新定漕章，詳載積貯、内軍等建自近時者。學校遵同治年間所頒欽定書，較舊志加詳。名宦、鄉賢等祠，舊志列入「建置」下「祠祀」目，是志移載「學校」以崇祀典。秩官、科貢仍王志爲表，秩官舊志不分文武，是志分文秩、武秩，武秩下增附水師。人物依例改舊志之誤，略有所增，其中列女設節婦、烈婦、貞女、烈女、孝婦、孝女、壽母等類，每一類的收録標準都有詳細的規定。咸豐、同治間多有興兵，黄岡首當其衝，是志於兵事增載始末，並附載團防，又特添「陣亡」、「殉難」於「忠義」目下，登載採訪所得者。藝文著述一目，仿《四庫全書》，以經、史、子、集編排。舊志「雜志」、「外志」各爲一綱，是志合爲「雜志」。

據《中國地方志聯合目録》，國圖、北大、上海、天津、遼寧、浙江、湖北、湖南、重慶、雲南等館有藏該志。本次影印以湖北省圖書館所藏光緒八年（一八八二）刻本爲底本，偶有缺字、漫漶等處，以同版本相應葉替補。

（彭筱溦）

# 目録

# 黃岡縣志

光緒乙未季春
仲物給縣署

# 黃岡縣志序

楚北文獻黃郡為盛黃郡文獻黃岡為盛余自同治六年丁卯冬十月來守茲土迄今十有五年甲戌春仲以忝膺卓異之薦循例入都瞻覲
天顏光緒元年乙亥秋
恩科舉鄉試奉檄入內簾充監試官計前後忝郡篆數閱月耳憶下車伊始城郭荒曠舉目蕭條殆不如



鄉間一支集之區行於野田疇未盡闢破屋頹垣遠近相望絃誦罕聞杼軸之聲寂然而依山結砦者復皆棡棲草舍朝移夕遷不遑安處蓋是年春捻逆猶在境官軍追勦逋竄未久風聲鶴唳不惟怵於心直懾於耳也碻愧無才仰賴
聖天子威靈上承
大府宏謨碩畫得與賢牧令奉法承流協力一心懲毖大患於既往戢餘燼之復然比年以來民安其居士勤其業
皇天仁愛年慶屢豐元氣得可復之機百廢有可興之漸撫今思昔迥然異觀矣顧獨於郡志一書闕焉未備非敢怠也夫一人著一書成一家言往往猶有遺議矧書非一家事有疑信言且人人殊豈易舉哉昔蘇長公高才盛氣抗跡昌黎或諷以重修三國志



遜不敢承而其時歐宋二公修唐書札闥宏麻遂成嘉話此以見先正著書立說不輕訾議人且無在而不形其虛己也乃者
大府合檄下郡縣將修湖北通志飭守牧令各取郡邑志以進用備採輯合肥戴君禹卿涖治黃岡於今三年政通人和庶績咸理爰招集邑中文學之士博雅之儒攷獻徵文参訂舊

志煥為新編不數月而稾成挈綱列目丹鉛點勘舉而就正於寶應劉君炳僥昭詳慎也而戴君特以序文來屬於余余曰是書也八邑之弁冕而郡志之權輿也夫事以十數年有志未逮一旦得所藉手導我先路快何如哉顧余尤喜從事諸君子志同道合述古通今競有靈已之義略無訾人之見遂能工速並長無美不



備方當採入通志登諸

國史用彰我

聖朝右文經武累洽重熙之盛業文獻留貽益宏遠矣一郡一邑云乎哉戴君樂付剞劂而亟稱道之固其宜矣爰為之叙

光緒七年歲次辛巳冬十月吉日

賜進士出身

誥授朝議大夫 文淵閣校理 記名御史

升用侍講翰林院編修知湖北黃州府事瀋陽英啟謹譔

敘

粵自同治初元

皇威遠暢，始平江南，繼戡河朔，終復西疆，四海廓清，以匡以飭。

朝廷刊布方略，褒錄忠勛，而天下郡邑重睹

昇平，亦皆以修輯志乘爲務，甚盛事也。岡邑舊志，前明知縣事歸安茅君肇其端，至乾隆己卯太倉王君續之，道光戊申宛平俞君又續之，嗣是以來屢經兵燹，久未纂輯。今　太守灊陽英公蒞任有年，休養生息，元氣蘇後，修舉廢墜，次將有事於志乘。會　昌言



宰是邦之明年春，大府檄同請於

太守，遴邑中諸賢集議籌款襄其事。計六月開局，閱十月書成，爲卷二十四，爲綱八，爲目五十有四。自山川、風土、田賦、學校、官職各門，悉取前志考訂之，增損之，體例多仍其舊，昭慎重也；文藝各從其類，便省覽也。折衷去取，校定成編，則實賴劉牡俛先生是屬焉。昌言無能爲役，得寧竣　太守以觀其成，亦云幸矣。夫岡邑爲黄郡領袖，自昔稱人才藪，科第則大魁首元，京秩則台垣部寺，外任則敭歷大藩，炳炳麟麟，碩臣耆儒，難更僕數。要亦此邦之

人說禮教詩不諳韜鈐事乃咸同
之間粵匪擾於前捻逆亂於後王
師撻伐縱橫馳逐而闔邑士民迺
能結團築壘激勵同仇煮莽爲糧
俾鋤爲兵以與大敵抗歷數十年不
少挫計其前後戰死者萬餘人而
貞女烈婦遂志捐軀又各以千百



計然後知
國家德澤涵濡教化深厚有以作其
毅勇之氣而郡人之急君親重氣
節尤爲學具本原固不獨以詞
章科第顯也他日輶軒之使出而
採焉其將登之
國史云

光緒七年歲次辛巳冬十月初
黃岡縣事合肥戴昌言謹序

# 黃岡縣志纂修職名

監定

翰林院編修 文淵閣校理升用侍講 記名御史黃州府知府 英啟

編輯

儘先補用直隸州黃岡縣知縣安徽合肥舉人 戴昌言

同輯

同知銜黃州府學教授蒲圻拔貢 賀壽悳

國子監典簿銜黃州府學訓導 陳寶樹

黃岡縣學教諭大冶舉人 黃敦素

署黃岡縣學訓導隨州拔貢 詹樹棠

署黃岡縣學教諭嘉魚舉人 熊觀國

總纂



主講湖北經心書院江蘇寶應舉人 劉恭冕

纂輯

翰林院編修國史館協修江西道監察御史稽察光祿寺事務 洪良品

刑部主事甲戌進士 陳天驥

吏部主事辛未進士 盧英僩

吏部主事庚辰進士 杜炳珩

翰林院庶吉士庚辰進士 王丕釐

內閣中書銜揀選知縣己未舉人 錢崇蘭

揀選知縣候選教諭辛亥舉人 嚴旭

四品銜刑部山東司郎中癸卯舉人甲辰教習 鄧琛

刑部主事 曾永齡

分輯

內閣中書銜恩施縣教諭癸卯舉人 雷春沼

己卯舉人 萬維屏

儘先選用教諭揀選知縣丙子舉人 雷溶

揀選知縣丙子舉人 夏燿奎

候選訓導長陽歲貢 譚文鍇

優廩生 殷文

優附貢生 張增炎

揀選知縣乙亥舉人 王國賓

副貢 王兆翔

經理

國子監典簿 劉廷棟

同知銜 林時化



總校

國史館謄錄揀選知縣庚午舉人 樊篤鍾

文生 萬廷珍

安徽舉人 鮑瑞駿

分校

辛酉拔貢 杜承勳

候選訓導廩貢生 黃際寅

廩生 石耀春

增生 方鴻運

文生 劉際運

文生 雷春池

文生 楊汝翼

同知銜范華封
文生何登雲
增貢生汪春華
文生馬錫蕃
文生楊鴻鈞

監刊

鹽提舉銜黃岡縣丞孫元棟
布理問銜黃岡縣典史呂文煥
光祿寺署正銜華春禧
從九品銜龍炳章

繪畫

江蘇候補巡檢周學淮



採訪

東弦　文生陳錦　文生王兆元
文生劉際虞　文生劉鵬
職員王鈞
還和　廩生汪森　文生涂勸褚
文生馬煥階　文生趙慶雲
職員王濟瀛
上永　同知銜林光地　文生熊承恩
文生林汝欽　監生王景曾
下永　分發四川縣丞史策光　廩生丁壽祺
文生何毓林
東慕　文生舒毓松　文生孫玉藻

文生邵樹松　文生詹慶元
西慕　孝廉方正余蔭楓　文生王尊
文生曹天瑞　候選縣丞王昌喆
上伍　歲貢生於鍾林　廩生陶子符
文生鄒耀奎　文生王用霖
文生洪艮燮
下伍　廩生梅楨　文生毛慶蘭
文生胡澤恩　文生王新瑞
上庶　職員饒美彥　監生吳泳
文生張逢甲　文生童耀坤
文生汪際丁　文生童汝言
副貢喻九萬



下庶　廩生郭芬　文生郭逢謙
文生黃天玉　光祿寺署正銜徐玉珂
中和　丙子舉人萬邦華　廩生林壽藻
歲貢生嚴啟森　增生張翠之
文生胡彰善　文生周書田
文生陶潞年　文生陳受棻
廩生羅雲程　文生周鋆
同知銜段錦榮　文生羅廷玉
衛守備銜劉壬　江西候補知府游豫楷
文生萬寶書　同知銜劉年豐
廩生尢蔭桐
廂坊　增貢生汪春華　文生何登雲

文生楊汝翼　庠生陳允欽
文生黄啟焜　文生李鳳藻
文生馬錫蕃　文生杜兆藜
議敘從九品張[illegible]寰　世襲文生姜煥雲
文生雷春池



# 黄岡縣志目錄

## 原序

兵部主事　黃建衷　麻城人

赤壁無賦賦自蘇子黃岡無志志自茅子然無賦而赤壁之爲赤壁自若也無志而百里之地若曚若昧江淮名勝幾同草莽矣故賦之功在能使黃以一拳石重天下志之功在使黃無所不重而竝使天下稍得其所以重則其體殊而二先生之所繇悰託亦微異也子瞻以直道忤時左官羈跡乍寓毫楮以紓其磊砢超著之氣故出之虛以遠玉英釋褐剖符討安民社抱冰玉而懍法戒規恢黃人千萬斯年故出之實以近夫鬼神之變幻雲霞之璀璨亦既大觀矣而以當之居室食飲耕鑿布菽之業何如也則虛實遠近之說也黃雖不腆自有宇宙文獻斐然誰爲翳之孰令耀之山川之靈有開必先不有玉英其能國乎乃玉英所爲功黃亦不藉是夫庚桑之俎豆召伯之棠陰非文字所及也甚如猷之竹潛之



柳伶之酒羲之鵝直偶寄焉尤非有著作之林藻繢之飾也正緣澤厚則元元永賴韻高則品物蒙輝況以神明之宰振世之豪而雲漢爲章經緯百代者哉我知後蘇賦而傳將在斯矣蓋楚之先宦有杜襄陽者其勳業爲晉元老而更用左傳行夫何不遂志襄陽而乞靈往古也亦各言其志也且文章不朽之盛事而不必盡出一轍蘇公前楚固有騷騷以怨蘇以達不相擬也是故於楚若日月至今焉玉英方以盛名處大位又雅好著述不知視襄陽孰左右而此志顧爲嚆矢然則此亦異時玉英之左傳也何論二賦已

原序　　茅瑞徵

黃入國朝版籍二百餘年矣而志故有闕有以邑軼事問主者安所置對而山川之險易風土之涫澆田賦之登耗即主者茫然不得其要領譬如亂絲棼挐萬端無復條貫而欲經緯裁割以幾於治不戛戛其難哉嗟夫此予今志所爲作也邑之有志以悉四境弛張佐遺忘耳當不得以擬史顧國史摩班馬之壘馳騁千古體宏而略邑志附輶軒之義綜覈一方體詳而盡不以絲麻棄彼菅蒯蓋互相發焉黃亦古一都會原隰墳衍鱗錯綺分風氣人文粲乎大備而上下百年鈌如罔紀即後有銳志信史何所考據其將遂鄙棄視之耶或謂茲事體大古亦有云闕疑且殆夫前後之相沿亦既閱二百餘年矣若更袖手轉待後人疑殆滋甚傳曰惡其害已而去其籍今之侵蝨競於豪右繭絲亂於猾胥若者計皆無便於志乃窮源探委破羣宵之膽耀於光明如挈五指而頓裘領此志安可緩哉或又謂臧否人物何以不如嗣宗之慎而家驥人璧多鼎孝慈之腹志之難言久矣予獨以爲二百年來高賢踵武而直任其名寶浮沈靡以異於儕俗將善良何所觀而中庸何所勉維楚有史稱名檮杌意主以剎小人而近世兼以牖君子所爲揚搉逸光磨礪末俗繄志是賴獨奈何以斧袞之嫌不奮筆清議也予既治黃無狀得借筆端維風萬一庶免於戾即言之不文而竊以一日簡牘仰資國史采擇不猶愈於隨人觀場漫無鑒裁者乎志凡十卷其折衷總志及郡志者十之三而博稽文獻及出之蠹簡斷碣者十之七稿經三易而於建置錢穀特詳以治邑要領具在是棼而理之將有取焉今而後主者有所置對矣



原序　　董元儁

黃岡古名勝地人文藪澤載在邑乘有年余既承乏茲土文獻是徵攷古證今安容他諉蓋黃自赤壁兩賦後惟是沿革之僅詳而紀載之弗備求爲聯絡風土條貫今昔厥維艱哉語云不習爲吏視已成事邑之有志又安可闕乎會詔令天下輯修通志邑耆儒士子蒐得舊乘殘帙迺故明邑宰茅公瑞徵所纂著也自啟禎之末葉兵火散闕典籍莫得而稽焉予會計之暇每撫卷而歎曰一邑猶一家也邑之有志猶家之有簿籍也而闕略不修散失莫紀典守之謂何於是禮名儒延博雅之士相與參考舊志或訪之故老或得諸傳聞或籀篆蠹餘或伏笥孔壁總爲搜葺遺聞網羅前代勒成是編其事則增於昔其條則遵乎式大約綱舉目張一以傳信俾不朽也將以垂令茲土者勿負乎家有簿籍之常云爾然余更有進焉夫雨暘弗書而水旱之備疎也秋一不登嗷嗷待哺者幾何矣鄰壤相錯而干掫之不遑及也人才蔚起科甲雲蒸碩士名公項背相望而絃誦之風猶遜醕古雀鼠之習未化紛囂學道則愛人易使豈徒諉之前聞誒之後之君子乎晦明風雨古猶今也山川形勢古猶今也農工商賈古猶今也彼碑峴首鑄金像者獨何人乎即何得以時異勢殊而謂吾之不得行所志也彼家人父母又何居焉然則今之脩志亦如治其家事而已矣敢曰文章不朽盛事南狐今之良史哉凡以勗都人士考邦憲述祖德法懿行服先疇警頹俗勤職業如此以遵王之道也夫康熙十二年歲次癸丑秋八月譔

# 原序

劉燈

自畿內達直省至於郡邑莫不有志以徵文而考獻獻以輔世文以翼經而其事皆關於聖人之道

聖天子廣厲學宮郡邑立孔子廟春秋釋奠又

諭各直省建立書院郡以下得踵而行所以教養之以同其政俗其法甚備然而廣谷大川異制其間察風土審興革而紀其忠孝節義卓行懿德使人有所感發而興起則一統志蓋詳而由其俗皆可以納之於中而裁以聖人之教其書本直省通志直省志本郡邑志然則邑志所繫亦重矣黃岡志前古無攷明令茅侯輯之距今百七十年矣康熙中前令董侯重輯未竟乾隆二十年余奉

命承乏茲邑閱其山川稽其戶賦以知其風土興革而一時人文鼎盛甲於全郡因詢邑志得茅氏本事簡文約惜其沿革風俗有



溺有舛而百七十年間文獻無徵意尤慊焉蓋已慨然有增脩志而時未遑也始謁先師廟卑隘且就圮無以崇聖祀彰教化亟集邑士議倡捐若干蓋鳩工庀材踰年後舉而其志則俟徐圖凡以治有本末其為之勢有先後也大學宮與書院表裏而書院開來邑乘彰往義尤並重二者其為費愈繁而任亦以滋鉅邑有河東書院本郡書院宋後興廢不時前守請以為邑書院歲入少經費無所出余以志之難獨力成也而書院膳脩膏火經理尤亟會虞山錢公莅郡下車慨然曰此守土責也吾為邑力成之更集邑士議醵金若干以其半為書院延師授徒遠近畢集一歲至補弟子員三十餘人亦稱盛矣其半貯為志費局未開而余課最去引見遽調漢陽則余之不得畢力於斯役也豈非時為之耶顧錢公自肩之與通守張公暨嗣邑任者諏吉聘名儒搜遐討佚於是邑諸廢俱舉焉公晉階去今太守王公更董其事手自裁訂期於盡善而止而志遂為他州邑所不及詎曰善終者如始非二公先後成之區區者且阻於力之不暇而議亦旋廢然則邑志之成不可謂非幸矣固不獨風土興革瞭若列眉而本一邑之文獻忠孝節義卓行懿德之彰彰具於是者而以聖人之道約而裁之則所以為

天子仰宣德意以覲型來喆而攷其政俗之同者其不以此也歟邑人既樂事舉猶以經始之勤而士夫之共襄以有成不可以無書也徵序於余而為述之如此

原序　　蔡韶清

邑之有志以紀實也以垂教也夫山川未改而建置不無沿革土田賦稅或以時更典籍猶有存者可考而知之
國家律令之所布官司之所守固非可輕爲變易所在涖兹土者覘其風俗之利弊習尚之淯漓相與維持而調護之則又非言說所得而盡者惟是忠臣孝子仁人義士與夫閭巷閨門烈女貞婦自州縣官上之大吏其大吏上之
朝廷而風厲奬勸之則志之得書宜也其間有久遠未備而近今可據者則志之得書亦宜然或過爲存之則既非仰體
聖天子攷文徵獻所以訓示斯民之至意及傳之愈久而後之議增修者愈有所徘徊顧忌而不敢輕去之則所望於邑中之賢士大夫採訪必公而一時執筆者體裁必歸於畫一顧可不愼乎哉清自三月受事黄岡是時値開館設局脩復縣志蓋前郡憲錢公豎前署令陳君肇爲之而孝感胡太史寶司其任加以邑中之賢士大夫佐之慮無不詳且至矣若夫綱羅鄉邑之遺佚斟酌去取之是非清在職所不得辭而綜其成者則方今郡憲王公允校核不遺餘力也所謂紀實者在是而垂教者亦在是又得新署令王君竣剞劂之任不洵乎與諸君子相與有成哉夫黄岡爲自昔名賢棲遲咏歌之地而山水靈秀篤生哲人文采風流有足稱者其登巍科而躋膴仕又代不乏人也考其書以知其人知必有奮然興起者矣而况生長於斯者維桑與梓必恭敬止其嚮往又當何如耶自三月至十月書始告成而清爲之序如此覽者得以詳焉



原序　　陶樑

昔牧之元之先後守黄子瞻謫黄實黄岡地也自賢哲棲遲而山川亦勃發其清淑之氣至明代則王稚欽以才雄奚明仲由節顯謝伯明用勛望重邱南正樊以齊因忠讜著
國朝劉克猷起掇巍科楚士言甲第者自此盛焉然其壤濱長江自古爲干戈用武之地民雖勤嗇少積聚
昭代涵濡休養二百餘載稍稍稱完富而塗當衝要供億絡繹令長恆惴惴以稱職爲難邑大令俞君鴻甫開敏而彊固才足以周其務信足以孚其民政既通矣乃與都人士訪及邑乘皆云道光十一年曾有重輯藁本梓未及竟而罷今藁本猶在也鴻甫曰是亦爲政之一端也可聽其散佚乎聞前此經費少有存者剞劂或不足某當獨任之曷梓諸衆曰唯乃取藁本質於予請裁訂且乞序予攷黄岡邑乘惟前明茅志最善當時纂言記事出吕節之王行甫之手二子皆邑人又皆儁才有通識今全書雖佚而各論猶散見後來續志中大抵述土田租賦徭役增減沿革之故陳閭閻疾苦載民風奢儉往往低徊諷歎使讀之者反覆深思得張弛損益之意於言外何者見聞切而序述得其要故號爲良史也今兹所刻義法悉準舊志惟自乾隆時脩輯之後迄今近百年增入近事加詳核焉夫
國家寛大之
恩度越前代矣民蒙其庥視爲固然抑知此百年來賢長吏孜孜講求治術豈無流風善政足以澤萌隸而追往績者歟不綱羅之簡策中異時守土者將何所考鏡歟宜鴻甫汲汲於續纂而板行也若乃俊川麓之壯偉詡文獻之紛綸則猶詞賦家騁妍抽祕之

長技非所語於經緯治道者嘉鴻甫是舉因其請樂爲之序且明著夫邑志有體固在此不在彼



原序　　祁宿藻

邑志之於郡志其體相襲也而權相蒙負郭之邑尤所不免故載筆者義例恆主於分然分者其體也合者其政也夫積比閭族黨之勢而爲鄉積鄉之勢而爲邑四境具矣然後有戶口有賦役有農田水利有風俗有庠序於是乎有政積邑之勢而爲郡其戶口賦役農田水利風俗庠序視邑之浩博且數倍焉然而邑戶口之增減卽郡所準爲增減者也邑賦役之上下卽郡所準爲上下者也邑農田水利興替卽郡所準爲興替者也邑風俗庠序之盛衰卽郡所準爲盛衰者也是故一邑治而郡治成於一邑矣屬邑皆治而郡之治不待外求矣故曰合者其政也邑之政莫詳於志觀邑之政者觀於志焉可矣黃岡於郡爲附郭邑地枕長江自三國至宋元恆爲戰爭區明以來人文甲楚中郡言才藪必首黃岡焉



然頗衝繁難理攷其志乘惟乾隆時所纂者尚有梓本道光十一年重加增輯未蕆事而罷其草本亦多殘缺歲戊申邑大令俞君鴻甫來政事精敏其於閭閻利病所修舉釐革無不愜民心者嘗慨然謂志不梓行百年來吏治民風闕焉不紀涖斯土者何所借鏡文獻之地豈宜如斯乃集邑人士謀之僉曰前此經費僅存六百餘金耳鴻甫曰經費不敷有司之責也乃卽殘缺未成之藁招邑人士且續且補請予校之且徵序卽授梓焉予雖曾忝史官今已勞勞簿領中久矣豈足襄佐蒐討發明義類乎哉顧念邑之政與郡之政合者也鴻甫於此舉勇決如此非獨自資借鏡將使後之爲令者披圖按籍得經畫之梗概調劑之權衡焉將使邑人士見夫文章忠孝炳耀竹册益相與績學砥行紹前修於弗替焉又使余得藉邑之治以成予治從容坐嘯不勞而理凡數美者皆於

是乎舉發之欣喜距躍遂不辭而爲之序





## 原序

俞昌烈

昌烈承乏此邦三載於茲矣自顧躬多涼德水旱頻仍救弊補偏維日不足而邑人士頗不以俗吏相目一時塔工城工廟工羣力羣才匡襄集事公暇徵文考獻邑乘二十卷則皆漫漶不可識魯魚亥豕枚舉尤難蓋此書自乾隆二十四年脩輯以後迄今近百年除星野沿革風俗物產無可增損外如綸卹封廕之普被

皇仁學校科貢之振興

文教以及孝友文苑宦蹟循良著述日繁英賢輩出不有以搜輯之增補之其何以光先烈而勸後來是守土者之責亦邦人士興替之所見端也於是折柬相招羣賢畢至客有告予者曰岡邑之志前邑侯李君蓉艭曾斂貲續纂事未竣而稿多殘爾時秉筆者某也賢某也賢其殘本故在朱茂才彥藻家余乃喟然曰事莫難



於創始而亦貴於圖終今既稿有可稽貲或不足亦易辦也邑人士復羣起而和之採訪者躡蹻屨纂輯者握鉛槧秉筆者裹糧相從計自四月開局五閱月而蕆事余更請道憲陶公郡憲祁公加裁定焉然後授之梓夫邑之有志豈第以矜淹博侈傳誦云爾哉凡政教設施張弛緩急將於是資權輿焉是故覽疆域之廣狹則幽遐之疾苦宜知矣審原隰之肥磽則農桑之勸課宜勤矣校戶口之登耗則生聚不容緩矣綜賦稅之升降則苛擾有必除矣眂川渠隄堰之脩廢則吏能之敏惰分矣攷風俗好尚之澆漓則化導之得失見矣察絃誦簪紱之盛衰則甄育之任非旁貸矣稽廉潔惠利之聲績則慕傚之心惟恐後矣鑒貌者懸鏡驅車者守轍邑志於政治猶鏡之辨妍媸轍之示周行也且今世長吏未必皆久於其地周歷四境者也若從容按籍焉而遠邇利病無遁情由

是數之政治其所脩復與所更張無乖乎曩昔之規畫無戾乎今日之事勢斯不亦取貸便而收效捷乎語曰不習爲吏視已成事又曰前事之不忘後事之師也甚矣夫志之於邑綦重也茲邦自宋元勝國以來才彥雲起學士大夫幾於家倚相而人屈宋山川清淑賢達風流不患其蒐討之不詳昌烈獨有見於志乘關繫治術最鉅且急相距百年不可聽其曠而無述也又詎得藉口於簿書期會時事錯迕任其抱殘守缺耶遂以此意著於簡端



## 茅志修校職名

知縣 茅瑞徵 裁定　學生 呂元音　鄉官 王同軌
監生 王追澮　學生 曹士謨 同輯　學生 程 煉
曹之建　江之鏊　劉文思
王封東 同校　劉宗祥 書序

## 董志修校職名

知縣 董元俊 總裁　鄉官 孫錫蕃　楊允貞
胡思樊　姚之年　黄中實
學生 袁黄琮　張光璧　李遐齡 編輯
教諭 趙之鏊 監修　貢生 王承祜　詹大衢
王材任 校定　學生 杜魁楚　王材升
王封敘　陳維岳　邸 峙



顧本恭 同校

## 劉志修校職名

知縣 劉 熤 倡修　陳文樞　蔡韶清
王鳳儀 同編　教諭 聶朝勳　訓導 王世任 監梓
編修 胡紹鼎　鄉官 孫祚灝　張念祖
周棟隆　杜秉時 纂修　汪依仁
萬廷望　靖式文　陳師晉
謝國詔　副榜 孫廷璋　歲貢 楊瑞棕
監生 操 鵬　監生 龔必顯　廩生 程開泰
廩生 王如鼎　增生 樊廣祚　生員 鍾千祥 採訪
舉人 王封岱　進士 范朝綱　進士 曹紹烈
舉人 張宗鯉 經理　生員 張宗震　葉聯登 校對

王志編校職名

知縣 王正常 續編　訓導 黎光清　教諭 李敦柱
訓導 蕭琴 校刊　典史 謝鴻恩 監梓

道光十一年纂修職名

知縣 李錦源 倡修　知縣 陸烱　府學訓導 王德新
內閣中書 張履恆　候選訓導 朱兆斗　武平知縣 靖厚欽 纂修
襄陽教授 胡玉森　候選訓導監生 劉秉忠　增生 胡華潤 彙修
候選訓導 黃自宸　州同 黃宗理　貢生 許希曾
監生 王嶽 經理　湖南知縣 劉成柏　生員 劉秉慈
武舉 孫聯元　同知 王鵬翥　布經歷 范斌
監生 陳樹森　生員 王勝仞　候選通判 朱映奎
州同 朱映昌　貢生 馬重鈿　生員 樊東陽

黃岡縣志　卷之首　舊志職名　二

生員 林之蘭　生員 熊象升　州同 林之棠
生員 丁杰　監生 何鍾林　試用教諭 龔炳
生員 王運宸　生員 靖厚錡　揀選知縣 周華桂
生員 陶鶴書　廩生 鄒家俊　舉人 洪恩溢
揀選知縣監生 胡必楠　生員 程燠彩　貢生 胡華蓋
監生 王景岡　監生 汪兆年　生員 汪兆懷
廩生 徐仁　武舉 蕭兆寅　孝廉方正 胡飛雄
舉人 汪氣濟　武舉 劉定國　揀選知縣 嚴家珩
武生 盧啟韜　廩生 汪士倫　廩生 奚先恕
世襲 鄒承勳　從九品 汪銘庠　生員 王兆卿
監生 王大定 採訪

道光二十八年纂修職名

知縣 俞昌烈 督修　刑部主事 王柏心　候選教諭 鄧瑤
大定知府 萬承宗 總閱　婺源知縣 謝荻　候選訓導 胡華潤
鹽知事 劉秉忠 纂修　生員 朱彥藻 彙修　候選訓導 方鏞
舉人 姜炳文　廩生 胡錫璟　廩生 鄒家俊
廩生 許汝梅　生員 邵希清　生員 鍾靈書
生員 靖家清 校對　生員 林之蘭　生員 王名焜
生員 王大坊　候選訓導 汪銘序 校刊　候選從九 王嶽
從九品 黃宗璐　布經歷 范斌　州同 陳鴻琳 經理
候補知縣 劉成柏　廩生 劉錫珪　監生 王鈞
候選通判 朱映奎　監生 馬文炳　生員 樊東陽
候補知縣 史宇衡　議敘中書 林在田　生員 丁杰
生員 何樹鵠　生員 王大玉　布經歷 鄒雲龍

黃岡縣志　卷之首　舊志職名　三

候補經歷 謝清臣　布經歷 洪澤恩　候選教諭 李開善
生員 胡華海　監生 王景岡　生員 汪兆懷
生員 汪鑾　候選訓導 鍾應鸞　布經歷 郭錦鴻
從九品 胡國安　布理問 陳履亨　監生 陳璡
揀選知縣 林壬　廩生 游鉞　監生 盧雲曙
廩生 游鴻運　監生 劉光前　廩生 奚先恕
賫奏廳 戴光鏞　生員 嚴坊　廩生 張鴻
生員 王兆卿　監生 李茂林 採訪

凡例

一舊志以茅志爲最善刊本久佚近王少卿家璧有藏本洪侍御良品鈔寄多依用之

一俞志舊分十綱今以地理建置賦役學校職官選舉人物藝文爲八綱雜志附後其目以墓域移附地理門以義塚移附蠲卹後與俞志小異

一志古曰圖經言圖之重也今仍以新舊各圖冠卷首

一沿革全仍舊志惟於紀年添注某帝以便省覽

一星野後添載日出入時刻表晷刻高弧表係遵
大清一統志推定

一山川古蹟建置學校各附藝文係沿明康海武功縣志之例



一兵燹後建置綦繁皆存舊規而詳於新制至津梁隄防捐修者皆志姓名募修者不備列

一戶口田賦多仍舊志惟胡文忠新定漕章特爲紀載積貯內軍儲倉豐備倉社倉之建自近時者亦詳志之

一學校專志重文教也咸同間疊奉
温綸永廣學額
聖恩優渥用敬書之志中祀位禮儀樂舞謹遵同治年間奉頒
欽定書備載較舊志加詳至名宦鄉賢忠義孝弟節孝諸祠舊志列祠祀內今移載學校以崇祀典

一秩官科貢今仍王志爲表其科貢之寄籍外省者依會主政永齡鈔寄會館題名全本列入較舊志加詳

一水師分防長江營制定於同治八年卷首特增繪長江圖而列其秩於武秩之次

一封贈向載正途俞志兼載援例請封者今仍之

一儒林增陳大章一人因洪侍御良品錄示
國史儒林傳陳大章係附湖南王夫之傳內故由舊志文苑移入其他不敢濫列

一文苑增邱士麟一人士麟博學强識夙負文譽俞志軼今補傳之隱逸增明代張岐則據楊升菴萬松處士銘流寓增明代蔣墉據其墓碑也

一舊志篤行內余鑾鄧正暹二人今移載宦蹟依省志府志也名宦祀位中吳汝省府志均列名宦舊志入忠義今遵祀位更正



一咸同間軍興黃當其衝茲於兵事中增載始末而附以團防雖紀一隅大局畧具至其死難之士亦較他邑爲多大義炳然不容湮沒特添陣亡殉難兩門於忠義傳後按照節義錄登載其採訪所得者并次於後

一舊志節孝仍照舊志所列次第其先未
旌而後請
旌者按名添注惟節婦烈婦孝婦貞女烈女孝女各分類編以便醒目

一新採節孝已
旌者居前未
旌者附後分九鄉編排仍舊志例也

一節婦不及母家官爵名字者從夫之義也貞女則載之示

有所歸也而節孝子孫有科目職銜者錄之以彰其報俞志云爾今仍之

一節婦守節在三十歲以前今已年滿五十再或守節逾六年身故者方得入志遵功令也

一殉難婦女義烈堪欽故詳其事蹟但姓氏無傳或宗支零落無人開報者仍恐不少爲之惘然

一藝文除分附各門外向載舊志者仍分類編入以便稽考閒有所增亦關掌故非流連風景之作

一藝文著述一門分經史子集編排遵四庫全書式也近人著述或未梓行而人已故或人尚存而業已板行均無改定故備列之惟制藝律賦試帖不載



一文行與年俱進難遽論定故生存者均不立傳其人存而著述未經刊刻流傳或待更定亦概不登惟地方官藻繪山川并有關風紀者不在此例

# 輿圖

# 縣境全圖每方十里

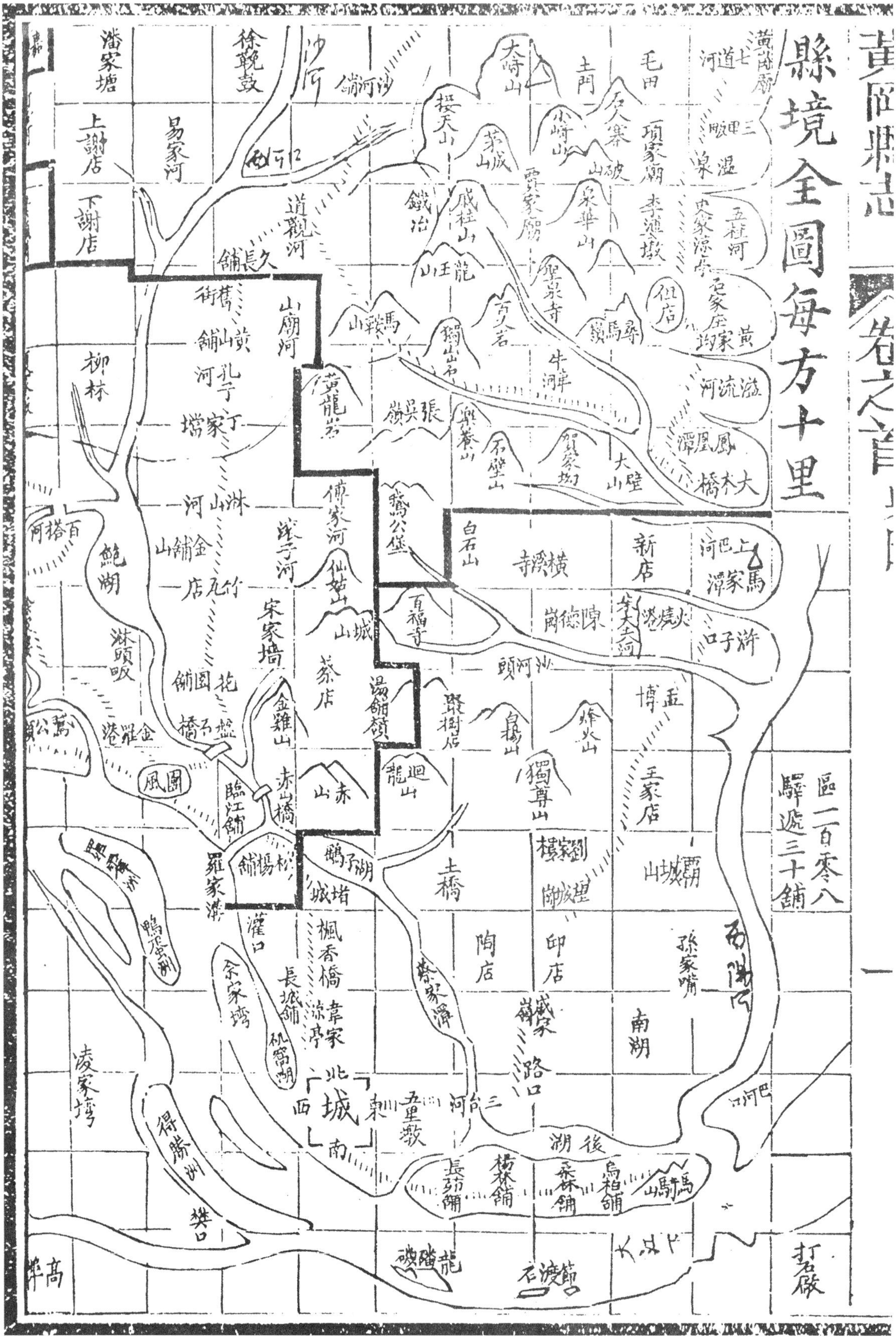
區一百零八
驛遞三十舖
潘家塘
徐聽鼓
沙河舖
大崎山
上謝店
下謝店
易家河
久長舖
道觀河
鐵冶
成柱山
龍王山
泉華山
聖泉寺
五柱河
溫泉
黄家畈
但店
滋流河
鳳凰潭
大木橋
舊街
黄山舖
孔子河
丁家壋
山廟河
黄龍岩
張吳嶺
馬鞍山
獨山岩
柳林
淋山河
金舖山
竹瓦店
傅家河
仙姑山
宋家墻
城山
蔡店
湯舖嶺
金雞山
赤山
赤山橋
臨江舖
白石山
橫溪寺
新店
上巴河
馬家潭
陳德嶺
火燒港
淶子口
回龍山
獨尊山
王家店
劉家樓
霸城山
土橋
孫家嘴
陶店
但店
南湖
路口
但家嶺
淋頭畈
金羅港
團風
鴨蛋洲
余家灣
長城舖
楓香橋
章家涼亭
北
西　城　東
南
三台河
五里墩
巴河口
後湖
長圻舖
楊林舖
桑林舖
烏柏舖
馬驛山
得勝洲
樊口
凌家灣
高嵖
龍蟠磯
節渡石
打石廠

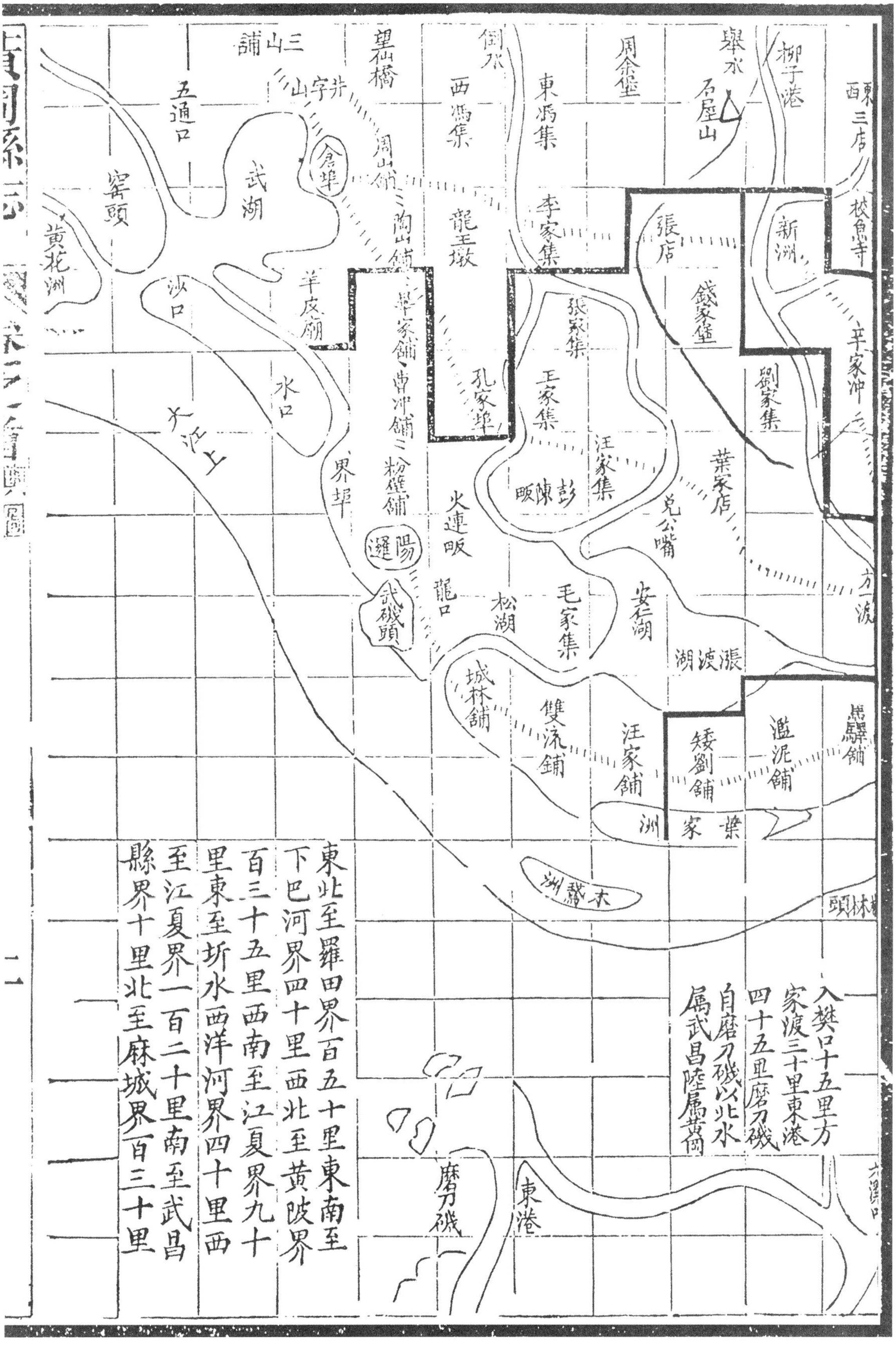
三山鋪
五通口
井字山
望仙橋
倒水
西馮集
東馮集
舉水
石屋山
柳子港
三店
窖頭
武湖
倉埠
周山鋪
陶山鋪
龍王墩
李家集
張店
新洲
黃花洲
沙口
羊皮廟
畢家鋪
曹沖鋪
張家集
錢家壟
平家沖
孔家埠
王家集
劉家集
水口
大江
界埠
粉壁鋪
汪家集
彭陳畈
葉家店
火連畈
陽邏
武磯頭
龍口
松湖
毛家集
安湖
張渡湖
城林鋪
雙流鋪
汪家鋪
矮劉鋪
濫泥鋪
馬驛鋪
葉家洲
木鵞洲
入樊口十五里方家渡三十里東港四十五里磨刀磯自磨刀磯以北水屬武昌陸屬黃岡
東北至羅田界百五十里東南至下巴河界四十里西北至黃陂界百三十五里西南至江夏界九十里東至圻水西洋河界四十里西至江夏界一百二十里南至武昌縣界十里北至麻城界百三十里
磨刀磯
東港

長江水師圖每方十里
巴水
巴水自羅田縣由油河鬣入縣至下巴河馬崎山會合三台河水入江
道觀河水自大崎山由三台河至下巴河入江
舉水
舉水由麻城東六十里龜
大崎
小崎
黃岡諸山皆由大崎山發脉
鮑湖
前五界
漢巴前界
鵝子湖
前五界
牛王廟
羅家港
前界
前四界
燕家港
燕家堤
堵城
漢巴前五界
積殘洪
西河舖
黃柏山
凌家壪
積殘港
唐家渡
新河口
前三界右五界
北
西
城
東
南
趙家潭
三台河
右五界
後湖
巴河分界
蘄水黃岡以
巴河游府署
長圻垸
巴河上口
洪家溝
樊口街
得勝洲
樊口
龍磯磯
節渡石
三江
西山
武昌
打石廠屬黃岡
由樊口至東港九十里

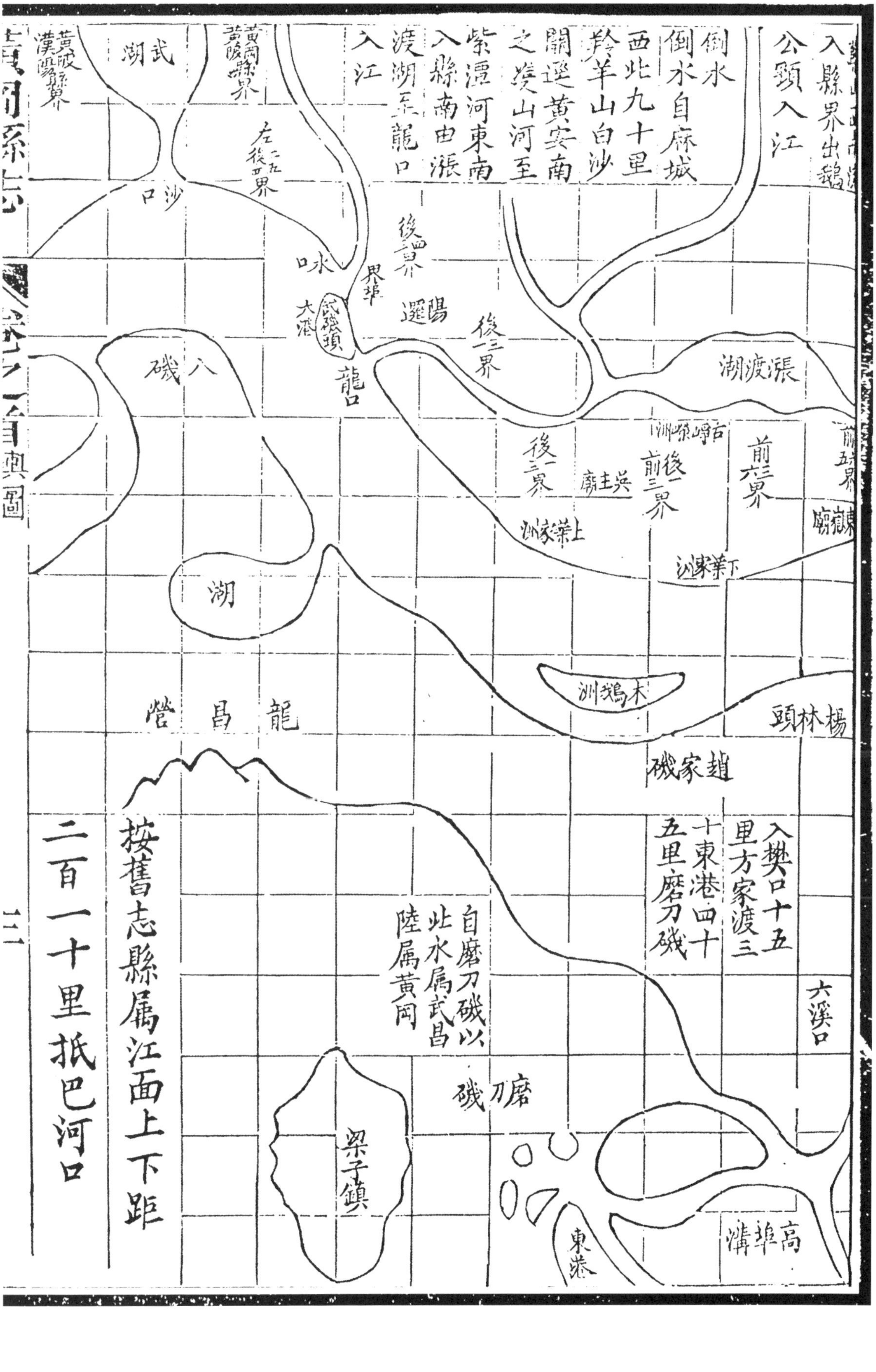
入縣界出鵲
公頸入江
倒水
倒水自麻城西北九十里羚羊山白沙關逕黃安南之㲼山河至紫潭河東南入縣南由漲渡湖至龍口入江
武湖
黃陂漢陽縣界
黃岡黃陂縣界
沙口
左後二九界
水口
後四界
界埠
大港
武磯頭
陽邏
後三界
八磯
龍口
漲渡湖
古峰磯洲
後二界
吳王廟
前後三界
前六三界
上葉家洲
下葉家洲
湖
木鵝洲
楊林頭
龍昌營
趙家磯
入樊口十五里方家渡三十東港四十五里磨刀磯
自磨刀磯以北水屬武昌陸屬黃岡
六溪口
磨刀磯
梁子鎮
東港
高埠溝
按舊志縣屬江面上下距二百一十里抵巴河口

# 縣城圖

龍王山
聚寶山
關帝廟
清淮門
古敵樓
貢院
太平巷
河東書院
馬王廟
齊安驛
奎星閣
二程祠
東樓閣
智林村
關帝廟
山川壇
青雲塔
落星台
安國寺
黄岡山
古火王廟
鉢盂山
太平橋
臨皋亭

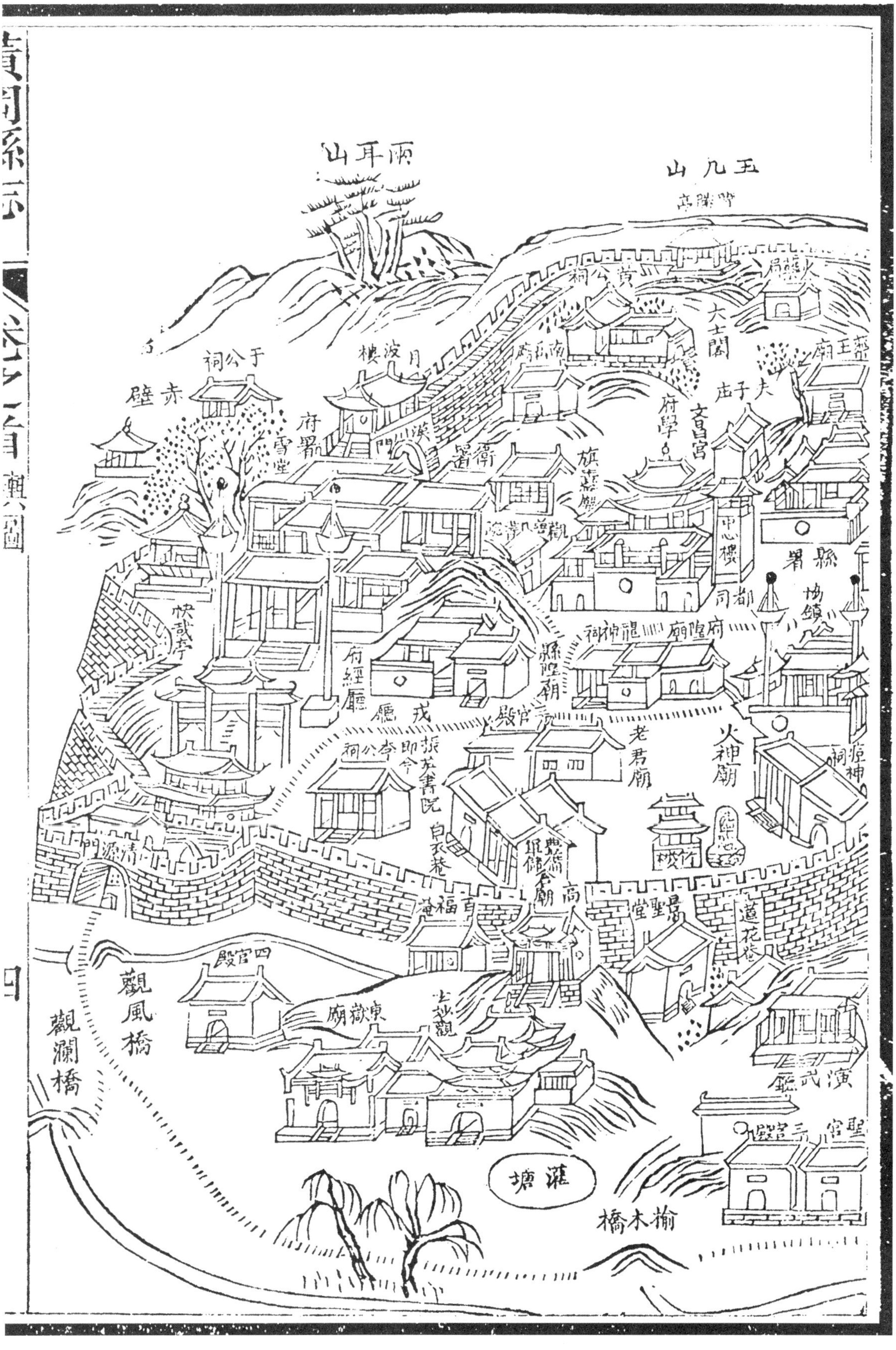
兩耳山
五九山
黃公祠
火藥局
大士閣
南岳廟
于公祠
赤壁
月波樓
府署
雪堂
漢川門
衛署
夫子廟
府學
文昌宮
旗纛廟
中心樓
縣署
都司
協鎮
龍神祠
府城隍廟
縣城隍廟
府經廳
快哉亭
戎廳
三官殿
老君廟
火神廟
李公祠
白衣菴
清源門
百福菴
高廟
四官殿
觀風橋
觀瀾橋
東嶽廟
演武廳
榆木橋

# 縣署圖

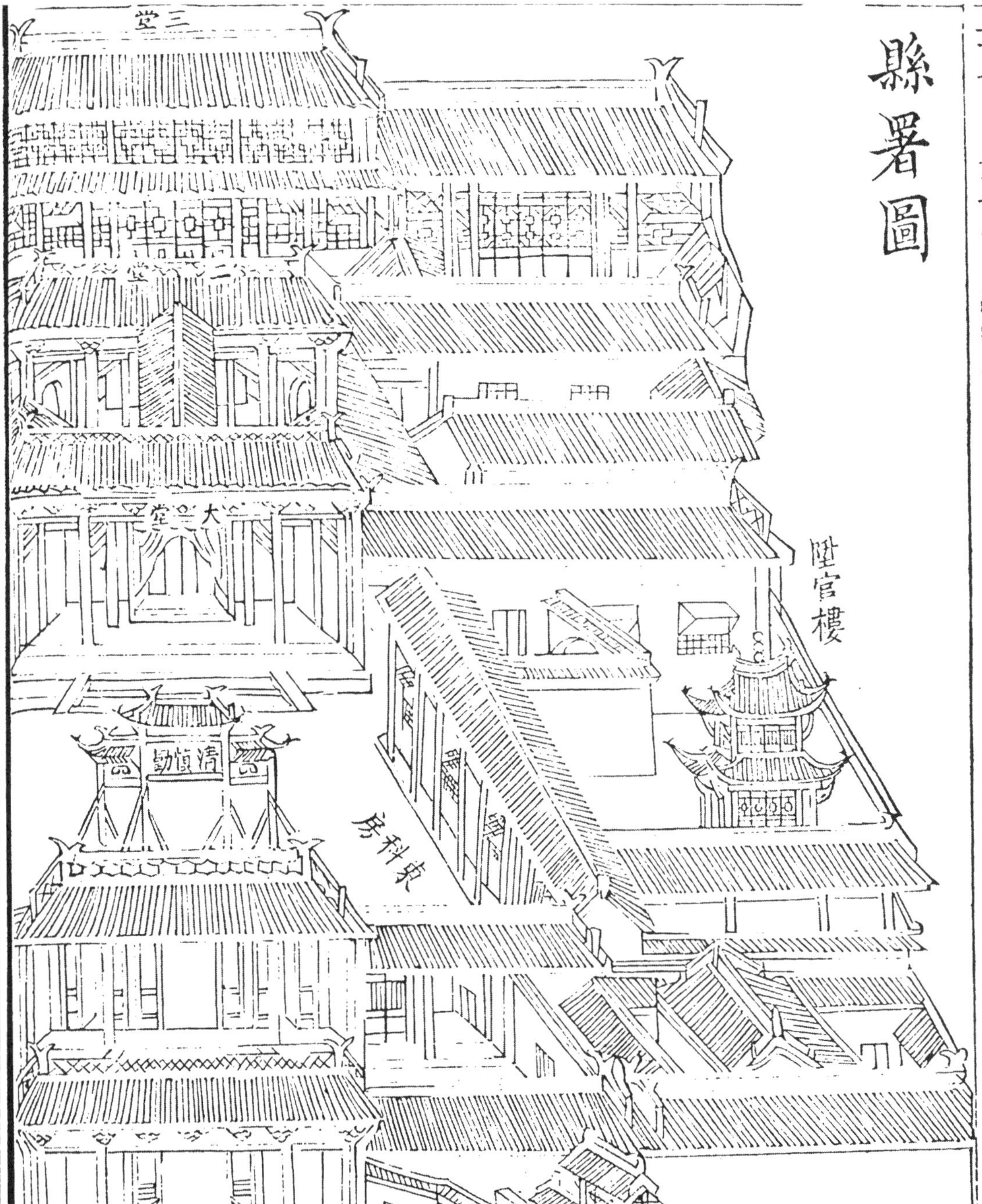

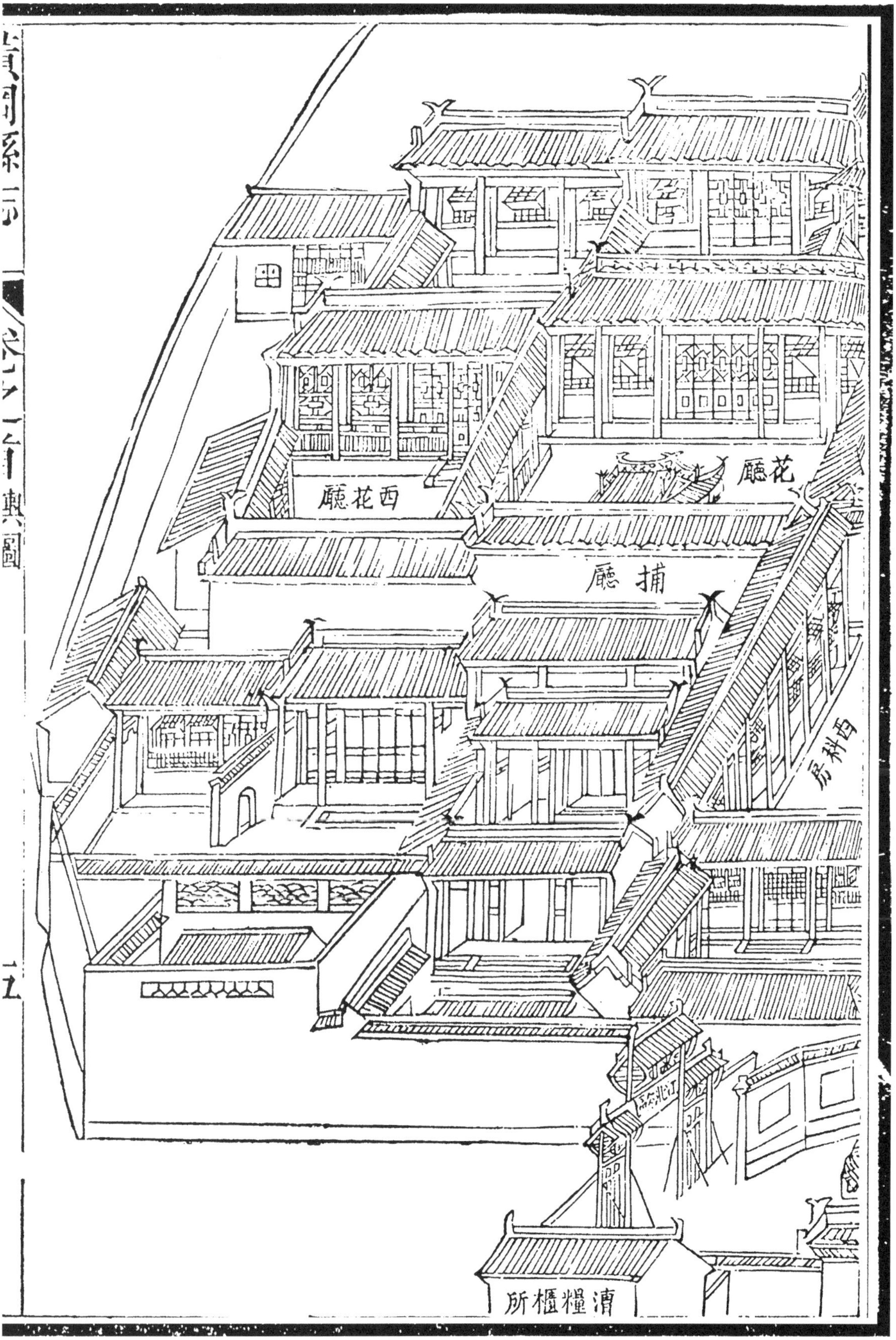
西花廳
花廳
捕廳
西科房
漕糧櫃所

# 學宮圖

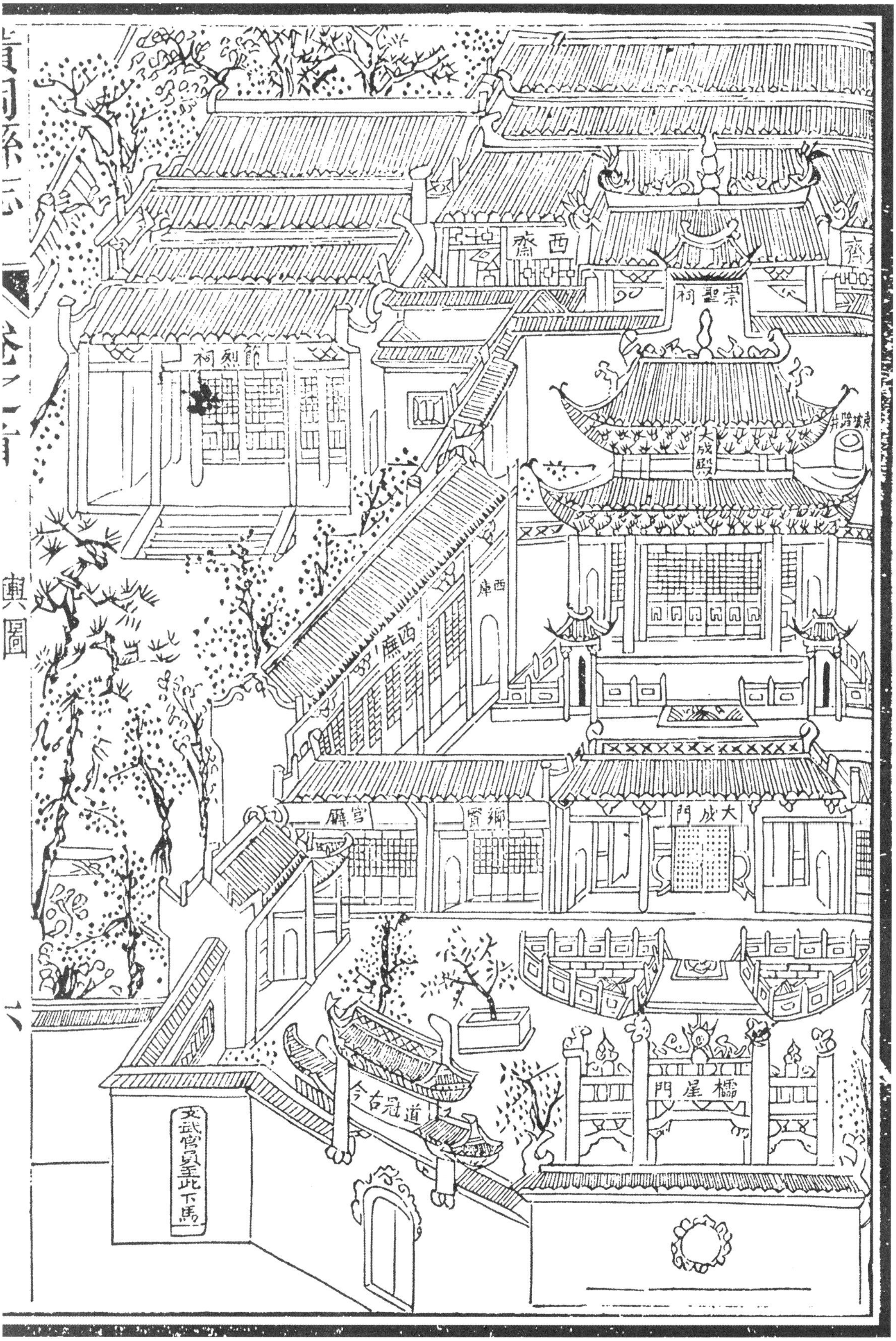
西齋
崇聖祠
節烈祠
大成殿
西庫
西廡
宮牆
鄉賢
大成門
儒學門
道冠古今
文武官員至此下馬

問津書院圖

回車埠
文昌宮
奎星樓
風亭
子路問津處

回車書院圖
黄岡縣志
卷之首
北以汪姓田為界
東北有花地五塊竹園一所又東有菜園一所
觀音殿
護聖宮
齋房
帝主殿
鄉賢祠
東抵王蔡二姓水田為界
南以
小河水由大崎山後自東而西合流

沙河水南去由道
冠河下達出圖風
大成殿
文武官員至此下馬
西抵莪地人行路為界
儀門
院田抵河為界

# 古赤壁圖

赤壁新圖

御書亭
坡仙亭
睡仙亭
白龍池
堂

# 呂陽城圖

韋家涼亭
太平寺
郭城寺

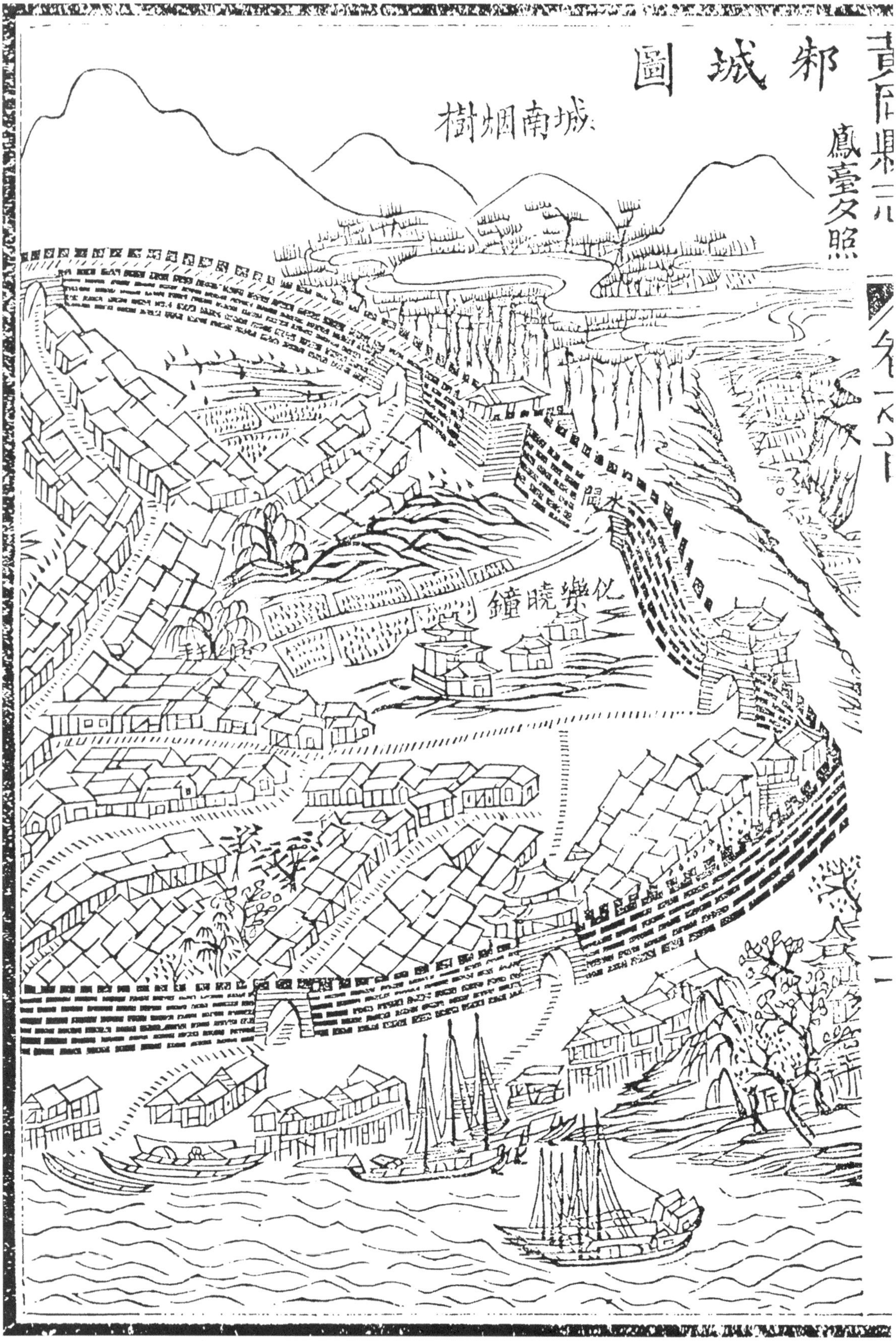
郡城圖
城南烟樹
鳳臺夕照
化樂曉鐘

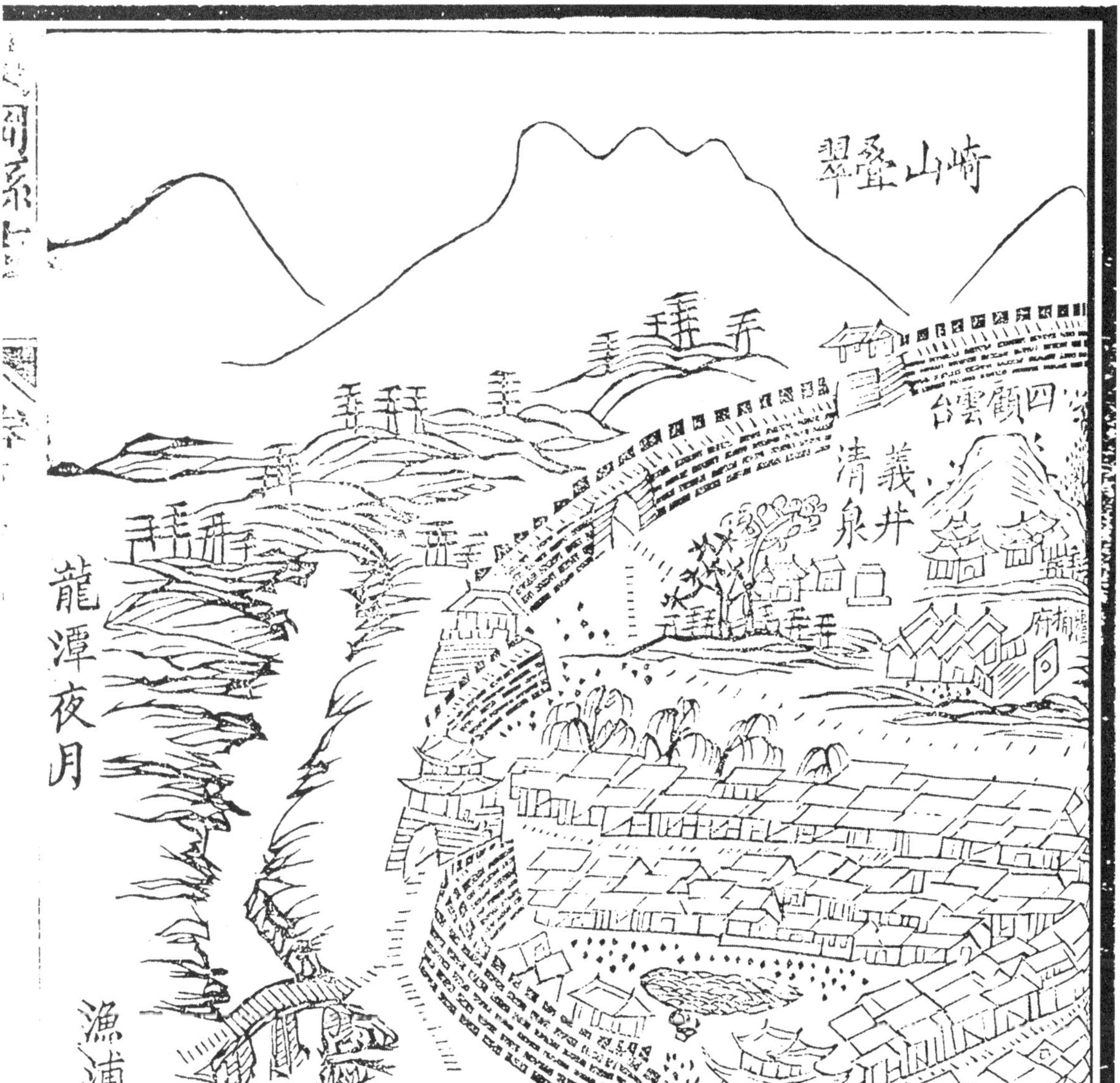
崎山疊翠
四顧雲台
義井
清泉
龍潭夜月
漁浦秋風

捕衙汛圖
上通羅田縣
東抵西楊河屬蘄水縣
南抵大江屬武昌縣
二崎雲樹
上巴河
新店
百福寺
横溪寺
迴龍山
桃花洞
峰火山
獨尊山
劉家樓
陶店
邱店
戚家嶺
孫家塝
道人湖
蔡家潭
王八山
龍王山
聚寶山
寶山泉石
三台河
路口
南湖
五里墩
三甲
清淮橋
吳公義井
二甲
墨池雲生
培風亭
奎星閣
二程祠
後湖
下巴河口
一字門
青雲塔
南塔寺
松竹橋
黄岡山
黄岡曉渡
織染橋
合山橋
七甲
八甲

三江口
柳公琴臺
上抵松楊舖舍屬圖風
鴉子湖
灌口
余家湾
渡口
楊家畈
兩耳山
覧勝亭
楓香橋
王家湖
韋家涼亭
赤壁春暉
孟停清泉
五甲
一甲
雪堂橋
竹樓勝集
捕衙
清源門
四甲
臨皋皎月
西抵黃柏山屬武昌縣
新淤洲
馬橋
蘆洲芳草
高傅溝
東港
淩家湾
樊口輕帆

團風汛圖
北抵道冠河屬但店
東抵廻龍山屬捕衙
城山
湯舖嶺
蔡店
金雞山
赤山
赤山橋
來龍廟
上抵灌口余家灣以上各區俱屬捕衙
李家渡
臨江舖
團風鎮
火王廟
羅家溝
松楊舖
大江
鴨蛋洲
羅霍洲

北抵柳子港屬倉埠
西北抵余家店
汪家鋪屬陽邏
新洲
即古
舊洲
舊街
黃山鋪
問津書院
李家洲
夏家畈
柳林河
辛家沖
孔子河
淋山河
軍步山
竹瓦鋪
花園鋪
百塔河
鮑湖
焦頭
盤石橋
張渡湖
淋頭畈
徐家樓
金羅港
得勝橋
矮林鋪
澁泥鋪
馬驛鋪
鸛公頸
西至楊林頭屬黃州衛軍屯抵武昌縣界
楊林頭

陽邏汛圖
河東保新洲屬團風
東河
西河
錢家堡
劉家集
姚二渡
對公壪
余家店即葉家店
汪家集
萬家汊
安仁湖
灘湖
漲渡湖
毛家集
雨山
樟松湖
滸家汊
火連畈
龍川廟
青蓮寺
龍口
雙林舖
大士閣
閬苑橋
陽邏營房
城林舖
大江
下抵矮林舖屬團風

東北抵李家集屬倉埠
上通黃安縣界
屬倉埠汛
北至周山舖
畢家舖
曹沖舖
張家集
王家集
陶家河
張店
彭陳畈
粉壁舖
柴泊湖
蓬萊山
烟墩山
半邊山
香爐山
第一宮
陽邏汛
界埠
武湖
五通口
沙口屬黃岡
窖頭屬江夏
此處四縣毗連
黃陂縣界
漢陽縣界
武磯

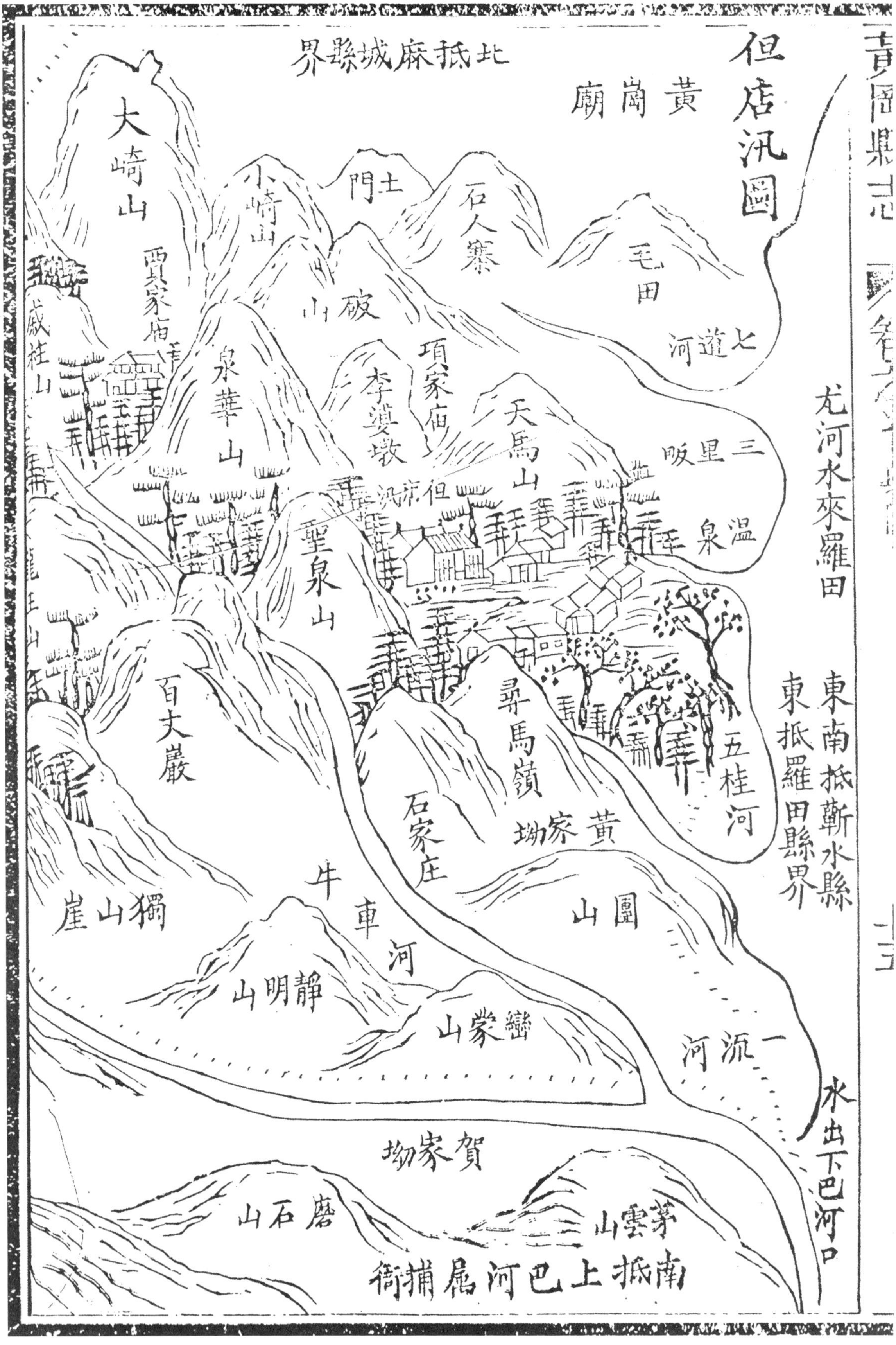

但店汛圖
北抵麻城縣界
黄崗廟
大崎山
小崎山
土門
石人寨
毛田
破山
賈家店
泉華山
項家店
李婆墩
天馬山
七道河
三里畈
温泉
但店汛
聖泉山
尤河水來羅田
東南抵蘄水縣
東抵羅田縣界
百丈巖
尋馬嶺
五桂河
石家庄
黄家坳
牛車河
團山
獨山崖
靜明山
巒家山
一流河
水出下巴河口
賀家坳
磨石山
茅雲山
南抵上巴河扁捕衙

沙河鋪
徐門鼓
上通麻城縣宋埠界
西抵三店屬倉埠
潘家塘
回車書院
鉄冶
上下易家河
道冠河
打石河
龍崗山
上謝店
下謝店
馬鞍山
水出山廟河下屬團風
張吳嶺
石壁山
黃龍岩
鶯公堡
下抵新洲屬團風汎

# 倉埠汛圖

北抵
周余堡
石屋山
赤土坡
舉水
磊魚村
柳子港
東西三店
葉顧崗
校魚寺
東北抵歧亭屬麻城縣界東抵潘家塘等區屬但店
東南抵新洲屬團風
南抵王家集屬陽邏

西北抵黄陂縣界
望仙橋
石界牌
倒水
縣界
東馮集
西馮集
三山舖
李家集
倉子埠汛
龍王墩
陶山舖
湖
米篩湖
羊皮廟
孔家埠
周山舖
武湖
水由界埠出沙口
下通陶家河

# 黃岡縣志卷之一

知黃岡縣事合肥戴昌言編輯

## 地理志

### 沿革

邑有邾縣故城以楚遷邾子名也有邾縣城以項羽封吳芮爲衡山王都邾名也厥後割竝廢置名稱紛如至隋始肇今名夐乎邈矣然考水經曰江水東過邾縣南曰又東逕邾縣故城南據此以博稽史籍綜其始終殆亦如即濟河可識兗州即淮海可識揚州乎

### 表



| 朝代 | 州道路省 | 郡府（附藩封） | 縣 |
|---|---|---|---|
| 唐虞夏商 | 禹貢荊州之域 | | |
| 周 | 荊州（戰國時爲楚） | 弦國（子爵春秋時爲楚併） | 邾（楚宣王滅邾徙其君於此故以邾名水經云江水逕邾縣故城南） |
| 秦 | 淮南（史記一曰南楚） | 南郡 | 邾（廣輿記秦曰邾邑舊志秦漢之際漢高帝二年項羽封吳芮爲衡山王都此） |
| 漢 | 荊州 | 江夏郡（漢高帝置） | 西陵縣（郡治）<br>西陽縣（晉書地理志漢縣古弦子國水經云江水逕西陽郡治南郡治即西陽縣蓋主後漢升縣爲郡云又云江之右岸有鄂縣故城按鄂縣楚漢置即今武昌縣故府志謂今治東南三十里是其治遺址）<br>邾縣（水經又東過邾縣南） |
| 後漢 | 荊州 | 江夏郡<br>西陽郡（分江夏立治西陽按水經漢已有西陽郡然兩漢志俱不載或三國時置也） | 西陵縣<br>西陽縣<br>邾縣 |
| 三國魏 | 荊州（按通典劉先主沒地悉屬吳而荊州南北雙立吳荊州治南郡魏荊州治宛弋陽郡屬焉宛今河南南陽府） | 弋陽郡（晉志魏文帝分汝南立治西陽所統即漢西陽郡地而益以期思弋陽二縣期思今河南光山弋陽今河南光州） | 西陽縣（郡治）<br>西陵縣<br>邾縣（三國時黃祖使甘甯爲邾長吳赤烏四年陸遜嘗以三萬人戍邾城之其遺址尚在是時縣屬吳） |
| 吳 | | | |
| 晉（武帝太康十年） | 荊州 | 弋陽郡 | 縣仍前（武帝立次子羕爲西陽縣公） |

按一統志舊通志武昌府志皆云漢江夏郡治沙羨今武昌府之嘉魚蒲圻咸甯崇陽漢陽府之漢陽漢川地考兩漢書江夏郡先書西陵後乃書沙羨後漢書郡國志凡縣名先書郡所治可見漢江夏郡治非沙羨寶西陵今漢陽府之黃陂黃州府之黃岡黃安麻城德安府之雲夢皆漢西陵縣地至吳孫權築城魯山陸渙所治今漢陽地魏文聘爲江夏太守治石陽今黃陂地嘉平中王基城上昶徙江夏郡治之在今德安府界是魏吳各有江夏郡晉平吳仍魏舊治於安陸劉宋末移於江南之夏口城今江夏縣地西陵兩漢俱江夏郡治故詳之

| 年代 | 州 | 郡 | 縣 |
| --- | --- | --- | --- |
| 惠帝永平元年 | | 西陽國 惠帝時分弋陽立進封羕爲西陽王 | |
| 東晉 成帝咸和元年 | | 羕廢爲弋陽縣王國改郡 | |
| 咸康四年 | 豫州 以西陽爲豫州治 舊志咸康四年於舊邾城置豫州表系宋志晉毛寶爲豫州刺史治邾城尋爲石虎將張貉度所陷州縣遂廢按舊邾城始楚居邾子處在今治西北十里非距今治西北百二十里之邾縣 | 西陽郡 | 邾城 |
| 宋 武帝永初元年 | 豫州 | 西陽郡 | 西陽縣 |
| 文帝元嘉二十五年 | 以豫州蠻民立十八縣曰建昌南川長風赤亭魯亭陽城彭波遷溪東邱東安西安南安房田浠水高坡直水蘄水清石旋有并省 | | 西陵縣<br>南安縣 邾縣改<br>建昌縣 縣治今黃安地 |
| 孝武帝孝建元年 | 郢州 分荊江二州立治江夏口以豫州之西陽屬焉 | | 以討薛索兒功封蕭道成西陽縣侯 |
| 三年 | | 立第二子劉子尚爲西陽王 | |
| 大明五年 | | 改西陽王子尚爲豫章王 | |
| 明帝太始五年 | 豫州 尋又還郢州 | | |
| 齊 高帝建元四年 | 郢州 | 西陽郡 治西陵明帝嘗臨郢州之西陽郡事封第十子蕭子明爲西陽郡王明帝建武中除改封武帝十七子子文尋除 | 西陵縣 郡治 |
| 武帝永明二年 | | | 西陽縣 武帝嘗爲西陽縣子 |



| 年代 | 州 | 郡 | 縣 |
| --- | --- | --- | --- |
| 永明三年 | 司州 改宋置南義陽郡置今孝感黃陂地尋徙 | 齊興郡 置永泰開入魏<br>齊安郡 南齊置治南安 | 南安縣 省志表自齊至周無南安名俱系以齊安 |
| 廢帝永元二年 | 魏取齊淮南地 | | |
| 梁 梁書無地理志今據各紀傳及魏地形志系之 普通七年收復淮南地 | 郢州<br>南司州 增置治安陸<br>北江州 魏志增置治鹿城關今黃安地 | 西陽郡 簡文帝太寶初封皇子大鈞爲西陽王前太清中武陵王紀封第二子圓正爲西陽王<br>齊安郡 一立於梁豐<br>梁安郡 設治建昌今黃安地 | 西陽縣<br>西陵縣 省志自齊梁不列表疑省入西陽也<br>南安縣<br>梁安縣 建昌改魏志名梁興 |
| 魏 地形志多云蕭衍置 魏因之 | | 齊安郡 立於宋置之保城北史封樊子鵠爲西陽郡公 | |
| 北齊 梁地入東魏孝靜帝之武定七年也明年卽高齊文宣帝天保元年 | 巴州 隋志後齊置統西陽郡<br>衡州 隋志後齊時置<br>北江州 隋志後齊置湘州後改北江州 | 西陽郡<br>齊安郡 武成帝封第四子高廓爲齊安王<br>梁安郡 | 西陽縣<br>南安縣<br>梁安縣 |
| 陳 宣帝太建五年取江北地 | 巴州 廢 | 西陽郡 後主至德元年封第二十三子陳叔穆爲西陽王 | 西陽縣 |

| 時代 | 州 | 郡 | 縣 |
| --- | --- | --- | --- |
|  | 衡州 廢 | 齊安郡 | 南安縣 |
|  | 北江州 府志云亦廢並廢梁置北西陽縣置定州今麻城縣地以西陽齊安二郡屬之後改亭州 |  |  |
|  | 定州 |  |  |
|  | 亭州 |  |  |
| 周 靜帝大象五年地入於周 | 弋州 隋志周置統西陽郡 | 西陽郡 宣帝時奉宇文溫爲西陽公 | 西陽縣 |
|  | 衡州 復 | 齊安郡 以平陳功封李徹爲齊安郡公 | 南安縣 |
|  | 北江州 | 梁安郡 | 梁安縣 |
| 按隋書光山有黃州梁廢省志周改南司州曰黃州今黃陂縣地 |  |  |  |
| 隋 文帝開皇初 | 荆州 弋州及北江州廢 | 黃州 開皇三年改衡州名黃州西陽齊安梁安等郡俱廢 | 黃岡縣 省西陽入南安爲黃州郡治又析梁安置廉城縣省志表作鹿城開皇十八年改南安曰黃岡省廉城入焉 |
|  |  |  | 木蘭縣 通鑑注南義陽治鹿城關隋爲黃州木蘭縣亦開皇十八年梁安改 |
| 煬帝大業初 |  | 永安郡 置治邾縣故城 |  |
| 唐 高帝武德初 |  | 永安郡 封太祖子孝基爲永安王 |  |
| 武德三年 |  | 黃州 置總管府治黃岡 | 黃岡縣 省木蘭入焉又析置 |



| 時代 | 道／路／省 | 郡／州／府 | 縣 |
| --- | --- | --- | --- |
|  |  |  | 堡城縣省志作陽城今麻城地武德七年省是時黃岡兼有今麻城黃安黃陂地 |
| 玄宗天寶元年 | 淮南西道 | 齊安郡 | 黃岡縣 |
| 肅宗乾元初 |  | 黃州 | 黃岡縣 |
| 僖宗中和初 |  |  | 徙縣治於邾故城 即永安城今治西北十里俗呼女王城地 |
| 五代 楊吳南唐 |  | 黃州 | 黃岡縣 |
| 周 世宗顯德五年地入於周 |  | 黃州 | 黃岡縣 |
| 宋 | 淮南西路 | 黃州 玉海郡國名參司封格黃州亦曰齊安郡有齊安郡公趙仲郈郕王之後以黃州刺史封又齊安郡王趙士㒟紹興中封 | 黃岡縣 徙治江濱去今治東南二里玉海亦稱邾城 |
| 元 世祖至元初 | 河南江北行中書省 | 黃蘄州宣慰司 | 黃岡縣 |
| 二十一年 | 湖廣行中書省 | 黃州路 | 黃岡縣 |
| 二十九年 | 河南江北行省 | 黃州路 | 黃岡縣 |
| 明 高帝洪武元年 | 湖廣布政使司武昌道 | 黃州府 領三縣後以蘄州一州四縣隸焉 | 黃岡縣 徙今治 |
| 世宗嘉靖四十二年 |  |  | 割上中和鄉並麻城黃陂兩縣地增置黃安縣 |
| 國朝 | 湖廣湖北布政使司漢黃德道 | 黃州府 | 黃岡縣 |

黃岡之名建自隋唐虞夏商在禹貢荆州之域周爲弦子國春秋傳注弦在弋陽軑縣東南今河南光州西南有弦城湖廣蘄水有軑縣故城皆魏晉時弋陽郡境後幷於楚楚宣王滅邾春秋有二邾楚所滅卽戰國改號鄒者在今山東鄒縣其一爲小邾在今山東嶧縣遷邾子於此曰邾城見廣輿記城在今治西北十里俗呼女王城本隋置永安郡之永安城府志注訛爲女陽城水經所謂邾縣故城或以爲黃國非黃國在漢弋陽縣今河南光州秦爲邾邑屬南郡秦楚之際漢高帝二年項羽立吳芮爲衡山王都邾漢分秦南郡爲江夏郡治西陵按廣輿記及省志表漢西陵縣跨今黃岡麻城黃安黃陂地在江北府志辨在江南疑非西陽漢西陽縣水經江水左逕赤鼻山又東逕西陽郡南郡治卽西陽縣是也又云江之右岸有鄂縣故城府志鄂縣卽今武昌縣今治東南三十里孫家嶄巴水所經有西陽河殆其遺址與晉梁所置西陽縣與此別邾縣屬焉按舊志據明一統志漢邾縣卽水經所云又東過邾縣南在今治西北百二十里俗名新州又名舊州者北周改南司州爲黃州於保城在今黃陂地至隋改衡州爲黃州治南安卽漢邾縣地故名新州自唐遷州治於永安城此又名舊州一謂邾音近州治有兩邾迭分新舊邾一訛呼州耳後漢末升西陽爲郡治



西陽縣三國時魏爲重鎭文帝時卽漢西陽郡地益以期思今河南光山弋陽今河南光州二縣立弋陽郡治西陽邾西陵爲屬縣後屬吳吳使陸遜戍邾城之西晉惠帝分弋陽爲西陽國進封西陽公羕爲王南渡後羕以罪廢國除仍爲西陽郡寰宇記謂故西陽在光州光山縣西二十里晉永嘉後始移西陽置邾城上流五里按此已非漢西陽宋志西陽漢舊縣後屬弋陽王晉又有西陽城在弋陽西南故水經淮水注黃水東逕晉西陽城又東北逕弋陽郡亦猶邾之不一地云東晉成帝咸康四年於舊邾城置豫州治焉舊邾城去今治西北十里尋爲石虎所陷州遂廢劉宋仍爲西陽郡弋陽郡則治期思元嘉二十五年以豫郡蠻民立十八縣改邾縣爲南安增置建昌縣今黃安孝建初以豫州之西陽屬郢州今武昌府太始五年改屬豫州尋還郢州齊於南安立齊安郡隸司州省志表系今孝感黃陂地西陽郡仍隸郢州南安省志表自齊至周無南安縣名系以齊安西陵並爲郡治永元二年魏取

齊淮南地梁普通七年收復郡縣俱仍齊舊又改建昌縣爲梁安一作高齊改非設梁安郡立北江州治鹿城關今黃安地太清三年地入東魏省志作西魏魏州郡悉因梁高齊天保元年於西陽郡立巴州於齊安郡立衡州陳太建五年地入於陳巴衡州俱廢府志北江州亦廢以西陽齊安二郡屬定州定州廢北西陽縣所置今麻城地餘無所改十年地入北周北周復立衡州領齊安郡立弋州領西陽郡隋開皇三年弋州及齊安西陽郡並廢省西陽縣入南安改衡州曰黃州舊志黃州之名自此昉考隋前已有是名詳表中特不在此地耳治南安縣又析梁安置廉城縣省志表作鹿城十八年改梁安曰木蘭南安曰黃岡黃岡名始此省廉城入焉大業初改黃州曰永安郡治黃岡唐武德三年改永安郡復曰黃州省木蘭入黃岡又析置堡城縣七年省天寶初改黃州曰齊安郡乾元初仍曰黃州並治黃岡隸



淮南西道已前縣治悉在漢邾縣今呼新州地中和初徙治於舊邾卽邾縣故城今呼女王城地五代梁唐時屬楊吳晉漢時屬南唐後歸周是時黃岡兼有今黃安麻城黃陂地宋初徙治江濱府志注在今治東南二里隸淮南西路元初爲黃州宣慰司治隸河南省至元十八年改陽邏堡隸鄂州今武昌府尋復舊二十一年省宣慰司二十三年以黃州隸湖廣行省二十九年復隸河南江北行中書省明初爲黃州府黃岡縣徙今治隸湖廣布政使司嘉靖四十二年割上中和鄉並麻城黃陂地置黃安縣黃岡轄里八十有二

國朝因之康熙三年屬湖北布政使司

邾縣有二一爲邾縣故城府志謂在今治西北十里之永安城楚宣王遷邾君居此故名水經云江水逕邾縣故城南是也一爲邾縣漢置府志謂在今治西北百二十里之新州吳芮

爲衡山王都此水經云江水又東過邾縣南是也考自劉宋
改邾縣名南安蕭齊於南安立齊安郡高齊於齊安郡立州
曰衡州以邾縣當衡山王所都名舊志沿水經注附顧景星
論并邾子所寓吳芮所都皆邾縣故城以形勢論之邾縣地
當光黃間枕山帶河險要而固三國吳因重戍以拒魏晉邾
縣故地西南瀕江東北平衍無可憑護東晉立州置治毛寶
挾萬人守輒爲石虎將所陷宜漢初置縣不於此而於彼也
通鑑質實謂王吳芮地在黃州府西北百二十里足證府志
之可信水經注文以故城統釋耳至邾之爲邾爲小邾路史
有云邾并於魯鄒滅於楚尤不待辨而知非小邾矣

西陽漢初置縣隸江夏郡後分江夏立西陽郡郡治即西陽縣
見水經地理通釋黃州魏爲重鎮黃初時豫州刺史滿寵備



西陽是也故城在黃岡縣東南一百三十里（此據縣舊治在今新州而言前志謂在今西陽河）宋志魏立弋陽郡屬豫州晉惠帝又分郡爲西陽
國旋復爲郡爲豫州治宋孝建初屬郢州太始間又屬豫州
尋還郢州（寰宇記謂故西陽在光州光山縣西二十里晉永嘉後移置邾城上流五里按水經江水東逕西陽又云江之右岸有鄂縣故城當在今治東南三十里光山之西陽見之水經淮水注云黃水東逕晉西陽城又東北逕弋陽郡此地名相同猶隋書謂光山有黃州郡梁廢與石茨圻之亦有西陵縣耳）

南安（今縣新州）陽城（今麻城地）建昌（今黃安地）俱劉宋元嘉以蠻民立縣名木
蘭（今黃陂地）隋縣名自宋迄隋唐沿革詳表中

巴州廉城堡城沿革見表中

永安郡見古蹟

齊安郡府志南北分疆時地各不同建置先後亦異蕭齊因劉
宋所置南安縣立齊安郡見南齊書北魏於劉宋所置保城
縣立齊安郡蕭梁析齊所置建甯郡置梁豐縣立齊安郡皆
見北魏書北魏之齊安郡至高齊改爲安昌郡惟梁時既立
梁豐之齊安又仍南安之齊安似可疑以當時南北州郡皆
邊人歸服因而授之初不責其職貢後觀聽免侵盜耳故新
蔡郡有七邊城郡有四重複甚多不僅齊安一時有二也其
地之可考則保城之齊安今黃陂是隋志可考南安之齊安
今縣舊州是水經注舉水南過齊安郡西可證建甯之齊安
在今黃安麻城間魏書梁置沙州於白沙關領建甯齊安二
郡可證但南安之齊安立之最先至隋始廢及唐天寶時復
以表郡故其名獨彰耳（按唐書黃陂縣北有白沙關省志黃安縣表系梁置沙州）

黃州黃岡縣後齊置衡州陳廢後周又置隋開皇三年改曰黃
州十八年改南安曰黃岡大業初別置永安郡唐天寶初改



齊安郡至乾元復爲黃州並治黃岡縣中和初遷治永安城
在今治西北十里宋遷治江濱在今治東南二里明初徙今
治

星野

楚主鶉尾其耀文明黄岡於楚彈丸耳所分幾何然九州封域皆有分星以詧妖祥肇自周官保章氏可知梟壤之廣狹無非躔次所運行也兹邑雖小其亦分文明之耀歟

漢天文志楚郡翼軫分野今之南郡江夏零陵桂陽武陵長沙及漢中汝南諸郡盡楚分也翼二十星軫四星居中又有兩星爲左右轄長沙一星在旁翼爲羽翮主遠客軫爲車主風

府舊志翼赤道十九度黄道十九度少軫赤道十七度黄道十六度太魏陳卓云自張十七度至軫十一度爲鶉尾於辰在巳楚之分野屬荆州蔡邕云起張十二度至軫六度皇甫謐云起張八度至軫十二度僧一行云起張十五度中翼十二度終軫九度



晉天文志南郡入翼十度江夏入翼十二度

明天文志張十六度至軫九度鶉尾之次也湖廣之武昌興國州荆州府歸夷陵（今改宜昌府）荆門三州黄州府蘄州襄陽德安二府安陸（今德安屬縣）沔陽二州皆翼軫分

湖廣總志漢川漢陽武昌樊口入黄州括二郡全境以至德安之安陸雲夢應城孝感（今改屬漢陽府）其地爲江夏郡入翼十二度

星經玉衡星主荆州又從北斗魁紀之魁第二星曰璇爲法星屬楚春秋緯大别以東至於雷澤九江屬北斗第五星入衡

（按此則黄岡當屬衡）

宋天文志三台六星爲天階太乙攝以上下上台上星主豫兖下星主荆揚（按此則黄岡亦屬上台下星）

又天市垣東西垣各列十一星東垣曰宋南海燕東海徐吳越齊中山九河趙魏西垣曰韓楚梁巴蜀秦周鄭晉河間河中

（按此則黄岡亦屬天市西垣第二星）

天文志五車五星在畢東北其西北星曰天庫主太白秦也東北星曰天獄主辰星燕趙也東南星曰天倉主歲星魯衛也中央星曰司空主鎮星楚也西南星曰卿星主熒惑楚魏也

（按此則黄岡亦屬西南卿星　以上舊志）

北極出地度數

黄岡縣北極出地三十度二十六分偏　京師西一度四十分

日出入時刻表

冬至日出卯正三刻十二分日入酉初初刻二分晝四十刻六分夜五十五刻九分

（小寒　大雪）日出卯正三刻十分日入酉初初刻五分晝四十刻十分



夜五十五刻五分

（大寒　小雪）日出卯正三刻四分日入酉初初刻十一分晝四十一刻七分夜五十四刻八分

（立春　立冬）日出卯正二刻九分日入酉初一刻六分晝四十二刻十二分夜五十三刻三分

（雨水　霜降）日出卯正一刻十二分日入酉初二刻三分晝四十四刻六分夜五十一刻九分

（驚蟄　寒露）日出卯正初刻十四分日入酉初三刻一分晝四十六刻二分夜四十九刻十三分

（春分　秋分）日出卯正初刻日入酉正初刻晝夜各四十八刻

（清明　白露）日出卯初三刻一分日入酉正初刻十四分晝四十九刻十三分夜四十六刻二分

穀雨處暑日出卯初二刻三分日入酉正一刻十二分晝五十一刻九分夜四十四刻六分

立夏立秋日出卯初一刻六分日入酉正二刻九分晝五十三刻三分夜四十二刻十二分

小滿大暑日出卯初初刻十一分日入酉正三刻四分晝五十四刻八分夜四十一刻七分

芒種小暑日出卯初初刻五分日入酉正三刻十分晝五十五刻五分夜四十刻十分

夏至日出卯初初刻三分日入酉正三刻十二分晝五十五刻九分夜四十刻六分

時刻高弧表表長均以一尺爲率

冬至午正高弧三十六度五分　直表景一尺三寸七分二釐



橫表景七寸二分八釐

小寒大雪午正高弧三十六度五十五分四十四秒　直表景一尺三寸三分　橫表景七寸五分一釐

大寒小雪午正高弧三十九度二十二分四十四秒　直表景一尺二寸一分八釐　橫表景八寸二分

立春立冬午正高弧四十三度一十二分零三秒　直表景一尺六分四釐　橫表景九寸三分九釐

雨水霜降午正高弧四十八度四分二十七秒　直表景八寸九分八釐　橫表景一尺二寸一分三釐

驚蟄寒露午正高弧五十三度三十八分四十九秒　直表景七寸三分六釐　橫表景一尺三寸五分八釐

春分秋分午正高弧五十九度三十四分　直表景五寸八分七釐

橫表景一尺七寸二釐

清明白露午正高弧六十五度二十九分十一秒　直表景四寸五分六釐　橫表景二尺一寸九分二釐

穀雨處暑午正高弧七十一度三分三十三秒　直表景三寸四分三釐　橫表景二尺九寸一分三釐

立夏立秋午正高弧七十五度五十五分五十七秒　直表景二寸五分　橫表景三尺九寸九分

小滿大暑午正高弧七十九度四十五分十六秒　直表景一寸八分　橫表景五尺五寸三分

芒種小暑午正高弧八十二度十二分十六秒　直表景一寸三分六釐　橫表景七尺三寸

夏至午正高弧八十三度三分　直表景一寸二分一釐　橫



表景八尺二寸三釐

疆域 形勢附

析郡爲邑所謂長令百里悅者固區分乎此疆爾界矣茲邑規土遼闊延袤百九十里而逈非申畫郊圻其何以愼固封守至若登高弔古策戰守而議江防如陽邏堡三江口者屏蔽江漢洵樞要地哉

縣附府東西廣一百九十五里南北袤一百四十里舊編戶九十四里明嘉靖四十二年割西北十二里入黃安今八十二里

東至本府蘄水縣境四十里以下巴河爲界踰界至蘄水縣治七十里

西至本省漢陽府黃陂縣境一百五十五里以倉子埠爲界踰界至黃陂治六十里 按東至西一百九十五里



南至本省武昌府武昌縣境以十里大江爲界踰界至武昌縣治一里

北至本府麻城縣境一百三十里以沙河爲界踰界至麻城縣治五十里 按南至北一百四十里

東北至本府麻城縣境一百五十里以清山口黃家廟爲界由上巴河歷蘄水團陂至羅田縣一百八十里

西南至本省武昌府江夏縣境一百二十里以陽邏抱尾洲及江岸爲界 按東北至西南二百七十里

東南踰江至武昌府武昌縣境三十里以打石廠爲界

西北至本府黃安縣境一百六十里以細嶺石界牌爲界踰界至黃安縣治八十里 按東南至西北一百九十里

東南至本府蘄州治水路一百八十里陸路二百一十里至本府廣濟縣治二百六十里 至本府黃梅縣治三百七十里並隔蘄水界下巴河

至省水路由大江一百八十里陸路舊由陽邏渡江一百八十里今由社樹渡江一百八十里由馬橋渡江一百五十里

陸路由麻城至 京師二千八百里水路由大江泝淮河至 京師四千七百里

形勢

齊安志遶接巴蜀襟帶江漢淮楚之交

唐李勣制濱帶江淮

唐刺史修文宣王廟記前界大江後倚崇阜

舊志北望光蔡南畫樊山東抵浠水西南控大江

宋王禹偁謝表地連雲夢城瞰大江



蘇軾赤壁賦山川相繆鬱乎蒼蒼

三國形勢考邾城爲吳重鎭府志吳魏相攻互爲重地滿寵頓西陽之備而吳主撤師陸遜重邾城之守而魏人息志東晉初陶侃鎭武昌衆議分守而侃不許後庾亮使毛寶守之卒爲石虎將所陷蓋時有險易勢有緩急當時五水羣蠻叢聚於此制御失宜往往引之入寇江左視之隱若一敵國云

府志陽邏堡治西百二十里當南宋時夏貴以十萬人守之及爲元伯顔所破而蘄陽九江如拉枯朽洵重鎭哉

舊府志鎖鑰金城三楚重鎭

府志隋唐以來蠻地咸就疆索江淮用兵蘄黃爲要南宋之季蒙古之師多道光蔡窺五關而長江之險遂與敵共則此地所以遮蔽江漢咽喉淮汝爲南北要衝也

舊志三江口控扼上游尤樞要地

楚故略介淮楚之會曹魏爲重鎮金人渡淮岳飛請親至蘄黄以議攻守蓋奥區也舊設憲臣專督江防與洞庭上下相犄角云



## 山川

大崎龍從而北峙長江澎湃以東流俛仰高深洵足見扶輿之磅礴矣卽單椒疊巘幽谷平川亦有如蘇端明所謂山水清遠者天地鍾孕靈秀有歸生斯土者豈第披圖覽勝已哉

### 山

東北山脈來自天柱（江南霍山）西南至麻城爲龜峯山（麻城東六十里）又迴繞爲黄蘗山（龜峯東北三十里卽春秋柏舉地縣舉水發源於此）起伏入邑北境（禾甯鄉）爲大崎山

自大崎山東南爲小崎山爲破山東爲天馬山雲龍山北東爲青峰巖又東爲石人寨箔金寨七道河水由三里阪至雙河口經此入羅田油河（油一作尤尤河觜距羅田縣城三十里）

自破山東南别爲和尚巖南爲白雲山團山西爲泉華山戚



住山西北别爲茅成山林家山東爲尋馬嶺爲但店五桂河水至此會於油河

自泉華山東别爲劉婆巖南爲黄龍山又南爲佛過山（舊名鏨佛）爲静明山巒蒙山陳家河溢流河水至此會巴水

自大崎山而南迆邐爲接天山其西北水流入道觀河其東南水流入牛車河

自戚住山西爲鐵門關爲鐵治南爲天池寺龍門坳龍岡山（在接天山西南）别爲獨山巖東别爲百丈巖沙鉢腦聖泉山豹子腦大碧山（舊碧作壁）夏鋪河與牛車河之水至此合由東港河入巴水

自龍岡山西爲馬鞍山黄龍巖張吳嶺南爲鶯公堡東爲石壁山茅雲山石子山東南爲磨石山螺螄港水至此由火燒

港土名駝背椰樹入巴水朱大夫河水至魚博入巴水

自鵞公堡而南亙陳家坳爲仙姑巖爲城山爲維摩堂東爲樂養山土名樂予西爲金雞山赤山

自維摩堂南折而東爲白洋山南爲迴龍山由白洋山而東爲桃花洞烽火山西南爲古聞山南爲獨峙山自此逶迆而南東爲霸城山東之南爲馬騎山三台河水至此會巴水入江

近城東北爲聚寶山龍王山西北爲赤鼻山迆東爲柯山石牛山正北爲玉几山城南爲黃岡山悉爲郡城拱護

西北山脈自黃安縣西北一百里天臺山來入縣境紫潭河東爲石屋山爲鳳凰寨紫潭河西爲龍王山二十里逾望星橋一名望仙爲三山又南十里爲陶山爲井字山又南二十里爲淘



金山其北別爲安甯山爲馬鞍山錦屏山爲松湖雨山又西南爲半瓣山龍窩山逕界埠爲武磯山香鑪山爲閣木山爲麻墩山逾接龍橋爲鳳凰山爲大士閣磯凡亙十里濱江至龍口爲珠山是爲十里長山

黃岡山在城南平岡南亙舊便民倉至洗馬池脈發天柱舊志云土色黃縣名因之前志縣之得名從舊州南安縣所改不自此始也按黃州黃岡縣之名前志既據頤景星邾城論駁通志黃州邾國地後爲黃國境之說又據縣從南安縣所攺駁黃岡山土色黃縣名因之之說是矣但後周已立黃州於保城至隋開皇三年改後周衡州爲黃州改南安爲黃岡黃之得名究竟不知何因存疑俟考

柯山城東南近定惠院宋潘大臨居此稱柯山人張文潛謫黃亦以柯山名其集蘇子瞻詞蔚柯山之蔥蒨即此府志云近城可尋之境惟赤壁柯山明邑人王同軌讀書其下有葱堂悠然樓三雅軒香雪臺江雨亭酒隱堂憑香閣蒼蒼閣金粟亭藝蘭亭觀稼亭諸名山左有八大王壇宋周肅王元儼屯兵處今皆不知其所在 宋張耒柯山賦入東門而右回兮原迆靡以相屬拔磅礴以隆起兮是爲柯山之麓其上蕭森而晻靄兮冠萬竿之修竹下磽确而堅密兮拱高林與喬



木散雜大於危阢兮雜茅茇與夏屋通樵漁之溪遂兮路從橫而斷續很土石裂晴寶谷虛鳴鳥上下伏獸號呼俯江流之蕩潏招裂山之盤紆林巒作態而薇廚兮風雲效技而卷舒囘可以開闔陰陽於一氣賓餞日月於天衢委有窮人瞿然無歸曠四海無所投其足兮古帝命我於山之隈庭蓬茅之數椽兮撫楞腹而常飢時醉飽而自得兮亦杖屨而遨嬉逾山而東席門草藩爰有君子於茲考槃自種自食鄰里莫干圖書滿家兒稚飢寒相見輒喜有時不冠寄萬事於一笑兮不知食鵝而衣單吾不加物以一毫兮亦莫受人之燠寒悟紛華之多虞兮幸寂寞之至安飲我薄酒歡有餘啜我豆羹甘而腴隱几而休讀我書乃曳杖歌曰升柯之巔明遠眺兮槃我之崦可以老兮終古不忒天之道兮手于而行無喪吾寶兮

又柯山雜詩二首

幽人睡足岸綸巾策杖開門卯酒醺黃葉滿山烏鵲噪江城秋日少人行

蕭蕭茆屋土山前翁嫗闢門去稷田朝日滿簷雞犬靜荻蘺深處散炊煙

明吳國倫柯山圍四首

買舟三百里江上見柯山古徑雙橋外方塘萬木間入門花石喜留客水雲閒若與王猷共山陰那得還

性僻耽幽勝風雲奈汝何寄情都不淺乘興一相過宛轉看亭樹陰森坐薜蘿移尊從所適山鳥自爲歌

萊篁開作徑灌木不知年未解亭相錯鯀疑地屢遷烹葵支舊鼎種樹續新編總失千時計端居亦晏然

散步出幽離羣芳送酒卮隔城嚴漏下近寺暝鐘遲秉燭雲生榻停歌月滿池不禁酣欲卧敢謂老能詩

陶允宜元旦出郭至柯山圍觀梅詩

一年不到避喧堂庭竹蕭疎砌草荒幸有小梅三百樹春風無恙倚新妝



朱廟山城東十里

聚寶山城北里許產異石宋蘇軾作怪石供即此山石也山有浮翠亭寶石泉子瞻赤壁記亦云岸多細石溫瑩如玉深淺紅黃之色或細紋如人手指螺紋宋犖筠廊偶筆稱明嘉靖中王廷陳姪於此得紅石如錢犖判黃時得十六枚作怪石贊爲雪堂小品之一乾隆四十七年黃協龔都司得一區石徑圓三寸許極白瑩摺水中石內一墨畫觀音像蓮臺端坐林竹交蔭出水則不可見每値宿雨初晴日光激射處異采絢目入此山者手不空回矣嘉慶七八年後玉工取之絡繹不絕黃州玉之名幾與滇南相埒

宋蘇軾怪石供

禹貢青州有鉛松怪石解者曰怪石似玉者今齊安江上往往得美石與玉無辨多紅黃白色其文如人指上螺精明可愛雖巧者以意繪畫有不能及豈亦所謂怪石者耶凡物之醜好生於相形吾未知其果安在也使世間石皆若此則今之凡石覆爲怪矣海外有形語之國口不能言而相喻以形其以形語也捷於口使吾爲之不已難乎故夫天機之動忽焉而成而人真以爲巧也自禹以來怪之矣齊安小兒浴於江時有得之者戲以餅餌易之既久得二百九十有八枚大者兼寸小者如棗栗菱芡其一如虎豹首有口鼻眼處以爲羣石之長又得古銅盆一枚以盛石挹水注之粲然而廬山歸宗佛印禪師適有使者至遂以爲供禪師常以道眼觀一切

世間混沌空洞了無一物雖夜光尺璧與瓦礫等而況此石
雖然願受此供灌以墨池水強為一笑使自今以往山僧野
人欲供禪師而力不能辦衣服飲食臥具者皆得以淨水注
石為供蓋自蘇子瞻始元豐五年五月黄州東坡雪堂書
又後怪石供蘇子既以怪石供佛印佛印以其言刻諸石蘇
子聞而笑曰是安所從來哉予以餅易諸小兒者也以可食
易無用予既足笑矣彼又從而刻之今以餅供佛印佛印必
不刻也石與餅何異參寥子曰然供者幻也受者亦幻也刻
其言者亦幻也夫幻何適而不可舉手而示蘇子曰拱此而
揖人人莫不喜戟此而詈人人莫不怒同是手也而喜怒異
世未有非之者也子誠知拱戟之皆幻則喜怒雖存而根亡
刻與不刻無不可者蘇子大笑曰子欲之耶乃亦以供之凡
二百五十並二石盤云
明茅瑞徵九日同諸寮游聚寶山
詩每逢佳節得追懽此日相攜曙色闌三徑已看名菊紫雨
峯初見落楓丹坐深涼月侵衣薄人散堆雲抱石寒盈把朱
萸為誰插醉來羞倩一彈冠
鄧雲程九日登聚寶山詩
山山畔一停車風雨歸來笑敝廬赤腳紅雲僧送酒斷巖稀
發鳥傳書數莖愁鬢垂垂白眾劫名根漸漸除唱晚踏莎舒
老眼江湖留得幾樵漁
龔鼎孳登寶石山詩捫蘿叩蒼扃
雨發積苔繡門射江湖闊湖帶錦屏右吳峯盡入抱越嶠遠
來就雄堞炫表裏鱗甍吐層構杉栝俯若薺蒙翳失橫岫鈴
鐸既風展金碧亦繚圍星崖延夕暉亂泉決春溜坐久此浮
屠拔起六橋秀往者頗相忽凭檻若襟袖及茲足目到高深
乃奇湊拭壁讀殘碑陵谷幾與仆滄海豈不廣詎信桑疇茂



國朝宋犖怪石贊並序齊安怪石名天下自蘇子瞻始余
蒞黄年餘遍求不可得所謂聚寶山者斷嶺頹岡纍纍皆粗
石幾令子瞻之言不信今歲秋友人以石餉者屢矣較文辨
色得十有六枚甚可寶翫始信子瞻怪石供非虛語也爰置
晶盤注以泉水各即其形象名之而繫以贊贊曰人日有俗
作宜春勝維此文石翦綵之瞻繪畫莫及光彩照乘爰置雪
堂發我清興宜春勝達摩面壁影在嵩少胡為此石端然
含照不起不滅孰擬孰貌稽首皈依淵乎微妙達摩影文
禽斂翼在河之干爰覆其卵相彼流湍誰賦畀爾蔚然可觀
采之山麓薦之晶盤紫鴛覆卵霜飛木落秋水澄清數堊
翠藻潭底縱橫維茲景物造化之妙三伏炎蒸于焉依好寒
潭秋藻爰有紅錦其色斒爛不出蜀道乃在寶山薄言采
采濯以潠潑文章之瑞發此瓌觀紅蜀錦赤城霞氣薄暮
彌天中合片月既潔且圓盤中一覲緬彼列仙抱浮邱袖拍
洪厓肩朱霞籠月鬼同無形何有於面亦既有之藉石以
見瞪目張脣誰為爾撰選怪探奇高齋水鷗鬼面石念彼
梵夾實為貝葉與此頑石迴然無涉誰謂無涉淵乎其淵斯
焉可惜奚事陳編玉貝葉三臺維六名取其斗奕奕星文
兩兩同煥影入斯石光彩燦爛以三代六供我把翫三台象
人有白眼維石亦然眄復爾爾高致堪憐人之白眼可轉
為青石之不轉豈曰無靈雙白眼翕然一物名曰蝦蟇出
入蒲葦鳴聒泥沙在彼可惜在此可嘉玉形丹色頫首無譁
紅蝦蟇端溪之良曰鸜鵒眼茲石信美實維楚產足見造
物好醜無限人為地囿對之慚赧鸜鵒眼抱樸子曰壽矣

蟾蜍三千餘歲額有丹書高高者月亦號蟾光風清露白素
彩飄揚斯石玉色非雕非刻光不經天寶堪華國玉蟾蜍
膩中有石如肌如膚桃花一片點綴堪娛何以象之曰楊妃
瘢房帷妖豔作如是觀楊妃瘢首飾之珍有曰貓睛維其
似之乃錫嘉名今此片石實與之衡晶瑩閃鑠埒彼瓊英
貓睛歲云暮矣滿目冰霜中宵皓魄千里流光一月影
兩兩相望誰貌此景維石之良效周生術作袖巾藏冰天月
王澤宏聚寶山尋石詩不管陰晴每日來畫中路轉更峯
回未能懷寶棲幽谷直欲摟奇踏古苔錦繡已經天造就精
華猶乞雨澆開女媧去後何人煉只我詩篇借不催

兩耳山 聚寶山旁狀如兩耳

龍王山 兩耳山東府上祀龍王有廟形家以為府城落脈愚處民間竊葬郡中輒受犯害查禁不可稍寬

玉几山 龍王山南緊護城北形如玉几又名玉屏

赤鼻山 詳古蹟

烏龍山 在城東二十里

霸城山 城東三十五里

馬騎山 城東南四十里長圻瑔下巴河對岸俱東弦鄉



獨峙山 城東六十里一名獨尊山一峯矗起旁有培塿

古閘山 城北五十里

吐蕊山 石色晶瑩

磨石山

風箏山 俱城北六十里

烽火山 城北稍東六十里

白洋山 城北六十里舊志作白楊山山側有桃花洞明主事秦繼宗著書處國朝王鑾記云予自居高士莊則有白
洋之山在其西南因自號為白洋山人蓋此山一方之望而
予朝夕見焉所以寓仰止之思也考邑乘本稱白楊土人又
稱白羊且有白虎踶白羊之識而了則謂白楊乃墓墟間物
蕭條愁慘與山之雄偉不稱且此樹山今無之至所謂白虎
者則白虎寺實在其處支隴別出脈絡久分比諸此山卑小
已甚不當彼虎而此反羊也是山也三峯迤邐蒼翠插空朝
霞夕靄紺紫百變其或久旱欲霖若雨新霽瀰漫澔汗混蓊
澄湛始如牽絲繼如團絮漸乃光明百頃溢如洪波函肆演
迤若無涯涘予乃欣然而笑曰此非所謂白洋者乎夫洋者
海也而此山之白雲似之然則衡岳匡廬黄山雁蕩諸勝地

昔人所稱爲雲海者此亦其具體耶昔者朱子臥病山間有詩曰浮雲一任閒舒卷萬古青山只麼青而胡五峯病其有體無用則徵之日山中出雲雨太虛一洗塵埃青更好夫人之爲詩也偶焉寄託奚必較體量用備舉無遺一如疏釋聖經之例如必以用爲言則更好之青即萬古之青其青舉不外乎一山以覩所稱太山之靈不崇朝而雨天下者則大有間矣又惡足以彰其用耶意者從容禮法沈潛仁義本可參造化而澤生民而乃上無應援不暢所用退而隱居獨善著書授徒偉若自洗其山之所以爲用耶易傳曰小畜君子以懿文德解者謂其以陰畜陽未能厚積而遠施焉則其遇爲之矣白洋之山自大崎蜿蜒百里而來忽矗而起所出之雲即亦不能廣有潤澤惟以空明澹蕩自顯其奇嗚呼是亦玆山之遇也夫

**樂養山** 城東北五十里一名樂子

**迴龍山** 城北五十里上有東嶽廟歲時遠近居人所禱無間

**小岐山** 迴龍山後上有寺

**石子山** 城東北七十里俱還和鄉

**赤山** 城北五十里

**城山** 城北七十里記纂淵海云十勝境在城山有仙女臺仙女洞看花臺龍潭瀑水巖龍山仙源亭馬頭泉師姑臺仰天窩明季流賊之亂避者築寨其上址猶存

**金雞山** 城北七十里相傳古掘地有金雞飛出棲於小崎山西南飛得水次曰金雞汊有池曰金雞坑又有金雞廟今不詳所在茅志注云元威順王遊獵至此詩曰金雞山下有金雞如何野店不聞啼夜深呼起山神問化作金烏東復西

**洗餘山** 城東北八十里上有仙人棋跡

**金鋪山** 城北六十五里俱慕義鄉

**佛過山** 城東北八十里永凝鄉有石佛龍井居人廟祀之禱雨輒應

**白雲山** 城東北一百二十里府舊志云山下有古寺及尹駱塔相傳尹駱二女造不知何代　明王同軌行白雲山中詩雨餘林氣靜山暝日光斜野店依孤樹村橋臥斷槎馬嘶遥澗水犬吠隔林花白首鉏雲者春風自一家　王一翥別白雲山二首零落豈堪念思藏怨亦慚古來荒草地歌舞曾當還　想雲疑割袖撥琵琶聽佔須念遷東澗清虹剔到明

國朝張椅白雲山懷古詩白雲山下路復其東入低徊策馬遲誰把土封奇土塚但逢人問列仙詩烏啼井幕傷征戰牛臥天壇憶別離擬築草堂重注易幾年腸斷政和碑



**烏石山** 城東北一百二十里

**泉華山** 城東北一百二十里山勢陡峻泉飛若練

**豹子山** 城東北一百五十里

**斑竹山**

**天馬山** 以形名

**雲龍山** 常有雲氣如龍

**大崎山** 城東北一百六十里遠自麻城龜峯而來蜿蜒盤伏至此突然高舉山勢懸絕甲於一郡登峯俯望則羣山羅列郡邑形勢盡在目前山腰有寺曰能仁唐貞觀中建峯巒迴合飛瀑百道下匯寺前爲磵寺南一石橋橋上有憩舍左右皆古木藤蘿紫翠蟠附樛曲不一形色西盼有道人石磵水下注泠泠作金石聲又西南有留雲洞俗呼爲劉婆巖行人經其麓石壁峭立前代往往避兵於此寺上至山頂約十里平廣數十丈有河沙蘆葦龍井在焉井旁有廟祀龍王極靈感遇旱禱雨立應四時多雲雲生處產異草以濯佩悅清芬龔人土人名曰濯雲香里人每瞻雲出入以決晴雨諺云崎山戴上帽農人喜得跳去山東北十里爲小崎山巖壑木石路盤奇折有飛來石下如柱推之可轉而不仆其左爲青峯巖　明茅瑞徵遊崎山記黃岡山以百數而崎山尤稱峻特余神往久之故事非雩禱不至深箐邃谷游蹤罕入者丁未冬日會有甌脫之訟郡檄下邑當從蘄水麻城兩令君勘其地既命駕屬張侯書來請弛期乃徒御已戒裝脂秣矣因顧曹掾所勘地去崎山幾何掾對以三十里而近余曰若第裹半日糧從間道濟吾事可乎遂決策行是日宿丁家墻土人稱去此數百武有孔子河郎子路問津處質明升輿經禁溺衙前有石梁圮盡流水湯湯出其下征人褰裳渡曰某之不濟命也夫廟一楹像宣尼委土以當血食余謂守僧津梁不遠以若爲導師已去至道觀河於時中春始從迂徑行荊棘中幾失道遠盼青翠數峯居民指旁爲獅子巖有大司寇王公先塚在焉入山逾迸東馬懸車木至可十里許則下春矣輿頭忽見孤崖兀突仰插雲霄余下視謂有異信步山麓得樵子稱爲留雲洞幽澗鳴泉嘈吰不絕其上兩崖交峙止度一人是謂土門過此視崎山寺邈若可即瞑色漸增山僧挈燈相迎余笑曰是可當秉燭後騎昏黑導者引炬燎原余笑曰是可當烈山山高風緊輿行別無堪適唯冉冉若墮身雲霧而已入寺勢頗宏放頹牆敗椽所之浮圖精室越翌日晨起天欲雪爲舉濁醪數卮徐詢山中遺碣了無片石第盛誇利本唐皇所留詠多俚鄙不可讀也步門外寺額能仁猶出近筆有橋旁鍋至治年月最古左嶺兩石若偃且拱曰道人石余饒探奇不息趣屧後山雀躡蒙茸至淨室洞足力疲因擁石少憩俯眺盂鉢小崎諸山森森起伏風斯下矣中峯尚在烟靄攀藤鳥舉始窮其巔近龍王祠有小嵓穴爲祖師

洞祠旁有井泠然出水山僧指其下有龍湫隆冬不涸歲旱虔禱取水輒得靈雨徘徊登眺千岩萬壑競效勝山之下果然而反尋夜行處松林竹蔭真令人應接不暇也茅子曰余登崎山而境内諸山若培塿云語稱山不在高有龍則靈茲山旣以偉秀龍蓋一邑而尺水寸波鬱鬱涌靈氣其爲瑰傑可勝道哉乃窮幽極峻不足集遊士之屐道險無徒亦自然之勢也至神王一邱領烟霞而碱泉石又傲然自暢矣

又遊崎山詩 崎山高不極半嶺看雲低亂石紛排戟飛梁迴作梯天風傳遠梵人籟出煙谿直擬擁蘿上攀躋境屢迷

國朝蔣祖脂崎山禱雨記 嘉慶戊寅夏彌月不雨喧虔禱百神皆不應乃往祈於大崎山之龍神祠山自麓上計十五里山腰有梵利今就圮巔頂坦若平地約寬五六十畝中有龍湫周二十餘丈深不可測一泖如鏡不溢不涸湫旁建龍神祠垣瓦皆以石土人曰以旣嶢爲風颿吹去也始至時天無片雲禱後有若炊烟一襪自山腹中出俄頃彌漫巖谷如鋪絜然俯厭羣山忽爾不見不自知其身立萬仞上也乃穿雲而下條爾大雨如注農民歡騰噫山之靈也如此哉

萬爲懌崎山紀遊詩二首 曹逢野老揮丹顛指點交看霧裏山遠寺編荊妨客到亂漸依石見魚還傍樓燕掠花飛急逗澗風將葉落閒桃李誰家渾欲放枝枝纖軟覆柴關 峯轉千盤一徑微游韉塵撲意遲遲猿啼杉杪愁難聽巒雜村烟到始知澗草遊陽留宿露石蘿銜霽曳新絲自嫌顛放無佳器漫道藏身穩待時



## 小崎山

大崎山東北十里與麻城縣分界處 明靖科元小崎山靈鵲記 小崎山草木蔚茂予在省時命紀綱僕築砦其上七年間不下數觀每一臨眺但見飛鳥差池僅及山半靜坐山中鐘磬聲鈴鐸聲風樹聲緜緜不絕獨不聞鳥聲詢之住持僉謂此地山高風勁羣鳥所不棲予以爲良然癸未正月流寇陷蘄州二月初九予遂入山集鄉人爲守具二十七浠水陷不一月黃州又陷予時保守孤山寇迫門庭家屬隔絕愁極無聊之頃忽有鵲聲若相慰藉予踞然曰而有之得無好消息耶未幾寇渡江家屬幸無恙砦上避難居人俱獲生全康節先生有言曰禽鳥飛類得氣之先彼或亦有善氣相迎耶自是而雨鵲巢於樹杪百鳥漸集嚶鳴相和無殊聚落住持之言似不驗或曰野老忘機鷗鳥不飛擇不處仁人之所以不如鳥也予爲之一笑因下命曰有殺砦中禽鳥者罰無赦蓋山民以射獵爲業鳥銃藥弩百發百中其長技也此禁設而鳥不亂於林矣甲申中春寇退兵遠山中稍無事時雨已降草木叢茂秀有豺狼闖入竊人雞鶩每所潛伏則鵲隨噪之日日如是百不失一將雛之家祝此作偵報焉予聞之曰異哉雞之司晨犬之司夜猶須人之豢養也鵲遶樹三帀借一枝棲耳猶然不自暇逸閭報如此其勤其世豈無衣人之衣食人之食受人之瘞疪而陰陽其術泰越其心交臂千里轉眼若不相識者乎愧此鳥萬萬矣擇不處仁果足多乎遂爲之記時崇禎十七年二月二十八日

國朝王澤宏入小崎山道中作二首 結伴尋幽入晝圖杪秋山色客同癯葉疑花發兼黃紫月似燈昏作有無歧路蠶叢悲老蕉

孤巢風樹感慈烏餘生得共崖雲臥忽憶　君恩賜鏡湖

莫訝躋攀廢歲年多生行腳遍山川風來黃葉如蝴蝶霜攻青林作杜鵑秋與暮雲歸欲盡客隨殘月影相連低徊馬首吾何願獨臥孤峯病叟禪

又登小崎山頂詩 蒼崖綠芙蓉大江一錢雪願作岐山農更鋤萬古月

張光璧小崎山中詩 山中日正午雲氣上衣裳花閒空林豔風經隔水香古橋還歷歷村舍亦堂堂爲性疏幽石逢人笑我忙

## 天神山

與小崎山相對崎俱承凝鄉

## 將軍山

小崎山北十里峯甚峻有巨人足跡 明茅瑞徵登將軍山絕頂詩 非關性僻耽邱壑何事猿鵬絕頂過千嶺遂翻紅日出萬松深護白雲拖雄圖尚說爭蠻觸猛氣驚看印薜蘿鏡乾攏轆然滿眼巉巖烟霧冷好將談笑釋干戈

## 鳳凰山

城北一百二十里舊傳有鳳凰止此後人構臺其上名鳳凰臺

## 龍岡山

城北一百二十里蜿蜒如龍旁有木斛山春夏雨作陵谷折隙相傳蛟起或言掘地得龍骨故云

## 木斛山

## 煙墩山

城北一百二十里宋築墩今久晴而煙即雨

## 雨壇山

城北一百二十里築壇禱雨立應前爲周家熊山



## 神蜂山

城北一百三十里元末鄉人在此築堡禦流賊賊攻甚急有神撒土成蜂賊驚散因建廟祀神並武聖宮嘉慶二十五年鄉士梅長昆又倡修文昌宮於其上置田並祀

## 道觀河北虎山

詳寺觀

## 尖峰山

城北一百二十五里其峯峭削環有土城中廟數楹竹木清蔭士人多息游其間

## 香爐山

城北一百三十里回車書院南形圓三足聳上古倒一盤曲若香縷俱上伍重鄉

## 會龍山

城北九十里峻極上有寺

## 馬鞍山

城北稍東九十里山當孔道 宋孔武仲過馬鞍山詩 足懸黃州百盤山更無平地只岡辭物皆枯槁非人世石最崔嵬是馬鞍長日流金紅豔豔亂沙堆雪白漫漫崎嶇出谿卿休息喬有松聲六月寒 國朝顧景星馬鞍山迷道就飯田家詩 紆迴路復迷複嶺萬松齊有舍有樵徑無山無鳥啼斷橋扶野葛履石渡危溪寒食農家飯分餐過午雞

## 五雲山

城北八十里有井脈通大江井水隨江漲落以爲淺深

## 雨華山

城北八十里 國朝孫錫蕃曉望雨華山詩 晨嵐荒初日巖險藏當戶風疎竹聲乾澗長泉流怒草荒偏餘露木竝不受斧烟動行人小蒼靜秋容古

麻母山 詳後麻母山洞

孔子山 城北九十里聖蹟於郛城據 國朝曹翰孔子山賦歷皇輿以周覽得離明之正位符艮止之休聲氣磅礴而鬱積勢嶙峋以峭嶒襟江湖而帶倒舉控弦軟而揖巴衡因王人之游歷肇錫予以嘉名遂使土壤被素王之號而致山靈昌先聖之稱爰溯所自副嶽鍾祥胚胎灊霍緜亙江黃擎天柱以脈落蠡龜峯而首昂乍盤迴而過柏舉旋蜿蜒而八甯鄉發大崎之峻極帶接天之混茫龍岡西走馬鼓南翔結五雲之華蓋作百城之保障延袤數十餘里巋然屹立於茲方千態萬狀詭跡殊蹤凹者成窪凸者成峯嶺騫騰而似鳳岡天矯以如龍映日之芙蓉隱隱撐天之紫蓋重重擬齊雲兮縹緲倖假月兮穹窿既箕張而斗峻亦星拱而雲從儼卦畤之羅列而太極之在中後倚回車之古埠前俯問津之長河左挹顏港之雲樹右擁文崎之烟螺衝長沮而寥廓有敗架溯以陂陀耦耕之田紛其繡錯進步之石鬱以嵯峩上有講經之臺下有囈書之場繞以壘池之浩蕩襯以硯石之光芒承以觀川之坐石翼以拱雉之山粱丹崖舒霞碧嶂凝翠松棆參大藤蘿交翳春雨空濛秋陰迢遞烟雲變幻於晨昏虹霓連惓於晴霽谷暗而陰陽為之晦冥林深而日月為之虧蔽天晴則魚躍鳶飛夜靜則猿啼鶴唳磵泉響而魯壁之絲竹長聆颺籟馳而洒水之絃歌未替東池平麓則疑於夔相之圖西憑小市則似乎五父之衢講院巍峩兮闕里烟墩高敞兮舞雩青蓮峙尼山之五老黃林蔚緇帷之一區緇杏壇其未遠比孔里以何殊命杖屨以徐步入烟巒之崔嵬度懸磴兮玲瓏指迷津兮迤邐嘆人事之代謝幸山川之未改憶車聲兮如聞尋轍迹兮宛在知鳳德之未衰信麟蹤之可待而斯人吾與之懷永縣邈於千載

赤腳山 城西北七十里相傳有赤腳仙經此

蓮華山 一名峯城北一百五里以形名峭拔冠諸峯出雲雨山半有明季人避流寇寨

騰雲山 城北一百五里順治間旱有道流在此設壇誦經祈雨立時雲騰雨注因名旋建寺其上

大屋山 城北一百一十五里

道士山 城北一百一十里高與馬鞍并上有明季避寇廢砦

龍頭山 城北一百一十里俱下伍重鄉

石屋山 城北稍東一百四十里遠望如屋其旁巉崖峻石有石洞石門山南皆石路名石板衝

馬臺山 一名馬頭城北一百四十里有石崖麻城交界處

並埠山 城西百里舉水倒水合流處兩峯并峙明隱士汪國瀠居此俱庶安鄉 明汪國瀠冬日魏篤臣見枉因登並埠山遠眺即事山水與幽人情事多寥廓相對不苟歡神理愜所託與子登高峯四顧生慙怍暮壑栖賓鴻昏鴉四鳴躍



何山不可登冥賞恆虞詈翹首測幽遐胸中具五嶽

官山 城北百四十里前明居人建寨避賊址猶存

也名山 城北百四十里明儒郭慶故里王文成訪郭至此名之

雨台山 城北百四十里山頂冒雲雨立至

象山 以形名城北百四十里

樟松山 城西北一百一十里古產樟松因名下有樟松湖北岸去一里許有萬松山

萬松山

大乘山 城北一百一十里近城林鋪

華山 城北一百二十里近陽邏鎮

王墓山 城北一百一十五里

蓬萊山 在陽邏鎮濱大江上有觀音閣

武磯山 在陽邏鎮北臨大江相傳後漢黃祖閱武其上元史阿剌罕以兵扼沙蕪口逼近武磯巡視陽邏城堡後伯顏既破陽邏乃登武磯山望大江南北皆元軍也邏史作羅 明無名氏武磯山詩寂寞武磯山上樹蕭條邏皐水中天垂楊不管人間事猶自青青兩岸邊 國朝陳大章武磯山詩風吹綠樹影鬖鬖獨上危磯倚夕嵐萬竈寒烟迷古戍一江秋色自淮南孫劉霸業灰飛盡晉宋遺墟落照酣楚尾吳頭爭割據太平閒共老農談 王鎮邦登武磯山詩峭壁臨磯上江黃一塹分秋高開遠樹濤急帶飛雲客笛空山應漁歌隔浦聞情隨流水遠不覺近斜曛

香爐山 陽邏北五里以形名元世祖嘗登此俯瞰大江江之北曰武湖其南岸即江夏滸黃鎮 國朝陳大章香爐峯詩虎擲龍拏迄戰爭蒼茫四顧楚山青投鞭目已無江左橫草誰堪抗虜庭金幣例能延旦夕衣冠重慶小朝廷如何隻手遮天日空使羈囚郝經

半辦山 城西一百二十五里出寶石

安甯山 城西一百二十五里

淘金山 城西一百四十里有穴三四深數丈相傳古淘金處

錦屏山 舊志作淨瓶山 國朝邱士麟辨復錦屏山記余居室之里許有山舊名錦屏山不甚高遠近數十里內無不望見蓋地勢積漸然也山下有寺即以山爲名抑不知說自何時則皆稱之曰淨鳴山絕無有知所謂錦屏者夫古人命

名必有其義或相厥形勢或取象物類或挹其遠近勝概淨鳴於義何居焉寺中有鐵磬鑄施者姓名及年月而名此山日盡平此山突起三頂四面諸山皆足與埒又安見其爲盡平也考之邑志則曰淨瓶近自七家山平衍東折突起圓山逆上起中主山又東折蜿蜒爲茱花山爲下諸山之祖於形亦弗肖是三說者余嘗疑之而向亦未嘗知所謂錦屏山者庚寅辛卯間余館於鄂湖雷氏於敝篋中拾稿本皆其人生平著述內有淨鳴山辨云此山本名錦屏徵之於雨山陳太史般孺人墓誌云禱於錦屏山神俗名淨鳴山其盡平淨瓶諸名皆世俗之訛蓋傳訛也蓋鄉前輩周副車之祖筆載云雨山太史博該古今其言必有所本而今已弗可考辨中又弗致詳宜世無知者今年余讀書寺中間則攜寺僧遠眺倦卽隨地而坐南望武昌諸山人烟輻輳雲樹參差中間大江江北雙椰村人烟甲於武昌內則漳渡松七諸湖環列於前往常望諸山之在武昌者皆奇峯矗起各擅其勝獨環列此山之前者皆方正而平儼如屏焉且書則風帆往來絡繹如織夜則漁火上下璀燦若星山水明媚烟雲繚繞奇致勝概目不暇給觀覽既久乃顯謂僧曰此其所謂錦屏者乎古人取景之遠而精立名之確而當固如是夫夫世人往來於山中者既過而不留士大夫流覽亦稍憩卽去未嘗朝夕於其間遠觀近挹以求古人命名之義遂致錦訛爲盡爲淨屏訛爲平爲瓶且轉爲鳴而錦屏之名不復傳於今可嘅也已寺僧亦嘅積久之訛至是乃得覩其眞也請余一言以復舊名夫世之以訛傳訛盡失古今之舊者何可勝道豈獨茲山爲



然且安知不以復古之舊者爲妄爲怪也哉然茲山勝概盡在目前久於其中當自得之卽以斯名爲妄爲怪余亦何辭遂書此以應寺僧之請而爲之記

**上干山** 舊志城西北二百里一名上官山上有古廟并龍井實在黃安界內別有官山屬縣俱中和鄉

**觀音巖** 有二一在中和鄉紫潭河石巖如屋左近有釣魚石臺一在下伍重鄉巖石壁立現觀音像如刻成

**百丈巖** 在永寧鄉

**青峰巖** 在小崎山側

**黃龍巖** 下伍重鄉極險峻上有寺

**獅子巖** 道觀河東盤踞三十里高五里形如獅蹲其巔如獅口中可容席七洞三泉在巖下里許　明官撫辰八日獅子巖訪楚上人雪盌丈詩人日雪山去雪深不見人古徑尋之無人破何處人傳獅子聲聞聲信步步聲處到來聲盡說無生

**虎巖** 城北一百二十里以形名

**響水巖** 下伍重鄉高數十仞懸泉如練聲聞數里

**羊角峰** 下伍重鄉高亞馬鞍山秀卓過之

**桐梓岡** 城東二里許

**望城岡** 城東三十里

**龍井岡** 上伍重鄉岡前後有井久旱不涸相傳龍藏其中

**楓樹岡** 下伍重鄉岡多楓樹一最古者大數圍高六七丈枝葉覆地畝許爲往來所憩

**長嶺** 城東三十五里

**陽陰嶺** 城東三十里一名羊耳嶺

**橫坡嶺** 在還和鄉

**祈祥嶺** 城北一百五十里道觀河關隘

**雞爬嶺** 在還和鄉迴龍山對峙

**鼓兒墩**

**蓮子墩** 俱下伍重鄉以形名



**桃花洞** 在白洋山見前　明鄧雲程桃花洞詩漢上諸姬付水流蛾眉誰許更千秋但能一死堪全節不至無言强事仇石洞蒼烟迷舊國桃花紅雨泛新愁縱然盡日端凝坐相對何曾是息侯

**麻母山洞** 在下伍重鄉相傳麻姑寄錬處中方二丈有石牀竈

**留雲洞** 在大崎山　明陳宗虞留雲洞詩古洞解留雲不解留車馬笑此行路心又逐山亭下拂衣向前楹元雲夜堪把蒼狗與白衣出岫何爲者爲霖在九垓從龍亦瀟灑

**風洞** 在馬鞍山北羊角峰南底深不可測投以石風聲甚壯塵砂外颺

**節渡石** 縣東南江中

**烏立石** 在縣東羅星湖中

**馬牙石** 以形名

**天舟石** 在龍岡山東狀如舴艋道觀河經其麓水漲時行旅苦之

**蝦蟆石** 磨石山側以石擊之鏗然有聲俱還和鄉

**馬踏石** 永凝鄉黃麻坳下石徑嶙峋有仙人乘馬過此蹄跡猶存

仙羊石下伍重鄉石徑丈有羊溲迹雨後更覺顯然

仙人石下伍鄉大屋山路旁石光澤有仙人脚迹一尺六寸

飛石下伍鄉普安堂上方員徑二丈餘風雨飛來歷寺後壁僧迫礡於神又風雨飛落寺前懸巖尺許石筍上至今不墜

馬跡石下伍重鄉弓馬河畔石徑四五尺有馬足跡大倍常馬深逾三寸

飛來石在縣西板橋寺宋太平興國中因雷雨有石墜寺故名又大崎山南亦有之

道人石在大崎山西畔以形名

臥牛石在中和鄉長河中

牛踏石在中和鄉紫潭河中上有牛足跡

細嶺石在縣北中和上鄉黃陂縣界

茶房石大足石一名磯灣石兩石凸出陽邏江邊舟行礙泊

烏龜石一在城東五里一近陽邏鎮下臨江岸石生成龜形陽邏地形如蛇儼然神蛇逐龜之勢

仙佛石在三里畈區張家沖上下二石一鑪形一卦形



觀音磯在陽邏大士閣下

龍蟠磯即節渡石在城東南江中周百餘步高六丈石勢蜿蜒如龍因名太平御覽武昌記世傳龍蟠於此誤也黃邑以武昌江岸爲界磯屬黃上有大士閣　明劉養微龍蟠磯短歌江心古石盤樓閣二月水枯露石腳突兀翻驚象馬騰蹯拏忽與虬龍搏孤根倒插馮夷宮奔濤觸石不敢東波間毒龍啾啾語出沒無常挾風雨老僧愼莫伐鐘鼓震驚或恐攖其怒公乎渡河公無渡　王廷陳遊龍蟠磯詩巨石表江心花宮傍太陰天寒龍臥穩雲迥雁飛深棟宇飄明鏡汀洲響梵音慈航向夕渡轉覺戀祇林　又宿龍蟠磯寺中詩龍象開靈巘瓊疊蔽法筵石間攢寶樹鏡裏湧紅蓮香氣潭烟接燈光岸火連禪房風浪過永夜不成眠　又夜酌龍蟠磯頭詩大江之半石嵯峩石上樓臺蕩碧波沙淨鳧鷗依檻泊月明舟楫過延過中流擬接鮫人室深夜猶聞漁父歌危坐轉驚銀漢上幽棲翻厭碧山阿　又秋夜宿龍蟠磯寺中詩三山海上但虛聞茲境眞憐禮佛勤石勢參差蟠水府金光縹緲出江雲龍宮深壓黿鼉窟鷲嶺孤回鸛鶴羣向夕繩牀難假寐天花汀葉鬭繽紛　國朝宋犖望龍蟠磯詩孤巘排空起波濤萬頃迎蛟龍留窟宅殿閣自江天法鼓聞山縣神鴉送客船沙頭開極日斜日起蒼烟

川

江　源自岷山今四川松潘衛徼外東下逕翼際山在今漢陽府城東北半里一名魯山與漢水合漢水本漾水出今陝西甯羌州嶓家山東至漢中府南鄭縣爲漢水至五通口入縣界一作武通口即武湖口與黃陂縣分界處三十里逕陽邏堡十里逕龍口港縣北一百一十里二十里逕雙流夾四十里逕團風鎮舉水及道觀河之水入焉又東四十里逕三江口又東三十里逕城西北赤壁磯又四十里逕巴河口巴水自東北注之入蘄水縣界

舉水　源出麻城縣東六十里龜峯山稍北黃蘗山距麻城縣治九十里兩山之間即春秋吳楚戰於柏舉地西南流上逕虎頭關陰山畈南逕閻家河亦名桃花河折而西會白塔河西南逕高岸河稍西匯麻溪白杲二河又西南會浮橋河又西南過宋埠市至岐亭河又西南逕黃安東北境入縣界嘉魚村一名牙魚坑柳子港縣北一百二十五里南逕赤土坡又南逕秤鉤灣經流逕舊州即舊城市今稱新州爲舊州長河三店橫河之水入焉南過姚二渡南爲廟埠潭爲黃舍潭又南爲石頭潭縣北九十



里董福灣支流自楊家河口南爲汲水港又南爲小西河至細河口與經流合白塔河之水自東入焉南逕辛家衝又南逕赤腳山爲方一渡又南至穆家涇倒河之水自西來會名倒河口合流南至徐家樓下之張家灣支流東注史壩橋河入江今湮經流南注鵝公頸古稱大舉口南入於江今舉水自柳子港下東徙南逕宋家渡荷葉洗入舊州長河

倒水　源自麻城縣西北九十里羚羊山白沙關寰宇記在麻城縣西九十里黃岡縣北一百二十里魏書世宗紀景明四年鎮南將軍元英大破梁將吳子揚於白沙逕黃安縣南之雙山河至紫潭河東南入縣界南流爲石板潭南逕馮家集李家集又南逕孔家埠孫站埠一名贊埠桑樹嶺又東逕漲渡湖感化河之水入焉河在縣西北百五十里特倒水之別出舊志以爲發源於羅山者誤河分二流南至龍口爲龍口河

入江東至倒河口入於舉水（按省志黃安縣紫潭河東南入黃岡縣界卽爲感化河由贊埠匯漲渡湖入江稍可運筏夏秋水漲間可運百斛舟且謂以此爲倒水誤不知何據）

道觀河　源自大崎山西南流爲高家河折而北爲倒灌河卽道觀河也（以地有道士觀名）復折而西南至兩河口沙河之水會焉南過楓香墅馬鼓山河之水會焉南過舊街又南至柳林水分爲二東南流者爲黃家河西南流者爲柘林河俱會於雙河口西流爲白塔河入舉水南流注鮑湖孔子河淋山河（縣北八十里）之水皆入焉自史壩橋塞皆經磐石橋達赤山橋由三台河至下巴河入江

沙河　源於麻城之鐵線嶺入縣界爲沙河南流逕陶黃寨又南爲孫家河又南至兩河口入於道觀河

馬鼓山河　源出馬鼓山東北水漸流入上巴河西南水自山



折而東入三廟河復折而東南入舊街河復折而南入柳林河柘林河達白塔河出鵝公頸入江無逆入道觀河者舊志載流爲傅家河磙子河自史壩橋塞亦止南經磐石橋赤山橋達三台河至下巴河入江

巴水　源出羅田縣東北一百五十里鹽堆山下爲瀧湫河九子新昌螺走等河經滕家堡西油河背爲縣之東界河或云河源出蘄水縣板石橋河東卽蘄水地南逕但家店（但一作段）又南爲陳家河一里河之水入焉（一里一作溢流）又南爲上巴河又南爲馬家潭東港火燒港之水入焉（城東八十里還和鄉）又南至魚博朱大夫河之水入焉（明刑部郎中朱恕所濬城北六十里還和鄉）又南逕孫家背爲西陽河（訛呼新洋河）南逕馬騎山三台河之水入焉又南至下巴河入於江

三台河　源自迴龍山歷瓜瓞灣會鷄子湖（水漲自羅家溝入湖水落湖水東出三台河西出羅家溝）奔港（城東四十里）之水逕黃婆汊過玉帶橋（卽三台河橋）由沙逕合南湖白灘湖水入於下巴河

界埠河（一名衝埠）　源自鄖口（卽德安湞水出口）過黃陂縣至縣倉子埠入界南逕汪湖嚴家堰三水港北勁隄鵝鵲滃過泥埠又南逕界埠水口入江又南逕陽邏堡之武磯北爲陽城河又西至大港入於江（干志云又南至新河口入於江）舊云漢水分流經此繞五通口入江明萬歷間始決新河口爲達江處

上新河　在城西原無河康熙間知縣鍾莗捐錢三十萬挑濬成河引磯窩湖水從此入江棲泊舟楫以避風濤但湖水無源春冬江水消涸河身常成陸地黃郡爲水陸要衝而泊舟無所遂至賈客檣帆去之弗顧（舊志）



樊口（詳下大壯洲　元丁鶴年樊口隱居詩萬里雲霄斂翼回掛冠高臥大江隈春深門巷先生柳雪後園林處士梅翠擁樊山邀杖履綠浮漢水映金罍誰能領取坡仙鶴月下吹簫共往來）

新河口（見前　國朝陳大章新河口詩日落呼舟古渡頭鬢華霜影兩經秋山橫八字天開識水匯三江地欲浮三國樓船餘王氣六朝羣屐自風流黃公壘下白黿渚只送寒潮打石頭）

三江口（見前　梁元帝赴荊州泊三江口詩涉江望行旅金鉦閒綠斿水際含天色虹光入浪浮柳條恆拂岸花氣盡薰舟叢林多故社單戍有危樓疊鼓隨朱鷺長簫應紫騮蓮舟夾鶴氅畫舸覆緹油榜歌殊未息於茲泛安流　宋陸游泊三江口詩遲明離武昌薄暮次黃岡勿言觸熱行一雨三日涼北窗荻蕭蕭南窗江茫茫元雲一池墨碧綫半篆香尚無車馬塵況復爭奪場徐行勿掛帆此樂殊未央　國朝奚祿貽三江口詩衆水會夏汭三江趨海門煙寒邾子郭雨暗呂蒙墩避地行舟少防關舊址存烏啼深樹裏秋色正消魂　程芳烈夜發三江口詩日落停橈纜安流坐可乘寒汀秋唳雁遠寺夜飛燈帆月虛陰渡江霜客面凝風輕人籟寂漁火宿孤燈　黃利通三江口詩落照三江古渡頭人烟簇處片帆收上弦月傍星光瀲入夜風連樹影秋幾點漁燈青荻岸一竿佛火碧沙洲誰誇烈士心千里水面涼生作卧游）

磯窩湖（城西北二里）

後湖在舊城後故名今城之東總名後湖其分隸以納賦者東為東湖北為白灘湖古塘湖一名蜻蜓羅星湖亦名西湖湖東南為蒲湖東別為宅口湖為道人湖並蔡湖

沙湖城東三十里蘇子贍欲買田處一名螺螄店

白塘湖在縣東一十五里接沙湖

灄湖城東四十里入蘄水界湖課縣徵

王九塘合土卯湖城東四十里以上五湖在東岔鄉

零殘湖本彙徵各鄉業甲零殘稅銀為零殘湖課舊志以名湖云在還和鄉并非

團風湖口城北五十里久崩入江　明凌義渠自團風鎮沿江西行詩未及涉江去迴環此眺聽涼秋涵野曠雲物何泠泠浪偃磯初落風遲帆乍停芋田鋤後熟藍圃望中青挽罟依沙岸懸帘截水亭斷蘆生遠響叢莊發微聲目極低傷晚千山不一形霞光隱日腳青紫界蒼冥勞望會有極動者亦云甯吾行適樂息催火出林垌　王廷相舟及團風以事復回黃州詩遄發齊安城野憩團風坂簡書申巽命造次促櫂返中夜凌迴江侵晨見南嶨推篷納升旭覽勝紛可辨崗桂霞影蕩江蘺露珠泫時物豈不麗滯旅興莫展鹿門逐耕稼太史樂遊衍高賢雖自許干祿竟淟涊重來日云積歸



計路應緬長嘯行曠達偃臥戒憤懣勞謙業以廣止坎道乃善差氛與日搆持此庶可遣　王廷陳自團風赴黃條見城郭詩野水平侵岸澄江穩放船檣聲雜鼓吹檣影曳雲烟逐草鷗後俄驚百雉前長風如可假乘夕向遙天　崔桐舟泊團風李盤潁寄長見過詩李白過逢江上舟談詩呼酒共寒流慚予豈解吟黃鶴羨子真能脫紫裘烏鵲遶林涼月細魚龍吹浪暮烟愁相看更惜蒼茫別燭剪黃昏坐未休　王一夔團風別葉臣因憶王戍於此別堅公詩團風江上送袁公解脫貞懷世所雄雨雪飄蕭三十載琴書元漠少年容槩稚白滸霜濤急燈退烏林戰火紅不是玉肌經宿酒翻疑劍俠走長空　李之泌團風江洲上詩二首老漁家住滄洲岸日日風波常在眼十年三千六百釣幾見蓬萊水清淺　射石曾自射　鵰還故李將軍亦偶然猿臂雙收閒數雁卻回溪上打魚歸　國朝宋犖團風鎮避風用少陵萬丈潭韻詩北風江上急濃陰忽如晦孤帆隨鷗鳥簸蕩洪濤內繫纜向洲渚一水投烟霧咫尺見鄰舟突兀桅樓大小船如蟻蟻絡繹兩岸對港深波復平陽氣浮澹灝雪花遠近飛著地明璘碎荒村盡掩扉漁翁不在外驚心列成多到處懸旌旆江樓駐雄師聲名傳下瀨乾坤浩茫茫萍梗偕流輩百年境遇繁適意誰能最緬懷川路紆顧景逢窗礙悵然念去春遊賞欣臾會　陳大章舟過團風懷鄭方南詩荒江盡夕陰秋色澹無豫沙洲昔未沈千室魚鱗聚故人休沐歸吟釣有遺處結廬近何之四顧空雲樹廉夫亦可為棲泊隨所遇遙知高世心獨與古人晤開歌紫芝篇或咏猗蘭句階前戲小童膝上坐文度適意且逍遙搔首各遲暮悵慨平生言含情未能去

鮑湖城北六十里以上二湖在慕義鄉

舊州長河湖城北一百二十里

窰㘴安仁湖城西北一百二十五里庶安鄉　明鄧雲程安仁湖卜居詩居然一少伯寓跡五湖邊席閒簷懸月門閒水浸天好風吹暮雨短笛弄輕烟何處蛟龍闘絲綸滿釣船　國朝孫錫蕃安仁湖湖上詩二首白白湖中水嫋嫋竿頭絲鯉魚不受釣素書來何時藻華開寂寞照我長相思相思復相思相思有已時相思不相思相思無盡期日落四山紅雲起四山悲四山此雲日起落何時須

樟松湖城西北一百一十里　國朝梁佩蘭送陳仲夔歸松湖詩君家松湖屋我家仙湖樓兩湖相隔六千里空涵一氣共清秋其中日月星辰落湖底沐浴吞吐光欲浮琉璃萬頃作謫謫推出城郭如銀洲就中亦有能艋舟金沙鸂鶒雪片鷗楊柳芙蓉種湖尾石房書屋臨湖頭居湖之樂有如此君家松湖吏難儔瞿塘五月峽水至虎鬚一倒沈豪牛江漢之大爭飛流天地浸灌不可收漁人刺船來沔口取錢賣魚為生謀蒲魚似玉玉幾片銀鱗雪鬣光油油霜刀作膾絲縷細宜城美酒兼可求君也兄弟相唱酬慈母玉杖杖白鳩上壽進酒傳觥觴君之樂事亦已優我望仙湖歸不得登高遠



念勞雙眸家人望我回湖月幾度垂銀鉤誰知欲行反夷猶羨君歸旆如飛鶩北方嚴寒青狐裘送君驕馬出白滿尋常相別已相念況乃一別將歲周我生凡事只任運文章千古夫何尤一官老大意已足但不微巧為棘猴君年方壯茂達獻納林詞賦動天子八駿一日崑崙邱三生石上自記取聰明冰雪良有由始為老生萬卷破不出逢翟徒探搜復為閩人少登第疏劾權相英氣遒黜陽遣戍地北極出入虎豹啼鵂鶹能泡胡笳會欲盡後歸古佛為比邱至今清源古寺在廬嶽石壁彩翠林木稠楊循何人作引導大悲收攝吾欲投得無頭陀金色具妙相袈裟角蹬隨瓶鉢蓮花香海試幻泡居向坎井原蛭蟈郎今平原射獵鷹臂韝少年陸博呼采骰眼前各各不相謀與君并馬聯綢繆君行我住心悠悠幽州雪晴衡嶽霽歸去湖鳥鳴啁啾吾亦何時得歸去嶺上䃌角閒鉤輞仙湖芳草青可採仰天四顧歌四愁　老生閒人至比邱楊循俱仲夔三生事　彭湘懷寄松湖陳松屏詩松湖湖上松花妍松湖湖中菱葉鮮松屏老人無一事日起開門放釣船養素漸幾活潑境參元時到清虛天未識近來何所作應尋白石煑新泉

漲渡湖城西北九十里近湖有七湖并屬樟松湖

黃漢湖城西一百三十里一名武湖為黃陂縣界近湖下有柴埠湖屬焉

竹根潭城北九十里通團風口注大江

龍潭城北一百一十里慕義鄉舊州長河側一在下伍重鄉詳見水利

響鼓潭在上伍重鄉下伍重鄉亦有此潭

烏龍潭庶安鄉

石板潭庶安鄉

七丈潭庶安鄉

李家潭城東一十五里

蔡家潭城東二十五里附近趙家潭并在東弦鄉

白龍潭城東四十里東弦鄉

馬家潭還和鄉

石頭潭城北九十里亦通大江

紅石潭城北百四十里庶安鄉亦名石頭潭

柳港在縣城北小流水滿明洪武初鑿今城濠



長港在縣南由樊口入計長九十里北屬縣多軍人

顏子港孔子河北三里

烏龍港城北一百二十五里庶安鄉

紫荆港庶安鄉

太平港城北一百六十里以太平橋名即塔石港

徐家港在縣西北中和上鄉

會貴港在中和上鄉

羊兒港在雞屁嶺下

童家港在中和上鄉

蓮花港在中和上鄉黃麻兩界間

雙水港城北一百五十里近黃陂界

韭菜港城西三十里三江口下

龍口港城北一百一十里通樟松湖北達大江　國朝奚祿貽舟泊龍口詩白虎銜連龍口前程十里賒北風爭繫纜荒戍不棲鴉天落雲垂草江翻水沒沙食鮮何處得寂寞兩三家

柳子港城北一百二十五里源出路灌口入麻城界注岐亭河入境

螺螄港還和鄉

火燒港還和鄉港岸有駝背柳居人祀之以神

長蘄隩城南二里舊立館驛為過客遊憩之所輿地紀勝名東館

夏隩城西南二里詳古蹟

大壯洲城西大江中即得勝洲或謂崢嶸洲非是按大江支港直走樊口於形家言少礙若得勝新生二洲已塞樊口則形全古諺云烏沙塞樊口黃州出狀元

姜家洲圖風鎮大江中又名江家洲俗名鴨蛋洲又名雅澄洲舊名舉洲亦名新生洲今崩坍

佗鷂洲與舉洲相次俗名羅湖洲

木鵞洲雙柳鋪大江中即崢嶸洲



葉家洲城西九十里汪家鋪

夾隄河溝長三里許雍正九年洪水開通舉水為史河支流居民賴之

三台河見前　明王廷陳秋泛三台河同魏范諸子詩賦客蕭晨此並來衰年勝地幾傳杯蒹葭水落魚龍冷島嶼風驚雁鷺哀漁艇縱橫秋　岸合游軒雜沓暝原迴疎林忽送青天月沙色波光萬里開　又自三台河泛舟至鳳巖詩嘗蓄水雲興乘茲風日和纜牽仍擊汰棹輟且隨波竊慕太公釣猶欽孺子歌野風吹蘭杜潭影翳藤蘿曲岸行逾近支流入轉多蟲魚銜艇躍鷺鶴狎人過漸覺旁洲退迴看遠岫羅詭容綠來出逸思向空摩嚴子瀨如此秦人源匪他再來津恐失歸路柰愁何

國朝周凱黃州應疏河道議黃州一重鎮也府治屬焉隸州一縣七自縣而府而道居之一副將鎮之宜其民物殷阜市廛繁盛余下車之始見山川清遠城郭完好人民秀美心頗樂之既而環視城中街衢湫隘綽楔頹唐市無珍異無宿儲民隸於兵者半隸於官者半士多寒素絕少富商大戶廉得四鄉屬邑亦起落不常心竊異之乃詢薦紳而得其故僉曰河道不疏故也赤壁下舊有河自西北鄢家水口引大江之流入王家湖磯窩湖出觀瀾橋南入塔溝東南歸羅星湖由下巴河仍入於江繞城如帶俗呼玉帶河為形家言者所稱當時郡屬富盛甲科赫奕大艑小艇艤泊城下自鄢家水口塞

僅資湖水其流遂微河亦遂失赤壁屹然陸地商旅不通富家大姓雖於持久嘉慶丁丑太守吳公之勤曾疏之工未半遷去事遂已吳公以礮窩湖之水倒出楓香橋有損地脈塞之而觀瀾橋以下未及通暢夏秋湖水泛溢居民私開溝洫二道以洩水水斜出於江不入河而河愈塞其故道猶存也余曰誠如是是官斯者之責也乃尋故道究其源委父老悉其利弊者白余曰自河之塞不利可數江水不入湖水不蓄旱潦無以資灌溉舟楫不通商旅不至貨財無以爲利賴江環如帶包我萬姓失其形勝累千鉅萬之富家今且如懸罄矣連甍接第之科甲今寥寥數人矣匪惟吾民官亦不利凡我父母爲賢爲惠僂指計之匪病即憂速去其位此黄之人所痛惜者也然而民有是心非官不行民有其力非官不率侵河之旁視若已有各私其私惟官聾焉所需鉅萬敢費官錢富家大族惟官勸焉一城之利一郡之觀易於樂成難於圖始惟官倡焉良莠不齊實賴賢智所見惟同所志或異惟官擇焉余曰誠如是是官斯土者所宜急也歸而稽之志載按之圖說將作書告勸諭斯民適奉檄往來漢上未及奉行丁太淑人憂去官於是黄之薦紳父老具楮帛弔於吾母之前且言曰使君之志知不及行也願書其事以貽後人余昏眊罔知所云閔斯言感且媿涕泗涔涔下曰敢不如教謹就所知而書其略按志環城舊有河者也鄢家水口爲引江入河之要地高阜居上游宜深濬者五六里面寬若千丈底寬若千丈深若千丈使達於湖爲費較鉅湖水無源易於消涸非引於江水不足以濟舟楫王家湖礮窩湖之間爲易家隄宜寬深若千丈自湖以下至觀瀾橋河道顯然宜寬深若千丈爲力尚易塔溝之河僅存一綫宜倍其深廣以爲宣洩之路自羅星湖達於巴河本有河宜疏濬之計長若干里需金錢一萬有奇宜塡塞者私開溝路二道使水不得旁出宜預謀者廣集資費以支所用使工不致中輟侵佔爲田者清釐之不遵者懲儆之宜加寬廣而非侵佔者勸令劃助之旁湖之民按畝出夫以供畚挶富家大姓好言曉諭例載疏水道捐銀三百兩以上次第獎勵給匾額頂戴可以申請爲勸工宜自下而上毋壅滯毋畏難毋避怨毋見小利毋任私人庶幾一勞永逸而爲黄州一大利也或曰引入河恐秋水汎泛淹沒民田則告之曰不疏河則秋汎亦汪洋無涘也惟水落後宜時其疏濬或謂民久爲業奪之恐不便則告之曰糧有額可稽利百捐一爾所侵佔毋自貽悔夫物會之遷移非人力所能強而因時制宜亦有心者宜力爲之謀吾知官斯土者必有憫斯民計利弊而與吳公有同心者尤願黄之薦紳父老有力之家共相協成道光七年十一月記

有謂利不什不議興害不什不議革未可起大役動大衆姑存吾言以待相時者之舉動心竊不然此事執擔夫於途而問之皆知其然也豈待後之相時而動哉閭嘗謂浮屠氏日繫木魚雲磬矣志修一佛未必不成而況官其土者乎其不爲者畏難苟安之心誤之也志不堅故也此非僕之虛言也前守襄陽時改校士館移建橋梁平治道路修城垣開水利設義學其費動以萬計而民輸將恐後豈襄陽之民獨好義乎亦以所感之有道也今人施修佛寺不惜鉅萬苟導以利弊輕重未



必不樂於爲善亦既知其利弊輕重矣因循遷就而猶爲趨避之說自逃其間尙望於民乎問心得無愧乎此又非僕之好爲議論以要譽也膺大爵享大祿而於民事漠不相關以畏難苟安之心處之曰姑俟異日安知後之人不又畏難苟安如我者乎借天不假之以時苟假之以時事未必不行利未必不興弊未必不除黄之人富盛倍於襄陽其好義未必不什倍於襄陽儻竟如所言姑存其論此不可解者也所言可爲畏難苟安者文其過而未必可爲有心者勸也黄之人所不欲爲者有二富商大戶錙銖是計罔知遠大將以若所言爲便其佔爲田畝者私其所入尙且自利援所說以爲解而爲官者斷不然此可自信者也又記

# 黃岡縣志卷之二

知黃岡縣事合肥戴昌言編輯

## 地理志

### 古蹟

廢壘蕪城固足動今昔之感已至若曩哲之所經過陵谷代殊而餘風芳韻猶流被於竹樓赤壁間不又深人仰止之思乎蒐而志之俾論古者有所考而私淑名賢者履乎其地追念聲稱之所以不朽亦可以興云

**邾縣故城** 今城北一十里按地道記楚滅邾徙其君居此水經注晉咸和中庾翼爲西陽太守分江夏立宋書州郡志晉咸康四年毛寶爲南豫州刺史治邾城按此時以西陽爲豫州治唐括地志在黃州東南一百二十里蓋立乎舊州以指故邾也通典邾城臨江與武昌相對宋寰宇記黃州唐中和五年移於舊邾城併見沿革及兵事內明顧景星邾城蚕發詩有水砦自前朝湫隘屢曲折邾君昔徙此苦遭強楚滅之句



**邾縣城** 今城西北一百二十里稱新洲即舊州地按漢書高帝三年項羽封吳芮爲衡山王都邾漢因置縣三國黃祖使甘寧爲邾長吳赤烏四年陸遜嘗以三萬人戍邾城之遺址尚存地理通釋今蘄紵黃三州有大山綿亙八百里俗呼爲西山邾城在山之南所云西山今不知何指明一統志邾城在府城西北一百二十里本漢邾縣亦稱邾城皆劉宋之南安縣蕭齊之齊安郡隋及唐中和前之黃岡縣皆此地城有八景一曰城南烟樹二曰四顧雲臺三曰龍潭夜月四曰化樂曉鐘五曰崎山疊翠六曰義井清泉七曰鳳臺夕照八曰魚浦秋風市有碑曰古南安　明劉基邾城懷古詩孤城寥落徧蒿蕪萬里蕭條近楚符鴉帶夕陽歸舊壘雁將秋色下平湖遺墟渺渺生禾黍古木蒼蒼接里閭故事豈勞重借問漢江流水自縈紆　國朝陳大章新州二首新州曾是古邾城遺事空傳故址平莫道長沙封最小儘將功業讓韓彭　齊安名郡自蕭齊廢苑人耕鳥亂啼一線長江天設險至今貽笑庾征西

**西陽故城** 今城東三十里漢置縣晉置郡隋廢水經江水又東逕西陽郡南郡治即西陽縣也宋書州郡志西陽本縣名兩漢屬江夏郡魏立弋陽郡縣屬焉晉惠帝分弋陽爲西陽國屬豫州宋孝建元年屬郢州太始五年又屬豫後又屬郢領縣西陽隋書地理志後周置弋州統西陽郡開皇初廢唐元和志故城在縣東南一百三十里亦本舊州言舊志魏滿寵度吳欲襲西陽先爲之備未詳其址府志以今治東南三十里孫家嘴枕山面河形勢足據巴水經其下舊名西陽河與水經合殆即其處　附舊志春秋僖公六年楚子滅弦弦子奔黃注弦在弋陽軑縣東南按古軑縣即今蘄水今治東有東弦鄉　宋謝朓王撫軍庾西陽集別詩　按沈約宋書曰王宏監豫州之西陽新蔡諸軍事撫軍將軍江州刺史庾登之爲西陽太守入爲太子庶子集序曰謝還豫章太守庾被徵還都王送至溢口南樓作　祇召旋北京官守反南服方舟析舊知對筵曠明牧舉觴矜飲餞指途念出宿來晨無定端別晷有成速頹陽照通津夕陰曖平陸榜人理行艫輶軒命歸僕分守東城闉發櫂西江澳離會雖相親逝川豈往復誰謂情可書盡言非尺牘

**西陵故城** 一在縣西北漢置縣屬江夏郡晉屬弋陽郡劉宋屬西陽郡梁廢唐元和志西陵故城在黃岡縣西二里本縣舊州言一在蘄水縣西南吳志甘甯傳甯拜西陵太守領陽新下雉兩縣水經江水又東逕西陵吳故城南是也注以西陵即史記秦昭王遣白起伐楚取西陵之地誤省志謂西陵之說當以此爲定

**黃岡故城** 即邾縣城南齊置南安隋改爲黃岡自唐移治故邾城而此城廢爲舊城市今稱新洲者是

**齊安故城** 在縣西北隋書地理志黃岡齊置齊安郡唐書地理志北齊於舊城西南築小城置衡州領齊安郡隋改齊安爲黃州居　唐杜牧齊安郡晚秋詩柳岸風來影漸疎使君家似野人居雲容水態還堪賞嘯意歌懷亦自如雨暗殘燈棋散後酒醒孤枕雁來初可憐赤壁爭雄度惟有蓑翁坐釣魚　又齊安郡後池詩菱透浮萍綠錦池夏鶯千囀弄薔



薇盡日無人看微雨鴛鴦相對浴紅衣　又齊安郡中偶題詩兩竿落日溪橋上半縷輕烟柳影中多少綠荷相倚恨一時迴首背西風　又題齊安城樓詩鳴軋江樓角一聲微陽瀲瀲落寒汀不用憑欄苦回首故鄉七十五長亭　又憶齊安郡詩平生睡足處雲夢澤南州一夜風吹竹連江雨送秋格卑常汨汨力學強悠悠終掉塵中手瀟湘釣漫流　宋王安石壬戌正月晦復至齊安詩風暖柴荆處處開雪乾沙淨水洄洄意行卻得前年路看盡梅花看竹來　明陶安齊安即事五首初入黃州市蕭然綠樹村一刈茅低縛屋剖竹密編門挑李花零落山川勢吐吞塵民來一二敬喜爲溫存霧雨一城暗梨花三月天空梁春蟻墮疎壁暮蚊穿草密藏枯井苔荒蝕斷碑開門山色好飛翠落吟箋江月簫聲遠城春竹色斑天文鶉鳥次地險虎頭關緗縠此爲郡結茅先對山雨晴聞布穀鬭草未能閒雨過山添色推牕翠撲衣秋隨新水長蝶趁落花飛江近簷頭掛春從客裏歸沙乾聊可步筇杖綠陰肥　千村新雨過水滿綠苗生蠶麥收成速兵農賦役輕紛紛挈家室日日到州城訟簡有公暇江山共此清　明鄧楚望齊安雨夜思歸詩獻捷傷難遇在陳不可留停雲生遠夢聽雨亂鄉愁芳草客中路春風江上樓無端羈旅思白髮對滄洲

**齊興故城** 在縣北南齊書州郡志郢州齊興郡永明三年置通鑑齊永泰元年奉朝請鄧學以齊興郡降魏注其地當在西陽弋陽二郡界

**永安故城** 在縣東門外池北十里卽邾縣故城隋所置永安郡也寰宇記卽楚相黃歇所都隋取黃州爲永安郡今有永安鄉在縣北六十里張表臣珊瑚鉤詩話黃之永安爲春申故城蓋始封也謂之春者蘄春壽春謂之申者申光之開是也其兼二城而封之歟省志黃歇壘卽永安城一作女王城又有作呂陽城者謂東弦鄉有呂陽三村亦不可考惟前志謂春申君所都乃吳國地今無錫惠山上有廟不以此卽春申君故城之說爲然

宋蘇軾日日出東門詩 日日出東門步尋東城遊城門抱關卒笑我此何求我亦無所求駕言寫我憂意適忽忘反路窮乃歸休懸知百歲後父老說故侯古來賢達人此路誰不由百年寓華屋千載歸山邱何事羊公子不肯過西州

又正月二十日往岐亭郡人潘古郭三人送余於女王城東莊禪院詩 十日春寒不出門不知江柳已搖村稍聞決決流冰谷盡放青青沒燒痕數畝荒園留我住半瓶濁酒待君溫去年今日關山路細雨梅花正斷魂

又與潘郭二生出郊尋春忽記去年是日同至女王城作詩乃和前韻詩 東風未肯出東門走馬還尋去歲村人似秋鴻來有信事如春夢了無痕江城白酒三盃釅野老蒼顏一笑溫已約年年爲此會故人不用賦招魂

又六年同日復出東門仍用前韻詩 亂山環翠水侵門身在淮南盡處村五畝漸成終老計九重新掃舊巢痕豈惟見慣沙鷗熟已覺來多釣石溫長與東風約今日暗香先返玉梅魂

**馬柵** 在縣北梁大寶元年邵陵王綸引齊兵營馬柵距西陽八十里疑卽今馬驛



**蘄巫驛** 相傳臨皋亭右唐肅宗時遣女巫分禱天下名山大川所至狼藉有入黃者刺史左震晨至館破鎖斬巫悉誅所從少年籍其贓得十餘萬黃人歌之曰吾鄉有鬼巫惑人人不知天子正尊信左公能殺之

**陽邏堡** 縣西北百二十里宋置堡於此東接蘄黃西通漢沔南渡鄂渚北至五關一要害也宋開慶元年元世祖取黃陂民船繫栰出陽邏會於鄂州咸淳十年宋王達守陽邏伯顏破之俾阿朮先據黃州詳見兵事相傳江側磯石有淮甸上游四字元龍仁夫書 府志云春秋昭公五年楚子伐吳濟於羅汭舊志以爲卽此地然字從羅不從邏相傳三國時劉先主約孫權拒魏旦夕使人邏吳兵之至故名按水經江水東逕若城南注若城至武城口三十里武城口卽今武通口陽邏堡在其下或者謂若爲邏歟

元傅與礪陽邏堡詩 微雨瀟瀟溼行李馬頭卽見長江水烟浦明沒白鳥邊風帆亂入青雲裏望人南北久離居況復今年無素書明日壺吟漢陽樹何須不食武昌魚

陳剛中陽邏堡詩 陽邏殘堡高巑屼亂山勢如秋蛇蟠長江西來五千里雪濤怒濺秋風寒憶昔王師駐江上旌旗百萬騰江干江神俛首不敢喘鏡光浮碧無驚湍乾坤一統自此始坐見北極朝衣冠我來蘄陽望夏口彷彿但認煙波竿漁歌數聲起何處白鳥飛盡青天寬鯶公盈尺不論價儕然一笑生清歡興亡往事誰復問磯頭石老蒼苔乾津鼓急催渡江去又見曉日浮晴巒

明郭鳳儀題陽邏驛樓詩 雄郡枕巨津檣軒瞰木杪弭棹亦何營攀梯肆周眺長江浩無極連山青未了但覺去帆遲莫辨歸舟小參差遠樹迷歷亂輕鷗矯入夏暑雨盈是日炎蒸少吏道常局迫人事多紛擾逸興寄嵩麓滯迹猶江表愧無排虛翮臨風羨高鳥

國朝汪國溁同萬師二別周峙鉉出西港入江至陽邏宿詩 九峯山松煙入秋化皎月連袂別良朋輕舟於此發谿邊送別人舟行歌未歇湖闊淚花平乘舟如乘筏雙槳夾谿流菊華時秘辭籬落挂魚罾渡之於倏忽日暮江流急萬帆爭飛越勸客凌逆波舉棹心尤詭市肆倚山阿孤燈時明沒客窗更對語殘醉猶勃勃

秦樂天舟過陽邏石壁觀龍仁夫書詩 陽邏磯頭秋水落石壁下瞰蛟龍闊上鐫四字大徑尺傳是龍仁夫所作我來停舟仰面觀咄咄逼人毛髮寒雋拔剛斷出天授排奡思話凌宜官風吹雨灑波淘汰信有鬼神呵護在迄今點畫尙分明更歷滄桑無損壞東望江流如建瓴古藤陰黑啼湘靈眼中若肯有人揭應勝焦山瘞鶴銘

陳大章陽邏堡詩 白鷁千艘百勝強孤軍力盡與存亡雙埋碧血縣青史手揭雲旗護國殤剩有張陳殉社稷應同巡遠祀睢陽荒壘舊蹟無人記時見昏鴉繞戰場

**大乘山土城** 在陽邏下十里城林鋪上有古饒益寺遺址旁有古城不知何代相傳晉王孟威嘯聚之所有古井明嘉靖末邑人呂禧浚得斷碑中爲元伯顏記載孟威事又舊志載孟威葬於縣北百十五里俗呼王墓山又有雙姑廟祀其二女姚英月英言與闕索戰敗遂妻焉事無可考

**沙洑口** 城西一百四十里元史作沙蕪口一作沙武口宋開慶元年元世祖自沙蕪口濟江州縣多降咸淳十年元伯



顏軍自蔡店往觀漢口形勢開壩引船入淪河徑趨沙蕪入大江詳兵事

國朝陳大章沙蕪口詩 新郢長驅朔氣橫淪河東指岸如赬三千鐵騎疑飛渡兩戒山河一蹴平大野雲沈沙洑口長江樹接漢陽營可憐誤國咸淳相不救襄陽救鄂城

**舉口** 今圖風鶩公頸入江處梁將徐文盛敗任約進軍於此

**赤壁** 本名赤鼻山在城西北江濱屹立如壁其色赤亦名赤壁唐杜牧刺黃時已有詩玉屏山在其後雙峯峙護賓郡城北障山嘴爲紅霞岫楚紀作赤鼻齊安拾遺以之當吳魏鏖兵之赤壁誤考江漢間言赤壁者黃州外尙有其四一在漢陽荊州記寰宇記皆以爲漢陽縣西六十里臨嶂山南峯謂之烏林亦謂之赤壁並水經注吳黃蓋敗魏武於烏林處今在沔陽東南二百餘里者是赤壁與烏林合而爲一一在漢川縣西八十里有赤壁唐元和志云古今地書多云此是曹操敗處一在嘉魚縣東北江濱水經注江水右逕赤壁山北昔周瑜與黃蓋敗魏武大軍所也其新志以元和志言赤壁與烏林相對又謂在縣西南則以古蒲磯山爲赤壁一在江夏縣東南七十里亦有赤壁一名赤磯一名赤圻元和志在蒲圻縣西一百二十里明一統志謂在武昌府城東南九十里圖經云在今嘉魚縣西七十里諸說不同按周瑜自柴桑至武昌縣樊口而後遇於赤壁則赤壁當臨大江在樊口之上今樊口固古樊口也今赤鼻山在樊口對岸何待進軍而

後遇之赤壁之不在黃州可知又赤壁初戰操軍不利引次江北而後有烏林之敗二戰初不同日烏林省志在沔陽東南二百餘里卽地屬漢陽縣西與赤壁原兩地亦不得以臨嶂山當之赤壁之不在漢陽又可知至漢川古汉川地三國志操自江陵追先主至巴邱遂至赤壁敗歸南郡赤壁在巴邱之上大江之中與漢川尤乖謬惟江夏嘉魚之說近是水經述江水源流至今巴陵之下云江水左逕止烏林南注云又逕赤壁山北又赤壁在百人山南百人山省志在今漢陽縣西南八十里可知赤壁在其對岸總之諸說如荆州記郡縣志寰宇記方輿紀勝各據聞見不一其地大都因巖岸赤色遂以名之與黃州同耳酈道元魏人去三國尙近考驗必得其眞從而稽其形勢以爲在江夏者又不若以爲在嘉魚者尤確或因黃州江南岸有樊口又城西北五十里瀕江之國風鎭亦名古烏林遂以黃州赤鼻當三國赤壁非且蘇賦云此非曹孟德之困於周郎者乎大江東去詞云人道是周郎赤壁又嘗云黃州守居之數百步爲赤壁或言卽周瑜破曹公處不知是否皆疑詞也東坡賦遊寄懷之赤壁豈吳魏鏖兵之赤壁乎其地橫山突落城截其半亭閣錯雜勢逼懸巖遙望風帆上下江水連天遠峯數點在江之右亦勝景也舊有臨江亭羨江樓無盡藏樓水月亭清風橋橋南有蔘鶴亭又有問鶴亭東白亭酹江亭共適軒萬仞堂堂側爲浮春亭臨邑邢侗題用杜詩赤壁浮春暮意明季流賊亂議者恐其憑瞰城內悉焚之　國朝康熙年間知府于清端重建屋宇牓曰二賦堂知府郭朝祚牓曰東坡赤壁乾隆五十四年知縣王正常嘉慶二十二年知府吳之鶚知縣蔣祖暄道光二十四年知縣劉江二十七年知縣金雲門先後修葺咸豐閒賊燬同治七年邑紳劉維楨率營弁醵金重建石級繞山麓右旋上有門仍牓曰東坡赤壁門內左爲萬仞堂高樓翼江然下爲蘇文忠祠右爲二賦堂由堂後石級左旋上爲酹江亭有平臺曰玩月臺再上爲于清端祠由二賦堂右轉爲坡仙亭　御書亭碑亭緣石級下爲睡仙亭再下臨自龜渚曰放龜亭規模復舊赤壁石刻元趙孟頫書赤壁賦一爲冢宰趙用賢重刻一爲郡守潘允哲摹槜李項氏眞蹟久壞又郡守郭鳳儀自峨嵋搨歸蘇文忠滿庭芳臨江仙行香子三詞勒石坡仙亭上並勒文忠像兵燹後殘碑斷碣幾沒於莠棘瓦礫中今仍摹勒完好皆修復之力也先是留題者多明知縣茅瑞徵輯爲若干卷　國朝賈太守鉉因茅本增修成赤壁志嗣是鴻文巨筆日久倍增茲爲彙輯登載　宋蘇軾記赤壁黃州守居之數百步爲赤壁或言卽周瑜破曹公處不知果是否斷崖壁立江水深碧二鶻巢其上上有二蛇或見之遇風浪靜輒乘小舟至其下捨舟登岸入徐公洞非有洞穴也但山崦深邃耳圖經云是徐邈不知何時人非魏之徐邈也岸多細石往往有溫瑩如玉者深淺黃紅之色或細紋如人指螺紋也既數遊得二百七十枚大者如棗栗小者如芡實又得一古銅盆盛之注水粲然有一枚如虎豹首有口鼻眼處以爲羣石之長　又前赤壁賦壬戌之秋七月既望蘇子與客泛舟遊於赤壁之下清風徐來水波不興舉酒屬客誦明月之詩歌窈窕之章少焉月出於東山之上徘徊



於斗牛之閒白露橫江水光接天縱一葦之所如淩萬頃之茫然浩浩乎如馮虛御風而不知其所止飄飄乎如遺世獨立羽化而登仙於是飲酒樂甚扣舷而歌之歌曰桂棹兮蘭槳擊空明兮泝流光渺渺兮予懷望美人兮天一方客有吹洞簫者倚歌而和之其聲嗚嗚然如怨如慕如泣如訴餘音嫋嫋不絕如縷舞幽壑之潛蛟泣孤舟之嫠婦蘇子愀然正襟危坐而問客曰何爲其然也客曰月明星稀烏鵲南飛此非曹孟德之詩乎西望夏口東望武昌山川相繆鬱乎蒼蒼此非孟德之困於周郎者乎方其破荆州下江陵順流而東也舳艫千里旌旗蔽空釃酒臨江橫槊賦詩固一世之雄也而今安在哉況吾與子漁樵於江渚之上侶魚鰕而友麋鹿駕一葉之扁舟舉匏尊以相屬寄蜉蝣於天地渺滄海之一粟哀吾生之須臾羨長江之無窮挾飛仙以遨遊抱明月而長終知不可乎驟得託遺響於悲風蘇子曰客亦知夫水與月乎逝者如斯而未嘗往也盈虛者如彼而卒莫消長也蓋將自其變者而觀之則天地曾不能以一瞬自其不變者而觀之則物與我皆無盡也而又何羨乎且夫天地之閒物各有主苟非吾之所有雖一毫而莫取惟江上之清風與山閒之明月耳得之而爲聲目遇之而成色取之無禁用之不竭是造物者之無盡藏也而吾與子之所共適客喜而笑洗盞更酌肴核旣盡杯盤狼藉相與枕藉乎舟中不知東方之旣白　後赤壁賦是歲十月之望步自雪堂將歸於臨皋二客從予過黃泥之阪霜露旣降木葉盡脫人影在地仰見明月顧而樂之行歌相答已而歎曰有客無酒有酒無殽月白風清如此良夜何客曰今者薄暮舉網得魚巨口細鱗狀如松江之鱸顧安所得酒乎歸而謀諸婦婦曰我有斗酒藏之久矣以待子不時之需於是攜酒與魚復遊於赤壁之下江流有聲斷岸千尺山高月小水落石出曾日月之幾何而江山不可復識矣予乃攝衣而上履巉巖披蒙茸踞虎豹登虬龍攀栖鶻之危巢俯馮夷之幽宮蓋二客不能從焉劃然長嘯草木震動山鳴谷應風起水涌予亦悄然而悲肅然而恐凜乎其不可留也反而登舟放乎中流聽其所止而休焉時夜將半四顧寂寥適有孤鶴橫江東來翅如車輪玄裳縞衣戛然長鳴掠予舟而西也須臾客去予亦就睡夢一道士羽衣翩躚過臨皋之下揖予而言曰赤壁之遊樂乎問其姓名俛而不答嗚呼噫嘻我知之矣疇昔之夜飛鳴而過我者非子也耶道士顧笑予亦驚寤開戶視之不見其處　明茅瑞徵擬赤壁賦有序余向不作賦旣量移齊安友人溫太史長卿書來道訊曰黃州赤壁盛傳坡老兩作此自記體子今斯邑直須作賦余竊心許竟逡巡未遑也會歲丁未直指史公按部之暇原本山川以賦見屬茲乃不辭固陋僭爲抽毫坡老可作應嗤貂續　歷皇輿以遐矚循南紀而騁武爰按轡以澄清乃周星而閱楚旣縱目乎山椒遂弭節於江滸惟茲山之鬱盤標奇蹤兮終古夫其擁帶長薄苞舉層巒靈根競爽秀色堪餐象朝霞之軒舉雜落英而流丹盻赭岸於天末縈蘭渚之疑紈信山川其殊詭有今古騷人墨士之所悅忽而眙愕者矣若乃跨江潯眺漢沔選芳洲馮遠溢山如礬樹若薺遡樊浦之歸雲阻三江於東逝望鄂渚兮中流辨西山兮

新霽夫何形勢之巉嶭以崔嵬枕長江而作蔽爾其繡甍栖鴛崇墉列雉聽鼓角於嚴更拱金湯於西顧千門晨啓排闥闔而生雲萬竈宵凝捲簾櫳而舒霧面波濤之澎湃以下上兮大別注之匯彭蠡而張怒亦有征檣橫霧而突進兮想舳艫之爭馳杖尺箠而飛渡至若軒楹顯敞以前開亭榭紛披以層布艳樓百尺兮星臨雕檻三重兮棊峙枕流漱石既天劃而神鏤左江右湖亦龍驤而虎視此固夫震旦之仙都方隅之偉觀也當夫天氣肅零露瀼龍火頹兔華上晥風清綺席張理瑤琴睠鬱蒼饒庾公之佳興同蘇子而徜徉則有漁燈佛火兩兩相望蘭槳桂檝傾彼壺觴引金樽而邀月弄涼夜之邈光亦有聲犯龜茲韻寫滄浪紫裘腰笛一曲彷徨鶴南飛兮歌裂石鵲遶樹兮夜何長爾乃感雄圖之延促徵往牒之興亡館橫江兮劍豎洲得勝兮垂芳彼蒯恩既嘗吞吳而卻敵暨劉冠軍之破桓元獨崢嶸於此方是皆號最勝之遺蹟又何空齒乎東風折戟之周郎爰有問鶴之亭放龜之渚留遺惠於千秋訪飛仙而儵止悟身名之浮漚而露電兮緊獨三不朽之流傳歷劫灰而可譜而亦誌夫磯頭之金甲兮井綆寒碧血剖竟璚璚乎潤英聲於鼎釜乃若抽彩毫之五色愴往事而摛詞粵有李白之韻杜牧之詩夫實超兩賦以前步兮宮商沈振而互馳至於肇嘉名顯榛蕪定雄飛訂史圖吾又孰測當年之故物兮茲磊磊而懸崖夸厥土之赤墳蓋嘗錯楚方而可數甯止連雲夢而爲三抑亦沿郢汭而稱五彼聲名之奪朱徒赭堊乎凝質的歷丹邱目遇成色尚有霍州之南焉獨嘉魚之北物換星移沙青渚白目送手揮天空海闊勝以時顯地因人傑是耶非耶山川同識吾將挾以問之寥廓竟嗒然而失答

國朝胡復亨赤鼻山賦

嶽鎮巍聳兮維天柱之高撐支條蜿蜒兮緊地氣之周旋騁足千里兮蹶起於西陵穿身白雉兮首出乎邾城羌盤礴於水曲實苞育夫火精乃厥土之赤埴又其石如紫金儼丹砂之爲骨類臙脂之染形雨頻洗而彌擢日常暴以愈新撼颶風之勁疾無改麗質激怒浪之餐齧益試堅貞固造化之肖物偏近取諸人身異焉哉髣髴古之隆準妙矣乎肇錫予以嘉名儼黃岡之舊號受赤鼻之殊稱方其胎息聚寶兮纍纍數指上之螺紋角立崭峯兮稜稜樹額間之崢嶸蘼蕪芽茁兮延蔓似趺坐於綠茵峩眉冰融兮驟漲如渴飲於黃泓既植體之特絕復景物之兢呈則有水落而平原出牛馬牧兮錯錦霜降而旅雁呼飄檣過而乍驚肥以薄兮湖上之芰蔆縱橫解以脫兮窩中之菊英繽紛宛委定惠之院海棠綽約而春榮需衍橫江之館絲柳搖曳而秋青經時則熟地滿雪藕之白蓮應候而肥潛泳玉脂之鱸鱖況夫諸川環合羣湖洄瀠沙巴南互兮澄澄荻洲北擁兮汀汀右控三江之上游左漏微泉於下清澗轉溪回匯玻瓈於衣帶葦航葉駕接西巘於門庭寒溪隱見兮仲謀避暑之離宮杯湖淨滌兮坎山抔飲之窊尊凡盡態而鬬妍俱呈技以效命猶且盼踏毛寶之龜渚射挾張耒之鴻軒玩月波之佳趣想見浩浩晧竹樓之巧制如聞丁丁摹木石於壁間寒耶何氏之堂得江山於几席快哉張子之亭若夫前賢之輝映則魏公之與禹偁幽人之點綴則季常以及大臨於時草昧欲開天作奇緣氣機感召



帝遺偉人才蹴趾於虎豹遂翟纓於滑淪拏危巢而長嘯放扁舟而酣吟因裁成夫兩賦兼吁嗟以千言假菀枯之已往抒己心之不平約略大夫之懷沙大都太傅之過秦既風流之駘宕尤意致之超騫悲夔契之莫用託莊列之幻行學嵇阮之曠達笑魏吳之鬨爭栩栩羽衣之翩躚渺渺孤鶴之飛鳴固將神遊於十洲揮斤於八紘夫何絕調之既出遂來文人之相輕或指沙羨之仄岸或云臨嶂之烏林謂摛詞之失据豈傾耳之知音抑有味乎寓言爲少念其感興茲企懷於後代久抱歎夫斯情嘉騷客以韻事兮掩霸業之雄能恍遺風之未遠兮甯勝蹟之勿珍儻遥步於往哲兮必見嗤於山靈值姑洗之應律兮正句芒之司辰看奇蹤之遶郭兮盼麥穗之映津尙桂酒之堪謀兮便蘭棹以再尋搴浠水之芳蓋兮攜樊口之細鱗烹鳳棲之清泉兮按陸羽之茶經竊以踵巴人之下里匪敢續坡仙之餘勍固已油油乎樂寥廓之厚載嘷嘷乎沐浩蕩之深仁

明張元忭遊赤壁記

嘉靖之戊午先大夫視學楚中予來覲道黃艤舟而望赤壁恨弗及登也姑詠二賦以自遣距今且二十有五年爲萬歷之壬午幸以使事再至既抵黃顧阻風雨同年及別駕陸子張具赤壁邀予遊予曰固所願也翊風車雨隊又挾使君指見留哉是日爲臘月望乃偕文學陶子允嘉門人言子有時造郡署登雪堂及竹樓凭闌四眺江山隱映如畫輒不忍去已而由漢川門半里許峭壁臨江土石盡赤有堂曰赤壁志稱周瑜敗曹瞞乃在樊口之上今之嘉魚是也此地非是然予諦詢之郡之隔江爲武昌有山曰樊山湖曰樊湖湖之下爲樊口長公之賦殆必有據余又循江而行往往見石磯類多赤色意者當年千里舳艫頃刻煨燼卽嘉魚黃岡之間其爲赤壁者何限豈必彼是而此非也由堂而西躡石磴而下爲石磯有石龜蹲踞江畔舊傳毛寶於此放龜好事者鑿石以識磯上爲亭舊題水月予遂易之曰放龜由堂而北躡石磴而上爲樓三層最上者舊題羨江予易以何羨謂陸子曰夫有所羨於彼必有所不足於此今吾與子登斯樓撫斯景千里一瞬萬古一夕物與我皆無盡也信矣又何羨之有陸子覸予而笑亡所逆亟呼酒滿引數觥客並暢然適有餽生鯉者長可二尺方鼓鬣搖尾庖人遽請烹之予亟止之曰昔人放龜今獨不可放鯉乎乃畜以盆水攜至石龜所手放之跳躍而逝衆並歡動徐還飲於堂中相促膝睹赤壁之戲竟夕而散陸子曰予向也謫居益津一夕夢長公角巾野服來過歷歷道其生平顚踣困頓之狀以相慰藉已而相持哭失聲以寤未浹旬報至則量移黃州矣事誠有不偶然者子其爲我題夢坡之館且記今之遊可乎予曰昔長公以近臣謫居於黃時宰方擠而投之苦海而公視之一以爲仙都一以爲淨土赤壁之下江渚之上嘲風月而弄波濤何其達也而賦之終篇卒以臨臯之夢爲喻意若曰浮生第一夢耳今子以銓部郎左遷而至於此而嚮昔之兆公實先之可不謂有意於子哉且夫升降得喪何常之有彼亦一夢此亦一夢也今日之遊亦夢也既夢之而又題之而又記之是夢而又憶其夢也莊生有言世有大覺而後知此大夢予謂知此爲大夢也者則可爲大覺也已矣陸子抵掌大笑曰有是哉吾今後乃

蘧然覺也雖然今日之遊樂矣即夢是也惡可無記遂命郤事何景賓勒石記之

姚履素重遊赤壁記余蓋三飲於赤壁間矣初爲潘郡伯招遊開南軒覼遠岫開心與沙鷗出沒遐眺與風檣往還得其曠矣然未得其致也再爲蔣二守招遊登傑閣據磯頭俯澄空之玉鏡望葱蔚之晚汀得其幽矣然未得其幻也再爲同年友茅五芝明府招遊方舟而駕淩轢湖波風輕景麗而江山之勝始掃擄於杯酒之觀也夫其東帛要綵舲艇竦簾令人有秦淮競渡之想焉至於赤磯懸槐迴塘濯艫下丹崖趨石磴長年方理楫以須則境界固已遠矣已而挂席中流汪洋匯澤泛泛乎如飛廬於洞庭也遠於東者有連城百雉松阜柳陰山蹊人徑之寥廓焉陸於西者有平沙烟渚麥隴村墟擔負驅牧之野適焉當於前者有谿雲遠近浮漚隱見日光明滅之異態焉入於席者有水影動搖晴嵐潋灔涼颸吹噫之紛郁焉霞采收於瞑色冰輪耀乎清嶮旋橈而左右流煇檥榜而當筵落照於斯際也心知其嘉勝中山君不能會也山之青者化而爲黛也水之綠者化而爲元也有黝然而已而黛者之籠以白元者之透以色直若隨吾目而不隨諸山水也中山君烏能會也遠望數舠動楫列炬分光若星移而冉冉以近也鼓吹乍起四顧彷徨若羣仙降而霓裳可襃也明府以緩棹爲拔轄余亦以擊楫爲觥籌而不知夜之强半也拾級登岸返乎磯頭月落天空擎杯猶未能歇也舟颭颭以散而波底懸燈漸趨於小也聲浪流聲漸趨於窈也有是哉娛心快目者乎雖謂赤壁之遊自今日始可也顧赤壁未始異而此三遊者亦余之自爲異



耳初遊自天目齊雲而來所望於名區者若不能屬厭焉再則經歲驅騁疲矣寓目淸幽如南冠之釋其縶得趣爲多然尙陸沈於案牘中今相距未及半月而披覩之緐無留餘矣宜其豁然坦然景與意會而盡赤壁之況也謂余入楚之遊亦自今日始可也時夏五十有二日

國朝于成龍重修赤壁記余辛丑春授粵西羅城令親友咸有難色余曰子厚晉人也晉官柳州余同鄉後學可不往觀風流遺蹟乎攜僕就道秋抵柳陽謁先生祠像祠後柳侯墓祠前柳侯碑碑乃眉山東坡先生所撰記而筆之者也喜出望外矣父老相傳世變城頹祠傾碑毀或砌碑塊於城城屢崩其石有柳侯碑移還故處而城工竣東坡先生之文之筆其不能湮沒如此摹刻可避兵火右江守憲黃公語余曰吾每渡江不敢忘攜柳侯碑東坡之文之筆其爲世所珍重如此嗣守憲戴公重修祠宇珍護碑刻此乃東坡先生之寄於粵者非等於黃郡赤壁諸勝境爲先生之所親歷也丁未余陞授西蜀重慶合州牧戊申秋抵任己酉夏五月因前任卓異報陞黃郡丞冬十月謁撫司赴成都遙望眉山嵯峩峻秀知東坡先生之鍾靈不偶庚辰春抵黃承任柳侯碑雖隔在天末而赤壁諸勝幸在目前意以冷署閒局或可偕同人笑傲赤壁坐臥先賢遺址謁新建宋賢祠而快意焉雪堂竹樓雖非故址然與洗墨池同建時爲之也宋公記可誌不朽自以步後塵表遺蹟而效力於太守羅公者余之遺也無如余命不猶甫署黃安旋署通城復奉文代 覲奔走如犬馬辛亥六月抵岐亭值旱魃爲災人心叵測憂危無甯晷壬子春賑饑德安兑糧漸州夏四月理黃糧捕秋七月兼漢糧捕簿書鞅掌每過晴川黃鶴而欷歔復何心及赤壁諸勝境也冬臘月卸事歸岐與社中諸生痛飲道及杏花村裏多賢人詢云有陳季常先生墓在焉季常爲東坡先生好友也著方山子傳不可不謁今春正乘興偕往草菌而坐觥籌交錯春光靄媚依稀人影在地而歸隨謀修復旋置磚木以思慕太守公闊久來黃黃社諸生情誼篤好會飲無虛日適謁客郊外尋臨臯洗墨故址登定惠之巔覓寶山之石二三同人偶憩龍王山廟王生𣪘核齊備飛觴唱和漏三下而興彌高越二日爲赤壁之遊彭先生李顧二生備酒借來謁先生之像誦前賢之碣俯長江之浩渺嘆桑田之蒼茫遺蹟尙多灰燼感慨不能中忘時方天晴日朗倏忽風雨晦冥廣池酣飲不覺日落西山因念及山高月小人影在地之句其與信於杏花村矣修季常祠者爲東坡先生也茲登赤壁而知東坡先生之所由名何可無以修之也況黃郡名都物力勝於邊荒又何可無以修之也諸生僉謀而請命於太守公曰可

周凱蘇文忠公祠塑像記黃州之西有山曰赤嶼江水所經也宋蘇文忠公作前後赤壁賦而山以顯黃人因飾公像於中至於今七百餘年其山若爲公有也湖北漢黃德道富陽周凱履任黃州視事兩月集黃之士大搢紳耆舊以道光六年臘月十九日祀公於赤壁有堂有亭見公像在丙舍不稱有言於側者曰昔奉公於堂之東有祠爲佞佛者徙此周凱曰烏乎可赤壁於釋氏無關也前在襄陽唐張文貞公祠亦爲釋氏所據遷浮屠像復肖像其中可援爲例於是邑之人新棟宇事丹至徙佛將遷還公像而慮服飾之未當也欲更塑焉議者曰向之幅巾方袍燕服也公官端明殿侍讀學士贈資政學士晉太師宜按宋制服一品服毳冕衣五章革帶赤舄佩玉及魚或又曰公在黃州團練副使也宜服團練使服父老曰某等自幼見公像如此家繪圖尸祝之者亦如此今忽更異恐駭耳目有爲之說者曰今更像宜更服無已則按宋制大臣淸望官常服借緋紫皁紗帽金帶不佩魚或曰奉栗主不設像議未決問於周凱周凱曰父老之言是也公之於黃雖官無尺寸之柄幅巾芒屩躬耕於東坡日與田父野老習非如在徐在杭在汴穎有功德於民而黃之民至今思之不衰擔夫牧豎婦人女子皆知公敬之愛之歷數十百年如生較有功德於民者尤甚士之誦其詩讀其書者更何如也公之德業文章昭日月貫金石馨香徧海內初不繫乎像赤壁遊讌地也幅巾方袍黃之人當日習見之繪其像於家黃之人今日記憶之仍其舊可也豈以毳冕章服爲公榮辱哉禮曰有其舉之莫敢廢奉栗主制也仍舊像宜也禮從宜使從俗黃之搢紳耆舊皆然乃如父老言塑公像設栗主顏其祠曰蘇文忠公祠歲以臘月十九日修祀事焉請書而鑱之於壁遂系以詞以侑公觴曰維月嘉平日十有九維蜀降生與天地壽磨蝎爲宮弃蜂是憂維忠乃謗維德乃仇嗟嗟元祐小人道長敬爾在位誣公以黨于徐思焉于杭祝焉巉巉赤壁來豈偶然倬彼雲漢其光熊熊孟況孔祀道乃日隆文雄百代風高天下匪仙匪佛於朝於野方袍幅巾白日散人拜公於堂壽公之神式我多士佑我蒸民

劉維楨重修赤壁蘇公祠記黃

州之北隅有赤壁焉始於宋元豐四年重修於我　朝同治七年落成於十月之望與太守英公遊於其上東西南北遠近四顧帆檣萬舳直達東吳氣象千重遥連西蜀洞庭之秋水彭湃連天江漢之朝宗奔流到海石鐘廬山爲左軫黃鶴岳陽爲右翼武昌屏蔽於前崎山護衛於後橋號三台横拖玉帶郡連八屬聳固金湯城頭之畫角悠揚倏連倏斷樊口之漁燈隱約時暗時明南塔直矗雲霄西山如懸畫裏水落石出一江白練平鋪地迴天高四面紅塵不起神怡心曠愛麋鹿之多情月白風清喜江山之無恙於是捧觴進太守曰今夕之遊樂乎昔蘇長公之謫居黃州也官僅水曹郎食僅升斗祿猶載酒泛舟與客遊於赤壁之下兩篇詞賦至今膾炙人口試問當時除馬正卿潘郭諸生而外知長公者能有幾人哉今公以二千石來守斯土其祿位之隆較長公爲何如也剏公家學淵源制作如林一時龍蟠鳳逸之士望門牆而瞻半采者蓋不乏人矣後之視今未必不由今之視昔也且赤壁重新之日正紅羊擾劫之年歸馬放牛航弓蒑矢吏治於上民安於下將見熙熙皞皞八屬士民不啻同登春臺而遊化宇豈但吾與公今夕樂遊於此而已哉假使沙蟲未盡風鶴頻驚蒼生既難安枕赤壁安能重新吾與公又安能有今夕之遊今夕之樂乎太守愀然良久曰赤壁賴君之力得以復覩舊規不但余心欣慕不置想坡公有靈亦當撫髯大笑喜後起之有人然目擊城中凋瘵河東書院久沒草萊儻得二三同志如君則守土者可以稍釋其憂惜乎未得其人耳吾感其言拱手謝曰太守能樂民之樂憂民之憂眞民之父母也夫富貴者草頭之露名勝者長江之水水長流而不竭露一晞而無餘人生天地間知歲月之幾何但免飢寒何必留贏餘以疲心力而累子孫哉吾雖囊橐空虛亦當勉捐鶴俸稍助鳩工吾郡七縣一州人煙億萬戶其中急公好義未必無人值此兵革全消倉箱集慶賢太守提倡於前一各紳民附和於後經營慘淡次第圖維則書院同赤壁煥然一新轉瞬事耳太守喜而笑擬歸雪堂余亦擬登舟除自捐不計外特將募捐銜名數目付之工人并刊於石以志不朽云

明茅瑞徵赤壁集序古來一山川壘磈多藉文士筆端爲之吐氣今海內豔談赤壁以公瑾一捷而赤壁獨擅名黃州以子瞻兩賦鼓吹也無子瞻則黃州無赤壁矣然余嘗怪從漢歷宋千有餘年綵筆相望而茲山留詠不多得豈緜小巫氣盡抑陵谷貿遷銷沈乃爾耶落霞孤鶩作者所難刻羽引商其和彌寡不廣蒐羅而事弋獵空山之遺響可盡乎余每散情濠濮結想風騷此邦之秀頗堪揚搉王子號黃父書呂生時推國步爾乃同事編摩博采成帙勝國而上誇得遺珠本朝以還爭傳連璧既富捃摭亦煩詮品嗟乎雲物不常人事代謝習池之賞空把接離峴首之游應留魂魄子瞻云江山風月本無常主余於茲山既以一日叨主者而殘文蠹簡散佚罔紀是亦有責焉爰伐棗梨以當金石庶同名山之藏永作琬琰之祕繼今以往子瞻不可復作而猶識前人之勝蹟竟在此不在彼者以有斯編也　國朝金德嘉赤壁志序黃州之有赤鼻山桑經酈注備矣經曰江水又左逕赤鼻山南注曰山臨側江川經曰又東逕西陽郡南郡治即西陽縣注曰



晉書地道記以爲弦子國也山之紀載章章如此蘇公賦乃及周郎戰曹孟德事卽經江水左逕烏林南注吳黃蓋破魏武於烏林處也夫博物如蘇公豈於水經注而忘諸蓋前賦寓言耳後賦江流有聲斷岸千尺山高月小水落石出後人諷之猶如公灑翰雪堂唱大江東去時也公言語文章妙天下所過名山大川咸賴之以不朽西自岷峩東至陽羨北中山南儋耳館閣中州京華紀述都徧而赤鼻以兩賦特聞公之之黃豈惟黃人賴之抑亦赤鼻之幸也其賦以元豐五年壬戌之七月十月其量移汝州以元豐七年甲子之四月到於今踰十一甲子矣搢紳章縫之產於黃者中朝士大夫之官於黃者四方騷人學士之客於黃者咸登臨題詠無虛日蓋自二賦啟之也赤壁舊志散軼河東賈大夫守黃續輯之垂四載志成山水亭臺祠宇人物題畫金石藝文犁如也爍如也大夫以治行遷陝西按察副使以去其治黃也爲是志乃剏前賢所未有夫端明之在黃也不得行政以惠我國人徒以詞賦爲光寵大夫則吾父老子弟既身沐其治而又高文巨筆爲江山大發其英華則黃人之於大夫自此以至於千萬斯年其與端明俎豆同有千古更當何如也讀是志者其不以余言爲然乎　宋黃庭堅東坡先生像贊子瞻堂堂出於峩眉司馬班揚金馬石渠閱士如牆上前論事釋之馮唐言語以爲階而投諸雲夢之黃東坡之酒赤壁之笛嬉笑怒罵皆成文章解羈而歸紫微玉堂子瞻之德未變於初爾而名之曰元祐之黨放之珠厓儋耳方其金馬石渠不自知其東坡赤壁也及其東坡赤壁不自知其紫微玉堂也及其紫微玉堂不自知其珠厓儋耳也九州四海知有東坡東坡歸矣民笑且歌一日不朝其閒容戈至其一邱一壑則無如此道人何　明方孝孺赤壁圖贊羣兒戲兵污此赤壁江山無情猶有慚色帝命偉人眉山之蘇酹酒大江以滌其污揮斥元化與造物伍哀彼妄庸攘敓腐鼠明月在水獨鶴在山勿謂公亡公在世間　唐李白赤壁送別歌二龍爭戰決雌雄赤壁樓船掃地空烈火張天照雲海周瑜於此破曹公君去滄江弄澄碧鯨鯢唐突留遺蹟一一書來報故人我欲因之壯心魄　杜牧赤壁詩折戟沉沙鐵未銷自將磨洗認前朝東風不與周郎便銅雀春深鎖二喬　崔塗赤壁懷古詩漢室山河鼎勢分勤王誰肯顧元勳不知征伐由天子邪許英雄共使君江上戰餘陵是谷渡頭春在草連雲分明勝敗無尋處空聽漁歌到夕曛　宋韓駒登赤壁磯詩綠尋翠竹白沙游更挽藤梢到上頭豈有危巢尚棲鶻亦無陳蹟但飛鷗經營二頃將歸去眷戀羣山爲少留百日使君何足道空遺詩句滿江樓　李冕赤壁詩贏得功名兩鬢秋巉巖登處設夷猶鄉關地迴三千里金闕天高十二樓鶴影伴雲飛渺渺水光浮日去悠悠憑誰喚起東坡叟攜酒中流夜泛舟　文天祥讀赤壁賦二首昔年仙子謫黃州赤壁磯頭汗漫遊今古興亡眞過影乾坤俯仰一虛舟人閒憂患何曾少天上風流更有不我亦洞簫吹一曲不知身世是蜉蝣　一嘯滄波浩浩流隻雞斗酒更扁舟八龍寫作詩中案孤鶴來爲夢裏遊楊柳遶煙籠北府蘆花新月對南樓玉仙一來往清風夜還識江山似舊不　金元好問赤壁圖詩馬蹄一蹴荆門空

鼓聲怒與江流東曹瞞老去不解事誤認孫郎作阿琮孫郎
矯矯人中龍顧盼叱咤生雲風疾雷破山出大火旗幟北卷
天爲紅至今圖畫見赤壁彷彿燒虜留餘蹤令人長憶眉山
公載酒夜俯馮夷宮事殊興極憂思集天澹雲閒今古同得
意江山在眼中凡今誰是出羣雄可憐當日周公瑾顦頓黃
州一禿翁　元鄭元祐東坡赤壁詩奎星墮地不化石化作
盤天老胸臆清禁森嚴著不得半夜吹簫過赤壁百萬蛟龍
不敢聽萬古東流月華白　丁鶴年黃州赤壁詩橫槊英聲
遠聞簫逸興長至今風月夜鶴夢遶黃岡　楊惟中夜泛赤
壁詩暫曦清江舸來登赤壁山怒虬松偃映漱玉水潺湲明
月尊前色丹崖戰後顏高城催暮角醉倚棹歌還　周北山
月下泛赤壁詩赤壁之山何峻嶒下有江水何清泠天空月
出夜寥沆玻璟萬頃涵秋冰爲問黃州雪堂老巧宦何如遷
容好酒酣攜客夜拏舟憂思都將談笑了劃然長嘯來天風
神遊八極思慮空但見橫江露華白舉袂欲把浮邱公洞簫
聲斷潛鼓舞月下清尊貯千古老瞞當日困周郎千里樓船
鬪貌虎烟消水冷沈戈矛空餘野燐寒沙頭江上寂寞總陳
蹟追憶往事懷風流勝游到我知幾度感昔視今猶旦暮乾
坤何事老英雄滾滾長江自東去　龍仁夫赤壁詩踏呂摧
袁虎視眈曹瞞氣勢捲江南磯頭一霎東風轉天下江山自
此三　明張以甯秋日登赤壁二首赤壁江寒葉漸稀黃泥
坂靜鷺斜飛洞簫聲褭當時月應照千年化鶴歸　赤壁鑿
兵迹已陳長公曾此寄閒身只今歲歲秋崖下誰是扁舟泛
月人　方孝孺赤壁歌東夏口西武昌赤壁峭絕當中央奸



雄將軍氣蓋世敗卒零落惝周郎得鱸魚洽美酒孰若黃州
蘇子瞻謫向江湖動星斗噫吁嚱曹公氣勢蘇子文章人物
銷鑠塵跡荒涼惟有江水千古萬古共流長　藍智詠赤壁
詩長江西來雨如霧赤壁蒼蒼風雨暮草木猶疑橫槊時塵
沙尚想焚舟處烏林渡口下舳艫曹瞞已料無全吳陣前部
曲走劉備眼底談笑輕周瑜召臣謀合士鼓勇玉帳旌旗亦
飛動擾櫓晴空煙焰高魚龍自日波濤湧荊門牢落駐殘兵
野曠不聞鼙鼓聲戰骨秋埋胡地草捷書夜報石頭城雄圖
霸氣兩消歇地老天荒秋一葉石上殘碑過客題沙中古劍
漁人得漢王祠枕碧山隅諸葛臺荒野鳥呼千年忠義出師
表萬古江山八陣圖　杜庠赤壁詩水軍東下本雄圖千里
長江嶮舳艫諸葛心中空有漢曹瞞眼底已無吳兵銷炬影
東風猛夢斷簫聲夜月孤過此不堪回首處荒磯鷗鳥滿烟
蕪　庠字公岸號西河醉老以詩名永樂時人此詩出一時
傳誦稱曰杜赤壁見文撤及明詩綜　解縉赤壁詩蘆荻燒
殘孟德舟洞簫吹徹子瞻愁昨從赤壁磯頭過水冷魚驚月
一鉤　李東陽題赤壁圖有序沔鄂而東稱赤壁者不一繪
圖獨以黃州不直山水之佳蓋子瞻二賦爲之增重也　荊
州水軍八十萬鼓櫂揚旗下江漢江東將帥誰敢當年少周
郎獨輕難漢家英雄本龍種怒指中原扼雙腕孔明決策討
虜迎誓復深仇起相抒東風吹沙暗赤壁百里旌旗服中亂
烈炬爭馳疾若星南軍已在中流半黃蓋大呼老瞞走烏鵲
翻飛過江岸攀綠失手勢兩孤一紙軍書萬人散賊兵未平
壯士死猜疑已作蕭牆患孱亡齒寒不自知可惜衣冠盡塗

炭乾坤無情歲月改千古茲山石不爛東坡老翁好奇古一
官遠向黃州箕簫聲入秋木葉空此地經過獨腸斷高歌扣
舵和者誰回首斯人亦凋換好雄僭竊何足數青史離離後
人看爲君擊節歌此圖卻立蒼茫倚長歎　磯頭赤壁當天
倚下有山根插江底江風不動江水深曾駕扁舟問蘇子憶
昔揮毫載酒時俯視塵寰雙脫屣掀奔一嘯萬鑿空夜叫龍
罷泣神鬼江山再到已不識異代興亡知有幾吳強魏走了
莫聞萬古乾坤如此水天遣斯人作勝觀賦成卻解驚人耳
絕代文章不數公諸家圖畫空相似誰將意象入寥廓坐覺
天涯來尺咫不信人問有臥游高堂素壁波濤起東莊先生
好古客謂我作詩知作史三十年前舊品題山高水落依稀
是老去方懷爲國憂少時談作談兵喜卜居未遂頭已白不
向東邦定南紀爲公復作赤壁歌莫笑風流非賦比　又和
秦武昌赤壁懷古詩楚雲荊樹擁嵯峨一棹曾衡萬里波時
代不同嗟我睨江山如此奈人何地從割據終全盛天遣文
章爲不磨聞說宦遊兼弔古鶴樓東下水聲多　吳寬赤壁
詩西飛孤鶴記何詳有客吹簫楊世昌當日賦成誰與注數
行石刻舊會藏耡璧嚇州謎吐瀟籟皴峒遊　何景明赤壁
歌老瞞橫槊江之皋眼中吳越一秋毫吳人殼弩來江左江
頭鳴笳畫舉火旌旗飄揚北風前舳艫化作江中烟英雄一
去音塵滅斷水殘山弔詞客白雪堂寒烟草暮黃泥坂下臨
皋路酒酣嘆客吹玉簫江風山月不須招昔時霸業那足數
鶴夢悠悠渺千古回首東坡百世人畫圖蒼茫空有神　又
蘇子遊赤壁圖詩垂老黃州客高秋赤壁船三分留古跡兩



賦到今傳落日寒江動青山斷岸懸畫圖誰省識千載尚風
烟　王廷相赤壁亭宴謝蔣子胡子詩適志在林邱所嗟嬰
宦籍雖倚登獄謠終爾煙霞隔日來有所期蘭尊荷時哲虛
館術江郊況覺賢豪跡鳴雷輕隔浦涼風近將久遊禽屬啁
啁落木方械械瑤草未堪賦佳人徒艮覬遠心入洞庭曠覽
狹夢潯事往情彌牽年衰感易迫已悲王子車終返原生宅
賞心非外慕懷賢亦屢積且逐俄頃懽爲君謝行役　又赤
壁歌黃州先生碧霞客愛畫儋州老禿翁風神千古宛相似
黑夜時有精靈通翁昔謂帝蓬萊宮承華承盼玉堂中醉來
落筆驚豪雄揄揚堯舜邁國風下直籠歸寶蓮炬退朝騎出
天閑龍一朝颯落天涯去顧影飛蓬悲日暮長歌嘯傲凌楚
雲誰識莊生曠達處長江流不息高興逐歸潮忽來感激古
人事月明攜客搖輕舳舉頭望明月回橈蕩漣漪綺裘破冷
洞天闊紫簫吹裂浮雲飛浮雲黃鶴不相待明月離離墜滄
海長風吹翁入杳冥二客渺然失所在馮夷水仙波縈紆飛
虬作梁鸞爲車七十樓臺映金闕三千珠黛鏘明珠仙人握
手拾錦花玉田紫芝紛如麻天門空濛流雲霞歸來不覺道
路險山之壁高嵯峨江之水揚湍波昔人遺跡今人歌舊國
已空晃雁多大江之偏白日高當時頗望周郎豪橫天叫嘯
意葬盡逸興猶能念二喬望瑤臺把清氛三十六帝不可聞
下視人界空嚎蛟黃金休鑄鳴夷子綵絲空繡平原君何如
秋堂突兀坐此老令人飛灑開心神　楊慎赤壁圖詩曹瞞
下江陵江陵正危劇周郎美少年氣吞江漢窄水戰得上流
火攻非下策臥龍東略雄烏鵲南飛迫妖氛掩黃星倒戈回

紫陌鼎足已成形鬼蜮俄魂魄王業聊偏安霸圖何赫奕懷哉玉堂仙逖矣黃州客文光貫斗牛天遊忘遷謫名姓識兒童畫圖燦金碧赤壁幾千秋山青江月白　許宗魯赤壁泛舟詩轂翰去幽館揚舲泝洄淵澄瀾鏡羽蓋倒影浮賓筵前眺霞壁麗側泛雲舄妍窗颸扇微瀲纖魄流通川岸姿媚嘉月水容漾遙天雜卉芬紫岫鮮葩耀碧泉躍鱗鄉素波慧羽吟繁絃嘉朋豔簪盍時景臻華年淑氣怡賞情和春薄沖元擷芳縱泮渙命酒恣留連俯仰攬故蹟悵望懷昔賢雅抱良不窮既醉陳茲篇　廖道南黃州登赤壁亭詩亭倚石巖開風鳴萬樹哀人間不知去鳥倦忽飛來江勢平吞閣山形曲抱臺雲林秋色靄眞自可幽懷　王廷陳宴集赤壁書懷詩春深遊興屬芳洲選地張筵對狎鷗赤壁徑盤危磴出青天城抱大江流乾坤久厭三分業山水仍含萬古愁客散晴沙樓閣晚佛燈漁火共悠悠　又季夏遊赤壁偕子言諸公詩六月軒楹敞三分割據雄江迴城抱日艦過岸餘風詞賦留天上旌旗在眼中霸圖今已歇幽賞幾回同檻外鳧鷗亂尊邊雲霧通松杉盤虎穴臺榭接龍宮早歲辭朱紱茲遊感數公願言攜桂楫常此狎漁翁　羅洪先夜泊赤壁詩五百年來此勝遊水光依舊接天浮徘徊今夜東山月彷彿當年壬戌秋有客得魚來赤壁無人載酒出黃州吟成一嘯四山寂孤鶴橫江掠小舟　皇甫汸赤壁懷古詩人留勝地臨江上容有高軒得並過雲起楚臺聯石壁水從湘浦接煙波漫因明月傷千里更遣迴風入九歌自愧清時承遠譴可無辭賦擬東坡　翁大立雪中遊赤壁詩江左西來總勝遊雪堂風景又黃州梅花亂點周郎壁玉樹平連蘇子樓山勢倚天開佛閣雲光度水落漁舟坐中亦有吹簫者試問何如壬戌秋　王世貞遊赤壁二首賓主西南勝事并此遊端足慰平生盃仍七月稱秋望賦是雙珠可夜明戰血至今高壁色詞源終古大江聲與君聊釋盈虛意忽聽山城漏五更　將壇文苑代稱雄指點千年感慨同名在江山翻借色事過天地竟何功鄉心暫訖烹鱸後客夢都拋別鶴中秋月偶圓風自好坐來羣緒爲君空　又舟中望赤壁詩越州蘭亭千載奇黃州赤壁今半之若使舟人不解說一拳頑石草迷離　商廷試赤壁感懷詩赤壁磯頭水自東洞簫吹向夕陽中行看積翠壓心遠坐把中流灝氣過煙盡江空浮夜月夢回鶴去動秋風霸圖文藻俱消歇惟有驚濤撼故宮　沈升醉中泛赤壁漫興詩東山月出波晶晶有客載酒浮中流琉璃萬頃際空碧白露橫江澄素秋興來扣舷歌弔古情更傷英雄不盡意流恨與江長當年曹孟德誰復識周郎舳艫千里來江東張目視吳吳已空誰知死灰還復焰一霎吹起東南風我愛眉山翰墨雄豪吟月下疇能同洞簫吹徹楚雲渺滄海一粟看浮蹤魏氏經營代炎祚不及蘇家一辭賦銅臺舞榭久荆榛落葉紛紛眼前墮君不見江上月古往今來幾圓缺又不見江中流前人血戰後人遊文章事業總成幻天地萬物皆蜉蝣不如投卻蘇子筆不如折卻曹公矛滄海魚已肥糞貪酒新芻木蘭之檝沙棠舟但願金尊常盈月常滿夜夜來爲赤壁游醉裹藏眞足爲樂何須更夢臨皋鶴　方逢時赤壁詩危磯巇巉倚高江人道曹劉舊戰場往事已隨寒淚滅遺



堂惟有暮山長雲霞尚帶當年赤蘆荻空餘落日黃欲弔英雄千古恨漁歌蕭瑟弄斜陽　何遷遊赤壁詩初冬歷陽阪浮景被繁林良辰愜元矚靈境宛招尋連巖既窈窕眾樹亦蕭森乘曆登瀛閒虛無溢沖襟緬想秋夜遊川原幽且深孤清詎同懷翹跡乃在今因之發靜嘯激楚有餘音飛仙渺難求撫化異浮沈何如盡超忽聊得山水心　翁溥郭黃州邀飲赤壁詩昔賢餘勝事此地一追遊山帶平蕪合江邊灝氣浮虛亭凌翠巘絕頂訏丹邱巫峽雲初散湘潭雨乍收孤煙過夢澤返照下芳洲天迴橫雲鶴沙晴泛水鷗輕帆飛樹杪高棟掛城頭古俗存黃國清風滿竹樓近郊登黍稷逸響接歌謳詞賦懷蘇子風流見細侯萬峯齊逸興千載共清秋酒爲波光盡車因月色留多君握瓊玖桃李若爲投　邱齊雲夏讌赤壁詩移尊五月大江亭柳外蟬聲不可聽雷雨驟酣波浪白峯巒遙入酒杯青狂呼鷗鷺忘爲客醉倚蘼蕪轉畏醒不向人開論二賦風塵何以慰沈冥　陶珪郡侯桐岡邀飲赤壁漫賦　亭敞因崖峻江空縱目遙郊遊陪後乘羹俎想前朝山氣秋逾爽波光晚更饒林端停五馬雲際下雙鳧縱酒金罍倒聞歌翠管調文星今正朔霜葉向誰驕已愜懸車臥甯煩折簡招高情忘酩酊醉眼入空寥　王惟中遊赤壁萬仞堂詩高磯突兀俯江流氣壓元龍百尺樓萬里風濤接瀛海千年詞賦壯山邱疏星淡月魚龍夜老木清霜鴻雁秋倚劍長空一盃酒浮雲西北是神州　邱岳赤壁漫與詩倚天傑閣俯江城徑入巉巖踏蘚行把酒斷虹開霽色凭欄飛瀑送潮聲孤舟會挾登仙興峭壁應高破虜名天晚徘徊漁唱起幽襟颯爽醉還醒　熊養中赤壁西湖詩有序蘇公寓黃時江湖合流有赤壁而無西湖至元末江湖生爽洲水漲入湖環遶城西宛若錢頗羅浮之勝眞可名西湖也余與邱少宗伯徐方伯易大參杜刺史暨諸交遊宴會泛舟湖陰徘徊烟景興思天開此勝其補蘇公當年之缺亦爲我輩今日之遊哉詩以紀之　當年遷客經遊地此日平湖負郭西赤壁已經流霸跡綠楊猶自傍蘇隄雲開樊口羣峯出浪捲磯頭雙鷺栖人代風流元不乏頻邀吾侶一尊攜　王同道赤壁同諸弟讌集詩兗尊相屬復清秋覽勝聊爲汗漫遊明月忽疑人是鶴滄江今以葉爲舟巖前鳴瀑濺鮫淚林際晴雲結蜃樓覓醉不堪悲在事爲誰擊檝向中流　吳國倫鄒彥吉使君招飲赤壁詩使君展高宴飛蓋臨江折陟彼千仞石樓觀何崔巍下有蛟龍窺洪濤震漁磯古人一遺跡我來甯有期中庭見樊口浦樹相因依舊游日以新新知艮不疑密坐恣勸酬情言旨如節君但發高唱勿謂知音稀　又登赤壁有感詩風流蘇學士所志擬登臨赤壁雄荆楚滄江見古今石懸官閣外帆迫女牆陰尚有垂竿者能知戀閣心　又北征次赤壁別兄詩北風何意攬征裘無奈浮生寄遠游江湧亂雲燕赤壁客乘疎雨過黃州尊前湧淚三湘暮別後音書九塞秋我向燕臺望鄉國飛鴻落木使人愁　又武昌李司理過訪赤壁舟中即席同王行父程孟孺賦　午風飛蓋出江濱卻喜孤舟共李君平楚蘼蕪春浩蕩遶城烟水日氤氳旋移書卷供鋪席細倒樽罍款論文西日漸從樊口落蓬窗猶接萬山雲　徐中行邱少宗伯邀顧大參王侍御及尹

雪後登赤壁作　鳴珂舊接五雲班醜酒平臨七澤閒霜落
高天衙赤壁雪晴隔岸出青山狂來意氣堪橫槊老去風塵
復賜環不是蘇公能放逐誰將二賦壯江關　又赤壁望雪
詩憑高千里絕塵氛驟若濤驅白鷺羣西域化城翻易幻中
原色界總難分光搖鄂渚樓前月彩散巫山賦裏雲此日武
陵迷欲盡采蘭何處問湘君　黃鞏赤壁詩坡仙天下士聲
跡重江湖借問夢中鶴何如遠樹烏　王同軌赤壁陪胡茂
承妥賦　壁壘血末乾霸氣中原散蘇公夫何爲復此弄文
翰俱爲地借名俯壁開樓觀上欲礙飛雲下踞江之半回思
故聲華何異暮與且蘇公昔已悲翻爲後人歎我生室其旁
君來自天畔踏薜秋尊擕木葉紛已亂凝絕君不無一笑冠
纓斷高窺鸛鶴巢險坐鼉鼉岸題詩擊鉢成字字珠光爛尊
壘歡處饒年華暗中換卻恐留徵音干秋益悲惋三益古所
稱雨情殊泮渙江上山聯鬬從君偏探玩　又赤壁樓上同
弟綬父陪劉維芳雨集詩登樓披岫色尊酒暫從君檻集千
峯雨窗流滿榻雲魚龍寒自蟄鴻雁暮爲羣共醉空明上人
開世界分　又人日過赤壁詩今年人日條風柔邀客把酒
臨江樓青陽作驚七日復赤壁尚帶三分愁窺魚鷺立斷冰
遠炙背偕臥孤石幽入眼烟波動遊興那能長繫木蘭舟
又赤壁懷古詩來遊赤壁山不識鏖兵處山南片片雲飛落
崖前樹　袁宏道赤壁懷東坡詩夜深清泊搦楊枝驚起澄
江白鷺鷥過容爭澆赤壁酒幾人能和雪堂詩山民自種元
修茱石搠剛存乳母碑見欲鑄金範老子柳淚湖上拜新祠
又過赤壁詩騂石奔雲淚幾春黃泥坂底射洄鱗周郎事



業坡公賦遞與黃州作主人　胡賁雪夜赤壁次徐憲使韻
詩巉巖乘雪獨躋攀玉柱冰壺掩映開漫說霸圖銷赤壁且
招寒月過青山嶔崟夢遠留詞藻銅雀春殘冷珮環清賞未
窮王戌興更擕元鶴扣禪關　石崑玉赤壁詩樓憑丹嶂起
淚作彩虹浮煙斷三朝垛風迴二客舟江渾龍鬬日山靜鶴
橫秋今夕非壬戌何人載酒游　又赤壁詩斷岸樓臺倒影
清城閣不是舊連營漁燈映月疑烽火鯨浪翻風洗甲兵赤
羽已灰餘壁色紫簫猶咽亂江聲獨傳詩賦人何在鶴自南
飛鶴自橫　王一鳴由龍王山登雨耳山至赤壁作歌聚寶
山南一尊酒圭勸賓酬不離手夜深霜露沾人衣莽莽長江
峽中吼兩耳山高連石肘發興擕壺作狂走風逆難聞童稱
呼雲迷翻訝藤蘿陡路細石古狐狸啼絕頂蒼茫一翹首班
荊度地當開筵舉杯邀月呼青天野燒橫出孤松巔炙酒酒
熱西風便明伯耳熱掀長鬌若愚矜持禮法謙叔孝問詩猶
細密轟飲恨少東淚添攇頭一望山巉巉赤壁半墮滄波衜
秋淚浩渺動樓櫩天風空闕吟松杉十步五步山出沒東坡
先生祠眼前造次留客何生賢雜酒陸續深林傳雜賚最憐
白玉熟酒行滴作珍珠圓愍懃苦勸上客醉髣髴便擬中山
眠酒後坐起忘主客吟徧今古呈山川老僧空谷捲清磬漁
子趁月撐歸船酒罷便作城南步鬱盤城郭紆煙霧月薄如
霜紅蓼稀天高慣闘清風怒吁嗟平英雄身世多轍軻今朝
且樂樂奈何向平五獄有消息看我淋滴醉埽青天歌　荸
瑞徵冬日過赤壁書所見二首水落江全窄煙消山半晴漸
看秋月上鵲帶遶枝橫　磯前浸寒月磯上留殘碣柳色漾

晴沙閒鷗出還沒　呂元音春日赤壁晚眺效謝康樂體二
首步出城西隅偷然靈界敞輕陰滄夕暉涼風正飄蕩雨初
綠野秀臺高白雲朗疊雉刺中流千騆落滸泱林煙曳翠綃
湖霞披絳幌既懽僻野性復挾滄洲賞振衣登前岡徘徊命
吾黨發此離埃氛且得脫羈鞅美酒滌煩囂劇談發神爽會
須倚層樓一嘯眾山響　織月掛東林羲和節西弭遊目意
未足綴步信所履逕轉石磴坼溪瀨漁梁毀翠荇出水鮮朱
櫻然林紫消涓芳露潤淡淡行雲止野照光空明泉溜響清
泚伊余邱壑姿脊茲景物美登眺谿幽襟俛仰忘悲喜凭高
身以軒臨流耳堪洗泠泠御遠風悠悠得眞理塵世事俱非
獨此遊遙是預愁還城市車馬紛如馭　劉養微赤壁重逢
至愚道人詩昔曾相識大羅山十載風塵苦未開破衲江湖
容爾葺出門煙火是人間月明古渡壺天靜雲落空亭鶴夢
還前度劉郎長記否許將大藥駐紅顏　陶國楨秋日赤壁
晚眺詩落日散餘暉晴川斷烟爽丹楓映赭岸歷歷眾山朗
征帆渺天末迴波激清響長鱗躍湍落修羽翔深莽牧笛楊
柳陰漁曲滄浪上極目萬里秋乘風起遐想浩歌振林颺松
檜亦偃仰睢茲夕霽澄砯悵泉鐙賞飛霞幕層阿高懷將安
倣　王一翥赤壁送孫魯山行詩江漢匯湛處宜有僊人船
默記與潛膺毫芒海市閒往著固塵遺前烈亦依然生民囊
屬意窮友今彙牽九辨保斡誨七諫廣靈荃南詢菊萠岡西
淩砦確泉涓子每出沒江妃睇眇圓洞壑眠華葉冬霜展妙
觀是時一厄酒爲我洲渚言復驚採樵貌不在廬山原雞黍
隱士譬始徵薄俗難蕭影訴沈滯素暉野月鮮　官撫辰赤



壁放歌黃州江上峽嶒壁紅霞煉影空明擊楊柳橫斜出大
隄小航穿處鶯浮鷗遠公寒溪西山景倒映臨皋足深省仙
人駕鶴月中來坐深不覺東方炳誰將夢裏畫丹青非色非
空形無形幾片湖光畫不著高懸虛白草元亭泝流光照神
明宰政事心開聽欸乃畫中有聲君莫聞藐姑射山人未改
浠水西流汾水分堯由何異嶺頭雲隱顯無心天界外此物
那堪持獻君　曹士讃赤壁樓春望二首平原千里目騁望
更登樓春到淩崖樹風移上瀨舟殘陽明峭壁倒影動澄流
欲盡林泉勝藤蘿一徑幽　著屐探幽徑微痕翠映苔雲低
空野合岸狹遠江迴驕瀹初垂柳蕭疏半落梅遙天下明月
清興夜歸來　孫錫蕃秋夜泛舟赤壁詩吳楚江煙裏深林
一艇開桐疏識露重柳拂礙波回巖墮孤雲度山彎小月來
論文在幽獨古色滿蒼苔　王承祐飲赤壁詩削成危磴瞰
清流跨棠梯雲天際樓身在畫中難自繪杯飛鏡裏不知愁
貔貅未許爭赤壁翰壘何年識古邱千載幾人能作賦獨留
蘇子兩番遊　又赤壁懷古詩勝跡留丹壁江城接晚霞逕
穿高閣曉影落鏡湖斜遠岸迎帆過孤汀宿鳥譁舉杯山月
下攀石野篁遮鶴羽依秋葉簫聲灑白沙樽開寒雨逕榻受
曉風賒望望思仙客淒淒感物華東來道士夢時復數歸鴉
　鄭先慶赤壁詩兩賦千年壯石磯崇臺今見石崔嵬環江
風月兩丹岫抱郭雲霞護翠微坐臥好山來面面往來閒鳥
自飛飛端明一向耽遊興鶴羽猶疑振客衣　無名氏赤壁
懷古詩武昌東下次江皋赤壁磯頭艤晝橈廢壘烟消荒草
合橫江鶴去碧天遙岸邊漁火疑殘炬水底龍吟憶洞簫往

事千年增感慨荻花楓葉曉蕭蕭　國朝施閏章赤壁詩敬石荒煙路千年人自遊空青連赤岸虛白俯滄洲日氣斂宮暖風聲漢水秋誰憐詞賦客今古一虛舟　宋犖秋日赤壁公讌詩飛蓋眞成爛漫遊孤亭如笠俯黃州　褰衣盡有滄洲興對酒寧無白雪謳斷岸霜風吹草樹寒江煙雨凍鳧鷗中宵漸吐東山月揮手還登百尺樓　彭心錦赤壁放歌懸巖勢如削光燄當江開厥初造化手一闢此何奇哉我來蹀躞轉山閟捫蘿藉草升石階紆徐一步一回折漸通幽處無塵埃平生衡嶽慣登躋茲游嘆息令心哀坡公生平歷坎坷牢騷跡尚留山崖公之官窮窮於詩公之人奇奇於才至今兩賦光萬丈照我顏色開幽懷青山不改壬戌歲吹簫客去空徘徊下視江濤在履底御風身漸高崔巍吁嗟乎我如青蓮登落雁身挾飛仙游汗漫恨不攜來謝朓詩仰首長吟問霄漢又如退之登華山直踏玉女蓮花間垂書痛哭辭人世淩躡倒影思不還吁嗟乎安得祖龍鞭驅策南岡西山點點羅列大江邊截斷瀰空波濤翻坐令戰艦飛不前我得縱飲山之巓直與坡老相周旋登虬踞虎隨沿緣胸中魂礌消萬千

金德嘉赤壁懷古二首蘇公赤壁二賦留雪堂千年雲水空蒼蒼元豐以來一十一甲子何人江頭月下懷周郎憶昔仁宗手攬公制策云爲子孫得一宰相於巖廊英宗召試直史館解組僉判來鳳翔奇才奇才未進用神宗內殿明燭何煌煌太后感愴哲宗泣金蓮送院此眷都非常人臣遭逢畀朝異數有如此安能模稜脂韋隨朝行丰骨稜稜兼翰藻其直如矢剛如鉎蟷頭草勅惠卿竄鼠羣小側目逾鴟張舒亶楊畏先擯臂張惇蔡卞之徒不可當上誣宣仁下眾正元祐黨籍欺天閻新法蔓延其禍至此極甚於節甫亡漢溫亡唐是時我公飄零轉徙到儋耳樹下得句銘桄榔炎蒸蛋雨蒼顏老回首臨皋歲月眞茫茫滄桑易代已陳迹有客憑弔爲神傷把公詩句歌一闋安得中山松醪爲公堂下羞壺觴　赤嶂今夜溶溶月猶照先生古時居先生一去雪堂虛何人堂上夜半呼斗酒往鱠巨口細鱗之江魚客子洞簫音寂寂水落石出白露初覽古長沙哀賈傳招魂汨水弔三閭男兒此身墮地無不可有口莫讀萬卷書筆欲如椽壘爲沼造物混沌其厥諸先生雪堂注周易忘言忘象已蘧蘧後來上章道士邂逅先生天上直奎宿轥轢玉皇香案之書復何如古往今來世事不勝數藉手先生天問一起予前有倚馬萬言李供奉毋乃先生異代而同符海涵地負祇如此天之生才胡爲乎我思古人九原如可作沮溺耦耕爲最樂不然荷鉏鹿門去採藥　張仁熙赤壁詩孤城連赤壁高帶大江流魚艇千年事荒祠獨夜愁天晴堪去雁水落正芳洲久客經行地蕭蕭蘆荻秋　汪國灤登赤壁詩岝崿臨江路春殘試一登微風吹客舫遠水掛魚罾崖有歸棲鳥門無識面僧更尋前後賦荒草蔓層層　又雪夜泊赤壁詩江城今始命孤航漁火分燈照客牀戍鼓衡寒聲近遠冰花搖霧影蒼茫橫空野鶴寒都縞夾岸疎林草不黃風正一帆銀漢廣莫依宵月照微霜　向古登赤壁酹江亭詩孤亭高倣四筵開無價江風正亂來埽石不容塵到席盪朐好泛月盈杯舊時仙吏專風雅故國芳蹤半草萊慚負太平慳勝概空教白淚洗蒼苔　程



敬朱赤壁詩赤壁巉巖扼武昌山川今古鬱蒼蒼清風明月嗟無主碧水煙波冷未央蘇子文章垂宇宙魏皇霸業付滄桑淒涼異代空陳跡憑弔興懷水一方　王追騏月夜登赤壁詩水面雲霞拂檻飛快遊不醉定無歸暮風江上飄秋影新月尊前映落暉地勝早空塵外夢心閒應見靜中機登臨豈是悠悠者搔首青冥一振衣　葉封九日同章子惕秦怡西赤壁創事詩一片江山舊眼看十年徙倚勝游難風嘶牧馬行哀草霜點閒鷗下急湍佳節漫餘叢菊淚酣歌誰念腐儒餐空憐城郭秋如畫不似深溪有釣竿　奚祿詒赤壁吟騎操鞭文　赤壁猶然故鄉陌我欲從之行不得江上兒答幾度煙一片青春五湖自憶昔魏武西陵營舳艫東接孫劉城覆軍殺將分九鼎可憐赤伏終憑陵漳河帶甲三十萬百尺銅臺驕際天繐幃美人巾舞紫玉笛身後孤墳猶上食北風捲斷翠雲旗七十二處狐狸泣往事今隨漢水流蘇公詞賦踞高樓子來不見蒿中碣彩毫應動古人愁春秋往復年年似有時還賦紅霞岫岣嶙　賈鉉噪括蘇賦十首我來登赤壁挾友共淩風山色蒼茫上江流浩渺中幾盤休洞口一瞬壺天空彼美蘇安往長歌四顧雄　鬱蒼皆抱戶唯少桂千章窮窕出孤登徘徊周上方武昌疇自見夏口岸相望白鷺詩成處南游鴐共藏　予懷繆已破羨此半川清千里江陵棱長艫落日明秋吹波驟立風震谷潛鳴葉脫時方肅飛霜凜欲生　肴核既能攝歲時將亦消何人知屬賦有侶適攜簫目斷幽蘭嫋襟憑烏鵲飄扁舟今可就婦子託漁樵　徐泛盈匏酌用斯遺世游踞巖鷲虎豹橫槊笑蜉蝣名姓海

中秉旌旗江上秋坐來悲孟德西去困荊州　雪堂巉絕地白道識臨皋草木久無主魚鰕各得曹登攀窮造化俯仰寄秋毫東問黃泥坂蛟宮暮獨高　翩躚元鶴舞餘響應滄龍水降石橫渚山虛月湧松危巢音戛擊鱗木影蒙茸藉酒輿登嘯獼鼯蟠終需二士從　吾衣披羽似吾履御風如放睡倚爲桄安行步是車呼樽醜斗酒洗盞襪鱸魚反笑昔游者牛山嘆逝虛　馮歌誠固耳白飲蓋寥焉哳鸊鵜艤敹蘸在客乃謀室舉杯會樂天鹿麋游渺渺山水遇仙仙魚網緡開千尺須留待巨然擲鱗偕　扣舷風細甚光起一輪和正取清聲答不禁貝夜過飛星嘗動酒棲鶴也聽歌小棹輕槳掠薄言歸泝波　彭一卿赤壁晚眺詩餘照覆城陰登臨散素襟暮煙橫陌上明練織江心雁陣分歸路烏棲返舊林漁燈依岸晚相對且聯吟　會皖同僧登赤壁詩看碑尋赤壁采菊到黃州雁氣回秋消江聲撼酒樓兵戈雙眼淚吳楚一孤舟蕭瑟匡山客應隨慧遠遊　張希良赤壁感懷二首問鶴亭前偶振衣滄桑舉目事都非三江葉落琴臺冷一騎塵高羽檄飛烏鵲竟棲何處樹魚龍空守舊時磯梅花開徧寒山路折盡南枝歸未歸　醼酒酬江眺雪峯湖山落落人孤笛雨荒習井迷金甲城覆空堆隱雪籠雲夢地連春草闊古今人換水煙重多情一片黃泥月猶向橫江館下逢　鄭昱赤壁五絕之二　曲檻危欄步步幽波光雲影四窗收星槎一葉浮天上髣髴當年壬戌秋　水環磯下勝常時浩淼煙波盪兩儀安得桐江千尺線垂綸天半釣蛟螭　王材升雨中赤壁詩到來將一月赤壁已三過風雨皆詩料江山足笑歌

路偏通鳥道衣好伴漁蓑莫詰興亡事豐碑字總磨　又秋
日偕宓草遊赤壁詩梅片烹茶幾度樹況攜老友共登隙舊
時碑碣歸何處今日江山知我心蘆荻稀疎樵擔遠孫蒲蕭
瑟釣竿沈一聲鐘急秋雲破料得潛蛟人夜吟　王材任赤
壁二首樓臺寥落負山頭峭壁鱗峋截上流嵐色遠含千嶺
霧湖光平映一闌秋古今長是天無際才命何如賦獨留我
亦解知坡老意欲將天地寄蜉蝣　亂石山頭蘇子亭懸巖
重疊出奇形滿城炊起烟中閣入檻峯生畫裹屏湖水潋波
時湧月遠村如纏自零星陽江最喜孤僧舍夜半鐘聲萬想
停　胡之太赤壁懷古詩振衣千仞上江水自東流吳楚壞
相接孫曹戰未休臨風悲巨艤對月憶層樓望古多遙集賢
名雅好遊　陳大章月夜登赤壁作困東哨石羽形兩孝廉
　長江斷岸千仞懸吳楚一氣相迴旋巖前虬虎萬突兀怪
藤老樹飛相攢窮秋靜夜莽蕭瑟而我支離攘臂乎其閒舉
頭不見橫江鶴明月直挂西南天我來吳會山水窟金庭玉
室長晉連到此劃然一長嘯運斤五岳輕人寰解衣醉倒呼
玉局平地已作羽化仙燈火熹微人跡絕成樓鼓角聲淒然
張子工文室懸磬胡君授經廚無烟想見夜深耿不麻摟奇
角勝聳兩肩徑擬襆被來問宇嚴城咫尺尋無緣寒烏啞啞
棲復起病眼強合心悄悄明朝握手應大笑定詫老夫狂病
殊未痓　社士黙清明集飲赤壁于公祠詩薄靄輕陰二月
天攜樽竟日坐危巔飲逢赤壁偏多興景到清明分外姸四
野風光矇舊澤一椽縹緲接飛仙江山好識閒中趣杖履追
隨莫計年　又秋日同曹中鑾張崑石呂石素赤壁詩臨風

把酒競飛觴秋水蒹葭望淼茫兩賦文章懸斷岸三分戰氣
鎖空堂星星漁火參差見娟娟菱歌宛轉長更酌自應頻洗
盞莫辭衣露淨琴張　張楠蘗括二賦詩十首予過黃泥坂
相從二容問孤舟淩萬頃明月出東山舉網魚會得危巢鶻
可攀劃然發長嘯人影斗牛閒　舳艫千里盡一葉駕扁舟
浩浩馮虛御飄飄遺世游霜催木葉脫風湧大江流是歲杯
盤樂無殊壬戌秋　赤壁之遊樂茫然縱所如元裳縞衣鶴
巨口細鱗魚逝者未嘗往流光信有諸惟斯水與月相對識
盈虛　有容若無酒如茲良夜何直將橫槊氣都付抑舫歌
窈窕美人遠蹁聽道士過清風江上起無水不興波　東望
武昌遠江流夜有聲菀樽來薄暮蘭檠擊空明客有吹簫者
秋從斷岸生倜然相顧笑休問姓和名　行歌互相答直上
屐巘崖幽鑿潛蛟舞橫江孤鶴來山川俱寥寂天地此徘徊
晴昔旌旗影而今安在哉　白露橫江下天光接水光予懷
愁渺渺山色鬱蒼蒼崖劃蒙茸影詩歌窮窕章攝衣還獨立
把酒酹周郎　感此蜉蝣寄不知何所終漁樵於滔上枕席
乎舟中造化藏無盡長江羨莫窮飛仙難驟得遺響託悲風
　四顧寂寥裏清風動縞衣大江自東去鳥鵲忽南飛水落
石仍出月明星漸稀凜乎難久駐步自雪堂歸　正襟危坐
久予亦悄然悲十月霜應降東方白不知杯盤痕藉裏風露
復游時寄謝車輪客從今友鹿麋　又赤壁雜詠十首片石
猶存霸業空斷艫折戟散東風精靈來往無人見銷盡雄心
一戰中[illegible]　滸子
灘高落照橫竹堂燕沒石天傾千年惟有長江水依舊東流



黃歌城湖蓮子池徽衣在山之之西北北面五懸里崖中竹有堂晏孔元讓洲大別加暨碟在游白其
下字者於皆其仰上首即槐所天謂里斷人岸相千傳尺名是爲也碟今兒崩一天洪黃牛邑石傳書春石中君天二故
封逃之　鼠竄荒亭古瓦斑吾邱粉版落人閒憑誰喚起文徵
仲煙水蒼茫寫此山時鑣江亭文舊僑有山徐先逸生史有書赤壁張衣圖下傳陽世　古
木千章盡斧柯樓臺空倚石嵯峨登臨漫憶虬龍注一樹冬
青點綴多山盡之今上僅昔存有冬大青樹樹數一千林　國玩朝月臺初爲南或辛蘇醜破伎發術虹
龍回在古帆木龍也　詞曲原非學士長袁在絢許語亦荒唐銅琶鐵綽
風流甚肯許屯田獨擅場　陵谷遷移不勝嗟橫江館外畫
漁家仙人一去無消息零落滿林豐本花橫晉江鸛館思在建山之王諸元
之日重紅新豈今號慶上有山北北傳有爲峨仙輿人赤所壁種壘冬崎夏洪不牛林石今題崩　宋飛雲古
洞閣清暉赤壁柯山景亦非參政過江作記後布帆捲雨一
船歸明山昊飛明雲御淘有祠過山江在游城三東山郎記張見文顏潛甄故洞居稿飛三雲山湖赤在壁西柯塞
山中唐有元顏結靜讀公書稗度　山光娟秀水清奇想見鍾譚泊艕時天
壞王郎投刺入六年前刻夢中碑譚一友敵夏伯舊散麥日與此鍾閣伯中敬山登水
也赤上壁有在王山于水雲碑中後臨伯發敬王官子閣雲中忽學投使刺友祖頭顴送佳至然黃故州友舟夏泊詩
云蛍今此君角官中與客[illegible]前成五夢六裏年碑知　坡老印文埋野草思翁書法
化灰塵白頭袁顧淵零後遺事能傳有幾人于時清於端二公賦時守堂黃
陰酒得重一典墨細品論即章旁上有鑄東渭坡北二春字天樹洪江半東石日有暮樓雲在何山之未一東之樽
膀三日月洗殷頃枕樓火文樓下二有事館截勝裘日三樓山霞鸛館黃告公董兩思先翁生書雜癸錄　　北孤
城橫歷三層閣野水潸通九眼橋開與老儈談往事半龕佛
火夜寥寥山楊之郎巔登有山留之坡級閣江今水改舊爲遊于其清下端又公名閒清風九德眼張
光壁夜泛赤壁詩磯上西蜀人磯下西蜀水蜀水三峽來蜀
人不雨矣小艇放漁歌擊楫中流駛此夕非壬戌渺渺烟波
裏　陳浩十月既望攜二子忠敬游赤壁以仰見明月爲韻

四首岐公舊游處千截餘清賞怪石劈丹砂懸崖絕土壤大
江走其下靜夜發奇響對岸武昌山寒烟互林莽我攜二子
來沿月蕩雙槊厄酒酹公祠高山心所仰　赤壁在黃州說
者異聞見豈知博達人初不泥史傳指揮周郎畢來與孟德
戰公從壁上觀奮擊駭雷電一聲孤鶴鳴驚落白羽翦四顧
寂無人江光皎如練　江風如此清江月如此明惟公不可
見使我心屏營我欲乘此月泠然御風行左攜羨門子右拉
安期生飛渡紫沂海尋公白玉京握手一歡笑用慰千載情
　千載復幾時往來人代閱今人與古人共此一輪月造物
無盡藏江山此清絕更因文字奇不逐雲烟滅長嘯激松風
豪吟灑蘭雪留與後來人捫苔摹斷碣　姚文焱赤壁詩天
空木落石崔巍懷古憑軒佬眼開山勢欲奔吞浪住江光不
斷抱城來英雄氣盡三分業詞容名高兩賦才只有文章傳
勝地簫聲鶴夢總塵埃　趙翼赤壁詩依然形勢扼荊襄赤
壁山前故壘長鳥鵲南飛無魏地大江東去有周郎于秋人
物三分國一片山河百戰場今日經過已陳迹月明漁父唱
滄浪　袁枚赤壁詩一面東風百萬軍當年此處定三分漢
家火德終燒賦泄上蛟龍竟得雲江水自流秋渺渺漁燈猶
照荻紛紛我來不共吹簫客鳥鵲寒聲靜夜聞　胡紹鼎秋
月泛舟望赤壁詩山頭城勢逼山低城外山亭更不齊御向
周郎傳赤壁又聞蘇子過黃泥一聲野鶻此時去三市驚烏
何處栖從古秋光人共望大江滾滾月平西　又赤壁口號
周郎一炬破曹公如此動勞亦自雄赤壁不知何處是年年
江上費東風　喻文鏊赤壁詩堂堂歲月幾經過歷磴依然

舊蘚蘿江上不妨兩赤壁人間那有百東坡纔綰大布生涯
好暖翠浮嵐隔岸多惆悵神仙招不得峩嵋雪水漲春波
又蘇文忠祠詩亭憶臨皋古坡公此滯留江雲明窈窕祠樹
足清幽已矣熙豐事飄然壬戌秋夕陽聊騁目沙鳥滿滄洲
蔡履豫赤壁詩赤壁古黃州蘇公愛此游畫船秋色裏明
月大江頭斷岸生龍虎空山卧斗牛至今吟二賦千載認風
流　王世芳壬戌秋赤壁懷古詩舊時崖壑舊秋光壬戌重
過引興長作賦亭前懷杖履鏖兵江上話滄桑野塘楓絢驚
人豔羽客舟飛醉月觴物態不隨今古易玉堂仙去景蒼涼
裁喻讓赤壁詩未必功成後山痕便劫灰千年無戰伐此
地有樓臺夢醒人俱古天空鶴自回深情吟兩賦江上幾人
來　周起渭遊風赤壁登蘇公亭放歌今日江頭風勢苦黑
雲從風散爲雨波聲撼塌邾子城濤頭逕射白鼉渚猶似周
郎萬騎橫江來千艘擲擲闇驚雷咫尺南北不可辨際天一烟
焰紛成堆舟人繫纜垂楊陌忽見峭壁巉天地崩坼二轟蘇
去青山閑老子今朝散輕策崔嵬亭子江之濱壁上二賦猶
鮮新人間風月不可駐天上來此閑仙人秀骨疏髯脫圖圄
詩不能茹酒不吐吹脣沸地羣狐狂遣作江山文字主東坡
黃桑手自種廢壘蓬蒿帮靚舉平生食飽愛閑行浣壁污牆
到底戶武昌樊口丹楓稠截酒還作淩雲遊清波白月在人
世素心孤鶴橫天浮忽憶美人思魏闕自驚流落天南洲我
拜遺像空山陬巖桂慘澹枝相樛悲風入座髯颼颼大江茫
茫東注愁二悖二蔡俱蜉蝣唯公大節今古留當年荻吐驚
龍蚪洞簫鳴咽聞中流長嘯一聲烟濤收如此江山如此客



縱無詞賦堪千秋思公不見余空返楚塞風和白石晚柳外
人家竹籬短明月正照黃泥坂　周凱冬至後六日游赤壁
詩亭皋木葉下蕭蕭且與登臨破寂寥我到不須重作賦客
來隨處好吹簫英雄夢短江山在風月情多魂礧消攜得東
坡一樽酒夕陽閒倚聽寒潮　王柏心登赤壁作五月浮
舟訪赤壁直上危闌俯千尺循麓下轉蒼山西突見摩空萬
仞石峩嵋仙客來帝傍扁舟弄月歌流光江湖回首憶魏闕
美人遙在天一方酒酣忽挾飛仙舞乾坤一瞬蜉蝣羽眼中
直欲無孫曹何況當時王與呂平生忠孝多奇節九死崎嶇
氣不折宮禁徒呼宰相才流傳但詡文章傑我來長嘯悲遺
風不見扁舟玉局翁老仙一去七百載乘雲徑向蓬萊宮安
得招之下瑤闕更遣錦袍邀太白同泛滄江萬里流青天攬
取峩嵋月　程之禎赤壁懷東坡先生詩我來不見橫江鶴
公去飄然八百年終古飛濤懸斷岸一輪明月在青天熙豐
事冷王安石山水人懷李謫仙莽莽乾坤幾壬戌漁歌夏口
渺秋煙　劉熊興赤壁懷古二首徘徊赤壁杭磯頭我亦登
臨悵舊遊霸業原如春夢短文章常共大江流浮雲能散英
雄恨濁酒堪消旅客愁惟愛峩嵋蘇內翰一舡風月足千秋
偶然極目在高頭想像當年泛櫂遊兩賦聲名輝北斗三
分事業付東流江風山月原無恨牧笛漁歌自洗愁我到不
須重問訊撚髯酬唱古今秋　英啟重修赤壁懷古詩乾坤
開闔孰有無冥冥眞宰執元樞五嶽峯凌碧縹緲九州烟點
青模糊大江一線橫楚鄂西溯岷峽東會吳造物置人各有
地赤壁巍峩江之間周郎壁壘空想像坡公氣節高持扶嗟

余訪古來已遲寒江水落蒼巖枯十年況復兵戈後仙亭寂
寂埋荒蕪舊碑斫斷岐陽鼓欲讀不可惟心摹將軍百戰擐
鐵甲順昌旗幟勳猷殊妖氛魔焰迅埽盪一道經梓里嘻長吁
往事無須說元祐後人有識推髯蘇亭開一笠省丹漆堂鑴
二賦光珊瑚知公曠代意相感身披鶴氅欣撫鬚祠宇相望
特地起文章事業風流俱郡守於功亦何有將軍記事極揚
揄公庭未撤訟獄減閭閻蔀覆瘡痍呼　皇恩喜更清海岱
醲膏溥霈錮宿逋從政迄茲已期月二千石媿七尺軀自
昔是邦盛文教士崇樸素民不渝草野何時復元氣書漸
染非刑驅景仰先賢示後學深幸意同吾道迂長歌一曲酹
杯酒江山風月增躑躅　宋蘇軾念奴嬌赤壁大江東去浪
淘盡千古風流人物故壘西邊人道是三國周郎赤壁亂石
穿空驚濤拍岸捲起千堆雪江山如畫一時多少豪傑遙
想公瑾當年小喬初嫁了雄姿英發羽扇綸巾談笑間檣櫓
灰飛煙滅故國神遊多情應笑我早生華髮人間如夢一樽
還酹江月　明張綖念奴嬌赤壁舟中詠雪作中流鼓楫浪
花舞正是江天飛雪遠水長空連一色使我吟懷逸發寒峭
千峯光搖萬象四野人蹤滅孤舟垂釣漁蓑眞個清絕遙
想溪上風流悠然乘興獨棹山陰月爭似楚江帆影淨一曲
浩歌空闊禁體詞成過眉酒熱把唾壺敲缺馮吏驚道坡翁
無此
赤壁

白龜渚　赤壁磯下晉毛寶軍人有得白龜者養之漸大放江中後寶爲石虎將張貉度所敗軍士多赴江死放龜者亦



墮水忽有物負之登東岸乃所放龜也明知府郭鳳儀刻石
曰白龜渚作龜形於下記云龜之爲蟲也靈矣是故聖人登
之以用祭夫枯骨猶靈而況其生而況其啣恩於活已者
哉世傳毛寶放龜後獲其報將有之無足怪者攷之傳則少
異焉傳言寶入武昌市見網人售龜外正白長逾咫奇取
令僕夫養之久乃放諸江後寶戍邾城石季龍攻邾且陷寶
與六千人赴江死僕投水若墮石上獨免溺視之乃所豢龜
也蓋長且三四尺矣吁是獲報者豢龜氏耳非寶也世傳誤
矣郭子曰白龜能活象已者甚幺麽然到於今稱之不置
非謂人能利物將風人於善耶嗟乎亦煦煦者耳昔者先王
親親而仁民仁民而愛物使政行蠕動各得其所故曰鳥獸
魚鼈咸若其衆寡視此何如哉至仁無恩報不足言矣嘉靖
己酉開夏余載酒與客爲赤壁之遊時雨新霽綠虹半滅移
席臨流袒顧甚樂客指巖側曰此白龜渚也余爲之慨然
太息云舊有亭圮既新之更刻一石爲龜負之水濱
用彰往事杪秋與客再至睥睨一視江風颯然

東坡
在城東南隅宋蘇軾慕唐白居易而名也其東坡八首自
序云余至黃二年日以困匱故人馬正卿哀余乏食爲於
郡中請故營地數十畝使得躬耕其中地既久荒爲茨棘瓦
礫之場而歲又大旱墾闢之勞筋力殆盡釋耒而歎乃作是
詩自愍其勤庶幾來歲之入以忘其勞焉　廢壘無人顧頹
然滿蓬蒿誰能捐筋力歲晚不償勞獨有孤旅人天窮無所
逃端來拾瓦礫歲旱土不膏崎嶇草棘中欲刮一寸毛喟然
釋耒歎我廩何時高　荒田雖浪莽高卑各有適下隰種秔

稌東園蒔棗栗江南有蜀士桑果已許乞好竹不難栽但恐鞭橫逸仍須卜佳處規以安我室家童燒枯草走報暗井出一飽未敢期瓢飲已可必　自昔有微泉來從遠嶺背穿城過聚落流惡壯蓬艾去爲柯氏陂十畝魚鰕會歲旱泉亦竭枯萍粘破塊昨夜南山雲雨到一犂外泫然尋故瀆知我理荒薈泥芹有宿根一寸嗟獨在雪芽何時動春鳩行可膾蜀人貴芹芽膾雜鳩肉爲之種稻清明前樂事我能數毛空暗春澤鍼水聞好語蜀人以細雨爲雨毛稻初生時農夫相語稻鍼出矣分秧及初夏漸喜風葉舉月明看露上一一珠垂縷秋來霜穗重顛倒相撐拄但聞畦隴間蚱蜢如風雨蜀中稻熟時蚱蜢群飛田間如小蝗狀而不害稻新舂便入甑玉粒照筐筥我久食官倉紅腐等泥土行當知此味口腹已可許　良農惜地力幸此十年荒桑柘未及成一麥庶可望投種未逾月覆塊已蒼蒼農夫告我言勿使苗葉昌君欲富餅餌要須縱牛羊再拜謝苦言得飽不敢忘　種棗期可剝種松期可斲事在十年外吾計亦已慤十年何足道千載如風雹舊聞李衡奴此策疑可學我有同舍郎官居在灊岳擘蚣遺我三寸柑照座光卓犖百栽倘可致當及春冰渥想見竹籬間青黃垂屋角　潘子久不調沽酒江南村郭生本將種賣藥西市垣古生亦好事恐是押衙孫家有十畝竹無時容叩門我窮交舊絕三子獨見存從我於東坡勞餉同一飧可憐杜拾遺事與朱阮論吾師卜子夏四海皆弟昆　馬生本窮士從我二十年日夜望我貴求分買山錢我今反累生借耕輟茲田刮毛龜背上何時得成氈可憐馬生癡至今誇我賢眾笑終不悔施一當獲千

又大寒步至東坡贈巢三詩　春雨如暗塵春風吹倒人東坡數間屋巢子與誰鄰空牀斂敗絮破竈鬱生薪相對不言寒哀哉知我貧我有一瓢酒獨飲良不仁未能賴我頰聊復濡子脣故人千鍾祿馭吏醉吐茵那知我與子坐作寒蛩聲努力莫怨天我爾皆天民行看花柳動共享無邊春

又東坡詩　雨洗東坡月色清市人行盡野人行莫嫌犖确坡頭路自愛鏗然曳杖聲

又問大冶長老乞桃花茶栽東坡詩　周詩記苦茶茗飲出近世初緣厭粱肉假此雪昏滯嗟我五畝園桑麥苦蒙翳不令寸地閒更乞茶子蓺飢寒未知免已作太飽計庶將通有無農末不相戾春來凍地裂紫筍森已銳牛羊煩訶叱筐筥未敢睨江南老道人齒髮日夜逝他年雪堂品尚記桃花裔

陸游遊黃州東坡諸勝記自州門而東岡壟高下至東坡則地勢空曠開豁東起一壟頗高有屋三間一龜頭曰居士亭亭下面南一堂頗雄四壁皆畫雪堂中有蘇公像烏帽紫裘橫按節杖是爲雪堂堂東大柳傳以爲公手植正南有橋榜曰小橋以莫忘小橋流水之句得名其下初無渠澗遇雨則涓流耳舊止片石布其上近輒增廣爲木橋覆以一屋頗適人意東有一井曰暗井取蘇公詩云走報暗井出之句泉寒熨齒但不甚甘又有四望亭正與雪堂相值在高阜上覽觀江山爲一郡之最亭名見蘇及張文潛集中坡西竹林古氏故物號南坡今已殘伐無幾地亦不在古氏矣出城五里安國寺蘇公所嘗寓兵火之餘無復遺跡惟遺寺茂林啼鳥似猶有當時氣象也羣集於棲霞樓蘇公樂府云小舟橫截春江上卧看翠壁紅霞起正謂此樓也下臨大江煙樹微茫遠山數點亦佳



處也樓頗華潔先是郡有慶瑞堂謂一故相所生之地後毀以新此樓酒味殊惡然文潛乃極稱黃州酒以爲自京師之外無過者豈文潛謫黃時適有佳匠乎循小徑緣州宅之後至竹樓規模甚陋不知當王元之時亦止此耶樓下稍東即赤壁磯亦茅岡耳略無草木故韓子蒼待制詩豈有危巢與棲鶻亦無陳迹但飛鷗此磯圖經及傳者皆以爲周公瑾敗曹操之地然江上多此名不可考質李太白赤壁歌云烈火張天照雲海周瑜於此敗曹公不言在黃州蘇公尤疑之賦云此非曹孟德之困於周郎者乎樂府云故壘西邊人道是當日周郎赤壁蓋一字不輕下如此至韓子蒼此地能令阿瞞走則貞指爲公瑾赤壁矣又黃人實謂赤壁曰赤鼻尤可疑也號復移舟菜園步又遶竹林三四里蓋黃州臨大江了無港澳可泊或曰舊有澳郡官廨過客故塞之

張安國東坡詩　繫船看西日曳杖到東坡蝸井蛙成部荒祠鳥作窠老仙騎鶴去稚子飯牛歌興廢何須問斯文自不磨

明盧潛東坡詩　梅影橫斜雪影清縱然疏陋也堪行于今筆硯知何在試聽池頭洗墨聲

國朝王追騏東坡故居詩　君恩難負學躬耕卜築東坡便得名幽谷韻成花有豔歲眉雪泮水多情逍遙誰識文章樂飄泊能令憂患輕秋夜汎舟江上望臨皋亭下月猶明

## 南坡

城東南蘇軾集古氏南坡修竹數千竿盛夏不見日蟬鳴鳥呼有山谷氣象竹林之西又有隙地數畝種桃李雜花又西坡見公署志

## 紅霞岫

在赤壁磯之上邑人洪周䃾題曰紅霞岫上有非傳爲仙人所種冬夏不枯今頹

## 徐公洞

赤壁後坡其下有巖蘇子瞻云非有洞穴但山嶮深邃耳圖經云是徐邈非魏之徐邈也

## 龍邱

城北百二十里三家店元至正間邱黃蕭三家自豫章徙居因名宋陳慥號龍邱居士以此南有濯錦池北三里爲慈悲塔東坡與慥遊憩處也其東隔爲董敬中宅別構百尺樓於慈湖名曰鏡心樓龍仁夫有聯云水光天上下樓影日東西今樓廢石柱存敬中字仁輔元時參知政事見隱逸志明劉基駐此旬日西三里爲柳子港即古舉水所經春秋所謂柏舉也由龍邱至陽邏堡乃有九關晉劉毅追桓元所經

元吳萊龍邱引　擬楚龍邱子作春花兮亂開秋葉兮滿階時不再來兮我憂用老獨行懷思兮我歸無所鳥則有翼兮魚則有鬐瀟霍有岳兮江漢斯陂徘徊不進兮尼彼路歧僕夫告病兮饑馬懷萁我夢之歸兮吾鄉我里門闌依稀兮墟慕則遁魂神惝怳兮一夕九徙父母何在兮敢及妻子天陰歲暮兮北風之寒日我無衣兮坐不能飧我拊我膺兮摧我肺肝閔天嗟嗟兮喟其增歎

## 黃泥坂

清淮門外稍北里許赤壁賦過黃泥之坂是也明郭鳳儀即其地建一盼亭久廢有斷碑刻古黃泥坂四大字陶珪書今但存石贔耳

宋蘇軾黃泥坂辭　出臨皋而東騖兮並叢祠而北轉走雪堂之坂陁兮歷黃泥之長坂大江洶以左繚兮渺雲濤之舒卷草木層累而右附兮蔚柯邱之葱蒨余旦往而夕還兮步徙倚而盤桓雖信美不可居兮苟

娭余於一盼余䄂好此奇服兮襲前人之詭幻老更變而自哂兮悟驚俗之來患釋寶璐而被褐絮兮雜市人而無辨路悠悠其莫往來兮守一席而窮年時游步而遠覽兮路窮盡而旋反朝嬉黃泥之白雲兮暮宿雪堂之青煙喜息鳥之莫余驚兮幸樵蘇之我嫚初被酒以行歌兮忽放杖而醉偃草為茵而塊為枕兮穆草堂之清謐紛墜露之溼衣兮升素月之團團感父老之呼覺兮恐牛羊之予踐於是蹶然而起起而歌曰月明兮星稀迎余往兮餞余歸歲既晏兮草木腓歸來歸來兮黃泥不可以久嬉　子瞻嘗自書詞後云余在黃州大醉中作此詞小兒輩藏去醒後不復見也前夜與黃魯直張文潛晁無咎夜坐三客翻倒几案搜索篋笥偶得之字半不可讀以意尋究乃得其全文潛喜甚手錄一本遺余持元本去明日得王晉卿書云吾日夕購子書不厭近又以三縑博兩紙子有近書當稍以遺我毋多費我絹也乃用澄心堂紙李承晏墨書此遺之　明王一鶚黃泥坂別鄧翁歸詩故舊沆寘想像中浮雲高舉棄幽叢耦耕春畝嗟長別烏寒條卜再逢登望赤潭惟凋草蹌踉黃坂信東風微晨靜女甘窮處谿谷悲歌老婦同

### 夏隩

一作西隩以東有長圻隩也在城西南隅二里宋明道間夏竦守黃州以治濱江不利泊舟鑿陂於臨皋驛人皆便之洗馬池其故陂也旁有舊城向日門遺址

### 崢嶸洲

晉劉毅破桓元處距城西九十里雙流鋪大江中舊謂在赤壁山前俗名得勝洲前志云水經江水東逕若城南注江右有李姥浦北對崢嶸洲下乃云過邾縣南右得黎磯則崢嶸洲當在黎磯之上乃今之木鶩洲非得勝洲也又水經江水逕邾縣故城南注城南對蘆洲蘆洲即得勝洲今洲之右岸亦名蘆洲灣

### 雙流夾

城西九十里雙流鋪宋歐陽修貶峽州時舟次其下陸游記作雙柳夾所謂回望江上遠山重複深秀者即此

明劉養微雙流夾詩孤鴻落盡暮雲高楊柳蒹葭傍客舠一片旅魂銷欲盡夜深風雨漢江濤　國朝宋敏道晚泊雙柳夾詩水落森危石溪流一綫天漲痕高岸迴月影暮山連野燒分樵徑歸人入暝烟壯心何所適吟望淺沙邊　靖道謨夜泊雙流夾詩萬里江清月亦清寒光搖漾旅人情驚看拍岸濤何壯細數郵亭夜幾更三徑尚存邱壑趣百年都似觸蠻爭當時六一夷陵去此地曾聞記客程

### 洗墨池

城內縣治南宋蘇軾洗墨處舊志春夏之交泉涌如墨色康熙間通判宋犖浚池甃以文石中作小橋橋翼之亭移建雪堂於池東竹樓於池西另祠祀宋王禹偁蘇軾張耒秦觀曰四賢祠久廢僅存元趙孟頫書洗墨池三字石刻移置前縣署內西偏竹樓下壁上又屋三楹邑人以祀明通判韓煥并宋犖為韓宋二公祠嘉慶八年通判胡楷倡率郡城紳士復浚池另石刻洗墨池三字立於池西別有記　明趙貞吉夜宿蘇長公洗墨亭戲作詩江空草綠酒旗風半醉黃州烟雨中五百年前曾洗墨一依稀猶記雪堂東　國朝宋犖詠洗墨池圖詩囑昔判黃州一官同泛梗江山樂清曠俯仰客懷永東坡洗墨池蕪沒無人境閒剔出神潢一泓浮翠荇荳惟存舊跡兼可逐清景好風澹蕩吹几席淪漣影幽人對如鴝甌香時啜茗蛙口食墨魚饞劚嗁蛙聰說堪笑屛別來三紀餘幾思駕烟艇　張仁熙宋牧仲使君新建亭閣洗墨池上詩荒坡瓦礫年年拾峻閣何緣此地雄提筆昔知勞夢鶴呼尊近欲傍飛鴻般勤蛙口池邊月宛轉桃花檻外風惟有南堂箋易處尚留餘墨濺江東

### 子路問津處

城北九十里古有孔夫子廟後人掘地得石碣有子路問津處五字懸巖茂木下有清流跨石為橋橋外有風亭當路之北北行有磐石瑩然草木不侵墨池在其右又有石如硯雨下畢水浸出山麓側出一石鐫曰進步處旁勒五迪二字疑書者名字也河曰孔子河山曰孔子山山上有臺俯視左右卑者衡平者坂舊以長沮桀溺名之東隔岡巒三里有港北十里許曰回車埠言返乎蔡也宋明以來問人之講學者往往居此曰問津書院其間興廢不一詳學校志並問津書院志按史記孔子去葉反乎蔡長沮桀溺耦而耕聖賢冢墓記曰黃城山即沮溺所耕處下有東流子路所問津處也括地志曰黃城山在許州葉縣西南二十五里遺跡不應在此廟碣未知所自存疑可也　宋龍仁夫未仕元元時講堂在今廟右百步明嘉隆間耿定向亦講學於此至蕭繼忠王陞諸人始移建今地　國朝曹翰問津書院賦緊問津之古院聳神明之故墟據翼軫之分野當楚蔡之通衢後碧嶂以環抱前清溪以盤紆上倚觀川之危石下臨滌筆之污瀦巍書城其坐擁帶院落以相於鐘鼓揚靈於河曲絃歌流韻於山隅因一日輟環之蹟作千秋考道之區粵自有唐杜牧廟建文宣宋之孟珙廣舍山巔仁夫龍氏大啟講筵逮有明之中葉迄萬歷之季年前有胡孫之創建繼有蕭王之改遷去舊廟之湫隘卽新宮之安閒上奉聖像道貌岸然左祀仲子沮溺右祀朱子儒先下及縉紳名宦有功斯土者皆得從祀於其間爾其為狀也峩峩業業煒煒煌煌樹中天之華闕凌冠山之明堂方圓則法乎天地閫闊則象乎陰陽旣星羅而碁布亦翼舒而箕張軼雲雨於天際迴虹蜺於崇岡爛兮若朝暾之激景皎兮若明月之流光遠而望之如入丹青之室近而察之恍遊金碧之鄉其為制也後為寢殿榜曰大成重榮複梠畫棟雕甍虹梁煜爚藻井玢璘金缸銜璧玉瑱居楹飛欄翼以軒翥反宇巘以騫騰瓦獸蹲跜於屋脊金爵上棲於觚棱張網戶以朱綴絡綸連以青瑣仰靈宮之肅穆等仙禁之深沈殿外則重軒三階元墀釦砌蟠文螭於雲坳繞蛟龍於丹陛銅池承霤以嘉落露臺臨墟而嶮巇鋪磴道以綺錯攢危檐而鱗次覽曲檻以廊迴覺神眩而目眛中為禮殿亦曰講堂建連屏之端正書聖經之琳琅皓壁晻曜以月照丹桂欲艷而電光勒禁楄以踈密承陽馬以圓方欒栱夭矯以交結欃櫨角落以高驤鴻爌焜而爛閻極崇隧而堂皇納雲霞於戶牖吞日星於軒窗羌左平而右城夾馳道於中央歷九階以延佇指雙闕以翱翔啟南端之閶闔顏書院以問津夾左右之兩掖倣玉振與金聲修閣扇之壯麗釘浮漚之繽紛朱闕岩嶤兮金鋪燿日彤扉鴉軋兮獸

鏤鶯人厥有東廡堂曰問津耦耕齋曰潔粢奉牲綺疏露榍瑣闥雲蒸翠衡對宇遥連乎飽德之亭又有西廡祠則文公諸儒館則齋宿藏書璇題月湛繡桷星鋪連簃複閣直接乎從先之居由兩廡以各出夾中門而平分規隙地以立柵列畫戟以爲門兩坊對峙雙柱高擎德配天地道冠古今面牆一堵彩畫麒麟當欞星而壁立覗天子之外屏院後四壁宮牆縱橫儼眾星之拱極護賢關聖域以攸甯宮室既飭禮器斯彰開神廚而數典檢祭庫以授藏尊則全乎犧象璜則備乎圭璋鼎則彝彝鉶鬲俎則梡嶡椇房簠簋共登鉶競美豆籩與爵勺交相篆刻兼饕餮雲雷之古雕鏤極夔龍龜雀之尤他若麾旛巾幂罍洗篚筐干態萬狀不可殫詳禮儀既備樂器孔昭考宮懸於殿陛察簨簴於堂坳鐘則鏞鎛笙頌鼓則楹足縣鼗磬則製泗濱之石笙則採曲沃之匏絲則瑤琴錦瑟竹則龍笛鳳簫木則柷敔互用塤則雅頌均調推之籥籊焰燿旌節飄搖靡不雲譎而波詭玉立而星標其釋奠則始以如壯之上丁後以竊元之既望延守令丞博以主祼將合縉紳先達以爲顯相或執豆而承籩或省牲而莅鬯粢盛則黍稷馨香牲牢則牛羊茁壯禮九拜以肅雝樂六奏以和暢列佾舞於階東階西合聲歌於堂下堂上飲福則官師悉受其鴻釐頒胙則閭閻咸蒙夫異既彝章比闕里以差殊典禮較辟廱而無讓其講學則始於元季盛於明中本郡之儒紳畢集異方之師友來從軒蓋相望於道路臯比並列於儒宮派姚江者以致良知爲主學甘泉者以體天理爲宗奪席而戴憑傒至解頤而匡鼎初逢講道著河汾之盛談經追虎觀之雄戶外之坐席常滿橋門之觀聽擁容爭紹程朱之脈遠追鄒魯之風其會課或舉以二季或定以四時遐邇雲集生徒影隨先之以制藝次之以賦詩排坐防濫監門絕私閒閭秩秩濟濟祁祁紛嘈兮似春蠶之食葉奮勇兮如戰士之銜枚競登壇而拔幟犇入海以探驪沿夜分而投卷逮試畢而彙齊司會則矢公矢慎衡文亦無詐無欺多士遂登龍之願貢才矜倚馬之奇葵邱復會於此日幾復再見於今茲至若師傳端居生童住宿終日孜孜窮年矻矻冬釭焰兮筆花紅春書永兮窗草綠開絳帳以傳經下緇帷而課讀負笈皆英俊之流鼓篋盡衣冠之族執經問義者偕來緇瑟歌風者相屬親弟子之茆芹飽先生之苜蓿覺師嚴而道尊可化民而成俗是蓋以詩書爲堂奧以性命爲丕基以禮義爲門路以道德爲藩籬南國圖書之府西陵禮樂之司絃誦之風流未墜襄軒之日月於斯不獨嶽麓嵩陽不可及亦非鵞湖鹿洞所能幾笑千里之楚疆曾經幾代問七百之書社今屬阿誰曷若此問津片壤宮闕巍巍直與尼山洙泗相終始而無有窮期

明吳國倫過問津河詩　夫子南遊後山川不可名問津千古事環轍至今情雨洗沙茸淨波吹石髮輕惟應楚孺子下馬濯塵纓

梅之渙過問津河詩　每過問津處無愁魂自消門閒蟬語寂路古馬塵囂細雨昏殘碣輕煙卷斷橋耦耕人咫尺來往慰蕭條

茅瑞徵過孔子問津處詩　驅車循四履晴巒來遠曙一水不容刀征人戒勿遽褰裳往從之下流苦沮洳試扣此何爲云是問津處在昔鳳哉一羽深心鸞誰語屏營歧路側所遇溺與沮避世不避人相對一何倨千



載憑遺跡山川應可據我來出其傍茲行豈遊豫六翮阻高飛九折空叱馭雖馳雲外想已作枯泥絜仰止步荒祠低回不能去

王士龍問津河懷古二首　江萍阻孔轍回馭經山阿涓涓澗底流悵然懷逝波騑停周道避脈浥行露多青兕叫山壁元猿嘯谷蘿悼彼歲月邁道阻且長何迷精怯山霧晚噬滯雲窩佇響思東土一路山嵯峨

林暉躍夕霏光氣啓鷗陬山川險阻經勇者誠足傳征車傷行邁役車勤未休道旁裳笠叟禾黍長田疇杳靄日氣佳沈陰天風颭青蘿臥犬吠晴嵐棲鳥啾悵此素心侶攸懷各有由歎息津渚閒千載今悠悠

又問津雜詠二首　生不逢堯禪飲牛從上流緬茨荏志慨想陟屆邱荇藻牽我懷衣襟濯春洲鳥聲變芳林坐聽隨啾啾朝曦東壁曙夕霞西山稠往來問津上長歌狎澗鷗

我囿不十畝在彼問津東我屋兩三間傾敧不遮風八口歟終歲空虞愧年豐破牀倚壁角缺釜泣露中幸有殘書笥日開無塵封悅兒就句讀稍稍義解通少君老且勤紡車聲蓬蓬煮水道其夜笑飲青燈紅

國朝陳肇昌過問津河懷王生生孫素公孫斐臣詩　朝涉問津河微風飄霢霂解帶涼風亭停驂休我僕山徑舊所經聰焉起遐矚磊砢柏十尋滴湧雲一谷古殿鬱嵯峨正容瞻肅穆平生望道心晚鼓徒鹿鹿念昔同懷人紆餘散遊目坐石草芊芊經臺松謖謖俯仰三十年歲月如轉轂緬想竹溪遊悽斷山陽曲欲去復徘徊臨流空躑躅

陳大章恭謁問津院詩　去聖日以遠賓行頹摘埴喤喤鐘鼓聲所習非所志恭惟問津河傳足回車地麟洲昔創始著書此築室天臺橋遺風講壇樹閣祕魁儒宿望尊學子擔簦至當時諸老翁碩疊資鼓吹道義淵源公卿連項背坐令一畝宮遂擅東林幟我行傍祠堂陌榛莽辟吁細草披蒙茸古柏摩蒼翠延階眺修椽升堂閱禮器錫息拜袞衣彷彿瞻四氣東謁仲子祠沮溺列配位前楹本倫先荀里如鱗次厥西玄仁堂紋繡儼居肆想像昔人心經營寓深意望道日中天有日皆將觀寤寐即羹牆小大隨所識涓滴助海流埃塵補嶽積登枝無指本培根疏其實敬恭鄒魯鄉趨蹌俎豆事古賢迄末亡諸賢慎塗墍黽勉有同心修舉期勿墮

## 定惠院

城東清淮門外宋蘇軾以元豐三年二月至黃寓居於此惡舍有茂林修竹荒池蒲葦春夏之交鳴鳥百族偕頤於竹下開嘯軒以居之院東雜花滿山有海棠一株爲子瞻所植因作海棠詩後人改軒名嘯臺其南爲海棠軒洗墨池在其後又有捫腹軒拭目軒睡足堂文忠祠醫俗亭君子亭俱圮明知縣茅瑞徵築嘯臺於遺址後廢爲邑紳王材任家祠堂並奚世亮葬衣冠處王塋猶存宋梅一林今被兵伐

宋蘇軾定惠院海棠詩并序　寓居定惠院之東雜花滿山有海棠一株土人不知貴也

江城地瘴蕃草木只有名花苦幽獨嫣然一笑竹籬間桃李漫山總粗俗也知造物有深意故遣佳人在空谷自然富貴出天姿不待金盤薦華屋朱脣得酒暈生臉翠袖捲紗紅映肉林深霧暗曉光遲日暖風輕春睡足雨中有淚亦悽愴月下無人更清淑先生食飽無一事散步逍遙自捫腹不問人家與僧舍拄杖敲門看修竹

忽逢絕豔照衰朽歎息無言揩病目陋邦何處得此花無乃好事移西蜀寸根千里不易到銜子飛來定鴻鵠天涯流落俱可念爲飲一尊歌此曲明朝酒醒還獨來雪落紛紛那忍觸 又定惠院夜月偶出詩幽人無事不出門偶逐東風轉良夜參差玉宇飛木末繚繞香煙來月下江雲有態清自媚竹露無聲浩如瀉已驚弱柳萬絲垂尚有殘梅一枝亞清詩獨吟還自和白酒已盡誰能借不辭青春忽忽過但恐懽意年年謝自知醉耳愛松風會揀霜林結茅舍浮浮大甑長炊玉溜溜小槽如壓蔗飲中眞味老更濃醉裏狂言醒可怕但當謝客對妻子倒冠落珮從嘲罵 又次前韻詩去年花落在徐州對月酣歌美清夜（去年徐州花下對月與張師厚王子立兄弟飲酒作蘇字韻詩）今年黃州見花發小院閉門風露下萬事如花不可期餘生似酒那禁瀉憶昔還鄉泝巴峽落帆樊口高桅亞長江滾滾空自流白髮紛紛寧少借竟無五畝繼沮溺空有千篇淩鮑謝至今歸計負雲山未免孤衾眠客舍少年辛苦眞食蓼老境清閒如啖蔗飢寒未至且安居憂患已空猶夢怕穿花踏月飲村酒免使醉歸官長罵 明邵寶定惠院步蘇公海棠詞韻詩草堂三間倚林木如魯靈光巋然獨當時蘇老賦海棠遂使荒邸頓超俗乾坤俯仰五百年多少高陵變深谷愛人及物自古然甘棠在野烏在屋誰將蔬圃一治之彼哉鄙夫徒食肉今之太守關西豪友盡今人猶未足況逢別駕是同鄉前日臺端望猶淑登臨弔古每賦詩萬丈紅光吐便腹清標旣逼雪堂雪雅韻還宜竹樓竹我持憲節東南行偶陟黃岡一遊目高山仰止同此懷如覩巍峩在西蜀雄篇可讀不可和白雲渺渺天邊鵠一株培植兩侯心酌酒酬公歌我曲顧言折竹作新籬等閒莫遣羝羊觸 鄒迪光夏日過定惠院詩不向空門住那知化日長江煙低佛座山翠涇僧房忍草侵衣碧曇花上屐香蹤跡分半榻人境已微茫 王廷陳定惠院宴集二首石磴接巖扉行行上翠微賓朋花下至雲鳥竹邊飛部景度欲盡苔遊存苦稀蘇公何可作今古一沾衣 結侶乘驄出憑高望眼開閶闔深負滄阡陌曲侵臺展席春雲映歸軒夕鳥催回看一遽陳迹相送轉徘徊 王用予定惠院野步詩博得清閒又一年樵漁相對轉相憐秋深人與山消瘦江漲天和水接徑連名宿海棠何自採邸陵石馬不須鞭此時弔古忘歸去曲徑還多薜荔牽 國朝奚祿貽過定惠院詩松摧竹劇海棠軒野草漫天舊路脊有宋文章花落盡兩桓華表鶴驚喧長江嗚咽孤城戍故國殷婺白髮存廿載重來心緒亂斷碑叢裏見忠魂

**海棠橋** 舊志在城北橋側多海棠故名相傳宋秦觀嘗醉卧此橋留詞其上

**金甲井** 舊志在赤壁宋紹興間浚井得金甲二相傳劉宋謝晦之敗投金甲於此府志云晦敗於荆州北走至安陸延頭戍爲戍主光順之所執送金陵不得投甲於此又傳赤壁山下有謝鐵籠墓或其所遺也

**蘇公暗井** 舊志在今縣學古迹湮沒蘇始浚出有浚井詩續志明初在縣學中移學後失所在但今考東坡遺址古井甚多不知何者爲是 宋蘇軾浚井詩古井沒荒萊不食誰爲惻缾罌下兩綆蛙蚓飛百尺腥風散泥滓空響聞點滴上除青青芹下洗鑿鑿石沾濡愧童僕盃酒暖寒栗白水漸泓渟青天落寒碧云何失舊穢底事來新潔井在有無中無來亦無失 國朝朱兆斗蘇公暗井歌廣州古寺西泉冷端明鑿成得龜鼎至今嶺南誇勝概不誇石鼎誇蘇井豈知十有三年前瓢飲可必尤天然東坡茨棘瓦礫處枯草燒出涓涓泉知渠擷汲自何代蛙蚓不飛埋荒薈已覺造物非無心留與諸臣相灌溉雨過犁開稻田雲旱歲好潤青青芹有時腥風被泥滓除蘚洗石石生紋自從暈移汝州去過者一步一回顧梧桐影閣碧雲沈玉檻銀床深惜護豈必黃州井盡眢絕側嶺南結古歎君不見當日臣心此井水清澄見底沒波瀾

**君子泉** 近赤壁一云在棲鳳街今倉巷宋通判孟震字亨之有賢德時稱孟君子庭中有泉蘇軾因以名之轍爲銘軾爲跋黃庭堅爲詩府舊志明推官羅瀚因修城得泉建小亭刻石久廢 宋黃庭堅君子泉詩雲夢澤南君子泉水無名字託人賢兩蘇翰墨相爲重未刻他山世已傳

**琴臺** 在城西北三十里三江口宋昇明間司空柳世隆於西陽城列三層戰艦泝流而進降劉攘敗沈攸之嘗於此鼓琴明改建守備司行署今廢 梁簡文帝登琴臺詩蕪階踐昔逕復想鳴琴遊音容萬卷罷高名千載留弱枝生古樹舊石枕新流由來遞相嘆逝川終不收 明王一翥舟過琴臺不及南岸詩長亭人復夢長亭移向孤舟醒復聽垂死嘆名眞痛絕還鄉重迹記幽冥月留寒影沙明岸春點殘燈樹放星欲向南荒匯九辨鄉巫短笛鬧湘靈 國朝葉封琴臺詩高秋憑一哭云是楚琴臺江樹空無際蘋花冷不開捐軀原世節蹤欲毀激揚公翊黜黯遺珮動今哀有鳳孤飛遠年年夢屢回

**落星臺** 城南二里許馬家窪七星塘側有石高數尺大十餘圍上旁殺色青相傳隕星而成居民祀於此曰姬公祠塘東小阜曰祭風臺俱不可考

**釣魚臺** 城北百六十里紫潭河東岸石狀奇異上有人坐釣迹遊魚出入其下人不敢取俗傳張太公釣於此謂煙波釣叟張志和也

**嘯臺** 見定惠院

**仙女臺** **看花臺** **師姑臺** 俱見城山 **香雪臺** 見柯山

**橫江館** 赤壁南晉龍驤將軍蒯恩建後有梓潼閣宋刺史王禹偁重修旋廢俗名馬迴坡乾隆五十四年知縣王正常建前後二重移觀瀾橋廟祀江神於後以其前爲迎送往來賓館今廢 唐杜牧題橫江館詩孫家兄弟晉龍驤馳騁功名業帝王畢竟江山誰是主苔磯空屬釣魚郎

棲霞館見後碧棲樓

高寒樓在今城南高阜樓下稍北即雪堂俗呼南樓墩府舊志唐太和間刺史劉應之建四望亭覽觀江山爲一邑之勝李紳作記考東坡集有題濠洲七絕其六爲四望亭註云太和中刺史劉嗣之立李紳過濠爲作記非黃州也黃州亦有步至四望亭魚池上詩府舊志引劉李事證之誤四望亭宋張激攝令日更爲樓取杜詩玉山高並兩峯寒句曰高寒陸遊所記坡西竹林號南坡即其地也明初移城猶建樓呼爲南樓久廢嘉慶十八年通判胡楷倡邑紳士捐金建石亭於其上爲郡城東南巽峯更名培風亭道光二十七年署縣金雲門修理城垣重葺

竹樓宋刺史王禹偁建元至順間脫穎不花重修龍仁夫記明洪武甲戌知府葉宗因舊址更建當在故城嘉靖間知府郭鳳儀移今縣治西下爲賓座日禮賢堂康熙間宋犖判黃時移建於洗墨池西並建之雪堂對峙古蹟數移漸失其始歐陽修于役志謂在興國寺陸遊入蜀記謂竹樓下稍東即赤壁磯則竹樓又當在赤壁西偏二公皆宋人未知孰是併存俟考　宋王禹偁竹樓記黃岡之地多竹大者如椽竹工破之刳去其節用代陶瓦比屋皆然以其價廉而工省也子城西北隅雉堞圮毀蓁莽荒穢因作小樓二間與月波樓通遠吞山光平挹江瀨幽闃遼敻不可具狀夏宜急雨有瀑布聲冬宜密雪有碎玉聲宜鼓琴琴調和暢宜詠詩詩韻清絕宜圍棋子聲丁丁然宜投壺矢聲錚錚然皆竹樓之所助也公退之暇披鶴氅衣戴華陽巾手執周易一卷焚香默坐消遣世慮江山之外第見風帆沙鳥煙雲竹樹而已待其酒力醒茶煙歇送夕陽迎素月亦謫居之勝槩也彼齊雲落星高則高矣井幹麗譙華則華矣止於貯妓女藏歌舞非騷人之事吾所不取吾聞竹工云竹之爲瓦僅十稔若重覆之得二十稔噫吾以至道乙未歲自翰林出滁上丙申移廣陵丁酉又入西掖戊戌歲除日有齊安之命己亥閏三月到郡四年之間奔走不暇未知明年又在何處豈懼竹樓之易朽乎後之人與我同志嗣而葺之庶斯樓之不朽也咸平二年八月十五日記　元龍仁夫黃州路重修竹樓記齊安固江淮間斗僻郡然以江山之勝望東南岷江嶓漢瀰澎浩漾來天際赤壁嶻其涯過江武昌樊口諸山蛟翔鳳峙森森獻狀茲其爲勝已然談是間登臨之美則刺刺稱竹樓最宋王公禹偁守黃郡即城西北隅薙蓁滌穢作小樓二間爲退食之娛不求瓦而竹從工宜也風雨蝕蕩圮新復圮蓋三百年矣至順辛未冬侯嚕楚公初涖郡憑高踟躕曰是宜新之既期穀登民和寮宷雍肅刑清訟簡長日湛然於是謀之監郡公暨佐貳諸賢究廢典修故章掄材鳩工改作此樓棟宷楔棍甍榱櫨闌黝堊漆丹悉如度蓋捐俸廩與官計之贏而民不與知焉登斯樓也所謂風帆沙鳥煙雲竹樹與夫夕陽素月之觀煥然如在至道咸平間屬予記客有聞而歎之曰王公茲樓之勝竹之助亦多矣今不竹而瓦何居予曰崑山之旺以玉抵鵲彭蠡之蚩以魚飼犬則繁故也黃之人昔者刈竹如菅蒯今者得竹如金珠夫後人之存古也存

黃岡縣志　卷之二　古蹟　卅三

其意而已矣竹之拘客又曰君子擬人以其倫今之搆斯樓也其猶昔人也歟予艴然曰善論人者不於其迹於其心黃爲郡歷世稱遐陬非羈人謫客左遷鎸退不至是間王公以危言直道獲譴當朝自玉堂而滌而揚而至是州江湖魏闕之情蓋不勝黯然彼鶴氅華陽爐香易卷之云少寄其遷謫亡聊之情而已天朝混闔來黃爲腹郡且天歷初皇帝舊勞於外嘗駐蹕焉顧南州亦子遠天京勤勞擇良牧侯以豸冠名流天官清選佩二千石綬爲此來而何王公之比所謂迹之異也天壤間魁人偉士有曠萬里而同襟懷越千百年而合符節者心而已翰林以清忠鯁亮爲宋名卿侯以公廉方正爲元鉅公心術行事軒軒磊磊揭日月行中天非予所謂曠萬里越千百年而脗合者乎矧長貳若屬無不心侯之心乎然則茲樓之勝炫映今昔夫奚疑客語塞則續請曰將無異乎於是大笑曰耄哉龍子昔人所謂中書君老而禿假執筆從王公後茲其爲異歟客相與粲然遂書俾石工勒　宋戴復古黃州竹樓呈謝國正詩每日黃堂事了時一心惟恐上樓遲發揮天地讀周易管領江山歌杜詩切戒吏來簿歷常邀客至共琴棋風流太守誰其似半似元之半牧之　明何喬新竹樓詩黃州使君文中虎勁氣英英隘寰宇西清東觀莫容身又擁朱轓守江渚江雲山雨晝冥冥使君對此若爲情驚濤厭見蛟鼉舞老樹愁聞猿狖鳴平生才名冠當世每吐忠言裨國是哆咕竊笑姧諂排一身南北長如寄使君知命不解愁竹樓闢起江之陬笑呼斗酒酬前哲風帆沙鳥任沉浮仙遊今在蓬萊島陳迹荒涼凄蔓草我來不見樓中人自酌寒泉薦蘋藻　王廷陳竹樓重修落成答郭桐岡使君詩竹樓占勝城頭出郭子爲邦海內聞仍貫舊題應不改治絲新政自無棼雲霄懸榻緣高士島嶼開簾近使君誰信喧囂官舍裏烟霞與客日平分　鄒迪光病後登竹樓詠懷詩一室數椽小憑欄眼自寬井煙龍浦樹屏宇席江湍簾捲南薰入憐開北海寒人言吾貌瘦從此欲加餐　國朝金德嘉竹樓詩月波名蹟已荒邱城角猶營古竹樓檻外冥冥赤壁雨窗間漭漭滄江流地容拙宦居偏勝天入寒溪望轉幽此日登臨惟載酒風帆沙鳥舊黃州

月波樓不知名始何代王禹偁詩郡城無大小雉堞皆有樓蓋宋時城樓也今城自明代展築或以今漢川門城樓當之似誤　宋王禹偁詩并序月波之名不知得於誰氏圖緻故老皆無聞焉因作古詩一章凡六百八十字留於樓壁庶使茲樓之名得與詩俱不泯也　郡城無大小雉堞皆有樓其間有名者不過十數州吹簫事邈迴仙迹難尋求庾公在九江締構何風流謝守鎮宣城疊嶂名有由東陽做八詠吾聞沈隱侯白雪架郢中調高誰和酬黃鶴倚鄂渚仙去事悠悠贊皇謫滁上作賦懷嵩邱樓居出俗態澤國多勝遊好景不過人安得名存留齊安古郡廢移此清江頭築城隨山勢屈曲伏環周茲樓最軒豁曠望西北陬武昌地如掌天末大雙眸平遠無林木一望同離婁山形如八字會合勢相句踐防方土鐵祥言武昌有山樊林山形如八字勢不及九改孫權以黃武元年都武昌八年遷建鄴三國事既遠六朝名亦休近從唐末來爭奪互仇讐斯樓備矢石此地控

黃岡縣志　卷之二　古蹟　卅四

咽喉終朝望烽燧連歲事戈矛可憐好詩景牢落無人收皇家統萬國遠涵盡懷柔三聖四十年蕩蕩文德修淮甸爲內地黃岡爲上遊儒服假郡印踐更若公郵況多辦職吏誰肯恣吟謳伊余何爲者竊慕騷人傳兩朝掌文翰十年侍冕旒去歲出西掖謫居抱窮愁日日江樓上風物得寘搜何人名月波此義頗爲優西南新桂魄初上懸玉鈎曉瀨清且淺漂蕩影沈浮三五金波滿夜光如暗投驪龍弄領珠晃朗照汀洲澹臺披寶劍碎璧斬長虬冰輪曉入地推下赤金毬闌干四五星斜漢印清秋誰家上元燈而盛剡蘸蘇此景吟不出謾使聲吻吻千里畫圖閣四時詩與幽野花媚宮纈芳草鋪碧裯火雲照沙浦暴雨傾瓦溝白亂蘆花紅殷蓼穗稠簷冰垂若練雪片大於鷗江蘺煙漠漠宮柳雨颸颸舟子斜盡槳妝童倒騎牛水獺有時戲江豚頗能泗山鳥奏竽籟落霞展衾裯魚網雪離離酒旗風颼颼放懷雖自適詩物奈相尤石嶺徐逸洞精靈如在不左瞰伍員廟荒隙介人羞樓中何所有官醞湛蚍蜉棋枰留容坐琴調待儋抽橋苞鄰槳鼎壘筆閑茶甌平生性幽獨寂寞誰獻酬官常已三黜懷抱羅百憂凭闌憶王粲望闕同子牟自甘成潦倒無復事聲猷身世喻泡幻衣冠如贅瘤放意無何鄉誰分親與仇寓形朝籍中毀譽任咽啾君恩無路報民瘼無術瘳惟慚戀祿俸未去耕田疇題詩郡樓上含毫思義獻功名非范蠡何必泛扁舟

葉適月波樓詩下林百果春自花屋藏汀陰泉著沙光風賦雪誰安措煩紅密翠空敬斜愛君樓高出江上百里江山開四向峻屏森聳遠更寒紋練縈回靜猶湲孤湖夜卷西頭來海門推出冰崖鬼豈知星河遭映奪只使鶴雀常驚猜此村風俗淯且魯接樹移花今復古勸君種學化兒孫不須擁妓呈歌舞國朝喻文鏊竹樓月波樓遺址感王公元之詩先生笙易得小畜雲夢澤南清睡足雙樓一記一題詩消受官醞月三斛謫居從古多煩憂竹樹煙雲當勝遊蘇占東坡公占郡至今都道王黃州

**尊美樓** 亦譙樓也明知府楊守仁定名舊志疑即清源門城樓

**棲霞樓** 治西南宋閭邱公顯守黃時建坐把江山之勝孫載詩云地據淮西盡江吞石壁寬蘇軾詩黃州在何許與子上棲霞又其客詩霽容天在水春色柳藏橋謂此樓也按閭邱顯見蘇軾水龍吟自注舊志以爲李顯非　宋戴復古黃州棲霞樓即景呈謝深道國正詩朝來欄檻倚晴空暮來烟雨迷飛鴻白衣蒼狗易改變淡妝濃抹難形容蘆洲渺渺去無極數點斷山橫遠碧樊山諸峰立一壁非烟非霧籠秋色須臾黑雲如潑墨欲雨不雨不可得須臾雲開見日落忽展一機雲錦出一態未了一態生愈變愈奇人莫測使君把酒索我詩索詩不得呼畫師要知作詩如作畫人力豈能窮造化

**涵輝樓** 治西南宋韓琦有詩狀元張孝祥書其額曰無盡藏樓後有坐嘯堂及無倦味道二齋　宋韓琦詩臨江三四樓次第壓城首山光偏軒檻波影撼窗牖予兄天聖中向攝齊安守兄才無不宜吏治孰可偶公庭常寂然所樂在文酒



**無盡藏樓** 見上

**碧棲樓** 赤壁酹月亭南明知府盛璞建即今王公書院樓又洗煩樓在赤壁東北城內邑人洪周祿建下有棲霞館皆董其昌書牓今燬側有廣容園旋爲廣嗣菴疑即今治北高廟祀南嶽

**洗煩樓** 見上

**忠孝樓** 在陽邏鎮元吳賢建又有古懷遠坊義井飲馬池文武祠桂香殿皆賢遺跡

**羨江樓** 見赤壁

**悠然樓** 見柯山

**天一樓** 一名中心樓在都司署居城之中取天一生水之義以厭火災道光二十八年知縣俞昌烈及闔郡紳士重修

**鏡心樓** 見龍邱　明劉基團湖鏡心樓詩團湖四面開明鏡中有高樓接太清絳氣往來蟾影入碧光浮動日華生雲間威鶴孤飛下湖底游魚作隊行安得翠軿呼弄玉金銀臺上坐吹笙

**將母樓** 宋犖字牧仲商邱人由蔭生授黃州通判事母純孝築將母樓於署中以承歡許府志其將母樓即事詩云危樓百尺向江開把酒登臨日幾迴隔岸樊山能好我故將青翠入簾來　雨過山光翠且重一輪新月掛長松吏人散盡家僮睡坐聽寒溪古寺鐘　聚寶山頭日已曛閒尋怪石踏飛雲牧童樵子相傳說拾得應來獻使君

**玩月臺** 見赤壁志

**睡足堂** 明志宋王禹偁建取杜牧詩平生睡足處雲夢澤南州之義

**相隱堂** 在舊司理廳宋龐籍參知政事嘗爲郡司理後人爲建此堂

**讀書堂** 城外安國寺左宋韓琦兄琚守黃時琦嘗於西廂讀書即此堂堂前有春草亭亭左蓮花池後人爲立魏公祠明董其昌書韓魏公書院刻石牓於門寺右則康熙間郡守蔣蘿村棠舍也年久傾圯道光二十七年分守道陶樑知府祁宿藻署縣金雲門倡卒重修併重建春草亭補葺棠舍今廢　國朝禹殿鼇重修韓魏公祠堂記昔東坡刻韓魏公之詩題其後以黃州山水清遠土風厚善雖里巷小民知尊愛賢者於王元之韓魏公皆私之以爲吾邦雖二公嘗辱居焉以誇於四方之人夫直道在民公好惡天下之所同因其明而指示之就其事而獎勸之使之油油然樂而忘倦非留心於人心風俗者弗喻也坡公稱黃人之尊德樂道異於他邦豈非喜其風俗之厚而與人爲善也哉今去坡公巳六百餘歲而黃人祀祝之不異元之魏公亦似有私於蘇公者風土之厚善益信矣鶩豫人也官於黃巳亦三載修赤壁濬隍渠重建二程書院景仰前嶽啓迪後學亦與黃之民同此公好耳而黃州安國寺僧來請曰韓公豫之名賢也寺本爲公

讀書祠歷年久遠黃人不忍其圮捐有檢棟木石公豫人祈成之余曰豫之賢人君子著名今古者多矣必豫人始修豫賢之祠則坡公當日以蜀人而刻豫賢之詩豈有私於豫哉昔公隨其兄埧讀書於黃非若王元之宦蹟之可紀而豫黃人不忍沒其遺蹟今又樂於重修使與竹樓赤壁並峙不朽非僅若坡公所云金錫圭璧被其光輝也凡觀其蹟則必思其人思其人則其人生平立身行己與夫出處張施之雄抱偉略必將景行而效之如武侯之自比管樂長卿之雅慕相如以尙友於千古是公之有造於此邦者大矣豈日不必施於用也哉余也嘉其意而相成則固坡公與人爲善之意也以爲有私於豫者共猶有蓬之心也夫因委廣文吳君緒榮同郡紳曹君紹烈等董其事閱三月而告竣以公之兄宋太守埧並祀焉公之詩曰兄才無不宜吏治孰可偶君子之言信而有徵蓋不異王元之之有德於黃人也至公功業文章世咸知之不贅

陳大章謁韓魏公祠呈許蓼齋太守詩荒城秋氣合寒露百草滋綴策南郊道言尋魏公祠賢守美爲政修舉良在茲春草辭餘結構書堂煥棟題惟公不世才間出當明時堂堂杜天手變化無端倪景祈治平間呼吸定嫌疑枃縣天北極盂覆地四維公神在宇內元氣浩淋漓黃人每矜誇謂公實我私永嘉有遺集浪語非無稽諸蘇集韓詩季公宜在祓二黃娟有也魄公女眞隹德來士嶠與年晤酣不撫坡此私歔呿瀏日天我下個原正直留民秉精誠格神祇昔謁相州廟載哦閱古詩雕定敘迹追典誥圖繪儼鬚眉請得搆妙手斧藻揚形儀錄公生平事附以琬珍辭傳寫左右壁天宇爛虹霓乾坤多醜類忠一萬奸欺微公



豈有救英爽此昭垂今得拜遺像顧盼生恍惚風雨俾勿壞殷薦謹常期匪惟慰邦人百世瞻師資

陶樑重修讀書堂紀事詩云古木疏篁叢疊翠暇日城南尋古寺前賢遺跡道旁留門額猶題讀書字相業羣推宋魏公立朝大節見孤忠兩宮全恃調和力幼主難忘翼戴功蹤跡平生標傳記童年流寓偕昆季臨皋亭近古招提傳是先生讀書地徵言奧旨探邱墳醞釀能成不世勳頑養人材蘇玉局同寒賦膽范希文魏博威名說留守我根來遊欽慕久至今德政感人深益信詩書遺澤厚宦轍旋移有宿因書聲重聽楚江濱何關弄月吟風事要作經天緯地人經營不日軒楹開務使規模仍在昔欲崇根柢黜浮華留與此邦作矜式學古紛紛競入官壯猷偉略似公難顯榮莫使初心易樹立須從晚節看

王柏心詩云祥麟瑞鸞當世稀偶然遊止生光輝黃人競詡魏公迹亦如東國歌袞衣讀書堂枕大江口千年仰止等北斗此邦官吏皆風流重拓高甍復其舊公昔捧日升扶桑阿衡公且相頡頏少年舊遊尙歷歷四十餘載嗟不忘精神上天控箕尾浩氣猶當下來止重令草木含華滋盡遺江山吐奇偉去年驅馬經栢州江上仍尋公昔遊漁樵事業豈堪問將相勳名安可求登堂懷抱空輪囷浩歌不見非常人乾坤間氣鬱磅礴眞宰何年方降神嗟乎讀書誰似公正笏定策危疑中君不見紛紜官禮誤人國六籍高談竟何益

**瑞慶堂**在城南清源門外宋王禹偁爲許端夫建今廢

**南堂**在臨皋南畔宋蘇子瞻所築與蔡景繁書所謂近葺小屋強名南堂是也爲賦七絕其詩云江上西山半隱隄此邦臺館一時西南堂獨有西南向臥看千帆落淺溪　暮年眼力嗟猶在多病顛毛卻未華故作明窗書小字便開幽室養丹砂　他時雨後困移牀坐厭愁聲點客腸一聽南堂新瓦響似聞東塢小荷香　山家爲割千房蜜稚子新畦五畝蔬更有南堂堪著客不憂門外故人車　掃地焚香閉閣眠簟紋如水帳如烟客來夢覺知何處挂起西窗浪接天　蘇輟次韻詩江聲六月撼長隄雪嶺千重過屋西一葉軒昂方斷渡南塘蕭散夢寒溪　旅食三年已是家堂成非陋亦非華何方道士知人意授與爐中一粒砂　北牖清風正滿牀東坡野菜漫充腸華池自有醍醐味丈室仍聞簷蔔香　鄰人漸熟容賒酒故客親留爲種蔬住穩不論歸有日船通何患出無車　客去知公醉欲眠酒醒寒月墮江煙牀頭復有三升蜜貧困相資恐是大　國朝鄭可格南堂詩郡人何事築南堂爲愛山高與水長坡老流風堪擬似至今游息憶吾黃

**雪堂**在城內東南蘇子瞻謫黃二年故人馬正卿爲請於郡與故營地數十畝躬耕其中名爲東坡因號東坡居士蓋慕唐白樂天而名也並有我似樂天君記取之句坡西竹林古氏故物曰南坡元豐五年蘇子於東坡之側爲堂時大雪因繪雪於壁號曰雪堂有記舊志自黃州門東至雪堂四百三十步堂前有細柳浚井西有微泉小橋堂下有元修菜桃花茶橘秔棗栗松桑陂塘嘗作江城子詞自注云南挹四望亭之後邱西控北山之微泉慨然而嘆此亦斜川之遊也有居士亭在高壟上元豐七年移汝州去以堂付潘大臨居之崇甯壬午黨禁起毀堂旣而郡人屬神霄宮道士李斯立重建何頡之作上梁文有云前身化鶴嘗陪赤壁之遊故事傳鶯無復黃庭之字蓋蘇子書有東坡雪堂四字久爲人盜去矣元季堂復燬今城中有荒阜雜閣閣間在坡仙坊十八坡後郎宋通守並建竹樓處府舊志云在縣學東蓋指舊學基言後移建府署內咸豐三年燬於賊八年巡撫胡文忠駐師黃州重修

宋蘇軾雪堂記蘇子得廢圃於東坡之脅築而垣之作堂焉其正曰雪堂堂以大雪中成因繪雪於四壁之間無容隙也起居偃仰環顧睥睨無非雪者蘇子居之眞得其所居者也蘇子隱几而晝瞑栩栩然若有所適而方興也未覺爲物觸而寤其適未厭也若有失焉以掌抵目以足就履曳於堂下客有至而問者曰子世之散人耶拘人耶散人也而未能拘人也而嗜欲深今似繫馬止也有得乎有失乎蘇子心若醒而口未嘗言徐思其應揖而進之堂上客曰嘻是矣子之欲爲散人而未得者也予今告子以散人之道夫禹之行水庖丁之捉刀避衆礙而散其智者也是故以至柔馳至剛故石有時而泐以至剛遇至柔故未嘗見全牛也子能散也物故不能釋子有患矣用之於內可也今也如蝟之在囊而時動其脊脅見於外者不特一毛二毛而已風不可搏影不可捕童子知之名之於人猶風之於影也子獨留之故愚者視而驚智者起而軋之吾固怪子爲今日之晚也子之我幸矣吾今邀子爲藩外之遊可乎蘇子曰予之於此自以爲藩外矣又將安之乎客曰甚矣子之難曉也夫勢利不足

以爲藩也名譽不足以爲藩也陰陽不足以爲藩也人道不足以爲藩也所以藩予者特智爾智存於內發而爲言則言有謂也形而爲行則行有謂也使予欲默不欲默欲息不欲息如醉者之恚言如狂者之妄行雖掩其口執其臂猶喑嗚踴躍之不已則藩之於人抑又固矣人之爲患以有身身之爲患以有心是圃之構堂將以佚子之身也是堂之繪雪將以佚子之心也身待堂而安則形固不能釋心以雪而警則神固不能凝子之知既焚而燼矣燼又復然則是堂之作也非徒無益而又重子蔽蒙也子見雪之白乎則恍然而目眩子見雪之寒乎則悚然而毛起五官之爲害惟目爲甚故聖人不爲雪乎雪乎吾見子知爲目也子其殆矣客又舉杖而叩諸壁曰此凹也此凸也方雪之雜下也均矣厲風過焉則凹者留而凸者散天豈私乎凹凸哉勢使然也勢之所在天且不能違而況於人乎子之居此雖遠人也而圃有是堂堂有是繪實礙人耳不猶雪之在凸凹者乎蘇子曰予之爲此適然而已豈有心哉殆也奈何客曰子之適然也適有雨則將繪以雨乎適有風則將繪以風乎雨不可繪也觀雲氣之洶湧則使子有怒心風不可繪也見草木之披靡則使子有懼意睹是雪也子之內亦不能無動矣苟有動焉丹青之有靡麗冰雪之有水石一也德有心心有眼物之所襲豈有異哉蘇子曰子之言是也敢不聞命然未盡也予不能默此正如與人訟者其理雖已屈猶未能絕辭也予以爲登春臺與入雪堂有以異乎以雪觀春則雪爲靜以臺觀堂則堂爲靜靜則得動則失黃帝古之神也遊乎赤水之北登乎崑崙



之邱南望而還遺其元珠焉遊以適意也望以寓情也意適於遊情寓於望則意暢情出而忘其本矣雖有良貴豈得而寶哉是以不免有遺珠之失也雖然意不久留情不再至必復其初而已矣是又驚其遺而索之也予之此堂追其遠者近之收其近者內之求之眉睫之間是有八荒之趣人而有知也升是堂者將見其不遡而僾不寒而栗淒凜其肌膚洗滌其煩鬱既無炙手之譏又免飲冰之疾彼其趑趄利害之徒猖狂憂患之域者何異探湯執熱之俟濯乎子之所言者上也予之所言者下也我將能爲子之所爲而子不能爲我之爲也譬之厭膏粱者與之糟糠則必有忿詞衣文繡者與之以皮弁則必有愧色子之於道膏粱文繡之謂也得其上者耳我以子爲師子以我爲資猶人之於衣食缺一不可將共與子遊今日之事姑置之以待後論予且爲子作歌以道之歌曰雪堂之前後兮春草齊雪堂之左右兮斜徑微雪堂之上兮有碩人之頎頎考槃於此兮芒鞋而葛衣挹清泉兮抱甕而忘其機負頃筐兮行歌而採薇吾不知五十九年之非而今日之是又不知五十九年之是而今日之非吾不知天地之大也寒暑之變悟昔日之癯而今日之肥感子之言兮始也抑吾之縱而鞭吾之口終也釋吾之縛而脫吾之機是堂之作也吾非取雪之勢而取雪之意吾非逃世之事而逃世之機吾不知雪之爲可觀賞吾不知世之爲可依違性之便意之適不在於他在於羣息已動大明既升吾方轆轉一觀曉隙之塵飛子不棄兮我其子歸客忻然而笑唯然而出蘇子隨之客顧頷之曰有若人哉

陸游自雪堂登四望亭因歷訪蘇公遺跡詩我醉飛屐登孱顏拄杖出沒風烟間三山慈龍鮫鱷靜九關肅穆虎豹閑幾年金骨煉綠髓此日始得窮躋攀老仙歸侍紫皇案空有野水流潺潺蜿蜒翠阜圍綠野似嶺非嶺山非山向來龍蛇滿雪壁雷電下取何時還名花亦已天上去居人指是題詩處九十一翁不識公我抱此恨知無窮定惠院已廢海棠亦不復在安國老僧見時年九十一自言東坡去黃後四年方生

孔武仲蘇子瞻雪堂詩古縣東邊尺徑開先生曾此劚蒿萊鸞凰一去應不返花柳當年皆自栽畫壁蒼茫留水墨朱欄剝落長莓苔鄰翁笑我來何暮檢點風煙興盡回

明鄒迪光雪堂詠懷二首夙抱理人術亦懷憂民心如何事纏牽託志翰墨林薄雲逗疏館當軒列遙岑喜絕人吏跡兼之鳥雀音對此坐偃仰南薰盪衣襟鳴琴不下堂古人予所欽

魯連非吾尚子牟非吾師出處道自合囂寂理亦齊月余剖符竹塢來湘之湄披牘援朝雲露冕搴春蘿魏闕信倣屣齊組豈土埃所以磬折間吏隱常在斯曾似蒙莊子昔者歎爲犧

國朝于清端乙卯春題雪堂詩竹笋纔生黃犢角蕨芽初放小兒拳試尋野菜和香飯便是黃州二月天

楊庚八戌立春大雪觴諸友雪堂詩黃州來五年光陰一瞬過回首四年前旱潦妨農課望雪復望春時屢百穀播雪倘先春來豐年可預賀宿麥滋培多蟲孳藉摧挫何止灞橋吟詎羨袁安臥坡翁搆堂成繪壁光映座我爲翁鄉人希蹤勉勿惰今年立春雪連日飛花大頓使雪中人都向春中坐一片冰壺心不着纖埃涴我既歌陽春願聽白雪和

陶椽甲辰十一月十九日集僚友於雪堂預祝東坡生日詩赤壁開筵賓從列



一鶴南飛夜吹笛江山猶是昔人非五百年前記生日公有大名遇不偶瀕於危亡常八九文章宮內歎奇才姓氏朝中推黨首詩案烏臺罪未明謫居五載黃州城營巢幸託潘邠老耕地偏勞馬正卿疊移手札由天意從此迴翔頻易地揚來杭潁濬西湖兩郡至今留水利要津權門絕附攀一生謇諤立朝班不因差役阿君實早爲青苗詆半山升沈官海誰能料重入中書掌制誥益招讒忌禍機深編管炎荒人不到久以并州作故鄉臨皋風月未能忘可憐九死南遷日猶道歸心負雪堂我忝詞壇稱後進湘南移節來山郡謁公遺像讀公詩淵源自古心相印酒醴紛陳頻告虔此邦僚友喜多賢早知雅興耽山水合有清音勝管絃夢中萬里仇池石侑以清泉望來格人間俎豆會常新畫裏鬚眉渾似昔紛紛舊事說元豐恩怨消時論自公不用當筵歌楚些招魂只唱大江東

一枝堂 在城內宋時建中有大梅一株舊志云不知在何地疑即東坡梅也按蘇子於雪堂前手植一梅大紅千葉一花三寶明嘉靖時始枯知府郭鳳儀摹形於郡齋又重建一枝堂於洗墨池今堂廢梅花石刻嵌赤壁

寒碧堂 在東門外何氏園宋何頡之兄弟作以待蘇子者蘇子爲畫竹石於壁且賦之詩今未詳其址

慈堂

酒隱堂 見柯山

萬似堂 見赤壁

蘇白堂 舊北察院今考棚內有康熙間江南布衣毛會建書蘇白堂三字額亦以子瞻慕樂天而其地皆東坡舊址故

也後有易以育才堂者邑人王宗華重建考棚復其舊名王鑾記云黄州督學試院之廳曰蘇白堂相沿者百餘年矣額爲康熙己未毛會建題會建字子霞吳名士而客楚者也堂故無記解之者以蘇爲宋文忠公以白爲唐太傅又蘇居東坡其名與白刺忠州時所謂東坡者合二公出處略相似連而及之所以爲一鄂光口耳相傳不能辨以爲非也乾隆辛丑督學吳公白華見而非之謂白曾未至黄且人代不當居蘇後蘇爲遷客亦與試事無關爰去舊額更以育材名之如是二十餘年然而人之稱蘇白也仍翕然無異詞若有不可得而奪之者嘉慶癸亥黄岡王宗華兄弟出巳貲大新試院成有日矣於廳額獨齗齗焉乃周諮而及其里人王鑾曰蘇白堂可復乎曰可有說乎曰豈可無說而漫爲之曰雖然其必有以說之否則後之人或且謂蘇白之終不如育材而又改之也鑾曰諾鑾聞蘇公居黄州時嘗得寶鏡一枚古光黝然洞澈纖末背有銘字體兼篆隸左龍右虎輔之察之則漢代故物銅出於白水之陽稱之爲白水鏡公錄其銘事載仇池筆記白水之云亦揚州水心鏡類也古之善相士者每以鏡稱後漢司馬德操稱水鏡先生唐李固言及第亦有芙蓉鏡下之兆夫鏡可擬人而蘇公之白水鏡又適得之黄州之地然則蘇白也者蘇之白也蘇之白者黄州之鏡也黄州之鏡者巡試黄州之督學也言鏡則顯而寬言蘇白則隱而切有美之堂不言吳山墨君之堂不言畫竹額語蘊藉往往有之蘇白者亦猶是焉耳且即吳公所謂育材者思之考校之方鼓舞作興之道未有不原於公且明者鏡之爲用也以推移則不若權衡以變化則不若陶冶然而虛中無我遇物肖形屢照不疲毫髮莫遁公與明兼至而推移變化之道即在其中有材者當如是矣是故育材者督學自有之職與必有之心顧非其人如鏡而何以外不曠職內不疚心而恢恢乎盡其能事則蘇白者育材之本也漢有善銅出自白陽取鑄爲鏡清剛而光此非蘇公所獲白水鏡之銘乎舉此以獻督學奚不可者宗華兄弟悚然而興曰有是哉今請仍以蘇白額之而記諸此廳之壁　陳大崳蘇白堂偶作詩筆囊禿盡紫毫端五夜搜遺燭影殘漏鼓驚心宵不寂江風入幕夏猶寒絳紗冰鏡一輪月赤壁文峯百丈巒蘇白堂虛塵境隔此來毋負玉清官

**竹堂** 在赤壁磯下白蓮池左明吏部晏清建今廢

**坐嘯堂** 見涵輝樓

**普安堂** 在下伍重鄉山上邑紳王源昌朱霞遠讀書處山左巖石壁立刻有峯回路轉字甚勁舊志載團風誤

**四望亭** 在城南高阜即今培風亭詳前高寒樓　宋蘇軾雨晴後步至四望亭下魚池上遂自乾明寺前東岡上歸二首雨過浮萍合蛙聲滿四鄰海棠眞一夢梅子欲嘗新拄杖閒挑菜鞦韆不見人慇懃木芍藥獨自殿餘春　高亭廢已久下有種魚塘暮色千山入春風百草香市橋人寂寂古寺竹蒼蒼鸛鶴來何處號鳴滿夕陽

**如畫亭** 在城東南隅高阜或云晉陶侃嘗登眺於此會遠亭在今城北皆宋王禹偁建久廢乾隆五十三年知縣王正



常以如畫亭爲縣學巽峯糾邑人重建嘉慶二十一年郡守吳之勷修理城垣捐廉擴之高倍其半中祀奎星一名奎星閣道光二十六年知縣俞昌烈教諭周鯤化倡率重葺咸豐間燬於兵光緒元年闔內紳士捐貲重修　明王爾賢如畫亭獨眺詩獨倚高亭上環城客往來江搖雲影動風破浪聲開遠樹孤帆過前汀一鳥回天然圖畫裏長覺似春臺

**覽春亭** 在城南宋韓魏公建作詩序又建春草亭於東門外亭後即讀書堂今廢

**臨皋亭** 在城南里許瀕江舊城東門外回車院也宋蘇子瞻謫黄始寓定惠院後遷此有全家占江驛之句又嘗言遷居江上臨皋亭甚清曠風晨月夕杖履野步酌江水飲之又言亭下不數十步便是大江其半是峨眉雪水吾飲食沐浴皆取焉何必歸鄉哉又嘗書其上曰東坡居士酒醉飯飽倚於几上白雲左遶清江右回重門洞開林巒岙入當是時若有思而無所思以受萬物之備亭原石亭後改爲館又改爲驛又爲三江守備署明季燬康熙間知縣李經政建亭以憩行人俗呼爲四眼亭今巳坍入江　宋蘇軾遷居臨皋亭詩我生天地間一蟻寄大磨區區欲右行不救風輪左雖云走仁義未免遲寒餓劍米有危炊鍼氈無穩坐豈無佳山水借眼風雨過歸田不待老勇決凡幾箇幸茲廢棄餘疲馬解鞍馱全家占江驛絕境天爲破饑貧相乘除未見可弔賀澹然無憂樂苦語不成些　陸游月下步至臨皋亭詩芒鞵踏松陰迫此船未發清遊豈無伴三友風露月山川鬱盤紆鷗驚浩滅沒當年老先生想像散醉髮浮生筆昨夢久已埋玉骨吾儕幸強健何事捫簪笏　國朝宋加辰泊臨皋詩薄暮臨皋驛蕭疏客鬢斑雲端迷夏口煙際認樊山噴壑聞鼉吼投林淡鳥閒龍湖有茅舍松月應常關　趙翼臨皋亭詩臨皋亭迥倚江隈玉局曾經謫宦來海內頻年傳死信宮中深夜歎奇才江山故宅鴻泥在風月扁舟鶴夢回到此始憐生也晚履綦不及一追陪　黄利通臨皋詩十年路不向臨皋故國雲山笑二毛鶴掠寒江歸夢幻鵲飛深夜戴星勞梵鐘嚮落崖千尺漁火洲攢水半篙訪舊幾人顏似昔尊前還作少時豪

**快哉亭** 在城南宋清河張夢得謫居齊安即其廬之西南爲亭以覽江山之勝蘇子瞻名之曰快哉又爲詞有云一點浩然氣千里快哉風今移　府治內西北道光二十八年知府祁宿藻知縣俞昌烈重新　宋蘇轍記云江出西陵始得平地其流奔放肆大南合湘沅北合漢沔其勢益張至於赤壁之下波流浸灌與海相若清河張君夢得謫居齊安即其樓之西南爲亭以覽觀江流之勝而予兄子瞻名之曰快哉蓋亭之所見南北百里東西一舍濤瀾洶湧風雲開闔晝則舟楫出沒於其前夜則魚龍悲嘯於其下變化倏忽動心駭目不可久視今乃得翫之几席之上舉目而足西望武昌諸山岡陵起伏草木行列煙消日出漁夫樵父之舍皆可指數此其所以爲快哉者也至於長洲之濱故城之墟曹孟德孫仲謀之所睥睨周瑜陸遜之所騁騖其流風遺跡亦足以稱快世俗昔楚襄王從宋玉景差於蘭臺之宮有風颯然至者王

披襟當之曰快哉此風寡人所與庶人共者耶宋玉曰此獨大王之雄風耳庶人安得共之玉之言蓋有諷焉夫風無雌雄之異而人有遇不遇之變楚王之所以爲樂與庶人之所以爲憂此則人之變也而風何與焉士生於世使其中不自得將何往而非病使其中坦然不以物傷性將何適而非快今張君不以謫爲患竊會計之餘功而自放山水之間此其中宜有以過人者將蓬戶甕牖無所不快而況乎濯長江之清流揖西山之白雲窮耳目之勝以自適也哉不然連山絕壑長林古木振之以清風照之以明月此皆騷人思士之所以悲傷憔悴而不能自勝者烏覩其爲快也哉 陳師道和魏衍同登快哉亭詩經時不出此同臨小徑新催草舊侵欲傍江山看日落不堪花鳥已春深來牛去馬中年眼朗月清風萬里心故着連峯當極目回看幽徑遠雙林賀鑄病後登快哉亭詩經雨清蟬得意鳴紅塵開處見歸程病來把酒不知厭夢後倚樓無限情鵶帶殘枝投古刹草將野色入荒城故園又負黃華約但覺秋風髮上生 國朝楊庚快哉亭詩但看東去大江流江景還從眼底收岸遠火明漁艇聚城低煙上女牆秋賣魚人正歸樊口倦鳥時方集樹頭縱說登臨多勝蹟休憑詩酒助閒遊

遺愛亭在安國寺內白蓮池前宋元豐中徐君猷爲郡守有善政既去民建此亭蘇子瞻因名之巢穀有記明宏治己未改建於治南今毀 巢穀記云何武所至無赫赫名去而人思之此之謂遺愛夫君子循理而動理窮而止應物而作物去而後夫何赫赫名之有哉東海徐君猷以朝散郎爲黃州未嘗怒也而民不犯未嘗察也而民不欺終日無事嘯詠而已每歲之春與眉陽子瞻游於安國寺飲酒於竹間亭擷亭下之茶烹而食之公既去郡寺僧繼連請名子瞻名之曰遺愛時穀自蜀來客於子瞻因子瞻以見公公命穀記之穀愚樸羈旅人也何足以知公採道路之言質之於子瞻以爲之記

覽勝亭在北城上高阜明宏治間建岡巒環拱江湖映帶遠帆晴樹畢歸目睫特風高易頹耳萬曆初郡守潘允哲易石亭乾隆五十四年知縣王正常糾 邑人重修年久傾圮道光二十七年署縣金雲門重修今廢 國朝彭士商冬晴獨登覽勝亭舊址詩雅不戀遊山忽忽逢與會此與曷從生問心殊憒憒風和天日暖林巒與酬對牛羊俱在牧上下鳥魚隊佳景殢風人閉戶非所貴況值霜嚴時而與春光類登山一凝眸遐想入天際境迴理無睽人孤道逾費遠水明深悰膚雲眼飢胃安臯聽官評耽幽絕內悔行藏適然耳豈日甘放廢遊將攜雲水遺我同學輩 王心敬題覽勝亭詩覽勝昔曾懸夢想鵠領訶嶙巑嶛蹬淩風今竟躋亭檻凭欄果見楚天盡仰瞻真疑帝座通漢水新添春浪白樊山遙現瑞雲紅兒童竹馬官街滿爲是前辰迓郭公

浮翠亭見聚寶山 明何遷浮翠亭詩天畔孤亭背郭開楚宮風思此登臺千年秀色江中見一郡浮煙霽後來



息肩亭在赤壁下明邑人何傑造石路里許搆亭其上行旅便焉今廢

會遠亭在縣北宋王禹偁建今廢

四顧亭在舊州今廢

春草亭在安國寺左宋韓魏公建亭後其讀書堂也畢少董藏東坡醉墨云今日與客飲既醉遂從東坡之東直出至春草亭而歸時已三鼓矣舊志在郡城東見前讀書堂今廢

國朝許錫齡重建春草亭記古之禦大災捍大患有功德於斯民者則祀之所以誌報也名山勝蹟亭臺居室賢士大夫之所創建游覽而歌咏者則祠之所以誌光也顧皆仕宦其地民沐其德因以感頌歌思即其步履坐臥之處亦必表章流傳之不替謂世遠年湮不得見其人見其當日之所經營者如見其人故蔽芾之甘棠涕淚之峴山迄今有餘休焉北以見盛德之流光民俗之敦厚誠足以興起來茲鼓勵後哲也黃州爲楚北大郡官其土者不知凡幾其山川居室可游覽而咏歌者亦不可勝計而王元之之竹樓蘇子瞻之臨皋雪堂獨嘖嘖人口甚至城隅之赤嶂經其行游作賦與會偶及於孟德周郎而後之人竟指此爲吳魏鏖兵處無不瞻眺而題咏焉無他重其文章樂其流傳而此邪之人亦藉以增光也王與蘇皆官其土者也無或也韓魏公相州人不過隨其兄据守黃州因讀書安國寺構有春草亭而黃顧祠之且志之不朽余讀郡志而思其故因知天下之有德有功不必其仕宦之地思之遐荒僻壤無不思之也而天下之慕之者不必其政事之所施設道德之所樹立即其經游所及居室所搆無不慕之也魏公未嘗仕黃而黃祠且志之黃之民厚可謂知所思慕矣顧吾聞之不朽有三而立言在功德之下王與蘇文采風流迄今傳誦者竹樓一記赤壁二賦耳詞章之落遞抑亦立言之末要未有如魏公之功德赫奕者乃向同祠之其亭亦修葺不廢而今俱委之荒烟蔓草中豈黃之民敦厚之不如昔與抑舍其大而重其末與教民敦本與起成俗者太守事也余以不才承乏斯郡未嘗有涓埃之惠澤於黃而仰企先賢欲爲師法則願與有志之士共相勸勉故特葺其故祠煥而新之訪其亭基建而復之其亭之左側有屋基三楹相傳爲魏公讀書堂亦建而復之不求助不勞民閣期月而告成匪僅爲遊觀地也願吾黃有志之士瞻其宇歷其地知魏公之經略於邊疆定策於兩朝其所以建大功立大業者莫不由於讀書力學奮焉觀感颺志潛修以庶幾乎格天之勤回天之力可不擇地而俎豆焉而凡仕於黃者皆知黃民俗之厚見有功德之大造於天下者即不必仕於吾黃而於其步履坐臥之處亦表章而流傳之而苟使惠澤賓被於黃民而其感戴而尸祝之者又不知其爲何如也若夫鶴筆華陽圍棋投矢雖風流之雅事而於政治恐不無怠弛彼泛禊沂流飲酒作賦則才士之淪落自抒其牢騷不平之氣而無關於政治也在此不在彼此余表章葺新之志也夫 明王用予遊春草亭詩身返黃州心頓覽古亭憑眺快瞻韓閒遊不向愁中住久客渾如夢裏看藹藹春光無俗

礙青青草色是奇觀名賢隨地留芳蹟賦就新詩再倚欄

一盼亭 見黃泥坂

任公亭 在治東南亭西有師中菴師中姓任來齊安嘗遊息於定惠院既去郡人名其亭蘇子瞻遷齊安人知其與師中善也復於亭西為之菴蘇子由有記今廢 宋蘇轍黃州師中菴記 師中姓任氏諱伋世家眉山吾先君子之友人也故予知其為人嘗通守齊安去而其人思之不忘故齊安之人知其為吏師中平生好讀書通達大義而不治章句性任俠喜事故其為吏通而不流猛而不暴所至吏民畏而安之不能欺也始為新息令知其民之愛之買田而居新息之人亦曰此吾故君也相與事之不替及來齊安嘗游於定惠院旣去郡人名其亭曰任公其後予兄子瞻以譴遷齊安人知其與師中善也復於任公亭之西為師中菴曰師中必來訪予將館於是明年三月師中沒於遂州郡人聞之相與哭於定惠者凡百餘人飯僧於亭而祭師中於菴蓋師中之去於是十餘年矣夫吏之於民有取而無予有罰而無恩去而民忘之不知所怨蓋已為善吏矣而師中獨能使民思之於十年之後哭之皆失聲此豈徒然者哉朱仲卿為桐鄉嗇夫有德於其民死而告其子必葬我桐鄉後世子孫奉嘗我不如桐鄉民既而桐鄉祠之不絕今師中生而家於新息沒而齊安之人為亭與菴以待之使死而有知師中其將往來於新息齊安之間乎予不得而知也元豐四年十二月日眉山蘇轍記



一覽亭 在大士閣右同治時湖廣總督官文捐貲倡建

水月亭　夢鶴亭　問鶴亭　東白亭　酹江亭　浮春亭

坡僊亭　臨江亭　放龜亭　睡仙亭 俱見赤壁

醫俗亭　君子亭 俱見定惠院　居士亭 見雪堂

江雨亭　金粟亭　藝蘭亭　觀稼亭 俱見何山

望省亭 一在城山明知縣簡霄建一在下伍重鄉黃龍巖西明陶仲文建鄂會江城如在眉睫並植牡丹大一圍高三丈今無存

清遠亭 在赤壁下明知府郭鳳儀建今廢

西爽亭 在府署內 國朝王式丹西爽亭冬杪漫興詩觚棱亭子冠山城日日登臨倦眼明天影南垂千嶂合浪花東捲一江橫留連平楚斜陽在寂歷虛檐朔吹生怪底白頭搔更短思鄉懷古劇關情

笠屐亭 在府署雪堂前有石刻東坡笠屐像 國朝陶樑詩云笠屐曾探野寺春坡仙遺像至今新批評風月都無價

管領江山大有人名重郊祁原不忝黨分洛蜀果何因文章氣節俱千古漫說商邱是後身

枕江亭　雙桂亭 俱在府署內

鴻軒 宋張耒初謫監黃州酒稅繼為倅後貶房州別駕安置於黃凡三至黃建此以居有記今廢 張耒記云鴻軒者文潛讀書舍也客有言曰吾聞之時其往來以避寒暑之害而高飛遠舉能使弋人無所慕者鴻也今子以贛暗不見事幾得譴辱於聖世蒙垢忍恥於泥塗苟升斗以自養而欲自比於鴻不亦愧乎張子曰予之言是也然余居此以已卯之秋其遷也庚辰之春與夫咳嗽陂澤中獵食以活秋至而春去者得無頻乎客曰然 國朝王乃斌鴻軒懷張文潛詩一卷柯山集千秋黨籍名死生交誼重得失宦途輕輪麥邀鄰酒浮雲慨帝京欲尋三到處江上雁鴻驚

亦顏軒 宋潘大臨建今廢

壁陰軒 宋黃庭堅甥洪芻為黃州酒正牓其居庭堅銘之今廢 宋黃庭堅銘云甥洪芻駒父仕為黃之酒正勤其官不素食矣又能愛其餘日以私於學名其所居曰壁陰齋余內喜之曰在官而可以行其私也惟學而已矣為之作銘惟道集虛觀我鏡中年者典學考道則窮潛聖語道朝問夕死調高不知千世一士觴豆舞歌不愛其光孰能勉書自憂面牆挾書呻吟白駒過隙我以道會何直尺璧古者寸陰不易千乘之國得道之根則有枝葉務華絕根安事奕奕渴日



者揠苗罪歲者不芸茅勿亟勿遲能時者謂之君子

勵穀軒 亦洪芻創潘邠老有詩 以上皆未詳其地

竹嘯軒 安國寺中郡守賈可齋題名今廢 國朝杜乘時竹嘯軒次能舉韻詩種竹空門引鳳鸞臨風清嘯倚闌干無心自合離塵劫有節偏能耐歲寒曉護蓮臺雲萬朵夜吟天籟月千竿生來本色長如此只許人間慧眼看

嘯軒 見定惠院 宋蘇軾定惠院顒師為余竹下開嘯軒詩啼鴂催天明喧喧相詆譏暗蛩泣夜永唧唧自相弔飲風蟬至潔長吟不改調食土蚓無腸亦自終夕叫鳶貪聲最鄙鶻喜意可料皆緣不平鳴慟哭等嬉笑阮生已疎狂孫子亦未妙道人開此軒清坐默自照衝風振河海不能號無竅累盡吾何言風來竹自嘯 國朝胡復亨嘯軒用東坡定惠院月夜偶出韻詩先生何事夜出門愛此迢迢明月夜緩步平晴曳杖聽蕭然開行風露下江邊水雲及岸齊江水滔滔時自瀉玉宇淨洗浩無垠杳無一物誰相亞新恩陡發真清絕和人梅花不肯借郎令春去不能留剩有清思追陶謝既吟且和詠而歸遵前路兮反客舍飄飄霞舉興有餘玩味江湖如食蔗坦腹嘯軒天地寬萬慮盡銷何所怕行吟澤畔人莫知城上將軍不能罵

捫腹軒　拭目軒　海棠軒 俱見定惠院

三雅軒 見柯山

共適軒 見赤壁

無倦味道二軒 見涵輝樓

蒼蒼閣 見柯山 明吳國倫飲行甫蒼蒼閣醉題詩臨皋萬戶充南郭中有詞人讀書閣野客能乘野興來一覽山川第二鄂山川佳氣鬱蒼蒼白雲黃鶴遙相將庾亮南樓隔烟水春中故壘平林塘林塘烟水自今古吳魏分爭誰足武有酒且醉醉且歌圖麟畫鳳俱塵土塵土從來易誤人偏君閉閣甘沉淪爲問江鄉幾知己能令此地生精神

憑香閣 見柯山

青雲塔 卽南塔在安國寺前年久傾圮道光戊申年守道陶樑知府祁宿藻知縣俞昌烈署縣金雲門倡捐重建石塔自督撫以下合省內外官紳士民與商捐貲各有差凡七級高十二丈八尺監修邑士劉秉忠胡華潤王嶽王鈞許汝梅范斌林在田汪銘序陳蓮馬文炳祁勷水楊醇陳鴻準及典商金芝之生曹襄光緒三年雷震塔頂傾圮五年冬月知府英啟率八屬勸捐修復 明晏清募修缽盂峯青雲塔序黄州缽盂峯者峻聳迴抱峙㟃崢嶸與大別西塞相撑拄雖作鎮一方實爲武昌漢陽諸上游水口山也其前有青雲塔萬歷二年邑人李郡丞時芳黄別駕士元醵通邑及諸弁金以創造而自捐亦俟故稱諸郡鉅觀洎萬歷三十六年塔之頂非烟非雲出白氣者月餘有士人結廬讀書其下引領顧盼見塔影下頹士子心悸歸家不數日而塔壞飛其五層入渺湖亦巽矣當其塔之成也未合尖而聯發解額者三及其壞也僅數年而武黃諸郡相繼罹於亂一塔之成壞其響應蹟如左券顧不重哉演章上人修行精嚴住靜白杲之古峯菴偶入塔瞻禮遂向佛焚香曰余僧臘多歷年所修石橋者十有二修木橋者四十茲浮屠七級三級尚存既闕於武黃諸郡甚重僧寗惜此頂踵不爲再造乎演章居西陵相去數百里屬余作文足及門者七余日方今西山始平民用休息頻年早魃不苗枯焦力役徵徭莫聞暫輟此萬民疾首蹙頞之秋也費有用之金錢以修無用之梵刹聚窮民之汗血以飭富庶之美觀毋乃非計乎演章曰此吾見之所及也然吾見有炊金饌玉碎錦破綾者有遊博持掩櫝金囊帛者與其傾篋筍以供戲獎不若絕浮費以種福果余亦未敢以樂施喜捨望諸人也斗米尺布亦破慳貪木屑竹頭皆獲福惠况此塔所需者磚石而磚石幸存其半所乏者工價而工價不望其多余以歲年爲期募一層則建一層造一級則蓋一級破衲草屐絲毫不以入囊纖微盡以供衆或省感人天之呵護邀佛祖之鑒臨未可知也吾惟不昧因果而已余心賞其言嗟乎天下事患無有以身任之者耳事無巨細獨立擔荷以世外之一人成之亦易羣相推諉世內之衆力當之亦難近日賢豪長者有能如演章之修石橋十二木橋四十者乎吾知其必不能也世內之人能之而不爲世外之人爲之而卽能



使海內當其任者盡如演章之所爲可以無太息痛哭之事矣況塔成有三元之祥塔壞有兵燹之應其係於武漢諸郡之重如此其見於黄州諸邑之效如此若以諸郡邑之羣策羣力萃於丈尺間其成功可無難也余嘗習形家言巽爲文章之府塔有卓筆之形卓筆無鋒當主文星缺陷是謂勢吉而形凶法當趨全而補缺則是此塔之成昔作鎮於一方者今且中流之砥柱矣余是以樂爲之序而爲諸君子勸

寶誌塔 去城山數里地名羊角衝傳爲梁僧寶誌今考寶誌瘞骨塔在金陵此當別是一僧

尹駱塔 見白雲山　慈悲塔 見龍邱

如來塔　虎塔　犬塔 並見後大雅沖

趙氏園 不詳所在

尚氏園　韓氏園　何氏園 並詳摭聞志

廢花園 卽花園鋪城北六十里明陶安詩兵後殘基綠草新土荒石砌臥麒麟昔年花木有千種今日子孫無一人當面好山遙隔水驚心啼鳥暗傷春薔薇寂寞沾清露還似歌筵酒在唇 國朝劉子壯詩昔有亭臺列石茵尚書曾此樂芳春卽今花草都無在何況當時遊賞人



智林村 城外東南陶明王一鶚讀書處以其廬山所居名額村右傍廟爲東樓閣舊有濠田二坵僧耕以供灑掃後被豪强欺佔僧無以存遂荒嘉慶二十一年河東書院山長山左冷紘玉遊此見額知爲名人遺迹倡率邑士修葺廟舍立補菴先生位祀之添建文昌閣於後自守令清歸濠田詔道人陶光斗居住以田租供香火渺石於壁邑士修培未艾咸豐初燬於兵光緒六年邑紳單開第王兆翔杜承勳歐陽瑣募貲重建 王一鶚智林村答友詩入市非無事投巖好獨還長謠慚鳥度賓從喜燈開曉霧思營騎春衣戀故山可憐鉦鼓急十載未開顏 金德嘉王子雲先生故里四首竹瓦樓前乘艇臨康王谷底臥斜曛柴桑依舊晉居士有宇差同揚子雲 汪先生圖石曰與漢李曇同字曇陳蕃疏薦五處士之一徵辟不就者也 智林村裏著麻衣回首鄉園萬事非書寄貧交黃御史釣臺慟哭雨中歸 五老峯頭墨不乾校讐嘗怕後生難飢驅偶出烟霞窟皁帽峩峩管幼安疑獄乎反只片言當筵立雪故人冤盧枏徐渭吞聲日壇坫何人此義存 汪先生客潘司李衙齋會廣濟吳幼睿亮思率連詠牒司李怒其倨深文案之先生厲聲曰是嘗以明經三上書劾宰相侍郎者今老矣又善病豈能殺人者耶司李悔悟事竟得解 王柏心智林村詩阮籍悲窮慟王尼宿露車家門忠孝後天地戰爭餘側迹空逃世荒村此讀書誰知高隱地翻遣羽人居

茶村 明季杜濬故里在今藥王廟側道光十七年邑士卽其地建祠奉濬栗主知府楊庚以飢鳳舊軒顏其額後燬於兵

邑紳劉維楨捐貲重建　王德新建茶村祠記云余塵黃郡文學椽歲在甲申迄癸巳舊好易筍樵來秉邑鐸相與抗談每及杜茶村先生輒奇其詩高其節次年江安楊星山庚以望郎嗣爲郡伯予方請老悤悤謁辭而公之服膺茶村與筍樵無異並詳詢其址余以聞於及門汪生士倫者告之曰村在縣學署北倚高阜俗名鳳凰墩殆緣先生之飢鳳軒而傳是名也今榛蕪矣太守畢然神往者久之余去黃筍樵遂力謀建祠專祀糾合邑紳吳君光第及弟光斗尋朱君兆斗君自宸馬君希亮沈君之銓王君祚賓龔君垣南魏君鈐汪生士倫與弟士俊戴君光鈞暨余年友嚴君斗之弟璜等踊躍赴功鄉城共學者翕然和之特以事有先後及其遠者大者首修文廟次及節烈祠次至東坡暗井至丙申賡續告竣而筍樵及王魏馬三君相繼謝世茶村祠乃倘有志未逮也今秋杪汪生士魏謁選來省攜其兄倫書至始知茶村祠成於客冬已於今春先生生辰奠酹妥靈矣兼述落成之日太守於祠中手書志士不忘及飢鳳軒額且畫先生梅花件讀圖繫之以詩將刊石懸壁與雪堂鴻軒爭韻無何太守淹忽捐館黃人士爲之失望然祠事則自此盛興重九日吳汪二君治具招余齊年現任教諭周君鯤化及伊戚劉君勳西齋萬君閭暨同志十數人於祠中特祀陶徵士而主以先生重靖節益以表茶村也遠近詠其事者蓋彌屬不絕云吾因之有感矣夫以遺老高風如茶村先生其祀於鄉也奚愧以尚文慕義如齊安士大夫其崇斯祀也奚疑而社而稷之鼓而歌之乃遲在二百年後甚矣論定之難也噫嘻瓣香俎豆報稱有時世之殉名者欲持矯矯之節市重於悠悠之口而且期之旦夕之間豈不謬哉抑余尤有私幸焉昔太史失不與東封儀嘗以爲恨今茶村祠觀超然而楊太守易司訓及王魏諸君拳拳建謀者皆不及躬慶其成余雖未瞻拜几筵猶得以耄年殘喘與聞盛會且承諸舊遊爲請作記若相待然意者余與茶村翁亦有身後緣乎何幸如之爰不辭老拙而爲之記

慶霖杜茶村先生祠記易之文言曰天地閉賢人隱昌黎論君子之出處以蹇之六二王臣匪躬與蠱之上九不事王侯互參並論是知所謂隱者非必如巢許沮溺之流必平日有足以兼善天下之道而處乎萬不可爲之時不得已而儉德避難獨善其身此之謂眞隱此之謂大隱若黃岡杜茶村先生者其庶幾乎先生以文章橫行一世其論詩謂根柢在於聞道所著有史泣史笑及頑山變雅堂文集詩力怨讀其未刻三種有詩云野雲流破生前夢滄海橫飛筆夏下濁惆悵楚風淪落盡把君詩卷一加餐其推重如此生當明季避亂金陵築室蔣山之麓歿葬梅花村嘗自號茶星有茶村銘村在黃岡縣學之北先生故居也舊有飢鳳軒邑人士於軒之故址建祠祀先生以道光丁酉冬落成戊戌春卽先生誕辰設奠妥靈復於重九日祀陶靖節而以先生主之此固諸君子之韻事而先生之高風曠節亦可與靖節相得益彰並傳不朽矣鄉使先生遭逢明盛藉手可爲固當著蹇蹇之節垂名竹帛馨香俎豆以傳於不朽迺淪落不偶身去名留後之君子讀其書重其道仰其才相與表其里居輝其閭舍煌煌然馨香俎豆與古之徵士並傳所謂不事王侯高尚其志者賢人之不幸亦未始非賢人之幸也余瞻禮先生祠心竊重之爰綴數語以爲之記

熊賜履飲茶村精舍詩　春陰吹不散此日恰新晴劇飲予非醉狂歌予獨清消祛塵俗慮想見古人情飽德非虛語如蘭句已成　程瑞稱軼杜茶村先生詩　病足艱難步扶余送出門論詩忘暮雨飲酒逼黃昏不盡詠諸與頻多肝膽言先生長不死身久在崑崙

王一煌題杜茶村故里詩　吳楚詩人命不猶自來詞賦獨悲秋天將故老存文獻道爲先民甘放流青塚碑應銘處士白頭義弗學留侯招魂三閭家何在痛哭江南派未收

徐上鏞謁杜茶村先生祠詩　滄海浮雲變莫測浩湯乾坤老孤客文章志節垂光黃飢鳳千秋有生色獎川後人茶村翁少鬱奇氣悲奇窮縱橫游跡半吳楚鄖然六合橫一胸中晚年歸卧蔣山麓千樹梅花數椽屋閉門謝絕冠履交縞自件梅花讀落落風塵孰吾偶合向林泉終白首一杯鍾阜葬詩人人與青山同不朽風流淪落二百年瓣香梓里欽前賢近來赤壁訪遺址崇祠屹立鄰坡仙我來展拜頻欽仰變雅遺音誰嗣響鳳凰墩畔白雲飛髣髴英靈自來往吁嗟乎勝代人文半榛杞虞山合肥今已矣茶村當時老布衣俎豆馨香乃如此俎豆馨香良有以百世聞風且興起

**澈菴** 在清源門外桐梓岡明末邑紳陳師泰故里

**劍峯** 在城東北百二十里張家寨明末文學李之泌隱處

**漁臺** 在樟松湖中明官巡撫魏公韓居此卒葬其後

**何白雲憩樹** 在魚梅橋側兩松蟠偃今萎

**姑嫂樹** 在馬鞍山西舊傳明季有劉氏姑嫂二人遭亂喪夫相期死守折枯枝插地爲誓後枯枝皆活兩樹相倚大均合抱至今尚存

**古黃八景** 一黃岡曉霽二赤壁春輝三竹樓勝蹟四柳港聯芳五臨皋月皎六洗墨雲生七吳公義井八孟侼清泉

**後增定八景** 一蘆洲芳草二獎口輕帆三柯邱葱蒨四雪堂梅萼五寶山泉石六二崎雲樹七永安故壘八柳公琴臺

**邾城八景** 見前邾城

**大雅衕** 下伍重鄉俗呼大窪衕一峯入雲四山環抱有谷有澗入谷線路山半石崖鐫彼岸字筆法蒼勁更上有得雲寺爲明僧靈野講經處寺後高峯懸流落澗曲折繞前作金石聲聆澗有鎖翠橋背寺有卓錫泉泉北藏經如來塔塔北數十步樟一株大十餘圍高數十丈枝葉婆娑香氣襲人澗南山岸虎犬二塔谷外小河方靈野說經時赤蘭叢生後人建有赤蘭橋

**明郭善甫故里** 庶安鄉郭家新寨南王文成過訪留三日題聯於堂曰泉石不知尊爵貴乾坤何礙野人居耿
天臺爲作表萬歷中太守常熟瞿汝稷書王文成高弟清平耿
令郭公善甫之里刻石尚存舊藝文志里誌作墓誤明耿
定向郭善甫先生里表岐南十里許有一坡郭公名慶字善
甫中正德丁卯鄉魁仕爲山東清平令蓋敦恂篤行人也爲
舉人時從文成王先生游最久文成念其篤實常延爲館師
其所提訓者甚悉具錄文成集中比歸則以其聞諸文成者
接引里中後生因而興起者甚夥不具述里有郡庠彥吳君
名良吉字偕偕者故篤孝人也性資視善甫尤英敏感母訓
師事善甫因鬻產爲贄附善甫舟中往越謁文成行將抵越
善甫一夕大憤忤中夜呼仲修曰夜來自省胞中尚有俗念
如許如此夾雜心安能領受先生教耶拊心痛自刻責不已
徐質仲修曰子時自省如何吳仲修對曰此來一志惟求王
先生教更何俗念善甫詗曰汝胞中猶蟊賊窩巢多少藏匿
在未細自省察便謾謂無仲修曰但此志一眞便雜念自消
何須防檢至此善甫曰不然必搜滌諸雜念盡淨廓清後此
迺有樹也舟中昕夕爭論未決既至越謁文成已各就館文
成時深居簡出出應四方來學者就質有常期一日值文成
出應來學期善甫趨吳以前論辨語往質正文成時燕居樓
上儆儃聆仲修語已不答第目攝而指示之曰子視此盂中
下便能載此儃此案下便能載此盂此樓下便能載此案地
又下便能載此樓人貴能下下乃大語已便目攝仲修者再
竟不理前問語仲修退就舍善甫問先生時何語仲修咽哽



不能應弟潸然涕數行下也善甫後以循廉著其孫名易知
中萬歷己卯鄉試仕爲四川中江令有治聲膺召補工部主
屯田事蓋世濟清白云仲修年八十力學不倦屢空終身晏
如也有栗里柴桑之風皆無愧師門云天臺病叟曰文成之
鑪錘人也不在言論辨折卽精神盼睞間其陶鑄多矣雖然
卽郭吳之舟中省憤若此彼志學初已自得師矣豈浸然係
籍者倫哉前輩之發志爲學也大
都若此吾儕志學者視之可省矣

**紅花園** 在還和鄉明人常卿樊玉衡故里

**蓮花磯** 在還和鄉馬家潭有仙人石龍窩石寨等蹟明季奚祿貽杜詔先嘗避兵於此

**半山莊** 在還和鄉烽火山東邑紳程後濂讀書處

**高士莊** 在還和鄉寶珠墩外邑士王鑾晚居授徒處有記云高
士莊者不知其所由名相傳魏晉間此地有鍾離翁者
博學消德隱居不仕里人以名其村至今不改然史志未書
莫能詳也乾隆庚戌王子買而居之署其舊名於門由是高
士莊之名乃益著有客過而笑之曰嘻甚哉子之盜名也子
之居此也適然耶簡擇而然耶適然也則廉泉讓水愚谷惡
溪惟所值焉於主人無與也不當冒之以爲名簡擇而然也
則欲冒其名遂卜其宅彼夫通德之鄉鳴珂之里其區域今
日尚存未聞居之者盡賢且貴也且夫古所謂高士者必且
下有薦剡上有徵聘安車蒲輪束帛加璧有司以時敦迫於

家而又負釜而逃鑿垣而遁斯乃大易所云高尚者耳今子
少遊鄉校奔走舉場者三十餘年落解屢矣僅貢成均五十
始衰乃棲山僻此於富貴利達蓋欲得而不能非能得而不
欲也而奚以高士之名爲王子欣然而笑曰豈謂是哉古有
士今亦有士古士高今士亦高名不可盜也而代與者則與
同名適然耶簡擇而然耶此係乎莊皆不係乎高士也客亦
知夫高士之實乎寬然不盡者才測然不測者學卓然不惑
者識皎然不汙者品毅然不靡者行此高士之實乃名所由
歸也且僕亦安敢不高士也僕自先世以來士恆爲士雖以
僕之不肖固欲自名爲農爲工爲賈爲方術技藝之徒爲吏
胥爲軍伍爲遊客開民而不得也稱此以求王公大人之門
不敢曳裾故人之在朝者不敢通札非公事不入州府非講
學不交貧朋非聖之書不觀阿世之言不出身既不達則惟
經理故業以終餘年內以率吾後人而外以聯吾同志僕自
知當如此而惴惴有所不能是故資其舊名署以自警客今
不責僕以實而但欲斬僕以名且必準以薦徵逋逃之迹而
又鄙其應舉落解之身則是晉桓元之皇甫 乃副高名而織
簾貢藥之儔其初必盡無意於當世也方今 聖治日隆賢
才輩出其上者稱大臣矣次者稱名臣矣又次者稱儒臣詞
臣稱良吏能吏矣高士之名數累之下也於下者猶不得居
則是汙賤之小人而已客固不當以此期僕也夫所謂欲而
不能者富貴利達也高士之實與名求則得之則固非其比
也客瞠而視俯而思起立而謝曰善哉子之論一高士也此莊
眞子莊矣子盍記之記曰黃岡之鄉九還和居一還和之里



七橫溪居一高士莊在橫溪之里面西背東前沙河後橫溪
由沙河而外連峯列峙其高者左曰白洋右曰樂餘由橫溪
而內複嶺橫障舊稱王家大山前遠而紆後近而固此莊之
形勢也莊之後阜曰霍岑左之圃池是爲薰圃右之箐樾是
爲寒林前有大池石龜蹲其隅曰龜池池之前爲竹隄隄之
前爲珠墩莊門對之其田之左環者曰官塘右環者曰龍
井疇皆夾霍岑而會於珠墩之外此莊之基址也若余今所
結構者其內最東有閣五間以處家人旁列諸房以置倉庾
庖湢曰謹身之閣其前爲廳五間以待賓客曰樂志之堂其
外最西又有樓七間兩旁佃舍翼之樓之上以貯書籍樓之
下中爲門左右各三間 以待弟子之從遊者曰卓觀之樓而
總署其名曰高士之莊 喻文鏊送王徒洲移居高士莊詩
廌帽歸來幾萬里窮愁著述空山裏有泉可飲曰君子有鄰
可卜曰高士高士無名士益高斯人豈必終蓬蒿少年提槧
走閩越無諸臺上荒草沒窶衣一作黠陽行銅鼓蠻溪鏜有
聲五年前渡扶胥口蜑子唱歌珠娘酒昨日之日不可留呼
我重登黃鶴樓松喬桂父居上頭富貴不可期神仙那得遇
芝草蘭蘖日應多流水桃花憶前度昨使平頭奴驅我觳觫
車東野家具今何如大兒持書帙牙籤一
一分甲乙小兒眼如漆不索梨栗索紙筆

**宋韓城驛** 上伍重鄉舊有道觀因名道觀河乃黃麻孔道明議設站處今改三聖殿殿側居民建亭往來行人憩息便之

鳳凰墩 在治東北藥王廟側邑人杜濬故里

白蓮池 一在安國寺外卽東坡放生池一在赤壁磯下　明劉養微詩我聞西嶽蓮華峯玉井蓮開十丈紅飛灑南天作法雨飄颻萬里隨長風託根因悟清淨理變化忽與雲煙同明月墮地光如水素波含華色卽空

九鐵 一字門復城內二城外濠溝鐵石邊一清源門內總兵衙一十三坡一報恩寺前暗水鐵車一府前暗水鐵人一報恩寺內鐵井闌一清源門外威遠關一諺云九鐵鎮黃州千年永不休未知所由

三銅 銅佛元妙觀一銅鐘報恩南塔兩寺各一



## 墓域

舊志載黃歇樊噲謝晦諸墓傳聞異辭遽足信歟至宋明以來賢士大夫忠臣烈婦幽隧閟而精爽騰足令田夫牧豎躑躅悲吟相率以樵採爲戒是自有所以不死者在也馬鬣一抔烏可以不志

周

黃歇墓 舊志云在縣中誤也歇故封在毘陵墓在江陰縣碑見存

漢

樊噲墓 舊志在縣西北府志漢書樊噲傳噲食邑舞陽薨當於其地張太史希良格物編云黃州城北二十里楓香橋北有樊墓世誤以對江之樊口爲噲封耳噲墓在關中而樊口本以古樊楚得名不因樊墓也又晉咸和中西陽太守樊峻守邾城爲石虎將所陷死焉疑卽峻墓未知是否

南朝宋

謝晦墓 在縣西俗云謝鐵籠墓按晦在劉宋爲荆州刺史嘗過岳州黃山顧瞻久之及卒柩過黃山不肯去遂葬黃山非黃州也黃山民立祠祀之宋封顯應公府舊志云今漢川門外止有一鐵淋墓近年嘗有鐵在其曰鐵籠者訛也然不考爲何人墓

宋

贈龍圖閣大學士趙令宬墓 在樊口吉祥寺側並見武昌縣志

知府程澤墓 在杏花園今名槐樹岡碑載景定間進士官黃州知府其子孫居興國地方墓有祭地道光二年被佔有控案息銷

元

贈正奉大夫護軍南陽郡侯吳普顯墓 在邱陵湖毛家山離郛城南八里許

龍仁夫墓 在陽邏華山之陽有祠　國朝陳大章詩一曲琵琶怨未終棄官投老此山中苔荒馬鬣三秋雨樹暝烏啼萬壑風衰草不生亡國夢夕陽依舊大江東問津臺北黃華谷家祭誰知告乃翁　陳大犖詩苔封馬鬣倚孤岑渺渺忠魂歎陸沈明月好看江練白琵琶不作別船心武磯躑踞流瀾障松柏風霜翠靄深悵望黃華空灑淚一天秋色自蕭

森　靖乃勤詩故園寂寞讀書臺覆釜猶傳江上堆麥飯一盂虛節序郡城千戶少雲來會悲塚側麒麟臥不見洲沉鸚鵡才遙望山前留講席清風時復繞蓬萊　汪士倫詩幾年寤想麟洲墓今日徘徊馬鬣封故國不歸空宿草新朝難屈抗芳蹤名齊伯厚成高隱葬近睢陽對遠峯爲詠琵琶亭上句平生就義本從容

明

吏部尚書吳琳墓　在中和上鄉官溪勅葬

學士詹同墓　在城北九十里雷公山

布政司徐本墓　在磻石橋側

定襄伯郭登墓　在東弦鄉邱家街

指揮使黃榮墓　在洪山寨西半里許勅葬

指揮使孟凱墓　在永凝鄉賀家坳林家土門側

指揮使黃省二墓　在還和鄉吐蕊山

清平知縣郭慶墓　在庶安鄉郭家新寨象山



御史杜遇春墓　在縣東七里螺螄湖勅葬衣冠

都御史謝杲墓　在楓香橋勅葬

黃州知府何晚齡墓　在縣東十五里蔡家潭近名何家山

遼東都指揮使王應昇墓　在永凝鄉戚桂山砍石衝勅葬

福建道監察御史蕭昇墓　在三台河北苑蕭家苑

封禮部主事曹自學墓　在西蔡義鄉金鑼港上

封中憲大夫甘肅巡撫曹誥墓　在上伍鄉曹家岡鳳凰山

行人余洪恩墓　在上伍鄉余洪集

贈光祿卿奚世亮墓　在定惠院左勅葬

刑部尚書王廷贍墓　在寶珠墩勅葬　明李維楨墓誌銘萬曆壬辰六月十有八日戶部尚書王雲澤公卒所司以聞詔宗伯賜祭司空遣官賜葬太宰賜贈太子少保宗伯以歲杪奏請上輟朝一日蓋典策備物夾踰數年而其家孫司徒郎執之以邱宗伯所爲狀并所請諡疏草屬余爲墓誌王氏於吾黃猶江東之烏衣也余奉廷對公以侍御史監試讀余策而稱之因是定交其後拜廷尉丞往還又二年睹記宦蹟甚稔狀與疏敘事質約非無美而稱者爲之誌曰公名廷贍字稚表黃岡人也其先江西樂平人國初始祖省三移家黃岡以籍自占爲黃岡人數傳至仲斌生思旻工法家言同知秦州有惠政民尸祝至今旻生文奎奎生濟宏治壬戌進士爲吏部郎歷官四川參政祖父皆以公貴贈戶部侍郎濟大夫子五人長廷儒次廷陳次郎公次廷揚次廷遷吏部嘗語人曰吾五子皆可兒陳必以文章顯贍必以功績著公少奇警好學博物多通爲文出入經史髫丱補郡諸生屢爲督學使所褒異嘉靖壬子舉於鄉己未登進士除淮安府理官理官從侍御史按獄卒以刻覈立威繁於秋荼密於凝脂公獨持平側郎上測咎不易人所原貸無數郡守爲應城李司空嚴重難事顧與公相懽廉平慈惠之聲流聞江淮間三年以高第徵郡人扶老攜幼數千人號泣攀留者竟日拜河南道御史按覈畿輔屯田勳戚中貴侵牟度匿不可問公請杜濫乞革妄冒穆宗在裕邸以閒田相易不許也諸豪斂手避公矣新鄭與華亭搆朝眾不直新鄭公言新鄭宜退無滋多口以全大臣之體出按蜀蜀去京師遠多蠻夷道往往當事者寬嚴乖其用公治在鋤強植弱而於折獄尤慎所黜吏之不飭簠簋者若干人或救過不給投劾自免諸夷來王來享若世官無得稽故嚴恭肅爲中丞意在省費而餉髮數米不可爲典要公疏論之朝議兩存其說會新鄭以首揆領銓公遂謝病里居新鄭逐楊襄毅還爲太宰擢公大理寺丞少卿已擢太僕寺卿所居多聲績張恭懿爲太宰以



公按蜀蜀人去後見思擢公僉都御史往撫之當用兵都蠻後歲比不登軍實物力耗詘矣至則循行郡邑問民疾苦綏徵薄賦民以還定安集建昌松潘番蠻入寇諭之不受命潛師壓境寇莫知所措擒其渠魁正法諸迫脅黨與一切貰不問於是傀廈丟骨諸蠻二十八寨男女八千人來降刑牲埋奴誓不敢復犯更願易其姓爲編戶受田牧事事上聞賜金幣增秩俸尋遷副都督撫南贛治一如蜀吏民謂之不煩尋移南大理卿已遷戶部左右侍郎督倉場倉場以邊費詘於故額強半公酌盈縮量入爲出而寶應湖通漕要地自高堰築淮水橫流寶應爲壑不知際畔所齊限相傳多水怪西風起浪蹴天漕船漂汎月無虛日議者欲於寶應石隄東更濬河避險未得堅決會朝議以公習淮事遷右都御史督河漕撫江北諸郡遂條列上諸工作事宜度水脈緩急地勢高下人力難易濬河及爲石隄數十里土隄倍之爲石閘五以時啟閉而樹木護之至今萬艘往來不虞湖波惡商賈軍民指顧謳吟此王公隄也所費十七萬校初估省十五上嘉公功遷戶部尚書治事如故復賜金幣而以經營相度暑雨蒸溼所侵病矣移南京刑部用均勞逸公力求歸上慰留不聽凡四疏始報可里居七年撫按臣數薦公有古大臣風概不宜投在林壑無何病卒距生正德辛巳九月二十八日年七十有二葬於還和鄉王家林初吏部公居父母喪廬墓三年公亦如是諸兄弟雖異母友愛無二儒以鄉舉爲南京都察院都事陳以會魁高第選庶吉士學士家所稱夢澤先生者也其才傲睨一世出知裕州與上官相持罷揚遷俱太學生子

孫由科目爲名士者相望獨公仕三朝位入座壽踰耆後人濟美象賢者方興未艾甯爲王氏無雙卽黃文獻大國不可有二矣銘曰隆萬之間執政者專好人加膝惜人墜淵王公守中進不隱賢井以辨義巽以行權直無爲絞和無附羶股肱喉舌左右後先功德旁魄兩淮三川既虔秉鉞亦更鼓絃蠻夷率服諸吏受廛懷柔河伯金隄屹然鐘勒常紀廟祀不遷方鼎斯竊而車遮縣鴻毛可儀鳳德靡愆西陵大國表著嬋聯祿位名壽疇得其全振振子孫美彰盛傳裁此銘誌藏之墓埏金匱石室史取徵焉

肇慶同知黃一中墓　在還和鄉黑溝灣

太常卿樊玉衡墓　在慕義鄉對泉嶺

崑山知縣樊玉衢墓　在還和鄉桐梓岡　明王衡墓誌銘　余嘗讀楚史而悲之廉史而可爲耶孫叔敖爲楚相其子至窮困而負薪鳴呼今樊侯死矣十年縣令至貧不能掛縫衣而又兼無負薪之子天道其如何哉君歿之十月而其季弟文學玉衡以君狀來累萬餘言然無溢詞無何崑山諸生張大復者又以所私紀樊侯治行乞附益焉噫嘻樊侯卽老壽有子徵文考獻能有加於是否耶按狀君諱玉衢號棠軒楚之黃岡人父爲吏隱公煒有淯德以貢爲南陵教諭配李太孺人生侍御君玉衡早卒繼易太孺人卽君母也生君及君弟文學玉衢玉衡玉衛君生而恬淡寡欲神識湛如口未嘗言財利事既長娶頌盡斥奩資市書以甲午年乘於鄉乙未成進士時少宰劉公知君爲君館選地君故避不就試人以問君君曰吾不能追飛逐走與人爭熱官吾自有官也選爲商城令初下車日躋蹐視簿書執筆不輕下商人曰吾令長者未踰月察知民俗肯綮斧斷裂然始大驚以爲神明商舊徵賦未保歇與吏胥比而爲奸所侵牟幾半公賦君召其民與之約曰而課能不保歇而辦乎民懽應曰辦已果先期完遂罷保歇先是縣拘囚倒用馬快馬快承縣令徼驕而入民家酷窘奪之家立破君爲令首革馬快聽訟者自相拘於是民裹一日糧集縣衙訟速畢矣而君又爲息訟歌悟囚歟使人唱木鐸警動之間於百十訟紙中下一二紙終付外議息不罰一鍰民感悔甚而君又以次案誅豪黠民之爲訟府把持令短長與令市者邱壽春等若而人於是羣奸胥息而俗用和縣令卯而衙食頃而休益無所事事間一巡行阡陌課民農桑歸則焚香讀書而已君笑謂弟文學曰吾嘗謂仕不如隱第如此者蝗避其境雨止於陌官府若無吏亭落若無民不適妻孥不羞父母者仕可矣無何而開採之使至時中使至郡縣郡縣親哀金錢盛歌舞以容與其意伏謁庭下惟謹而君則先移書中使極言商早蕪無鑛狀欲以逆止其來業不可止則鳴騶列仗謁中使與人升堂中使氣爲奪遂錯愕成賓主禮而去明日款中使酒酣中使執君手曰好手君正色曰手幸不捉錢耳中使默不應徐曰人生殘何君何自苦乃爾君慷慨泣數行下曰令與公皆飲食百姓百姓不苦而令苦乎公憤無苦百姓中使謝曰不敢歸而



與其黨相戒然索賄如故也君一切禁勿與中使令人採鑛君則導之險道斗絕不可登鑛竟無有又趨而之金剛臺銀山兩山者夙稱鑛地君爲禱於山神採兩月亦無有中使乃騶去君僅以兩扇賄行李而已中使快快欲中傷君而君先挾其所移檄中有歸過主上語欲草疏上聞中使懼而轂謀君以其手疏毀之使無生心而復以書致稅使錦衣楊君揕殺市魁數十人商乃鑛而不害云隨奉旨調崑山人咸謂商簡崑煩不可以治商之治治也君曰惟煩也故當臨之以簡其所勸農息訟約供費絕餽遺一如在商時吏胥膠摮不得伸往往謝去治前酒家厮舍至有徒業者是秋雨傷稼公率二三胥役駕小艇勘視墟村破稼與饑民相對啜荼粥父老爲之流涕時縣官方急積逋停邑長俸以徵逋完日始開崑逋至二十萬君曰我奈何以數月俸而易萬口譁乎止不徵民亦輸負惟恐後吳諸生間與公府事督學爲設門禁簿籍記之君曰父母有過此皆吾諍子弟何禁爲第易其名曰求澹臺生簿而挾私來干者皆廢然反矣崑當編審賦四十萬隱覆萬狀前令君號精敏居別院鉤校一月許始完君獨以三日完不爽毫髮文學驚問其術君曰我何術我第於平居訟牒中默識某飛若干詭若干某田浮役某役浮田若干而十得二三矣隨證以徵逋之籍而十得五六矣又出而詢之薦紳卒而問之吏胥而十得七八矣我何術蓋君之精心爲民類如此庚子冬入覲抱襆被行無一錢通長安貴人然銓部卒以君爲卓異首推君兵部武選主事旨不下卽馳歸覲封公與太孺人旋復之崑甫入境騶卒之迎者屬於道酒帘颺颺公舍旁獄案之積於几者紙且三尺矣公曰若以樊侯爲不復來耶夫樊侯則猶故侯也於是盡汰冗吏理滯獄而崑復大治時郡民以稅事不均譟織造中使門郡縣欲相率往謝君曰崑山令無罪何謝且吾向者商城不庭謁固不可郡縣以君不可遂皆罷謝君居崑前後六年所銓部復推君吏部文選司命甫下而吏隱公病耗至君乞歸省上官及邑之人士競留君君度不可卒解以印綬付學博士五鼓馳歸侍吏隱公疾衣不解帶者數月遂患脊痛不能食倘時時强櫛沐以寬太孺人然竟不起矣鳴呼以君兩地民譽赫赫如此詛有損也頌當有福重以當事者或推或挽不爲不知君而迄不能爲君增半級之俸延數年之命豈非天哉君樂易好善多長者游然不輕納交初於漢陽師張頟山先生已心嚴沈介巷先生而不稱師成進士後始稱之曰吾以愧天下之未覿面而名弟子者生平不再宿於寢與諸弟自相師友當吏隱公析產時止取田六十畝曰吾爲官不能潤諸弟吾不忍取盈也自爲諸生以至官成服用無兼副有乞者輒推與之常膳乾蔬荳羹甚泰則加兩淪卵而已嘗在崑時與余父子雅相慕善家宫保常撫君背而嘆曰崑民肥矣奈君瘠何已而君竟以瘠死蓋君幼時慨然慕海忠介之爲人卒其所爲居官持己大略近之然海公獨立行一意時小有所左右而君於大家小民之訟一視法爲之劑其所平停捽解甚多用意常依忠厚人以是多君於海公君公餘時常銓次古今人物爲智品凡若干卷大都以沈幾密運功表濟時者爲上意所位置甚高人第知君廉其不能盡君者未有量也悲

夫君無子以弟玉衢之子維孝爲嗣女一適漢陽李若愚次子應橋葬還和鄉桐梓岡君歿未幾而地方諸臺檄君入名宦崑之民德君不已復專祠君於崑山之嶺嗚呼神所憑依將在民矣則百世而下君之所憑依可知矣銘曰清且平乃以爲水之衡洌而食乃以爲泉之德雖瘝乃身實惠我國惜哉樊侯以廉爲隅而止於隅然於風世有餘矣

恭誠伯陶仲文墓 在陶家潭敕葬

將仕郎葉夢陽墓 在還和鄉廟兒山下乾隆二年墓圮有誌畧云先世蘇州人官於黃因家焉夢陽幼習儒業壯仕公室在官則仁恕存心居家則孝友制行士民爲封其墓歲時祭之

給事中王廷陳墓 在還和鄉烽火山側虎山

正議大夫邱仁墓 在樟松湖之青草嘴敕葬

廣東按察司僉事周文卿墓 在上伍鄉橫坡

太僕卿杜仲墓 在東弦鄉杜家花園敕葬

福建道御史穆天顏墓 在京都黃岡義園

福建按察使杜應芳墓 在永凝鄉大壁山



贈太僕卿王追皋墓 在還和鄉王家板倉

德陽知縣樊鼎遇墓 在還和鄉飲馬陂

贈太僕卿王一桂墓 在東弦鄉明家堰烏鴉地

御史曹儀墓 在上伍重鄉朱家山

桃源知縣陶珂墓 在上伍鄉新屋灣

定遠知縣曹士彥墓 在東弦鄉照魚山曹家苑

巡撫方任墓 在紅沙塝東雞公社

四會知縣曹之建墓 在慕義鄉小石門

贈資政大夫禮部尚書王崇擢墓 在城東六十里紫金莊頭

贈資政大夫禮部尚書王用予墓 在城南四十里下巴河城門山張王廟側陶家廠

御史曹光德墓 在下伍鄉大屋山

贈光祿卿周之訓墓 在中和鄉萬松山之飯蓬嶺敕葬衣冠

指揮使郭以重墓 在呂陽城外屯山

御史李植墓 在東弦鄉百丈塝

副使樊維城墓 在東弦鄉東望城岡

河南布政僉事嚴師範墓 在東弦鄉土橋

贈尚書甄善墓 在三台河倪家嘴

贈尚書甄其賢墓 在中和鄉八里畈

刑部尚書甄淑墓 在三台河倪家嘴

武進士張應祖墓 在府城南關外鉢盂山

黃州通判王爾賢墓 在城東石牛山有碑

黃岡知縣孫自一墓 在梅家湖側距城十五里自一殉獻賊亂葉葬

教授徐顯揚墓 在城東石牛山顯揚房縣人明季癸未獻賊陷黃州死之郡人收葬於此

處士杜濬墓 在江南蔣山北梅花村 國朝方苞墓表先生姓杜氏諱濬字于皇號茶村湖廣黃岡人明季爲諸



生避流賊張獻忠之亂流轉至金陵遂久客焉少倜儻常欲赫然著奇節既不得有所試遂一意於詩以此聞天下然雅不欲以詩人自名也於並世人獨重宣城沈眉生吳中徐昭發自愧不如其在金陵與先君子善客維揚則主蔣前民金陵爲四方冠蓋往來之衝諸公貴人求詩名者湊至先生謝不與通惟故舊或守土吏迫欲見徒步到門亦偶接焉門內爲竹關先生午睡或治事則外鍵之關外設坐約客至視鍵閉則坐而待不得叩關雖大府至亦然及功令有拼門之役有司注籍優免先生曰是吾所服也躬雜廝輿夜巡緯眾莫能止先生居北山去先君子居五里而近以詩相得旦晚過從非甚雨疾風無間先君子構特室從横不及尋丈置床袵几硯先生至則嘯咏其中苞與兄百川奉壺觴常提攜閒以問學先生偶致雞豚魚菽必召先君子率苞兄弟往會食其接如家人丙寅春先生年七十有七攜襆被叩門語先君子曰吾老矣將一視前民歸而窆室蔣山之陽死即葬焉是日渡江數月竟死維揚喪歸寄長干僧舍一二故人謀卜兆于世濟曰吾有親而以葬事辱二三君子是謂我非人也無何世濟亦卒先生故三子一子幼迷失一子爲僧遠方眾莫敢主又數年長沙陳公滄洲來守金陵謂先生其鄉人之能立名義者哀其志爲買小邱蔣山北梅花村召先生從孫揚文及故人會葬先君子執紼視窆窆時苞客燕南歸而命之曰先生吾所尊事汝兄弟親炙可無誌乎苞重其事將俟學之有成而措意焉自先君子歿患難流離今衰且老矣自恨學之無成猶昔而舊鄉限隔恐終墮先人之命乃姑述其大畧使

人往碣於墓之阡先生詩世所傳不及十一平生著述手定凡四十七冊世濟殁勢家購得之弗善仍歸其從孫某先生生於明萬歷辛亥年正月十六卒於康熙丁卯年六月某日葬以康熙丙戌年二月十六日銘曰死而不亡光於世嗣逢長

## 處士杜岕墓

國朝方苞墓表先生姓杜氏諱岕字蒼畧號些山湖廣黃岡人明季爲諸生與兄濬避亂居金陵世所稱茶村先生也二先生行身畧同而趣各異茶村先生峻廉隅孤特自遂遇名貴人必以氣折之於衆人未嘗接語言用此叢忌嫉然名在天下詩每出遠近爭傳誦之先生則退然一同於衆人所著詩歌古文雖子弟示也方壯喪妻遂不復娶所居室漏且穿木榻敝帷數十年未嘗易室中終歲不掃除有子教授里巷間窶艱每日中不得食男女啼號客至無水漿意色間無幾微不自適者間過戚友坐有盛衣冠者即默默然去之行於途嘗避人不中道與人語雖兒童厮輿惟恐有傷也初余大父與先君子嗣從遊苞與兄百川亦獲侍焉先生中歲道仆遂跛而好遊非雨雪常獨行徘徊墟莽間先君子暨苞兄弟暇則追隨尋花蒔玩景光藉草而坐相視而嘻冲然若有以自得而忘身世之有係牽也辛未壬申間苞兄弟客遊燕齊先生悄然不怡每語先君子曰吾思二子亦爲君惜之先生生於明萬歷丁巳四月初九日卒於康熙癸酉七月十九日年七十有七後茶村先生凡七年而得年同所著些山集藏於家其子琰以某年月日卜葬某鄉某原來徵辭銘曰蔽其光中不息也虛而委蛇與時適也古之人與此其的也



## 處士王一翥墓

在蘄水縣巴河鳳凰山見府志　國朝張楠拜王補菴先生墓詩火鑪沙草石潭烟歲歲春深哭杜鵑萬歷時人名尚在智林村稿世無傳銅仙垂淚西　餅漢代馬嘶風北向燕欲降巫咸問消息上清歸路冷多年

## 處士鄭先慶墓

國朝金德嘉墓表黃岡鄭肯崖先生諱先慶字亦懷晚節自稱曰臨皋漁人子昱以唐縣知縣逢　覃恩勅封文林郎先生封如其子官初昱仕閩之建陽丁母憂歸服闋補唐縣地瘠而衝雖迎養猶齋辛苦儉素乃踰家食會課最超遷行且有日先生南旋里居居亡何寢疾卒昱歷諫垣久之出爲江西藩參書來以墓表屬草先生詳具誌銘顧表其大畧先生於明季受知督學無錫高公補武昌府學生會流寇躪楚辟地白下讀書雞鳴山寺已逢世變則棄諸生家言肆力於史往來河南北豫章三吳七閩間交遊多賢者耳目濡染學與歲月俱深淸端于公之總制江南江西也先生客幕府大綱小紀禆益民生風俗而口不言勞淸端卒官侍側無子弟親戚先生經理其後事歸其喪游轍所至友教士大夫往往至通顯如秦淮趙天馥雲間張昺三山林溥田國求同里劉同向龔鼎鋐鄭文甫瓚官五郡經所指授蔚爲聞人以是拮据鉛槧不遑內顧家事昱作吏諄諄誡以淸白又遭逢饑溢倖入不能具瀦瀡當康熙壬寅癸卯大旱大祲磬所有以濟人人乃至家無甔石之儲泊如也天性孝友幼居父喪戚如成人束髮喪母毀於毀痛伯兄卒於亂世且無後爲改葬而續其嗣女兄貧而老善病也歲時問遺絡繹於路從子嗣文佑文教育如己子按鄭故姬姓明初由江西徙居黃岡之團風鎮者曰興五世曰宏旅寢大曾祖諱廷鳳祖諱文輔父諱復禮皆庠生妣徐孺人生三男子伯之俊次即先生弟之儒早卒先生元配袁黃岡百歲翁文衡女繼娶凌文學大則之女賢而有才莞家政壹稟內則黃人以爲肖崖生不得凌孺人之助爲多也男子三人長昱康熙丙午舉人庚戌進士累官江西布政使司參議

國朝

## 敕葬贈左都督王宗臣墓

在還和鄉楊家坂邑士龔可全與其孫炳卒同本地紳耆於乾隆間及道光十一年先後淸界立碑有案　于成龍墓表公諱宗臣號杜石南陽浙川人生有異徵偉骨相膂力絕人喜韜畧射獵禹山淯水間以雄傑自命弱冠遊荊益國初時滇黔未入版圖　公即審順逆仗策來歸世祖章皇帝嘉之命從事郢鄂今上龍飛之五年滇蜀不江漢底定　上念豫楚監要惟西陵弋陽爲重鎭晉公都督僉事駐劄黃州公至則簡練將士蒐乘補卒於戟門右隙地闢射圃超距翹關角力較藝立廟祀馬神春秋取駒閒廄蓄庶暇則角巾從容柳蔭中指顧形勝用兵之地以示將佐公紀律既嚴什伍無舛彍弦之士稼穡耰耡懽然聚處樵牧近於梐枑雞犬放於營壘其威重慈惠如此姓謳厚愛敬士大夫士之賢而貧者民之孤寡篤癃者歲時賜給以爲常而其自處則甚約或饋美酒十數罌悉以頒之麾下雖古投醪挾纊何多遜焉康熙七年有鄖鎭叛卒匿大崎山中搜穿四出公命偏師馳往擒其渠魁九人送大府餘黨遂鳥獸散歲大饑首倡捐賑存活數萬人上聞加一級十二年癸丑冬滇黔變起倉卒公不震不難惟申國威明號令備戰守明年正月三日大司馬撫軍張公檄守武昌公星夜卒兵往元夜有警公謹斥堠息燈火停漏鼓分哨九門而自擐甲坐譙樓上夜半領數十騎周巡雉堞竟夕惟飲湯一盞而已賊寢謀不敢發是時大司馬出奇制勝視公如左右手五月麻城東山賊起公請於大司馬率師東下値守憲徐公疾邀至麻城相與賛畫悉中機宜且剿且撫不旬日東山平冬十月江右賊出鄖陽陷湖口數縣進逼楚境蘄州大震公奉大司馬命急駐蘄與下雉一軍爲犄角時精甲盡在武昌而公所部多新募糧餉匱軍容未振余力圖芻糗並賭火槍百口公立赴蘄斬民稍安公委羅田守備黑子駐黃梅淸江鎭會禁軍樓櫓西上夾攻賊賊走收湖口星子諸縣自蘄以上金湯安堵事聞　上大嘉歎數賜紀錄而公以勞瘁病遂卒和門星隕櫪馬夜驚嗚呼痛哉時康熙十四年二月二十二也大司馬思公功特疏請䘏曰方茲多事之時該將勤勞頗著與尋常病故者不同今王宗臣幼子伶仃窮途旅櫬情實可憫懇應否比照彝陵鎭標馬之迅病故之例恩賜存卹少慰忠魂激勸勞臣俾服　皇恩靡盡疏上　天子惻然改容奉　俞旨賜祭葬先是康熙六年　覃恩誥封驃騎將軍元配劉氏封夫人並封二代考妣如其官廕一子入監讀書公子名麟敍公卒麟敍甫六歲居喪成禮今且十齡舉止

如成人穎異能文黃之人既德公不忍其裔之歸豫也相與留公圖而公素與里中王氏篤兄弟誼有年麟紱將長爲黃岡人康熙十七年戊午十月二十九日卜葬公於縣東還和鄉楊坂之原既建塋兆既拚黃腸畏壘桐鄉永思無疆嗚呼哀哉麟紱聘現任武昌府城守都督僉事李公諱兆捷女女二俱幼未字公之葬也既礱石鐫誌納壙中而黃之紳士以余知公最深屬以墓表摭實直書用告來

觀覽斯文者有所攷述庶以裨國史焉

敕葬禮部侍郎王封溁墓 在清淮門外

修撰劉子壯墓 在府城北慕義鄉湯家墩俗名鐵金鉤

贈侍讀學士曹大輔墓 在府城外落星臺下由本墳山東方塹埂橫丈至西方溝腳二十八弓一尺由墳碑丈至東方塹埂十四弓由墳碑丈至南方中坎二十八弓一尺由墳碑丈至西方溝腳十四弓一尺由墳碑丈至北方塹埂十弓

二尺

學士曹本榮墓 在府城外落星臺下年久祭疏山麓莫守竊葬者屢矣光緒七年稟生梅植等稟請勘丈立案

其塋去大輔公墓百步許由本山東方山坎橫丈至西方塹埂二十六弓二尺五寸由北方塹埂直丈至南方塹埂六十四弓三尺由墳碑丈至輔公墳碑四十三弓二尺由墳碑丈至東方山腳十五弓二尺五寸由墳碑丈至南方塹埂九弓



四尺由墳碑丈至西方塹埂十一弓由墳碑丈至北方中坎十五弓 程之楨墓誌銘公諱本榮字木欣號厚菴黃岡人父諱大輔歲貢生其墓去公墓數武有碑記公以順治五年戊子舉於鄉六年己丑進士授庶常充經筵講官累遷 國史院侍講學士著有五大儒語要等書公之學本王文成致知之說著論皆有根柢上 聖學疏千言有 詔嘉納其在官也布袍疏食嘗曰學貴澹泊明志使吾學有成得以致之

朝廷俾吾君爲堯舜之君民爲堯舜之民飢寒困苦何所自恤蘇門孫 徵君奇逢謂商周之際道在箕子宋元之際道在許子明季 國初道在曹子信知言也公生於天啓元年八月二十九日我 朝康熙四年十一月二十三日卒於揚州年四十有四予宜溥山鴻博官檢討扶櫬回籍葬郡南山川壇側原碑毀於兵州人士糾貲重建予因爲銘曰舭舭曹公學宗陽明名山絕業炳如日星書陳丹扆義輔盤銘虀鹽麥飯淡泊靡營喬石之峻介石之貞詞林所式允爲典型

敕葬贈按察司僉事汪基遠墓 在下伍重鄉黃林壟

鄧雲程墓 在洗馬池左岸

隱士曹大濩墓 在鼓樓山南曹家園離城五十里

禮部尚書王澤宏墓 在南關外王家山舊志載中和鄉周山鋪西二里王家山誤

候選知縣王澤新墓 在城東二十里戚家嶺

都察院左僉都御史王材任墓 在紫金莊頭妻汪恭人祔

武岡州教諭王材進墓 在武昌縣屬王家壟

南康知縣王材成墓 在南關外王家山

贈通議大夫陳天生墓 在粉壁鋪道井山南

順天府尹陳肇昌墓 與天生合葬皆石壙豐碑丁向

敕葬殉難游擊劉志高墓 在庶安鄉赤土坡西北風筝岡右

贈奉政大夫宋初茂墓 在蘄水蘭谿北門山臥虎形山

甯都知縣宋必達墓 葬長塘灣 韓菼墓誌銘康熙十有二年冬賊三桂反雲南明年繼茂從逆自福閩出攻掠旁近地江西大震羣盜蜂結蟻聚相應和州縣大率破守令或逃或死獨甯都賊攻不能下時稱賢令宋君能完城云先是甯都有南北二城南民北兵君始至曰不可一旦不虞分守與合禦俱不便古有團練保甲弓弩社民皆可兵也且吾聞昔新建伯之討宸濠也守令皆領兵那珣出贛州王冕出萬安王天與出甯都強半皆保甲義勇遂以其法訓



練其民及亂作縣城義勇已及二千咸踴躍願用命賊前鋒來至北城營將劉趣君議事南城民遮行曰恐不測君不顧遂往劉曰兵寡食乏奈何君曰有死無二臣之義賊本烏合掩其始至可一鼓破也劉遂率所部進賊少卻君以義勇橫擊賊大奔復以全軍壓城下巨礮墮雉堞輒壘其處所隨方備禦益堅賊愕失氣會援軍至遂解去或言於巡撫縣堡砦多從賊請發兵捴勦巡撫然之君奮力爭然度兵已發不肯卻刺血上書巡撫乃感悟檄軍還縣遂以無事方賊之起也其死寇本不多而所在皆賊此無異故長吏與民平日判然不相屬甚者仇視其民而一旦有急民安得不仇其吏且官軍所過使掠賊至則避賊退則至所誰何者不於賊而於民則敵而之賊爾若使吏舉如甯都能教民於未事之先以自戢守其地又能戢於已事之後以安定其民則賊誰與爲徒豈能延旦夕誅哉君尋以註誤去官民歲時祠祀之閒道出豫章爲賊得之脅降君瞑目大罵誓必死繫旬餘夜半忽數十人持兵踰垣入擁以去則皆甯都民也遂免嗟乎民之愛合乃如此所謂行仁政而親其上死其長者豈虛語哉蘄州顧先生景星隨君之蹟爲之作傳余讀而太息會君之子庶吉士來請銘君隧道之石噫是實應銘法其曷可以不書君諱必達字其在其先有明經文衡公自江右來遷爲黃州人父諱偕母孟孺人生君九歲而殁君喪之異常兒奉父尤以孝稱避亂居武昌張獻忠陷城驅民老幼數十萬入江君扶父潛自城闉水竇出身自度不免投磯下有片版承之流自陽邏爲人救不死時浮屍蔽江無得免者人嗟其孝感舉順

治辛丑進士知甯都民貧土瘠奧咻之如子有清泰懷德二鄉久羅寇民多徙地不治君請盡蠲逋賦以來之而貸以牛種甫二歲田盡闢縣瀕河夏雨水暴至城幾沒君禱於神水輒落乃按故道疏濬之自是無水患君之悉心民事多此類非獨一時能用其民也既破賊改圍得賊鞫之稱彭榮實教我者榮實邑諸生常與縣役胥訟語侵君賊引以自脫君怒日天道神明安可枉也卒舍榮置犯者於法官軍有自汀洲還者言民婦女在軍中悲號聲相屬君聞傾貲計口贖之詢其姓氏里居護之歸皆感激泣下縣初食淮鹽自新建伯治贛改食粵後苦引銷之累君請以粵額增淮額商民皆便而君之罷官也卒以粵引銷不及額被議時論咸惜之君既歸黃而江督董公時已移帥楚見而歎曰是死守孤城宋某耶吾為若咨部還故職且以軍功敘君辭謝再三無行意或問之曰故吏如棄婦忍自銜乎所居茅屋一區弼田一頃褐衣蔬食與農夫野老遊如是者累年年六十三而終某年某月某日也娶程氏父諱某子一人敏求康熙己未進士翰林院庶吉士績學完行將大顯於時繫之以銘銘曰身金革兮浩民於賊兮完痝倪兮活民於師兮景風格賞姤吏肆禜孤臣幾死兮民亦活兮盡歸去來臨皐之滸未訖厥施後穀是補墓於高岡祠視桐鄉於彼於斯永永奉嘗

翰林院檢討宋敏求墓　葬沙陂石頭坳

吏部主事范基祚墓　在迴龍山淸水塘子同知元灝祔



左春坊中允宋如辰墓　葬龍王墩

翰林院檢討曹宜溥墓　在慕義鄉曹家壠

贈光祿大夫倉場總督原任陝西同州府知府李長青墓　在陶山鋪文昌宮東南九十步

資陽知縣范朝綱墓　在東弦鄉陸家嘴

大理府知府宋廷採墓　葬沙陂石頭坳

鎮安府知府宋本敬墓　葬龍王墩

封光祿大夫倉場總督李鈞簡墓　在孔家埠西二里孟義湖北岸

潮州同知李榮鴻墓　葬柴泊湖西賽雨山南里許

敕葬殉難知縣萬鼎恩墓　在紫檀河北岸小團山

朝議大夫曾世儀墓　葬城東南二里許鳳凰社李恭人合葬　彭崧毓墓誌銘黃岡曾鴻階太守予進士同年友也乙未通籍丙午捐館歷官十二年宦蹟采入直隸通志昌黎縣請祀名宦祠黃岡縣請祀鄉賢祠史筆褒揚與情愛戴太守為不朽矣而何待於銘墓之文況謭陋如予者哉雖然其孤稱鴻明府之積誠不忍拒也太守下世三十年當代名公鉅儒豈無足志公墓者而顧遲之又久獨思得一衰老無文之言為公增重是其孤之志行殆亦有異於人者歟爰諾為之敘次云公姓曾氏諱世儀字仲威鴻階其別號也先世傳由山東武城遷江右轉楚譜牒不存高祖以上其詳無可考曾祖諱人龍自江夏來黃是居黃岡之始故公為黃岡人祖大榮官城守考天仁積學不仕皆得贈如公官妣皆贈恭人配李氏星軒公之女公與贈公交敦古處為鄉黨矜式閨門之內尤肅然敬公之配稱賢淑公以孝廉方正徵國人皆曰名足以副其實立身砥行唯恐不貽父母令名家傳古本孝經終身誦法能識古聖賢之所謂孝者服勞奉養之節不足以盡之也宰昌黎有善政邑人思之卒保定同知任歷署天津河間知府卒年六十一與李恭人合葬於鳳凰社嗣子綬齡殁子錫齡永齡孫寶樹寶謙寶田寶恒寶豫寶慶寶鼎曾孫延釐延禔延安銘石者江夏彭崧毓銘曰官不過五品而志乘有光年不過中壽而遺澤甚長文不足以表德而知厥後之必昌

贈振威將軍劉應梅墓　在縣東劉家樓區內祝家倉屋後

贈振威將軍劉琔墓　在縣東劉家樓區內小牛眠嘴

封振威將軍劉熊興墓　在縣東樊家墩



贈知府銜黃岡縣知縣翁汝瀛墓　陣亡後葬衣冠處在新洲東嶽廟側

倉子埠巡檢陳錫濱墓　道光二十九年在任病故葬於倉埠六房嘴邑紳段錦榮等捐置棉花地二厢以為培補祭埽之費

宋

蘇軾乳母任氏墓　在治南長塘街乾隆十年邑人曹紹烈為置塋垣免樵牧之侵　墓誌銘云趙郡蘇軾子瞻之乳母任氏名採蓮蜀之眉山人父遂母李氏事先夫人三十有五年工巧勤儉至老不衰乳亡姊八娘與軾養視軾之子邁迨過皆有恩勞從軾官於杭密徐湖謫於黃元豐三年八月壬寅卒於黃之臨皐亭享年七十有二十月壬午葬於黃之東阜黃岡之北銘曰生有以養之不必其子也死有以葬之不必其里也我祭其從與享之其魂氣無不之也

國朝程之楨詩長塘街頭古蒿里清明無人爇錢紙梨花落盡一碑寒特書乳母姓任氏母家乃在眉州陽玻瓈江水瑩肝腸奎星夜躔紗縠宅磨蝎為命悲文章公生丙子十二月槃母之年二十七元豐庚申公至黃庽臨皐亭母遂卒巾帨舊侍先夫人三十五年偕苦辛寢門愛讀范滂傳母也在側應曾聞眼見乳兒登甲科復見黨人遭網羅御史符下星火急胥卒如虎交啁啁一家婦女怖欲死賴有母存保稚子崎嶇千里到齊安富貴阿婆春夢裏江聲滾滾黃泥岸刁騷落

葉迴車院繡緗文𥛚何處存南荒轉徙塵沙散翦刀峯鐫青螺鬟不是故里墓頭山舉兒鑿地得硯石記否桑下探金環吁嗟乎母亡公亦垂垂老何況八孃辭世早屈指黃州移汝年春來母墓還親埽我聞昌黎乳娘字正眞窆封就祔偕婦孫河南城北一片石千秋表誌公其倫此地滄桑閱坎坷上有塋垣橫道左風悲月黑冷螢飛如見峨嵋舊燈火公去更作海南逐少子天涯伴骨肉瘴雨蠻烟又幾年西陵埋骨猶爲福故鬼他鄉那用愁荀香魚美楚江幽不須保母尋蘇轍絕勝朝雲死惠州

明

杜烈女墓 在陽邏迴峯山之陽女名小英辰州人明末虜於軍將軍者不知何姓名欲娶之女紿言願三月終母喪以稍慰孝思將軍聞其言惻然至漢口別置民房守之有頃守者懈不知其欲死也女使守者言將除服乞筆墨爲文祭母於江將軍喜許之女乃自述其遭亂殉節之情裹文於肘投江而死尸浮於陽邏里人收之得其所爲文乃葬焉 國朝陳芳烈詩四塞平沙霧雨濛誰家巢卵碎江空靡笄呼母湘波黑醫血留詩海樹紅明月珠沉巫峽水黃姑星墜大王風哀魂何事長銜木不許遺名蔡琰同

衛孝女墓 在陽邏伏象山下女自言陝西人從父之官至是舟覆全家盡沒女沿岸呼號自投於江而死數日負父



屍出里人江之黿收葬之

葛貞烈女墓 在上伍鄉道觀河南女明季人字蘄水某宦子未嫁而將夭女請奔喪父母阻之女竊騎潛逃至道觀河適流賊竄馬戟山蘄水路絕女恐不得達遂自刎馬亦撞死里人蘇金殮葬至今廟祀之

國朝

烈婦任何氏墓 在赤壁磯下同治四年知縣陳汝蕃捐買地一段每歲納租二千文給赤壁住持僧作春秋祭費

補遺

黃州知府滕霄墓 在縣東馬鞍山祥興灣後

保定巡撫魏公韓墓 在樟松湖上魏家砦

桃源知縣官撫辰墓 在慕義鄉蔡店區維摩堂

風俗

上以風化下而因風成俗宜乎薄海之皆同也然南方柔弱北方剛勁其地異其俗亦殊邑自隋唐以來俗尚純質至今千有餘歲依然敦氣節重廉隅守先民矩矱蘇端明以爲土風厚善信然

隋志俗尚淯質好儉約

宋蘇軾跋韓魏公詩山水清遠土風厚善其民寡求而不爭其士靜而文樸而不陋尊德樂道異於他邦

張耒雜志民利魚稻農惰而田事不修

黃州府舊志農力耕種蓄糞如金田益膏腴至十金博一畝者

舊志云士尚氣節重廉恥不肯干謁無依阿澒涊之態布衣投交或榮顯者禮貌不至則拂衣去至老不相往來又云士民



慕義樂爲善畏官府如神明

按黃岡之爲俗也士傳家學人喜爲儒科甲後先稱盛童子試且數千文名甲於楚其佔畢授徒自鄰邑達乎豫蜀居常循循遵禮法有躍冶者羣絕之舊時閥閱勢重百年來凜凜畏法懼見譏於鄉里咸自愛重廉恥無干謁有司者農民力田地半肥磽無產者佃於人以自給澤居兼資網罟安於土著不樂懋遷三時效勤至冬乃營他務重本業也循分食力輸納趨時畏官府如神或不得已而訟見胥役持之輒悔懼事已卽俯帖無告訐風富民務嗇約人以芬華爲戒往來燕會服用饋遺各稱其家近微侈然視他邑猶樸矣昏重親迎喪沿禮儀祭以時掃墓歲春秋二焉崇神信禨俗亦有之婦女習勤不尚妝飾東利桑蠶西利紡織南近水以績爲業閭

範整肅知禮義自守雖飢寒患難不變故節孝多可稱世家守高曾矩矱縱貧落不廢儒術否亦就耕境內士農多而工商少其大較也其吏胥坊保因緣爲奸水陸通衢鼠竊爲患近日頗息察之者嚴故不得逞也後之君子悉其弊無弛其法焉

士業　士好讀書以博覽著述爲業輒自負不能相下舊時治經者多禮記各有師傳今頗兼之自王稚欽後多好爲古文詞者其制藝豪邁自立劉稚川之遺風也

農事　農夫力作重去其鄉歲清明始布種彌月而栽比鄰皆助之鼓歌相催督其稼有一穫再穫曰早曰中遲曰晚及秋有蕎棉及大小麥之預種者西南濱水常苦澇東北近山常苦旱故隄防之設溉灌之資籌其利焉



蠶事　清明浴種婦人始治蠶事初生拂以鵞羽既食剉桑葉食之乃有三眠至於大起分箔登簇成繭而繅之以供機杼

織事　入夏植棉亢爽之地涼風既至拾其花紡而織之

方言　土氣厚重其聲少清其土音如呼須近西去近棄水近暑眼近闇之類

冠禮　勝冠後涼煖遵禮士庶稱其分衣華樸以家必整肅

婚禮　重門楣始通媒妁問名有儀其納采請期親迎必遵禮制聘資妝奩弗計

喪禮　親沒訃於戚友沐浴殮畢殯於中堂家人裂布裹頭成服齊衰下各以等朝暮奠涕泣杖踴飦粥苫凷如禮戚友赴弔以期至有奢儉也庶民崇佛事或鼓樂治具醵錢坐夜擇地營葬用形家言其導送如治喪

祭禮　庶民祭於墓士大夫立廟者祭於廟四時節序及生忌日祭於寢其廟祭序長幼族長主之具牲醴几筵楮幣祭畢燕飲分胙而還世家有祭田以共時祀

社　斂錢市牲醴以祀土神祀畢少長飲焉春秋各一次

儺　人朱衣花冠雉尾執旗鳴鑼俗名急腳子比戶致祝大抵祓沴祈福之語

歲時　元旦五鼓起向北叩首曰祝聖啟門以酒酹地而拜曰出方還室禮家神祖先子弟以次拜賀自是親友慶賀讌飲或以粔籹相餽　三日以牲醴祀門戶神飲酒後各理舊業　立春先一日觀迎春以土牛身首色卜水旱以芒神帽鞋占寒燠比戶焚香酹酒曰接春旋相爲賀　十三日試燈元夕張燈是日粉米爲團曰元宵張燈火農人以火炬照田兒



童擊鼓鑼巡園圃逐諸蟲害稼者女子迎紫姑以卜蠶桑並占眾事　省志黃之郭氏迎紫姑箕腹銘口畫灰盤中立成詩　宋蘇軾子姑神記元豐三年正月朔日余始去京師來黃州二月朔至郡至之明年進士潘丙謂余曰異哉公之始受命黃人未知也有神降於州之僑人郭氏之第與人言如響且善賦詩曰蘇公將至而吾不及見也已而公以是日至而神以是日去其明年正月丙又曰神復降於郭氏余往觀之則衣草木爲婦人而置筯手中二小童子扶焉以筯畫字曰妾壽陽人也姓何氏名娟字麗卿自幼知讀書屬文爲伶人婦唐垂拱中壽陽刺史害妾夫納妾爲侍妾而其妻妬悍甚見殺於廁妾雖死不敢訴也而天使見之爲直其寃且使有所職於人間蓋世所謂子姑神者其類甚眾然未有如妾之卓然者也公少留而爲賦詩且舞以娛公詩數十篇敏捷立成皆有妙思雜以嘲笑問神仙鬼佛變化之理其答皆出於人意外坐客撫掌作道調梁州神起舞中節曲終再拜以請曰公文名於天下何惜方寸之紙不使世人知有妾乎余觀何氏之生見掠於酷吏而遇害於悍妻其怨深矣而終不指言刺史之姓名似有禮者客至逆知其平生而終不言人之陰私與休咎可謂智矣又知好文字而耻無聞於世皆可賢者粗爲錄之答其意焉　兒童磨磚石二寸許上圓下銳就地鞭之名曰得螺諺語楊柳活打得螺　二月十五日曰花朝民家多

以是日嫁娶　清明掃墓簪柳踏青兒童爲風鳶之戲田家浸種東作方勤鄉人作餌餅俗名軟曲　端午角黍相遺採藥插艾蒲雄黃泛酒繫綵辟惡是月有紙舫祈神之會　六月六日曬書籍衣物造醬醋鹽豉俗以爲半年福　七月七夕乞巧　中元祀先浮屠爲盂蘭會　八月中秋作餅相送具菱藕瓜菓爲賞月之讌　九月重陽登高掃墓民家釀酒

十月朔日曰十月朝田家飯牛以陰晴占穀價　十一月有家廟者合族祀祖先　十二月初八日啜臘八粥雜秔豆棗栗亦有以是日嫁娶者兒童以雞毛植錢孔中縛以綵線蹴之名曰毽子　二十四日曰小年掃舍宇夜祀竈神　數日內金鼓爆竹喧聲不絕具酒饌祀祖先曰年羹飯　除日張春聯於門閭戶後燃燭焚香拜祖先及尊長曰辭年更闌後或出聽人言語以卜來歲休咎曰聽讖田家以夜半候釜中輒得五穀米粒以其枵飽占來歲豐歉曰試鍋明李之泌釜粒行并序吾黃里俗除夕潔釜浮燈祠竈祝歲候迨子半釜中見粒或嘉或秈或有或無種物各以類應歲之豐歉物之饒之徵北於此往往確驗過時視之則隱故人有知有不知者昨夜家釜浮粒有七圓明肥潤諦視銜蚕秈米無他種乃爲釜粒行以紀之俾異日採風者收入歲時風俗志亦一事也　歲畢人家祠竈主斂衽廚前淨滌釜明燈浮水奠中央婦子嘻嘻祝靈雨明年歲事今宵問皇天后土從來應爆竹聲停夜將半徵陽欲動天心靜一片光明照無翳浮釜晶瑩吐嘉穟玉糝的皪浮空來自無而有眞怪事善敗良楷徵歲功種物紛應以其類及時候之自粲粲大珠小珠浮水面粒粒光璀璨掌中明諦視詳推儺炊飯兒童競拾安包裹留取他時成寶玩東家巧邁西家闔靈物過時隱不見奇迹由來遇者稀智或莫測愚多疑老農懃懇修風俗懶婦張皇問是非造物空虛善刻畫水耕火篝釜中竅誰知稼穡用天道他時鹵莽今不肥元旦開門賀獻節東風拂面農心悅是刻東風俗占歲稽爲言昨夜釜生粒歷歷秈香白若雪萬寶之成告在秋與翼翼先期設今年吉卜勝前年東家兒女西家說合家促坐飲酒曰團年或有圍爐終夕不寐者曰守歲



## 物產

黃地西北百里田多閒曠有十畝價僅數金者觀舊志所云邑不甚陋乎我

朝涵濡休養二百餘年邑少游民地不愛寶百物順成非第魚美筍香已也然而沃土不才君子慮之物愛心臧之訓宜三致意焉

舊志按一統志及楚志載齊安產苧布連翹松蘿蓏蟲自唐迄宋他無聞焉自餘爲地黃艾江豚之屬郡志稱黃岡有元修菜似芥本蜀產蘇子瞻得種於故人巢元修因名今莫辨是何菜也宋蘇軾元修菜詩并序菜之美者有吾鄉之菜故人巢元修嗜之予亦嗜之元修云使孔北海見當復云吾家菜耶因謂之元修菜余去鄉十有五年思而不可得元修適自蜀來見余於黃乃作是詩使歸致其子而種之東坡之下云其詩曰彼美君家菜鋪田綠茸茸豆莢圓且小槐芽細而豐種之秋雨餘擢秀繁霜中欲花而未萼一一如青蟲是時青裙女採擷何匆匆烝之復湘之秀色蔚其饛點酒下鹽豉縷橙芼薑葱那知雞與豚但恐放箸空春盡苗葉老耕翻煙雨叢潤隨甘澤化暖作青泥融始終不我負力與糞壤同我老忘家舍楚音變兒童此物獨嫵媚終年繫予胸君歸致其子囊盛勿函封張騫移苜蓿適用如葵松馬援載薏苡羅生等蒿蓬懸之東坡下塒鹵化千鍾長使齊安人指此說兩翁　俗謂長腰粳米縮項鯿魚爲邑中佳味米即香晚種能瘠田故不多獲鯿實出武昌樊口之長港秋半盈市而其地反不得大者如鯀鯽蟹皆然鮠鱭並有之江東稱佳品楚人不解食鱘魚出陽邏團風三江口大者盈車漁人餌得隨波流止累日俟其自困連舟舉之醢法不減皖城鰣四月出楊葉五洲米有鰕鬚秫魚子糯宜釀酒酒以水白名味薄不傷人張文潛極稱京師之外無加焉又春江綠漲蒲萄酒壓倒雲安麴米春爲韓子蒼齊安故事然市沽多濁醪子瞻謂酒賤常愁客少想當然耳夏富蓮菰冬饒鳧雁藕出巴河陸家

湖爲最黃精白花菜種較肥大五加皮薯蕷近有種者曩造黃扇竹箪以三家店者爲佳蔴荳油澱棉花蒲葦邑多有之額辦所載鴛鴦麂皮反不多得舊稱黃有落英菊花元雜劇撰爲王介甫蘇子瞻而實不爾國朝顧景星君不見一章并序菊以不落爲德俗傳介甫詩句謂黃州菊瓣落石城作長歌不知其實無之予適在黃賦君不見一章其詩曰君不見屈平好奇餐落英爾雅落如也宏景晚服仙骨輕黃州何如鄧州産霜中落瓣皆虛名圖花高懸準天極抱本不離君子德臨川詩句偶流傳石城老子三太息君不見百榕聯纍同一根栗大合抱母尚存木名女貞菊女節辭枝墜葉何飄飄君不見伯姬堂上焚尾生抱柱死原嘗春陵六國時勢去何人附公子花開花落直等閒色衰愛弛無嫫妍舜華朝暮何足道松柏歲寒眞可憐君不見花奴羯鼓環兒舞十二闌干叫鸚鵡搖落徒傷秋士情飄零祇恨春風苦土罏釀熟青玻瓈淵明采采循東籬試將百本階前種會看霜華鯁介時至荔枝蘋果間相餉遺牡丹茉莉時復入目以無當斯土之毛不書

邑田山隰各半負郭及平原者氣煖土沃早穫而厚收山谷及



谿磵者氣冷土瘠遲穫而薄收其穀有麥有稻麥有大小二種又有蕎麥稻有粘穀名不一俱七月收有六月即收者名江西早中遲名不一俱八月收晚穀名不一俱九月收佳者下馬秈糯穀之屬有黍有粟有豆黍有粘有糯粟有粘有糯有蘆粟豆有黃豆亦有黑豆粒大者爲茶豆菉豆紅豆泥豆豌豆蠶豆豇豆扁豆刀豆其別屬有芋有脂麻堪資民食

佐食者蔬自演武廳至下巴河口瓜菜圃也各鄉曲亦有之販鬻者以資生焉其菜有芥辣者爲薹菜又有紅辣菜有菘即白菜有箭桿烏風矮腳三種有芸薹即油菜春始秀亦有辣油菜不中蔬有菠有芹藤梗二種藤者佳有莧有茄有莙薘土名冬莧有同蒿味香脆花如黃菊有萵苣有韭有葱有蒜有薤一名藠頭有大椒有蘿蔔大者一枚十斤亦有胡蘿蔔色赤而長有山藥紅藤者劣有薑有百合瓜有黃瓜南瓜土名番瓜冬瓜大者三四十斤菜瓜入醬佳絲瓜有瓠子有葫蘆水蔬有蔞蒿有茭菰生水中夏食筍冬食苞子茭米周禮六飯之一有水芹有藕之屬野者有白花菜有薺菜土名地菜黃瓜菜馬齒莧

若花果樹木草藥則地不宜果梅桃棗梨柑栗菱芡蓮子葧薺一名烏芋出三店之屬有亦不甚佳俗尚樸雖縉紳家亦無奇花異木可愛瀕江洲渚多楊入山多松外惟桑柘供蠶竹供箪三店多絲綿棠梨供刻板茶供瀹茗名淡巴菰佐餐耳舊稱地黃等藥今則無自取採

至鳥獸蟲類難言土物其足資食貨者畜有牛有馬有驘有驢有羊有豕有貓有犬有雞有鵞有鴨鳥有鳧俗名野鴨雉俗名野雞麥啄獸有兔貛狐狸

長江諸湖鱗介萃焉操網罟而漁者踵相接也其種有魴有鯉有鯽有鮎音年有鱮即鰱子有鱖即鯛魚有鱒即赤眼魚又有油筒魚似鱒色黃有鱅即魴頭有鯶即鯇魚有鯮有鯇即草魚有鱧即烏魚有鯖有陽鯿即白魚有鮆即聚刀魚有鰲音餐有黃鯝有黃鱨即黃顙有白小即銀魚之屬鱣即黃魚鮪即鱘魚鮰鰣亦間有之鰻鱺即白鱓鱠鱓蝦出羅家溝者佳蟹黿鼈或供食貨若江豬雌者爲白奇河豚有毒中者丸明礬解之無可食也

蟲則有蠶有蜂小民利之蠶絲蜂蜜

耕漁外資民用者棉布紫白二種黃絲市於但店青靛清油黃扇竹箪出三家店飲饌稍佳者酥餅酥果粉餈豆腐椎魚以鰱爲之釀鮓黃魚爲最而已

黃岡縣志卷之三

知黃岡縣事合肥戴昌言編輯

## 建置志

### 城池

宋時郡治倚江今之臺隍明初所移建也據枕阜瞰江之險上通鄂沔下臨豫皖言形勢者爭重之咸豐間粵逆之變城經四陷卒賴

朝廷威稜疆臣碩畫削平大難復金湯之舊規則隨時培濬非守土者之責歟

宋元遺築在今城南二里許初無城郭西以江爲固其三隅畧有垣壁間爲藩籬因堆阜攬蔓草而已中皆積水荒田民纔十二三耕漁其中（見宋張耒雜志）東傍湖泊水漲湮沒不常建炎中知黃州趙令㦤奉詔修城六月而畢然賊張遇過城下令㦤度不能拒出城見之賊乃引去其時之城可知矣府舊志謂東北城蹟猶存今可考者惟城門有曰朝宗曰向日曰龍鳳三名已耳明洪武元年戊申指揮黃榮移築今處十七年甲子指揮曹奉永樂六年戊子指揮郭顯相繼修理周九里許（一云七里三分）凡一千八百二丈八尺有奇高二丈一尺厚多依山不可計繚以濠塹警鋪三十雉堞二千一百一十九門四東曰清淮南曰一字西南曰清源西北曰漢川敵樓各三間金湯甲諸郡正德中漢川門水潦崩知府鄭信修葺萬歷十二年清源門火知府范可奇修葺崇禎八年知縣李希沆倡率士民深濬增築十年袁繼咸分巡黃州與知縣徐調元築六千餘丈（舊志云按黃榮舊築僅周一千八百餘丈而明史紀繼咸所築三倍有餘殆兼郭外所築言之歟）十六年春賊張獻忠掩至從東北緣梯入驅婦女剷城旋殺以填溝塹城存不及肩秋知府周大啟返任治事其時有湖居兩族以水寨舟各二十隻爲賊嚮導飽得賊掠賊去後官捕之責以修城貸其死周歲畢工視舊低五尺有奇廣如舊

國朝順治元年　英王率師南下檄定黃州二年知縣汪士衡次第修理四年知府牛銓建譙樓康熙十一年知縣董元俊捐俸重修雉堞戍樓警鋪之屬如明舊制十三年大風毀清源門樓知府于清端建四十五年大水城圮知府李彥琯修葺五十四年積雨七旬城圮四十一處知縣鍾葦修補三年始竣雍正二年連雨水漲坍城數十丈並清淮門樓知府康忱捐修十一年清源門戍樓將圮知縣暢于熊同七州縣捐貲重建牓曰雄關楚北十三年東北圮四丈餘知縣邵豐鍭修乾隆十三年漢川門右圮二丈七尺知縣劉燈倡修又清源門左鐵石邊圮八丈餘知府錢鋆修理此後郡屬分段管理隨圮隨修工丈無可稽考嘉慶二十年城身贓裂過甚知縣鄭家屏詳准請　帑奏交知府吳之勷承修至二十二年工竣已修城身六十八段計長六百六十一丈五尺裏皮十四段合長一百七十八丈五尺門臺門樓四座並各礮房窩鋪概行重建未修城身六百五十二丈五尺道光二十六年城身復裂署縣金雲門詳請修理知府祁宿藻知縣俞昌烈暨八屬牧令典商紳士捐貲五萬有奇交署縣金雲門承修計補修城身四十五段長三百四十六丈門臺門樓礮房窩鋪均加修葺二十八年工竣（以上舊志）咸豐間粵匪竄擾往來蹂躪城凡四陷日就傾圮同治五年知府黃益杰督率紳民捐金

修理拆補破爛一百五十二處臌裂十二處週圍共長一千二百九十四丈二尺卑者加高薄者加厚門臺門樓礮臺窩鋪修葺一新五月興工十一月告竣同治八年陰雨過多垣堞浸灌坍塌知府英啟知縣恆琛籌款修補共計城身八段長一百二十七丈清源漢川一字三門府前明溝暗溝四道均經疏濬

宋王禹偁請修城垣疏伏以體國經野王者保邦之制也易日王公設險以守其國自五季亂離各據城壘豆分瓜剖七十餘年太祖太宗削平僭僞天下一家當時議者乃令江淮諸郡毀城隍收兵甲徹武備者二十餘年書生領州大郡給二十人小郡減五人以充常從號日長吏實同旅人名爲郡城蕩若平地雖則尊京師而抑郡縣爲强幹弱枝之術亦匪得其中道也臣比在滁州值發兵挽漕關城無人守禦止以白直代主開閉城池頹圮鎧仗不完及徒維揚稱爲重鎭乃與滁州無異嘗出鎧甲三十副與巡警使臣彀弩張弓十損四五蓋不敢擅有修治上下因循遂至於此今黃州城雉器甲復不及滁揚萬一水旱爲災盜賊竊發雖思禦備何以枝梧蓋太祖削諸侯跋扈之勢太宗杜僭僞覬望之心不得不爾其如設法救世久則弊生救弊之道在乎從宜疾若轉規固不可膠柱而鼓瑟也今江淮諸州大患有三城池墮圮一也兵仗不完二也軍不服習三也濮賊之興慢防可見望陛下特紆宸斷許江淮諸郡酌民戶衆寡地池大小並置守捉軍士多不過五百人閱習弓劍然後漸葺城壁繕完甲胄則郡國有禦侮之備長吏免剽略之虞矣

國朝黃益杰重修黃州府城碑記黃郡介江淮間宋元無城郭略有垣壁間爲藩籬舊址在今城南二里許明初始築城今處咸豐用兵以來城凡四陷日就傾圯余以辛酉冬涖郡時甫收復城中無半椽完屋漸次安集乃得八百餘戶而生計未裕善後事宜無從著手又無歲無賊至幸皆春夏秋時內湖有水外江舟師可以馳入拒賊乙丑冬湖涸捻逆由麻城猝至徑趨近郭予與士民登陴以守歷三月而賊退乃知此城宜亟修也按城舊爲門四東日清淮南日一字西日清源北日漢川周一千二百九十四丈二尺今皆增修高逾舊城或五六尺或七八尺或丈有奇城上皆石修馬道寬五尺至七八尺有差東西北三隅有咸豐間所掘地道十二巨穴各深數丈寬數丈或十餘丈城日下陷皆一律拆修清淮一字清源三門月城各建一樓三間漢川門舊有樓亦加葺治城北大士閣上築大礮臺一座俯對城外龍王玉几諸山一宇門右爲培風亭左有奎星閣廢址今將亭加葺閣亦重建均築大礮臺此外又修小礮臺十二座又督匠於城裂之處盡爲拆補於是垣墉堅固樓櫓翼如以丙寅五月興工十一月告成用錢八千六百五十五串有奇是役也初因城防經費有餘又會收集守具石十數萬遂謀補修乃傾圯過甚工程愈大使非黃岡士紳續有捐金修府學又撙節有餘可以



分濟則集費必難非土人指引搜掘龍王玉几諸山及北城火藥局一帶賊壘窖石百六十餘萬可值七萬餘緡則無論無此賤石巨資其運費工費亦難且購之亦斷非數月可辦又非官紳數十人同心協力杜盡虛浮竟至半年之久無欲城工一杯水者亦斷難以八千數百串之費迅速成此鉅工而于心有未盡者城下積土尚多必得剷平城脚有爲雨水溜露者必運土培因費絀而于又卸篆不能議此是所望於後之守土者矣城外濠水舊從東北龍王山來城內溝隧之水亦出於濠道光間爲邑紳掘水南去而附城蓄田者利濠灌溉復任意挖掘濠隧就堙于乃改濬龍王山之水由東而南而西又北至赤壁下始入江而爲閘以限其流盡塞從前外泄之道四時有水環城如帶惟濠隄尚須培築赤壁閘今歲大水爲江濤衝損亦須一修補後之人以時治之是亦設險之一助也

黃郡城東北倚山無池可鑿險已難恃西南舊有濠溝年久閼塞竟成坦道且民居櫛比在清淮門者多私佔墾田幾爲世業未雨綢繆急宜區畫

舊志　又俞志云乾隆十年知府禹殿鼇知縣邵豐鍭疏濬隍渠歸清淮門外古溝水會一字門外水西繞清源門觀風橋由布街口沮洳橋出觀瀾橋形家所謂上堂水也年久復塞嘉慶四年知縣張其章十三年知縣汪蔡鍾先後疏濬二十三年知府吳之勷知縣蔣祖暄倡築織染橋深濬濠溝挽南去之水西流入濠以循故道道光十一年邑人掘城外東來之水南去留城內南出之水西流已失禹吳兩郡守疏濬之舊又被城南附近蓄田者利其灌溉掘城內之水南去舊濠少所沖刷漸就淤塞道光二十七年訾縣金雲門疏濬並修培兩岸三百餘丈於合流之處厚築橫隄分城外之水出織染橋城內之水出觀瀾橋大雨時行可免淤滯特二水分流於形勝究有未合且附近居民任意掘挖潦則聽其入濠旱則私其灌溉培植地方者倘力復禹吳二郡守之舊不惟城濠有所沖刷或亦風水之一助云　又本年城內副榜廖志圭拔貢杜承勳耆民涂厚焜歐陽學源孝廉方正歐陽璸試用訓導黃際寅廩生石耀春汪春澍生員陶鍾何登雲黃啟焜李樹滋馬錫蕃楊鴻鈞楊汝翼吳道南李鳳藻職員黃引亨曾秉鈞龍炳章方伯清胡澤潤監生陳文藻龍瑞樟民人趙啟賢黃引咸等公稟爲恪遵成規請示遵辦事郡城自明初展築今處倚山面河金湯甲於諸郡一時水利津梁釐然大備數百年來士席簪纓民登康阜良以茲城之形勝爲郡邑之頭顱本實奠安枝葉於焉包茂非虛語也雖形家之言近於術而地理之訓本乎經查郡地以聚寶山爲內屏以黃岡山爲外案隨龍之水東北出山下逕清淮門城濠旋折穿織染橋纏繞黃岡山入洗馬池西北由兩耳山穿觀瀾橋南下金花橋左右會合環拱郡城此建城濬水之原規爲明劉青田手定銘載地理大全由明迄

國朝皆遵循故道無異康熙間前侯鍾於城西開掘新河使西北之水旁洩入江觀瀾金花橋遶城之水道日見淤塞以致內堂之水亦致由新河旁

洩凡邑境之緯楔名門頓形消乏此縣屬不利之一證也乾
隆十年前太守禹疏濬隍渠引一字門城內之水繞濠而西
詳考禹記並無引清淮門之水會合繞城出觀瀾橋之說嘉
慶十五年前太守吳議修南塔並濬城濠邑先輩李鈞簡有
記內載郡城之水自城外出者明水三由塔溝達羅星湖注
江所謂明水三者一即西北兩耳山之水由赤壁穿觀瀾橋
下金花橋一即一字門城內之水繞濠西流出觀瀾橋一即
聚寶山之水繞城東出織染橋皆總匯於塔前爲合襟圖志
昭然是吳公議濬之水一一皆循故道惜未訖工而陞襄陽
道去實無倡築織染橋挽聚寶山之水沖刷城濠之說如謂
築橋挽水合一字門之水西流入濠則當吳公時城外之明
水僅二胡又云三至築橋之舉又在吳公去任之後何得妄
議前賢然一築後而隨龍之水沖破內堂無論出仕宦遊凡
隸縣屬者皆如衣錦夜行其餘邑境之顛連疾厄更難枚舉
考之記載歷歷不爽道光十一年邑士奚先恕等目擊情愴
始行疏濬如舊二十七年前侯金於一字門外出水之處厚
築橫隄東北之水出織染橋始無滲漏可侵夫金公之精堪
輿楚省所至之處除弊興利志不絕書自時厥後相仍無改
惟二十八年修志註內添載從前築橋挽水之說託以禹吳
二公之名至奚先恕等之復故道金公之築隄防概加貶詞
並不敘明建城濬水之原規致使歷朝遵循無異之良法至
此漸沒其真及赭寇陷黃城濠舊蹟掀掘無存在好事者莫
不執前俞志添註之說以爲衡而不知其契舟以求劍也夫
俞志之添註者謂之不諳地理其失小謂之執拗而不知詢



謀顧碩而不考成憲其失大雖在當日不過託之空言並無
擅改水道實蹟而傳譌沿誤幾三十載矣光緒初邑人士等
復修松竹橋舊蹟加築金公原隄曹家畈土人因田佔溝致
水道偪仄任意將隄岸掘斷旱則引水出織染橋溉田潦則
閉缺由延壽橋入濠沖刷是以數百年肇造之金湯億萬姓
生靈之根本無論殘破毀傷皆供曹家畈數畝之用舍啟閉
不求破除從前淆喙將來之廢墜遺害有不堪設想者矣生
等再四籌維不忍成規漸沒用是歷考舊文旁稽圖志商之
耆宿僉言允孚理合公懇臺前俯念負郭水道爲一邑關係
首基明示遵辦以垂定案而率成規實爲德便云云　批前
已督同該紳士等逐一詣勘核與
稟內所論水法相符准移局入志

## 公署

公署者民所具瞻地也朝聽政夕省刑於是焉在王元之公
退默坐消遣世慮孟亨之通判黃州庭下有水稱君子泉非
令德焉能如是自粵匪一炬廢爲焦土長民者僦屋而居幾
與齊民等今則堂廡亭院規制一新上以庇身即下以庇民
庶幾步軌王孟焉

縣署向在清源門內府署東明洪武元年知縣萬士安建大堂
三楹成化二十一年知縣程逵重建牓曰親民又有吳百朋書視民如傷四字額
堂後爲後堂又後爲內宅堂前東西六曹以次列堂左爲幕
廳舊志載宅右爲管糧主簿宅左爲捕盜主簿宅嘉靖中知縣孟津於月臺增建戒
石亭又前爲儀門大門萬歷三十四年知縣茅瑞徵增置屏
門縣庫在大堂側册房在堂後右儀門外左爲嘉賓館以肅



客旁一楹爲土地祠吏廨在其後右爲獄前三年同知王從詔署縣事重修獄
室分輕重女監立有石記申明亭在儀門前左崇禎末年盡燬於賊
國朝順治二年知縣汪士衡下車借寓民廬三年始敘大堂十年
知縣劉國甯建後堂並東西六曹康熙三年知縣徐霨建內
宅九年知縣董元俊建戒石亭五十年知縣鍾韡重修大堂
顏曰寶善堂建申明亭在儀門外雍正二年知縣張光裕移
亭置於縣左城隍廟內又於大堂左廨後建奎星樓一所乾
隆二十八年知縣葉世度建二堂四十二年知縣顧夔建西
廳及竹樓五十年署知縣張瑢移縣丞署舊志明捕盜主簿宅建東
廳牓曰景眉堂二堂牓曰心耕堂嘉慶二十年知縣鄭家屏增建內西廳舊志明管糧主簿宅基址
又於署後高阜結臨皋草堂旋毀道光十年知縣李錦源改

東廳前幕廳建船屋（膀曰味菜山房）升高頭門前甬道三級並建屏坊道光二十七年知縣俞昌烈捐廉添建照牆並升高三堂咸豐三年粵匪陷城署燬光緒元年知縣恆琛詳請移建道署故址奉文允准因勸捐添買民房創建今署查道署老基由東至西前寬十三丈五尺後寬二十一丈二尺由南至北直長四十二丈九尺又添買民基由東至西前寬四丈後寬十丈七尺由南至北直長四十二丈前建照牆照牆外糧戸科房各一楹內爲頭門門東西班房各三楹頭門內爲二門門東一楹爲福神祠又一楹爲班房又東三楹爲卡房西三楹爲班房二門內爲大堂堂前東西六曹以次列大堂後三楹爲二堂堂東一楹爲廚又五楹爲錢漕房又東建陞官樓一座二堂後五楹爲三堂堂東屋三楹其下又三楹爲上房



二堂西五楹爲花廳對面五楹花廳後三楹爲書房又刑席居屋三楹又一進三楹花廳西徵席居屋五楹又下一進五楹凡上下二進中各有横披屋二三楹未備載

縣署頭門西爲典史署詳後　又西爲獄前建頭門門內一楹爲獄神祠又一楹爲女監又三楹爲獄

縣學教諭署在明倫堂後嘉慶八年教諭胡念祖邑紳議敘鹽提舉王宗華增修前廳道光十九年教諭周鯤化捐廉改建前廳住房客廳（膀曰種竹軒）　訓導署在　崇聖祠後出入即由其門道光九年邑紳士擴建前廳東置民基添設大門於前廳左別爲走道咸豐三年署爲賊燬光緒元年知縣恆琛同邑紳民勸捐重建詳學校志

縣丞署在洗白街南舊志在縣宅右明萬歷丁未縣丞陶承禮重建崇禎末年燬移建縣宅左（即縣東隙地）乾隆五十年置民房移建洗白街咸豐三年燬光緒元年知縣恆琛移建縣署故址其基由東至西前寬三丈八尺後寬十丈五尺由南至北直長十七丈六尺前建頭門頭門內三楹爲大堂大堂後爲東西廂又三楹爲上房又一進爲廚

典史署在縣儀門外左乾隆五十六年典史謝鴻恩道光十八年典史戴均恩二十六年典史魯鴻雋屢次重修咸豐三年燬光緒元年知縣恆琛移建道署故址今縣署頭門西前建照牆牆外爲卡房內爲頭門頭門內三楹爲大堂大堂內五楹爲上房署西爲花廳爲書房爲廚以次列

考院在洗白街北順治初沿明設湖廣巡按御史行署爲北察院舊志在縣學右（明初原夏閔王三姓舊址後爲陶仲文入官宅萬歷元年知府潘允哲改建止府官）



（廳三楹二十三年知縣茅瑞徵縣丞陳玉庭增設司道官廳三楹於右後燬基爲民居亦舊志云然志又云前有石坊曰御史臺坊現存今縣學左）明末燬

國朝即其地建堂三重堂東考堂一重（膀曰蘇白堂）下列號舍東西各十二楹楹各四十餘號外爲左右轅門爲學使者按臨公署康熙四十八年五十八年知縣黃極鍾葦先後購東邊民房廣東西號舍各十二楹楹各六十號生童日眾猶苦湫隘乾隆二十三年知府錢鋆同各屬紳士購東邊民房四十間地十四丈擴新之建號舍倍於舊（時知縣陳文樞有記嵌石考堂下東壁）嘉慶八年邑紳議敘鹽提舉王宗華捐金三萬有奇購院前後左右各民房拓基重建南北四十六丈東西一十七丈衙署仍西考棚仍東供應所掛號科內外官廳悉備焉南甬道鼓樓照壁轅門抵官街北幕廳兩所抵民房東號舍抵官街西之前

半抵官巷後半抵民房衙署頭門一重三楹左外官廳右掛號科儀門東西角門一重三楹階前東向官廳一重三間東角門內門役住所一間遊廊北即考棚龍門東達號舍西角門內遊廊下巡捕號班住所各一間北土神祠大堂暨拱蓬一重各三楹中暖閣右號科後屏爲外宅門中穿堂二堂一重三間左右廂左廂東門達號舍堂後屏爲內宅門中穿堂內廳一重三間前右廂左門達號舍後右廂左門達考堂其後高阜一屏中幕廳一重三間右廂東横屏內幕廳一重四間一左廂前屏門達廚房並竈神土神夏閱王各祠考棚中考堂一重前吏名育才復名蘇白其後爲書吏住所北抵廚坊東抵幕廳考堂南號舍四行奎星樓居中旁兩行各八百餘號中兩行各七百餘號桌櫈板厚三寸不可動移學院茹棻記文知府金城永禁借居官舍示石刻俱嵌頭門外右壁門左有刻夏閱王神位石道光十九年東首號舍圍牆傾圮知府德山知縣劉鴻庚倡率各縣捐廉重修並將照牆頭門以內堂房各號舍重新前學院吳其濬捐金改建奎星樓於蘇白堂前咸豐三年郡城陷院燬九年知府周炳鑑知縣陳汝蕃勸捐重建十一年復爲賊毁同治二年知府黃益杰



知縣薛元啟同各屬牧令紳庶捐貲修葺如舊光緒元年知縣恆琛率闔邑紳庶捐貲拓基增修號舍九百餘座其基南北仍四十六丈由東至西前寬一十七丈後寬二十六丈五尺因院東改添號舍移建供應房及六總房各一重三間於院外西偏

南察院舊志在縣學前左陶仲文子堉宅址舊爲兵備道署又憲司署舊志在府學左明萬歷間知縣茅瑞徵重修拔南北察院憲司各署皆爲監察巡察御史而設順治十八年裁監察雍正十年裁巡察署俱燬爲民居

布政分司舊志在府城隍廟左明萬歷間知縣茅瑞徵重修建後隳崇禎末年燬基爲民居廟左有公館即七賢祠後爲丞豐署今亦廢

按察分司府志在府城隍廟右久廢無考

道署在考院西北雍正七年以分守武漢黃德道移駐黃州購民房基址建立衙署凡六月告成乾隆四十三年改武昌府歸鹽道轄嘉慶二十年守道覺羅善連捐置民房廣西園今守道移駐漢鎮其原署基址知縣恆琛詳請改建縣署

府署在縣署西北高阜即古西坡明洪武初知府李仁瓛建正德間知府余貴嘉靖間知府郭鳳儀先後增修中爲正堂後爲後堂爲知府宅交酒樓前爲戒石亭東西司各十三楹又前爲儀門東西角門門西爲鑾駕庫東爲土地祠爲雪堂旋增修爲賓館正南爲譙樓東申明亭西旌善亭南爲吏解正南爲大門崇禎末年盡爲賊燬

國朝順治初知府借居邑紳洪周祿宅即今縣署十四年知府徐士儀於舊址建大堂康熙十一年知府于清端次第建修始移居二十九年知府王輔重修大堂內建枕江西爽各亭五十五年知府李



彥瑁復建儀門外鼓樓後燬五十七年知府蔣國祥移大堂於月臺下六曹儀門俱改置樹屏儀門外署內書亭數座船屋七間皆極軒麗後多傾圮雍正十二年知府李天祥撤儀門外屏乾隆九年知府禹殿鼇二十二年知府錢鋆四十二年知府羅暹春迭有修建西園雙桂堂笠屐亭皆是五十五年知府先福新雪堂建月窗軒五十七年二堂火重建嘉慶年間知府金城吳之勷先後修大堂二堂幕廳書室新頭門外保釐坊道光二十七年知府祁宿藻重修大堂科房並宅門以內各處頭門外添建照牆咸豐三年城陷盡爲賊燬知府僦屋而居八年巡撫胡文忠駐郡城建雪堂五楹又於雪堂東洗墨池前建屋三楹又洗墨池後二進各三楹同治間知府黃益杰居之增修園屋光緒元年知府英啟知縣恆琛並各屬牧令

勸捐修葺其基由東至西抵城前寬三十四丈二尺後寬十三丈由南至北直長八十四丈五尺前建頭門三楹二門三楹大堂三楹堂下東西六曹以次列堂後三楹爲宅門宅門內爲二堂堂東三楹爲花廳顏曰琴鶴堂又三楹爲對花廳又三楹爲書房又三楹爲對書房東花廳後五楹爲廚廚後上下二進各三楹二堂內爲三堂三堂七楹堂東五楹爲上房二堂西簽押房三楹對面又三楹又箭道廳三楹由二堂下西達洗墨池雪堂笠屐亭諸處

府糧捕廳署舊在府堂西內有明通判汪廷元陸志孝所建涵虛亭夢坡館燬復移建府學右未知何時

國朝康熙初宋犖判黃州於署左建將母樓旋詔於文廟不安立毀之乾隆間通判張金管新內廳爲步雪堂嘉慶



十五年通判文棟去大門外街南照壁移門東向道光二十四年通判保善改建頭門南向並添建照牆咸豐三年燬於賊今移駐上新洲原基改建樊孝介祠

府同知舊署在府堂西順治間移同知駐岐亭署毀

府推官署亦在府堂西康熙初裁署毀

府學教授署在明倫堂後一重五間又東廳三間牓曰樸學軒訓導署在　文昌宮左一重五間屏外廳一重廳左書廳一重南向大門西向咸豐三年盡爲賊燬同治四年知府黃兆熊率八屬牧令勸捐重建兩署在文廟左右邑人華春禧捐鋪基一所在學宮左劉姓捐屋基一所在學宮右

府經歷司司獄司兩署俱在府署大門內西嘉慶十三年裁司獄移作縣倉埠司官署並入經歷司咸豐三年城陷署燬光緒六年

知府英啟率八屬牧令重建於府署頭門內東前建頭門頭門內爲獄爲照牆照牆內爲大堂堂東三楹爲福神祠又五楹爲廂屋內爲二堂爲三堂各三楹三堂西一楹爲廂東二楹爲廚

府照磨司舊署在府署儀門東乾隆初裁署毀

黃州協副將署在洗白街南東向明尚書王廷瞻宅南爲桃園北爲馬苑乾隆五十八年副將劉廷基詳請修理道光三年副將王世平復請改易後樓展移頭二轅門築紅水巷舊溝闢署右小教場修北軍裝庫東南馬王廟咸豐三年郡城陷盡爲賊燬同治五年重建光緒六年知府率八屬牧令增修原係東向今改南向

協標中軍都司署明黃州衛指揮私宅在府學東內天一樓又名中心一城風水所繫咸豐三年粵匪燬燼光緒八年修建



黃州衛署在府署北衛壋子上明初指揮黃榮建後改千戶所旋立守備末年署燬

國初官借民居康熙間守備蕭成重建嘉慶間守備楊昌業改建東廳內宅又守備王裕慶修理大堂二堂射圃二堂後有古塚不可犯前所千戶朱聞野立碑咸豐三年粵匪燬燼光緒三年軍戶共捐貲重建

演武廳在城南二里黃岡山下前將臺中廳後堂南甬壁抵三官廟北抵黃岡山東西抵民間菜園咸豐間賊燬同治時重修前層光緒七年修建後廳繚以垣牆並添建廚屋於左側

舊演武場在城東南古臨皋亭下明知府余貴擴基樹柳知府潘允哲建堂堂名足兵左坊名詰戎右坊名振武堂後軒面江題曰江漢雄鎮今猶呼老教場後移至城內今河東書院左側又以迫近城垣改遷今處迎春較射閱武於此

舊志清軍府廠在府城隍廟右縣廠在縣城隍廟左卽小學址久廢又馬夫廠在城外沙街明赤壁巡司署後改廠前官鋪十二間府有稅又城南有織染局址爲團風巴河二鎮牙行赴府廳點受約之所今廠局久廢

團風鎮巡檢司署在城西北五十里（道光二年巡檢史禮賢道光二十二年巡檢陶廷梅重修咸豐時粤匪燬燼今官居民房）

陽邏鎮巡檢司署在城西北百二十里（道光二十七年巡檢古昱始重修咸豐時粤匪燬燼今官居民房）

但店鎮巡檢司署在城東北百二十里（道光六年巡檢曾開章修葺謦槖未竣士民咸其轄安地方捐貲助粟畢功顔以頌額開章本程子語㫄其堂曰潞愛堂道光二十六年巡檢羅宗倫重修咸豐時粤匪燬燼今官居民房）

倉子埠鎮巡檢司署在城西北百二十里（本前明黄安貯糧倉所後南糧改折倉廢而址存嘉慶十四年移府司獄司置巡檢司借居民間道光十三年巡檢孫淦任内本地職員張楷捐基建署道光二十三年巡檢成錫璜重修咸豐時粤匪燬燼今官居民房）

舊志齊安驛丞署在清源門外李坪驛丞署在團風鎮陽邏驛丞署在陽邏鎮俱久裁屬縣河泊所官始七後三除王九塘向并入巴河外明正德嘉靖後鮑湖舊州長河湖歸零殘湖所近團風鎮黄漢窰埠安仁歸棹松湖所近陽邏鎮城東南後湖河泊所在定惠院右三所亦久裁又稅課司署一在城南清源門外一在團風鎮俱久裁演武場稅場屬府久廢



陰陽學舊志在府大門左

醫學並惠民藥局在府大門右久廢

僧綱司在報恩寺右

僧會司在維摩堂

道紀司道會司俱無署

廂鎮

郡邑殷軫棊布星羅其勢渙矣

國初定制邑設廂鎮有鄉約里正編保甲稽賦册察非常無事則相率宣

諭有事則竭作奉公上下相維遠近相箕非周禮鄰長市司之遺意歟

舊鄉約所城内外二（明宏治建於城南高廟舊址月朔講呂氏鄉約後廢城内以報恩寺城外以安國寺為會所）團風鎮一（禪寂寺）陽邏鎮一（蓬萊寺）給牒高年有行者充約長約副約史以朔望宣諭教民

國朝編保甲法縣分廂鄉九十九區（今一百八區按此與沿革所載鄉里數別）區一保正以察非常雍正間各鄉俱設鄉約論民朔望又有木鐸老人巡宣



聖諭

廂坊八　城内外四　思賢廂（内南隅）　懷德廂（内東隅）　會同廂（外南）　仙源廂（外南長圻）　團風二　一廂（上街）二廂（下街）　陽邏二　一廂（上街）二廂（下街）凡八廂一稱廂坊鄉

鎮除巡捕與史外舊二　團風鎮　陽邏鎮　今添設但店鎮　倉子埠鎮　凡一衙四鎮

市（按省志市鎮十有七内有昔有今廢者盤石市黄岡廟市有昔無今有者孫家隣鵠子湖徐鞔鼓諸市）

鄉並廂坊凡九　廂坊　東弦鄉　還和鄉　永甯鄉　慕義鄉　上伍重鄉　下伍重鄉　庶安鄉　中和鄉

里明一統志編戶八十六里府舊志縣九鄉嘉靖間割中和上鄉十二里入黄安今八鄉編戶七十六里廂坊轄里二東弦七還和七永甯十二慕義九上伍重九下伍重八庶安十三

中和九

廂坊轄里二 廂坊一村 廂坊七村 城內外舊編甲十二後編甲八今七 第六甲在東門外今並入東弦鄉 甲一保正典史管汎地詳後

一甲 東抵鼓樓岡西抵漢川門南抵清源門北抵覽勝亭

府前官街 保釐坊在府前鼓樓舊址南承流宣化節用愛人及善治阜民二坊廢 甄家巷

縣前官街 製錦坊廢 建齊安舊治坊 新衛前官街 武定文明二坊俱廢 三府巷

府學前官街 騰蛟起鳳坊在府學內廢新建禮門義路坊外青雲路坊廢 雲路巷 何家小巷

憲司官街 依仁激揚二坊俱廢 大井頭街 里仁坊廢

舊鼓樓街 會家巷 衛壇子街

軍儲倉街 北樓灣 漢川門街

二甲 東抵河東書院巷內小教場西抵胡總兵巷南抵一字門北抵巖家巷白石牌坊



姚家閣街 依仁文明二坊廢 胡總兵巷 牛邊街 沙井巷

城隍廟坡街 坡仙坊後重建題曰東坡故居廢今坊曰東揖坡仙 李指揮巷

預備倉街 紫薇行省並敷教二坊俱廢 報恩寺巷

新街 孟指揮巷 賈家街 文明坊廢 胡總兵巷

一字門內街 思賢坊廢 六劉巷 河東書院坊 萬家巷

三甲 東抵清淮門西抵鼓樓岡南抵巖家巷北抵覽勝亭

鼓樓下正街 朱衣巷 洗白街 紅水巷 方家巷 金家巷 古井火巷

縣學前街 懷德坊廢 南察院街 於家巷 巖家巷

北察院正街 御史臺坊 郭家灣 北樓灣 呂家巷

四甲 城外東抵濠溝口西抵大江南抵下新河北抵清源門

觀風橋沙街 拱辰坊廢 中馬頭街 拱辰坊廢

東城濠街 水驛前街 駐節坊廢

新街 會同坊 夫灣巷 世禮之門坊 賈氏巷 以上舊十一甲

河街 會同坊 挺猪巷 鐵家巷 河灘街 以上舊十甲

元妙觀街 永安坊廢 高廟巷 民天坊廢 便民倉巷 以上舊九甲

五甲 東抵漢川門西抵小河南抵威遠關北抵紅砂觜

上馬頭街 永安坊 林家巷 磯窩正街 思賢坊 以上舊十二甲

六甲 今屬東弦鄉 前志載東抵古滴樓西抵東門橋南抵東樓閣北抵龍王廟 十字街 懷德坊 四牌樓街

忠顯廟街 花園岡街 以上舊四甲改屬六甲

七甲 東抵定惠書院西抵會同岡口南抵安國寺北抵一字門

十字街 來遠坊 會同岡街 會同坊 會同巷

鐵石邊街 拱辰坊廢 東城濠街 懷德坊 崇仁坊 以上舊五甲 陶家巷 舊九甲

長塘街 古名棲鳳窩 倉巷 俊賢坊

南塔寺街 鐵甲巷 安國寺街



榆木橋街 以上舊六甲 定惠院街

槐樹岡街 孤老院街

來遠橋街 來遠坊廢 西城濠街 以上舊四甲

八甲 東抵西湖橋西抵金華橋南抵十里鋪北抵合山橋卽相隱橋

教場街 仙源坊廢 馬驛街 飛火巷

河灘街 以上舊七甲 新橋街 洗馬池巷 打錫巷

守備司街 仙源坊 藍家巷 太平橋街

省志廂坊里二東至後湖河泊所南盡樊口武昌山西望磯窩湖北東盡於鬼神壇烏龜石是爲黃岡廂按對江南岸得勝洲馬橋凌家灣王樊口北岸東港高付溝下及巴河對岸打石廠皆縣屬地多軍屯俱附廂坊

東弦鄉縣東三里轄里七 呂陽三村 黃土一村 黃土二村 城子一村 城子二村 魚博一村 魚博二村

分區十八 五里墩 路口 戚家嶺 孫家觜 南湖 邱店 陶店 劉家樓 孟博 王家店

鵡子湖 佘家灣 滸子口 韋家亭 堵城 臨江鋪 灌口 松楊鋪

還和鄉縣東五十里轄里七 昔田一村昔田二村昔田四村橫溪一村橫溪二村白陽一村白陽二村

分區七 迴龍山 楊家畈 新店 上巴河 沙河頭 橫溪寺 百福寺一名白虎寺

永甯鄉 上鄉縣東北百二十里 下鄉縣東北百里 轄里十二 西潼一村西潼二村西潼四村東平一村東平二村東平三村午穀二村午穀三村石尉一村石尉二村石尉三村石尉五村

分區十 但店鎮 溢流河 賀家坳 牛車河 賈家廟 三里畈 茅田 李婆墩 七道河 項家廟

慕義鄉 上鄉縣北百二十里 下鄉縣北五十五里 轄里九 白虎一村白虎二村東把一村東把二村東把三村永甯二村城南一村城南二村城南四村

分區十 滾子河 宋家牆 蔡店 金雞山 花園鋪 竹瓦鋪 淋頭畈 辛家衝 新州 劉家集

上伍重鄉縣北百三十里轄里九 校魚一村校魚二村青邱一村青邱二村青邱三村靈陂一村靈陂二村靈陂三村三屯一村

分區九 徐鞔鼓 鐵冶 校魚寺 葉顧岡 易家河 潘家塘 道觀河 上謝店 下謝店

黃岡縣志 卷之三 七

下伍重鄉縣北百里轄里八 久長一村久長二村久長四村板橋一村灄河一村灄河二村灄河三村歐陽一村歐陽二村

分區五 柳林河 夏家畈 淋山河 舊街 黃林墅

庶安鄉 上鄉縣北一百五十里 下鄉縣北七十里 轄里十三 安仁一村安仁二村安仁三村安定一村安定三村長樂一村長樂二村長樂三村長樂四村高砂一村高砂二村高砂三村高砂五村

分區十一 汪家集 余家店 錢家堡 張店 彭城畈 柳子港 石屋山 周余堡 東三店 西三店 嘉魚村

中和鄉下鄉縣西北百里轄里九 雙柳一村松固二村感化一村感化二村車埠一村車埠二村車埠三村武樂一村武樂二村

分區十九 東馮集 西馮集 李家集 張家集 周山鋪 畢家鋪 倉埠鎮 羊皮廟 王家集 雙柳鋪 龍口 曹衝鋪 毛家集 陶山鋪 三山鋪 沙口 汪家鋪 粉壁鋪 孔家埠

團風鎮縣北五十里廂坊轄里二 一廂上街 二廂下街 舊編甲七

一甲 倉前正街 崇德坊 華光廟巷 上正街 鮮魚水巷 河街 水巷

二甲 急遞鋪正街 後廂坊 鮮魚古巷

三甲 後街 時雍坊 十字街 永懷坊 筷子巷 前街巷 後湖小巷

四甲 上正街 時雍坊 盧公隄巷 下正街 相公廟巷

五甲 史壩正街 咸甯坊 行宮廟巷 雷壇正街 磁器巷

六甲 上馬頭街 欽福社 紙巷口 下馬頭街 橫河橋街 陶家巷

七甲 司前正街 馬頭小巷 上河街 馬頭巷

半邊街 宋家巷 河西正街 永清坊 橫河渡口

巡司汎地詳後

陽邏鎮縣西北一百二十里轄里二 一廂上街 二廂下街 舊編甲五

一甲 磯窩正街 永嘉坊

二甲 驛前正街 永茂坊 蓬萊寺巷

三甲 廚子巷正街 懷遠坊 孝弟坊

四甲 司前正街 永慶坊 朱紫巷

黃岡縣志 卷之三 廂鎮 十八

五甲 下正街 永齡坊 碻子巷

巡司汎地詳後

但店鎮縣東北一百一十里轄里二 一廂上街 二廂下街 編甲九

一甲 萬壽宮後街 永豐坊

二甲 下店 韓家社

三甲 中店 韓家社

四甲 田街 韓家社

五甲 衙前正街 永豐坊 十字街

六甲 正街 永豐坊

七甲 正街 永豐坊 長者里

八甲 正街 永豐坊 萬壽橋東嶽廟

九甲 龍頭街 永豐坊

巡司汛地詳後

倉子埠鎮縣西北一百三十里轄里二（一廂上街　二廂下街）編甲五

一甲　正街南街

二甲　正街北街

三甲　橫街

四甲　東鄉街

五甲　黃陂街

巡司汛地詳後

汛地前志仍舊巡捕典史團風陽邏兩巡檢三員分轄各鄉區

自乾隆二十七年奉文敬陳等事裁汰湖北省之山陂等處各驛丞案內並准黃岡縣但店鎮地方添設巡檢一員將原屬巡捕典史所領永甯一鄉團風巡司所領上伍重一鄉歸



於添設但店巡司管轄又嘉慶十四年知縣闞維紀以縣西北離城一百四十里之倉子埠與黃陂黃安兩縣犬牙相錯其附近之三店等處皆人烟稠密竊劫頻仍專管之陽邏司又以陽邏爲江漢門戶匪徒所由出入未便遠離查察難周詳准奉文於倉子埠添設巡檢一員以資巡防照例於通省內隨時改調不得具奏增添惟黃州府獄並無長禁人犯司獄閒冗事務可歸經歷兼管即裁府司獄作黃岡縣倉子埠巡檢倉子埠地方在陽邏但店二巡檢汛地之中將陽邏巡司原管之倉子埠羊皮廟等處十六區但店巡司原管之校魚寺葉顧岡二區改歸倉子埠管轄將團風司所管之汪家鋪劉家集二區撥補陽邏司專管（按前志仍舊於分汛地方載有民壯隸兵應役之裁撥存留名數均係明制查今黃岡縣民壯五十名內雍正十一年撥給團風陽邏二巡檢各民壯四名又奉裁民壯二名乾隆二十六年撥給武黃同知民壯六名二十七年添設但店巡檢抽撥民壯四名嘉慶十四年添設倉埠巡檢抽撥民壯四名又各巡司弓兵徭編除裁餉並撥抵經制外存剩團風司徭編五名永充見役四十三名陽邏司徭編五名見役五十七名餘詳賦役）

巡捕典史今分管汛地三十二區區一保正

城內外共七甲甲一保正爲一區

城東五里墩　路口　戚家嶺

邱店　南湖　陶店

孫家壋　王家店　劉家樓

盂缽　滸子口（俱東弦鄉）　上巴河

橫溪寺　沙河頭　新店

東北迴龍山　楊家畈　百福寺（俱和全鄉）

鴉子湖　灌口　城北韋家亭



堵城　佘家灣（俱東弦鄉）

城西對江得勝洲　馬橋　淩家灣

東港　高付溝　西南長圻上𡒄

長圻下𡒄　對江樊口　打石廠（俱廂坊鄉）

團風鎮巡檢今分管汛地二十二區區一保正

團風鎮（廂坊鄉）　松楊鋪　臨江鋪（俱東弦鄉）

鴨蛋洲　羅湖洲（俱廂坊鄉）　金雞山

蔡店　磙子河　花園鋪

竹瓦店　宋家牆　淋頭畈（俱慕義鄉）

淋山河　夏家畈　梛林河

黃林壁　舊街（俱下伍重鄉）　辛家衝

新洲（俱慕義鄉）　馬驛鋪　濫泥鋪

矮林鋪俱廂坊鄉

陽邏鎮巡檢今分管汛地一十六區區一保正

陽邏鎮屬廂坊鄉 雙柳鋪 龍口

汪家鋪 粉壁鋪 曹衝鋪

畢家鋪 毛家集 王家集

張家集俱中和鄉 余家店 汪家集

彭陳畈 張店 錢家堡俱庶安鄉

劉家集慕義鄉

但店鎮巡檢今分管汛地一十七區區一保正

但店鎮 溢流河 賀家坳

牛車河 三里畈 賈家廟

李婆墩 項家廟 七道河



茅田俱永寧鄉 道觀河 易家河

鐵冶 上謝店 下謝店

徐觀鼓 潘家塘俱上伍重鄉

倉子埠鎮巡檢今分管汛地一十八區區一保正

倉埠鎮 羊皮廟 周山鋪

陶山鋪 三山鋪 孔家埠

李家集 東馮集 西馮集

沙口俱中和鄉 葉顧岡 校魚寺俱上伍重鄉

柳子港 東三店 西三店

周余堡 嘉魚村 石屋山俱庶安鄉

赤壁磯鎮考明會典設有巡檢久廢

三江口鎮城北三十里隔江接武昌界按輿地紀勝在團風鎮下有江二路而下會此而三舊省志作三江口關明設守備於此徭編弓兵三十三名

又增九名今並裁存汞充四十八名支餉裁餉詳賦役

關

威遠關在清源門右

陽邏關城西北陽邏鎮隔江接武昌府江夏界亦以關名省志按九域志黄岡縣有齊安久長靈山團風陽邏沙湖龍坡七鎮一統志載宋置堡於此東接蘄黄西抵漢沔南渡江至鄂北距五關乃要害地明初設指揮守關後廢

鹿城關明史載縣有鹿陂關隋志置木蘭縣處疑在黄陂非黄岡

大活關省志縣有大活關考唐志關在黄陂縣北玉海云白沙關至大活關六十里大活關至州北二百里則非黄岡之地可知

## 祠祀

國朝之制郡縣皆建　廟　壇典至鉅也至於神靈所庇蔭賢哲所栖遲以及忠孝節義皆置祠設主各視其地之所有而崇奉之事有司存亦禮以義起黃自兵燹後一切祠祀次第修舉卽間有增益要皆因而不創一一誌之昭其慎也

社稷壇在清淮門外東北三里基長十三丈廣十丈明洪武中建府舊志正統中知府錢敏已植松建房置器未詳何時毀正德間擴復之

國朝雍正十年知縣暢于熊奉文修建清隱佔甃石臺歲春秋二仲上戊日出主於壇而祭之　社主左　稷主右共支餉銀一十兩縣附郭知府主之

祭品　帛一黑色羊豕各一鉶一簠二黍稷簋二稻粱籩四棗栗白鹽藁魚豆四醓醢青菹韭菹鹿脯爵三罇一



禮節祭日各官衣朝衣禮生引承祭官至拜位通贊唱執事者各執其事陪祭承祭官各就位通贊唱瘞毛血禮生引詣盥洗所贊盥洗淨巾引詣香案前贊迎神各官行二跪六叩禮興行初獻禮禮生引詣神位前跪奠帛獻爵叩頭興詣祝位跪眾官皆跪宣讀祝文畢承祭官叩頭興引唱復位贊唱行亞獻禮引詣神位前跪獻爵叩頭興復位通贊唱行三獻禮如亞獻儀通贊唱飲福受胙引唱詣飲福受胙位跪飲福酒受福胙叩頭興謝胙一跪三叩禮興復位通贊唱撤饌送神行二跪六叩頭禮興通贊唱司祝者捧祝司帛者捧帛各詣燎所引唱詣望燎位焚畢復位通贊唱禮畢各官退

祝文

惟

神奠安九土粒食萬邦分五色以表封圻育三農而蕃稼穡恭承守土肅展明禋茲居仲春秋聿修祀典庶芃芃松柏鞏磐石於無疆翼翼黍苗佐神倉於不匱尚饗

神祇壇在一字門外里許基長十九丈四尺廣七尺明正統間知府錢敏重修府舊志載有神廚宰牲房左右齋宿房今並廢

國朝雍正十年知縣暢于熊奉文修建清隱佔甃石臺歲春秋祭以祭社稷之日　風雲雷雨居中　山川左　城隍右共支餉銀一十兩雩祭及祭厲均詣壇將事縣附郭府主之

祭品　帛七俱白色鉶二罇一爵二十有一餘品禮節與社稷壇同

祝文

惟

神贊襄天澤福佑蒼黎佐靈化以流形生成永賴乘氣機而鼓盪溫肅咨宣磅礴高深長保安貞之吉憑依鞏固實資捍禦之功幸民俗之殷盈仰

神明之庇護恭修歲祀正值良辰敬潔豆籩祗陳牲幣尚饗



壇祭省志祀禮凡壇前壇後祠宇壇高二尺一寸廣二尺五寸牌高二尺四寸廣六寸座高五尺廣九寸五分

先農祠宇正房三配房各一正房中供

先農神位紅牌金字東正房貯祭器農具西正房貯耕耤米穀東配房買辦祭品西配房看守農民居住耤田四畝九分坐落東郊咸豐六年賊擾郡城該田被掘成濠知縣陳汝蕃勘明只剩田三畝著佃民每年繳錢六千供祭

先農壇在清淮門外玉几山下雍正五年知縣樊大元奉文修建傍耤田如制每歲仲春亥日巳時致祭午時行耕耤禮縣附郭府主之祭日承祭官率各官請　神位供於壇上衣朝衣行禮祭畢送　神入祠

祭品　帛一白色餘品禮節與社稷壇同

祝文

惟

神肇興稼穡粒我烝民頌思文之德克配彼天念率育之功當
陳時夏茲當東作咸服先疇洪惟
九五之尊歲舉
三推之典恭膺守土敢忘勞民謹奉彝章聿修祀事惟願五風
十雨嘉祥恆沐於
神庥庶幾九穗雙歧上瑞頻書於大有尚饗

耕耤禮節一官捧青箱一官播種各官俱用右手扶犁左手執鞭各行九推禮農夫終畝各回官廳更朝衣望
闕恭行三跪九叩頭禮縣附郭知府秉耒佐貳執青箱知縣播種乾隆七年奉文以耤田存穀變價銀五兩備祭如不敷用
司庫湊給

耕耤器物農具一赤色牛一黑色耔種一青色
耕耤人役耆老一牽牛農夫二扶犁農童六唱歌

常雩祭在　神祇壇行禮祭日孟夏之吉禮節亦同乾隆七年
奉文支餉銀五兩司庫給　致祭若歲間不雨諏辰撰文備牲牢



籩豆香帛尊爵爐鐙之屬守土長吏率屬素服祈禱儀與常
祀同既應而報陳設供具朝服行禮與祈祀同

祝文

恭膺
詔命撫育羣黎仰體
彤廷保赤之誠勤農勸稼俯惟蔀屋資生之本力穡服田令甲爰
頒肅舉祈年之典惟寅將事用申守土之忱黍稷惟馨尚冀
明昭之受賜來牟率育庶俾豐裕於蓋藏尚饗

文廟　一在府儒學內歲春秋二仲上丁日祭共支餉銀五十兩
乾隆七年均祭減一十兩增香燭祭米折銀一兩五分餘詳
府志
一在縣儒學內歲春秋二仲上丁釋菜以縣附郭禮從殺共支
餉銀一十二兩乾隆七年均祭增二十八兩香燭祭米折銀
一兩五分規制祭典禮節樂章舞節配享從祀詳學校志

崇聖祠俱在儒學內春秋二仲上丁日祭共支餉銀一十四兩
四錢乾隆七年均祭減七兩四錢詳學校志

武聖宮在清源門內報恩寺右咸豐間燬於賊同治四年知府
黃燾移建府城隍廟右春秋行禮一在城南一字門外明成化中知府王霽建同治十年七甲士民募貲重修一在白樓窪光緒五年協營弁民捐貲重建
國朝雍正七年奉文春秋二仲上戊及誕日三祭牲用太牢共支
餉銀三十五兩七錢四分六釐咸豐四年升入中祀添設舞
佾通行在案

祭品　牛一　羊一　豕一　登一　簠二　簋二　籩十
豆十



禮節祭日贊引引承祭官進左旁門至盥洗所贊盥洗畢引
至殿內行禮處立典儀唱執事者各司其事贊引贊就
位引承祭官就位立典儀唱迎神司香捧香盒就香爐左立
贊引承祭官就香爐前立司香跪贊引贊上香承祭官接炷
香插爐內又上塊香三次畢贊引贊復位承祭官復位立贊
引贊跪叩興行三跪九叩頭禮典儀唱奠帛爵行初獻禮司
帛司爵將爵帛捧至
神位前奠帛爵跪獻畢行三叩頭禮退執爵官立獻畢退讀祝
詣祝位前行一跪三叩頭禮捧起祝文立贊引贊跪承祭官
讀祝俱跪贊讀祝讀畢捧至
神位前安盛帛盒內畢行三叩頭禮退贊引贊叩興承祭官行
三叩頭禮興立典儀唱行亞獻禮執爵照初獻禮畢退典
儀唱行三獻禮執爵自案右照亞獻禮畢退典唱撤饌送
神贊引隨贊跪叩首興承祭官行三跪九叩頭禮禮畢興暫立
典儀唱捧祝帛饌各詣燎位捧祝捧帛捧饌各至
神位前俱跪捧祝捧帛行三叩頭禮惟捧香捧饌不叩頭將祝
帛香饌依序捧送承祭官退至西傍立候捧祝帛過畢復位
立贊引贊詣望燎位承祭官至爐前焚訖贊引贊禮畢退

祝文

惟
神星日英靈乾坤正氣允文允武紹聖學於千秋至大至剛顯

神威於六合仰聲靈之赫濯崇典禮於馨香茲當仲春秋用昭
時饗惟祈
昭格克鑒精虔尚饗
五月十三祝文
惟
神九宇承庥兩儀合撰崧生嶽降湖誕聖之靈辰日午天中届
恢台之令序聰明正直壹者也千秋徵肸蠁之隆盛德大業
至矣哉六幕肅馨香之薦爰循懋典式展明禋苾芬聘陳精
誠
鑒格尚饗
樂章
格平之章　迎神

懿鑠兮焜煌
神威靈兮赫八方偉烈昭兮累禩祀事明兮永光達精誠兮忝
稷馨香儼如在兮洋洋
翊平之章　初獻
英風颯兮
神格思紛羽蓋兮龍旂斟桂醑兮盈巵香始升兮明粢惟降鑒
兮在茲流景祚兮翊昌時
恢平之章　亞獻
觴再酌兮告虔舞干戚兮合宮懸歆苾芬兮潔蠲扇巍翼兮
神功宣
靖平之章　終獻
鬱鬯兮三申羅籩簋兮畢陳儀卒度兮肅明禋

神降福兮宜民宜人
彝平之章　徹饌
物惟備兮咸有明德惟馨兮
神其受告徹兮禮終罔咎佑我家邦兮孔厚
康平之章　送神奏其一　望燎奏其二
幢葆葳蕤兮
神輦歸馭鳳軫兮驂虬騑降烟熅兮餘馚馡顧回靈盻兮德洽
明威其一
焄蒿烈兮燎有煇
神光遥燭兮祥雲霏祭受福兮茂典無違庶揚駿烈兮永奠疆
畿其二
祭後殿　咸豐四年追封王爵

光昭王正中南向
裕昌王東一室南向
成忠王西一室南向
後殿祭品　羊一　豕一　鉶二　簠二　簋二　籩八
豆八
禮節行二跪六叩頭禮承祭官詣各爐前上香餘同前
後殿祝文
惟
王世澤貽庥靈源積慶德能昌後篤生神武之英善則歸親宜
享尊榮之報列上公之封爵
錫命優隆合三世以肇禋典章明備恭逢諏吉祗事
薦馨尚饗

後殿五月十三日祝文

惟

王迪德承家累仁昌後崧生嶽降識毓聖之有基木本水源宜
推恩之及遠封爵特超於五等馨香永薦於千秋際仲夏之
屆時命禮官而將事惟祈
昭格鑒此精虔尚饗

文昌祠在府儒學內康熙四十年知府許錫齡建嗣後屢經修
葺咸豐初燬同治間知府黃益燕建廟龍神祠側舊址建爲
關聖廟光緒五年邑紳稟請復舊每歲春以二月初三日
聖誕秋以欽天監選定吉日致祭咸豐六年升入中祀添設舞
佾祭品禮節俱照祭
關帝儀



春秋二祭祝文

惟
神道闡苞符性敦孝友並行並育德侔天地以同流乃聖乃神
教炳日星而大顯仰鑒觀之有赫示明德之惟馨茲當仲春秋
用昭時享惟祈
歆格克鑒精虔尚饗

二月初三日告祭祝文

惟
神功參橐籥撰合乾坤溯誕降之靈辰三台紀瑞度中和之令
節九宇承暉若日月之有光明闡大文於孝友如天地無不
覆載感孚洽於馨香爰舉上儀敬陳芳薦精禋罔斁
神鑒式臨尚饗

樂章

丕平之章　迎神

秉氣兮靈躔翊文運兮赫中天蜺旌兮戾止雕俎兮告虔迓
神庥兮于萬斯年

俶平之章　初獻

神之來兮籩盎式陳
神之格兮几筵式親極昭彰兮靈貺致蠲潔兮明禋升香兮伊
始居歆兮佑我人民

煥平之章　亞獻

再酌兮瑤觴燦爛兮庭燎之光申虔禱兮
神座儼陟降兮
帝旁粢醴潔兮齋遬將綏景運兮靈長



煜平之章　終獻

禮成三獻兮樂奏三終覃敷元化兮繄
神功馨香達兮肸蠁通歆明德兮昭察寅衷

懿平之章　徹饌

備物兮惟薦告徹兮終禮儀
神悅懌兮鑒在茲垂鴻佑兮累洽重熙

蔚平之章　送神奏其一　望燎奏其二

雲駢駕兮風旂招
神之歸兮天路遙瞻翠葆兮企丹霄願迴靈眷兮福我朝其一
烟熅降兮元氣和
神光燭兮梓潼之阿化成者定兮櫜弓戢戈文治光兮受福則
那其二

祭後殿

文昌帝君先代神位祭品禮節俱照

關帝廟後殿儀

後殿祝文

教貽式穀垂抑邪扶正之規禮重升馨著崇德報功之典載

稽譜牒祇肅苾芬惟

文昌帝君學溯本原道參位育緬馨香之郅治入極尊崇申報

享之隆文宜昭誠敬聿升中祀式舉上儀於戲德迪前光十

七世仁風普洽慶餘積善億萬年文運長新敬布明禋尚祈

昭鑒尚饗

後殿二月初三日祝文

惟



文昌帝君道備中和神超亭毒稟貽謀而允紹欽毓聖之有基

雲漢昭回際嶽降崧生之會馨香感格興水源木本之思式

肇明禋用光彝典尚祈

神鑒亭此清芬尚饗

江神廟先在清源門外上新河觀瀾橋西之北乾隆五十三年大水頹今舊址猶存 乾隆五十四年

知縣王正常倡捐𢽟建於赤壁左賓館後今廢歲春秋仲月吉

日致祭祭品 帛一白色豕羊各一酒爵三果食八盤鑪鐙具

禮節祭日主祭官衣蟒衣禮生稟請行禮至盥洗所贊盥洗畢引至殿內行禮處立通贊唱執事者各司其事主祭官就位陪祭官各就位瘞毛血迎

神行九叩首禮興行初獻禮引唱詣酒尊所司尊舉冪酌酒詣

神位前跪進帛進爵叩興詣祝位前跪眾官皆跪讀祝畢叩頭

俱興復位通贊唱行亞獻禮如初獻儀行三獻禮如亞獻儀

通贊唱飲福受胙引唱詣飲福受胙位跪飲福酒受福胙叩

頭興謝胙一跪三叩頭興復位通贊唱撤饌送

神行九叩禮興司祝捧祝司帛捧帛各詣瘞帛所引唱

詣望瘞帛位引承祭官至瘞邊揖復位禮畢退班

祝文

惟

神位列四瀆之首澤沛三楚之中源發於岷與中北而共派流

歸於海合汝漢以朝宗維茲仲春秋謹以香帛酒醴粢盛庶品

式陳明薦尚饗國朝王正常新建鎮江王廟碑記江爲四瀆首源出岷山水經謂自天彭闕東逕汝關

又東別爲沱過犍爲歷江陽至巴郡與涪水合長沙與澧水

湘水合江夏與沔水漢水合由黃而蘄春而九江以達於江

之左右水德靈長利濟萬物必有神以憑之禮四瀆視諸侯

貴與五嶽等自唐及明江瀆代有封號 國朝勅封涵和大

江之神蓋崇實也而民間所通祀者則以楊四將軍爲鎮江

王由來舊矣余生於蜀宦遊於楚所見沿江數千里俱有鎮

江王廟凡舟子賈人莫不肖像以祀朝夕瓣香唯謹世又多

傳靈異事以故鎮江王之祀獨隆黃郡舊有祠在城南觀瀾

亭側湫隘弗稱迄乾隆戊申大水波蕩無存余登赤壁遥望

盈盈帶水風帆上下往來如織安瀾之慶非神所賜乎苟無

以奠厥居而虔禋祀非所以崇明德也於是合衆捐貲移建

於赤壁之左爲屋三重最後位鎮江王像繚以碑垣翼以迴

廊門以司啟閉木石夫役用錢六百有奇經始於已酉春夏

之交閱五月落成捐貲諸姓氏例得誌諸石抑余聞有功德



於民及禦大災捍大患則祀之非是族也不在祀典江吞吐

百川風波怪變神能鎮以安瀾俾舟之人不知風波之惡而

涉險如夷其報功也固宜顧楚中所傳江神有何三王丁山

王以及晏公蕭公時人與鎮江並祀其事均不可考豈辨方

定位分疆而理歟抑傳聞異辭歟夫幽明之故難言矣太上

先成民其次辨之其次因之爲附記於此以諗來者乾隆五

十四年八

月刻石

龍神祠舊在河東書院右嘉慶二十一年知府吳之勷捐置府

城隍廟西民房𢽟建年久傾圮道光二十一年知縣王合儀

咸豐七年知縣黎道鈞先後重建一在清淮門外聚寶山一在永甯鄉大崎山麓每

歲春秋二仲致祭如祭 江神廟儀每祭銀五兩現係由縣捐廉

祝文

惟

神德洋寰海澤潤蒼生允襄水土之平經流順軌廣濟衆源之

用膏雨及時績奏安瀾占大川之利涉功資育物欣庶類之

蕃昌仰藉
神庥宣隆報享謹遵祀典式協良辰敬布几筵肅陳牲醴尚饗
府城隍廟在坡仙坊十八坡上東北明初勅封鑒察司民威靈
公秩正二品建廟
國朝康熙間知府賈鉝修乾隆九年知府禹殿鼇乾隆六十年知
府先福舒山道光二年知府成善八年知府周維垣疊次重
修同治五年知府黄益杰重建歲無特祀惟厲祭主之春秋
二仲附祭於　神祇壇
縣城隍廟在縣署故址前左明初勅封鑒察司民顯佑伯秩正
四品建廟道光二十六年署縣劉鴻庚知縣王令儀劉江重
修同治二年知縣陳汝蕃重建
郡厲壇在清淮門外三里民田中高阜基長七尺廣四尺五寸明初建歲



三月寒食節七月望十月朔日前期知府飭所司具香燭公
服詣
城隍廟焚牒以祭厲告上香跪三叩興退至日黎明禮生奉請
城隍神位入壇中香案爐鐙具壇下牓無祀鬼神分祀之羊豕各三
米飯三石香燭酒紙隨用共支餉銀一十二兩乾隆七年均
祭減銀五兩增厲祭米折銀一兩二錢二分壇今設赤壁與例
北郊合
禮節禮生引守土官公服詣　城隍神位前贊跪守土官跪贊上香守土官三上香贊叩興守土官三叩興退執事焚帛守土官詣燎鑪前祭酒三爵退城隍神位禮生奉還入廟　舊志別有鄉厲壇今無考
祝文
遵承禮部劄開闔境無祀鬼神等衆事欽奉
皇帝聖旨普天之下后土之上無不有人無不有鬼神人鬼之道
幽明雖殊其理則一今國家治民事神已有定制尚念冥冥
之中無祀鬼神昔爲生民未知何故而歿其間有遭兵刃而
橫傷者有死於水火盜賊者有被人取財而逼死者有遭刑
禍而負屈死者有天災流行而疫死者有被人强奪妻妾而
死者有爲猛獸毒蟲所害者有爲飢餓凍死者有因戰鬭而
殞身者有因危急而自縊者有因牆屋傾頹而壓死者有死
後無子孫者有子孫不能祭祀者此等鬼魂或終於前代或
歿於近世或兵戈擾攘流移於他鄉或人煙斷絶久缺其祭
祀姓名泯沒於一時祀典無聞而不載此等孤魂死無所依
精魄未散結爲陰靈或依草附木或作妖爲怪悲號於星月
之下呻吟於風雨之時凡遇人間節令心思陽世魂杳杳以
無歸身墮沈淪意懸懸而望祭興言及此憐其慘悽故勅天



下有司依時享祭期於神依人而血食人敬神而知禮仍命
本處城隍以主此祭欽奉如此不敢有違謹設壇於城北置
備牲醴羹飯專祭本府闔境無祀鬼魂等衆靈其不昧來格
來歆尚饗
里社土穀壇舊志城十二口隆孝思忠主信居仁由義立禮秉智崇德安土樂天明文興讓社有長春秋社日祭土穀之神既畢會飲讀法明宏治已未一行之
旗纛廟在衛署左衛守備歲以霜降日致祭明初剏建
國朝雍正三年守備方玉璣乾隆間守備唐舜仁道光間守備王
裕慶相繼修葺咸豐初賊燬九年守備趙發科同旗丁重建
名宦祠詳學校志
鄉賢祠詳學校志
忠義孝弟祠詳學校志

昭忠祠在報恩寺　關帝廟右嘉慶八年署知縣顧澍奉文建
道光二十三年祠燬千總程大勳知縣劉江改建馬王廟側
祀陣亡兵勇每春秋部期祭日在建曠銀內支祭銀四兩率
其子孫致祭祭品禮節與名宦祠同咸豐三年祠被兵燬
祝文
臨陣出力存則議叙歿則
旌功分無論崇卑效死者重名不拘士庶殉難爲忠旣慷慨而捐
軀用昭忠而祠祀茲當仲春秋特將牲帛凡在陣亡伏冀來格
尙饗
祠祀陣亡官兵義勇銜名
黃州協營勦捕教匪陣亡把總胡金柱宜昌府東湖縣人寄籍蘄水縣
道士洑營勦捕教匪陣亡外委鄒元熊本縣人



黃州協營陣亡兵丁
馬兵葉之秀　涂起元　易步鼇　陳世朝　馮占魁
陳上達　凌連升俱本縣人
戰兵瞿光全　杜　清俱本縣人
守兵朱大志　張啟太　江　元　唐　貴　胡承先
陳國太　呂鳳彩　胡得龍　桂上達　王　華
張　元　桂士魁　魏宗連　余世華　牛必貴
孫正安　曾連升　汪　楷　華元亮　李　發
徐　貴　梅開緒　艾得元　歐士貴　湯　升俱本縣人
高　榮　張林高俱蘄水縣人
蘄州營陣亡兵丁
馬兵羅　明黃梅縣人
守兵夏德明蘄州人　石得升黃梅縣人俱勦苗匪陣亡
戰兵王　進蘄州人
守兵范　有　蕭　全　楊　發　李有升　王　啟
華得榮　王光元　張萬春　胡占元俱蘄州人
張　法　鄒　元　萬　勝　陳　興　錢正邦俱黃梅縣人
羅永茂　劉　啟　方從周　李　材
寇春有俱廣濟縣人勦捕教匪陣亡
道士洑營陣亡兵丁
馬兵孫殿華廣濟縣人
守兵張炳勝蘄水縣人　王勝文　徐廷發廣濟縣人
鄭漢雲　袁文茂　羅聖懷俱蘄州人勦捕教匪陣亡
黃安縣堵禦教匪陣亡紳士



生員劉　崑　監生熊之炅家口　熊萬輝　熊朝文　熊耀楚
熊孔朝　熊立舉　熊大研　張永順
陣亡義勇
吳長雲　孫國棟　高崇元　王大榮　吳登雲
孫瑞岐　萬啟揚　王啟榮　吳正直　孫玉朵
王得榮　吳瑞珍　吳正奎　孫貝甫　王步雲
吳志隆　吳曾國　孫元善　王大成　吳國名
吳國甫　陳明奎　吳懷元　錢萬秀　魏華國
周遺高　吳禹恒　李在明　陳金文　錢如賢
李廷秀　周廷耀　吳銀玉　吳子隆　陳大勝
錢萬海　吳希聖　吳士國　吳金國　陳相文
甯根意　李廷華　陳啟文　李朝高　王世洛

劉崇禮　李朝相　周耀凱　周光岐　鄒起林
吳金太　周正啟　謝仲仁　鄢正名　沈有文
孫大元　戴文釆　周萬雲　周文昌　李化龍
何得名　謝耀文　謝夢瑞　鄢金林　蕭正太
吳成一　吳丙亥　周光雲　錢長青　黃興占
何　五　謝名華　謝夢黃　謝九州　左成龍
戴輝列　吳繼文　周萬明　吳以珍　任朝付
張世雄　謝名甫　劉正朝　謝名得　左正有
戴紹勝　萬廷甫　周中勝　鄒必文　吳玉釆
蔡朝選　謝得升　劉東只　熊方恆　左正太
戴貴華　萬金舟　黃金仲　劉萬青　吳兆獻
吳兆舜　吳世賢　左之昆　易向隆　馬再良



黃茂升　周能甫　吳珍祥　吳自懷　邱正岡
錢伯舟　易豐儀　萬先正　黃茂林　周仲主
吳楚舒　吳之倫　李遵路　孫恆遠　易奉林
陳仲顯　黃洛從　吳兆唐　吳從得　吳之顯
張得周　吳志中　易奉倫　劉金名　吳崇謙
吳兆進　王以成　易丙權　吳　岡　吳世隆
熊于朝　熊太朝　熊正乾　石萬玉　熊啟選
熊國言　熊雲朝　熊國允　熊永揚　熊志友
熊志儒　熊文遠　熊化朋　熊宗連　熊貴玉
熊貴賢　熊銀海　熊緒海　熊貴堯　熊宗萬
熊漢雲　熊立朝　熊允林　熊萬仁　聶有德
熊立有　況正興　況朝進　況安國　況定國

況允章　況文秀　況金科　況允青　余仲勝
余士得　余宗勝　李志洛　劉洪得　金天相
陶天只　陶洪學　陶大發　李再萬　喻時文
王朝武　涂兆興　涂兆義　陶步全　陶見中
周德友　李子六　劉九疇　劉志仁　胡國龍
周在國　伍中貴　伍見盈　段士達　段成得
錢朝獻　楊青瑞　李國太　潘士賢　易朝貴
楊青名　閔錦文　盧季瑞　董　四　易奎萬
況天相　盧茂伯　盧志高　黃耀名　周聲揚
周漢章　周宗朝　周天笏　劉允名　吳允和
張雲耀　何朝于　陶國相　黃　八　王樂山
丁世元　吳四六　陳　連　劉金付　熊奉宜



陳國太　方有得　李　華　劉仲友　黃士吉
黃士珍　余宗文　戴萬春　羅名揚　甯有成
徐國隆　汪朝太　蕭利見　陳具選　熊丙正
韓大雅　侯正順　汪大海　王志達　高國友
聶文昱　聶有愷　王啟付　陳雲貴　余紀岡
陳觀南　陳仲友　陳東法　陳宇文　曾得方
曾仲貴　張啟奉　錢應保　錢正名　張得保
易得坤　易對生　萬宗笏　萬鳳宜　易豐來
易宗貴　李豐敖　萬啟雲　李見都　張希烈
彭元朝　萬子順　李從龍　萬奉海　李裕名
沈位武　彭朝勝　劉成先　蔡勝宗　沈金勝
李自化　萬國珍　沈伯朋　李應龍　俱黃安縣人

興國營陣亡兵丁
羅正元廣濟縣人
四川普安營陣亡兵丁
吳興貴蘄州人
泰甯營陣亡兵丁
唐功亮本府人
黃州協營因公淹斃目兵續入
魏德槐本縣人
忠義營昭忠祠在北樓窪邑紳劉維楨奉
勅建祀忠義營陣亡弁勇並捐置祭產由營派員經管每年春秋
致祭祀位祭產併列於左
祀位銜名
軍功劉維名　把總胡步青　軍功陳士林
軍功劉維傳　軍功胡天慶　軍功張玉龍
軍功余道洪　軍功邵童禮　外委易太洪
把總徐傳應　千總雷光耀　外委王開文
軍功王定邦　勇丁楊宗太　勇丁龍吾義
五品軍功朱應隆　以上本縣人
勇丁楊繡青　軍功陳裕元　把總馮宗年
軍功孔於耀　勇丁李昭穆　勇丁李金友
軍功王有成　以上蘄水縣人
勇丁何必先　勇丁李尚謨　以上麻城縣人
外委周富成　把總黃登貴　勇丁鄒正明
勇丁黃有文　勇丁楊科興　五品軍功吳明德



以上黃安縣人
勇丁劉占奎　勇丁汪道奎　勇丁羅國興
以上羅田縣人
勇丁李明太　勇丁傅勝才　遊擊鍾元泰
都司杜承謨　勇丁梁得勝　勇丁李開福
以上蘄州人
祭產
沙子岡田五担二斗七升載民米二担二斗六升九合九勺一抄五麥糧四升三合七勺承課一百一十八担三斗四升六合夏家閘田三担三斗一升載民米八斗二升承課五十担黃絲畈田二担八斗一升七合載民米一担二斗八升五合承課五十一担九斗牛車岡田一担五合載民米一斗五升六合七勺麥糧五合承課二十担一斗石頭嘴田五担九斗五升載民米二担四斗二升七合四勺三抄五麥糧二升九合承課一百二十七担二斗路口街後邱家衛田一担八斗載民米八斗三升麥糧一升四合二勺承課三十九担六斗合田二十担一斗五升二合共承課四百七担一斗四升六合又郡城内尚書里坐西向東房屋一所一進三重計八間右間壁房屋一所一進三重計六間均有後院省城巡道嶺新興三鋪坐北向南房屋一所前抵官街後齊本宅土牆左牆屬本宅以牆為界右抵吳姓牆腳雙柏廟新興三鋪坐北向南房屋一所前抵官街後抵本宅橫牆左抵張宅右抵雙柏廟官巷為界均有案
節孝祠詳學校志

火王廟在一字門複城內祀古祝融咸豐三年燬於兵同治四年知府黃益杰知縣陳汝蕃移建洗墨池側向止朔望行香嘉慶二十五年知府成善檄令歲春秋二仲各捐祭費銀五兩諏日致祭祭品禮節視江神

祝文

惟

神職司夏令運主南訛乘朱輪而昭法象秉赤曜以握靈符三星守舍鮮芒角之動搖二歲周天因仁言而退匿民皆安堵賴庇佑於江天

神所憑依效普存於民力時當春秋仲敬具禮儀聿昭肸蠁之誠三牢隆於往昔爰崇告祝之典九拜肇自今茲用薦馨香庶其來格尚饗



晏公廟在赤壁磯相傳公名戍仔元人封平浪侯今廢一在城內阮家涼亭上一甲士民公建

蝗神廟在治西北五十里佗鷂洲祀蝗神按神名承忠元時官指揮能驅蝗世稱劉猛將軍同治五年封號普佑雍正八年其地有蝗官撲滅之因奉文建廟於此春秋府縣官致祭後因洲圮乾隆十四年知縣邵豐鍭倡募移建團風鎮咸豐三年賊燬光緒六年團風居民重建

忠節祠在舊鼓樓西即相公廟舊址明宏治中知府盧濬建祀唐張巡宋岳飛趙令宬吳源王逵劉卓何大節附王禹偁蘇軾今廢大節黃州太守殉宋難

武節祠在安國寺右祀唐張巡有保障江淮功明宏治間建同知韋厚記祠有降筆祠額

國朝康熙間以其後爲義學曰雎陽書院前名景祐眞君廟乾隆六十年知縣張其章重修並祀唐許遠名雙忠祠年久傾圮道光二十八年闔郡官紳士商重修今廢明韋厚重修張許二先生祠記宏治丁巳冬吾潮之天台盧侯希哲以秋官正郎擢守黃郡飭吏治以文學有古良吏風越明年政通人和興舉百廢拳拳以正人心息邪說扶植綱常爲已任又明年春偕同寅張君志仁張君士美羅君鵬舉暨厚省耕之餘訪韓魏公書院遺址於安國寺既復其地又於寺之西偏得所謂眞君殿者詢之父老則曰唐張睢陽巡也侯因歎曰元宗天寶間醜虜陸梁乘輿播遷公時與許公遠戮力王室保障江淮雖授命顛危而抗賊噬牙卒致兩京克復論者謂二公之力居多噫奠神鼎於一時正天常於萬世凡有土者祀之亦宜直以剛正之氣而膺眞君之號我將放而正之祠宇多歷歲年幾不能蔽風雨我將撤而新之會黃人之溺於邪說者乘農隙賫金縮扶老攜幼往禱於均之武當殆無虛日侯下令止之且召於庭諭之曰比歲荆襄箟葦間多嘯聚雖渠魁就擒而詰捕尚嚴若曹越境而往脫爲持牒者所拘執玉石遽能分乎希福罹禍鄉黨自好者甯不承爾羞乎且而境張君者實忠烈之神靈德庇人聰答如響克修厥祠以供歲事神其不女佑乎衆皆叩首謝且曰唯命是聽侯遂上其事當道韙之乃與民約裒金推次惟女計功廪餼惟女官無督迫之嫌吏無追呼之擾民皆感悅及期子來復以義民余文學董其事材之良者以轃工之巧者以集肇工於是年季春之壬申訖工於



孟夏之辛丑不閱月而告成輪奐整飭丹堊輝映廟貌尊崇垣墉周密復故唐封爵謚許公神位表章死烈事實扁揭武節門號吏具牲醴率父老告於神而落之黃之士大夫咸謂侯之斯舉人心之陷溺者賴以反正邪說之譸張者賴以自息凡民皆知君臣大義而於父子於夫婦於昆弟於朋友咸以類感而風俗自無不厚矣凡我邦人可不知所重與侯屬厚記其事因次第其顛末并著黃人頌侯之意且告後之牧是邦者謹修葺以永成績毋以淫祀而取慢神之譏云

韓魏公祠在安國寺左宋韓琦從兄琚守黃州於西廂讀書後郡人就書齋立祠祀之道光二十七年重建詳見讀書堂其傍舊有王陽明祠今燬

國朝禹殿鼇重修韓魏公祠堂記昔東坡刻韓魏公之詩題其後以黃州山水清遠土風厚善雖里巷小民知尊愛賢者於王元之韓魏公皆私之以爲吾邦雖小二公嘗辱居焉以誇於四方之人夫直道在民公好公惡天下之所同因其明而指示之就其事而獎勸之使之油油然樂而忘倦非留心於人心風俗者弗喻也坡公稱黃人之尊德樂道異於他邦豈非喜其風俗之厚而與人爲善也哉今去坡公已六百餘歲而黃人祀祝之不異元之魏公亦似有私於燕公者風土之厚善益信矣鼇豫人也官於黃已三載修赤壁濬隍渠重建二程書院景仰前徽啟迪後學亦與黃之民同此公好耳而黃州安國寺僧來請曰韓公豫之名賢也寺本爲公讀書祠歷年久遠黃人不

忍其圯捐有檟楝木石公豫人祈成之余曰豫之賢人君子著名今古者多矣必豫人始修豫賢之祠則坡公嘗曰以蜀人而刻豫賢之詩豈有私於豫哉昔公隨其兄琚讀書於黃非若王元之有官蹟之可紀而黃人不忍沒其遺蹟今又樂於重修使與竹樓赤壁並峙不朽非僅若坡公所云金錫圭璧被其光輝也凡覩其蹟則必思其人思其人則其人之生平立身行己與夫出處張弛之雄抱偉略必將於景行而效之如武侯之自比管樂長卿之雅慕相如以尙友於千古是公之有造於此邦者大矣豈曰不必施於用也哉余也嘉其意而相成則固坡公與人爲善之志也以爲有私於豫者其猶有惎之心也夫因委廣文吳君緒樂同郡紳曹君紹烈等董其事閱三月而告竣以公之兄宋太守琚並祀焉公之詩曰兄才無不宜吏治孰可偶君子之言信而有徵蓋不異王元之之有德於黃人也至公功業文章世咸知之不贅

蘇文忠祠一在洗墨池畔明天順辛巳僉事沈靖建後爲民居侵沒知縣茅瑞徵查復增葺國朝康熙初通判宋犖重修今廢一在赤壁磯邑紳劉維楨重建

國朝宋犖黃州宋賢祠記仕而過黃者靡不言蘇子瞻王元之至於張文潛秦少游非其志之卽不知之矣仕而過黃者靡不言子瞻元之之雪堂竹樓至於子瞻墨池非其志之卽不知之矣余判黃之二年梅川裴長人過余而言曰吾黃



自兵燹以來諸名勝悉委榛莽如子瞻洗墨池獨趙文敏手書三字猶存瓦礫中此韓陵一片石也吾君得無意乎余聞卽大喜命與人移置東齋又三年爲康熙己酉余董漕自淮歸日長無事因念先賢故迹久就荒蕪使後人靡有瞻仰守土者責也言之太守渤海羅公及九屬諸有位咸捐貲重修之始從坡仙坊求池之舊址甃砌剔壞水泓然瀵欲出池舊無橋與亭今創建其上以文敏字嵌門詹閒既而曰池得矣無堂何以祠爰建堂池之東祠子瞻其中以文潛少游爲配兩先生固嘗游黃又蘇門士也遂名曰雪堂堂成猶有餘材因建樓池之西祠元之名曰竹樓墨池因故址雪堂竹樓非其地而佐之從名也使游人過客聚而瞻之者不忘也合之爲宋賢祠云祠既成移余書之複者置樓上移余東齋花自中州來者植池側而旁爲數楹招僧末子住其內以供朝夕於是黃之人若忘其爲舊有而煥然薪出於耳目之前也不數月余以先太夫人棄世將去郡歸里惆悵者久之歲且暮張子長人復自梅川來別余因坦步池上張子曰甚矣先賢之賴有使君也抑吾聞之昔韓魏公年少以家艱從其兄遊黃黃人思之爲刻其詩於四十年後使君忘之乎又曰吾嘗讀楚故載東坡洗墨池蛙口食墨而黑黃人殆未之信也是二說者余憫然念之遂爲記

又宋賢祠題壁詩地據黃州勝祠尊宋代賢崢嶸新畫棟疏鑿舊淸泉一院松筠茂千年俎豆虔扶節同老禰憑弔向春天

遂與羣賢遇依稀杖履傍樓成名不朽道在黨何妨吞墨傳蛙口留書解槖裝江山相映帶今古鬱蒼蒼

一片池邊石傳來文敏書披尋從瓦礫光彩重瑤塤勝賞晨昏得傷心戰伐餘游人談赤壁風景定何如

移徙堂亭上飛梁結搆牢萍香飄曲檻鳥語出天桃文彩蘇門盛聲望楚地高臨風添鬱往行矣寸心勞

又張希良宋賢祠詩夢鶴已傳赤壁古食蛙誰記墨池春摩挲松雪碑中字端賴梅花賦裏人蒼水藏書非故穴元亭坐酒亦封塵江山樓閣興廢二十年來感慨頻

三賢祠卽三賢堂在府儒學內祀宋王禹偁韓琦蘇軾今廢舊志載七賢祠在淸淮門內祀周濂溪程明道伊川張橫渠邵康節朱晦菴王陽明按七賢雖理學自二程子外於黃無與宜議罷今廢

潘公祠祀宋潘大臨大觀潘公家樊口其故居久廢爲民居道光初邑人買地建祠以祀之今廢

岳忠武祠在城南隅祀宋岳鄂王飛明宏治己未建舊爲鄉約堂形家稱爲府基印星俗呼高廟廟後塘及元妙觀塘皆水星以壓火災不宜淤塞今祠燬廟爲眞武觀道光十八年邑人重塑忠武像祀於大士閣左廂

忠顯廟在淸淮門外宋建炎初趙令岌守黃州值金人陷城死之贈徽猷閣待制謚忠愍都監王遠判官吳源巡檢劉卓俱



以不屈死州人請立廟祀之

國朝乾隆六十年縣學教諭李敦柱倡率邑士修復設各牌位咸豐間廟經兵燬遠安守備吳亮才同關內外紳民重建宋史忠義傳趙令岌燕懿王元孫安定郡王令稀兄也初名令禪建炎初仕至鄂州通守領兵戍武昌會山寇閻瑾犯黃州縱掠而去令岌渡江存撫之黃人乃安宰相李綱言於上擢直龍圖閣知黃州賜今名奉詔修城凡六月而畢是年賊張遇過城下招令岌令岌度不能拒出城見之遇飲以酒一舉而盡曰固知飲此必死願勿殺軍民遇驚曰先以此試公耳更取毒酒沃地地裂有聲乃引軍去未幾丁進李成兵迭至令岌俱擊卻之二年正月東平府兵馬鈐轄孔彥舟反引兵渡淮圍黃州令岌率民兵固守凡六日乃解三年以內艱去詔起復時金人聞孟太后在南昌欲邀之徑犯黃州令岌已還在道郡卒得金人木筏鑿箭浮江告急令岌疾趨夜半入城遷其老弱移砦武昌以身捍城金人力攻翼日城陷金人欲降之大罵不屈酌以酒揮之不肯飲又衣以戰袍曰我豈當服金人曰趙使君何堅執又使拜曰此但當拜祖宗豈能拜汝金人怒鞭之流血被面罵不絕口而死事聞贈徽猷閣待制謚曰忠愍州人乞立廟宣撫張復奏從之賜額忠顯初城破都監王遠判官吳源巡檢劉卓皆以不屈死焉遠等均詔旁祀

國朝李敦柱復趙忠愍公神主碑記出淸淮門有古剎

額題忠顯廟肅衣冠瞻拜所奉者土木諸像求所謂忠顯之神主正位不可得見查邑乘載宋建炎初金人犯黃州州守趙令㡎死其難州人請立廟祀之詔贈徽猷閣待制謚忠愍而額以忠顯又附同州人死節人姓名顧其語略甚逮謁府署得讀大清一統志所載亦都與邑乘等其詳終不可聞也余思人臣盡忠於國亦本分內事何與於民而州人必假廟祀之隆報以俎豆蓋匪特忠義之氣足以激發人心而其恩德之流於州人者亦必有萬不可磨滅之處故人思念之如此其切也今年邑諸生靖君本謙好義士也爲余尋求脫宋史因得公本傳始知公以隻身扞禦金人州人倚公爲保障臂指之使猶如一家孟子所謂與民守之效死而民弗去者是與非與傳載公以鄂州通守戍武昌賊閻瑾縱掠黃州公渡江存撫之黃人乃安賊張遇兵過城下招公公出見賊遇飲以酒一舉而盡曰固知飲此必死無傷軍民遇引以去金人復犯黃州時公丁內艱去詔起復公聞命還方在道州人得金人木笴鑿箭浮江告急公疾趨夜入城遷其老弱越明晨而城陷矣金人欲降公公罵不絕口脅之拜曰吾但當拜祖宗豈能拜汝金人怒鞭之血流滿面仍罵不絕口而死州人乞立廟以祀從之嗚呼可謂賢矣方建炎南渡國已不支所謂半壁江南無一寸乾淨土者而公以文士作官聲援阻絕拒賊數次至於執杯大飲視死如歸猶以無傷軍民爲念此其志可悲矣蓋公之所欲保者城也而所欲撫綏者民也保守不得而罵賊以死豈公之本志哉於其固守可以知其忠於其撫綏可以知其仁忠以報君國仁以撫士卒公蓋兼



之矣州人之立廟祀之也宜哉夫古今人心一也忠臣孝子一節之奇苟有見聞雖婦人孺子尚欽而愛之恨不得一親詣其人目覩其事而況公之大節炳炳尤非輕生慕義之徒所可并論者哉迄今才六七百年耳廟貌猶是題額猶是而神主飄落致使忠魂義魄棲泊無定當亦凡爲臣子者之所惻然也余因另置粉碑書其名謚爵號安居廟中並爲祭言一章祭品三色諏日延士行禮以妥其靈公如有知尚留以昔日之撫綏州人者佑庇今之士庶而士庶亦得於歲時朔望向公一焚檀示敬焉公附祀三何都監王遠判官吳源巡檢劉卓皆城破時同公殉難者也宋史亦云

汪士倫忠顯廟捐置祭產碑記黃州府城東忠顯廟祀南宋黃州守趙令㡎者也公守黃大節備詳宋史前邑學教諭李公敦杜倡復神主據史以紀其事嘉慶庚辰已刊碑於廟之前殿矣顧其廟之建也則猶有軼事焉按公就義後黃之人歛公遺體葬於武昌縣吉祥寺側聞於朝請立廟專祀額賜忠顯而武昌之廟即仍其名蓋塲墓興哀而馨香致敬數百年來宜如一日但有廟而無祭產不獨廟宇之傾圮莫支即廟祝之司奉香火其費將安出爰與同人捐貲置地契據昭然過此以往産之付廟永永無極而其墓與廟之在武昌者亦得以積其所餘從容尋訪歲時致 祭事有一舉而兩得者此類是也用是溯其巔末而爲之記

程之楨忠顯廟修復趙忠愍公神主詩虜酒可飲飲可死此膝一屈千秋恥吾拜祖宗豈拜爾流血被面罵不止江南寸土無乾淨公以孤城保民命城存與存亡與亡初念豈以一死竟穿齦斷舌氣如虹嬌嬌龍種貞英雄清淮門外崇廟祀炳然日月標精忠星移物換七百載金字題額懸猶在何年巫覡賓神來泥塑紛紛舊模改州人請命太守庭粉壁丹堊重經營大書姓字登木主少牢陳列椒糈薦我享公兮酒湛湛公之來兮雲冉冉兩旁祔祀伊何人王監吳判劉巡檢

按此廟祀原以旌忠愚民佞佛致紊濫滋訟經府縣究懲有案孝廉方正蔣鵬等稟學移縣請復專祠示禁紊濫而五里墩匾民王先華夏永德等違名疊控縣府知府英啟批示該廟香火田地係爲僧人吞匿該民人扶同隱飾反詞蔣鵬汪穀人等藉佔功德捏稱捐有香火田地等詞朦准批縣訊究隨經該縣將違例妄塑之神像毀棄嚴行禁止茲又稱係蔣鵬等入廟沒神毀像任意牽誣似此種種荒謬膽大妄爲實屬目無法紀仰黃岡縣速將遷詞之王先華等並該廟僧人同佃戶朱大春分別拘傳到案嚴行審訊懲辦刊碑具詳立案速招妥適僧人住持供奉以免別滋事端均毋稍涉寬縱致干未便並即移學查明應行附祀 趙忠愍公各牌位敬謹造齊一體供奉以彰忠節而維風化切切知縣羅登瀛即將王先華洪正林杖責王洪願具甘結再不滋訟並發堂諭開釋縣學教諭程之楨訓導魏澤宏率紳士恭送忠愍公神主暨殉難諸公牌位入廟知縣再行示禁嗣後不准於忠顯廟違禁擅塑神像致干重究

二程夫子祠舊在文昌祠前宋乾道間李誂建元明修葺無考



國朝通判馬懷璋教授彭士商知縣王正常先後重建知府吳之勷移建河東書院右咸豐三年燬光緒元年邑人改建奎星樓下

宋朱文公二程夫子祠記云齊安在江淮間最爲窮僻而國朝以來名卿大夫多辱居之如王翰林韓忠獻公蘇文忠公邦人至今樂稱而於蘇氏尤致詳焉至於河南兩程夫子則亦生於是邦而未有能道之者蓋王公之文章韓公之勳業已皆震燿於一時而其議論氣節卓犖奇偉尤足以驚世俗之耳目則又莫若蘇公之盛也若程夫子則其事業湮鬱既不足以表於當年文詞平淡又不足以誇於後世獨其道學之妙有不可誣者而又非知德者莫能知之此其遺跡所以不能無顯晦之殊亦其理勢之宜然也蓋天聖中洛人大中大夫程珦初仕爲黃陂尉秩滿不能去而遂家焉實以明道元年壬申生子曰顥字伯淳又明年癸酉生子曰頤字正叔其後十有餘年當慶歷丙戌丁亥之間攝貳南安乃得獄掾舂陵周公惇頤而與之遊於是二子因受學焉而慨然始有求道之志既乃得夫孔孟以來不傳之緒於遺經遂以其所學爲諸儒倡則今所謂明道先生伊川先生是也先生之學以大學論語中庸孟子爲標準而達於六經使人讀書窮理以誠其意正其心自家而國以達於天下其道坦而明其說簡而通其行端而實蓋將有以振百世之沈迷而納之聖賢之域其視一時之詞章事業議論氣節所係孰爲輕重所施孰爲長短當有能辨之者而世非徒不知好也甚

者乃目以爲道學之邪氣而必翦滅之於斯時也苟無遺其伐木削跡焉斯已幸矣尚何望其餘哉今太守李侯乃能原念本始追誦遺烈立二夫子之祠於學宮以風厲而作興之非其自信之篤而不以世之趨舍動其心其孰能與於此李侯名説字誠之其爲此邦勤士愛民固多可紀特於此舉尤足以見其操行之不凡而非衆人所能及是以因其請記而具論之以告來者使有考焉

吳丞廟在舊邾城祀元左丞吳汝汝嘗有功於邾邾民立廟祀之國朝黃自芳弔邾城吳左丞廟詩并序左丞名汝字國棟爲元順帝左丞相紅巾賊作亂奉勅守邾累立戰功及陳友諒擾邾丞父子兄弟力戰百餘兵敗不屈死之明太祖與友諒戰鄱陽時見丞立空中白馬紅袍助戰封爲護國忠臣顯靈王廟祀於邾過而有感弔以詩　孤城百戰答君恩碧血流光萬古存丞相有魂依屋祉忠臣無命哭軍門紅袍白馬紛前忽紫電青霜及後昆廟祀莫嫌空一滴坐聽樵牧説淵源

尊賢祠在赤壁祀明副使曹璜僉事馮應京知府瞿汝稷舊志疑即馮夷宮址今廢

吳公祠一在城隍廟明嘉靖初知府吳淮有惠政郡人立祠祀



之今廢一在永甯鄉祀城守吳之蘭之蘭從于清端征東山戰死其地土人祀之國朝張棣題吳公祠詩亂山處處叫寒鵑想見英雄授命時戰地土枯凝碧血髑壇穴冷斷青詞杞梁有婦空知禮羊祜無兒久爲悲只恐史官書不到數行淡墨紀新碑

曹公祠在城隍廟右祀明知縣曹愈參今廢

樊孝介先生祠在府學左側祀明邑紳樊玉衡每歲春秋釋奠後學官入祠行禮額坊俱董其昌書祠遵例設祀生詳明更換同治五年移建府學宮右　明茅端徵孝介先生祠記孝介先生祠爲邑人樊公立也先生兩爲令民見德既去民思既沒民如喪厥考妣所在創祠申畏壘之祝矣而復祀於其鄉何居鄉人矜式於是乎在爲是憑而弔之以不死先生也祀先生不以爵不以姓氏以先生位不配德而又格於易名之例鄉人賢而私淑之則謂先生棄官從灾竟死於孝居官不私一錢嚼如冰雪此無愧孝介矣陶之爲靖節也孟之爲貞曜也皆其友其門人所從而私諡之者也先生孝介名與實孚此兩字傳先生之神可無問而知其爲樊公也按祀法非請於朝載在秋典不得立廟特祀今先生之賢表表梓里卽以合祀鄉賢謂未盡也而先生又無子一女伶仃烝嘗幾廢如之何而民季能恝然也則雖朝與有待而聚族以謀專祠亦古所謂鄉先生歿而可祭於社者之

例也先生慕海忠介之爲人其令商城抗中貴人開採事余過其地父老猶豔述之崑爲吳望邑獨嚴事先生以爲神君惜天不假年未竟其用然先生之伸萬世者要爲無忝忠介也先生既沒之數月余叨令茲土其明年學使者元宰董公手書孝介先生祠爲贈議子弟一人衣冠奉祀未果又三年戊申春王正月而先生祠成先生弟玉衡輩數以記請始余習聞先生令吳擬赴官從受益焉而先生死矣每過其閭低回久之先生大節炳然既可師百世而其弟又能拮据以不死先生是皆可書也遂爲之記以志歲月先生諱玉衡字元之其官政及他行詳志銘及傳余所記者先生之祠也

周忠烈公祠在府學街前祀明贈光祿卿周之訓以殉難勅建專祠

方公祠在縣儒學右側祀明鄉賢方勇門首坊額曰衍祀

韓宋二公祠在孟指揮巷前祀明通判韓煥

國朝通判宋犖後爲痘神廟嘉慶十八年邑人祀痘神於此咸豐間粵賊焚燬同治元年二甲紳民醵貲重建痘神祠

郡守李公祠在胡總兵街祀知府李彥瑁乾隆九年知府禹殿



鼇改爲振英書院今廢仍爲李公祠

于清端公祠在赤壁磯山巔舊有留坡閣後改祀知府于清端咸豐三年被賊燬同治七年邑紳劉維楨重建喻文鏊赤壁于清端公祠詩鉦鼓遙聞縛逆曦五關氣讋探丸兒誰知六纛班春日總是黃虀有味時曾讀政書傳史氏況因氣節傍蘇祠千秋遺際如公少清畏人知遇主知

蘿村棠舍祀知府蔣國祥年久傾圮道光二十七年知府祁宿藻暨縣金雲門知縣俞昌烈重修今廢

禹公祠在河東書院右祀知府禹殿鼇增祀知府錢鏧吳之勷楊庚以知縣陳文樞攝知縣郎錦駿配皆有功書院者今燬

金公祠公諱雲門號菊仙知黃州府事咸豐癸丑九月粵匪由田家鎮上竄黃州城陷公投井死事

聞贈太僕卿謚果毅同治四年知府黃益杰勸捐同士民建祠於縣

學宮前卹節孝祠故址程之楨詩廉吏家風著海陽一廛典郡殉蘄黃孤城扼險援師斷朝服辭天止水香生有清琴攜守土死餘熱血報先皇九原命婦重相見好挈雙珠拜雪堂　山齋借榻傍喬柯日日荒階掃薜蘿我抱六經瞻北斗公從再世現東坡菟絲門巷居人少宿草紳耆戰鬼多一掬井泉齊墮淚先生地下憤如何

張店忠義祠同治元年候補訓導鍾應鸞軍功羅錦蘭監生吳詠軍功張惠占巴廣盛潘國材鍾才久江萬順何首魁程鴻賓等奉縣諭勸衆捐貲建於本街豐樂寺側崇祀制軍吳文節知縣翁汝瀛暨合區陣亡兵民四年祠被賊燬光緒六年重建於竹葉寺後

錢家堡忠義祠咸豐七年本區團總邱振聲沈彪炳汪秀鍾喻九芝張仁劉同權饒美彥等募貲公建祀制軍吳文節知縣翁汝瀛及舉人邱文監生沈鴻鈞沈飛鵬并各區鄉勇陣亡者數百人同治三年燬於賊



健捷水師營昭忠祠在下巴河熊家山祠宇二進祀本營陣亡員弁兵勇咸同間　記名提督左光培建修

劉猛將軍廟在清淮門內同治五年知府黃盃杰重建北城礮臺下闢地一段監生蔣茂株等稟請招佃納租爲香火貲立案勒碑

驛遞

驛遞者都邑之血脈也咸同間盜賊蠭起中外聲息不隔賴有此耳黃固蕞爾邑而地當孔道飛書馳檄必有車轍馬跡焉自李坪陽邏裁歸於縣民困漸紓虺隤況瘁之歌或得少息矣

驛站道路明初於今治城南江濱置齊安水馬驛其宋元舊城東門外有臨皋馬驛宏治間臨皋驛裁併入齊安水馬驛驛前有使星樓牓曰湖東第一館嘉靖中知府郭鳳儀建卽今沙街驛門地城北六十里置李坪馬驛在團風鎮北卽今呼馬驛地又北七十里置陽邏水馬驛又西北六十里卽武昌府江夏縣抵省會城東南七十里卽蘄水縣巴水驛由此以達江西江南此舊驛路也李坪陽邏俱設有驛丞

國初因之乾隆十九年裁二驛丞巡司兼管旋屬縣二十九年巡撫常鈞因江水漲發船載稽遲奏准於江夏縣東六十里設土橋站又東六十里武昌縣地華容設華容站又東六十里卽交接縣齊安驛歸入原路次年李坪陽邏二驛俱裁餘詳後



原編額徵驛站夫馬順治十六年准驛道牒奉浙江巡撫奏題留原協齊安李坪二驛永充馬價改作解部正銀本省需用協濟仍於正項內撥給

武昌巡船水夫四名每名銀七兩帶閏銀一錢一分六釐六毫修船銀二兩共銀三十兩四錢六分六釐四毫

蘄州遞運所馬船二隻原係按察司正堂並分巡道各船一隻每隻水夫十六名每名銀七兩二錢帶閏銀一錢二分每隻修船銀十八兩共銀二百七十兩二錢四分紅船二隻原係驛鹽道本府清軍廳各座用一每船水夫二十名每名正閏銀七兩三錢二分每隻修船銀十二兩共銀一百七十兩四錢

齊安驛馬十六匹又新加四匹每匹銀三十兩帶閏銀五錢又零銀一兩五錢二分帶閏銀二分五釐共銀六百一十一兩五錢四分五釐驛初屬府今并縣

站船水手十五名又新加二名每名銀六兩帶閏一錢共銀一百三十七兩今并縣

李坪驛馬十七匹又新加二匹每匹銀三十兩帶閏銀五錢又零銀二十四兩帶閏銀四錢共銀六百三兩九錢原派本府馬夫新議改抵蘄水羅田

廣濟原編協李坪驛馬價銀二百一十一兩四錢八分七釐

站船水夫四名又新加四名每名正閏六兩一錢共銀四十八兩八錢

原代派黃陂縣編協陽邏驛馬三匹又新加一匹每匹正閏三十兩五錢又零銀二十二兩八錢三分九釐一毫零帶閏三錢八分六釐零共銀一百四十五兩二錢

一分九釐八毫以上各役工食按季解給聽支

協編襄陽府屬呂堰驛馬二匹每匹正閏三十兩五錢又零銀十九兩八錢帶閏三錢三



分共銀八十一兩一錢三分

驛馬解費每兩五釐該銀四錢五釐七毫此款現解司充餉

齊安驛支應銀五百九十兩無閏今并縣

齊安驛館夫三名每名正閏銀七兩三錢二分共銀二十一兩九錢六分今并縣

李坪驛夫三名銀數同上

走遞夫馬原額排夫二百五十名內除六名入本縣經費外

實二百四十四名每名七兩二錢帶閏一錢二分共銀一千七百八十六兩

八分內除客夫銀一百七十八兩六錢一分外實徵銀一千

六百七兩四錢七分本縣走差

原額腳馬六十五匹每匹二十四兩帶閏四錢共銀一千五百八十六兩

按前共銀六千一百四兩二錢七分八釐二毫係舊全書所載查驛站奏銷冊報多造銀二兩九錢三分歷年已久無

從湖源已于雍正四年咨部仍照現在驛站數目開造以符奏案

現設驛站夫馬支應站工食并抽裁驛

排夫九十名雍正六年裁二十名乾隆三十三年裁十名工食銀解道支用并移司充餉二十二年增十名三十三年增二十名仍九十

名共銀六百五十八兩八錢內夫一名日支工食銀二分三毫零年支銀七兩三錢二分乾隆四年奉文扣除小建遇閏加增

縣合併齊安驛腳驛馬四十六匹雍正六年裁十六匹乾隆

二十四年裁五匹工食工料銀解道移司充餉三十年增十匹四十年裁

五匹改設漢川縣田兒河實馬三十匹每匹年支草料銀十八兩藥餌銀一兩兩馬一夫之夫年支銀七兩二錢三馬一夫之夫一名年支七兩二錢五名各年支銀七兩七分四釐俱扣建加閏獸醫一名年支銀七兩二錢不扣建不加閏共工料等銀六百五十五兩七錢六分八釐則例倒馬一匹變皮價銀一兩解司補馬一匹請價銀十四兩支應銀六十七兩廩糧號房鞍屜槽鍘什物燈油支用



雍正六年裁十六兩乾隆二十四年裁八兩五錢解道移司充餉四

十年抽撥八兩五錢改設田兒河又添增銀十九兩五錢共實銀

五十三兩五錢不扣建不加閏

李坪驛馬三十匹乾隆二十四年裁五匹銀解道移司充餉支應銀

六十七兩三十年全裁改撥華容站

陽邏驛馬三十匹雍正六年裁二匹乾隆二十四年裁五匹

銀解道移司充餉支應銀六十七兩三十年全行裁撤改撥土橋站

江濟水夫一百五十五名每名銀四兩九分九釐該銀六百三十四兩

七錢二分五釐每百兩京積九錢共銀五兩七錢一分二釐五毫零

按驛站原編司項抵浙協濟馬價銀六百四十六兩五錢三分九釐連前額徵共銀七千三百九十四兩一錢八分四釐七毫零內除節兌故夫丁銀並坍除銀共一百三兩六錢六分一釐二毫零外實徵銀七千二百九十兩五錢二分三釐四毫零內有每年各驛夫馬工食工料等項應於本縣額編驛站銀內動用九百二兩九錢六分八釐又於各屬解道裁

夫銀內動用二百一十九兩六錢又於黃梅解道裁馬工料內動用二百四十五兩五錢又驛站項下編設酌用買補馬價銀九百二十四兩六錢五分七釐一毫零紅船水手工食銀三十兩四錢六分六釐四毫裁二充餉銀三千一百三十五兩五錢九分九釐八毫零裁減夫馬支應等銀二千二百九十六兩八錢三分二釐係另款解交道庫支用並移司充餉

按舊志條列前明驛站夫馬隨時減增至萬歷時幾倍原額（三驛額馬各二十匹齊安加至三十六匹李坪至三十九匹陽邏至四十匹站船水夫原額每船六名者加至十名三名者加至十七名二十名）各驛馬戶係永充與募役承當齊安則本縣十四麻城七李坪則本縣四麻城六黃安三陽邏則黃陂四黃安二萬歷十七年安麻逃避李坪承充暫簽殷實代當而承充募役僅存五戶每至年終封門不役矣存之備考

接官廳舊在東門外四牌樓（即古蹟黃泥坂一盼亭旁石刻東坡詞處）今廢

縣前鋪曰急遞總鋪在清源門外沙街鋪兵徭編三名半永充一十四名（凡鋪一日爲鋪司餘爲鋪兵）今裁存鋪兵八名



東抵蘄水縣鋪四與蘄水七里鋪接中隔巴鎮橫河蘄水設有渡船

長圻鋪鋪兵徭編五名永充四名

楊林鋪鋪兵徭編三名永充四名

桑林鋪鋪兵徭編三名永充五名

烏柏鋪鋪兵徭編四名永充三名

南抵武昌府武昌縣無鋪中隔大江七里三分

北抵麻城縣鋪十二與麻城沙河鋪接

長坡鋪鋪兵徭編三名永充五名今裁存鋪兵五名

楓香鋪鋪兵徭編四名永充四名今裁存鋪兵五名

松楊鋪鋪兵徭編三名永充五名今裁存鋪兵五名

臨江鋪鋪兵徭編四名永充四名今裁存鋪兵五名

團風鋪鋪兵徭編四名永充九名今裁存鋪兵六名

花園鋪鋪兵徭編二名永充五名今裁存鋪兵五名

竹瓦鋪鋪兵徭編三名永充三名今裁存鋪兵五名

淋山河鋪鋪兵永充六名今裁存鋪兵五名

丁家墻鋪鋪兵徭編一名永充五名今裁存鋪兵五名

黃山鋪鋪兵永充六名今裁存鋪兵五名

久長鋪鋪兵徭編二名永充五名今裁存鋪兵五名

道觀河鋪鋪兵徭編一名永充七名今裁存鋪兵六名

西北從團風抵黃陂縣鋪十三（又與黃安高林鋪接）

馬驛鋪即古李家境鋪鋪兵徭編五名永充二名自團風至鋪中隔鷺公頸橫河設有官渡（省志載兩鋪相距十五里）



爛泥鋪鋪兵徭編三名永充五名

矮劉鋪鋪兵徭編三名永充四名（劉全書作流）

汪家鋪鋪兵徭編二名永充六名

雙流鋪（一名雙柳）鋪兵徭編五名永充三名

城林鋪鋪兵徭編三名永充五名

陽邏鋪鋪兵徭編三名永充七名今裁存五名西與江夏官屯鋪接中隔大江十里三分有官渡（省志載兩鋪相距十五里）

粉壁鋪鋪兵徭編一名永充五名今裁存三名

曹沖鋪鋪兵徭編二名永充五名（沖全書作充）今裁存三名

畢家鋪鋪兵徭編一名永充四名今裁存三名

周山鋪鋪兵徭編一名永充七名今裁存三名

陶山鋪鋪兵徭編一名永充六名今裁存三名

三山鋪鋪兵徭編一名永充七名今裁存五名東至岐亭連中站馮家集共四十里東北至黃安高林鋪二十里西北至黃陂甘棠鋪一十五里

以上三十鋪每鋪交接各一十里各鋪司兵徭編共七十六名半（每名工食銀帶閏六兩一錢）共工食銀四百六十六兩六錢五分永充一百六十名（每名工食正閏一兩八錢）共工食銀二百八十八兩順治中本縣詳請撫院將裁解內撥銀九百四十八兩一錢五分補足鋪兵工食共銀一千七百二兩八錢徭編永充每名每年七兩二錢（以上俞志）咸豐七年奉文裁汰改爲驛遞查照鋪司年額工食酌留十分之二津貼驛站之費又於同治八年奉文除前酌留十分之二再留二成共四成工食銀六百八十一兩一錢二分由縣坐支爲添設橫路鋪遞之用（俞志云府舊志稱每鋪司廳屋三間東西廂房各三間郵亭一座什物俱全今並廢畢家鋪爲官使往來要地向借民居傳食非體清淮門抵楓香橋路苦崎嶇明知縣茅瑞徵查估督修行旅稱便）



按驛站夫馬人數鋪遞歲支銀兩自前明以來隨時增減茲憑現在案據數目載明舊志仍錄以備考

新置齊安驛馬號光緒六年由縣墊款契買城內二甲考棚街王胡氏基屋前抵官街後抵箭道左抵王姓民屋右抵楊姓民屋深長十四丈零五寸橫寬三丈一尺五寸改建馬王殿三楹馬棚一所號科三楹計屋價工料共用庫平銀二百八十七兩五錢四分派六年攤還稟奉府批立案屋契附卷

郵亭康熙五十九年知縣鍾葦於縣界內東南北三路途次每十里捐俸建郵一所石柱陶塈以爲郵遞行旅息肩地梁間大書

聖諭十六條於方版凡二十餘所費三千餘金

回車埠（邑人操興吾建並捐田一十二畝半歲收租以備施茶之費）

賀家坳茶亭（居人賀華陽祖孫先後建亭置田以備施茶之費）

但店鎮茶亭（邑人丁馥芳每歲捐茶葉一百二十斤外置有田畝以作煮茶工食之費本鎮甘露菴及七道河區龍潭菴北斗湖廟皆如之）

赤土坡涼亭（孀婦孫李氏建並捐田施茶）

太保社李家店茶亭（居人李有春父在山捐賀婆坳田永供施茶之費）

永豐亭（城東五里行人憩焉又東二十里道人湖橋西有懷德亭舊址皆居人施茶處）

永安寺東茶亭（康熙六十年喻桐岐建並置茶田數十畝以供逐年施茶之費後嗣綸管未替）

范姓涼亭（城東北三十里范姓建亭爲往來憩息之所每夏施茶亭前山水湍激並建石橋一道）

茅鋪茶亭（地爲羅麻要道道光初陳正奇建亭施茶於此並置田一段每年收租十三石又屋一所以爲永遠經費）

營汎

分汎置兵駐防四境舊制詳且密矣然法久弊生朽艫鈍卒廪餼虛糜咸豐閒創造礟船置水師銷烽灌燧江路肅清洵善制哉舊時陽邏上下葦蔽嘯聚出沒往來重爲商旅害自舟師巡警宵鼓相聞今而後亭障並肅矣

黃州協營副將一員守備一員雍正十年改守備設都司一員千總三員一駐縣一爲城守把總四員一駐縣二一陸汎駐三店一水汎駐陽邏同治九年奉文撤黃安縣經制外委五員額外外委三員存城各一李家渡額外外委一員同治九年奉文裁撤舊志載馬步戰守兵丁六百四十四名咸豐七八等年奉文裁歸水師兵丁六十八名又於同治九年奉文裁撤兵丁九十三名現在馬步戰守兵丁四百八十三名內駐黃州府城馬步兵丁一百八十一名分駐各汎馬步兵丁三百二



名分防縣水汎十五塘陸汎四塘詳列於後

水汎

沙口防兵五名塘房三間烟墩五座十五里至陽城河陽城河在陽邏鎮之上把總一員防兵十五名今裁十里至龍口

龍口防兵五名十里至雙流夾

雙流夾防兵五名十里至葉家洲

葉家洲防兵四名十里至矮劉鋪

矮劉鋪防兵四名十里至爛泥鋪

爛泥鋪防兵四名十五里至鵞公頸十五里至羅鶡洲

鵞公頸防兵五名二十里至李家渡

李家渡額外外委一員防兵九名與鴨蛋洲對今裁二十里至韭菜港

羅鶡洲防兵五名三十里至社樹

韭菜港防兵五名五里至社樹

社樹防兵五名二十五里至新河口

新河口防兵七名十里至十里鋪

十里鋪防兵四名十里至長圻㙩

長圻㙩防兵四名二十里至蘄水巴河以上塘房烟墩俱同

陸汎

三店把總一員原駐馬鞍山移駐但店後移三店防兵十七名塘房三間烟墩五座

但店防兵十三名

沙河防兵五名

馮家集防兵五名以上塘房烟墩俱同



楚臺紀事云江流千里萑苻出沒之藪先當事者議雙流夾縶以指揮三江口統以守備上通陽邏下抵馬口聲警相聞首尾犄應舟船無虞往來殆十餘年頃間有叵測而無稽睹駐劄之所或有一暴十寒者乎則保甲之令墩堡之修巡哨之密要不可忽 明萬歷中知縣茅瑞徵上御史條議云本縣連亙蘄春肘腋鄂渚控引江淮旁指光息楚一門戶也四通之途不逞生心五方之民奸宄接踵江洋要害豈容偷安旦夕不備不虞竊照長江一帶每十里設巡船一隻分兵哨截禁止夜行商旅頗快即次之安居民亦獲安居之樂而九江以上此法全疏矣兵充循永老弱徒寄空名哨分上下鈍朽坐糜工食即巡船亦竟屬烏有水寇竊發一帆順流如入無人之境守禦不協護備所不盤詰一有失事動多委罪有司萑苻四起誰任其咎妄謂申嚴保甲修理柵欄郡縣爲政至於沿江設險原有汛地巡哨船隻祗因法久盡弛合無今後比照南中事例責令軍衞掌印協同巡司等官查修撥守或五里或十里首尾應援一遇有警前後督赴攔截自當應時就縛萬一脫逃沿路連坐又何盜之敢窺然此直救標之議也或謂城豫積水不宜於塞應於農隙浚治加深或謂城舖傳更遺法盡隳應令各軍照舊輪直此皆桑土綢繆之慮似當早計及備查三江口擁敵上游實屬要害岐亭錯壞黃麻去郡特遠尤爲盜賊竊囤出沒之數前此皆有專設衙門臨鎮其地相應照舊申飭戒嚴無撤藩籬庶幾草澤不至生心而民間旦暮安枕此實弭盜安民切務

水師附

漢陽中營後領守備一員舢板一隻額兵十四名駐陽邏

漢陽中營後哨一隊千總一員舢板一隻額兵十四名駐上

葉家洲

漢陽中營後哨三隊把總一員舢板一隻額兵十四名駐龍

口

漢陽中營後哨四隊把總一員舢板一隻額兵十四名駐水

口

漢陽中營後哨七隊外委一員舢板一隻額兵十四名隨哨

駐陽邏協防巡務

漢陽中營前哨守備一員舢板一隻額兵十四名駐江北岸

鵞公頸領哨巡防轄一二三四五六七八各隊



漢陽營前哨一隊千總一員舢板一隻額兵十四名駐江北

岸下葉家洲

漢陽營前哨二隊千總一員舢板一隻額兵十四名駐江北

岸東嶽廟

漢陽營前哨五隊把總一員舢板一隻額兵十四名駐江北

岸鵞公頸

漢陽營前哨三隊把總一員舢板一隻額兵十四名駐江北

岸團風以上漢陽營各哨隊分防縣屬汛地兵船外各有座船一號

巴河營前哨守備一員舢板一隻額兵十四名駐磧磯洪

巴河營前哨一隊千總一員舢板一隻額兵十四名駐西河

鋪

巴河營前哨二隊把總一員舢板一隻額兵十四名駐黃州

城外新河口

巴河營前哨四隊外委一員舢板一隻額兵十四名駐羅家

溝

巴河營前哨五隊外委一員舢板一隻額兵十四名駐牛王

洲

巴河營左哨二隊千總一員舢板一隻額兵十四名駐黃岡

縣屬樊口鎮

巴河營右哨五隊外委一員舢板一隻額兵十四名駐洪家

溝

巴河營右哨七隊外委一員舢板一隻額兵十四名駐黃岡

縣屬巴河上口

巴河營左哨六隊外委一員舢板一隻額兵十四名駐黃岡



與武昌蘄水三縣毘連之下三夾以上巴河營各哨隊分防縣屬汛地兵船外各有座船一號

津梁

黃稱澤國流水瀰漫行李往來心焉病之自辰角見而徒杠畢火朝覿而輿梁成長橋卧波道路無壅蕩蕩平平觀於鄉而知王道之易易也

觀風橋清源門外明洪武中知府石璘指揮李和建景泰間重修立石欄明末兵毀 國朝順治七年知縣楊日昇修

觀瀾橋清源門外馬頭街明萬歷末年知縣胡□□晏春鳴建 國朝康熙四十年重修建亭欄更橋名曰觀瀾橋亭便憩息今毀道光二十年居民募貲重修其亭則待後云

松竹橋一字門外關帝廟後東淮濠水經焉雨後洗見松竹形各一

清淮橋清淮門外明末兵毀 國朝順治初知縣劉國甯重修

清風橋赤壁山麓今圮

延壽橋一字門外乾隆八年知府禹殿鼇知縣邵豐鍭濬濠建碑其上嘉慶二十四年知府吳之勷知縣蔣祖暄築織染橋堵水歸濠溝改建石橋



來遠橋一字門外關帝廟左明盛時機織染坊多在此建橋後亦呼織染橋

一字橋一字門外又海棠橋在城中今無考另詳古蹟

積餘橋係城內外水會合之處

太平橋一在安國寺前塔下一在縣西北一百八十里道覿河上街元隱士吳應澍建後圮里人募貲重建

相隱橋安國寺前宋韓琦讀書堂側兩山合處本名合山橋俗名和尚橋

新橋鐵甲巷下一名楡木橋形家謂郡城環帶水不宜引去舊惟木板後易以石雍正十年圮知縣暢于熊倡修又上中馬頭二橋在清源門外河灘街久圮

鼉龍橋舊志云縣前今無考

清濟橋縣南二里即塔溝入口處明景泰四年知府余清建成化間義民陶晷重修改名金花橋 國朝康熙間圮僧圓通募化

清平橋縣南三里俗呼雙橋明成化間義民陶晷建

益壽橋東弦鄉道人湖東乾隆六十年邑贈職劉楊烈耆年捐修行八德之因以是名

明官堰橋城東十里乾隆五十一年邑封職劉邦發捐修

三台河橋縣東十二里明陶仲文建一名通濟橋 國朝康熙間半圮知府賈鉝募建耆民楊述之跛僧慧新董其役雍正九年知縣張光裕修欄改名玉帶橋今半圮行旅不便東弦鄉劉姓闔族公捐義渡並近地田課三十餘石爲渡夫工食及修造之費光緒六年邑紳劉維楨捐修木橋渡船捐田十一担九升一合歲收租穀爲修補橋船及渡夫工食燈油各費

王相橋縣東三十里明郡旌善人王相建

道人湖橋縣東三十里

魚博橋縣東六十里

漫二口橋縣東三十里邑紳龍可旂同從子際昌建

瓜瓞灣橋城東四十五里慕義鄉邑封職劉邦發捐修

盂鉢小畈橋城東六十里東弦鄉邑職員范紳重建

覓兒橋近魚博道光九年邑職員范欽重建年久傾圮欽造室楊氏於光緒元年捐貲命其子華封重建



曹家河橋縣東北七十里

火燒港橋一名火柴港橋在東鄉滸子口區乾隆年貢生馬正圭捐建道光年馬名東募修近因水患傾圮行人苦之光緒六年衆姓重建

水口新橋縣西北二十里堵城北

長清橋楓香渡舊名楓香橋明正統間知府余清建改今名成化六年義民潘敬重修 國朝康熙間圮民王二奇募修同治間邑人重建

鷄子湖橋縣北四十里舊係木橋歲久朽壞康熙五十九年知縣鍾萃捐俸付僧慈永並募建乾隆二十三年羊角寺僧智山重修

羅家溝橋縣西北李家渡上一里舊係木橋康熙中士民同建石橋後邑民余麗鵬職員王宗華先後重修現被山水衝坍無存

赤山橋團風鎮東十里康熙間羊角寺僧慈永重修

河口橋縣東四十里諸生喻東溯建捐有田租三十石以作修補之費

永清橋即砦石橋團風鎮北五里明正統中知府余清建正德中知府余貴嘉靖中邑人陶仲文相繼重修崇禎中知府楊通宇合黃麻兩邑紳士重修分地建隄立石表識國朝乾隆十四年僧智山重修年久傾圮黃冠林敎清募修

步瀛橋團風鎮東邑人張應柳建上有文昌祠嘉慶間邑士錢純熙議修道光四年熙子增貢履和竣工兵燹後團風居人修理

史壩橋團風鎮西北里許一名得勝橋明陶仲文建國朝康熙中僧慈永募修乾隆十四年圮邑人甄潛修復並捐銀一千兩生息以為修葺之費

白塔河橋縣西北八十里舊有板橋係里人劉文郁修乾隆二十四年下伍重鄉監生姜之祥捐修石橋

沙港橋縣西北八十里辛家衝東乾隆二十三年士民公建四十年封職貢生詹敬墉重修

淋山河橋縣北八十里舊有板橋乾隆二十三年士民募修石橋於上街知府錢鋆取名永濟橋

泥溝橋縣北一百二十里明邑人曹艮輔建

大碧潭橋縣北一百里下伍重鄉地當孔道潭水深險邑紳陶國幹捐建石橋久圮今附近紳耆募修縣令陸炯有記

舊街河橋縣北一百一十里水沙泛壅無常舟楫石矼皆不可用里人胡文峰藍有德胡世禮胡世晏先後捐田二十畝歲以其租修造木橋十餘節水發則設行人便之

孔家河石橋

尊五橋

萬家河石橋三橋俱在庶安鄉邑士徐貢朝捐建

徐家橋庶安鄉柳子港上街明永樂時邑士徐慕人徐癸乙徐獻祿徐隆生建旁有碑橋極鞏固山水每發毀橋甚多此橋未損片石舊志作中和橋

對拱背橋安仁湖上游當東西孔道舊有橋埂長數百步寬丈餘常為水壞涸時亦難行嘉慶間士人袁惟福募捐修理逐年培補水漲用渡水落由橋行者賴之

烏泥港石橋庶安鄉乾隆十二年邑士李長亨建

巴家橋團風鎮巴姓建上有三元閣乾隆四十年邑紳陶維楚魁楚捐貲並梅橋大路敵樓泊岸重修

劉公隄橋團風鎮雍正八年江西貴溪張玉仲建其裔孫立菴等嘉慶二十一年重修有碑

梅婆橋崇義鄉康熙三十年節婦梅國臣妻羅氏捐建道光二十八年被水淹塌光緒丙子梅立本督率闔族重修

三閭橋一名三元在上巴河街頭明洪武間邑人馬興隆建國朝嘉慶初邑紳王宗華重建道光三年水毀四年居人募衆復修年久傾圮光緒五年邑人夏大受翁杰等籌貲重建

鷹家港橋在馬家潭下縣丞馬自榮妻節孝朱氏捐修

竹林河橋上巴河北嘉慶初邑人包清凝捐銀三百餘兩倡衆重修

西湖橋馬家潭康熙間邑士馬世楷建年久傾圮光緒二年馬姓族人移建於湖東

三多橋縣北五十里乾隆二十四年邑人賈封岱修

沙河頭橋縣北六十里乾隆間邑人樊天成募修嘉慶時衆募增修

瑞雪橋縣東北八十里順治時汪伯麟修名麟鳳橋乾隆間補修功成值雪知縣王易今名同治五年募貲重建

西河橋在沙河頭乾隆間邑士樊淵泗修

大木橋上巴河乾隆初邑士翁世德修今圮其孫昌耈昌翔重修

福德橋縣東北八十里乾隆間邑士汪永松弟兄修



發福橋永寧鄉劉婆巖山麓邑士熊明著捐修

永濟橋一在慕義鄉辛家衝西道光二十五年監生靖厚炳捐建一在易家河街西永濟寺左側康熙十五年僧永濟建咸豐元年里人醵金重修

董家湖橋李家集北邑士劉大純捐修

團圓橋倉子埠東三里

平安橋倉子埠渡口

石麟橋倉子埠西以上三橋俱邑士葉紹楠捐修

慕善橋武湖汊礪子溝雍正十二年邑士朱濱捐建乾隆四十二年圮嘉慶二十二年其後裔朝典重修

石字港橋在中和鄉道光十年建

張港橋在新州西道光二十年建

孫鑽埠橋在中和鄉雍正癸卯邑庠尤一祥捐建嘉慶六年祥孫舉人士藩重建並捐田以資修葺

孔家埠板橋在孔家埠街南士民募建

李家集大河木橋石橋共一百孔道光六年監生劉耿光捐建

彌壽橋在李家集倒河西四里許道光九年貢生盧聯魁繼妻鄭氏捐建並捐田以資修葺

永壽橋在李家集倒河西岸蔡家港嘉慶九年監生盧占鼇捐建

龍王墩橋在米篩湖上二里許嘉慶二年士民募建

青雲橋在米篩湖上嘉慶八年監生夏嵩南捐建

沙河橋在中和鄉曲湖嘉慶二十五年尤本鎏捐修

中和延壽橋在左家溝嘉慶二十四年監生范炳南捐修

新洲延壽橋在北街武聖門外向有木橋大水衝坍同治十三年監生熊醉經余耀勛余蔭祖黃力行同北街紳商等捐貲重建石橋

銀河灣延壽橋距縣治一百三十里光緒五年募貲重建

孔子河橋在問津書院一名孔嘆橋明知縣茅瑞徵修歲久傾頹咸豐三年里人募貲重建

賀婆橋在縣北上伍重鄉青埏山溪間舊有橋康熙時邑人謝惠重修嘉慶時圯士民募金修復並建涼亭



洪嗣橋在庶安鄉新洲北原名貢橋兒邑人王光柱重修

毛家橋縣北一百二十里明義民郭葵陽建

閬苑橋陽邏鎮蓬萊寺前明天順七年僧祖正重修

望龍橋在蓬萊寺前近龍口故名

惠民橋在陽邏驛前一名馬驛橋上有孝弟坊年久毀塌同治十一年何衡宇捐金同胡敬之徐星山募貲續修

劉興一大橋在慕義鄉明邑士鄭理揚捐田一石今增田一石餘

三里橋在縣西北一百二十里元隱士吳應崗建

袁家河橋在縣北一百三十里舊係木橋道光十九年改建石橋易名長生橋

朱氏橋在縣北一百一十里

杏氏橋在縣北一百二十里三橋俱監生胡廷瑞捐建

玉壺橋在縣西陽邏鎮華山西大江岸

陽闗橋在庶安鄉見舊志

木屐口橋在中和鄉邑紳萬禮祖建

廣興橋在木屐口上三里許楊家湖西河沿監生林方啟捐建

望仙橋在縣三山舖相傳麻姑過此

柘林河橋在下伍鄉監生姚元陳妻王氏建

柳林前後河橋在縣北一百里下伍鄉居民募貲建前河並置渡船以防水漲

七湖壩橋在縣西北一百里乾隆二十三年里人募修

行祠橋一名行獅在中和上鄉明學士江淵聚族處

棠棣湖橋庶安鄉邑人余文元捐建石橋又捐長連嘴田一十三畝為修葺貲

有恆橋在新洲街西乾隆三十八年道光八年里人兩次重修

延齡橋距縣治一百三十里在孫家河募貲眾建

綠猗橋在迴龍坂北竹林溪中乾隆五十五年羅道濟捐立

餘績橋在李集河西芙蓉溪盧姓村前同治七年劉資美妻羅氏以紡績餘貲予父寅建



大石橋一在曾家墩大港東光緒六年劉萬柄妻楊氏捐貲續建一在庶安鄉張店南湖畈光緒五年軍功江運泰等捐貲督合族重建

連陞橋在羅家田衝南大港內光緒七年羅觀瀾羅正昌羅恩勝羅德久羅廷玉羅雲程等募貲重建

龍潭石橋距縣治一百四十里在上伍鄉潘塘區王氏捐修

新河橋距縣治一百四十二里在上伍鄉潘塘區陳必和捐修

趙家河橋距縣治一百四十五里在上伍鄉潘塘區陳必和捐修

陸家溝石橋康熙間庠生童士晉捐修其後童奉君重修至今童姓合族修補

細陸家溝石橋里人童奉君倡首童姓合修

孝思橋在上伍鄉鄒孝思宅前係鄒姓捐修故名

壽三橋在上伍鄉易家河東胡姓灣前光緒五年從九品楊瑞蘭捐修

萬壽橋一名張公橋在梛子港西北三里不知建於何時道光二十年監生郭文林郭紹渠倡捐重修

龔家畈橋郭恆讓捐修

張建橋在彭家榨門首向無橋行人不便張耀祖爲人傭工出其生平餘積於光緒三年獨建石橋因名張建橋
利涉橋在界埠上祝姓門首係南北通衢賀步陶倡捐余謝祝三姓助之共建此橋并棺材坡石路
繼善橋在縣北椰子港西一里許舊名陳家橋鄉民郭恒讓弟兄建并捐田一斗八升
壽木橋在縣北周余區郭家墩鄉民郭鵬與愷宏國祥安樂壽豐康林等募貲同建以便往來
段公橋在倉埠通源門外武湖之濱段楨遠世忠兄弟捐修石橋
廣嗣橋在井字山東北二里熊家田左側武生夏國樑儒士夏朝依捐建
秀才橋在畢家鋪東三里鶴峯岡下六秀溝路爲麻城至省通衢前吳彥珙專修今係吳彥墉彥瑞彥珙後裔補葺
洛安橋在水口監生謝樹華捐修并石路三百餘丈
桑樹嘴板橋衆姓公存田地二石九斗又江西清邑水客眞德文捐地三斗六升
七星橋在曹衝鋪南四里係南北通衢周文英倡首募貲建
余鉞橋橋爲楚汴通衢邑人余鉞捐修至今橋以人名
龍口斷隄河石橋道光間大水衝圮士人楊永福捐修



蜈蚣橋在陽邏鳳凰山下被水衝塌同治三年貢生陳綱侯捐金續修更名迎鳳橋
淋山河下街橋向有石橋道光二十九年被水湮圮邑人馮先仁捐建年久復毀光緒六年邑人劉元壽捐貲造板橋行人便之
三合橋在下永鄉天馬山之西偏舊有橋名四美道光二十九年爲龍水衝沒同治七年鄉耆何苻四同衆姓募貲重修更名三合
茅鋪新橋在下永鄉嶠山之左土名茅鋪向有石橋咸豐間龍水衝頹同治五年監生陳貽安父子倡募重修
鎖石口廟左石橋在下永鄉乾隆五十年衆姓同建
茅鋪廣福橋在下永鄉乾隆三十二年陳同發等捐修
涼亭河橋在上永鄉距縣治一百二十里王姓倡募同建
吳家田橋在上永鄉距縣一百二十里王庠軒倡衆建
硤石衝棚橋在上永鄉距縣治一百一十里李鳳鼇兄弟倡募同建
賈家廟橋在上永鄉距縣治一百一十里募貲衆建

金鑼港橋在縣西六十里石橋一孔曾三元捐修
張齋公橋在毛集西馮家岡前大墩里人張耀祖無妻子不茹葷積數十年傭工之貲甃石爲橋行人便之因名爲張齋公橋
迴龍山橫河橋距縣治五十里武舉涂定鎧倡捐並募貲衆建
百福寺西河石橋貢生何汝鹽倡首募貲衆建
總路蔸橋一名董盧蔸在還和鄉橫溪區舊有石橋不知建自何代光緒四年衆姓醵貲重建
油港橋在還和鄉沙河頭乾隆四十五年衆建咸豐三年募貲重修
華陽港橋在還和鄉橫溪區邑人江可立同族衆捐修
楊木橋在米篩湖始架楊木以便行人嘉慶二十一年建石爲橋咸豐二年里人張煅曉捐貲改造光緒六年復募貲重修於橋之兩頭增修隄埂數尺橋與隄平居民利賴焉
思善橋在永安寺西里許東至新洲西通李集道光八年喻楚川建
三士橋在李集東二里許向係木橋同治七年職員游綰同族人新建石橋



雞公壋石橋在李集東三里許邑紳游豐埜捐建
趙文獻灣後石橋在李集東北二里許邑紳游豐埜捐建
道士橋在李婆墩區相傳任姓道士善術法建橋於此故名
水口橋在但店區陸家衕方養素祖捐修
黃蕲橋距縣治一百三十里雍正初史公壽楊世茂何宗廷史聲遠與蕲邑首士倡建除蕲産另有勒石外史公壽等捐置田課二十一担爲久遠計
黃羅橋在三里畈區與羅邑兕連庠生張向曙倡貲募建置田一段每年收穀二十八石五斗以作培修經費
水月橋在七道河區邱家河係邱大經祖重修
暗溝河橋在李婆墩區土門內係陳紹伯募貲倡修
亂石窠橋在李婆墩區係陳文貴募貲倡修
四泊河板橋二道在項家廟區係蔡正洪捐修
勝陰橋在錢家堡邑紳張壽安捐修

易家橋在錢家堡邑紳張壽安捐修

陳子墩木橋邑紳張壽安監生張鼎堃修各捐錢一百千文以作永遠修橋之費

新橋在倉埠西北挹翠門外百餘步通鄂豫孔道與黃陂交界兩邑人醵貲合建

樊口官渡在縣南五里渡夫二名每名工食正閏一兩二錢七分八釐

滸子灘渡在縣西十里濱江

河口渡邑監生喻人宗捐設並捐自置祠堂後衕白苗嘴田五斗作歲修之費

白龍潭渡東弦鄉西陽河監生鄭發造船僱夫捐田為費

巴河渡在縣東四十里

陳家河渡距縣治一百一十里生員陳瓚捐建置田十畝每年租給渡夫以為工食瓚後裔清芳與彩等復增置田四畝

馬橋官渡在縣西二十里與武昌對岸渡夫三名每名工食正閏銀二兩五錢

東港渡邑士王廣文等公呈歸於保正督率撐駕三年輪流廣文孫炯捐地一塊為渡夫工食



楓香渡在縣西北二十五里堵城下明知府何曉齡有祀田在其旁

李家渡在縣西北四十里

辛溪渡在慕義鄉邑人涂漸階設船捐田五畝餘以為費

三江口渡在縣西北三十里

團風橫河口官渡明陶仲文建浮橋今廢渡夫二名工食同樊口

赤山官渡在團風鎮東渡夫一名工食銀一兩一錢六釐

赤山汊渡渡船三隻衆捐二隻捐職黃宗珵捐船一隻僱夫撐駕歲有常費

鷺公頸官渡在團風鎮西舊設史壩橋明萬歷時因江水侵岸改建渡夫二名每名工食銀二兩五錢六分

鴿子湖利濟義渡道光二十七年職員范欽捐造船並田二石為工食修費

倒河口官渡渡夫一名工食銀七錢六分

方湓官渡在縣西北八十里渡夫一名工食銀一兩三分六釐

白塔河官渡在縣西北八十里渡夫工食同方湓渡

辛溪馬頭渡在縣西北庶安鄉邑人王自忠捐造船隻

汲水港渡在縣西北一百一十里

廟埠潭渡在縣西北一百里舊志譌窰埠

姚二渡在縣西北一百一十里慕義鄉

舊州渡在縣西北一百二十里慕義鄉舊州長河

張家店渡在縣西北庶安上鄉

松湖壩渡在縣西北九十里樟松湖並七湖口二處

陽邏官渡與江夏對岸渡夫六名每名工食銀三兩五錢

柴埠湖口渡在陽邏鎮新開口五里

街埠渡近陽邏鎮十里

雙溪渡在縣西北一百三十里

佘家河渡距縣治一百一十里在下伍重鄉道光初貢生胡華蓋貢生胡華麟捐修船隻歲出租穀為渡夫工食里



人呼為胡公渡光緒五年胡姓後嗣公捐田八斗六升并基址屋一間付濱河里人佘蔡諸姓董其事均有碑記

感化河渡在縣北一百六十里上伍重鄉

赤腳山河渡在縣北一百三十里伍重鄉

橋潭渡在縣北一百三十里伍重鄉

馬路口渡在縣北一百一十里下伍重鄉邑紳謝鼎捐造船隻並田五斗以給渡夫修船之費歲有不敷居人復募貲建涼亭一座並置田一石零以備修葺

石盤蒲渡在縣北八十里下伍重鄉邑人舒學晟捐船僱夫

高水汊渡近團風鎮為東鄉運米上兌要津職員范嶽母樊氏自捐積金造船僱夫撐駕

鷥黃渡在安仁湖為東西要津湖西舊有亭雍正五年圮於水僅存其址嘉慶間士人汪則林募修前亭後室盛暑設茗往來利之

孫鑽埠義渡在中和鄉邑士蔡師孔捐造船隻並捐田為渡夫工食及修理之費

椰子港義渡庶安鄉嘉慶二十三年邑士徐愈模捐金造船二隻修石埠並船戶居屋六間捐田三石零九升其

租備歲修之費道光九年署知縣鄧立有案

羊叉河義渡庶安鄉郭家洲貲出郭姓洲課分派并職員郭錦鵠捐龔家畈水田四斗

河疆埠渡下伍重鄉嘉慶間居人募貲置田五畝造船一隻板橋一道以濟行人

楓香墅渡城北一百一十里每山水泛漲往來輒阻衆姓公設渡船一隻並置田八斗零爲歲修僱駕之費

方家渡在但店右首方生昇方應坤方正傳方登嶽方追觀各捐田課以資經費

劉家渡在縣東桃花潭下庠生范華翰同姪霖捐建後嗣子杭同兄霖捐置田畝爲工食修治之費

徐家樓渡距縣治六十里

官批渡道光元年羅文烺同弟文煐倡捐錢四十串文募貲修建道光十四年置吳家墩田一石又置黃家林梅家墩等處田一石四斗

七湖渡毛集東南七湖堤向有義渡公置義田四畝糧柸七湖渡

魏寨渡在毛集南蘇山西魏家寨近立義渡船二隻

土子港官渡船一隻渡夫二名傳遞巴水驛公文差使每月給工食錢二串四百



北流河渡在張集區從張集北流至王集始順流而下邑紳張宏升於北流處設義渡以便行人

邱家橋渡在庶安鄉錢家堡

萬家汊渡在毛集曹衡兩區間監生周維藩捐置

郭家寨渡舊名齋公渡光緒七年鄉民郭恒讓弟兄捐水田五斗四升庠生郭逢謙捐花地四斗二升郭成仁弟兄捐水田一斗五升郭國富捐花地七升半公存以作造舟濟渡之費

金家嘴渡城東三十五里爲往來孔道乾隆三十一年邑民喻希哲捐渡船一隻地四石以爲渡夫日食之費

陳子墩渡渡口有橋係來往通衢監生張鼎堃邑紳張壽安各捐制錢一百串文爲永遠修橋造舟之費

彭陳河義渡監生童友賢捐造并捐田五斗爲舟子工食永遠修費糧在友賢後裔柱內完納

鳳凰潭義渡在東馮區劉溪畈登仕郎劉光輝捐置每歲修補并與渡夫工食錢八千文

永興渡在縣東一百二十五里係熊凝遠秉哲衡世聖從等捐置計田課十四石

赤山橋渡道光九年監生金士榮等捐設義渡並公置洪家衙水田二石橋頭基屋一所以作渡夫工食修整船隻之費呈請前縣出示曉諭不准船戶需索錢文

社樹唐家渡係齊安驛至華容驛要津光緒六年春由縣捐造新船一隻渡夫二名每月給工食錢三串文

磐石橋渡光緒七年新設渡船二隻先是無名氏捐繳銀一百六十兩備造三台河渡船嗣因劉紳維楨復經添造即將無名氏捐造船隻移設此渡諭飭團風鎮區首管理歲修工食等費由該區首等在鎮勸捐濟用

城外江面救生船光緒五年冬由縣捐廉造船一隻水手五名每月工食燈油共錢十七串三百文以稅契贏餘支給其歲修各費由縣捐備

水利

齊桓之申王命也曲防有禁鄭國爲壑仁人惡焉雖然引漳溉鄴鑿涇爲渠舃鹵生稻粱不言利而利大矣記有之曰完隄坊謹壅塞以備水潦瀦防溝遂之制蓋可忽乎哉

夏隩 城南今名洗馬池見古蹟

利濟隄 城外觀瀾橋西直達江濱郡守吳之勷築道光二十八年知府祁宿藻知縣俞昌烈重修石隄

老鸛河隄

舊州長河隄

中州隄

鍾鼎秤隄 一名簡公隄明知縣簡霄築後頹廢邑紳請道讓重修嘉慶二十年毀於水讓孫本託捐金修復隄內有程徐二壩出水溝一道直達白水大勝二湖

溝兒口隄



邱陵湖隄

龍坑隄

白米河隄 以上俱在慕義鄉舉水所逕並知縣簡霄築

澋河隄 伍重鄉道觀河水所逕知縣簡霄築

邵公新隄 上起庶安鄉嘉魚村下迄柳子港舉水所逕向有小閘漸爲水嚙乾隆八年知縣邵豐鍭捐倡建築漑田萬餘畝期年始成工費鉅萬又西南有曾家井隄四十八戶要區邵豐鍭重修嘉魚村隄記岡邑西北之嘉魚村上承麻城諸山之水向有大隄以爲捍蔽而下游村落田廬皆陰受其庇雍正五年大水隄決乾隆八年復遭大水下游數十里皆成巨浸而傍河之田已爲沙壓不可種植矣余於是年涖岡念惟此隄所關者大親詣其地查勘詳諮其田之必不可開墾者除賦約百餘金其倘有可墾者計欵長久非修築是隄終不免隨波漂沒而工鉅費煩且督理總領甚難其人於是傳集士民擇其幹濟者數人爲隄長總理其事余復捐俸以爲之倡其餘工費按田均派有力者任勞多財者任貲居近鄉民之踴躍從事一年工竣向之平衍坦道者並如壩向之石田不可耕者錯如繡矣自後每歲春初農隙撫飭保正隄長加厚培高俾勿壞焉此微績耳何足記顧禦災捍患守土者所有事後之人與我同志者知民忠之孔棘始事之維艱歲爲修理毋忘未雨之綢繆庶數十里之村落田廬永免蕩析飄搖之嘆耳

韓公隄

長樂隄

李公隄 俱在城外

易家隄 赤壁山下

沙滸灣隄 在東弦鄉瀕連大河每夏水漲邱店孫家嘴南湖戚家嶺四區賴其保障道光二十一年夏水漲隄潰邑紳王鵬翥醵貲督修

劉隄 團風鎮

烏鴉嘴隄 庶安鄉自嘉魚村起下抵柳子港長十五里衆姓修建監生胡廷瑞捐修石磯上有張仙亭

太和隄 在下淋頭畈牛皮汊里人募貲同修以資保障

福興隄 在淋頭畈東抵汪仁童姑二塂埂西至六房灣北至淥家畈南抵屈魏等灣內計畝百餘石里人募貲修

朱家隄 在新集北道光三十年山水衝決監生陶宜富捐穀督修



桃樹湖隄 南抵桑樹背之北山四北抵畢家鋪之胡太背外爲神仙河係倒水所經

蘆洲灣老隄 由黃柏山上袁家徑起下抵樊口計長四十里前經武昌縣知縣張炅撥款修補光緒五年前縣恆琛同武昌縣知縣淩心垣詳請督撫委邑紳劉維楨加修光緒六年由縣會同武昌縣知縣蔡炳榮諭令黃岡縣職員杜承恩武昌縣生員楊樹人等經理歲修工竣

大成隄 在城東三十里同治四年紳耆募貲創建

佘家灣隄 上自白衣菴起下自福興菴止同治八年鄉民吳從耀捐貲倡修

迴瀾坂隄 在西馮區北通黃安大河下至零殘湖者民楊法聯捐貲同衆姓築隄鄉里賴之

羅家河隄 在上伍重鄉道光二十九年大水居民廬舍蕩焉無存汪德潤捐貲倡修河隄十餘丈至今賴之

薛家溝何家橋隄 在樊口北岸貢生李東壁監生杜淩雲稟請倡建

黃家圩 在上庶鄉葉家店黃六官河東同治二年衆姓新築

江禹山下義圍 週圍約三里許同治七年衆建

義成圍 隄地低下數被水淹同治元年里人創修以資保障水患稍息

**隄圍坂**在王集區地濱長河元時陶仁卿始築隄圍田數百畝因名隄圍坂康熙七年大水決隄百餘丈優貢陶克家捐穀修補隄始高大然江水逆來下無捍禦陶際昌倡首築橫隄一道建大小二閘以時蓄洩道光二十八年水決橫隄幾盡武生陶敬椿約衆修築同治八年山水決圍隄數百丈從九陶馥約衆補築三載工成又名隄窩坂謂地形如窩也

**朝天閘**在孔埠區其源發於獅子港翠石嶺望鄉橋等處米餘湖慕義湖之水皆從此出閘內濱湖之田不下數千畝江水逆流盡遭水患光緒元年監生陳子熙貢生夏熙農倡首募貲於河口築隄一道平立三閘以時蓄洩水患稍息

**木展口石閘**在周山鋪東北蕭家墩下同治十一年貢生夏熙農監生陳子熙武生夏國樑庠生金蘭耆民金仁齋斂費創修

**鐵牛嘴**在王集區撲螺湖之北黃安界上七里坪之水至此忽分爲二居民圍隄自固與撲螺湖共成一泊道光二十年大水決圍隄二百八十餘丈以下鄰泊俱受其害二十三年監生張甲乙陳國棟修補於分水處修石磯以當其衝二十九年決隄七十餘丈石磯亦潰邑紳張合太捐貲築隄補磯同治八年石磯浸塌衆姓計畝醵金修築隄始固

**羅坪河壩**縣北九十五里下伍重鄉居人豬水溉田

**毛林口壩**



**芭茅湖壩**

**黃舍潭壩**以上俱在慕義鄉舉水所逕知縣簡霄築

**紫荊港壩**庶安鄉向積水溉田歲久傾圮明正統二年邑人袁知州率鄉民重修

**八王壩**在城東南三里安國寺左中有田築壩以捍蔽後湖水漲宋周肅王元儼曾駐兵於此王行八故名

**長塘**縣東南一里許卽古城濠今久成街市

**相隱塘**縣東南二里餘相隱橋側近北爲道院近西爲白蓮池卽韓魏公讀書處詩有云道院迎仙客書堂隱相儒卽此久沒民間康熙十二年分守道徐惺用價三十兩贖池爲放生池

**七星塘**在城東南有土墩七座像七星今皆平之種藕

**觀塘**在元妙觀前形家謂火地官衙不宜設屏以元妙觀爲外屏塘宜深闊謂之玉屏照水以厭火災

**岳廟後塘**俗名火星塘在岳忠武廟後堙塞則火災時發甚驗

**葉家塘**覽勝亭下形家謂城脈壬亥雙行此爲壬龍宜聚水

**沙陂塘**東弦鄉

**葉陂塘**

**九姑塘**

**羅經塘**以形名水味清洌三塘俱還和鄉

**菱角塘**縣北一百里廣數十畝

**戴家官塘**縣北一百五里廣數百畝

**南衝大塘**縣一百一十里廣數十畝三塘俱下伍重鄉

**陽陂塘**庶安鄉

**官塘**在陽邏蓬萊寺右

**明官堰**縣東十里

**樟樹堰**還和鄉

**火燒堰**上伍重鄉舊產藕

**赤山龍潭**在縣北一百十里水清不見底昔有龍出其中潭旁一洞闊十餘丈四面皆石中有石如床咸以爲龍窟



潭水溉田百畝經旱不竭居民賴之其上卽故進士王鳳釆王全才舊居

**龍潭**距縣治一百四十里在上伍鄉土人相傳爲龍起處至今猶存

明萬歷間知縣茅瑞徵上御史條議本縣枕據大江而湖洲所在如襟帶引水灌田實爲民利但隄塍低薄則水患易侵如白塔河姚二波新洲柳子港等處一遇霪雨便苦奔溢雖經屢戒增築而聚民難與慮始荷鍤者偷安苟免委築者亦相沿玩日濫觴不已巨浸奈何至於八里畈三山鋪青邱山嚮靈廟一帶馮陵高阜山塘淺小桔槔無施旱魃時困若非及時疏導正恐雲漢徒嗟穿渠濬川此實勸農第一事也然勞來荒度計必得專官始便董成及一查本縣原設主簿兩員一管糧一捕盜竊照該縣既有典史一員專司捕務又有巡檢兩員汛地分緝則捕盜主簿近多設冗又從來仍帶徵糧不理捕務質之職掌殊屬無謂合將本官改定職名專司水利查隄塘某處卑下應築某處高亢應濬小則勸相諸民及時增治大則申呈上司查估加修務期旱澇無虞堪爲水利歲時往來阡陌兼命周諸境內疾苦物土之宜勸民樹種而又以時稽覈勤惰開田曠土設法開墾如有成效量與旌獎其一帶濱江去處坍長不常陞擦滋弊並專責照季勘明冊報尤爲妥便此固官不增設而民競力農法不滋擾而野皆樂土似較空銜寄祿漫無專責利相萬矣

**葛洪井**元妙觀相傳葛洪煉丹於此

儀門井府儀門外明總志載明正德中知府余貴浚井二十餘處民利之今名余公井此其一也餘無考

司獄井保釐坊下舊獄前

鼓樓井舊鼓樓側

學井府學明倫堂左又泮池門右

梅家井府學前向在民家明知府潘允哲擴學前地得之後又為民佔康熙二十三年知府蘇良嗣修葺學宮查出水甚清冽又名三元井

局林井縣射圃右舊係軍器局有火巷通大街今為民居所佔

東坡暗井舊縣學前詳古蹟

盧家井縣學南街小巷味甚清冽

鐵欄井報恩寺佛殿前

天窗井報恩寺右一名丹砂井

分司井舊布政分司即今府城隍廟前



雙眼井清源門內國寶坊下

通判井紅水巷

八角井朱衣巷內俗呼八卦井

洗馬井一字丙街俗呼爛泥井

義井縣東市舊志在憲司前以衆共之遂名

道泉井安國寺日新堂明知縣孟津浚同知袁福徵有記

聖井永甯鄉聖泉寺明成化間有僧卓錫得泉土人甃井因建寺

温水井永甯鄉三里畈下有三泉上煖甚中可婦姓下亦可浴水氣腥如硫黃

龍井大崎山上有九井雩禱輒應

湻熙井舊街東嶽廟內石欄刻有宋湻熙七年字因名

活井蓮華峯下水澄澈雖值大旱常滿二井俱下伍重鄉

五雲山井山寺中脈通大江

華山井陽邏華山南元隱士吳應衡所鑿舊有石欄鐫義井字棄於野明宣德丁未民雷志明開平堡城為居於城底得井井面石方五尺蹟與前正合考堡城為宋夏貴築

蔡家井陽邏驛東百餘步

馮家井陽邏驛前二百餘步

卧龍井陽邏鎮關口傍俗亦名吳公義井

吳公井縣西一百八十里元隱士吳應衡鑿府舊志疫吳公傳自陽邏至桃花後井凡十九所

曹家井在伍重里深二丈餘其水冬溫夏涼凡人畜有誤落井者從無傷害里人稱為義井

七星井上伍鄉鄒家灣門首井內七孔如七星形每歲旱土人淘之泉水湧出可供數百家爨火

金甲井赤壁磯下詳古蹟

寶山泉聚寶山後詳古蹟

君子泉赤壁側詳古蹟

明萬歷年間知縣事茅瑞徵上兩院條議民用莫如水火兩者大利大害也本縣託居郡城回祿為災非時見告而抱甕



負汲並仰給大江當冬小涸輒爭赴奔沙斷岸下間嘗留目籌之及按城內外原有火巷以禦火又巷各有井以資水可供百家之用竊嘆先民規畫至纖且悉今豪猾侵佔無復孑遺矣郡縣旁基版築皆滿一遇不戒於火動延千家居恆遠汲江水猶未害及議者且虞萬有小警居城中無滴水聊生慮日待斃此亟良策合無備行清覈一井一巷各照原址退出官為冊查每巷口大書某巷及某井幾口不許豪右攘為己業庶幾將來水火無虞永為民利事固有似緩實急者古之牧政水防火禁皆關切要原非細故然查豪猾巧於侵佔則照帖為之濫觴也按原設稅課司對街之路即名火巷該司既廢居民乘機認佃藉口承租計一井一巷歲不過輸租一錢豈官府為一錢之租不為地方百年造福徵獨於此本縣便民者甚門逕已豁為民居矣及詰之則曰津貼輸夫之費於焉充額也院司官房都聽青衿肆業其旁舍開張私鋪矣及詰之則曰歲輸府租或作轉解諸費也試驗帖則租特以錢計且以分計也再覆覈即此錢計分計者或烏有也官府亦何利此毫末者而聽以官基為市也諸如此類相應盡數清查入官原帖追塗附卷則豪右或懲萬一乎

坊表

殊勳偉烈勒鼎銘鐘自古已然綽楔之立猶此意也至於孝子節婦表宅旌閭亦可以勵人心而扶世道第風霜剝蝕兵燹消磨傾圮者過半矣彙而載之壽諸楮墨庶幾石可泐而名不可滅云

明

荆璞競耀　萬歷戊子科舉人在清源門內今廢

繡斧　文衡　贈山東道監察御史曹儀正德辛未進士巡按甘肅廣西陝西監察御史提督甘肅學校廣西鄉試曹珪在府前今廢

國寶　在府學前今廢

經魁　在府學前今廢



已酉拔尤　在府前今廢

多士坊　嘉靖丁酉科舉人在府前今廢

玉署重光　清華特寵　勅封淮安府推官重封翰林院檢討王宗擢崇正戊辰進士淮安府推官翰林院檢討王用予在清源門內

德音世懋　皇錫永申　誥封奉直大夫泗州知州王文炳奉直大夫重慶同知王陞勅封承德郎禮部精膳司主事王家欽天啟甲子亞魁乙丑進士前禮部郎中福建分巡漳南道副使王源昌在清源門內

經史名家　人文上乘　勅贈承德郎南京戶部雲南司主事秦必富南京戶部四川司郎中萬歷甲午科解元庚戌進士秦繼宗在清源門內

汝南參議　崇禎辛未進士兵部郎中河南巡撫嚴師範舊建嚴家巷本宅內今廢

歷登天府　三錫皇綸　嘉靖癸卯舉人新甯知縣贈中大夫福建布政司右參政杜鳴陽戊午科舉人長甯知縣贈中大夫福建布政司右參政杜傑萬歷丙午科經魁丁未科進士授階中大夫福建按察司按察使前四川提學道副使杜應芳在清源門內今廢

司農世錫　勅封承德郎戶部主事洪承化天啟壬戌科進士戶部浙江清吏司主事貴州司員外郎常州府知府洪周祿在清源門內今廢

三十一人坊　萬歷壬午科舉人在縣前今廢

世秩天曹　誥贈奉直大夫吏部文選司員外郎晏應元萬歷



已未科進士吏部稽勳司郎中晏清在縣前

三朝諫議　勅贈徵仕郎吏科給事中甄其賢吏科左給事中前禮科戶科給事中侍經筵甄淑在縣左

袍笏代承　奉直大夫甯羌知州劉珙中順大夫汝甯同知加四品服俸劉功允巡按四川監察御史劉宗祥在縣左今廢

天官大大　吏部文選司郎中王濟在縣左今燬

皇都得意　在府學左宏治已未建今廢

金榜題名　在府學右宏治已未建今廢

聚奎　在府學左今廢

世科　在府學右今廢

元會羣英　嘉靖甲子科舉人在府學右今廢

元魁濟美　萬歷己卯科舉人在府學右今廢

彙征　嘉靖庚子科舉人在府學左今廢
經術家承　勑贈文林郎又誥贈中憲大夫李田萬歷庚辰科
進士按察使李之用在府學左今廢
明俊　嘉靖乙卯科舉人在憲司右
明時譽髦　萬歷丙子科舉人在憲司左今廢
世承天寵　封雲南道監察御史易明幾隆慶戊辰科進士易
做之在憲司左今廢
奉天勑命　封工部左給事邱尚忠在憲司左今廢
三世司徒　誥贈通議大夫戶部右侍郎王文奎王濟南京戶
部右侍郎王廷瞻在憲司左今廢
三世中丞　誥封通議大夫都察院右副都御史謝志善原任
北直長垣知縣謝希哲永樂戊辰進士副都御史勅平蠻功



廕子賜葬祟祀贈太子賓客謝杲在忠節祠右
容臺　諫垣　翰林院禮科都給事中提督四夷館太常寺少
卿邱岳在舊鼓樓巷今廢
心切效忠　天恩存問　兩膺存問禮部右侍郎進階正治上
卿邱岳在忠節祠左
轂貽孫子　嘉靖癸卯舉人四川新寗縣知縣祟祀名宦鄉賢
杜鳴陽嘉靖戊午舉人杜傑隆慶辛未進士杜伸萬歷丁未
進士杜應芳累階中大夫福建參政在舊鼓樓前
黎獻帝臣　嘉靖癸卯科舉人在舊鼓樓前
同朝四銜門　翰林院檢討張文光汪元極庶吉士劉鍾英吏
科給事中梅之煥戶科給事中官應震兵科給事中吳亮嗣
福建道監察御史周應期穆天顏山東道監察御史曹光德
四川道監察御史田生金貴州道監察御史吳之皡黄彦士
魯之賢吏部稽勳司員外郎郭士望吏部司務蕭譽吏部稽
勳司主事於倫萬歷癸丑建在舊鼓樓前
父子司寇　刑部尚書贈太子少保王廷瞻刑部廣西清吏司
主事王同鼎在朱衣巷口
父子進士　宏治壬戌科進士吏部郎中四川參政王濟嘉靖
己未進士巡撫四川都御史王廷瞻在紅水巷口左
首應昌期　隆慶丁卯科舉人在紅水巷口
世膺天寵　萬歷癸未科進士江西道監察御史樊玉衡在門
首今廢
大司徒　總督河漕戶部尚書王廷瞻在紅水巷
大司寇　青宮少保　南京刑部尚書贈太子少保王廷瞻在



洗白街口右
直節匡時　雄文應世　奉直大夫前翰林院庶吉士吏科給
事中正德癸酉經魁丁丑會魁王廷陳在洗白街口今廢
司馬　封承德郎兵部武選清吏司主事方勇在洗白街口今
廢
都憲　嘉靖乙酉經魁壬辰進士授行人選刑科給事中以不
阿當路改兵部武選主事車駕員外郎四川僉事江西參議
副使山東參政專勅理東南財賦浙江按察使江西右布政
使巡撫應天等處都察院右副都御史方任在縣學右
進士　嘉靖壬辰科進士方任坊復下墜五世孫雍正癸卯科
進士方可丹重陞
祖孫父子尚書　誥贈資政大夫刑部尚書甄善甄其賢萬歷

庚戌進士南北刑部尚書甄淑在縣學右
帝命重光　嘉靖癸卯舉人富陽知縣勅封戶部主事奚樸丁未進士刑部清吏司主事贈福建參議奚世亮在縣學前
方獻　嘉靖辛酉科舉人在縣學前
進士　嘉靖癸未科進士王廷梅在北察院右今廢
應時多士　萬歷乙酉科舉人在北察院右
辛卯坊　萬歷辛卯科舉人在北察院左
天章寵錫　誥贈奉直大夫戶部員外郎吳嶽山萬歷壬辰進士四川按察司副使吳士瑞在北察院左
戴記儒宗　勅贈文林郎余瀹萬歷壬辰會魁余心純在北察院左
都憲　正德辛未科進士巡撫延綏等處都察院右副都御史



賈啟在清淮門內
世科　王濟王廷儒王廷陳王廷瞻王追美王一鳴在洗白街門首
會魁　丁丑會魁王廷陳在洗白街門首今廢
御史臺　係南察院故址
世承聖典　贈奉直大夫戶部員外郎熊瓊嘉靖乙丑科進士熊養中在縣學前今廢
抗節致忠　隆恩晉秩　誥贈奉直大夫孫仕亨廣東按察司僉事孫大祚在縣學前
登瀛　嘉靖戊午科舉人在於家巷口今廢
世科　吳泰癸酉科王孚嘉靖辛卯科王鳳陽乙卯科王畦辛酉科王址萬歷壬子科王欽濂在六劉巷口

清朝侍御　贈文林郎李陽明廣西道監察御史李植在六劉巷口
三世承恩　贈中大夫參政徐榮徐尚義嘉靖乙丑科進士廣西左布政徐時可在萬家巷口左
元歷登賢　萬歷癸酉科舉人在一字門內
登雲　嘉靖庚子科舉人涂瑜在居宅門首今廢
進士　嘉靖乙未科進士南京戶部郎中陝西平樂府知府呂韶在門首
多士坊　萬歷丁酉科舉人在清源門外
寵光三代　秩列九卿　贈中大夫陝西苑馬寺卿兼按察司僉事孫安孫仕時萬歷乙未進士授中大夫陝西苑馬卿前川陝山西河南直隸潼關衛等處兵巡副使江西布政使司



左參政孫大壯在清源門外
翊運真才　隆慶庚午科舉人在清源門外
邦家之光　隆慶辛未科進士在沙街
世禮之門　杜鳴陽子孫科第在賈氏巷口太常樊玉衡書
勅誥重封　勅授登仕佐郎吏部司務誥授奉直大夫兵部員外郎汪廷儒在沙街
元凱同登　嘉靖壬子科舉人在沙街今廢
龍章申錫　勅封承德郎工部都水清吏司主事誥贈中憲大夫揚州府知府徐廷蘭在齊安驛右
多士坊　萬歷甲午科舉人在齊安驛右
聯飛　在齊安驛左今廢
三鳳　在齊安驛前今廢

世列名卿　贈中憲大夫提督四夷館太常寺少卿甄其賢翰林院提督四夷館太常寺少卿前戸科都給事中甄淑在沙街

祖孫進士　宏治己未科王麟嘉靖壬戌科王同道在會同巷今廢

父子御史　贈文林郎江南道監察御史嘉靖戊子科舉人王廷槐壬戌進士王同道在會同巷今廢

忠精流芳　在關帝廟内義民官葉蒲嘉靖丙寅年建

總憲　嘉靖元年壬午科中經魁丙戌進士陶珪在陶家巷

翔鳳　在一字門外今廢

飛黄　在一字門外今廢

雄飛　在一字門外今廢



孝介先生　萬歴乙未科進士樊玉衡在府學左祠前

進士　誥封奉政大夫劉桂一在丁家壋一在卧車盤

忠臣節婦　嘉靖丁未科進士殉難贈福建參議奚世亮旌表貞節世亮妻王氏在舊鼓樓巷口

百年完節　嘉靖壬午舉人盧静妻方氏在方家巷口

貞節坊　萬歴癸酉舉人於廷諍繼妻張氏在府城隍廟街

貞節孝子　府學生員倪天瑞妻節婦劉氏孝子生員倪士觀俱旌表立坊一字門内仍許立祠坊側

天恩褒節　生員曹銓妻盧氏子自化封文林郎孫山東道監察御史曹光德在清源門内

天寵旌褒　儒士韋體亨妻節婦周氏在團風鎮

天朝旌孝　爲唐治建在團風鎮正街坊後圮康熙辛丑知縣鍾葦修復

世沐龍光　成化文淵閣大學士江淵贈文林郎江濟隆慶辛未進士江沛然在陽邏鎮

工部員外郎坊　在庶安鄉郭家寨前明爲郭知易建

義士碑　在庶安鄉余家寨明正統六年大饑鄉民余用賢出穀一千一百二十石助賑有司以聞勅旌建碑府志訛姓呂

文苑翹材　崇禎辛未進士嚴師範在嚴家巷居人苑内今燬

周忠烈坊　在新街空苑内今燬

國朝

嘉慶癸酉科題名坊　在縣學前知縣鄭家屏建

八世孝義之門　鄉民鄧一隆家八世同居在上伍鄉鄧家林

孝子坊　一旌曹大聲在上伍鄉　一旌吕希熤在南湖吕氏祠　一旌鄧之璧在鄧家林　一旌黄漢隆在葉家店　一旌謝鴻恩在路口下街



樂善好施　在路口旌善士王宗華

貞壽之門　旌表奉直大夫胡宗返之妻太宜人胡徐氏百歲

孝義之門　旌表國子生胡廷瑞家六世同居二坊在庶安鄉栁子港舉人胡玉森門閭

孝義之門　旌表貢生陳履謙家六世同居在庶安鄉石屋山居宅前

節孝坊　俱見列女志

# 黃岡縣志卷之四

知黃岡縣事合肥戴昌言編輯

## 賦役志

### 戶口

漢置筭賦魏晉置戶調其後逃漏之法嚴民且以舉子爲累

國朝丁隨糧派永不加賦休養生息二百餘年矣黃自粤捻之變土焦骨莽井里蕭然承平以後歸務本業而逋功食力之徒傭値且倍於舊日鞠人謀人是所望於留心民瘼者

原額戶一萬三千三百九十六

口一十五萬七千八百九十五

按舊志戶口載有前明洪武間戶一萬六千二百五十二口一十二萬二千三百四十九宏治間戶一萬七千八百二十七口一十七萬九千七百三十至嘉靖四十三年除割上中和鄉分置黃安縣外戶一萬三千三百九十六口一十五萬



七千八百九十五內除婦並小口實成丁一萬二千七百七十八萬歷十四年丈量後改則戶一萬三千五百四十八口一十三萬八百八十六內實成丁數與前無異外收復黃安五丁共丁一萬二千七百八十三查今賦役全書遂以此爲原額甲役以戶計徭役以丁計又編審久停全書已不載戶口僅載丁數

原額丁一萬二千七百八十三每丁原額派徵銀三錢六分八釐五毫五絲九忽五微四塵九纖六渺加增一錢九釐四毫六絲二忽九微一塵九纖三渺四漠共徵原額銀四千七百一十兩二錢九分六釐七毫零

康熙四年豁免運夫人丁二百三十丁除銀八十四兩七錢六分八釐零

實在人丁一萬二千五百五十三丁實額銀四千六百二十六兩五錢二分八釐零

康熙十一年起至五十年止逐次編審共增六十七丁實在人丁一萬二千六百二十丁共徵原額銀四千六百五十一兩二錢二分一釐五毫零原加徵銀在外

雍正六年以後原額並加增計算統爲額徵每丁徵正銀一錢九釐四毫六絲二忽九微一塵九纖二渺四漠雜徭銀二錢四分策同優免內有免丁二千九百八十七共免雜徭銀一千一十五兩五錢八分徵正銀三百二十六兩九錢六分五釐七毫零無免丁九千五百六十六共徵正雜銀四千二百九十九兩五錢六分二釐二毫零又徵不在額徵以內之優免丁銀五百六十一兩通共徵銀五千二百一十二兩二錢二分一釐五毫零

雍正七年題准丁隨糧派歸入閤省地糧內均攤每實徵糧銀一兩派徵丁銀一錢一分九釐零減原徵銀一十二兩六錢三分一釐一毫四絲五忽二微一纖四渺四漠九茫三灰

雍正七年陞墾派增銀一兩一錢二分二釐係抵算鍾祥縣重丁之項

乾隆二年陞墾派增銀四錢二分六釐奉部自乾隆七年起徵



乾隆八年陞墾派增銀一分三釐零奉部自乾隆十二年爲始起徵

除減計增共徵丁銀五千二百一兩一錢五分三釐零

又水災案內開除條餉均攤匠班驢腳麂皮等項帶派丁銀五十一兩七錢四分九釐一毫

又沖壓丁銀內有驢腳麂皮應派丁銀一兩六錢八分一釐七毫零

前志載實徵丁銀五千一百五十一兩八分六釐零查今全書載實徵丁銀五千一百五十兩零係乾隆二年八年陞墾派增丁銀未徵又今奏銷冊載實徵多志載銀四十七兩七錢三分內除各案攤除丁銀并扣額外陞墾條銀餉銀按編審人丁自

順治四年定爲三年一次照例造冊年六十以上開除十六以上添注凡殘疾并逃亡故絕者悉行豁免十三年改爲五年一次十七年奉文每歲底各將丁徭賦籍彙報康熙十二年奉文編審概佮疏　題三十一年題

准編審人丁冊造花名徵銀科則送部五十二年
恩詔徵收錢糧但據康熙五十年丁冊定爲常額續生人丁永不加
賦乾隆三十七年奉
上諭五年編審永行停止以後戶口歷有滋生至道光二十七年城
鄉週計八萬六千三百六十四戶六十三萬八千零十三丁
口
光緒六年冊報闔邑煙民計九萬七千一百一十八戶六十六
萬一千六百七十二丁口



賦稅

禹貢則壤成賦賦之所由昉也至唐定爲租庸調又變而爲
兩稅迄今用之
聖朝輕徭薄賦與民休息比諸什一有減無加洋洋乎
恩侔覆載矣舊志云黃俗隨分食力輸納隨時畏官府如神明今
猶是也催科撫字牧民者宜加意焉其志賦法而及軍屯則
以地隸縣境云

原額 田地塘共一萬三千一百一十頃九十七畝三分六釐明洪
武間官民田地七千四百五十五頃六十一畝七分

科夏稅小麥一千六百七十二石八斗四升四合八勺隨糧絲一千四百五十七觔十一兩八錢七分
桑柘絲五十二觔九兩八錢二分
秋糧米四萬五千四百四石八斗九合一勺

宏治間七千七百八十五頃九畝四分

科夏稅小麥二千八十八石二斗六升七合八勺零
隨糧絲一千四百六十八觔九兩五錢一分
桑柘絲五十八觔七兩三分
秋糧米四萬七千一百九十四石四斗四合四勺零

嘉靖間除分割黃安縣外六千四百八十頃五十九畝一分
三釐

內官田四百二十七頃三十七畝四分二釐
官地三十三頃六十七畝二分
官塘一十二頃二分九釐
民田四千五百五十七頃五十六畝七分
民地九百四十一頃六十七畝五分二釐
民塘五百八頃三十畝
內科夏稅小麥二千九石三斗九升九合八勺二抄
隨糧絲千二百六十四觔十四兩二錢五分一釐二毫
桑柘絲五十觔六兩五錢五分
秋糧米四萬一千五百三石五斗九升一勺零

考明會典萬歷九年錢糧作一條編徵收民稱爲便時清丈
除官田地塘畝照舊外民田地塘畝數有加官民田共八千九百六十頃八十三畝二分九釐 官民地共四千□百一十頃九十七畝一分七釐 官民塘共九百四十二頃五畝二分六釐

十年後水坍沙壓畝數有減民田減二十六頃七十六畝三分九釐民地減一千八十二頃六十七畝八分二釐民塘減三十九頃四十四畝一分六釐餘存民田地塘共一萬三千一百一十頃九十七畝三分六釐

國朝因之以爲田地塘定額

原額田八千八百八十頃六畝九分一釐內凡四則計田畝科米科米石派銀

上田二千六百三十四頃五十三畝一釐四毫每畝科秋糧民米五升三合實正米三升六勺三抄四撮該米一萬三千九百六十三石九合五勺零每米一石並加增顏料北絹等項共派銀六錢六分一釐二毫七微八塵六纖該銀九千二百三十二兩三錢五分二釐八毫零

中田二千九百三十八頃四十八畝一分三釐二毫每畝科秋糧民米四升一合實正米二升三合六勺九抄八撮該米一萬二千四十七石七斗七升三合四勺零每石照前則例該銀七千九百六十五兩九錢九分七釐三毫零

下田二千六百八十二頃八十六畝一分六釐四毫每畝科秋糧民米三升一合實正米一升七合九勺一抄八撮該米八千三百一十六石八斗七升一合零每石照前則例該銀五千四百九十九兩一錢二分一釐六毫零

山水鄉田六百二十四頃一十九畝六分每畝科秋糧民米二升一合實正米一升二合一勺三抄八撮該米一千三百一十石八斗一升一合六勺每石照前則例該銀八百六十六兩七錢九釐六毫零

四則田每畝科稅絲一分五釐四毫三絲六忽一微一塵六纖二渺該絲八百五十六觔一十一兩三錢七分七釐六毫零每畝科桑絲六釐六毫一忽三微四塵四渺該桑絲三十六觔一十兩二錢三釐五毫零二項秋糧內帶派



原額地三千三百二十八頃二十九畝三分五釐內凡三則

上地一百四十五頃九十二畝五分每畝科秋糧民米三升實正米一升七合三勺四抄該米四百三十七石七斗七升五合每石照前則例該銀二百八十九兩四錢五分七釐一毫零

中地四百八十八頃六畝二分五釐每畝科秋糧民米二升實正米一升一合五勺六抄該米九百七十六石一斗二升五合每石照前則例該銀六百四十五兩四錢一分四釐六毫零

下地二千六百九十四頃三十畝六分每畝科秋糧民米四合實正米二合三勺一抄二撮該米一千七十七石七斗二升二合四勺每石照前則例該銀七百一十二兩五錢九分八毫零每畝科夏稅小麥七合五勺一抄八圭八粒八粟該麥二千二十三石六斗六升三合零收復黃安縣麥一十四石二斗六升三合五勺在內每夏麥一石派銀三錢四分二釐八毫三絲八忽八微該銀六百九十三兩七錢九分二毫零

三則地每畝科稅絲一分五釐四毫三絲六忽一微一塵六纖二渺該絲三百二十一觔一兩五錢九分二釐五毫二絲一忽三微七塵秋糧內帶派每畝科桑絲六釐六毫一忽三微四塵四渺該桑絲一十三觔一十一兩七錢一分一釐九毫八絲三忽五微秋糧內帶派

原額塘九百二頃六十一畝一分每畝科秋糧民米三升七合三勺七抄四撮九圭二粒七粟實正米二升一合六勺二撮七圭該米三千三百七十三石五斗二合二抄三撮四圭三粒內除沒官米一十七石一斗五升六合官民米一石六斗八合一勺付還黃安縣收納外收回該縣切割民米一十七石七斗七升一合一勺實該米三千三百七十二石五斗九合二抄三撮四圭三粒每石照前則例該銀二千二百二十九兩九錢五釐六毫零每畝科夏稅絲一分五釐四毫三絲六忽一微一塵六纖二渺該絲八十七觔一兩二錢八分三毫零秋糧內帶派每畝科桑絲六釐六毫一忽三微四塵四渺

該桑絲三觔一十一兩五錢八分四釐四毫零秋糧內帶派
以上原額田地塘總數見前內乾隆二年並八年奉文開除蛟水沖
壓田地共一百一十頃二畝七分八釐三毫實田地塘一萬三千頃九十四畝
五分七釐七毫
原額共科秋糧米四萬一千五百二石五斗九升七合零內有免糧二千九百八十七石每石派銀四錢一分九釐九毫一絲三忽三微五塵三纖一渺無免糧三萬八千五百一十五石五斗九升七合三抄三撮四圭三粒每石派銀六錢七分九釐九毫一絲三忽三微五塵三纖一渺內除衝壓
糧四百二十五石一斗四升四合四勺三抄三撮實載秋糧
米四萬一千七十七石四斗五升二合六勺四圭三粒
共額徵銀二萬七千四百九十五兩五錢四分九釐九毫零內
除衝壓銀二百八十九兩五錢二分一釐五毫八絲三忽九
徵二塵一纖二渺三茫實徵銀二萬七千二百六兩二分八



釐三毫零內有舊全書原載班匠額銀五十四兩及班匠額內豁免衝壓銀四錢六分二毫六忽九微二塵八纖三渺七漠五茫係乾隆二十三年奉文於奏銷冊內刪除班匠名色統歸地丁條編彙數造報
原科夏稅麥二千二十三石六斗六升三合三勺內除沖壓麥
三斗八升九合八勺九抄一圭九粒六粟實載夏稅麥二千
二十三石二斗七升三合四勺零
額徵銀六百九十三兩七錢八分九釐一毫四絲內除沖壓銀
一錢三分三釐六毫六絲九忽四微八塵六纖九渺二漠八
茫實徵銀六百九十三兩六錢五分五釐四毫零
夏稅絲一千二百六十四觔一十四兩二錢四分九釐四毫零
桑絲五十四觔一兩四錢九分九釐九毫零
額外首墾田地雍正七年共九頃三十四畝八分四釐五毫五
絲科糧九石二斗四升九抄二撮該條銀六兩二錢八分二

釐四毫六絲一忽九微三塵四纖六渺七漠三茫
雍正十三年共八頃五十四畝二分六釐一毫二絲八忽科糧
三石五斗九合五勺四抄五撮一圭二粒該條銀二兩三錢
八分六釐一毫八絲六忽五微九塵三渺九漠五茫
乾隆六年地二十八畝四分二釐八毫科糧一斗一升三合七
勺一抄二撮該條銀七分七釐三毫一絲四忽三微七纖二
渺八茫
加增九釐餉損前明萬歷四十六七八三年每糧麥一石派銀二錢二分六釐八毫五絲七忽七塵一渺
該銀九千八百七十四兩一錢九釐三毫一絲五忽內除衝
壓銀九十六兩五錢三分四釐一毫九絲三忽一微八塵四
纖二渺六漠二茫外加首墾餉銀二兩九錢一分八釐一毫
三忽一微二纖九渺九漠一茫實徵餉損九千七百八十兩



四錢九分三釐二毫零
人丁數見戶口額銀除豁免運夫及蛟水衝壓復加優免陞墾等項
實徵銀五千一百五十一兩八分六釐內優免丁銀五百六十一兩又雍正七年乾隆二年八年三共墾派丁銀一兩五錢六分三釐奏銷冊內另款登收
額徵驢腳米一千二百六十三石二斗一升奉文每石折銀一兩以二錢給解役
該銀二百五十二兩六錢四分二釐奉文裁解餘八錢充餉該銀一千
一十兩五錢六分八釐共銀一千二百六十三兩二錢一分
雍正七年十三年及乾隆六年額外陞墾驢腳米折銀三
錢九分一釐五毫
二共銀一千二百六十三兩六錢一釐五毫內除蛟水衝壓
銀一十四兩六錢一分九釐六毫該徵銀一千二百四十八
兩九錢八分一釐八毫內除雍正七年陞墾抵算漢陽等縣

重丁銀二錢八分一釐二毫實徵銀一千二百四十八兩七
錢五毫
加增麂皮京損銀一兩六錢三分八毫　雍正七年十三年及
乾隆六年額外陞墾銀五毫五忽四微五塵一纖四渺九漠
二共銀一兩六錢三分一釐三毫五忽四微五塵一纖四渺
九漠內除蛟水衝壓銀一分八釐八毫七絲三忽九微六塵
九纖六渺二茫實徵銀一兩六錢一分二釐四毫零內雍正七年陞墾銀三毫係粂抵漢陽等縣重丁銀
帶派江南人匠原納班二百三十六名四年一班該班每名納銀一兩八錢遇閏加銀六錢除開除外實納班九十名每年銀五十四兩內除蛟水衝
壓銀四錢六分二毫實徵銀五十三兩五錢三分九釐七毫
因匠戶無徵督撫會疏　題准入地丁銀內公攤自康熙九



年爲始內人丁帶派銀六兩五釐八毫夏麥帶派銀一兩三錢二分九釐九毫秋糧帶派銀四十一兩三錢四分三毫隨漕帶派銀三兩五錢五分二釐八毫湖蘆稞帶派銀一兩三錢一分八毫
優免充餉銀一千三百三十七兩六錢二分內有優免丁銀五百六十一兩入均攤丁隨糧派項下實充餉銀七百七十六兩六錢二分又優免銀四百五十四兩五錢八分在外於雍正七年奉文裁革減額
以上地丁餉損驢腳折米麂皮京損匠班帶派優免充餉共
實徵銀四萬四千八百六十六兩九錢四分二釐
國初時沿明舊制隨里長辦解至康熙二十三年奉
旨革除里甲戶蠲花冊生民獲福
隨徵耗羨
雍正二年總督楊宗仁九年巡撫王士俊先後　題准加一
一耗以爲養廉充公之費本縣隨徵耗羨銀五千一百七十
九兩八錢六分七釐零內一分　奏費銀四百七十兩九錢
零三分充公銀一千四百一十二兩六錢九分五釐零解司
七分本縣坐支養廉銀八百四十兩原銀九百兩乾隆二十三年撥給團風陽邏兩司驛務各三十兩共六十兩同七分耗羨解司餘銀二千四百五十六兩二錢八分
九釐八毫解司彙入　奏銷冊報
衛屯附
軍衛隸府戶口土田均詳府志田地山塘有坐落縣境者亦
往往與民人土田相錯因附入之俾界限劃然有事協勘得
以稽考
黃州衛屯田地山塘原額七百五十六頃六十三畝一分零內
除江夏麻城二縣代徵籽粒並荒蕪坍卸各屯田地又增逐
年開墾實成熟田地七百二頃六十七畝四分按民田地分四則科糧徵



銀軍屯概以八畝三分三釐三毫科糧一石上則以一畝當一畝中則以二畝當一畝下則以三畝當一畝載糧
八千四百三十二石四斗一升五合四勺零每糧一石止徵屯餉銀三錢五分三釐解司徵貼運銀三錢八分外值造船一隻加料五升徵銀解道坐落縣境屯田地計四
百三十五頃五十八畝五分六釐八毫三絲三忽三微三塵
科糧五千二百二十七石二升八合二勺徵銀照則科算按鄉列後
一坐落厢坊鄉長圻墩打石廠長港蘆洲灣馬橋黃柏山得勝
洲等處指揮滿如弦陳榮鎮撫李芳王蒙哥禿千戶潘六任秉直嚴正紀秦得百戶杜鷹雍大亨陳德李誠高興張文學等戶屯田地二百一十頃四十二畝二分六釐六毫載糧
二千五百二十五石七升一合八勺
一坐落東弦鄉滸子灘湯湖磯窩湖等處千戶朱寵李應合百戶朱輪韓望等戶
屯地二十四頃七十四畝七分一釐六毫六絲六忽載糧二
百九十六石九斗六升六合又吕王城社樹奈家灣姜家洲

等處指揮郭顯鎮撫詹勝百戶葉成等戶屯田地四十八頃四十二畝五分五釐九毫六絲六忽六微六塵載糧五百八十一石一斗七合一勺又道人湖南湖漫兒口大山嶺三台河桐梓岡等處百戶陳虎安等戶屯田地一十八頃三十八畝九分九釐一毫六絲七忽載糧二百二十石六斗七升九合

一坐落還和鄉尹家塹六家廟奚家潑上巴河宋家畈指揮曾斌牛瑛嚴禮倪義鎮撫徐福千戶朱寵奚佛闕等戶屯田地一十三頃一十畝六分七釐五毫載糧一百五十七石二斗八升一合

一坐落慕義鄉下伍鄉何家湖石磐嶺寨子彎過賢埠窰兒渡軍田畈白米河圓通寺等處指揮彭宏百戶張養元等戶屯田地四十頃二十三畝一分四毫一絲四忽載糧四百八十二石七斗七升二合五勺

一坐落中和鄉雙柳八里畈望仙橋古城寨釣魚臺等處指揮孟[illegible]百戶方可友范天受等戶屯田地八十頃二十六畝二分六釐五毫載糧九百六十三石一斗五升一合八勺



起運存留

浮於江沱潛漢逾於洛至於南河禹貢所紀其荊州運道之權輿乎今賦稅所入運以佐

朝廷度支卽存以給地方經費凡邑中官吏之用祭祀之用置驛均徭之用咸恃以無缺試稽縣冊縷析條分殆所謂顆若晝

一者爾

一起運

戶部項下

夏稅折色解南桑絲絹四十疋九尺八寸二分五釐每疋正銀五錢五分損銀一錢五分共銀二十八兩二錢二分九釐三毫每兩京損銀五分該銀一兩四錢一分一釐四毫

秋糧折色京庫米五千六百五十一石三斗六升八合九勺五抄三撮內除米一十八石七斗六升四合一勺還黃安縣代納外實徵米五千六百三十二石六斗四合八勺五抄三撮每石折銀二錢五分該銀一千四百八兩一錢五分一釐二毫每兩京損銀三分滴珠銀一分共該銀五十六兩三錢二分六釐解費每兩九釐該銀一十三兩一錢八分三毫一派剩太倉米一千二百九十五石五斗八升每石折銀六錢該銀七百七十七兩三錢四分八釐每百兩京損銀一兩二錢該銀九兩三錢二分八釐一毫解費每兩九釐該銀七兩八分一毫解司搭解北京富戶一十二名每名銀二兩每兩京損銀二分共銀二十四兩四錢八分無閏

鹽鈔折色解南戶口鈔本色正損共銀七十九兩七錢三分七釐六毫帶閏銀二兩六錢五分七釐九毫解費每兩九釐該銀七錢一分七釐六毫

夏稅本色北京黃絹共該絹一千一十一疋二丈七尺三寸

七分六釐每疋正銀七錢織費銀二錢京揖銀三錢共銀一千一百一十三兩一
錢三釐八毫當官買絲成造責經手人役解司委官搭解遇覲年分州縣官帶解不許僉累糧里加
增北絹銀三百五十四兩一錢六分九釐四毫
蔴竹圓頭等銀每正米一石派銀二分一釐六毫該銀一百八十一兩九錢
二釐二毫　南糧運官盤纏銀二十二兩內扣二兩解司案給總部通判餘二
十兩給南糧官
摘裁
宗祿折色銀舊志楚府將軍米武昌府倉米抵編崇陽將軍米荆府親王米郡王米將軍米加編米荆岷府庶人口糧米練兵餉米共銀四千九百九十三兩一錢三分五
釐解費共銀二十六兩九錢八分九釐八毫
茶價正銀舊志瀏府六十八兩二錢四分二釐八毫解費銀六錢一分四釐二
毫



官員柴薪銀舊志通山王典膳高順王教授二十四兩八錢
民校等銀舊志荆府齋郎八十四兩樂舞生九十九兩鋪排夫一十五兩禮生六兩屠戶六兩民
校一百八兩共銀三百一十八兩
賦役舊編冗款裁剩銀二千八十六兩五錢一分四釐五毫
除撥銀九百四十八兩一錢五分補鋪兵工食外實該充餉銀一千一百三十八兩
三錢六分四釐五毫
又收光祿寺項下銀一千三百七十六兩三錢六分五釐
加增九釐餉銀共該九千八百七十四兩一錢九釐三毫
共銀二萬一千八百五十一兩八錢六分二釐五毫
禮部項下
秋糧折色北京藥味正價銀三十二兩一錢六分五釐六毫
每兩京揖銀四分該銀一兩二錢八分六釐六毫解費每兩九釐該銀三錢一釐一毫

解南藥味價銀四兩五錢七分四釐九毫原無損解
又收光祿寺項下銀六十七兩二錢四釐四毫
共銀一百五兩二錢三分一釐七毫
工部項下
折色緞疋正銀二百七十兩九錢八分七釐損銀四十兩五
錢六分六釐四毫帶閏銀一十八兩五錢五分八釐八毫每百
兩京損銀九錢該銀二兩八錢三釐九毫解費每兩九釐該銀二兩八錢二分九釐二毫
翎毛正銀一十兩九錢六分五釐三毫每兩腳價銀九釐該銀九分
八釐六毫解費每兩九釐該銀九分九釐六毫
營膳司料銀四百九十八兩七錢六分一釐二毫每百兩京損銀九錢
該銀四兩四錢八分八釐八毫解費每兩九釐該銀四兩五錢二分九釐三毫
軍器銀一百二十五兩四分三釐五毫



原派辰州軍餉改抵溆浦縣額派軍器銀六十四兩八錢八
分三釐九毫二項解費共銀一兩七錢九釐三毫
本色白硝麂皮三百二張每張價銀四錢京損銀二錢共銀一百八十一
兩二錢解費每兩九釐該銀一兩六錢三分八毫如遇折色之年每兩另派京損銀九釐
胖襖褲鞋四十一副半每副正銀一兩二錢水腳銀三錢共銀六十二兩二
錢五分原議官解領銀製造解司另給大馬不另派損銀
綾紗紙價銀三百九兩三錢九毫文到方派不許每年帶徵
共銀一千五百八十九兩九錢八釐七毫除綾紗紙價俟部
文到方派銀三百九兩三錢九毫實銀一千二百八十兩六
錢七釐七毫
光祿寺項下
坐派甲丁庫供應等銀六百五十五兩每百兩京損銀二兩該銀一十

三兩一錢（解費每兩九釐該銀六兩一分二釐九毫）
加增顏料蠟茶黃白蠟等銀七百五十兩六錢八分一毫
派剩辰州軍餉改抵辰州府屬溆浦縣坐派光祿寺甲丁庫
供應銀七兩二錢九分七釐一毫（每兩京損銀二分）該銀一錢四分
五釐九毫（解費每兩九釐該銀六分七釐）
清浪倉米改抵溆浦縣坐派光祿寺甲丁庫供應等銀一百
六十五兩三錢七分五釐（每兩京損銀二分）該銀三兩三錢七釐五
毫（解費每兩九釐該銀一兩五錢一分八釐一毫）
原派辰州軍餉改抵溆浦縣額派徭丁柴草正價銀一十二
兩一錢一分五釐損銀二兩（解費每兩九釐該銀一錢二分七釐一毫）共銀一千
六百九兩二分六毫內除銀一千三百七十六兩三錢六分
五釐四毫入　戶部項下又除銀六十七兩二錢四釐四毫
入　禮部項下登收外實額銀一百六十五兩四錢五分六
毫（此係前項銀兩奏銷冊數已於分析撥除）



以上解戶禮工光四部寺共銀二萬三千四百三兩一錢五
分二釐六毫
一摘裁
順治九年裁知府書辦銀一百一十五兩二錢　門子銀二
兩四錢　步快銀一十九兩二錢　皁隸銀一十九兩二錢
燈籠夫銀四兩八錢　庫書銀六兩　斗級銀一兩二錢
本縣修宅家伙銀二十兩（全裁）　吏書銀五十七兩六錢
捕役銀九兩六錢　門子銀二兩四錢　皁隸銀一十九兩
二錢　民壯銀六十兩　燈籠夫銀四兩八錢　禁卒銀九
兩六錢　庫書銀六兩　倉書銀六兩　庫子銀四兩八錢

斗級銀四兩八錢　轎傘夫銀八兩四錢　縣丞書辦銀
一兩二錢　門子銀一兩二錢　皁隸銀四兩八錢　馬夫
銀一兩二錢　典史書辦銀一兩二錢　門子銀一兩二錢
皁隸銀四兩八錢　馬夫銀一兩二錢　巡檢書辦銀二
兩四錢　皁隸銀四兩八錢　驛丞書辦銀二兩四錢　皁
隸銀四兩八錢　河泊書辦銀二兩四錢　皁隸銀四兩八
錢　共銀四百一十九兩六錢
順治十二年十四年裁總督書吏銀一百五十兩　撫院轎
傘夫銀一十四兩四錢　布政司修宅家伙銀四十八兩（全裁）
更換桌圍銀五十三兩（全裁）　吏書銀三百六十兩　門子
銀四兩八錢　皁隸銀一十四兩四錢　快手銀一十四兩
四錢　右堂吏書銀二十八兩八錢　學道俸薪銀二十九



兩四分四釐　府教官膳夫銀五十三兩三錢三分三釐三
毫　本縣俸薪銀一十八兩四錢九分　心紅紙張銀一十
兩　迎送傘扇銀一十兩（全裁）　縣丞俸薪銀八兩二錢二釐
縣教官膳夫銀二十六兩六錢六分六釐　按察司表夫
銀一十兩　各巡司各屬弓兵銀九十七兩三錢一分六釐
五毫　渡夫銀四十二兩二錢八分二釐五毫　鄉飲銀一
十五兩　府學廩生銀一百六十一兩四錢七分四釐六毫
供應銀四百五十兩　縣學廩生銀九十六兩　桃符銀
一十二兩　生童試銀一百四兩五錢　本縣應朝盤纏銀
一十八兩
共銀一千八百四十九兩一錢九釐六毫
康熙元年二年裁總督書吏銀三十兩（全裁）　布政司吏書銀

三百六十兩全裁　右堂吏書銀三十六兩全裁　知府書辦銀
一百四十四兩全裁　庫書銀六兩全裁　教官書辦銀七兩二
錢全裁　本縣書吏銀七十二兩全裁　庫書銀六兩全裁　倉書
銀六兩全裁　縣丞書辦銀六兩全裁　典史書辦銀六兩全裁
陽邏團風二巡檢書辦銀一十二兩全裁　李坪陽邏二驛丞
書辦銀一十二兩全裁　樟松黃漢湖官書辦銀一十二兩全裁
府教官學書銀七兩二錢全裁　縣教官學書銀七兩二錢
全裁　府學廪銀八十兩七錢三分七釐三毫　縣學廪銀四
十八兩
共銀八百五十一兩一錢三分七釐三毫
康熙四年裁府教官銀六十三兩四分　門子銀一十四兩
四錢　草料銀二十四兩　齋夫銀三十六兩　又銀一十



二兩　縣學教官銀三十一兩五錢二分　門子銀一十四
兩四錢　草料銀一十二兩　齋夫銀三十六兩
共銀二百四十三兩三錢六分
康熙五年裁檢校俸銀二十一兩一錢一分四釐全裁
康熙二十二年裁布政司右堂皂隸快手銀一十八兩內皂隸工
食銀九兩快手工食銀九兩奉文准在湖南支給共湖北坐派銀兩改充兵餉
康熙二十六年裁布政司左堂心紅紙張銀一百二十兩全裁
知府心紅等銀五十兩全裁　府教官喂馬銀一十二兩全裁
知縣心紅銀二十兩全裁　修理監倉銀二十兩全裁　縣學
喂馬銀一十二兩全裁　科舉銀五十七兩八錢二釐四毫
修船銀五兩七分　預備轎傘銀五兩九錢三分四釐　備
用銀二百七十五兩四錢全裁　生童試卷給賞等項銀一百

四兩五錢全裁　科舉生員銀一百五十兩全裁　對讀刊錄銀
四兩八錢三分三釐五毫　本縣應朝盤纏銀九兩全裁　本
縣馬快草料銀八十六兩四錢
共銀九百三十二兩九錢三分九釐九毫
康熙二十七年裁府縣歲貢盤纏銀四十五兩全裁
以上共裁銀四千三百八十兩二錢六分九毫
增益人口（數見戶口志）額銀二十四兩六錢九分三釐四毫
額外陞墾（頃畝見前）共銀一十一兩六錢六分四釐（以上二項內八錢三分九
釐四毫在銜壓銀內扣除）
共額銀二萬七千八百一十八兩九錢三分一釐七毫內除
奉復廪糧並奉撥　關帝三祭及均祭各項銀一百七十一
兩一錢四分三釐三毫又除撥抵浙省協濟馬價銀六百四



十六兩五錢三分九釐俱入撥存項下外實額銀二萬七千
一兩一錢四分九釐三毫內存豁免運夫丁銀四十一兩三
錢四分三釐九毫　又除閤省均攤人丁應減丁銀一十二
兩六錢三分一釐一毫　又除蛟水衝壓銀二百七十七兩
四錢六釐二毫實額銀二萬六千六百六十九兩八錢六分
九釐九毫（內雍正七年陞墾七兩七錢七分五釐五毫係棄抵漢陽等縣重丁銀數）
解費銀六十七兩四錢六釐五毫內除豁免丁銀一錢一分
七釐八毫又除蛟水衝壓銀六錢六分九釐六毫實徵銀六
十六兩六錢一分九釐
一存留支給
官役俸食項下
撫院轎傘扇夫銀七十二兩

布政司左堂門子銀二十四兩 皁隸銀六十三兩 快手銀六十三兩

學院俸薪銀一百五兩 如學院不支另款解司充餉

知府俸銀六十二兩四分四釐 門子銀一十二兩 捕快銀九十六兩 皁隸銀九十六兩 燈籠夫銀二十四兩

斗級銀六兩

府教官俸銀三十一兩五錢二分 訓導復設一員俸銀二官分給

加品俸銀五十三兩四錢八分 乾隆元年教職加增係司庫支給不在本縣額徵內以上俸銀共八十五兩內教授四十五兩訓導四十兩 齋夫銀二十四兩 二官分支 門子銀二十一兩六錢 膳夫銀二十六兩六錢六分六釐六毫 廩生支給 廩糧八十兩七錢三分七釐三毫 康熙二十四年復廩生支領起運項下撥給



本縣俸薪銀四十五兩 門子工食銀一十二兩 皁隸銀九十六兩 雍正六年撥給仵作工食銀二十四兩餘七十二兩仍給皁隸

捕役銀四十八兩 原係馬快支食乾隆十六年改名捕役 民壯四十名 原五十名 雍正十一年撥給陽邏團風二巡檢八名又奉裁二名工食銀解司作加增各屬民壯修整器械之用 工食銀二百四十兩 乾隆元年加增修理器械銀每名一兩共四十兩係司庫裁汰民壯工食銀內支給不在本縣額徵內 燈籠夫銀二十四兩 雍正五年裁另款解司充餉 禁卒銀四十八兩 轎傘扇夫銀四十二兩 庫子銀二十四兩 斗級銀二十四兩 應役吹手三十名共銀二百一十九兩六錢

縣丞俸銀四十兩 門子銀六兩 皁隸銀二十四兩 馬夫銀六兩 典史俸銀三十一兩五錢二分 門子銀六兩 皁隸銀二十四兩 馬夫銀六兩

陽邏團風巡檢二員俸銀共六十三兩四分 皁隸工食銀二十四兩 民壯八名共工食銀四十八兩 雍正十一年添設係本縣撥給 乾隆元年加增修理器械銀每名一兩共八兩係司庫裁汰民壯工食銀支給不在本縣額徵內

但店巡檢一員俸銀三十一兩五錢二分 皁隸工食銀十二兩 民壯工食銀二十四兩 又加增銀二兩道光十五年奉文赴江夏縣給領銀十二兩餘由縣支給

倉埠巡檢一員 係由本府司獄改設其俸銀在司庫動支 民壯工食銀二十四兩

李坪陽邏驛丞二員俸銀共六十三兩四分 雍正六年裁另款解司充餉

皁隸工食銀二十四兩 全裁解司充餉

樟松黃漢湖官二員俸銀六十三兩四分 康熙三十九年裁另款解司充餉

皁隸銀二十四兩 全裁解司充餉

縣學教官俸銀三十一兩五錢二分 訓導已奉復設俸銀二官分支 加品俸



銀四十八兩四錢八分 乾隆元年加增係司庫支給不在本縣額徵內以上俸銀共八十兩教諭訓導各半 齋夫銀三十六兩 二官分支 門子銀二十一兩六錢

膳夫銀一十三兩三錢三分三釐 廩生支給 廩糧銀四十八兩 康熙二十四年復廩生支給係起運項下撥給

以上除教職加俸廩糧奉復外實銀二千一百五十二兩五錢二分四釐 內李坪陽邏二驛樟松黃漢二湖裁銀一百七十四兩八分

撥運

時憲書銀二十二兩五分六釐一毫二絲 解費一錢九分八釐五毫五忽

科舉銀 原六十八兩三錢七分三釐八毫二絲五忽 又原派辰州軍餉改抵溆浦縣額派科舉銀四十六兩二錢二項共銀一百一十四兩五錢七分三釐八毫二絲五忽解費一兩三分一釐一毫六絲五忽以上共銀一百一十五兩六錢四釐九毫零康熙十七年裁銀一半彙入起運項下 存銀五十七兩八錢二釐四

毫九絲五忽

按察司表夫銀一十兩

備用內應除解府學歲貢花紅盤纏銀一十二兩乾隆二年解支司庫計名均給六年報銷一次

歲貢生員正貢盤纏花紅旗匾酒席銀一十兩正陪二名起考脚力銀各一兩共銀一十二兩二年一次每年該銀六兩乾隆二年解交司庫計名均給六年報銷一次

新舊會試舉人以三十六名為率每名長夫銀二十四兩共銀八百六十四兩三年一次每年該銀二百八十八兩雍正九年撥年解司遇會試年照會試人數均給

科場對讀生原五名每名給銀一兩刋錄匠原八名每名給銀五錢書手原四十名每名給銀五錢三年一次每年該銀九兩六錢六分七釐康熙十七年裁半存銀四兩八錢三



分三釐五毫

以上共撥運銀三百九十兩八錢九分六毫

按今縣冊原派對讀七名同治九年三月奉文添派二名共九名原派謄錄六十五名同治九年三月奉文添派十一名共七十六名與舊志不符俟考

驛站項下

裁減銀三千一百三十五兩五錢九分九釐八毫

紅船水手工食銀三十兩四錢六分六釐四毫俱裁解道

縣驛銜途買馬額銀一千兩內乾隆二年夏水偏災案內豁除額銀七十三兩四錢五分六釐九毫又乾隆八年夏災案內豁除額銀一兩八錢八分五釐八毫

實解銀九百二十四兩六錢五分七釐一毫

裁減夫馬銀五百五十三兩二錢五分七釐一毫雍正六年所裁數見

後

以上共解銀四千七百一十九兩三錢二分三釐三毫

排夫七十名原九十名雍正六年裁二十名工食銀一百四十六兩四錢每名工食銀七兩三錢二分共五百一十二兩四錢乾隆四年扣小建加閏

乾隆二十二年增十名每年增工食銀七十三兩二錢遇閏加增赴道請領小建扣解

本縣合併齊安驛馬三十匹原四十六匹雍正六年裁馬十六匹工食草料等銀三百四十七兩一錢乾隆二十四年裁馬五匹馬夫二名住支工料藥餌銀一百九兩一錢四分七釐三毫實存工料等銀五百四十二兩四錢五分二釐六毫乾隆四年奉文扣小建加閏支應銀原六十七兩雍正六年裁一十六兩乾隆二十四年裁五兩存四十六兩

李坪驛馬三十匹乾隆二十四年裁馬五匹馬夫二名住支工料藥餌銀一百九兩四錢實存工料等銀五百三十九兩八錢扣小建加閏支應銀原六十七兩乾隆二十四



年裁較屜銀五兩存六十二兩

陽邏驛馬三十匹原三十二匹雍正六年裁二匹工食草料等銀四十一兩六錢五分七釐一毫乾隆二十四年裁馬五匹馬夫二名住支工料等銀一百九兩六錢二分八釐四毫實存工料等銀五百四十兩七錢一分四釐五毫扣小建加閏支應銀原六十七兩雍正六年裁二兩乾隆二十四年裁五兩存六十兩

以上各驛夫馬工食草料支應等銀統於本縣原編驛站並正項改抵浙協馬價六百四十六兩五錢三分九毫以及江濟銀內六百四十兩四錢三分七釐五毫徑支動用除雍正六年裁減夫馬住支工料支應等銀五百五十三兩二錢五分七釐一毫又於乾隆二十四年裁減夫馬住支工料支應等銀三百四十三兩一錢七分五釐七毫解道移司充餉

實支存銀二千三百三兩三錢六分七釐一毫

以上共銀七千二十二兩六錢九分五釐五毫內江濟銀六百四十兩四錢三分七釐五毫

均徭

各巡司弓兵工食銀原九十七兩三錢一分六釐五毫乾隆十六年裁三江口永兵工食銀四十三兩二錢解司充餉實存銀五十四兩一錢一分六釐五毫

各鋪司兵徭編七十六名半工食銀四百六十六兩六錢五分永充一百六十名工食銀二百八十八兩後詳允裁解銀內扣除九百四十八兩一錢五分撥補足額共一千七百二兩八錢咸豐七年奉文裁汰八成解庫充餉留剩二成銀三百四十兩五錢六分撥驛幫僱健夫支用又於同治八年奉文加留二成共四成工食銀六百八十一兩一錢二分由縣坐支添設橫路鋪遞支用

各河渡夫及修船銀共三十七兩二錢一分二釐五毫本縣迎送皂隸四十名內裁六名抵府經制一十四名餉兵外實二十名共工食銀一百一兩一錢六分七釐



以上共銀一千九百三十八兩四錢九分六釐內乾隆十六年裁弓兵銀四十三兩二錢

祭祀雜支

文廟二祭及

崇聖祠名宦鄉賢二祭並香燭祭米折銀共五十五兩五分府學

山川社稷壇各二祭郡厲壇三祭並祭米折銀共三十七兩二錢二分

縣學二祭並香燭祭米折銀共四十一兩五分

以上各項祭祀原存銀一百二十六兩六錢六分乾隆七年均祭案內增銀六兩六錢六分於起運項下撥湊其各祭內缺減運夫丁銀赴司庫公項內撥補

關帝三祭銀三十五兩七錢四分六釐雍正七年增設係起運項下撥給

先農壇祭祀銀五兩乾隆五年奉文將耤田存穀變價動用如有不敷仍於司庫存公銀內湊給復於乾隆十三年奉文於耗羨酌定章程案內每年赴司請領銀二兩八錢二分五釐其不敷銀二兩一錢七分五釐在於耤田收穫舊存穀石變價湊辦如無舊存穀石該縣自行捐湊備辦祭品乾隆二十四年奉文禁用捐墊字樣又經咨准部覆將收存穀石儘數易備如有不敷按數找給不必以二兩八錢二分五釐之數爲定

常雩祭祀銀五兩乾隆七年司庫動支

文昌二祭銀二十三兩八錢三分六釐嘉慶六年崇祀由縣墊發年終赴司請領

昭忠祠二祭銀八兩嘉慶八年奉文致祭在建曠項下動支

鄉飲銀存一十五兩

孤貧一百六十七名每名口糧銀一兩八錢歲給布花銀三錢共銀三百五十兩七錢乾隆二年加小建扣閏每名歲增口糧銀四錢二分司庫補給又部咨收養額外孤貧三十四名其口糧布花銀照例按給係司庫動支不在本縣額徵內至額外孤貧每年增減原無定數

本縣魚船八隻每隻水夫二名每名帶閏工食銀六兩一錢共工食銀九十七兩六錢



以上除均祭增銀外實存祭祀雜支銀五百八十九兩九錢六分

以上存留官役俸食撥運驛站均役祭祀雜支等項除康熙二十七年以前裁銀充餉外額銀一萬一千一百五十兩五錢五分四釐四毫加入起運撥供祭祀廩糧銀一百七十一兩一錢四分三釐三毫又加入起運撥抵浙省協濟馬價銀六百四十六兩五錢三分九釐共該銀一萬一千九百六十八兩二錢三分六釐八毫內除豁免運夫丁銀四十二兩四錢七分三釐八毫又除蛟水衝壓銀一百二十七兩一錢二分三釐七毫查民壯各役工食孤貧口糧缺減銀兩已於司庫地丁銀內撥補足數支給祭祀內缺減銀兩已於司庫存公銀內撥補實徵銀一萬一千七百九十八兩六錢三分九釐二毫內有存留項下奉裁湖官俸食銀八十五兩九錢四釐二毫鐙夫工食銀四十七兩三錢七分三釐六毫

弓兵工食銀四十三兩二錢另款解司充餉又驛站項下奉
裁夫馬工料等銀五百五十三兩二錢五分七釐一毫係另
款解交道庫支解又雍正六年於存留項下奉裁李坪陽邏
驛丞俸銀六十三兩四分皂隸工食銀二十四兩另款解司
充餉又乾隆二十四年驛站項下奉裁夫馬工料等銀
三百四十三兩一錢七分五釐七毫另款解道移司
兵部江濟水夫銀六百四十兩四錢三分七釐五毫內有蛟水衝壓
銀七兩四錢三分九釐二毫准驛道彙入
驛站衝壓內詳准驛站買馬款內開除訖

一隨漕項下

楞木松板銀三十三兩一錢三分六毫內改解本色楞木於雍正五年停辦改
解本色松板於乾隆十五年停辦
運糧官軍行月二糧米二千一百八十六石四斗一升六勺
每石折銀四錢該銀八百七十四兩五錢六分四釐二毫零
江西運糧官軍月糧米一千一百五十九石八斗每石折銀四錢該
銀四百六十三兩九錢二分

黃岡縣志　卷之四　起運存留　二十五

參陸耗蓆輕賫等銀一千五百三十二兩二錢九分二毫五
絲每百兩解准損銀一兩該銀一十五兩三錢二分二釐九毫零內解通蓆
六百九十七領乾隆二十年截留漕糧改撥江蘇蓆價解道
充公以後兌漕時仍交旗船帶通應用每年蓆價六兩九錢
七分三釐
兌糧盤纏五兩
淺船銀九十一兩四錢八分八釐　原派辰州軍餉改抵漵
浦縣額派淺船銀六十一兩八錢三分七釐二項解費每兩九釐該銀
一兩三錢七分九釐八毫零共隨漕銀三千七十七兩五錢
五分二釐九毫五絲四忽五微　解費銀一兩三錢七分九
釐八毫　雍正七年十三年及乾隆六年額外陞墾銀八錢
三分九釐四毫九絲八忽一微一塵七纖一漠三茫
以上共銀三千七十九兩七錢七分二釐三毫零內除豁免

運夫丁銀八錢三分五釐五絲八忽一微六塵八纖七渺又
除蛟水衝壓丁糧銀三十兩五錢九分六釐九毫七絲九忽
二微九塵一纖四渺七漠六茫又除雍正七年陞墾抵算漢
陽等縣重丁銀六錢三釐三絲五微九塵八纖六渺七漠六
茫實徵銀三千四十七兩七錢三分七釐二毫零
兌軍本色正米每秋糧一石派正米一斗九升九合五勺六抄九撮四圭三粒該正米八千
二百八十二石六斗五升每石耗米四斗該耗米三千三百一十三
石六升又雍正七年十三年及乾隆六年額外陞墾正耗米
三石五斗九升三合九勺八抄三撮七圭五粒七粟二共正
耗米一萬一千五百九十九石三斗三合九勺零內除蛟水
衝壓米一百一十八石七斗八升四合一勺六抄五撮二粒
六粟實徵米一萬一千四百八十石五斗一升九合八勺零

黃岡縣志　卷之四　起運存留　二十六

又糧道條陳於腳米外加耗米二斗順治九年四月內楚撫遲題請免加部覆革
除康熙十一年奉文另正米一石給增貼米二斗額徵增貼米一千六百五十六石
五斗二升又雍正七年十三年及乾隆六年額外陞墾米五
斗一升三合四勺二抄六撮二圭五粒二粟共米一千六百
五十七石四升三合四勺零內除蛟水衝壓米一十六石九
斗六升九合一勺六抄六撮四圭三粒二粟實徵米一千六
百四十石七升四合二勺零
共徵正耗米一萬三千一百二十石五斗九升四合七抄
南糧本色正米每秋糧一石派正米二斗二合九勺一抄二撮六圭該正米八千四百
二十□石四斗每石耗米二斗五升該耗米二千一百五石三斗五升
又雍正七年十三年及乾隆六年額外陞墾米三石二斗六
升二合六勺六抄九撮五圭二粒三粟共米一萬五百三十

石一升二合六勺零内除蛟水衝壓米一百七石八斗三升三合九勺五抄二撮八圭四粒五粟實徵正耗米一萬四百二十二石一斗七升八合七勺一抄六撮六圭七粒八粟另正米一石里納船驢腳米一斗五升共額徵驢腳米一千二百六十三石二斗一升奉文每石折銀一兩解道充餉歷年陞墾驢腳米折銀數並見前

雍正元年奉文每石徵耗米一斗共南漕耗米二千三百四十二石七斗七升每年除支解荆倉鼠耗及黃協兵米鼠耗並給旗截貼七米共一千一百石有零餘米出售原有定價南糧每石變價七錢二分漕糧每石變價七錢至乾隆二十二年奉文照市價出售解道充公

又每石水腳銀一錢五分共銀三千四百八十三兩零除實



在支用及支解修倉蘆蓆給旗截貼外餘銀解道充公

咸豐七年九月巡撫胡林翼以湖北省漕米折色每石自七八千以至十三四五千文不等 奏請覈減漕價以甦民困其州縣收漕情形各不相同因地酌量覈減除奉部議章程每石折銀一兩三錢解庫外仍提兌費銀若干暫時充餉一俟漕船開運仍改爲漕船兌費所有各院司道府各衙門一切規費盡行裁革准自本年開徵爲始照覈減之數徵收永遠刊石立碑爲例黃岡縣折色奉覈准每石正米徵收十足大錢四千五百文

明茅瑞徵上兩院南漕並徵議本縣遺賦爲累官民俱敝在今日勢窮必變而最累者無如南糧此不及今申以畫一之令民困未有瘳也本縣原額南漕二糧正耗各計一萬一千餘石但漕糧係軍運臨兌急如星火而南糧係民運里欠易於耽延往例分項各徵先徵漕糧於秋刻期發兌竣漕完始徵南則南糧徵於次春矣沿襲既久上下因循甚且挪至次冬開徵及今則歷再次春竟相去一年以今年徵本年之漕糧畢而方徵舊歲之南糧曰此例也及查各年來文原未奉有分年之例祇緣徵不趁一熟年歷一年蓋秋收有米輸納甚易小民亦自鼓舞必待又一年又起一事則民心先已怠緩保歇乘機攬包巧在零湊利在遲回及至臨期虛捏無歲不虧折無歲不重賠前事種種可爲殷鑒目下無論其他即如一歲到卯有條編里長有漕糧里長又有南糧里長多一番投認便多一番保戶多一番使費計所損民膏應已不貲矣今亟反之不若申定規則議將漕南二糧一併追徵上倉完日先儘漕兌即行盤量南糧上船一帆到京計日可完前此糧里今年收漕糧明年收南糧是一役而兩年支持若併而收一年便可息肩先省一年拘保一番僉倉一番收運跋涉便一小民先納漕糧既經一番催收又納南糧復經一番催收兩次追呼需擾今併而完不特一切省事且乘秋收有米時易於盡納便二在官原兩次開徵比較顧此悞彼終日紛拏今併一番追比則頭緒直截且衙門先省一番往來費用便三節年南糧遲悞未論完糧愆期即一如陸續到卯頓難齊集致官無從開比若省一番拘保歸併一年里欠自是無從躲閃遲挨便四本縣倉厫止有一處節年漕糧先貯在厫南糧無可頓遂雇船停泊徵既不前經年守候船戶得以通同虛報侵盜或故鑿船底以漏浥呈累若併徵則同貯倉厫易爲稽查盤驗而無漏報侵沒之弊依期如數押運而無掛篙拖累之虞便五節年今日漕糧認保明日南糧認保雖經嚴禁積棍終是保歇展轉作活若歸併則保戶漸減將來此輩



不驅自除便六夫有此六便亟宜申定前此勢難歸併則又有說蓋緣部運職名原分兩次催收部官互異又以文至爲辭及查漕南同徵分解兼攝原不相礙合一無今後每歲屆期即將部運漕南二糧職名具文申請總委一員董成首尾徵解庶職守專一而弊端盡塞南糧不至坑官累民矣議上兩院批准允行又上兩院全書續編議查得起派錢糧遵照全書舊額無容增減乃年來編纂未幾陸續更定奉文加編改抵無歲蔑有漸與原編數目互異經承人役了不問全書爲何物有今歲然而明歲不然者有當年開徵將畢另增一項者有已起徵旋復報罷有轉詳動經數歲忽於數歲後奉行應於數歲前加派者諸如此類未易縷悉以致派徵無畫一宿猾乘隙夤緣或已裁省而朦朧支給或已帖行而寢格踰時此附合之機權大啟詐侵之徑竇竊見賫守道查覈有實徵冊與易知單非不悉也經承人役日爲故套臨時鹵莽了事本縣初任清查節年起徵甚有已領足而原未經派如馬價之類比比而是總之案頭全書既盡無據餘無足據者矣及查全書舊例十年一編布政徑委官裁定其間應增應減不無遙斷間多臆決無怪今日纂編明日申改競有覬心示人不信且當書成之日不過須行州縣一冊經歲以後款目漸移束之高閣環簿實徵十造易賦額一不清其原坐此合無今後編纂全書先期行令各該州縣備開簡明文冊何項應增何項應減何項應照舊悉心參酌前件下務逐款明白登答彙送司道覆議必求經久可行再三酌妥鈐發該府分給州縣取具甘結方准刊布刊布之後大書榜示五年十

年汞爲遵守卽中問稍有未盡須俟後造改編唯遇大興革大災傷奉有特請不妨尾頁添刻數行每年春令將及布政司及糧儲分守二道驗給二册一本存驗一本發該州縣照額編派印糧官案頭時置此一書歲徵錢糧自是了了目中吏書不得援引上下且有此一册亦不必另造實徵卽此上下責成甚爲簡徑其他驛遞等官及馬頭鋪兵各役旣知有成額亦不復萌徼幸之心呈檄條申一切減省此實淸源之說乃其難獨在初議耳本縣微舉數事有有其名而無其實年復虛襲者如客夫抵編民壯隱占如此類不可審覈乎有無其名而有其實勢難屬覆者如貢士作興查奉兩院原行共額二兩非不極意節省乃年來紛紛呈討重疊批給不下百金一州縣備用有幾此竭則挪之彼如此類不可坐額乎有裁革太過反開無名之額者如府燈籠夫原入全書後因減歲徵之里甲州縣佾衙舊有額派後盡裁革一切整理無資至過新官上任勢必小佾將何措辦如此類不可議復乎又議云查得各項錢糧一條編起徵臨時酌量緩急支解法至善也本縣異時徵收頭緒紛如相沿有摘徵之陋規蓋緣催科無法每遇一項牌提莫措隨摘一項各里分抽花名若干橐爲一册發衙嚴比先足此項以濟燃眉又摘一項千枝萬派條編初意寖失卽如同一里而或摘或否同一摘而或寡或多巨猾或稽遲而脫籍孱弱或額少而屢徵覆手大恣孤成分頭不勝狠顧賦役積蠹當無過此合無嚴行申飭仍請於本縣儀門外立石大書刋示不許仍踵摘徵變亂條編遺法庶幾覬覦永絶里納更生



國朝劉子壯漕運議

自古建國形勢立於西北貢賦供於東南故歲漕荊揚徐豫粟四百萬有奇致之京師以給六軍萬民其徵之民也縣令是典丞貳佐之其兌於舟也運旗爲掌衛弁牟之而又糧道督其行巡漕稽其數倉場受其成河道先期以具蓄洩所過設兵以衛其往回蓋制法若斯之備也宜若取之下而無不足納之上而無不終其事者然而數年以來民日困於徵收之無藝而漕每廒於拖欠之漸累者何哉蓋其略可得而言焉方其取之民也吏以差爲市輪里而餽所欲乃取一戶焉詿之而此名一定則莫不破產鬻子甚且捐田廬而去之他鄉及其科糧爲兌也每歲舊額石計二斗而耗五升耳今耗乃至三斗矣是六倍於古也而又有水脚之增常規之加以至灑艙過斛點籌各項新立名目在官止收二斗之實而民間乃費一石也然而或有風水之失盜糶之患則又以責之縣官縣官又以責之民謂之賠補焉此今日之漕所以困民者也若夫兌運之患官旗所至折縣官辱里甲以肆其需索而及其旣兌有折鍰而代糧者矣有此領而彼運者矣有有稽而無人者矣而道路之盜賣不與焉蓋自其開漕之始原未嘗有全實之數而當事者旣不能精詳本來以較勘於始廉察者又安能煩瑣剗閱以稽查於後迨至不足而始加參覆累歲積月而倖一　恩赦此所以拖欠漸累而倉儲日虛也今欲蘇民而裕國則莫若定輪歲之差以甲爲次而吏不得高下其手也立正耗之額以官代兌而民不至重病於科也嚴賠補之禁而水涇盜賣責之主者也開兌之初督糧官閱實其數而無有虛冒督率其行而無有延挺也過淮之時巡視

者逐幫爲稽而多少之必詳隨至卽行而後先之勿待也而其要尤在上官長無責望於僚屬僚屬無責望於州縣則有司不以巡督爲累官旗不以倉場爲累如此而漕猶有負民猶有困者未之有也抑更有望者漕與屯相表裏者也誠能興屯田開水利則西北將實而漕可稍省東南之民力於是乎亦大甦矣

雜課稅

官山海榷鹽鐵霸術其不足尚乎然而川澤之賦周官征之非私草木愛魚鼈也惡廢民於生穀也茲邑瀕江蘆課雜課皆有征殆亦先王遺意而坍淤增減每無定額是又知

國家取民之制卽寓恤民之隱也夫

一湖洲雜課舊志除團風湖衝崩奏豁府鈔銀二十七兩又除麻城黃陂二縣代納銀二百三十一兩一錢八分有奇實徵銀九百八十六兩九錢一分四釐四毫遇閏加銀四兩五錢五分四釐三毫俱河泊所出辦今歸縣

起運

戸部項下

北京乾魚正銀二百五十五兩一錢八分六釐每兩京損銀九釐該銀二兩二錢九分六釐六毫內除麻城縣代納正銀一十七兩五錢九分七釐二毫損銀一錢五分八釐三毫

解南乾魚正銀四十兩七分每兩京損銀九釐該銀三錢六分六毫內除麻城縣代納正銀二兩七錢六分三釐七毫損銀二分四釐八毫

二項共徵銀二百七十七兩三錢六分九釐內巴河湖正銀一十八兩三錢二分一釐二毫加添銀一十一兩四錢二分九釐京損銀二錢六分七釐七毫王九塘湖正銀一十五兩一錢六分加添銀五兩四錢五分六釐京損銀二錢二分一釐五毫零殘湖正銀一十七兩六分加添銀一十兩六錢四分京損銀二錢四分九釐三毫鮑湖正銀二十兩九錢六分加添銀一十三兩零京損銀三錢四釐八毫樟松湖正銀四十兩三錢七分八釐七毫加添銀一十八兩九錢四分七釐京損銀四錢四分三釐九毫黃漢湖正銀三十三兩六分一釐二毫加添銀二十兩六錢二分京損銀四錢八分三釐一毫窖步湖正銀一十九兩八錢八分五釐加添銀一十二兩三錢九分九釐京損銀二錢九分五毫團風口湖正銀一十四兩五錢七分八釐七毫加添銀九兩九分四釐京損銀二錢一分三釐總計北京乾魚六千五百九十九斤十一兩南京乾魚一千八百六十五斤五兩每斤折銀二分嘉靖十三年奉文北京乾魚每斤加添一分六釐

工部項下

黃麻正銀一百二十六兩八錢六分三釐三毫零每兩京損銀九釐該銀一兩一錢四分一釐七毫遇閏加銀四錢五分六釐五毫

白麻正銀一百五十八兩五錢五分每兩京損銀九釐該銀一兩四錢二分六釐九毫遇閏加銀四錢二分

熟鐵正銀三百六兩四錢五分五釐四毫每兩京損銀九釐該銀二兩七錢五分八釐遇閏加銀一兩八錢

線膠正銀三十七兩二錢一分每兩京損銀九釐該銀三錢三分四釐八毫遇閏加銀一兩四分五釐

以上四項內除黃陂縣代納正損銀一百九十六兩二錢七分八釐九毫共該徵銀四百三十八兩四錢六分一釐四毫遇閏加銀二兩八錢二分一釐五毫舊志黃麻每斤折銀二分二釐白麻每斤折銀三分熟鐵每斤折銀一分五釐線膠每斤折銀七分內零殘湖正銀八十三兩六釐二毫加水腳銀一十九兩八錢八分三釐八毫閏加六錢六分二釐二毫鮑湖正銀三十七兩三錢八分一釐一毫加水腳銀八兩四錢四分三釐閏加二錢九分五釐巴河湖正銀四十二兩一錢七分加水腳銀一十三兩七錢二分五釐閏加三錢五分九釐七毫王九塘湖正銀二十兩八分加水腳銀五兩三錢一分三釐閏加一錢六分三釐樟松湖正銀三十兩六錢八分五釐加水腳銀三兩五錢七分五釐閏加二錢二分一釐窖步湖正銀六十八兩五錢二分五釐加水腳銀六兩三錢五釐舊州湖正銀二十八兩八錢九分八釐六毫加水腳銀一十兩五錢四分二釐閏加三錢八分二釐團風口湖正銀一十八兩加水腳銀四兩七錢七分四釐閏加一錢五分二釐舊志團風湖近崩卸而麻鐵乾魚課猶存空籍似當以白塘湖居民於不輸糧湖尾取魚納課抵額

禮部項下

活雁鵝鴇鴛鴦價銀一兩五錢抽戸出辦無徵

鱘魚銀二十三兩五錢奉

旨豁免

撥運

本府湖課鈔銀二百六十一兩九錢四分一釐三毫遇閏加銀一兩九錢

一分一釐新議樟松湖原坐派蘄州衛各官課鈔銀四十三
兩五錢一分內四十三兩一錢二分二釐抵解該衛額派糧
儲道淺船料價正銀又三錢八分八釐抵作解官盤費解司
餘銀二百一十八兩四錢三分一釐三毫遇閏加銀一兩九
錢一分一釐內附麻城縣代徵銀一十四兩三
錢五分七釐四毫遇閏加銀一錢七分五釐　該徵銀二百
四十七兩五錢八分三釐九毫遇閏每兩加銀七釐共一兩
七錢三分六釐九毫內巴河湖鈔折銀三十四兩四錢一分三釐
王九塘湖鈔折銀二十三兩八錢八
分七釐零殘湖鈔折銀二十七兩五分一釐二毫飽湖
鈔折銀三十三兩二錢八分樟松湖鈔折銀四十六兩一
分四釐五毫黃漢湖鈔折銀五十兩七錢六釐
二毫㴩步湖鈔折銀三十二兩二錢二分八毫

新增湖課

神仙河湖業陞科蔴鐵正銀一十一兩二錢四分五釐隨徵
加一一耗銀一兩二錢三分七釐道光四年詳定歸入地丁徵解
柴泊湖淤生草塲地五頃五十五畝四分五釐科徵起運地
丁正銀五兩三分六釐南漕正米一石二斗七升三合一勺



道光二十一年詳請題覆歸入地丁徵解

雜項稅課

園風課鈔銀八十兩
門攤鈔銀二十七兩二錢五分二項無徵
以上雜課銀一千九十五兩六錢六分四釐內除門攤無徵
苴谿免銀一百三十二兩二錢五分實徵銀九百六十三兩
四錢一分四釐四毫零遇閏加銀四兩七錢三分二釐五毫

一蘆課

各洲地一百二十九頃九十二畝三分九釐原課銀四十四
兩一錢七分二釐一毫
羅湖洲冊報一千一百九十五兩未載頃畝數目增課銀三兩五錢八分五釐
順治十八年續報洋地洲蘆地四頃二十七畝七釐四毫課
銀二兩一錢一分四釐
共原額地一百三十四頃一十九畝四分六釐四毫課銀四
十九兩八錢七分一釐一毫
康熙二年丈出地二百二十六頃五十九畝六分一釐一毫
增課銀四百九兩五分四釐三毫
以上洲地除正項民糧並衛屯地外通共蘆洲地三百六十
頃七十九畝七釐六毫內除水溝沙灘不堪載課地七十三
頃外實在納課熟地稀蘆草塌地共二百八十七頃七十九
畝七釐六毫共課銀四百五十八兩九錢二分五釐四毫
康熙十九年新增蘆洲四十三頃五十八畝七分五釐四毫
增課銀二十七兩一錢八分二釐一毫
二十四年新增蘆地草塌一十七頃一十七畝三分七釐六



毫增課銀八十七兩八錢四分五釐九毫
二十八年新增蘆地草塌四十七頃三十六畝九分一釐七
毫增課銀五十五兩六錢三分一毫
三十三年新增草塌一十二頃三十九畝七分三釐九毫增
課銀二十六兩二錢九分一釐六毫
三十八年新增蘆地草塌一十九頃五十二畝七分八釐五
毫增課銀三十三兩六錢八分八釐四毫
四十二年新增蘆地草塌四十八頃二十二畝二分二釐一
毫增課銀七十九兩一分五釐一毫
四十八年新增草塌二十六頃六十二畝四分一釐七毫增
課銀三十五兩七錢五分三釐一毫
五十三年新增草塌二十六頃一十九畝五釐七毫增課銀

三十一兩四錢二分六釐
五十八年新增草塌一百六十七頃五十一畝一釐七毫增
課銀五百一十兩八錢八分八釐七毫
雍正二年新增草塌七十四頃九十一畝二分二釐五毫增
課銀一百五十六兩二錢一分六釐二毫
七年新增熟地一十三頃八十五畝一分五釐九毫增課銀
一十六兩一錢七分六釐
十三年新增稀蘆熟地一十九頃六十九畝九分一釐九毫
增課銀三十九兩五錢八分五釐七毫
乾隆四年新增熟地草塌三十二頃五十三畝八分一釐七
毫增課銀五十七兩一錢六分三釐六毫
九年新增稀蘆草塌一十二頃六十四畝五分三釐八毫增
課銀七十三兩七錢四分七釐五毫
十四年新增稀蘆草塌二十頃一十四畝三分九釐三毫增
課銀七十五兩三錢八分五毫
十九年新增熟地稀蘆草塌變則一百二十六頃九十三畝
八分一釐四毫（查今全書係二十七頃三十一畝五分八釐七毫五絲三忽）增課銀一百
一十六兩五錢九分一釐六毫九絲二忽四微二塵九纖三
渺九漠四茫四沙六灰九漂（全書銀數同）
二十四年新增草塌五十一頃一十三畝五分一釐九毫二
絲三忽九微三塵三纖六渺三漠六茫增課銀一百五兩六
錢八分六釐六毫一絲四忽八塵二纖八渺九茫
二十九年新增稀蘆草塌二十四頃八十八畝二分六釐六
毫四絲二忽八微六塵增課銀七十二兩七分一釐三毫三



絲三忽三微六塵五纖二渺
三十四年新增稀蘆草塌三十九頃三十四畝七分二釐增
課銀八十二兩七錢一分八毫八絲
三十九年新增稀蘆草塌熟地六十頃一十八畝八分五釐
四絲增課銀一百一十一兩六錢二分二釐六毫二絲
四十四年新增稀蘆草塌熟地二十六頃二十一畝九分八
釐四毫增課銀七十六兩九錢一分三釐六毫四絲三忽
四十九年新增課銀六十四兩二錢八分八釐（老冊未載頃畝）
五十四年新增課銀三十兩三錢三分四釐
五十九年新增課銀四十五兩一錢二釐
嘉慶四年新增課銀二十四兩九錢八分一釐
九年新增課銀四十五兩三分
十四年新增課銀一百一十二兩三錢九釐
十九年新增草塌稀蘆變則地五十五頃六十五畝五分三
釐一絲一微五塵八纖五漠增課銀四十五兩二錢四分八
毫二絲四忽六微七塵一纖三渺二漠七茫
二十四年新增稀蘆草塌變則地四十五頃六十四畝六分
二釐一毫一忽四微二塵增課銀四十五兩九錢二分九釐
六毫三絲三忽八微八塵八纖一渺
道光四年新增稀蘆草塌地一十一頃八十六畝二分七忽
增課銀一十八兩四錢一分九毫二絲五忽七微九纖七渺
二漠
九年新增稀蘆草塌地七十四畝三分四釐三毫四絲增課
銀三十九兩七錢九分一釐九毫三絲二忽七微一塵七纖

十四年新增草塲地九項八十五畝七分二釐五絲增課銀
五兩九錢一分四釐二毫一絲五忽
康熙二十四年坍卸蘆地草塲二十七項開除無徵課銀二
十七兩四錢
二十八年坍卸蘆地草塲三十五項一十五畝九分五釐二
毫開除無徵銀五十兩一分五釐三毫
三十三年坍卸蘆地草塲八項五畝五分一釐七毫開除無
徵課銀一十三兩四錢五分七釐九毫
三十八年坍卸熟地草塲一十三項四十畝二分三釐開除
無徵課銀二十七兩九錢六釐八毫
四十三年坍卸蘆地草塲四十項四十九畝三釐五毫開除
無徵課銀七十三兩二錢二分四釐四毫



四十八年坍卸蘆地草塲一十六項二十六畝九分八釐一
毫開除無徵課銀三十四兩八分一釐
五十三年坍卸蘆地草塲一項五十四畝五分五釐開除無
徵課銀三兩四錢五分九釐
雍正二年坍卸蘆地草塲三十六項四畝三分三釐三毫開
除無徵課銀八十一兩八錢二分二釐一毫
十三年坍卸稀蘆熟地一十三項五十一畝四釐五毫開除
無徵課銀三十二兩六錢七分
乾隆四年坍卸稀蘆熟地一十項三十一畝七分四毫開除
無徵課銀二十五兩五分九釐四毫
九年坍卸洲地二十八項八十九畝九分六釐八毫開除無
徵課銀六十五兩四錢四分八釐八毫

十四年坍卸洲地五十三項五十四畝一分五釐四毫開除
無徵課銀七十四兩八錢三分六釐
十九年坍卸熟地稀蘆草塲五十二項八十七畝三分二釐
七毫開除無徵課銀一百一十六兩四錢五分八釐
二十四年坍卸草塲四十六項一十一畝一釐四毫七絲九
忽九纖四渺四漠開除無徵課銀一百五兩三錢八分九釐
五絲二忽二微五塵二纖三渺七漠
二十九年坍卸稀蘆熟地草塲五十三項四十三畝八分九
釐七毫六絲二忽五微七塵一纖七渺九茫開除無徵課銀
一百三十兩六錢九分六釐三毫五絲六忽三微三塵四纖
九渺二漠七茫二沙五灰
三十四年坍卸稀蘆熟地草塲三十二項三十七畝三分七



釐開除無徵課銀六十八兩九錢二分五釐九毫一絲
三十九年坍卸稀蘆草塲熟地二十三項四十九畝九分九
釐開除無徵課銀五十四兩二錢六分三釐八毫六絲
四十四年坍卸稀蘆熟地一十八項一十八畝二分八釐開
除無徵課銀四十四兩二分一釐九毫八絲
四十九年坍卸地老冊未載項畝開除無徵課銀五十九兩一錢四
分八釐
五十四年開除無徵課銀三十兩三錢三分四釐
五十九年開除無徵課銀三十七兩四錢六分八釐
嘉慶四年開除無徵課銀九兩一分
九年並無坍卸
十四年開除無徵課銀一百兩六錢三分六釐

十九年坍卸中地一十五頃二十八畝四釐五毫三絲九忽開除無徵課銀三十八兩二錢一釐一毫三絲四忽七微五塵

二十四年坍卸稀蘆草塌地五頃九十五畝三分開除無徵課銀一十四兩六錢七分六釐六毫二絲

道光四年並無坍卸

九年並無坍卸

查道光十四年大丈冊報通共中地稀蘆草塌地七百一十六頃六十九畝四分一釐二毫三絲九忽一微二塵二纖五漠通共應徵蘆課銀一千四百八十三兩一錢六分七釐八毫一絲九忽三微四塵六纖三渺七漠二茫內有撥入河東書院老新官洲地一十二頃二十一畝五分九釐七毫三忽



應徵課銀二十八兩六錢二分三釐外其不堪載課泥灘白沙水影共地一百七十七頃一十八畝五分七釐七毫五絲八忽九微三塵二纖三渺三漠三茫後於道光十九年二十四年兩屆大丈冊報坍多淤少現奉部覆洲地有崩即應有淤蘆課未便遞年減少應照道光十四年實徵銀數徵解在案

國朝于清端籌江淤地畝認糧議清查田畝一案關係國計民生既防欺隱又免包賠誠於目前籌餉之中爲久遠善後之圖煌煌　天語培養根本積累功德豈微識淺謀所可幾及也成龍自奉親丈之檄查算黃屬田畝咸遵部頒全書起科原無缺額可省行丈滋擾厲民惟爲國用計止有衞所地畝荒熟未清江湖崩淤小民爭訟似應清丈認課者也成龍准蘄衞請丈出首蘆地報明前往而該衞已經查確出具印結申報毋容再丈若夫淤地一項臨江鋪與洲民相爭松楊鋪與屯軍相爭屢懇丈立界限又羅湖洲李家嶺首報新淤三十五項成龍親赴鴨蛋洲踏看除久淤已種熟者將新報之弓口畝數與老冊對查內有溢額者照畝認納蘆課此無容議惟相爭之地界尚在盈盈一水中先將竹纜量定丈數兩家駕船水面插竹水底各立界限成龍均平分之鴨蛋洲量定四十九弓臨江鋪自認一百三十二弓此地江流在上並草塌白沙之無跡不知相爭之意爲何也成龍細加採訪據洲民霍雲從稱臨江鋪界內占去伊今年麥地蓋以九十月之交水涸地出種麥至來年三四月間收麥任江水湧流如此之地似可免議留百姓以有餘無如各願認課永爲己業祈免後來之葛藤松楊一鋪與屯地亦同此類至羅湖洲李家嶺據報三十五項又報一十五項係互控黃岡縣憑衆處明立約今丈明願承蘆課但西江之水雖淤而東江之水已崩似非永業將來包賠之苦在所不免但不認課則承業者終不安心旁觀者難禁指摘成龍仰體德意凡一切已崩者可否將新淤補還准賜印照以杜衆議庶可免賠已崩之糧而又認新淤之課也又有葉家洲一係大江流水溢入有淤無崩似可承課又查蘆政淤地五年一丈自康熙二年丈後迄今十有餘年值茲奉行丈定似可免將來部差之煩又有陽邏等處湖滲清水曰湖止水曰汊載蔴鐵乾魚正供長江流水業甲納府鈔正供江水崩淤不常凡有新淤水滲應歸長江業甲無如湖課業甲與兩岸居民每多私占取魚亦爭請丈且有舉首隱沒湖壋淤地成龍因案牘積久回府料理伏乞憲裁可否至於清查爲州縣職所當然但成龍在蘄丈洲目覩州縣在烈日之中步行查丈揮汗如雨面顏黧黑爲國忠心不憚勞瘁紀錄加級即陞固屬酬庸之恩典然或邀一時之功名貽日後官民之苦累此成龍本心所不安也



邵豐鍭丈洲地記昔于清端公守黃時清丈洲地著有定冊在洲各戶咸遵此冊以守成業迨後陵谷變遷崩卸靡常按冊則有其名計地已無其所於是刁民猾吏從而紊亂之有將鄰洲承糧之業隱報入冊者有將公存牧場妄報陞科者更有本係折弓虛數估報實數者種種弊竇不可究詰而向所定之冊亦祕匿不出五年大丈止據洲頭人造冊其顛倒移易夢如亂絲余涖任後檢閱故牒爲洲地訐訟者數十餘案皆數十年來旋結旋翻目眩神搖幾難措手乾隆九年適當大丈之期於是親詣各洲逐加勘丈飭經承吏抱各案隨洲丈斷大抵彼此結訟多由於經界之紊而其故都在洲尾何也當時于公清丈弓口原有折數此冊不可得見而豪強者先據實弓管業挨至洲尾則無尺寸地矣彼原冊有名有業者不甘賠賦則與鄰近之戶爭執而鄰戶亦屬冊載有名之業又復不甘以尺寸讓人此訟之所以連年不結也余丈竟一洲知此洲之弓口或係七折有奇或係八折有奇或係九折有奇於是統計一洲有名各戶均照折弓管業爲之立椿定界而向所估實弓之地或有造屋種樹不可移置者爲之量基換地俾之仍無失所按名給地計弓定界一洲丈竟一洲之訟案氷釋然而暴於烈日栖於苦雨跰𨂂而面則黧矣草冊當場即定飭發洲頭照造兩本鈐以縣印一付洲頭執掌一存縣案備查雖不敢追武于公而前此隱佔妄報諸弊爲之畢露亦可以息爭止訟矣故爲敘其顛末如此

一　雜稅

牙帖稅銀四百七十八兩（奉革產業牙行一名除額稅銀一兩）實徵稅銀四百七十七兩後止徵銀三百八兩三錢（舊志）同治十二年徵銀二百兩五錢五分自是以來咸依此額（奏銷册報開載嗣後如有增減仍應隨時更正以備查考）

當鋪十七座（每座每年納銀五兩）共徵稅銀八十五兩（開歇不一原無定額舊志）

田房稅正額銀四十三兩六錢（盈餘銀兩儘徵儘解原無定額）

牛驢稅銀（儘徵儘解原無定額）

額銷鹽引二萬四千一百五十引（每引改子鹽四十一包六分九釐六毫乾隆十三年內奉旨蒲草歉產加鹽十斤又乾隆十六年內奉旨恩加鹽十斤共配鹽三百六十四斤改子鹽四十四包一分二釐一毫每引納稅銀二分商人交納解司撥用每年行銷原無一定舊志）



積貯（社倉附）

史稱江淮間民俗呰窳而少蓄積議補救者其惟積貯乎攷縣舊志常平倉社倉陳陳相因善矣但年久弊叢加以兵燹蕩然無復存者値敞鴻安集之後勸施積穀豫備歲祲且酌主守斂散之法以善其後責固在牧民者哉

常平倉二座一名儲豐倉在城內洗墨池左創自康熙二十七年一名永豐倉在城內府城隍廟左創自雍正九年各案共貯穀一萬二千八百九十二石零乾隆十四年奉文以六千石爲額餘穀糶價解司酌撥缺額州縣買貯乾隆十八年遵籌辦楚北貯備等事該加貯穀二萬四千石本年先買穀一萬二千石爲前半加貯乾隆二十一年續買穀一萬二千石爲後半加貯共二萬四千石（價銀在司庫地丁項下動支）三共貯穀三萬石

乾隆二十三年

欽奉等事加貯川米易還穀一萬三千六百石

乾隆三十年敬陳等事奉文將原設府倉改歸縣管名軍儲建在漢川門內載入府志添貯府倉撥歸穀一萬九千三百石

又詳請咨明事奉文添貯原存盈餘米易穀二千二十八石

乾隆四十六年及四十八等年詳請等事變解耗米支用餘賸銀買穀四百四十三石五斗三升三合七勺

乾隆五十年重農積粟等事添貯本道捐輸穀十石

又與釐務期等事添貯乾隆二十六年起至嘉慶六年止南漕餘剩耗米並帶徵四十八年漕糧二耗米折賑前半穀八

萬三千四百四十一石九斗八升八合六勺
又附貯撥補嘉慶九年緩征南糧案內動支五六兩年南漕
餘剩耗米並帶征元年南漕耗米應易穀二千一百一十九
石三斗五升六合二勺
以上共穀一十五萬九百四十二石八斗七升八合五勺
乾隆四十一年八月內奉文均貯案內撥出穀二萬七千八
百九十一石二斗一升八勺實貯穀二萬八百五十九石三
斗八升四合四勺內有節年奉撥碾運軍需等項穀石並銀俱存司庫未領已入節年奏銷案內逐款
開除
常平倉原儲穀一十二萬三千一百四十六石五斗一升三
合七勺前經因公動用及被燹無存咸豐六年清查案內造
報在案



儲豐永豐二倉建修年遠均已毀塌嘉慶十四年前縣汪慕
鍾詳報有案其實貯穀石並歸軍儲倉後經兵燹倉燬無存
軍儲倉係咸豐七年巡撫胡文忠公改建於報恩寺係舊廟基址皇
共五十二厫儲穀九千八百餘石分貯二十厫空厫三十二
豐備倉係光緒五年奉文籌辦積穀延邑紳范粹純張增炎劉
廷棟林時化經管局務計收闔邑捐銀二萬一千二百五十
兩六錢八分五釐內撥修塔頂協署銀一千一百九十二兩四錢四分當買穀二萬石
稟府就軍儲空倉三十二厫加以修葺又新建十三厫編列
字號以四十厫分儲現穀餘空五厫備儲羨餘其捐銀除建
倉買穀各支用外存銀一千二百兩發典生息以資每年修
倉監守經費均經通詳立案并刊石勒記詳定章程附後
一豐備倉穀宜分編字號以清眉目也岡邑原建常平倉坐落郡城外現存廢址重建需費不貲查咸豐九年前撫憲胡[illegible]
師黃郡在城內建有軍儲倉共計五十二厫除存儲穀外尚
餘空厫三十二口茲於未進添建倉厫十三口併爲豐備倉
分別補修完全計新舊共六十五厫軍儲倉二十厫以雲騰
致雨露結爲霜金生麗水玉出崑岡劍號巨闕二十字爲號
豐備倉四十五厫以千古惠政首重防荒富公廬舍騎翁社
倉有備無患何用不臧彼歌郇黍此樹召棠小民樂利永賴
豐穰四十字爲號尚餘五厫預備添買羨穀以備羨餘穀處
五字爲號挨次分編橫書厫上每厫儲穀五百石計四十厫
共儲市斛穀二萬石並將各厫儲穀石數繕寫封條蓋用縣
印封貼厫口造册二分一存縣署一存經管首士各厫鑰匙
繳存署內其雲字等二十厫概係軍儲
倉穀由縣照案經理彼此不得淆混
一經管倉穀首士宜愼選論充以專責成也存倉穀石較多須
選公正富紳四人公同管理以三年爲一屆三年後不願經
管者聽其告退另選妥紳接替惟四紳不得同時託故告退
以資熟手此係備荒善舉各紳自宜勤勤懇懇實心經理除
糴糶時由局預備伙
食外無庸議給薪水
一豐備倉穀宜分別存糶以免霉變也此項積穀出自民捐以
備荒歉自不能悉數出糶每年酌定存三糶一以二萬石穀
計之四年輪賣一週庶免積久紅朽之慮糶以三月初一日
爲始糴以九月初一日爲始糶自出倉日起糴自入倉日起
由官發給印簿逐日將錢穀數目登入簿內每按五日由首
士將逐日糶糴錢穀印簿送交縣署蓋用圖記一次俟糶糴



完竣再由經管首士將收支錢文穀石數目逐日
載明結算總數造具清册同印簿一併繳縣備查
一春間出糶宜酌量價值以防不敷秋糴也如上年豐收春華
又茂穀價必至賤極若拘定每年糶一常例設或夏秋水旱
不時則春糶一穀價斷不能如數
買補應停糶一年以示變通
一豐備倉穀宜分別耗羨以免虧折也查糶糴之時無不盤折
鼠耗每石定以耗穀三升爲準春糶秋糴價有貴賤卽錢有
羨餘應將所獲羨餘買補折耗以免虧折而敷原額其餘儘
數添買穀石名曰羨穀俟糶竣之日由經管首士附入前項
清册內一併
造報存案
一出糶穀價宜繳官就近發存城內質鋪以防挪用也春間糶
穀之時首士查明市價赴縣稟商酌定後再行開倉出糶所
收穀價歸九八通制錢按五日隨同糶穀清單如數繳縣當
卽發交質鋪取具收條存案不取利息俟糴穀之時如數繳
縣發給首士具領錢穀兩項官紳均不得藉別項公事挪移
秋後糴穀仍由首士領錢買齊交倉穀須一律風颺乾圓潔
淨一糶一糴均用製備存倉火印戽一體平量以昭公允儲
完一厫由縣驗收發給印條載明存儲穀石數目粘貼厫口
之上庶出納分
明免滋流弊
一餘存捐項宜發典生息以資經費也此次奉文勸辦積穀所
收各捐戶銀錢並支用各欵目均經分造清册送賚各大憲

在案實存曹平銀一千二百兩現俱分發各質鋪具領按月一分二釐行息取領一備案所有監守倉厫兩人及局用伙食修整倉厫等項經費均於此項息銀內核實開支如有盈餘另提發交質鋪生息如該質鋪有稟請歇業者即將成本同月息扣算清楚如數繳縣另發質鋪具領生息如地方遇有緊要公事亦不准動用生息銀兩分釐以垂久遠

一豐備倉穀宜專雇兩人監守以免疎虞也查倉穀爲數較鉅且與軍儲倉同在一處首士只能經管出入帳項不能常年典守至糶糴之時收發登記在在需人應雇覓誠實長於寫算兩人公司其事取具切實認保狀由官驗充飭令在於新添看守屋內居住朝夕監守不准遠離亦不准租人同居每年各給工食錢五十串文在於息銀內按三九兩月由首士具領送縣提取轉發以免枵腹

一年歲遇有荒歉宜分別輕重以憑酌量賑濟平糶也積穀所以備荒倘值水旱偏災米穀缺乏市價昂貴應酌量平減出糶即較市價酌量折收容俟年豐穀賤尚可買補如數還倉設遇成災年分自應查明戶口開倉動碾或量口賑濟或分設粥廠由官選派公正廉明紳士領運分散惟平糶賑濟兩事必須視災象輕重察看情形據實通稟聽候各大憲批示遵行不能先行擅動其糶賑事宜又在官紳臨時斟酌盡善務使闔境咸沾實惠

一豐備倉穀宜認眞稽查以防弊竇也查捐穀存倉藉一縣衆戶之餘資濟闔境荒年之不足民生關繫匪輕紳爲經理官



爲稽查紳固不得私自聽徇挪移官亦不得藉有公事動用並不准假手胥役以杜弊端遇有接卸專案備文移交由新任詣倉查驗核飭經管首士出具各厫口儲穀細數並無挪移虧短切結呈縣備案具文通報各大憲查考此係民捐紳辦與動用官項採辦者不同每屆年底及奏銷時應請定案免予造報各衙門亦無庸開銷房費如有捏指名色妄報開支查出稟究此外如有未盡事宜條內未能預定隨時酌量稟辦

社倉分建廂坊各鄉鎮共一百一十九座每座委社長掌管每年春借秋還照例收息自雍正二年總督楊宗仁行文勸捐貯倉至乾隆十三年共貯本息穀七千九百一十一石零載府志十九年知縣馬元亮併爲三十座累年生息今實貯本息穀八千五十一石九升二合三抄

廂坊社倉四共貯穀六百四十石六斗七升四合

本城三官殿貯穀一百四十二石一斗九升三合內藥王廟社穀歸併收貯

本城玉皇閣貯穀一百五十六石一斗二升二合內關帝廟社穀歸併收貯

長蘄塆趙洲庵貯穀一百九十七石二斗三升九合內祖師庵社穀歸併收貯

團風鎮華光廟貯穀一百九石一斗二升內東嶽廟還眞庵關帝廟三社穀歸併收貯

東弦鄉社倉五共貯穀一千二百五石五斗九升一合零

路口玉皇閣貯穀一百九十一石三斗內甘露庵凌虛觀延齡寺東嶽廟四社穀歸併收貯

陶店東嶽廟貯穀三百一十三石八斗六升二合內陸家廟慈義庵五顯廟三社穀歸併收貯

魚博橋魚博寺貯穀三百零八石九斗八升四合內定香寺雨山寺二社穀歸併收貯



堵城豐和廟貯穀一百五十四石三斗九合內鎮橋寺龍王墩鄰城寺三社穀歸併收貯

王家店風火山貯穀二百三十六石六斗七升九合內李家廟柳家祠二社穀歸併收貯

還和鄉社倉二共貯穀八百一十五石一斗三升九合一勺零

馬曹廟貯穀四百二十八石五斗八升四合內橫溪寺法王寺二社穀歸併收貯

百福寺卽白虎寺貯穀三百八十六石五斗五升五合內烏龍庵瓜瓞庵竹陂寺三社穀歸併收貯

永寍鄉社倉四共貯穀一千五十八石八斗七合

金雞坳貯穀二百七十二石四斗九升內東嶽廟土主廟五顯廟黃岡廟天池寺

五社穀歸併收貯

賀家坳黃龍寺貯穀二百五十四石五斗八升三合內悟空寺劉家廟白衣庵關帝廟穀歸併收貯

賈家廟貯穀二百五十三石一斗五升八合內東嶽廟定合庵二社穀歸併收貯

但店東嶽廟貯穀二百七十八石五斗七升六合內斑竹庵社穀歸併收貯

慕義鄉社倉三共貯穀六百二十二石四斗二升七合

花園舖關帝廟貯穀一百八十九石一合內朝陽庵龔家庵雨壇寺三社穀歸併收貯

硋子河方廣寺貯穀二百一十四石九斗六升六合內天元寺金雞坳二社穀歸併收貯



辛家冲泥陂廟貯穀二百一十八石四斗六升內中門寺熊家寺朝陽庵化樂寺四社穀歸併收貯

上伍鄉社倉四共貯穀一千五十一石六斗七升七合

道觀河紫霞寺貯穀二百七十九石一斗三升三合內祈祥寺朝陽庵二社穀歸併收貯

三元庵貯穀一百八十七石一斗一升內彌陀庵校魚寺關王廟三社穀歸併收貯

謝家樓得勝寺貯穀三百六石八斗四升四合內黃岡廟舒家廟二社穀歸併收貯

徐鼓集東嶽廟貯穀二百七十八石六斗內新興寺社穀歸併收貯

下伍鄉社倉四共貯穀一千六百五十五石七斗三升二勺

淋山河關帝廟貯穀五百二十九石一斗七升內東嶽廟社穀歸併收貯

太平寺貯穀四百二十七石五斗七升八合內左家堂五顯廟二社穀歸併收貯

問津河文崎寺貯穀三百九十一石七斗一升內天啟寺舊街大廟二社穀歸併收貯

青蓮寺貯穀三百七石二斗七升二合二勺

庶安鄉社倉二共貯穀四百六十八石四升九合二勺

鳳凰寺貯穀二百四十七石四斗八升四合一勺內準提閣古林寺關帝廟龍王廟李家廟新寨廟文布寺覺林寺蟲虎廟東嶽廟十社穀歸併收貯

張店洪山寺貯穀二百二十石五斗六升七合一勺內竹筒寺豐樂寺朱家廟關帝廟四社穀歸併收貯

中和鄉社倉二共貯穀五百六十九石五斗三升六合

陽邏鎮蓬萊寺貯穀三百二十七石九斗一合內廣王廟總管廟金臺寺



釣魚臺鐵爐寺圓通寺二聖寺東嶽廟竹谿寺九社穀歸併收貯

以上各社倉穀存貯收放俱由社長管理官吏並未經手代遠年湮無從稽考且迭遭水旱逃亡故絕其穀已不可問姑仍舊志所載各數著於篇以存其概云以上舊志

魚博寺社倉邑紳劉維楨建捐穀一千二百石本區紳士經管有案

陸家廟社倉邑紳劉維楨建捐穀八百石本區紳士經管有案

便民倉舊在樊口民間輸糧者每苦渡江風濤之險康熙中知縣鍾萼移建團風鎮乾隆五十二年因年久頹壞知縣王正常詳允修復然地勢低窪積水難清且自詳修之後已歷六十年倉厫朽敗者多道光二十八年知縣俞昌烈籌款重修新厫六十六座塡高三尺並將頭門二門大堂二堂三堂及厢屋八十餘間全行修理咸豐間燬於兵王正常重修團風漕倉記團風距郡城五十里當水陸之會自古爲巨鎮前明隆萬間四方居積人物繁茂比於一邑劉克猷先生序可覆按也先是漕倉在樊口額徵南北米

二萬三千有奇士民輸納必渡江往往為風濤所阻苦不便康熙中邑令鍾公葺始移建於圍相傳議建之前日有白鬚老人曳杖過游其地居人不經意也洎鍾公相度定於茲眾始悟向者老人固倉神也圍之人至今猶稱靈異焉倉舊制列天地人三廒倉神祠位左碑亭位右門堂廳室署與縣署相等顧歷時既久木腐石泐駸駸不可支閣前攝縣篆史公滄圍慮及此以經費不敷中止嗣是率以為傳舍歲補苴而已丙午秋余奉調茲邑多方粘葺且假館焉分貯之及兌畢而坍塌十之三 天庾重地關係匪輕因循不治伊誰之責明年歲大稔余為請於上憲借項重修報曰可於是庀材鳩工撤朽而盡易之為廒六十間兩翼以廠俾收放時風雨無患又繚以甎垣陰疏水道其他治事之所與夫齋廚湢靡不具備倉前街皆砌石以達於江越六旬而工告成是役也擘畫度支專司其事者吾友毘陵陸君瑛也吳門詹君桂副之而天時人事會逢其適數十年之廢墜毅然興舉不畏其難者則蜀人王某也例得併書



## 蠲卹 養濟院 育嬰堂 義舉 義園附

天災流行何代蔑有累朝蠲卹昭史冊矣我
國家
列聖相承湛恩汪濊蠲租除賦遠軼前古自咸豐以來大盜假擾天下用兵者廿餘年矣而猶
綸音下賁藐茲一邑計蠲四萬餘金
皇仁之淪浹詎有既哉至推廣
鴻施普及存歿者亦均得附於後

漢

文帝十二年賜天下田租之半 按前史蠲卹邑無特書茲首紀賜租之始餘通行者不具錄

宋

元嘉三十年閏月甲申蠲西陽郡租布 宋書世祖本紀



唐

元和四年免淮南稅

太中九年以旱遣使巡撫淮南減上供餽運蠲逋租

南唐

昇元五年八月遣使賑貸黃州旱傷戶口

後周

顯德六年命以米貸淮南饑

宋

天聖四年江淮以南大水蠲民租

熙寧七年十月以常平米於淮南西路易饑民所掘蝗種

紹興五年淮東西饑詔賑之 十三年賑淮南饑民仍禁遏糴

三十年十月蠲黃州民附種田租

乾道五年蠲江淮等路紹興二十七年拖欠藏庫歲額錢共八十七萬五千三百緡　八年蠲兩淮明年租賦

乾道間江湖大旱流民北渡江薛季宣行淮西爲表廢田相原隰立二十二莊於黃州故治東且以戸授屋以丁授田頒牛及田器穀種各有差廩其家至秋乃止凡爲戸六百八十有五分處合肥黃州間竝邊歸來者振業之（宋史薛季宣傳）

嘉泰元年兩淮旱賑之蠲其賦

嘉定二年八月出米十萬石賑兩淮流民　十六年九月詔江淮諸司賑被水貧民

嘉熙元年詔淮襄避地流民沿江諸郡委官賑濟

元

至正二十八年十二月詔免江淮貧民逋租鈔綿　三十一年



免江淮以南夏稅之半

大德九年免江淮以南租稅及佃種官田者十分之二　十年七月以米七萬七千八百石賑糶武昌興國黃州饑

至大元年江淮饑免今年常賦及夏稅遣使賑貸　二年免江淮夏稅

天歷二年黃州路旱免其租

至順元年二月蘄黃等路饑賑糧各一月三月又以淮西廉訪使贓罰鈔賑蘄黃五路饑民

至元三年賑河南諸路米十萬石

明

洪武八年免蘄黃被災田租　九年三月免湖廣今年稅糧十二月賑湖北水災　十年五月荊蘄大水命戸部主事趙

乾來賑遷延半載帝怒誅之　十一月免湖廣田租　十九年詔本年秋糧盡行蠲免　二十三年十月賑湖廣饑

永樂二年命御史郭林等賑湖廣水災　三年免湖廣被水田租　九年湖廣水遣使賑之　十三年十二月蠲湖廣州縣水旱田租　二十二年皇太子免湖廣郡縣水災田糧

宣德八年夏六月賑湖廣饑免稅糧　九年八月賑湖廣饑勅撫按三司官行視災傷蠲稅糧十之四冬十月湖廣饑以應運南京及臨清倉賑濟

正統元年免湖廣被災稅糧　三年免湖廣逋賦　六年秋七月賑湖廣饑　七年大旱饑民間輸粟一千一百石以賑者給詔旌之　十年十一年十三年免旱災稅糧

景泰元年湖廣大饑免次年稅糧籽粒　六年江水泛湖田盡



沒命撫按官條寬卹事

天順三年八月免湖廣被災秋糧　冬十月賑湖廣饑　四年六月免湖廣被災稅糧

成化元年免天下田租三之一　三年九月賑湖廣饑　四年三月免被災稅糧　六年三月免去年水災秋糧　九年免被災稅糧　十年三月免去年旱災秋糧　十一年大水免秋糧　十四年免被災秋糧　十六年免去年旱災秋糧　十九年三月免被災稅糧　二十二年二月免被災秋糧　二十三年正月免湖廣被災秋糧

宏治元年十月賑湖廣饑　二年民饑巡撫梁璟請免徵兩京漕糧八十九萬石　三年七月免被災稅糧　八年九年十二年十四年十五年免被災秋糧　十六年賑湖廣被災軍

民　十七年大旱免田租　十八年五月除天下十六年以
前逋賦
正德三年大旱饑南工部侍郎畢亨來賑　十一年十一月免
被災稅糧　十二年遣御史吳廷舉賑湖廣饑
嘉靖元年賜天下田租之半免正德十五年以前逋賦夏旱免
稅糧有差　七月賑湖廣災　五年八月發各屬預備倉穀
米並太和山香錢賑饑　六年水八月賑其災減免秋糧
七年大旱饑諭巡撫將貧戶儘現糧賑給不敷者給各項官
銀　八年九月賑湖廣饑　十一年二月免被災秋糧　十
五年二月發粟賑饑　十五年六月旱減免秋糧　十八年
四月免被災稅糧免湖廣田賦五之一　二十三年旱賑湖
廣饑　二十四年旱副使劉光文奏免田租之半布政司發



銀賑之　二十九年三十九年四十一年免被災稅糧
隆慶三年免稅糧　四年旱蠲今年稅糧有差發贓罰銀及倉
米賑之　五年以水災許改折漕糧之半
萬歷六年四月免逋賦　十二年十月免被災稅糧　十七年
以災傷蠲秋糧　十八年四月賑饑　二十一年十二月賑
饑　二十三年十一月災蠲賑有差　二十九年蠲加派田
租逋賦　三十五年大水　三十七年旱　四十一年大水
四十五年災俱蠲賑有差
天啟四年免災傷田租
崇禎十一年兵荒詔蠲舊欠錢糧　十五年詔蠲去年錢糧
國朝
順治元年大兵經過地方免正糧一年歸順地方免三分之一

十年蠲免九年旱災十分之六　十一年豁免六七兩年
積欠　十二年豁免八九兩年地丁本折錢糧拖欠在民者
十四年旱發積穀以賑知府于成龍勸民輸賑全活甚眾
十七年蠲免順治十二年至十五年民欠錢糧
康熙元年蠲免順治十五年以前未徵各項錢糧秋旱有司賑
恤　三年蠲免二年水災錢糧十分之三　四年蠲免順治
十六十七十八等年各項舊欠錢糧　十年蠲免四五六年
舊欠地丁等項錢糧又大旱免本年錢糧十分之三　十三
年十八年旱災俱奉文照分數蠲免　二十年　詔十七年
以前民欠錢糧該督撫查明保題豁免　二十五年旱災蠲
免錢糧之半其二十四年錢糧全行蠲免　二十七年蠲免
十七年以前民欠漕項銀兩米麥　二十八年蠲免地丁錢



糧及驢脚南米十分之三　二十九年旱災蠲免錢糧之半
三十一年輪次蠲免起運漕糧　三十二年旱蠲賦有奇
四十四年蠲免四十五年額賦一年地丁銀米舊欠未完
者並停輸納　四十五年豁免四十三年以前未完銀米已
完在官准抵現年未完足者　五十年蠲免五十一年地畝
人丁銀並歷年舊欠全行豁免　五十六年豁免帶徵地丁
屯衛銀兩　六十年豁免民欠錢糧
雍正四年發帑銀採買穀石於省倉及州府縣應貯之處加謹
收貯　八年蠲免湖北九年分錢糧四十萬兩　十三年豁
免查明十年以前民欠
乾隆元年蠲除軍田額外加徵　二年夏水偏災豁除地丁銀
四百三十九兩五錢七分零南漕米二百三十七石六斗二

合零　八年夏水偏災豁除地丁銀一十一兩三錢二分零南漕米五石九斗八升四合零又蠲免被災民賦銀七十兩五錢二分零　十年蠲免湖北十三年分應徵錢糧除漕糧項外其地丁銀米一概免徵　三十一年豁免漕糧　三十二年水偏災賑饑蠲免地丁銀二千九百四十五兩零南米七百四十八石零　三十三年水偏災賑饑蠲免地丁銀二千三百七十九兩零南米六百三石零　三十四年豁免漕糧米一萬一千四百八十石零　三十五年蠲免地丁錢糧　四十二年蠲免地丁錢糧　四十三年旱水偏災賑饑蠲免地丁銀一萬八十二兩零南米二千六百一十九石零　四十四年加賑外豁免地丁銀四萬五百七十三兩零　四十八年水偏災賑饑蠲免地丁銀一千四百九十三兩零南米三百八十四石零　四十九年豁免漕糧米一萬一千四百八十石零　五十年旱災賑饑蠲免地丁銀七千九百二十九兩零南米二千二十三石零　五十三年水偏災賑饑蠲免地丁銀二千五百九十一兩零南米六百二十三石零　五十八年蠲免黄州衛屯餉丁糧　六十年豁免漕糧



嘉慶元年蠲免地丁錢糧　四年蠲免乾隆六十年以前積欠緩徵地丁耗羨及民欠籽種口糧漕糧等銀兩又積欠緩徵並民借種穀草束等銀兩　八年正月蠲免民屯正耗錢糧一分　三月蠲免十分之五

道光元年蠲免民間積欠　十一年大水撫卹賑饑並加賑一次借給籽種蠲免地丁銀八千三百八十六兩零南漕米四千二百五十一石零　十二年蠲免地丁銀一千八百四十七兩零南漕米四百一十六石零　十五年豁免三年緩徵南漕米一千六百一十八石零　二十五年豁免十一年以後緩徵地丁銀四萬九千三百三十兩零南漕米一萬八千一百一十五石零

咸豐元年蠲免道光三十年以前民間積欠

光緒四年蠲免咸豐七年至同治十年民欠錢糧並漬淹挖壓緩徵各項共銀四萬八千九百八十四兩八錢

附

養濟院在山川壇側共四十二間乾隆三年奉文建立其額內額外人數並口糧布花銀數詳賦役志孤貧項下同治十二年邑紳劉維楨捐制錢一千串文以助經費

育嬰堂一在一字門內道光二十七年知縣金雲門重議修復捐錢一百千以經費尚詘猶有待於後云一在倉子埠道光二十七年該地民人胡紹瑛張殿魁倡捐建立自官紳以下捐金各有差以上舊志



附載義舉

培心善堂在陽邏司署右側距城一百二十里於大江中設救生船收屍骸施棺木設義塚施藥茶收字紙送種牛痘一切善舉頗多裨益保監生雷朝鼎同貢生雷霆庠生程飛熊算學生胡敬之耆民童萬青徐畏三職員胡俊川陳受發雷時楷劉瑞屏劉太銘先捐後募倡修於道光二十八年至同治三年建復堂宇各大憲捐廉佽助江漢關漢黄德道每年給銀九十六兩縣署每年給銀十二兩以垂久遠

計開培心堂捐產　同知劉年豐劉鳳彩共捐田八斗

陶鳴忠捐田一石六斗六升劉照玖捐田一石三斗二升董長青徐祥玉共捐田一石二斗林慶宜捐田五斗萬成松捐田五斗成松妻錢氏捐堂側屋基一間雷時模時楷

共捐花地三大塊計五斗本堂自置田一石五斗官汊湖洲四股之一又眾捐字藏田五斗

義安善堂在東鄉劉家樓區邑紳劉維楨建捐田三十餘石歲收租穀濟里中各貧户以爲度歲之資有餘存以備荒

義安善局在東鄉劉家樓區邑紳劉維楨捐銀二百兩并置田收租以作局費由局具稟請縣示禁竊盜宰牛花鼓淫戲不法等事更稟舉里人劉元吉楊逢春等承領辦理有案

劉氏義莊邑紳劉維楨置田一百五十餘石除二十石捐入義塾外餘歲收租穀二千餘石爲劉姓合族義莊祭產並楨祖劉源劉俊劉梅各義莊祭產皆明定章程稟請前湖北巡撫翁同龢奏咨在案准入省府縣志

義塚附



漏澤園舊有五處俱在東關外五里墩一係康熙辛未知府王輔置一係康熙丁酉知府蔣國祥置一係康熙己亥知縣鍾葦置一係邑士魏永緜永經捐置一係乾隆戊午知縣吳瑛置

附郭義園一在元妙觀左側一在教場右首俱附貢魏廷增捐置一在古火王廟後監生盧萬青捐置一段典商邵源和孫復豐捐置一段一在桐梓岡紅花園署但店司巡檢章淑捐置一段又紅花園地二段一東西長十五丈南北長七丈七尺一東西長三丈九尺南北長四丈三尺係公置一在山川壇後左側南北長十六丈二尺東西長四丈五尺許又山川壇左側南北長十六丈二尺東西長二丈九尺俱係公置一在清淮門外忠顯廟右計東橫十三丈八尺西右橫七丈三尺六寸左橫七丈南直三丈七尺北直七丈零五寸係公置又與尹姓毗連一段計五丈五尺與唐姓毗連抵四腳牌樓一段計三丈五尺邑人王家駒捐此地近街不能開葬公議租鄧姓架屋租錢分作各處祭費一在向日門地二段朱慶宜捐一在太平橋下地一段監生王灝捐不能開葬同治六年其弟勝任稟請改作將軍廟香火之費計長二十六步橫十五步現在王正啟弟兄佃種

東絃鄉義園一在劉家樓監生范起鳳捐置一在城隍山右捐職都司范欽捐置

還和鄉義園一在仙姑廟隍巖山北一在大塘角俱邑人張得勝捐置一在黃家鋪康熙四十九年邑紳曹載恒捐置又黃家鋪西職員黃宗璐捐置一在棗樹店北監生秦先器捐置一在羅家鋪東白家塝監生周世隆及管姓合置一在馬曹廟右邑人賈景康捐置一在賀家灣對門山上邑人林界玉捐置一在郭家冲邑人江泰興廣興恆太等捐置

慕義鄉義園一在寺便湖側舉人張毓樫附貢錢莆田等捐置一在焦家坂一在沙坂一在汪崇堆俱監生靖厚炳捐置

庶安鄉義園一在昏水壋一在走馬隄一在李家岡一在白樓灣一在王家寨一在孔家石橋俱邑人徐貢朝捐置一在烏龜石一在龜山俱封職胡啟華捐置一在紅家塘上岸大山厚本堂捐置一在文布寺南監生徐濟寬捐置一在汪集細屋山東北封職萬鴻恩捐置

中和鄉義園在周山鋪倪家山生員揭炳芳等捐置

上伍鄉義園在龍岡山側地名龜山道光十年貢生洪恩峻捐置

培心堂義園在柴柏湖南岸馬路洲東岸山雷開甲捐芝山圖一所劉照玖捐老河巖山一大段雷朝鼎捐柴山一大段田葆三捐閔家山西一片劉新甫捐閔家山東一片雷朝輔捐花地二斗陂邑王慶翰捐汪家花園柴山一塊汪引湘捐老河巖山地一段



京都黃岡義園在北京沙窩門內萬柳堂西北地名板廠屬東城兵馬司副指揮分轄明隆慶時邑紳士置以葬貧而客死者南園東西計一十九丈南北之西計一十五丈三尺南北之東計一十三丈北園東西計一十丈南北計三十丈零六尺後園戶徐人保護不力乾隆十九年四月初十日存案察院立有界石

白骨塚在孫家嘴道光二十九年大水棺拋骨露邑紳王金炬捐貲收埋

白骨塔一在清淮門外古滴樓口左首明季張獻忠陷黃州肆行殺戮邑人收葬遺骸立碑識之今經兵燹碑失一在團風鎮雷壇光緒六年年水師鷲江守府韓春高團風鎮巡檢程兆梧稟縣諭本鎮紳耆募貲督建

# 黃岡縣志卷之五

知黃岡縣事合肥戴昌言編輯

## 學校志

宮牆泮水煥然具備於兵燹之餘而羽籥笙鏞春秋肇祀善哉興學之法良而造士之道得也況此邦稱才藪橐筆就郡縣試者將四千人星使持衡克翹其秀又得賢師儒奬勵之士靜而文何遽不如蘇端明所云乎

### 廟學

文廟在清淮門內而一字門正殿五楹露臺下拜臺兩廊東西庫兩廡各五楹戟門三楹門前左右爲更衣處又前爲泮池池有垣左右有門又前爲櫺星門又前甬壁有左右門其儒學儀門後爲明倫堂正殿後爲



崇聖祠戟門外左爲名宦祠右爲鄉賢祠明倫堂左爲忠義孝弟祠廟右垣外爲節孝祠廟左垣外爲儒學儀門內左爲福神祠考宋時廟學建在故南城外其後修葺無考元末兵燬明洪武元年知縣萬士安移治城內縣治東南高原卽東坡故居也正統二年知府錢敏修李時勉記云學校之興有資於守令舊矣文翁之在蜀郡范純仁之在襄邑皆以能興學校崇教化致民俗丕變故聲譽顯於當時名聞昭於後世有不可及也蓋學校風化之源三綱五常之道由是而明詩書禮樂之教由是而行風俗由是而變人才由是而出古昔治效之盛非後世所及者由此道也洪惟我太祖高皇帝自卽位以來輒詔天下郡縣皆立學詔師弟子員付之守令以程督之藩臬二司考察其勤惰而勸懲之賢能文學之士往往出於其間自公卿大夫至於州縣之選常不乏人是亦興學校之效也比年以來儒學之士多以記誦文詞爲業而不務實學者蓋由有司者有以簿書期會爲急視學校若不干己者雖廟舍頹毀教化廢弛略不加之意故爲師者怠於教爲弟子者怠於學雖朝廷專設憲臣以督理之未能或之變也吁豈漸染之深未可以朝夕革與是殆不然憲臣之巡歷有時而守令之臨涖無間苟一加之意焉則無不可者在鼓舞而作興者何如耳黃岡黃州之附郭邑也地濱大江舊有學規制卑隘且歲久頽圮太守錢公至周覽慨歎首捐己俸欲擴而大之於是縣正僚佐邑人富室爭出錢幣以相助者甚衆乃庀材傭工諏吉興作自大成殿以至明倫堂池臺門廡師生講誦之所齋宿之舍一新理之至於神廚倉庫庖湢之處莫不備具壯麗宏偉數倍於昔經始於正統二年九月告成於五年庚申七月費不出於公帑勞不及於庶民而成此大功其孰能之公之爲人端厚坦夷廉靜而不阿居家以孝弟聞親喪廬墓三年朝廷旌異之在大理獄以不冤今爲黃州環千里之民無不歸心焉又能以其餘力一新郡縣之學暇則與諸生講論經史課其所業而奬勵之莫不翕然向於學文翁范純仁不得專美於前矣孔子曰身修而後家齊家齊而後國治此大學之道也若公者可謂身體而力行之矣邑學官尹勖以書來求予言夫郡縣傅士樂得賢太守以蒙其作興之惠又樂得英才以盡其教育之功何其幸哉其東西隅皆抵民居屢遭延燬宏治九年僉事張彬擴修正德十年知府余貴知縣胡潔始遷建今所規制大備朱節重遷儒學記黃岡縣舊有儒學在城隍廟之西南麗城不十數武厥址隘以陋堂宇傾圮久莫之治正德歲辛未巡按東吳王公涖黃既謁廟首舉遷學之議詢諸衆謂附清淮門軍器局東廢地寬衍可衷而宮之也値流賊倡獗江上且不果斷而巡按山西曹公復踵其議且命以軍器局廢址並入之時流賊甫靖而歲復告歉縣堂廨宇亦就頽



廢物力有不足以舉贏者適董學亦城蔡公按黃進屬吏師生而語之曰茲學當遷其無疑第更新則時絀葺舊則徒費何施而可邑令豐城胡君潔毅然任之曰維茲首政風化攸繫曷敢以難辭縣治宜且後遂謀於郡守西蜀余公貴貳守廣陵王君相通判山陽牛君瑶劉門毛君應時曰學宮既得厥址請如三公之命諏日舉事余公復暨諸寮指而度之謂兌隅尙存民居且荷無稽古閣曷增創之而地幹於武弁家乃質臨皋驛舊址倍與其値而廣之於是兌隅旣備坤維亦正而櫺星集賢門稽古閣各有厥址其地工費尹悉任之一出公帑之餘不以勞民命工戒事集材於市伐石於山以陶以度百藝畢舉始事於　大成殿前爲戟門各五楹又其前中爲櫺星門左爲集賢門　各三楹殿之左右爲兩廡各五楹殿之後爲明倫堂堂之左右爲兩齋各五楹又附堂小廳各三楹爲退講之所又其後稽古閣五楹閣之左右爲諸生號房各十楹閣之西爲饍堂三楹戟門之前有泮池旁以石甃之爲半璧形中以石梁之爲正道而西號之外有隙地爲射圃凡禮典所宜靡不飾備工以數計者七千有奇鈔以緡計者千二百有奇地縱爲丈五十有九廣視縱減四之三址視舊增五之二規模宏敞煥然一新於時敎諭應君鵬訓以清修博學式宏化基訓導周君盛端雅詳愼克殫奚斯之勞劉君紀適至一覩茲盛舉謂不可無紀乃礱石率諸生而請紀之予謂胡尹一事之舉而三善咸集綏於修邑而先於學校公也始事訖功役不逾年敏也雖當匱縮舉難而進勇也予因是而有感焉勇爲達德之一凡天下之事舉頹植仆固莫先

乎勇而士所以造聖成功匪勇焉攸賴今天下士樊樊焉繪
藻於詞章科第之間以爲文人能事至語聖賢大學之道則
或自諉以爲吾質百不若人而開知自立者亦悠悠歲月逡
巡莫前是皆不知勇之過也吾夫子有見於天下後世之流
弊必底此無疑也肆以人一己百釋達德之勇而歸其美於
成功之一其防末流而慮後世不深切著明矣哉今俗之病
於安安而當遷習爲陋襲也予因遷學之有成而深自懲於
向往之不勇恐卒病於安常而襲陋也故併述之以爲同志
者告　厥後知縣簡霄修王霽記缺　嘉靖間知縣孫棠修四十三年教
諭張性脩建

啓聖宮在明倫堂後萬歷三年知府潘允哲知縣羅應鶴重修擴
地得井即俗所傳東坡暗井也三十四年知縣茅瑞徵以學
宮明倫堂圮率教諭辛艮偉主簿金可礪重修地縱五十九
丈廣四十四丈餘視舊增五之二舊學碑載西以古井火巷直至大街北抵曹士皐原貫地東抵舊北察院南抵大街城外有岡横亙形家謂爲一字文星故城門
以一字名城上有東樓閣爲縣學巽峯又爲一縣華表明末



悉燬於兵
國朝順治初知縣高自訓楊日昇復建十年加修韋成賢記缺十六
年知縣楊鍾秀建大成門十八年知縣徐鎦建
啓聖祠康熙十一年知縣董元俊修葺十五年知縣李經政建櫺
星門二十一年知府蘇良嗣釐定垣界與學道蔣永修及合
學士子集貲修殿廡建明倫堂知縣汪灝董其役二十九年
知縣錢顧琛勸修四十六年知縣黃極重建
啓聖祠始建教諭署於明倫堂後訓導署建堂側五十九年知縣
鍾章倡捐修丹墀以石並建名宦鄉賢兩祠種柏數百株建
赫門於右雍正元年改
啓聖祠爲
崇聖祠七年知縣樊大元以守道趙洪恩檄復赫門於左十三年

知縣暢于熊勸修磚石圍牆未竣罷去乾隆七年知縣舒成
龍續成十一年教諭徐成淵建學署二重二十一年知縣劉
煜教諭聶朝勳訓導王世任倡釀巨資擴建劉煜記國家造士之法極詳而
養士之法亦備設立學宮俾肄名於斯者咸就甄陶以培休
明之本典綦重也官其土者有訓率士子之責則士子肄業
之地自宜悉心經理庶泮水芹藻無遺憾焉况先師靈爽
實式憑之詎容苟且荒略因陋就簡其何以萃羣材而振文
教耶楚北人文素稱岡邑爲最在昔先賢文行歷歷可稽
國朝尤爲蒸蔚劉克猷先生才擬大魁曹木欣先生望重儒
林其他鉅公名士佐文明而揚風雅者指不勝屈更且科名
之盛或一門而蟬聯奕世或一榜而璧合多人又皆品行純
粹事業彪炳無非由學校養之有素擴之裕如洵哉學宮有
關乎士風非淺鮮也顧岡邑學宮建自有宋明季燬於兵燹
我朝自富平楊公粗立規模嗣經各任逐次增修而文星
舊制尚未悉臻美備乃閱歲既久復多圮廢亦有心文教者
之所深感也歲乙亥予自遠安調繁茲土下車即肅謁文
廟覩其簡陋不勝愀然竊惟教化涵濡百度俱舉而文治尤
爲首重雖守土小臣罔宜仰體　高厚隨事振興以圖涓埃
報稱矧於根本之地漫不加意耶每思廢者興之陋者新之
輒以力絀未能此衷恆耿耿弗釋也丙子秋簿書稍暇節省
俸餘急圖修葺顧鞅掌弗遑何能親理工力爰諮紳士輩籌



其相度經營之方聞予言咸各懽欣鼓舞謂百年來官長有
志而未逮士民籌度而中輟者一旦力圖更新洵非細故也
鳩庀之任誰不踴躍從事耶且各量力捐已貲共襄勝舉於
是擇吉興工首先大成繼及兩廡並各祠宇暨門路垣墉
次第葺理煥然聿新一時聚圜橋而仰首者咸謂猶是廟貌
今昔頓殊歟仍宮牆始克備其規制由是　先師憑依於上
司鐸宣敎於下諸生說禮樂而敦詩書者以時肄業其間行
將地靈人傑鳳翥鵬騫以仰副　聖朝棫樸菁莪之化方
興未艾也此豈下吏之自爲力實賴諸鄉先生暨我人士襄
贊之功以覩厥成也而予因藉以上體養士之隆典下盡訓
率之官職稍報涓埃毋忝厥職耳肇事於乾隆丙子孟冬越
丁丑迄戊寅夏仲歷二十月而功成捐助紳士另勒石刊記
四十七年署知縣史湛嘉慶十七年知縣鄭家屏先後重修
均有記史湛重修縣學記辛丑夏五月余以襄陽分治攝篆黃岡甫下車恭謁文廟覩棟宇傾圮幾不蔽風雨
徘徊久之伏思我　皇上重道崇文由國學以迄鄉校莫
不廟貌嚴巍永垂令典矣是何可以不新既而集邑之紳士
詢之則不修葺者已廿餘年余益慨曰是　至聖之所式憑
先賢先儒之所從祀而一邑之士庶於焉瞻仰者也夫善風
俗者莫如教化興教化者莫先學校自古迄今未之有異岡
邑素稱文藪而宮牆不飭夫非有司之責歟余不敢不勉諸
君子其有同心焉僉曰唯唯爰議首士魏壎等以董其事乃
捐俸以爲之倡佈告九鄉各量力輸將遂擇吉鳩工庀材越

次年壬寅夏告竣自殿堂兩廡鄉賢名宦泮璧以及肄業齋舍無不煥然一新余復集諸紳士而致慶曰噫嘻是豈徒新一時之耳目乎哉其願後之凡莅茲土者於焉拜瞻思所以激濁揚清導其休美而爲一邑之良吏其願爾多士思樂泮水言采其芹者思所以刮垢磨光潔爾身心而爲一邑之良士其願我百姓覩茲巍峩者望而生敬敬而生善思所以滌舊除汚羣焉向化而爲一邑之良民然則至聖盛德光輝所以亙古而常新者其在茲乎其在茲乎若夫自此以往人文蔚起高科巍第炳耀西陵則又理有固然曷足以爲異諸君子其然余言乎請即以斯言泐諸石而與諸君子共相淬勵也可是爲記 鄭家屛記黃岡縣學歷代屢有建移其於清淮門內軍器局東自前明正德乙亥始也入本朝來順治閒戊子癸巳己亥辛丑遞建者四康熙閒壬子丙辰壬戌戊辰丁亥庚子重修者六雍正閒己酉乙卯續修者二乾隆閒壬戌丙寅壬寅增修者三其閒相距遠或二十餘年近或僅數年後先相望是亦足以見我 國家久道化成而歷任士大夫興學右文居其位而勤思其職也嘉慶紀元之十有六年家屛量移是邑距壬寅重修之歲垂三十年矣涖任之初首謁廟學日久寖敝慢然動心乃亟謀修葺捐俸以爲之倡而邑搢紳之急工者不惜重貲力襄其事未踰時而大成殿暨東西兩廡煥乎維新繼而闔邑士民勸鐫者眾於是 啟聖宮明倫堂欞星門及名宦鄉賢等祠以次修復焉用識其歲月與醵金督役人姓氏刻之於石匪敢曰繼執前修亦庶乎居其任而不忘職也云爾工竣之秋邑人舉文武鄉試者凡十有七人邑中以爲盛事別爲之建坊於通衢書其姓名以勸來者因附記之道光八年知縣陸炯修圍牆並西齋堂舍十六年教諭易慶善倡修二十六年知縣俞昌烈並職員廖雲程張志銘勸捐修葺陶樑記黃岡學宮自乾隆以來凡四加葺治皆勒修者姓名於石近歲則頹圮益甚邑令俞君昌烈懼無以肅廟貌也請於予及郡守祁君謀所以新之者從其議擇教諭周鯤化訓導李正心董治之首大成殿次兩廡次 啟聖殿次宮牆階除庖湢皆整理復其初欞楹加丹彩焉瓴甋加完固焉繚垣加崇閎焉經始二十六年正月落成二十六年閏五月俞君鳩工既畢請碑以記之求文於祁君暨予祁君復見推於是遂述之曰治與學無二道也古者羣州邑里黨之士而聚之於庠序射鄉養老皆在其中而又有春秋釋奠之禮流示之以登降跪拜籩豆儀品鐘鼓筦弦視聽必依儼恪官骸必依整肅精者以陶淑其性情粗者以柔馴其血氣及其服循既久耳濡目染皆學之事也容節比禮樂行藝登賢能絲是辨之司馬進之王朝可以布於有位輔理成化下至涂巷隴畝之夫亦相與循禮奉法仁讓四達無復有嚚凌之習奇衺之行蓋學之益於治如此今祁君及俞君皆下車未久即首重是舉可謂識治道之原者茲邑號爲才俊藪往者巍科上第烜赫相望其餘以文學行能表見者又不可勝計也方值盛隆之朝崇儒重道漸摩甄育有過虞周賢長吏又率先髦士以宗聖闡學樹之



標的被其化者益相厲以德義相砥以躬行體用賅備本末共貫進可以儲楨幹垂功績退可以坊表人倫至於閭里閒莫不彬彬然有鄒魯之遺風非根本於學烏睹此治乎予嘉二君之識治本尤樂與都人士共觀正學之盛也於是紀其顛末而自祁君而下皆得書名於左咸豐三年爲粵逆燬光緒元年知府英啟率知縣恆琛教諭黃敦素訓導魏澤宏暨闔邑紳士捐貲復建英啟記黃岡爲黃郡附郭邑惟楚有材此其林藪同治六年夏四月啟始聞 命出守黃州越冬十月實來郡受事維時府學重建告成功者已一年有餘他州縣學以訖工若閒工告亦先後相繼而黃岡獨闕焉議者進曰自粵寇竄亂捻逆肆擾黃郡當其衝城陷者屢矣去城一二百里閒其蹂躪也視他邑爲尤甚民氣未復民力幾何勉强用之事固可集而勢將不趨於苟簡而不得毋乃滋貽他日累曷姑待之歲迄壬申十有一年冬恆君獻之來視邑事者已閱四年時和歲豐行於其鄉家絃戶誦洋洋盈耳與夫杼柚紡績之聲達近相聞蓋安居復業休養生息幾已十年矣於是集邑人士屬其父老召其子弟相與諮諏揆度而學宮重建之議以定黃君葆田魏君巨川同司邑鐸因而興事勸功家不私其財人不私其力而鳩工之費以集越明年癸酉春三月庚寅醵士興工築登削憑宇安堵與舊制式遵新規聿廓又明年甲戌十二月庚寅而大功以成恆君來告且請爲文勒石以記啟不敏謹書其事俾邑人士觀禮戾止益有以感發而興起焉至乃基址延袤棟宇闊狹與夫董役者若人出貲者若人總費金錢若干咸識於籍後之人亦得有所攷云

廟學環以紅牆（左圍牆自前至後巷口止長五十四丈三尺右圍牆自前至後巷口止長五十五丈三尺後圍牆長十九丈五尺）其前爲甬壁橫三丈七尺左右側牆爲展翅形各長一丈七尺左有門額曰德配天地右有門額曰道冠古今甬壁右牆橫二丈八尺又右接鋪屋三向橫六丈左牆橫二丈七尺學署頭門橫三丈八尺又左接鋪屋一向橫二丈八尺自學署頭門起抵對面牌坊長四丈八尺橫十二丈五尺右牆外有塘名黃家塘上岸有鄒姓捐出基地一段橫四丈五尺直四丈 縣學照壁外基地同治十三年知縣恆琛丈量正南以石坊爲界東南以金公祠後路小巷牆腳爲界西南以六腳牌坊向南一丈爲界均立界石

大成殿

列聖欽頒額恭錄於左

康熙二十三年

御書萬世師表雍正三年

御書生民未有乾隆三年

御書與天地參嘉慶五年

御書聖集大成道光元年

御書聖協時中咸豐元年

御書德齊幬載同治二年

御書聖神天縱光緒元年

御書斯文在茲

正位

至聖先師孔子

考漢平帝稱宣尼公和帝封褒尊侯北魏孝文帝稱文宣尼父後周宣帝封鄒國公隋文帝稱先師尼父唐高宗贈太師元宗謚文宣王宋眞宗謚至聖元武帝號大成至聖文宣王明嘉靖九年議去王號並大成文宣之稱廟不稱殿易像爲主木主高二尺三寸闊四寸厚七分座高四寸長七寸厚三寸四分朱地金書

國朝順治十四年定今稱

東配

復聖顏子漢永平十五年祀七十二弟子顏子位第一魏晉祀孔子均以顏子配唐貞觀二年以孔子爲先聖顏子配饗

述聖子思子宋大觀二年從祀端平三年升列哲位咸淳三年配饗

西配



宗聖曾子唐開元八年從祀宋咸淳三年配饗

亞聖孟子宋元豐七年配饗

考以上配位以前皆稱封爵元至順元年贈顏子兖國復聖公曾子郕國宗聖公子思子沂國述聖公孟子鄒國亞聖公明嘉靖九年改稱復聖顏子宗聖曾子述聖子思子亞聖孟子

國朝因之木主高一尺五寸闊三寸二分厚六分赤地墨書

東哲

先賢閔子

先賢冉子

先賢端木子

先賢仲子以上俱唐開元八年從祀

先賢卜子唐貞觀二十一年以經師從祀開元八年以十哲從祀

先賢有子唐開元八年從祀國朝乾隆三年升列哲位

西哲

先賢冉子

先賢宰子

先賢冉子

先賢言子以上俱唐開元八年從祀

先賢顓孫子唐開元八年從祀宋咸淳三年升列哲位

先賢朱子宋淳祐元年從祀國朝康熙五十一年升列哲位

考以上哲位宋以前皆稱封爵明嘉靖九年改稱先賢某子

國朝因之有子朱子升列哲位從一例木主高一尺四寸闊二寸六分厚五分赤地墨書

東廡先賢
先賢公孫僑 國朝咸豐七年從祀
先賢林放 唐開元二十七年從祀明嘉靖九年改祀於鄉 國朝雍正二年復祀
先賢原憲
先賢南宮适
先賢商瞿
先賢漆雕開
先賢司馬耕
先賢梁鱣
先賢冉孺
先賢伯虔
先賢冉季
先賢漆雕徒父
先賢漆雕哆
先賢公西赤
先賢任不齊
先賢公良孺
先賢公肩定
先賢鄡單
先賢罕父黑
先賢榮旂
先賢左人郢
先賢鄭國
先賢原亢



先賢廉潔
先賢叔仲會
先賢公西輿如
先賢邽巽
先賢陳亢
先賢琴張
先賢步叔乘
先賢秦非
先賢顏噲 以上俱唐開元二十七年從祀
先賢顏何 唐開元二十七年從祀明嘉靖九年罷 國朝雍正二年復祀
先賢縣亶
先賢牧皮
先賢樂正克
先賢萬章 以上國朝雍正二年從祀
先賢周敦頤
先賢程顥 以上宋淳祐元年從祀
先賢邵雍 宋咸淳三年從祀
西廡先賢
先賢蘧瑗 唐開元二十七年從祀明嘉靖九年改祀於鄉 國朝雍正二年復祀
先賢澹臺滅明
先賢宓不齊
先賢公冶長
先賢公晳哀
先賢高柴

先賢樊須
先賢商澤
先賢巫馬施
先賢顏辛
先賢曹卹
先賢公孫龍
先賢秦商
先賢顏高
先賢壤駟赤
先賢石作蜀
先賢公夏首
先賢后處



先賢奚容蒧
先賢顏祖
先賢句井疆
先賢秦祖
先賢縣成
先賢公祖句茲
先賢燕伋
先賢樂欬
先賢狄黑
先賢孔忠
先賢公西蒧
先賢顏之僕

先賢施之常
先賢申棖 以上俱唐開元二十七年從祀
先賢左邱明 唐貞觀二十一年以經師從祀
先賢秦冉 唐開元二十七年從祀明嘉靖九年罷國朝雍正二年復祀
先賢公明儀 國朝咸豐三年從祀
先賢公都子
先賢公孫丑 以上國朝雍正二年從祀
先賢張載
先賢程頤 以上宋淳祐元年從祀

考以上先賢位宋以前從祀者皆稱封爵明嘉靖九年改稱先賢某子周張程邵五子嘉靖時稱先儒崇禎十五年改稱先賢位在七十子之下漢唐諸儒之上



國朝俱稱先賢不稱子

東廡先儒

先儒公羊高
先儒伏勝 以上唐貞觀二十一年從祀
先儒毛亨 國朝同治二年從祀
先儒孔安國 唐貞觀二十一年從祀
先儒后蒼 明嘉靖九年從祀
先儒許慎 國朝光緒二年從祀
先儒鄭康成
先儒范甯 以上俱唐貞觀二十一年從祀明嘉靖九年改祀於鄉 國朝雍正二年復祀
先儒陸贄 國朝道光六年從祀
先儒范仲淹 國朝康熙五十四年從祀

先儒歐陽修 明嘉靖九年從祀
先儒司馬光 宋咸淳三年從祀
先儒謝良佐 國朝道光二十九年從祀
先儒羅從彥 明萬歷四十二年從祀
先儒李綱 國朝咸豐元年從祀
先儒張栻 宋景定二年從祀
先儒陸九淵 明嘉靖九年從祀
先儒陳湻 國朝雍正二年從祀
先儒眞德秀 明正統二年從祀
先儒何基 國朝雍正二年從祀
先儒文天祥 國朝道光二十三年從祀
先儒趙復



先儒金履祥
先儒陳澔 以上國朝雍正二年從祀
先儒方孝孺 國朝同治二年從祀
先儒薛瑄 明隆慶五年從祀
先儒胡居仁 明萬歷十二年從祀
先儒羅欽順 國朝雍正二年從祀
先儒呂柟 國朝同治二年從祀
先儒劉宗周 國朝道光二年從祀
先儒孫奇逢 國朝道光八年從祀
先儒張履祥 國朝同治十年從祀
先儒陸隴其 國朝雍正二年從祀
先儒張伯行 國朝光緒四年從祀

西廡先儒
先儒穀梁赤
先儒高堂生 以上唐貞觀二十一年從祀
先儒董仲舒 元至順元年從祀
先儒劉德 國朝光緒三年從祀
先儒毛萇
先儒杜子春 以上唐貞觀二十一年從祀
先儒諸葛亮 國朝雍正二年從祀
先儒王通 明嘉靖九年從祀
先儒韓愈 宋元豐七年從祀
先儒胡瑗 明嘉靖九年從祀
先儒韓琦 國朝咸豐二年從祀



先儒楊時 明宏治八年從祀
先儒尹焞 國朝雍正二年從祀
先儒胡安國 明正統二年從祀
先儒李侗 明萬歷四十二年從祀
先儒呂祖謙 宋景定二年從祀
先儒袁燮 國朝同治七年從祀
先儒黃榦 國朝雍正二年從祀
先儒輔廣 國朝光緒六年從祀
先儒蔡沈 明正統二年從祀
先儒魏了翁
先儒王柏 以上國朝雍正二年從祀
先儒陸秀夫 國朝咸豐九年從祀

先儒許衡（宋皇慶二年從祀）
先儒吳澄（明正統八年從祀嘉靖九年罷國朝乾隆二年復祀）
先儒許謙（國朝雍正二年從祀）
先儒曹端（國朝咸豐十年從祀）
先儒陳獻章（明萬歷十二年從祀）
先儒蔡清（國朝雍正二年從祀）
先儒王守仁（明萬歷十二年從祀）
先儒呂坤（國朝道光六年從祀）
先儒黃道周（國朝道光五年從祀）
先儒陸世儀（國朝光緒元年從祀）
先儒湯斌（國朝道光三年從祀）

考以上先儒位明嘉靖以前從祀者皆稱封爵嘉靖九年改稱先儒某子

國朝稱先儒不稱子

右兩廡先賢先儒位俱謹遵同治二年七年與光緒閒

欽定序列（木主規制同十哲）

崇聖祠正位

肇聖王木金父公

裕聖王祈父公

詒聖王防叔公

昌聖王伯夏公

啟聖王叔梁公

考以上正位明嘉靖九年於大成殿後立



啟聖祠祀叔梁公

國朝雍正元年

詔封孔子先世王爵合祀五代更名啟聖祠爲

崇聖祠（木主規制同四配）

東配

先賢孔氏孟皮（國朝咸豐七年配饗）

先賢顏氏（名無繇唐開元二十七年從祀明嘉靖九年配饗）

先賢孔氏（名鯉宋咸淳三年從祀明嘉靖九年配饗）

西配

先賢曾氏（名皙唐開元二十七年從祀明嘉靖九年配饗）

先賢孟孫氏（名激明嘉靖九年配饗）

東廡先儒

先儒周氏（名輔成明萬歷二十三年從祀）

先儒程氏（名珦）

先儒蔡氏（名元定以上明嘉靖九年從祀）

西廡先儒

先儒張氏（名迪國朝雍正二年從祀）

先儒朱氏（名松明嘉靖九年從祀）

考以上先賢先儒位明嘉靖時稱先賢某氏先儒某氏

國朝因之（木主規制俱同十哲）

名宦祠祀位三十人

宋張激　元吳汝　明徐誼　胡潔

簡霄　虞儼　孟津　賈應璧

羅應鶴　趙士登　涂宗濬　曹愈參

陳言 宦績有傳　陳嘉學 見科貢表
范芝 宦績有傳　陳相道 見科貢表
王廷陳 文苑有傳　陶珪 宦績有傳
樊焯 儒林有傳　王廷瞻 宦績有傳
樊玉衝 宦績有傳　杜鳴陽 篤行有傳
曹光德 宦績有傳　邱岳 宦績有傳
李植 宦績有傳　劉承芳 孝友有傳
陳首俊 見科貢表　王一鳴 宦績有傳
杜傑 宦績有傳　於倫 宦績有傳
穆天顏 宦績有傳　易倣之 宦績有傳
詹時鳴 儒林有傳　張寶 見科貢表
李葵 見封贈志　孫大祚 忠義有傳



王同謙 見科貢表　張澤 宦績有傳
張濟 宦績有傳　李田 見封贈志
張啟孫 見張澤傳　李之用 見科貢表
周之訓 忠義有傳　官如阜 孝友有傳
熊璦 無考　熊養中 見科貢表
王陞 儒林有傳　王鳳陽 宦績有傳
葉正蒙 見科貢表　王欽濂 宦績有傳
甄善 見科貢表　甄其賢 見封贈志
汪之渙 篤行有傳　詹謙之 無考
樊玉衡 忠義有傳　祝宗文 見科貢表
王崇擢 孝友有傳　祝一先 見封贈志
汪世極 孝友有傳　樊玉衢 篤行有傳

徐紹曾　茅瑞徵　李希沆　孫自一
韓秉文　武鉞　張性魯　周祿
姚溢　劉烜　林兆箕　杜遇春
吳文燮　國朝 楊呂昇　劉國甯　徐籀
董元俊　李經政 以上循良有傳

鄉賢祠祀位百十八人

唐 周墀 宦績有傳　宋 潘大臨 文苑有傳
元 吳應澍 隱逸有傳　滕賓 文苑有傳
冷庸 宦績有傳　明 詹同 宦績有傳
吳琳 宦績有傳　徐本 宦績有傳
黃榮 宦績有傳　蕭昇 宦績有傳
張璘 宦績有傳　王思旻 宦績有傳



詹徽 見宦績詹同傳　曾一夔 舊志佚據武勳表補
曾恕 篤行有傳　曾言 舊志佚據武勳表補
張佐 宦績有傳　詹希原 見宦績詹同傳
王濟 孝友有傳　黃伯垓 篤行有傳
王麟 宦績有傳　余鑾 宦績有傳
劉以德 見宦績劉以文傳　賈啟 宦績有傳
謝泉 宦績有傳　曹珪 宦績有傳
郭慶 儒林有傳　吳艮吉 儒林有傳
陳廷瓚 宦績有傳　王廷槐 孝友有傳
余文瑞 篤行有傳　方勇 忠義有傳
奚樸 宦績有傳　邱尚忠 篤行有傳
奚世亮 忠義有傳　方任 宦績有傳

程希召 無考
趙炳 見科貢表
易爲璉 見易道暹傳
劉以文 宦績有傳
樊鼎遇 孝友有傳
陳四維 孝友有傳
詹大有 舊志佚見宦績詹謹之傳
萬爲境 孝友有傳舊志佚
李遐齡 見宦績李應鶴傳
王追本 見封贈志
劉子壯 文苑有傳
王躬俊 孝友有傳

張鳳來 孝友有傳
易道暹 忠義有傳
王家欽 見儒林王陛傳
徐崇德 篤行有傳
官應震 宦績有傳

國朝

詹謹之 宦績有傳
陳肇昌 宦績有傳舊志佚
樊維域 宦績有傳
宋必達 宦績有傳
王一釪 見科貢表
陳天生 篤行有傳
王鳳采 宦績有傳

李長青宦績有傳　　　曾世儀宦績有傳

按二祠舊入祠祀志考雍正三年奉

旨建在學宮內今遵列此

祭典

謹考祭典內禮儀樂舞載在

皇朝會典直省通行各省郡邑志多不載邑舊志備錄由來已久

姑仍其舊俾便於省覽識禮儀之備窺樂舞之精安治移易

莫善於此舊志多有掛漏沿訛茲謹遵同治間重刊

欽定書繪錄於左用備徵考云

# 釋奠班位圖

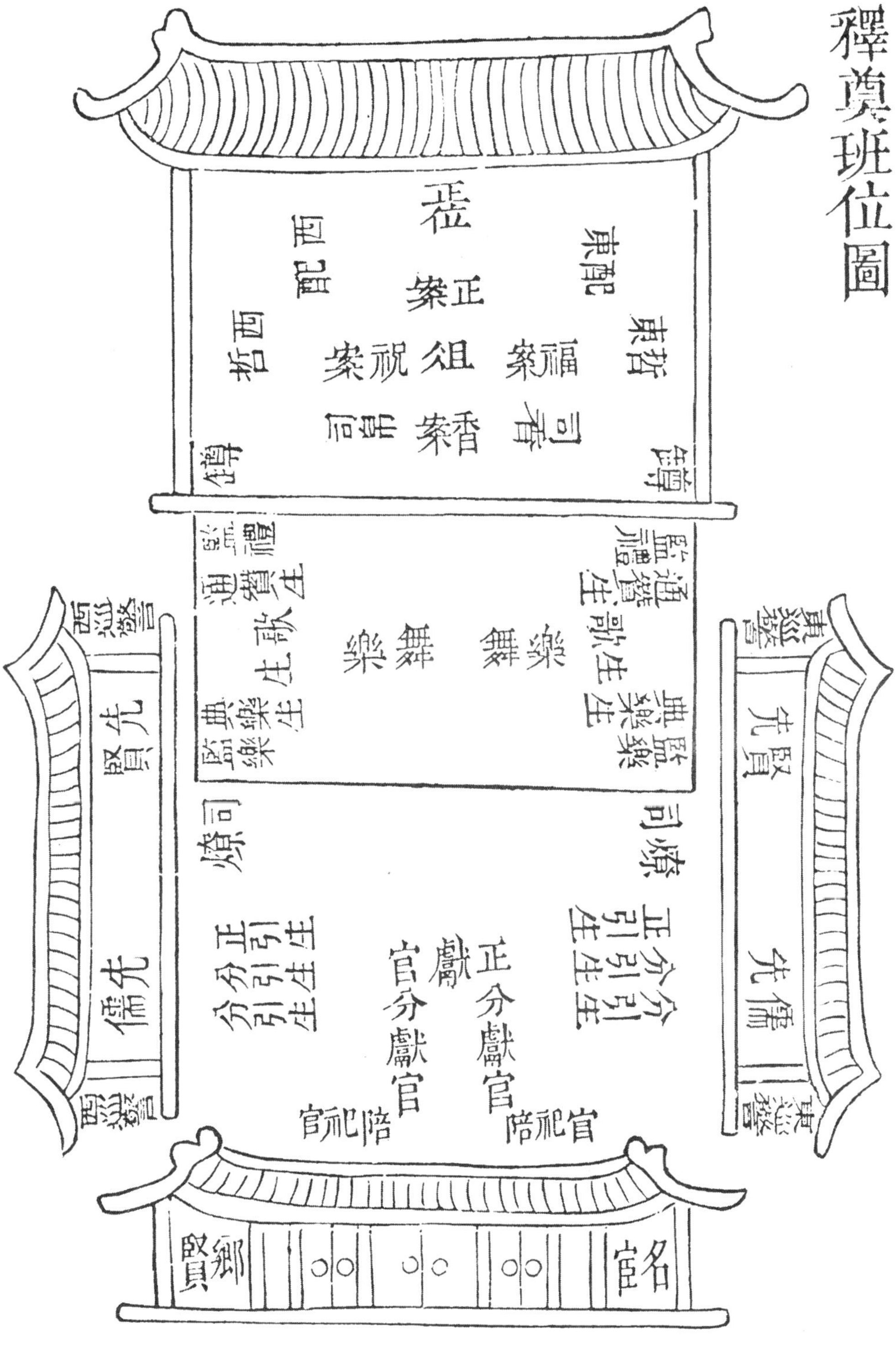
至聖
東配
西配
正案
東哲
西哲
福案
俎
祝案
司香
香案
司帛
尊
尊
監禮
通贊
麾生
歌生
樂
舞
舞
樂
典樂
監樂
東巡警
西巡警
先賢
先賢
先儒
先儒
司燎
司燎
正引生
分引生
正獻官
分獻官
陪祀官
陪祀官
名宦
鄉賢

正位南嚮陳設圖

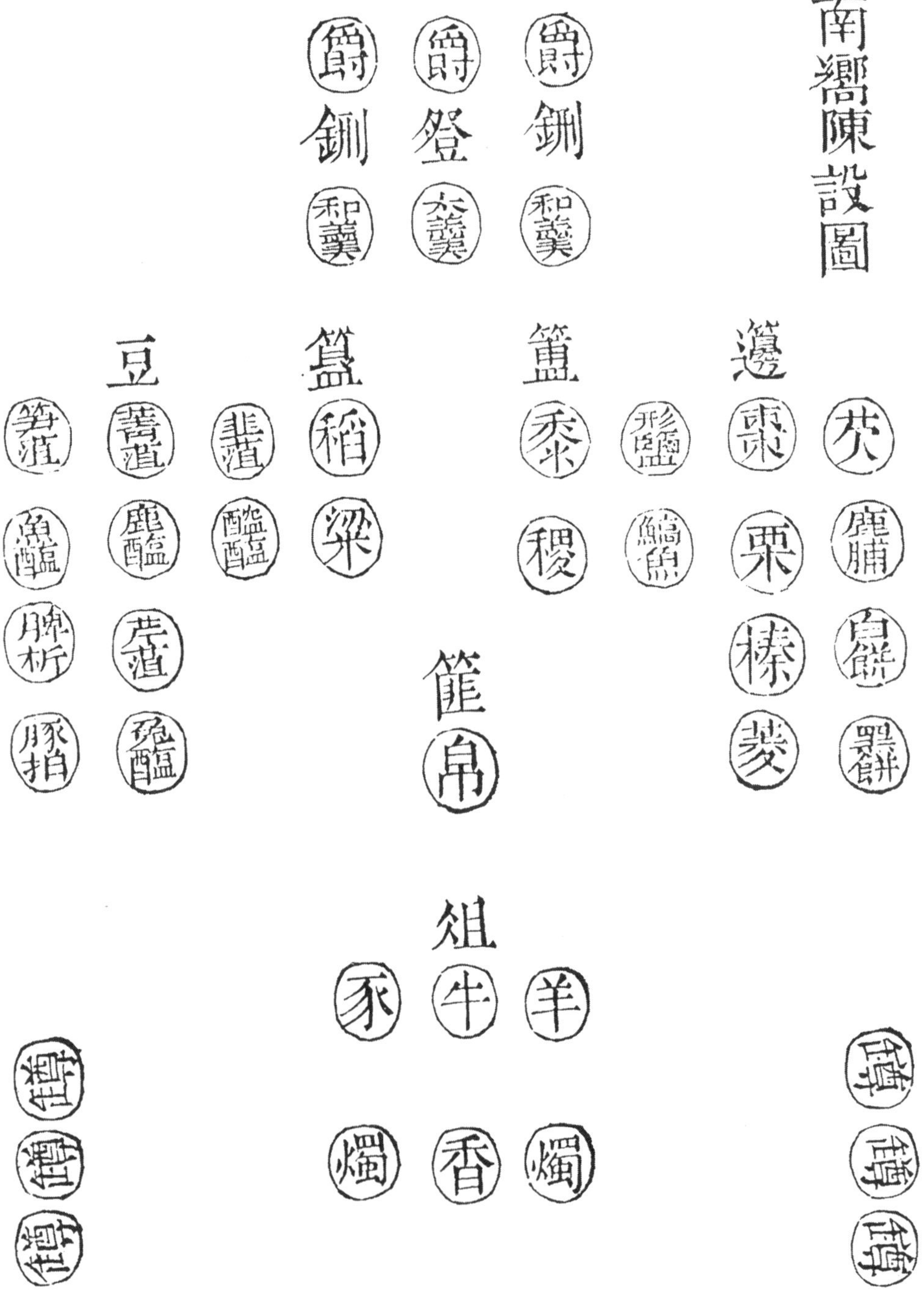
正位
爵
鉶
和羹
爵
登
太羹
爵
鉶
和羹
籩
芡
鹿脯
白餅
黑餅
棗
栗
榛
菱
形鹽
鱐魚
簠
黍
稷
簋
稻
粱
豆
韭菹
醓醢
菁菹
鹿醢
芹菹
兔醢
筍菹
魚醢
脾析
豚拍
篚
帛
俎
羊
牛
豕
燭
香
燭

配位陳設東西嚮

爵　鉶　和羹

四配　爵

爵　鉶　和羹

籩：榛　菱　芡　鹿脯　形鹽　鱎魚　棗　栗

簠：黍　稷

簋：稻　粱

豆：韭菹　醓醢　菁菹　鹿醢　芹菹　兔醢　筍菹　魚醢

俎：羊　豕

燭　香　燭

篚

帛

四案同

從位陳設圖

十二哲

東西同

爵　爵　爵

鉶

和羹

籩

栗　形鹽

鹿脯　棗

簠

黍

簋

稷

豆

菁菹　芹菹

鹿醢　兔醢

俎

羊　豕

燭　香　燭

篚

帛

# 兩廡陳設圖

東西同

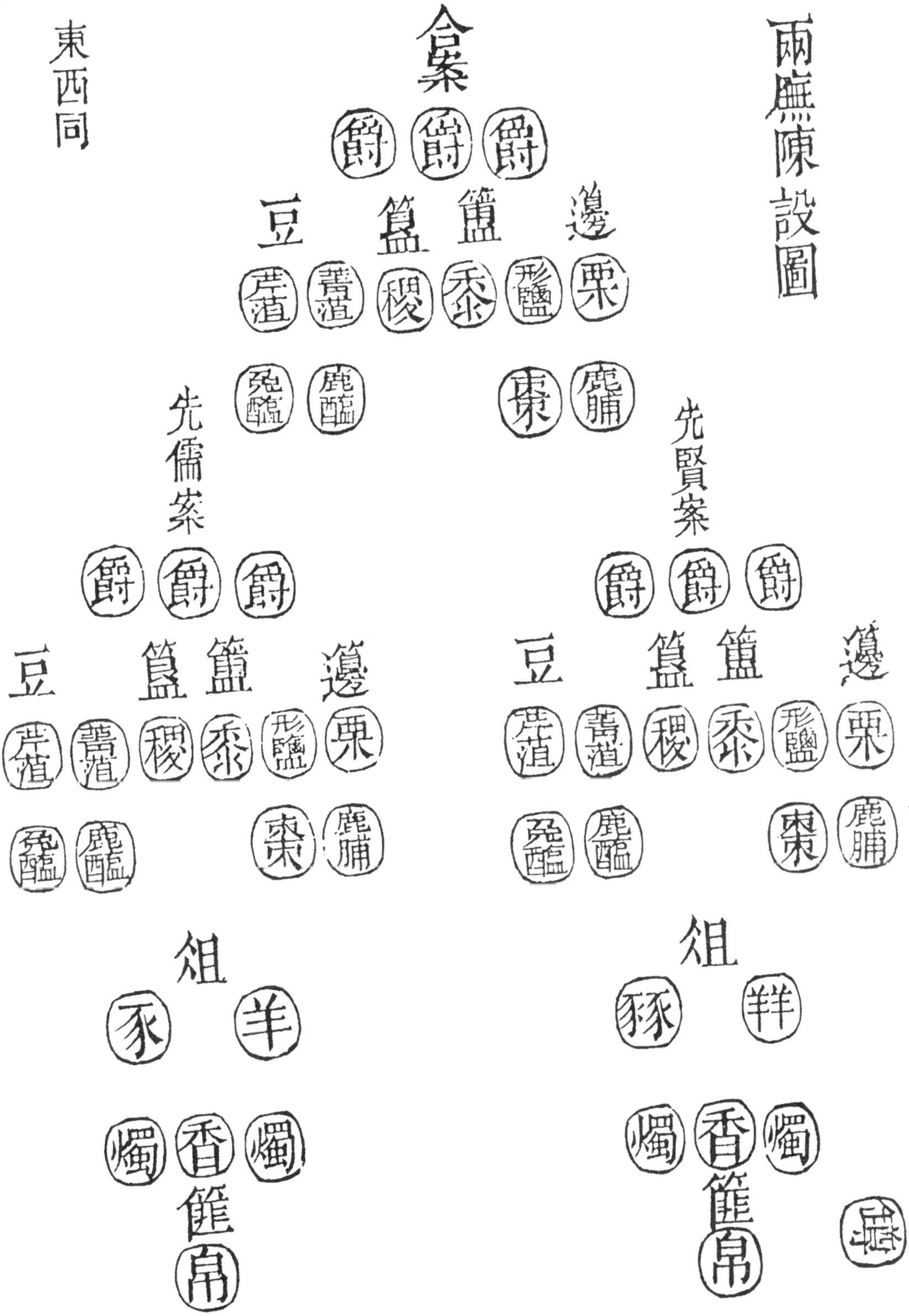
案
爵
爵
爵
籩
簠
簋
豆
栗
形鹽
黍
稷
菁菹
芹菹
鹿脯
棗
鹿醢
兔醢
先賢案
先儒案
爵
爵
爵
籩
簠
簋
豆
栗
形鹽
黍
稷
菁菹
芹菹
鹿脯
棗
鹿醢
兔醢
俎
羊
豕
燭
香
燭
篚
帛

# 崇聖祠陳設圖

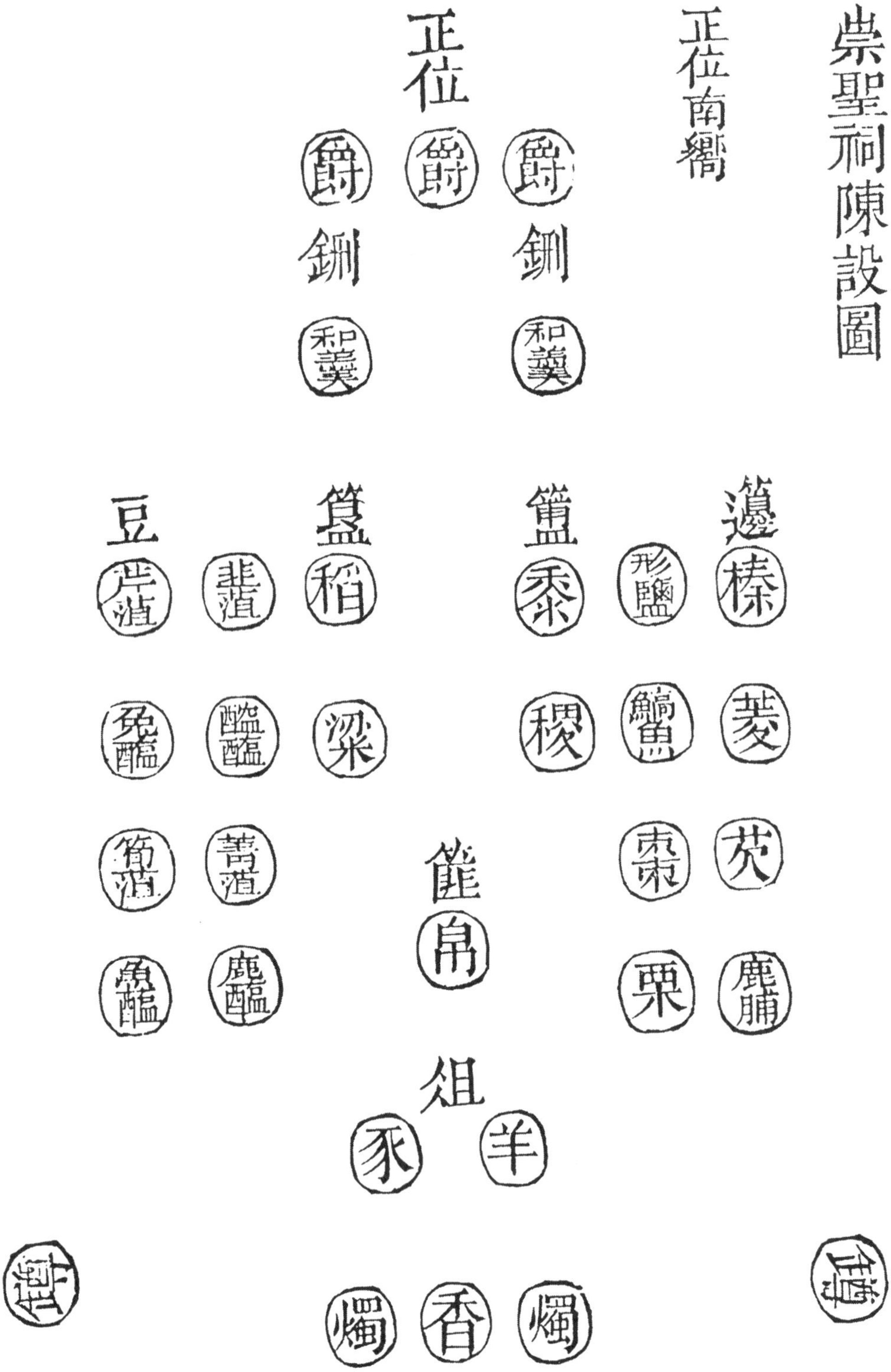
正位南嚮
正位
爵
鉶
和羹
爵
爵
鉶
和羹
籩
榛
菱
芡
鹿脯
形鹽
鱐魚
棗
栗
簠
黍
稷
簋
稻
粱
豆
韭菹
醓醢
菁菹
鹿醢
芹菹
兔醢
筍菹
魚醢
篚
帛
俎
羊
豕
尊
燭
香
燭
尊

# 崇聖配位陳設圖

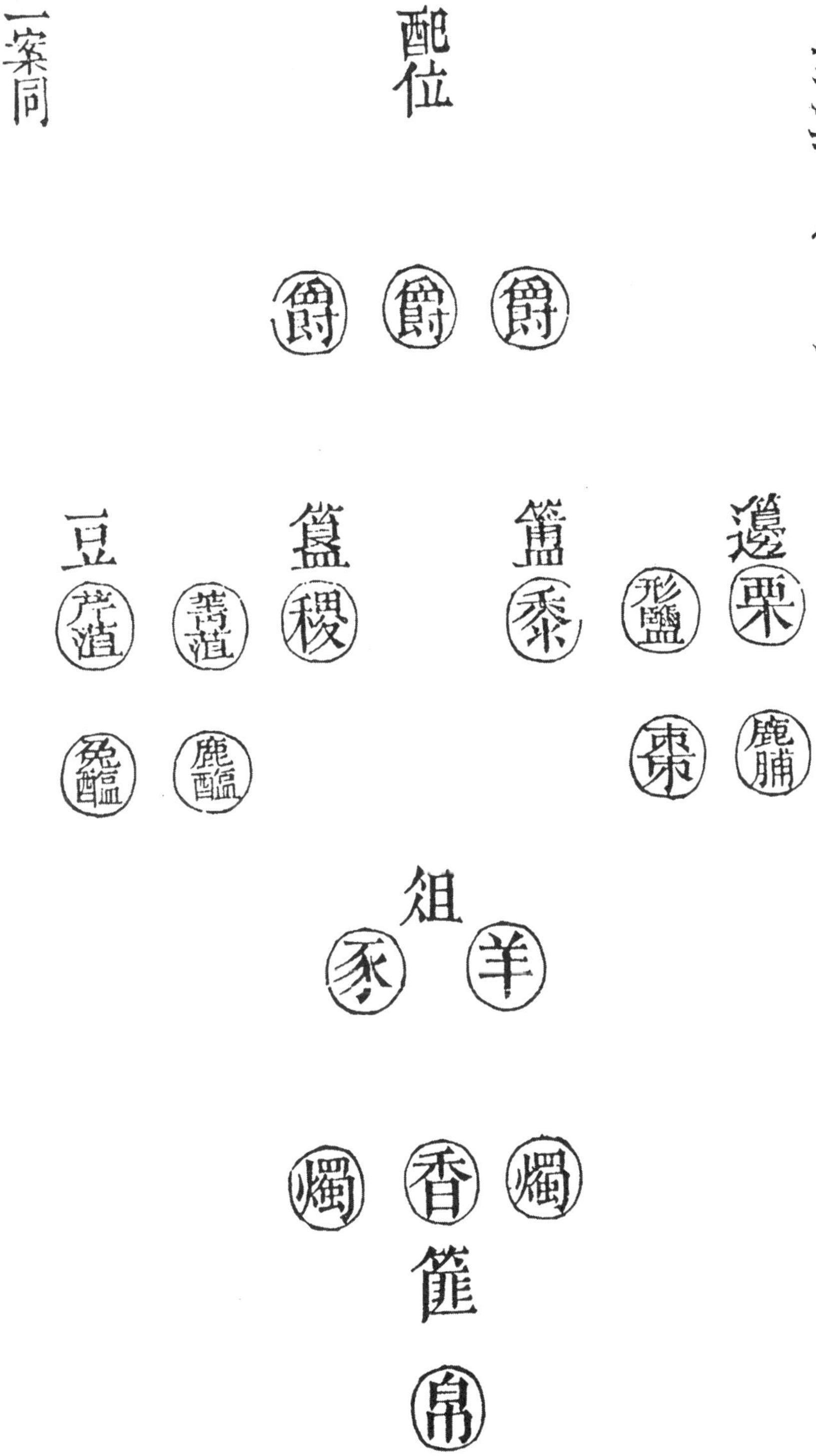

# 崇聖祠從位兩廡陳設圖

從位

二案同

爵　爵　爵

籩：栗　形鹽　鹿脯　棗

簠：黍

簋：稷

豆：菁菹　芹菹　鹿醢　兔醢

俎：羊　豕

燭　香　燭

篚

帛

# 四祠陳設圖

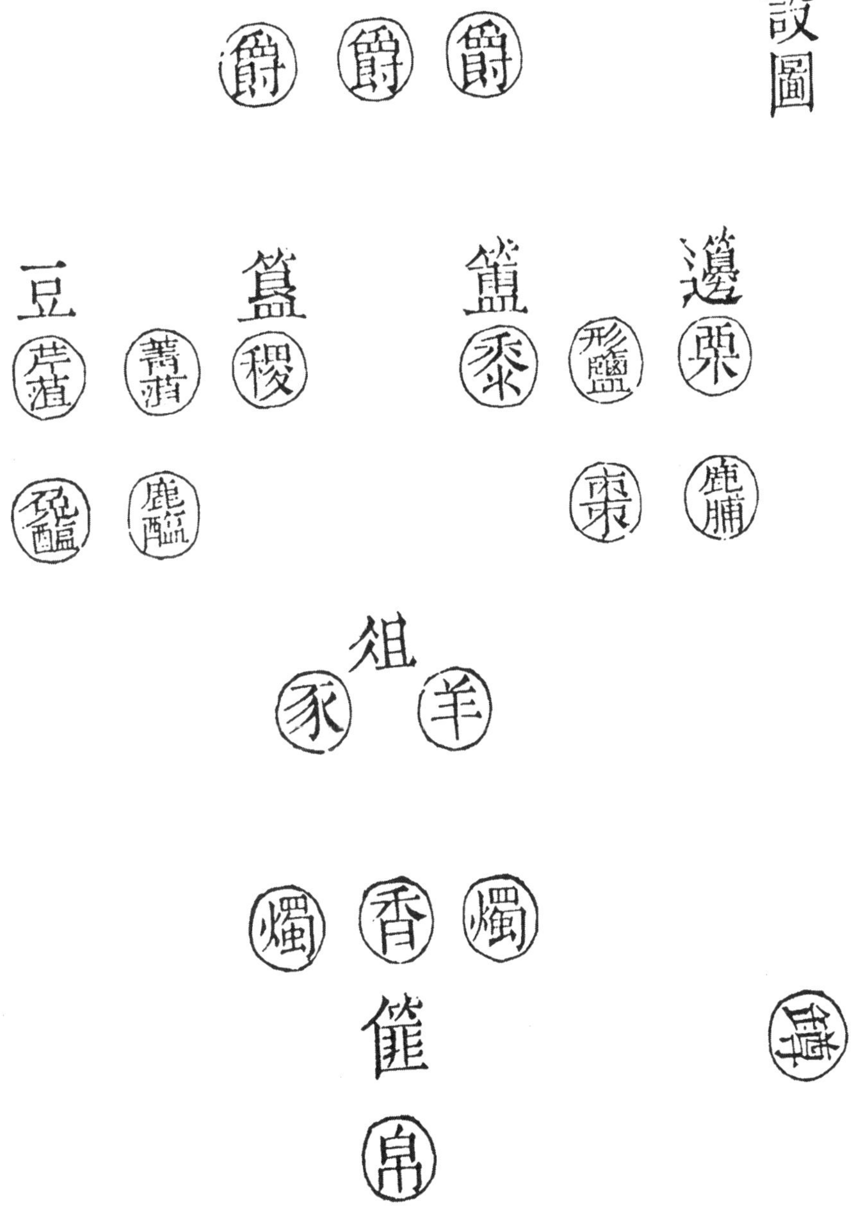


四祠

四案同

樂器

麾二為作樂止樂之節　鎛鐘二夾鐘南呂　編鐘一十六枚　特磬二夾鐘南呂　編磬一十六枚　琴六　瑟六　排簫二架　鳳簫六姑洗仲呂　笛六姑洗仲呂　篪四姑洗仲呂　笙六大笙小笙　塤二黃鍾大呂　應鼓一　搏拊二　柷一　敔一用以止樂　木笏六見舊志

舞器舊志乾隆五年定樂用六佾樂舞生四十名免府縣試

旌節二用以節舞　籥三十六　羽三十六

欽定文廟樂譜　春夾鍾清商立宮倍應鍾清變宮主調

迎神昭平

簫譜塤篪排簫編鐘編磬同

伬大仉哉六孔伍子
伬先仩覺伍先六知
伬與六天仩地伍參
伬萬仩世伍之伍師
伍祥仩徵伬麟六紱
仉韻仩答伬金仩絲
仉日六月伬既伍揭
仉乾六坤伬清伬夷

奠帛初獻宣平

子伬懷仉明伕德伍　玉仩振仉金伬聲仩　生伕民仉未仩有伍　展仉也伕大伍成伕

俎伍豆仩千伬古伍　春伕秋伕上伍丁伕　清伬酒仩既仉載伬　其伬香伕始仉升伬

亞獻秩平

式伬禮仉莫伕愆伍　升仩堂伍再仉獻伬　響仩協伍鼓仉鏞伕　誠伍孚仩罍伍甗伬

肅伍肅伍雝伕雝伕　譽仉髦伬斯仩彥伬　禮仩陶伍樂仉淑伕　相伍觀伕而仉善伬

終獻敘平

自伬古仉在伍昔伕　先仩民伍有仉作伕　皮伍弁仩祭仉菜伬　於仩論伍思伕樂仉

惟伍天仩牖伬民伍　惟仉聖仩時仉若伕　彝伍倫伍攸仩敘伬　至仩今伍木仉鐸伬

徹饌懿平

先伬師仉有伕言伍　祭伬則仩受伬福伍　四仉海伬黌伍宮仩　疇仉敢伕不仉肅伬

禮伍成仩告伬徹伍　毋仉疏伕毋仉瀆伬　樂伍所仩自仉生伬　中伍原伕有仉菽伬

送神德平

鳧伬繹仉峩伕峩伍　洙仩泗伬洋仉洋伕　景仩行伍行伍止仩　流仉澤伕無伍疆伕

聿伍昭仩祀仉事伬　祀伬事仩孔仉明伕　化伬我伍烝伬民仩　育仉我伕膠仉庠伬

迎神昭平

笛譜　笙同

大伕哉仉孔仩子伬　先伕覺仉先伬知仩　與仉天仩地仉參伬　萬伕世仉之伬師伬

祥伬徵仉麟仉紱仩　韻仉答仉金伕絲仉　日仉月仩既伕揭伬　乾仉坤仩清仉夷伕

奠帛初獻宣平

予伕懷仉明仩德伬　玉仉振仉金伕聲仉　生仩民仉未仉有伬　展仉也仩大伬成仩

俎伬豆仉千伕古伬　春仩秋仩上伬丁仩　清伕酒仉既仉載伕　其仉香仩始仉升伕

亞獻秩平

式伕禮仉莫仩愆伬　升仉堂伬再仉獻伕　響仉協伬鼓仉鏞仩　誠伬孚仉罍伬甗伕



肅伬肅伬雝仩雝仩　譽仉髦伕斯仉彥伕　禮仉陶伬樂仉淑仩　相伬觀仩而仉善伕

終獻敘平

自伕古仉在伬昔仩　先仉民伬有仉作仩　皮伬弁仉祭仉菜伕　於仉論伬思仩樂仉

惟伬天仉牖伕民伬　惟仉聖仉時仉若仩　彝伬倫伬攸仉敘伕　至仉今伬木仉鐸伕

徹饌懿平

先伕師仉有仩言伬　祭伕則仉受伕福伬　四仉海伕黌伬宮仉　疇仉敢仩不仉肅伕

禮伬成仉告伕徹伬　毋仉疏仩毋仉瀆伕　樂伬所仉自仉生伕　中仉原仩有仉菽伕

送神德平

鳧伕繹仉峩仩峩伬　洙仉泗伕洋仉洋仩　景仉行伬行伬止仉　流仉澤仩無伬疆仩

聿伬昭仉祀仉事伕　祀伕事仉孔仉明仩　化伕我伬烝伕民仉　育仉我仩膠仉庠伕

迎神昭平

琴瑟譜

大哉孔子　先覺先知

與天地參　萬世之師

祥徵麟紱　韻答金絲

日月既揭　乾坤清夷

奠帛初獻宣平

予懷明德　玉振金聲

生民未有　展也大成

俎豆千古　春秋上丁

清酒既載　其香始升

亞獻秩平

式禮莫愆　升堂再獻

響協鼓鏞　誠孚罍甗

肅荀蜀肅荀蜀雝芍蜀雝芍蜀　譽芍蜀髦芑蜀斯芍蜀彥芑蜀
禮芍蜀陶荀蜀樂芍蜀淑芍蜀　相荀蜀觀芍蜀而芍蜀善芍蜀

終獻敘平

自芍蜀古芍蜀在荀蜀昔芍蜀　先芍蜀民荀蜀有芍蜀作芍蜀
皮荀蜀弁芍蜀祭芍蜀菜芑蜀　於芍蜀論荀蜀思芍蜀樂芍蜀
惟荀蜀大芍蜀牖芑蜀民荀蜀　惟芍蜀聖芍蜀時芍蜀若芍蜀
彝荀蜀倫荀蜀攸芍蜀敘芑蜀　至芍蜀今荀蜀木芍蜀鐸芍蜀

徹饌懿平

先芍蜀師芍蜀有芍蜀言荀蜀　祭芑蜀則芍蜀受芑蜀福荀蜀
四芍蜀海芑蜀黌荀蜀宮芍蜀　疇芍蜀敢芍蜀不芍蜀肅芑蜀
禮荀蜀成芍蜀告芑蜀徹荀蜀　毋芍蜀疏芍蜀毋芍蜀瀆芑蜀
樂荀蜀所芍蜀自芍蜀生芑蜀　中荀蜀原芍蜀有芍蜀菽芍蜀



送神德平

鳧芍蜀繹芍蜀峩芍蜀峩荀蜀　洙芍蜀泗芑蜀洋芍蜀洋芍蜀
景芍蜀行荀蜀行荀蜀止芍蜀　流芍蜀澤芍蜀無荀蜀疆芍蜀
聿荀蜀昭芍蜀祀芍蜀事芑蜀　祀芑蜀事芍蜀孔芍蜀明芍蜀
化芑蜀我荀蜀烝芑蜀民芍蜀　育芍蜀我芍蜀膠芍蜀庠芍蜀

欽定文廟樂譜　秋南呂清徵立宮仲呂清角主調

迎神昭平

簫譜　壎箎排簫編鐘編磬同

大伕哉亿孔仕子伬　先伕覺仉先伬知仕　與亿天仕地仉參伬　萬伕世仉之伬師伬
祥伬徵仉麟亿紱仕　韶亿答仉金伕絲仉　日亿月仕旣伕揭伬　乾亿坤仕清亿夷伕

奠帛初獻宣平

予伕懷亿明仕德伬　王仉振亿金伕聲仉　生仕民亿未仉有伬　展亿也仕大伬成仕

俎伬豆仉千伕古伬　春仕秋仕上伬丁仕　清伕酒仉旣亿載伕　其亿香仕始亿升伕

亞獻秩平

式伕禮亿莫仕徂伬　升仉堂伬再亿獻伕　饗仉協伬鼓亿鏞仕　誠伬孚仉罍伬甗伕
肅伬肅伬雝仕雝仕　譽亿髦伕斯仉彥伕　禮仉陶伬樂亿淑仕　相伬觀仕而亿善伕

終獻敘平

自伕古亿在伬昔仕　先仉民伬有亿作仕　皮伬弁仉祭亿菜伕　於仉論伬思仕樂亿
惟伬天仉牖伕民伬　惟亿聖仉時亿若仕　彝伬倫伬攸仉敘伕　至仉今伬木亿鐸伕

徹饌懿平

先伕師亿有仕言伬　祭伕則仉受伕福伬　四亿海伕黌伬宮仉　疇亿敢仕不亿肅伕
禮伬成仉告伕徹伬　毋亿疏仕毋亿瀆伕　樂伬所仉自亿生伕　中伬原仕有亿菽伕

送神德平

鳧伕繹亿峩仕峩伬　洙仉泗伕洋亿洋仕　景仉行伬行伬止仉　流亿澤仕無伬疆仕



聿伬昭仉祀亿事伕　祀伕事仉孔亿明仕　化伕我伬烝伕民伬　育亿我仕膠亿庠伕

迎神昭平

笛譜　笙同

大仕哉仕孔仉子伕　先仕覺亿先伕知仉　與仕天仉地亿參伕　萬仕世亿之伕師伕
祥伕徵亿麟仕紱仉　韶仕答亿金仕絲亿　日仕月仉旣仕揭伕　乾仕坤仉清仕夷仕

奠帛初獻宣平

予仕懷仕明仉德伕　玉亿振仕金仕聲亿　生仉民仕未亿有伕　展仕也仉大伕成仉
俎伕豆亿千仕古伕　春仉秋仉上伕丁仉　清仕酒亿旣仕載仕　其仕香仉始仕升仕

亞獻秩平

式仕禮仕莫仉徂伕　升亿堂伕再仕獻仕　饗亿協伕鼓仕鏞仉　誠伕孚亿罍伕甗仕
肅伕肅伕雝仉雝仉　譽仕髦仕斯亿彥仕　禮亿陶伕樂仕淑仉　相伕觀仉而仕善仕

終獻敘平

自古在昔　先民有作　皮弁祭菜　於論思樂

惟天牖民　惟聖時若　彝倫攸敘　至今木鐸

徹饌懿平

先師有言　祭則受福　四海黌宮　疇敢不肅

禮成告徹　毋疏毋瀆　樂所自生　中原有菽

送神德平

鳧繹峩峩　洙泗洋洋　景行行止　流澤無疆

聿昭祀事　祀事孔明　化我蒸民　育我膠庠

迎神昭平

琴瑟譜

大哉孔子　先覺先知

與天地參　萬世之師



祥徵麟紱　韻荅金絲

日月既揭　乾坤清夷

奠帛初獻宣平

予懷明德　玉振金聲

生民未有　展也大成

俎豆千古　春秋上丁

清酒既載　其香始升

亞獻秩平

式禮莫愆　升堂再獻

響協鼖鏞　誠孚罍甗

肅肅雝雝　譽髦斯彥

禮陶樂淑　相觀而善

終獻敘平

自古在昔　先民有作

皮弁祭菜　於論思樂

惟天牖民　惟聖時若

彝倫攸敘　至今木鐸

徹饌懿平

先師有言　祭則受福

四海黌宮　疇敢不肅

禮成告徹　毋疏毋瀆

樂所自生　中原有菽

送神德平

鳧繹峩峩　洙泗洋洋



景行行止　流澤無疆

聿昭祀事　祀事孔明

化我蒸民　育我膠庠

欽頒文廟鼓譜

轉班鼓譜凡十有三節○者右手擊口者左手擊△者擊鼓隷

初一節△△○二節△△○　三節△△○○

再一節口○　二節三節同上

中一節口○○二節三節同上

末一節口○口○○二節三節同上

終節○○

節樂鼓譜

○
○　○
○
○　○
○
○　○

○者應鼓也○○者搏拊鼓也每句畢振磬後擊應鼓一聲搏拊左右各應之三應後擊鐘以起下句

歌　自上而下漸低漸濁漸巨　歌

聲　五六凡工尺上一四合　口

譜　自下而上漸高漸清漸細　譜

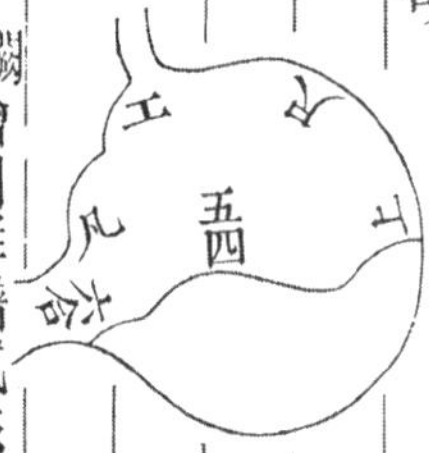


欽頒文廟舞容譜式通行直省府州縣學與闕里並同繪圖詳譜式茲不備繪謹節錄譜註

初起樂就班東西各十八人三成前拱立東西佾俱北面爲正立東佾西面西佾東面爲向內東佾東面西佾西面爲向外三成舞容各譜春秋二仲釋奠並同

第一成

予 正立羽籥植

懷 身作向內勢兩足句後面轉向外籥指內羽植如十字



明 正立兩手微拱羽籥如十字

德 正立籥植近肩羽平衡如十字

玉 向西首微側右足進前籥平指西羽斜舉

振 身俯向東面轉向西兩手伸出羽籥斜交

金 正面身微蹲籥斜舉羽植

聲 向內身俯兩足並羽籥植地

生 外向兩足並籥植羽倒指內少垂

民 向內籥斜指羽植

未 正立面向外兩手相並推向內羽籥植

有 正立籥平舉過肩羽植

展 內向兩足並籥內指羽植

也 外向面仰兩手排出羽籥斜舉

大 身微向外兩手推向外羽籥並植

成 正面身微蹲羽籥如十字

俎 向內身俯內足進前籥斜指下羽植

豆 外向籥下垂右手伸出羽植

千 正立籥斜舉羽植

古 身微向外羽籥偏外如十字

春 正面身微蹲籥植過肩羽平額交如十字

秋 內向兩手伸出羽籥植

上 正立籥平衡羽植籥上

丁 正立籥植居中羽衡籥上

清 內向兩足並籥內指羽植如十字

酒 身俯向外外足進前趾向上羽籥斜交

既 正立籥平衡羽斜指東

載 正立身俯籥平衡羽居中植籥上

其 正立左手伸出籥斜舉羽植近左肩

香 正面左足虛立籥衡膝上羽植

始 正立俯首羽籥如十字

升 正立兩手高拱過額羽籥如十字

第二成

式 正面身微蹲兩手並羽籥植

禮 內向內足虛立籥斜倚膝羽植

莫 外向身微俯面微仰籥高舉斜指外羽植

愆 內向起內足兩手相並推向外羽籥植

升 正立羽籥如十字

堂 正面右足句後兩手高舉羽籥斜交

再 身微蹲面向東籥植近肩羽衡膝上

獻 身微蹲面向西羽植近肩籥衡膝上

響 正立羽籥向下斜交

協 正面身向內外足進前內趾虛立羽籥並植

鼗 正面身向外內足進前外趾虛立羽籥並植

鏞 正立籥植羽倒指東

誠 身俯向西面側向東籥平指羽植如十字

孚 正立首微俯羽籥植

罍 正面起左足籥高舉羽植

甗 正立籥植過肩羽平額交如十字



肅 內向首微俯兩足並羽籥如十字

肅 俯身偏外起外足羽籥如十字

雍 正立兩手伸出羽籥並植

雍 內向籥斜指內羽植籥上

譽 正立籥平舉右手微伸出羽植

髦 正立左手伸出籥平舉羽植近左肩

斯 正面起右足羽高舉籥植

彥 正立籥植居中羽衡籥下

禮 身微向東右足進前羽倚肩籥平指東

陶 正面身作向東勢兩手高舉羽籥推向東並植

樂 身微向西左足進前籥倚肩羽平指西

淑 正面身作向西勢兩手高舉羽籥推向西並植

相 正立羽籥斜交

觀 仰面向內兩足並羽籥如十字

而 正面身微向東籥下垂羽倚肩

善 身俯面微仰向內抱內膝羽籥斜交如十字

第三成

自 正立籥下垂羽植

古 向外身俯兩足並羽籥斜交

在 正面身微蹲兩手推向內羽籥植

昔 外向起外足羽籥植

先 正面右足交於左羽籥如十字

民 向西身俯左足進前籥下垂羽植地

有（向東身俯右足進前籥下垂羽植地）　作（正立籥平衡羽植居右如十字）
皮（正面左足句後籥斜舉過肩羽植）　弁（正面屈右足左足伸出趾向上籥平舉羽植居中）
祭（正面屈右足羽籥偏左如十字）　菜（正立身俯羽籥植地）
於（內向兩手相並羽籥斜指內）　論（正面身作向外勢兩手高舉羽籥斜交偏外）
思（向內身俯起內足籥衡斜羽植）　樂（正立籥下垂衡斜羽植籥上）
惟（正面屈左足羽籥偏右如十字）　天（正面屈左足右足伸出趾向上籥下垂衡斜羽斜舉過肩）
牖（正立羽籥向右斜倚肩）　民（正立羽籥向左斜倚肩）
惟（正立籥平衡羽高舉）　聖（仰面向內籥平指羽植如十字）
時（外向籥平指外羽植如十字）　若（正立身俯羽籥如十字）
彝（外向籥平指外羽植）　倫（正立羽籥偏內如十字）
攸（正立身俯籥斜植地羽植）　敘（正立兩手相交羽籥並植）
至（正面屈左足羽籥如十字）　今（正面屈雙足籥平衡羽植居右）

黃岡縣志　卷之五　祭典　三十三

木（正面屈雙足羽籥植）　鐸（俯首至地羽籥如十字）

（附舊志載鼓聲既嚴旌節前導魚貫而進列行於陛下左右相向聽節生唱奏某舞則散而爲指唱舞止則聚而成凡歌一闋則舞一成奠帛三獻共四成始終共六變起於中而散於中初變在綴之中東西立象尼山毓聖五老降庭再變而爲佾數稍前進象築仕於魯而魯治三變而東西分象歷聘列國而四方化四變稍退後象刪述六經告備於天五變而左右向象講論授受傳道於賢六變而復歸於綴中東西立象廟堂尊享弟子列配出太學志）

行禮儀注

文廟獻官　州縣以長官爲正獻其貳及所屬分獻

崇聖祠獻官　州縣以教諭爲正獻前後兩廡皆食餼學弟子員各一人分獻陳設器數行禮儀節與省會同

執事　通贊生一人引禮生八人贊禮生八人讀祝生一人司香生二人司帛生十四人司尊生四人司爵生十四人司福飲生二人徹饌生二人司燔瘞生二人司麾生二人司琴生六人司瑟生四人司笛生六人司笙生六人司簫生六人司篪生四人司壎生二人司鳳簫生二人司板生一人司柷生一人司敔生一人司鎛鐘生一人司編鐘生一人司編磬生一人司特磬生一人司應鼓生一人司搏拊鼓生二人監樂生一人司節生二人佾舞生三十六人歌生八人

演習　祭前十日由學傳喚生童於前五日入學習樂習舞習禮恐聽襄辦丁祭首人經理

視器物　祭前五日教官同首人請領鑰匙啟庫撿祭器命齋夫洗濯陳設撿樂器命生童分班演習祭前二日辦祭官親視祭物

治祭品　登之實太羹（煑肉汁不和止正位一分）鉶之實和羹（用豕膂肉加五味和而爲羹共備十八分）簠之實黍（禮曰薌合結穗如稻揀擇完結者湯撈成飯共備二十六分）稷（禮曰明粢乃粢之不黏者揀擇圓好之顆湯撈成飯共備二十六分）簋之實稻（禮曰嘉蔬粳米是也揀擇完好者用湯撈烝熟成飯共備六分）粱（似粟而大有青黃白三種揀選圓好者用湯撈烝熟成飯共備六分）（以上四品全用則黍稷盛於簠稻粱盛於簋如一簠一簋之案則黍盛於簠稷盛於簋）籩之實形鹽（刻鹽如虎形共備二十六分）棗（陸菓揀圓潔甘美者用之共備二十六分）栗（陸菓揀圓潔者去皮用肉共備二十六分）鱐魚（用白大魚剖腹去鱗以鹽搓之曬乾臨用時用温水洗淨酒浸切片共備六分）鹿脯（用乾鹿肉煑熟切片共備二十六分）榛（陸菓揀淨仁潔白者用之顆顆堆砌下豐上銳共備六分）芡（水菓揀淨實潔白者用之如砌榛法共備六分）菱（水菓揀米潔白者用之如砌榛法共備六分）黑餅（蕎麵爲餅以糖食爲餡印餅如掌心大約二十枚止正位一分）白餅（白麵爲餅如一作黑餅法止正位一分）豆之實菁菹（蔓菁也形如蘿蔔切小片以湯芼之淡用共備二十六分）芹菹（芹菜以湯芼之切作段淡用共備二十六分）韭菹（韭菜揀其細嫩者切去本末取中一段淡用共備六分）筍菹（用乾筍鹽水煑過淨切作段共備六分）醓醢（用猪膂肉切作小塊加五味調醬油烹香如羹共備六分）魚醢（用鮮魚去鱗切作小塊如治醓醢法共備六分）鹿醢（用鮮鹿肉切作小塊如治醓醢法共備二十六分）兔醢（用活兔肉切作小塊如治醓醢法共備二十六分）豚拍（用猪肩膊肉取方大塊抹以油醬鹽蜜醋

黃岡縣志　卷之五　祭典　三十四

酒烝熟止正位一分　脾析用牛羊肚子百葉刷去黑皮切作細條淪湯焯過加油鹽醋蜜葱薑酒拌勻再炒以爲度止正位一分　樽之實酒清酒二十二罇以香冽爲上

祭期　每歲春秋二祭月用仲日用丁四鼓致祭

崇聖祠五鼓致祭

文廟

齋戒　祭前一日承祭官陪祭官及執事者皆沐浴更衣散齋一日各宿別室致齋一日同宿祭所

省牲　祭前一日執事者設香案於牲房外承祭官穿補服贊者贊就位上香行獻禮三進爵揖揖已贊詣省牲所省牲承祭官省牲畢遂宰牲取血以告殺取毛以告純以盤盛毛血各少許安置各神位下至階下行一跪三叩禮退次日致祭迎神前瘞於坎

習儀　祭前一日辦祭官穿補服備樂導送祝文祭品至學詣明倫堂分獻官穿補服觀演樂舞習儀禮生貼祝文於版恭送前後殿安設



填榜　祭前一日由學辦榜填寫正獻分獻職官暨執事生名送正獻官衙門用印實貼學署門右

印帛　祭前一日辦祭官每案辦帛一分各書禮神制帛四字禮生恭捧制帛赴正獻官衙門會印由中門捧至二堂正獻官穿補服視畢用印仍交禮生捧至明倫堂俟致祭日四鼓陳設

鼓陳設

釋奠儀注

通唱行釋奠禮執事者各司其事鳴鐘聲鼓鼓初嚴鼓再嚴鼓三嚴典唱麾生進陪典唱旌生進典唱樂生序立陪典唱舞生序立通唱主祭官就位正引唱主祭官盥洗就位通唱分獻官就位分引唱分獻官盥洗就位通唱陪祭官就位啟戶瘞毛血迎

神典唱舉迎

神樂陪典唱奏昭平之章通唱上香正引唱主祭官詣

先師香案前跪三上香叩首興次詣

復聖位前跪三上香叩首興次詣

宗聖位前跪三上香叩首興次詣

述聖位前跪三上香叩首興次詣

亞聖位前跪三上香叩首興　復位分引俟主祭官詣復聖位時唱分獻官詣東西哲位前同前以次降階分詣東西廡位前同上畢皆復位陪通唱跪叩首叩首叩首興凡三次



通唱奠帛爵行初獻禮典唱舉初獻樂陪典唱奏宣平之章起宣平之舞俟樂作正引唱主祭官行初獻禮詣酒尊所司尊者舉冪酌酒詣

先師位前跪奠帛初獻爵叩首興詣祝位前跪通唱皆跪典俟歌二句則以玉振金聲句唱止歌四句則以展也大成句唱止樂止陪典唱舞止正引唱讀祝畢唱叩首叩首叩首興典唱樂起陪典唱舞起通唱行分獻禮正引唱詣

復聖位前跪奠帛初獻爵叩首興次詣

宗聖位前同上

述聖位前同上

亞聖位前同上復位分引俟主祭官詣復聖位時唱分獻官詣

東西哲位前如前儀次詣
東西廡位前如前儀皆復位
通唱行亞獻禮典唱舉亞獻樂陪典唱奏秩平之章起秩平
之舞侯樂作正引唱主祭官行亞獻禮詣酒尊所司尊者舉
冪酌酒詣
先師位前跪亞獻爵叩首興通唱行分獻禮正引唱詣
四配位前如前儀分四次復位分引侯詣　復聖位時唱分獻官詣
東西哲位前如前儀次詣
東西廡位前如前儀皆復位
通唱行終獻禮典唱舉終獻樂陪典唱奏敘平之章起敘平
之舞侯樂作正引唱主祭官行終獻禮詣酒尊所司尊者舉
冪酌酒詣



先師位前跪終獻爵叩首興通唱行分獻禮正引唱詣
四配位前如前儀分四次復位分引侯詣　復聖位時唱分獻官詣
東西哲位前如前儀次詣
東西廡位前如前儀皆復位侯樂止典唱文德之舞退通唱飲福受
胙正引唱主祭官詣受福胙位跪飲福酒受福胙叩首叩首
叩首興復位陪通唱行三跪九叩首禮興通唱徹饌典唱舉
徹饌樂陪典唱奏懿平之章畢通唱送
神典唱舉送
神樂陪典唱奏德平之章陪通唱行三跪九叩首禮興典侯歌第六句祀事
孔明句唱樂止通唱司祝者奉祝司帛者奉帛司香者奉香司饌
者奉饌恭送燎所望燎正引分引引各官詣燎所望燎典唱
樂起畢通唱禮成闔戶捲班

祝文
維
先師德隆千聖道冠百王揭日月以常行自生民所未有屬
文教昌明之會正禮節樂和之時辟雍鐘鼓咸恪薦以馨香泮水
膠庠益致嚴於籩豆茲當仲春秋祗率彝章肅展微忱聿彰祀
典以
復聖顏子
宗聖曾子
述聖子思子
亞聖孟子配尙
饗
崇聖祠致祭儀注正獻官詣五聖王各位前行禮其四配兩廡均係分獻行禮惟無樂舞無飲福受胙所
有迎神上香初獻奠帛亞獻終獻徹饌送神望燎儀節俱如正殿



祝文
維
王奕葉鍾祥光開聖緒盛德之後積久彌昌凡聲教所覃敷率循
源而溯本宜肅明禋之典用申守土之忱茲屆仲春秋聿修祀
典以
先賢顏氏
先賢曾氏
先賢孔氏
先賢孟氏配尙
饗
名宦鄉賢祠歲春秋祭日同上丁各共支餉銀五兩乾隆七年均

祭減銀一兩五錢祀位祭品見前

儀注釋奠禮畢教諭一人公服詣祠致祭禮生引主祭官詣案前禮生自右捧香盤主祭官三上香訖引贊贊主祭官三叩興禮生自右授帛官受帛拱舉授禮生獻案上禮生酌酒實爵跪授官受爵拱舉仍授禮生興獻於正中祝者捧祝跪案左引贊贊官跪讀畢以文復於案退官俯伏興執事者酌酒獻於左又酌獻於右退引贊贊跪叩興官三叩興執事以祝帛送燎禮畢退以上節錄舊志

名宦祝文

卓哉羣公懋修厥職澤被生民功垂社稷茲維仲春秋謹以牲醴用申常祭尚饗

鄉賢祝文

於維羣公孕秀茲邦懿德卓行奕世流芳茲維仲春秋謹以牲醴用申常祭尚饗

忠義孝弟祠乾隆前修葺無考嘉慶五年教諭李敦柱倡率邑士周鳴鳳吳佶李光濰邱光宗等捐貲修理道光九年知縣李錦源據邑監生胡廷瑞稟捐擴基重建後燬於兵今改建明倫堂東祠設總位姓名均詳忠義孝弟志春秋二仲上丁日祀之祭品儀注與名宦鄉賢祠同舊入祠祀志考雍正三年奉旨建在學宮內今遵列此

祝文

維靈秉賦貞純躬行篤實忠誠奮發貫金石而不渝義聞宣昭表鄉閭而共式祇事懋彝倫之敘性摯義蒿克恭念天顯之親情殷棣萼模楷咸推夫懿德

綸恩特闡其幽光祠宇維隆歲時式祀用陳尊簋來格几筵尚饗

節孝祠雍正三年建在分守道署後年久頹廢道光十六年知縣范興榮教諭易慶善訓導尹廷瑛勸捐改建於縣學前



咸豐三年爲賊燬今移建學宮右院門西向舊基改建金公祠祠設總位姓名均詳列女志春秋二仲上丁日祀之祭品儀注與上三祠同舊入祠祀志考雍正三年奉旨建在學宮外今遵列此

祝文

維靈純心皎潔令德柔嘉矢志完貞全閨中之亮節竭誠致敬彰閫內之芳型茹冰櫱而彌堅清操自勵奉盤匜而匪懈篤孝傳徽

絲綸特沛乎

殊恩祠宇昭垂於令典祇循歲祀式薦尊醪尚饗

學政

漢武帝因博士舊黌舍置弟子員興大學也元始中郡國曰學邑侯國曰校鄉曰庠聚曰序各置有師元魏大郡中郡小郡有助教學生之設郡縣學蓋始此唐武德七年州縣並置學其學生自京縣五十至小縣二十長官補長史主之仲冬舉其成者送尚書省宋仁宗初諸郡請立學詔可學校遂徧天下嘉定二年始立州縣學而教諭訓導之員定元明因之迄於

聖朝教法益詳

國朝順治三年

詔所在有司以時修葺廟學八年禮部申學政六條於天下學校九年頒

御製訓士文勒石學宮康熙二十三年頒

御製學校論二十四年頒

先師誕辰八月二十七日三十八年

詔製各學校樂器三十九年頒
聖諭十六條
御製至聖先師贊暨四賢贊四十一年頒
御製訓飭士子文四十三年
頒平定朔漠碑文並勒石學宮雍正二年頒
御製萬言廣訓考定制每月朔望有司謁文廟畢詣公所集官吏紳士擇諸生升堂鳴鼓讀講編民咸會諸鄉鎮令約正約副讀講三年
詔祀先師以太牢
頒朋黨論是年
頒禮樂圖籍五年
諭直省內外逢
先師誕辰齋戒一日



命諱孔子名加阝爲邱七年
頒平定青海碑文勒石學宮二十三年
頒平定準噶爾碑文勒石學宮二十五年
頒平定回部碑文勒石學宮四十四年
頒平定金川碑文勒石學宮又
頒釐正文體
上諭懸挂學宮乾隆十年
頒訓飭士子文

官設教諭訓導各一員

學額　舊志學生廩膳二十名歲有餼二歲貢其一增廣二十名附生無定額教官月課其學提督學院三歲再試之初曰歲試優劣有等再曰科試擇其尤者送鄉試又六年或十二年選拔一人雍正五年奉
諭居家孝友行止端方才可辦事而文亦可觀者一學各舉一人文童歲科試入學十五名武童歲試入學十五名康熙六十一年
恩詔文童廣額五名一次雍正二年題准奉
旨照大學額歲科試各取進二十名著爲令十三年乾隆元年節奉
恩詔廣額七年各一次六十年　大學石經刻成
高宗純皇帝臨雍
加恩廣額五名一次嘉慶元年節奉
恩詔共廣額十二名一次四年
恩詔廣額七名一次道光元年
恩詔廣額七名一次三年



恩詔廣額七名一次咸豐八年以歷年紳民團練出力奉
旨永廣文武學額各二名十年以捐饟銀四萬九千餘兩奉
旨永廣文武學額各四名同治元年奉
恩詔加廣文武學額各七名一次三年以捐饟二萬一千餘兩奉
旨永廣文武學額各二名同治五年以咸豐三年起捐辦團練至十一年止共銀十六萬五千餘兩奉
旨永廣文武學額各四名暫廣文武學額各六十二名分七屆取進以六年補行五年科試起文額廣竣武額俟下屆取進六年三次續查捐輸銀兩奉
旨暫廣文武學額各十名光緒元年奉
恩詔加廣文童學額七名一次

書籍　舊志所載部頒書籍兵後無存同治間崇文局歷頒

所刻書備紀於左

聖諭廣訓

御纂周易折衷

欽定書經傳說彙纂

欽定詩經傳說彙纂

欽定春秋傳說彙纂

欽定三禮義疏

易經　書經蔡傳　詩經集傳

禮記集說　周禮鄭注　儀禮鄭注

春秋左氏傳　公羊傳　穀梁傳

四書　孝經　爾雅

杜注春秋左傳　宋本儀禮　張皋文儀禮圖



鄭注禮記　經典釋文　國語

說文義證　國策　史記

明鑑　胡刻文選　讀書分年日程

朱子小學　近思錄　儆心錄

康濟錄　實政錄　五種遺規

手札撮要　庸吏庸言　讀律心得

佐治藥言　學治臆說　學治續說

雙節堂庸訓　救荒輯要　救荒補遺

捕蝗要訣　樂舞錄　湖北節義錄

醫宗備要　請雨經

學田　舊志黃州府學學田坐落白虎寺楊家畈鄢家山白雲山蔡家潭山北山等處明知府盧濬爲府縣兩學置田三區歲久沒於民嘉靖間知府張嘉孚查復楊家畈田隆慶中知府孫光祖增置又籍沒陶仲文家共得田五百畝爲府縣兩學公田後專屬府學（按府學田不應載縣志因田兼涉縣學故仍舊錄之）明知縣茅瑞徵查隱糧戴玉戶下田二十畝零二分歸縣學崇禎十四年流賊亂知縣李希沆濬東門濠掘廢寫表生蔣氏屯田二十畝賊退蔣氏求田因以戴玉田償之自是縣學遂無田

國朝順治初巡按顧豹文價買鄉民夏文甫田三十五畝充縣學田坐落東弦鄉夏家閘（土名學田塝坐西向東左至尹田右至塝嘴後抵姜姓地脊前至湖岸基屋四圍俱係花地大塘一口額載民米一石麥糧八斗）康熙十九年庠生呂德芝等照田議課呈請立案豐歲納穀三十八石分給在籍貧生六十一年原佃夏甯國夏象臣呑蝕其半知縣鍾蕃追還事詳明倫堂碑記（今賦役全書所載院冊與此稍異）又國學生王封屺捐送奔港



田一十畝每年佃民納租一十四石除完正賦外散給貧生兩處田畝均有侵蝕乾隆三十二年奉文將已經報部之額內學田十二畝納租十二石折銀六兩分給貧生額外學租八石折銀四兩留充河東書院膏火之用（舊志　按收發支銷有同治八年底冊可稽　內府縣學廩生五名每名歲給薪水錢十串共錢五十串文）

義學田共課一百八十九石二斗康熙五十九年知縣鍾蕃勸捐闔邑紳士優免銀四百五十四兩五錢八分買田六區坐落王伏六中圍田課九十四石二斗承民米一石四斗四合蔡家衝邑茅衝羊角衝三處共田課三十五石承民米七斗熊家衝田課三十石承民米六斗五升麥二升五合迴龍山殷家灣田課三十石承民米五斗四升原係縣學田雍正三年知府蔣國祥撥供義學館俸又祝家湖一莊田六石四

升零係康熙五十八年清出程元仁開墾田入官爲義學田坐落水鄉租無定額以上二項田雍正二年知府蔣國祥委府學教授清查田畝其租穀銀兩除完鑲米外餘爲延師膏火之資乾隆九年知府禹殿鼇屬知縣管理

鋪租（附）縣學西南圍牆外同治十二年修置鋪面二所租錢議定每一所有考年分租錢三十六串無考年分租錢二十串東南角牆內有沈姓鋪屋一進二重光緒五年置每年無論有考無考租錢二十串以上租錢均歸歲修之用又西南角圍牆內舊有課程廳地基光緒間改修鋪面並添修鋪屋三間租錢歸兩學收存備科歲考辦公之用其餘行香祭祀等項章程有學牒清摺存案

書院



河東書院在縣治東南宋乾道間郡守李詵初建二程祠寶祐間郡守李節因祠室增建書院舊在郡城中後移今處

國朝雍正間知府王繹曾建爲黃中書院乾隆九年知府禹殿鼇倡率州縣捐修復今名二十三年知府錢鋆知縣劉煜陳文樞相繼篤修（靖道謨記南宋太守李公詵於郡城建二程夫子祠蓋二程生黃陂而陂向爲黃郡屬邑舊志所載朱子河東書院記蓋祠記也其河東書院則宋大守李公節始建者逮明郡城改置書院基廢或曰在二程祠前無考國朝雍正間太守宛平王公因年久廢宅建爲黃中書院祠太守汜水禹公則以先儒之教若此其遠地若此其近冀紹餘光崇道統正脈易黃中復名河東祀二程子講堂後王公時書院以郡學租百金充膏火生徒畧具禹公捐養廉倡州縣詳府以下每百金捐五兩八屬生徒至數十人其後州縣各立書院太守李公詳請郡書院以爲黃岡縣書院於時他州縣不復捐膏火之資生徒罕至乾隆二十二年八月太守虞山錢公下車慨然謂官以教化爲職且附郭縣事即郡守事與岡邑劉公議捐養廉倡二十三年八月貲未具向租百金及公與劉公倡捐備什器脩脯聘山長考取各州縣生童得二百人時書院各州縣院試補諸生至數十餘人十月上元陳公署岡邑篆收邑所捐銀穀向租百十餘石紳士捐銀二千兩未艾有續捐者定爲式每月給生童膏火銀各有差他州縣生童來膏火令各該屬捐給是附郭書院即郡書院也陳公離任又自捐置書部若干榻案椅櫃各若干公與陳公固江蘇名宿公時至書院或與陳公同至書院召諸生集階下講論終日不倦至性至情見於事傳於口足動聽者心陳公與公一德一心相與有成詩云豈弟君子遐不作人公與陳公有焉公治事與士民閫久遠前在撫甯蘄州皆建書院人才鵲起稱盛黃郡書院以其近仰止程子故公允竑號云）道光二十八年知府祁宿藻知縣俞昌烈擴修（祁宿藻記黃州有書院曰河東郡之士皆集焉予守是邦與諸生校課其中嘗其才穎者甚多乃獎而進之顧見院舍久不治傾隊是慮將謀所以新之者已而黃岡令俞君昌烈謁予則曰繕治是業有緒矣自講堂至齋舍皆塗墍之益增宏敞稱精廬焉俞君敏於政無廢不興此其一端也役竣請予記其事於石予惟治莫尚於教教莫先於士士者才所從出守令者佐國家育才者也其秀良者既遊之於庠序董之以師儒矣又慮其散處而獨學無授業講貫之地也於是立書院以聚之置嚴師則道益尊設常餼則不至他營校優絀則勤惰有所勸懲守令又以時倡導之甄察之激揚之則書院與庠序相表裏如是而後才可育教可隆治之成也其必以此夫攷書院之設始於宋其時必奉朝廷詔書乃得立又皆大儒爲之講授發明性理剖析義利道學繇是丕興今稱四書院其最著也後乃漸廣今則書院徧天下矣使天下守令皆留意於培



養根本勿專課以文藝勿動之以祿利仿胡安定教士之法分經藝與治事歲月漸漬以考其成不患無體用賅備之學出應當世之求况茲郡才俊甲三楚巍科膴仕後先相望若宏之以德器擴之以才用規模遠大然後出而應務上者可以贊訏謨任股肱次亦可以效職分猷有濟於事者有補於民者人才盛則勳績茂此育之於其根本者也豈止裨一郡一邑之治而已哉嘉俞君此舉能廣教以助治予亦深有念於育才之本也書此應俞君且以勵諸生焉）咸豐初知府楊福祺勸修三年兵燬同治七年知府英啟率屬捐建光緒五年冬講堂災知府英啟督率修復並增號舍規制一新

書籍　舊志知縣陳文樞原捐書籍十六部前藩憲飭發書籍二十七部知府吳之勷捐置書籍六十部兵燹無存

經費　乾隆二年知府王繹曾以郡學租百金充膏火九年知府禹殿鼇歸併康熙五十八九等年雍正二三等年勸捐置買並清出各田永充經費十九年知府李珌撥歸於縣二

十三年知府錢鋆知縣劉煜陳文樞相繼勸諭闔邑捐銀二千兩交典（每年生息銀三百六十兩遇閏加增）三十年三十二年撥入府縣學田租餘銀共四十兩三錢四分七釐資助膏火嘉慶二十二年邑職員范紳貢生許傳魯諸生劉懋梅共捐銀三千兩知府吳之勷以銀一千兩增修院舍補置書籍以銀二千兩由縣交典生息知縣陳若疇挪用僅還銀六百兩道光元年署知縣郎錦騏勸諭王姓捐銀一千兩一併交典生息（以上節錄舊志）

咸豐初知府楊福祺山長劉定裕率勸麻城梅姓捐銀五千兩除修葺用存銀二千五百兩亦發典生息經兵燹後各項無存

原置下伍鄉王伏六田四石六斗三升每年納早穀五十五石五斗六升還和鄉迴龍山田一石五斗每年納早穀三十石冷水井田一石五斗每年納中遲穀十八石慕義鄉祝家湖田五石二斗每年納中遲穀三十石芭茅衝田一石七斗五升每年納中遲穀二十五石永甯鄉黄岡廟籽粒田十四石照籽粒扣算每年納租穀七石乾隆五十三年邑士游豐城捐中和鄉汪山嘴田四斗五升每年納早穀三石（以上舊志所載田課兵燹後均改收折銀細帳存經管處）

又乾隆三十二年奉文撥歸黄州衛軍丁許載萬王佑珍與江夏縣生員鄭如瑁互爭不明新淤洲地溝界西北一帶稀蘆四頃三畝泥灘二頃二畝白沙五頃四十畝（承課銀一十四兩八錢七分八釐六毫）名曰官洲招佃納租每年租錢一百二十串文嘉慶三年武舉錢俊等控佃隱淤匿熟知縣張其章勘出成熟地畝（增課銀七兩一錢九釐五毫）加租錢六十串十七年官洲逐漸崩坍其淤生又有軍丁許鏡堂等與原佃王家弼等控爭知縣鄭家屏勘明原佃成熟存地六頃



六十五畝零減租二十串文又隔江新淤白沙十頃九畝零二十年訟案知府吳之勷查明淤生久經書院承完增課銀兩斷歸書院暫不增課俟大丈年分陞科另招佃民具認每年納租銀三百兩舊洲地至道光六年知縣陸炯履勘除崩坍僅存地七十四畝減至每年止納租錢五十二串五百文（以上舊志）

同治七年杜祚烈京控杜祚緒等侵佔新官洲淤地光緒元年經武昌府訊結飭縣勘丈定界丈得上段洲地五百三十六弓承歸書院管紹中段至洲尾六百一十七弓斷歸杜祚烈等管業後有淤生該業戶不得覬覦（詳見部文）

咸豐十年知縣薛元啟將職員李邦英與生員陶鵬翥控爭窰步湖內故絕湖分八股之一歲納八十租錢八串文資助膏火

同治七年知府英啟首倡歲捐廉銀二百五十兩歷任知縣歲捐廉銀四百五十兩合銀七百兩以三百兩爲山長脩脯以四百兩爲生童膏火邑紳劉維楨捐修費銀一千兩外并捐銀二千兩資助膏火知縣恆琛發交戶經銀總承領對年壹分陸釐起息共銀三百二十兩遇閏加息限二三四五月以前全繳由縣解府備發如有典商開貿仍提歸典生息或另置產業亦任提本所有各項章程知府英啟釐定有案

振英書院在清源門內本知府李彥瑁祠乾隆九年知府禹殿鰲改爲書院訓蒙童取給義學田租不敷者酌捐之後仍爲李公祠久廢

東坡書院在城東今縣儒學故址舊傳即宋蘇軾雪堂地及去以田宅畀潘大臨後陳櫧講學遂爲書院明初改爲縣學僉事沈靖移建文忠祠於洗墨池後知縣茅瑞徵重建正廳

增後亭及旁舍爲書院久廢

王公書院一名正宗會館在城隅明邑紳王陞重修講學其中久廢

定惠書院在清淮門外相傳亦東坡故居也明崇禎初知府祝萬齡集士於此迪以正學久廢

陽明書院在安國寺左卽宋韓琦讀書處有明董其昌書韓魏公書院額久廢

睢陽書院卽武節祠後廨康熙五十八年知縣鍾葦建延王道明等講學其中一時負笈者衆久廢

觀善書院在衞墩子下原名養正書院乾隆十四年衞守備商裔捐建倡勸紳士輸置屯產納租爲義學延師以教附近軍民子弟無力讀書者多所成就後漸懈弛道光二年守備



王裕慶添建齋房三楹二十三年知府徐上鏞更今名久廢

問津書院在縣北九十里孔子河（府志作孔子山）元龍仁夫講學處舊有

先師廟在今廟右百步外元末燬明正德間知縣胡潔搆亭立石隆慶初知府孫光祖重建邑儒郭慶吳艮吉與黄安耿定向定力復講學於此蕭繼忠始與王陞糾同志移建今處顔今名一時生徒稱盛明季兵燬

國朝康熙六年邑人鄒亙初操之盛諸人後先修建祠垣講堂規制宏敞中奉

至聖先師像西爲仲子祠東爲先儒祠祭品祭田畢備士子肄業其中每春秋季月望日致祭先期於地方官鄉宦中請主鬯陪鬯各一員祭後越二日會課由主鬯命題衡文獎賞有差邑人王掄士著問津書院志乾隆八年改東西爲兩廡東祀仲子及沮溺西祀朱子及先儒建學舍藏書館館側有從先堂殿西有文昌閣前有奎星樓十九年重脩

聖殿二十三年修講堂知縣陳文樞記厥後修葺詳書院志道光七年舉人胡玉森增貢錢履和生員胡華潤於耦耕堂後捐建理事齋一所七間禮科給事中麻城袁銑記　書院舊有田係明萬歷末年諸生王家錫等呈請知府王世德以造塔銀置烽火山畈田三十四畝五分徐衝田五畝院前田十畝獵山凹馬背衝田二十三畝共七十二畝五分又推官許士奇捐置夏畈田一百畝罰張姓入官鄢山田一百畝共二百畝通計二百七十二畝五分查實田二百五十六畝七分

國朝康熙中知府許錫齡知縣劉澤溥捐置蓮花汊田三十八



畝又王仁長捐院對門上衝六畝鄒江逷捐烽火山畈田三畝操袞弟兄捐院後路側田四畝王湃仁弟兄捐錫王莊王線衝田十畝共二十三畝又價置院前及對門山旁並大路三處共一十六畝夏畈田二次共十二畝七分通計一百二十七畝七分查實田一百二十七畝六分嘉慶七年邑議敘鹽提舉王宗華捐曹家大屋田七十畝九年價置松林岡田十畝道光二十四年價置莊屋呰田八畝五分二十五年候選縣丞洪恩澤監生蕭正福生員錢莆田公捐張家墩田十五畝一分合前明共實田四百七十七畝九分以充祭修之費地界詳本書院志公舉紳士輪管道光二十年邑紳萬承宗張履恆重修院志（舊志）咸豐八年邑人王子松捐金雞山楊林港卬子塝田四石二斗載民米二石一斗歲納租課院屋

一百二石莊屋一所獨塘四口又官塘一口四股之一泥水同乾本莊山場樹木場滚地園墻溝及隙地挖山等項俱全爲供奉香燈之費同治十二年麻邑亭川鄉胡能猷捐新洲東華家畈田共一石八斗載民米七斗九升二合每歲納課二十八石六斗以助祭費

明鄒元標南皋問津書院記聖人之道無微弗暨雖俎豆遍天下一遊憩處猶切羹牆人心不死夫子萬古如生也問津書院自宋元來代有祠久而圮明雖修祠而湫隘不稱頃彭公侍御昆弟大參孫公輩入而舉祀事四顧愀然曰此非可以妥吾夫子之靈謀新之詘於力以告郡太守王公遂捐俸爲之倡嗣是郡伯李公及司理邑侯佐之侍御黃公伯仲適在里與諸同志捐金佐之成後爲殿祀 先聖中爲堂前爲門右祠祀仲子左祠祀有功茲土諸有道鄉先生顏曰問津書院歲時祀罷羣諸搢紳及弟子切磋於斯甚盛舉也走使問記吉水鄒子鄒子半生泛浪墮落迷津不知凡幾而何能有所發明以復諸君子惟是思夫子覺時之心甚切問津之意隱而不發而長沮以夫子爲知津乃再問桀溺桀溺以避人避世爲言夫人在蓋載中乾父坤母民胞物與故曰仁者人也天下甯有子立之聖賢哉夫既無子立之聖賢窮而親師取友以明斯道達而濟濟師師以公此道皆吾儒分內事此彭黃諸君子之重興斯地而皆以竟吾夫子津津覺世之意也諸君至此其思我夫子當時與子路依依棲棲不得行其志於天下一一師一弟周旋不舍乃託之乎沮溺窮而無聊之情可悲也又思一一片榛莽地今蔚爲文明之場搢紳結轍吾夫子精神如聚一堂可幸也聚而問問而思思而知津途不遠舉足便是諸君子開茲堂奧之意不孤矣昔魯哀公問夫子鄙諺莫衆而迷今寡人與羣臣慮之而國愈亂何也夫子對舉國盡黨季氏與之同辭是一國爲一人君雖盡問境內猶不免亂也夫問一也哀公問而愈迷夫子知而不迷莫迷於魯莫迷於天下可知也知楚之津知天下之津可知長沮猶凋溪之水儘足自澡夫子如海濱以藏疾爲曠以含垢爲大以九圍共溺弃識歸涯爲廓余嘗謂長沮接輿荷蕢者深知夫子一以鳳稱一以有心歎一以知津許長沮之知夫子可知特其道不同故不相爲謀耳茲地去黃百里許二水縈迴書臺墨池顏港車坡遺跡爛然在望先是耿恭簡公每至輒徘徊不忍去欲有所創不果久埋荒霧中一旦濯而新之非王公及彭黃諸君子爲政詎復能識其大而開來學哉

國朝王輔問津書院祭田碑記甚矣哉聖道之大也德以萬世功以萬世矣春秋時孔子以布衣韋帶之士周旋齊陳宋衞之間悵東周之不復悲大道之不容楚有長沮桀溺者石隱高蹈付理亂於不聞亦接輿荷蕢流耳孔子過之而使子路問津亦偶然之遭也乃曠世相感者恍然見一聖一賢徘徊道左民胞物與之心此問津書院之所由立乎然而津亦有說聖人以大學之道教天下茫乎不知其畔岸而非遠也浩乎不知



其涯涘而非深也由格致誠正爲始進之功而極之天下國家以廣其量積漸以基之循序而進之納天下於道德仁義之域譬之行萬里者明乎東西南北之道審乎山川險易之塗雖大山峻谷不能爲之阻日行數十里可計日到也自周道衰而孔子沒微言絕而大義乖其高談異論清淨寂滅之說中於人心而流爲風俗即有一二好學深思之士欲求明聖人之道其孰從而問之猶之撤津梁焚舟筏隔津以求徒涉吾知其不能也書院以問津爲名殆欲使黃之士子朝夕切磋而不致有迷津之嘆乎余拜瞻殿宇輒低回留之而不忍去如見夫子於車塵馬跡之間而益切羹牆之慕亦不自知其何心矣爰撥銀若干兩以奉春秋粢盛焉至於祠之興廢與夫建造之規模有明吉水鄒先生記之詳矣余可以無述也是爲記

呂德芝問津書院記論語記子路問津其事也未言其地史記載孔子自葉反蔡見沮溺耦耕使子路問津其在葉在蔡亦未有定地也正義注曰黃城山下即問津處而黃城仍未詳何處考陸應暘廣輿纂則云黃城山在葉縣一名黃柏山係子路問津處則問津之在葉也明矣乃楚志則曰問津歌鳳俱在黃岡又何以稱焉夫葉之爲楚地昭昭也以黃岡之即爲葉其何據乎或曰楚之滅黃在魯僖公十二年前此楚無所謂葉也後此天下亦無所謂黃豈楚併黃之後即其地改名爲葉也抑沈諸梁食采之時黃已在其疆內也乎皆未可知也今則實指在黃岡縣北九十里地曰孔子山孔子河耦耕處問津處且立廟建書院焉豈自古迄今歷千百年遂無博雅之士能考核其是非者耶即曰聖人之遺蹟人樂援之以爲邦域重何葉縣之廟祀古蹟不一援之而獨見援於黃岡也則問津之在黃岡亦若有據至書院之設始於元之龍仁夫成於明之蕭康侯建立殿廡置祭田春秋兩祀一遵典禮而鄉人士無遠近講藝課業於其中規約井然長幼有序彬彬乎禮樂衣裳地也後此吾黃之士日得仰其温良恭儉之容思其文行忠信之教鼓其進德修業之氣惕其出王游衍之心則是志於道而謹弟子之率者問津者也望道而趨不惑於他歧不移於血氣者知津之者也由此而及門由此而升堂而入室津其託足之始基也可勿問歟可勿知歟昔漢文翁治蜀修起學宮招徠子弟每出必從以明經飭行之士吏民榮之風俗大變韓延壽守頴川好古修教興治學宮鄉射讀法盛揖讓登降之儀令諸生皮弁俎豆以正民間冠婚禮制郡以大治蓋文教者循吏之首務也黃岡詩禮地何遽不如蜀與頴川況問津之設尤助學宮之所不及者乎有心世道者接而振興之安知兩漢文治之不可復起耶至其地之在黃在葉兩存考焉可也

陳文樞重修問津書院記余來楚時聞黃州之北有問津書院欲往觀之未暇也去年冬來治斯邑因事北行九十里雲皋纔壞夾岸參差古木交柯懸峯絕磴淸流之瀠洄横出其下渡河而登則巍然殿閣丹堊新成聞書聲洽洽乎若近若遠則講堂也於是進諸生而問之曰歲在甲戌 聖廟告成又五年講堂始備前此兩廡之改建則乾隆八年癸酉歲也且聞諸古言唐以前有於此建廟立學者元末永新觀復龍公晩年隱居設教於山下明嘉靖間耿氏楚峒門人所謂天臺

先生也與其弟子健復於此講學齊名其舊址距今廟右百步天臺以地狹欲遷而未能屬其徒蕭康侯久之與王晉五孫心易彭尚寶方心宇諸人告於郡守郡守以下皆助之遂移建山上顏日問津以康侯爲師其守令載名宦志內於時四方賢達往來講學無虛日有蓁學者行數百里又爲廣屋舍而受之學三十年間名儒接踵砥節好修能爲文章之士濟濟成風名遂大盛又十餘年有王海伯振舊院於兵燹瓦礫之餘而時當我 朝定鼎人文肇起於是鄒公邃操右恆王梁思鄭湆思王汝載諸人同力修飭而書院又盛諸生爲余言且屬之記也如此夫自宋迄今五百餘年之間其葺而修之者屢更矣豈地之盛衰相循各有其時耶抑其興之者在人得良有司倡之而今乃復盛耶是時郡伯錢公方修河東書院勸學興士而其風遂達於鄉曲而好學者不自私已又各能勸其所學蓋郁然又加盛矣昔唐杜牧之守黃州立廟祀 先聖興學校宋孟寶玉亦於此立廟設學比屋千間以待游士古今人大抵同情恐余材之未足濟也然吾聞問津之說矣酈道元日相望河北層山峭舉多石室焉室中若有積卷矣而世罕有津逮者新論日道象之妙非言不津津言之妙非學不傳蓋問津亦復難也則今之多士輻湊遠望參參如在天上其必有志於聖賢之域爲斯道之津梁引而導之者余望之矣是爲記

淋山書院在淋山河明義民孫子華建久廢



白石書院在還和鄉乾隆元年監生方可發募建道光十一年職員范鈺妻樊氏捐置白虎寺蔡家衝田每年收課四十石零以作祭費舊志十五年生員秦立五周昇職員黃宗潞補修咸豐間兵燹職員高士元補葺光緒三年監生杜壽歧職員樊賡颺文童范霖補修從前經管歷置祭田共六石四斗七升五合收租一百四十一石一斗連樊氏捐田共收課一百六十二石三斗邱落詳碑記

國朝彭士商募修白石書院引黃岡還和鄉有白虎寺寺有佛像有住持僧蓋自佛入中國到今俗之漸民久矣夫釋氏生長西域去中國大聖人遠日不睹溫良恭儉讓之容耳不聞仁義禮智君臣父子夫婦昆弟朋友之教故迷溺於歧途而不知而中國之人亦或從而信之至變其服棄其家滅其天親而不顧是可哀也是可懼也寺僧捏吾夫子像作聽彼講經狀特欲借夫子爲重以蠱惑愚民邀布施利耳而其無忌憚則甚矣且使觀者謂夫子大聖尚傾心嚮佛吾儕鈍根敢有貳志如是幾何不令天下盡化爲異類哉余門人進士程生後濂上舍方生可發家近於寺見之髮指爰議募諸紳士捐金錢別建書院於鄉移妥 聖像於院異時所塑聽講狀則令匠氏改飾德儀請於學憲蔣公可之而屬士商一言以爲捐者勸士商老未聞道所言何足迴瀾然忝備員學校不言茲戾是用亟呼卬須我友顧或以仍前塑像爲疑竊考明太祖甫定天下 命天下崇祀孔子於學不許雜祀釋老宮後張孚敬因議易 聖像以木主蓋愼之至也而徐存齋則曰苟像有傳流何必 輒廢欽惟我 世宗憲皇帝重新闕里廟 聖像所執王皆須自大內固不與凡學宮一例議撤 先儒龍麟洲倡道邑之西鄉是有問津書院中亦一以像祀士商嘗往拜謁望之儼然即之也溫怳如親侍杏壇焉則像設亦未爲無助茲二生之爲是舉也遠遡前代舊制祇承 國家曠典而於存齋之所言麟洲之遺蹟亦復脗合不憚勞勸諭復勸捐其衛聖教也意良深矣凡讀夫子之書者雖居位有尊卑行道有顯晦而紬繹乎仁義禮智君臣父子夫婦昆弟朋友之教因以思溫良恭儉讓之容大遠於釋氏之跏趺而摩頂相率捐金錢以襄厥成是心理之所同然而邪慝之所由熄也其又奚咨士商且並俟廟宇告成藉得躬香親謁如問津書院故事以志嚮往焉

坪江書院在團風鎮康熙五十二年邑士錢光時陳雪洲倡衆捐建乾隆四年知縣吳英捐置郭襄若民房附書院以作義學後毀於水道光十八年知縣范興榮捐廉同本鎮士民



移建今處舊志咸豐三年兵燬光緒二年舉人嚴旭募修

白雲書院在但店鎮道光二十六年副貢何憲葵生員易兆禮舒鶩舒鳳翎監生熊世任方錫蘭江芝之席等置陳家河田課十餘石以爲經費光緒四年監生易艮材舒艮玉鄧顯潤何導淇熊汝霖募建

温泉書院在永甯鄉三里畈地有温泉故名乾隆間邑士丁運盛醵貲修建中設

至聖先師並 文昌神位爲其鄉會文所初置羅邑田課一十五石五斗以資經費後漸不敷所用運盛子舉中同邑士史之松徐玉華復糾同志添置本處烏鉢腦田課五十四石歲以九月十八日致祭會文舊志咸豐初燬監生丁之元職員史宇度徐繩武等修復

古邾書院在慕義鄉新洲初建文昌閣康熙三十四年重修
郡守賈鉝顏今名嘉慶二十三年被蛟水傾圮移建河坪知
府吳之勷知縣蔣祖暄巡檢史禮賢倡捐經費並各爲記
龍潭書院在新洲道光二十五年公建奉
至聖先師木主每年春秋仲月致祭
停驂書院在上伍重鄉邑士鄧精晗精映丕桐姜之祥劉鵬
南汪濂募建節婦馮劉氏捐田一石二斗由鄧兆麟道庸姜
萬春李文郁經管以餘租逐年生息復置田八石零爲祭祀
費
回車書院在沙河方家畈縣北一百三十里與麻城交界乾
隆五十八年邑紳陶國幹以棋山寺供有明儒周旻周杲官
山東時奉歸



先師像率黃麻兩邑紳士建書院爲殿廡以祀殿左立仲子位右
立朱子位東廡爲鄉賢祠西廡爲齋宿所邑增生曹翰學士本榮後裔學優品端兼工詩詞嘗講學於中黃麻兩邑士衆復糾置田畝以供
祭祀鑪鐙籩豆悉具每年以八月二十七日
聖誕致祭麻城知縣李維本邑紳陶國幹程其溶各有記序祀田
共三石八斗三升五合內院前田一石五斗三升計八坵李
家灣田二石五升五合計三十一坵余家灣田二斗五升計
四坵共四十三坵院前地二斗計九塊道光二十一年周旻
周杲後裔思元等請將棋山寺田三石六斗移歸書院與鄒
尹二姓搆訟知府徐上鏞斷令將祀田及隨田山地歸入書
院邑職員王輔監生王俊捐田一石八斗鄭炳烈捐置周家
堰田一石四斗舊志光緒間麻城貢生傅戩齋捐田九斗六升



監生傅爲表捐田二斗三升職員傅爲琦爲琚捐田二斗四
升武生傅爲斌爲煒貢生傅爲忠童生傅爲信學瀾共捐田
三斗七升監生傅爲心捐田一斗五升傅學池捐田七升監
生蔡濬典捐田六斗監生程炳烈捐田六斗七升咸豐初粵
賊竄擾邑紳洪良品遷
聖像山砦中得不燬殿宇多所損壞嗣麻城縣知縣黃以愼主鬯
集貲修復有記
文昌書院在上伍鄉校魚區內邑紳徐鴐海超文捐建並置
祭田一石六斗
蔣公書院久廢國朝陳大章蔣公書院文構貉輞鱗䧺灘人
伏惟我國家重熙累洽久道化成我
皇上更天縱聖明登三咸五故所用公卿及封疆大憲皆一
時英哲次第以及守令莫不茹茹連彙極俊選焉然二千石
之職更係民牧重任而吾黃老祖台蔣公蘿村先生稱尤最
云何則君子之爲政也不難於愼始也而難於有終不難於



暫而厲精也難於其久而無倦公之始至也念九邑之凋瘵
思有以休息而長養之故政多寬大惟總其大綱而民險受
鳳鸞之福將十年矣而公不以懈也意氣倍增精神倍勇質
明登堂聽斷旁午退食未幾晚衙又開案無留牘民以不冤
其勤且明有如此者倖粟之入數有定額向來州邑輸餽陋
習概革去之飲水茹冰無鹿可瘞其廉有如此者歲水歉民
艱食公請於藩司自漢糴米數千鍾來黃減價糶之深冬積
雪窮簷得有炊煙其惠有如此者嚴關市之譏謹甲伍之法
沿江上下戍樓烽燧無不修飭莠民暴客無所施其奸而弁
卒之雜居閭閻者皆安堵奉法其威有如此者科歲童子試
甄別謹嚴笄牘不敢闌入州邑之獄申牘上者反覆詳研出
入以毫釐辨其愼有如此者修葺學宮光輝輪奐更立義塾
以教草野子弟其中頗有英俊其崇學興教有如此者其他
良法美意不可枚舉總下車以迄今日聚全神而貫乎始終
而更蘭氣迎人飲醑自醉非其性情學問之有大過人者歟乃
忽以詿誤解組士民驚愕如失慈母知公之貧也相與攜米
蔬市薪炭與醯醢酒醴鱻腊魚肉之類叩邸舍而爭餽焉四
民無論矣乃丐夫乞子亦竭其囊橐獻致恐後自罷官迄今
數月餘九邑之來餽者無虛晷亦無倦也吁異矣尋奉
命檢公官資衣被之外藏書萬卷儀無長物時嚴寒公衣裘
皆入籍濊民負夜促買縕青木棉褐羔羊袍澤泣以獻公揮
涕而受衣之一時情境若孝子慈孫奉其父祖於顚沛其誠
足以格天帝而證足以泣行路汗青所載未之有也而公已
用是不朽矣今蹕
恩綸召見起用有幾大抵已不復官

黃而有斐不諠相與築室於相隱橋畔畫公像而生祀之顏曰蘿村棠舍蘿村者公別號也猶云召伯所茇云爾黃之人以此爲公祝釐地僉伐石而記之並以知聖朝用人之至當循蹟之可紀與天下治安之長久爲可樂也是爲記

舉水書院在慕義鄉劉家集河坪河水發源柏舉故名道光間邑士羅錫川姜六汪鍾秀靖之彥厚炳邱振聲姚爔林劉金柏等醵貲置永興圩對河等處花地二石祀

文昌像爲會文所嗣程見杓思孝等捐資補助麻邑吳均和復捐孫棧埠水田一石一斗七升歲納課二十一石七斗以資經費咸豐三年兵燹同治七年羅承烈靖鵬路程炎劉洪九約羅永膺靖本哲邱斌汪鴻翥等勸脩

義學附

新義學在南門外陶家巷口景聖堂左右爲順治間邑士楊允楨姜士泰讀書處康熙三十一年士泰因得



至聖像建堂後圮道光十年知縣李錦源捐錢一百串葺而新之並置堂前民房以爲義學邑邵國弼等捐錢五十串生息以爲經費久廢

小學在府城隍廟右七賢祠久廢

官義學在賀家坳牛車河金雞坳七道河三里畈李婆墩六處各設一館光緒六年捐廉創設每館延師一人學徒以二十八名爲率月訂束脩錢四串朔望日館師各詣就近集鎮宣講

聖諭廣訓講解易犯律義並勸善書前一日各處地保預備几案茶水伺應月給錢一串均按季由署送交監理紳士分給議有章程

育德堂義學原在東弦鄉龍泉寺側後移還和鄉新店職員



劉鳴南捐於家灣田七斗丁家灣田五斗

多善堂義學在還和鄉監生朱兆楷捐田二石七斗五升屋二間並山場隙地菜園

葆醕堂義學　安雅堂義學在還和鄉竹陂寺州同朱兆芝捐田四石二升

植本堂義學在還和鄉學堂灣生員朱炳南捐田一石四斗六升

培心堂義學在陽邏司署右側貢生雷霆算學生胡敬之職員雷時楷貢生程廷綸周殷珊監生盧瑞和李廷瑞文童陶士瀛捐金倡修光緒元年呈請立案

陶家義塾邑士陶國友置洪家蓬田三石三斗一升

孫家義塾邑士孫世榮捐建並置田二石



青藜義塾在東弦鄉光緒元年邑紳劉維楨置田二十石歲收穀四百石爲經蒙兩館延師及從學子弟經費續捐古樓園田一石八斗一升二合五勺納課三十三石一斗二升

郭家義學在庶安鄉光緒間職員郭錦鴻捐田一石

各館附

賓賢館在縣岡議敘鹽提舉王宗華捐建並捐置田畝爲邑人科舉費立案勒碑道光二十六年捐職都司張炳南貢生張潔衛千總張致清捐錢一千串助之外捐一千串爲童生卷價咸豐間館爲賊燬錢款無存田畝案據亦失前任知縣恆琛移學令拔貢杜承勳附貢黃啟焜勘明牌樓灣田十一担歲收租穀二百一十六担燕窩地田四担五斗五合租穀九十担一斗曹家大屋田三担五斗租穀七十八担七斗五

升孟家大屋田四担五斗租穀九十八担七斗五升新陳灣田一担五斗租穀三十一担五斗呂王城田二担七斗五升租穀五十二担八斗六升潘莊田三担五斗租穀七十担共田三十一担二斗五升五合每年計收租穀六百三十七担九斗六升（內撥潘莊田三担五斗租穀七十担歸河東書院送府縣學爲 聖誕祭費）賓課五百六十七担九斗六升定有章程又提督劉維楨捐賓興錢二千串童試卷費錢五千串發典生息一竝立案

國朝陳詩黃岡縣新建賓賢館記　賓賢館者黃岡王子宗華兄弟等捐置腴田數百畝而總其所入以資邑人科舉之費者也成周盛時鄉大夫三年大比攷其德行道藝興其賢者能者以禮賓之乃獻賢能之書於王後世鄉舉之法蓋出於此其升諸司徒也曰俊士今之舉人似之其升諸學也曰選士則今副榜貢生似之至於大樂正論造士之秀以告於王而升諸司馬曰進士則今之名不異於古焉然以予考之周禮其載取士之制綦詳而士舉於鄉入於成均者其行李往來饔餼廩之資顧未之及意其時士農不分力皆足以自贍而朝廷之優卹閭黨之佽助均可不事與自漢以來考廉之舉例皆隨上計吏赴京師而其時貢禹就徵博士至賣田百畝以供車馬又其甚者負笈從官之徒入閭里之內乞食爲資若北齊書儒林傳所載固有懷材負異而困於資斧不能贏糧而景從者可勝慨哉 國朝定制舉人會試京師遠省既得馳驛而從近省亦有長夫銀兩所以體 恤人而資藉之者甚詳而有法矣鄉試則其地稍近厰費差省黃 國家治體固有不容偏爲施者非獨其力有所不能給也黃岡號稱人文淵藪弟子員多至數百人其間以讀書應舉至於家計中落若貢少翁者時時有之若其家本素貧館穀以爲生而終歲所入盡取以供一舉之費事兹而歸榜然無有卽不至如北齊書所云而歎一飽之無時悔儒冠之貽誤有道君子所爲之盡然心傷者然則宗華兄弟等之爲是役其有補於邑之人士固非淺淺者矣宗華等居縣東之呂陽里弟兄皆友愛其行義也孜孜如不及凡縣屬之橋梁道路諸所得爲者累費至二萬金有奇聿成其先 贈君如海之志邑人士以其事白之大吏大吏具以上聞得 旨褒嘉並許自行建坊而錫以樂善好施字龍鸞褘楔照耀鄉閭已又介萬子三峯乞余爲文以記之勒石於館以告來者其出人係貫田畝坐落並列於碑陰云

黃岡會館在京師南城東草厰二條衚衕路西明少師陶仲文捐置爲邑人士就試候選之所



國朝屢經修建正館三重上重四楹中奉武聖像左捐主像右土神像左右各一室左山牆外一室東面大椿中重爲客廳左右各一室左山牆外一室門在後簷西面廳階左牆爲月形達大門大門一間迤南三間爲看館門丁住房正館南爲南苑後基視正館贏向止小屋東西各數間半坍塌嘉慶戊寅折建上廳一重中明間左右兩室山牆外北過道通前後往來南過道爲圃所廳前左右廊房各三間道光二年復建房五間是爲南館兩館界址北牆抵邵武館南牆抵蔡人屋前抵街心後抵本館圍牆牆外西北有大椿一株舊館後爲新館係嘉慶二十一年以京錢一千五百串買陳心穀瓦房一所坐東向西前抵東草厰頭條衚衕路東後抵舊館圍牆南北以本屋山牆爲界前門面三間一大門走道後正廳三大間左右廂房四間遊廊四間共十五間正廳前簷南開門與南院後院通新舊契五紙（陳心穀賣屋新契一嘉慶四年王清源賣陳契一乾隆五十九年趙志賣王契一乾隆五十一年閻朝材賣趙契一乾隆四十九年李景壽賣閻契一）嘉慶二十二年七月有高陞者冒控提督府圖估此屋發大興縣審明歸本館紹業完案各契紙歸輪管館事人執掌新舊兩館經費俱本邑城鄉人士捐資（以上舊志）嘉慶七年同知王宗華捐銀五百兩二十年少宰李鈞簡中翰張履恆知縣汪兆柯勸捐千餘金道光二年中翰奚先凱以存積餘資先後增修未幾積水傾圮刑部郎中胡美彥捐銀五十兩德州知州汪封渭捐銀三百兩保定同知曾世儀捐銀一百兩漢州知州劉遐亮捐銀一百四十兩清江通判李振堃捐銀四十兩衛守備劉定國捐銀一百二十兩南昌守備胡治朝捐銀三十兩衛千總張兆澤捐銀二十兩赤城知縣王思引捐銀

七十兩道光十八年擴脩二十九年胡美彥記十一年　旌表節孝范樊氏捐田十二石零歲納租二百四十七石零載民米五石九斗零內除撥穀十五石作節孝祠祭費外實穀二百三十二石歸每科新榜前二名經管每居會試按到京人數分給舉人林王等具稟有案約存經管同治十二年邑紳劉維楨捐銀一千兩作爲脩費均勒石於壁

鄉飲酒禮附

每歲以正月望日十月朔日於明倫堂行禮以正官爲主位東南以致仕官員爲大賓位西北三人爲僎賓位東北以次長爲介賓位西南以賓之次者爲衆賓位於賓主介僎之後以教官爲司正以老成生員贊禮前一日陳設坐次司正率執事習禮次日黎明宰牲具饌主人率僚屬司正先至遣人



速客客至出迎於庠門外三揖三讓升堂拜跪訖就位司正至堂中北向立賓主皆立皆揖執事酌酒於觶以授司正司正舉觶曰恭維

朝廷率由舊章敦崇禮教舉行鄉飲非爲飲食凡我長幼各相勸勉爲臣盡忠爲子盡孝長幼有序兄友弟恭內睦宗親外和鄉里無或廢墜以忝所生讀畢司正飲酒畢以觶授執事者舉律令之案於堂中賓主皆拱立讀者詣案北面讀曰

大誥鄉飲酒禮序長幼論賢良別姦頑其坐席間高年有德者居上高年醇篤者並之以次序齒而列其有違條犯法者不許干與善良之席違者罪以違制敢有諠譁失禮者揚觶者以禮責之讀畢復位執事者舉饌案至客前主人獻賓薦脯醢設折俎賓酬主人亦如之獻僎介僎介酬亦如之訖工入升歌鼓瑟歌鹿鳴飲酒供湯工歌四牡飲酒供湯工歌皇皇者華飲酒供湯笙入奏南陔白華華黍工歌魚麗笙由庚歌南有嘉魚笙崇邱歌南山有臺笙由儀於是合樂奏關雎鵲巢又奏葛覃采蘩又奏卷耳采蘋每詩止歌首章飲訖乃徹饌賓主兩拜訖又僎賓介賓衆賓拜訖送賓三揖出庠門而退

鄉飲酒禮圖

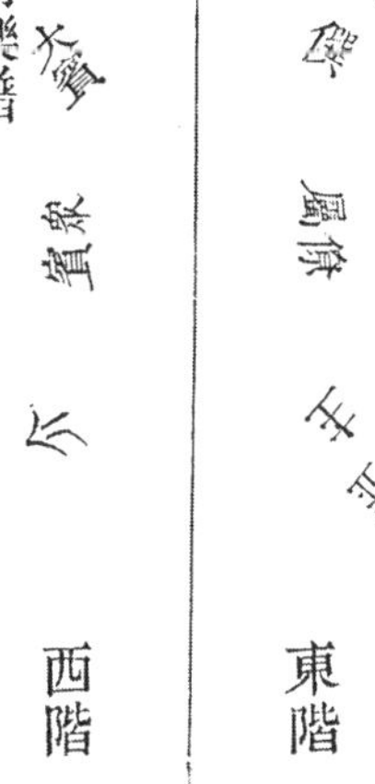


御製補笙詩樂譜

南陔三章　正月太簇商立宮　倍無射變主調　笙譜合字調　簫譜尺字調



十月應鍾清羽立宮　林鍾清變主調　笙譜尺字調　簫譜四字調

我逝南陔言陟其岵昔我行役瞻望有父欲養無由風木何補　我逝南陔言陟其屺今我行役瞻望有母母也倚廬歸則甯止　南陔有筍籜實包之孱孱孩提孰噢咻之愼爾溫清潔爾旨肴今爾不養日月其慆

白華四章

有白者華不汚纖塵咨爾士兮宜脩其身不脩其身乃貽羞於二人　有白者華婉茲靜好咨爾女兮宜脩婦道不脩婦道乃貽羞於二老　白華匪玉涅而不緇白華匪蘭芬乃勝之我擷白華載詠載思　白華匪玉質玉之令白華匪蘭臭蘭之淨我擷白華載思載詠

華黍二章

瞻彼阪田厥黍始華胝足胼手嗟嗟我農夫　瞻彼阪田黍華以秀胼手胝足惟勤斯殖茂　華有不秀矣秀有不實矣其雨其雨矣杲杲日出矣惄予愁之恤矣

由庚四章

由庚便便東西朔南六符調燮八風節宣　由庚容容朔南西東惟敬與勤百王道同　由庚廓廓東西南朔先憂而憂後樂而樂　由庚恢恢南朔東西皇極孰建惟德之依

崇邱三章

澗松童童蛙黽鄰兮邱草萋萋蕩青雲兮凡百君子愼乃託身兮　澗松童童澗則卑兮邱草萋萋邱則崎兮凡百君子愼乃所依兮　有崇者邱物無不遂有倬者道愚無不智賢生育德永植無替



由儀三章

在上曰天在下曰地君君臣臣父父子子　在下曰地在上曰天父父子子君君臣臣　由其儀矣物則熙矣儀其由矣物則休矣

鄉約 附

例載凡直省府州縣鄉村巨堡設立講約處所揀選老成者一人以爲約正再擇樸實謹守者三四人以爲直月每月朔望齊集耆老人等宣讀

聖諭廣訓及

欽定律條務令明白講解家喻戶曉該州縣教官仍不時巡行宣導



# 黃岡縣志卷之六

知黃岡縣事合肥戴昌言編輯

## 職官志

### 文秩

漢制縣萬民以上爲令不滿爲長藺絲保障職綦重哉而丞尉學博等官歷代遞有增置以相助爲理官斯土者元以往姑從蓋闕有明迄今銓次略備後之人卽其人論其世固可按籍稽也惟任年未詳者別爲一格

表

漢 縣置長丞尉各一人

長

甘甯 黃祖使爲邾縣長見沿革表



晉 縣置令主簿錄事史等員

令

孔德琰 西陽令

唐 縣置令丞主簿尉各一人

令

唐延搆 黃岡令

宋 縣置令丞主簿尉各一人嘉定二年詔州縣立學增置教諭一人訓導一人咸淳中又設主學一人

| 令 | 丞 | 主簿 | 尉 |
|---|---|---|---|
| 乾德 鄧守忠 | | 段瑍 | |
| 元豐 周孝孫 | 張舜臣 有傳 | 劉庚年 見東坡記 | |
| 張激 有傳 | | 黃賓 | 虞汲 濠州人有傳 |

案建炎初有巡檢劉卓値金人陷城不屈死舊表軼今附錄之

元 縣置達魯花赤尹丞簿尉各一員典史二員元貞間罷主學縣辟直學訓導

| | 教諭 | 訓導 |
|---|---|---|
| 至正 | 王師顏 | 胡良佐 |
| | | 范世美 |

明 縣置知縣縣丞各一員主簿二員一管糧一捕盜典史一員儒學教諭一員訓導二員巡檢二員驛丞二員河泊所官三員稅課局大使一員

| | 知縣 | 教諭 | 訓導 府志載天啟間裁一員 | 縣丞 成化九年添設勸農縣丞一員 | 主簿 | 典史 | 巡檢 驛丞 河泊所官 稅課局大使 |
|---|---|---|---|---|---|---|---|
| 洪武 | 徐誼 壽昌人有傳 | | | | | | |
| 元年 | 萬士安 舊表 | | | | | | |
| 永樂 | 陳希 大興進士 | | | | | 杜遇春 霍邱人擢御史有傳 | |
| | 張玉 宛平舉人 | | | | | | |
| | 案任年闕志是年士安移建儒學 | | | | | | |
| 宣德 | 袁整 | | | 浦允誠 | 高宏 | 施義 | |
| 正統 | | 尹勖 | | | | | |
| 景泰 | 徐瑨 | 簡縉紳 | 鍾鑑 | 朱聰 | 楊恭 | 于琮 | |
| | | | 蕭鑑 | | 劉彬 | | |
| | | | | | 俞思文 | | |
| 天順 | 吳節 淮陰人 | | | | | | |
| 成化 | 任廣 | 金元 | 余勛 | | | | |



| | 知縣 | 教諭 | 訓導 | 縣丞 | 主簿 | 典史 | 巡檢 驛丞 河泊所官 稅課局大使 |
|---|---|---|---|---|---|---|---|
| 十八年 | 毛錫 | | | 俞振 | 徐雍 | 馬鐸 | |
| | | | 汪紹 | | 葉莫 | 李文 | |
| 二十一年 | 程遠 | | | 柳英 | | | |
| | | | | | 岳維嵩 | | |
| 宏治 | 莫濬 臨桂舉人 | 張縉 與修郡志見舊志序 | 張鳳岐 | 宋賢 藁城監生 | 呂賢 蒲州人後入籍 | 萬甯 | |
| | 陳曦 | | 潘溶 | | 韓敬 | | |
| 正德元年 | 周遵 奉節舉人 | 林智 莆田舉人 | 劉習禮 四川歲貢 | | | | |
| 二年 | | | 楊爵 汝陽歲貢 | | | | |
| | | 王沂 福建歲貢 | | | | | |
| 五年 | | | 王麟 蕭山歲貢 | | | | |
| 九年 | | 應鵬翀 臨海舉人 | | | | | |
| 十年 | 胡潔 豐城進士有傳 | | | 章弁 | | | |
| 十二年 | 簡霄 清江進士有傳 | | 周盛 青田歲貢 | | 黃觀瀾 | | |
| | | | 劉紀 河南歲貢 | | | | |
| 十五年 | 王浩 上元舉人 | 吳資 象州舉人 | | | | | |

| | | | | | | | |
|---|---|---|---|---|---|---|---|
| 嘉靖元年 | | 張鳳鳴 旌德歲貢 | 李修爵 信豐歲貢 | | | | |
| 四年 | 夏國孝 涪州進士 | | | 向朝儀 | | | |
| 七年 | 方端 大理舉人；周乾 桂林舉人 | 韓秉文 慈谿舉人有傳 | 賈通 成都歲貢 | | | | |
| 八年 | | | 明瑞 富順歲貢 府志作明端 | | | | |
| 十二年 | 龐麟 成都舉人 | 吳謨 宜山舉人 | | 陳瑤 | 黃純 | 鄭國全 王志 | |
| | | | | | | 作國金 | |
| 十五年 | | | 唐相 和州歲貢；任价 四川歲貢 | 陳垕 | | | |
| 十六年 | | 梁鳴鑾 崑山歲貢 | | | | | |
| 十七年 | 吳時宜 都勻衛監生 | | | | | | |
| 十八年 | | 王奕 四川歲貢 | 田嘉禮 四川歲貢 | | | | |
| 二十年 | | 趙儒 江西德安 | | 萬崇本 | 馬翀 | | |



| | | | | | | | |
|---|---|---|---|---|---|---|---|
| | | 歲貢 | | | | | |
| 二十二年 | 胡民表 龍游舉人 | | | | | | |
| 二十三年 | | 武鉞 來安舉人有傳 | | | | | |
| 二十四年 | | | 吳允直 饒州歲貢；謝燕 都昌歲貢 | | | | |
| 二十六年 | 張允濟 順天舉人 | 向上 巫山歲貢 | | 徐煥 | | 趙貢 | |
| 二十八年 | | | 李述 邳州歲貢 | | | | |
| | 孫棠 普安舉人有傳 | | | | 王本堅；孫善 | | |
| 三十一年 | 虞儼 丹陽舉人有傳 | | 朱玹 宜賓歲貢 | 趙貴枝 | 張璣 | 遲應奎 | |
| 三十四年 | 楊世第 長壽進士 | 康志 泰和舉人 | 姚溢 汝陽歲貢有傳 | | | | |
| 三十五年 | 孟津 滁州舉人有傳傳作丹徒舉人 | 周祿 盧陵歲貢有傳 | | 吳漢；萬昇 | 葉應元 | 周大輔 | |

三十七年
陳良金 仙居 歲貢
龍深

萬升 南城 歲貢
楊美才 監生
朱洲
任孝賢

四十一年
來端本 蕭山 舉人
李時傑

四十三年
張性魯 當塗 歲貢 有傳
沈升 天台人 歲貢
凌敏德
程衡

郭濟時 龍泉 歲貢

四十五年
高价 神木人 歲貢

隆慶元年
王銓 山東 歲貢
吳繼武 井陘 歲貢

蘇希顏 甯海 歲貢

二年
賈應璧 無錫 進士 有傳

陳忠誠
邵信
陳衡

五年
唐應元 崑山 進士
葉于敘 閬縣 舉人 陞羅田知縣
劉宗韶 萬化 歲貢



萬曆元年
羅應鶴 歙縣 進士 有傳
吳完 固始 歲貢

二年
顏偉 廣安人 歲貢
陳嘉謨 德化 吏員

崔仲沂 公安 歲貢

三年
王三錫 華容 歲貢
陳志謨
詹密

趙遜

四年
蕭一和 襄城 歲貢
趙世舉 貴池 吏員
張得福 僉都 吏員 樟松河泊

五年
林兆基 莆田 舉人 有傳 府志作兆箕
陶承禮 舊志作三十五年任 按建置志承禮丁丑建署 丁丑乃五年也
何東陽 汝州 監生
管貞明 慈谿 知印 團風巡檢
孟鼎 無極 吏員 零殘河泊

邱嵩 平原 吏員 陽邏巡檢

朱鳴岐 西平 吏員 稅課大使

六年
顏大化 桐鄉
查玉西 江夏

舉人

李坪驛丞（吏員）

七年

董廷賓　大冶　歲貢

潘濂　南海　吏員　俞志籍貫任年俱軼，今依王志補錄

李登莚　鳳翔　吏員　灞湖河泊

柯廷舉　莆田　吏員　稅課大使

八年

沈宏宗　會稽　舉人

羅鳴遠　景陵　歲貢

夏清　德化　吏員

楊應龍　巢縣　監生

朱鎬　婺源　監生

葉楙　餘姚　吏員

沈惟明　仁和　吏員　團風巡檢

和瑀　應城　承差　陽邏驛丞



楊洲　蕭縣　吏員　陽邏巡檢

郭墀　高平　吏員　零殘河泊

九年

趙士登　涇縣　進士　有傳

蕭文光　江陵　歲貢

王纘武　大邑　監生

唐世曙　全州　吏員　陽邏巡檢

楊臣　壽光　吏員　陽邏驛丞

潘鐦　於潛　吏員　樟松河泊

十年

楊林　江夏　知印　李坪驛丞



十一年

王旌　大凉衛　歲貢

青袍　遂甯　選貢

張文憲　慈谿　吏員　灞湖河泊

十二年

劉烜　漢川　歲貢　有傳　俞志川作州，誤

周化時　廣通　歲貢

趙繼恩　江安　吏員　稅課大使

十三年

毛汝愚　江山

趙邦榮　涇陽　吏員　樟松河泊

十四年

選貢

劉夢周　沁州　進士

楊逢時　江陵　解元　成進士　有傳

張楠　陳州　歲貢

金尚絃　鄞縣　吏員

周世明　新鄭　吏員　團風巡檢

卓顏　浦縣　吏員　陽邏巡檢

方來　合肥　吏員　李坪驛丞

杜廷臣　盱眙　吏員　陽邏驛丞

徐泰　華州　吏員　零殘河泊

| 十五年 | 十六年 | 十七年 | 十八年 |
| --- | --- | --- | --- |
| | | | 涂宗濬 南昌 進士 有傳 |
| | | | |
| | | | 李薇簡 平江 歲貢 |
| 何大鳳 江都 監生 | | | |
| | 陳願賢 鄒平 監生 | 趙發 涇縣 監生 | 張相 鄞縣 吏員 |
| | 何宗淮 分水 吏員 | | |
| 翁倫 福清 吏員 灄湖河泊<br>鄢元炬 泰和 吏員 陽邏巡檢<br>鄭宗冕 連江 吏員 稅課大使<br>萬相 新建 吏員 零殘河泊<br>李蓉 南海 吏員 灄湖河泊 | 朱橋 江都 吏員 樟松河泊 | 徐上 丹徒 吏員 團風巡檢<br>黃桐 靈壁 吏員 陽邏巡檢<br>蔡尚闊 江浦 吏員 李坪驛丞<br>蔣鯨 豐城 吏員 陽邏驛丞<br>劉澄 成都 吏員 零殘河泊 | 廖天愈 大田 吏員 團風巡檢 |



| 十九年 | 二十年 | 二十一年 |
| --- | --- | --- |
| | 曹愈參 涪州 進士 有傳 | |
| | 文立經 全州 舉人 歷巴縣知縣 | |
| 王三錫 巴東 歲貢 | | |
| 劉塤 宜黃 監生 | 王尚賢 鎮平 選貢 傳作尚儒 | |
| | | 徐可貞 興化 監生<br>陳梁 旌德 吏員 |
| 鮑應元 宣城 吏員 | | 鍾德 鄞縣 吏員 |
| 徐德芳 蘭谿 吏員 稅課大使<br>王邦重 廣施 吏員 樟松河泊<br>王應麒 鎮平 吏員 灄湖河泊<br>周鈿 靈壁 吏員 陽邏巡檢 王志作 臨海 吏員<br>牛夏 曲周 吏員 | 陽邏驛丞<br>黃朝吉 貴縣 吏員 團風巡檢 | 郭嘉慶 宣城 吏員 李坪驛丞<br>焦仲金 汲縣 吏員 陽邏巡檢<br>姚尚象 建德 吏員 樟松河泊<br>朱朝柏 定遠 |

二十二年

吏員 灄湖河泊

趙世顯 諸暨 吏員 陽邏驛丞

張中銘 洪縣 吏員 稅課大使

黃應垣 蕭山 吏員 零殘河泊

二十三年

徐紹曾 海甯 進士 有傳 府志作庚子任考庚子爲二十八年

蕭策 衡山 歲貢 府志作甲午任考甲午爲二十二年

楊燧 武昌 歲貢

陳玉庭 舊志失載案玉庭是年與修考院廳見建置志

楊燦 吳縣 吏員

郝子京 永平 吏員 陽邏巡檢

二十四年

劉文定 興國州舉人 有傳

楊守一 邛州 吏員

張濟 霍邱 吏員 李坪驛丞

張謨 巴州 吏員 李坪驛丞

張恕 太和 吏員 陽邏驛丞

王明 海陽 吏員 稅課大使

趙邦貴 攸縣 吏員 樟松河泊

何思明 義烏 吏員 零殘河泊



二十五年

沈瀚 崑山 選貢 有傳

湯賓 攸縣 吏員 灄湖河泊

李文 內江 吏員 團風巡檢

王鎬 西充 吏員 陽邏巡檢

二十六年

吳九思 當陽 歲貢 陞合江知縣

程鳴雷 婺源 監生

湯邦啟 永新 吏員

胡嘉猷 宜賓 吏員 勤敏爲上官所器

王德孚 豐城 吏員 稅課大使

二十七年

丁汝賢 南昌 吏員 陽邏巡檢

二十八年

李翹庭 鄒平 歲貢

卞從龍 江都 監生

楊貴 嵩明 吏員 樟松河泊

徐九官 臨淄 吏員 零殘河泊

石朝卿 大同 吏員 灄湖河泊

胡子冕 萬安 吏員 李坪驛丞

黃際春 山陰 吏員 陽邏驛丞

二十九年

羅萬言 盧陵 舉人

毛佈恩 餘姚 監生

郭江 鞏昌 吏員 團風巡檢

三十年
王敬（龍溪吏員）
王垍（丹徒吏員）

三十一年
王從詔（以同知署）
盧雲龍（邵陽歲貢）
楊時華（餘姚吏員）

三十二年
茅瑞徵（歸安進士，有傳）
張大有（益陽歲貢）
陳王庭（舒城知印）
唐承聘（昆明吏員）

葉良慶（太平吏員，樟松河泊）
饒棉（邵武吏員，零殘河泊）
沈德應（吳縣吏員，灄湖河泊）
彭應瓊（永興吏員，陽邏驛丞）
吳一麟（巴陵吏員，樟松河泊）
楊岱（太和吏員，團風巡檢）
陳三聘（宜都歲貢，陞攸縣教諭）
陳士達（璧山吏員，陽邏巡檢）
倪鳳彩（漢陽承差，李坪驛丞）
雷純（宜賓吏員，陽邏驛丞）
郭俸（贛縣吏員，樟松河泊）
封承倫（泰興

三十三年
辜良偉（竹溪歲貢）
金可礪（長興監生）



吏員，零殘河泊）

三十四年
何德泰（始興歲貢，陞東莞教諭）
周伯迅（山陰吏員，團風巡檢）
陳大綱（高要吏員，陽邏巡檢）
劉宗正（貴池吏員，稅課大使）

三十五年
吳國澍（隣水歲貢）
陳巽語（雅州歲貢）
楊懷遠（廣安州吏員）
陳祝（太湖吏員）
梁可重（膚施吏員，李坪驛丞）

三十六年
孔宏憲（歲貢）
張嘉會（餘姚承差，陽邏驛丞）
王蛟（華州吏員，樟松河泊）

三十七年
周萬鎰
劉以台
姜一梧（通山歲貢）
姜周瑞（雲南貢生）
趙思敬（觀城吏員，灄湖河泊）

四十一年
陳雷（歲貢）

四十七年
晏春鳴（銅梁進士）
余應昇（江夏舉人）
王珩（歲貢）

| | | | | | | | |
|---|---|---|---|---|---|---|---|
| 泰昌元年 | | 魏開之 | | 萬思進陝西貢生 | | | |
| 天啟五年 | 熊江四川進士 梁鳳翔廣東進士 | 熊應元麻城人 | | 劉俊四川貢生 高成選陝西貢生 | 蕭尚賢 劉元道 | 王朝元 | 馬正明江甯吏員團風巡檢 沈世思陽邏巡檢 |
| 崇禎二年 | 吳允初宜興進士 | 沈應魁景陵人陞廣德知州 | | 任可信山東貢生 | | | 潘志盛團風巡檢 |
| 三年 | | | 金一星歲貢 | | | | 陳志達陽邏巡檢 |
| 六年 | 李希沆慶陽進士有傳 | 李明德嘉魚人由薦辟任武昌府志見 | | 趙鉉山西貢生 | 樓廷選 | 石啟電 | 呂應熊團風巡檢 |
| 七年 | | 向明元大冶人 | | 宋時勳山東舉人 | | | 潘匡汝團風巡檢 |



| | | | | | | | |
|---|---|---|---|---|---|---|---|
| 八年 | | | | | | | |
| 十年 | 徐調元無錫進士舊志任年闕按建置志是年有調元修城事 | | 毛詩序歲貢 | | | | |
| 十二年 | | 劉應震江夏人 | 古大復歲貢 | | | | |
| 十四年 | 李希沆見上舊志闕案學校志學田內有是年李希沆濬東門濠守城事 侯鼎鉉無錫進士 | | | 陳廷策浙江貢生 陳所德浙江貢生 | | | |
| 十七年 | 孫自一光山進士有傳 | 文炳漢陽人 | | 吳南明浙江貢生 吳文燮福建人有傳 宋光德浙江 | | | |

國朝知縣儒學教諭復設訓導縣丞典史各一員巡檢二員驛丞二員河泊所官三員康熙三十九年裁河泊所乾隆十九年裁驛丞二十七年添設巡檢一員嘉慶十四年添設巡檢一員

| 年 | 知縣 | 教諭 | 訓導 | 縣丞 | 典史 | 巡檢驛丞河泊所官 |
| --- | --- | --- | --- | --- | --- | --- |
| 順治二年 | 汪士衡 望江貢生 | | | 趙振芳 浙江貢生陞知縣 | 邵魁邦 浙江人 | 白浚 西安吏員團風巡檢<br>趙文元 大興吏員陽邏巡檢<br>黃大受 撫州吏員團風巡檢 |
| 四年 | 楊日昇 富平舉人有傳 | | | 葉大成 浙江監生陞江西按經歷 | 沈端 浙江人 | 徐杰 山陰吏員陽邏巡檢俞志闕依王志增<br>范國貞 韓城吏員樟松河泊<br>張惟慶 富平吏員樟松河泊 |



| 年 | 知縣 | 教諭 | 訓導 | 縣丞 | 典史 | 巡檢驛丞河泊所官 |
| --- | --- | --- | --- | --- | --- | --- |
| 八年 | 劉國甯 奉天廕生有傳 | | 趙慶詵 歲貢府志作慶先 | | | 李國良 北直吏員零殘河泊 |
| 十二年 | 高自訓 濟陽貢生 | | 李明英 襄陽歲貢 | | | 黃應貞 會稽吏員李坪驛丞 |
| 十三年 | | 任光國 荊州舉人 | | | | 惠端海 富平吏員零殘河泊<br>蔣良佐 滄州吏員陽邏驛丞 |
| 十六年 | 楊鍾秀 南鄭貢生舊志任年闕案學校志鍾秀是年建大成門 | | | | | 陸臨潼 典史 |
| 十八年 | 徐籀 長州舉人有傳俞志作吳縣舉人 | | | | | |
| 康熙二年 | | 趙之蓥 沔陽 | 金應白 歲貢王志作應膺 | 金殿臣 遼東人陞黃陂知縣 | | |

黃岡縣志 卷之六 文秩 廿

| 三年 | 四年 | 五年 | 六年 | 八年 |
| --- | --- | --- | --- | --- |
| | | 李正美 廣西舉人 | 董元俊 華陰進士有傳 | |
| 舉人有傳 | | | | 李嘉卉 孝感舉人<br>葉自巖 江夏 |
| | 文景曜 安陸恩貢 是年裁訓導缺 | | | |
| | | | | 王公濯 魏縣貢生<br>唐紹先 |
| 吳秉鋼 浙江人 | | | | |
| 張德裕 遂州吏員團風巡檢兪志軾依王志增入 | | 景可賢 南鄭吏員零陵河泊<br>夏應陞 山陰吏員陽邏巡檢<br>汪源 團風巡檢 | 李德 齊安驛丞平東山有功 | 孫鑑芳 富平吏員樟松河泊<br>唐學增 零陵 |

黃岡縣志 卷之六 文秩 廿一

| 十四年 | 十五年 | 十六年 | 十七年 |
| --- | --- | --- | --- |
| | 李經政 瀋陽廩生有傳舊表作十八年任案學校志經政是年建櫺星門 | | |
| 舉人 | | | |
| | | | 是年復訓導缺 |
| | | 孫文涵 錦縣例監<br>張文墉 大興例監 | |
| 周錦 臨潼人 | | | |
| 河泊 | | 喬汝元 韓城<br>黃光裕 山陰吏員李坪驛丞<br>曹繩武 獲鹿吏員李坪驛丞 | 唐紹堯 富平吏員李坪驛丞<br>張茂勤 紹興吏員團風巡檢<br>夏祖 大興吏員陽邏巡檢 |

| | | | | |
|---|---|---|---|---|
| 十九年 | | 二十一年 | | 二十三年 |
| 汪灝 山陰貢監府志作陽陰 | | | | |
| | 王鼎隆 漢陽舉人 | | | |
| | 李光衡 孝感歲貢 | | | |
| | | 胡爾元 山陰例監舊志作十一年 | | 劉文烜 汶上 |
| | | | | |
| | | | 王恆 嶽州吏員團風巡檢<br>徐士泰 宛平吏員陽邏巡檢 | |

| | | | | |
|---|---|---|---|---|
| | | 二十八年 | | 三十年 |
| | | 錢顧琛 蘇州進士 | | |
| | | | | 饒恂延 應城舉人 |
| | | | 曹宏圖 荊門歲貢 | 楊□ 王志云黃岡續志曹宏圖後有楊姓者闕其名俞志删今補列 |
| 歲貢 | | | | 李國棟 上元例監一作國正府志注一作國楨 |
| | 茹仁瀚 山陰人 | | | 王廷標 河間人 |
| | 劉若愚 紹興吏員李坪驛丞 | | | 劉光國 大興吏員陽邏驛丞<br>張郁 紹興吏員團風巡檢<br>楊成雄 大興 |



| | | | | | |
|---|---|---|---|---|---|
| | 三十三年 | | 三十六年 | | 三十七年 |
| | | | 劉澤溥 漢軍正藍旗筆帖式有傳 | | |
| | 劉杰 河陽舉人 | | | 朱定番 興國歲貢 | 馬常 五開衛舉 |
| | | | | | |
| | | 賀雲龢 永新例監 | | | |
| | | 王笅 揚州人 | | 陳華 浙江人 | |
| 吏員陽邏巡檢 | | 孫榮貴 福州吏員團風巡檢 | | 仲宏達 會稽供事陽邏巡檢<br>汪國信 紹興吏員李坪驛丞 | |

| | | | | | | |
|---|---|---|---|---|---|---|
| | | | 三十九年 | 四十二年 | | 四十八年 |
| | | | | 黃極 正藍旗筆帖式 | | 劉蘭叢 山東 |
| 人府志作貴州舉人 | | | | | | |
| | 孫芝瑞 江夏歲貢有傳 | | | | 楊正春 江夏例貢 | |
| | 施復 鑲紅旗例監 | | | | | |
| | 王鶴 紹興人 | | | | | |
| | 李梁 蒲臺吏員陽邏驛丞 | 盧兆麟 貴溪吏員團風巡檢 | 是年裁河泊官 | | 胡公猷 山陰吏員陽邏巡檢 | |

- （承前）例監
- 林儀　江夏舉人
- 王鴻
- 楊炤　浙江人
- 林應南　福州吏員　團風巡檢

五十四年
- 鉦葦　蕭山人
- 胡珎　漢川例貢

五十八年
- 江曾培　荊門例貢
- 王業泓　漢川舉人
- 周圻　富平例監
- 朱子吉　浙江人
- 李大成　兗平吏員　陽邏巡檢

六十年
- 楊相聖　襄陽歲貢
- 李景唐　奉天貢生　有傳

- 程大純　孝感例貢
- 紀宗偉　山西人

雍正二年
- 張光裕　磁州歲貢
- 李之藻　鑲藍旗例監
- 王佐　大興供事　李坪驛丞
- 馬日新　寶坻吏員　陽邏驛丞

四年
- 覃應鳳　江陵舉人

五年
- 樊大元　江夏舉人　有傳

- 蔣基　揚州吏員



- 團風巡檢

六年
- 張秉衵
- 賈多男

七年
- 張肯堂　山西舉人
- 樊大元　見上　舊志闕是年案有大元奉撤復赫門事見學校志
- 薛愷　兗平人
- 薛鳳祥　大興吏員　陽邏巡檢

八年
- 尙友　山西舉人
- 李之蘭　江夏舉人　有傳
- 馮大經　涿州吏員　團風巡檢

九年
- 暘于熊　新鄉進士
- 張光裕　舊志闕據津梁志三台河注補
- 汪倫然　漢陽舉人
- 陸世奎　大興吏員　陽邏巡檢

十年
- 孫雲麒　潛江

歲貢

姚天祥 大興 供事李坪驛丞

晏世爵 宛平 吏員陽邏驛丞

十三年

丁墉 諸城 例監

邵豐鍭 山陰人俞志止言乾隆八年任案建置志雍正十三年有豐鍭修城事知是年任此

乾隆八年乃其再任也今依補

戴士英 寶坻 吏員陽邏巡檢

乾隆元年

吳瑛 歷城 優生

姚惟鈞 山陰人

二年

劉芳蕙 大興 例監

阮紹宗 三河 吏員陽邏巡檢

陳經 貴筑 吏員李坪驛丞



五年

王湘

王模 三台 舉人

屠錦 大興 吏員陽邏巡檢

沈德煥 石埭 吏員陽邏驛丞

七年

舒成龍 任邱 例監 荊門州

龔秉鈞 高平人

八年

邵豐鍭 見上

張如龍 汾陽 吏員李坪驛丞

宋登士 萬載

九年

總吏陽邏巡檢

徐成淵 孝感 舉人

熊念祖 孝感 歲貢

章堦仁 大興 例監

武士炤 靈邱人

周正斯 山陰 吏員團風巡檢

沈應魁 大興 吏員李坪驛丞

十二年

劉崇文 江夏 廩貢 府志作歲貢

林宗鑰 龍溪 例監

十三年

劉熤 定平州進士有傳舊表作二十年任案是年有熤修城事

余世鎬 大興 典吏

鮑楚 青陽 供事陽邏驛丞舊志作陽邏司誤依王志更正

| 十四年 | 十五年 | 十六年 | 十七年 | 十八年 |
|---|---|---|---|---|
| 見建置志 邵豐鍭 見上 舊表闕案祠祀志蝗神廟忌年有豐錄事 | 陳龍友 文安 舉人；項樟 阜甯 進士陞鳳陽知府 | 劉育杰 泰州 進士以蘄水知縣署 | 馬元亮 鑲黃 旗舉人 | |
| | | | | 王宇大 以府 學教授署 |
| | | | 徐成潤 見上 署任 | 王宇大 見上 兼署；王煥魁 沔陽 歲貢 |
| | | | | 潘恭鐸 以太 府照磨署；余有慶 武進 監生舊表作三十二年誤今依王志更正 |
| | 周正斯 見上 署任 | 史維新 華陽 典史 | | |
| | | | 馬沛霖 榆林 典史李坪驛丞；周正斯 見上 署陽邏驛丞 | 張席珍 大埔 典史陽邏驛丞 |



| 十九年 | 二十年 | 二十三年 | 二十四年 | 二十五年 | 二十六年 |
|---|---|---|---|---|---|
| 積善 鑲黃 旗拔貢 | 劉煜 見上 自遠安調任見劉煜儒學記 | 陳文樞 上元 副貢有傳 | 蔡韶清 南康 進士有傳；王鳳儀 太倉 舉人 | 高遴 靈州 進士 | 陳譜 代州 貢生；葉世度 仁和 |
| 王煥魁 見上 兼署；聶朝勳 天門 舉人 | | | | | |
| | 聶朝勳 見上 兼署；王廷任 宜都 廩貢 | | | 曹崑 荊門 拔貢 | |
| | | | | | 黃元渻 吳縣 監生 |
| 李肱揚 以白 虎鎮巡檢署；王貽亭 以中 和鎮巡檢署 | 李元培 漢軍 正藍旗監生 | 余有慶 見上 兼署 | 毛鳳梧 陽湖 供事 | | |
| 劉鋼 靈邱 典史李坪驛丞是年裁陽邏李坪二驛丞；李天眷 以麻 城縣丞署陽邏巡檢；邵脩 以虎 頭鎮巡檢署陽邏巡檢 | 吳攀龍 大興 監生陽邏巡檢 | 郭廷頏 商邱 監生以縣丞署團風巡檢 | | | |

二十七年
進士 有傳
濮懷仁 大興 監生 但店巡檢 是年增設

二十八年
張一飛 以貢 梅縣丞署
向來雨 沔陽 解元
石堪立 興國 舉人
朱兆燕 漢軍 監生 但店巡檢

二十九年
胡廷槐 仁和 進士

三十年
沈對 蕭山 監生
郭家驥 新昌 監生 團風巡檢

三十一年
楊儀 新城 舉人

三十二年
左世琅 桐城 監生
周麟生 宛平 吏員
齊岱齡 新繁 監生 巡檢

三十三年
程文衡 孝感 拔貢
汪芳 孝感 舉人

三十四年
溫鶴立 烏程 進士
魏高佶 柏鄉人 監生 團風巡



三十五年
檢
汪知本 江夏 舉人
張日富 南靖 吏員 巡檢

三十六年
周世英
黃應魁 順德 拔貢 有傳
郝守謨 雲夢 舉人
胡駿烈 元和 吏員 巡檢

三十七年
王萬年 襄陽 廩貢
王湆剛 武平 監生 俞志作五十七年誤 依王志更正

三十八年
顧夔 長洲人 附貢

四十三年
李敬敏 鄖州 廩貢
陳明鑠 浮山 吏員 王志鑠作燦
潘朋年 青浦 吏員 巡檢

四十四年
朱天基 南昌 吏員

四十五年
丁鳳鳴 雲夢 舉人

四十六年
史湛 餘姚 貢生 有傳

四十七年
閔思敬 烏程 附貢 歷武昌同知
何淇 餘姚 監生 團風巡檢
逯超羣 河內

| | 四十九年 | 五十年 | 五十一年 | 五十二年 | 五十三年 |
|---|---|---|---|---|---|
| | 張瑢 如皋監生 調漢陽縣 | | 王正常 瀘州舉人 有傳 | | |
| | | | | 李敦柱 江陵舉人 有傳 | |
| | | | 錢文瑛 光化貢生 | | |
| | | | | | |
| | | | 謝鴻恩 宛平吏員 王志作五十年任 茲從俞志 | | |
| 監生 巡檢 | | 許錦 海甯監生 巡檢 | | | 王家彥 濟甯 |

| | 五十四年 | 五十五年 | 五十六年 |
|---|---|---|---|
| | | 胡紹中 廣東順德舉人 | 劉人彥 廣安州舉人 一 |
| | | | |
| | 蕭琴 漢陽人 優貢<br>魯乾錫 歸州 歲貢 | | |
| | | 汪蒔桂 湄安 拔貢 | 周翥華 鎮洋附監 |
| | | | |
| 人監生 陽邏巡檢 | 吳邦城 吳縣監生 巡檢 | | |



| 五十七年 | 五十八年 | 六十年 | 嘉慶元年 |
|---|---|---|---|
| 永保 漢軍正黃旗舉人 | 張其章 犁縣舉人 | | |
| | | | |
| | | | |
| | 張映奎 浦豐附監 | 鈕茂華 山陰吏員 | |
| 劉明楷 汝州監生 | 許承烈 侯官監生<br>陳思輯 南海拔貢 | | |
| | | 楊正邦 烏程拔貢 陽邏巡檢 | 李寶田 營山監生 團風巡檢<br>蘇培智 金谿供事 陽邏巡檢 |

| 三年 | 四年 | 五年 | 六年 | 七年 |
|---|---|---|---|---|
| | | | | 顧澍 錢唐舉人 |
| | | | 龔傳圭 監利拔貢<br>胡念祖 孝感舉人 | |
| | | | | 蔣義彬 漢陽廩貢 |
| | 趙嘉德 漢軍正藍旗生員 | | | 楊迎春 靈石人 州同銜 |
| 韓鈴 婺源供事 | | | | 黃燮 陽湖吏員<br>時杰 清苑人 |
| 王路 慈谿監生 團風巡檢 | | 孟興祖 天津吏員 陽邏巡檢 | 余承光 山陰吏員 但店巡檢<br>宋兆新 大興監生 但店巡檢 | 黃燮 見上 兼署團風巡檢 |

| (續) | 八年 | 九年 | 十年 | 十一年 | 十二年 | 十三年 | 十四年 |
|---|---|---|---|---|---|---|---|
| | 孫光先 南充 舉人 有傳<br>周楷 東臺 舉人 | 錢廷鼎 常熟 附監 | | 翟中倫 柏鄉 舉人 | 汪慕鍾 臨桂 吏員 有傳 | 關維紀 臨桂 舉人 | |
| | | | | | | | |
| | 朱升鈞 江夏 廩貢 | 田啟玉 長陽 歲貢 | | | 王承愷 鍾祥 廩貢 | | |
| 袁泉 大興 供事<br>邵學鍵 仁和 附生 | | | | | | 程汝功 大興 供事 | 汪啟昆 彭澤 監生 |
| | 段成鋒 廬陵 吏員 | 陳啟聯 海陽 監生 | | | | | |
| 樊承政 臨汾 書吏 陽邏巡檢<br>虞德明 固始 吏員 但店巡檢 | | | 顧鼎容 元和 監生 團風巡檢 | 李[土連] 德慶 監生 陽邏巡檢<br>蕭正春 灄池 吏員 但店巡檢<br>鍾惠霖 長樂 監生 陽邏巡檢 | | | 徐塏 錢唐 監生 團風巡檢<br>徐承緒 元和 |



| (續) | 十五年 | 十六年 | 十七年 | 十八年 | 十九年 |
|---|---|---|---|---|---|
| | 樊鍾英 楚雄 拔貢 有傳 | 郭瑾 臨榆 舉人<br>鄭家屏 灤州 廩生 有傳 | | | |
| | | | | | |
| | | | | | |
| | 傅俞 曲陽 吏員 | 牛化麟 麗江 廩貢 | 趙中培 固始 監生<br>賴益纁 南康 從九 | 李聯 德慶 監生<br>楊萬青 大興 監生 | |
| | 張玉麒 山陰 供事 | | | | |
| 監生 但店巡檢<br>孫紹棠 華陽 監生 倉埠巡檢 是年增設 | | | 楊璐 靈壽 監生 陽邏巡檢<br>易甫 湘鄉 監生 倉埠巡檢 | 張葵生 沭陽 附監 團風巡檢<br>鍾楨 武昌 監生 倉埠巡檢<br>朱繡麟 宛平 人 團風巡檢 | 覃浩 武陵 監生 倉埠巡檢<br>徐鳴謙 會稽 監生 但店巡檢 |

二十年
陳若疇 安平 進士
陳泰月 興國 州歲貢
錢康祖 大興 監生

二十一年

二十二年
鄭纓 侯官 舉人

許清萬 新鄭 監生 團風巡檢
宋燕 大興 供事 但店巡檢
陸念祖 元和 從九 倉埠巡檢
方純熙 長甯 監生 陽邏巡檢
景春 大興 從九 團風巡檢
俞大鏞 海甯 監生 倉埠巡檢

二十三年
蔣祖暄 全州 舉人 有傳
席存棠 太湖 監生
趙中培 見上 代辦

史禮賢 大興 供事 團風巡檢
古贊臣 龍泉 監生 但店巡檢
黃綵曾 新城 增貢 團風巡檢
張應巡 祥符人 陽邏巡檢
鄧鳳鳴 新城 監生 但店巡檢
王琪 宛平 供事 但店巡檢



二十四年
鄭家屏 見上
曾溶 大足 監生
施信孚 山陰 吏員 倉埠巡檢

二十五年
郎錦駿 代州 副貢 有傳
黃中立 奉新 貢生
孫玉鎮 掖縣 監生
甘振鏞 蕪湖 附貢
楊汝承 新城 監生 團風巡檢

道光元年
關維紀 見上
金在鎔 湘鄉 吏員
李調元 但店巡檢
朱葆光 山陰 監生 陽邏巡檢
張體仁 豐順 監生 但店巡檢

二年
王升俊 興國 州副貢
陳用琳 天門 廩貢
向廷枋 歸州 歲貢

金奉璋 陽邏巡檢
張業培 吳縣 監生 陽邏巡檢
周鳴瑞 成都 監生 倉埠巡檢
史禮賢 團風巡檢 舊志闕拔公署志補入
吳居向 高安 監生 團風巡檢
汪世椮 秀水 監生 倉埠巡檢

三年
竇欲峻 楚雄舉人
劉貽孫 湘潭舉人 有傳
唐德玉 監利舉人
馬傑 江夏優貢
朱升鈞 見上
汪翰垣 旌德監生團風巡檢

四年
戴均恩 大興監生團風巡檢
魏有年 順天通州附生但店巡檢
魯開章 武陟吏員但店巡檢 有傳

五年
陸炯 平湖進士
林鍾任 漢川廩貢
陸炳 團風巡檢
秦元治 郃陽監生團風巡檢

七年
尹祖伊 應城歲貢
方命恩 清苑從九團風巡檢
王麟紱 東湖拔貢
陳作新 黃陂舉人

八年
鄧蘭薰 南城舉人
包萬清 隣水從九
楊錫嘏 歸安監生團風巡檢
邱澐 山陰吏員



陽邏巡檢

九年
李錦源 犍為進士 有傳
戴均恩 見上 署任
程瑚 安邑典史陽邏巡檢

十年
梁治旭 金堂人
邵葆和 大興監生
曾鴻儔 大興吏員陽邏巡檢
王國桂 餘姚監生陽邏巡檢
張揆 大興供事
張爾璧 泰和監生
丁文 宣化人但店巡檢

十一年
周向青 錢唐舉人
孫淦 會稽供事倉埠巡檢

十二年
章淑 宛平監生但店巡檢
任毓珏 江陵廩貢
陳兆蘭 蕭山供事團風巡檢
董長椿 陽湖監生但店巡檢

十三年
易慶善 漢陽廩貢

十四年
周錫祺 南昌監生倉埠巡檢

十六年
范興榮 晉安舉人 有傳
尹廷瑛 嘉魚廩生
譚葵生 南豐監生
石裕禧 宿松人團風巡檢

| | | | | | | |
|---|---|---|---|---|---|---|
| 十七年 | | 姚模 漢陽 廩貢<br>周鯤化 鍾祥 舉人 有傳 | 桂一輪 鄖西 歲貢<br>萬臣閶 應城 舉人 | | 倖家林 金堂 監生 | 羅藻 溫江 監生 陽邏巡檢<br>雷運之 蒲城 監生 團風巡檢<br>成錫瓊 文水 供事 倉埠巡檢 倉埠司清摺有陳錫濱當是字誤<br>顧儼 吳縣 監生 陽邏巡檢 |
| 十八年 | 劉鴻庚 會稽 舉人 | | | 何步廷 翁源 附貢 | 戴均恩 見上 舊志闕 據公署志補 | 宋城長 元和 監生 但店巡檢 |
| 十九年 | 王令儀 金匱 監生 | | 程桂珊 天門 廩貢<br>劉大文 京山 歲貢 | | | 韓嘉樾 宛平 監生 但店巡檢<br>王肇璜 山陰 監生 團風巡檢<br>黃銘鼎 休甯 監生 團風巡檢<br>邵瑛 大興 供事 倉埠巡檢<br>羅宗倫 閩縣 供事 但店巡檢 |
| 二十年 | | | | | | 陶廷梅 大興 監生 團風巡檢<br>黃巘 善化 監生 陽邏巡檢<br>恩源 漢軍鑲藍旗人 倉埠巡檢 |



| | | | | | | |
|---|---|---|---|---|---|---|
| 二十一年 | | | | | | 黃維棨 澧州 監生 陽邏巡檢 |
| 二十二年 | 劉鴻庚 見上 | | 李光清 孝感 廩貢 | | 楊瀚 大興 監生<br>金在鎔 見上 | 梁桂涵 會稽 監生 團風巡檢 |
| 二十三年 | 劉江 大興 監生 | | 李正心 長陽 歲貢 有傳 | 孫維垣 泰興 監生<br>湯景 江蘇 監生 | | 鄭世榮 合江 監生 團風巡檢 |
| 二十四年 | | | | | 魯鴻儁 見上<br>葛寶森 山陰 供事 | |
| 二十五年 | 李兆元 孟縣 舉人<br>俞昌烈 宛平 監生 有傳 | | | 蔡正懋 吳縣 監生 | | |
| 二十六年 | 金雲門 休甯 進士 | | | | | |
| 二十七年 | 俞昌烈 見上 | 楊光濤 雲夢 附貢<br>劉炳 興國州 舉 | | 呂錫綸 新安 監生 | | 陳殿邦 陽邏巡檢<br>古昱珆 鎮平 |

| | | | | | | |
|---|---|---|---|---|---|---|
| | | 人升漢陽府敎授 | | | | 人陽邏巡檢採訪冊作二十八年案公署志是年有昰治修署事茲据改 |
| 二十九年 | | | | | | 吳晉恩 江西人倉埠巡檢 |
| 三十年 | 湯景 見上 | | | | | 鄭雲 浙江人陽邏巡檢 |
| 咸豐元年 | 韓寶昌 畢節監生 | | | | | |
| 二年 | 沈熙麟 鹽山 | | | | 楊維翰 江西 | |
| 三年 | 翁汝瀛 江西進士舉人有傳 | | | | 監生在任被擄 | 黎恩照 平南從九倉埠巡檢<br>嚴廷芳 團風巡檢<br>蔡文熙 團風巡檢有傳<br>嚴元湆 團風巡檢 |
| 四年 | | | | 覃瀚元 藤縣附生 | | 高禮 貴池從九團風巡檢兼但店巡檢 |



| | | | | | | |
|---|---|---|---|---|---|---|
| | | | | | | 章錦文 績溪從九但店巡檢<br>呂紹烈 江西人陽邏巡檢 |
| 五年 | 葛致逵 畢節舉人有傳 | | | | | 黎恩照 見上兼署陽邏巡檢 |
| 六年 | | | | | | 額勒金 荆州駐防倉埠巡檢 |
| 七年 | 黎道鈞 宿松舉人 | | 吳道灼 應城附生 | 藍開壽 定海廕監生 | | 藍開壽 見上兼署倉埠巡檢<br>王盛堉 未入流陽邏巡檢兼署團風倉埠<br>黎恩照 見上兼署團風巡檢<br>俞學海 團風巡檢兼理陽邏巡檢團風陽邏司清冊作俞余 |
| 八年 | | | | 梁以清 會稽供事 | 寶寅 漢軍正白旗從九 | 寶寅 見上兼署但店巡檢<br>郭懷禮 羅山人陽邏巡檢兼署團風巡檢 |

| | | | | | | |
|---|---|---|---|---|---|---|
| | | | | | | 風司清冊作懷仁 |
| 九年 | 薛元啟 泌陽 供事 有傳 | | | | 劉垂佩 南豐 供事 | 郭友仁 大興 從九 團風巡檢<br>彭兆龕 團風巡檢<br>羅兆旺 河內 監生 陽邏巡檢 |
| 十年 | | | | | | 曹希祖 貴池 從九 陽邏巡檢<br>張萬選 但店巡檢 |
| 十一年 | 程光第 河南人 | | | | 祥安 監生 | 黃嘉澍 餘姚 從九 倉埠巡檢<br>周安鎬 山陰 監生 團風巡檢<br>沈其鋒 光山 從九 陽邏巡檢 |
| 同治元年 | 學潤 滿州舉人 | | | | 張繼載 綏德 從九 | 彭安國 鄧州 監生 但店巡檢 |
| 二年 | 陳汝蕃 長安 副貢 祖籍延平 | | | 杜廷琛 宛平 監生 祖籍山陰<br>梁杜森<br>張繼載 見上 | | 許文瀾 納谿 貢生 團風巡檢<br>周源宗 道州人 陽邏巡檢 |



| | | | | | | |
|---|---|---|---|---|---|---|
| | | | | 兼理 | | |
| 三年 | | | | 吳崇信 鄧州 監生 | | |
| 四年 | 林讓昆 平遠 拔貢 | 吳道灼 見上 兼署<br>程之楨 江夏 舉人 有傳 | | 張繼載 見上 兼理 | | 余乃斌 武甯 監生 團風巡檢<br>武大定 咸陽 監生 祖籍富平 陽邏巡檢 |
| 五年 | 吳鳳笙 江西人 | | | 周文驥 | 韓甡 羅山 貢生<br>劉炳南 | 王大治 巴陵 從九 團風巡檢 |
| 六年 | 羅登瀛 益陽 舉人 | | | 王朝品 | | 周日嚴 倉埠巡檢 |
| 七年 | | | 朱錦標 保康 拔貢<br>魏澤宏 孝感 拔貢 攝本學教諭 升隨州學正 | 史久齡 江都 監生 | 胡邦俊 涇縣 監生 | 韓甡 見上 代理但店巡檢<br>龔緒純 石門 監生 倉埠巡檢 倉埠司清冊作錫純 |
| 八年 | 恆琛 漢軍正白旗 筆帖式 | | | | 呂文煥 長安 監生 原籍旌德 | 史久齡 見上 兼署團風巡檢<br>陳元善 永綏廳人 團風巡檢 |
| 九年 | | | | 萬光垣 | | 周煥文 歙縣 監生 倉埠巡檢 |

十年

黃樹春漢州監生

十一年

黃隆化監利廩貢

倉埠司清冊作文煥

唐祖陶益陽人團風巡檢

高啟壽成都人團風巡檢

黃玉圭長安人陽邏巡檢

彭安國見上但店巡檢

張符德但店巡檢

宓崧壽浙江人倉埠巡檢

周煥文見上代理團風巡檢

楊汝霖金溪人團風巡檢

黃錫德桂林人團風巡檢

谷俊嶺陽武監生倉埠巡檢

杜精瑩廣安從九團風巡檢



十二年

呂憲瑞萊蕪進士

黃敦素大冶舉人

十三年

恆琛見上

楊廷楨會稽監生

光緒元年

孫元棟大興監生

孫元棟見上兼理

二年

金臺懷甯監生

三年

呂文煥見上

四年

余廷杰武進人但店巡檢

黃錫德見上代理倉埠巡檢

李鈞倉埠巡檢

韓百揆大興從九祖籍畢節倉埠巡檢

吳應雷海鹽從九但店巡檢

高鼎元貴池文童團風巡檢

杜精瑩見上團風巡檢

高鼎元見上代理但店巡檢

童熙漳善化人但店巡檢

程兆梧上元人團風巡檢

吳介福巴陵

| 五年 | 六年 | 七年 |
| --- | --- | --- |
| 戴昌言 合肥舉人 | | |
| | | 熊觀國 嘉魚舉人 |
| 詹樹棠 隨州拔貢 | | |
| | | 歐陽步雲 合州舉人 |
| | | |
| 吳介福 上見 兼理倉埠巡檢；趙鈐詒 倉埠巡檢；韓百揆 上見 倉埠巡檢 | 武大定 上見 團風巡檢；王慶熙 咸甯監生 陽邏巡檢 | 武大定 上見 陽邏巡檢；阮起沅 巴陵人 但店巡檢；倪炯 上虞從九 團風巡檢 |

（前頁接：監生 但店巡檢）



武秩 水師武秩附

奏樂必參以干羽，執耒兼習乎戈殳，文武相資，古無偏廢。今黃雖小而當水陸四衝，豈徒恃鳴琴振鐸可以坐鎮乎哉？千夫長百夫長有足貴矣。茲仿文秩登載，其水師駐黃員弁并次於左。

表

國朝黃州協副將一員，中軍都司僉書一員，俱詳府志。千總三員，內存城一員。把總四員，內駐縣二員，一縣汛原駐但店，道光十九年改駐三店，一水汛駐陽邏，同治九年因設水師撤駐黃安縣城。經制外委千把總五員，內存城一員。額外外委三員，內存城一員，水汛一員，水汛原駐葉家洲，道光二十二年移駐李家渡塘，同治九年裁撤改設水師。

| | 乾隆四十七年 | 五十二年 | 五十三年 | 五十四年 | 六十年 | 嘉慶二年 | 五年 |
| --- | --- | --- | --- | --- | --- | --- | --- |
| 存城千總 | 覃世培 漢陽世職 | | | | 傅之章 江夏世職；唐萬年 江夏世職 | | |
| 縣水汛把總 | | 普大樂 應城武亞元 水汛把總 | | 李宗堂 江夏行伍縣汛把總 | | 張世太 江夏行伍縣汛把總出師足年四月軍營任事 | |
| 存城外委把總 | | | 吳得茂 本縣武生 | | | | 翁廷槐 本縣行伍出師是年二月軍營任事 |
| 存城水汛額外外委 | | | 白瑤 本縣武生存城額外外委 | 趙治國 本縣行伍水汛額外外委出師 | | | |

| | | | | |
|---|---|---|---|---|
| 七年 | | 韓國明 江夏行伍縣汛把總出師是年正月軍營任事 | | 李開榜 本縣行伍存城額外外委 |
| 十二年 | | 黃科達 大治行伍縣汛把總<br>楊啟林 江夏行伍水汛把總 | | 韓繼成 大治行伍水汛額外外委<br>馬如彪 大治行伍水汛額外外委<br>張萬年 本縣武生水汛額外外委<br>薛定太 本縣行伍存城額外外委出師 |
| 十三年 | | 周文秀 江夏行伍水汛把總出師 | 馬如彪 見上出師 | 洪堂 廣濟武生存城額外外委<br>李開榜 見上水汛額外外委 |
| 十四年 | | | 王士瑞 宜昌行伍出師 | |
| 十五年 | | 譚上選 本縣行伍縣汛把總出師 | | 余紹宗 本縣行伍存城額外外委出師<br>趙發科 本縣行伍水汛額外外委 |
| 十七年 | 黃科達 見上出師著績 | | 余兆宗 本縣行伍出師 | |
| 十八年 | | | 李開榜 見上 | 張萬年 見上存城額外外委 |
| 十九年 | 余攀桂 江夏陸生 | 李開榜 見上水汛縣汛把總<br>周文秀 見上縣汛把總出師 | 李志全 本縣行伍<br>王加祿 雲夢武生<br>韓國明 見上 | |
| 二十年 | 李開榜 見上 | 余攀桂 見上兼署水汛把總出師 | 張萬年 見上出師 | |
| 二十二年 | | | | 馮萬灘 大治行伍存城額外外委出師 |
| 二十三年 | 蔡國保 江夏行伍出師 | | | |
| 二十四年 | | | 歐陽勳 本縣行伍 | |
| 二十五年 | | | 趙發科 見上 | 杜宗連 本縣武生水汛額外外委 |



| | | | | |
|---|---|---|---|---|
| 道光元年 | | 姜兆貴 大治行伍水汛把總出師 | 湯殿鼇 興國行伍出師 | 周鶴鳴 江夏行伍存城額外外委出師<br>李定愷 本縣行伍水汛額外外委<br>蔣向英 本縣武生水汛額外外委 |
| 二年 | 劉澤新 漢川世職 | 李定愷 見上縣汛把總<br>王加祿 見上縣汛把總出師 | | |
| 三年 | 葉元端 江夏武舉 | | | 黃開榜 本縣武生存城額外外委<br>歐陽洪 本縣行伍水汛額外外委 |

| | | | | |
|---|---|---|---|---|
| 四年 | | | 余有元本縣行伍出師<br>歐陽洪見上 | 游得勝大冶行伍水汛額外外委 |
| 五年 | 王宗貴龍陽行伍出師 | 周元本縣行伍水汛把總出師 | | 龔兆榮德化武生行伍存城額外外委<br>孫開榜蘄州行伍存城額外外委 |
| 六年 | 李定愷見上 | 陳聲遠江南宿遷人因父及叔以武進士官湖南北守備遊擊寄籍東湖聲遠由行伍擢黃梅千總告降任縣汛把總 | | |
| 八年 | | | 江高貴本縣行伍 | |
| 十年 | | 鍾廷義咸甯武舉縣汛把總<br>龔兆榮見上水汛把總 | 邵玉麟江夏行伍<br>佘有雄興國行伍出師 | 邵玉麟見上兼任存城額外外委<br>雷連發蘄州行伍存城額外外委<br>傅玉成本縣行伍水汛額外外委 |
| 十一年 | | | 余有元見上 | 余得元本縣行伍水汛額外外委 |
| 十四年 | | | 李發蘄州行伍 | 吳定元蘄州行伍水汛額外外委 |
| 十六年 | | 黃世璋大冶行伍縣汛把總出師 | | |



| | | | | |
|---|---|---|---|---|
| 十七年 | 陳大勳漢陽武舉 | | | |
| 十九年 | | 是年縣汛把總改駐三店 | | |
| 二十年 | | 余有元見上水汛把總 | | 傅玉成見上水汛額外外委 |
| 二十二年 | | 呂得魁本縣行伍縣汛把總<br>魯光貴江夏行伍水汛把總咸豐四年在廣濟陣亡 | | |
| 二十四年 | | 周鵬翥本縣行伍縣汛把總咸豐四年在堵城陣亡 | | |
| 二十六年 | | | 王金魁本縣行伍出師 | 王登朝本縣行伍存城額外外委出師 |
| 三十年 | | 喻家興本縣武生縣汛把總 | | 喻家興見上實任存城額外外委 |
| 咸豐元年 | | 王登朝見上水汛把總 | 王登榜本縣人 | |
| 三年 | 陳雲會黃陂武舉 | 馬萬貴江夏人水汛把總 | 鄭兆春本縣人 | 王登甲本縣人水汛額外外委 |
| 四年 | 余通發大冶行伍<br>周連升穀城人 | | 潘萬泰本縣人 | |
| 五年 | 李世德德安世襲雲騎尉 | 李開貴本縣人水汛把總 | 陳步元本縣六品軍功 | 何世雄本縣人存城額外外委 |
| 六年 | | | 曹開榜本縣武生 | |

| | | | | |
|---|---|---|---|---|
| 七年 | 張步元 本縣人十一年陣亡 | 馬福 本縣行伍縣汛把總升署中營都司 | 陳以祥 興國人 | 馬必富 本縣人水汛額外外委 |
| 九年 | | 胡得魁 穀城人水汛把總陞黃陂千總 | | |
| 同治元年 | 李鳳儀 本縣行伍咸豐間曾任縣汛把總 | | 黃光炯 大冶人 | |
| 三年 | 周大鯉 武昌世襲雲騎尉 | 瀛登榜 本縣行伍縣汛把總累保守備銜儘先千總現任 | | |
| 四年 | 胡鳳揚 本縣行伍 | 晗映榮 江夏人水汛把總 | 張占魁 穀城人現任前署縣汛把總 | |
| 五年 | 馬開國 本縣軍功 | | | |
| 七年 | 伍鳳翥 本縣行伍加都司銜升用守備 | 李崇本 鄖縣人水汛把總 | | |
| 八年 | 錢德誠 棗陽行伍藍翎都司銜署提左守備現任 | | | |
| 九年 | | 是年水汛把總撤駐黃安縣城 | | 是年裁撤水汛額外外委改設水師 |
| 十三年 | | | | 董開泰 本縣行伍存城額外外委陞麻城縣把總 |
| 光緒六年 | | | | 袁逢智 本縣行伍存城額外外委現任<br>陳得順 本縣行伍存城額外外委 |



# 水師武秩 附

表

國朝同治間爵相曾文正彭侍郎玉麟奏定章程黃岡汛地分設漢陽中營守備二員千總三員把總四員外委一員巴河營漢陽鎮標右營守備一員千總二員把總二員外委五員

| | 守備 | 千總 | 把總 | 外委 |
|---|---|---|---|---|
| 同治 | 陳海鵬 花翎遊擊借補巴河營前哨駐磧礠洪留防湖南未到任 | | | |
| 八年 | 蔣振元 長沙人記名總兵銜勇巴圖魯借補同上<br>王清和 寗縣人提督銜記名總兵借補同上 | 朱秀宣 衡陽人花翎總兵才勇巴圖魯借補漢陽中營後哨一隊駐上萊家洲汛 | | |
| | | 蔣本元 湖南人花翎都司借補巴河營前哨一隊駐西河鋪 | | |
| | | 劉取仁 花翎副將借補巴河營左哨二隊駐樊口鎮 | | |
| 九年 | 龍海雲 湘鄉人花翎總兵銜副將借補同上 | | | |
| | | | 李榮勝 湖南人花翎副將借補巴河營前哨二隊駐新河口 | |
| 十一年 | 韓春高 湘陰人花翎記 | | 鍾楚良 湖南人花翎都 | 田朝海 湖南人藍翎守 |

名總兵借補漢陽中營前哨駐江北岸鸞公頸

司借補巴河營前哨二隊駐新河口曾任巴河營左哨五隊外委

備銜千總借補巴河營左哨五隊駐洪家溝

張嶽雲 醴陵人 花翎守備借補漢陽中營後哨四隊駐水口汎

李仕俊 湖北人 花翎都司借補巴河營左哨三隊駐黃武蘄三縣毘連之上三夾現任巴河營左哨六隊外委駐黃武蘄三縣毘連之下三夾

王立清 花翎副將借補巴河營前哨四隊駐羅家溝汎

伍尊美 花翎都司借補 同上

柳平邦 湖南人 花翎遊擊借補巴河營左哨三隊駐黃武蘄三縣毘連之上三夾

十二年

趙世榮 藍翎守備銜千總借補 同上

蔣澍棠 湖南人 藍翎千總借補 同前

光緒元年

蕭全友 湖北人 藍翎守備借補 同前

二年

熊耀發 乾州人 花翎都司借補漢陽中營後哨三隊駐龍口

劉廷柱 五品藍翎外委補巴河營右哨七隊外委駐巴河上口

湛青松 花翎都司借補



巴河營前哨五隊駐牛王洲

李爲政 藍翎守備借補 同上

徐承善 藍翎把總借補 同上

萬大勝 花翎都司借補 同上

三年

周蔚堂 長沙人 藍翎都司借補漢陽營前哨三隊駐江北岸團風汎

韓定邦 花翎守備借補 同上

五年

章盍勝 湘鄉人 花翎總

馮長榮 湘潭人 花翎副

楊永慶 龍陽人 藍翎千

劉艮臣 衡陽人 藍翎守

兵銜副將借補巴河營前哨駐磯洪磧

將借補漢陽營前哨二隊駐江北岸東嶽廟汎

總借補漢陽營前哨五隊駐江北岸鸞公頸汎

備銜千總借補漢陽中營後哨七隊駐陽邏

楊國清 藍翎外委補巴河營右哨七隊駐巴河上口

鄧振琳 六品藍翎外委補巴河營左哨六隊駐黃武蘄三縣毘連之下三夾

楊其位 藍翎外委同上

鄧英豪 藍翎守備借補 同上

周世欽 藍翎外委同上

| | | |
|---|---|---|
| 六年 | 彭三泰衡陽人花翎都司借補漢陽中營後領哨駐陽邏汛曾任巴河營左哨二隊千總 | |
| 七年 | | 王興仁清和人藍翎都司銜守備借補漢陽營前哨一隊駐下葉家洲汛曾任巴河營左哨六隊外委 |





## 循良

計吏之大端曰廉善曰廉能皆所謂良也今觀傳列諸君子其所表見皆不虛前芳後美風軌不出斯二者而勤民於此卽永譽於此政績壽之豐碑神靈棲於木主此邦之人圖報顧不厚哉後來者可隱然思矣

### 宋

張激籍貫失傳郡志稱其治邑有善政後祀名宦

張舜臣堯臣之弟嘗爲縣丞與秦觀善蘇軾稱之

虞汲隆州人右丞相允文四世孫奎章閣侍書學士集父也爲縣尉攜子集及槃力學嘉署詳雜志（俞志以汲爲元人誤依茅志更正）

### 元

臾汝字國棟生而靈異膂力絕人其先自饒籍黃三世爲懷遠將軍父賢襲職鎮陽邏至正十四年劉福通作亂號紅巾據鄂州賢與其弟貴及汝討賊克復者再有大功賢卒汝累遷行省平章左丞鎮郡值大水隄盡決汝以巨船載石塞之全活甚眾是時徐壽輝方破鄂州所至郡縣皆陷汝起兵大敗之盡復故地威震淮楚旣而壽輝潛師襲鄂州城陷汝卒十餘騎渡江欲更舉不克而死汝旣死貴遂歸隱不知所終汝部將黃榮沈權等歸於明後戰鄱陽且急見巨人紅袍馳白馬從空中來則汝也遂大勝因封護國忠臣顯靈王郡人以汝數有功亦祀之後祀名宦（按汝久祀名宦祠省志府志俱列名宦舊志入忠義今遵祀位更正）

### 明

徐誼字宜叔壽昌人明初知縣事時征陳理於武昌兵燹所經

邑里殘破誼撫綏流亡修葺廢墜邑賴以安洪武十七年擢
知鎮江府後祀名宦
杜遇春霍邱人永樂間以人材任典史清節特著入覲不能具
冠服縕袍拜闕下帝見而問之擢爲御史未幾以他御史誤
軍糧事並坐極刑後詔給葬乃葬其衣冠於縣東七里螺螄
湖子孫遂籍黃後祀名宦
胡潔豐城人進士正德間知縣事廉介有幹才於民推心置腹
藹如也時御史督學命遷邑庠於今地歲祲不贍潔爲區畫
告成其他振飭類是累官至都御史後祀名宦
簡霄清江人進士正德間由石首改知縣事敏肅而文獎進士
類郡志稱其有吏才嘗督修諸鄉隄壩爲民永利又於城山
築望省樓百廢具興累官南京兵部侍郎後祀名宦



孫棠普安州人舉人嘉靖間知縣事邑中丞賈啟爲文紀之曰
仁民澤物風教是敦緝飾學宮增補缺略要爲矯矯者矣
盧儼丹陽人舉人嘉靖間知縣事明敏公恕不妄取一錢緩征
省刑黃民思之後祀名宦
孟津字伯通丹徒人(各志表均作滁州人)舉人嘉靖間知縣事以古名臣
自期許涖政不事嚴肅而丰采嶷然無敢譸張者退食正襟
危坐雖家人不見喜慍之色遷寶慶同知致仕歸後祀名宦
王尙儒河南人貢生嘉靖間任縣丞沈靜澹泊不受請謁時論
推重焉
韓秉文慈谿人舉人嘉靖間任教諭身範諸生不獵浮譽一時
名士賴其造就後祀名宦
武鉞來安人舉人嘉靖間任教諭丰度閒雅博洽多聞遇貧士
輒分俸給之後祀名宦
周祿廬陵人歲貢嘉靖間任教諭溫醕爾雅與諸生縱談名理
終日忘倦後祀名宦
張性魯當塗人歲貢嘉靖間任教諭遇事力持正論無所隱諱
慷慨赴義捐俸修建啟聖祠亦一端云後祀名宦
姚溢汝陽人歲貢嘉靖間任訓導博學能詞賦有登眺詩云鄉
心一雁遠時序二毛侵評者謂其風韻逋逸性耿直事關學
校者力爭之以致仕去後祀名宦
賈應璧字文宿無錫人進士隆慶間知縣事倜儻多才遇事無
留難勵清操有冰蘗聲坦衷惠政不弛不苛擢戶部主事累
官按察使後祀名宦
羅應鶴歙縣人進士萬歷癸酉知縣事平易近民勤於撫字兼
深經學好引掖人才所推與必一時名士五載課最徵拜御
史累官副都御史巡撫保定後祀名宦



趙士登字應庸涇縣人萬歷庚辰進士由武昌改知縣事專務
德化察民疾苦有不便即時除去聽獄片言立折丈量田畝
調停曲當邑人咸受其庇五年課最徵拜御史累官左僉都
御史南京吏部侍郎後祀名宦
涂宗濬字吉甫南昌人萬歷癸未進士由江陵改知縣事先是
邑饑疫流亡過半聞宗濬至皆喜比下車勤恤民隱勞來安
集搜剔蠹孔豪猾斂跡暇則與諸生講道課業詢民疾苦及
政治得失踰年擢御史去邑人塑其像與趙士登並祠累官
延綏巡撫後祀名宦
曹愈參字石清號方奎先世黃岡人遷四川涪州萬歷丙戌進

士由陝西商南改知縣事躬儉約政敦大體不事繁苛獄訟衰止母居官邸病篤舉邑爲籲天丐福數日愈衆大喜其得民心如此三年以卓異擢吏部主事累官河南按察副使邑民立祠像祀之後祀名宦

徐紹曾字衷耿海甯人萬歷乙未進士知縣事有魁盜夜殺人按之急遂謅愬上官幾爲移聽士民爭雪其冤賢聲益起曾倭猺交儆徵發不時又中使採榷出楚橫施荼毒紹曾力爲捍蔽民深德之擢南京工部虞衡司主事去行李蕭然累官兵部武庫郎中後祀名宦

林兆箕莆田人舉人萬歷間任教諭邃於經學集諸生課藝寒暑不輟多所造就擢高州府通判後祀名宦

楊逢時字春宇江陵人萬歷丙子省試第一丙戌署教諭性端



簡以篤學爲多士倡每對酒論文精義疊出後成進士累官四川參政有寓黃集

劉文定興國州人舉人萬歷丙申任教諭謙沖靜雅不愧師範士人爭依附焉擢六合知縣歷甯州知州

劉烜漢川人歲貢萬歷間任訓導持守方正非孔孟之言不道閒居無踞坐跛立常謂清平二字爲學者立身之寶遷興國學正後祀名宦

茅瑞徵字五芝歸安人萬歷辛丑進士善屬文由泗水改知縣事凡保甲賦役水利郵傳備極經畫有大造於黃焉嘗修輯邑乘及赤壁志文采爛然徵拜御史去官至湖北副使後祀名宦

沈瀚崑山人選貢萬歷中任縣丞持守清正爲邑者中傷去邑人思之

李希沆字鼎武慶陽人進士明末知縣事清正浩博膽識絕人崇文治精鑒別愛賢能卓有善政時流寇劫掠希沆籌設備禦有警輒戎服佩刀單騎先馳邑義勇金純伯等從之追逐披靡民賴以安時賊謂黃岡鐵城鐵人勿敢犯及擢最去城遂陷後祀名宦

孫自一字澄如光山人（省志作光州人）進士明季知縣事清介有惠政士民愛之獻賊之亂自一方解餉軍門及歸城已陷乃與邑諸生王之經結寨大崎山保殘民以圖恢復時亂離俘僞民之訟獄貢賦赴山中無或後者會賊掠梅家湖自一率鄉勇五百人往救死之賊去民求其屍面如生印猶在佩因槀葬湖岸見明史後祀名宦乾隆四十一年



賜謚節愍

吳文燮福建人明末任縣丞彬彬儒雅有良吏風獻賊之亂文燮分守南城晝夜不懈及城破猶守汛地大罵不屈死之見明史樊玉衡傳後祀名宦乾隆四十一年

賜祀忠義祠

國朝

楊日昇字白石富平人舉人順治四年知縣事下車撫凋殘招流亡省刑薄稅慮無不周時伏莽未靖昇與副將唐國臣討平之壬辰歲旱禱雨立應素性清介囊槖蕭然猶捐俸設粥廣勸糶賑民賴以濟擢浙江嘉興同知士民勒碑以志不朽後祀名宦

劉國甯字漢章奉天人順治七年由廩生知縣事催科有法革

一切陋規邑當水陸衝兵艘差騎絡繹不絕國甯毋單騎往
迎民以不擾邑多火災預設器具有警輒身先往救時年僅
弱冠邑人稱爲神君以艱去囊無一錢上官賻之乃得歸後
祀名宦
徐籀字亦史吳縣人舉人高才博學風流藴藉康熙初由清江
教授遷知縣事愛民息訟薄賦省刑見罪囚輒泣下欲生之
士民皆感激時邑多火災籀捐二千餘金分賑被燬者又修
建學宮補葺古蹟文物燦然在官無泛交紳士端方博雅者
倍致禮重邑人謂以文學治者必首推焉著有吳邱五集及
寓黃小草書法畫蘭皆居逸品後祀名宦
趙之鋈沔陽人舉人康熙初任教諭嗜古博洽善屬文著有居
黃閒草



董元俊華陰人由進士以經術起家知縣事前政朘削者悉罷
之訟獄衰息禁絕羨耗草創邑志未就舉卓異以憂去後祀
名宦
李經政漢軍人康熙十八年知縣事英敏明決猾吏斂息時于
清端守黃上下和協政事清肅邑以大治值荆岳用兵軍需
旁午咄嗟立辦民無失業數年以憂去後官蘇州同知以事
過黃士民餞送者數十里後祀名宦
李景唐奉天人家世閥閱康熙六十年以貢生任縣丞年二十
有聽斷才不妄笞扑苞苴請託無敢闌入者及去父老餞送
江干猶殷殷勸民勿訟聞者感之
孫芝瑞字聖草江夏人貢生康熙間任訓導爲人忠信明敏事
父以孝聞教士有法度時市民侵占學基屢訟不得直芝瑞

力爲釐正始復舊址善屬文兼工書法爲時所重
劉澤溥號惠菴漢軍正藍旗人康熙三十六年由筆帖式知縣
事端方耿介培養士林嘗捐廉爲問津書院置蓮花汊田重
修上新河橋建亭曰觀瀾陞任去士民刻像並贊嵌赤壁
樊大元字咸巖夏縣人舉人雍正五年知縣事清介溫厚不輕
用杖扑廉俸所餘分給寒士在官一年以按盜失出罷去行
李蕭然邑人士送者多泣下
李之蘭字芸莊江夏人舉人雍正八年任教諭以孝友稱仁厚
和藹獎厲名節安貧食淡取與甚嚴凡士子爭訟無不委曲
勸諭以寢其事癸丑成進士去士人思之
劉煜平定州人進士乾隆間任縣令修舉廢墜不遺餘力遇事
明決人不敢干以私胥吏敬憚邑志久缺修葺董二志未見
刊本煜倡捐搜輯創始分門今所傳乾隆二十四年重修之



本多沿其議
陳文樞上元人副貢乾隆二十三年由教習知縣事以廉能稱
政和年豐百廢俱舉嘗擴新考舍籌備書院倣火捐儲書籍
以資教課又捐修問津書院講堂辛家衙沙港橋接修邑乘
未竣陞任去
蔡韶清字紹廷南康人進士乾隆二十四年知縣事接修邑志
商定條例其爲治善能兼著禮士愛民捐廉建清遠亭於赤
壁下爲迎送賓使之所次年陞任去
葉世度字涵齋仁和人乾隆二十六年由庶常改知縣事廉靜
寡欲爲政務持大體嘗言正人心厚風俗求之刑禁閒左矣
尤愛培植人才公餘詣書院與諸生講論口授指畫家塾師

弗如也獎賞優等於常格外每捐廉增益邑士多所成就書法端整尺幅寸紙人爭寶之

黄應魁字勉堂順德人拔貢生乾隆三十六年知縣事值捕務稍弛力加整頓聽斷不假刑威曲直立見訟獄以稀明年以艱去

史湛號澹園餘姚人貢生乾隆四十六年以岐亭同知攝縣事先是吏役舞法每值驗勘案件需索名色不一民甚苦之湛涖任極加釐剔積弊一清時有史青天之稱明年回本任紳耆士民相率泣送後累陞道員

王正常號方山瀘州人舉人乾隆五十一年由咸甯調任縣事興利除弊風紀克振視事輒至宵中或竟達旦判畢必剴諭兩造如家人語民感泣相戒勿輕瀆丁未旱禱雨輒應蝗起迴龍山爲文禱劉猛將軍廟三日有雀幕天下啄食殆盡時士爲作神雀頌戊申大水籌賑安輯民無蕩析次第修建文昌閣二程祠江神廟及團風漕倉百廢俱興尤培植學校益河東書院膏火公餘輒親臨講藝在任七年以治行第一陞山西郡丞去士民思之後復涖楚歷守鄖襄二郡晉安襄鄖荆道値教匪猖獗文武大帥倚如左右手深識遠謀軍民懷畏年八十解組歸

李敦杜號槐亭江陵人舉人乾隆五十二年任教諭學深養粹古今文皆有體要士子有質敏而家貧者飲食教誨多所成就倡修名宦鄉賢忠義節烈諸祠並東關外宋趙令宬廟嘉慶六年以老去有鬱林石稿初刻續刻士人傳誦

孫光先南充人舉人嘉慶八年署縣事清勤律已恭儉訓人聽



斷不輕用刑略法言情訟者多爲所化惜止三月赴監利任去

汪慕鍾號潔亭臨桂人吏員嘉慶十二年由蒲圻縣丞陞署縣事性肫厚不務煩苛每值勘驗輕騎減從當廠省釋牽蔓又請於督學撥府學歲試十名科試九名以復舊額

樊鍾英字實園楚雄人拔貢生嘉慶十五年署縣事剛方耿介猾吏不能欺公牘關重要者自爲經理不假手幕友邑人服其明決

鄭家屏字葵圃灤州人廩生嘉慶十六年由蒲圻調任縣事性剛毅敢任時以培植士林爲念邑巽峯向有四望亭久圮家屏糾貲重建適癸酉鄉試獲售八人拔萃優行副貢又六人家屏捐建坊於學前以誌其盛倡議修塔疏河功鉅未就而去二十四年復任以勞瘁卒於官時值　國服家屏遺屬素服斂家人斂以公服弗瞑改斂乃瞑

郎錦駿字敘雲代州人副貢初令咸甯治行明恕以最調江夏擢州牧嘉慶庚辰攝邑事清理積牘未半月訟繫一空廉知民有稔惡者迅捕治之闔邑稱快河東書院曠廢爲勸輸追欠得二千餘金膏火始裕誦絃復盛纔一年去任四民餞送江干綠棚霞簇峻卻不能止也生平重交誼前令郎病卒官虧無措錦駿代償且庇其家人使無失所任江夏時有丁令女當阨無所歸錦駿養爲已女擇壻嫁之人以爲難後擢知荆門州卒於任

蔣祖暗號晴山全州人舉人嘉慶二十三年由羅田調署邑事時大旱羅民潛往大崎山舉龍神去邑民爭之匿弗與遂興

訟長官委員至悍不服且約械鬬兩造洶洶聚至萬人暄馳往羅民爭拜馬首暄委婉開導羅民感悟仍舁神還事遂寢明年又旱暄徒步往禱得大雨有崎山禱雨記暄爲政尙簡易不設城府而吏畏民懷咸尸祝焉後陞白河同知

劉詒孫字芑汀湘潭人舉人道光三年由咸甯調署邑事爲政以除莠安良爲務有興國客民載米三江口遇風舟將覆客呼岸民救護許酬以值既而食言相爭轉以攔江誣控株連百餘人詒孫廉得實將坐客罪客懼乞重酬始貸審斷明察事多類此道光辛卯修邑志時詒孫任武昌猶資商訂云

李錦源號蓉艘犍爲人進士道光九年由竹谿調任邑事性仁慈不務苛細縣試卷皆手自評隲所拔多知名士倡捐景聖堂義學邑中效之多至十數處邑志久弗修力爲勸輸延前



令陸炯訓導王德新等修輯過半因水災未竟其事旋解任去

魯開章字犧堂武陟人吏員任但店巡檢潔己奉公辛卯夏山河漲溢流民入境章爲傾囊並勸捐貲送出境地方宴然

周鯤化字熙樓鍾祥人舉人任教諭性坦易不設畦町與士子講論文藝娓娓不倦道光辛丑邑大水鯤化奉府檄襄邑令勸捐設廠給粥躬親經理罔恤勞瘁邑童試艱於卷費爲籌勸巨款取息資之

范興榮字仲華普安廳人舉人道光間知縣事潔己愛民培養士類有古循吏風尤善聽斷折疑獄多奇中民以不冤知府楊庚深倚重之以卓異陞鹽提舉去囊橐蕭然邑人稱爲范青天云

俞昌烈號鴻甫宛平人監生書法學東坡酷似道光時知縣事聽斷明決督修邑乘去任後五年寓鄂城粵匪破城死之其妻女及少子皆自縊以殉

蔡文熙武威人偉軀幹有勇略官團風巡檢慷慨負大志咸豐二年粵匪竄湖北居民多煽動廣濟土豪宋關祐等抗糧爲亂聚衆數萬署知府邵綸往撫之知文熙才檄同往文熙投袂起帓首跨雙刀單騎馳赴關祐素剽悍恃衆抗拒兵弁僅百人傷亡過半餘皆鳥獸散綸遇害文熙憤曰事不可爲矣唯一死以上報

國家下報邵公耳乃拔刀手格殺數人被重創死

李正心字靜亭長陽人道光乙酉歲貢任訓導咸豐三年粵匪竄境大吏知正心才委辦軍需遇賊於堵城仗劍力鬬死之



賊退其子來黃扶櫬檢視僅笥圖書數卷而已見長陽縣志

翁汝瀛字蓬山鉛山人舉人咸豐三年任縣事溫惠廉明士民愛戴初未知有禦變才洎粵逆上犯蹂躪縣境殆徧汝瀛廉知縣北潘塘區戶殷而俗勁卽其地講什伍結團防招致壯士千餘人迆西張店等區義民起應之每戰輒克賊不敢犯明年九月上游水陸軍攻克省城汝瀛率勇先官軍復黃郡善後事宜次第條舉五年元日制軍楊霈軍潰於廣濟奔馳過黃檄汝瀛集勇遏賊竄漢路汝瀛赴新洲勇已先集得二萬餘人遂尾追至漢口汝瀛令曰毋遽入其火之勇不用命譁而入遇伏奔衆遂大亂汝瀛以身殉紳民從之死者數百人事

聞贈知府銜　賜邺如例

葛致遠號毅山畢節人舉人究心經世之學不屑屑章句兼習壬遁風角術以揀發來楚咸豐五年春粵賊陷黃知縣翁汝瀛戰死大府廉致遠才委攝縣事時道梗弗通致遠衣短衣草笠芒屨間道至邑之李家集邑紳入謁出曰葛公膽略異常人吾邑福也越一日賊大隊寇倉埠兵勇新敗氣餒致遠率所部紅旗先團勇繼之擊賊於井字山身先陷陣再戰再克殺賊無算生擒二百餘人賊每踞民居肆抄掠致遠募盜之趫捷者夜穿屋擒斬之賊畏遁悍酋范潮蘭遂率所部七百餘人降俱編入團兩年間大小百餘戰所向有功聲震大江南北性廉明雖在兵間治獄徵賦無廢事妻子僦居民舍不名一錢團衆憫其貧以千緡贈致遠謝曰粵賊未滅何以家爲拒弗受郡城復卽解任去黃人惜之



薛元啟字雲錦泌陽人監生咸豐十年知縣事英敏有幹才猾吏屛息治盜嚴而實與民不苟也十一年春粵逆上犯元啟聞邑西鄉人勁勇可任事親往召之城適陷乃率勇駐新洲圖進取屢戰克捷巡撫李勇毅率所部來援軍需旁午咄嗟立辦隨同大軍克復郡城巡撫移師安徽奏調元啟隨營後宰渦陽有惠政

程之楨字維周江夏人咸豐辛亥舉人任教諭性孝友學優養粹多士模楷同治丙寅奉檄勸諭修復
文廟工貲鉅萬無所浮蝕時論稱之工詩邑中名勝多所題詠著維周詩草人鏡彙纂若干卷

# 黃岡縣志卷之七

知黃岡縣事合肥戴昌言編輯

## 選舉志

### 科貢 薦辟例選附

自設科取士之制興邑之以經術起家者踵相接也外此有貢士有薦辟又皆以禮爲羅俾無遺鱗逸羽焉至於相如以貲郎進後建節西南次公以入錢賞官吏治爲天下第一夫豈徒納粟博顯榮哉
國家典重旁求三途並用生其際者可以自奮於功名矣

表上

| 朝代 附取士制 | 進士 | 舉人 | 貢生 | 薦辟 | 例選 |
|---|---|---|---|---|---|
| 隋 始置進士科專 | | | | | |
| 唐 以文詞試士 取士法有三由學館曰生徒由州縣曰鄉貢天子自詔曰制舉 | 周墀 檢校尚書右僕射有傳 | | | | |
| 宋 英宗部三年一貢舉至神宗始以經義試士 | 李委<br>潘丙 有傳<br>張炳<br>古耕道 見蘇文忠集 | 潘丙 解元進士見蘇文忠集 | | | |
| 元 仁宗皇慶二年 | 蔡堅 | 蔡堅 | | 滕賓 | |

詔行科舉

明 洪武二年己酉詔開科取士

見省志

趙思義 見省志

中會試

趙思義 中會試

李原舉 解元龍溪知縣

陳敬 世昌子刑部員外郎前兵部車

翰林學士有傳

董敬中 參知政事有傳

賈勝 選舉廣平教諭擢太湖令

王松齋 薦舉官同知府志作麻城人

詹同 以文學舉累官翰林學士承旨



駕司主事有傳

趙玉 東平學正

唐友善 一作友誠山西巡按御史陞按察司副使

蕭英 河南參政

郭子奇 南昌教授

張庸

兼吏部尚書有傳

吳琳 以文學舉累官吏部尚書有傳

六年罷科舉舉賢良

知縣

詹蔚 寧波知府見浙江志

吳仁山 以賢良方正舉貴溪知縣

楊仲 以經明行修舉本府儒學訓導

湯仲 以經明行修舉本縣儒學訓導

王友諒 以經明行修舉



羅山訓導

萬英 以經明行修舉本縣儒學訓導

潘子安 由保舉官同知有傳

黃奭 衛州知府有傳

王旻 以賢良方正舉新都知縣

十五年詔復設科取士以子午卯酉年鄉試辰戌丑未年會試

徐本 以經明行修舉雲南廣東布政使有傳

詹徽 以秀才舉官都御史太子少保吏部尚書

李本中 以人才舉通許知縣陞鎮寧同知有傳

二十九年丙子

李翔 柳州教授

余思恭 池州教授

盧懷 見省志府志作麻城人

王琛 以人才舉巡檢

吳琛 琳弟衛州同知附見琳傳

洪道 一作黃道以儒士舉安陸知州

黃鎮 以儒士舉封邱知縣見河南志



建文四年壬午按是年應鄉試以各省兵革有未及舉者命於永樂元年補行故舊志誤列楊文質余志李懋三人於癸未科茲依省志府志改正

永樂二年甲申補行元年癸未

彭克誠 無錫知縣題名碑作克成

彭克誠 中會試

楊文質 國子監助教

余志 沂水教諭

王忠

錢斌

李懋 全椒教諭

會試

三年乙酉

朱恕 南京刑部郎中

蕭昇 中會試

劉鑑 封邱教諭

唐惟慎 汝州訓導

喻永懷 交趾布政司經歷

李信 烏程知縣

舒志善 布政司理問

潘淑 忠州知州

余必選 慶府奉祀

史誠 鴻臚序班

王璽 以人才舉清泉場鹽大使

謝希哲 以人才舉泰興縣丞長垣知縣

四年丙戌

蕭昇 福建道御史有傳

傅思聰 安岳知縣

姚文政 泉州同知

胡肇 桂林推官

戴思文

魏思義 懷遠知縣

但先 磁州同知

六年戊子

九年辛卯

李致中 樂安州判

李儀 鹽運司副使

易應瑞 岳池訓導 瑞一作端

徐賦 知縣

丁可信

靳瑾

張璘



十年壬辰

張璘 官應天府尹有傳

本姓周 中會試

十二年甲午

冷俊 潼川州判

方正 中會試

何宏

王福 海豐知縣

喻矩 一作喻炬

程義 翰林院孔目

劉政

王韡 主事

十五年丁酉

柳紹先 榮陽知縣

十六年戊戌

方正 考城知縣扁作戶科給事中翰

十八年庚子

陳謨

府知事

十九年辛丑

鄭思賢 祁州知州

羅倫 廬陵人黃岡籍訓導

穆景 秦府典儀

鄭思賢 中會試

鄭源

劉以文 陽城知縣有傳

宣德元年丙午

周銓

彭進

唐中 靖甯同知

柳復本

雲南按察司副使

鄒仕昇 永平通判

胡子貴 資縣主簿

五年庚戌

江淵 四川籍尚書入內閣有傳

七年壬子

汪鑑 南安知府

蔡伯和 兵馬司指揮

龍友誠



汝甯推官

傅思旻 靈川知縣

正統六年辛酉

謝杲 希哲子中會試

彭本 通州衛經歷

袁瑄 定州知州

李自能 萬全都司斷事

徐悌

劉政 鎮遠知府楚紀作夔州

林讓 蓬州訓導

吳英 虔州知府

陳雍 河南道御史

王思旻 以人才舉泰州同知有傳

劉以德 又姓曹以人才舉知府附見劉以文傳

李仲才 以纂修永樂大

王琳 監生雩都知縣有傳

蒙化同知

九年甲子

陶鼎 翁源知縣

鍾旻 渠縣教諭

張佑 兵馬司指揮

楊懋 蒼溪訓導

王林 施秉知縣見貴州志

典舉萬縣知縣

劉鼎 廣西新安縣丞

吳添佐 山東蒙縣縣丞

張歷 衛經歷典前劉吳二人未詳所舉或云以天文

十二年丁卯

楊憲 知縣

十三年戊辰
景泰元年庚午

謝景 都察院右副都御史巡撫廣東貴州贈太子賓客諭賜祭葬有傳

邵綱 大足訓導
周儒 蒼溪知縣
楊洪 蓬溪知縣
謝永試 試一作誠四川布政司檢校
王應奎
陶以榮 盧施縣丞大理通判
蕭大濩

四年癸酉

李琥 梧州通判
項九萬 知縣見省志府志黃岡籍麻城人
周義 銅仁府照磨新城知縣
張寶 本姓周璘子賜進士
劉金 巫山訓導
王孚 襄城教諭有傳
王震 潯州推官
劉瑢
顏和 寧國府經歷
徐琪 縣丞
齊大鵬 州同知
程賢
吳瑚



五年甲戌
七年丙子

張寶 試場火死恩賜崇祀鄉賢

長寧知縣
劉克昌 鶴慶軍民府同知
陳墉
陳綱 敬子見董志
魏鏞 杞縣訓導
彭鑫 遼東衛經歷
董佐
黎瑄
安化平陰知縣
陶梅
邱民心 累官周府長史加四品服
余鏞

天順六年壬午

孫讓 洛川訓導
徐頤 樂清知縣
王文學 徐州訓導
蔣聰 寧府審理
張鼎 上海主簿
蔣文運 成都訓導
萬棲 崇慶州判
王鐸 處州衛經歷
陳德
潘士璘 縣主簿
劉大韶 合州吏目
周大猷 縣主簿
秦雍 山東按察司經歷
彭瑾

應天府經歷

鍾鳴 如皋訓導
黃鏞 葉縣知縣
朱靜 安吉知縣
曹珙 內江知縣
詹源澤 餘姚知縣
曹通 長亭知縣

邱民感 鹽運司經歷
舒佐
楊茂春
黃藻
曾星
曾杲
陶世侃
龔益 運州通判見廣東志

成化元年乙酉

黃伯垓 中會試
賈汝楫 中順天榜彰德通判

黃瑞 郾城知縣
俞銘 新淦知縣
周敏 重慶推官
屠明 餘姚主簿
靖安 成都知縣舊誤入崇禎

陶璽 安甯州吏目

二年丙戌

黃伯垓

單麟



遼東苑馬寺卿有傳

主簿

陳艮 見馳封

四年戊子

張佐 黃州衛軍籍中會試
易泳 省志作閻泳黃州學正
鄭璽 見省志

黃斌 岳池主簿
彭倫 開封推官

七年辛卯

徐賦 簡縣知縣

宋明達 肇昌府照磨

鄭鑑 萊蕪知縣

十年甲午

李曙 臨穎知縣
朱珊 雙流知縣
鄒璽 榮昌知縣有傳
洪儒
朱澄 淮安通判

劉本 蘭州同知
黃崇 什邡縣丞
鄒瓛 安福主簿
聶聰 甌甯主簿
朱璨 貴州宣慰司經歷

歷

十三年丁酉
熊璋 潼川知縣
謝慶 景子盱眙知縣
洪應奎 省志誤入建文壬午
管謙
王進 江南理問所案牘
孫艮模 大足知縣
劉璋 璋一作章 湖州推官
王昇 電白岳池知縣

十四年戊戌
魯義 定遠右衛官籍




十六年庚子
梅秀 臨川知縣
陳富 奉化知縣
王文約
萬居恭
宋榮 臨安主簿
馮璋 常熟主簿
邱仁 樂平縣丞見貤封
朱聰 威州學正
周正 延平府經歷

十七年辛丑
張佐 福建按察司僉事

事有傳

十九年癸卯
蕭鳳 省志誤入永樂庚子
蔣珂
王璘 羽林衛籍中北闈中會試
李世高 鄞縣丞
蔡勳 訓導

二十年甲辰
王璘 廣西參政有傳作丁未進士
楊子榮 子一作于 馬湖訓導
陳鸞




二十二年丙午
唐有義 省志作徐姓
李汰 教諭 府志蘄水人
梅海春 知州
太平同知
徐時中 遂平教諭
周郁 銅陵主簿
俞乾忠

弘治二年己酉
李潤
余復善 廣昌知縣
王麟
蔡昆 白河教諭
曹儼
王僩
明彝 翁源知縣
陶世賓 臨漳典史

文學姪中會試
孚子邵武推官

五年壬子
李忠 白河知縣
張伯洪 分水教諭
曹自學 教諭見貤封
謝昱 杲子長山縣丞
喻訓 山陰知縣
詹寶 蘇州府經歷

八年乙卯
陳正 歸善知縣
秦尚恭 大名教諭
楊鳳 府軍衛籍中北闈中會試
李涇 太康訓導
詹玉 商州知州

九年丙辰
楊鳳 陝西按察司副使前御史
鍾琛
秦尚友

十一年戊午
王濟 麟弟中會試
柳復本 見省志
秦尚經

十二年己未
王麟 封邱知縣以子庭梅贈戶部郎
徐輔 大理衛經歷



中有傳

十四年辛酉
曹珪 中會試
陳廷瓚 彰德通判有傳
余洪恩 福善子中會試一作宏
蕭大韶 南雄通判見廣東志
郭鎧 順天亞元尉氏知縣見河南志
李珊
袁寶
張鵾 新興教諭
汪經
李義 成都府經歷
張綋 本姓周

十五年壬戌
王濟 四川布政司參政有傳以子庭聰贈戶部侍郎
鄒軒 上林知縣
賀祿 潼川學正

十七年甲子
張濟 本姓周璘曾孫亞魁嵩縣清河知縣有傳
曹璽 嘉興通判
王玠
邱大鵬
張滋

十八年乙丑
余洪恩 行人

正德二年丁卯

陳榮 渭南知縣府志蘄水人
郭慶 經魁清平知縣一作新城有傳
胡永華 清河知縣
鄭文炳 濟甯衛籍中山

樊鐸 遂溪獲鹿知縣
宋昇 陳留訓導
袁璽 開封教授
李文明 劍州學正
袁釗

邱尚湯 夔州府同知

謝臯 景孫教州同知
官祿 和陽衛經歷

三年戊辰
鄭文炳 歷官知府

東榜中會試
碭山教諭

周璜 浩子偃師知縣
陳壎 南部知縣
賈啟 留守衛籍中順天榜中會試
余鑾

皮珪 陵縣訓導
王爵 萬載訓導
王德 湯溪縣丞
馮大本 定海縣丞
方敏 廣昌教諭

五年庚午



六年辛未

賈啟 都察院右副都御史巡撫延綏有傳
余鑾 行人司行人有傳
曹珪 巡按陝西廣西御史太僕寺少卿有傳

中會試一作鸞

詹孟夏 潮州知事
杜華 廣東鹽課司提舉
徐麟 慶陽通判
曾介 德化教諭

八年癸酉

王廷陳 濟子經魁中會試
王廷梅 麟子中會試
夏時中 通判
余文瑞 中會試
劉漳 中陝西榜中會試

劉大同 太康訓導
陳言 慶陽通判有傳
袁尚明 鄧州訓導
邢寬 南昌訓導

十一年丙子

魯綸 中山東榜中會試
梅賢 江安知縣
王廷錄 文學孫鹿邑知縣
王廷儒 濟川子四川按察僉事有傳
曹誥

吳慶 楚雄教諭
邱峻 貫縣訓導有傳
董公善 開封通判
馬昃 拔光山知縣晉同知

陶璠 浮梁主簿



十二年丁丑

王廷陳 會魁翰林院庶吉士有傳
劉漳 一作璋蘭州籍
魯綸 遼東定遼衛籍

自學子中會試

閔泰 彭山知縣一作梁山有傳
朱應韶 一作詔
胡靜 新建訓導
陳溥 應天府經歷

十四年己卯

劉桂 中會試

十五年庚辰是年南巡未廷試明年還京賓天世宗登極舉行
嘉靖元年壬午

余文瑞 吏部行人司有傳

金國用
曹詔 誥弟知縣
蔡珀 鎮南知州荊府長史
陶珪 經魁中會試

宋章 威遠知縣有傳

張滋 本姓周以經明

陶作 南京庫大使
陶世官 河內典史
潘棟
吳嶽山



二年癸未

劉桂 廣德知州開封知府汝寗知府

魏春 西安知縣
盧靜
曹諾 誥弟吏部司務
孫欽 濟南通判
鄭廷相 邯鄲知縣

劉大倫 彭水教諭
張文淵
徐寬 遂平訓導
李春 蘭溪教諭
周廷相 曲靖推官
樊模 恩兵馬司指揮有傳

行修舉未仕
涂友紀 以人材舉開縣主簿

寗國府經歷見馳封
劉文炳
夏晴
曾卓
秦臺
劉文煌 桂子
劉文輝

| | | | |
|---|---|---|---|
| | 四年乙酉 | | 五年丙戌 |
| 王廷梅 戶部郎中成都太平知府 | | | 曹誥 甘肅巡撫有傳<br>陶珪 山西按察使有傳 |
| | 方任 經魁中會試<br>宋大經 知州<br>萬民望 寧州知州有傳<br>汪文淵 | 中會試<br>王秉直 有傳<br>張澤 本姓周璘曾孫自蒙知縣有傳<br>宋希文 知縣 | |
| 潘士佑 華陽教諭<br>林嵩 福建布政司理問 | 王筮 孚子夔州訓導<br>許賢 周府教諭<br>余洪績<br>陳昺<br>蔣夔 | 歸德通判<br>李成芳 成一作承教諭<br>董昱 永定教諭 | 黃芳 益府審理<br>陳暹 知縣 |
| | | | |
| 桂子<br>劉揚 | 夏官<br>盧大舉<br>陳宣<br>黃人望<br>邱纙<br>邱民德<br>陶化 | 廣東布政司理問 | 邱與 樂平縣丞<br>奚世奕 樓子光祿寺署 |



| | | | | |
|---|---|---|---|---|
| | 七年戊子 | | 八年己丑 | 十年辛卯 |
| 傳 | | | 汪文淵 翰林院庶吉士金華知府有傳<br>朱鴻翔 泌陽知縣 | |
| | 余鏖 蘭陽教諭有傳<br>周宏<br>朱鴻翔 一作鵬翔中會試<br>王廷槐 麟子見貤封有傳 | 董德明 中廣西榜中會試見府志 | | 李學顏 中會試<br>謝九遷 昺曾孫亞元 |
| 萬珊 興國州學正 | 曹琮 由南漳學晉紀善<br>宋希哲 霍邱知縣<br>鄧廷鳳 蒼溪知縣<br>杜翔 上高知縣 | 范芝 定遠知縣見貤封有傳 | 吳偉 | 徐崇德 白水教諭有傳<br>呂祥 禧兄 |
| | | | | |
| 丞<br>邱增 河池同知 | 邱纓 寧州同知<br>邱尚舜<br>曹自修<br>潘木<br>舒道芳<br>劉文熰 | | 劉文烶 普州吏目 | 劉棨<br>顧信 徽江府經歷<br>張文正 |

十一年壬辰

方任 都察院右副都御史巡撫應天有傳

王同松 嘉魚教諭
呂禧 丹稜知縣有傳
奚樸 黃州衛人富陽知縣有傳
王鳳陽 萬縣知縣有傳

侯佐
許錦 敘州訓導
李仁
孫鉞 州判
彭忠 溫縣知縣一作熊忠
陳實
吳紀 泰和訓導

澤子
王台 濟弟鴻臚寺署丞
王廷遷 濟子見貤封
王同公 廷儒子
戴應兆
劉桐
方作 任弟

十三年甲午

董德明 廣西衛籍河南右參政有傳

汪文瑞
呂韶 中會試
王同鶴 麟孫
劉亮 彰德通判

黃薫
曹雲鳳
謝文祥 知縣
陳恩 見貤封
趙寅
黃華

易聚之
戴應元
劉思召
梅一樹 榮昌縣丞
劉長統
秦永
黃櫝



十四年乙未

李學顏 戶部郎中
呂韶 南戶部郎中樂平知府

戴涫
李時芳 興化同知加四品服色有傳

府知事
蔣希周 訓導
羅素 睢州訓導
劉錠 夔州訓導
張治 本姓周德化訓導
陶珽 拔裕州判官

曾臬 俞志臬作杲
李材 梧州府經歷
王大同

十六年丁酉

黃自然 揚州通判
唐珪 淮府長史
盧大化 郁州知州
杜銓
陳廷舉 知州
陳尚訥 魚臺知縣

聶惟賢 湖口知縣
余淪 大足主簿見貤封
張玉振 訓導
余廷桂 訓導
李澍
徐相 大足教諭

方一龍 任子承宣州吏目
王廷柟 麟子
高一龍
徐文炳
王同京 廷儒子
王同舟 廷陳子

十九年庚子

周之冕 餘杭知縣陞知州有傳

劉珙 甯羌知州有傳

陳萬策 貴池知縣

涂瑜 敘州推官

徐希孟 武學教授

蔡明試 處州訓導

甄善 訓導祀鄉賢

袁邦祥 商城知縣

王廷揚 濟子

王堦 鳳陽子

汪之濂

陳表

二十二年癸卯

杜鳴陽 華子遂甯江川知縣有傳見貤封

胡濬 新蔡教諭

康祥 訓導

陳萬化

程先登 泰州判官

郭進賢 知縣省志麻城人

黃泰然 鄖城鳳翔知縣

奚世亮 樸子中會試

魏鳳陽

嚴宏 養利知州

周載

魏麟

張起鰲 登州訓導

劉承芳 同安訓導有傳

陳大器 新甯教諭

朱扆 江陰訓導

於廷獻

劉芳聲

陳正倫 福州府照磨以上茅志例貢



西安同知府志作戴麻城人

二十五年丙午

萬一貫 肇慶同知致仕進階一級

邱岳 尚忠子中會試

奚世文 新鄉知縣建州知州

羅朝錫 九江同知

林民表 主簿

曾守約 訓導

蔡明儒 訓導

孫之祜 主簿

鄧正 教授

葉夢陽 由吏員官將仕郎

康艮臣 定海典史殉難賜廕有傳

朱廷相 大甯知縣

鄭眞 中山東榜中會試

汪文相 棗陽教諭

蕭文奎 訓導

二十六年丁未

奚世亮 刑部郎中延平知府殉難贈參議大夫諭賜祭葬廕子有傳

邱岳 禮部右侍郎致

邱尚策 訓導

屠宗禹

周文炳 訓導

劉廷憲 德安教諭見九

士進階正奉大夫正治上卿有傳

江志

二十八年己酉

鄭眞 文炳子濟甯衛籍

黃士元 一作黃元吉撫州通判有傳

程鳳金 彭澤知縣有傳

袁文星

蔣自貴 錦衣衛經歷

劉文斌 國子監博士

邱一麟 岳子

文伯兄商城知縣

羅星 阿迷知州陞王府長史加四品服有傳

祝宗文 大足知縣祀鄉賢

江漢 甯國同知

袁廷椿 通判



李文運 滁州知州

蕭濂 瑞州通判

三十一年壬子

陳仕 廷璜子嘉興同知有傳

汪之汸 文淵子

王廷瞻 濟子中會試

曹頊

王同復 廷瞻子

周源昌

王承熙 址孫

王同軌 廷槐子太僕寺主簿有傳

三十四年乙卯

黃自任 蘇州通判

汪仲川 兵部員外郎四川參議

王睦 鳳陽子

熊養中 中會試

陳廷政 建水知縣

鄭一德 文彬子光祿寺署丞

陶一蘭 化子兵馬副指揮

黃一裕 馬湖府經歷

劉功懋 主簿

潘文元 大官署正江西副理問

三十七年戊午

范宗鎮 省志鎮作政富州知州

嚴璞 倫子宏姪

杜傑 鳴陽子長甯知縣見貤封有傳

邱養蒙 成都通判

曹光 珪孫

梅昂 吳江主簿

方一宗 任子嘉善主簿以上茅志例貢

三十八年己未

王廷瞻 總督漕河南京刑部尚書戶部尚書贈太子少保諭祭葬諡端簡蔭子有傳

四十年辛酉

嚴珣 璞弟經魁兵部郎中

馮言 瑞州通判

葉維喬



銅梁知縣

王同道 廷槐子中會試

王追美 廷儒孫有傳

何天德 舞陽知縣

王址 鳳陽子

李植 廣東道御史福建僉事有傳

四十一年壬戌

王同道 南京戶部主事廣東道御史巡按廣東有傳

周文卿 江夏籍中會試

四十三年甲子

周樸 樂安知縣

曹繼孝 中會試

徐時可 中會試

邱養浩

謝筵

黃道亨 士元子

秦一芝

王追亮

李之用 中會試
曹美 珪孫傳附
杜伸 鳴陽子中會試
易倣之 中會試
汪本英 犨縣知縣
袁文伯

廷儒孫
秦一奚
官任 阿迷州吏目

四十四年乙丑
徐時可 廣東右叅政布政使
熊養中 戶部員外郎祀鄉賢

隆慶元年丁卯

潛山知縣有傳
王追伊 亞魁廷陳孫潁州知州
劉逵 眞陽知縣
江沛然

李實 訓導
汪一右 中鄉試
廖通 訓導

陳萬卷 吏員永平通判有傳





江夏籍中會試
余光先 洪恩姪雲昌知縣
劉功允 珙子溫州汝甯同知瀋府長史見貤封有傳
徐應聘 中會試
邱一奇 商城知縣池州知

沈貞臣 國子監學錄
袁邦祿 訓導
劉文熾
徐自懋 成都通判
高士 石門教諭
梅一株 濟南推官
劉賢

同知有傳
李裕 泰州知州
朱朝龍 沁源知縣
徐銘 武定同知加四品服色
汪守廉 會試副榜嘉靖曲靖同知威州知州入名宦有傳

歙縣知縣
王光 光祿寺署丞與修郡志
郭朏民 慶子

二年戊辰
徐應聘　揚州府知府福建按察司副使
易倣之　雲南道御史四川布政司參政有傳
汪之渙　經魁貤封有兄傳
王廷植　麟姪定遠知縣

四年庚午

葉正蒙　封邱知縣祀鄉賢
涂巍　瑜孫有傳
程希凱　鳳金子定遠教諭
汪一右　中應天榜泗州知州徽州同知有傳

五年辛未
江沛然
黃楊





萬曆元年癸酉

戶部郎中有傳
杜伸　四川按察司僉事以邊功贈太僕寺卿有傳
周文卿　陝西按察司副使
王同晉　濟孫亞魁寶應知縣
余應鶴
平津縣丞
陳嘉學　知縣祀鄉賢
余艮知
邱尚夔
劉文焰　鴻臚寺丞

知縣
黃宗聖　鄆縣知縣淮安通判
劉道　承芳子參政登州知府
余心純　淪子中會試
於廷諍
通山訓導
蕭偉　偉一作韋承天教授
鄭文彬　遼東籍官累知府
王松
張奇節　本姓周副嘉魚教諭
黃自中

四年丙子

王同大 濟孫

汪季川 仲川弟杞縣教諭

朱萬年 國子監監丞安順知府

廖自伸 貴州同知

陳九德

河南教授

徐鏘 拔溫縣知縣

余大韶 梧州通判

黃甲 應城訓導累官兗州通判

何天申 中鄉試

陳化 廷瓚子孟津教

七年己卯

仕子

周時烈 敘州推官

陶便 湖州通判

郭知易 慶孫工部員外郎有傳

曹士彥 美子定遠知縣有傳

阮文蔚

諭

陳嘉謨

王同恆 廷瞻子拔

樊煒 模孫拔南陵教諭有傳

高柏 拔郴州學正

蔣賢

王同亨



中會試

李汝賢 鹽山知縣

王陞 重慶同知河間通判有傳

陳首俊 省志首作守南溪知縣祀鄉賢

余履盛 桂陽教諭

杜若芝

楚府教諭

蕭友蘭 昇曾孫延長教諭有傳

姚端 蘇州教諭

秦一清

朱廷光

熊養純 養中弟教諭

梅應時 湖口教諭

八年庚辰

李之用 雲南按察使祀鄉賢

南充知縣

劉文熻 桂子

十年壬午

樊玉衡 煒子經魁中會試

王一鳴 追美子經魁中會試

陳大奎

陳養 教諭

余應奎 英山教諭

樊鼎遇

瞿成名 吉安同知
吳嵩
孫大壯 中會試
吳士瑞 中會試
盧國正 蘇州同知
孫紹芳 桂林衛籍中廣西榜同知

玉衡子拔德陽知縣有傳
高第 柏子安慶教授
劉文元 華容教諭有傳
邱縉
汪傑 守廉子拔臨洮通判



十一年癸未
樊玉衡 全椒知縣江西道御史贈太常寺少卿有傳
曹繼孝 衛輝同知

張濤 黃陂籍中會試
汪起雲 本英子解元睢州知州
蔡正茂

魏曲 訓導
金繼盛
祝文斗 雲南通判
陳相道 嘉學子拔知縣祀鄉賢
林國卿

十三年乙酉

墊江知縣
盧勲
孫大祚 淮安同知忤璫被論起楚雄推官贈僉事有傳
周有爲 武定推官
鄧奎 同知
劉美 武昌教諭嚴州

衡山訓導
陳宗顏 通城教諭
龍雲程
李之本 瀏陽訓導
宋德祁 瑞昌訓導咸寧教諭
汪儒



十四年丙戌
王一鳴 會魁臨漳知縣有傳
阮文蔚 行人司行人有傳

通判
韋宗孔 同知
曹光德 中會試
程登雲

劉功遠 琪子武昌訓導
周啟孫 澤孫平度同知
程師明 沛縣縣丞
李應琴 德安訓導
汪廷桂 德安訓導
葉維正

十六年戊子

十九年辛卯

徐學禮

徐言（正一作槙　邛州同知人名宦）

汪元極（解元中會試中）

盧登

熊養初（養中弟梧州推官）

祝名先（宗文子開封同）

陳三鳳（知州）

彭應元

余道南（鏊孫）

陶一經

趙炳（武甯知縣）

知

洪聲遠（貴州知府雲南參政有傳）

何天申（中應天鄉試順天治中降無爲州判有傳）

黃朝用（據多士坊補）

王同松

羅一振（世貞子祀鄉賢　星子）

二十年壬辰

余心純

魏士元

涂通霄



二十二年甲午

吳士瑞（會魁嘉善知縣有傳　四川按察司副使）

范垠（恩陽伊知縣）

胡瀞（遂平知縣）

秦繼宗（解元饒陽教諭中會試）

官應震（中會試）

黃中（化州知州肇慶）

胡克矩（訓導）

陳九成（化子）

王同鼎（廷瞻子刑部主事有傳）

曹士奇（美子知州）

戴中甫

樊維甫（玉衡子中副榜）

王同觀（廷瞻子有傳）

徐尚禮（巍子　蘭州州判）

俞志

同知

汪應節（吳江知縣）

樊玉衡（玉衡弟中會試）

梅獨早（翰林院孔目）

梅敬祖（舊志姓樊誤坊姓梅）

程元瑜（中應天榜）

詹時明（筠連知縣有傳）

周道泰（瑞昌教諭見九江志）

黃自新（王府教授）

胡譽（國子監博士）

邱一讓

劉詰

徐襄（時可子光祿寺丞）

王追醋（同軼子）

朱維新（萬年子）

汪儼（守濂子）

陳心得

方一盛（由儒士官四川）

二十三年乙未
樊玉衡 商城崑山知縣有傳
孫大壯 陝西苑馬卿有傳
萬一奇 黃陂籍中會試
吳思溫 廣西布政使有傳
程汝遷 見貤封
張一鳳 雲龍知縣
鹽提舉正定知府有傳
邱綖 民感子由儒士官滕縣主簿

二十五年丁酉
穆天顏
何士望
中會試
王同謙 濟孫中會試
韋石麟 中會試
胡款闕
羅一哲
陳鴻恩 星子沅江教諭
周藎臣 刑部主事貴陽知府有傳
天德子由儒士官南雲布政司檢校
涂西山 由儒士晉州判官以上茅志
羅良詔 永豐縣丞見永豐志
周文洋 監生正陽縣丞
周文止



黃岡縣志　卷之七　選舉

原名張周俊開縣石泉知縣有傳
陳余達 安甯知州
周之訓 澤會孫中會試
胡來臣 歙闕弟江夏教諭眞甯知縣
華崇 隨州籍黃岡人
易恒之 監生弋陽縣丞 監生江油主簿

二十六年戊戌
萬一奇 開封推官有傳
穆天顏 福建道御史有傳
官應震 戶部給事中太常少卿有傳
韋石麟 戶部主事南安知府見子克振
見多士坊同知
邱一濬
官應雲 嵩縣縣丞
劉思謙
易維翰

傳

二十八年庚子

張濤 巡撫見通志

鄧應張 亞魁知縣德州同知一作潯州同知

吳時泰

於倫 中會試

曾日省 潛山知縣行取

杜秉哲 副

劉載 歙縣知縣

章宗孝 嵩明州吏目殉難賜廕有傳



有傳辛丑會試副榜

吳嶽 嵩弟

官應賓 應震弟

黃拱辰 自中子蔚州知州

程士升 秦州知州

吳瓚

二十九年辛丑

於倫 吏部郎通政司右通政有傳

曹光德 浙江道監察御史有傳

王同謙 戶部主事管九江鈔關祀鄉賢

程大猷 興國右屯衛官籍

知州



三十一年癸卯

鄭之良 鎮遠知府四川副使有傳

鄭謙 雲南知府

劉文忠

甄淑 一中會試

魏國賢 江夏教諭

王同定

江躍鯤 沛然子梓潼知縣

濟姪孫

三十二年甲辰
汪元極　翰林院檢討國子監司業

三十四年丙午
杜應芳　傑子經魁中會試
陳磬　九德子孝感教諭
余士忠　光先姪孫漢陽籍
鄒之易　中會試
晏清　中會試
余宏靖

三十五年丁未
杜應芳　會魁四川福建督學按察使有傳

三十七年己酉
陶起虞　珪姪孫經魁中





會試
程之試　士翼子開封同知有傳
王一桂　戶部主事贈太僕少卿有傳

三十八年庚戌
秦繼宗　南京戶部郎中有傳
鄒之易　兵部職方司主事
胡瞬
操明德　仁和知縣
事有傳
甄淑　南北刑部尚書有傳
盧堯臣　益都知縣

四十年壬子
杜祝進　若芝子國子監助教
邱惟明　一貫子定遠知縣

邱惟時 惟明弟
邱宗魯 一奇子青田知縣
王欽濂 南陵知縣有傳
李五美 台州欽州知府惠州海防有傳
趙世貞 壽州知州

魏之琛
魏國彥 同知

四十一年癸丑
周之訓 浙江按察使山東布政司參政殉難贈光祿卿謚忠烈有傳

四十三年乙卯
劉宗祥 功允子中會試
洪周祿 中會試
劉宗祺 功允子
程廸 拔梧州通判有
邱維灝 桂林經歷
吳瓚
穆如贊





靖科元 中會試傳
曾齊賢
周三俊 知州
胡朝卿
邱式儀 麻城教諭
劉鍾虬
徐有爲
陳尚彥 肇慶經歷
官應霽 浙西衛經歷

四十六年戊午
李顯祖 知縣
汪燝南 元極子經魁
祝世美 宗文孫中會試
何閎中
杜桂芳 仲子副
余學淵 安順推官
杜璚芳

中會試
王六如 主事前信豐知縣有傳
嚴師範 珣子中會試
阮維岳 文蔚子知府
屠振鐸 應蛟子知府
樊維城 王衡子中會試
傑子竹山訓導
官撫辰 應震子拔徐州知府有傳

四十七年己未

祝世美 兵科給事中太常寺少卿有傳
樊維城 福建按察司副使殉難有傳
晏清 稽勲司郎中嶺南道副使有傳

蕭正大 知縣
程焞 興濟知縣

王追盤 咸甯訓導
樊維甫 玉衡子南關副有傳
王追皋 廷驢孫副官副使贈太僕卿有傳
官撫極 應震子太僕卿有傳

奚元吉 監東昌通判
陳尚友 西安經歷潼關縣丞有傳
官應霞 東鄉典史
邵廷賡 清源縣丞

天啟元年辛酉

王家錄 郎中關南僉事殉難贈光祿少卿有傳
劉相可 知縣
盧士澄 省志士作仕

胡克武 訓導
洪聖典
曹士謨 一作艮謨隨州學正殉難有傳
曹之棟 公安訓導有傳

郭世完 知易子以異材舉都司參謀

杜時芳 傑子
樊齊宏 維城子
鄒士正 之易子武定州同知





呂元音 禧孫有傳
周宏邦 九江知府
鄧謙 中會試
程艮球 渾源知州有傳
吳思文 岳池知縣
牛若麟 黃州衞籍中會試
舒中天 主事省志作天中蒲圻教諭

廖自強 江油知縣有傳
余本濱
熊應鳳 養中子
黃德
曹之建 士彥子四會知縣有傳
杜鎮 應芳子癸酉副拔
呂元音 拔中鄉試
樊玉衡 見府志省志有傳
杜橘芳 見省志
曹對揚 副

二年壬戌

靖科元 工部郎中嘉興道浙江副使有

張奇節 本姓周嘉魚教諭

四年甲子

傳

洪周祿 常州知府有傳

何閎中 四川提舉副使雲南兵備道有傳

邱一儒

方來賓

葉應昌

魏公韓 士元孫中會試

王源昌 陞孫亞元中會試

於斯瑞

夏道律

王箕

杜喬芳 傑子漢陽訓導

五年乙丑

劉宗祥 監察御史晉太僕少卿江西巡撫有傳

蕭繼芃 有傳

程之敦 萍鄉知縣有傳

余士瑋 學淵子漢陽籍省志麻城人一作士瑞中會試

鍾天錫

袁用宜 衡州教授方正嗜學

樊玉衡



七年丁卯

王源昌 江西按察使遷汴梁觀察使銜

陶起虞 太和知縣有傳

魏公韓 保定巡撫有傳

燁子恩孝感訓導

杜鋥 應芳子拔

周啟元 有爲子高苑知縣殉難贈僉事有傳

蔡馨明

王家鎮 陞子

洪有臨 聲遠姪恩夾山知縣

崇禎元年戊辰

王用予 淮安推官特擢檢討東宮校書見貽封有傳

邱之璽 祁陽教諭眉州知州殉難有傳

王用予 中會試

陶彥 德安訓導見江志九

鄢之燧

江中桂 躍鯤子崇善知縣

劉師健

秦如容 中會試

鄒之旦

王士龍 潛江訓導有傳

張二南 隆慶同知

朱荃宰 萬年子武康知縣有傳

三年庚午

鄧謙 山東按察司副使殉難孝感籍

王追駿 廷瞻孫中會試
劉子壯 中會試
王一翥 追皋子有傳
陳師泰 蘇州知府有傳
陳士志

阮國允 興國學正
余良 雲南通判
方堯相 按察司僉事殉難見四川志有傳
奚所蘊

汪世極 通城教諭見貤封有傳

欽取
徐尙禮 吏員蔚州巡檢蘭州州判
秦一才 大理雲龍州同知
張三才 甯夏經歷

一作張 詹大有 時明孫金溪知縣有傳
李掞林 原名勇采刑部員外郎鳳陽知府
蕭奎
陳瑾 中會試
易士龍 大冶宿松知縣

恩廣濟籍江夏教諭
黃登雲 拔臨洮知府
曹之翼

孫寓見



四年辛未

六年癸酉

嚴師範 兵部郎中河南巡撫有傳

有傳
於斯行 倫子殉難有傳
葉國章 徐聞知縣有傳
汪煉南 之渙孫中會試
汪爚南 元極姪河南知府兵部職方司有傳
李如瑾 陸涼知州
魏師田 公韓子
鍾天與
奚還吉 省志吉作古
吳元伯 御賜進士山東參政載武昌府

李士英 簡州知縣

張鳳來 以逸士舉有傳
劉宗祺 功允子副舉賢良重慶知府

志

李標

胡公陳

七年甲戌

陳瑾 驗封司郎中建福提學副使有傳

秦如容 中書舍人

何世遠 桂林同知

奚三益 壽州知州

九年丙子

萬日吉 中會試

張士佳

韋克振 石麟子甯波知府有傳

官撫昌 南城兵馬司吏目

韋克濟 中會試

萬爾昌 有傳

黃鋐 會試副榜永城知縣兵部主事有傳

詹謹之 時明子亞元濟南推官有傳

黃道 知州

蘇哲 學正

蔡鑑 長史

王庸 紀善

王志周 廩貢官吏部郎中

十年丁丑

余士瑋

林之華



會魁九江推官殉難有傳

有傳

十二年己卯

王追駿 戶部員外郎知眞定府己卯典試山西

牛若麟 吳縣知縣陞御史有傳

韋克濟 南安知縣有傳

奚鼎鋐

王施大 副有傳

杜瓊芳

龍墤 應城教諭附見易爲鼎傳

杜詔先

晏際明 知府

秦餘馨 還吉姪有傳

秦□ 繼宗孫安定知縣

韋成賢 克振子中會試

王源善 本姓陳

陶克峻 附見克孝傳

於斯昌 兵部主事殉難

陳克岐 祝進子副後改名濬有傳 一作克峻

丁應明 吉安同知

魏師卜 公韓子

何昌祚 閣中子有傳

萬引吉

有傳

拔

方應地（省志地作第）

劉子芬

魏應熊（國彥子殉難）

詹大衍（謹之子經魁見省志江夏人）

孫錫蕃（遵化霑化知縣有傳）

嚴之聰（海甯知縣）

魏師段（公韓子肇慶路安同知）

程之奇（荆門訓導殉難有傳）



十三年庚辰

萬日吉（一貫曾孫崑山知縣有傳）

王承祜（欽濂子）

姜應詔（雩都典史見雩都志）

十五年壬午

吳元伯（見通志山東布政司叅議）

程文（有傳）

劉文運（宗湃子推官）

樊維師

戴治盛（省志江夏人中會試）

靖安（知縣）

張世斌

曹澄

孫希伸（副有傳）

王志周

郭都城（知易孫咸甯教諭）

萬里春（副有傳）

王廷棪

程之奇

十六年癸未

王爾祿（清苑籍）

晏濟（清弟鳳陽推官有傳）

李春先（士翼子沔陽學正附見士翼傳拔高平知縣）

黃岡縣志卷之八

知黃岡縣事合肥戴昌言編輯

# 選舉志

## 科貢 薦辟例選附

### 表下

朝代 附取士制 | 進士 | 舉人 | 貢生 | 薦辟 | 例選

國朝 制仍明

**順治三年丙戌**

進士：
韋成賢 內祕書院侍讀通政司右通政有傳

舉人：
周九華 獻縣知縣
魏邦哲 中會試
鄧錦 本姓曹兵部主事有傳
宋黃佐 本姓黃省志黃作皇
張偁賢 本姓林知縣
歐陽璧 見省志中會試

貢生：
梅斯瑞 訓導
曹亮采 誥孫桂東教諭有傳
殷之捷 訓導
方炤 知縣
陳敦 昭平知縣
王躬允 海澄知縣有傳

薦辟：
汪指南 福建分守道
陶之駿 茂名縣丞有傳
杜琬 伸孫大治教諭
張楨 英王委用蘄水縣丞有傳
李君柱 新安知縣有傳
呂尚韶 生員薦舉鹽大使

例選：
官撫渙 應震子會稽知縣殉難贈廕
官撫蒸 貴池知縣見江南志
操志葵 由例貢官蘭谿知縣有傳
劉漢祥 馬湖經歷

**五年戊子** 是年直省舉行拔貢

舉人：
曹本榮 之建孫經魁中會試
陳啟朱 鳳金曾孫中會試
淩建奇 翰林院孔目有傳
黃中實 應城教諭中會試
汪基遠 之渙曾孫中會試
王用世 用予弟附傳

貢生：
劉公琰 拔景甯知縣有傳
梅斯美 教諭
周維鼐 省志作鼎通判
金鳴虞
王用世 中鄉試
官撫邦 應震子大冶訓導
謝興邦 副
祝世標 教諭
王澤宏 中鄉會試

**六年己丑**

進士：
劉子壯 翰林國史院修撰有傳
曹本榮 翰林院侍讀學士有傳
汪基遠 東鄉知縣殉難贈按察司僉事有傳
程啟朱

貢生：
陳克竣 一作姓胡拔虹縣知縣有傳
甄嘉棠
周士韻 推官
樊維遠 訓導
靖乃獻 豐潤知縣
熊光裕 中鄉試

八年辛卯

山西鹽運使有傳

王澤宏 用予子中京闈中會試

王承啟

穆修 鉅鹿縣知縣有傳

王協 隨州訓導棗陽知縣見隨州志

王躬允 澄海知縣有傳

王源會 州判

陳之賓 教諭

官純徹 雅州同知

劉更生 甯鄉教諭

欽濂子

張之杜 常德教授有傳

熊夢熊 本姓胡附見王成傳

孫如芝 筠連知縣殉難有傳

汪申達 歸州學正

陳肇昌 中會試

呂尚和 清豐知縣

祝守峻 澧陵訓導

劉承祜 江夏籍

洪有守 拔中鄉試

高登雲 拔嘉興知縣

鄭光聚 教授

熊雯



九年壬辰

黃中寶 鉉子吉水知縣行人司行人有傳

汪煉南 侍讀學士有傳

魏邦哲

王成 有傳

何開藻 知縣見省志

雨弟拔遠甯知縣

高思忠 歲副遠安教諭有傳

周泰祥 祁陽教諭

張可瞻 清浦知縣

王一喬

汪郘孫 拔洪洞知縣

十一年甲午

戴治盛 冀州知州禮部員外郎

江夏籍霍邱知縣

歐陽璧 見題名碑

馮雲傳 本姓熊潛江教諭

張本忠 經魁江陵教諭有傳

林秀

官純肩 沅江通判

官撫應 通判

葉秀 麻陽教諭

錢交叟 內江知縣

吳勤明 濟子知縣

熊光裕 養中孫中會試
宋必達 中會試
樊維域 王衡姪中會試
汪沅 應節子中會試
程啟張 啟朱弟中會試
汪建遇 起雲子
杜琦 伸孫黔陽教諭有傳
胡翊明 祁陽教諭
杜碩 榜姓楊博羅知縣有傳
黃名啟 應山教諭
王一釬 同鼎孫中京闈

張洸 中書舍人
操日臻
張宏任
姚彥
何履仕 有傳
樊齊略 維城子恩
曾克明
朱日濬 均州訓導有傳
余世羽 光先曾孫中鄉試
何右彬 興國學正
孫錫蕃



十二年乙未
十四年丁酉

熊光裕 刑部郎中浙江按察司僉事有傳
王澤宏 翰林院侍讀學士禮部尚書有傳

祀鄉賢

王呂列
汪以載 拔

汪士奇 經魁中會試
王追騏 廷瞻孫經魁中
會試
奚祿詒 中會試
葉封 中會試省志黃陂籍
周之美 緒子中會試
吳升東 元伯子中會試
王封濚 一釬子中會試

余二俊
王追駿 廷瞻孫
邱學岱
綎孫
王追驥 廷瞻孫天柱訓導
王追駬 廷瞻孫江陵訓導見封
周世對 武昌訓導
趙應瑞
林正所 六合知縣

杜衡 碩弟中會試

龍可旌 中會試

朱文球 己陵教諭

汪嶼南 之汸孫武邑知縣有傳

徐子有 監利教諭國子監博士

陳之寀

余卓

杜士英 瓏子江夏教諭永豐知縣

黃如松 辰州教授禮部郎中

林昆翰 知縣

魏信陵

葉自巖 武昌籍衡州教





十五年戊戌

陳肇昌 順天府尹都察院右副都御史有傳

王封瀠 翰林院侍讀學士吏部左侍郎有傳

李天馥 武英殿大學士有傳

投有傳

洪有守 聲遠子京闈中

李天馥 合肥籍中會試

十六年己亥

杜衡 平山知縣

王追騏 會魁禮科給事中有傳

吳升東 浙江道御史有傳

汪士奇 刑部郎中有傳

十七年庚子

奚祿詒 常州同知有傳

樊維域 平鄉知縣有傳

葉封 工部主事有傳

張從瑜 經魁長沙教諭

王追騏 廷瞻孫刑部主事有傳

王之鯨

操之盛 副中鄉試

程童吉 副良球孫

王祖華 副

十八年辛丑

鄭二成 知縣

龍可旌

楊允禎 追騤姪泰州知州刑部員外郎

鍾乾子本姓吳中會試

鄭二成 中會試

鄭一洪 貴溪知縣

洪有能 副

余世安 雲夢訓導

鄭可教

鄷正遲 吏員海城典史有傳



康熙二年癸卯 詔罷八股以論策取士

濟陽杞縣知縣有傳

汪沅 灤澤知縣

朱必達 甯都知縣有傳

程啟張 武城知縣

陳敏常 經魁克興子國學正

梅佳楠

江夏訓導

邱正寅 岳曾孫

蕭廷相 通城籍

彭永祜 拔恩同知

易道憲

陳繼賢

孫叔嗣 黃安籍

程弈 啟朱子西安同知

王材成

江夏籍

操之盛 景陵教諭有傳

江永祚 宜都教諭

王萬瞻 邵陽教諭

余世羽 師皋子瑞安知縣

陳國祝 漢陽籍中會試

陳吉 副教諭

陳景申

詹大衢 謹之子副孔目有傳

澤宏子南康知縣

王封藻 封灤弟江津知縣

吳大本 吉水知縣

魏嶼 公韓孫雲夢訓導

周祖武 興甯教諭

三年甲辰
楊允禎　進宿知縣附見李朝琅傳
陳鴻元
王如琮　一鳴孫
鄭昌　即西教諭
姜祚昌　徽州經歷卓有政聲

五年丙午
張仲經　經魁欒城知縣
鄭昱　先慶子中會試
黃嘉應
馮士尹
廖之渾
李拱祝
李遐齡
汪墀
劉隆道　常德訓導
宋敏政　必達子耒陽訓導
王澤霖　瀘溪教諭陞知

六年丁未
陳國祝　青浦丞清知縣陞兵馬司指揮
胡坦　一中子江夏籍景陵教諭
黃名凱　九溪衛學正
胡思樊　恩曾孫均州學正有傳
穀城訓導
劉宏蘭　應城訓導
孫子俟

七年戊申
袁黃琮

縣





詔復以八股取士

八年己酉
王鳳采　躬俊子中會試
陳宏仁
孫錡
酆維憲　正選子襄陽教諭
徐光林　省志作滕齊東知縣有傳
爾有傳
王追騂　廷聘孫
李朝琅　有傳
廖如愚　夏縣知縣有傳
瞿體元
郭文述
張宏功
程芳烈　副竹山教諭有傳
程宏會　考授州同
魏嶠　公韓孫知縣

九年庚戌
周之美　浦城知縣廣元
鄭昱　安徽布政使有傳
王之張
汪基邦　爚南子

十一年壬子
晏勵明　濟子經魁應城教諭
王文繡　本姓黃
姚之年　本姓蕭通山籍
黃煥文　副
王材任　澤宏子拔中鄉試
王源復　家錄子拔郴州
王材受
袁應俟
劉天植　山西通判
龍光庭

教諭

學正

洪有能 見省志

十四年乙卯時吳逆亂道梗停試

王材任 中京闈中會試

黃善滋 副同始知縣

十六年丁巳是年天下監生入試江南

韋鍾藻 成賢子中南闈餘姚知縣

陳肇熙 肇昌弟江夏籍平江教諭

龍可旂

十七年戊午

宋敏求 必達子解元中會試

曹大輅

陶稽勳

王一鱗

龍際昌

龍于岱

梁鈊

胡之太 淶水知縣有傳

汪在兌

王懋才 武昌籍承祐子中會試

陳大章 肇昌子中書鄉會試

王適 大冶籍

詹士懿 大衡子漢陽教授

韋克繼 有傳

龍尚傳 榜姓呂可旌弟中會試

詹大衡 謹之子黃陂教諭

毛鴻漸

王材升

余士達 西安縣丞有傳

胡之映 以上見董志





咸甯教諭

澤宏子主事

十八年己未

王材任 僉都御史有傳

宋敏求 翰林院檢討

王風采 會稽知縣有傳

龍尚傳 榜姓呂知縣有傳

徐奇志 知縣見省志

王封渫 封渫弟黎城知縣

魏嶠

王維冀 公韓孫知縣

王鍾璋

宋一俊 羅田學追駒子

曹宜溥 本業子召試博學宏詞授翰林院檢討

陳繼謨 以醫舉八品吏目有傳

王追騏 以博學宏詞徵

二十年辛酉

汪基美 經魁掄南子公安教諭

汪維鏞 嘉魚籍潛江教諭

陶五秉 副南漳教諭

許文岐 本姓鄧武岡學正羅田人

王學朱 承祐子靖州學正

王懋德 承啟子中會試武昌籍

詹士朗 大衡子嘉魚訓導

劉同訶

不就

二十一年壬戌

王懋才　新建知縣附兄懋德傳

王懋德　廣靈衛都知縣有傳

孫篤棐　省志新化教諭宿遷知縣見省志

蕭一舉　武岡州學正

劉孫茂　子壯子靖州學正

姜維周　鄖陽教授

二十三年甲子

宋如辰　解元中會試

江一畬

王如治　蘄州學正

吳國貞　興國學正

祝軒齡　寶坻知縣

舒士才　本姓盧永定衛教授

段光文　襄陽訓導

周維樸　漢陽教諭

周維棫　甯遠教諭

曾明德　本姓李衡州訓導

程光禧　之奇子江陵訓導





二十四年乙丑

宋如辰　左春坊左中允有傳

杜士默　琦子拔大冶教諭

詹伯瑤

二十六年丁卯

熊開任　省志作開仕

陳大章　肇昌子中北闈中會試

王澤深

周岑　本姓陳

詹士廉　大衡子拔南漳教諭

王追駒　廷璐孫拔甯鄉教諭

陳清

陳大犖　驥昌子

二十七年戊辰

陳大章　翰林院庶吉士有傳

謝加恩　經魁刑部主事有傳

王鎮邦　見寶善集

龍士斌　一作世斌訓導

張世彬　見省志

萬爲隨　里春子江夏籍桂陽學正有傳

二十九年庚午

陳大華　肇昌子解元有傳

陳大年　副肇昌子鄧州知州

葉道復 封子中會試武昌籍
王一導 追駪子中會試
萬爲恪 爾昌子中會試
陳大韡 肇昌子戶部郎中有傳
李正達 湘潭教諭府志

王一鯤 追駪子沔陽學正
劉隆譽 副功允會孫
鄭昆 長沙教授
王掄士 拔武寧知縣有傳
黃復生 貴陽安順通判見貴州志

蘄水人
陳文錦 見省志

三十二年癸酉

欽士佃 本姓周解元中會試
杜必春 榜姓譚
萬燦 歸州學正有傳
袁豐 有傳

范同文 拔
王嘉勳
萬奇英 畢杏子應山訓導有傳
樊齊英 維城子
周承文





三十五年丙子

程有年 安陸教授
王漢周 中會試
朱之裳 省志姓宋
范基祚 中會試
陳大慶 肇熙子桐鄉知縣有傳

余先緯
葉世郁
張聯奎
喻以章
袁國喬
靖裕元 武昌訓導
蕭國樞
劉繩東 副
王嘉熹

三十六年丁丑

萬爲恪 遂安知縣有傳
王一導 浙江甯紹台道有傳
范基祚 淯川知縣行取有傳

王一煌 追駒子通城籍能詩
王名超 羅田籍襄陽訓導
萬覲祖
萬廷璜
王文燕 武昌籍
郭壯尊 本姓奚所蘊子

黃岡縣志　卷之八　選舉　十九

三十八年己卯

易天壽 士龍孫經魁漢陽教諭

陳澤周 經魁衡陽教諭

童儒 本姓張

王全才 風采姪中會試

咸甯籍

程國器 華容教諭

王樹仁 源昌子

陳際昌 瑾子國子監助教

孫鴻勳 副

王名啟

陳芳烈

王沐仁 風采子通城教諭

王澎仁 風采子荊門訓導

盛文賢 有傳

余珖 中會試

王文炳 中會試

徐流謙 中京闈中會試

葉王前 中京闈鎮江常州知府天津道陞副使

張錫國

陳首撰 濂溪訓導

王一麟 追駒子桃源訓導

杜大任 仲孫雲夢訓導有傳

樊齊伊 維域子中鄉試

黃岡縣志　卷之八　選舉　二十

三十九年庚辰

欽士佃 翰林院庶吉士有傳

葉道復 福安知縣

余珖 四會知縣有傳

張一斑 拔南漳教諭有傳

樊齊佶 穀城訓導

王一鯉 一作鯉追驥子

周繼宗

鄭可格 昱子宜城訓導中鄉試

四十一年壬午

王文炳 省志作姓黃吳堡知縣

葉正暑 本姓童歸州學正

姚必發 本姓王省志黃陂人

王如种 封濮子甯鄉和順知縣

周命新 副

操士望 之盛子羅田籍

曹一嵩 拔

靖乃懷 隨州籍

熊鍾濬

王材進 武岡學正
陳大華 肇昌子 中會試
宋敏道 如辰弟
劉祖夠
沈文謨
陳灝 大年子
汪度宏 士奇孫 中會試

訓導
杜魁楚
陳師履 中鄉試
胡塤 垣弟
余鼎煌 本姓龔 有傳
王茂勳 材任子 鍾祥訓導
樊聖濂

四十二年癸未
王漢周 肇昌知府有傳

四十四年乙酉

涂士通 亙初孫 本姓鄒 咸甯教諭
潘同炓 見省志
汪之珍 見省志
王材達
姜世坦

恩 本姓易
王策勳 材任子 副中鄉試
王維宏 崇陽籍
汪維銓 維鏞弟
王澤昌
孫顯奇 希仲子





孟應泌 崇陽教諭
宋應辰 如辰弟 桂陽學正
王策勳
汪惟鑾 惟鏞弟
胡珵 思樊姪 石首教諭

龍傳封 可旌弟 武昌籍
孫昌運 有傳
顧本恭
王正位
熊涓
歐陽應理 漢陽籍
王紀勳 副
袁應時

四十五年丙戌
陳大華 福建臺灣道有傳
汪度宏 保昌知縣有傳
王全才 長甯知縣有傳

鄭可格 中書
楊節周 本姓周

陳寅亮
程宏元
王詢相
杜上志
邵其文
陳珽
王楙柯 承祜子
袁壽眉 咸甯籍

四十七年戊子

袁士昆

王楙蘭

本姓陳宥達教諭

樊齊伊 繼域子中書

王顯勳 本姓蕭

孫昌運 本姓朱一作昌遠石首教諭

王棫續 中會試

杜樞

副

李高楠 副榜姓徐

周宏祚

陳應鳳 瑾孫保康訓導

葉學 鄖陽訓導册姓唐

陶正發 册姓楊中鄉試

陳如峯

五十年辛卯

傑曾孫教諭

夏銑 亮采孫本姓曹

杜啟運 大任子經魁中會試

袁國桴

訓導

周從易

許奇

方嘉祥 訓導羅田籍

吳至德 本姓陳咸甯籍訓導

謝鼎 蘄水訓導有傳

陳昱 襄陽訓導



中會試

范元灝 基祚子固始縣知縣署開封同知

張楠 衡陽教諭有傳

周有堂 中會試

楊正發 本姓陶有傳

王一闓

周維禮 之鳳子漢陽德安訓導

魏煒 嶼子江陵訓導兵馬司吏目

葉淩雲

胡思虞 本姓邱

宋猶璟 必達子

黃晟

五十一年壬辰

周有堂 禮部主事有傳

追駒子

楊篤本 本姓陳棗陽教諭

周嵩 中會試

河陽籍

葉應時

王如柘 武甯知縣

葉維藻 副應城教諭

王如桯 封深子

佘其鳳

韓世昌

杜邦奇 江夏籍士英子

五十二年癸巳
袁國桴 吏部主事
徐流謙 大興籍 翰林院檢討
陳士俊 倬子 經魁
王漢書 襄陽教諭
周其達 本姓吳 石首教諭
陳師栻 大華子 德平知縣
熊之聘 巴東訓導
於正泌 恩廷諍曾孫
陳大鴻
黃啓文
黃世法
匡乃后
祝伊齡 沅陵訓導
鄧尚文
王如曾 濮牛巡檢

五十三年甲午
鄒受祉 蒲圻教諭
萬禮祖 爾昌姪孫 中會試
周祚縉 中會試
楊瑞杞 中經魁
鄭維嵩 中會試
余鼎鍾
鄧文炳
夏忠賢 武昌籍
陳大啟
葉錡
劉同寬
劉元勳 訓導 鄖陽籍
馮三才
孫世德 宛平西山巡檢
熊同仁 太平知府 戶部





郎中
熊同智

五十四年乙未
王楙績
李瓊枝 本姓陳 中會試
陳師履 大年子
王樹材 家録孫
王如旦
萬諏 見省志
蒲圻教諭
汪元炯
胡如斗 一作姓鍾
陳師洛 三科副中鄉試
孫問禮 顯奇姪 應城訓導
詹士齊 大衢子
謝應珏

杜啟運 永州教授 有傳 西和知縣
同仁弟 羅田教諭
陳際鼎 瑾子 蔚州知州
松滋訓導
王澳 京山訓導
方國正 武昌訓導

五十六年丁酉
靖道謨 經魁 中會試
喻良材 本姓潘
陶肇曙 恩施教諭
呂成旭
王封樂 副中鄉試
孫士袁 顯奇姪 應城訓導
熊同義 同仁弟 寶坻大
靖天紀 漢陽訓導
宋鍠 敏求子 德化肥鄉知縣 有傳
張鳴皋 龍泉知縣

本姓杜
城知縣

五十七年戊戌

李瓊枝

宋南明 士龍孫本姓王無錫知縣
王一華 追贈子衡山教諭
鄭琛 昱姪
楊熉 中會試

喻艮才 武昌籍
李崇義 副
杜宗籓
宋葉芳
熊鍾秀 訓導
黃騫 孝感訓導
魏永絲

邵炎 同知效用河工
王澳 廩貢京山訓導
蔣元珠 未入流
李逢泰 正八品
靖文后 監生考授州同
許必發

五十九年庚子

楊熉 本姓陳有學行右玉知縣

於萬震 正泌姪經魁
甄衣錦 本姓王
王坦
童文麟 固始知縣有傳
吳卒祖 見省志江夏籍

淮安鹽大使有傳
蔡來儀 副
曹宜高 本榮姪
靖乃成 宿遷知縣有傳
汪渙
桂時榮
余欽若

張世澤 未入流州同
談啟聰 正八品
范維邦 正八品
王廷捷 正八品
萬連登 縣丞
熊封璋 正九品





六十年辛丑

靖道謨 翰林院庶吉士博學鴻詞姚州知州有傳

江夏籍中會試

恩
靖天紀 漢陽訓導
龍際舜 一作際華倘傳姪
夏興邦 恩

鄧邦昂 正八品
李銓 正九品
周彬 正九品
陳昌元 未入流
余志道 未入流
王士琪 正八品

雍正元年癸卯恩科會試

萬禮祖 太平知縣有傳
方可丹 新淦知縣有傳
周嵩 大名知縣行取大理評事有傳

王封岱 一導子
陳師豫 大韓子候選主事有傳
胡作舟 珠孫江夏籍
方可丹

陳必達
余學乾 副崇陽教諭
陳師弼 副
萬壽祖 中鄉試
龔陳渤

王如玢 監利教諭有傳
邱艮驥 通城訓導
易洪周 以醫舉主事見府志有傳

李希晟 府經
熊承寵 未入流
張鳴遠 醴泉知縣孫建鎬籍醴泉拔貢以知州官江都知縣
余宏仁 珧子陵水知縣見粤志

中會試
余世宗
李高松 高楠弟中會試
皮日升
朱寀扶 南漳教諭中會試
靖天綱 道謨兄
王封岷 一導姪

副
汪茂本 惟錡孫
拔 孫偉略 拔有傳
彭之凰 拔
劉鋒
恩
方可榮
田宏道
杜邦惺

胡文鼎 州判分發廣西
沈起鳳 從九品
胡嗣芝 從九品
王仕宏 從九品
李鑑 肄業報滿候選訓導
劉國棻

王封樂 一導姪
余承堯
王封岐 一導姪鹽大使
宋鍔 如辰姪
嚴世同
奚學標 圻水籍知縣見省志
吳其達

士英子
王道明 武昌訓導有傳
陳昌
劉廷相
王世通
詹士盛 大衡子
陳裕 芳烈子竹溪訓導
姚文鳳

未入流
方思恭 未入流
熊方興 從九品
邵光禧 縣丞
胡文卓 玉田縣丞
舒廷彥 從九品
劉承詔



二年甲辰補癸卯正科湖南湖北分闈湖北中額五十名詔

榜姓周京山教諭舊誤入康熙癸巳科
萬壽祖 燦子
汪依仁 度宏子海陽知縣有傳
劉近顒 本姓王新野知縣有傳
李應魁

徐學燕 沔陽訓導
周士濂 本姓程漢陽籍

從九品
沈應祥 從九品
邵光榮 縣丞
馬自辨 從九品
胡朝選 未入流
於文海 未入流
馮三聘

四年丙午五經副榜准作舉人

中會試
朱文魯 見省志
徐世正 清淵知縣
胡紹緒
王光珮 鼎績子歸州學正中會試
許岳 中會試
郭宗乾

李時英 通城訓導
陳師晉 大章子知州
王一佐 追駒子
雷震元 枝江訓導
劉奇

正九品
張定榮 從九品
游泓道 正九品
嚴則天 常熟主簿
馬之煇 州判
馬之烜 縣丞

五年丁未

周祚縉　施南教授有傳

李高松　會魁定遠知縣

都城孫

汪永開　惟鎣姪

陳師洛　大挙子

張起鵬　五經副榜作舉人

本姓余漢川訓導

王道亨

萬正勳

袁應炳

胡天健　拔江夏籍鉛山

七年己酉

許岳　永和知縣

朱澤遠　呂運子有傳

施士卓　永州教授

劉自拔　見府志蘄水籍

龍雲葵　省志作龍于飛蘄水籍中會試

知縣有傳

孫天祿　拔當陽訓導有傳

周興邦　拔有傳

汪永書　拔惟鏞姪署華亭昆山沛縣知縣

陶玉華





八年庚戌

吳率祖　江夏籍清江知縣

副當陽教諭

十年壬子

萬年茂　爲檊孫中會試

王本義　雲夢教諭

十一年癸丑

李應魁　永順同知

鄭維嵩　戶部主事文登

萬娛祖　燦子

魏永經　永綠弟竹山訓

十三年乙卯

知縣

導

程後濂　芳烈孫中會試

王如旦　更名如瑄蒙陰知縣

余從龍　天門教諭

傅楫

王如旦　澳子拔中鄉試

陳應龍　士俊子拔中鄉試

袁其昌　副京闈

范朝綱　副中鄉試

張儀鳳　副

萬綿祖 爲恪子副中鄉試
孫延禧 偉略子副長陽教諭
周起龍 嵩弟副中鄉試
王如芝 公安教諭
夏克仲 石首訓導

乾隆元年丙辰會試鄉試

萬年茂 翰林院編修廣西道御史有傳
程後漲 河工同知有傳
龍雲斐 潭源知州

張雲鴻 經魁京山教諭
周起龍 亞魁孝感教諭
周茂建 之美孫石首教諭有傳
萬年豐 年茂弟浙江鹽大使有傳
萬綿祖

吳爷璋
郭克煥 恩
葉瑞麟 副
萬經祖 爲恪子副
余思潤 副
徐繼先
袁竹
楊維楓

靖道謨 翰林院庶吉士舉博學宏詞

謝國詔 南安縣丞分駐羅溪有傳
陶國幹 安順知府加道銜有傳
陳發
范嵩年 廩貢鄉縣知縣
溫縣典史
錢慕福



東湖教諭有傳
萬縉祖 爲恪子丁巳明通岳州教授
萬廷望 經祖子定邊米脂知縣有傳
鄭宗璜
胡藎凡 甲戌明通徐聞知縣雷州海防

雷大年
汪峻發
詹伯瑤 邛州州判

監生湖南試用通判
張士最 鳳鳴子監生貴州按察司照磨
朱廷選 監生福建古田縣丞
馬堂 廩貢宜昌訓導
王岑 炳文子山東試

三年戊午

同知
張廷偉
王年松 丁巳明通鎮源知縣
胡玟 珵弟
郭維本 宗乾姪解元萊州鹽大使有傳
萬希賢 爲隨會孫

王封渭 副中鄉試
萬廷綱 副
詹世純

用州同
王嵩 炳文子監生出謄錄議敘州同歷城知縣
劉元卿 從九品
孫定國 正九品
鄧之瑚 從九品
嚴廷相

四年己未

王光珮　登封知縣附見懋績傳

六年辛酉

吳起鵠　士盛子　副

馮子式　姪大定籍中貴州榜會試

秦開燮

孫祚濬　拔中鄉試

孫祚濬　錫蕃曾孫亞元應城教諭有傳

邵光祖　拔有傳

孫祚灝　祚濬兄經魁王

陶鳴岐　副巴東教諭

陳健飈

正九品

林永昌　未入流

鄭爲昌　從九品

易壽民　吏目

朱東　從九品

陳匠祿　未入流

王懋召

戊明通恩施教諭　副

王古岡

宋鏊　如辰姪壬戌明通恩施教諭中會試

呂愷

嚴洊

方可觀　可棨弟

韓觀理　黃陂教諭

鄧光旦　維憲子鄖西訓導

李長青　中會試

萬綬祖　爲悋子附見爲子

謝仁法

從九品

邱顯仁　正八品

黃之驤　從九品

曾定勳　從九品

左宜　從九品

曾定烈　從九品

張世亨





七年壬戌

馮子式　益陽知縣有傳

悋傳

張夢魁

王楙蘇　全才姪壬戌明通武昌教授州學正

陳天寵　湖南中會試榜

陳應龍　京闈南元中會試

呂德芝

從九品

何有谷

嚴廷棋　均從九品

吳國樓　正九品

蔡其佐　未入流

何有聲　從九品

劉國裕　從九品

九年甲子

十二年丁卯

樊廣烈　玉衍曾孫

蔡必朝　之驌孫嘉魚教授

周棟隆　維穗姪中會試

孫廷槐　天祿子黃陂教諭

萬年治　年茂弟

靖式文

靖式文　副中鄉試

蕭廷相　通城籍

周嶼賓　副

李光緒

蔡履豫　江夏籍中鄉試

周邦佐

操文英

許尙忠　均從九品

陳斌　從九品

黃悅峯　從九品

徐滋正　未入流

王萬瑜　從九品

魏元楷

道謨子亞元
范朝綱 元顥子中會試
宋嶽源 敏求孫鍾祥籍石泉知縣

副
龍華封 副柳州州判
馬堂

鹽城上綱閘巡檢
王萬璋 從九品
黃會梓 從九品

十三年戊辰

陳應龍
李長青 知府潼商兵備道有傳
朱案扶 有傳
陳天寵

程化龍
王維翼
童一鯨

王家楷 未入流
謝傑
張興宋 均從九品
胡從鯉



十五年庚午

靖州籍長壽知縣

胡心安 天健子經魁象州知州有傳
邱恩榮 中會試
舒攀桂 隆德知縣
宋廷採 敏求曾孫中會試
周象晉

楊聯奎 雋本孫副中鄉試
萬希濂 禮祖孫副
蔡必選 副
黃自芳

正八品
汪德經
陳必達 均從九品
董世昌 正九品
邵明玉 縣丞
陳世榮 未入流
黃會楨 正八品



十六年辛未

邱恩榮 吏部員外郎衡州知府署衡永郴桂道有傳
范朝綱 鄒平知縣候選主事有傳
宋廷採 大理知府有傳

見省志

程之駰 芳烈子 恩
邵光映 恩

黃宗鎬 未入流
馮臣湯 未入流
何文明 從九品
顧廷材 從九品
袁其元 未入流
邱用常 從九品

十七年壬申 恩科鄉會試

周棟隆 署陽知縣

萬廷璧 壽祖子興國知

魏應魁 副崇陽教諭



王封渭 猗氏知縣有傳

縣有傳
張念祖 本忠曾孫中會試
張京鯉 上猶知縣有傳
杜秉時 敘運姪咸縣知縣有傳
王封渭 追騄孫中會試
易世誥

王宏猷 副
齊曦
程興仁 光蘊孫中鄉試
張鳳鳴 拔中鄉試

姚士基 未入流
陳經 正九品
王祚通 從九品
謝其恩 常甯縣丞
嚴寅 承夏子鴻臚序班
李學穎

十八年癸酉

本姓嚴黄陂籍仙游知縣

張鳳鳴 經魁甲戌明通兗州知府有傳

程興仁 中會試

龍雲起 蘄水籍

周凝光 茂建子拔雲中費訓導中鄉會試

萬廷琯 奇英孫拔合江知縣有傳

孫廷璋 天祿子副

周攀龍 興邦子副通山

衡水典史

嚴萬春 從九品

杜鉉濬 從九品

何正義 正八品

程正組 麗州府鹽大使

易廷樞 候選訓導

王蔭昌

教諭

於正涫 有傳

陳宗夔

二十一年丙子

蔡履豫

王維淵 副

程志韓

華亭金山馬績巡檢

汪岑 歸善碧甲巡檢

謝方彬 華容縣典史

包萬清 典史廣東巡檢

二十二年丁丑 是年鄉會試頭場減經藝二場減論表判用經藝加排律詩一

程興仁 鄖陽教授

宋鏊 安陸教授有傳

王世坦 鄖陽訓導

夏其城

楊瑞棕

孫士敏

邱安校 恩榮子瑞昌知縣

邱安學



首後於頭場加論一首

二十四年己卯

周凝光 茂建子中會試

余文煥

楊聯奎 江夏教諭

許謙

宋本敬 如辰孫榜姓陳中湖南解元鎮安知府有傳

胡如琮

舒學乾

杜啟元 大任子

恩榮子一名巖敘州吏目

陶國治 安東典史

杜世芬 藍田典史

陶兆康 候選巡檢

陳元搏 灤州巡檢

陳本謙 鄖西訓導

二十五年庚辰

周凝光 新甯知縣有傳

張宗震 念祖子經魁宣恩訓導

張其洲 平利知縣有傳

於長源 正涫子宣恩訓導

朱申 案扶子中順天經魁

程後濂 舉博學宏詞不就

朱寵錫 澤遠子嶧縣閘官

二十六年辛巳

張念祖

周鼎新

會魁有傳
房縣教諭
王世迴
陳希聖
程開泰
吳起鸞

二十七年壬午
嚴承夏 中會試
陳勉中
周孔彰
趙城知縣有傳
萬年蘅 順昌知縣有傳



隗文炳 咸豐訓導
萬廷翼
邱之松 四川籍
熊正銘 禮縣知縣江夏籍

三十年乙酉
邵明鸞 經魁
張雲濟 濟省志作際
張雲濟 拔中鄉試
靖本誼 拔中鄉試

王炳文 兵馬司指揮郎岱同知
包德全

三十一年丙戌
嚴承夏 定海知縣杭州同知有傳
陳啟疆 澄山訓導
曹轂

三十三年戊子
朱大勳 石首訓導
周邦勳 石首訓導
周邦勳 中鄉試
孫洪濟



杜魁 襄陽教授

三十五年庚寅
霍純 京山訓導
王錫觀 副
操履騮
萬人傑
荊門學正有傳
胡世經 恩
朱霞遠 臨城知縣有傳
靖本誼 京闈南元中會試

三十六年辛卯
劉之銑
林隆建

三十九年甲午

石首教諭

陳鳳藻 大埔知縣有傳

陶起騊 四川雲陽籍

吳夔鴻

尤士藩 沙河知縣

張士昱 鳳鳴子中北闈平和知縣

熊光鵬

姚知鍏

邱雨濬 恩貢賜副傍

楊[illegible]廷

張士旦

鳳鳴子北闈副岳州教授

王如鎣 一導孫副長陽教諭有傳

陶萬甯

四十年乙未

靖本誼 武英殿纂修萬安知縣有傳

江夏籍濱州知縣

周璜 嵩胞姪宜城訓導有傳

童龍光 攸縣教諭

馬正塾 竹溪訓導德安教授

四十二年丁酉

龍澍 中會試

孫光樓 鄖陽教授

萬希科 拔中鄉試

孫斧炳 拔中鄉試



四十四年己亥

林向鳳

孫承炳 廣靈知縣

朱英 武昌教諭有傳

靖本詡 安陸教授有傳

張大運

四十五年庚子

萬嵒 燦曾孫解元宜城教諭有傳

羅萬邦

黃紹慈 有傳

王待詔

李鈞簡 長青子副中鄉會試

王善濤 副

萬年華

邱士麟 有傳

萬希科 燦曾孫荊州教授有傳

陳翊休 巴縣籍

陶啟駿

四川雲陽籍

陶啟騋

汪兆霖 蘄州知州有傳

王士珍

縉祖子竹山訓導附見年薦傳

魯昌期 恩南漳教諭

陳琢

余攀龍

四十八年癸卯

李天訓 副

張掄元

四十九年甲辰

龍澍 南昌同知有傳

道明孫峽江知縣有傳

萬希洛

龍門鯉

宋文燦

葉大隆

程益超

陳廣旃

汪耀宗 恩

五十一年丙午

李鈞簡 解元中會試

王鑾 副有傳

黃位三

張賓 副

汪鳳超

省志誤載入荊州

熊廷俞

靖本託 中京闈邵陽知縣一作邵陽知縣有傳

周漢德 有傳

五十三年戊申是科罷專經輪試五經本年鄉試輪試詩經

黃樹棠 中會試

詹閎鏊 副中鄉試

錢周德 內閣中書有傳

商權 副

嚴文乾 世同姪





五十四年己酉前歲戊申罷專經是科會試輪試書經鄉試輪試易經

李鈞簡 翰林院編修江西學政兵吏工戶部侍郎順天府尹倉場總督有傳

萬希煜 廷望姪中會試

邵國柱

韓振煒

萬希宗 廷璧子益陽知縣有傳

宋治咸 鏊子鄉中拔會試

蔡文蘭 中會試

王廉 拔榜名玫

宋廷楓 本敬子中湖南榜

徐璋 副應山教諭有傳

萬希貝 燦孫

恩

五十七年壬子前歲庚戌會試輪試禮記是科鄉試輪試春秋

林中桂 恩

宋治咸 中會試

鄭國柱

熊衍椿

高沛霖

秦士恢 武昌籍

吳嗣泰 見省志

段先達 本姓潘江夏籍

五十九年甲寅是科鄉試五經裁論

胡燧

劉之鑾 有傳

張士旻 大逕姪

汪步丹 麻城籍

楊尙璸 武昌籍

劉秉撝 副

六十年乙卯

孫修賓

張元諒 德安教授

程光華 副

萬希煜

嘉慶三年戊午是科鄉試加中額十五名

張泉 恩賜舉人國子監司業

宋天暉 石首訓導 恩

樊廣祚 原名淵 恩

陳元陽 鄖西教諭

王兆京 穀城教諭有傳

程磬 宜都訓導

汪兆科

張履恒 副中鄉會試

萬鼎鉅 希煜姪

萬希槐 禮甜孫南漳訓導有傳

歐陽賢 舉孝廉方正

王榮鑣 庠名志鈞廩貢廣平經歷錦縣知縣

嚴家蕚 承夏子原名家穡廩貢肄業成



邵鴻昌 兆霖弟中會試恩賜

四年己未

蔡文蘭 黟陽知縣

邵鴻昌 恩賜檢討

余家騏

汪謙 有傳

萬鼎琛 中會試

萬鼎芬 副有傳

嚴家駒 承夏子

李振堃

五年庚申

均候選訓導

周攀桂 廣東巡檢

陳鑒 平武主簿

靖厚鍼 式支孫惠民縣丞

靖厚鎮 長汀縣丞

朱映奎 候選通判

杜枚 清江通判有傳

乘時子中陝西榜嘉魚教諭

六年辛酉

宋治咸 仙居知縣有傳

黃樹棠 茂名知縣有傳

張履恒 中會試

易𨗨 本姓靖中鄉試拔

梅延 更名德音郎壆知縣

王宗柏 如瑄子

許性華 大挑知縣告補當陽訓導

周嘉謀 廩貢通山訓導

王志銳 嵩子泗城經歷

翁永茂 軍功議敘平彝典史

劉兆株 廩貢候選訓導

李潮 貴州典史陞都康土目吏

七年壬戌
九年甲子

萬鼎琛 翰林院庶吉士瓊山知縣有傳

詹聞鰲
靖崇弼 歸州學正
萬鼎洋 希宗子中會試
程光禮 荊州教授
史夢牲 恩賜

王宗堃 待詔姪

十年乙丑
十二年丁卯

萬希煜 平遠知縣有傳
史夢牲 恩賜檢討
陳宗器 恩賜檢討

陳宗器 恩賜
劉昌檜 茂元孫永順教諭
萬仞

周鳴鳳 有傳
吳之任 通城訓導
羅道映

徐秉汧 縣丞分發江西
胡玉森 廩貢訓導署襄陽教授中鄉試
張晉川 鳳鳴姪册姓馬衡陽巡檢
錢光謙 福建鹽大使
王謙亨 廩貢署雲夢訓導
王士拔 宗茗子廩貢署江夏教諭
王士訓 附監試用縣主簿
王鏞 如鏊子伍佑場大使
劉兆英 候選未入流





十三年戊辰

嫏祖孫更名鼎欽監利教諭有傳
陳肆三 漢川教諭
魏鴻
孫世芳 巴縣籍
汪梴三 中會試
劉遐亮 漢州知州加運同銜有傳
陶致孝 江蘇知縣
曾鵬 中會試
趙椿 江夏籍開平知縣
彭光第 宜都訓導
孫恪 巴縣籍

李茂林

胡璧 定泰子補用縣丞

十四年己巳
汪極三　正陽郾城知縣有傳
張士瞰
秦灝　恩賜
汪鄰　恩賜
王鴻譜
陳昕　恩
羅埴

十五年庚午
萬承宗　年茂子中會試
嚴垣　建始教諭
陶煒　宣恩訓導主講南坪書院
嚴承啟　師範元孫巴東教諭有傳
童先惠　更名兆鎬武昌教授
胡其蔚　有傳





十六年辛未
萬鼎洋　大興知縣定州知州有傳
汪兆柯　東安知縣署羅定直隸州有傳
曾鵬　陸川知縣有傳
王基浩　巴縣籍
羅景南

十八年癸酉
汪引鴻　兆霖子經魁武昌教授有傳
龔斗南　優雲南府經歷
余作梅　經魁遠安訓導
謝道塏　有傳
李榮鴻　鈞簡子更名鴻名又更名樹滋中書潮州同知
舒棠　志烜子更名菼拔中鄉試
胡必楠　翰林院典簿
黃理中　拔竹山訓導
胡美彥　心安孫中會試
靖易塼

胡學仁 有傳 榜姓易
汪封渭 世襲恩騎尉中會試

十九年甲戌
萬承宗 翰林院庶吉士改知縣累官大定知府有傳
張履恆 內閣中書有傳
鍾英 有傳
劉仁炳 蒲圻訓導

二十一年丙子
王鵠
曾世儀



如皋子中會試
奚先愷 中會試
李鼎玉 東湖教諭
奚先悌 先愷弟直隸知縣
副孝廉方正給六品頂戴中鄉會試
朱兆斗 優有傳

二十二年丁丑
王鵠 如皋子平鄉知縣附見如皋傳
奚先凱
趙廷海 天門訓導
陳模



原名先愷內閣中書

二十三年戊寅
王鶴
劉成柏 湖南知縣
胡玉森 壬辰會副議敘知縣有傳
邵際然 江夏籍均州訓導

二十四年己卯
胡美彥
周華桂
龔炳



翰林院庶吉士改主事刑部郎中高州府知府有傳
鄒運寅
陳瀚曾孫副保康教諭有傳
劉瑩 副
姚際運
林太倉 恩
范懋 恩
陳瑨

道光元年辛巳
靖厚欽 解元中會試
陳元闓 恩
曾世儀 舉孝廉方正中
萬鼎恩 承宗子湖南辰

二年壬午

沈連洪 漢陽訓導保舉知縣
李學海 光州籍
汪兆雲 謙子中會試
嚴家珩
吳大鏞 蒲圻教諭
萬家福 鼎芬子中會試

童十聲
萬裕臨 恩鼎琛姪
程光國
王佐猷 嗣有傳
萬鼎時 希良子
周夢霖 萬曾孫

鄉會試
胡飛雄 府庠生舉孝廉方正

州府經歷有傳
張堉 京經孫直隸候補巡檢
謝燮 候選未入流
游寅準 廩貢試用訓導署南漳訓導
陳鶴齡 候選巡檢
陶光第

三年癸未

萬家福 翰林院庶吉士
汪封渭 德州知州有傳
汪兆雲 謙子郎用知縣改郎陽教授
靖厚欽 平武知縣有傳

王思引 中會試

龍爲紀 蘄水籍

候選從九品
李楨 藍翎用從九品署延川典史
周瑛 候學武宣巡檢
鄧開祥 候選從九品
陶啟科 候選從九品
張秉亮 候選翰林院待

五年乙酉

謝道瑆

黃之璇



亞元更名炎燮源知縣加知州銜有傳
李士夔 中會試
汪士俊 南漳訓導興化知縣有傳
萬渭 鼎洋姪襄陽訓導有傳

樹棠子副有傳
王際霍 拔改名際雲封川知縣有傳
洪恩瀚 副雲南知州有傳
萬鼎寶 拔品子
黃自宸 有傳
王然

詔
王嶽 士珍子候選從九品
汪必啟 監生湖南試用從九
汪銘序 封渭姪廩貢安陸縣訓導有傳
劉秉恕 本讓曾孫附貢

八年戊子

嚴啟棠 惇仁子經魁公安教諭
汪氣濟 極三子應山訓

拔基浩子巴縣籍
謝志烜 有傳
蔡鎔舉
萬鼎會 希良子
萬鼎勳 優承宗子中鄉試
余文蔚

生候選訓導
汪銘瀚 封渭子鎮原知縣加知州銜
汪益猷 士俊子直隸雄澤典史
奚德琇 先弟子直隸臬經歷借補滄州孟村巡檢
謝清臣

導

九年己丑
李士燮 四會知縣有傳

曾世儀 中會試
丁璸 中會試
羅柏章

十一年辛卯
嚴春華
劉炯 漢陽教諭
戴如蘭 副
王自筠 青陽知縣
靖郁齡

奕子安徽候補府經歷
劉錫琪 附貢生襄陽訓導累保知州銜花翎知縣歷署江西貴溪瑞昌星子崇義知縣
胡華潤 增貢候選訓導勞績保加翰林院典簿

厚欽子更名郁陞漢陽教授輔

十二年壬辰
洪恩溢 候選同知
靖華璧 亞元有傳
劉秉仁
陳汝鈞 元闓姪 副
程光振 宜都訓導
陶宜煌
謝漢清
陳芳 鶴齡子

十四年甲午
熊聯輝

汪銘庠 封渭姪安徽霍邱縣開順巡檢
黃可貞 山東府司獄清平魏家寨巡檢
龔士濬 斗南子雲南候補未入流
程仁傑 江夏籍由軍功議敘知縣游陞



經魁
史宇衡 經魁有傳
余宗道 竹山訓導
嚴啟柱 啟棠弟鍾祥教諭

十五年乙未
曾世儀 保定同知署天津河間知府有傳
陳堯松 樾子有傳
李希勉 恩
萬鼎勳 承宗子山西知
鍾應鸞 英子

安徽太平府知府
張應受 萬選子順天籍附生由序班改候選訓導
謝雁臣 奕子安徽候補巡檢
萬世清 山西候補通判署芮城知縣

十七年丁酉
王思引 赤城知縣

縣有傳
陳樾 本謙子有傳
曾邦俊 原名忠世儀姪中京闈嘉魚教諭有傳
喻泰勳 副
吳榮 中會試
高謙
吳榮 拔中鄉會試
方新運 廷翰子江夏籍
李開善 副
胡灤經 美彥姪中京闈勞績賞給六品頂戴
朱兆槐 大勳子
梅見田

劉澯 國子監典籍

十九年己亥

林壬 解元棗陽教諭截取國子監監

喻承瑛

汪引芝 副

延子拔 有傳

單開第 拔

龍霦 江夏籍拔光化教諭

王家璧 武昌籍拔中鄉會試

丞

廖志基

萬鼎券 縉祖曾孫更名鼎璜有傳

詹有筠 穀城教諭

李大坊 更名應觀四川懋功廳有傳

王家璧 武昌籍中會試

熊耀春 副有傳

許汝梅 有傳





二十年庚子

朱光燦 中四川榜亞元

胡綬 美彥子中京闈更名霖對中會試

高兆封 江夏籍

嚴由霦 垣姪孫勛縣知縣有傳

張毓樫

履恆姪

邱翔

高浚 保舉訓導

王燕瓊 如曙曾孫石砫廳同知有傳

二十一年辛丑

丁璜 曲沃知縣有傳

汪士倫 士俊兄有傳

二十三年癸卯

邱文 經魁殉難有傳

沈之銓

鄧琛

喻宗德 副

二十四年甲辰

胡霖澍 貴州遵義知府

蘄縣知縣郎中知府銜
雷浩 更名春詔現任恩施教諭
奚德澐 先愷姪
萬裕鵬 年豐曾孫興國州學正有傳
萬裕滋 鼎琛子荊州府

徐方烱 副中鄉試
方鏞 優勞績保舉教諭加鹽提舉銜
程紹洛
萬鼎衷



二十六年丙午

殉難予卹有傳
王家璧 兵部主事順天府府丞現任光祿寺卿

教授
童先權 鄖西教諭
童範儼 吳城同知有傳
姜炳文 安陸教諭殉難有卹
張顯理 中四川榜
喻泰塈

嚴惇仁 恩
游亨祖
童紹元

曾錫齡 世儀子直隸阜城縣知縣



二十九年己酉

張百揆 解元現任興國州學正
汪鏞鐘 連江知縣
雷名琯
張榮埅

胡一榮 原名理順副中鄉試 副
萬樹滋
奚先恕
汪士儀 副廣東候補知縣
黃啟運 拔中經魁
萬成錦



咸豐元年辛亥

永平知縣
周禾田 解元應城教諭
嚴旭 候選教諭

鼎琛孫 拔
錢崇蘭 拔中鄉試
陳庚甲 恩
林開運 恩
余士璧
錢崇柏 副崇蘭弟中鄉試

林光磊 附貢候選訓導
童範偉 範儼弟湖南候

二年壬子

石濟川 更名易誠借補當陽訓導

黃啟運 殉難有卹

張子琴 江夏籍沔陽學正

黃炳珩 副中鄉試

鄒家俊 恩署江夏訓導

補藩理問

喻亨衢 勞績保舉從九品

胡錫渠 廩生勞績保舉訓導

三年癸丑

吳榮 刑部主事澧州知州湖南候補道加鹽運使銜署岳常澧道

朱玉

游鉞

鍾臨書 庠生勞績保舉訓導

廖志貞 勞績保舉巡檢

八年戊午並補行乙卯科

黃引孚 亞元江蘇知縣 恩

汪引光

林鏞

陳炳星

王定儀 經魁中會試

游鴻運

馮耀坤 副

游豫桐

王槐青 現任光化教諭

林燮元 原名燮 副

黃啟濬 啟運弟江西候補知縣 恩

林烺

林樹滋

汪轂 士俊子現任杭州西防同知

劉錫璽 錫珙弟刑部主事福建同知保舉花翎陞用府署龍巖直隸州知州

劉錫珪 廩貢孝感訓導





童紹元 原名理順現任石首教諭 賜副

張崇第 中會試

錢崇柏 現任沔陽學正

邵樂裕 明鸞曾孫中會試

梅甲 恩賜

王自籥 勞績保舉縣丞署霍山知縣有傳

鄒禧 光祿寺署正湖南候補經歷府

曾永齡 世儀子刑部主事

陳奎年 庠生勞績保舉訓導

九年己未

張崇第 四川即用知縣

盧璲釆 亞元中會試 恩

汪引翯

錢崇蘭 崇柏兄

林逢戊

朱振文

胡名桂 本姓熊署潛江教諭

丁暉吉

胡士瀛

許傳德

陳履清

童先棫

萬作孚 伋孫現任漢川

王楚城 庠生湖南知縣

王家濬 附貢當陽訓導

汪春溥 浙江昌化縣知縣贈知府銜有傳

胡文炳 廩貢蒲圻訓導

霍允升

十年庚申

林鏞　兵部主事加員外郎銜有傳

教諭

汪洪壽　中京闈河南知縣

湖南桂陽巡檢陞用同知

朱承忠　庠生勞績保舉訓導

王純桂　廩生勞績保舉五品藍翎訓導

郭瀛洲　勞績保舉四川府經歷署黃鐘堡巡檢

范霨　湖南縣丞署辰州府經歷

程仁育　勞績洊保花翎運同銜調補遷安知縣

程含文　四川巡檢勞績陞調崇化軍糧屯政廳

陳照祿



協營稿書保舉從九品

汪秉鈞　廩貢武昌府訓導

李應潮　直隸巡檢署晉州吏目

程紹基　河南典史

洪恩澤　廣東鎮平知縣

以知府用有傳

王毓澍　勞績保舉府經歷

鄭啟芳　勞績保舉縣丞

胡兆熊　庠生勞績保舉巡檢

汪葵　士俊子江蘇庫大使

嚴以幹 由霧子庠生加同知銜浙江候補通判有傳

嚴以焯 由霧子現任浙江遂安縣典史

郭佐廷 陝西候補巡檢

張道南 廩貢隨州訓導保陞都勻府經

恩

許光樞 湖南候補從九

游豫楷 分部行走郎中勞績保留江西補用知府

黄文濱 湖南候補從九

於慶昌 四川候補巡檢

洪鏞



湖南瀏陽縣丞

胡霖澤 湖南府經歷陞用同知

胡霖溥 美彥子直隸候補知州

胡霖瀚 四川直隸知州

劉定宇 武舉千總改捐知縣

張振清

同知銜四川候補知縣

同治元年壬戌恩科並補行辛酉正科

陳天驥 中會試

王毓藻 中會試

劉溙 現任江陵教諭

徐方炯 現任枝江教諭

陶銳 中會試

杜承勲 拔

謝廷書 拔 花翎同知銜署易州州判

徐夢麟 恩

張述 恩

張鵠 增生孝廉方正

蔣鵬 附生孝廉方正

盧鴻熙 庠生孝廉方正

王緒塏 恩貢孝廉方正

黄文豹 庠生孝廉方正

龔士楷 廣東試用知縣

周學桂 江蘇巡檢

黄引恆 庠生勞績保舉儘先訓導

高士俊 勞績洊保六品銜福建候補知

二年癸亥

王鍼藻

黃炳珩
靖玉津 本誼曾孫
陳受梁 中會試
汪忠元 原名寶霖 忠兆子 兆柄姪 候選教諭
鄧渭璜 恩賜

萬裕襄
王懿輝
金汝遂

倪聯奎 庠生 孝廉方正

縣
曾寶銓 藍翎陞用縣丞候補典史
張晉熙 布理問銜候補湖南縣丞
鄧仕林 勞績洊保浙江候補知府有歷
馬紹寅 庠生 勞績保舉

三年甲子

禮部主事現任蘇松常鎮太糧儲道
鄧渭璜 恩賜檢討

洪艮品 中會試
張秉鈞 雲夢教諭
林堃 鏞兄
嚴用勳

恩
林秀棠 恩
靖華述
劉泰階 賜副
包長庚 勞績保用訓導署襄陽府教授

藍翎五品銜訓導
徐雲田 勞績保舉從九
胡開金 勞績保舉花翎署平涼府經歷
胡緒合 勞績保舉巡檢
胡世洲 勞績保舉藍翎從九品





六年丁卯

啟杜子 現任盧山知縣加知州銜
萬鳴珂 更名錫珩 中會試
周植蘭 武昌籍
王鉅臣 基浩子 四川籍
曾詠
趙鴻漸

夏慶遇 原名引恬

胡玉書 勞績保舉藍翎縣丞
胡緒祥 勞績保舉河南試用縣丞
胡瑞齡 勞績保舉儘先選用巡檢
胡緒和 勞績保舉典史
胡熙麟

七年戊辰

洪艮品

童燕林 都昌知縣
陳蘭 恩賜

嚴啟芳
嚴用烈 副 現任松滋教諭
周維堃 優 朝考一等以知縣用 中鄉試
夏振舉 賜副
何憲葵 賜副
石紹崘

勞績保舉藍翎從九品
陳文藻 勞績洊保花翎直隸州知州
黃際寅 廪貢 試用訓導 前署宜城縣教諭
王毓藩 浙江縣丞
王毓華

陳受梁 翰林院編修現任江西道監察御史 瀘溪知縣

張炳 廣東候補縣丞
監生考取謄錄議敘鹽大使加捐同知

九年庚午

汪引禾
毛崑 國史館謄錄
樊篤鍾 國史館謄錄
盧英倜 中會試
周維堃
程兆庚

王丕釐 優朝考一等以知縣用中鄉會試
喻九萬 副
汪辛桂 賜副
曹文裕 賜副
王大坊 賜副

陳錫齡 浙江鹽經歷海運保舉留浙知縣
萬方田 軍功洊保直隸州知州
孫學庠 安徽候補巡檢前署望江歙縣巡檢
徐作霖 六品銜安徽候補巡檢代理建平知縣
洪鏊 廣東候補府經歷
洪賢賓

十年辛未

盧英倜 吏部主事
邵樂裕 即用知縣現任武昌府教授
盧燧釆 吏部主事改選



義烏知縣

洪賢景 廣東候補臬司獄

十二年癸酉

王丕釐 中會試
張紹江 百揆子
嚴啟藻 家珩姪
蕭承露 陝西白河籍
嚴啟蔭 恩賜
劉泰階 恩賜

蕭煜
張紹江 恩中鄉試
嚴啟藻 中鄉試
王兆翔 副
傅承霖 拔
雷溶 拔中鄉試
夏燿奎 拔中鄉試
陳運辰 賜副
廖志圭 賜副

洪賢景 歷任四川雲陽彭山縣典史
曾傳謙 勞績保舉從九
鄧國鈞 藍翎同知甘肅候補縣
殷道宏 勞績保舉候選州判
汪質 實錄館供事候選典史加州同銜
劉錫璘 錫珪弟玉牒館供事候補巡檢
劉躍藻 藍翎山東候補巡檢入祀忠義暨昭忠祠

十三年甲戌

陳天驥 刑部主事
萬錫珩 戶部主事

劉傳經　理問銜安徽候補縣丞

劉承倬　福建候補府經歷

龍汝霖　勞績保舉同知銜甘肅候補知縣

王簡　江蘇縣丞勞績游保花翎同知銜陞用知縣

祝慶昌　勞績保舉藍翎從九品

周鵬翼　勞績保舉甘肅甯州吏目

張錫榮　安徽候補巡檢

劉紹瀛　藍翎候選府經



歷

游豫鑒　分部行走員外郎

游豫森　歸部銓選知縣

吳聯珠　勞績候選典史

高光斗　勞績保舉甘肅補用縣丞

馮樹棠　候選未入流

洪恩潤　勞績保舉直隸州知州殉難有傳

洪英　勞績保舉縣丞

阮樹棠　江西候補巡檢

單映奎　河南儘先補用主簿

洪良璧　候選縣丞殉難有傳

洪良淑　廣東候補巡檢

萬成均　勞績保舉儘先從九品

余朝封　勞績保舉鹽提舉銜候選縣丞

余朝富　候選府經歷

劉國祥　勞績累保花翎知府銜儘先選用同知加捐從二品

劉元吉　勞績保加五品銜藍翎縣丞

劉履祥　勞績保戴藍翎山東即補巡檢





光緒元年乙亥

汪理孚　經魁兆霖孫引鴻子

陳疇

王國賓

周亮采

杜樹滋

杜昱

夏雲

夏建寅　陝西石泉籍

夏耀堃　雲兄

於鍾林

林煜南　鏞堃副內閣中書

歐陽濱　文童孝廉方正

曾琛　世儀姪監生孝廉方正

汪元善　廩生孝廉方正

余蔭楓　附生孝廉方正

羅文翰　孝廉方正江西試用縣丞

高萬鴻　監生孝廉方正

余昱均　勞績保舉候選從九品

杜德章　署縉雲知縣

鄭均祚　勞績保舉巡檢

龍芾　軍功保舉藍翎知縣署吳江縣

王景勳　江西候補巡檢

姜樹棻　江西候補巡檢

汪中燮　候選未入流

李用霖　四川典史現署珙縣典史

李宗馨　四川試用典史

羅希素　庠生浙江州判

潘志安

二年丙子

陶銳　吏部主事

劉泰階　恩賜檢討

陳蘭

周燮時

鄭浚明

夏燿奎

杜炳珩　中會試

余蔭烜　副

錢儒猷　優崇蘭崇柏姪朝考二等以教

恩賜檢討

五年己卯

方廷珏　鏞子　論用

嚴啟森

呂文遲

游坊

萬邦華

熊寅輿

雷溶　名琯姪　賜副庚辰重遊泮水

夏振舉　恩賜

萬維屏　家福子恩

徐兆基

程仁均　中會試恩

楊挺芬

軍功保舉花翎同知銜甘肅候補知縣

單秀芹　軍功保舉花翎甘肅補用同知

王晉　庠生候選兩淮鹽運司經歷

范粹純　廩生候選訓導改兩淮候補鹽大使

六年庚辰

杜炳珩　吏部主事

王丕釐　翰林院庶吉士

程仁均　山東卹用知縣

熊樹中　寅典子

萬成韡

游亭煜　陝西候補縣丞

徐國楨　安徽候補府經歷

徐石麟　兩淮鹽巡檢保舉五品銜陞用鹽大使

徐鳳藻　安徽候補典史



現署承豐巡檢

徐國柱　安徽縣丞保舉藍翎五品銜候補知縣

徐國均　候補縣丞

熊兆鑾　安徽候補巡檢現署曉天巡檢

盧汝弼　由供事議敘未入流

盧英育　河南分缺先巡檢

汪鎔　浙江補用府經歷

史策光　宇衡子郡庠生候選縣丞

王基誠　燕瓊子同用候

補通判加同知銜

王基誠 燕瓊子原名基崇江西候補巡檢

劉道平 山東候補巡檢賞戴藍翎

謝廷榮 廷書弟六品銜直隸候補巡檢

廖呈祥 候選從九

彭起鳳 花翎同知銜甘肅補用知縣

徐煜煦 勞績保舉巡檢

羅炳照 候選道

劉鳳翥 候選知府

劉照八



候選同知

劉年豐 議敘同知

劉作模 候選同知

劉慶豐 候選通判

林光地 候選同知

林時化 候選同知

林錫齡 候選同知

舊志云選舉各有科分此次採訪有未開明科分者有雖開科分而省志府志舊志未經列名者並有寄籍於外而戶族墳墓仍在縣境亦無科分可查者茲照舊志之例附科貢後彙載俟考

張　柳明進士　安　節明舉人教諭見九江志

鄭抱素明舉人廉州知府有傳　汪之浹明舉人天啟四年南雄知府

周若崧明舉人崇禎四年雷州推官　毛鳳岐明舉人嘉靖十年甯波通判見甯波志

成敏貫明舉人新甯知縣有傳　朱鵬翔明宏治舉人見團風禪寂寺碑

胡如穎明戊子舉人　張大經明舉人

龔　化明崇禎舉人　胡廷蘭明辛卯舉人揀選知縣

蕭繼忠明副榜有傳　黄一章明歲貢副榜

穆守文明歲貢四川教諭見穆天顏傳　陳九疇仕子明歲貢



靖乃試科元子明歲貢殉難　張　義明歲貢

嚴　照明歲貢　賈長念明歲貢

張　井明歲貢　嚴玉琳明副榜

賈肇坤啟子明歲貢　賈　利明選貢

嚴　瑩明歲貢　嚴　試明歲貢

黄　蔚一中子明副榜殉難　龍鳳儀明歲貢蘄水籍

嚴師箴師範弟歲貢　嚴師選師範弟歲貢

鄧守元歲貢　陳立功肇昌弟江夏籍歲貢登州經歷見省志

鄧伯遺歲貢　石一魁本姓袁通城籍歲貢

支奇英武昌籍歲貢見省志　向大任嘉魚籍歲貢見省志

邵　暹其支子恩貢　姚　試歲貢見省志

熊錫濬歲貢訓導見府志　陳子乾歲貢見省志

李之素歲貢見省志　楊親傳歲貢見省志

江文卓歲貢見省志　高農佐登雲子拔貢興山訓導

李士璜歲貢　歐陽麟歲貢

嚴世達歲貢　嚴龍天副榜

舒日覲册姓劉江夏籍歲貢　邵光煥江夏籍歲貢

邵國棟其支孫恩貢　胡兆桂歲貢見必元傳

周之彬歲貢見周嵩傳　龍　保供事議敘府經武昌籍

龍廣心歲貢武昌籍　張建鎬醴泉籍鳴遠孫拔貢江都知縣

余啟奇本籍黄岡由江夏歲貢任蘄川訓導

按此次添明戊子舉人胡如穎明辛卯舉人胡廷蘭二人雖有科分而無紀元名號不能入表附載於内

# 黃岡縣志卷之九

知黃岡縣事合肥戴昌言編輯

## 選舉志

### 武選 武勳附

王志武勳表自明王弼始俞志無表於明前增入周炅諸人今以武勳附入武選而周炅等列之表前蓋參用劉志例也咸同以來萑苻四起智勇之士奮跡草澤卒能捍衛城邑致身通顯庸中佼佼故宜備文彰之

陳

周炅 定州刺史龍淵縣侯有傳

周法僧 炅子定州刺史武昌縣公

隋

周法尚 炅子滄海太守有傳



元

吳賢 襄懷遠將軍

吳汝 賢子行省平章左丞有傳

賈興甫 見王夢澤集未詳何官

表

| | 武進士 | 武舉 | 武勳 |
|---|---|---|---|
| 明 洪武 | | | 王弼 封定遠侯有傳<br>廖永安 封鄖國公有傳 |



| | 武進士 | 武舉 | 武勳 |
|---|---|---|---|
| | | | 廖永忠 封德慶侯有傳<br>徐便 都指揮僉事有傳<br>韋富 指揮同知有傳<br>黃榮 指揮使有傳 |
| 建文庚辰 | 操重五 兵部郎中靖難後棄官 | | 賈忠 官雲中指揮返葬邑之楊畈見王夢澤集 |
| 正統 | | | 王景 世襲武略將軍<br>王應隆 世襲錦衣衛千戶陞守備 |
| 嘉靖壬午 | 呂營四 | | 胡平重 山東大嵩衛指揮僉事<br>樊標 車騎校尉<br>黃省二 四川瀘州衛指揮 |
| 萬歷 | 徐時濟 中會試<br>李光祖 | | 胡恩 世指揮累官四川松潘總兵有傳 |

| | | | |
|---|---|---|---|
| | | 恩平掌印留守使<br>金來相 解元中會試 | 曾一夔 世指揮都督同知有文武才崇祀鄉賢 |
| 甲戌 | 金來相 福建屯局署都指揮僉事 | 黃正遠<br>徐時俊<br>徐飛熊<br>金城 來相子中會試<br>金印 來相子解元中會試<br>黃正清 中三科 | 曾怨 世指揮雲南都司僉書署督漕有傳<br>曾言 世指揮陞都指揮使司僉書崇祀鄉賢<br>牛瑤 世指揮 |
| | | 於佳 | |
| 乙酉 | | 杜修 鳴陽子解元中會試<br>黃金色<br>於黃國<br>陳全斌 中三科精六壬數有武經註解行世<br>於必聖<br>黃伯麟<br>蕭鄭侯 | 曾爵 世指揮從征有功陞四川行都指揮使<br>牛斗 世指揮<br>陶紹政<br>滿思謙 世指揮官廣東掌印都指揮使有傳<br>倪敏政 世指揮官南洋參將有傳 |



| | | | |
|---|---|---|---|
| 戊戌 | 杜修 石硤遊擊 | | 李應鶴 世正千戶署本衛指揮使有傳 |
| 辛丑 | 金城 四川建昌屯局都指揮僉事<br>金印 京營千總 | 易道俊 北陀營守備晉都司<br>葉思隆<br>黃賓王<br>葉顯祚<br>靖韜 岳州遊擊 | 陳訓 世副千戶<br>王一瑞 都院中軍<br>牛可耕 世指揮陞鎮遠守備見貤封<br>張齕恩 明威將軍 |
| | | | 李實 辰沅遊擊<br>樊玉振 朝鮮千總<br>劉文奎 漢中千總 |
| 壬子 | | 郭亢 | 李梅 四川疊茂遊擊<br>陳宏憲 平越守備 |
| 乙卯 | 張應祖<br>蔡一申 | 易道賓<br>張應祖 | |

天啓甲子
狼山副總兵陞都督
徐時濟 三江口守備
中會試
蔡一申 中會試
王吉士 解元中會試一名追祖

乙丑
王吉士

丁卯
趙璧
陶紹侃 鄖陽行都司累官左軍都督有傳

崇禎
王追琯
杜紹芳
黃名秀 中三科
王一沐
王子堅 殉難有傳

丙子
方應星 都司殉難有傳
徐評
王一斌

劉國治 督糧守備
李士奇 鄖陽行都司有傳
朱寵 世襲正千戶有傳
馬士英 遊擊殉難有傳
王廷相



國朝順治
陶全斌
王德飛 殉難
於斯貞
李成功
姜疆 南鎮左營守備
宋英
南省都指揮
郭以重 世襲指揮殉難有傳
陳士銘 總兵授拖沙喇哈番有傳
劉志高 殉難有傳
劉思玉 松江府川沙營副將

辛卯
張奇
滿如弦 明世職副總兵

中會試
孟賢 守備
劉先 大名中軍
錢龍 安慶總兵加都督同知

壬辰
張奇 衢州協左營都司
陳其亮 士銘子襲拖沙喇哈番

甲午
徐逢春 鳳陽守備
杜洪烈
郭桐封 乙未會副
易爲斌
陳璧
陳其智 士銘子襲拖沙喇哈番

丁酉
張文光
杜天篤
彭試
奚鼎鋕 衡州衛守備
張文光 中會試
陳文龍 遊擊

康熙癸卯
陸邦畿 本姓秦解元
鄭化龍 都督同知
黃雲際 本姓余

丙午
張玉 榜姓陳

己酉
甄映魁 榜姓方武昌府學

壬子
鄭繼啟 本姓洪總兵有傳
劉燿 長沙守備
姚從時 榆林歸德堡城守
黃延宗 雲南遊擊
陶之秀
吳之蘭 把總殉難有傳
張尚聖 羅田籍中會試

戊午
張尚聖
蔡之騆



周中時 守備有傳
守備
劉炳
湯佐
周中時 中會試
汪家正
田既霈

甲子
黃式坦 中會試
張三奇 福建遊擊
胡紹虞
王家相
黃時順
閔鴻
胡之藻
徐宏業

丁卯
王鎮邦 榜姓雷

庚午
李其武 解元
周維新 本姓嚴
李荃
熊一夔
陳鵬舉 彝陵千總

辛未

黃式坦 會元廣東惠州協副將

楊繼暐

孫繼仲 中會試

馬天喜 嘉興守備府志作黃天吉

癸酉

包昌

陶之俊

吳[illegible]

劉經邦

方百里

陶成唐

楊繼暐

黃可登 瀘州指揮

丙子

孫繼仲 泗州衛守備

胡亮揆 江南宣州衛千總

張思賢

壬午

陳元德

孫英

陳益標

楊作楫 都司

李鳳亨 中會試

己丑

李鳳亨

胡艮棟

康時 遊擊

胡亮 雲南虎泊口總兵



御前侍衛

劉賔邦

吳思驥

胡艮棟 亮子中會試

余國佐

姜灝

王鎮勳 中會試

馮馗 貴州上江遊擊有傳

劉啟哲 江南總兵見江南省志

陳世聰 步軍校

陳文華 世聰子副驍騎校

辛丑

王鎮勳 更名錫勳御前侍衛

陳龍

吳傑

余意

雍正癸卯恩科會試

曹紹烈 有傳

汪應元

陳有年

王全用 永州右營遊擊

曹紹烈 中會試

康克明 松江衛千總

李廷奇 黃梅千總

乾隆辛酉

張雄 都司

甲子

王萬載

丁卯

劉夢龍

庚午

王一相

壬申

黃金鳳

李世榮 陽邏水汛千總

| | | | |
|---|---|---|---|
| 丙子 | | 陳鵬舉 | 翁際盛 湖南辰州永綏鎮守備 |
| 戊子 | | 胡振凡 軍功五品頂戴 | 余士選 羅田千總 |
| | | | 謝應珍 懷遠守備 |
| 庚寅 | | 王治岐 | 范煥 黃州協營千總 |
| | | 陳占鼇 由千總累官江南副將 | 范允清 蘄州把總 |
| 辛卯 | | 程標 | |
| 丁酉 | | 姚開第 | 趙治國 黃陂千總 |
| | | 張英 | |
| | | 汪朝楷 揀選衛千總 | 曾大榮 興國人寄籍黃岡儈塔千總 |
| 己亥 | | 康逢吉 | 鍾玉 黃梅千總 |
| | | 姚開鼎 大河衛千總 | 黃之連 湖南把總 |
| 庚子 | | 汪承恩 揀選衛千總重赴鷹揚宴 | 黃之選 之連兄儈塔千總 |
| | | 胡萬青 超凡弟江淮衛領運千總重赴鷹揚宴 | 胡如海 儈塔千總 |
| | | 錢俊 本省提塘 | 胡如坤 如海弟麻城把總 |



| | | | |
|---|---|---|---|
| 癸卯 | | 胡定泰 解元中會試 | 胡得明 道士洑把總 |
| 甲辰 | 胡定泰 由侍衛累官河州鎮總兵有傳 | 張元音 | 胡之綱 如海子黃陂千總 |
| | | | 胡得用 羅田外委千總 |
| 丙午 | | 胡超凡 振凡弟軍功五品頂戴 | 胡得茂 武生存城外委把總 |
| | | 鄧步雲 衛千總 | 吳國元 道士洑把總出師以功超擢行營千總 |
| 戊申 | | 馮占鰲 | |
| 己酉 | | 鄧兆麟 | 呂鳳鳴 |
| | | 營千總 | 水洑外委把總 |
| 壬子 | | 陳開榜 | 譚上達 提標中營守備 |
| 甲寅 | | 朱光弼 | 鄒元熊 道士洑外委陣亡予卹有傳 |
| 乙卯 | | 張定安 | 蕭金 黃梅千總見黃梅縣志 |
| | | 沈光甲 江淮衛千總 | 翁廷槐 存城外委把總 |
| | | | 葉國元 宋埠外委 |

嘉慶戊午
陳開甲
張萬選 定安弟經魁
曾煌 大榮子蘄州把總
董之梅 蘄州營外委在營病故恩廕

庚申
陶開甲 中會試
白瑤 武生黃安外委把總

辛酉
陶開甲 衛守備
胡開泰 超凡弟咸豐辛酉重宴鷹揚
杜步雲 道士洑把總
韓萬青 宋埠外委
薛定太 羅田外委千總

丁卯
張定邦
趙發禮 宋埠外委

庚午
王衛清



癸酉
張四維
譚上選 縣汛把總

丙子
劉秉孚 本讓曾孫經魁
詹玉彬 世純孫嘉慶元年從軍在陝西大營屢著功績累保漢中守備歷署紫陽營都司其子寄籍紫陽漢中應試有傳

戊寅
張步洲
鄭夏玉 龍港把總

己卯
胡治朝 萬青子泗州衛千總
易光殿 蘄州武生寄籍黃岡由把總出師軍功賞戴藍翎綿州營都司署巢邊營遊擊
張萬年 武生通山外委千總
余紹宗 僧塔千總
趙楚棟 治國子武生黃安外委把總
周元 陽邏把總
歐陽勳 武昌把總
杜宗連 武生僧塔千總
李開榜 富池千總



李志全 蘄水把總
余有元 陽邏把總
雷士瓊 武生軍功千總
伍正邦 六品軍功四川夔州營守備
靖兆貴 江夏籍由行伍官武昌營千總

道光辛巳
蕭光寅
李定愷

乙酉

戊子

辛卯

乙未

己亥

庚子

甲辰

丙午

劉定國 贛州守備

許際泰

霍鳳鳴 解元東湖千總署興山守備

孫聯元

胡逢吉 振凡姪孫

張兆澤 定安姪東平所千總

曾鳳儀

鄧聯恩

呂森 解元累保花翎守備按黃陂千總

周亘濟

胡錦新

胡文斌 治朝姪亞元

劉唐英

存城千總

趙發科 黃梅千總

蔣尚英 武生蘄州把總

黃開榜 武生灄口外委把總

歐陽洪 大冶把總

傅玉成 黃梅千總

李國安 道士洑清江外委



張驥 萬選子武生海甯所千總

孫之連 廣濟把總

萬世清 武生蘄水汛把總陣亡有傳

伍鳳翥 麻城把總軍功賞戴藍翎

袁占敖 興國把總

廖志和



興國把總出師累保守備

王金魁 存城外委出師

王登朝 存城額外出師

呂得魁 縣汛把總

周鵬翥 縣汛把總軍功賞戴藍翎陣亡子郵

余得元 縣汛額外



邱定太 麻城把總

吳占魁 黃安外委

湯之林 羅田外委

張步元 黃安外委陞存城千總殉難子郵

舒文斌 宋埠外委

田雄

二十九年己酉
廖玉森

咸豐元年辛亥
涂定鎧

興國額外
喻家興　武生朱埠額外
龔名爵　興國額外
易占鰲　宋埠額外
龍占鰲　蘄州額外
周運福　僧塔千總
馬陞

蘄州營外委出師以功擢花翎遊擊

二年壬子
劉定宇　軍功保舉營千總改捐知縣

九年己未
羅權

徐兆達　鄖陽守備
王振揚　藍翎遊擊
王德泰　藍翎千總
呂一齡　官名宏順五品藍翎千總在鳳陽府陣亡
王煥益



五品藍翎把總
江高貴　外委把總
王登榜　外委把總
王登甲　水汛額外
潘萬泰　外委把總
李開貴　水汛把總
陳步元

外委把總
何世雄　存城額外
馬福　縣汛把總升署都司
馬必富　水汛額外
李鳳儀　存城千總
胡鳳揚　存城千總
馬開國

存城千總
王定清　五品藍翎把總
王定富　藍翎都閫
鄭燿健　藍翎千總署萬壽司千總
鄭德均　五品藍翎千總
鄭啟幾　把總
鄭均安

藍翎守備
鄭啟森　花翎千總
孫紹東　都司銜花翎千總
潘慶方　把總
孫鏞　武庠生督標外委陣亡賜卹
呂勝梅　花翎郎補都司
張才勝



同治元年壬戌
呂紹蘭
鄭占鼇　儘先千總

三年甲子
胡理斌
胡文照

十二年癸酉
陳易新

汪紹文　四品花藍儘先補用都司花翎副將銜儘先參將
劉維楨　花翎儘先簡放提督固勇巴圖魯現出師山海關
鄭啟貴　頭品頂戴記名提督那斯洪河巴圖魯前授陝西陝安鎮標中營遊擊
鄭燿發　外委

黃安存城把總
鄭長禧　把總
王庭清　花翎參將
蔡全宗　副將銜儘先參將陣亡
蔡中鐸　儘先選用把總
王榮昇　花翎儘先遊擊
邱得勝　記名提督頭品頂戴阿克敦巴

圖魯身故議卹

黃友升　武生署灄口外委

邱鳳陞　藍翎外委

易用剛　花翎記名提督紹勇巴圖魯有傳

龍得勝　藍翎外委

陳學山　藍翎把總



楊萬清　藍翎守備銜儘先拔補千總

劉恆松　藍翎外委

鄭秋蘭　儘先把總

李璀洪　候補千總

曹開榜　武庠生保舉把總署黃陂灄口外委陞用千總

呂際雲



森姪衛千總

江寶全　花翎副將陣亡予卹

鄭兆春　前署額外

胡濟舟　花翎守備陣亡

李貞福　蘄水把總賞戴藍翎

林兆發　由水師營游保守備銜千總

龍太潤



五品銜藍翎外委

孫顯寅　花翎記名提督遇缺儘先總兵漢勇巴圖魯

鄭耀樂　藍翎守備

胡希樹　藍翎千總儘先拔補

胡希翰　藍翎千總儘先拔補

吳定泰　黃陂千總賞戴藍翎

胡道獻　花翎守備

孫公海　藍翎外委

但輝廷　署贛州衛外委

呂清海　花翎守備現駐山海關

鄭耀輔　部司衔藍翎守備隨營身故已入甯夏昭忠祠

張定凱

麻城兩路口塘外委

易正詵　藍翎儘先補用守備陣亡有傳

方永順　花翎遊擊

劉正湘　藍翎把總

王文祥　藍翎把總

王序江　守備衔藍翎把總

孫兆蓮



張松萬　花翎參將衔儘先遊擊副將衔花翎參將

胡緒志　藍翎外委保舉守備儘先補用

劉殿敖　宋埠額外

胡昌會　花翎記名提督前任陝甘河州掛印總兵

胡玉崑　藍翎外委

胡玉藍　藍翎外委

胡祥林　藍翎外委

胡保清　藍翎外委

王春發　花翎副將衔儘先遊擊

鄭金鼇　藍翎外委

鄭占魁　藍翎把總

胡如東 花翎即補副將前署陝甘河州右營遊擊

胡緒勝 花翎副將銜臨洮營都閫府

雷芸桂 花翎現任浙江處州鎮遊擊

孫萬勝 武生通山汛外委

鄭福才 儘先外委

程朝立

記名總兵補用副將瑚松額巴圖魯

胡書成 藍翎外委

董開甲 宜昌營千總

朱福元 署麻城縣把總

劉定魁 署灄口外委

周殿魁 六品藍翎署宋埠額外



廖必勝 署灄口外委

曾兆奎 黄安汛外委

郭在邦 武生宋埠額外

歐勝鏞 宋埠額外

張志清 藍翎守備銜候補千總

項鵠 花翎總鎮英勇巴圖魯

吳定邦 花翎遊擊

吕方仁 花翎遊擊

龍義春 藍翎守備

馮立川 花翎副將佐勇巴圖魯

韓登榜 花翎遊擊以副將儘先補用

徐修寶 副將銜花翎遊擊

李洪恩　天門縣把總儘先千總

王泰來　花翎副將振勇巴圖魯

劉崇慶　副將挨勇巴圖魯

喻金輿　花翎都司

劉志和　山東兗州府臺莊營參將

陳光先　儘先參將

張乃聰　花翎四品銜浙江補用都司

鄧得勝　花翎頭品頂戴記名提督達桑阿巴圖魯

鄧慶昌　花翎留湖廣補用副將禦勇巴圖魯

鄧萬年　花翎遊擊銜儘先都司

黃鈞萬　副將銜湖北撫標郎補參將堅



勇巴圖魯

王開吉　花翎參將

謝厚禮　花翎千總

雷錫山　督標外委

洪蔚采　藍翎守備

洪尚銀　花翎副將克勇巴圖魯

洪魁鼎　藍翎守備

洪啟玉　藍翎守備

梅先春　藍翎守備

劉永興　頭品頂戴記名提督資勇巴圖魯現駐新疆

王自鴻　藍翎把總

王玉山　花翎總兵銜河南補用副將顔

頭洪額巴圖魯

鄭均福 花翎提督銜記名總鎮留陝補用副將赫勇巴圖魯

鄭朝賓 花翎遊擊

鄭敦義 花翎守備

鄭敦信 藍翎千總

鄭耀楚 儘先千總

鄭啟斌 花翎協鎮銜甘肅甘州左營遊擊在任陣亡

林義清 副將銜儘先選用都司

張正順 花翎副將銜浙江補用參將精勇巴圖魯

王明海 花翎遊擊科勇巴圖魯

王光澤 都司銜藍翎把總



胡萬春 花翎副將

邱受德 總兵銜陞用副將湖北撫標儘先補用參將

祝廣文 花翎補用副將

賀雲興 花翎提督銜

劉玉昌 花翎補用都司

周鶴齡 花翎補用副將

周模善 花翎記名總兵捷勇巴圖魯

周炳榮 花翎三品銜前署浙江紹興遊擊

祝廣富 藍翎儘先守備

李洪恩 行伍保舉千總實授天門把總

曹文斗 花翎參將

馮明珍　藍翎遊擊

鄒大成　藍翎守備

孫玉賓　藍翎千總

孫進熙　藍翎守備

張壽安　記名提督前任甘肅甯羌遊擊信勇巴圖魯賞戴花翎

鄒仁義　花翎守備

張鴻陞　守備銜儘先把總

張世元　兩湖補用遊擊

劉連陞　副將陣亡予卹

曾鼎方　都司

羅文志　花翎參將

羅文華　花翎都司



馬長興　花翎參將銜儘先補用遊擊

丁文起　花翎遊擊

余士進　藍翎守備

郭定泰　花翎都司

孫永揚　累保遊擊

萬文彬　藍翎守備

萬有良　藍翎守備

萬載廣　藍翎把總

余朝貴　花翎記名簡放總兵勝勇巴圖魯現帶鼎字營

汪學禮　花翎副將晉勇巴圖魯

易用廉 花翎副將

周鵬舉 花翎記名提督碩勇巴圖魯

朱萬新 花翎記名副將

王代成 把總五品銜現駐山海關

鄧正揚 花翎現任岳州中軍營都司

鄧正福 藍翎千總現任岳州鎮沅江營

外委

喩本熊 六品銜儘先補用把總

邱兆圭 武生五品藍翎候補把總

歐玉林 麻城兩路口塘外委

鄭耀山 藍翎把總

操鴻恩 世襲雲騎尉署僧塔千總

吳德亮

光緒二年丙子 葉鳳藻 解元

五年己卯 劉鳳藻

邱鴻春



黃陂站外委

鄭均欽 藍翎把總

周占標 副將銜陞用參將現任四川督標右營遊擊

陳光國 現任漢陽協漢鎮倘左司總廳

陳大發 花翎都司

黎吉祥 本姓雷花翎儘先補用遊擊

胡盛玉 藍翎守備銜儘先千總

李祥林 藍翎儘先千總

朱紀方 六品儘先把總

徐秉忠 署黃安把總

彭百勝 花翎總兵銜奇成額巴圖魯儘先補用副將現帶禮字右營駐新疆

彭文英　花翎游擊銜湖北撫標儘先補用都司

彭文俊　花翎都司銜湖北撫標儘先補用守備

彭國浩　花翎游擊銜湖廣督標儘先補用都司

滿登榜　守備銜千總現任縣汛把總

董開泰　麻城把總

袁逢智　存城額外

陳得順　存城額外

鄒應祥　藍翎守備

劉定魁　藍翎千總前署督標右營把總

洪良嗣　藍翎千總

劉照炯　補用游擊



劉照奎　補用都司

張致清　補用守備

劉選清　補用守備

夏宗功　保舉藍翎外委

夏福林　保舉藍翎都司

羅　寅　補用都司

曹本旺　花翎提督銜記名簡放總兵勁勇巴圖魯

范鎮國　花翎陞用參將留甘儘先補用游擊

封蔭

書曰展親詩云錫類先王以孝治天下何恩之隆也我
朝五花錫誥因子孫而榮顯祖父非其遺意歟至若忠臣烈士以
勞定國以死勤事非爲希榮名利役嗣而
國家褒卹之典繩繩無窮石窌之予祁門之征詎足多乎哉

封贈

唐

贈禮部侍郎周廼 以子墀貴

明

贈中大夫張榮甫 本姓周以孫璘貴
贈中大夫張時中 以子璘貴
封監察御史蕭德輔 以子昇貴
贈通議大夫右副都御史謝希哲 以子杲貴
贈通議大夫右副都御史謝志善 以孫杲貴



封　部主事張福 以子佐貴
贈中憲大夫王景 以子璘貴
封知縣王文凱 以子麟貴
封吏部郎中贈戶部右侍郎王文奎 以子濟孫廷瞻貴
贈戶部右侍郎王濟 以子廷瞻貴
贈戶部郎中王麟 以子廷梅貴
封彰德通判陳艮 以子廷瓚貴
封監察御史曹儀 以子珪貴
贈鹽課司提舉杜承璘 以子華貴
封禮部主事曹自學 以子誥貴

贈文林郎樊大謨 以子楨貴
封正議大夫邱仁 以子民心貴
封知縣陶以亨 以子珪貴
封戶部郎中汪綽 以子文淵貴
封承德郎兵部主事方勇 以子任貴
封戶部主事奚樸 以子世亮貴
封戶部主事李大安 以子學顔貴
封戶部郎中呂淯 以子韶貴
贈監察御史王廷槐 以子同道貴
贈禮部侍郎邱尙忠 以子岳貴
贈布政使司參政徐榮 以孫時可貴
封布政使司參政徐尙義 以子時可貴
封戶部員外郎熊瓔 以子養中貴



贈知縣奚樟 以子世文貴
贈知縣黃珪 以子士元貴
贈推官范芝 以子宗鎭貴
封奉直大夫兵部員外郎汪廷儒 以子仲川貴
封奉直大夫劉天富 以子珙貴
贈中憲大夫揚州知府徐廷蘭 以子應聘貴
贈監察御史李陽明 以子植貴
封監察御史易明幾 以子倣之貴
贈戶部郎中江濟 以子浉然貴
贈奉直大夫黃時熙 以子一中貴
贈正奉大夫賈脊 以子啓貴

贈泗州知州汪廷彩以子守廉貴
贈同知涂東山以子巍貴
贈奉政大夫晉贈左參政杜鳴陽以子伸孫應芳貴
贈左參政杜傑以子應芳貴
贈推官涂友紀以子瑜貴
贈中大夫苑馬寺卿孫安以孫大壯貴
贈中大夫苑馬寺卿孫仕時以子大壯貴
贈知縣徐蘊以子銘貴
封奉直大夫汪廷信以子一右貴
贈知州劉承芳以子道貴
贈中憲大夫李田以子之用貴祀鄉賢
封監察御史樊焯以子玉衡貴



封知縣曹雲深以子繼孝貴
贈承德郎戶部主事韋體亨以子石麟貴
贈文林郎嘉善知縣余淪以子心純貴
贈奉直大夫戶部員外郎吳嶽山以子士瑞貴
贈鴻臚寺丞劉藻以子文炳貴
贈中憲大夫官如皋以子應震貴
贈知縣穆守文以子天顏貴
封太僕寺少卿於廷試以子倫貴
贈文林郎曹自化以子光德貴
晉封奉政大夫汪守廉以子傑貴
贈池州府同知邱韶以子一奇貴
封奉直大夫晉封中憲大夫廖珩以子自伸自強貴

贈國子監博士朱顯富以子萬年貴
贈中憲大夫樊玉衡以子維城貴
封奉直大夫泗州知州王文炳以子陞貴
贈戶部主事王廷遷以子同謙貴
贈知州鄭善以子文彬貴
贈奉直大夫孫仕亨以子大祚貴
贈文林郎鄭重以子之良貴
贈順天府通判何友亮以子天申貴
贈知縣王都以子欽濂貴
贈中憲大夫周啓孫以子之訓貴
贈奉直大夫李葵以子五美貴祀鄉賢
贈奉政大夫鄭廷桂以子謙貴



贈奉直大夫王臺以子家鋒貴
贈翰林院檢討汪之清以子元極貴
贈資政大夫刑部尚書甄善以孫淑貴
贈資政大夫刑部尚書甄其賢以子淑貴祀鄉賢
封西充知縣程暹以子士升貴
贈興濟知縣程汝遷以子焞貴
封承德郎禮部精膳司主事王家欽以子源昌貴
贈南戶部雲南司主事秦必富以子繼宗貴
封給事中祝一先以子世美貴祀鄉賢
贈奉直大夫吏部文選司員外郎晏應元以子清貴
贈文林郎中江知縣郭士民以子知易貴
封承德郎戶部主事洪承化以子周祿貴

封文林郎程士翼以子之試貴
封中順大夫劉功允以子宗祥貴
贈奉政大夫嚴倫以孫師範貴
封文林郎牛拱極可耕更名以子若驎貴
封戸部郎中王追哲以子一桂貴
贈文林郎靖以昭以子安貴
贈中憲大夫靖潮以孫科元貴
贈文林郎累晉中憲大夫靖國洪以子科元貴
贈廣威將軍靖泗以孫翰貴
贈廣威將軍靖國甯以子翰貴

國朝

文秩封贈



貤贈儒林郎翰林院修撰劉紹賢以子子兆貴
贈儒林郎翰林院修撰劉紹華以嗣子子兆貴
贈文林郎曹大輔以子本榮貴
贈中憲大夫程詹以子啓朱貴
贈徵仕郎翰林院檢討晉贈資政大夫禮部尚書王崇擢以子用予孫澤宏貴
贈資政大夫禮部尚書王用予以子澤宏貴
贈奉政大夫陳廷仰以子瑾貴
封承德郎刑部主事封奉直大夫員外郎贈翰林院庶吉士王同觀以子追騄追駿追騏貴
贈中憲大夫汪世柱以子指南貴
贈中大夫汪之渙以孫煉南貴

贈中大夫汪世極以子煉南貴
贈文林郎孫應鴻以子錫蕃貴
贈奉政大夫熊應龍以子光裕貴
贈通議大夫陳鳳禎以孫肇昌貴
贈通議大夫陳天生以子肇昌貴
贈通奉大夫禮部侍郎王追本以孫封灤貴
贈通奉大夫禮部侍郎王一釬以子封灤貴
贈文林郎奚應賢以子祿貽貴
貤文林郎吳元伯以子升東貴
贈工部郎中汪明盛以子士奇貴
贈奉直大夫王追騄以子之餘貴
贈光祿大夫陳恩以孫士銘貴



贈光祿大夫陳天開以子士銘貴
贈文林郎龍睿宮以子可旌貴
贈文林郎樊玉衢以子維域貴
贈文林郎周綃以子之美貴
贈通議大夫廣西按察使鄭復禮以孫昱貴
贈通議大夫廣西按察使鄭先慶以子昱貴
贈中順大夫都察院左僉都御史王澤宏以子材任貴
贈文林郎新建縣知縣王承祜以子懋才貴
贈文林郎廣陵縣知縣王承啟以子懋德貴
贈左春坊左中允兼翰林院編修宋必達以子如辰貴
贈文林郎安縣知縣謝啟元以子加恩貴
贈文林郎四會知縣余雲際以子琥貴

贈文林郎淯川縣知縣范維藩以子基祚貴
贈文林郎遂甯縣知縣萬爾昌以子爲愉貴
贈奉政大夫吏部考功司郎中王追馹以子一導貴
贈修職郎衡山縣教諭易爲泰以子天壽貴
貤贈登仕郎漢川縣訓導晉文林郎宿遷縣知縣靖第元以子乃成貴
贈文林郎奉節縣知縣再贈承德郎吏部稽勳司主事晉贈奉政
大夫兵部武庫司郎中王紹蝙以子漢周貴
贈文林郎德平縣知縣陳大華以子師栻貴
貤中憲大夫太平府知府熊文學以孫同仁貴
贈中憲大夫太平府知府熊道亨以子同仁貴
貤贈文林郎永州府教授王漢澳以子楙績貴
贈文林郎翰林院庶吉士靖乃勷以子道謨貴



貤贈文林郎大名縣知縣周之彬以孫嵩貴
贈文林郎大名縣知縣周大伸以子嵩貴
貤贈修職郎監利縣教諭王封權以子如玫貴
貤贈修職佐郎通城縣訓導邱育紳以子艮驥貴
贈文林郎安仁縣知縣胡正君以子天健貴
贈文林郎益陽縣知縣馮旭以子式貴
贈承德郎禮部祠祭司主事易時憲以子洪周貴
貤贈文林郎會同縣知縣李元春以孫應魁貴
贈文林郎會同縣知縣李一翥以子應魁貴
贈文林郎肥鄉縣知縣宋敏求以子鍠貴
贈文林郎翰林院庶吉士萬紳祖以子年茂貴
貤贈修職佐郎武昌府訓導王時聖以子道明貴

貤贈修職佐郎應城縣訓導孫顯名以子士豫貴
貤贈修職郎石首縣知縣朱續世以子昌運貴
貤贈修職郎南漳縣教諭朱國鉉以子案扶貴
貤贈修職郎襄陽縣訓導陳應旌以子昱貴
貤贈登仕郎湘鄉縣訓導再贈修職郎蒲圻縣教諭馮正時以子三才貴
貤贈修職佐郎京山縣訓導王㬿以子澳貴
貤贈修職佐郎鄖縣訓導王世芳以子如芝貴
貤贈修職郎襄陽縣教諭王時宜以子漢書貴
貤贈文林郎海陽縣知縣汪璣以孫依仁貴
贈文林郎海陽縣知縣汪度宏以子依仁貴
贈文林郎安陸府教授宋敏德以子鏊貴



貤贈承德郎戸部主事鄭傑以孫維嵩貴
贈承德郎戸部主事鄭日晨以子維嵩貴
貤贈修職郎歸州學正王漢準以子楙蘇貴
贈朝議大夫大理府知府宋承璟以子廷採貴
贈文林郎陽城縣知縣宋籛齡以子本敬貴
贈朝議大夫安順府知府陶成新以子國幹貴
貤贈修職郎應城縣教諭孫鍠以子祚濬貴
貤贈修職佐郎胡必祿以子如宗貴
贈文林郎襄陽府教授李師泌以子高松貴
贈奉直大夫開州知州王錫璜以孫炳文貴
贈奉直大夫開州知州王天全以子炳文貴
封儒林郎歷城縣知縣王炳章以嗣子嵩貴

貤封儒林郎歷城縣知縣王炳理以姪嵩貴
封文林郎永和縣知縣許國昌以子岳貴
貤封文林郎鎮原縣知縣王君甫以孫年松貴
贈修職郎晉贈儒林郎王家相以子年松貴
貤贈修職郎郭宗源以子維本貴
貤贈文林郎徐聞縣知縣胡啓爵以孫蓋凡貴
贈文林郎徐聞縣知縣胡紹虞以子蓋凡貴
貤贈文林郎興國縣知縣萬燦以孫廷璧貴
贈文林郎興國縣知縣萬壽祖以子廷璧貴
贈文林郎清豐縣知縣呂文律以子倘和貴
贈儒林郎浙江鹽大使呂文士以子倘部貴
贈奉直大夫渾源州知州龍嗣恭以子雲斐貴



贈文林郎來賓縣知縣劉則甯以子公琰貴
封奉政大夫隆德縣知縣加四級舒其章以孫夔桂貴
封奉政大夫隆德縣知縣加四級舒學昺以子夔桂貴
贈文林郎新淦縣知縣方紹莊以子可丹貴
貤贈修職佐郎晉贈修職郎馬之輝以子堂正塾貴
貤贈修職郎攸縣教諭童期英以子龍光貴
贈文林郎任縣知縣杜啓元以子乘時貴
贈朝議大夫兗州府知府張國柱以孫鳳鳴貴
贈朝議大夫兗州府知府張世俊以子鳳鳴貴
貤贈奉直大夫耀州知州張世艮以姪鳳鳴貴
貤贈奉直大夫耀州知州張世傑以姪鳳鳴貴
貤贈修職佐郎隨州訓導陳之驥以子本謙貴

貤贈修職郎古田縣丞朱國棟以子廷選貴
贈文林郎晉贈朝議大夫光祿大夫李芳峙以孫長青曾孫鈞簡貴
贈文林郎晉贈朝議大夫光祿大夫李國祥以子長青孫鈞簡貴
授朝議大夫晉贈光祿大夫李長青以子鈞簡貴
貤贈文林郎晉贈奉政大夫海防同知嚴世勳以孫承夏貴
贈文林郎晉贈奉政大夫海防同知嚴文任以子承夏貴
貤贈文林郎臨城縣知縣朱鶴皋以孫霞遠貴
贈文林郎臨城縣知縣朱大有以子霞遠貴
貤贈文林郎新泰縣知縣龍宗亨以孫澍貴
貤贈文林郎金谿縣知縣龍廣田以姪澍貴
贈文林郎晉贈奉政大夫南昌府同知龍廣福以子澍貴
貤贈修職郎武昌縣教諭朱元少以子英貴



貤贈修職郎安陸縣教諭張念祖以子宗震貴
貤贈文林郎曲江縣知縣萬廷瑰以孫鼎琛貴
贈文林郎曲江縣知縣萬希嵩以子鼎琛貴
貤贈登仕郎武昌縣訓導靖明經以子裕元貴
貤贈徵仕郎漢陽府訓導靖乃質以子天紀貴
贈文林郎萬安縣知縣靖式禮以子本讜貴
贈文林郎郃陽縣知縣靖式文以子本詵貴
貤贈文林郎郃陽縣知縣靖本讜以弟本詵貴
貤贈修職郎石首縣教諭劉思九以子之銑貴
貤贈修職郎荊門州學正操鵬以子履驪貴
貤贈文林郎黔陽縣知縣蔡王臣以孫文蘭貴
贈文林郎黔陽縣知縣蔡可達以子文蘭貴

封修職郎廣平府經歷王崑以子志鈞貴
貤贈文林郎大城縣知縣胡紹遠以外孫汪兆霖貴
贈文林郎平遠縣知縣萬經祖以孫希熤貴
貤贈文林郎平遠縣知縣萬廷篁以子希熤貴
貤贈文林郎內閣中書張從龍以孫履恒貴
贈文林郎內閣中書張青選以子履恒貴
貤贈修職郎房縣訓導劉世濂以嗣子昌榆貴
貤贈文林郎晉贈奉直大夫薊州知州汪世綸以孫兆霖貴
贈文林郎晉贈奉直大夫薊州知州汪耀宗以子兆霖貴
貤贈文林郎印江縣知縣晉贈承德郎清江通判李茂桂以孫振堃貴
贈文林郎印江縣知縣晉贈承德郎清江通判李夢鯉以子振堃貴
貤贈修職郎恩民縣縣丞靖本鍔以子厚鉞貴



貤贈文林郎荊州府教授萬覲祖以孫希科貴
贈文林郎荊州府教授萬廷闓以子希科貴
貤贈修職郎宣城縣教諭萬廷闓以子嵒貴
貤贈修職郎鄖西縣教諭陳丹鳳以子元揚貴
貤贈文林郎正陽縣知縣汪肇封以孫極三貴
贈文林郎正陽縣知縣汪于濰以子極三貴
貤贈徵仕郎晉奉直大夫內閣中書奚祖文以孫先凱貴
貤贈儒林郎內閣中書加二級奚祖禹以姪孫先凱貴
封徵仕郎累晉奉直大夫內閣中書加三級奚光燠以子先凱貴
貤贈儒林郎內閣中書加二級奚光煥以姪先凱貴
貤贈文林郎內閣中書加一級奚光煜以姪先凱貴
貤贈修職郎巴東縣教諭嚴桐以子承啓貴

封儒林郎揀選知縣加一級胡文炳以子玉森揀選知縣加級請
貤贈儒林郎揀選知縣加一級胡文學以姪玉森揀選知縣加級請
貤贈修職郎石首縣訓導萬廷衡以子希烜貴
貤贈奉政大夫大興縣知縣萬廷璧以孫鼎洋貴
贈奉政大夫大興縣知縣萬希宗以子鼎洋貴
貤贈修職郎江陵縣教諭萬希煨以弟希熤貴
封奉直大夫晉中憲大夫戶部主事胡士琮以子美彥貴
貤封奉政大夫戶部主事胡美彰以弟美彥貴
貤贈登仕郎平武縣主簿陳銓以子鑑貴
貤贈文林郎鄖陽府教授汪世昇以孫兆雲貴
封文林郎鄖陽府教授汪謙以子兆雲貴
貤封修職郎安陸府訓導汪兆澍以姪引鴻貴



貤贈修職郎監利縣教諭汪兆紱以姪引鴻貴
貤贈文林郎平武縣知縣靖式政以孫厚欽貴
贈文林郎平武縣知縣靖本詔以子厚欽貴
貤贈修職郎監利縣教諭萬希和以子鼎欽貴
貤贈修職郎當陽縣教諭陶成錦以子玉華貴
貤贈文林郎米脂縣知縣王成岡以孫鵠貴
贈文林郎米脂縣知縣王如鏊以子鵠貴
貤贈奉政大夫保定府同知曾大榮以孫世儀貴
贈奉政大夫保定府同知曾廷彩以子世儀貴
貤贈奉直大夫加知州銜安徽候補知縣謝從本以孫葵貴
封奉直大夫加知州銜安徽候補知縣謝志烜以子葵貴
貤贈修職郎光化縣教諭程煥瑛以子光禮貴

貤贈儒林郎廣東候補知縣李元榗以孫士燮貴
贈儒林郎廣東候補知縣李嗣湛以嗣子士燮貴
貤贈修職郎東湖縣教諭李世杰以子鼎玉貴
貤贈修職佐郎天門縣訓導趙康錫以子廷海貴
貤贈修職郎竹谿縣教諭龔傳仁以嗣子炳貴
貤贈修職郎竹谿縣教諭龔傳禮以子炳貴
貤贈修職郎建始縣訓導嚴光佩以子垣貴
貤贈修職郎武昌府教授童期茂以孫兆璜貴
貤贈修職郎晉文林郎武昌府教授童承閔以子兆璜貴
貤封修職郎荆州府訓導王運宸以子際雲貴
貤贈文林郎陸川縣知縣曾文秀以孫鵬貴
贈文林郎陸川縣知縣曾雄以子鵬貴



貤贈文林郎左雲縣知縣丁盛湯以孫璜貴
贈文林郎左雲縣知縣丁學楠以子璜貴
貤贈修職郎雲南府經歷龔尚忠以子斗南貴
贈奉直大夫梅鉅昴以孫延貴加級請
贈奉直大夫梅濤以子延貴加級請　以上舊志
貤贈修職佐郎周文炳以子璜貴
貤贈文林郎廣東封川縣知縣王廷坤以孫際雲貴
貤封修職郎晉封文林郎廣東封川縣知縣王運宸以子際雲貴
貤封儒林郎王大鼎以孫思引貴
封儒林郎王鳳譜以子思引貴
貤贈儒林郎六品銜嚴承軨以孫啓柱貴
贈儒林郎六品銜晉贈奉政大夫嚴惇仁以子啓柱孫用勳貴

贈文林郎嘉魚縣學教諭曾世奇以子邦俊貴
貤贈中議大夫史流基以曾孫宇衡請
貤贈文林郎晉贈中議大夫史光楨以孫宇衡貴
贈文林郎晉贈奉政大夫中議大夫史封鼎以子宇衡貴
貤贈奉直大夫國子監監丞林萬青以孫壬貴
贈奉直大夫晉贈奉政大夫國子監監丞林致祥以子壬貴
貤封奉直大夫晉贈通議大夫吳鏕以孫榮貴
封奉直大夫晉贈通議大夫吳湘以子榮貴
授武略騎尉貤贈奉直大夫吳川以姪榮貴
貤贈奉政大夫郡庠生王如曙以曾孫燕瓊貴
貤贈資政大夫邑庠生王壽椿以孫燕瓊貴
贈資政大夫王槐發以子燕瓊貴



貤贈資政大夫王槐茂以胞姪燕瓊貴
貤贈資政大夫王槐長以胞姪燕瓊貴
貤封文林郎直隸阜城縣知縣曾世福以姪錫齡貴
貤封文林郎直隸阜城縣知縣李大經以外孫曾錫齡貴
貤贈中憲大夫鄧溥以曾孫琛貴
貤贈中憲大夫鄧廷炯以孫琛貴
贈中憲大夫鄧覲光以子琛貴
貤贈文林郎武昌府學教授汪引鵬以弟引鴻貴
貤贈文林郎加內閣中書銜鶴峯州訓導雷化成以孫春沼貴
贈修職郎晉贈文林郎內閣中書銜鶴峯州訓導雷時坤以子春沼貴
贈文林郎當陽縣學教諭石錫純以子易誠貴
貤贈奉政大夫晉贈朝議大夫江西吳城鎮同知加一級童陞鼇

以孫範儼貴
贈奉政大夫晋贈朝議大夫江西吳城鎮同知加一級童楚騏以子範儼貴
貤贈文林郎江西安義縣知縣加一級童範儀以弟範儼貴
貤贈奉政大夫江西吳城鎮同知武舉汪承恩以外孫童範儼貴
貤贈奉政大夫廣東補用直隸州知州鎮平縣知縣洪源柱以孫恩澤貴
贈奉政大夫廣東補用直隸州知州鎮平縣知縣洪志鵠以子恩澤貴
貤贈奉政大夫廣東補用直隸州知州鎮平縣知縣洪志鵬以姪恩澤貴
貤贈朝議大夫晋中議大夫劉懋梅以孫錫璽曾孫炳坤貴
封修職佐郎晋朝議大夫中議大夫劉秉恕以子錫琪錫璽孫炳坤貴



貤封朝議大夫劉國慶以弟錫璽貴
封中議大夫劉錫琪以子炳坤貴
貤封朝議大夫劉錫琯以弟錫璽貴
貤封修職佐郎孝感縣學訓導劉錫琮以弟錫珪貴
貤贈奉政大夫員外郎銜兵部主事林太倉以孫鏞貴
封奉政大夫員外郎銜兵部主事林一枝以子鏞貴
貤封奉政大夫員外郎銜兵部主事林潔以姪鏞貴
貤封奉直大夫兵部主事加一級舉人林堃以弟鏞貴
貤封朝議大夫員外郎銜兵部主事加三級林鑾以弟鏞貴
貤贈文林郎王巖以孫楚城貴
贈文林郎貤贈中憲大夫王志釙以子楚城孫毓藻貴
貤封朝議大夫王壽祺以姪孫毓藻貴
封中憲大夫王寶城以子毓藻貴
貤封中憲大夫王福田以姪毓藻貴
貤封中憲大夫王一泫以姪毓藻貴
貤封中憲大夫王楚城以姪毓藻貴
貤封中憲大夫王家溶以姪毓藻貴
貤封奉直大夫王登瀛以姪毓藻貴
貤贈奉直大夫周炳南以外孫王毓藻貴
貤贈奉政大夫程行恕以曾孫仁傑捐請
貤封朝議大夫程義鑑以孫仁傑貴
封朝議大夫程登榜以子仁傑貴
封朝議大夫程登極以子仁育貴
貤封朝議大夫程仁和以弟仁育貴



貤封奉政大夫吳兆元以外孫程仁育貴
貤封登仕郎程仁政以姪含文請
封文林郎襄陽府學教授庠生萬景楠以子渭貴
貤贈奉政大夫江西瀘溪縣知縣陳元闓以孫受梁貴
贈奉政大夫江西瀘溪縣知縣陳汝爲以子受梁貴
貤贈文林郎江西瀘溪縣知縣陳受棻以弟受梁貴
貤贈中憲大夫翰林院編修江西道監察御史洪恩峻以孫良品貴
贈中憲大夫翰林院編修江西道監察御史邑庠生洪鈞以子良品貴
貤贈奉政大夫翰林院編修加四級洪都以姪良品貴
貤贈奉政大夫翰林院編修加四級陶文芝以外孫洪良品貴
貤贈修職郎宜都縣學教諭詹人禧以子有錡貴
貤贈文林郎武昌府學教授邵正泰以孫樂裕貴

贈文林郎武昌府學教授邵際模以子樂裕貴
貤贈朝議大夫吏部主事加三級盧聯魁以孫璲釆貴
贈朝議大夫吏部主事加三級盧斌以子璲釆貴
貤贈奉政大夫同知銜浙江義烏縣知縣盧璲昭以弟璲釆貴
貤贈中憲大夫吏部主事加四級盧啓泰以孫英僩貴
封中憲大夫吏部主事加四級盧尹常以子英僩貴
貤贈中憲大夫吏部主事加四級盧湘以胞姪英僩貴
貤贈中憲大夫吏部主事加四級盧雲曙以胞姪英僩貴
貤贈中憲大夫吏部主事加四級沈正藩以外孫盧英僩貴
贈朝議大夫刑部主事加三級陳如岱以孫天驥貴
封朝議大夫刑部主事加三級陳仁祖以子天驥貴
贈文林郎漢川縣學教諭附貢生萬裕海以子作孚貴



貤贈文林郎揀選知縣增貢生錢履和以孫崇柏貴
封文林郎揀選知縣附貢生錢甫田以子崇柏貴
貤贈中憲大夫員外郎銜戶部主事加四級萬鴻恩以孫錫珩貴
贈中憲大夫員外郎銜戶部主事加四級萬慶琛以子錫珩貴
貤贈中憲大夫員外郎銜戶部主事加四級萬彬以胞姪錫珩貴
貤贈修職郎光化縣學教諭王彬以子槐青貴
貤贈修職郎蒲圻縣學訓導胡元極以子文炳貴
貤贈奉政大夫吏部主事加二級陶熾以孫銳貴
贈奉政大夫吏部主事加二級陶兆增以子銳貴
贈奉政大夫吏部主事加二級杜前恕以子炳珩貴
貤贈奉政大夫吏部主事加二級杜前桂以姪炳珩貴
貤贈奉政大夫謝全義以孫庭書貴

贈奉政大夫謝漢宗以子庭書貴
貤贈文林郎襄陽府學訓導包嗣楫以孫長庚請
贈文林郎襄陽府學訓導包宗華以子長庚請
貤贈奉政大夫庠生萬鼎瑽以孫方田請
贈奉政大夫庠生萬裕恂以子方田請
貤贈登仕佐郎山東清平縣巡檢黃德驥以子可貞請
貤贈奉直大夫知州銜江蘇興化縣知縣汪世禧以孫士俊貴
贈奉直大夫知州銜江蘇興化縣知縣汪紹龍以子士俊貴
貤贈奉直大夫高永剛以孫仕俊請
封奉直大夫高世科以子仕俊請
封奉政大夫嚴啓柱以子用勳貴
貤贈文林郎翰林院庶吉士王志鑑以孫丕釐貴



貤贈文林郎翰林院庶吉士王一瀚以胞姪丕釐貴
貤封文林郎內閣中書銜沔陽州學正舉人錢崇蘭以弟崇柏貴

武秩封贈

贈武德將軍孫一井以子繼仲貴
贈懷遠將軍貴州上江游擊馮君勖以孫楯貴
贈懷遠將軍貴州上江游擊馮明修以子楯貴
贈武德將軍嘉興衛守備馬士駒以子天喜貴
贈宣武將軍河北守備康益隆以子時貴
贈忠顯校尉黃州協千總范明道以子煥貴
贈宣武大夫晉贈武翼都尉胡士瑜以孫定泰貴
贈宣武大夫晉贈武翼都尉胡夢鯉以子定泰貴
貤贈武翼都尉湖南游擊胡從龍以姪定泰貴

貤封宣武大夫鑾儀衛侍衛胡萬年　以弟定泰貴
貤封宣武大夫鑾儀衛侍衛胡銓　以姪定泰貴
貤封修武校尉黃州協外委把總胡上達　以子得茂貴
贈武略佐騎尉江淮領運千總胡夢武　以子萬青貴
貤贈武略佐騎尉江淮領運千總胡覺斯　以姪萬青貴
贈奮武郎黃州協把總曾文準　以子大榮貴
貤贈昭武都尉鄜州營都司易蘭　以孫光殿貴
贈武德騎尉雲騎尉鄒元熊　以嗣子覲光承襲貴
貤贈武德騎尉雲騎尉鄒元揚　以子覲光承嗣襲職貴
贈昭武都尉紫陽營都司詹世純　以孫玉彬貴
贈昭武都尉紫陽營都司詹啓驊　以子玉彬貴
貤贈昭武都尉紫陽營都司詹啓驎　以姪玉彬貴



貤贈修武校尉黃州協外委把總李士榮　以子志全貴
貤贈武信騎尉武昌營把總歐陽承紹　以子勳貴
貤贈武信騎尉蘄州把總蔣軼羣　以子尚英貴
贈奮武郎晉武信佐郎黃州協千總趙世盛　以子治國貴
贈武略騎尉蘄州千總趙一祿　以子發科貴
贈宣武都尉武昌營千總靖必義　以子兆貴貴
貤贈昭信校尉僧塔千總胡金錫　以子如海貴
貤贈武略佐騎尉贛州衛千總劉光普　以姪定國貴
贈武略佐騎尉贛州衛千總劉光旭　以子定國貴
封武信騎尉黃州協把總周正才　以子鵬翥貴
貤封武信騎尉黃州協把總周鵬翔　以弟鵬翥貴　以上舊志
贈一品振威將軍劉應梅　以曾孫維楨功奏　旨特賞

贈一品振威將軍劉琔　以孫維楨功奏　旨特賞
封一品振威將軍劉熊興　以子維楨功奏　旨特賞
授一品振威將軍劉維楨　以軍功奏　旨特賞
貤贈一品振威將軍范蓉祿　以外孫劉維楨貴
貤封一品振威將軍范之燕　以外甥劉維楨貴
贈一品振威將軍胡宗敏　以曾孫昌會功奏　旨特賞
贈一品振威將軍胡元愷　以孫昌會功奏　旨特賞
贈一品振威將軍胡名輔　以子昌會功奏　旨特賞
授一品振威將軍胡昌會　以力保甯夏城防功奏　旨特賞
貤贈一品振威將軍胡名述　以姪昌會貴
賞二品封典胡世甲　以子緒勝功奏　旨特賞
賞二品封典胡緒勝　以力解鎮番城圍功



賞二品封典胡如東　以力解鎮番城圍功
貤贈武略佐騎尉宜昌鎮千總霍大年　以孫鳳鳴貴
贈武略佐騎尉宜昌鎮千總霍煜　以子鳳鳴貴
貤贈武顯將軍鄭之鳳　以曾孫啓貴貴
贈武顯將軍鄭士勳　以孫啓貴貴
封武顯將軍鄭良墀　以子啓貴貴
貤封武顯將軍鄭燿德　以弟啓貴貴
贈一品振威將軍鄭如汧　以曾孫均福貴
贈一品振威將軍鄭作機　以孫均福貴
封一品振威將軍鄭燿玉　以子均福貴
貤贈武義都尉臺莊營參將劉曰忠　以曾孫志和貴
封武義都尉臺莊營參將劉金典　以孫志和貴

封武義都尉臺莊營參將劉應槐以子志和貴
貤贈武德騎尉李能增以孫鳳儀貴
贈武德騎尉李時鍏以子鳳儀貴
貤贈武德騎尉李能壂以姪孫鳳儀貴
貤贈武德騎尉鄒烈亨以孫承勳世職請
贈武顯將軍祝大順以曾孫廣文軍功
贈武顯將軍祝其桂以孫廣文軍功
贈武顯將軍祝光殿以子廣文軍功
贈武功將軍周宗琪以曾孫占標軍功
贈武功將軍周功高以孫占標軍功
贈武功將軍周振慶以子占標軍功
贈武功將軍歲貢周夢霖以孫鶴齡軍功



贈武功將軍周宗信以子鶴齡軍功
贈武功將軍程正宅以孫朝立軍功
贈武功將軍程國瑞以子朝立軍功
贈武德騎尉操廷松以子鴻恩世職請
貤贈武德騎尉操廷鈞以姪鴻恩世職請
封武功將軍王景柏以子明海保舉游擊請
贈武義都尉陳元泰以孫光先保舉參將請
封武義都尉陳本諒以子光先保舉參將請
貤封武義都尉陳光義以弟光先保舉參將請
贈一品建威將軍孫樂萬以曾孫顯寅貴
贈一品建威將軍孫平荃以孫顯寅貴
贈一品建威將軍孫平譽以嗣孫顯寅貴

封一品建威將軍孫貴才以子顯寅貴
貤封一品建威將軍孫顯發以弟顯寅貴
封武德騎尉余朝慶以子從道保舉職銜捐請
封武德騎尉滿會其以子登榜貴
贈武略佐騎尉晉武德騎尉南昌守府胡萬青以子治朝貴
贈武功將軍余啓利以孫朝貴軍功奉旨特賞
封武功將軍余良友以嗣子朝貴軍功奉旨特賞
封武功將軍余良信以子朝貴軍功奉旨特賞
授振威將軍易用剛以軍功奉旨特賞
授武顯將軍易用廉以軍功奉旨特賞
贈振威將軍雷穀春以曾孫芸桂貴
贈振威將軍雷方德以孫芸桂貴



贈振威將軍雷懋科以子芸桂貴
贈一品建威將軍張應立以曾孫壽安貴
贈一品建威將軍張可常以孫壽安貴
封一品建威將軍張金愷以子壽安貴

援例封贈此係王志未載查現任職官未遇覃恩者俱准捐請援例榮親事司一律依俞志增附

贈奉直大夫吳松齡以子鑣捐職加級請
貤贈奉直大夫胡士才以孫文盛捐職請
贈奉直大夫胡宗返以子文盛捐職請
封儒林郎胡文郁以子廷珍捐職請
貤贈儒林郎胡啓華以姪廷珍捐職請
貤贈儒林郎徐世壤以孫愈謨捐職請
封儒林郎徐貢朝以子愈謨捐職請

授登仕郎晉贈奉政大夫朱廷選以子映光捐職請
贈奉直大夫朱廷運以子映奎捐例請
貤封登仕佐郎邱世綵以子大智捐職請
貤贈奉直大夫王世襲以孫宗華議敘職銜捐請
贈奉直大夫王如海以子宗華議敘職銜捐請
贈儒林郎劉邦發以子在鵬捐職請
貤贈奉直大夫劉本讓以孫夢元捐職加級請
贈奉直大夫劉揚烈以子夢元捐職加級請
貤贈儒林郎詹啓璡以孫人祿捐職請
贈儒林郎詹聞達以子人祿捐職請
贈承德郎陳名教以子之駒捐職請
貤贈中議大夫王啓麟以孫鵬翥捐職加級請



贈中議大夫王士翰以子鵬翥捐職加級請
贈奉直大夫游定寰以子豐元捐職加級請
貤贈儒林郎姜維寅以孫玉成捐職請
封儒林郎姜聞韶以子玉成捐職請
貤贈奉政大夫劉調梅以孫錫璜捐職請
贈奉政大夫劉世芬以子錫璜捐職請
贈奉直大夫洪植楨以子恩溢捐職加級請　以上舊志
贈奉政大夫劉星垣以子照久捐職請
貤贈奉政大夫劉兆森以弟照久捐職請
貤贈奉直大夫劉大純以孫定宇捐職請
封奉直大夫劉輔清以子定宇捐職請
貤贈奉直大夫朱成名以孫鴻恩捐職請

贈奉直大夫朱定華以子鴻恩捐職請
贈奉直大夫游萬青以子綰捐職請
贈通奉大夫羅啓盤以孫炳照捐職請
贈奉直大夫晉通奉大夫羅文柱以子炳照毓蘭捐職請
封通奉大夫羅炳照以本身捐職請
封奉政大夫羅文翰以子汝鈞捐職請
貤封登仕郎汪兆奎以子鶴皋捐職請
貤贈修職郎汪引霄以子鴻逵捐職請
貤贈奉政大夫馮萬茂以孫先仁捐職請
贈奉政大夫馮世達以子先仁捐職請
贈奉政大夫曾德悌以子必進捐職請
贈宣德郎張景雲以子光孚捐職請



貤贈朝議大夫林在田以嗣孫時化捐職請
貤贈朝議大夫林東銘以本生孫時化捐職請
贈朝議大夫林大溶以子時化捐職請
贈朝議大夫林在祿以子錫齡捐職請
贈奉政大夫徐錫楷以嗣子方炳捐職請
貤贈奉政大夫徐彥樽以本生子方炳捐職請
贈奉政大夫胡廷璣以子世潆捐職請
贈奉政大夫徐悳之以子玉珂捐職請
贈文林郎胡樹森以子忠佐捐職請
貤贈通奉大夫范起鳳以曾孫華封捐職請
贈通奉大夫范綱以孫華封捐職請
贈通奉大夫范欽以子華封捐職請

貤贈奉政大夫范斌以孫杭捐職請
贈奉政大夫范華棣以子杭捐職請
貤贈中議大夫馬愼宗以孫寅保舉職銜請
贈中議大夫馬重時以子寅保舉職銜請
貤贈儒林郎樊淵蛟以孫雯捐職請
贈儒林郎樊興以子雯捐職請
貤贈徵仕郎樊蔭南以孫瑞林捐職請
贈徵仕郎樊純芹以子瑞林捐職請
貤贈奉直大夫宋之幹以孫洪濱捐職請
封奉直大夫宋文奎以子洪濱捐職請
貤贈儒林郎趙宜濟以孫錫麟捐職請
贈儒林郎趙起昌以子錫麟捐職請



貤贈奉政大夫段曉亭以孫錦榮捐職請
贈奉政大夫晉朝議大夫段文軒以子錦榮捐職請
封奉直大夫鄒善珍以子禧捐職請
貤贈朝議大夫鄒檢鑾以孫嵩捐職請
封朝議大夫鄒善球以子嵩捐職請
貤贈奉直大夫王官佐以孫純桂保舉職銜捐請
贈奉直大夫王鉅清以嗣子純桂保舉職銜捐請
貤贈奉直大夫王鉅山以本生子純桂保舉職銜捐請
貤封奉直大夫余蔭蘭以姪毓珩捐職請
貤贈奉直大夫余慶以孫毓珩捐職請
封奉直大夫余森以子毓珩捐職請
貤封奉直大夫余國仁以孫蔭楓捐職請

贈奉直大夫余璜以子蔭楓捐職請
貤封登仕郎黃濟信以子存厚捐職請
封奉直大夫華景洙以子春蘋捐職請
封奉直大夫華景濂以子棣棠捐職請
貤封修職郎方一寬以子伯清議敘職銜請
貤封修職郎郭利賓以子金彪議敘職銜請
貤贈中憲大夫余艮道以孫謙捐職請
贈中憲大夫余國猷以子謙捐職請
貤贈中憲大夫余國忠以姪謙捐職請
貤贈奉政大夫葉慕枷以孫煥枝捐職請
封奉政大夫葉肇第以子煥枝捐職請
貤贈承德郎施承逵以孫俊唐捐職請



贈承德郎施錦鴻以子俊唐捐職請
貤贈儒林郎李光典以孫家林捐職請
封儒林郎李華彬以子家林捐職請
貤封修職郎雷藎臣以子堃捐職請
貤封登仕郎劉光輝以子如春捐職請
貤封朝議大夫游克斌以孫亨熙捐職請
封朝議大夫歲貢生候選訓導游鉞以子亨熙捐職請
貤封徵仕郎馮步瀛以子樹棠捐職加級請
贈奉政大夫光祿寺署正陳鈞以子炳捐職加級請
貤贈奉政大夫同知銜劉維福以孫年豐捐職請
封奉政大夫同知銜劉照儒以子年豐捐職請
貤贈奉政大夫同知銜劉星垣以孫作楧捐職請

封奉政大夫同知銜劉士儀以子作楧捐職請
貤封奉政大夫同知銜劉作舟以弟作楧捐職請
封文林郎中書科中書傅梅以子華棣捐職請
封登仕郎徐炳濤以子基玉捐職請
授奉政大夫光祿寺署正葉煥林以本身捐職請
封奉直大夫光祿寺署正李邦英以子聲播捐職請
贈文林郎孫廷鍇以子寶善捐職請
贈奉政大夫高之典以孫耀辰捐職請
封奉政大夫高玉堂以子耀辰捐職請
貤贈昭武都尉晉贈武翼都尉劉成智以孫照炯照奎捐職請
贈武翼都尉劉維康以子照炯捐職請
貤封武翼都尉劉照清以弟照炯捐職請



封武翼都尉劉照炯以本身議敘游擊銜請
贈昭武都尉劉維壽以子照奎捐職請
封武翼都尉羅毓蘭以子綸捐職請
封武德騎尉陳兆霖以子履厚捐職請
封武略騎尉武庠生張開陽以子傳炎捐職請
誥封承德郎殷道友以子炳林捐職請

以上援例

贈武德佐騎尉吳讚斌以孫定泰貴
封武德佐騎尉吳緒維以子定泰貴
貤封武德佐騎尉吳緒偉以姪定泰貴
贈二品封典彭家錩以孫百勝功
贈二品封典彭國海以子百勝功
封奉政大夫彭家釗以子起鳳貴

以上補遺

## 廕襲 世職附

### 明

張官　本姓周，以父璘廕。按明職官志，三品以上考滿著績得廕一子，曰官生。璘滿二考，應得廕子，舊志脫，今照楚紀補入
詹紋　以祖同父嶽廕，官尚寶寺丞
詹希原　同從孫以廕，官中書舍人
謝元　以父昶廕，官鴻臚寺主簿
奚繼善　以伯父世亮殉難廕。先是世亮無嗣，廕從子繼良入監讀書，尋故，遞以繼善補廕，累官詹事府錄事、南京鴻臚寺主簿
康守功　以父良臣殉難，廕官仁壽主簿
王追皋　以祖廷瞻廕，官至安順知府，贈太僕卿，有傳
曾怨　以父全指揮征橫江殉難，廕官至都司僉書，有傳



韋蜀麟　以父宗孝殉難廕，官南京衛經歷
甄若瑗　以祖淑廕，官國子監學正
王源發　以父家錄殉難廕
周之記　以兄之訓殉難廕
王封勣　以父一柱殉難廕

### 國朝

汪惟錡　以父基遠殉難廕，官沁水知縣、霸州知州
韋鍾炳　以父成賢廕，官石城知縣
曹本懋　以兄本榮廕
李提龍　以父占春廕，官至知府
曹宜溥　以父本榮廕，後以博學宏詞官翰林院檢討
陶思哲　以父之駿殉難廕

官純心 以父撫滇殉難廕官知縣

王麟紱 以父宗至廕

陳其亮 以父士銘世襲拖沙喇哈番

陳其智 以父士銘世襲拖沙喇哈番

汪封渭 以太高祖基遠殉難廕基遠予惟錡官知州後乾隆六十年奉旨查其後裔予恩騎尉世襲罔替封渭承襲咨達作爲文生一體鄉試中嘉慶癸酉舉人道光癸未進士前任山東德州知州並見選舉志

鄒覲光 以嗣父元熊官道士洑外委於嘉慶五年七月初四日在鄖縣攻克花果園陣亡奉旨給予世襲雲騎尉

鄒承勳 以父覲光於道光九年因病告退承襲雲騎尉世職咨達作文生一體鄉試

孫廣墉 以七世祖如芝官四川筠連縣丁艱歸途次遇吳逆脅降不屈死乾隆六十年奉旨查其後裔予世襲至道光十一年詳請承襲

陶士貞 以高祖之驗官廣東茂名縣丞殉難乾隆六十年奉旨查其後裔予世襲至道光二十六年詳請承襲

以上舊志



林世榮 以父逢戊歲貢生於同治四年十二月十五日捻逆竄境捐軀殉難奏奉廕一子入監讀書六月期滿以縣主簿註冊候銓世榮於同治八年九月三十承廕

鄧世英 以父士林花翎浙江補用知府於同治七年十月三十日在金陵差次積勞病故奏奉廕一子入監讀書六月期滿以知縣註冊候銓世英呈請於同治九年二月二十四日承廕時未及歲未入監

孫崇俊 以祖廣墉於咸豐五年辦團受勞染患肝熱失明父亦陣亡崇俊呈請於同治二年接襲恩騎尉

汪銘瑑 以父封渭積勞病故銘瑑前報捐監生於同治十二年呈請以本職接襲恩騎尉咨達作爲文生一體鄉試

萬成績 以祖鼎恩官湖南新甯縣知縣道光二十九年十月十四日逆匪滋事逼從不允被戕奏給雲騎尉襲次完時恩騎尉罔替先是績伯父裕瑋承襲發標隨師援皖於咸豐四年十二月二十九日陣亡同治十三年績接襲

萬成纘 以嗣父裕瑋前襲雲騎尉隨師援皖於咸豐四年十二月二十九日在廣濟縣彭家灣血戰陣亡奏蒙給祭葬銀兩予雲騎尉襲次完時恩騎尉罔替同治十三年成纘呈請承襲雲騎尉

桂芳 以父鵬從九品銜在籍捐貲練勇於咸豐五年正月隨軍至漢口後湖陣亡奏奉予雲騎尉襲次完時恩騎尉罔替芳於咸豐八年承襲

熊敦高 以祖聯輝選授穀城縣教諭在籍督勇勦賊於咸豐五年十月十五日在白塔河打仗陣亡奏奉予雲騎尉襲次完時恩騎尉罔替高父慶齡於咸豐八年承襲雲騎尉學習期滿驗放病故高復呈請於光緒六年接襲雲騎尉

邱忠輔 以父文舉人大挑二等即選教諭在籍練勇於咸豐五年正月初十日追賊至漢口後湖陣亡奏奉予雲騎尉一襲次完時恩騎尉罔替輔於咸豐十一年九月二十四日承襲

江永清 以祖履和議敘從九品於咸豐四年三月二十四日帶勇勦賊在宋家坳陣亡奏奉予雲騎尉襲次完時恩騎尉罔替清父襲恩於同治元年承襲病故清復呈請於同治十三年接襲雲騎尉

劉在鑣 以祖選亮官四川漢州知州在籍防守於咸豐二年十二月初四日省城陷自寓殉節奏奉予雲騎尉襲次完時恩騎尉罔替鑣父儀年於同治二年三月承襲在標病故鑣復呈請於同治十年四月二十九日接襲雲騎尉



張鴻恩 以嗣父步元官黃州協右哨千總藍翎儘先守備於咸豐十一年二月初八日勦賊陣亡奏奉予雲騎尉襲次完時恩騎尉罔替恩父毓才於同治二年承襲雲騎尉病故恩復呈請於光緒四年接襲雲騎尉

周殿恩 以父鵬翥官黃州協黃岡汛把總於咸豐四年正月十五日引隊陣亡奏奉予雲騎尉襲次完時恩騎尉罔替恩於同治二年承襲

祝玉晃 以父開泰官藍翎儘先外委於同治二年四月初二日在渭南縣屬倉頭打仗陣亡奏奉予雲騎尉襲次完時恩騎尉罔替晃於同治四年承襲

郭潤霖 以父光印官花翎儘先守備於同治元年十二月十三日在同州府王閣村勦捻陣亡奏奉予雲騎尉襲次完時恩騎尉罔替霖於同治五年承襲

黃道昌 以祖啓運舉人在籍捐練勦賊於咸豐五年七月二十日隨軍至瓦屋灣地方陣亡奏奉予雲騎尉襲次完時恩騎尉罔替昌父家政於同治五年承襲咨達作爲文生因疾成廢昌復呈請於同治十三年接襲雲騎尉

黃　俊　以父榮甲文生在籍督勇堵勦於同治三年五月初七日在三店地方打仗陣亡奏奉　予雲騎尉襲次完時恩騎尉罔替俊於同治六年十月二十三日承襲

邱忠耿　以祖振聲從九品外奬五品職銜在籍督勇堵賊於同治三年六月二十四日被匪捡拷斷肱殞命奏奉　予雲騎尉襲次完時恩騎尉罔替先是邱斌於同治六年承襲在標病故忠耿復呈請於光緒六年接襲雲騎尉

張國勳　以父德潤從九品銜在籍團勇防勦同治四年十二月初八日賊至勇潰罵賊被害奏奉　予雲騎尉襲次完時恩騎尉罔替勳於同治七年承襲

李端坤　以祖棠從九品銜在籍捐練勦賊於同治四年十二月初八日追賊至界埠河口力戰陣亡奏奉　予雲騎尉襲次完時恩騎尉罔替坤父亮功於同治七年承襲病故坤復呈請於同治十一年接襲雲騎尉

殷錦章　以父發地從九品銜於同治五年正月二十四日齊團堵禦在龍口地方陣亡奏奉　予雲騎尉襲次完時恩騎尉罔替章於同治七年承襲

陳佑倫　以曾祖元發從九品銜在籍捐練督勦於同治五年正月十四日追捻至胡家土庫嘴陣亡奏奉　予雲騎尉襲次完時恩騎尉罔替先是倫祖故倫父燿宗於同治七年承襲在標病故倫復呈請於同治十年十一月十九日接襲雲騎尉



操鴻恩　以祖南薰歲貢在籍督勇防堵於同治三年五月十五日被捻逆火焚身死奏奉　予雲騎尉襲次完時恩騎尉罔替恩父廷松已故恩乃呈請於同治八年承襲期滿引見署儈塔千總在任病故其嫡子炳奎於光緒五年呈請接襲因戶結不全致未詳辦

洪賢德　以父恩潤五品藍翎州同職銜在籍捐團練勇於同治三年八月二十九日在邵福八地方打仗被捻罵賊遇害奏奉　予雲騎尉襲次完時恩騎尉罔替賢德呈請於同治八年承襲雲騎尉

黃澤鴻　以父奎文生在籍捐練防堵於同治三年五月初七日在三店地方打仗陣亡奏奉　予雲騎尉襲次完時恩騎尉罔替鴻於同治八年承襲

游毓棠　以祖翊運從九品銜在籍帶勇勦賊於同治五年正月十五日罵賊捐軀奏奉　予雲騎尉襲次完時恩騎尉罔替棠父豫榮於同治八年承襲咨達作文生病故棠復呈請於光緒五年接襲雲騎尉

童逢吉　以父福林從九品銜於同治四年十二月十七日在雙柳龍口地方督勇隨軍接仗陣亡奏奉　予雲騎尉襲次完時恩騎尉罔替逢吉於同治八年承襲

程含林　以父仁麻從九品銜在籍督團堵勦於咸豐五年十月十五日在新洲地方打仗陣亡奏奉　予雲騎尉襲次完時恩騎尉罔替林於同治八年承襲

葉宗乾　以父毓蘭從九品銜在籍督勇勦賊於同治四年十二月初六日在許家畈地方罵賊被戕奏奉　予雲騎尉襲次完時恩騎尉罔替乾於同治八年承襲

梅雄飛　以父兆棠庠生在籍督勇堵勦於同治三年五月二十一日被捻逆逼脅不屈刃斃奏奉　予雲騎尉襲次完時恩騎尉罔替雄飛呈請於同治八年承襲雲騎尉咨達作文生一體鄉試

汪毓麒　以父士偉監生同治六年二月二十日被賊擒縛罵賊不屈遂被焚死奏奉　予雲騎尉襲次完時恩騎尉罔替麒於同治八年承襲

萬福珍　以父世清官黃州協蘄水縣城守把總於咸豐五年七月二十五日督帶兵勇在中台山奮勇陷陣手刃數賊力竭陣亡奏奉　予雲騎尉襲次完時恩騎尉罔替福珍呈請於同治九年承襲雲騎尉

徐秉忠　以父寶善州同銜在籍捐練勦賊於同治六年二月二十六日在曹衜鋪陣亡奏奉　予雲騎尉襲次完時恩騎尉罔替忠於同治九年承襲



劉在鵾　以嗣父福銀官藍翎六品軍功於同治二年五月二十二日在陝拔駐交口中途與狪逆鏖戰力竭陣亡奏奉　予雲騎尉襲次完時恩騎尉罔替在鵾於同治十年承襲

孫貴成　以父鏞官六品藍翎額外外委於咸豐四年正月十五日在堵城地方打仗陣亡奏奉　予雲騎尉襲次完時恩騎尉罔替成於同治十年承襲

劉定一　以父光前州同銜於同治五年十二月二十六日在籍流溪畈督勇勦賊被害奏奉　予雲騎尉襲次完時恩騎尉罔替定一於同治十一年承襲

陳之熙　以嗣父發貴官藍翎儘先外委於同治二年四月十九日在大荔縣屬光白鎮王閣村狪巢打仗陣亡奏奉　予雲騎尉襲次完時恩騎尉罔替之熙於同治十一年承襲

孫世德　以嗣父廣元官五品藍翎千總於同治五年十二月二十一日在鍾祥縣羅家集勦賊陣亡奏奉　予雲騎尉襲次完時恩騎尉罔替世德於同治十一年承襲

羅金聲　以祖文彪文生在籍捐勇勦賊於咸豐五年正月初十日追賊至漢口後湖陣亡奏奉　予雲騎尉襲次

完時恩騎尉罔替亨父樹梅年老有疾聾乃呈請於同治十一年承襲雲騎尉咨達作爲文生一體鄉試

施用斌　以父吉祥監生在籍督勇堵勦於同治五年十二月初八日在陶家河力竭陣亡奏奉　予雲騎尉襲次完時恩騎尉罔替斌於同治十一年承襲

王藻翔　以祖建中生員在籍督勇堵禦於咸豐五年十月十五日帶長子大熉三子大防與賊戰於葉家大橋同時陣亡奏奉　予雲騎尉襲次完時恩騎尉罔替翔乃大亨之子承繼大熉爲嗣於同治十一年四月十九日承襲雲騎尉咨達作爲文生一體鄉試

曾官榮　以父保元官花翎副將銜儘先參將於同治九年九月初九日勦回在陝西金積堡老巢陣亡奏奉　予騎都尉兼雲騎尉襲次完時恩騎尉罔替官榮呈請於同治十一年承襲騎都尉兼雲騎尉

丁大鈞　以父璜官曲沃縣知縣於咸豐三年八月初六日守城力竭罵賊殉難奏奉　予雲騎尉襲次完時恩騎尉罔替大鈞呈請於同治十二年承襲雲騎尉并請就案咨銷捐監

鄧潤林　以父開祥候選縣丞在籍團練於咸豐十一年五月初五日在單家岡勦賊陣亡奏奉　予雲騎尉襲次完時恩騎尉罔替潤林於同治十二年承襲

黃岡縣志　卷之九　廕襲　卅七

黃秉鈞　以嗣父鴻藻候選縣丞在籍帶勇堵勦於同治六年十一月十八日追賊至三店失利被擒罵賊捐軀奏奉　予雲騎尉襲次完時恩騎尉罔替秉鈞於同治十二年承襲

江兆安　以父保全官遊擊於同治九年正月十三日在甘肅峽口金積堡打仗陣亡奏奉　予雲騎尉襲次完時恩騎尉罔替安於同治十二年承襲

林定國　以父志依從九品銜在籍捐練堵勦於咸豐五年正月初十日在漢鎮後湖接仗陣亡奏奉　予雲騎尉襲次完時恩騎尉罔替定國於同治十二年承襲

熊錫官　以父履山儘先花翎游擊副將銜赫勇巴圖魯於同治九年十月初六日在陝甘攻毀王疃附近堅壘中賊洋鎗陣亡奏奉　予騎都尉兼雲騎尉襲次完時恩騎尉罔替錫官呈請於同治十二年承襲騎都尉兼雲騎尉

王汝英　以父勝喜官花翎守備於同治十年三月初三日帶隊進攻納家閘賊寨頭受鎗陣亡奏奉　予雲騎尉襲次完時恩騎尉罔替汝英於同治十三年承襲雲騎尉

舒直亨　以父正揚從九品銜在籍捐練堵勦於同治六年二月十六日在粤衛鋪陣亡奏奉　予雲騎尉襲次完時恩騎尉罔替亨於同治十三年承襲

何承先　以父長勝監生銜儘先守備於同治七年六月二十二日在山東德州力戰陣亡奏奉　予雲騎尉襲次完時恩騎尉罔替先於同治十三年承襲

王光嗣　以父景慶六品軍功文童在籍捐貲練勇咸豐五年七月初十日在花園鋪打仗陣亡奏奉　予雲騎尉襲次完時恩騎尉罔替光嗣於同治十三年承襲

黃功興　以父義順官儘先拔補把總於同治六年四月十二日奉委製辦軍裝行抵陝西榆林府被賊戕害奏奉　予雲騎尉襲次完時恩騎尉罔替興於同治十三年承襲

李定鈞　以父得勝官儘先拔補把總於同治六年四月十二日奉委製辦軍裝行抵陝西榆林府遇賊被戕奏奉　予雲騎尉襲次完時恩騎尉罔替鈞於同治十三年承襲

楊金鏞　以嗣父得勝官遊擊於同治三年八月十七日在陝西蓮花城打仗陣亡奏奉　予雲騎尉襲次完時恩騎尉罔替鏞於光緒元年承襲

羅汝霖　以嗣父興順官守備於同治三年三月十七日在張家川龔門鎮打仗陣亡奏奉　予雲騎尉襲次完時恩騎尉罔替霖於光緒元年承襲

黃岡縣志　卷之九　廕襲　卅六

易元舉　以祖正讀藍翎守備於同治元年正月十六日在洋鎮接仗陣亡奏奉　予雲騎尉襲次完時恩騎尉罔替元舉以嫡孫呈請於光緒元年承襲

馬詒垓　以祖成斌監生於同治三年五月二十八日被賊圍逼迴護繼祖母屍棺罵賊碎顱破腹奏奉給予雲騎尉襲次完時恩騎尉罔替垓於光緒元年承襲

方道金　以父大慶官遊擊於同治三年八月十七日在蓮花城打仗陣亡奏奉　予雲騎尉襲次完時恩騎尉罔替金於光緒二年承襲

李潤藻　以父得從官把總於同治三年三月十二日在傳家川王家堡打仗陣亡奏奉　予雲騎尉襲次完時恩騎尉罔替藻於光緒二年承襲

黃鴻恩　以父得勝六品軍功於同治十年二月十六日在直隸饒陽縣陣亡奏奉　予雲騎尉襲次完時恩騎尉罔替恩於光緒二年承襲

姜煥雲　以父炳文舉人在籍練勇於咸豐四年二月十一日在茶店督戰陣亡奏奉　予雲騎尉襲次完時恩騎

尉罔替呈請遂於光緒二年承
襲雲騎尉咨送作爲文生一體鄉試

王　松　以父際寅文生在籍練勇於咸豐五年十月十五日在曲並湖地方陣亡奏奉　予雲騎尉襲次完時恩騎尉罔替松於光緒二年承襲

宋樹榮　以父晒文生家寒明義團練勦賊於同治三年八月三十日在淋山河被擄不屈罵賊被戕奏奉　予雲騎尉襲次完時恩騎尉罔替榮於光緒二年承襲

胡霖瀚　以兄霖澍署貴州義興府事委帶任內練勇防勦於咸豐十一年四月二十八日被苗匪久困絕糧失守被戕一門殉節奏奉　予雲騎尉襲次完時恩騎尉罔替霖瀚呈請於光緒二年承襲雲騎尉

夏錦榮　以父承誠從九品銜於同治六年二月初一日在孔子河隨軍勦賊陣亡奏奉　予雲騎尉襲次完時恩騎尉罔替錦榮呈請於光緒三年承襲雲騎尉咨送作爲文生一體鄉試

邵大璋　以父希湘從九品銜於咸豐五年七月初五日在盤石橋帶勇助勦陣亡奏奉　予雲騎尉襲次完時恩騎尉罔替璋於光緒三年承襲

李進先　以父淩雲候選從九品在籍捐練助勦於咸豐十一年五月初七日在花園鋪陣亡奏奉　予雲騎尉襲次完時恩騎尉罔替進先於光緒五年承襲



陳士斌　以父兆榮監生在籍捐資練勇於同治四年十二月初四日在花園鋪力戰陣亡奏奉　予雲騎尉襲次完時恩騎尉罔替斌於光緒五年承襲

劉金標　以父聯陞總兵銜儘先補用副將同治二年四月初一日攻克陝西倉頭獅集進逼交口於六月十三四等日攻陷陣亡奏奉　予騎都尉兼雲騎尉襲次完時恩騎尉罔替金標呈請於光緒五年承襲騎都尉兼雲騎尉

洪定中　以嗣父連城即良璧候選縣丞於同治四年十二月初四日在籍石欄河遇賊被害奏奉　予雲騎尉襲次完時恩騎尉罔替定中於光緒六年承襲

郭鈺斌　以嗣父廷燁從九品銜在籍練勇於同治四年十二月二十八日在鵞公頸被擄不屈罵賊被戕奏奉　予雲騎尉襲次完時恩騎尉罔替斌於光緒六年承襲

林執中　以曾祖一枝監生在籍捐資練勇於同治三年五月三十日在顧伍衙打仗陣亡奏奉　予雲騎尉襲次完時恩騎尉罔替執中於光緒六年承襲

陳煥垣　以祖錫恩監生在籍帶勇勦賊於咸豐五年二月初十日在淋山河力戰陣亡奏奉　予雲騎尉襲次完時恩騎尉罔替煥垣呈請於光緒六年承襲雲騎尉咨達作爲文生一體鄉試

汪　椿　以父光甲監生於同治三年五月二十七日在大岐山帶勇助勦陣亡奏奉　予雲騎尉襲次完時恩騎尉罔替椿以文生承襲

邵　棠　以祖先鯛監生於同治六年二月初五日在團鎮帶勇勦賊陣亡奏奉　予雲騎尉襲次完時恩騎尉罔替棠父忠疾成廢乃以棠於光緒六年承襲雲騎尉咨達作爲文生一體鄉試

汪鳳翥　以嗣父光文花翎副將儘先補用參將同治四年十二月二十八日在鵞公頸打仗陣亡奏奉　予騎都尉兼雲騎尉襲次完時恩騎尉罔替鳳翥呈請於光緒七年承襲騎都尉兼雲騎尉

世職附　案康熙二十八年奉中嚴愼選例查前明衛所世襲雍正八年奉武舉壅塞不行例暫停乾隆八年奉武舉壅塞已通例錄其子孫咨部備用前志載存敘次於左

明

指揮使



會　斌　衛州人洪武間入籍世指揮使後裔一夔恕言爵俱見武勳

夏　梁　懷遠人洪武間入籍

嚴　禮　蒙城人洪武間人籍由振武衛指揮僉事世襲本衛指揮歷泰瑛敏誠瑞清宗武用中復天鴻祚凡十一世

陳　榮　滁州人洪武間入籍後裔陳宏猷承襲

倪　義　六合人洪武中以功由隨州百戶世襲本衛指揮僉事歷雄玉永福勇天祥士舉光敏政九世敍政有傳康熙二十八年裔孫宏祚承襲領運子璜孫灝

郭　顯　保定人永樂六年襲本衛指揮使歷宣廷爵承武訓之翰以重六世以重殉難有傳康熙二十八年裔孫世柱文臣襲職子祚啓孫恒秀承襲恒秀子紹基

胡　海　臨潼人永樂間入籍本衛指揮僉事歷洪辰恩永讃俱世襲恩有傳

牛　瑛　涉縣人永樂間入籍世指揮歷璐斗可耕見武勳

孟　凱　德州人洪熙間入籍裔世爵承襲

趙　能　陽信人洪熙間入籍裔孫祖承襲

郭　忠　廣昌人宣德間入籍

李　勳　沂州人成化間入籍祖新左府都僉事封崇山侯勳襲本衛指揮使歷儀鉦太海繼善光祖士奇七世士奇有傳順治末裔孫逢春領運兼管守備于師綱孫成紀承襲成紀子文熙

張　永　鳳臺人成化間入籍

胡　輔　海縣人成化間入籍

張　貴　章邱人祖榮從征靖難功世襲管軍正千戶貴成化中以破劉千斤功陞本衛指揮使世襲歷鎮橋科韓若駿五世康熙二十八年後裔孫國貞承襲

袁　達　懷遠人嘉靖間入籍孫應報由鎮海將軍改指揮僉事順治初裔孫三才領運子之貞孫璜承襲璜給千總劄子又勳

李　士

滿　芳　定遠人嘉靖間入籍本衛指揮使歷思謙如弦世襲思謙有傳順治七年裔孫世榮承襲領運



劉　威　蘄水人嘉靖間入籍

彭　宏　蘭陽人洪武中以征蘭溪功世襲指揮使至六世孫璿康熙二十八年裔孫承元承襲子家謨

彭益孫　麻城人

鎮撫

詹　勝　鳳陽人後裔允宗承襲

劉　綱　江西人後裔煥承襲

余　瑛　鄱陽人入籍世襲鎮撫子恩光後裔承宣承襲

李　芳　衡州人

王蒙哥禿　瀋陽人後裔鳳朝承襲

徐　福　江西人後裔裔松承襲

千戶

李　成　靖海人入籍世襲本衛正千戶裔孫應鵠署指揮使有傳

潘　正　六安人入籍千戶歷崇禎世麟世臣襲職康熙中裔孫源泓給千總劄隨運弟源溶子琳

秦　得　鳳陽人後裔賢承襲

毛大節　巴陵人

朱　昺　泰州人孫海建文四年由鎮海衛調黃州衛右所正千戶世襲歷洪亮爵袞鋐國宗寵凡七世寵有傳康熙中寵孫彭年承襲隨幫旋停至乾隆八年又取彭年從弟大年子憲名咨部

王繼泉

奚佛關　廣德人入籍孫綱從征香爐山陣亡贈黃州衛千戶子世襲

張養元　鳳陽人洪武時以功授靖州衛千戶七世孫鳳宣德初調黃州衛歷亞武崇襲職康熙二十八年裔孫光輝承襲子在儀孫其蘊

任秉直　南昌人入籍授衛千戶世職康熙二十八年裔孫廷哲承襲子士珍孫國柱

嚴　興　六安人入籍子廷諫以功授千戶世職裔孫正紀承襲

百戶



葉　成　新建人

陳德新　息縣人

左　良　臨汾人

李　誠　鳳陽人

朱　昱　揚州籍儀徵洪武中隨征雲南功世襲本衛百戶大歷瑄誠輪襲職康熙二十八年裔孫時懋承襲子紹程

陳虎安　常熟人

杜　玉　臨淮人黃州協鎮守有功世襲百戶至十世孫薦萬歷壬子舉人祝進崇禎己卯副榜部先玉後裔也康熙二十八年裔孫乾元承襲

方可大　山陰人入籍孫紹授百戶世職康熙二十八年裔孫廷錫承襲

范天受　廣德人後裔宗堯承襲

吳　斌　兗州人

雍大亨蘄州人入籍孫奉世襲本衛百戶順治中裔孫國璐隨運子錫孫豐承襲豐子梅

韓望六安人後裔韓榮承襲

梅芳南昌人後裔久柏承襲

潘亨餘干人後裔宗源承襲

張文譽廬州人

高興合肥人後裔高陞承襲

陳洪卿獻文依獻傳補入



# 黃岡縣志卷之十

知黃岡縣事合肥戴昌言編輯

## 人物志

### 儒林

子言儒有君子小人儒之名不必盡美也至漢董子史稱大儒而明道先生獨言諸葛公有儒者氣象由是儒之名尊以重矣苟非其人莫專斯美邑自明代至

國朝翹材輩出而列是科者僅十數人蓋非於濂洛關閩之學實有深造發明者不得入士各有志琢磨砥礪其兢兢宜何如也

明

郭慶字善甫聞王文成講學徒步往從之三年得其說正德丁卯舉於鄉授清平知縣以廉稱勤於撫字捐俸給貧民牛種在官五年乞休民爲立祠祀之家居儉約親鄰有困匱輒賙給之耽吟咏每詩成常自削稿故著述不多見云卒祀鄉賢



吳良吉字仲修師事王文成其後自授生徒矩矱嶷然而純粹可親學者宗之作詩歌有邵堯夫風孟津知黃岡延之書院有人夜懷金請間良吉怒卻之及卒少保耿恭簡備棺斂爲作傳知府瞿汝稷爲立墓碑祀鄉賢

樊煒字斋川性孝友少負雋才博通經史以選貢授漢陽訓導約法嚴明講學不倦故其後及門多以經術顯子孫在官者皆能樹清節以子玉衡侍御史封如其官時人以爲純學之報云崇祀鄉賢著有史學集等書

王陞字進吾萬歷己卯舉人少孤事母以孝聞由肥城教諭遷

四川威遠知縣威俗悍輒訟長吏陞曰長吏或貪耳乃勸耕興學每單騎巡窮鄉中捐賑凶饑吏胥莫敢欺隱晉泗州知州舟東下山谷老稚爭負豆米稽首爲獻陞辭不得人受一升泗有水不治陞力請開高家堰以疏水源忤諸當道遂以周家橋大工責陞獨任陞親畚鍤雜土傭坐臥風雪中水遂平又泗人倚陵莊奪民田陞按册釐核不少假遷重慶府同知改遵義上谷龍門皆有政績介不可犯老而彌篤再移鎭南遂乞休歸講學正宗會館倡修問津書院生平宗湛若水之學隨處必求天理爲安尺寸不苟著有退省錄退問集綱鑑讀要諸書崇祀鄉賢弟臺字最吾邑諸生好學深思與陞講學於定惠問津諸書院及陞官重慶臺猶往來講論一時從遊者衆子家欽字仲修孝友文章一時推重郡太守祝萬



齡聘之設教定惠院倡明正學卒亦崇祀鄉賢臺子家錄欽子源昌俱有傳

蕭繼忠字康侯性豪邁弱冠列弟子員旋中副車先是蕭文憲爲酷吏所斃其子繼元愬於朝吏以繼忠爲元之從弟也遂誣以盜置於獄榜笞且劇繼忠投獄井經宿不死遂讀易窮性命之旨既出折節力學遊燕都越金陵抵江右訪求名儒學益純篤後設敎白鹿首善書院及歸又與同郡王陞黃彥士諸人修問津書院遠近受業者數百人時魏璫恣橫附之者因楊左憾東林摧殘楚士尤毒繼忠聞緹騎至即時就道顏色自若家人無一知者會魏璫誅乃免以講學終老問津書院祀之著有語錄諸書行世

余心純字西澗萬歷壬辰進士授嘉善知縣研精禮學衆稱篤志言動悉遵矩矱時以戴記儒宗立坊表之初邑孝廉於廷諍以戴記鳴世所稱樂葵先生也心純與進士樊玉衡王一鳴學博劉功遠暨漢川中丞尹應元同受業焉而心純所著爲尤顯有禮記義疏二十八卷行於世

秦繼宗字西汀萬歷甲午解元以饒陽敎諭登庚戌進士累官戶部郎中爲人德性純厚博綜力學至老不懈經其指授者皆有所成就著有尙書彙解禮記疏意行於世

詹時明字爾用端凝靜重寡言笑少慕薛文淸之學求王文成所以異處以歲薦除常德訓導日與諸生講學務實踐戒浮靡尋遷江西武寗敎諭攝縣事彌歲簿書刑獄之事必以至誠爲本一時目爲儒者擢四川筠連知縣乞歸齋居正襟危坐講論不輟遠近從遊者稱爲冲默先生崇祀鄉賢子謹之



別有傳孫大衍大有俱舉人

朱荃宰字咸一崇禎己卯辟舉授浙江武康知縣以最召赴京卒於道家惟圖書而已著有周易內外圖說禮記會通禮記金丹毛詩彙考孟子年表經濟錄論世篇世史尙史文通詩通詞通樂通韻通大學權衡中庸權衡行於世艾南英稱其孝友廉讓留心著述其於車戰舟師皆有師授云

國朝

曹本榮字木欣號厚菴父大輔諸生以學行稱本榮少即有志聖賢淸節自勵順治己丑成進士選庶吉士初好王文成書及得館師胡此菴激發退而深思一年豁然有省遷司業以正學爲六館倡順治九年應

詔上言

陛下得二帝三王之統當以二帝三王之學爲學宜開經筵討論經史以崇德廣業一切章奏事宜必延輔弼大臣面議可否奬廉而禁貪藏富以足用愼刑罰定制度

報聞十二年

詔舉行日講擇滿漢詞臣七人充日講官本榮與焉累遷左庶子十四年二月

詔與大學士傅以漸纂修易經九月充

經筵講官復奏

命纂修歷代通鑑累遷

國史院侍讀學士素善病

上遣良醫診視

御筆作畫親書丙申仲秋倣宋僧巨然筆意賜之



上一日讀孟子人知之亦囂囂顧本榮曰自得無欲汝足當之其眷注如此康熙二年以病歸卒於揚州臨終沐浴正衣冠視日方中危坐而逝學者稱爲文靖先生子宜溥舉博學宏詞官檢討篤學勵節操著有鳳岡詩集

按省志本榮同年漢陽譚鳳禎官大理評事卒於京邸貧無以殮本榮爲之治喪其妾生子令室中婢乳之魏象樞爲之賦古人交行後遵化周體觀過漢陽有詩云漢陽得見譚公子舉止恂恂文學深卻憶黃岡曹厚老果然不負託孤心蓋紀實也

陳大章字仲夔順天府尹肇昌子康熙戊辰進士選庶吉士性恬淡不趨榮利以母老乞歸孝養備至築室松湖鍵戶讀書究心天人之理學益純邃奬引後進多所成就聞人善必側席禮之教子弟有家法置節孝祀田兼以贍族著有詩傳名物輯覽玉照亭詩集北山文鈔讀史隨筆抱節軒類記等書

年六十九卒子師晉貢生

萬年茂字少樸號南泉曾祖爾昌祖爲恪皆名德父繼祖有隱德俱載邑志年茂承積廕生而清英年十四楚撫觀風取冠八郡後王中丞士俊尤器之目爲鼎彝法物乾隆丙辰成進士入翰林淡於勢利一刺不投要津日與同志趙青藜蔡辛畬以道義相切劘時史館例進經議年茂指陳時事不避忌諱掌院鄂爾泰讓之弗爲動辛酉典試山東壬戌分校禮闈所拔皆偉士梁國治劉墉乃其尤也旋擢御史感

上知遇事益敢言如請免蘇州米豆稅關毆未及丁請勿償皆奉

俞旨頒行越二年坐彈劾詔人語過激免歸未出都兩月閒研玩周易作圖說六卷發體用一源顯微無間之蘊楊名時見而嘆曰歷聖心傳具是矣歸里杜門謝軌樂志養親久之郡省大



吏慕其賢爭聘主講書院歷麟山涑水鷺洲豫章河東嶽麓江漢所至身範口錞學者尊信之如山斗年八十七楚中大吏奏

允重宴鹿鳴詩歌傳和鄉國榮之年九十乃卒年茂平生無惰容無纖語潛思超悟不落元虛嘗言太極與中庸合一以天地實迹證之以人驗之而要以立誠爲本又言中庸綱領具乾二文言中節目具坤二文言中乾之在田猶坤也中之爲文猶中五也知此則儒釋眞妄不辨而明皆深造自得之言弟年豐丙辰舉人浙江鹽大使以廉介聞年治甲子舉人未仕卒從弟年蘅壬午舉人福建順昌令有治聲子承宗甲戌進士累官大定知府孫鼎恩署湖南知縣殉難

子郇鼎勷乙未舉人山西知縣各有傳姪郡增生曾孫裕芴邑庠生

裕璋承襲雲騎尉陣亡
予卹元孫成績成績俱承襲雲騎尉



文苑

楚自騷賦寢聲莫或嗣響黃人振緒其邠老哉當是時也孫何沿其波玉霄煽其燄至明王稚欽呂丹棱出遂大開堂奥淩厲中原矣洎乎

聖朝克猷應運登首選而才人鴻筆方駕爭先幾於家握隋珠人懷荊玉譬入鄧林而伐材陟元圃而掄寶篇中所錄千百之十一耳竭澤云乎哉

宋

潘大臨字邠老幼警敏不羈家雖貧泊如也以詩名於時與蘇軾黃庭堅張耒洪芻徐俯輩游庭堅稱爲天下奇才臨川謝無逸嘗問大臨有何新作答曰秋來景物盡是佳句恨爲俗氛蔽翳昨有句云滿城風雨近重陽忽催租人至遂敗意止



此一句奉寄聞者賞之年未五十卒祀鄉賢弟大觀亦能詩名與兄埒

何頡之字斯舉篤學善屬文自號樗叟蘇軾在黃時常與論文體法及黨禁開後重建雪堂頡之作上梁文一時傳誦嘗爲黃州雜詠陸游讀而和之

孫賁字公素客於韓魏公琦爲敎授書記琦知之深後官奉議郎蘇軾嘗與之同摹魏公詩而刻之石

元

滕賓字玉霄至大間爲翰林學士有文名嘗作韻府羣玉序祀鄉賢

明

潘子安由保舉任四川夔州府同知工詩賦以文學名

熊仁宏覽不羈有史才嘗與輯郡志

王廷陳字稚欽年甫卯日誦數千言能文章弱冠魁鄉試正德丁丑進士選庶吉士曠達不羈改吏科給事中武宗南狩上疏極諫廷杖謫知裕州以忤監司免歸林居三十餘年日以詩文自娛著有夢澤集嘉靖中巡撫顧璘疏薦起用不果卒祀鄉賢事詳明史

王追美字輝之幼孤祖廷儒敎之七歲舉郡神童郡守疑其妄試之應聲而就乃大驚補諸生搜羅圖籍悉力爲詩古文嘉靖辛酉舉於鄉會試不售乃放情山水詩酒自娛著有岣嶁山人集子一鳴以文學名事在宦蹟傳

呂禧字本善總角作烈女旨酒二賦奇字盈幅時人莫識王廷陳見而奇之目爲國器嘉靖辛卯舉於鄉授丹稜知縣性簡



靜吏事清飭暇卽手一編吟咏不輟楊愼爲序其蜀稿及歸四十餘年絕跡城市年九十卒有見一山人集子應端諸生亦以博學稱

萬一奇字九初幼穎悟目十行下或譏以未讀南華乃卽席檃集瞷聯人稱聖童萬歷戊戌成進士授開封推官廉明有惠政會藩臬下郡邑丐詩文獻巡按壽代搆數百晝一日畢遂不起時論惜之見黃陂縣志

曹之棟字喜玉博學多聞著述甚富由歲貢訓導公安敎士以學古爲先談忠孝節義輒鼓掌不倦與易道暹爲莫逆交著有四書講義及文集行世子大濩見隱逸傳

呂元音字節之少有文名及長學益博邑令茅瑞徵修輯縣志舉屬裁定稱爲善本天啟辛酉以選貢舉於鄉著有後軒集春秋問難無懷詩集其從孫德芝字時素歲貢生有文學以孝友重於士林家貧與弟鼎玉稽古賦詩怡怡如也著有晉起堂集嘗輯黃岡續志藏於家

王同軌字行甫貢生爲南太僕寺主簿高才博學能詩古文與國吳國倫推重之同呂元音修縣志著有耳談蘭馨集時有汪世正何讓宋家瑚方日旭亦以博奧聞世正字幹卿家瑚字伯華日旭字叔旦譔自有傳

江之翥字二鶴耽志書籍聞善本輒購之所積累萬卷築室陽邏顏曰芝山以爲藏書之所蒔花種竹日與友人吟咏其中蕭然不知世味之紛糾也生平著述甚富明末殁於兵

王施大字化宇性孝友產業悉讓諸弟刻志勤學窮年不輟再試副車不遇嘗與同里蕭繼忠熊霈等講學問津書院爲人



和氣藹如誠一不欺時論推重之

孫應鴻字茂長諸生勤苦力學入目終身不忘淹貫經史及諸子百家架集萬卷信手拈取無不習熟書法亦極工妙少與黃梅瞿九思交九思所訂六經皆折衷其手尤精易傳究性命之學務在身體力行嘗徧遊名山及歸益貧落惟杜門著書戒子弟勿干仕進所著有古易圖河洛理數詮等書子錫蕃別有傳

汪三省字別傳才思雋敏下筆浩瀚動數萬言著有尙書懷西四十八卷

程文字天章崇禎壬午舉於鄉鼎革後絕意仕進與兄弟同治經史馬樹堂王巳山咸重其文惜著述多散佚

鄭先慶字亦懷明末諸生性孝友博學多才放情塵表于清端

所稱肯崖老人也與交最久嘗爲跋漁舟詩又刻其集而序之欲使讀書學道者知江漢間有張子同陸鴻漸其人也子昱别有傳

林之華字伯滋崇禎間貢生其四世祖琥尚氣節好施與里人賴之之華工文章通經術著有周易上下篇義補洪範說卦鎖鑰易四書費日箋鎖夢堂詩文士音會讀諸書其從弟正所年三十始讀書五載成名士由鄉貢出授襄陽教諭擢六合知縣居母憂廬墓三年

國朝

劉子壯字克猷少穎慧讀書目數行下屬文雄肆成一家言制藝爲楚風冠順治己丑成進士
廷對第一授國史院修撰條奏皆舉行壬辰分校禮闈得二十二人皆知名士尋告歸垂橐蕭蕭如布衣時性孝友父母早喪撫諸弟及從子五六人篤愛無間雖值離亂必教以禮嘗過崑山令雅與厚善贈以千金不受見小吏囚白而釋之吏感其德將鬻女報焉聞其卻千金也乃止又邑子某遭兵亂失其妻以百金爲贖歸之生平善行類此自少讀書文昌閣省身惟謹且書所爲夜必焚香以告終其身如一日年四十四卒祀鄉賢有屺思堂集行於世子孫茂靖州學正

王成字生生順治辛卯舉人奇慧好讀書志趣高遠與同里高思忠孫如芝鄒亟初爲詩文友名動一時時有胡夢熊亦辛卯舉人博學宏才研精易理著有易林解諸書時人傳之

高思忠字孝移少穎異每試冠軍督學高世泰修三楚文獻錄俾與其事順治辛卯副榜後以歲薦授遠安教諭



王澤宏字涓來順治乙未進士選庶吉士累官禮部尚書立朝持大體御史某奏流人宜徙烏喇澤宏不可事得寢又疏請移湖口關還九江商民便之爲建生祠
聖祖仁皇帝先後賜以夙夜惟寅及尊道堂匾額尤工詩福清魏憲稱其五古則鄴下彭澤七古則浣花徂徠近體則絳州鹿門飄飄乎如蟬蛻之遇秋風子材升貢生候補主事工詩材任别有傳

王封溁字五書少有文名順治戊戌成進士選庶吉士性淡泊居官廉慎康熙間
御書尊德堂三字賜之累官禮部左侍郎年六十餘卒
賜祭葬有蒙春園集季子如稱諸生能詩

奚祿貽字克生順治己亥進士博覽羣籍爲文力摹西漢累官常州府同知課士有知人鑒歸時家無長物嘗修黃州府志文筆簡潔著有知津堂集同邑高登雲字丹壑亦有文名與祿貽同修郡志

王追騏字雪洲順治己亥會魁選庶吉士改禮科給事中多所建白以終養歸閉跡窮經二十年徵博學不就晚好易象懸河洛圖於座朝夕省覽每多心得著有居俟樓集

葉封字井叔號桐初嘉興人籍樊湖順治己亥進士初任延平推官改知登封縣復嵩山書院及宋儒祠祀政修事舉訟獄衰息有古循吏風以最行取西城兵馬司指揮後遷工部主事卒封少學詩於外舅杜濬在都門與王士禎宋犖顏光敏輩齊名著有慕廬集子道復進士孫德涵貢生有文學（省志以封爲黃陂人指寄籍言）

何履仕字叔鑑歲貢生有俊才與李之泌晏清輩齊名為詩工麗字倣黃庭大者尤善

李朝琅字石同才思俊逸好古力學以氣節自負嘗應童子試刻炷成七藝文采爛然學使首拔之以歲貢終時人稱其詩文方明之徐渭焉其門人楊允禎字典穆康熙甲辰進士授遂甯知縣詩文書法多傳者年七十時每見朝琅必侍立未嘗跛倚時兩稱之

程芳烈字子揚獻賊之亂闔家被害父某壯佼賊脅入蜀不妄殺人久之鋌險逃糧絕投一廟其主僧乃所嘗全活者因導以歸生四子烈其次也穎悟絕倫為文敏而有法康熙已酉副榜倦遊歸環屋種松千株號半山莊讀書其中不關世務嘗耳佳士陳某名一日瞑坐恍得其為人並贊文二篇筆記



之明日陳果至出示各大笑事類董五經之識伊川靜可想也已選竹山教諭曰儒官閒適亦不免折腰豈以易我半山莊遂不就年七十卒子之騆恩貢生善書孫後濂丙辰進士別有傳

於斯和字爾節弱冠為諸生應制科不第肆志經史遊名山水所著詩古文集曹本榮王一翥張洸為之序子心匡志行高潔嗜讀書千言立就不加點竄著有綱鑑簡正編振巴音集

張洸字素先中書舍人以詩文名家工書法

陳芳烈字仲紀少穎異博學能為詩古文究極根柢排兀奧衍試輒冠軍名重一時著有周天易數二卷觀心堂集十卷子裕貢生竹谿訓導

朱日濬字睿水好學博文端方自守由歲貢訓導均州講說經義後進以為典型卒於官著有四書五經門句解百餘卷黃文獻六卷其門人王材任兄弟為梓行之

鄒亙初字公邃諸生穎異好學文本經義不假華藻教人以德行為先多所成就年八十餘卒問津書院祀之子江遐諸生孫士通康熙壬午舉人通城教諭俱能傳其家學

操之盛字右恆少與鄒亙初同學為諸生有聲一日聞亙初講學瞿然若失遂北面執弟子禮時以為難康熙癸卯舉於鄉授天門教諭立科首德行次文藝刻理欲消長榮枯循環二圖說令學者自省察督學蔣永修深獎之歸與亙初修葺問津書院以啟後學子士望貢生

黃自芳歲貢生少穎異工詩文晚更留心程朱之學主講問津書院從遊者甚衆芳誘掖獎勸多所成就而經理書院田產



及舍采會文尤能悉剔諸弊卒年七十從祀院內諸儒祠著有晚翠堂詩文鈔行於世

胡思樊字樊川康熙丙午舉人鄖陽教授風流文采照耀一時善飛白書卒於官子琯及從子珵琁俱有聲珵字羽彤殫心經學得先儒奧義閉戶授徒不輕與人接有質疑來者終日不倦康熙乙酉舉於鄉授石首教諭年六十餘卒貧不能歸遂家焉琁乾隆丙辰舉人

詹大衢字麗門諱之次子康熙壬子副榜授翰林院孔目性至孝居母喪有白燕來巢之異穎敏力學手一卷寒暑不釋著有大易疏晦四卷發明朱子本義及孝經瀹注黃安縣志環溪草堂集白燕堂集兄大衡貢生黃岐教諭從子士懿康熙戊午舉人漢陽教授俱有文學士懿以孝聞

胡之太字康臣性穎敏有文名少孤依叔氏以孝稱康熙戊午舉人教諭長沙先行後文學者宗之擢溧水知縣以老辭不赴歸園風詩書自娛性好善汲引後進岡人一長稱述不置年九十卒甲子與修通志著有萃古名言卦餘集等書

王材任字擔人尚書澤宏子康熙己未進士由文選員外郎晉大理少卿擢僉都御史性清介持法平允糾劾不避權貴罷歸寓居蘇州之常熟詩名重一時壽八十餘卒著有望雲集南沙集疊韻詩及集唐宋杜劍外集諸刻子茂勳貢生鍾祥訓導茂勳乙酉舉人

陳巘字雲壁諸生父洪卿襲黃州衛百戶明末以手誅荊藩孽倖知名巘生而穎異好古勤學敦尚氣誼名重一時年四十餘卒人或得其評點史漢諸書及象緯輿圖音韻無不精詳



益服其學時有文名而不壽者陳之芬甄士棟皆諸生力學工詩文

樊齊敏字退園諸生篤志學問端品誼博綜淹貫著述甚富所著袖史及枕略諸書學者稱之

龍尙傅號端峯可旋之弟也少英異讀書日數千言研究朱程勃窣理窟門下多所成就康熙戊午舉於鄉己未成進士出陳介眉之門在都時翁鐵菴祭酒韓慕廬宗伯均相推許歸樊蒲後以著述自娛

宋如辰字斗凝性穎敏貧困力學少以文名康熙甲子舉鄉試第一乙丑成進士選庶吉士性伉直一時推重累官春坊中允致仕歸教授自給閉戶著書欣烟常絕泊如也家居三十年邑令罕見其面弟敏道字伯山工詩古文詞中壬午鄉試

張一珽字聚上力究閩洛諸書學必實踐平生謹言笑盛暑必肅衣冠其五世祖岐鳳所稱號泉孝子也一珽因輯古語爲孝行錄又嘗著實貫通論體陰陽之理發道德仁義之旨學者宗之由選貢官南漳教諭子洪原諸生好學敦行能繼其業

余滋字滋水諸生天性敏捷好學不倦生平制藝近萬首一時傳誦之博極羣書手抄卷籍百餘種年七十卒邑中名士多出其門

萬爲憚字怡儒爾昌子與伯兄爲壯齊名爲壯早卒爲憚刻苦下帷寒暑無間有得輒劄記之生平著述號樗窗稿甚富遂於詩雅近王孟工書法經史滿架皆手錄也以諸生終

陳大華字西嶽肇昌第五子年十四與諸文士泛舟鸚鵡洲賦



詩立就衆皆驚爲之擱筆康熙庚午舉鄉試第一手自撰錄經史成帙書法倣逸道麗著有石髓集及書法緒言卒年三十二子師栻由舉人知德平縣修築田家古堰長隄邑免水患捐置義田義塚義學士民賴之卒於官著有敬義堂集

張光璧字斗符諸生父本忠性至孝廬父墓側賊至將掘其墓冒死扞護身受數刃不去賊釋之順治甲午舉於鄉官江陵教諭光璧甫四歲日誦數千言七歲善屬文人稱神童皋城徐學士致覺一見屬以千秋之業年十八應郡試作涵輝樓賦筆不加點郡守何應珏深異之篤於天性父病侍湯藥十餘年如一日事繼母馮曲盡孝養馮沒哀毀成疾不數月卒平生博綜圖書參貫義蘊每多前人所未發其誘進後學道範巖巖然無疾色以正身勤學爲家法著有黃郡注遺江陵

雜錄及誠正堂詩文集子亮采字敬六有學行早卒士林惜之

孫朝宗字有山諸生博極羣書精於詩客江南十年所交一時名士日與倡和落筆成韻莫不推爲儁才著有岱菴詩集其梅花百篇尤膾炙人口子秋水諸生

靖乃勷字敬菴諸生好讀書精三禮學受知於學使蔣永修性慷慨有經濟才甲寅山寇蠢動太守于清端討平之乃勷有贊畫功縣胥飛灑無徵糧石於其族族人莫辨乃勷覈冊燭其弊其才識多類此子道譞有傳天綱雍正癸卯舉人孫式文乾隆丁卯舉人兩世皆以曲臺魁楚闈

吳純德字以占諸生潔己好修讀書不事章句務得其要著有學庸講義古文纂略諸書



萬燦字季方爾昇子嗜古博學康熙癸酉舉於鄉同舉者爲同邑欽士佃袁豐程有年孝感丁光偉皆知名士而燦尤籍甚官歸州學正指授人士以文章法度人比子厚之在柳州焉以母老歸養母卒哀毁骨立旋卒子娛祖壽祖覲祖皆積學能文以孝稱娛祖且老婉愉如孺子親沒悲泣卒壽祖嘗計偕母知其好義益以匳金果散之相識窮者曰以廣母惠至老歲時祭輒悲不自勝覲祖初省親歸州遇虎方踞路乳同伴股栗覲祖仍故步虎徐負子去人訝之曰吾以千里省吾親心貞夫一實不見有虎也人服其誠孝娛祖貢生著有懷光桐莊諸集壽祖舉人著有晴沙集覲祖廪生著有松軒文集

陳大慶字頤伯肇熙子博極羣書一覽輒不忘尤工詩康熙丙子舉於鄉除桐鄉知縣有惠政解組歸家徒四壁人稱其豁達不爲窮累云著有樂府古近體遊詩秋詩諸集弟大本諸生亦能詩

欽士佃字文思少孤家貧汲水拾薪養母以孝聞康熙癸酉鄉試第一庚辰成進士授翰林院庶吉士性淡泊臨事不苟磊落無城府工詩歌古文掌院韓菼推重謂其文爲尹師魯梅聖俞之亞著有瀛洲集

張楠字耕石康熙辛卯舉人好古博涉過目皆能成誦爲詩刻削清麗敏捷異常嘗和友人百韻詩援筆疾書名噪一時晚授衡陽教諭卒詩多不自惜皆散失

陶正發字開九榜姓楊康熙辛卯舉人博極羣書多所著述性傲岸於人寡合壬辰會試不第太史吳士玉亟稱之名益大



振時年已七十不復再舉矣弟克家諸生與正發齊名

王如琰字二思父封權諸生事母以孝聞家貧篤學年二十二妻亡遂不娶如琰舉賢良方正授監利教諭修學宫置學田培植士類監人咸敬慕之入祀名宦平生傲岸寡言笑著有瀛洲小草三沙小式諸集嘗與江陵張鈞旋選楚北詩曰詩佩行於世時同舉者邱良驥字渭牧家貧力學敦行誼官通城教諭

靖道謨字誠合乃勷子才識英練學求實用文名擅於楚康熙辛丑成進士選庶吉士雍正元年揀發雲南攝姚州事甫下車卽訪民疾苦除陋規數十澄清積案訟獄遂稀以病乞歸益沉意圖籍博綜遐討皆心得也少時嘗學於王徵君心敬後遊楊文定公之門故其學益純遂累聘主鼇山白鹿洞及

江漢諸書院教人以敦品實行爲務多所成就嘗修雲南貴州下荆南道及黃州諸志義例嚴明稱善本乾隆元年河南總督王士俊以博學鴻詞舉十五年巡撫唐綏祖復舉經學皆以老疾不赴居家孝友建祠宇敦宗收族置義田六百餘畝又倣朱子社倉法儲粟以備荒祲凡積累四十餘年而後成鄉故多水爲築錘秤嘴隄自是數十村無水患復修廟埠潭渡行旅便之平生自處儉約見義則不惜所費卒年八十有四家傳三禮之學因纂輯諸儒訂以己意曰過庭編又著有中庸注釋繫辭解果園古文時藝家訓書院講義及詩鈔諸集

續志載諸生杜之蘭程樊王際康馮汝鹽黃文蘇楚詩佩載諸生王天驥王封淑劉浦蔡驥德桂恐修桂嗣宜又有貢生王



一煌凡十二人皆有文名惜其事實無傳

王坦字今度諸生能文同邑陳雨山靖果園相與切劘舉康熙庚子鄉榜與徐壇長唐赤子王耘渠諸名宿遊詣益精邁屢困公車嗣銓固始知縣未任卒著有且樸集

周祚緍字次紳雍正丁未進士官施南學博少英敏年十六補弟子員家貧力學博稽羣籍搜奥探奇爲文高簡枯淡族中茂建凝光等素推重之有涵齋文集行世

孫偉略字頤園拔貢生性敏博學尤潛心理窟以程朱爲宗卒年八十餘著有四子參訂語錄十三經原委天文地理考四書文襲陋集等書子延禧雍正乙卯副榜長陽教諭延禧子八四爲諸生

王封渭字璜川乾隆壬申進士猗氏知縣少孤苦隨母氏遷居壽昌從夏鶴亭先生遊爲學不務章句博極羣書浸淫史漢即制舉帖括亦必鎔經鑄史自成一隊歸田後閉門著述有四子講義五經纂輯澤思堂稿等書受業者皆知名士如繆繼濂王如曙王養福龔傳薪其最著也

王近顒號若巖雍正甲辰舉人官新野知縣少穎悟所讀書寓目成誦爲諸生時儲中子王耘渠咸奇其才爲文包孕經史橫覽古今有渾灝之氣官中州時同鄉魯之裕嘗語人曰田總制稱予才終下若巖之裕負大才推重如此若巖可知矣著有若巖集

宋鏊字慎三如辰姪性誠篤好學不倦乾隆辛酉舉於鄉壬戌中明通榜官恩施學博創修施南府志丁丑成進士任安陸教授所至以誘掖後進爲務著有四書分辨詳解及大中訓



詁論語管窺孟子講義子治恆治觀俱諸生治咸進士　治咸號小阮幼穎異博學以孝友聞嘉慶辛酉進士宰浙江仙居縣治民一本平恕先是台州凡獲洋盜委員審訊惟憑通事言判死生有冤者嘉慶九年咸因公赴府會報獲盜二十餘人府屬鞫勘曲折研訊乃俱係商侶以誤拒巡船被捕爲請開釋台人至今稱焉緣事罷歸歷主江西鷺洲安徽中江沔陽聚奎黃州河東諸書院歲脩少有餘即以分給羣從著有幾復堂詩古文卒年八十六子三廷栻監生廷棣廩生廷杜庠生孫焜烜眪俱庠生眪别有傳

孫祚濬與兄祚灝乾隆辛酉同榜舉人濬才情恣肆下筆爲詩文譎詭浩瀚一瀉千里灝少謹飭留心賈邢孔鄭之學一時兄弟競爽人比之何僅乃均不得第濬官應城教諭灝官恩

施教諭惜著述散佚無傳

王道明字熙載號雙崎家世儒素生七歲而孤母陳氏拮据供讀夜則斲松脂爲燈寒則掃楓葉爲爐見列女傳道明聰慧感母訓益發憤通經史諸子及唐宋八家爲文工鋪陳排比翰動若飛然屢困場屋晚歲由歲貢授武昌府訓導學行爲當道所重復延掌勺庭江漢兩書院貢生主講省書院者金壇王汝驤外惟道明而已著有雙崎詩文集及策略與修省志及長沙府志年九十六卒子孫多在庠序次孫士珍舉人官知縣有傳

張念祖字緒兹乾隆辛巳進士藏書萬卷記誦不忘手丹黃甲乙皆徧自四書九經及爾雅史記文獻通考皆有纂釋約百卷可齋詩文策略又三十餘卷撰輯府縣志旁通奇書祕籙



博學工文尤篤於行誼少孤事母孝母病百方求治夢神授以鍼法依用遂瘳從兄某别居析産蕩盡念祖迎兄歸復分田宅如初遠祖有産在徽登第後往祠致祭或勸按譜清釐答曰宗人同氣勿較也岡有義園在京師守者多隱佔念祖獨披榛往祭力爲經理書戒勸碑需次銓部未選卒長子宗震庚辰舉人

謝如錦字雲裳號龍岡篤行惠之子也幼警敏日誦萬餘言長尤攻苦從邑大儒王雙崎先生遊爲學得其宗旨年十八補諸生旋食餼鄉試三薦未售以羸疾卒年二十有八雙崎哭之有吾道干城斯文種子之語曾孫志烜歲貢生有傳

周茂建字展野忠烈公從元孫通經學古文章卓然成家游江漢書院夏太史力恕深賞之目爲畏友不以儕弟子之列乾隆丙辰舉於鄉任石首學博士欽模範子凝光進士有傳

周興邦號滄莊拔貢工詩古文著有易書會通谿亭詩文集

靖本誼字伯宜質敏好學博覽羣書由拔貢中乾隆庚寅南元乙未成進士出知江西樂安以經術飾吏治旋調萬安充庚子同考官所取多知名士引退後著述自娛子崇彌舉人官歸州學正

邵光祖字可樓拔貢生學優養粹築室方廣寺側讀書忘老書法端勁嫵媚所遺真蹟悉箴規名言識者寶之

黃紹慈號子山性坦易無城府自少至老力學不倦爲文多發明經義無穿鑿附會之病一時推爲經師遊其門者多取科第紹慈獨以明經著述老著有五經通義等書

劉之鑾號雲亭乾隆甲寅舉人性嗜學善屬文兼工書畫書摹



唐碑晚益蒼勁書法倪黃著墨疎而神韻自遠

王鑾字伯聲號徒洲晚號白洋山人髫年即解弄翰出語驚人年十四入邑庠游江漢書院撫軍梁文定院長宫詹張曾敞皆奇賞之歲科試屢冠曹偶文章出入經史藻贍俊逸時論以方邑先輩王廷陳晚中副車遠遊粵黔嶺南間所至放情嘯咏歸徙居邑東古高士莊自題其間且作墓誌表年六十餘卒著有徒洲詩文集四書翼注補正粵輶紀聞等書

王如曙字際三敦品力學弱冠補弟子員嘗受業於王璜川之門每下筆爲文黜華崇實授徒多所成就進士龍澍其門人也澍將之官登堂受教曙曰不負君不負民不負師訓如是而已著有困學日知錄及雙柏堂文集子壽椿諸生曾孫燕瓊舉人官同知有傳

萬嵒號三峯燦曾孫乾隆庚子解元父廷闢諸生篤孝友嗜學至耄不倦與人寬容無所忤然取舍一介不苟敝衣履游咏自得教生徒多所成就嵒事親亦以孝稱敦行古誼饜飫經史百家書初選來鳳訓導母老請終養服闋授宜城教諭訓士先行後文士習以端旋致仕著作自娛有三餘隨筆一百二十卷鼠腊編四卷年躋九十兒齒童顏望之若仙子鼎養廩生鼎實拔貢生

萬希槐字蔚亭進士禮祖次孫性孝友九歲能屬文弱冠游庠食餼博通經史百家言族子門生承指授者多取科第去槐老明經雖屯塞不以介懷杜門著述聞藏書家雖數百里不憚汗牛走致著有困學紀聞集證錢塘陳嵩慶靳春陳詩序之謂爲王氏之功臣閻何之諍友晚年司鐸南漳未逾年歸



邑人士深思慕焉子鼎瑛鼎瑽鼎新鼎壤俱諸生孫十餘人遊庠者七

邱士麟乾隆庚子舉人博學強識尤精春秋左氏傳於劉鄭賈服之學多所發明同里萬蔚亭淹貫經史著述宏富同輩中鮮當意者與士麟交最善接席談經每擊節稱賞曰此吾畏友也其推重如此

周璜字玉韜篤志勵學與同里邱士麟童龍光相切劘爲文雄健有豫章五家風以歲貢生官宜城訓導培植士林縣令某擿責學生璜直前抗爭令負荆謝罪以疾卒於官孫宏運諸生少失怙母陶氏訓責甚嚴宏運跪受唯謹家貧歲饑拾野蔬充食怡然自得日背誦春秋周官等書不稍倦年逾七十卒元孫維堃舉人

李鈞簡字秉和號小松知府長青子乾隆丙午領鄉解己酉成進士幼端敏三歲侍祖母食置膝上欒匙或參差輒取正之母奇其有成人禮五歲解賦詩父覽之喜曰是兒必爲偉器比長隨侍蒲郡俾衣食如寒素曰吾不欲損其福既釋褐授編修嘉慶四年奉

命分校禮闈累陞內閣學士典試江西六年復督江西學三執文衡得人稱盛如盧制軍坤鮑侍郎桂星白侍郎鎔朱撫軍桂楨花方伯杰劉侍御尹衡羅侍御志謙趙太守學轍湯太守儲璠其尤著者先是鈞簡入詞館有權要鬨其才欲羅致門下簡不與通故蔽之十載權要敗乃歷兵吏工三部侍郎十年

聖駕東巡獻一東全韻九言詩

賞蟒袍一襲十四年出督倉場請復通倉舊制開溫榆上流皆得



旨施行至今稱便旣因事降侍讀旋起順天府府尹又以編修休致道光三年卒簡本庶出至孝過人事慈母林如其母平日燕處不去衣冠遇臧獲無厲詞立朝恥詭隨篤於鄉誼倡修湖廣會館奬掖後進請業者無虛日其文詞雅健晚更造於冲和著有周易引經通釋融齋日錄子樹滋舉人官潮州同知

李拂雲字樹階諸生性穎敏博覽羣書說經師孔鄭而不妄誹程朱尤邃於易專宗王弼而引伸觸類參以荀鄭諸家之說兼習天文晝讀書夜則登高觀象恆至達旦故言事多奇中

萬希煜號惺軒廷望姪事親以孝聞嘉慶乙丑成進士授廣東平遠縣令勤勞民務案無留獄建學校育人材士風一振淡於進取改江陵教諭平生枕葄經史尤深河洛之學著有玩

易堂詩文集及孟子通義

秦能泗字粥吾諸生敦品勵學爲文貫通經義有古大家風味萬侍御年茂深器之贈聯云歸胡留正脈唐薛授心傳後以青衿終士論惜之

鍾英字載宣歲貢生祖璠見孝友傳英幼秉異資弱冠補弟子員閉戶讀書以脩脯自給有餘則分潤族黨遊其門者多積學敦品之士生平手錄之書盈尺所著有周官訓典子應鸞歲貢生孫臨書諸生

張履恒字長溪嘉慶甲戌進士生平研究經籍於易象周禮尤精爲文掃除綺靡及通籍官內閣中書名重一時中歲引疾歸以著述自娛兩主講河東書院課士多所成就嘗纂修縣志及問津書院志簡質有法他著遭兵燹悉蕩佚子一先履恆卒從子毓樫舉人從孫彪簪俱庠生

萬承宗字梓巖御史年茂子生而穎異未冠即領童軍游黌適年食餼登嘉慶庚午賢書甲戌成進士授庶吉士尋改授貴州都勻縣累擢至大定知府居官慈惠有聲官平越時屬縣士子罷考大府將嚴治承宗稟請從寬州試時令各童補縣卷事遂已士類感之歸田後主講荊南繼主江漢講席十五載造士有方先是承宗父掌教江漢時生宗於講舍至是六十餘年復主講席薦祭酒祥墀書稱鄉賢衍派閱二百年而不隔淵源家學傳衣歷六十載而仍主江漢蓋紀實也肄業生亦以世德作人頌之生平於書靡不窺耄猶好學不倦纂修江陵縣志及邑問津書院志均稱善本著有引山堂詩文集子三鼎恩鼎勷皆有傳甡原名鼎宣字穆堂優廩生幼穎異六歲即能詩有花襯馬蹄紅之句婦翁袁侍御銑深激賞之性孝友會兄鼎恩殉難新甯宣跋涉數千里扶櫬歸父病侍寢席衣不解帶以憂勞成疾卒年三十七



朱兆斗字又韓父早歿母嚴氏苦節見列女傳兆斗家貧力學年十餘爲人傭書暇輒博覽强識性穎悟目數行下弱冠補弟子員旋食餼文名籍甚其詩古文詞及制舉藝皆能自出機杼而於經世之學尤深遇疑難事片言立決嗣以優行明經需次司訓道光辛卯與修邑乘戊申續修多資其稿本子際庚姪彥藻俱庠生

汪士倫字彝仲歲貢生少以孝稱性嗜學博通經史爲文師南豐詩學劍南教人以朱子小學爲宗尤長於徵文考獻凡全楚人物罔不搜輯論列籌建杜茶村祠重刻變雅堂集歷中道殂謝故其著述多未成集

王祚賓號于門邑廩生敦品勵學博涉經史手加丹鉛者幾於插架盈籤書法摹逸少一時碑碣多出其手邑明經呂德芝輯黃岡續志藏於家世鮮傳本賓覓獲鈔纂并引證茅志考據詳覈書未成卒

靖易連字漢以號羲山家貧以筆耕自給饔飧常匱晏如也篤學不倦通經史精研漢魏六朝文壯歲蜚聲黌校藻采爛然以辛酉拔貢生登癸酉賢書竟未得一官晚年遂淡於進取及門擢科第者不下百餘人生平著作隨手散佚族弟郁恆教授漢陽時屬子姪輩收集遺文將事編次卒以兵難未果

龔斗南號小梁優貢生性孝友工詩古文詞屢困棘闈泊如也尤長於書法初學歐趙晚年益蒼勁雅近鍾王名噪江漢間

尺幅寸楮人爭藏之由宜城訓導擢雲南府經歷年六十卒於任著有小粱詩集子士斌士鑑皆諸生

萬裕臨字靖園恩貢生幼失怙恃育於大父母裕臨事之孝長尤嗜學文藻華贍試輒冠其儕偶教人以敦品勵行爲本嘗主講河南正陽縣奎林書院縣最陋百餘年鮮捷秋闈者自裕臨掌教肄業士屢掇巍魁文風丕振生平撰著甚富爲時所稱子成粱成斌俱諸生其從弟歲貢生樹滋原名裕瀚字登瀛四齡失怙母氏余苦節撫之師事裕臨嘗目爲千里駒年十七以詩古首入邑庠歲科屢列高等每出一藝膾炙人口晚歲嬰足疾杜門著述有廿一史提要等書卒年七十有一子成屺庠生

陳樾字晴嵐訓導本謙子禀姿穎敏才藻宏富弱冠有聲黌校



一時英彥皆樂與之遊數奇屢躓秋闈年四十遂輟進取在家訓迪子弟遇里黨寒傷必盡心教育不取脩資多所成就終日坐齋頭肆力蒐討聞遠近有異書必走致之以譔述名家著有廿二史蒙求疊韻十六卷子三長堯仁增生能文蚤逝季堯道積學未售以瘵卒樾哭之慟未幾亦卒年六十餘堯松其仲子也字東喬有夙慧甫五齡即善屬對年十九冠童子軍游庠食餼游江漢書院山長袁侍御銑吳學使其濬朱學使蘭皆目爲大器計歲科及課試膺首選廿餘次道光乙未舉於鄉春闈屢薦不第生平博通經史詩文皆閎中肆外有史餘六卷及詩古文集惜年不永四十二歲卒子慶颺諸生能世其家時同族負文譽者芳字香山壬辰舉人汝鈞字翊廷中壬辰副榜

萬渭字聿懷號雲卿少嗜學肆力於秦漢唐宋諸大家文爲諸生有聲道光乙酉舉於鄉官襄陽府訓導歷署棗陽襄陽縣學從游日衆經其染琢多知名士著有磻溪詩文集

謝菼榜名道塏字暘夫幼聰慧喜博覽下筆數千言如宿就嘉慶癸酉鮑學使桂星試士命擬鮑明遠舞鶴賦菼揮毫立就古豔斑駁鮑奇其才舉拔萃科比見謂之曰文章小謝又清發今在子矣由是名動公卿閒道光乙酉舉鄉試第二由大挑分發安徽歷宰霍山婺源等縣署泗州牧所至有聲公餘仍勤著述所作古文駢儷文均可名家尤工古近體詩解組後嘯咏林泉誘掖後進惟纂修邑志一至城府著有暘夫詩鈔四十二卷年七十五卒子清臣安徽府經歷雁臣安徽試用從九品



梅晃田字利五號菊階知縣德音子道光丁酉拔貢生閎覽博聞史漢文選每背誦如翻水而尤邃於經說經宗宋儒閒亦兼綜漢學其制藝初近天崇漸臻正嘉體格詩古文皆卓然成一家言嘗受知於阮文達公袁侍御銑學使朱蘭尤激賞之晚益狷介喜默坐達官貴人聞其名爭投刺輒避弗見馮侍郎譽驥督學時減騶從訪之謀刻其詩文田固辭焉馮因作楚北遺賢歎詩蓋深惋其數之奇也年七十九卒著作惜經兵火鮮有存者

熊耀春字愛亭中道光己亥副榜父之昱諸生淹通經史家多藏書耀春禀庭訓日探討經義凡所論述多先儒未發之蘊咸豐間避亂窮山感憤時事因採歷代行軍事實輯成武事類纂一書唐方伯訓方見之亟稱賞將梓行以陞遷去未果

稿藏於家同里王佐猷字介臣嗜學好古善屬文中道光壬午副榜晚年閉戶授徒負笈者盈門同治壬申重遊泮水年八十有三卒

許汝梅字庾南歲貢生性嗜學從河東書院山長冷公鉉玉遊文品純粹而久困名場道光間監修城塔分纂邑乘知府祁宿藻金雲門咸器重之咸豐三年秋粵匪竄黃金太守在城殉節遺詩二首函致梅曰君性樸誠天日重開當使泥爪不泯蓋相知有素也晚年選房縣訓導訓士有方房人德之旋卒於官生平著述甚富多被兵燹篋橐所存惟殘篇斷簡而已

朱之裳字景陽舉人范同文字闇齋拔貢生劉秉撝字廷甲副貢生胡必琡字濟夔廩貢生陶宜煌字右泉歲貢生林太倉



字孟厥恩貢生程光國字黼廷歲貢生李兆蘭字宛田廩貢生羅昺南字楚白歲貢生俱以該博精覈稱舊志厥後有王鶴字翼雲舉人戴如蘭字湘臣副貢生余文蔚字倜齋歲貢生張鴻字翼臣王緒春字禮臣俱廩生樊東陽字碧蕖庠生亦淹雅有文名

宦蹟

攀轅留寇望碑思羊讀史者尋其蹟莫不慨然想見其爲人維黃有材甲於他邑陳隋唐宋代有傳人王詹同文以文學顯邱南正以直諫聞樊棠軒以循蹟著有明一代猶軼盛哉自是以來大者臺鼎聲華蔚爲國棟小者牽絲秉鐸亦足令人歌來暮而繫去思其名蹟皆有可紀者

陳

周炅字文昭本汝南安成人祖彊齊太子舍人梁州刺史父靈起梁通直散騎常侍廬桂二州刺史保城縣侯自靈起先世避西晉亂徙居黃岡遂爲永安周氏炅少豪俠任氣有將帥才代爲西陽太守封西陵縣伯討侯景有功進爵爲侯陳高祖代梁炅與王琳起兵伐之爲陳將侯安都所敗擒炅送都



世祖釋之授戎威將軍定州刺史帶西陽武昌二郡太守進都督安蘄江衡司定六州諸軍事改封龍源縣侯會炅入朝定州刺史田龍升以江北六州七鎮叛入於齊炅討斬之盡復江北之地進號平北將軍定州刺史卒官贈武昌郡公謚曰壯子法僧法尚詳陳書

隋

周法尚字德邁少果勁有風槪好讀兵書爲陳始興王中兵參軍其父卒後監定州事督父本兵數有戰功遷使持節正義將軍散騎常侍領齊昌郡事封山陰縣侯以其兄武昌縣公法僧代爲定州刺史法尚與長沙王叔堅不相能叔堅譖其將反法尚懼歸於周宣帝甚優寵之封歸義縣公隋高祖受禪拜巴州刺史破三鵶叛蠻於鐵山轉黃州總管尋遷永州

總管安集嶺南仍給黄州兵三千五百人爲帳内嶺南州郡多降其後屢討平叛蠻賞賚優渥煬帝嗣位轉雲州刺史金紫光禄大夫後爲滄海太守討羣盜王薄孟讓等卒於軍贈武衛大將軍長子紹基靈壽令少子紹範最知名詳隋書

唐

周墀字德升昊五世孫少孤事母孝及進士第官集賢殿學士長史屬詞高古文宗雅重之李宗閔鎮山南表爲行軍司馬閔歲召還太和末李訓鄭注亂政以黨語誣縉紳竄逐之墀雖爲宗閔所禮不能以罪誣也武宗即位拜義成節度使封汝南縣男宿將驕驁不循令者墀令鞭其背一軍大治進同中書門下平章事宣宗時河東節度使王宰重賂權幸求同平章事領宣武墀言天下大鎮如并汴者纔幾宰之求何可



厭帝納之駙馬都尉韋讓求爲京兆持不與由是妄進者少衰會議河湟事墀對不合旨罷爲劍南節度使駙馬都尉鄭顥言於帝曰世謂墀以直言相亦以直言免帝悟加拜檢校尚書右僕射卒贈司徒詳唐書祀鄉賢

宋

王揆字孔度泰和六年任虔化令築子城濬濠池建廨舍創始之功居多詳贛州名宦志

元

冷庸字用和至正間任西臺御史有風裁祀鄉賢

明

廖永忠其先黄岡人元大德中徙巢因家焉永忠少豪邁有大志元末聚少年保巢湖旋迎明太祖太祖見其少謂曰若亦圖富貴乎忠曰願事明主掃除寇亂垂名竹帛耳太祖悦以副水軍帥從渡江拔采石取太平撫湖定建康討海寇所至有功與陳友諒戰康郎山諒中流矢死太祖賜永忠田及硃牌鏤金字八曰功超羣將智邁雄師既而降陳理走張士誠降方國珍執陳友定充征南將軍平兩廣太祖諭諸將曰廖永忠戰鄱陽奮勇忘軀可謂奇男子其封德慶侯食禄千五百石又充征西左副將軍從湯和伐蜀受明昇降太祖親製碑文美之永忠上印綬太祖諭平蜀功增禄千石洪武八年永忠卒子權由散騎舍人嗣侯依茅志删截增入

詹同字同文舊名書婺源人元至正中舉茂才異等授郴州路學正避亂黄州因家焉陳友諒徵爲學士承旨明太祖下武昌召授國子博士易名同尋遷考功郎中直起居注會議祫



禘禮議當遂用之累遷侍讀學士時劉基以用法過峻請加禮大臣同因取戴記及賈誼疏以進開説剴切進吏部尚書與陶凱作燕享九奏與樂韶鳳定釋奠樂章又與宋濂倣唐貞觀政要分輯政績爲寶訓五卷後賜敕致仕語極褒美八之起承旨卒祀鄉賢同以文章顯而操行耿介故眷注至老不衰子崧字資善任都御史持憲有聲大誥嘉美之後誣藍黨死孫紱尚寶丞從孫希原中書舍人善大書時宮殿城門題額皆希原筆同崧希原俱祀鄉賢詳明史

吴琳字朝陽父應澍詳隱逸傳琳性純篤力學明太祖徵用荆楚名儒詹同薦琳博學能文召爲國子博士與同並教胄子同才藻過琳至商推經義亹亹不窮同自遜不及也洪武元年除浙江按察司僉事復入爲起居注四年典試應天齋纁

帛求書四方六年晉兵部尚書改吏部尚書量材授官號爲得人以老致仕歸久之帝遣使察之使者潛至舍傍見一農人坐小杌起拔稻苗布田貌甚端謹使者前曰此間有吳尚書在否農人斂手曰琳是也還白帝爲嘉嘆詳明史卒祀鄉賢弟琛字文錫少好學與兄齊名官衢州府同知盡心奉法政多偉績

黄榮機警有謀明初從定江淮平中原有功授和陽衛指揮洪武三年從傅友德伐蜀克成都又從征保甯留榮駐守已論平蜀功賜金幣還鎭黄州修城濬濠招懷降附民甚賴之卒祀鄉賢

徐便嗜學有武略洪武時以精兵從葉旺征討有功陞海州衛指揮僉事復陞遼東都指揮僉事詳見盛京通志



韋富從太祖征伐有功陞指揮同知調金州衛宣布恩信頗著勞績載盛京通志

徐本性倜儻嫻文辭洪武初由薦舉知嘉興縣重農勸耕賑養貧乏擢平陽知府荒殘後建置一新詳山西名宦志累官廣東布政使卒祀鄉賢舊志作雲南布政今依明史改定

黄奭洪武初知衛州府芟草萊以營府治增城堡以撫流亡振文教興水利頑民嘯聚親入其壘擒縱得宜開衛之功爲最祀清節祠載浙江名宦志

陳敬洪武初由歲貢授龍川知縣時盜起爲患民不聊生都司官將興師敬與邑人謀請爲先圖密遣人誘其首擒之不費升糧不損一卒民賴以安載惠州名宦志官至刑部員外郎

李本中洪武中由薦舉授通許知縣清謹公平驗丁編徭吏胥縮手貧民無耕具者貸之使不失業許人咸頌其德載河南名宦志

蕭昇字彦高永樂丙戌進士拜監察御史九載上疏省親賜敕襃之給其路費中允王愷贈之文曰禮以律身明以折獄皁囊曉進臺閣生風白簡夕飛奸回落膽其見重於朝如此卒祀鄉賢

張璘字文玉本姓周宋工部尚書周有操裔也自璘曾祖原昇遷黄蒙張姓璘魁梧廉幹永樂壬辰進士累官山東參政宣德二年調福建考最擢應天府尹所至有治聲嚴正自守擢抑中貴雖讒說不能沮卒於官祀鄉賢詳明獻徵錄

方正永樂戊戌進士宣德間知河南考城縣寬刑薄賦守法奉公得爲政之體載河南名宦志



王璘字廷玉先世以武功顯父景字時亨永樂間襲榆林千戸英宗北狩擁護有功復辟時已卒賜之祭葬璘登成化丁未進士宏治中累官廣西右參政時思恩土官岑濬叛朝議用兵誅勦分六哨璘與副總兵毛倫由慶遠入抵其巢思恩平璽書褒勞事見明史

劉以文字彦章永樂間府志茅志均作洪熙温州府照磨以廉能聞擢陽城知縣有治績澤州名宦傳稱其明於治體不矯飾爲廉不姑息爲惠九載民乞留進秩二級又九載治行優優化洽於民致仕去民慕之建祠以祀御史李經爲之記比歿有耆庶數十人弔於家正統中有劉以德由人材任知府進階亞中大夫亦有治聲俱祀鄉賢

謝景字伯明父希哲性凝重工書畫由人材爲泰興長垣丞以

幹濟顯旲登正統戊辰進士授戶部主事景泰中都督黄竑
得幸奏求霸州武清地旲承命往勘還奏地實民產請罷竑
天順三年由監察御史出知九江府蒞任公勤撫民惠愛載
九江名宦志以憂去後起江西副使累官四川參政布政使
所至得民以清慎稱晉副都御史巡撫貴州平鎮溪筸子坪
蠻有功見明史省志萍志均作麻陽筸子後致仕歸卒諭祭葬贈太子賓
客祀鄉賢
王思旻有幹才起家薦辟內廉行修正統間判泰州泰故多牧
地孳馬民間思旻爲奏罷三之二復苦水患請部使者蠲租
六萬石挽舟哀訴投水以白民災使者大驚爲請獲免又造
廣運望江二橋置預備倉八十間秩滿當去民乞留遷本州
同知德政益勵後歸老於家泰民祠祀之見明史循吏傳卒



祀鄉賢
王琳正統二年由監生知雩都縣親賢愛士矜恤民瘼邑舊苦
差徭農民不諳水石皆驅供別郡夫船之役琳入覲奏免以
憂去百姓送者咸泣下祀名宦祠見雩都志
鄒壐成化甲午舉人授四川榮昌知縣邑值兵荒極意蘇息作
饘粥以活饑民視獄中冤抑及罪輕者咸出之見重慶名宦
志
張佐字良弼成化辛丑進士有介行授彌勒知州政平訟息平
十八寨運籌有功民不知擾累官按察僉事免歸饘粥不繼
旻如也詳雲南名宦志祀鄉賢
王麟字體仁思旻孫宏治己未進士授封邱知縣勸農桑鋤强
梗一境大治嘗途中見百餘人舉大木爲耶許歌有蒼頭乘

馬瀕之問之則曰馬太宰治宅麟執蒼頭撻之比入覲天下
計吏庭謁尚書卽向時所稱馬太宰也起席曰賢哉封邱令
能愛其民因下揖時兩賢之卒祀鄉賢子廷梅嘉靖癸未進
士官知府廷槐別有傳
陳廷瓚字汝忠宏治辛酉舉人授沈邱知縣擢彰德通判清謹
有惠政遇歲祲賑濟有方民賴以全活者甚眾祀鄉賢見府
舊志
張濟字三峰璘曾孫本姓周宏治甲子舉人知嵩及清河二縣
以氣節稱解組歸閉戶自怡同里王廷陳贈以詩曰自遂歸
田臥何曾入郭行比鄰稀識面州郡祇知名其風概如此卒
祀鄉賢
江淵字世用居中和鄉以永樂靖難師入蜀家重慶之江津縣



宣德五年選庶吉士官至工部尚書後守都城有戰功入文
淵閣蜀志云清勤簡靜忠鯁不阿文事武備功業兼懋尤善
文詞子孟綸官御史郎中沛然其宗人也
曹珪字廷獻正德辛未進士授桐廬知縣時屢年大旱又江西
盜起邊軍南下經畫周緻事濟而民不擾又以其暇修葺廟
學載嚴州名宦志改海甯召拜御史按廣西平傜獞有功再
按陝西時武宗遣中官過陝珪遮留疏諫輒得寢累官有餘
俸不置私產悉與異母弟共之卒祀鄉賢曾孫士彥別有傳
余鑾字廷儀正德辛未進士授行人奉使封唐王王餉以金帛
不受歸與諸生論學不輟有豪右觸法懷多金求解鑾曰吾
豈以多金禍鄉曲耶斥遣之祀鄉賢
賈啟字啟之正德辛未進士授涇縣知縣爲政嚴明事至卽決

民有官清吏廢之謡載甯國名宦志徵拜侍御擢光祿少卿尋謫徽州推官累遷副都御史巡撫延綏啟博學多才藝善天文慷慨談兵事甚覈所至有治聲及致政家居二十年恬約不殊布素鄉人稱爲篤行君子祀鄉賢

王廷儒號七澤父濟載孝友傳廷儒正德丙子舉人由都察院都事轉四川按察司僉事左遷成都府漢州判官攝理緜竹性公直一介不取撫恤窮民加意學校士民德之載成都名宦志及歸立家廟如禮子弟有不謹者責於廟以孝友爲家法先是濟生子五廷儒前妻子也繼室徐生廷瞻方幼有羣盜至索金露刃將加於廷儒徐氏抱幼子請代盜義而去之其後廷儒撫諸弟極友愛至老不衰

張澤字龍山本姓周歧子嘉靖乙酉舉於鄉授商水教諭主大



梁書院以薦預廷試疏陳時事遷雲南歸化知縣改廣東河源未行復改蒙自蒙自當安南之衝時方用兵撫按以澤才交疏留之澤不避險阻招撫輯安果有功將議甄錄乞養歸與吳艮吉講學布袍芒履不治生產卒祀鄉賢孫啟孫博學篤行學者宗之以明經官平度州同知亦祀鄉賢曾孫之訓見忠義傳

奚樸嘉靖辛卯舉人知富陽縣有清操崇祀鄉賢子世亮有傳

萬民望號樊江子嘉靖乙酉舉人有孝稱文學豐贍操履端潔教諭新野訓士誠懇惟恐不至於成又請修新野名宦鄉賢之祀應南畿同考聘校士稱最遷甯州知州士民攀轅遮道詳新野名宦志

曹誥字廷寵嘉靖丙戌進士授端安縣知縣適山寇犯平陽境藩臬會勦駐邑中誥調度有方事集而民不擾値歲歉審貧苦者刻期賑之惠及遐陬治邑六年革奸胥懾豪右疏通水利具有政績詳浙江名宦志擢禮部主事出知安慶府以清愼稱調甯波晉四川按察副使累官甘肅巡撫卒於任

陶珪字廷獻嘉靖丙戌進士授戶部員外郎督鈔臨清累官山西按察使所至稱爲廉明事繼母以孝聞餘俸分給諸孤從子家無私積性端介不附權勢善擘窠大書邑里重之祀鄉賢

邱峻早負奇氣以歲貢除灌縣訓導持身嚴矩蜀人士爭劘礪焉

閔泰字文亨歲貢生性慈和知梁山縣字民如子及去民有閔母之思云



陳言字秉忠仁慈謙讓口不言人過以歲貢擢慶陽府通判嘗督邊餉捐俸以助軍民立祠祀之歸老二十餘年不履公庭歲鄉飲賓聘至再始出其爲有司嚴重如此卒祀鄉賢

陳萬卷字德備以吏員授安平尉値白蓮賊謀襲城萬卷白令督捕擣其穴三戰皆捷賊魁就縛撫按上其功賜金帛擢永平通判丁艱歸卒於家安平人立廟祀之

汪文淵字赤崖嘉靖己丑進士選庶吉士改戶部郎中出知金華府清正剛明不畏强禦時嚴嵩擅權其僕怙勢横甚文淵捕逐之嵩每欲加害媒蘗無所得乃免官歸金華人祀之

王鳳陽字梧岡定遠侯弼之裔也弼子誠孫貴遷黃岡爲世族鳳陽少穎敏哲學嘉靖辛卯舉於鄉知四川萬縣時土苗作亂練鄉勇勦撫有功撫按交薦尋以疾乞歸講學著書耄年

不倦卒年七十餘祟祀鄉賢子睦址俱舉人從孫欽濂南陵知縣別有傳（按舊志王獬有傳考獬實定遠人今依府志附見王鳳陽傳內）

董德明嘉靖壬辰進士授戶部主事督九江鈔關遷知處州府周恤民隱府縣常例蠲革悉盡朐次洞達四境安其治載浙江名宦志五載擢山東兵備副使官終河南右參政

方任字志伊嘉靖壬辰進士由行人擢刑科給事中以戇直忤權貴改兵部主事遷員外郎出爲四川僉事江西參議副使所在以廉幹稱遷山東參政督蘇松糧餉力清積逋晉浙江按察司尋轉江西右布政以母病告歸終養郎苦次拜副都御史巡撫應天不起父勇性素方嚴任每事必先意承歡其孝友馴行爲鄉評推重俱祀鄉賢

劉珙字商陳嘉靖庚子舉人性孝友立身剛直足不入公府除



黃縣知縣時宦豪倚勢武斷珙摧鋤無所避海賊臨城縱掠悉力拒之遷知甯羌州有仇夜殺七人索屍不得珙焚香告天雷發其屍冤遂雪仕宦不置生產居鄉以公亮稱子功允別有傳

周之冕字元服嘉靖庚子舉人授餘杭知縣勸農桑勤教化凡案牘悉置祕室吏胥無所售其姦催科能調緩急見孝弟節義者必祟獎之詳杭州名宦志

邱岳字南正父尚忠見篤行傳岳成嘉靖丁未進士擢工科左給事中時伊藩典楧貪悛僭後岳上言其罪得勘定削伊世封直聲隆諫垣見明史累官禮部右侍郎遇事敏達勵操清素每誡其家不得與公事致仕後奉詔存問者再鴻文淵學典册多出其手卒祀鄉賢

程鳳金嘉靖已酉舉人授彭澤知縣多善政獄無冤滯庭無私謁景王道彭澤不加派而供億傳廚如額有廉能聲值御史按部鳳金後至忤御史意出曰御史所以有權者能去人之官也吾官自去御史何權遂解綬歸御史悔追之不復邑人思而祠之詳九江名宦志

陳仕字又愚嘉靖壬子舉人除弋陽知縣時閩浙倭警客兵騷動仕撫循旣定請建縣城賴以保障詳廣信名宦志遷嘉興府通判從司馬胡宗憲破倭賊有功晉本州同知以母老乞歸布衣蔬食授徒自給與兩弟友愛弟化歲次當得貢子九疇在其先仕使九疇稱疾讓之弟遂得先貢

杜傑字汝英嘉靖戊午舉人授長甯知縣値歲歉賑活甚衆時九絲初定黠酋內訌拮据調劑卓有政績後采木山中值水



涸露禱雨注木乃出先是西南蠻騷動議討傑力陳不可當事弗聽卒至於敗人服其識詳敘州名宦志昆季六友愛罔間及歸敝衣麤食陶然自得也卒祀鄉賢子應芳別有傳

王廷瞻字稚表嘉靖已未進士授淮安推官入爲御史督畿輔屯政裕邸欲易莊田廷瞻不可隆慶元年所部久雨請自三宮以下及裕府莊田改入乾清宮者悉蠲其租詔減十之五已言勳戚莊田太濫請於初給時裁量田數限其世次爵絕歸官制可高拱再輔政廷瞻嘗論拱遂引疾歸神宗立起故官累太僕卿五年以右僉都御史巡撫四川時土番屢犯松潘廷瞻令副使楊一桂總兵官劉顯勦之殲其魁於是風村白草諸番二十八砦卒男婦八千餘人降復討建昌傀厦洗馬姑宰鐵口諸叛番皆降增俸一級進右副都御史撫南贛

入爲南京大理卿累遷兩京戶部左右侍郎以右都御史出
督漕運兼巡撫鳳陽諸府寶應氾光湖隄蓄水濟運平江伯
陳瑄所築也壅決爲患諸鹽場皆汲廷瞻承前巡撫李世達
等開越河避險之議鑿渠千七百七十六丈爲石閘三減水
閘二石隄子隄各數千丈發公帑二十餘萬八月竣事詔旨
褒嘉錫河名曰宏濟進戶部尚書巡撫如故尋改南京刑部
尚書乞歸卒贈太子少保賜祭葬詳明史祀鄉賢
李植字艮材少聰穎善屬文嘉靖辛酉舉人除萬縣知縣折獄
明決時爲之語曰勿歧舌見必屈杜若昏冤必伸有無賴子
殺七人而匿及索不獲植禱於神夢得殺人者貌迹而縛之
有僧殺人隱其屍二十年矣植從容諭僧得其狀遂伏罪鄰
邑皆呼神君詳四川名宦志後考最徵拜御史請省壽陵費



帝嘉納之以抗直出爲福建僉事爬搜宿垢風教一新尋乞
假治喪卒於家大司寇王世貞志其墓祀鄉賢
王同道字純甫嘉靖壬戌進士授蘇州推官擢御史謫內江知
縣調停里甲訓迪人材蘊藉風流古文詞賦咸有逸氣詳資
州名宦志
成敏貫舉人嘉靖末授新甯知縣值歲歉發倉施粥又革日支
驛馬以寬征役南岸土酋用兵芻輓迭出邑不告罷比歸惟
圖書數卷黃元白作去思碑謂其廉與誠合不與俗偶洵清
白吏也詳四川名宦志
袁文伯字絅齋性至孝憂慕如孺子嘉靖甲子舉人除潛山知
縣崇孝友興文學三年政簡民和士風大振會歲大饑有院
使白某過其地供億不備白不懌呼之曰汝讀書不知柔遠

人乎答曰當此凶歲惟有子庶民而已即日解綬歸養親不
懈者三十餘年太守楊節高其行登其堂迓爲鄉飲賓者五
號曰孺慕先生有詩集十卷行世子希夔見隱逸傳
范芝字德和性孝友兄及姊子貧不能自立推產贍之有雋才
篤學博聞從遊甚衆嘉靖間以選貢授定遠知縣甄善除惡
招撫流亡捐俸備賑邑稱大治事載定遠名宦志以母老歸
養百姓遮留不得去微服遯歸卒祀鄉賢
劉功允字順廷珙子隆慶丁卯舉人授懷遠知縣遷溫州府同
知剖決籌書人稱神明贖鍰不入私帑悉以賑貧士修學宮
整飭海防民賴以安載浙江名宦志改汝甯宦況清苦如舊
子宗秤別有傳宗祺萬歷乙卯副榜博學饒才略崇禎初舉
賢良授重慶知府不赴



邱一奇隆慶丁卯舉人官池州府同知舊志稱其家無私槖討
倭寇有轉餉功
汪守廉字克辨祖大章有隱德歲凶出穀千石貸鄰里不責償
廉隆慶丁卯舉人以甲戌會副授彭澤教諭興學勸士分丙
子應天試得士多以清直顯遷雙流知縣察冤獄清隱賦人
稱神明擢知威州視民疾苦若痌瘝士民愛慕苗獠傾服詳
茂州名宦志遷曲靖同知以清白聞璽書賜金褒之值艱歸
家無長物子傑選貢臨洮通判亦祀名宦孫國灤見隱逸傳
易傚之字惟傚隆慶戊辰進士授行人擢戶部員外郎督臨清
倉遷知衢州府務以德化民訟獄衰息邑苦遠輸傚之均田
賦量遠近糴米多者爲正戶督解事少者附給路費民免困
累詳浙江名宦志遷四川涪州道以招諭楊應龍功晉參政

丁艱歸居家謹篤卒祀鄉賢
涂巍隆慶庚午舉人累官廉州知府敦大不苟片言決訟十餘年未嘗斃一人於杖下攝理四郡所至有聲載廣東名宦志
汪一右隆慶庚午舉人累官泗州知州時總河潘季馴請加泗城護隄命一右董其役自新橋口亙西門坊至迆南諸處增石隄長二十餘丈高於舊二丈又建子隄千六百八十丈凡二年畢工泗水得以無患泗人祀之名宦祠事見明世法錄
杜伸字沖宇鳴陽子隆慶辛未進士除華亭知縣繼補大足擢知南安府所至以清直稱晉松潘兵備道一身萬里捍禦邊陲苗蠻屏息民慶安堵以勤事卒於官巡撫喬維新爲治喪發其篋敝衣數襲而已事聞贈太僕寺少卿賜祭葬伸居家孝友子無私藏嘗置公田三百畝以贍族子桂芳副榜連雲



凌雲俱諸生凌雲字爾青性至孝值母喪七日流賊猝至人盡奔散凌雲獨撫棺哭曰無傷我母棺賊感其孝釋之
江沛然字應吾隆慶辛未進士知吉水俗多溺女沛然嚴禁之報最擢懷慶推官又江南名宦志載沛然署廬州事積弊之後力爲振刷廉渠奸置之法一境肅清海忠介亟器重之後遷南戶部郎罷歸
曹士彥字孟彥父美嘉靖末舉人力學篤友誼淡於仕進士彥事繼母以孝聞萬歷己卯舉於鄉除定遠知縣清正自飭勵學勸農興滯摉奸民有不若訓者款諭之及卒邑人張御史一鯤斂金治其喪去之日號哭送者數千人立祠祀之士民禱祈輒應載定遠名宦志
郭知易字如紀慶之孫萬歷己卯舉人授中江知縣治才明敏有廉平聲擢工部主事時方建兩宮御史議發人夫運石如嘉靖故事知易上議造車法所費視舊僅十六之一官儲無損而民不擾其幹濟類如此遷員外郎告歸囊無餘物耿定向稱其世濟清白云子世完諸生舉異才參謀都司孫都城舉人咸甯教諭
王一鳴字伯固齠而能文潛心諸史百家言試童子輒第一一時目爲神童弱冠舉萬歷壬午鄉試丙戌成進士與同年謁政府王錫爵揖之曰子天下才也授太湖令會歲大札賊起西鄙一鳴力請蠲數年逋賦當事初難之卒如其請又請大府金五百給民易種植遣人從淮揚市麥發廣儲倉義倉穀親爲糜粥所活者萬餘人乃單騎行隴上召野老語如家人由是耕織復業時大盜劉汝國初平招徠流民數千築翟公



隄無憂堰范園壩歲溉田數千頃利及後世後改臨漳承凋敝後加意撫字長吏重之凡有著撰悉屬焉會修國史大學士趙志皋薦有詔徵用未行卒於官祀鄉賢子封東諸生
洪聲遠字四極萬歷辛卯舉人授山西高平知縣歲大旱飛蝗蔽天聲遠禱天暴日中雨降蝗盡死歲登遠近異之擢戶部主事出爲貴陽知府時土司安邦彥圍貴陽聲遠禦之大小數十戰外援不至激勸士卒誓以身殉人皆感厲無叛志圍旣解以功擢新鎭道監軍副使接物寬和民皆愛戴見貴州名宦志晉雲南參政以年老乞歸居鄉力行善事設義塚拯溺屍人咸德之從子有臨甫一歲而孤撫猶己子以恩貢授夾山知縣子有執諸生有守舉人博學能詩古文兼以書畫名

何天申字德錫萬歷辛卯舉人授廬州判三載召判順天時乾清宫災珍寶殲盡欲按籍召商買補之天申抗論明王不貴異物今珍寶價凡千一百四十萬有奇取之太倉則不足取之加派則厲民惟宜加意修省以回天變疏入落三級補無爲州判築蘸魚壩二十里數歲始成民賴其利移判鳳陽致仕歸卒

胡恩字前江黄州衛指揮督運漕艘輒報最累遷瀘州參將移鎮松潘諸土司長官例奉金幣恩一切擯斥威令大布三載進秩總兵

樊玉衡字元之父煒載儒林傳玉衡事親以孝聞性淡泊無所苟萬歷乙未進士授商城知縣商故徵賦保伍與胥役爲奸又縣拘囚者例用馬快所至冢輒破玉衡悉罷之遂按誅豪



蠹民得休息教以孝弟廉讓行之期年訟獄衰息會中使採礦至商玉衡宣言無礦與之抗因導入險爲文告山靈曰有礦當吐符陳貢不然而令與璫藉口括金以爲民患神其殛之璫怏怏去其後治崑山有織造中璫擾民治之亦如商玉衡初至崑山曰邑繁劇當臨以簡是秋雨傷稼駕小艇巡視村落與饑民相對啜菽粥民皆感泣詳江南名宦志在崑六年邑大治去之日僦篋一肩而已是時方推吏部文選司聞父病乞歸養歲餘以勞瘁卒商崑民祠祀之崇禎初勅建祠諡孝介祀鄉賢

孫大壯字心易生有儁才勵志讀書萬歷乙未進士累遷福州知府治行清簡一時推爲循吏擢江西右參政官終陝西苑馬卿所著詩文公安袁宏道推重之

周蓋臣萬歷丁酉舉人授石泉知縣清操有惠政民懷思之載四川名宦志

穆天顏字象懸事親以孝聞家貧力學有儁才萬歷戊戌進士授番禺知縣舉最拜福建道御史劾稅監及諸權貴請省刑蠲賦薦正人諸疏多所建白時疏多留中而天顏奏輒議行累遷巡按廣西節操風裁爲一時人表以内艱歸不置産業所餘俸召族戚及故交貧子弟分之微時區豆之惠罔不報也初父守文教諭四川卒於官天顏方少與兄扶櫬走萬嶺中資糧且盡逆旅不納會大雷雨昏黑哀號遂電光行或感其孝厚贈焉至是厚報之卒祀鄉賢

官應震字陽谷如皋子萬歷戊戌進士授南陽知縣再補濰縣舉最擢戶科給事九年前後二百餘疏皆救時碩畫神宗嘗



以敢言稱之光宗即位遷太常少卿尋乞歸天啟間屢召以魏璫用事不起卒年六十有八崇祀鄉賢子四撫辰撫極別有傳

蕭友蘭字九畹昇之曾孫萬歷中歲薦授江西萬年訓導遷陝西延長教諭興學勸士周給貧乏延長人德之卒於任士民哭送者百餘人署中有大樹不知其名蘭常憩其下遂名曰蕭公樹

於倫字大常萬歷辛丑進士授吏部主事累遷至通政使以不附魏忠賢告歸璫敗以原官起不起卒祀鄉賢子斯行載忠義傳

曹光德字大洪萬歷辛丑進士授嘉興推官政稱清簡遷任三年以憂去所攜惟圖書而已詳嘉興名宦志平生究心經籍

是時江西鄧元錫力排心學嘗著五經繹光德爲之參訂焉後官山東道監察御史祀鄉賢

鄭之良字直夫萬歷癸卯舉人累官敘州府同知時烏蒙安邦彥爲亂川西南半陷督撫朱燮元屬之良監軍之良乘賊觽壽日攻其壘擒賊將四十餘人殺傷無算遷鎮遠知府復征苗有功時往來蜀道其子屬以道死埋巫峽者十餘人之良曰但能平賊身膏野草分也故所向輒有功晉按察副使歸卒子一魯一愚一浚能世其家

杜應芳字懷鶴祖鳴陽父傑皆有傳應芳至孝有異才稱於士林萬歷丁未進士授禮部主事出守河間時福藩之國河間屬邑例有夫馬供億者五萬金應芳議其太繁節三萬後三王皆視爲例天津稅璫馬堂橫肆應芳得其弟不法事捕治



之堂坐此遂去督學四川無敢以片牘干者詳四川名宦志遷福建按察使時倭寇旁午應芳勦撫兼用海宇肅清後告歸卒妻樊氏死難載烈女傳子鎭鋥俱選貢

程之試字考錫爲諸生以行誼文章著萬歷己酉舉人教諭扶溝擢江西都昌知縣抗直忤上官降四川按察司檢校川撫重其才司夔州稅課剔除蠹弊民商便之補河南考城知縣累遷開封府同知所至多惠政治河有勞績俗傳河有妖神塑像祀之之試縲而投於水妖遂絕後以親老乞歸養鄉人稱其德

鄒之易字心元少家貧負薪水供母萬歷庚戌進士授銅梁知縣恤民艱剔宿弊徵解錢糧不取羡餘府吏收兑者皆憚之及去有存積三千金謀諸邑紳士置義倉廣儲積安耆之叛

城賴以全

甄淑字爾儀萬歷庚戌進士授陽武知縣改太康俱有異政入侍經筵爲吏科給事疏請額丁額米兩衡其數丁隨米收額不減而貧民困病熹宗從之他奏疏多救時事是時楊漣被逮淑疏救激切及阮大鋮囑傅櫆劾魏大中左光斗諸人淑復疏辯其冤忤魏璫削籍事見明史後起戶科都給事中遷太常少卿累官南北刑部尚書

王欽濂字孟周博學多聞萬歷壬子舉人授南陵知縣首開六連湖水利澤及數千戶時寇躪江南捐俸賑饑練鄉勇增城堞賊不敢窺撫按以守禦功疏薦第一尋卒於官祀鄉賢子承祜癸酉副榜有詩名承啟辛卯舉人孫懋德懋才俱進士官知縣懋德別有傳



李五美字尊菴萬歷壬子舉人教諭輝縣累遷戶部郎以清節著出知台州府改欽州時山寇刦掠民多逋賦五美設營分戍解散之賦因以登上官胥徒過州擾民者亟懲之修復子城濬濠築隄葺學宮蒐志乘文物煥然狼賊趙永烈據河州五美畫策堵禦兩省才之會惠州有海警題授惠州海防道載廣東名宦志

湯思謙字吉用世職衛指揮使博學深思習於經籍中三科武舉累遷四川建武遊擊以征苗有功擢廣東掌印都指揮使子如弦善騎射矢無虛發由武舉累官揚州水師參將長孫世榮以廕官領運著績

王六如字凡夫萬歷戊午舉人授信豐知縣時寇盜蜂起兵役數發富戶輸役無不破產者六如請於上照糧編派黠者不

得規避往倉庫典守外簽里民六如蘆正之責歸庫吏邑人
立祠以祀詳江西名宦志
祝世美字濟之萬歷己未進士授諸城知縣有異政改東阿值
白蓮賊亂後招流亡課農桑三年報最行取吏科左右給事
遷兵科都給事疏劾張應昌殺良冒功人咸稱之晉太常寺
少卿以守城功加秩正卿親老歸養遂終焉
晏清字泰徵萬歷己未進士授蕪湖知縣廉介明允改吳江百
姓請留吳吏來迎爭於路不得行再宿然後去詳太平名宦
志吳江值水澇爲民請命得邀全荒例改折擢吏部稽勳郎
時魏忠賢方盛請封其從子良臣爲伯清阻之不得行冢宰
周應秋怒遂削職崇禎初起文選郎尋給假歸壬午起考功
郎轉廣東鹽法道卒於鬱林子靄明與其五孫俱亡子婦樊



氏以櫬歸葬靄明字雲章有文學才名重一時
倪敏政字楙績世職衛指揮使以轉漕功累遷靖州守備禁止
令行苗民率服撫按交薦擢福建都指揮使進表入京詔試
兵部遷浙江南洋遊擊平海寇劉香老有功加授南洋參將
子宏祚世其爵領運有績
李應鶴字鳴皋世職衛正千戶言動不苟以轉漕功署指揮同
知又署本衛指揮使理屯局以廉能稱庚戌歲饑出穀數百
石以賑年八十卒子遐齡貢生祀鄉賢
程良球天啟辛酉舉人由建陽教授擢莒州知州改渾源州申
革草商除民大害以憂去任士民懷之詳山西名宦志家居
戶族貧者分田與之復按季給鹽戶必周其敦睦如此
廖自強字中立父珩才敏學博與修郡志自強由歲薦授江油
知縣縣有荒糧萬餘自強言於大吏疏請得蠲邑人戶祝
不衰
何閎中字絅卿性敏捷目十行下天啟壬戌進士授鎮江府推
官累遷四川提學副使饒才學善甄別所得皆知名士載四
川名宦志改雲南瀾滄兵備道捍患禦災功績甚著時避亂
婦女數千人賴以生全卒於洱海士民戴之祀雲南名宦平
生德量寬和不問家產時稱蘧宿先生子昌祚見孝友傳
靖科元字若谷天啟壬戌進士授邯鄲知縣興水利鋤姦弭盜
民懷其惠改宜陽擢刑部主事進工部郎中以簽京商事忤
時相周延儒罷歸御史衛景瑗疏救不得時流賊蹂躪桀砦
小崎山保聚鄉族遭土寇襲破之殉焉子三人乃心廩生乃
試貢生俱從死乃獻官豐潤知縣



劉宗祥字梧陽祖珙父功允皆有傳宗祥天啟乙丑進士授金
壇知縣正直不避權貴奸猾斂迹時海盜王武烈爲亂宗祥
捕得之餘黨憤起人皆危懼宗祥悉平之拜監察御史崇禎
初巡按江西條陳興利除害數事稱旨繼按四川入覲面劾
少宰張捷行私捷坐免時侯良柱秦良玉討平奢賊賞格不
行宗祥上其狀始錄前功事見明史進太僕少卿管東路遷
江西巡撫致仕
王源昌字紹貽天啟乙丑進士授禮部主事出知恆陽府時中
使監軍威權日肆源昌抗不爲禮以清直聞後擢監察御史
巡按江西值宗室驕恣悉持法裁抑不少貸改鎮河南禹州
時八年不登源昌蠲賑招集全活甚眾流寇陷洛陽將窺禹
源昌飭練鄉兵防禦周密禹卒無患遷汴梁觀察使去士民

遮道哭送者百餘里未幾乞終養歸年九十卒詳河南名宦志子樹仁世其學行

魏公韓字小韓父翊明博洽端方公韓質魯而好學事祖母以孝聞天啟乙丑成進士授太平知縣修復伯翳祠墓募築城垣已寇至督鄉兵禦之斬獲無算累遷汝南大名薊永諸道興士愛民弭盜卻敵多異政所至皆崇祀名宦時內監魏忠賢張甚聞其名欲致之公韓慷慨負氣節不稍屈崇禎初巡撫保定以母老乞歸隱居樟松湖築室曰漁臺年八十餘卒

陶起虞字士熙事繼母以孝聞操行端潔嗜讀書天啟乙丑成進士授江西進賢知縣改太和知縣政簡刑清除其積弊及歸家無擔石儲鄉評推爲清介云



王用予字安生崇禎戊辰進士授淮安推官屢白枉獄修文起書院課士甚勤值歲荒倡捐賑濟全活流民以萬計淮苦水爲築三壩新舊兩城皆無患詳江南名宦志六年報最時方多故詔儒臣必習吏事擇知府推官治行卓異者入翰林於是擢用予爲檢討子澤宏見文苑傳弟用世字名可事親孝日常依左右英年舉於鄉早卒其子澤霖亦以孝聞官瀘溪教諭有聲

鄭抱素由官生知廉州公平慈惠政簡刑清修廉州志重建富民橋以利往來士民愛戴之載廉州名宦志（按廣東職官志載抱素黃岡舉人及廣東名宦志作官生）

官撫極字建之太常卿應震次子以拔貢再任貴陽通判駐畢烏有捍衛功畢烏人立廟祀於關嶺關嶺者撫極所守以扼安竄處也晉平越知府苗帥藍二率萬人圍城七晝夜撫極力禦之以壯士七十人夜襲賊營擒藍二餘散去以功擢太僕卿致仕歸

程迪由歲貢通判梧州以廉潔稱御史中丞知其貧且廉欲有贈恐不受委以犒軍故贏其數使受之迪曰子孫賢不須此否則益之疾矣聞者歎服

易士龍字雲間崇禎庚午舉人授醴陵諭葺孝亭書院明正學尚德行遷大昌知縣流寇來攻者再皆力禦卻之門者停三十餘人以間諜論且云前此皆以是得紀錄士龍訊知其陷賊也盡釋之改宿松歸年八十四卒子爲桊別有傳

牛若麟字鶴沙崇禎丁丑進士知吳縣饑民蜂起若麟亟爲賑卹乃治其亂魁變遂定載江南名宦志



陶紹侃字惜之尚義有勇略天啟丁卯武舉擢異等授鄖撫遊擊會漢中亂陝撫檄徵援勦署爲前部倍道疾馳至三條嶺大雪敵未備突騎乘之斬獲無算事聞擢鄖陽行都司尋加前軍都督僉事值房竹寇亂力戰紅坪灣渡泥關諸隘以軍功遷臨鞏總兵左軍都督告歸卒於家

萬曰吉字允康與兄諸生介眉齊名崇禎庚辰成進士授崑山知縣時流寇披猖江以南人心驚亂曰吉撫輯遺黎繕兵守禦羽檄旁午慷慨誓死邑賴以安未幾以憂去生平著述散佚比卒同里王一翥杜濬悼之

嚴師範字大亦工文辭崇禎辛未進士兵部郎中累官河南布政使司所至盡心奉法皆稱廉明稍有俸餘悉捐施橋梁津渡起河南巡撫未赴卒

國朝

汪㷻南字涵夫明末癸酉舉人順治二年授吳縣知縣分校秋闈稱得人張九徵繆彤皆出其門累官河南知府所至有聲其莘貴溪披荆榛招流亡時岡揭山賊數千人爲患㷻南示以威信親入險招撫賊首周飛雄其衆盡降溪民德之卒年五十二工詩文著有天鏡堂遺稿子基邦貢生基美舉人官教諭

韋克振字子寅父石麟前明戶部郎督臨清倉以廉潔稱克振雄才博學明末判杭州順治二年授甯波知府捐俸賑饑招集流亡所活數千人年七十九卒於官子成賢别有傳

陳瑾字公瑜明崇禎甲戌進士授行人遷吏部郎以清介聞順治初薦起儀曹尋督學八閩汲引孤寒權貴不敢干以私暇



與諸生論文講道及歸行李蕭然詳福建名宦志子際昌貢生際鼎蔚州知州孫應鳳保康訓導俱克世其家

陳克竣字伯鳴順治初由拔貢授虹縣知縣有清名歲旱設法賑救全活甚衆以艱歸課子著書不與外事年八十卒子敏常康熙癸卯舉人

詹謹之字仲庸明崇禎丙子舉人順治初授濟南推官釐清宿弊力卻鹽引及獄廟各陋規訊讞務得實情全活甚衆尋以疾歸杜門著述卒祀鄉賢從子大有以舉人知金谿縣事嚴介自持不避權貴一時誣挾者屏息崇儒尚禮谿人思之祀鄉賢子大衡大衢俱有文行衢另傳

晏濟明末舉人順治初授鳳陽推官平反者衆他郡疑獄不決者悉就理焉爲守所忌尋罷歸年八十二卒

張楨才能治劇順治二年授蘄水縣丞值山寇竊發官兵進剿軍需旁午楨委曲籌畫民以無擾載蘄水名宦志

韋成賢字念莪順治丙戌進士選庶吉士丁亥分校禮闈得人最盛遷侍讀出爲江南參政督理糧儲滌除宿弊賦足而民不擾遷右通政以丁父艱哀毀卒

操志葵字我忠順治三年由例貢任浙江蘭谿縣丞剿白頭賊有功補授蘭谿知縣愛民減賦操守清潔人無敢干以私退歸家居正直尚義鄉里稱之

凌建奇字仲平順治戊子舉人積學篤行丰采嶷然曹本榮劉子壯師資之授翰林院孔目奉命册封安南宣布威烈比歸世祖嘉之



賜象骨扇及上方克食康熙初齎詔陝西旋典試山東未竣事卒於官

程啟朱字念伊博物洽聞有經濟才順治己丑進士知神木縣以最擢刑曹出知衛輝府招集流亡撫以慈惠在任十八年晉山西鹽運副使衛人思之二年卒於官詩載百名家選子奕契奕俱有聲奕字禹甸由保山知縣擢西安同知居官以廉靜稱

穆修由歲貢官鉅鹿知縣舊志稱其有惠政民愛慕之

陳士銘字大新爲諸生時豪儁好談兵精天文及山川阨塞順治六年以鄖陽守備剿流寇餘黨身經百餘戰未嘗挫衄賊平擢軍功累遷總兵官鎮守寶慶督餉福建卒於官

王躬允字爾極順治己丑歲貢隨大軍赴粵授澄海知縣下車訪疾苦問利弊潔己愛民大姓陳退夫集萬人壁鷗汀以自保有楊許者素劫掠先歸命搆鷗汀鷗汀懼不敢降躬允得其情單騎往壁人望見之曰王使君來我命活矣乃出迎事得解鷗汀爲建祠像祀焉城隅有叢爲祟居民皆徙避躬允以文榜其宅祟遂滅三載治行稱最解綬歸課子讀書不倦卒年八十有六

李君桂順治七年從征入粵知新安縣潔己奉公勤心撫字值營兵肆暴守將王守祖故縱之君桂力爭不得投劾去上官廉得其實治守祖罪民感君桂之力詳廣州名宦志

孫錫蕃字斐臣少工詩文由選貢司訓公安勤講課舉優劣修學宮爲學根極理要一宗紫陽課士十則皆以躬行實踐爲



先士風丕變載公安名宦志遷遵化知縣改霑化均有清惠聲以疾告歸子寅寓宙孫銓鎬鍠俱諸生有文名鍠字元希孝友端方安貧力學子祚灝祚濬同榜舉人

張之杜順治辛卯舉人有才名授隨州學正獎勵後學士風胥振在官七年遷常德教授去州人思之見隨州名宦志

黃中寶字鼎在順治壬辰進士授吉水知縣省簿書清刑獄民不忍欺盜賊斂息擢行人司告歸安貧自得不入城市

汪煉南字治夫順治壬辰進士選庶吉士授編修值楚省大祲疏請蠲賑辛丑督學順天康熙癸卯庚戌鄉會兩元皆所拔士考最晉侍讀學士以疾假歸卒

杜碩字芳洲順治甲午舉人榜姓楊性最孝父病兩載未解衣三日始一食及父沒痛不欲生死而復甦者再後除廣東博羅知縣償逋欠懲蠹蝕革陋規均田糧士民以忠孝廉明歌之擢最卒於官事載博羅名宦志弟蘅字草臣順治己亥進士授北直平山知縣學宏博有文名

熊光裕字肅行順治乙未進士任榆次縣課最洊陞杭嚴道修築海塘實資保障見浙江省志署按察司越無冤獄悍兵擄奪移文提督禁飭境內肅然見李漁資治新書又以鹽價日騰請提鹽引民被其惠見浙江省志以老致仕卒於家

汪嶼南字與山性孝友父世植明末死鴨蛋洲之難嶼南守父屍不忍去獻賊至逼入江不溺逆流上舟人拯之順治丁酉舉於鄉授廣西新安知縣縣素有苗患嶼南撫其酋遂不復叛以艱歸民請留弗許童叟送於分水塘爲清水分流之頌後補武邑清操自任不事干謁值新河邪民爲亂大吏以疲



卒五十使往故難之嶼南慷慨赴敵民皆望風降邑屢饑捐粟勸賑全活甚衆及歸築室江洲以老鄉里稱之

葉自巖字魯瞻寄籍武昌順治丁酉舉人授黃岡教諭太守蘇良嗣重其才令攝縣事聽政無留牘以明允稱民逋賦貧不能完者鬻産代償之家以此落改銅鼓衞學正衞鄰苗疆諭以禮讓士風振起擢衡州教授卒於官從子學貢生有學行官鄖陽訓導

李天馥字湘北號容齋先世自黃岡遷合肥少穎異稱神童其家有別子占衞籍永城天馥即以其籍登順治丁酉鄉試明年成進士選庶吉士授檢討歷工刑兵三部尚書遷吏部拜武英殿大學士明年丁母憂

諭曰李天馥入閣未久倚毗方殷未及展施遽以憂去深軫朕懷

御書貞松二大字賜之服闋
召入閣視事退然若不自勝威福歸之於朝毀譽不出於口凡宰物
應事悉以虛公處之性至孝執親喪毀甚既葬廬墓側墓門
忽有白燕雙飛掠水至久之不去人以爲孝感遂名所居爲
白燕廬始在翰林名籍甚與葉文敏陳文貞王文簡諸公倡
復古學刊僞體以文章爲己任年六十五卒謚文定節先正事畧

陳肇昌字扶昇天生子順治戊戌進士授寶雞知縣留心撫字
蠲除逋賦累遷戶部郎督學廣東時兵燹後士多流亡肇昌
加意招徠甄拔得人所至申條約興學校士習以端詳廣東
名宦志考最擢僉都御史授順天府尹仕宦四十餘年清忠
懋績門無私謁卒祀鄉賢生平好汲引人才凡所薦達後多
爲名臣嗜讀書未嘗以倥偬廢命其子從名儒陸隴其遊故



其後多以德業顯子六人大犖貢生大年鄧州知州大章大
犖大華大輦另傳

吳升東字巢薇參政元伯子順治己亥進士授登州推官愛民
重士時于七叛案株連大獄滋起升東反覆讞鞫全活甚衆
累官浙江道監察御史風裁侃侃知無不言復協理河南道
事告歸卒

汪士奇字凡子順治己亥進士以孝友方正重於時授南安推
官改東鄉知縣康熙十三年賊兵肆掠士奇練鄉勇與賊戰
大敗之盡追賊所擄男婦數千人而還賊平興學校育人才
士民愛戴擢刑部雲南主事年六十餘卒孫虔宏有傳

樊維域字念菴少失父事母張氏以孝聞順治己亥進士教授
德安究心理學課士以孝弟廉隅爲本遷平鄉知縣弭盜賑
饑凡積弊不便民者悉除之時漳水泛決維域捐貲築隄防
開渠溉畎畝患遂息期年以母老告歸肆力正學著述甚富
卒祀鄉賢子齊伊以鄉舉官中書舍人有學行鄉評推重

宋必達字其在初寓居武昌值獻賊陷城驅人於江必達夫婦
扶其父投磯下得片板乘之竟抵陽邏乃免終孝養焉順治
辛丑成進士授江西寧都知縣請免清泰懷德二鄉逋賦招
集流亡邑有二城民兵分處必達始爲團練法適閩賊張志
在阻兵窺贛南圍寧都請援未集必達率鄉勇與營帥協力
破走之境賴以安後奉檄誅黨亂者必達抗言良民脅從願
身保其無他全活甚衆解組歸中途遇賊劫繫密室中夜半
忽多人持兵杖大呼宋公擁以去蓋寧都百姓也詳見江西
名宦志卒祀鄉賢子敏求康熙戊午解元聯捷官檢討有父



風以友行稱敏政官訓導孫鍠德化知縣有傳

鄭正暹父母病躬嘗藥滌垢後任奉天海城尉有金州豪王守
祿通島舶爲奸府屬暹治之祿密賂以千金卻不受獄益急
祿遂陰賂塾師鴆暹而酖之府廉得狀捕守祿等六人棄市

王追騶字里之尚書廷瞻孫順治庚子舉人除永州教授遷犍
爲知縣縣故瘠供膳例派里甲追騶悉捐之興學勸士文治
遂盛擢刑部主事多所平反乞歸有百餘人焚香跪道左詢
之則署廣西司時所釋死囚皆感泣具言其故家居十餘年
教子孫清白不問產業子一得諸生孫封渭乾隆壬申進士

鄭昱字方南先慶子康熙庚戌進士歷任建陽唐縣知縣以廉
能擢工科給事中有敢言聲出爲江西糧道革除陋規數萬
請免弁丁月銀興學校釋諸生冤獄甚衆晉廣西按察使持

法平允詳江西廣西名宦志遷安徽布政澁官月餘宿弊一
清尋以老乞歸讀書教子鄉人以爲模楷子可格舉人官中
書歸養工詩文
梁鈗康熙初爲長安縣丞攝縣事農民盧某方耕其婦饁之食
已噴血死前官治婦罪且成獄矣鈗至訊其由遂往饁所有
樹翳其上伐之中蠱蝎也乃知蝎所毒遂白其冤士民咸頌
之
鄭繼啟本姓洪成童時蹻捷走城堞聲如飛鳥用長矛如雪練
無敢禦者康熙壬子舉武科提督趙良棟奇其才從征吳逆
平湖南袁州渡鐵鎖橋先登擢軍功累官副總兵年三十八
卒於官
王風釆字汝載康熙己未進士授會稽知縣清介自矢以謙讓



化民巖絕請託邑大嵐山界連金甯溫台四郡有白頭賊乘
歲饑誘民爲亂風釆廉得其魁置於法餘黨解散乃勸賑全
活甚衆捐俸建范陽閘居民利之在官十一年邑稱大治詳
紹興名宦志祀鄉賢子湃仁諸生澎仁訓導沐仁教諭
萬爲隨字靡瞻里春子慷慨有父風郡守于清端平東山賊以
爲練長資謀略焉由歲貢官桂陽州學正時兵燹後學圮爲
隨捐俸倡修之進諸生兒以忠孝大義人才特盛桂隣𨛬舊
多侵掠與州牧李某往擒其魁餘悉定州賴以安事載桂陽
州志弟奇英字省欲少孤事母孝與兄友愛無間家計無所
校年八十餘猶矍鑠勤於學以明經官訓導卒
孫鈞字湘有父文燦諸生饒才略明季結寨淋山河保障鄉里
爲獻賊所得欲屈以官拒之賊斷其臂終不屈鈞康熙己酉

舉於鄉授夏縣知縣稱循良雍正間夏縣樊大元知黃岡訪
其子鉞曰吾邑賢令後也善視之其令人久而不忘如此
王懋德字一士父承啟舉人少孤事母孝好學有文名懋德康
熙壬戌進士知廣靈縣縣故瘠貧值荒後招徠生聚力陳流
離狀悉如其請壬申陝西饑時大臣督運擇賢能八員佐之
懋德分運千餘石由口外黃河故道備經險阻一年報竣艱
歸後補甯都歲饑請發倉捐賑民賴全活所至振拔孤寒興
學厲俗治績稱盛弟懋才字國士同榜進士知新建縣事寬
嚴得體好汲引人材多成名儒擢最以疾歸
謝加恩字勗菴康熙丁卯舉人知四川安縣時土荒民少招徠
經畫民得樂業乃建廟學教育生徒鄰邑皆負笈至在治八
載布衣蔬食素履蕭然以最擢主事載綿州名宦志



陳大年字子山肇昌長子康熙庚午順天副榜授山西徐溝令
邑當燕晉孔道會
聖祖親征噶爾旦餽糧芻茭車輛之屬取辦俄頃年四出雁門關馳
驅無後期值歲洊饑民多轉徙請於長官開倉賑卹得保聚
無恙艱歸起浙江樂清令建修隄閘及塘埭各數十處報墾
田五十餘畝學宮舊燬於兵年修復如制遷鄧州牧見州內
溝洫堙廢旱澇爲災乃教民修渠歲獲屢登又勸以植桑養
蠶繅功日盛鄧人戴之年七十七卒於家子師履甲午舉人
灝壬午舉人
陳大羣字季超肇昌子康熙庚午舉於鄉知四川會理州州故
邛僰地民俗悍獷大羣至輕徭役抑豪强擇子弟之秀者親
爲訓迪夷風一變九年考最擢戶部員外尋進郎中咸稱職

引年歸以禮法教鄉族咸矜式焉卒年七十有五子師洛雍
正丙午舉人有學行師栻出嗣弟大華癸巳舉人官知縣
萬爲恪字敬儒爾昌子康熙丁丑成進士授遂安知縣釐剔宿
弊日坐堂皇令吏卒無事則散民得前言疾苦聽斷無留牘
遂故瘠里中歲約出三千金供官曰幫費至是悉革之茹蔬
衣布與民休息撫軍趙申喬張泰交推治行第一洪郇水暴
溢壞民畜田廬先賑而後請吏爭以故事待報否且得罪不
聽遂賑之已如請蠲豁其賦法尙寬恕然於豪貴有犯不少
貸巨盜毛六謙劉念那爲害招至開諭之盜感泣遂爲良民
後二十年子紳祖經其鄰境擔夫皆邑人不受值以遺愛猶
尸祝云平生嚴重寡言笑雖沍寒盛暑不改儀度然亦無峭
激之行饘粥屢缺未常言貧也子六紳祖另傳綏祖舉人力



學工文有知人鑒誘進後學多所成就與伯兄繼祖以好義
稱鄉里化之訟爭以息紳祖子年茂翰林官御史有傳廷望
知縣年豐年治舉人依府志增敘
范基祚字叔文先世休甯人祖元達來黃岡因家焉基祚少孤
家貧母田氏苦節撫之見列女傳基祚力學敦行事母以孝
聞康熙丁丑成進士授河南淯川知縣清操自矢案無留牘
在治九年以最擢吏部主事將去淯民攀轅不得行擔酒焚
香走經村落父老多泣下者尋以疾歸年六十餘卒子元灝
康熙辛卯舉人官固始溫縣知縣以告歸里孫朝綱乾隆辛
未進士授資陽知縣候補主事有傳
王一導字子引康熙丁丑進士授德化知縣地瘠多訟一導決
浮費案無留滯以明愼稱艱歸起知屯留縣值歲耗撫循賙

恤全活甚衆地易馬牛估榷號活稅悉弛之擢吏部主事雍
正間累遷四司郎中
御書得雨詩一章賜之釐蠹剔弊有正直聲典試浙江稱得人授浙
江甯紹台道兼理海關懲豪猾賑窮乏通商惠民以疾乞歸
卒爲人誠直靜邃以孝友世其家子封岱字東垣雍正癸卯
舉人以養母不赴選顏其堂曰志養母年九十餘卒遂不復
仕
余玧字用南少爲諸生與兄世宗齊名康熙庚辰成進士授四
會知縣始至有胥獻金者懲之賂頓絕地瀕海經亂丁耗田
多蕪請以丁隨糧更募墾給牛種生齒乃殖邑苦盜用其魁
治之盜遂止立義學爲之程式人從其教七年以病告民籲
留又二年乃歸子宏仁陵水知縣多惠政



王漢周字晉侯康熙癸未進士授奉節知縣有廉明聲擢最累
官西臺庫部郎復出守鞏昌諸大吏稔其才凡隣郡重獄委
決無虛日多所平反陝人德之以疾卒於官惟敝衣一簏見
者嘆息詳四川名宦志
王全才字仲默康熙丙戌進士授廣東長甯知縣縣居叢山中
嵐重泉毒人咸危之才曰王陽叱馭何患焉任事愈厲俗尙
巫覡衆全才擢諸法毁其祠像風頓息盜魁吳辛龍嘯聚爲
害全才率士兵傾其巢辛龍伏法境賴以安卒於任兄漢準
準子棶懷俱諸生有學行棶蘇乾隆辛酉舉人歸州學正
陳大韡字子京肇昌子也康熙丙戌進士授廣西永安知州其
地猺獞雜處大韡爲申明嫁娶喪葬之禮民苗有冤許面控
革仇殺之習興學勸士文教遂盛改西隆扁牙盧酋與桑氏

素相攻擊至是獲之威震苗蠻復按泗城岑酋平其獄舊俗
官至輒多護衛苗長進酒食必先嘗防鴆蠱也乃悉弛衛飲
食無所疑岑酋益驚服考最擢福建鹽運使釐政大治攝視
福汀諸郡羣盜斂跡發倉賑饑數折疑獄全活甚衆擢臺灣
道時兵後歲荒分路給粥日食數千人發倉糧分十廠減糶
民氣復蘇又載米濟臺西小島曰澎湖活者萬家於是議建
城郭裁番社花紅摉山陋規番社子弟皆興學又以前此官
莊丈額不實多雜民田及荒埔墝确不可成賦者悉請更定
及馬料塘鋪皆有議報可卒於官臺民遠近皆至人持香一
束哭堦下及去夾岸奔送呼聲雷動子師豫舉人有傳

王楙績字乃言父漢澳早卒家赤貧母佘氏年二十一苦節育
之楙績勤學好古康熙乙未成進士除永州教授爲嶽麓山



長子光珮乾隆已未進士累官通渭登封知縣攝視偃師性
廉介爲治嚴明士民稱之擢最卒於官

靖乃成字我思由貢生除漢川訓導遷宿遷知縣地瀕河崩淤
無常民隨淤任種以供正賦前令加派民苦重征乃成力請
奏免圈柳地民產也軍丁冒占搆訟不休至是廉得其實悉
復本業宿民頌之

馮馗字臣武少孤母方氏教之載列女傳馗力學能文負氣饒
勇略遊於黔寄大定籍補諸生例得與武試不售遂效力行
閒授貴陽把總雍正四年從勦定廣之長寨苗力戰破谷隆
關敘軍功一等擢黎平守備駐古州復帥偏師勦撫新疆五
載以軍功晉平遠都司遷上江遊擊弟旭貢生有文名子子
式有傳後子孫仍家於黃

胡天健字行旃父正君好施與周鄉族貧乏里有疫徧給棺木
助以葬貲家以是替然終無悔志天健性坦易由已酉拔貢
累官江右瀘溪安仁鉛山知縣興學校均賦役舉廢出滯所
至有聲安仁縣志載雍正十年逆民黃申冠猖獗天健往勦
獲其首所至安堵人稱其德

宋鍠字雪懷由貢生授肥鄉知縣清慎自矢邑舊城爲漳水所
圮甫下車捐廉修之又建
文廟修補諸缺遺凡民間詞訟及徵納皆令自赴無差拘之擾嚴
夜禁弭盜賊懲遊蕩民悉便之

周嵩字元峯祖之彬貢生于清端爲郡守時推重之以儒林俠
骨顏其室父大伸諸生植躬方嚴爲鄉里所宗嵩性孝友勵
節操博綜羣籍文名特著雍正癸卯成進士授大名知縣蒞



華蠹弊屢決疑獄浚李茂隄水患居民稱便一時推爲廉幹
尋攝長垣有重囚病取保没於家違例削職衆哀號乞留巡
撫御史莫禮博李徽上其事
特旨留任復攝元城威縣獄多平反興賢勸學廣置學田士風大振
十年擢大理評事將去民猶濟濟日候於門有控者皆曰願
得一言而決其得民心如此受評事職三月卒櫬歸過故治
民哭而祭者絡繹載道家無私橐俸餘所置祀田悉公諸兄
弟孫熙鏜國學生事母孝曾孫夢霖歲貢生兆偉運治俱國
學兆偉子宗德號心畬中書科中書事母汪亦以孝著待寒
畯以禮有貸不能償者焚其券人以爲有祖風云宗德子鋈
邑庠生

萬禮祖字履素父爲境諸生性嚴正通經術卒祀鄉賢禮祖雍

正癸卯進士知安徽太平縣縣故貲歛多逋賦下車問民疾苦捐貲貸民民賴以蘇其無知抵冒者訟繫寬挺之嘗語其椽曰爲父母不克胥匡以生而使謂後我以生吾不忍爲也遐邇皆稱有古良吏風解組乏不自存民醵錢贈行拒不受家居三十八年親見五代卒年九十有一

王掄士字以三拔貢博通典故由教習任江西武甯縣剔奸鋤猾興學右文政績最著值邑大祲爲粥以賑凡五閱月咸得全活士民立有生祠三比卒囊橐蕭然櫬歸之日送者哭泣入江右名宦祠

謝鼎字匡山鄖陽籍歲貢官蘄水訓導誠篤好士貧無力者捐俸助之多所成就告歸士爲立去思碑見蘄水縣志

馮子式字汝瞻少穎異隨從父擢任黔以黔籍舉乾隆戊午鄉



試壬戌成進士改籍歷知湖南永順麻陽益陽三縣剔弊除蠹所至有聲令永時委勘邊界有獄案七八莫決子式至讞悉得情民服焉麻地遠多蕪招誘開闢糧日以積士陋少書籍爲廣購眞本給貲以斂設義學日親講授文風丕振轉益陽置義渡便民恤老哺孤益人號慈母然性亢直無阿附聞以事忤上官略不爲動後調任卒於京邸

龍可旌號鶴皋順治辛丑進士先官山東濟陽勤於吏治聽斷明敏鋤强懲猾吏畏民懷初在讞局決各縣疑獄數十起又獲逃人四十有奇開釋株連者多至數百人濟郡舊例秋糧輸之官至春僅給以正令民解赴水次往返千餘里賠累多至破產可旌廉其弊捐耗免解邑人立碑頌焉再任河南杞縣亦如在濟時以憂去官年六十卒於京邸

劉公琰字君任庠生則甯子早歲失恃著有哀哀草二卷事父及繼母以孝聞順治五年選拔授浙江景甯知縣甫下車問民疾苦興利除害政簡刑清丁父艱景民歌曰三年勤撫字惠愛洽輿情公今舍我去誰其嗣厥聲服闋選廣西來賓縣縣故獞猺雜處亦以治景者治之民猺咸服尋以終繼母養乞歸民猺攀轅遮道餞送出境子宗漢諸生宗向以孝行稱

汪依仁雍正甲辰舉人知山東海陽縣清介自矢門無私謁聽訟不尚刑威而判斷悉當歲饑請於長官開倉以賑不繼捐廉勸輸擇公正紳士任之不假胥吏手活數萬人士民立生祠祀焉

萬廷望字東表乾隆丙辰舉人任陝西定邊知縣先是城治流沙泊遇雨水輒溢入城深三四尺廷望開渠導出城石患遂



息又營兵以庸調不支脅副將譟甚廷望徒步往喻之軍士皆畏服不敢逞越七年調米脂以終養歸家居三十載卒年八十

萬年豐字武溪乾隆丙辰舉人嗜學工詩候銓知縣借補浙江石堰場鹽課大使凡鹽筴利病詳悉無遺或涉訟立爲剖析民皆便之又奉檄丈勘沿海縣圩田屏絕饋遺核實具報陋習一清歸田後笥中惟端溪石數枚別無長物年七十五卒曾孫裕鵬道光癸卯舉人興國州學正

萬緜祖字莊孫父爲恪有傳緜祖以雍正乙卯副榜登乾隆丙辰賢書授東湖教諭創修學宮齋舍常召諸生講論文藝士風丕變東湖知縣林有席修邑志聘緜祖主其事釐訂條例稱爲善本

郭維本字有如質直力學弱冠舉乾隆戊午鄉試第一生平以正心誠意自勵因親老兄弟早卒不赴選晚任公安教諭遷山東萊州鹽大使前官率以禁私售獲利維本曰瘠人肥己吾不爲也卒於官櫬不得歸民爭賻之

李長青號松村幼即慕學家貧常佐父耕有里塾師李芳者深於經術青詣請業講則往聽課則請題每於田間成腹稿晚歸呈師如是者十餘年精通書易春秋傳爲文儁傑沈雄乾隆辛酉舉於鄉戊辰成進士歷官寶山知縣蘇松二府同知所至愛士育才政平訟理洊擢同州知府卒於官其去寶山也有典商感訟得直餽以葠卻之日事後受餽何異事前得賕其任蘇丞筦錢局也有銅商餽以金卻之曰無事受餽有事吾豈汝徇座師陳兆崙聞之貽書嘆美平生篤親故報李



師恩爲置祭田十畝嘉慶二十一年陝蘇各舉祀名宦本邑亦以鄉賢舉子鈞儁別有傳

范朝綱字泉如同知元灝子質敏好學乾隆辛未成進士知山東鄒平縣恩威並著邑有大盜聚黨數百人爲民害朝綱以兵除之士民大悅晉戶部主事嘗患心疾閱書籍則稍愈至是病數月卒

邱恩榮字鴐六號澳南乾隆辛未進士授萊蕪知縣屢剖疑獄有生員外出其妻誤買盜衣仇家誣證生爲盜主恩榮察其冤立釋之鄰邑蝗起飭鄉民爲捕具蝗入境依法撲之害遂絕調泰安疏治泰山泉源引汶水歸運河民甚利之內陞部郎遷岳州知府有奸人言臨湘礦可開大吏檄勘恩榮力言不可乃止調衡州衡山縣民曠大忠被誣仇殺人秋審恩榮復勘平反出諸獄後大忠援例入監子孫遊泮越千里造其里門拜墓三次泣不輟子四安庠貢生安校江西知縣安庠庠生安學州吏目孫汝器汝同皆庠生

胡心安字勉兹知縣天健子幼穎悟嗜學乾隆庚午魁鄉舉令廣西興安懲奸吏均徭役刱驛館修葺灕江書院文教聿興大吏閱兵過境騶從苛索氣張甚心安入謁慷慨爲民請命大吏屈戒其下曰勿犯强項令也權象州不苟取補興業察知吏多結莠民架訟累良平反無算奸胥屏息後投劾歸舟經興安灘河適長官過挽夫多而難進心安乘小舟在後兩岸耕者詢知爲胡舊令羣釋耒耶許牽舟迅越其前父老衛送爭餉野蔬滿船長官獎嘆久之歸居陽邏日與舊交相過從遇有告匱者推解無難色子士琮諸生孫美彥進士由



刑部郎中出爲高州知府美彰廩生美彧庠生班曾孫霖澍進士貴定知縣署遵義府有傳澇經舉人涫經庠生

宋廷採字采持敏求曾孫生而穎異年十九成乾隆辛未進士授河南南召知縣修葺衙署城垣民忘其勞委訊裕州孀婦疑獄爲白其誣賑濟河北水災多所全活調湖南黔陽擢粵西南甯同知兼署甯明州釐定鹽價民利賴焉晉雲南大理知府辦理銅鹽等務大吏優獎以爲各屬倡兼署蒙化廳捐貲建書院勸學右文士風丕振服官十餘載所至有聲子文燦貢生

杜乘時號蘭圃家貧篤學乾隆壬申舉人歷官內邱武强任縣威縣宣化知縣所至囹圄空虛士民愛戴去官日父老焚香遮道卧轍攀轅數日始得出境子世棻官藍田尉就養任所

以詩文自娛卒年八十有六葬西安南城外小雁塔寺西南
里許幼子枚舉人官敎諭
萬廷璧號仍軒壽祖子乾隆壬申舉人初授宜都敎諭陞漢陽
敎授以能擢贛州興國令儆衣羸馬闔者惟一老僕甫莅任
有鍾姓叔姪以茶山搆訟姪介邑紳袖金私屬竟夕談不敢
出退曰萬公非利可動者復介他紳進廷璧笑曰若以此金
遺官盍遺阿叔其人慙去自是罔敢干以私僧曇亮有藏經
語涉悖謬株連甚衆廷璧欲生之不得卒以是去官大吏欲
奏留力辭歸以授徒爲業年七十卒士論高之　子希宗號
可亭乾隆己酉舉人知湖南武陵縣以廉明著嘗過龍陽有
民欲赴水詰故云以囊金投宿居館人詭以錢易金愬諸官
不得直希宗代訊館人枝梧希宗書銀字於其手置別所紿



云字滅罪汝再詢其婦遥呼銀字在否館人連聲諾遂責婦
曰爾夫自供矣婦果曰銀在某所案遂定歷任益陽永定耒
陽諸縣每去官士民攀送不舍　孫鼎洋號小岑嘉慶辛未
進士事繼母以孝聞視弟友愛篤至令直隸曲陽治行稱最
適修學宫有富民吝捐忤其族族因訐其曖昧事富民私獻
三千金求庇臨訊置金案上曰某捐此重金修學豈是不自
愛人遂以金作捐款而直其事擢大興調宛平差務絡繹傾
家俟之晉定州牧平反大獄力興學校署遵化均賦輕徭舉
廢出滯嘗攝易州牧去任時士人輪餞一老貧儒獨後辭不
獲曰公不我欲某不齒矣笑從之以清苦勞勩卒弟鼎源鼎
文俱諸生源有學行以孝友聞閉戶授徒所得館穀分濟戚
族無稍吝子裕薇貢生

張京鯉號小還乾隆壬申舉人先任均州學正敎士有法庠序
稱之旋擢江西上猶知縣歲饑籌賑請帑不敷乃馳信歸變
產益之設粥廠賴以生活者衆家以此替泊如也乾隆間與
修縣志年六十卒於官宦橐蕭然子朝薰郡庠生嘉薰太學
生孫增候銓巡檢卒於京邸葬本邑義園
謝國詔字鳳銜宗湯曾孫加恩從子嗜學工詞翰屢試不售例
選福建南安縣丞日與邑人士講論文藝著有勸孝歌無訟
說風世民咸悦誦年五十以艱歸服闋不復出以書畫自娛
乾隆間與修邑乘
宋本敬字賓門如辰孫父早卒依外祖陳恪勤家因隸湘潭籍
舉乾隆己卯湖南鄉試第一歷官山西長治陽城知縣通政
司經歷廣西慶遠同知鎮安知府清愼廉平始終如一官陽



城民爲建祠立碑時山左顔某亦以清廉著民間有南宋北
顔之稱子廷楓舉人
張鳳鳴號虞溪少有神童目長尤該博爲鄉里推重乾隆癸酉
經魁甲戌明通授邯鄲知縣升兗州知府
召見行在奏對稱
旨有老於民牧之
諭賜以紫貂粧緞克食諸珍異鳳鳴聰明慈惠所至有聲雖簿書鞅
掌不廢著述於經史多所闡發旁通兵法陣圖見蒲圻張開
東詩集子士昱舉人平和知縣士旦副榜枝江教諭士最貴
州按照磨士昇布經歷
周凝光字映川乾隆庚辰進士授湖南新甯知縣約已化民獄
無留滯再遷衡山時出師緬甸辦理軍務曲當敘功加級旋

以艱歸卒
張其洲乾隆庚辰舉人知山西平利縣性慈惠爲政不務苛細民懷其德改官鄖陽課士有法又有陳鳳藻者乾隆辛卯舉人官大埔知縣亦以慈惠得民解組歸均無田宅遺子孫其廉介復相類云
周孔彰字象初乾隆壬午舉人授趙城知縣居官勤約摘除弊蠹省費恤民公退坐衙齋風采端凝吏役皆嚴憚每禱雨輒應數年卒於官
嚴承夏號橫溪乾隆丙戌進士知浙江孝豐縣甫莅任吏進陋規卻之立除其名自是蠹猾胥斂三充鄉試同考官所拔多知名士調定海縣洋盜爲商民害承夏造船練丁值大霧躬執弩獲百餘人置諸法以功擢杭州同知卒於官子家駒家



夢貢生家騏庠生寅序班
萬廷琯字武皐乾隆癸酉拔貢授四川合江令合故嚴邑盜賊盤踞山谷廷琯廉得巨魁劉天明陳方升等置之法境內輯然會
王師征緬甸吏欲苛派編戶廷琯斥曰資糧𨽻責在縣官禁勿許居五年罷廷琯少孤家貧爲文峭蒨似柳州其小楷尤稱絕技云
萬年蘅字穀仲教授縉祖子乾隆壬午與從兄廷翼同舉於鄉任福建順昌知縣捐建考棚歲不登民食乏乃發常平倉以貸存活無算以勞瘁卒於官身後家徒壁立不愧廉吏云
弟年華字封三以明經任竹山訓導時教匪滋事軍書旁午日與邑人籌戰守爲禦侮計邑賴無恙手著格言數十條足

爲士林楷模
朱霞遠字展周幼孤家貧好學世父大年實玉成之乾隆庚寅舉人權直隸清豐縣有廉明聲嗣補臨城縣縣隸趙州會州屬皆歲祲而隆平最甚奉文撥臨城倉粟助賑霞遠請以餘粟賑邑民州牧弗許堅稟乃發不足隨罄廉典衣濟之是年沒於官眷歸儌僮蕭然嗣子鈐郡增生
操履驄字紫常乾隆庚寅舉人任荊門州學正誘教諸生多所成就嘉慶丙辰教匪陷當陽逼荊門履驄與知州張琴葺城垣募勇設防賊攻數日不能破會大兵至解圍適隨奉檄查當陽篆送大營驛兼程馳赴北賊偵知追不能及以勤勞卒於官子大承武庠生孫南薰歲貢生
龍澍號肅齋乾隆甲辰進士授山東新泰知縣歷官江西金谿



贛縣贛濱江嘉慶五年甯都蛟水暴漲贛承其下流兩邑男婦漂溺呼救者哭聲不絕澍購船拯救全活無算其死亡及廬舍蕩析者悉爲安置又充鄉試同考官所拔皆知名士調南昌任案無留牘晉南昌同知革寶泉局陋規年七十一卒於官性友愛家產分給昆弟子景棫庠生
陶國幹號芥亭例選奉天治中攝遼州事民間生子入册例納銀數錢貧家至有不舉者國幹捐廉貸之有漢鄭產風士民勒碑紀其德後累陞貴州安順知府加道銜以終養致仕
汪兆霖字定山舉人知井陘縣歷任安肅大城擢薊州牧安肅當畿輔孔道差重吏擾民多逃亡下車後遍履鄉村剔除宿弊以九等定重輕流民還集大城徭尤重每大差至則集各鄉保長酌其費歲減數千金其餘催差催糧皆委保長七載

邑皆帖服旋引疾歸子引鴻舉人武昌教授弟兆柯進士東安知縣俱有傳

王士珍號華巖乾隆癸卯舉人歷知江西分宜峽江等縣事任分宜時有世家某控其胞姪者珍以卓茂語再三諭之某感泣求息訟遂爲伯姪如初在峽江數年培士愛民百廢俱舉以病乞休長吏稔其賢堅留之一年卒於官士民泣送逾境子嶽從九

靖本詡字芳萍道謨孫性謹篤博學敦行由舉人官大冶教諭訓課不倦文治日興有德教碑尋教授安陸亦如之子厚錡厚鐸諸生孫華璧舉人有傳

王如鏊字又溪一導孫中乾隆甲午副榜選長陽教諭訓士有方嘉慶丙辰偵知長陽之朋坪有教匪嘯聚以告令令猶豫



如鏊徑稟上官張廉訪長庚率弁兵七百餘人進勦不克因委如鏊同新令分途堵禦如鏊駐向王廟當賊衝誓以死守因諭令幼子鏞回籍鏞曰父殉國子不當殉父耶邑人感動效力城以是全嗣積勞成疾逾年卒於軍子鴻庠生安貧篤學鵠進士鏞候補鹽知事

鵠字霞坡素行端潔嘉慶丁丑進士任石泉知縣鋤奸弭盜民懷其惠調米脂創書院課耕織政簡刑清以艱解官服闋入爲東城兵馬司指揮值歲饑監發粥廠釐剔宿弊胥吏悉憚之任滿選平鄉知縣月餘移疾卒每去官行李蕭然蓋以清白貽子孫者子森蔵監生子岳邑庠生

胡定太字平川膂力過人善騎射工技擊領乾隆癸卯武榜明年成進士以侍衛授湖南中軍都司征勦瀘溪縣逆苗擢湖南鎮筸鎮標中營遊擊值苗匪不靖佐鎮帥力戰於觀景山大坡腦等處七戰皆捷奉
旨記名嘉慶丁巳教匪擾湖北川陝諸省定太隨經畧進兵南漳房縣屬之倒座廟盛家坂等處擒斬數千人隨追賊過陝捷
闕賞戴花翎己未擊賊鳳縣屬之進口關身被數傷力戰不退遂擒賊李槐李潮殲斃賊首張漢潮等經畧敘爲首功五年陞陝西洑羅營參將晉廣西義寧協副將是年五月擊五金柱大股賊殲斃龐洪勝生擒龐有兒楊六燕等奉
旨陞授河州鎮總兵在鎮六年飭戎行修斥堠嚴捕盜賊兵民且畏且懷丙寅署甯陝鎮總兵感暑溼舊傷復發遂引病歸太在營嚴紀律公賞罰與將卒同甘苦故人咸樂爲之用前後經三百餘戰擒殲渠魁二十名身被石及勞績最著蒙



恩頒賞物件時稱名將凱旋後閉門謝客恂恂若書生惟以文武藝課子姪爲樂焉年六十九卒子璧縣丞

靖本託乾隆丙午舉京闈選陝西知縣歷任有政聲官興平縣時白蓮賊入厔鄠距縣數十里當事檄撤河渡本託更益舟渡之惟諭不得持兵器脅從者生全無數旋補郃陽縣建考棚新文武廟是科鄉試中七人先後成進士蓋六十七年所未有也歲旱徒步禱雨七十里外即日得雨遇歲饑民不知荒邑人建生祠祀之不能止以勞卒於官

朱英字一擎乾隆己亥舉人授武昌司訓與諸生講學習禮觀聽肅然捐金倡修諸祠宇及學舍凡二十年武昌科名較昔爲盛道光甲申以疾歸孫玉麐生

詹玉彬字質齋性剛直家世詩書幼受庭訓尤嫺韜畧玉彬父

故貧充營書嘉慶二年川陝匪擾當從征玉彬請代大憲許之至營屢戰獲捷授雲南外委擢陝西都司歷任漢中營及沔縣都司卒於官

江兆柯嘉慶戊午舉人辛未進士任廣東東安知縣其地頻海寇盜充斥兆柯營立海防剿緝窩戶居民安堵縣吏役素舞弊甫下車盡行革除民咸便之續修東安縣志創建文昌閣士民感其惠爲立生祠後粵東苦旱兆柯赴省上謁大雨如注上官喜謂曰此東安雨也一時翕然頌之陞署羅定州知州辛卯歸田咸豐戊午重宴鹿鳴年九十一卒

王兆京戊午舉人官穀城教諭性簡約取予不苟有某生因事株累令欲誣坐以罪兆京堅持不允事遂寢庠序中額頌者百餘人後引疾歸卒年八十餘



黃樹棠嘉慶辛酉進士性沈靜與諸弟相友愛知廣東文昌茂名等縣事興利除害政簡刑清致仕後授徒自給教人潛心理窟以程朱爲宗子之璇副榜選授崇陽縣教諭孫經彌庠生

萬鼎琛號璞軒父希蒿邃經學尤工書乾隆乙巳丙午間罄家貲贍飢者鼎琛成嘉慶壬戌進士以庶常改知曲江縣俗剽悍遇事輒輕生圖累地多官山聽民阡葬常有將親骸貯瓦器中彼此盜埋搆訟不已素稱難治鼎琛廉得輕生者坐誣盜埋者坐罪陋風以息旋調始興量移瓊山捕獲盜魁歐亞四等數十得卓異以勞卒於任子裕滋舉人荊州教授孫成錦拔貢生

李振鋆字承齋嘉慶庚申舉人以大挑分發貴州歷署錦屏安化安南龍泉等縣補授印江縣知縣所至鋤豪猾平訟獄課農桑興學校報最陞清江通判八寨同知普安直隸同知去後民思之不置兩督鉛運運丁不敢擾民己卯乙酉分校鄉闈所拔多知名士解組後以翰墨自娛書得顏歐法人尤寶之

汪極三字植齋少孤家貧事大父母及母以孝稱積學寒暑不輟嘉慶己巳成進士知河南正陽縣俗强悍盜賊出沒山谷間極三購擒其渠害漸息又新阜教匪倡亂設法殲之鄰境晏然調郾城縣除漯灣河漁舟稅疏濬鴻渠資助書院膏火士民咸愛戴之卒年五十四子氣濟舉人應山訓導

萬鼎欽號抑齋嘉慶丁卯舉人官監利教諭以振興文教爲己任捐廉助修學宮時頻年患水凡撫賑諸政與邑令細心籌



畫身歷鄉閭勸修隄垸士庶樂從庠序中有因公被誣者必力雪之卒於任遺橐蕭然子裕海裕淋俱庠生孫作孚舉人漢川教諭

嚴承啟字德燻與姪垣同舉嘉慶庚午鄉試任巴東教諭訓課嚴肅先是宜昌府試常在夏中水漲灘洶士子屢蹈不測道光七年稟請嗣後府院試約在水平時學使獎許巴士感頌勒石次子堈邑增生孫厚鉥邑庠生

胡美彥號俊民嘉慶癸酉舉人己卯進士授翰林院庶吉士散館改戶部主事轉刑部督捕司主事屢斷疑獄明決過人陞奉天司員外郎廣東司郎中兼秋審處提調律例館總纂癸卯充順天鄉試同考官總理天津海運回疆軍務通州倉場糧務官米兵米向係合發因奏請分給稱

旨簡放廣東高州知府護理高廉兵備道廣西賊劉八擁衆數萬滋
擾美彥會勦半載豐著勞績充壬子科廣東鄉試監試官後
以疾卒於任所子霖澍貴州知府別有傳
曾鵬號南池嘉慶辛未進士知廣西陸川縣陸川命案多株連
鵬廉得其弊拘首犯定擬餘皆省釋有貢生某與陳姓爭刈
禾某糾衆鎗斃一人鵬寘之法士民服其公調署宣化縣以
勞瘁卒於官
靖厚欽字阮南道光辛巳解元癸未進士授平武知縣地卽古
陰平郡羌夷接壤素稱難治厚欽開誠布公民不忍欺獄訟
以息時有兵差擾民厚欽繩以法諸將領皆斂戢縣有龍門
書院暇則進生童講論經史古文士風丕振解組歸與修邑
志未幾卒子郁恆舉人漢陽教授別有傳



汪封渭字漁璜號竹千初以六世祖基達殉節功承襲恩騎尉
改作文生應鄉試嘉慶癸酉科舉於鄉中道光癸未進士卽
用知縣分發山東歷官夏津邱縣諸城縣升東平州調德州
所至有惠政民懷其德栽培士類多進取者上官亦以儒雅
見賞分校鄉試者四聽訟能反復開導使人自愧悔未嘗輕
施鞭撲諸城歲大祲捐廉爲富戶倡煑粥散錢以賑饑民擇
紳士之賢者司其事胥吏不得侵漁全活甚衆德州城西運
河隄高於城秋水暴漲乃集夫役爲築子隄晝夜督催幾廢
眠食始免潰決之虞至今賴之長子銘琢承襲恩騎尉次子
銘瀚甘肅鎮原縣知縣加知州銜
汪引鴻字秋浦嘉慶癸酉舉人大挑二等授安陸府學訓導接
任監利縣學教諭課文講學孜孜不倦士林感激以八年化

雨額頌之陞武昌府學教授子理孚中經魁
胡玉森號韡階幼聰慧弱冠補弟子員食餼援例權襄陽教授
訓課懃懇襄故冠蓋里嘉道間漸見消歇自森任後科名蔚
起襄人推頌焉嘉慶戊寅舉於鄉道光壬辰得明通榜充
國史館謄錄會一統志成議敘知縣卒於京邸
李士夔字子烈母姜氏以苦節　旌士夔於道光己丑成進士
授廣東四會知縣甫至省大吏稔其才檄從征猺匪堵捕出
力因受瘴成疾卒大吏以
聞贈同知銜廕一子入監讀書期滿以縣丞用
曾世儀號鴻階以孝廉方正登乙未進士授昌黎縣抉奸弊拯
疾苦以闡揚文教培植士林爲務捐廉重修
文廟及韓文公等祠尤重孝行訪處士齊慶幰廬墓側躬造之旌



以孝子盧俗因以化邑舊有孟公祠亦宰是邑有德政者士
民復奉儀祿位於其內故稱曾孟祠調赴遼陽辦理團防大
吏以居心仁厚辦事務求實濟聞於
朝擢保定同知去任老幼攀留爲繪臥轍圖以紀其行尋署易州
及天津河間府事以疾卒於官生平躬行實踐著孝經集義
引證發揮爲初學入德善本喜周濟不治生產歷官數十年
未嘗置一畝田一椽屋光緒四年入祀直隸名宦祠事載直
隸通志五年崇祀鄉賢子錫齡前任阜城縣知縣永齡刑部
主事
汪士俊號秀民道光乙酉舉人以大挑授南漳訓導在任十年
從遊者多成就薦陞江蘇興化縣知縣歲饑請帑捐俸以拯
咸豐癸丑粵賊擾揚州興化戒嚴士俊督民團練水軍倣南

宋張榮連漁舟爲水寨以阨金人故事擇險堵禦聲威大振賊不敢窺伺邑賴以安後以積勞成疾卒於官子葵布庫大使益猷典史穀現任杭州府西防同知孫鎔府經歷

洪恩瀚字崑泉道光乙酉副榜授石屏知州甫下車即捐貲修學宮加城堞詳請免賦役蠲苦丁復鹽市禁銅礦皆允施行州士民爲立去思碑

王際雲道光乙酉拔貢選授荆州府學訓導以卓異保薦陞廣東封川縣知縣補修城垣拏獲鄰省廣西蒼梧縣劇盜七人上官嘉其能保同知直隸州補用封川考試舊章文童每名例出銀肆兩其無力者不與試際雲莅任捐廉籌款減其半詳請上憲立案刋石士民感德立生祠於城隍廟側歲時奉祀不衰



靖郁恆榜名郁齡字我九厚欽子性誠篤勵品嗜學中道光辛卯舉人由大挑歷官訓導教諭陞漢陽教授主講六一書院聶觀察光鑾張方伯建基先後擬以廉能薦均辭不就所主勤訓課培英俊貧者助以膏火之資成就甚衆嘗有深夜懷金以酬者笑卻之其他清介類是子應熊應驥孫成芬俱庠生

龔炳字南墅家貧嗜學工制舉業補弟子員肄業河東書院洽山長鈜玉深器之嘉慶己卯中副車道光辛卯省會重修貢院大吏命炳董其事功竣以教諭用歷署保康枝江教諭主講丹陽尚庸兩書院補竹山縣教諭先器識後文藝訓迪有方多士悅服歸田後閉戶著書不入城市孫兆斗邑庠生

靖華璧字松亾本詡孫少孤力學道光壬辰舉人由宗學教習官雲南知縣歷任富民會澤護理東川府事是時滇局上下交困獞猺苗回各匪仇殺兵民反側靡定華璧繕城隍省徭賦捐廉賑饑安良鋤暴折獄尤多所平反嘗有土寇蠢動某將領生擒數十人將援誅之華璧廉得其情殲其魁脅從者宥之勞制軍崇光奇其才薦陞臨安同知以病乞休卒於滇

史守衡號望郵性孝友端品嗜學道光甲午舉於鄉戊申以大挑授四川三台縣知縣因母疾辭不赴母病愈捧檄入蜀充己未科同考官旋以艱歸服闋授四川峩眉縣知縣甫下車胥史進陋規力卻之并除其名蠧猾悚息居官勤敏多惠政案無留牘不以酷刑威民邑有史母之譽峩近猓夷會夷匪滋事衡督兵堵禦年餘撫綏如故邑向有虎患衡莅任患頓息士民愛戴生祀眉山年七十有一危坐而逝殯歸峩人頂



香泣送逾境子策光郡庠生候選縣丞策照策芬俱監生孫致均邑庠生

萬鼎勳字力堂承宗次子道光戊子優貢乙未舉人由大挑一等分發山西署五台縣知縣應州知州性廉明折疑獄剖決如神案無留牘所至有政聲每出不以輿從自隨攜老僕二人絕不驛騷民間大吏以清勤登上考洊升知州咸豐己未丁外艱回籍卒於家子四世清官山西通判裕芴廩生裕瑩太學生

李大坊更名應觀字吉齋道光己亥科舉人以大挑分發四川歷署奉節達巴南江新繁等州縣署達縣時四川藍李二逆猖亂川南各府州縣幾無完區大坊捐廉於四城增修礮台賊不敢近又邑有元惡張聯陞者恃賊蹤出沒黃富團總武

斷鄉曲其從弟某偶忤之立即箠死弟婦陳氏具控前令畏不敢究大坊莅任設法收之聯陞乃陰嗾其黨李占元聚衆圍城大坊疾稟上官即日置聯陞於法占元等駭散其敏決如此

曾邦俊原名忠劝聰慧從從父世儀讀過目成誦援筆爲文輒立就年十三補弟子員中道光乙未舉人授嘉魚縣學教諭肆力經史日與諸生論文講道成就甚衆

吳榮字又桓伉爽有俊才道光丁酉拔貢生是科領鄉薦癸丑成進士授刑部主政改湖南直隸州知州大吏稔其才未一月權篆桂陽桂陽鄰粵境賊猝至榮簡練鄉勇力戰卻之曾文正公時在籍起義旅設東征局榮籌捐餽餉不絕暇則招集流亡獎拔士類其聽訟設高座於堂肅衣冠臨視訟者氣



懾判斷從例有官錢屏勿受政聲翕然改權鹽衡州加鹽運使銜值衡永郴桂旱荒奉檄辦賑饑民頼慶旋補澧州署岳常澧道澧州大水棹小舟勘灾省視隄防撫綏老弱報最有期矣以勞疾卒年四十九子二覲辰候選知縣紹煒國子監生

嚴由霦字南屏道光庚子舉人以大挑一等官浙江鄞縣知縣性慈惠愛民如子邑人士爭頌之時軍務旁午霦籌辦軍需日無暇晷以勞瘁卒於官長子以幹浙江通判載忠義傳次子以倬浙江遂安典史

王燕瓊字寶崙號杏田道光庚子舉人以大挑知縣簽發四川委理西藏巴塘軍台糧務旋因裏塘夷人不靖奉檄兼辦夷務燕瓊親詣夷酋查祿娃營諭以大義查泣悟謝過事平以同知直隸州補用委署會理州知州會理界邊陲多故甫下車即辦團練鋤强梗平滇匪李寬桂極富張正明之亂以功奏保四川候補知府復歷署彭山巴縣知縣履彭山任裁陋規八百金彭民稱便邑有張萬年者素梟黠黨與連數境捕置諸法逮近翕然任巴六閱月與當路不合調劍州知州劍瘠苦官多賠累人咸爲之慮燕瓊欣然赴任一洗從前積弊年滿民籲留不得因建清官亭於西關並爲文以紀其德明年去劍士民攀轅卧轍相接於道旋題補石砫廳同知石地瘠苦一如劍接篆後復裁夫馬陋規千餘貫在任三年剔袪流弊循聲懋著加運同銜

賞戴花翎會土匪張浩然等爲聚衆燒香之會鄰境震動燕瓊不動聲色密飭團捕獲匪首按法示衆境内以安以勞瘁成疾卒



於官年六十有八沒後襆被蕭然僅遺圖書數篋士民感泣設位致祭燕瓊官蜀二十餘年善政不可殫述每於軍書旁午不避艱險故所向有功而浹洽民心頌禱不置云子基壟國學生基誠同知銜候補通判基諴候補巡檢

萬裕鵬字翔雲鹽大使年豐曾孫賢嗜學幼失恃事父以孝稱胞弟早逝撫姪如己子道光癸卯舉於鄉己未庚申兩登明通榜由謄錄銓興國州學正重修謝疊山祠爲諸生肄業處改建　武廟前演劇樓爲宣講堂在任十三年士風丕振年七十卒於官

王自簵從九品咸豐三年冬粵賊據湖北督憲吳文節營邑之新洲諭以幫辦軍務以功奏獎六品銜四年捐資募勇隨黃州府知府許賡藻黃岡縣知縣翁汝瀛克復黃郡保舉本班

選用復投效安徽大營總理營務克復江南英霍等處奏奬
以府經縣丞留皖補用
賞戴藍翎委署霍山縣知縣九年春賊犯境籥兵不滿三百與姪錫
山設伏堵勦破賊萬餘生擒賊目數十人事載平定粵匪紀
畧大吏奇其功調辦軍務以積勞成疾告歸卒於家
童範儼號桂丞道光甲辰舉人以軍功授安義縣知縣在官以
廉能著課士尤勤邑人士設立講堂以志不諠卓異保薦調
臨川知縣賑饑備荒育嬰諸善政捐廉俸足成之又督修縣
志捐銀創首巡撫嘉奬之並札飭江右各州縣以臨川為式
東鄉縣民因糧滋事範儼奉委往撫士民郊迎三十里其得
民心如此陞吳城同知裁減陋規殆盡加知府銜年六十有
七告歸終養卒於家範儼姪濟林榜名燕林號杏農同治丁



卯舉人戊辰考取
國史館謄錄議敘知縣分發江西歷任弋陽都昌縣知縣居官一
以勤政愛民為務卒於都昌任所
林鏞字笙谷恩貢太倉孫八歲失恃家貧父常遠館賴兄笙教
讀有成年十九補弟子員咸豐戊午中經魁庚申成進士籤
分兵部主事以前辦團練功授員外郎銜官京師十四年好
學如諸生時歲辛未聞繼母陶訃奔喪至德州病卒
易用剛金雞區人咸豐七年以武勇投大軍自效時粵賊蔓延
各省用剛隨大軍克復安徽天長縣城九年解鎮江府圍保
授藍翎五品銜同治元年克復江蘇所陷城邑二年克復無
錫金匱縣城生擒賊酋三年克復宜興荊溪縣城前後攻克
各城邑先登陷戰身受重傷氣不少挫累功至花翎提督

賞給紹勇巴圖魯名號隨以勦除捻逆功
賞穿黃馬褂未幾卒年四十二
汪銘序字養東邑廩生學優品粹道光間與修邑志咸豐
制科詔舉孝廉方正邑人咸推銘序固辭不就咸豐九年官安陸
縣訓導引掖後進不計脩脯惟肫肫以節義相勖年五十卒
於任子春澍邑廩生春澤郡庠生
洪恩澤字惠臣由監生俲選鎮平知縣在任數年建書院修縣
志設義塚省訟獄解組時囊橐蕭然

# 黃岡縣志卷之十一

知黃岡縣事合肥戴昌言編輯

## 人物志

### 忠義 陣亡殉難附

人臣效力封疆膏血原野前志所載凜凜如生咸豐初元四方鼎沸士大夫握節捐軀洵足以壯山河而光史冊更有草莽愚氓壘石爲堡斬木爲兵出死力以衛鄉里卒至蹈鋒刃而不顧者豈不誠丈夫哉推此意也與日月爭光可也

明

廖永安字彥敬永忠兄也少倜儻自豪元末江淮兵起聚保鄉里聞太祖駐和州遣人納款太祖大悅元蠻子海牙集樓船寨馬場河永安敗之於裕溪尋破鱭魚洲等寨太祖指揮諸



將渡江永安舉帆前向牛渚拔采石克太平蕪湖俘獲萬計海牙僅以身免張士誠寇瓜埠永安乘夜擊之拔常州從常遇春進攻池州斬其帥池州平復攻樅楊及江陰石牌海寇皆有功陞同知樞密院事士誠寇常熟永安與戰於福山港大敗之又率舟師擊士誠太湖乘勝深入後軍不繼水淺舟膠爲呂珍所獲降之不可尋卒於姑蘇年四十七喪歸太祖郊迎親爲文祭之賜葬鐘山之陽配享太廟謚武閔封鄖國公以從子昇爲淮安衛指揮僉事依茅志刪截增入

曾全正統間征橫江戰死子龔指揮子恕有傳

奚世亮字明仲樸子嘉靖丁未進士授南戶部主事榷稅以廉著累官刑部郎中出知思南府左遷高郵州同知先是世亮餉楊繼盛於西市嚴嵩銜之至是削秩四十二年倭犯閩浙乃起廢以爲福建延平府同知時興化缺守倭寇且亟兌委署與篆者多計避以屬世亮世亮曰承平受爵臨變而避非忠也卽往率士卒登城守身冒矢石踰月總兵劉顯遣卒齎書城中衣刺天兵二字賊殺之衣其衣紿守者得入城陷世亮身被數創力戰死之賊平乃得遺骸於旗亭事聞贈福建右參議賜祭葬祀鄉賢蔭從子繼善授詹事府錄事妻王氏以節旌事詳明史

康良臣嘉靖間以掾尉定海率義兵與倭戰斬首三十餘級身受重創遂戰死于戈馬上不墜事聞廕一子入監

樊玉衡字以齊煒子家世孝友萬歷癸未進士由廣信府推官府志作司李徵授御史性强直敢任屢劾權貴薦揚忠良時儲位未定疏請皇長子出閣視學正元良之位越三年有二王並



封之旨玉衡復上疏語益激切與執政忤謫判無爲州稍遷全椒知縣禮耆碩表先賢因俗便民剔除蠹弊詳江南名宦志二十六年玉衡又以冊立久稽上疏極諫遂謫戍雷州府志作雷陽全椒人哭送之名其草疏處爲翼日堂居雷州二十四年光宗卽位起南刑部主事以老辭疏陳親賢遠奸十事尋命以太常少卿致仕卒於家詳具藝文樊良樞傳崇祀鄉賢子鼎遇維甫維城俱有傳

孫大祚萬歷乙酉舉人累官淮安府同知有惠政遷易州知州時稅監王虎以開礦駐橫嶺肆爲民害大祚力與之抗不少屈虎嗾甚尋虎以橫恣激廣昌民變乃誣劾大祚阻撓礦稅坐貶後礦稅罷以楚雄推官起用未仕卒贈按察司僉事旌其忠節事見明史崇祀鄉賢

韋宗孝字養玉事母至孝母常臥病咳血宗孝必以手承之母卒刻木像朝夕奉祀道遂飲食必先獻然後敢嘗萬歷時授雲南嵩明州吏目值武定賊鳳騰霄陷嵩明出禦而敗被執不屈闔門殉節僅遺一子蜀麟有老僕韋全自棄其子而匿之鈌甃得免事聞賜祭葬贈本州同知廕子蜀麟入國學後官南京虎賁衛事載明史

王追臯字執之府志作直之尚書少保廷瞻長孫事繼母以孝聞少能爲詩文科試副榜者三乃襲廕累遷南戶部郎天啟二年出知貴州安順府是時安邦彥爲亂圍貴陽且急安順道絶追臯曰疆埸急豈得安寢遂傾家貲募壯士以行巡撫王三善見追臯奇偉多謀略甚重之委署平越不逾月轉米芻七十萬激勵將士一戰貴陽圍解署平壩兵備副使督漢士步



騎十五萬人討安酋自普定抵清河口十七戰皆捷以勞病三善問之對曰不負國不負知己遂卒子一翥陳其狀贈太僕卿廕一子入國學

王一桂字千秋府志作爾時萬歷己酉舉人累官戶部主事崇禎九年督餉昌平

大清兵入喜峰口御史王肇坤敗退保昌平戶部主事趙悅署州事王禹佐分門守一桂以城南最衝獨往時降卒內應遂破西城肇坤被矢死一桂及悅禹佐皆死之先是一桂聞警呼合家速死於是妻姚氏妾邱氏偕子女二十七人投井死唯十歲兒與一婢潛士穴逸去事聞贈太僕少卿賜祭葬廕子事載明史乾隆四十一年

賜謚忠烈句見省志

周之訓字日臺一字無逸立身方嚴好學洽聞萬歷癸丑進士授戶部主事督榷淮關累官浙江按察使所至皆有政績坐事罷起山東參議備兵萊海移濟南分巡副使崇禎十一年冬十二月

大清兵自畿輔南下是時巡撫顔繼祖移鎮德州濟南空虛止鄉兵五百萊州援兵七百勢弱不能支而督師中官大將皆擁重兵觀望不救之訓與右布政使張秉文等分門守晦日糧盡兵民思潰諸官集計事之訓按劍曰今日之事與諸公守此土死北面拜哭遂乘城二日城破秉文戰死之訓死於南城上闔門皆死之弟之記上其事贈光祿卿謚忠烈賜祭葬建專祠劉湣驥爲之傳崇祀鄉賢

周啟元字善長父有爲甯國知縣啟元年十二侍父病晝夜不



輟父卒哭欲絶歸次蕪湖舟覆啟元抱櫬浮水出乃還葬焉事母亦以孝聞天啟丁卯舉於鄉補公安教諭教諸生以德義文章擢山東高苑知縣兼攝樂安臨朐歲凶民亂咸綏輯之以才能著

大清兵東下破高苑啟元朝衣握三縣印坐堂上死之贈山東按察司僉事廕子入監事載明史乾隆四十一年

賜謚節愍

程之奇歲貢生官荊門州訓導崇禎十五年十二月李自成攻荊門之奇與學正張郊芳盟諸生於大成殿府志作明倫堂佐知州盧學古守之賊環攻四日援絶城陷不屈死詳明史按程之奇省志程作陳入忠烈傳董志載有程之奇係沔陽州學正癸未致仕以壽終與此名同人異詳篤行傳張郊芳省志蘄州志皆作效芳存以備考

樊維城字紫蓋一字亢宗太常玉衡季子萬歷己未進士授海鹽知縣以清能稱詳浙江名宦志天啟七年以最擢禮部主事尋坐事謫上林苑典簿崇禎元年維城抗疏言魏黨炅卿炅棟等冒請封爵當誅又言忠賢積財半盜內帑請籍還太府可裕九邊數歲之餉因請褒䘏楊漣萬爆等十四人召還賀逢聖文震孟孫必顯等三十二人亟正張體乾許顯純楊寰等罪是月又言崔呈秀雖死宜加刑及五虎五彪之罪又斥吏科陳爾翼緝東林遺孼之非乞釋御史方震孺罪並可其奏遷戶部主事進員外郎洊擢福甯兵備副使於是海寇斂息八年罷歸力學著書敝衣徒步陶然自得十六年春張獻忠圍郡城維城率衆拒之三月城陷抗聲罵賊刃洞胸死從子諸生齊華殉之乾隆四十一年



賜謚烈愍孫聖和諸生篤行誼

曹士謨字獻虞十歲就童子試府縣皆首拔督學鄒愚谷訝之曰異才也仍以冠軍旣長學益富知縣茅瑞徵異其才延與呂元音同修邑志天啟間以歲貢除隨州訓導教諸生有法三年告歸獻賊之亂士謨與樊維城倡率勇壯守黃州城陷死之

郭以重世爲黃州衛指揮聞獻賊攻黃州乃率妻子赴難未至而城陷妻欲止之以重叱曰朝廷畀我十三葉金紫不能易一死耶言則殺汝矣遂行遇賊露刃脅之去以重紿之曰是不難彼抱小兒者吾妻也汝爲我殺之則無累矣賊果殺之以重奪賊刀殺一賊遂赴水死事載明史乾隆四十一年

賜謚烈愍句見省志

蔡馨明字克薦天啟丁卯舉人官眉州知州流寇至守禦力竭題詩大雅門闔門殉難死

王家錄字愧修天啟辛酉舉人累官刑部郎有請恤刑熱審諸疏改戶部員外郎督餉榆林李自成方據西安遣其將陷延安綏德將及榆林時家錄已擢關南兵備僉事未行曰撫軍方罷總兵官巳遁吾不可去當守此土佩利刀誓死戰也遂與兵備副使都任率衆協守崇禎十六年十一月圍急城無完堞家錄令男子皆乘城婦人運水灌城冰厚數寸賊穿地穴家錄以藥火燒之賊勢稍卻會甯夏諸賊至合攻援絕城陷都任死之家錄引佩刀自裁獲救甦蘸頸血書忠義二字復自縊死屍六日不僵賊衆見之有驚拜者槀葬城南後其子源發源復得其屍面如生以櫬歸葬事聞贈光祿少卿賜祭葬廕子詳明史乾隆四十一年



賜謚節愍

方堯相字紹虞貢生官成都同知四川職員志官按察司僉事明季獻賊寇成都堯相佐巡撫龍文光協守監紀軍事兵食絕泣請於蜀王不應怒投於池以救免明日城陷不屈遂投於萬里橋下事載明史其絕命詞云時危節見古今同取義成仁且盡忠江水茫茫願借力此身飄蕩赴團風詳蜀碧乾隆四十一年

賜謚節愍

吳思溫字揚休萬歷甲午舉人省志作江夏人萬歷乙卯舉人由均州學正擢雲南順州知州苗蠻犯順撫循有方累官廣西布政使致仕歸寓武昌值獻賊薄城率兵守保安門抗節而死葦席裹屍數月不變其妾田氏子諸生江英子婦游氏及兩女俱投井

死

余士瑋字季美崇禎丁丑進士制行端方尺寸不苟授九江府推官左良玉兵叛士瑋抗義入其營罵賊賊斷其左臂父老泣扶出城越十日卒於廬山之麓張家山載九江府志

方應星字文卿崇禎丙子武舉巡撫宋一鶴擢爲都司授兵三百防守遠安闖賊據襄陽招降不從遣賊將數萬騎攻城三日不能下叛卒開門應之城陷應星被執不跪賊誘以僞職大罵死之

李士奇明建文時詔錄開國功臣崇山侯濠州李新子襲黃州衞指揮使和勳七世孫也占籍於黃由指揮使陞鄖襄行都司崇禎十五年致仕十六年獻賊破黃州率家衆奮身挾弓矢禦之矢盡被執脅降不屈罵賊死長子逢春



國朝順治九年授衞千總領運次子逢年孫高桐高梓俱諸生高楠副榜高松進士

朱寵黃州衞千戶崇禎癸未奉憲司王瓚調赴上游禦流寇三月獻忠破郡城五月陷武昌寵隨憲司兵回黃得義兵助復之次年聞國變仰藥死

馬士英字子才幼尚氣節崇禎間流賊肆掠英團練鄉勇阻潭水立寨保聚十餘年巡撫宋一鶴親臨獎慰題加遊擊銜癸未三月獻賊犯境有促之避去者不聽時斬弁夏大武黃推官許士奇降賊與士英素契扣寨再三招諭英峻拒之曰吾終不負宋公遂率衆與戰竟日殺賊百餘力盡死親丁五十一口殉之總鎮毛顯文躬弔祭邑紳王明可等呈請按院旌表祠祀明亡事寢

於斯昌字文言崇禎己卯省志作天啟甲子舉人慷慨好節義張獻忠聞其名索之急微衣草笠走得免唐王時官兵部主事與萬元吉同守贛州城破死之乾隆間

賜諡烈愍

國朝

汪基遠字星伯順治己丑進士授東鄉知縣招撫多方民深愛戴時金聲桓叛後所在嘯聚土寇吳君寵攻東鄉基遠督兵出戰死之後令曹可大狀其事

賜祭葬

特贈按察司僉事廕一子載江西名宦志按府志載有賊掠殺一家數人基遠掩捕得巢窟者置諸獄賊遂率其黨劫縣基遠與弟基遂急乘埤禦之城陷乃北面再拜曰臣力竭矣遂遇害子惟錡由廕果官霸州知州弟基遂諸生東鄉之役基遂獨力保全及惟錡卒於官爲經其家以義稱乾隆六十年奉



旨查明各殉難官員予以世襲恩騎尉罔替基遠嫡傳六世孫封渭承襲照例作文生鄉試中嘉慶癸酉舉人道光癸未進士任德州知州

孫如芝字素公與兄啟選俱負才名如芝工古文詩詞順治辛卯舉人授四川錡遠知縣城中僅七十餘戶如芝悉心招徠創禮殿建城垣逾年大治當事奇其才檄修蜀志論列皆出其手丁內艱歸次江安值吳逆反賊師強授僞職拒不受自縊乾隆六十年奉

旨查其後裔給予世襲恩騎尉罔替道光十一年裔孫廣墉承襲

吳之蘭字國禮黃州協把總有材勇康熙十三年東山賊何士榮亂之蘭從郡守于清端進討力戰而死士人哀其忠立祠

祀之事見于清端政書

劉志高庶安鄉人康熙十五年以守備管遊擊事從軍戰死未詳何處是秋

賜祭葬

陶之駿廣東茂名縣丞康熙十九年粵賊猖獗之駿領兵追賊至蕉林會武弁逃去之駿毅然直前沒於賊事

聞褒恤廕一子思哲入監乾隆六十年奉

旨查其後裔給予世襲恩騎尉罔替至道光二十八年後裔士貞承襲

鄒元熊有勇力善騎射由行伍拔補道士洑營經制外委巡緝江面晝夜不懈盜賊斂迹嘉慶元年調征襄鄖教匪時著戰功五年七月大兵擊匪於鄖屬花果園熊當先陷陣沒於軍



事

聞給予雲騎尉世職嗣子覲光承襲

萬鼎恩字芾棠湖南常德府經歷歷署零陵新田華容臨湘等縣知縣悉著政績道光二十九年檄署新甯縣事縣自雷再浩煽亂民多不靖十月十四日逆賊李沅發聲言入城刦獄報前官仇邑紳擁鼎恩走鼎恩絕裾曰死耳城一步不可出頃賊至執鼎恩索印責降怒罵不屈遂遇害事

聞贈四品銜　予世職　賞葬祭銀入祀昭忠祠子裕瑋字吉侯承襲咸豐四年十二月裕瑋隨大營禦賊值田家鎮兵潰瑋轉戰至廣濟縣彭家村力竭死之

卹予雲騎尉世職二代恩騎尉世襲罔替裕瑋無子其弟有子二成績成纘績以嫡孫承鼎恩襲纘嗣裕瑋承裕瑋襲

胡霖澍號石渠道光已亥舉人榜名綬甲辰進士以卽用知縣分發貴州歷任婺川貴定義興等縣軍功晉花翎同知直隸州署遵義府事咸豐五年丁父憂先是遵義粵匪出沒霖澍督團勦辦功績甚著至是獨苗時復蠢動黔撫奏請奪情留署固辭不可乃墨絰從戎時兵餉缺乏霖澍練勇保衞境賴以安咸豐十年請回籍終制不許仍留辦軍務同治元年三月二十三日苗匪圍城糧絕城陷霖澍督勇巷戰力盡死之妻蕭氏子超倫弟霖灝弟婦汪氏姪全倫姪女一及僕婢等一門殉節事

聞贈太僕寺卿　給世職入祀昭忠祠事蹟咨付史館

劉遐亮舉人官漢州知州加運同銜因病假歸寓居省垣值粵賊犯武昌十二月四日城陷遐亮顧其妻曾氏曰吾與若受

朝廷爵命臨大難雖在籍與死官等耳且事急恐有求死不得者



起結環於梁分左右各一夫婦朝服自縊死

卹予恩騎尉世職遐亮無子姪儲年承襲儲年故子在鑣接襲

丁璜號礎溪道光辛丑科進士以知縣分發山右歷任左雲萬泉曲沃所至皆有聲會粵匪渡河垣曲失守逼近曲沃璜時方令沃聞警急練勇儲饟爲守禦計數日賊薄城下親率兵勇登陴固守晝夜巡視不少懈賊三路麕至穴地擊礮城陷守者多死璜知眾寡不敵返署衣朝服坐堂皇賊入署曰女不畏死耶璜罵曰生不能殺女死當爲厲鬼滅賊奚畏焉賊刃之前一日璜題詩自誓曰偶傳烽火卽糾紛取義成仁夙所聞地下若逢恭世子應憐伯氏早圖君事

聞贈知府銜　給雲騎尉世職子大鈞承襲孫翌漢諸生

汪春溥字瑩餘咸豐九年選浙江昌化縣十年粤匪陷省城竄
昌化昌化無城春溥練勇八千守縣之十二都益以鄉團相
持五閱月大小數十戰賊不能進旋三路出師擊賊賊敗走
遂復縣境十一年因公進省省城復陷春溥投望仙橋河死
事
聞賜卹加知府銜廕一子入監
易正訦金雞區人咸豐四年在籍督辦團練七年投效大軍解
河南固始縣城圍保授藍翎把總隨帶楚勇克復安徽天長
縣城積功以守備兼理營務同治元年禦賊於上海浦東力
戰陣亡
卹予雲騎尉世職子孚興承襲
萬世清字輔齋武庠生官蘄水把總歲大旱世清徒行遠禱於



龍井比歸大雨隨至城中災世清奮力救護火得撲滅人咸
德之咸豐五年賊躪蘄水世清以兵禦之中台山手刃數賊
賊蝟集圍數重力竭遇害因葬於蘄蘄人憫其忠勤爲置祭
產歲入田租三十二石五斗詳蘄水縣志子福珍承襲雲騎
尉世職
汪兆文偉軀幹呂力絶人應郡縣募討賊所向披靡從大軍征
江南數有功累保江蘇補用副將同治四年假歸捻逆適至
文率勇戰敗績於鸛公頸死之從死者數百人事
聞給騎都尉世職同里有孫紹東者驍健與文埒知縣葛致遠倚任
之縣境數十戰東每突陣多克捷敗則以單騎斷後護散卒
歸洊保都司後從軍安徽假歸卒於家
許光鑾字金坡汝梅子弱冠補弟子員咸豐壬子援例就貳尹

職籤發江蘇攝華亭篆調太湖襄辦水師軍務累功保知縣
晉花翎同知同治甲子因公晉省乘戰艦渡瀆泗狂風大作
鄰舟皆泊光鑾曰軍務甚急畏險失機咎將誰諉遂破浪行
舟覆溺死事
聞廕一子入監
嚴以幹字筱南霧子邑庠生例選浙江通判委辦紹興府釐務
光緒三年四月初十夜突有劇盜數十人入局行刼局丁寡
弱不能敵以幹親禦之力竭遇害事
聞贈知府銜廕一子（以上忠臣）
明
方勇字松軒郡庠生性英敏博學多文正德五年流寇犯縣境
城門不敢有官軍臨城郡守疑爲賊議礮擊之時勇在事止



之曰不可儻非賊抗拒官軍黄民無噍類矣少頃大軍果至
越數月賊圍城急守城軍民俱憊郡守無策勇自備口糧督
鄉勇千人隨官軍合剿賊大敗圍解黄州平勇謀畧素優凡
大計大疑守令皆取決焉卒祀鄉賢子任進士應天巡撫有
傳孫一盛貢生官嘉定府知府
吳璋倜儻負氣節初爲掾嘉靖間議大禮諸臣忤旨多被譴謫
璋曰死忠孝者分也我其爲陳東歐陽澈乎徒步詣闕上書
救楊廷和等復力持諸臣前議詞激切甚下錦衣獄杖八十
後數日太廟災世宗問曰湖廣上疏小吏何在守者疑帝不
能容壓死以報世宗曰惜哉朕將有以用之也（依省志增敘）
奚鼎鉉字仲雪崇禎己卯舉人以文行自勵參政許文岐守蘄
州引與俱獻賊陷蘄文岐被執鼎鉉與同事數十人俱被繫

文岐密謂鉉等曰賊老營多烏合餘皆被掠良民若告以大義同心協力賊可殲也於是陰相結期四月起事以柳圈爲信謀洩文岐見殺鼎鉉以計遯事見明史（按奚鼎鉉舊志入隱逸省志入忠義今從省志但省志據勝朝殉節諸臣錄謂事洩被害與計遯異存以俟考）

孫希伸字旭如明季副榜博學能文負性誠樸杖義輕利初鄉人經流賊蹂躪婦女多被擄掠希伸以計致歸者不下數十家後獻賊所過降者皆屠希伸率居民守劉婆巖事急議者欲降希伸獨持不可極力拒之遂得保全子顯宗字方水諸生好義有父風

易道暹字曦侯邑諸生少尚氣節好讀書積卷滿家與艾南英爲文字交明季乙亥流賊至黃州長子爲瑚奉母走青峯巖道暹攜幼子爲璉擔囊而行遇賊索其囊則盡書也賊問之



且識其名道暹曰若旣知我當聽我言愼勿殺人焚屋賊曰身且不保尙爲他人言道暹怒厲聲叱賊賊欲兵之爲璉請代賊竝殺之未幾爲瑚亦死詳明史其後監軍道王瓆沔陽知州章曠武昌生員陳天一白雲寨長易道三皆起兵討張獻忠復蘄黃漢陽等處道三暹從弟也道暹爲璉俱祀鄉賢

馮雲路字漸卿諸生好學勵行年三十（省志作十三）棄舉子業從故相賀逢聖講學寓居武昌著書數百卷巡按御史林鳴球薦其賢竝上所著書不用崇禎癸未獻賊將渡江雲路貽書逢聖曰在內以甯湖爲止水在外以漢江爲汨羅甯湖雲路讀書處也城陷乘桴入甯湖賊遣使來聘逆應曰我生平唯讀忠孝書未讀降賊書也遂懷所著藏易投湖死載明史子承明諸生痛父之死哀毀不欲生終身不入城市

熊霈字渭公（省志作渭川）諸生移居武昌喜邵子皇極書頗言未來事崇禎癸未元日盡以所著書付其弟雲霽以歸曰善藏之獻賊將至乃貽書雲路曰丈夫當於節義中尋實地明日見我某樹下城陷投荷池死卽所言樹下也事載明史

汪陛延字亦嘗一名三奇諸生窮經研理寓居武昌時左良玉撤武昌兵自護東去守兵半老弱器械倉庫且盡張獻忠方陷蘄黃聞之卽趨武昌守官及故相賀逢聖議守諸生馮雲路諸人從之以陛延協守東門括城中宗室及民壯爲二營又榜募勇士守城號新營新營者卽賊之間諜也守三日所殺甚多賊不能入而監軍參政王揚基率其部下千人渡江去新營人遂開文昌保安二門迎賊賊入賀逢聖以下皆死之陛延呼曰我黃岡汪陛延殺賊者我也賊執之付一紅營



賊示以刃且勸之降不屈謂其子郃孫曰我生平力學在今日汝有母勿傷也賊投之湖湖水及肩陛延坐而死明日郃孫負屍出覆以土賊去始斂貌如生見明史

王子堅（省志作子見）武舉明季寇警與力士余季貞（府志作徐季貞）守城衛鋒破敵殺賊無算城陷猶奮力巷戰賊衆叢矛刺之被執齊聲罵賊賊怒且妬其勇也皆磔之

史子見諸生尙氣節明季獻賊僞將毛圭伯據辛家衙招亡肆虐子見殺之獻忠怒聲言三日不獲殺圭伯者屠其鄉子見挺身往賊磔之肉盡骨猶屹立不仆乃鎖其頸於彰孝坊夜分鎖脫骨走臨湖寺明日賊大索獲之復刃其首至今鄉人以爲神廟祀之（詳省志）

戴璉字可懷諸生膂力絕人善用大刀馬上輪轉如飛聚義勇

守馬鞍山獻賊破郡城將北掠瑾伏狹路邀之殺賊前驅千餘人獻忠至瑾射之中肩賊衆驟集詗其勇欲生致之圍數重瑾登樓飛瓦擿賊賊不得上乃積薪焚之瑾及子孫并義勇三百七十八皆燼一統志　乾隆四十一年
予祀忠義祠省志

鄧雲程字扶風諸生父士駿以孝友稱雲程狀貌雄偉有膽略赫然武勇以忠義自矢壬午張獻忠犯郡守令召雲程議守雲程曰城頹人散徵發科派皆不及獨有不肖一軀可塞鐵虎之蹊耳郡守壯之然畏敵衆執其手欲有言雲程揮手去結襦持鐵鞭長五尺許縋城下獨當賊衝三晝夜賊遁及聞闖賊陷京城北望號泣噴血數斗遂狂走莫知所之後其子之愈聞其卒於洛陽之橫谿乃歸窆焉



操志述字振翼性仁厚負才幹嘗寒夜家人獲偷者方求火志述密縱之獻賊攻武昌糧餉且盡志述數見禮於楚王乃亟言發帑藏以犒守卒不聽志述聞城破遂赴難長子日元請從許之次子暄亦欲往止之曰宗祀不可絕汝歸撫兩弟可也遂同長子赴水死

馮承遇承選明季乙亥遇賊被執賊偉其貌脅之去大罵不從賊怒俱殺之

蕭繼昇結寨禦賊方略甚具後衆寡不敵獨持短鎗鏖殺三賊死吳衍周吳應周俱同時以罵賊死

王躬靖諸生弱冠尚氣節善射流賊之亂保障山砦屢戰輒勝活人無算獻賊聞其名招之不從困於迴龍山罵賊不屈死

於斯行舉人流賊破團風鎮被執不屈死

曹大震字子旦諸生孝子大聲弟也獻賊之亂震被執罵賊不屈死孫一嵩字中巒選貢

萬里春字蘇伯崇禎壬午副榜倜儻負氣誼以勳業自許時寇氛熾甚父母方避兵武昌癸未夏望火光燭天驚曰會城破矣乃夜走輾轉鋒鏑中迎父母歸居武湖與弟爾昌審地勢築隄障湖水環二百里經冬不涸爲守禦策甚備賊渠據武昌以僞職招誘亡命乘間竊發里春乃立團長朔望申明約束人知自凜以故他方糜爛而一鄉安堵年三十九卒鄉人祠祀之

魏應麗號男英舉人陳鴻號儀吉劉紹熙號文敬鄭士杰劉文作傑號醒吏帥有功號遜夫俱附生韋秉國號嘿人鄭儼劉文作嚴林秀芳鄭長裕汪熇南李若梅汪國衛劉應權韋石桂劉子俊



號克章杜紀號亮公劉相國陳鑛劉子偁劉子儼俱子壯弟鄭士俊黃衡號伊平方珪號祥明張鴻儒號爾爲張鴻仁號爾任劉紹伊劉文作依號君敬劉紹賢俱國學生二十八人又有劉子宣劉元則二人俱鴨蛋洲人崇禎十六年夏四月賊張獻忠破洲諸人毅然不屈罵賊而死略見修撰劉子壯祭文

紹熙子壯從父博學好義子壯師事之

樊維章字闇生諸生訓導玉瑤子英果有智略明季羣盜起憤曰丈夫不得乘權建功綏靖四海亦當度地自守保此一方民遂率子弟立寨桃花洞團聚鄉勇流賊不敢犯及獻賊陷黃守愈力賊晝夜攻破之章被執誘降不屈遇害弟諸生維默維清亦罵賊死清死時血高丈餘濺賊面默首在地猶僵行手斃人乃仆闔門死者百餘人

但銑由歲貢選授某邑訓導值流賊亂道梗未赴會聞都城失守思陵殉社稷奮然曰銑校官也所以訓導諸生者何事豈以未食其祿而不同其難耶遂絶吭死 依洪侍御良品撰傳增入

國朝

王象虞性抗直好義有智略順治初土寇起府同知選爲山砦練長象虞提義勇千餘人所向克捷時有紙砦鐵人練長王君之諭子友柏化龍俱諸生以學行稱

張本恕字全淑諸生有才略順治十年平石人寨山賊有功爲但店鄉勇練長康熙十三年羅山賊周鐵爪潛入麻城東山白水畈聚衆謀逆邑石馬衝何士榮自長沙歸以僞劄煽衆附之於是知府于清端率師使本恕督其堡烟甲防禦賊不得入境因陳山中形勢請給發兵二百防守黃土嶺隘口清



端從之士榮及周鐵爪皆就擒何族懼株累以本恕言盡釋其疑是役糧草區置不徵里甲及鄉勇旗鼓之設本恕參書爲多賊平將上其功謝病不起清端爲表其門見于清端政書

張尙聖字文先康熙壬子武舉有才勇十三年何士榮之亂尙聖受知府于清端令與千總王茂昇把總羅登雲率鄉兵太平堡余君榮得勝堡高巨卿清淨堡舒楚玉雲龍堡王克明等凡四百人先駐黃岡廟賊衆突出戰於黃土堋尙聖冒矢石爭先賊勢稍卻於是諸將分道進擊尙聖由石山東越崇嶺數里與衆軍合大敗之殺賊無算士榮挾矛走陷泥中獲之遂乘勝破石壁餘黨悉平後尙聖成武進士官守備同時著績者有貢生龔相旦生員吳之鄒曹洪仁官純恭靖天德諸人扶病籌書者則程鎮邦也見于清端政書

胡珠字山佃明季諸生好古力學尙節義以走馬試劍自喜父早卒事祖來通以孝聞獻賊之亂珠獻策楚撫宋一鶴韙其言而不能用楚竟以破左良玉鎮武昌聞其名辟之不就遂避居岳州平江磻溪躬耕自給吳三桂反迫致之珠走避瀕死者數得免亂平反其居屋已灰矣而故人所寄白金三千擲野塘中尙在覓其人還之康熙二十三年聘修楚志後客死於岳孫作舟雍正癸卯舉人

胡來寅字協恭善屬文有勇力康熙初東山賊刼邨落寅出穀五百爲糧率鄉勇奮力捍禦被執不屈賊械繫之夜乘間遁路遇官軍身先引導遂搗賊巢賊平郡守于清端酬以金帛不受



陶應鏊客西蜀嘉慶二年白巾賊倡亂鏊練勇禦之屢挫賊鋒賊畏其能聚衆數倍夜突至倉卒間勢莫能支遂遇害蜀人憐之葬於保甯山祀昭忠祠入夔州府志雲陽縣志

江可超咸豐四年粵賊陷楚徵鄉民納貢超謂其姪職員履和曰時危見節義豈可俯首乞憐於賊乎乃捐資募勇數千拒賊三月二十四日與賊戰於宋家埠勇潰超與履和同日被殺廬舍亦焚

邱振聲從九品以鄉團禦賊同治三年六月二十三日賊衆突至衆寡不敵振聲毅然直前奮不顧身被賊執脅降不屈斷其右肱死之年七十六

贈鹽運司知事銜　給雲騎尉世職襲次完時　給予恩騎尉子斌承襲次子文號斐臣道光癸卯舉人大挑二等選江夏教諭

未赴任咸豐五年隨知縣翁汝瀛督勇至漢鎮剿賊正月初十日陣亡事
聞給予雲騎尉世職入祀忠義祠同區監生沈洪鈞沈飛鵬亦於是日陣亡同入祀忠義祠

羅文彪號春圃諸生性剛直咸豐四年粤逆犯境奉縣諭團練五年正月初十日隨剿賊漢口之役湖陣亡子樹梅潛入後湖負屍旋里面如生同治十一年奉
旨入祀昭忠祠　給予雲騎尉世職孫金聲承襲同區監生林志依同日陣亡
卹予雲騎尉世職子定國承襲監生馮光瀛死事亦同
予祀昭忠祠

徐飛鵬武生咸豐五年正月初十日奉縣諭督勇剿賊至武當口奮身直前賊伏起兵勇截斷鵬冲突往來連斃數賊馬傷



力盡而死

黄作霖原名錦芝字壽民剛毅士也攻舉子業屢試不售以吟詠自娛著有荒圃詩草粤賊之亂里堡競團勇自固霖爲六堡長誓以滅賊自任或有議其激者霖義形於色曰予以布衣未受
國恩乎亦　大清百姓也何敢忘　國仇咸豐五年十月知縣葛致遠禦賊失利霖率勇往援至丁家壋賊驟至將合圍霖知不免以馬授故人子馳去遂陷賊中死賊退殮其屍令旗猶未去手同時有隨霖掌金鼓者曰黄紹福從霖死

郭錦祺從九品咸豐四年傾家資首倡團練禦賊於郭在岡程家田石頭嵤等處斃賊無數五年正月初十日遵縣諭剿賊江漢至沙口陣亡巡撫胡文忠彙案奏請
旌卹加鹽運司知事銜　恩賞雲騎尉三代恩騎尉世襲罔替

熊聯輝道光甲午舉人大挑二等選授穀城教諭時賊氛熾甚未之官在籍襄辦團練咸豐五年十月初十日督鄉勇至白塔河與賊遇陣亡事
聞予雲騎尉世職子慶齡承襲齡故孫登高接襲

梅兆棠字衢逵諸生性剛毅自粤氛起鄉堡競團結推棠爲之長有禦賊功已而賊麕集約數萬衆知不敵咸避去棠憤然曰大丈夫死耳何避爲賊及門棠罵曰反賊敢入我室賊扶之罵益厲其仲孫垂綏被執不屈賊并刃之棠繼妻周孫婦邵均殉難詳烈婦傳事
聞賜襲雲騎尉祀昭忠祠子三長秉宗增生次雄飛承襲孫七人植



廩生

許堂昭諸生篤學尚氣節咸豐六年粤賊竄黄脇昭至上巴河誘之降昭罵不絶口賊以兩刃夾其頸昭罵如故巴人知昭者環跪賊前求釋昭曰吾自分死耳汝曹奚用爲此態耶叱之起賊知其終不可屈遂刃之

洪恩潤字羣玉號朗泉州同加五品銜性剛直負氣敢言同治三年五月捻逆回竄潤議率鄉勇堵禦先奉母移避團風鎮行至零殘河東賊驟至使僕奉母先行自留以身餌賊母既去賊酋令負鎗潤罵曰狗賊我方欲殺若顧爲若役耶賊大怒斷脰而死事
聞予祀昭忠祠　贈知州襲雲騎尉世襲都騎尉罔替

陶宜橋字步泉性豪邁晚年以詩酒自娱咸豐四年奉縣諭舉

辦團練總督楊霈保授六品銜同治三年五月粵逆竄踞上伍鄉鄉人避亂者同入崎山深處橋居山口督勇八百餘堵禦要隘十七日賊大至勇士余保元力戰死鄉勇驚潰挾橋走橋泣曰吾母尚在牀礴吾何忍棄之徑歸家賊適至橋里遍搜得團練戳記怒曰此吾仇也舉火焚橋宅橋以身衛母鬚眉俱焚賊拘至門外駡不絶聲賊剖其腹而死母卒被焚橋妻劉氏媳節婦謝氏同被害婢菊香亦焚死賊退其友邵樂裕爲瘞葬焉橋母操氏時年九十有六橋年七十有五

宋晒字亮臣諸生進士鼇曾孫性聰穎博聞强識自經史諸子外天文地輿算法兵術靡不精通下至蟲魚草木諸細碎書日識數千言歷久不遺一字指示學者隨問隨答工詞章試輒高等然志不在此也生平嚴毅孤峭以忠義爲質同治三



年粵匪犯黄晒激勵團卒力戰不勝駡賊死光緒二年巡撫翁同龢奏請

旌卹贈鹽運司知事銜　給雲騎尉世職

馬成斌號松峯監生五試省闈不遇咸豐中粵匪迭竄邑境斌年已及耆力負繼母萬氏出避同治三年五月二十八日賊復遙至斌新丁母喪賊斫母棺怒阻遇害

予祀昭忠祠　給雲騎尉世職長孫詒垓承襲

萬成鸞字鳴岡歲貢鼎衷孫性靈敏有膽識博通經義尤邃於史漢同治四年捻逆盤踞漢黄間提督梁作楫徧招策士鸞與焉與賊戰於武湖敗績賊擄鸞至黄陂姚家田知其爲偉人也勸之降不屈遇害賊退鸞戚陂邑孝廉方正周玉書歸其屍面如生子二咸容咸福

洪良璧字連城候選縣丞同治五年十二月爲賊擄高歌痛哭賊役之輒不應一日忽箕踞大駡賊愕然覩或解之曰是人心疾耳復怒駡曰吾何疾吾父爲團長嘗誓殺賊豈畏此狗彘爲賊大怒殺之事

聞予祀昭忠祠　賜雲騎尉世襲恩騎尉

王光政字堯臣捻逆竄境督勇被執誘之降政駡曰大丈夫一死耳何降爲遂遇害御史劉光國奏請

旌卹入祀昭忠祠

劉國安翰林院待詔提督維禎長子也同治五年九月道遇捻匪刼之不屈投西陽河水死經駐巴河水師營哨長左新勝撈獲始歸葬焉　以上義士

義僕

華魁叟邱高奎僕也明末兵亂高奎年甫十二爲賊所擄魁



叟奮身入賊中七年乃尋得之邱氏數世子傳至是得不絶既歸延師訓之補諸生爲明經高奎卒有幼子四魁叟復百計輔之成立前後事主五代壽一百一歲

胡義吳文蔚僕文蔚父母早歿義夫婦撫養維謹崇禎癸未獻賊肆虐見嬰兒必貫槊上爲戲文蔚時六歲爲賊所得將槊之義夫婦擗踊哀號吾主人遺孤止此義不忍絶爭以身代賊感而釋之

胡義勤杜岕僕也性樸拙喜聽人言忠孝節義事其父以震死遂終身不娶崇禎甲申之變岕與兄濬盡室居金陵僮僕輩皆爭趨要路以自震耀且說義勤同去義勤謝之曰爾命當富貴吾命薄願與主人同飢寒洎岕歸黄岡而沒義勤號吼嘔血得喘嗽疾明年復來金陵依濬濬憐其老病善視之年

五十五卒濬市棺衾以斂瘞於松江西門外之福菴後并爲銘以誌之



陣亡紳士

李春暉　盧傳發均軍功咸豐三年廣濟縣陣亡

周鵬翥把總咸豐四年正月堵城陣亡

羅叶壂從九品咸豐四年正月縣屬陣亡

姜炳文舉人　羅朝選監生均咸豐四年三月縣屬陣亡

賴光漢軍功咸豐四年縣屬陣亡

羅得勝（採訪作外委）　鍾長升均六品軍功咸豐四年縣屬陣亡

葉蔚庭貢生咸豐五年正月縣屬陣亡

潘慶芳把總咸豐五年正月漢口陣亡

鍾春林八品軍功咸豐五年正月漢陽縣陣亡

陶步超武生　陳利貞從九品均咸豐五年正月漢陽縣屬陣亡



陳錫恩監生　程輔弼武生均咸豐五年二月縣屬陣亡

方紹嶶（採訪作紹輝）　張銘均監生咸豐五年五月縣屬陣亡

王際寅文生　程仁祿從九職銜均咸豐五年十月縣屬陣亡

王景慶（採訪作監生）　韓允升　夏聯慶（採訪作監生）均六品軍功咸豐五年縣屬陣亡

姜正坦　周錫瑞　歐偉烈　孫仲周均團首咸豐五年縣屬陣亡

桂鵬從九職銜咸豐五年漢陽縣屬陣亡

楊長青　潘國棟均六品軍功咸豐五年漢陽縣陣亡

羅萬壘　何金貴　潘國治均八品軍功咸豐五年漢陽縣屬陣亡

張保和　李廣義　蔡長勝均六品軍功咸豐六年縣屬陣亡

萬成塾　張裕和均七品軍功咸豐六年縣屬陣亡

操元斌武生咸豐七年二月縣屬陣亡
朱啓順　周達祿　鄭耀先　楊　斌　金開榜　廖天賜
吳宜韜　王禮安　鄭啓仁　陳顯揚　余登鰲　傅志春均
　六品軍功咸豐七年縣屬陣亡
周華堂　鄒雲禮　周長林　劉高舉　黃式賓均六品軍功
　咸豐七年省城陣亡
何啟吉六品軍功咸豐九年縣屬陣亡
張步元千總儘先守備　贈都司咸豐十一年縣屬陣亡
吳清茂五品軍功咸豐十一年縣屬陣亡
李凌雲　黃定邦均從九品咸豐十一年縣屬陣亡
蔡鵬清六品軍功咸豐十一年興國州陣亡
黃世仁吏員考取未入流咸豐□年縣屬陣亡



郭光印守備同治元年陝西陣亡
余光富外委同治元年安徽陣亡
宋高亮把總同治二年江南陣亡
劉福銀　朱順意均　贈守禦所千總同治二年陝西陣亡
黃奎　黃榮甲均文生同治三年五月縣屬陣亡
傅受祉　馬能輝均監生同治三年五月縣屬陣亡
陳義發把總同治三年九月本省關口函山陣亡
熊得勝把總同治三年九月廣濟縣吳文區陣亡
夏必先守備同治三年襄陽縣屬陣亡
靖承鴻千總加守備銜同治三年襄陽府陣亡
黃京棠守備加都司銜同治三年外省陣亡
鄧玉林候選縣丞同治四年十二月縣屬陣亡

李棠　郭廷煒　邵際魁　陶楚松均從九品同治四年十二
　月縣屬陣亡
陳兆榮　羅士彬均監生同治四年縣屬陣亡
童念三武生同治四年縣屬陣亡
金有禮外委同治四年河南陣亡
易太洪外委同治四年棗陽縣陣亡
殷士愷監生　殷發地從九職銜均同治五年正月縣屬陣亡
陳忠義從九品同治五年二月縣屬陣亡
黃鼎從九品同治五年十二月縣屬陣亡
姜守瑞八品軍功同治五年縣屬陣亡
宋永勝六品軍功同治五年麻城縣陣亡
汪士偉監生　舒正揚從九品均同治六年二月縣屬陣亡



詹邦弼從九品同治六年三月縣屬陣亡
張世顯從九品同治六年十一月縣屬陣亡
黃德潤監生同治六年縣屬陣亡
林炳垣軍功　贈千總銜同治六年天門陣亡
朱長明　樊長發均外委同治七年六月山東陣亡
李應生游擊同治七年甘肅陣亡
楊得勝　江保全　方大慶均游擊　贈參將銜同治九年甘
　肅陣亡
李長益游擊加參將銜同治九年甘肅陣亡
王勝高藍翎守備　贈都司銜同治十年甘肅陣亡
吳開榜把總同治十年甘肅陣亡
曾保元參將加副將銜　贈總兵銜同治□年甘肅陣亡

左輿山都司加游擊銜同治口年甘肅陣亡
程德發（縣冊程作陳） 驍元益均都司 贈游擊銜同治口年甘肅陣亡
高有才花翎都司同治口年甘肅陣亡
羅輿順守備 贈都司銜同治口年甘肅陣亡
狄慶祥千總同治口年甘肅陣亡
李德晉把總 贈千總銜同治口年甘肅陣亡
李德從把總同治口年陣亡
胡步青把總 贈千總銜同治口年外省陣亡
梅祖祥同治口年陝西陣亡
湯大發游擊加參將銜光緒二年甘肅陣亡
方富成（縣冊作成富）花翎游擊光緒二年甘肅陣亡
胡福應花翎守備 黃鍾俊軍功團首均光緒二年甘肅陣亡
吳陽德千總 贈守禦所千總光緒二年瑪納斯南城陣亡
以上均見節義錄（查節義錄所載死事地方年月多與採訪不符未便更改惟名字小異者按名注明）
汪久棟 汪久珠均文童咸豐二年十一月漢陽縣陣亡
李振均六品銜咸豐三年十二月胡家墩陣亡
樊聖麒團首咸豐三年十二月本區陣亡
孫 鏞外委咸豐三年堵城區陣亡
孫連發六品軍功咸豐三年廣濟縣陣亡
葉錦魁六品軍功咸豐三年省垣陣亡
郭秉禮監生咸豐四年五月周余堡陣亡
郭士簡軍功咸豐四年五月石頭嘴陣亡
劉學全 劉文楷 劉武選均團首咸豐四年石屋山陣亡
羅嵩山武生 朱誠周六品軍功均咸豐五年正月漢口陣亡



喻治智 喻治朝 鍾國選均八品軍功咸豐五年正月漢口陣亡
曾正彬 吳象南均團首咸豐五年正月漢口陣亡
庫太琴 黃光應 李定國均六品軍功咸豐五年正月漢口陣亡
蕭秉先監生咸豐五年二月風火嶺陣亡
趙天才七品軍功咸豐五年二月新洲陣亡
徐攀桂監生咸豐五年三月卒姪澤普澤廣在北街城外陣亡
余國正耆民咸豐五年三月新洲陣亡
黃秉乾咸豐五年三月董家套陣亡
李維德團首咸豐五年三月陣亡
李鍾秀六品軍功咸豐五年四月倉埠陣亡
段驥監生咸豐五年五月縣屬陣亡
段俊從九品咸豐五年五月督勇陣亡
張霞 張魁均監生咸豐五年五月陣亡
張序賓監生咸豐五年六月白溪畈陣亡
劉遠熙五品花翎 程太發五品軍功 夏玉峰同子鎮鏞
王佐廷六品軍功均咸豐五年七月花園鋪陣亡
吳從順咸豐五年十月丁家墻陣亡
揭福履六品軍功咸豐五年回龍山陣亡
童會三武生咸豐五年督勇陣亡
徐光宗五品軍功 朱高發六品軍功 朱秉忠九品軍功均咸豐五年磐石橋陣亡
左步周 何廷順 童演崇 童祚榆 童祚紀均團首耆民

咸豐五年縣屬陣亡

殷洪亮六品軍功咸豐五年洪山陣亡

操玉琛五品軍功　涂尚輿佚其職銜均咸豐六年二月風火山陣亡

吳大福五品藍翎咸豐六年二月余家河陣亡

劉霞楚六品軍功咸豐六年四月楊叉河陣亡

成慶妍六品軍功咸豐六年六月城外陣亡

朱學春武生咸豐六年禦賊受傷身故

徐清玖佚其職銜咸豐六年安徽霍山縣陣亡

吳大嶼五品銜咸豐七年六月迴龍山陣亡

嚴銘縣丞咸豐八年五月河南陣亡

徐萬金五品軍功咸豐九年正月霍山縣陣亡



徐達德文童咸豐十一年五月隨州陣亡

劉楚誌佚其職銜咸豐十一年八月七道河陣亡

鄧時春佚其職銜咸豐十一年雲龍山拒賊陣亡

黃傳準從九咸豐十一年暘邏陣亡

劉維名軍功同治元年四月攻圍壽州苗逆陣亡

陳士林　劉維傳　胡天慶　張玉龍　余道洪　王勝啟

范榮富均軍功同治元年五月攻圍壽州苗逆陣亡

邵章禮軍功同治二年二月安徽廬州府三河陣亡

祝開泰藍翎外委同治二年四月渭南縣倉頭陣亡

陳發貴藍翎外委同治二年四月大荔縣羌白鎮陣亡

劉聯陞總兵銜副將同治二年四月陝西倉頭陣亡

李耀鎧江蘇補用縣丞同治二年十月江蘇張涇匯陣亡

林一枝監生同治三年五月順伍衝陣亡

林文郁六品銜同治三年五月大崎山陣亡

江斗南監生同治三年五月龍王墩禦賊陣亡

萬律元武生同治三年五月葉店陣亡

蔡全宗參將加副將銜　蔡中鐸把總均同治三年六月甑山河三里岡陣亡

游大鵬花翎即補外委同治三年十月廣濟縣陣亡

洪正紀　洪正道均團首同治三年縣屬陣亡

史作楨同治三年羅田縣尤河陣亡

喻本鏞藍翎五品軍功同治三年陝甘陣亡

朱應隆五品軍功同治四年三月孝感縣白鱣埠陣亡

馮立川花翎副將銜參將佐勇巴圖魯同治四年三月孝感縣白鱣埠受傷身故



孫兆啟藍翎千總同治四年六月秦州陣亡

馮得勝六品軍功同治四年七月在甘肅甯夏縣屬金雞埠陣亡

程明珍　程明金　程明煥均團首同治四年八月詹家湖陣亡

李大福藍翎從九品同治四年十二月河坂陣亡

汪廣林藍翎五品軍功同治四年十二月鵞公頸陣亡

童福林從九品同治四年十二月雙柳龍口陣亡

萬裕登文生同治四年楊陂廟陣亡

宋炳南監生　宋選南佚其職銜均同治四年上新洲陣亡

張崇瓊儒士同治四年縣屬陣亡

葉毓蘭九品銜　陳瓏從九品銜均同治四年陣亡
陳觀亭　萬裕勳均儒士同治四年陣亡
李幹枝五品軍功同治四年鸞公頸陣亡
陶繼龍把總同治四年龍珠山陣亡
張翼六品軍功同治四年縣屬陣亡
夏朝仕從九同治五年正月陽邏半邊山陣亡
王定富藍翎都司同治五年六月剿賊陣亡
徐傳應把總　雷光耀千總均同治五年十月雲夢縣斗溝埠
陣亡
王開文外委　王定邦軍功均同治五年十二月德安府城外
陣亡
孫廣元藍翎千總同治五年十二月鍾祥縣陣亡



涂德星山東補用巡檢同治五年十二月德安府受傷身故
夏福林武生藍翎都司同治五年甘肅陣亡
程時鈿佚其職銜同治六年二月桃花洞寨陣亡
劉躍藻河南補用巡檢同治六年二月廣濟縣屬毛顏山受傷
身故
楊宗大　龍梧儀均軍功同治六年三月孝感縣屬涂家巷陣
亡
黃義順　李得勝均把總同治六年四月委辦軍裝行至榆林
遇賊被戕
程泰旺副將銜直勇巴圖魯同治六年十月陝西定邊縣屬陣
亡
胡濟舟縣冊舟作洲　花翎守備同治六年安邊陣亡

朱有才藍翎儘先參將同治六年陝西同官縣陣亡
胡宗敖　蘇昌亭均同治七年六月普安堂陣亡
何長勝藍翎守備同治七年六月山東德州陣亡
邱本倫把總同治七年六月山東商縣陣亡
張思發藍翎六品軍功儘先把總同治七年十一月陝西榆林
府陣亡
孫景福遊擊同治七年在安徽臨邑受傷身故
趙宜秀守備同治七年滑縣陣亡
佘得宣守備　何明倫把總均同治七年海豐縣屬陣亡
王有均　徐振和均外委同治七年海豐縣陣亡
熊履山花翎副將銜遊擊赫勇巴圖魯同治九年十月陝甘陣
亡



佘得勝外委同治九年陝甘護運遇害
游豫坤藍翎守備同治□年陝甘陣亡
石連陞遊擊同治□年福建台灣陣亡
黃金發藍翎把總同治□年陣亡
陳心齋監生同治□年陣亡
馮文瀛文童同治□年陣亡
張耀宗布政司書吏同治□年陣亡
張步青文生同治□年陣亡
宋保元都司光緒二年陣亡
周登洋花翎守備孝義倉頭陣亡
方樹猷六品銜鸞公頸陣亡
吳光溝八品軍功潘塘陣亡

黃明經　黃斌均文生鸄公頸陣亡
程起萬六品軍功廣濟縣陣亡
程德發藍翎五品軍功甘肅陣亡
鄭啟斌花翎協鎮甘肅甘州左營游擊甘州陣亡
喻本恕藍翎五品軍功河南陣亡
吳光富五品軍功平回陣亡
鄭均發六品軍功丹陽陣亡
游得勝保舉游擊陝甘陣亡
吳悅喜六品軍功陣亡
劉蔓勝團首督勇陣亡
以上依採訪册增入

陣亡勇丁



孔連太　李啟勝　張　升　袁基敖　李長庚　余定元
明開甲　黃魁敖　梁建煦　馬廷輝　談　忠　戴　升
石　得　王名太　羅方魁　袁　敖　朱兆祥　朱必達
程大年　周定國　劉榮大均咸豐二年江夏縣陣亡
蔡學林　孫楚雄　李登榜　鄭百勝　邱開榜　邱開發
劉必元　張福升　姚上元　孫連發　龍連升　向連升
杜上元　謝鴻賓　徐之雄　傅步敖　鄭景春　邵希青
劉步貴　傅國興　周　清　張得升　李志學　許連升
王廷富　羅　元　王高升　羅萬海　張長松　余兆愷營册作兆凱
陳得勝　黃廷梅　鄭耀辰　張萬年　夏全元　李開揚
徐定元　余兆春　孫長青　趙金魁　馬連升　秦昆厚
張茂華　程甘霖　黎占元　程寶和　夏連升　王啟太

王啟才　童啟發　石　松　盧復興　陳定元　伍登朝
白源勝　石選濱　陳福元　徐文高　黃連魁　姚定元
馮楚銓　衛國堯　葉昌海　楊光勝　游得忠　李順國
游炳陽　汪建明　陳祥得　張明元　陳連甲　徐如友
周世林　柯耀勝　司連升　瞿仕友均咸豐三年廣濟縣陣
亡
王連發　羅長柏　陳光緒　陳先緒　巴興典　巴成敖
巴合陽　江國柱　江運進　王盈啟　劉義興　王一舉
曾虎保　余文獻　余士銘　余正順　余二漢　余士雄
盧安義　盧祖賜　盧德福　盧仁山　盧丙山　周宏義
張斯舉　曾全太　陶青山　張啟玉　余良均　余國寶
余朝選　張玉太　楊在禮　周福元　汪宗梅　余扶國



雷五十　周幼四　譚會川　劉正福　車天和　陳甫理
趙天壽　江明富　鄭萬春　羅才有　羅正武　姜守瀚
姜守浩　雷春暢　姜繼富　姜成約　金文訓　雷春浩
雷天盛　雷朝貴　雷錫壽　雷　江　周汝芝　周辛元
周錫耀　周錫鐸　周錫焜　周錫連　周正綱　周汝安
劉明貴　蔡學福　蔡良貴　彭光弼　彭勝興　彭正明
彭天和　蕭道敏　蕭元德　王四兒　李　八　張得勝
錢宗親　錢仁禮　周福昌　徐長亭　李永清　李正朝
朱斯常　鄭朝文　周壽天　曾如懷　黃學禮　楊光元
蔡士榮　何家美　吳德松　曾世廣　金家喜　謝方樂
王耀武　江啟秀　羅貞賢　熊必勇　高長久　高太妸
高紹乾　高順理　江元興　江華勝　余啟順　程保主

江萬貴 羅元全 王大雄 王定曉 程宗全 錢方禮
張敘勝 胡應海 滕紹先 滕五九 曾念妍 劉達樹採訪作成龍
程楚珍 劉乙未 胡全妍 江同妍 王佐廷 王秉龍
王五喜 江寶善 江寶琴 江寶全縣冊作華英 江寶官 王正立
程永貴 成顯容 程金元縣冊作勝文 江華美 江長松 黃清季
黃志輝 黃德剛 江勝交 江正陽 江富有 江經文
謝行萬 謝全順 謝陽春 周鳴富 羅連貴 喻三貴
李一舉 羅長久 游時順 吳立志 夏基元 夏名山
夏南溪 夏鈞凱 夏鈞松 夏楚玉 夏楚亭 夏香元
夏炳虎 夏炳德 江楚玉 陳文照 陳文秀 張志良
余心一 余心元 童紹福採訪作兆美 韓有信 方知文 方有文
王大才 童秀和 童紹美 童紹先 吳高志 李攀雲



吳發元 夏鎮鏞 夏勝全 夏慶春 夏正明 夏挍中縣冊作挍宗
吳順易 吳耀亭 夏紹宜 夏映棠 王太山 王太和
陳才主 夏八喜 夏基厚 王緒和 夏春海 王大順
姚萬隆 陳文主 劉作梅 劉金百 劉起太 王緒貴
王景福 秦兆海 劉席華 秦萬選 秦道模 韓以義
陸益進 李秉煥 林興楚 林宜光 巫開巽 蕭延義
劉啟發 林宜香 余獻祥 陶引合 金永才 柳宏亮
金得元 金超純 柳延泰 余獻福 余啟貴 陶啟洛
陶金爵 葉發祥 朱得勝 欒紹明 楊昌發 劉占魁
劉春喜 莊正友 周萬順 魏天喜 曹爲舉 成福壽
董本清 馮永和 馮育賢 李瑞芝 朱啟亭 朱豐華
朱豐厚 陳春意 譚萬明 王自啟 舒中太 潘德洋

王明效 黃順楚 潘體賢 潘喜兒 王毓杰 曹心元
雷恆山 程俱全 劉達琦 劉達珠 劉元順 劉光杜
梅富貴 程勝福 程官賜 歐啟厚 程福賜 王定禮
陳恆周 郭宗發 郭同發 董東選 朱廣順 江應元
程耀坤 雷受華 董宗秀 朱錫啟 朱家順 朱邦顯
劉光煦 梅意順 劉達馨 劉清喜 梅四妍 梅長發
陳平喜 程宏斌 程祥妍 劉光義 梅保和 劉祖富
劉炳順 程乙酉 程定國 朱廣德 梅全明 董有順
程鸞翥採訪作延芬 曹義積 劉達林 郭元全 郭耀溥 郭光陞
江言芬 江寶珍 梅時妍 梅利妍 王寶善 劉達興
程永壽 梅集成 梅士林 王國順 胡永錫 胡代妍
高望元 蔡官賜 蔡鵬九 張光銘 韓長兒 熊于明



王鼎新 方兆德 陳有富 操廷揚 梅福貴 王緒榜
陸楚盛 邢世書 陳物盛 王如岡 呂正啟 但嚴然
梅啟仁 劉華林 王際寅 梅啟才 張乃潤 陳利豐
張德懷 張維高 黃秀以 吳開順 易連宏 洪朝望
洪宗武 陳慶虎 胡爲仕 姚戴義 王國萬 萬祥祿
程永久 程勝玉 劉宏義 羅勝剛 余鳳揚 段祥升
徐元豹 張同升 夏富宏採訪作毓楨 張耀祖 沈應宏 宋約縱
王毓慶 王自登 王毓貞 王自卯 彭細三 靖華豐
羅汝書 姚錫章 黃和順 姚輝泰 姚國選 程其鴻
易正高 余象志 陳世德 吳君用 侯和尚 僧月朗
僧廣應 僧海清均咸豐四年縣屬陣亡
白開元 高定魁 吳得廣 張長青 許德芳 謝啟疆

洪萬友　吳傳忠（營册作傳中）　吳志緯　曾學純　魏昌榮　高有元（營册作友元）
張萬友　程士林　葉先凱　劉國安　邢國太　袁詩星
梁登台　楊升華　胡文智　周兆基　廖　元均咸豐四年
江夏縣陣亡
宋萬選　羅地葆　黃永長　黃永祺　黃天才均咸豐四年
麻城縣陣亡
劉兆德　黎洪定　瞿宗福（一作翟宗福）　劉上達均咸豐四年蘄水縣陣
亡
傅海樓　董升楊　黃暢茂均咸豐四年黃梅縣陣亡
孫占魁　黎永發均咸豐四年蘄州陣亡
虞德魁咸豐四年黃安縣陣亡
孫連元　朱　貴均咸豐四年黃陂縣陣亡



朱美玉　彭　玉均咸豐四年興國州陣亡
馬　升咸豐四年大冶縣陣亡
郭連升　周昌銀　梁朝一均咸豐四年天門縣陣亡
王登奎（採訪作外委）　祝開榜　王兆貴　孫鳳山　陳萬青　王開揚
康定太　羅開雄　毛太元　殷得太　陳衛清均咸豐五年
縣屬陣亡
吳智偉　王友元　劉凱臣　嚴定元　李能鵰均咸豐五年
蘄水縣陣亡
朱名燦　朱永德　程學彩　張爲林　張　景　楊　太
董高升　段　魁　張定太均咸豐五年黃陂縣陣亡
明榮光　董金山均咸豐五年江夏縣陣亡
黃鳳甲咸豐五年大冶縣陣亡

龔景清　程魁元　楊經魁均咸豐五年通山縣陣亡
周鵬程（縣册作外委）　沈全壽　沈榮華　劉遠雄　雷永豐　雷瑞坤
梅祥妍　雷受祿　雷春貴　雷太坪　雷正坤　劉霞遠
劉高勝　胡文煥　程汝珍　胡昌潤　胡啟元　胡普霖
徐金順　徐盛秀（縣册作茲秀）　徐立品　徐立尊　成敦景　羅珍修
黃紹禮　高升海　潘傳富　高雙錫　潘大發　胡三六
黃長久　蔡知義　郭應春　郭國仲　羅揮翰　周智岡
馮世烋　羅戴年　曾祖意　胡才妍　方寬法　何添順
巴月明　巴春全　王月久（採訪作悅久）　王全元　江維清　江福勝
江法楚　汪運顯　江連三　潘起高（採訪作啟高）　潘廷傑（採訪作庭傑）　潘敘勳（採訪作遂勳）
程明生　王廷美（採訪作庭美）　李一萬　沈天順　庫長興　庫長順
游世太　胡華海　高保康　高保妍　喻世堂　喻輝斗



喻輝廣　喻志廣　王紹祥　王顯元　劉大信　羅官賜
王正興　程楚明　江春進　江末妍　江尚妍　江存志
江盛强　江澤春　江逢周　江金龍　江四妍　江明春（採訪作名春）
江興妍　江序登　庫太金（採訪作太全）　庫長明　庫全元　周重連
蔡開元　何明魁　陳有方　李義輝　徐友諒　徐明富
徐楚國　宋東海　高朝佐　王宏元　程宗志　程聰德
胡如意　胡用恭　羅啟萬　羅世榮　宋輝林　施利盛
施人和（採訪作仁和）　施邦宏　施尊六　雷受華　王意柏　李望生
李清秀（採訪作清季）　李福生　李長順　李念妍　宋春喜　吳復啟（採訪作復起）
吳金和　吳開祚（採訪作開助）　吳開進（採訪作開俊）　羅方祿　羅有發　羅勳柱
羅啟勝　羅高升　羅天富　羅長久　喻崇主　喻能有
喻恆炯　萬福先　江天賜　陶雙祿　李五十　朱明志

張雲和　蕭賜厚　蕭心賜　蕭明勝　江新富　江合妍
江才明　江士俊　江春發　陳登選　姜午妍（採訪作其富）　羅桂兒
趙明賓　江顯高　曾發章　曾明章　曾奇富　曾遐珍
曾遐蔚　曾宏烈　陳明顯　曾鼎朝　曾學高　曾成乾
曾巽遠　曾必仁　成開國　胡元俊　陳占魁　陳觀奇
陳成富　鍾椎象　曾香保　曾嚴妍　程崇元　程金林（採訪作金陵）
程高杞（採訪作高起）　陳德懷　陳子容　程正陽　程遐昌　謝有坤
張奇才　胡元富　陳明周　陳作義　陳有萬　陳金海
梅亮啟　鍾開元　鍾三元　鍾國選　鍾嘉才　鍾乘龍
鍾乘宗　鍾年貴　鍾六喜　吳添秀（採訪作天秀）　吳天保　吳天祚
吳光胡　盛光恆　江景雲　江象坤　江勝楚　江寶國
朱祖佑　盛光珞　盛光鴻　盛光興　盛正望　盛光隆



王金元　王大益（採訪作大鎰）　王文祥　王世啟　王天明　王楚明
王大鵬　張春林　張盛貴　張希元　程宏升　程務廉
繆元隆　李克孝　熊啟龍　徐名元　游以全　余文有
高清季　高心順　高發生　劉光先　劉大廷　曾書明
曾正安　梅長貴　梅保春　任祖佑　任福山　方伯有
任玉珍　任廷賢　任全順　任年太　任恆山　任象喜（採訪作泉喜）
任自太（採訪作自泰）　許光宏　羅啟彥（採訪作啟念）　黃泉源（採訪作全元）　趙名應　姚光宗
姚光和　施有林　劉高勝　周朝士　陳嘉金　陳嘉琦（採訪作嘉琪）
陳德意（採訪作得意）　陳祖發　陳東九（採訪作冬九）　魏萬發　吳大忠　吳大清
吳大文　吳天位　吳開典　吳開甫　吳天生　吳天賜（採訪作天錫）
吳高松　吳開發　吳大彩　吳天樹　何先坤　何保揚（採訪作寶揚）
饒開沓　周福聖（採訪作福勝）　周世海　欒巽妍　陳其貞　徐文秀

蔡九思　蔡恆太　羅長松　羅高太　羅萬和　羅明傳（採訪作明拳）
羅世連　羅萬崇　羅世春　羅通喜　羅世德　鍾榮先
鍾懷瑾　雷正勳（採訪作震勳）　雷文義　雷元和　雷五喜　張捷三（採訪作接三）
張敘寬　張洪陞（採訪作洪昇）　張五喜　張萬年　陳宗耀　陳宗利
陳宗傳　陳能太　陳天盈　錢正興　陳錦玉　羅錦文
羅錦亨　羅神佑　羅飛鵬（採訪作鵬飛）　羅全美　黃光映　黃得春
羅福喜　李天保　李地久　李祝豐　鍾乘夷　蔡東妍
吳勝高　庫太勤　熊序南（採訪作敘蘭）　熊三妍　陳老幺　楊炳華（五品軍功）
巴興華　僧松年均咸豐五年漢陽縣陣亡
方喜林　張泰富　段登雲　鄒新發　郭大汜　劉興順
方榮全　張維國　蕭大義　汪有田　饒厚華　張清和
吳大福　鄧元義　鄧攀貴　鄧巨生　鄧玉光　鄧炳桂



李世豪　張大興　張國順　陳有才　李　七　張道富
陳士貴　陳福山　張宗明　李應剛　陶慶順　李道喜
操玉堂（採訪作監生）　程顯名　楊年福　易萬選　張希棟　徐愼博
張國昌　胡効公　張廣元　張春富　張長壽　徐孟科
張新春　張昌才　張誥元　潘志堂　陳忠強　羅岐宏
張錫祖　王光朝　張裕寬　張楚林　黃臨志　黃道富
何書宏　徐乘志　張恆讓　蔡步陞　余國相　余良悅
余獻章　鄧景華　鄧文彩　鄧春榮　劉華楚　宋保佑
宋宏大　喻三黑　任芝三　鍾愼禮　李學易　李廷瑞
李起太　鍾愼法　何進昌　喻承譜　劉先南　劉先明
雷全興　江五元　江振青（採訪作正青）　成選廣　江　林　陳　曉
張佑喜　盛　貴　黃新乾　梅學禮　朱有貴　尹安元

胡啟凱　李　仁均咸豐六年縣屬陣亡
周力林　張素全　周尚勤　鍾敬義　謝大珠　鄭家和
戴宗選　周長興　江載德　林成武　劉正興　吳禮端
胡正富　張日春　胡家高　李長茂　張春陽　江載厚
周正和　王文江　盧三元　江益三　馮國治　甘開太
陳升福　金雲程　金勝德　陳時盛　曾大義　李興玉
甘和潤　劉興盛　余鳳久　周　廷均咸豐六年光化縣陣
亡
葉金鼇咸豐六年襄陽縣陣亡
張有起　孫國福　胡登元　黃新發　鄒金玉　鄧存仁
鄧省妍　程慶妍　程二妍　盛四喜　李長東　許廷鼇
何連盛　何化吉　何公義　鍾能受　項有先　鄭厚家



鄒全玉　周達應　劉國炳　朱有名　丁玉林　張有元
潘大年　李勝才　嚴生成　吳宜清　朱一元　吳高友
方勝先　方光勝　童必發　汪金發　江四海　饒啟發
雷應祥　姚芳春　王安城　江金玉　傅占魁　熊天升
張全福　張保蘭　蕭功定　羅定國均咸豐七年縣屬陣亡
余汝漢　王坤發均咸豐七年黃梅縣屬陣亡
詹首榮　吳修禮　黃仕和均咸豐八年縣屬陣亡
萬金龍　奉先勝　汪國勝　徐大發　劉年華均咸豐八年
安徽陣亡
馬正順　秦召文　彭義太　張志成　華士林均咸豐九年
安徽陣亡
潘新德　石洪勝　吳太法　陳德勝　蕭新喜　程永法

吳越喜　韓松林均咸豐十年安徽陣亡
林金生咸豐十一年縣屬陣亡
周元堂咸豐十一年蘄水縣陣亡
江定啟咸豐十一年孝感縣陣亡
李敬太　柳宏名　陳起發均咸豐十一年興國州陣亡
陳雙發咸豐十一年江西武甯縣陣亡
王星輝　王崇蛟　王崇化均同治元年縣屬陣亡
程輝吉　范高明　曹慶發　尹思敬　孫天雲均同治元年
安陸府屬陣亡
夏吉慶　潘學勝　徐全興　易經綸均同治元年外省陣亡
吳必中　邱正利　熊習進　邱全太　侯有元　邱存厚
何必元　熊國祥　周得勝　孫全勝　徐大勝　倪如意
酆顯仁　魚佑泰　曹高升　王有良　張前喜　王啟勝均



同治二年麻城縣陣亡
余萬品　黃得勝縣冊作六品軍功　潘祥瑞　阮全勝　張瑞三　羅有發
周長佑　蔣得春　張允升均同治二年隨州陣亡
萬鴻仕同治二年外省陣亡
管開和　詹仕友　戚立强　戚家太　林時全　周恆山
吳鈇兒　余宏仲均同治三年縣屬陣亡
李華國　江進昌　易升祥　孫光泰　李華耀　吳全盛縣冊作全勝
施基奇　黃長發　邵重禮均同治三年蘄水縣陣亡
郭義章　胡耀凱　胡穀生均同治三年廣濟縣陣亡
鄒錫鑾　韓全勝均同治三年安陸府屬陣亡
曹泗源同治三年宜城縣陣亡

鮑得勝　范榮富均同治三年外省陣亡
陶景秀　賀興發　王占彪　羅得勝　李學清　陳春霆
胡國順　周元金　張春發　張紹宗　葉炳禮均同治三年
襄陽縣陣亡
鄒玉堂　吳有元　劉定安　陳必富　王金魁　夏高升均
同治四年外省陣亡
鄧賜彪同治五年麻城縣陣亡
葉大祥　李長勝均同治五年天門縣陣亡
以上均見節義錄說見前
李紹德咸豐三年正月李家集陣亡
樊洪福咸豐三年十二月陣亡
傅步升　徐金福　陳開發　鄭萬勝均咸豐三年廣濟縣陣



亡
石耀彩咸豐三年江西陣亡
王開甲咸豐四年二月迴龍山陣亡
劉宜忠　劉克成　劉　五　劉六生　劉祖德　劉金海
劉萬全　劉昌富　冉祐賜均咸豐四年二月劉家坳陣亡
徐長元　温宏泰　劉學訓　温輝斗均咸豐四年二月新洲
陣亡
胡忠鞠咸豐四年二月陣亡
王希桂咸豐四年四月大崎山陣亡
李應尊　李子道　王宏文　王朝賢　王紹武均咸豐四年
四月硤石衝陣亡
饒步陞咸豐四年四月倉埠陣亡

郭家琦　郭易元　郭萬清　郭立川　郭長樂　陶高升均
咸豐四年五月楊叉河陣亡
徐慎直　徐澤魁均咸豐四年五月潑湖畈陣亡
劉華楚　曹彩文　段國順　郭同春　陳裕元　陳愷南
陳儀文　陳洪升　陳洪傑　陳鳳祥　陳秀芝　温萬谷
林長學　郭明發　郭國福　劉光宗　劉高富　郭文榜
郭耀愷　郭福海均咸豐四年五月周家堡陣亡
張敬型咸豐四年五月本區陣亡
程元松　周正發均咸豐四年六月父子嶺陣亡
程宗元咸豐四年六月雙河口陣亡
蔡浩山　蔡開元　蔡百川均咸豐四年六月蔡家隄陣亡
江景基　羅高林　江景環　江運强　江福凝均咸豐四年



六月赤土坡陣亡
周時太咸豐四年七月丁家擋陣亡
任文魁　任用國均咸豐四年七月得勝洲陣亡
張世林咸豐四年七月火燒堰陣亡
喻慶順咸豐四年閏七月淋山河錫印橋陣亡
張履廣　張高照均咸豐四年閏七月陣亡
胡福興咸豐四年八月得勝山陣亡
劉宗才　劉宏映均咸豐四年八月陽邏陣亡
張厚德咸豐四年九月但店陣亡
王開福　毛連元均咸豐四年堵城陣亡
黃更夫咸豐四年三廟堡陣亡
倪世和咸豐四年陣亡

李天壽　傅高升均咸豐四年江西陣亡
劉成瀧咸豐五年正月圍風陣亡
游豫生　趙家順　萬友恆　張金萬　萬起才　萬年松
陶方興　陶占鼇　高大德　胡新輔　羅美伢　羅方友
羅方喜　羅重喜　巴謀期　何定泰　何順婣　王楚念
徐克賢　徐元亨　汪光傑　蕭金柏　吳天松　吳登書
吳連陞　陳祥珍　姚開選　姚和宗　庫太經　周式海
羅萬里　羅方美　羅方仁　羅流光　羅流美　羅方鼎
鍾遺伢　潘立春　黃道翥　陳名顯　陳明進　陳太平
陳太保　陳輝斗　陳雄太　陳朝義　陳鳳嵩　陳三久
陳繼先　李松海　梅呈祥　陳宏發　陳柏順　江寶强
陳姑恩　江運緒　江寶勝　江清雅　江運登　何細受



蔡恆裕　曾正脩　曾啟勝　曾百林　曾明久　曾明富
羅世虎　羅萬太　羅春年　江景先　江寶久　江運乾
江仕進　江寶童　喻錫章　沈添順　羅昌郡　吳天敌
庫方盛　高寶康　庫方祥　程登選　程能泰　陳銀久
喻治剛　喻在美　喻本仁　羅天富　胡用功　鍾慎貞
鍾清杞　鍾清六　鍾應宏　江寶福　吳輝光　劉四伢
王福壽　王福保　劉大庭　高天保　高祖賜　高發伢
余文友　謝友坤　熊先賜　李克文　任開傑　徐明元
繆咸輔　程宗友　陳開國　陳崇高　饒應友　饒祖生
曾正敘　曾宏順　曾秀敏　曾之安　曾位潔　曾意財
曾正乾　曾應逵　曾有望　曾春發　曾鼎先　曾瑞林
曾結林　曾喜伢　曾玉輝　曾耀宗　曾春貴　曾書鵬

曾惟順　郭炳棟　郭壽山　郭成太　郭高祥　郭宗發
郭雙全　郭勝祖　郭　橋　劉細五　沈雲華　沈福祖
李英祿　李英福　李希宗　李宏順　張楚勝　張希達
徐慎强　徐文舉　李奉舉　李熙宗　徐慎利　徐福林
徐上伢　徐元亨　徐春林　張松樂　饒長順　方寬發
楊長青　周化龍　陳萬泰　陳官奇　江發楚　江則春
李鎰萬　任福三　羅世仁　羅昌盛　李共英　王德位
曾香伢　朱誠瑛　朱常春　朱元吉　喻大發　余道興
李全義　陳和慶均咸豐五年正月漢口陣亡
郭國仲　郭應春　郭　椿　郭琦林　郭恆元　胡名捷
胡宗渭　胡如意　胡印海　徐元龍　徐六福　徐新慶
徐升高　徐志鳳　朱天周　徐兆華均咸豐五年正月武當



口陣亡
馮永壽咸豐五年二月軍山鋪陣亡
程自貴咸豐五年二月倉埠陣亡
任芝三　任綿貴均咸豐五年二月倉埠陣亡
胡自新　張元彥　張朋進　吳德化均咸豐五年二月迴龍
山陣亡
宋保勝　張東伢　張正楚　張中秀　詹耀堂　吳炳珍
鄭美賜均咸豐五年二月夏家畈陣亡
曹馭成　曹興祖　詹入廣　陳應章　曹文槐　邵希高
邵際魁　王景才　郭耀溥　曹萬宜　曹文秀　邵際耀
邵全盛　蘇萬春　張道粱　王垂訓　張朝秀　倪元舉
張咸勝　孫玉龍　張登全　張登魯　張其勝　陳有乾

邵際泰　邵希棟　張兆周　邵際煥　邵際直　邵際勝
陳應德　陳應楷　張兆元　張一福　邵際祿　邵正域
張兆貞　邵際福　邵文富　邵際高　歐陽榮蛟均咸豐五
年二月陣亡
黃心順　江寶田　余獻秋　余勉周　余德滋　江景明均
咸豐五年三月新洲北街陣亡
張起先咸豐五年三月嘉魚廟陣亡
李復堂咸豐五年三月迴龍山陣亡
胡盛賢咸豐五年四月倉埠陣亡
曾世廣　曾如懷　謝肇東均咸豐五年四月槎栅街陣亡
張國元咸豐五年五月馬鞍山陣亡
萬福先咸豐五年五月甘塘鋪陣亡



王良才　王光朝均咸豐五年五月白菓坳陣亡
余獻清　余信貴均咸豐五年五月井字山陣亡
江五喜　王宗保　李芳智均咸豐五年五月倉埠陣亡
萬成泰咸豐五年五月黃陂蕭家畈陣亡
金世杰　柳延和　柳宏宗　李榮友　柳延禧　柳延喜
柳祚貴　袁東壽　柳延倫　李炳讓　張文泰　胡志龍
周霞起　周曾音　萬成友　周曾友　周高發　萬正乾
周曾芝　周啟文　項極記　周勝喜　胡自得　柳永林
項明延　黃載奎　黃祚升　黃永耀　黃永安　黃正祥
黃永濟　黃元寬　黃得斗　黃長齡　黃成林　萬成禮
萬銀斗　柳宏須　項明高　項明導　項長福　柳金林
張重福　柳祚興　柳明川　柳廣有　項萬福　張重學

張重昇　朱功學　項錦友　項全泰　柳金海　周迎春
黃長申　萬成義　柳宏總　項金玉　項萬友　陳封和
陳金龍　陳九成　夏朝鈞　張文華　張德華　張啟華
程澤和　李秉懷　李秉啟　李榮漢　李榮純　李榮泰
李榮清　李秉煥　李宗利　姜保貞　張正安　張鳳儀
毛寶玉　毛大金　李崇興　潘志據　朱豐華　徐必有
詹年豐　羅應愷　朱豐厚均咸豐五年五月陣亡
徐克勤　胡世寬　徐景春　李勝春均咸豐五年七月辛家
衝淋山河陣亡
曹義集　董東顯　程勝福　程長福　陳連陞　程永壽
程福賜　程官賜　程大平　程細平　程耀焜　程俱全
江心麗　劉志良　劉振家　劉洋生　曹新元　童盛潤



羅連貴　黃順義　程萬法　陳宏興　羅錦坤　陶義伢
陶榮壽　陳德漢　韓克志　夏炳德　夏澤忠　夏𣡕起
夏必魁　陳國輝　徐亮興　程同順　施乾元　施更伢
胡世發　胡世選　胡錫剛　張冬望　羅載年　羅以垣
羅以詠　羅光全　方伯友　江同貴　曾來伢　曾喭伢
江同春　鄧三統　王基國　韓定山　徐慎明　陳玉彩
余之福　李玉棟均咸豐五年七月花園鋪磐石橋陣亡
何貞素咸豐五年八月磐石橋陣亡
蔡明元咸豐五年十月湖泰村陣亡
羅蓮貴咸豐五年十月赤土坡陣亡
宋勝章　廖新伍　廖兆舜均咸豐五年十月葉家大橋陣亡
劉　清　劉浩同均咸豐五年十月淋山河陣亡

段基高　操元章　操元英　徐世啟　陳士貴　徐文美同
子福喜均咸豐五年十月泡桐樹陣亡
吳從順　謝南陽　謝南世　胡名可　徐永高　胡正承
胡名舉　胡名清　雷有義　胡正宗　胡錦春　張應祥均
咸豐五年十月新洲陣亡
喻在貴咸豐五年十一月橋頂岡陣亡
王孩春　戚慶善　戚天福均咸豐五年十一月夏家鋪陣亡
王雲路　王德泰　程世綱　程全福均咸豐五年十二月天
池寺陣亡
姜麻子潘塘人知縣葛致遠募爲兵衝鋒殺敵猛鷙無前咸豐
五年在辛家衝力戰陣亡
朱成敬　朱成浦均咸豐五年周山鋪陣亡



揭合意咸豐五年迴龍山陣亡
劉四貴　劉雙林　劉四伢均咸豐五年宋家牆陣亡
吳士偉咸豐五年蘄水縣陣亡
謝國令咸豐五年陣亡
陶善慶　孫世旺　孫之琅　姜運隆　梅慶祥　陳毀匠
李映高　黃名忠均咸豐六年二月風火嶺陣亡
胡世福　胡世廣　胡世春　左其義　徐全發　李學清
劉明玉均咸豐六年二月楊叉河陣亡
高章達　高順泰均咸豐六年三月新洲陣亡
曹世德　曹懷玉　劉楚華　劉金壽均咸豐六年四月楊叉
河陣亡
喻本瑄　曹封申　喻治周　吳天求　吳立志　江大未

何興元　何功義　何化吉均咸豐六年五月迴龍山陣亡
王天元　任運泰均咸豐六年六月城外陣亡
徐炳周　徐琳圭　徐琳本均咸豐六年八月本區陣亡
李幹周咸豐六年八月白菓坳陣亡
曹光耀　黃成祿均咸豐六年孔子河陣亡
葉開陽咸豐六年督勇禦賊被擒不屈賊尸解之
胡世甲　胡世顧　徐作舟　胡順發　項福生　胡協和
胡遺愷　張正望　胡名富均咸豐七年四月三店柳子港陣
亡
陶宏泰咸豐七年五月廣濟縣南門陣亡
王高攀咸豐七年六月陳得岡陣亡
楊興魁　丁之元均咸豐七年六月上巴河陣亡



朱立志咸豐七年七月上巴河陣亡
曾成松　陶慶光均咸豐七年七月土樓河陣亡
童開第　童高翔　童開朝均咸豐七年七月花園區湖中陣
亡
鄧士杰咸豐七年十二月陣亡
李效慶咸豐八年河南廟兒灣陣亡
饒輝祖咸豐八年河南正陽陣亡
陶慶連咸豐九年三月麻城花雞河陣亡
毛學堯咸豐十年陝甘陣亡
欒六意咸豐十一年二月陣亡
成發魁黃州協守兵咸豐十一年二月龍王山坡陣亡
王定元　洪賢栗　洪祖喜均咸豐十一年八月麻城縣陣亡

王祚發　王祚譜均咸豐十一年德安府陣亡
邱興亮　邱興榮均咸豐間陣亡
陶煥章同治元年七月河南信陽州邢家集陣亡
劉啟萬同治元年河南潁州府馬家圍陣亡
徐新喜同治元年四川雲安廠陣亡
徐慎青同治二年三月麻城馬頭山陣亡
周元啟　王武定　呂宗元均同治二年九月潘家塘陣亡
徐榮顯　徐善業　徐冬望　朱祥順均同治二年九月麻城
　馬頭山陣亡
朱雙貴同治二年息縣方家寨陣亡
胡公爵同治三年五月錢家堡陣亡
桂唐漣同治三年五月合峯山陣亡



余士鰲同治三年五月野麻村陣亡
高永銀同治三年五月葉店陣亡
余士美同治三年五月孫家河陣亡
李清海同治三年五月老屋河陣亡
曹四十同治三年五月千里岡陣亡
李顯照　李家塘均同治三年五月長安腦陣亡
黃艮虎　黃國登　黃國壽　邱豫興　邱豫光　黃可仁
黃可久　黃國久均同治三年五月葉店區黃六官陣亡
朱華堂　余篤綸　余性銀　余性和　余性舉　蕭式朝
黃國康　余復元　余有久　余裕順　余壹伢　余華清
余一品　余德用　余昌煥　余節元　余獻章　余正家
余普光　余懷主　余在文均同治三年五月葉店區汊河陣
亡
丁受天同治三年五月麻城望花陣亡
丁願意（縣冊作監生）同治三年五月羅田縣陣亡
曹昌富同治三年六月徐古區陣亡
范利選同治三年六月黃安縣陣亡
邱渭濱同治三年七月七道河陣亡
程連陞　程吉華　程永泰均同治三年九月硯池畈陣亡
詹從雲　詹步雲　詹步高　詹懷玉　詹以禮　詹昌華
詹象才　詹春祥　詹全富　詹昌元　詹朗如　詹文桂
詹人意　詹人章　詹啟生　詹譜生　詹人福　詹昇華
詹文熠　詹文明　詹輝祥　詹人光　詹輝啟　徐之元
趙文發　曹鴻元　曹鴻恩　王作明　曹結子均同治三年



　十月竹瓦區詹家湖陣亡
張應崧同治三年十月陣亡
易用偉同治三年十二月蘄水縣何家寨陣亡
王之堯　王緒富均同治三年宋埠陣亡
黃艮梅同治三年浙江陣亡
李時發同治三年江蘇吳縣陣亡
僧廣隆同治三年陣亡
雷元輝同治四年五月本區陣亡
馮明富　馮永慶均同治四年七月甘肅寧夏府金雞埠陣亡
黃才兆　黃才秀　陳艮祿　陳艮智　余獻紀　朱能化
黃才元　黃才意　黃艮淑　黃艮亨　高紹相均同治四年
　十二月葉店區陣亡

余銀安　余學海　余出羣均同治四年十二月葉店青頭嶺
陣亡
王柱杞　王柱杰　曹興祖　陳天賜　邵正朝　舒萬青
歐榮光　邵正榮　邵際春　童芝洪　歐和萬　歐和濤
邵同福　張咸甯　張文信　歐榮盛　歐榮會　張肇望
歐祚貴　張廷斌　張定安　王烈煜　傅其全　簡興桂
傅其勝　傅世綿　李十六　王成才　傅其懷　傅世龍
王烈祥　傅昌宗　傅其麟　張高翥　張聯芳　傅三留
傅長松　張占山　何永久　何永順　張肇棠　張平安
邵希勝　陳士乾　張廷喜　張咸林　邵希懷　張太元
張朝俊　陳克升　張正彩　何得高　王景壽　王文山
傅昌春　傅昌起　王　華　邵希枝　張朝宗　汪兆邦



汪兆宗　劉　長　張開發　汪　壽　詹文發　馮廷華
馮名苓　黃大礅　黃二礅　曹順德　曹稱意　曹　利
曹官佑　曹道全　曹五熙縣冊作千總　曹紋倫　曹遂尊　曹文德
曹文朝　曹文明　易正乾　万炳照　方新順　方從順
方奠亭　方士志　蕭　合　蕭百壽　歐祚法均同治四年
十二月鶯公頸陣亡
胡嘉興　胡瀛海　胡長福　胡逃荒　胡長春　胡怡凱
胡華清　胡　興　朱桂望　郭慶合　郭　恩均同治四年
十二月團風陣亡
邱辰德　曹封彝　曹隆冀　李宗起均同治四年十二月本
區陣亡
萬裕元　萬裕英　萬裕善　萬維周　萬家喜　萬成泰

萬楚雄　余廷祖均同治四年十二月楊陂廟陣亡
陳尚睦　陳尚懷　陳楚珩　甘永茂均同治四年十二月禦
賊陣亡
江運會　江永高均同治四年李集區陣亡
張五意同治四年荊州府陣亡
張勁安同治四年陝西平紫鎮陣亡
童邦勝同治四年陝甘陣亡
張早義　張四意均同治四年甘肅陣亡
陳四伢同治四年陣亡
曾憲壽同治五年正月汪家集陣亡
李元喜　李正方均同治五年正月李家寨陣亡
余世發　余道五　余譜久　蕭朝乾　陶守剛　余效勝



余有祥　桂陶鳳均同治五年正月葉店洪山寨陣亡
陳炳坤　徐炳吉均同治五年正月陣亡
曹二喜同治五年四月本區陣亡
陳繼彬　陳繼顯均同治五年五月甘肅陣亡
庫方崇同治五年十月義興堡陣亡
戴保林同治五年十一月鳳凰堡陣亡
郭汝舟同治五年十一月三店陣亡
徐曉泰　徐保福　徐文榜　徐祖保　徐其愷　徐祥興
徐道德　徐馥順　徐金燦　徐祖發　徐發生　徐邦選
徐志順　徐朝揚　徐朝相　徐明哲均同治五年十一月本
區陣亡
許宏泰　許三保　夏宗清均同治五年堡上禦賊陣亡

吳勝文同治六年二月督勇喻家山賊衆驟集力竭死之
邵際周同治六年二月城山寨陣亡
戴之倫同治六年二月董寨陣亡
程永順同治六年二月鳳凰堡陣亡
朱全順同治六年二月本區陣亡
黄鳳先同治六年三月本區陣亡
李春林同治六年三月鄭家寨陣亡
徐士愷　徐長順　徐佑元　徐效文　徐啟文　徐磙歌
徐加潤　徐全發均同治六年三月本區陣亡
潘占楚同治六年十一月義興堡陣亡
吳纘乾　呂德升　龔興貴　張家賢　胡明喜　吳纘清
魏道志　凌正德　李光前　張學顔　吳紹漸　殷名富



黎崇高　周名年　周有山　王肇武　王肇志　王艮佑
王福花　王純有　王佐楷均同治六年二月鴿子湖陣亡
謝四元　謝坦元均同治七年剿回陣亡
徐家祥同治七年陝西省陣亡
朱喜德淋山河陣亡
王宏立紅石牌陣亡
周球伢潘塘陣亡
羅百福　許光化均土地嶺陣亡
趙攀瑰　李大鍾　李大有　李大全　李大純　李世仁均
團練陣亡
陶三瘊黄陂縣陣亡
朱和富棗陽縣陣亡

吳天恩　吳天祚均河南省陣亡
吳天望　謝佛佑均河南汝甯府陣亡
陳官應　陳全喜　陳和泰　鍾如伢　陳新發　巴春樂
何紹林　何世倫　徐望生　羅元接　羅高發　李楚伢均
河南陣亡
吳天級安徽省陣亡
王正順安徽定遠縣陣亡
胡應順安徽鳳陽府陣亡
胡寄松河南睢陽縣陣亡
劉連陞剿回匪陣亡
鍾金武甘肅陣亡
姜守鶴　周體堂　周家文均陣亡



劉耀宇因公淹斃
楊余嘴有綽號八戒者佚其名嘗獨追十餘賊連斃其八餘賊越
溝走從之墮泥中爲賊傷至死語家人曰我死爾輩同心殺
賊勿以我爲戀
以上依採訪册增入
汪友升　李克松　左得勝　朱紹復　邱正興　邱士才
龔志忠　王斯篤　王廷華　王全盛　李振塽　李振璘
郭正興　周六好　童效南　童定邦　童觀化　夏炳炬
楊金山　楊松賢　張學仁　萬成勣　萬成先　羅接好
湯勝春　蕭得勝　余保元　陳全盛　陳　全　汪均富
汪志宏　鍾兆奎　吳奇僕　韓起太　汪輝清　童定國
陶早鳳　陶八好　陳道明　左昆山　左廷强　陳步州

陳本發均咸同間陣亡
王得勝　王金興　王永德　楊安邦　高學義　方攻鵬
鄒海青　陳恩高　劉占楚　劉承宗　劉　福　於五福
彭陽春　吳萬興　陳萬發均外省陣亡以上依縣冊補



殉難紳士
萬裕忠文生咸豐二年十二月在省城殉難
蔡敦典從九品咸豐二年十二月在省城殉難
胡永鈖監生咸豐三年三月在縣屬殉難
洪艮臣　王　鵬　黃錦新均從九品咸豐三年九月在縣屬殉難
邵希湘軍功咸豐三年在縣屬殉難
高定魁外委咸豐四年五月在武昌縣屬殉難
劉遐鈞監生咸豐四年六月在江夏縣屬殉難
張德明軍功咸豐四年在縣屬殉難
黃定元外委咸豐五年正月在漢陽縣屬殉難
張越未入流　張承啟文生　魏逢年武生均咸豐五年七月



在漢陽殉難
王景銑文生咸豐五年十月在縣屬殉難
舒龍甲　舒正明均從九咸豐五年十月在縣屬殉難
黃可詳　李維瀚均縣丞銜咸豐五年在縣屬殉難
劉光炳從九品咸豐六年二月在武昌縣屬殉難
王建中文生咸豐六年三月在縣屬殉難
黃啟運舉人咸豐六年在縣屬殉難
鄧開祥候選縣丞咸豐十一年五月在縣屬殉難
余文瀚文生咸豐十一年在縣屬殉難
黃理貞　夏承訓均從九咸豐十一年在縣屬殉難
黃可鼇監生同治三年三月在縣屬殉難
汪光甲同治三年五月在縣屬殉難

汪步瀛監生同治三年六月在縣屬殉難
孫光訓試用縣丞同治三年八月在縣屬殉難
操南薰歲貢生同治三年在縣屬殉難
陳瑞監生同治四年十二月在縣屬殉難
李鴻玉　林廟守衛司百戸銜同治四年十二月在縣屬殉難
張德潤　陳元發均從九同治四年十二月在縣屬殉難
林逢戊歲貢生　周乘裕軍功均同治四年在縣屬殉難
陳錦源監生　游翊運從九品均同治五年正月在縣屬殉難
劉光前州同銜　施吉祥監生均同治五年十二月在縣屬殉
難
徐寶善州同銜同治六年二月在縣屬殉難
邵先訓監生　張高發都司銜守備　徐德華從九職銜均同



治六年二月在縣屬殉難
黃鴻藻候選縣丞同治六年十一月在縣屬殉難
縣冊作際芬
黃際方文生同治六年十二月在縣屬殉難
張斗南　王開鼎均同治口年在縣屬殉難
以上均見節義錄說見前
陶宜愷從九品　陶瑞清儒士同治四年殉難見縣冊
李振靖監生咸豐三年十二月在胡家墩遇賊殉難
程玉森從九品咸豐五年三月遇賊與鬬不敵赴水死
朱學元武生咸豐五年被賊執誣以坐探殺之
葉承康監生咸豐六年五月在陶店被賊執誣以坐探康罵不
絕口賊怒寸磔之投諸江
李朝順監生咸豐七年十月遇賊被擄不屈賊殺之

隗象春軍功咸豐十一年二月遇賊不屈死
王基常監生咸豐十一年粵賊竄黃脅常至蘄水之姚塘不屈
躍入塘內賊以矛刺死
鄭元凱衛守備咸豐口年粵賊踞黃逼授僞職不屈加以毒刑
傷重死
游亨會從九同治二年九月病不能興賊至索金銀會罵賊賊
殺之
桂紹金監生同治三年五月在大樹坡殉難
程炳榮武生同治三年五月被賊擄不屈露刃逼之榮罵賊死
朱兆桐職員同治三年九月在巴水驛遇賊不屈赴水死
張錦雲庠生同治三年被賊執不屈罵賊遇害
林玉書監生同治三年遇賊於泉華山被殺



汪大受職員同治三年遇賊於鷄子湖不屈遇害
李達德監生同治四年十二月避捻匪至百福寺被殺
李兆鴻監生同治四年十二月遇賊於九姑井大罵賊怒斷其
舌死
陳澤溥增生同治四年十二月遇賊殉難
樊士銓從九品同治四年在汪家集遇賊不屈死
李開富七品軍功同治四年殉難
羅開榜六品軍功同治五年正月殉難
朱鳳翔監生同治六年在周山鋪遇捻匪殉難
鄧秀章　鄧聯甲均武生遇賊殉難
以上依採訪册增入
殉難民人

許　升　萬裕應均咸豐二年在江夏縣屬殉難
徐德俊　王對兒　涂尙志　王鼎洛　靖士元　王應文
熊家祥(採訪作監生)　熊養正　童家駒　曾光耀　馬先株　馬先祿
汪維先(採訪作武生)　汪維壽　戴承祚　顧國型　顧朝珩　張謙益
魏朝棟均咸豐三年在縣屬殉難
汪後貴咸豐三年在廣濟縣屬殉難
萬成芳咸豐三年在江夏縣屬殉難
李明漣　江德純　黃錦標　黃宗義　黃彩以　黃義成
黃步雲　操再魁　盧治墉　曹近主　程漢川　余順祥
王廷福　王得順　楊大元　王鉅萬　楊萬鵬　梅廷秀
蔡尙義　梅廷學　梅紹啟　黃福昌　劉發興　王乃第
韓正玉　王子樹　王家元　王家泰　蘇正懷　左大元



張大鵬　左勝義　韓克連　洪延齡　韓高耀　韓彩耀
梅文義　李啟源　蘇明福　蘇明德　雷必順　江大月
巴錫古　巴永耀　巴紹冕　巴福高　江宏弼　江朝福
江德廣(採訪作書吏)　江福堯　江長青　江春發　張必法　張耀富
余廷棟　王國琛　張　福(蕭位三僱工)均咸豐四年在縣屬
殉難
李能璧　朱勺庭　朱豐樂　李懷遠　謝紹林　鄧廷彩
袁滋放　汪久潢　龍繼湘　戚友山　洪延聰　韓廷廣
但傳祥　左化莉　游全義　游占元　游如坤　韓玉林
孫國寶　洪全盛　沈繩武　陳正青　歐廷海　羅正興
李萬忠　盧正有　李裕元　沈崇禮　潘世英　余大才
張道文　余合全　祝洪盛　戴乾富　劉崇正　劉最元

石萬春　劉全發　劉步雲　朱長久　王遵守　劉崇廣
邢世選　張乃堂　張道灼　吳春富　王大英　梅其發
史存戢　張喜生　吳作敖　夏道興　陳正宏　陳正起
陳七兒　陳璞山　陳萬順　夏有德　夏彌進(採訪作連山)　靖華貴
陳全富　陳如田　靖豫固　程世喜　陳連三　陳體乾
吳祥太　陳學翰　胡華維　王模春　馮元瀛　艾客人
王大煩　王大坊均咸豐五年在縣屬殉難
韓雙貴　張善成　操本烈　韓明才　李大者　張時全
徐起鵠　操元貴　操元祿　方永太　郭侯喜　孫華林
張榮升　談國楚　陳大善　陳忠發　涂秉祜　楊以柏
楊興祿　王基槐　袁起偉　黃定太　方正順　呂宏恩
操熏明　方萬年　王彩學　黃明剛　竇大山　胡新輝



胡新德　胡新慶　徐恆萬　胡全順　易輝廷　易起先
陳如駿　李狗兒　吳彩臣　何名貴　張占雄　羅全昇
吳太山　韓克義　操敦萬　操本進　張立昌　吳魚躍(採訪作意謙)
吳天機　喻普應　任棉貴　任般鼇　盛敦榮　鍾義謙
鍾維畏　鍾清鵠　程志義　程志信　程福玉　張天佑
王發伢　張浩元　張楚傑　張榮昇　畢大者　畢二者
周大漣　劉恆發　雷名璥　雷名珖　雷錫驥　雷錫駒均
咸豐六年在縣屬殉難
吳光宗　楊名顯均咸豐十一年在縣屬殉難
黃豐漣咸豐十一年在安陸縣屬殉難
王元富　陶忠烈　張載青　黃耀奎均同治二年縣屬殉難
鍾明程　鍾明紹　鍾明馨　鍾明玖　鍾明經　孫正啟

孫正成　孫時良　孫時安　孫明炯　喻德恆　徐萬珍
胡全福　韋祥春　傅其和　王純英　胡鉅剛　王純鑑（採訪作振序）
胡華區　吳林元　左春藻（縣冊左作王）　王宏德　汪伯勤　孫振緒
左致遠　張澤玉　張能升　張士煌　張金鐸　黄亮采
黄時亨　黄周舒　黄家賢　黄民傳　黄萬斌　黄遂昇
黄定中　黄世用　黄萬松　黄芹香　黄添福　黄民富
黄得發　黄正英　吳永富　黄兆璜　黄兆福　黄清潔
黄克遂　黄有萬　黄兆才　黄佑生　黄六妍　戚光常
王士賢　童光祖　張鳳樓　張鳳梧　張采亭　黄極三
黄百侯　吳楚還　梅黎杰　黄品恆　梅垂緩　許言受
許其全　許其林　許兆林　許炳元　許樂兒　許敦兒
許國宏　許萬友　許國珍　許耀庭　童芳圃　韓舉維



孫　福均同治三年在縣屬殉難
陶雲受　陶德盛　楊名啟　周顯才　周宗琳　胡定樂
胡祖興　林映祿　周步興　邵宗貴　周傳牙　張紹祥
周功起　張國安　陳春暄　邵國寶　涂春霆　涂敦貴
韓啟富　易世龍　程馬伢　周宗琯　陳天春　周廷萬
周鳳岐　涂康林　周普貴　張文耀　葉慶昇　王一清
尹應舉　張紹元　陶聲遠　林儒珍　林華玉　張含倫
熊克勝　周東海　葉肇迎　陳炳清　楊占鼇　汪久恕
林題榜　陳獻國　陳保國　陳財來　林開榜　周尚喜
韓掄元　韓世善　韓馬伢　林才聖　童象本　潘中有
黄必興　陶啟黄　陳二意　陳春明　周元光　周振海
周基松　韓朝永　韓啟才　韓錫來　林向輝　韓方久

韓永發　羅依聖　羅東望　韓恭壽　黄光選　陳紹南
葉汝蘇　林方興　王旺甫　林秀華　陳錦詳　陳緒漢
陳慎玉　繆國安　林仁義　林光前　韓高陞　林繼秀
陳名有　繆勝祥　向龍光　陳國華　向名松　周普吉
汪一進　汪同春　韓開選　韓加行　韓萬育　韓成英
韓普濟　韓大生　童壽喜　陳有禮　汪應台　黄又和
陳依舜　繆如賢　向善述　陳受唐　陳振交　嚴秀蘭
游亨陞（採訪作豐桂）　潘章富　蕭崇山　李學捷　何貞護　李明亮（縣冊作順理）
游豐貴　劉昌寒　張南山　張容順　張明伢　劉理順
會結子　張永富　汪元志　孫德明　王步金　王緒春
陳開華　張祥志　王發勝　劉萬勝　奚德貴　曹隆成
袁繼賢　王全福　曹封益　孫章瓊　胡茂璜　余全順



汪捷勝　孫清吉　葉基肇　王發耀　何歡生　余世發
李忠善　林開揚　林心寬　陳賓玉　張楚銀　陶懋松
王成芝　王秉重　王自京　王自玖　周廷選　周物青
陶仁尊　張望生　韓濟才　羅千貴　羅明啟　殷體寅
周兆寬　林光楚均同治四年在縣屬殉難
羅十貴　周元吉　周合林　陳高壁　汪孔輝　程先貴
周燕瓊　江有恆　周惇五　王右伢　夏芹伢　張安定
尹幼伢　陳時清　林紹勳　胡振揚　向士安　周萬清
邵位高　葉大彭　張玉喜　張直常　袁能貴　蔡長久
汪鳳金　汪鳳珠　葉肇回　孫偉好　陳百遂　魏占鼇
胡華藻　舒之雄　任曰勝　李良才　劉昌珠　劉永富
張登週　陳品興　陳雙喜　林繼元　汪永貴　韓豐有

陳賜鯉　葉大有　陳治高　張仲衡　陳兆先　童衍嶺縣册作衍嶽
段體仁　段耀名　陳國材　童錦春　陳瓊華　林己巳
程元善　郭學易　林春露　陳聖懷　陳賓于　陳如川
陳結彖　劉內春　陳才高　陳師尙　陳受登採訪作祜季　陳常泰
林攸凝　陳才富　黃元和　陳長年　陳祜秀　向惠普
黃之華　黃啟華　童耀譜　汪宏定　陳從周　韓普周
林光烝　林美學　陳聯輝　張金福　張子英　陳上蘭
周洪良　周超羣　葉際會　陳長金　陳福祥　童全三
袁士華　陶明楚　陶勝强　張應亨均同治五年在縣屬殉
難

以上均見節義錄說見前

黃步昌　黃時濤　黃家馴均咸豐十一年殉難



黃時律同治三年五月在三店殉難
童象南同治四年殉難
劉萬盛同治五年殉難以上均見縣册
方追遠咸豐二年十二月粵匪陷城遠與賊鬬不勝賊支解之
方追祖　方繼學　方廷鐸均咸豐二年十二月在城外遇賊
不屈死
張家騏咸豐二年辦理團防十二月在省遇害
左蘦咸豐二年粵賊竄黃遇賊不屈死之
王道揚咸豐三年正月在陶店遇賊被擄不從遇害
陳永昌咸豐三年正月在堵城遇賊被擄不屈賊火焚之
趙錫麒咸豐三年二月遇賊力鬬死之
齊達道咸豐三年三月遇賊被脅不從賊殺之

徐貞咸豐三年二月遇賊被殺
程一鵬咸豐三年六月在省城遇賊殉難
李壽禧咸豐三年八月遇賊於堵城賊令牧馬不從大罵奪賊
刀自刎死
吳德廣黃州協營書咸豐三年九月隨協鎮赴省城陷死之子
傳忠亦遇害
於鳴義咸豐三年十月賊至鄰婦多奔避義室義拒賊於門賊
怒刺死
張必昌咸豐三年十月遇賊於馬家河被執不屈死之
周兆熊咸豐三年十月在鄧家塝遇賊殉難
喻正光　張永發　熊有朋　方邦安均咸豐三年十月遇賊
殉難



胡先明咸豐三年十二月在蔡家潭遇賊殉難
王廣雄咸豐三年十二月在路口遇賊殉難
羅盛懷咸豐三年遇賊不屈死之
邱衍春咸豐三年冬遇賊被擄不從賊殺之
鄒緒瓊咸豐三年遇賊被脅令牧馬不從迫以刃瓊怒罵賊殺
之於陶家衝
嚴厚銑咸豐三年在城外百福菴遇賊被擄不屈死之
程年彬咸豐三年在操家岡禦賊被害
劉文珠咸豐四年正月在松陽鋪殉難
黃正佳咸豐四年正月在鵝公頸殉難
方極照咸豐四年正月湖廣總督吳文節公殉難於邑之平頭
山照往尋其屍賊追及之遇害

江大[illegible]咸豐四年二月在雙河口殉難
歐宗煦　郭家梅均咸豐四年三月在陳德岡遇賊被執不屈
遇害
高定魁咸豐四年五月投遞公文中途遇賊被害
李大合咸豐四年六月在李家集殉難
王開鈺咸豐四年六月在省城殉難
余作鵰咸豐四年閏七月遇賊逼授僞職不屈投馬橋龍坑死
鄭宜玖咸豐四年粤匪逼脅不屈死之
盛之鏞咸豐四年在團風鎮遇賊殉難
徐士賁弟士材士志咸豐四年同被賊執不屈遇害
陳祐祥咸豐五年正月被賊擄至李家集不屈死
李能祺咸豐五年正月在堵城遇賊殉難



程仁和咸豐五年正月遇賊殉難
林有倫子宇正宇遠姪宇全咸豐五年二月穆協鎮兵館於其
家賊猝至以護官兵見殺
桼德成　桼後儒　周啓華　王仁貞　何官桼均咸豐五年
二月遇賊殉難
馬遵恆咸豐五年二月在團風遇賊殉難
馮明春咸豐五年二月遇賊被擄不屈死
葉咸熙同弟咸績咸亨子宜升姪宜蘭咸豐五年三月遇賊殉
難於葉家大橋
汪在元咸豐五年三月在路口遇賊殉難
黄三伢咸豐五年三月遇賊逼脅赴水死
蔣大安同子廷善孫希棟咸豐五年三月遇賊殉難

隗理選咸豐五年三月遇賊殉難
熊德鈺咸豐五年四月遇賊不屈死
鍾文煒團風驛鋪司咸豐五年六月傳遞麻城縣公文事洩賊
磔之
歐陽道隆咸豐五年九月遇賊被執叱令跪隆厲聲曰頭可斷
膝不可屈也賊殺之
徐澤耀咸豐五年十二月遇賊不屈死
毛東暘咸豐五年粤賊踞黄知縣葛致遠在舊州練勇防堵暘
奉諭探賊年餘事洩賊磔之
陳嘉訓縣工書咸豐五年粤賊踞黄訓遠避賊尋獲逼令繳征
收册卷訓不從極刑拷掠三日嘔血死
舒後椿咸豐五年在本鄉鳳凰潭遇賊殉難



姜念祖咸豐五年遇賊被擄不屈死
吳永應　柯煙匠　鍾發伢　李廷瑞　李啓太　李國棟
謝國富　謝全順　謝行周　謝紹伢　謝洋三　羅萬里
吳長烈　桼明柱　黄必興　姜必興均咸豐五年在縣屬殉
難
邵光昱咸豐六年三月在團風後湖遇賊殉難
高長久咸豐六年三月遇賊殉難
徐八戒咸豐六年五月在徐家樓遇賊殉難
葉鳳鳴咸豐六年五月遇賊被擄不屈遇害
汪家駿咸豐六年七月在黄家鋪遇賊殉難
馮地桼咸豐六年八月遇賊不屈死
盧安福咸豐六年充當團勇賊至花園鋪福被擒遇害

孫長清咸豐六年奉縣諭探賊事洩遇害
張翔槃咸豐六年在李家集遇賊殉難
何允懷　涂秉熙均咸豐六年遇賊殉難
羅雙熙　羅天二　羅許二　曹高嵐　詹香二　曹添耳均
咸豐六年殉難
盧榮朝咸豐七年六月賊肆擄掠朝怒與賊鬭賊殺之并剖其
腹
張有貴咸豐七年六月賊至值兄病不忍離遂同遇害
喻潤湖同弟潤讓咸豐七年六月在迴龍山遇賊殉難
陳萬英咸豐七年六月見賊擄婦女憤甚戟手大罵賊怒刺之
弟萬豪姪繼德同遇害
劉恆法咸豐七年六月賊至路口法被擄不屈賊刺之未殊投



水死
李紹暹咸豐七年六月在淋山河被擄罵賊賊斷其舌死之
曹世才咸豐七年六月在洪家橋殉難
齊應玉咸豐七年六月賊至被執不屈賊磔之
陳文煦咸豐七年六月遇賊不屈死之
范應卓咸豐七年六月遇賊被脅不從賊殺之
曾光煋咸豐七年六月遇賊不屈賊殺之碎其屍
余朝江　龍兆年　程鳳朝　程國亨　周隆發均咸豐七年
六月遇賊逼脅不從賊殺之
葉祚學同弟祚珠咸豐七年七月遇賊與鬭斃數賊後賊衆不
敵死之
齊必耀咸豐七年七月遇賊與鬭不敵遇害

劉啟望咸豐七年七月遇賊不屈死之
李正萬咸豐七年七月賊肆擄掠萬憤罵賊怒殺之
汪瑞昌咸豐七年十一月在汪家衝遇賊殉難
陳一名咸豐七年十二月遇賊賊刺之傷左手名奪刀反刺賊
被創後賊屬至名遂遇害
戚永揚咸豐七年賊至逼民造册納稅揚不從賊殺之
陳紹柏咸豐七年在上新洲遇賊殉難
李榮呈咸豐七年遇賊被執不屈死之
萬裕朝咸豐七年見賊擄掠忿罵遇害
喻治春咸豐八年在麻城縣屬殉難
吳遂海咸豐九年三月遇賊逼脅不從投水死
王豐有咸豐十年七月遇賊逼降不從賊殺之



羅象咸　胡克厚均咸豐十年遇賊殉難
胡元佑咸豐十一年二月在本城殉難
范應楠咸豐十一年二月在迴龍山遇賊被脅不從遇害
胡文學咸豐十一年二月在路口遇賊被擄罵賊賊割其舌遂
以石自碎其首而死
李芳極咸豐十一年二月遇賊以護母被執至麻城縣之宋埠
遇害
胡元福　劉正亨均咸豐十一年二月遇賊殉難
張元宏咸豐十一年三月在王家倉遇賊不屈死宏弟元烈元
濃均於是年殉難
范鵬程咸豐十一年三月遇賊逼脅不從投水死
龍愷咸豐十一年三月遇賊被執不屈賊殺之

盧進思咸豐十一年三月遇賊殉難
詹基茂咸豐十一年三月憤賊擄掠奪賊刀殺之後賊衆至鈗斃之
柳黄泰咸豐十一年三月賊至與鬬不勝被殺
歐陽坤　李能學咸豐十一年六月均遇賊不屈死
馬先匯咸豐十一年八月在陳家畈遇賊被擄不屈賊刺之至死罵不絶口
柒永課咸豐十一年八月遇賊殉難
詹名春咸豐十一年在下巴河遇賊被執不屈死
張肇仁咸豐十一年在大壁山殉難
黄松福咸豐十一年遇賊於三台河脅降不從忿與賊鬬被害投其屍於水



陳學文咸豐十一年遇賊被執罵甚厲賊怒殺之解其屍
曾光炬咸豐十一年遇賊被執不屈賊斷其臂死之
華名賓咸豐十一年遇賊不屈死之
曹某佚其名咸豐十一年賊擄使牽馬過潭乘賊不備推墮水中賊溺死後騎至追某支解之
余錫鼇　馮昌盛　羅千强　羅千智　陳昆項　黎國定
陳秉義　劉德新　吳開和　王清仁　江天壽　蔡三喜
彭光振　高紹虔　涂錫鼇　徐正剛均咸豐十一年殉難
朱五同治元年九月捻逆由黄孝下竄遇賊被執其妻某氏伏深林中趨出救護賊欲汚之夫婦皆大罵不屈死
劉維邦同治元年在鴿子湖被圍投水死
羅殿華同治元年遇賊殉難

游亨鼎同治二年九月賊至李集被執不屈死之
童榮春同治二年九月賊至奮禦之力屈赴水死
高心潔佾生同治二年九月遇賊殉難
江正春　韓永興　王之香　王宗周　陳仁美　陳集祥
張福祖　余開發　余勝發　雷全興　雷瑞林　雷克相
雷克明　雷時光　任運亨　繆咸鳳　羅春秋　羅萬合
吳勝博　李同太　謝紹祖　謝勝伢　喻治秀　羅金榜
程波浩　程應從　程應山　程集昌　程希禮　程守富
程開揚　程希賢　程楚南　程有賜　程宗勝　程學順
程定安　劉學森　吳太紹　吳天祥均同治二年九月殉捻匪難
陳秉忠同治二年十月遇賊殉難



劉萬權儒士同治二年遇賊黄陂界不屈投水死
王飛熊同治三年五月遇賊泉華山下殉難
戚必煒同治三年五月遇賊茄子巖力鬬不勝死之
咸應朝同治三年五月遇賊小崎山殉難
李鳳鸞同治三年五月遇賊砍石衝殉難
熊純以同治三年五月在黄泥塆遇賊殉難
熊永祿同治三年五月在鮑家店遇賊投水死
熊永天同治三年五月在鐵冶遇賊殉難
程詡同治三年五月在新洲禦賊被害
操敬廷同治三年五月遇賊投崎山巖下死
陳應朋同治三年五月在金鋪山殉難
張道和同治三年五月在葉家店遇賊殉難

胡秀坤同治三年五月在李家楊林遇賊殉難
胡介春同治三年五月在葉家店遇賊不屈死子均伢十伢均
遇害
邵正茂同治三年五月在五雲山遇賊殉難子際葵際豐見父
死且駡且鬭同遇害
邱恕地　邱忠麒均同治三年五月遇賊蘄水被執不屈死
邱忠達同治三年五月避賊羅田遇賊殉難
陳茂英同弟茂豪同治三年五月遇賊不屈死
余道舉同治三年五月遇賊力鬭不勝死之
張履周　何應楨　鄭鳳山　邱恕利　易世熙　徐懋柏
范萬義　華可照　華可震　王大珏均同治三年五月遇賊
殉難



羅錦坤　江佑興　江佑國　許光弼　潘全元　江景烈
李成秀　李有光　江景祟　劉春季　羅鳳友　羅懷德
羅丙伢　陳祖義　劉萬宗　程志富　錢啟富　王恆美
高雙富　張希禮　李克聰　羅方萬　羅舍伢　羅亨華
羅聰伢　羅美喜　黃麒元　黃年順　彭正大　張仁貴
庫且伢　黃效仁　黃如鐸　黃麒文　黃東輝　黃柏朋
熊國凝　吳如約　吳遂堂　劉先明　喻承輔　李海和
李海明　李天起　吳扶佑　羅貞起　高四八　高慶豐
王懷興　吳以乾　程宗萬　程宗賜　吳以明　劉先蘭
饒應才　高長玖均同治三年五月殉捻匪難
劉正亨同治三年五月遇賊不屈赴水死
李繩武　喻錫麒均同治三年五月遇賊不屈死

林光斗同治三年六月在李婆墩遇賊殉難
閆佐相同治三年六月在趙家山遇賊殉難
王良元同治三年六月遇賊硤石衝駡賊賊斷其舌以火焚之
死
邱忠進同治三年六月在但店遇賊殉難
李卜云同治三年六月避賊於羅田葉家苑賊至殉難
熊永壽同治三年六月在蘄水縣屬團皮遇賊殉難
余道炟同治三年六月在蘄水縣屬李木巖遇賊殉難
酆聲遠同治三年六月在蘄水縣蔡家店爲賊擄不屈死
史春發同治三年六月殉難
傅高柏　傅光和　傅光環均同治三年八月遇賊不屈投瓜
漉灣河死之



胡萬金同治三年八月在迴龍山遇賊殉難
龍景華同治三年八月遇賊追至鴿子湖死之
何永枝同治三年八月在林坡遇賊殉難
羅運春同治三年八月在傅家港遇賊殉難
周西安同治三年八月在金雞山遇賊殉難
劉開成同治三年八月在巴水驛遇賊赴水死
王家良同治三年八月在赤山橋遇賊赴水死
王緒亮同治三年八月在金雞區遇賊殉難
徐德清同治三年八月在鴿子湖遇賊殉難
熊之槐同治三年八月在馬家嶺遇賊殉難
盧安譜同治三年八月賊至余家塝譜殺斃二賊後大股賊至
遂遇害

夏基翼同治三年八月在何家湖禦賊不敵赴水死
李太宗同治三年八月賊至肆掠宗憤甚擊賊賊怒火焚之死
於迴龍山下
朱後銀同治三年八月在蘄水東港橋遇賊赴水死
傅其鼇同治三年八月遇賊不屈赴水死
龍泰福同治三年八月賊至福病篤不能興被焚死
崔德富同子光治光烈姪光學同治三年八月遇賊殉難
徐際奎同治三年八月憤賊淫掠罵賊遇害
梅立爵　梅立常同姪思道同治三年八月遇賊脅之均不屈
死
鄧玥華同治三年八月遇賊不屈死
李逵時同治三年八月賊至被擄不屈死



王肇吉　賈起興　余宏友　吳世太　李士友　徐廷貴
陳德儒　華載順　周其中　高世攀　高世瀚　高世朝
高世春　方廷釗　方追鶴　方廷發　方廷藻　方追報
方追龍　方追驥　方追駙　方追溥　傅世松　方華元
方耀先　方追喜　方繼纓　方繼年　方繼連　方耀富
方繼登　方繼松　張一湖　方追萱　方繼士　方追紱
方繼乾　方繼傳　方追連　熊應崎　曾庭相　曾庭楷
曾庭楨均同治三年八月殉難
譚文智同治三年九月在鴨子坂遇賊殉難
鄒鳳山同治三年九月在巴水驛遇賊殉難
宋宗意同治三年九月在南湖遇賊殉難
徐立書同治三年九月在魏家嘴遇賊不屈死

徐立春同治三年九月見賊擄掠忿罵賊怒遂遇害
陳厚敘同治三年九月賊至追之急投水死
王基鍇同治三年九月攜眷屬避賊賊猝至鍇抱姪赴水死
張廣珠　張銀生　陳一清　馮先德均同治三年九月遇賊
殉難
張全元同治三年十月在百道河遇賊殉難
范耀福同治三年十月遇賊與鬬殺賊一傷賊二後賊蝟集遂
遇害
喻成升同姪喜兒同治三年十月遇賊被擄不屈遇害
范耀先耀成均同治三年十月遇賊不屈死之
陳一炟同治三年十月遇賊赴水死
喻成柱同治三年十月子被擄柱往救遇害



喻啟德　吳光發　吳鍾毓　程柱國　徐之隆　馮明順
汪揚春　錢定甲　張錦春　江保煦　江高林　謝邦彥均
同治三年十月遇賊殉難
王自諛　王大應　王大適　王汝合同治三年十二月均遇
賊殉難
張全壽同治三年在大崎山遇賊殉難
喻在儒同治三年在史馬湖遇賊殉難
霍德宜同治三年在歐家園遇賊殉難
徐本善同治三年在錐子河遇賊殉難
高萃業同治三年在柳林下店禦賊被害
周其德同治三年在巴水驛遇賊殉難
舒坦同治三年奉母避難泉華山賊至母子均遇害

孫正麒同治三年在羅田縣李孟巖遇賊殉難
朱家璸同治三年遇賊與鬭手刃二賊賊黨麕至璸被執射死
黃濟灝　黃聖照　江宏旺　汪士興　李光宋　陳炳松
熊國正　熊國嚴均同治三年遇賊殉難
王自泰同治四年正月遇賊殉難
王基桓同治四年五月遇賊不屈赴水死姪緒洪亦殉難
胡步高同治四年十二月在陽邏遇賊殉難
劉德成同治四年十二月遇賊木磯口投水死
黃艮傑同治四年十二月在藥店黃六官遇賊殉難
金長富同治四年十二月憤賊擄掠與賊鬭不勝死之
林美秀同治四年十二月捻匪入村淫掠秀持鋤禦之賊紛至
鬭死
吳代遠同治四年十二月賊追一婦入遠家遠力護之婦逃免
遠鬭死
嚴啟信同治四年十二月子用賓被賊擄信罵賊賊殺之焚其
屍
萬裕熙同治四年十二月遇賊肆行鞭扑傷重死
萬成彰同治四年十二月賊至燒殺焚死
喻成穎同治四年十二月以母在不忍遠離爲賊脅不屈被殺
陳錦賢　馮先才　朱功松　朱功熉　謝奉選　朱萬欽
萬鼎祺　萬成仁　童香亭　陳秉清　萬裕愷　萬裕金
萬裕楨均同治四年十二月遇賊殉難
萬邦傑其姑祖父胡美彥任高廉道同治四年冬傑自其任所
歸猝與捻匪遇不屈死之



賀受連同治四年捻匪至婦女有奔避連家者賊逼連索婦加
以刃連怒罵賊縛連倒懸焚死
程元善同治四年遇賊與鬭力屈死賊焚其屍
陳四伢同治四年手刃二賊衆賊至遂遇害
汪永蕃　羅載籍　羅載瑾　王家漢　孫志瀛　張同舒
杜前旌　杜學彬　陳清伢　陳金聲　陳正高　陳大邦
陳裕照　陳德敬　陳曉三　陳清照　夏正常　程先振
程前盛　程丁亥　程宏盛　程高崇　程兆伢　陶策維
吳禮瑞　吳德明　鄧宗憲　彭澤均　彭永輔　彭永輅
彭永志　彭經綸　陶啟柯　程宏忠　程光獻　程朋萬
張紹春　張百益　張勝先　張復先　桂春富　桂應元
戴宗萬　施基柏　劉裕啟　李懷祿　李天貴　李懷才
李萬幸　李西山　李名玠　吳正泰　吳成章　吳天春
吳天年　江才禮　王正立　王遵順　高天登　張正仁
張銀元　高步仁　喻治精　喻治偉　庫居敬　庫復萬
程玉寬　程永樂　方殿揚　羅望生　羅載杏　鍾會久
何明魁　王朝亮　羅啟禮　邱法惠均同治四年遇賊殉難
黃可蔭同治五年正月在三店遇賊殉難
王景銓　王景坤均同治五年正月遇賊脅降不屈死
梅化鵬同治五年正月遇賊殉難
傅高福同治五年十月遇賊脅降不屈死之
汪承傑　汪承玉均同治五年在長林嘴遇賊殉難
揭復仁　揭潤　羅金紹　羅宏韞　鍾崇高　黎崇德
方勝鼇　陳仁純　張希智　羅貴有　羅文楷　黃光美

鍾朝貴　李國禮　李葉興　喻在順　吳全順　朱三元
陳恆山　吳鳳友　王才昇　王大敦　汪大椿均同治五年
遇賊殉難
龍泰焜同治六年二月遇賊擄至西洋河不屈被殺
馮盛梅同治六年二月在孫家嘴遇賊殉難
桂唐濟同治六年二月在葉店遇賊殉難
祁芳楨同治六年二月遇賊不屈賊殺之焚其屍
陳德塾同治六年二月遇賊脅之不從赴水死
鄒自達同治六年二月賊至知其子應祥隨營挾交達罵賊死
汪德朝　徐德立均同治六年二月遇賊殉難
劉際松同治六年二月賊至被執松陰以翦刀斷其縛赴長塘
溺死
尤慶元同治六年督勇禦賊被執至桂家山賊刺之元以手蘸
血書姓字於樹上氣遂絶數日賊遁家人見書因歸其尸而
葬焉
范廷榮　程普慶　羅載銓　羅載元　羅新吉　羅正遂
鍾清雄　王士萬　喻錫基均同治六年遇賊殉難
張松和同治七年遇賊殉難
柳宏濂見賊淫掠憤罵不止賊割其舌死之
湯武聞賊至衣服冠而坐罵賊賊怒殺之
王毓湘　汪彬　陳元發均遇賊不屈死
汪錫瑲　汪錫祉　汪錫玦見賊火民房救之瑲焚死祉玦均
遇害
羅承理同弟載經遇賊逼脅投水死



江正順　王全元　王福鼇　蕭耀先　廖秋發　廖華先
廖國柱　廖國佐　廖永富　徐銀貴　徐勝望　巴紹秀
王三元　巴貽寶　徐思聰　徐行潔　徐澤亨　徐廷善
巴興發　巴遐先　巴成英　巴興揚　何長春　何銀生
江運興　溾錦繡均遇賊殉難
以上依採訪冊增入
蔣光祿　王鉅榮　王春保　李佐朝　彭元善　周步新
黃師彭　黃炳禮　黃世沅　黃世富　黃必新　盧萬東
胡必發　胡克善　羅德華　羅潤石　歐作杰　陳香圃
郭汝興　邵正興　周廷顯　胡錫祥　杭邦友均咸同間殉
難以上依縣冊補

# 黃岡縣志卷之十二

知黃岡縣事合肥戴昌言編輯

## 人物志

### 孝友（五世同堂　百歲翁　割股附）

聖朝以孝弟治天下其效抑何神也今觀烝庶之家恒有内外雍穆秩如藹如雖江州義門何以遠過宜乎風俗樸茂物阜民康多登大耋享遐齡者作

熙朝之瑞也至於親抱沈痾刲股和藥以進事雖不經心則甚苦非夫涵濡

聖化孝弟性成者又烏克有是哉凡諸懿美俱荷

恩褒故以類附焉

宋

董陽西陽縣人三世同居外無異門内無異烟南豫州刺史舉以聞詔榜門曰篤行董氏之閭蠲一門租布（見南史孝義傳又宋書云西陽董陽五世同財為鄉邑所美與南史稍異並存備考）

元

林鳳陽事母孝宅失火獨負母出家貲盡棄不顧有過客憐之遺以金謝不受治春秋不第奉母屏跡林泉吟咏自適

明

王文奎字時曜父思旻別有傳文奎性篤孝髫齡時連失怙恃鞠於庶母李氏奎恨弗逮養事李如母奉諸兄恭撫諸猶子與己出無異性好施予歲積粟數千斛以貸族鄰年豐減息年凶則並棄之又置祀產備春秋展墓需其餘懿德芳徽難更僕數戶部尚書安陸孫公額其堂曰孝友李東陽有孝友



堂詩序子濟字體民宏治壬戌進士累遷吏部驗封郎中母歿廬墓側服闋就官戇直多所建明遷河南參政聞父疾三疏乞歸養不解帶者四年父卒哀號盡禮正德中旌表尋起四川參政不就家居明農課士置義田義館以贍族生平好經術能文章介立有特操不輕假人顏色敝裘羸馬絕跡城市鄉人敬畏之卒祀鄉賢子廷儒廷陳廷瞻俱有傳

李文仕性至孝兄某被誣繫獄文仕代赴理死杖下

周曰昂字民翹生而篤孝親卒哀毀廬墓側苫塊三年有白鳩巢其側有司以聞旌其閭

高澄字汝清讀書行義里中貧者周遺不倦大父暴疾刺血籲天請代疾愈大母年五十目雙瞽澄日以舌舐之不飲酒茹葷入内者二十年大母目復明事父母飲食必嘗而後進父疾枕有百金欲畀季子澄令弟辭枕而佯外出父卒哀毀骨立廬墓三年人以其所居稱南城公（依省志增敘）

劉承芳字世美少穎悟善屬文舉止冲雅父母早卒哀毀骨立事繼祖母以孝稱仲父幼孤奉事罔懈撫從弟稱友愛以歲貢授同安司訓卒祀鄉賢

唐治以掾授冠帶馴謹退讓若儒者鄰家火發舉室奔避父柩在堂抱而哭曰吾何生為一時左右數百家俱燬柩堂獨存治竟薰炙伏柩死萬歷十二年詔建坊旌之見明史坊後圮康熙間知縣鍾葦修復

聶一正儒士有孝行舊志稱其久入憲綱待旌

陳常智性孝友兄常仁嘉靖間遇變坐戍常智曰予有子兄未有出詣戍所請代同戍者白其事尹義之兄得釋代戍一年

卒事聞乃歸葬焉

詹景麟號南山子事父母能色養父母卒廬墓蕭山下攀樹號泣行道傷之批閱書史窮年著述時稱楚黄博洽者必首推之年三十餘卒

官如皋字直卿諸生事親以孝聞家貧力學以誠恕自勵或面折人過久之人以爲愛我也學者多師之稱曰古愚先生祀鄉賢子應震有傳

王廷槐字稚占麟子嘉靖戊子舉人麟早卒終身泣慕事母孝養備至禔身澡潔重名義嗜讀書不治家人產而佐人緩急廣收道殣瘞之歲以爲常子同道貴贈御史祀鄉賢

樊鼎遇一名維藩字長卿(府志作命夫)由選貢授德陽知縣有善政先是父玉衡請建儲得罪謫戍雷陽鼎遇憂慕十餘年思一



救父不可得至是以考績例得封引邵康生事願停已封代父戍疏再上不報遂去官悲鬱成疾身如琉璃澈見五内遂卒祀鄉賢

易道昌道旦道暹兄弟友愛特至道昌善飲兩弟則勺飲不入口旦暹每侍兄飲未嘗不極其量凡有事三人坐議怡怡然也如弟外出兄代主行弟歸直仍之不復置問婢僕雖有分主而無分權役使隨其所便有過徑扑責之不以相告三人無日不促膝坐談内助俱化爲一德不分彼此有無兄或有疾弟終夜坐牀側視藥不倦弟病兄亦如之道昌字文我道旦道暹别有傳

劉瀹諸生父歿廬墓三年晨昏號泣不絶萬歷二十一年旌表

王達尊呂陽城(府志作女王城)農民母病衣不解帶者三年家雖貧隨母所嗜必力致之母失明以舌舐之求愈及卒廬墓盡哀

易道坦(府志作旦)字瞻明道暹兄童時父豫之病篤禱於祖割左股以進尋愈性淡泊修身立行老而彌篤鄉里稱之

嚴倫明諸生事親誠孝親歿友愛諸昆多所推讓年逾七十始舉二子長璞嘉靖戊午舉人次珣辛酉舉人孫師範崇禎辛未進士

黄孝子逸其名淋頭畈人事母孝明末當事給衣巾旌之人稱爲黄孝子

倪士觀諸生母劉氏苦節士觀純孝萬歷時母子俱旌

張岐鳳諸生至性純篤事父靜湖母袁色養如嬰兒既喪廬墓六載曉夕哀號行人聞其聲莫不悲之御史某與之官湖以旌其孝嘗有羣虎入其徑岐鳳不爲動虎亦帖焉再宿而去



山下忽出一泉衝突嗚嗚然與號泣聲相應里人異之因稱爲號泉先生欲上其事固辭乃止士大夫多爲詩歌傳之裔孫一斑拔貢官教諭

蕭繼元字伯陽父文憲爲酷吏所斃與弟繼芃伏闕鳴冤上書不省酷吏疑其從弟繼忠爲與復誣以盜榜笞且死繼元曰事急矣我獨任之遂懷狀叩閽自刭事聞下撫按問狀乃抵酷吏罪出繼忠於獄繼芃天啟甲子舉於鄉(見三省文獻錄)

汪世極舉人父之渙卒於臨清舟次世極聞訃觸地幾死扶棺歸廬墓三年後歲凶賑饑全活數千人由保舉授通城教諭卒祀鄉賢子煉南别有傳

汪世植字晉卿文淵孫五歲父之滂歿生母范氏苦節撫之六十餘年癸未獻賊破團風洲母年九十不能行植負母逃避

已爲賊執欲挾之去不從遂遇害弟世杜字石卿亦篤孝友
工文章

王崇擢字平衡三歲父歿奉母李氏盡孝爲人長厚謹飭童稚皆親之晚與其妻同享大耋兩受封典孫澤宏請告終養人以爲榮卒祀鄉賢

王同觀字義所廷瞻幼子年十三父臨歿摩頂謂之曰亢吾宗者必此子也事母董氏盡孝與兄同鼎友愛無閒教十子皆以文行顯長追駿進士由戶部郎出爲眞定知府有撫字鎭禦之功追騏追驎別有傳

胡心明性至孝母病篤禱於神願以身代弟心孝復割股病尋愈心明多隱德鄉里稱曰善人

徐斐諸生獻賊陷城勒其母爲爨不屈將殺之斐願以身代不



許母遇害斐遂大罵至割四肢耳鼻罵猶不絕口

徐之卿諸生祖榮父言累世積善之卿事父母以孝聞父歿哀毀幾死癸未賊陷黃人皆驚散之卿獨衰服護母棺賊憐其孝釋之子逢吉三歲失母友愛繼母弟年三十喪妻不再娶壽八十餘

王自誠字雲所團風市民也母病篤自誠爲嘗糞及卒痛哭死竟日乃甦縣令嘉其孝年九十三卒子田見亦以孝稱

祝邦勝字敬甫父尙仁多病邦勝日夜扶持逾久不懈病篤爲嘗糞驗吉凶一時稱爲孝子崇禎六年知府許文岐知縣吳允初皆給牌褒之依王志增敘

張鳳來字文宇少孤祖母楊苦節教之以純孝聞一門五世同爨性坦易周急如不及嘗遠遊旅次遇賊資斧盡喪獨友人所寄百餘金猶存及還封識宛然又嘗拾道遺二百餘金還其主生平義舉多類此有司旌其門曰長者里崇祀鄉賢子本忠本恕別有傳

易爲瑚字伯賜道暹長子諸生有文名暹死賊時瑚奉母走青峯巖團練鄉勇誓殺賊報仇里人倚以生活者六七年後卒爲賊所殺詳明史見道暹傳學使洪天擢以父忠子孝匾旌之

何昌祚字子安明季選貢父閎中見宦蹟傳昌祚砥礪名行博學深於易事祖父直以孝稱時閎中官蜀道梗故昌祚養於家母余歿昌祚奔喪自蜀歸行峽中每値險抱棺號泣與弟昌祿友愛無閒居鄉恂恂重交誼賑荒瘞骼郡邑爲立善人碑嘗避亂樊湖遇盜刼其鄰見火光中羣盜呼曰無驚何善人後僑居江南之瓊山



陳四維字孟達性孝友明季諸生家多藏書招延貧士兼有謀畧流寇掠蘄黃四維集義勇全活數百人巡按御史汪承詔優其文行請祀鄉賢

程儋父母卒每値日暮向殯側坐守之寒暑無閒者七年事其兄伯仲甚謹兄怒輒跪謝非色解不敢去善屬文課子有家規以子敔洙貴贈中憲大夫

方紹正字汝士父母早卒哀毀盡禮田廬美者推讓諸弟見人急難輒捐貲救之晚以岐黃濟人以詩禮孝義教其家

陶克孝字移士穎悟好學弱冠補諸生有文名流賊之亂所過殺掠居民奔散克孝以母病不能行乃擁土塞戶依依守母側賊至擾閭里無或免者獨及克孝戶而返人謂孝之報云同時昆季多以文著克俊字堯臾崇禎己卯舉人篤學力行

爲時所稱弟作聖研究宋儒書以著述終

國朝

曹亮采字浚明性孝隨父遇賊請以身代賊感其孝釋之年十二補諸生順治乙未以歲薦授桂東訓導講學論文士風大振子衍諸生有學行孫夏銑舉人

張愈奎字雲衢父母年俱九十餘奎曲盡孝養後亦及九旬思親輒泣下里中有爭者每出一言解之皆爲心服子仲經舉人藥城知縣

王躬俊諸生少事父母以孝稱兄弟五人三世同爨立義學延名師訓鄉人子弟成就甚衆時東山未靖俊糾集鄉勇籌糧餉贊方畧寇平當事者議保薦力辭不受年八十餘手不釋卷卒祀鄉賢子風采孫全才俱別有傳



劉思薇父病劇日夜侍奉手捧污穢三年衣不解帶蝨如蛆弗覺也父卒旣殯號泣氣絕而歿（此與割股者別一人）

張本忠字淇思穎敏好學嘗從名儒張溥游溥亟稱之性至孝明季廬父墓側流賊至將拙其墓冒死捍護身受數刃哀切彌至賊釋之家貲讓諸弟日食豆粥晏如也巡按郜炳元嘗旌以詩順治甲午舉於鄉官江陵教諭慤誠樸直一時稱爲長者子光璧別有傳

易爲泰字開子諸生事親孝父士龍明季知大昌縣值寇至爲泰身冒矢石以火攻退賊後告歸値獻賊破武昌流屍蔽江而下爲泰斂之爲叢塚凡七十餘骸時兵警又家僮中人產舊時田宅皆讓於昆季撫諸孤從子如己出見路人貧乏者輒謀助之家白雲山羣盜過其里呼曰小人受恩多無敢犯也康熙二十五年夏逢龍之叛逃入白雲山泰與陳緯縛之以獻事遂平年八十三卒子四皆賢季天壽經魁教授漢陽有文行

殷恭然字叔敬兄弟五人以友愛悅其親力學不倦輯孝友諸書爲家法其弟卒於湖南時亂離道梗恭然冒死歸其櫬年七十一卒囊無長物惟家訓格言手授後人而已子士智諸生

徐光林字雲麥親老家貧甚每食進甘旨必審所宜及沒哀毀骨立廬墓三載康熙己酉舉於鄉由新化教諭遷寶慶教授齊東知縣所至除蠹弊申倫誼士民懷之

余良銓字衡臣諸生性孝友年十七事母晨昏左右依戀如孩提家貧力致甘旨以奉執喪哀毀撫從子以慈義聞年八十



餘卒

羅經邦字五玉諸生性至孝居父喪哀毀盡禮事母婉順頃刻不離年六十餘病劇猶强起言笑慰其母比卒家人議以母棺斂經邦忽起怒視易他棺乃瞑

王道彰字誠思幼孤性篤孝友嗜學博聞尤精易義年十九補弟子員刻志下帷人罕覩其面值戊辰夏逆之亂邑人奔散獨負其母走數百里匿於白雲山爲人方嚴言行皆宗先正重然諾好施與其自處布衣蔬食淡如也

曹本英字卓湄諸生以孝聞年二十母柩在堂鄰火及於門急不能徙本英撫棺而哭有老僕曹太孺絜入欲覆之出本英哭不應僕亦哭忽風回火滅俱得免時環居百餘家無存者獨柩室如故人以爲孝感

易康時字北司少孤事母孝勤學窮理謹言行以養母志其州有子妻亡遂不娶親執爨澣者二十餘年或勸之曰絜廬與視恐以此重傷母心也門人王道明爲序其一門節孝之事

龍仁彰東㳂鄉民與弟在旂方耕有虎驟至攫弟踞之仁彰奮杖擊虎虎傷躍而去在旂得不死爪裂遍體醫者曰以屋茅蟲口嚼敷患處仁彰自嚼敷之果愈

曹大聲字子先諸生父之彝寢疾不能起甲辰冬火發門扉皆爇急和衾挾父走風燄卒不可出稽首呼天稍反風解衣蒙父犯火哭出越二日父卒大聲舉體焦爛撫枕搶泣目眥盡血越四日死雍正七年建坊府志

許顯字諸水與從弟顥勵學爲名諸生母羅病風痺顯扶持十餘年不離床褥母涕泣痂生於面顯常以舌吮之喪後以授



徒終老得資輒分給兄弟無所私顥亦友愛撫孤姪如己子

萬爲境字其容諸生性仁孝母蔡苦節撫之境事母盡禮博通經史尤精宋五子書力闢左道成就後學康熙癸酉歲祲倡助社倉賑濟流亡遠近賴之年七十餘卒崇祀鄉賢子三立勳廩生禮祖進士安徽太平知縣儀祖監生

鍾璠字弁生性孝友持家有法四世同居爨者八十餘人循禮推愛鄉黨重之子孫曾元入庠序列成均者十餘人孫英別有傳

鄧一隆字瑞林家世孝友一隆恭謹勤儉歲時集族男女序世次會講規訓立功過簿以寓勸懲子弟誦讀至年二十度能學乃令終業否則使食其力婦女以黎明集治女工財物悉貯公所推一人掌其出入服食無私年老及有疾者別養之八世同居內外和睦無閒雍正元年　旌表

鄧之璧一隆從子事親孝父病嘗穢焚香誠禱父立愈居喪哀毀水漿不入口或強之遂成噎未幾卒雍正元年　旌表

呂希煜字孟陽諸生父尙和人稱長者爲清豐知縣剔弊惠民有能聲希煜性至孝隨父任值母喪哀毀骨立扶櫬徒步行三千里哀感路人後值父喪盜夜入其室索財帛無所得煜身衞父棺被傷死雍正八年　旌表

黃漢隆諸生事親孝膂力過人父客死河南漢隆徒步奔喪路遠且貧勢不能歸乃以布裹屍盛以大囊緘以縢挺直如長襆負之而走夜則露坐守之越二千餘里及歸葬大哭嘔血死乾隆五年　旌表

胡紹虞字希舜少孤性至孝母病輒晝夜哀涕不食勤湯藥衣



不解帶者二年母卒嘔血幾殆廬墓盡哀後授生徒諄諄以孝友爲本子藎凡舉人沔陽學正累官海防同知

雷希聖字育萬諸生父飛僊卒於湖南聞訃往奔會其妻病劇親隣皆勸緩行終不顧家窘無行資沿途哀號所過州縣感其誠皆助之乃歸葬焉年八十餘卒

胡必元字次之事母黃盡孝母素患咳每病輒晝夜不離側晚年患疽曲致藥餌與其妻同吮之遂愈及沒涕泣目幾盲殯於庭遇火伏棺號泣不忍去族鄰救棺出始免子兆桂貢生

張世俊字恬瞻性純篤與諸弟相友愛治家嚴肅有法卒家人耕織諸器具皆自爲之不假市購弟世艮以次稟命而行世俊沒仍守其法四世同居男婦數十外內各一人掌之歲時客至咸稱其宜訓子孫以敦行篤學爲本世俊子鳳鳴舉人

官知府別有傳

邱世總字選士諸生性孝友父勃敦行力學雖盛暑必衣冠嚴冬夜吟不懈世總竭力奉養極得歡心與弟相友愛家有田產悉付於弟教授生徒必先孝弟一時名士多出其門子恩榮進士官知府別有傳

袁豐字來章康熙癸酉舉人性孝友方七歲時兄亮外出不知何向父母思不已豐慰曰兒稍長必尋兄歸越數年豐乃徒步遠遊無可尋者久之至豫之商城過村舍見門顏數字似其兄問之果得兄遂與俱歸豐著述甚富教授生徒多所成就

汪度宏字擴如康熙丙戌進士事祖母以孝聞兄沒姊寡子女無依度宏撫之爲畢婚嫁祖姑適陳亦寡歸養三十年無懈



色舅沒子女幼亦爲撫養而婚嫁之官保昌知縣有惠聲及歸猶寒素也

葉兆東字位春監生少孤事母孝母病數年侍養無懈及沒廬墓五載遇風雨輒號泣不已

馬鞍山丐者不知其姓名日出乞食必載酒肉慰其母自茹腐且無食然歸則常有喜色傭於人或以簞食貽其母輒喜否則强之不至母老疾常負而遊母亦樂而忘其貧雍正五年里有疫其鄰人死經宿而甦曰吾聞冥官哀孝子母老使歸於是見羣從喧送孝子則東鄰丐者也是時丐者病方甦後果終孝養云

朱澤遠字京蒙父昌運舉人官石首教諭澤遠年未弱冠以七藝補弟子員性純孝先隨父任旋因歸里省墓父無疾終聞訃奔喪哀毀骨立後登雍正己酉賢書子維辟廩生維倬監生寵錫嶧縣鬧官

陳大年字士登增生本姓朱明衛千戶寵曾孫父以大年教讀自贍有屯產欲予繼出子大有大年先意承志併歸之大有少負異才忽中折屯產無存者大年以積俸贖回寡妻幼子賴以存活且教其孤霞普霞光皆能文霞遠登賢書大年子霞燦庠生龍增生霞蕙武庠生

張從龍字聯奎以字行性篤孝親沒每家奠侍側款語如生前忌日必變服以泣父次仁詒謀忠厚龍體父志推惠里黨初無德色子青選孫應瑞俱諸生履恆進士別有傳

杜承仕勤儉孝弟其先人咸亨七世同居析爨時八十三人承仕恪遵遺教子德隆刲股療母余氏疾孫希美刲股療叔父



德純疾曾孫輔元刲股療伯母余氏疾元孫維學輩皆克敦孝義家政嚴肅男女無惰游者又復五世同居凡六十餘人孫世禎諸生天性誠樸事父母以孝聞叔父念絅早逝遺妻邱及二子禎事邱如己母待二孤如同胞邱以是獲安守節伯兄世周亦早亡遺二孤禎爲教養成立後叔父二子皆中折有遺孤禎鞠育如前

劉本讓廩生章第五子年十五父病躬侍湯藥靜夜焚香求以身代及沒殯斂如禮既葬廬墓三載母沒亦然忌日涕泣交下年八十猶如嬰兒嘉慶六年

贈奉直大夫其子孫曾元近百人科貢衣冠一時稱盛

嚴文遠康熙間仲兄適黃安路遇賊刼遠赴寨泣求自代受重傷不避賊感動兄獲免

姜師尙吏員待兄弟最友愛弟士泰讀書師尙承父命多所推
讓以成就之卒年八十餘子周亦考職吏員孫維寰維寬貢
生維寅監生

嚴文斌增生文乾貢生事母俱以孝聞晨昏定省如禮母沒殯
葬畢兩人足不出館閾者三年斌子承伊承臯承玉俱諸生

左飛鳴字雲衢增生少師事泰能泗善屬文父因公累逮獄飛
鳴倉皇隨往乞代獄卒呵之倚狴戸哭竟日勺飲不入口卒
感動誓許將護其父扶之出未數武慟絶於地卒大驚復扶
入見父乃撫銀鐺大號同繫者皆泣下獄官聞而憐之脫其
父械未幾父病縣卒允其代飛鳴在獄日搆文一篇思如泉
湧若有神助月餘縣官提比飛鳴瀝情泣訴不激不悚宰察
其貌曰孝子也奇士也釋之旋以冠軍入庠父嬰沈痾服勤



勞瘁歷數十年不懈戚友憂其貧難備養餽遺不絶飛鳴曰
友生錫類之仁我不敢違平生借助止此年六十九卒

沈啟洛字冠山廩生父太占輕財重義洛事親以孝聞慷慨交
遊亦有父風

周漢德貢生弟漢興家金雞山側里人皆稱其孝友興五齡母
患目疾倚懷舐以舌經月愈父病興私禱於神割股救瘳迨
父母先後亡哀毀廬墓六年始歸德感弟割股事因彙古之
敦孝者爲孝行錄昆季五人怡怡終身興卒年七十三猶號
父母數聲而歿德子逢烈庠生

嚴文凱字維野少失怙恃事兄嫂惟謹愛弟備至兄久客揚州
凱年十四步走尋歸初因貧析爨後業漸裕請合之年八十
二卒子承錦承洛孫家璧恭皆諸生家珩舉人

萬廷奎壽祖子性孝友敦節義好博涉爲王耘渠高足弟子弟
廷璧廷翼皆承其教成孝廉子希艮恩貢生

胡宗返庶安鄉人父士才先歿宗返事母唐盡孝養母疾篤割
股以進初貧困不妄取中歲服賈漸饒歲饑鬻米貸里人遠
近容多所推解易簀時惟屬子孫孝友配徐氏稱偕老享年
百有一歲生五子啟華文盛文學文炳文郁皆承父志文學
文炳於父病危時禱神割股不謀而同文學子炇聘媳徐女
來守貞文學病徐女亦割股療舅其事三世凡四見道光八
年宗返長孫廷瑞年逾六十會元輩百餘人五世共爨大憲
以聞奉
旨建坊　旌曰孝義之門孫玉森戊寅舉於鄉曾孫飛雄辛巳舉孝
廉方正元孫錫渠廩生錫寀祖楨庠生



張錦明七歲失恃有弟一父繼娶李生二子異視前子虐以苦
難事明曷弟使無懟妻李氏亦體夫志父卒諸弟析居繼母
養每缺明事之如初常病危明禱神刲股以進母病痊遂感
悔諸弟貧困明猶竭力資助卒年八十二子世福貢生孫昌
佩州同昌倧布理問

萬希中與弟希和鶚諸生家居養親一室雍如也父年八十餘
常患癱日夜輪流吮洗不假他手執喪廬墓三年同讀禮屏
外事兩弟卒營兆令寬願兄弟三人生死不離云

賀鵬翥諸生天性篤厚朝夕依親側婉孌如嬰兒撫諸弟友愛
在館爨游必親生徒或止之曰吾諸弟任勞忍獨逸耶妹適
余氏早寡鵬翥存恤備至清節如冰得兄教者居多

張偉度太學生事親孝常貿漢鎮以供甘旨父召之卽歸風烈

度江舟幾覆或咎之曰父命可艱險遲耶叔母李久寡居仍奉養無缺撃從弟兄無歧視焉

王朝仁下伍重鄉人父早喪兄遷他邑母戚氏瞽仁傭工奉養甘旨不缺每應人役早午必歸備再食之需母病仁割股救瘳後母歿居喪衰絰不去身

周鳴鳳字二于歲貢生忠烈公從元孫曾祖始由陽邏遷郡城家漸落父常遠貿鳴鳳刻厲讀書奉母教至虔晚年游庠食餼教讀垂五十年一以敦品勵學爲先務子慕昌字世五事父以孝稱家貧績學文藝悉寢饋大家終不遇孫繩祖母早逝從父受讀補博士弟子員年未三十卒

錢周德號蘭臺乾隆戊申舉人例選中書性篤孝母早卒繼母異視之悉忍受奉事惟謹母後感悟



杜炎明副貢濬姪孫也性誠篤事母周以孝聞友愛兄弟家有湖分悉讓於姪鄉鄰義之卒年七十四

李學珠蘆洲鄉人乾隆三十二年大水珠攜己子並兄子乘船遭大風勢不能兩全珠乃棄子保姪以全兄祀

於正滀字魯彌歲貢生明通政倫之裔也游鄉前輩朱日濬門孝弟端方家教最嚴子萬承事父色養母早卒每日暮必往省墓凡十餘年年七十八先父卒萬承次子長源乾隆庚辰舉人母病三載躬侍湯藥母沒水漿不入口瀕死者四遂病噎啜粥以生後任宣恩學博聞兄病解組歸長源次子象枝庠生親卒亦三載守殯側先是長源病疽子象椿日吮以口卒不起椿時年二十九廬墓數載嘔血卒

汪應蛟庠生性孝友父開運增生病革時應蛟請將腴產給兩弟已得瘠產父大喜父歿蛟獨養母母歿鬻產以葬子兆木諸生

龍逢春事親孝至老不怠父母年逾九十春年已七十父病痿七年湯藥飲食盥溺皆親執役母病亦然及歿廬墓三載

胡文崎事繼母李孝李年九十風痺不能起崎晨夕將護閱四年母歿廬墓三載兄無嗣以其長子繼卒年七十子世理監生世法從九品孝友均如其父孫必柟舉人必杞必本必槐必楨俱貢生必本別有傳

徐世澤孝友性成髫齡時父客遠方絕音耗者十餘年世澤言之輒涕泣家貧母老囑兄奉母澤行丐至蜀年餘得見父嚴冬扶父歸風雪中艱險自如歸後奉養罔缺以勞瘁卒

萬鳳彩監生性孝友父早逝事母婉順同胞弟女弟共八人友愛備至筦家政四十餘年尺布斗粟無私孫裕臨貢生別有傳



王廣文監生性至孝父病躬奉湯藥衣不解帶者六閱月子正瀠監生亦孝友居父喪哀毀骨立克盡禮制事母病亦如事父同里有雍姓童婚搆訟斷離不得直瀠捐百金訴其冤離者復合

商一治字泰然事親至孝年五十母黃氏病癱素不飲藥跪以進拒甚因齋禱於華陀神日三次母病尋愈享壽九十有二

夏傳鼎增生父歿居喪三年足不出戶子啟運啟達啟迴俱庠生

靖克純性孝友父歿結廬守墓母壽登九旬得危疾純祝天請

代疾輒愈乾隆元年舉孝廉方正子本荃廷景本茂振揚俱諸生

謝志煌宦蹟傳加恩裔孫性孝友母早歿父方楚庠生晚年病風手足拘攣與居飲食皆與兄庠生志烈扶抱哺食之溺器厠牏躬親滌洗十五年如一日

萬希科乾隆丁酉拔貢登庚子賢書官荆州教授性篤孝力學不輟與伯兄希亘仲兄希成一門相師友至老不衰在省聞仲兄訃刻即馳歸後報最保知縣辭不就尋以病歸

姜聞韶遺腹生總角時奉父柩歸窆雨不克葬伏柩側號泣竟日事母善承歡鄉里多稱之子玉成布經歷玉鳴篤行知醫玉衡縣丞若熊郡庠生母汪病篤熊嘗糞醫云難救竟得痊奉養又二十年人以爲孝感云子炳芳邑庠生積學早逝玉



鳴子炳文舉人殉難有襃

齊禮庠生少孤貧事母極孝家居授徒不忍須臾違色笑有遠道豐脩聘延者力謝之年五十後問衣燠寒無怠意母年九十卒哀毁如孺子焉

熊世濬邑增生事親以孝稱父歿大母高年事之尤謹與弟世瀚共貲財孫曾輩守其遺訓不忘

謝志烜歲貢生惠元孫至性惇篤事祖父母曲全孝道母氏靖嘗刲股療身疾烜心痛之終身不忍言家中落藉授徒脩脯以供甘旨至老弗倦卒年八十六子爕舉人安徽知縣加知州銜孫清臣雁臣安徽府經歷

方念宗從九品性純篤事親孝居喪哀毁盡禮與諸兄相友愛晚濟人以岐黃術子二長同春嫡出次鏞優貢生同春亦以孝稱鏞幼喪母春視之如同胞與妻黃氏撫之成立黃氏卒年八十五鏞應中丞胡文忠聘襄理善後事保舉鹽提舉孫泗魁監生軍功六品藍翎廷恩庠生廷鈺舉人曾孫雲山從九品藍翎

謝鴻恩性仁厚父患痰疾臥床不起恩日夜哺授飲食扶持寢興溲便手爲拂滌凡十一年父卒哀毁如禮築室墓旁暮夜號泣哀動路人乾隆元年　旌表建坊

陶之龍監生少事親以孝聞親歿枕塊廬墓眞誠罔懈時大父尚在飲食醫藥必躬經理撫弱弟成立子行簡占魁俱武庠姪欽由郡庠議敘衞千總開甲武進士官提塘

熊文綱諸生性至孝事父母曲意承歡兄早亡視諸姪如已出教之成立田產腴者悉讓之嘉慶戊午



恩賜副榜卒年九十三次子象升諸生

范綸性孝友父病劇綸泣禱於東嶽神願減己算以增父算病果愈閱十年父沒結廬墓側終三年喪與兩弟共財子孫遵行三世不怠綸壽九十無疾卒

熊遠道監生弟遠明母所鍾愛早沒遺孤二道飲食教誨曲體母志母患痰朝夕扶持汙垢皆親滌除年七十卒

張朝棟馬家潭農民父某客死郎西棟行乞至郎得瘞所傭於郎三年以傭貲作扶櫬費旅店每不納宿依櫬野棲悽愴達旦卒歸父骨里人助葬之

楊有山年二十與母霍氏弟玉麟福蔭渡鮑湖大風覆舟有山援舟起不見母弟入水求之不得大哭復入遂不起後得屍猶以一手挽母

陳珽事親孝親沒泣慕無間從父士俊無子珽承順如事父沒
後喪葬盡禮
洪志鵬監生性謹篤事父母與繼母克孝及壯綜理家政內外
百餘人無閒言析箸均財絲毫不苟年六十偕季弟築室居
舉室和順生平敦信義好推解無疾言遽色子恩治縣丞
曾輝彩監生兄弟七人同財共爨食指至五六百和睦無閒姪
孫鵬進士官知縣
雍紹先農民也性摯孝父母老婉順如孺子時與兄弟友愛
胡其蔚家貧授徒以養母病篤刲股救之獲瘳登嘉慶庚午賢
書咸以爲孝報云
童守和太學生孝事寡母與兄弟相友愛中歲分爨田廬美者
推讓弟兄其子弟亦皆敦睦云



周際元家貧苦事繼母史竭力供甘旨妻邵亦賢孝忍飢餧而
奉養罔缺
萬鼎芬副榜性孝友逮事大母隨父母後奉起居惟謹與二兄
敦手足誼子家福亦孝友弱冠成進士入詞館假歸省親執
父喪盡哀成疾時母亦病躬侍湯藥母痊而已疾作卒年二
十四囑家人以麻衣斂宗人哀之孫維屏舉人
雷懋德監生父早逝事母林至孝母卒哀毀盡禮弟懋仁增生
與兄同居老彌敬愛子時敬時敚俱庠生
羅之品中和鄉人總角時母患瘵躬奉湯藥父促就塾晨昏偶
歸母食則食否則忍飢而往母察知之先以盂箸置寢側紿
以食訖品乃食逮母卒事繼母亦孝
靖厚炳監生性純謹事父母孝父病癱口吮之母患痢親嘗穢

仲兄嫂早逝遺孤華還教養兼至還亡又遺孤二歲撫之成
立
魏廷增字方至附貢生先世本姓雷至性純篤父病躬侍湯藥
衣不解帶者累月父沒喪葬如禮中年奉母曲盡色養凡施
與之事悉承母志邑有興作必爲倡捐嘉慶丁巳以孝廉方
正舉辭不就子暄鑌俱監生鈔庠生同族壎字伯昌貢生亦
以孝友稱且好善急公乾隆間擴修郡學經營八年家貲以
耗三子皆入成均孫正復曾孫光普俱諸生
奚光熉號寅齋郡庠生性至孝母疾醫藥多不驗熉憂甚至夜
半假寐若有人授以方醒卽如方和藥母疾頓瘳逾年乃卒
猶孺慕不已平居嚴正自持與物無忤人咸愛敬易簀時謂
諸子曰我每見士大夫於親沒時自爲行述廣乞銘傳欲榮



其親殊無謂我生平無可傳述爾輩僥倖成名皆祖人積累
所致甚不欲爾輩效尤也其言行誠樸類如此子先凱進士
中書先悌舉人淶水知縣孫德琇直隸按司獄
倪章福長圻壋農家子力田事親曲盡孝養父母歿廬墓凡六
年隆冬偃臥雪中一日覺感母魂覆蓋之哭聲達村舍人不
忍聞蘄水陳脩撰沆作劉貞女行併紀其事貞女其聘孀母
也
胡必本號蒙山貢生事父母曲盡孝養母晚嬰危疾奉湯藥無
倦容友愛兄弟推讓產業一無所較視羣從如一體有緩急
咸資焉族故無祠本倡捐創建並刊規條以示族人至今遵
之卒年六十子二華潤訓導華海庠生孫七同治庠生
汪謙號南亭嘉慶庚申舉人性至孝父歿母年七十餘不赴禮

闈菽水承歡晏如也母年九十三目見元孫子兆年監生兆
雲進士曾孫鑾諸生謙卒年九十一亦目見元孫
黄之璇道光乙酉副榜父樹棠以嘉慶辛酉進士宰粵東茂名
罷官後寄寓省垣五年不得歸命之璇回里入贅黄安未幾
聞父凶耗比嘔血暈絶衫襟盡赤卽欲匍匐奔喪苦無資斧
伯叔羣阻之之璇哀號獨行沿途乞貸閒關抵粵丐諸上台
蒙斂金以助乃扶櫬歸舟過鄱湖風暴作前船盡覆舟幾不
免璇呼天哀籲誓以身殉俄頃風平不三日抵邑之團風鎮
舁葬祖塋聞者皆嘖嘖稱美之年八十二卒子經彌庠生
陳履謙貢生祖啟華父貴起家勤儉世篤孝友道光十二年七
世同居男婦長幼凡百五十餘人謙與弟履亨督率之共敦
雍睦建支祠延師課子孫之秀者或改業則商於外均恪守



家訓家漸饒凡推解之事無吝容亦無德色里人多稱之王
賀兩學使先後以敦行不怠義門高範額獎之大吏以聞
恩勅建坊旌曰孝義之門子鳳從子大易輔國天驥俱武庠蓮國學
生
張品庠生幼失怙事母孝錫類推解之事尤多子六長兆澤武
舉次鴻邑廩生兆桂武庠生鵠庠生孝廉方正
黄自宸字楓溪歲貢生性誠篤事父母與繼母以孝稱五世同
居其再從父年相若宸事之惟謹與羣從昆弟友愛內外無
閒言辛卯修邑志經理秩然從子引孚舉人江蘇知縣
許希曾字省齋議敘鹽知事生員文達子祖母殷母李俱以苦
節旌見列女傳希曾幼逮事曾祖職員景道恪遵祖訓以孝
稱長肩家政於族中貧乏歲時皆有周給族舊有祠力謀新
之道光辛卯大水民艱食平糶倉穀貧不能備價者代償無
德色復捐錢百萬助官賑所全者衆子汝齡庠生汝鳳從
九品汝梅廩生房縣訓導汝鐸監生議叙八品汝勸監生
汪洋灝事親以孝聞父病篤灝跪侍湯藥衣不解帶逮父沒喪
葬如禮解元郭維本爲之傳
呂德明庠生事親孝親沒哀毁骨立廬墓經年又若汪延隆靖
本信余恩深李方郢陳殿魁夏傳爵熊世濂皆以廬墓稱以上舊志
曾廷彩一名道字天仁性孝友積學研經嘗以孝經訓其子曰
此天經地義百行之原也大本不端文采無足道矣且人生
濁富不如淸貧金玉之美奚敵經籍之光汝其勉之著有拙
齋集熊兩溟選其詩入荆湖知舊集子世儀祀鄉賢名宦祠



孫曾蕃衍皆盛德所詒云
洪恩峻字堯民貢生生平和厚端方動必以禮而內行尤篤少
失怙恃育於祖母及長事奉至孝待祖母母家情誼倍摯事
世母叔母如母視從兄弟如胞手足從兄恩溢久困場屋歷
十三科始捷秋闈每試必隨往護視凡場具寓舍所需皆親
爲檢理平時飲食起居亦然從弟二人以食指繁家計稍絀
過公財任其多取舊共設質庫例計母分子比收肆兄弟均
支取略盡惟已款獨存乃仍卽所存均分之雖後嗣產業寖
薄不計也尤喜施濟捨藥散穀歲以爲常遇戚族窮苦里中
貧士輒加意佽助有老儒黄卄澍歲暮詣質庫贖衣困稱人
中恩峻瞥見之卽邀至內廳問狀悉檢衣以畀不受其値常
買軀川地十餘畝施爲附近義塚佃傭某抗租家人具牘將

控諸官恩峻止之曰吾祖父從不訟人今以細故控鄉愚耶
立碎其牘卒後數十年鄉人猶稱道弗衰以孫良品貴累
贈中憲大夫江西道監察御史
石錫純字粹亭上庠生性仁厚事父母以孝聞胞兄暨堂兄借
豪家銀數千兩索逋搆訟慨然變產代償以息訟道光辛卯
大饑傾貲助賑家遂中落淡如也生平重道尊師款洽倍至
子濟川舉人官當陽訓導人以爲孝友之報云
陶熾字海春號秋嵐美丰姿性和易正直未冠時從師讀書學
塾隣某縉紳家有美婢夤夜來奔峻拒之未嘗告人也同塾
有覺之者始傳其事云事父母至孝母氏王壽至八十餘熾
日誦元人詞曲及稗官野史諸可驚可喜事以娛老人漏三
下始止如是者二十年年五十九先母一月卒生平仗義疏



財同族有作賓者以子多乏食常周困粟且資以百金俾其
子服賈遂至大饒村人洪某兄弟值年荒將鬻妻子急止之
時貸以錢累至二百緡或慮其難償慨然曰吾憐其守貧故
拯之奚望償耶遂焚券其他善行多類此子兆增字小韓號
益亭年十九失怙持己待人悉法其父繼母程性卞急每有
挫辱皆怡然以受妻葉體夫志亦曲意事姑雖笞扑無怨言
終始如一卒得繼母歡里黨稱之族叔宜焯嗜酒而貧增因
月給酒米族節母胡貧難自給輒遣人送薪米不使匱乏居
恒課子弟讀書唯謹子銳進士授吏部主事祖父皆
贈如其官
於逢年字益紹母李病癱瘓三十餘年困床褥逢年日夕侍起
居常抱持之咸豐間賊至偕兩弟冒鋒鏑負母逃賊不忍害

子鍾林歲貢生
萬鼎亥字季修歲貢生訓導希烜子事親孝親怒輒泣跪請罪
俟色霽乃起爲文法西江詩賦尤淵雅督學鮑桂星激賞之
性嚴正鄉人恒敬憚焉
王啟秀字俊亭素行端方有至性親病侍湯藥常廢寢食及歿
喪葬盡禮弟婦青年守志孤姪甫三齡啟秀視若己子撫之
成立遇戚黨孤貧竭力周卹孫國賓舉人
胡華葢字紫垣華麟字寶田俱貢生從兄弟也幼皆失怙華葢
生母梅華麟繼母陶互相教誨有法兄弟二人性惇篤事母
均以孝聞尤友愛視若同胞同居數十載和睦無間家饒裕
凡施藥散穀修橋造渡諸義舉不吝貲財鄉人頌之華葢子
三忠琈忠琪俱監生忠琰貢生華麟子二宜丙諸生忠瑞貢



生
嚴煥彬原名有侗字淦泉郡庠生事親孝尤篤友于其姊氏適
程四年夫卒遺腹生子永甚貧苦煥彬撫甥成人入泮後始
歸程受室未幾永夫婦相繼殂姊老攜女孫依煥彬家以終
萬裕淪字端甫監生候選縣丞知縣鼎琛子性孝友弱冠棄舉
子業筦家政胞弟裕澐以舉人官荆州教授失怙時僅八齡
裕淪撫之成立拳拳教育友愛逾恒道光己酉歲大祲減家
食設粥以濟貧人存活無算子三成鑑蚤逝成鏞邑庠生伯
子成錦字絅堂聰穎力學己酉拔貢生以應試卒京邸士論
惜之孫寶書郡增生
魏麟玉字敦原性純篤母老且病麟玉侍養廁牏罔不親滌兄
患咳輾轉牀褥玉善事之十餘年歲饑多所賙卹戚族不能

婚葬者恒佽之子士奇邑庠生明傑從九品孫世梁廪生同族又有名榮者字凝道邑庠生孝親與麟玉同女弟適胡而寡榮勤恤之俾完其節每值水災宗族咸賴推解長子鴻三子鵬翥俱監生孫樹德源清俱庠生

李大經字星軒性至孝好讀書不屑爲制舉業於治河安邊諸大政無不通曉大吏耳其名屢羅致之辭曰古人一日之養三公不易絕裾捧檄功名之士吾不願效也卒不往誦經籍課子弟以寒素終年七十有三子拱垣貢生孫雲棟諸生雲楷監生應潮直隸府經歷署晉州吏目應瀾直隸河工主簿

程宗謙增生父病篤刲股肉療之又因父患痢嘗糞以爲難父歿三年内日至墓悲號母老耄設榻母室夜中得以伺起居八年不懈子世瑄邑庠生孫毓蘭郡增生時有監生左秉



衡者孝與宗謙同父廷璧早逝事母氏王惟謹母病親奉湯藥衣不解帶依母側設一榻十年未嘗入私寢戚黨稱之

姜煥垣庠生幼喪父母賴庶母唐撫育成立煥垣事之愛敬不啻所生鄉黨皆稱其孝同治二年唐病侍奉湯藥衣不解帶者累月及歿痛哭嘔血升餘亦於是日卒

宋琨字輝田進士治咸孫少敏悟弱冠補弟子員性至孝事繼母曹尤謹曹性嚴躁稍不合聲色俱厲琨每率妻徐氏跪請罪俟母霽乃已居恒怡色柔聲數十年如一日母亦卒感悟琨志操廉峻教生徒必以敦行爲本多所成就

沈之銓歲貢生性坦直樂志養親不慕榮利教人先行後文學者仰如山斗子光濚邑庠生有學行亦以孝稱

魏澤選雙柳區農人值道光辛卯水災奉寡母陳行乞於河南商城母病亟負之歸仍丐以養每自忍飢嘗渡七湖從高阜處乞食歸至湖適冰凍不堪行澤選慮母愁思竟履冰歸抵家一日母忽卒澤選哀痛幾至滅性後十餘年同里葉大松亦鄙氓也少孤貧道光己酉水漲甚於辛卯歲大饑扶其母至豫境求食次年夏母病故慮其暴骨他鄉負屍歸比還里屍未腐朽咸以爲至孝所感云

張述佐祖父期頤年八十以病困床褥述佐日侍湯藥未嘗離咸豐甲寅春粤逆黃以安等肆擄掠焚屋宇佐隨衆遠避旋念祖父患病在榻恐爲賊傷冒刃歸負之出適遇賊於途殺佐並剖其腹族人哀而葬之表其阡曰孝孫墓後數日黃逆等掠汪港爲鄉勇所殲聞者稱快

江景鴻父客江南阻於兵二十餘年未歸景鴻隻身往江南尋



父不獲輒哭泣悲號哀感路人一日彳亍姑蘇城外遇老人指一處曰此齊安義塚也細訪之果得父葬處遂扶櫬走二千餘里艱辛萬狀卒得歸窆

張傳馨字雲程少孤奇貧敦品勵學事母極孝授徒郡塾歸常不能舉火得數錢即市餅餌奉母母憐而分與之必權詞謝曰生徒已進食其實無有也有聞而餽遺者輒力卻之與人交有過即面斥不少恕朋輩咸敬憚之一日方夜讀有少婦來奔益朗誦不顧婦乃去生平未舉以告人時有偷兒從梁上見之每向人述其事云

邵正泰郡農也少失怙事母至孝家貧傭工供養必進甘旨母歿廬墓三年値除夕雪深三尺許且從墓側歸手足皴裂無痛苦色鄉里咸稱道之

陳宏順幼孤家貧不能娶母氏徐中年邁瘋疾體痿目瞽手足指盡脫落宏順愴慟爲母哺食起居坐卧皆抱持之服侍十五年誠篤不少懈又有舒必揖陳桂者事頗相類必揖事瞽母出入扶持嘗湯藥浣厠牏飲食必親進母歿哀毁逾恆既葬日省墓三次至老不倦一日詣墓前忽僵仆舁歸遂卒年八十有一桂居而鰥母病痿侍飲食寢興及浣濯汚垢無不躬親經三十年不怠三人皆不識詩書而至性過人士林莫不欽佩

何宗玖家極貧母病癱瘓竭力奉飲食湯藥朝夕護持坐卧凡盥汚滌穢之事皆躬自爲之歷十五載無少怠母歿哀毁骨立後七年宗玖忽云吾將從母地下遂卒

陶之渭力田自給父歿結廬墓側晝出畊夜獨宿其中三年無



間母卒殯於室適鄰有回祿之災延及櫃室桁桷已燃衆莫敢近之渭號哭直入雙手挽棺至門衆接助之而出人皆以爲孝感

王基鎬字武民庠生父祚賓廪生載文苑傳基鎬性孝友言必稱父訓母病焚香籲禱兄病亦如之粤逆之難倚厲浠川咸豐辛酉母歿未及歸葬賊哭至鄉人皆倉皇走避乃獨守母櫃號泣賊義之不忍傷同治初邑人士議舉孝廉方正堅辭不受尋卒

王獻方字仙槎諸生幼孤家貧性至孝嘗謹身勤學以遵母訓年六十尤篤愛敬咸同閒兵戎蹂躪每先期奉母遠避不令老年受驚迨母歿治衾櫬皆竭盡心力居喪三年晝夜泣血罔閒鄰里咸爲之感傷服闋遂憂思成疾卒

潘九如性至孝以館穀奉母必豐腆妻子有飢色弗顧也或有餽遺恆拒弗受母性嚴每怒九如膝行受杖無怨容績學以布衣終士論惜之

蔣鵬字翼南性篤孝矢志績學弱冠爲諸生有聲當粤匪初至父柩在室鵬守棺號哭鄉人感動爲伙葬之事繼母能得歡心至老不衰郡守黄益杰深重之同治壬戌特舉鵬孝廉方正因母老未赴部爰授徒養母以終所著詩文成帙惜火於兵子家弼邑庠生

王宗揚父賈於陝西以病故時宗揚甫四齡伯叔攜之歸其母氏申年二十八茹陝苦節守夫墓不離宗揚稍長屢思赴陝以乏行資未果及壯至陝尋母時母已五六十矣念老母衰頽路遠隔三千八百餘里無力貨輿馬遂負母於背沿途募



食比抵家貧無恆產仍傭工以養菽水罔缺後宗揚壽至八十六歲

馬先株先祿兄弟友愛事母以孝聞咸豐二年冬粤匪竄境時母已七十有六先株負之逃路遇賊刃傷母并及株肩猶忍痛不釋先祿後隔半里許望見母兄受傷慘忿直前奪刃與賊鬬賊衆僃至先祿且鬬且罵賊斫其首尸猶僵立逾時始仆

方廷珍有至性少孤事母孝母歿廬墓三年齊衰不去身道光丙午冬有售妻者相泣路隅詰値僅制錢十緡珍典衣如數給之俾免生離受者請姓名終不告

王地紹字竹谿諸生性嗜學爲文尚高潔不落恆蹊父兆卿督課甚嚴地紹侍奉唯謹怒則跪受教非色解不敢退子運隆

邑庠生

范欽字雨山都司銜性至孝母病嘗藥禱於祖廟以身代病立愈母仁厚樂施與欽先意承志歲饑疫發粟二千石以濟有病者資藥治之全活甚衆江右羅某覓食於路鬻妻子自給汪某爲債逼將鬻子以償欽皆捐金贖之他若置義塚捐義田施義渡重建覓兒橋捐蓮台寺基悉體母志次第行之子華封同知銜

童埜字厚卿廩生事父母以孝聞兄弟因食指繁始析箸埜以筆耕奉養有餘則分潤諸弟年荒屢代償逋負雖啜粥饔飱晏如也爲人樂易和平而有介節居恒沈酣經籍年未五十卒

朱善富幼篤天性每有疾恐貽親憂祕不以告及長因父善病



遂習岐黄術藥餌必親煎奉父病旋愈鄰舍不戒於火延及前庭母老不能出善富適自外歸冒火衝入急負母毀垣出雖頭額焦爛痛楚不計居喪尤哀痛盡禮中丞胡文忠以額獎之曰百行之原

張文彬性孝友父之淇年七十餘病脾瀉二載一夕嘗十數起文彬昕夜扶持不避臭穢父憫其辛勤夜間强自掙紮文彬微聞動息輒驚起護持其牏裕污濁皆手爲滌除人稱其難兄文棻染病年餘艱於動履文彬服侍悉稱兄意子啓渭監生啓靜郡庠生

馬重鉀字華齋貢生少孤事瞽母孝扶持抑搔不假侍婢臨喪哀毀骨立兄重鏊早卒事嫂盡禮督族三十年宗人敬之孫先杰諸生

周步墀字長孺諸生居家以孝友稱析爨後每食必分甘昆季撫孤姪有成中年歷遊諸縣幕贊成惠政知閩縣林知楚縣羅欲以篤行薦力卻之

張世壽有至性道光二十八年大水兄世炳已析爨貧困幾斃壽鬻己産給兄爲饘粥費厥後諸姪亦賴以成立

鄭占魁監生父得偏枯疾坐卧需人魁侍疾三年晝夜罔懈父病革命析箸魁請以腴産與弟弟亦讓不受時兩稱之

涂孝子逸其名薙髮爲業鰥而貧奉母必營旨甘母老扶衰滌穢必躬親之且割股以療疾母沒廬墓三年

陳楙衡性至孝親年衰多怒時以過見笞衡以鞭撻無力輒流涕有伯俞泣杖之風

何憲葵字捷臣　恩賜舉人幼失怙恃事叔父孝逮卒擗踊悲



號弔者無不感泣視從弟愛如同胞後粤氛起練勇出力卒年八十三子六楏諸生

丁名永善讀書事親孝母年衰弱於行躬負十餘年不懈與兄弟極友愛有句云年年著意觀橋梓又喜常華結蕊勻可以想其孝弟之心矣

徐本桂性至孝母病癈疾轉側需人桂極意奉事十餘年母沒桂哀泣旋卒

於浩監生事繼母純孝並恤其外家兩弟幼教之成立弟繼別房亦割腴産予之年七十九卒

喻志忠家貧至孝每忍飢養父歲歉隨父行乞河南父病卒忠負尸行七晝夜歸葬祖塋又有羅詠裳父沒於外隻身走數千里舁父骨歸咸以孝稱

喻錫俊幼失怙事母以孝稱其孫本滋亦孝友成性弟病痿起居飲食滋抱而哺之溲穢手爲滌除人以爲難

吳光岶少孤事母孝弟光楚幼督之力學入邑庠持家無私財建置宗祠祭產岶力諸多子姓孫曾二百餘人列成均者十餘人

王家策字象翥天性純摯父于映邑庠生積學而貧晚益困策傷兩兄短折父母哀頹遂棄儒執藝事以其値營甘旨親沒旣葬無力結廬幕天席地伴宿墳側號泣往還三年無閒後以憂鬱成疾卒

張肇華母患痿輾轉牀褥華浣衣滌穢二十餘年母沒喪葬盡禮

汪懋煉性純篤生父洪琥患癰煉口吮之後琥復病刲股療之愈洎生父母嗣父相繼沒事嗣母亦以孝稱



林作楨字敘齋州同銜性孝友工吟詠父早卒事生母劉以孝稱其季子大份能讀父書母王病侍湯藥昕夕罔閒母沒水漿不入口者累日後父病亦如事母父沒哀毀成疾卒

劉謙之少孤事父孝母歿廬墓母素畏雷每聞雷伏墓號泣

溫正德年十二父歿母患風痿家酷貧乞食養母澣衣滌穢歷二十餘年母沒廬墓三載

徐憑之監生性純篤父附貢生兆鯉治家嚴憑之曲意承歡母遘危疾侍寢嘗藥歷三寒暑不倦與諸弟友愛備至歲祲罄所藏以周急無吝情

靖家淸字慶之邑諸生性至孝父怒輒跪謝色霽乃起事繼母惟謹與從兄華遴相友從兄卒嫂程守志淸敬禮罔懈鄉人奉模楷焉

劉應梅字榮重內行修潔尤誠於事先祖祠距家里許每日晨興往供香火風雨無閒者數十年性和厚遇人有危難事必竭力扶持族鄰倚重卒年八十餘

曾世福字受田爲人儒雅正直果敢有爲乾嘉閒從征湖南苗匪本省教匪歷川陝河南等省十餘年累保千總凱旋歸餘貲數百金悉以分給兄弟而勤儉以終

汪引撫字蘭屏兆霖幼子少失怙奉母黄氏以孝稱遇母病侍湯藥輟飲食衣不解帶者嘗數月母沒年九十餘引撫擗踊哀號喪葬甫畢竟以毀卒性純篤事兄維謹視諸姪如己子終身無閒家故宦族引撫毫無私積常以淡泊勵志云

向文炳母病痰喘炳年十六躬侍湯藥滌厠牏十餘載不懈



湯心義事親孝與兄析箸時慮兄食指繁不遑將母請獨養之母卒殯於郊義宿殯宮三載

黄錫檦字霞城恂恂一書生耳咸豐四年三月賊至黄林墅執其母將加刃焉霞城挺身救護竟被害

柳廷杰中和鄉民咸豐五年五月杰負瞽母避亂賊至母遣杰逃杰不忍離母子並遇害

董正山咸豐四年五月閧寇難負母奔避遇賊被執山泣曰棄母從賊不如死遂遇害

陳德垣咸豐七年賊至欲戕其嗣母德垣救護不得罵賊遇害

黄如蘭事繼母孝同治三年五月賊至母命之逃蘭以母病不忍去遂遇害

梅楊瀾同治五年賊至瀾以母老不忍離遇害

孫汝衡監生同治三年八月捻匪哭至衡負父逃復歸負母過
賊被害
黃文濱從九品同治三年賊至擄其父濱乞以身代賊並殺之
熊萬𣁉事母孝同治三年奉母避賊於蘄邑被賊劫𣁉救母遇
害
熊世傑事親孝母病割股救之同治三年在劉家莊遇賊不屈
死
方道坦性至孝同治六年二月賊至松楊鋪坦背母奔避遇賊
不屈賊縛坦於樹鎗礮並擊死
汪極源粵匪之難負祖母毛奔避被擄源與祖母均遇害
曾傳寶傳春兄弟也捻逆之亂同負老母至界埠渡口賊忽至
欲渡無舟二子負母涉河俱沒於水尸浮出猶一子負母一



子扶母如故
林光第徐永斯喻德魁皆以母衰病賊至不忍離因被執罵賊
遇害
儒士王希慧鄉民戚其中何泗濱藺善珍均負母避賊遇賊被
殺儒士王恆泰奉嗣父避賊賊至泰護父罵賊剖其腹死皆
永甯鄉人也
蔡本輝儒士徐正綱皆上伍鄉人潘志相桂唐沐中和鄉人詹
以昆秦道善還和鄉人俱隨父避亂與賊遇執其父哀泣請
代父均得釋本輝正綱志相唐沐以昆道善卒不屈死
葉肇甲貢生中和鄉人事親孝親歿廬墓側學使王文在以譽
洽鄉評額旌之又有陳邦英楊德純羅楚榮亦中和鄉人戢
昌仁還和鄉人邵際瑛慕義鄉人黃樹桂貢生吳大鼇夏林

忠俱下伍鄉人邱振玉庶安鄉人均以廬墓著稱
黃章品字卿轉性惇篤父歿廬墓三年食饘粥不茹葷爲近今
所罕覯又以廬墓稱者有汪引鸞舒椿皆太學生引鸞進士
兆科子父卒三載廬墓嘗捐置闔族祭產道光辛卯己酉大
水皆發粟賑饑子士儀由副榜官廣東知縣椿母嬰篤疾侍
湯藥數年衣不解帶及居喪廬墓側三載哀禮兼盡值辛卯
水灾捐穀三百石助賑人稱其惠

割股

明

劉思敬割股救母病愈巡按汪承詔匾旌之
彭克永父扶沖病劇克永割股餌之病愈提學道王永祚匾旌
之



國朝

陶之伊康熙二年父君重病篤夜焚香禱祖願以身代因割股
進之父病遂痊里人上其事知縣徐𢷬匾旌之
楊士松早失怙事母孝養備至母常患疽其妻陳吮之母夜苦
足冷陳抱溫之母病劇割股以進尋愈
張有餘事親孝父廷榮病篤割股以進病遂愈妻嚴氏亦以此
救其姑其後仲子華國子婦萬氏孫錦煌皆割股一門三世
凡六見
劉宗向母汪病篤宗向湯藥親嘗旋復齋戒割股以進母病瘳
吳太治父宏功病太治悲泣私禱願以身代後病劇引刀割股
以進父病遂愈
龍肇亨父士通病劇肇亨割左股啖之病以愈事在乾隆甲子

年
程如會家貧孝事繼母廖廖病如會割股進之病遂愈又趙國
祚劉世爵林宜賢陶克定亦以割股稱
姚啟順性篤孝家貧肩輿以供親膳父病割股以進遂痊母病
復斷指和藥母亦瘳
吳緒溢緒春母久病不愈兄割左股弟割右股以進母得無恙
程光環父病割股救愈後祖母病亦如之
奚紹信父病割左股以療母病復割右股父母皆得延年其次
孫光壁事叔父如事其父叔父病劇光壁割股進病遂瘳其
弟東晟亦割股救母病邑人稱爲孝義之門
揭鳴九性篤孝父病割股以進遂愈後母歿廬墓期年
朱彩五下伍重鄉縫工也父病割股救之父歿奉母彌摯或食



以佳味必歸獻母母歿廬墓三年
胡萬年六歲喪母繼母張生弟定泰宦京邸張在家病萬年割
股以進果愈
余木匠本姓藍名世誠樊港人也母病割胸左肉一臠以進不
出血母病遂瘳自是雖酷暑不解衣母故每除夜必往守墓
竟夕悲號
邵際連母病連割股療之父患穢疾連口吸舌舐得延年餘連
妻吳亦善承夫志以孝聞連後入邑庠
沈敦彝　洪志道　黃元亨　包祖樂　熊會清　劉仁覆
左宇發　杜英萬　杜兆瑞　李在寬　尹萬書　夏隆瑚
呂麟玉　邵正翥　舒中烙　舒光澤　汪引恩　邵正傑
均爲父割股

盧占鼇　陳有爲　雷正焜　周奇光　舒謙受　胡之沬
張承珍　鄭宗海　宋天德　靖華春　杜希科　王士珩
蔡茂元　劉三槐　鄭長青　王紹貴　王廷相　周祖興
李啟勝　張士雄　曾德鼇　李運乾　劉泰銘　孫克詮
陳國舉　胡士傑　龍繼先　汪世悌　鄒懷爵　王緒勝
張正祿　何在朝　曹宗濱　祝光智　邵鵬泰　彭萬年
童士信　張全宗　邵際鍈　單　浚　周震星　均爲母割股
以上舊志
王世祐嘉慶丁丑科進士鵠之曾孫邑庠生子岳孫甘肅補用
縣丞家澧子時澧襄辦源源糧倉局祐年十七度隴省親見
澧病篤情迫割股療之澧延旬餘始歿大學士陝甘總督左
奏請旌表照例建坊入孝子祠其餘未旌者備列於後



張家燾　樊中庸　陶豐盈　倪艮志　袁運泗　戴聯芳
羅天潤　杜和泰　汪代元　均爲父母割股兩次
童有豪　童本崇　林壽山　胡師望　汪步高　左治璆
左治煜　程明均　吳上林　吳榮林　劉開濟　陳維祺
周恆堂　劉文榜　李常浩　曹高翼　周其名　張紹友
馮士濤　傅其洪　郭光曉　喻承仁　喻承熙　王永昌
饒舜裔　雷平安　趙光耀　孫開泰　舒中耀　舒中烙
舒中潮　李　升　方毓蘭　皮洪發　雷祥麟　劉際霆
劉成俯　鄧高生　鄧長城　鄧三崟　陳德文　范紹鼇
徐文立　陳維蕃　丁道徵　范純和　雷清榮　倪元珠
操履成　操履祥　涂邦任　戴永桂　陳應祿　胡禮臣
均爲父割股

陶慶琮　周貞祥　於孫謙　周士楚　程正國　陳維佑
夏開爊　邱法欣　邱法幸　金永豐　金永盛　金永福
杜永孟　杜祚達　張同春　張同年　龔心奎　童有璟
汪元華　林與柏　汪家駥　吳秉爵　吳兆乾　吳兆坤
王大伸　靖應高　鄭澤高　蕭道敏　王純禮　程明哲
李居江　李龍舉　童本年　王先天　李世銑　王九鴻
張養緒　邵錦鈞　邵希青　鄒承烈　游亨厚　喻廷蘭
喻錫寵　繆美原　錢有福　王松發　歐希林　汪銘簡
黃時元　周輝澤　金鼎和　陶顧意　胡孚恩　袁有成
劉際雲　趙作豔　劉泰純　孫學爲　劉功元　陳家勤
楊萬才　丁時進　萬獻忠　余春華　袁朝典　周功訓
周煥美　鄧開武　鄧三墲　鄧丕栻　鄧維源　曹志國



程正身　羅慶輔　湯秩記　李達球　倪世傑　汪玉堂
黃成耀　林光璵　王殿鋒　孫允成　陳鵬　孫正好
汪桂國　熊志純　聶國雲　馬詒貴　馬澤華　郭恒讓
吳象文　吳啟雄　汪厚宣　操養檎　操養喜　吳大望
韓子善　楊心廣　周紹武　郭殿英　龍世炯　牛有才
蕭燮臣　王振銑　但祖慶均爲母割股
操輔朝　方立棟均爲母割肵
王出球祖父病球割股奉之而愈他如甄光焴鍾大用爲祖母
王崇禮爲叔父夏立山爲兄皆以割股稱
羅治榮爲祖割股　鄭燿筠年十四爲祖母割股　夏澤廣爲祖母割股　喻治勝爲叔祖母割股
童本銓　詹人必　萬成浩均爲叔割股　李厚元爲兄割股

百歲翁暨屢世同居附

華魁叟邱高奎僕壽一百一歲詳忠義傳
屠應蛟年百歲見篤行傳
胡來通年百歲見隱逸傳
於心實字正伯諸生方正嚴重人稱長者年百歲子弟恂謹遵其訓孫萬震康熙庚子舉人
洪世永字清渠諸生壽百歲聰明康健無疾而終
袁文衡年百歲見于清端政書
沈家琮年百歲道光二十八年詳請學憲額獎子之銓歲貢生有傳之銑邑增生孫光澐諸生
藍有德五世同堂見省志
監生萬廷德字據安性好遊乾隆甲申年七十餘遊揚州



聖駕南巡廷德迎拜道左
恩賞八品頂戴黃絹一幅養老銀牌一面卒年九十八
吳大裕五世同堂嘉慶二年由學詳請旌獎子之任歲貢生孫
恩彌諸生
劉學開六世同居道光六年詳請學憲額獎
劉學剛五世同居道光九年詳請學憲額獎
邱安衡五世同居道光十二年詳請學憲額獎
廖澤厚年九十六歲五世同堂子四孫十曾孫十一元孫二道光二十八年詳請學憲額獎
劉楨玉字漢哲生於康熙戊戌卒於嘉慶丁丑壽百歲
監生王炯年百有七歲光緒乙亥年題請建坊
恩賜七品頂戴

董繩武光緒元年年一百歲曾元三十餘人
謝文德年百歲
高文富年百歲眼觀五代
楊法教年百歲
許士龍年百歲
盧佐泰生於乾隆甲午卒於同治癸酉年百歲
韓士忠年一百二歲　旌表建坊並
賞給綵疋銀兩並昇平人瑞獎額
監生雷開甲性孝友喜施與嘗捐芝山圃一所作義塚年百有
一歲
陳錫球精岐黃壽百歲
陳敞才字君顯舉洲農民方正樸誠教子孫一準禮法壽百歲



四世孫巖字錫侯亦壽百歲
周宗裔生於乾隆丙戌卒於同治乙丑壽百歲
周宗成生於乾隆辛丑卒於光緒庚辰壽百歲
袁昌泰生於乾隆甲午卒於光緒丙子壽百有三歲
袁殿選生於乾隆壬辰卒於光緒乙亥壽百有四歲妻范氏亦
壽百有三歲子孫蕃衍
張長亨精岐黃壽百有九歲
李光前現年百歲子孫蕃衍
陶華榜生於乾隆壬寅現年百歲
周必奇生於乾隆庚子現年百有二歲
華同才生於乾隆辛丑子二俱年逾七十孫曾蕃衍現年百有
一歲

方明定生於乾隆戊子卒於同治己巳壽百有二歲孫曾林立
郭元義壽百有一歲
郭文有壽百歲
方本貴廣東合浦縣縣丞升合浦知縣壽百歲
嚴長春壽百有一歲
林開和生於乾隆四十七年現年百歲光緒七年詳請　旌表
王正憲生於乾隆辛未卒於道光庚申壽百歲五世同居
左順邦年九十四五世同堂子二孫七鎮洛庠生曾孫十三春
芳秉鈞俱庠生元孫十五向榮庠生
羅大琮五世同堂子三孫十五曾孫三十三元孫一卒年九十
監生雷朝鼎性純篤尤好義舉倡修培心堂善局子二時模時
楷俱職員孫六名漢庠生曾孫二十二元孫一現年九十九



五世同堂
庠生丁杰家範整肅五世同堂
羅應鯤五世同堂
朱斯德五世同堂
程敦極五世同居
監生張周六現年九十五五世同堂
孫宏學五世同堂子五永裕永升職員永元監生
孫之順年九十歲五世同堂詳請學憲獎給太平人瑞匾額
鍾大烈字猷臣七世同居男婦三百餘人奉約束惟謹粵匪之
亂家人殉難十數人
增生孫開煥字文庵壽百歲五世同堂
曾光灼年八十六五世同堂子孫蕃衍

郭言檜性孝友五世同居親見七代詳請學憲額奬
張可㑺年九十六五世同堂
張之業五世同堂
朱清泉六世同居
曹同倫五世同堂
監生吳大玉性剛方少業儒旋以醫名修譜建祠篤於族誼現
年九十六五世同堂眼見七代子七人長元吉邑增生
周宗遠年九十二五世同堂子二應溪家福皆監生孫四曾孫
三元孫一
程大醑年七十八五世同堂
監生王朝棟壽百歲五世同堂



## 篤行

昌黎有言怠者不自修忌者畏人修末俗膏肓斯言盡之矣而前志載篤行諸君子駢肩累跡當時筆之無異詞後人信之無異議非其實行昭明不可得而掩何以至是此以見前人立身之功爲不可及而有志敦行者皆可以信今而傳後故人亦在自修而已矣

### 宋

潘丙字彥明以解元舉進士與蘇軾交至善有文行其弟原秀才軾亦稱爲佳士有舉業見軾與朱康臣書

董助教敦信誼恤貧之大觀間歲旱爲食以待餓者又設餈餌給小兒多所全活後以壽終

### 明

蕭經綸隱德家素饒好施與以義重於鄉里

孫子華輕財好施正統間值歲大祲輸粟萬石賑黄麻蘄水三縣饑民御史臺以聞詔賜敕旌爲義民

陶以諒好義輕財正統間歲祲出粟千餘石以賑事聞旌其廬勞以羊酒免徭役三年

朱文智字道全諸生性忠厚與弟每均財輒相讓其尚義勤施亦相類嘗歸省江右饒虔吉信連荒慨然襄賑正統成化間輸穀者再凡三千有奇事聞特敕旌之勞以羊酒免本戶差徭五年府縣官賓禮存問

曾恕字希仁黄州衛指揮僉事性至孝父全正統時征横江戰死詔錄諸陣亡子姓恕後至人問之曰吾不忍也後督漕以介聞監司咸旌異之祀鄉賢

曹良輔字大忠居崎山陽釣於清溪號清溪居士置產分諸兄弟族黨無歸者濟之嘗有盜過其門曰是長者犯之不祥

王孚生而穎秀童時與張寶共學於白鹿洞後同舉於鄉天順癸未會試孚弟美玉與偕值貢院災美玉踰牆負孚出後入尋寶則頭面半毀又負屍出遂歸葬焉孚後爲襄城教諭應河南鄉試聘所至有方正聲襄城有尚書于達教令孚扑責之尚書怒孚遂乞歸建書院於西阜山莊以來學者子簡鄧武推官簽夔州訓導

黃伯垓字鵬遠成化丙戌進士累官苑馬寺少卿節操清亮鄉評稱重卒祀鄉賢

余文瑞正德庚辰進士有學行未仕卒祀鄉賢見府舊志又有余鑾者嘉靖戊子舉人性孝友授蘭陽教諭終養不仕



樊模字廷正由恩貢官兵馬司指揮性孝友好學至耄不倦鄉里稱爲善人

王秉直字子愚嘉靖乙酉舉人性伉直所與遊必賢豪長者見非其人輒引去不輕與言也

邱尚忠事後母承順唯謹子岳在諫垣有聲尚忠偶謁縣令令疑有所請因問近得家書否卽應聲曰見屬家書惟諄諄老夫愼勿造公府耳時稱其介封工科給事中祀鄉賢

朱章字朝憲歲貢知威遠縣親老懇乞終養士林重之

易大原字廣居家殷實好施與嘉靖中出粟千餘石以賑飢詔賜義民冠帶

史秉直諸生萬歷十六年邑大荒秉直捐米六百三十石於團風鎭親煮粥賑饑救活多人知縣劉夢周請給匾額鄉人稱之

劉文元性方正故人王追美將沒託其幼子一鳴文元許諾乃從之學過則撻之甚則使跪於木主下稱父訓哭而告之後一鳴成進士每接文元衣履必肅懼其怒且叱也晚爲華容教諭

王相字良弼諸生爲學必以求天理爲安置義田贍族歲大饑爲粥食人於路一日見婦人渡河爲鄉人所阻乃怒以騎濟之遂造橋人呼爲王相橋郡守潘允哲爲旌善亭列名者四人皆高年敦行誼者相與鄭廷桂邱鳳鳴及其從子養儀也又程通者字子羽諸生廉而讓著有里仁會約鄉人重之

鄭廷桂字石濱性孝友好施與有貸不能償者輒焚其券年八十餘卒諸子廬於墓忽一人卒妻子拜哭於墓問之則瞿姓



也曰徽翁之惠則無室今子三人皆成立矣平生善行多如此長子謙舉人官雲南知府次讜讚皆以文學稱曾孫光郢光黃見隱逸傳

杜鳴陽字子鳳嘉靖癸卯舉人性渾厚與物無忤親歿撫兩幼弟友愛備至授遂甯知縣改江川俱有惠政故人朱廷相女許聘豪右及廷相死且貧豪右背約女無所歸鳴陽乃聘爲仲子傑婦是秋傑舉於鄉時人以爲盛德之報云祀鄉賢

徐崇德字象賢貢生性坦直不私芥蔕以禮經名四方士多游其門爲白水教諭風節特著祀鄉賢

徐蘊字天祐有隱德兄早卒從子幼撫育教訓俾至成立平生濟人之急鄉有不能葬者助之不吝以子銘貴贈文林郎

易明幾字汝戒篤於孝友諸弟早逝撫遺孤猶已出家素饒入

有稱貸必應未嘗計其償也日每嚴重危坐見人過輒面折之以子倣之貴封御史

黃士元字汝覺篤志力學嘉靖己酉舉於鄉攝貴溪教諭主白鹿洞一時從遊者甚衆擢餘干知縣遷撫州府通判有能聲後歸屏居林畝日與多士講論不輟歲祲施穀賑救人稱其德年九十鶴髮童顏望之若仙時有李時芳羅星俱以操行方正爲鄉評所重時芳嘉靖甲午舉人官興化同知星己酉舉人官阿迷州知州

阮文蔚字自質萬歷丙戌進士（茅志作己丑）性介潔嘗道經維揚鹺賈奉千金屬居閒文蔚曰吾先世無千金產况敢侵士大夫權竟卻之後官行人以册封上饒王道卒家貧無以殮巡按御史李天麟助之葬



曾日省字見獨萬歷庚子舉人辛丑會副累官潛山知縣行取主事致仕歸講學於赤壁正宗會館學者宗之

方一盛字新宇萬歷間由儒士授四川鹽法提舉持法平允商民便之擢正定知府終養乞歸事親以孝聞建祠堂置祭產又設粥食飢掩路骼修橋梁郵亭凡可利人者竭力爲之年九十餘卒

孫顯祖字衡洞諸生性渾厚家素饒周散貧乏有彭城塘閭里許歲多魚利盡捐爲宗族供祭祀貧戚有遭喪者指他人田求售於顯祖遂應之或言其詐乃曰聊爲麥舟贈耳還其田亦無德色以家事付二子棲隱山林種花竹自適年八十卒子應鴻别有傳

王同鼎字調甫由歲貢授江甯知縣著廉聲擢刑部主事諸生時好施與家中落不倦嘗曰人生重義耳豈望報乎值歲饑弟同觀捐粟千石以賑同鼎亦力附之一郡多所全活

萬一儁字葆初父偉諸生晚舉儁時勢家豪奪而儁勤約務刻苦以實行卒鄉人嘗避賊鄂城有豫士李姓亦以亂奉母至賊圍城儁縋而出反求得李與俱乃行又避難崎山路遇賊劫其帑已知爲儁也謝而還之從兄一奇嘗曰吾弟渾厚如太古他日遠大吾不及也子四俱以學行顯科名世宦不絶

曹之建字中甫父士彥有傳之建事繼母蕭以孝稱族戚交遊有貧者婚葬皆助之不矜已形人短知縣茅瑞徵修邑志之建與焉由歲貢薦除吳江教諭多所成就擢廣東四會知縣有清直聲卒於官孫本榮别有傳

程士翼字沖寘諸生好施與同族貧乏者必濟之萬歷己丑歲



歉減糶百石不償者亦不問與人寬容無所較子之試之奇俱以文行稱之試載官蹟傳之奇官沔陽學正及歸年皆七十餘日常相依怡然樂也之敦士翼兄子少有文名天啟甲子舉人累遷萍鄉知縣清慎自守教人以實行致仕卒

樊玉衢字荆軒少時從父煒司訓漢陽會張緒講學江漢玉衢與兄玉衡師事之益自勉於學侍父疾衣不解帶者三年比卒毀痛骨立兄玉衡清介早卒無子玉衢治其喪葬嫂余苦節事之如母又置義田贍族立義倉以備凶荒見善事輒行不遺餘力流寇之亂所在摧靡玉衢指授方略守土者賴之當事薦其才辭不受年七十餘卒祀鄉賢子維鼎維域維忠俱有聲維域别有傳

何直字報所幼聘同郡鄧氏女女年十三目眇足廢鄧翁謝請

他聘直不可竟娶之後鄧卒遂不再娶父母卒日省墓歸則扃一室以詩文終老子閎中別有傳

鄧士駿字艮夫諸生性孝友好學深思卓然自立與弟士駒皆有才名與黄梅瞿九思爲文字交年六十卒子雲程載忠義傳

葉國章字憲可諸生向陽子事繼母以孝聞少勤學博涉經史年三十舉於鄉授廣東徐聞知縣以疾歸平生好行德義全活甚衆有鄉人來仝者以已女償人債章爲贖歸之又嘗借蘇州陳立吾及楊應第百餘金値兵亂後無可歸者乃以其金分濟飢人書其上曰某氏之金使歸功於陳楊也子大年之允俱諸生

何諆字韋長弟謙字緘仲兄弟皆博學尚氣誼人有一善力爲



表揚與廣濟劉養微交最善養微病諆謙家距三百里器用服食需之卽應奔走絡繹不絶歲餘養微沒經紀其喪爲刻康谷子集其他豁達好善類此諆子元方篤行能文以諸生終劉醕驥序其遺集

屠應蛟字仁齋至性過人潛跡授徒多隱德壽百歲子振鐸官工部主事請諸朝賜冠帶建坊妻周亦九十有七

黄鉉字宏卿好宋儒書諸弟少孤皆教誨有成以會副授湘潭教諭遷河南永城知縣多善政擢兵部主事告歸仲子中實別有傳

劉伯江宏治時大饑邑及麻城黄陂三縣尤甚伯江捐穀萬石銀千兩全活甚衆

汪之渙字鳳溪隆慶庚午舉人嗜學尚義萬歷戊子大饑捐穀拯濟全活甚衆穀盡自食菜羹無悔甲戌公車道上見少婦自鬻贖夫罪與之金遂去既而其夫送婦以券至之渙曰吾哀汝貧無告耳豈有私乎焚券令歸人義之卒祀鄉賢孫煉南別有傳

謝宗湯字建中博通文學明末歲荒路拾遺金坐待還其主不問姓字人稱篤厚君子

杜鈺字子堅幼爲諸生有儁才習父時芳訓言動不苟素好義有夏姓者垂老爲豪右迫鬻其子鈺爲贖之後與弟鏞同舟弟溺鈺赴救之並沒於江詩文甚有稱同里杜詔先序其遺集

邱一貫諸生敦善不怠家素饒遇困必有濟時疫施藥全活無算嘗一日焚券千餘金人有質絮袍及被者冬不贖輒取以還子維明維時同榜舉人



國朝

陳天生字植其父鳳正生母劉俱早逝事嫡母蕭至孝弱冠補諸生敦行尚義以清白訓子孫敝衣芒屨逍遥遊咏有古君子風卒祀鄉賢子五長肇昌別有傳

鄧錦字子燦本姓曹順治丙戌舉人累官兵部職方主事出判彰德府解組後沈酣圖史被服若儒素端方誠篤里中稱爲長者

杜琦字奇玉太僕伸之孫也警敏力學事母以孝聞順治甲午舉於鄉授黔陽教諭日集諸生講禮法程文藝士風一振庚子應聘滇闈稱得士子士默字伯緘倜儻好義由選貢教諭[illegible]人悅服值歲饑民譁士默諭之輒斂息故人索震老

無子及知縣汪灝子壻貧不得歸士默俱養之終其身無德色

蔡師孔諸生性好義居濱孫鑽埠大河水漲人艱渡師孔捐造義船並置田數十畝爲歲時修理費又置祠族祭學並所建白雲寺香火各田數十畝爲永久計子之驥諸生亦勤施有旗丁運官糧之騏捐穀三百石銀二百餘兩貰其死者七人闔郡義之鄉飲聘爲大賓

陳偉字璽臣諸生父尙友潼關縣丞偉刻志讀書敦行厲品性至孝值明季賊亂奉母避難雖倉遽未嘗稍懈康熙二十七年夏逆將趨黃郡守以偉有幹濟使團練以守及夏逆敗荆口走白雲山偉與易爲泰計縛之一邑賴以保全子瓚廩生多隱德士俊癸巳舉人孫應龍乾隆戊辰進士榮與諸生俱



有文學

聶文錦字道章諸生篤志嗜學尤慷慨好義有梅邑故家子爲無賴所賺文錦詰得其由設計贖之併令就塾撫之一如己子越三年有成乃送歸其家厚餽之堅不受生平行義多類此

韋克繼字承公歲貢生性和厚樂爲善事從弟妹之孤皆爲婚嫁又故人辟仇遠遁遺子方數歲克繼育之三十餘年學成有室其父始見焉克繼招之歸也年七十餘卒

熊翼爲字湘尹諸生事親先意承志侍奉罔懈與人諒直爲戶正整肅有規留祠產養老恤孤倣范文正法好施與於物無所取嘗見遺金守而還之砥行好學鄉里遵爲模範子德焱諸生崇禮收族不墜父志

易中瑜字與偕諸生家素貧力學尙義族有幼貧而爲僧者贖之歸撫養授室予姓遂盛其妻弟出繼他姓亦收養之嘗拾遺金俟之歸其主子德瑩字以文弱冠入郡庠事親以孝聞厚重好讀書不忝其家學

龔鼎鍠字夏彝十歲能屬文以明經謁選訓導未赴任卒性孝友研究宋儒之旨尤精春秋左傳爲人謙光厚德里黨號爲正氣先生弟錫恩字漢若諸生輕財好義族中貧者悉周之晚年工詩文從子陳謨推財讓產善處兄弟亦以義稱

胡可封諸生篤學尙義康熙十八年歲饑捐穀五百石又勸捐穀千餘石計口給糧活人甚眾郡守王輔親至其宅匾旌之

陳維藩字爾碩家素封好施與康熙十年歲饑捐穀四千石以賑次年再饑復爲粥於路存活甚眾布政使徐惺郡守于清



端匾旌之年九十八卒

周之鳳字爾尊重義好施與康熙十四年歲饑捐穀千餘石以賑郡守于清端匾旌之子維禮德安訓導維祿維福諸生孫棟隆乾隆壬申進士應隆諸生

許文爆以字行性仁厚輕財重義康熙九年歲饑捐米設廠煮粥以賑全活甚眾同知于清端匾旌之

徐肇泰性孝友好施與康熙十八年歲饑設粥於路兩月貧不能殮者施棺二百四十餘鄉人稱之

張美之市民也尙節義少時遭流寇亂身被數創走伏荻林中見女子言自江陵避亂迷路不得歸美之使就其家養之禮度唯謹歲餘亂平訪於江陵果得其父壻迎而歸一時傳爲盛事後美之壽至九十餘

杜大任字連玉歲貢生雲夢訓導性孝友鄉黨推重太守李彥瑨慕其賢敦請鄉飲賓教學於城南草堂貧者助其薪粟多所成就子啟運由進士知西和縣性廉才捷屢決疑獄力清陋規督撫薦其才未幾卒於官士民泣送百里外爲牓遠致於黃云

靖乃質字素菴諸生素抱經濟爲善於鄉康熙甲寅乙卯間連歲旱荒乃質捐穀爲鄉里倡全活甚衆太守于清端奬異之又嘗捐千金爲宗族建祠修譜年七十訪詢所至不憚勞瘁鄉族稱焉

孫昌運字天被學行修飭爲士林望歲大饑力募捐賑全活者衆以選貢授教諭未仕卒

周有堂字叔蔭少孤事諸兄敬愛備至家貧力學屢試輒冠軍



康熙壬辰成進士授中書舍人雍正丙午典試浙江稱得人補禮部主事遷吏部以疾歸仕宦二十餘年仍家徒四壁云

蕭必昌字克俟諸生端潔自好年三十妻亡遂不再娶接人必飭衣冠言動維謹至老不倦好學博聞尤邃於易年八十餘卒

周世達字道以國學生父之美立從弟驄子爲已嗣也世達康慨讀書能文章好賢以禮見鄉里窮乏輒賙之往往折劵棄負家以是落不恤也之美官四川生子曰世適之美卒世適幼疑世達其母聶乃詳言世達之爲人且曰是至誠不可疑者於是終身無間言子八人多能文茂建乾隆丙辰舉人

方可丹字一常雍正癸卯進士授新淦知縣有廉平稱以病改辰州教授訓士先行後文丁艱歸閉戶不出前守禹殿鼇延主河東書院多士景從時以方正舉後選襄陽教授卒

孫天祿字亦煒父士謀諸生事親委曲承順鉅細必誠天祿事祖母亦以孝稱嗜讀書敦行誼雍正五年歲饑粟踊天祿糶千餘石減價十之五多所全活邑有貧鬻其女者訪知爲故家後乃擇從子年相若者婚之人以爲義晚以歲薦訓當陽能得士心以疾乞歸子廷璋副榜廷槐舉人廷瑄諸生

魏永綜字言如由鄉貢教習授儀揚鹽運分司性孝友好施與雍正五年饑設粥米多所全活又嘗建義倉義塚鄉人稱之弟永經亦以孝友稱

萬紳祖字純子爲恪第三子性孝友父病求醫一日夜行二百餘里及卒殮殯皆誠慎如禮歲時餽穀歸一付諸兄弟無所私爲人樂易坦直終身無疾言遽色好施與宗黨急者歸之



嘗急父執之難崎嶇齊豫穎泗間雖危迫不忍去事已經年乃歸又嘗値歲暮以私逋且亟貸金將償適途有被誣者告以困遂傾囊予之終不以無償悔年四十七卒

邱自東字震芳好施與雍正五年饑穀價踊甚自東減價以糶踰年又饑六月連雨鄰里斷炊升米三十錢自東乃焙新穀乾之升僅三文存活甚衆人咸義之

曹紹烈字承緒雍正癸卯武進士以親老不仕性幹而廉邑有公事如修韓魏公書院及學宮考棚創建河東書院前後守令皆委爲經理咸稱其能年六十二卒

陳師豫字書田副使大韡子雍正癸卯舉人性誠篤事祖母徐母鄭以孝聞嗜學勵行好施與歲稍歉則減價糶全活甚衆見族里能學者勸之濟以薪米及應試貲他如賻棺槥助嫁

娶事難枚舉例選主事未仕卒

唐方泰本姓呂家貧力耕行墻城山道上見遺金不取坐候之踰時一客踉蹌至則徽商李文候所失五十金也文候感其還金欲有贈不受一時稱之

顧筠字竹如父文玉諸生筠幼時父爲聘室未嫁而聾其父母没兄嫂惡之遂使蓬跣事舂臼文玉見之歸坐而嘆筠問告以故筠曰幼聘之聾而棄之非義也父喜曰爾能如是遂迎而歸夫婦終身無忤色

陶之珸字荆璞貢生性孝友好施與雍正二年邑饑捐糶千石價減十之二至五年倣社倉法放穀千餘石所濟甚衆又建韓家社橋捐貲三百餘金行人便之子成新孫國幹別有傳

謝惠敦行好義親鄰借貸輒應折其劵佃農逋租往往棄之嘗



捐社穀百餘石重建賀漊橋鄉里稱爲善人

秦樂天字少白嘗讀易閉戶二十年從兄有貧無室者爲營屋娶妻以安其業佃歲疫樂天承父志捐貲置棺助其里晚年吟咏自適

余文元性樸誠喜施與雍正癸卯捐洪山寺社倉穀百石又捐修棠棣湖橋置田爲修理費行人便之

程後灝字賁書乾隆丙辰進士性孝友母患瘵朝夕服侍衣不解帶者三年大父芳烈遘宿疾牀簀汙垢躬自滌除閱兩載無倦色家僅薄產舉以讓弟時人稱之生平篤志力學嘗以鴻博見舉未就河東總督白鍾山奇其才辟署海贛同知著有治河末議尋以父病乞歸父没哀毁成疾逾年卒

朱棻扶字典傳好古勤學雍正癸卯舉於鄉教諭南漳振興文治襄陽書院延爲山長一時經指授者皆有法度與修安陸襄陽鄖陽府志以艱歸哀毁踰常三年啜粥不茹葷性廉愼不妄干謁樂施勸善至老不懈乾隆戊辰成進士

李拱祝王名啟田宏道俱貢生李逢年歐鶴舒日覲洪必璋李璜童顯德李春宜夏聲王楙芴陳師鼎孫可行杜贊俱諸生共十五人均砥行礪節積學授徒鄉黨重其人惜其事實無傳存以備攷

王如海以封殖起家嗜義如渴鄉里稱善人凡修橋梁設義渡施棺櫬皆不惜重貲大吏以
聞准建坊以好善樂施
旌之子宗華字景虞克承先志而推廣之捐田百餘畝於問津書院以供祭祀捐七百餘畝於賓賢館百餘畝於蘄水興賢莊以



助賓興京師黄岡會館黄州試院武昌試院鄉試貢院皆增修而繕葺之前後費金錢以十萬計巡撫高杞上其義行議敘鹽課司提舉華弟啟麟宗耆議敘州判子謙亨教諭士棻士墀皆能紹其業本省志增益

毛其瑞字禎祥重義樂施嘗於途中拾遺金五十兩聞者爲之喜瑞曰拾金而喜豈知遺者之憂乎訪失金者乃里人程某託其中表某爲娶婦之資程疑某乾没相忿爭瑞以原金歸之程感其義多所饋贈固辭不受曾孫崑舉人

徐璋字襄邨乾隆己酉副榜敦品勵學晚年家無儋石之儲輒吟咏自適不肯干人生平精岐黄術無遠近皆應其求道光戊子選應山教諭未履任卒士林悼之

徐懋元字文菴懋修字心齋俱監生皆仗義疎財懋元於道光

辛卯壬辰間水災頻仍糶穀數千石減價十之五至辛丑大水次年春饑甚復捐穀三百石全活頗眾戀修值道光己酉洪水爲虐糶穀二千石減價十之二又咸豐丙辰大旱捐米百餘石爲粥賑饑鄉族稱焉戀修享年九十六

萬鼎璜榜名鼎券字蕙貽道光己亥舉人性孝友家貧授徒於外每歲脩金分潤諸伯叔雖簞瓢屢空不惜也歲庚戌館於保定適同邑奚德澐孝廉亦就幕畿輔以病卒鼎璜竭力治其喪癸丑試禮部念奚家貧賻金爲倡約同人集貲歸其櫬餘者卹其家是科鼎璜大挑得教職歸至羅山遽以癰卒生平好作文喜誘掖後進從遊者多所成就卒後選鶴峯訓導子四萬祝應麒皆福建候補縣丞應麟亦縣丞應昌從九俱分發江西



邱亨松積學未遇喜讀勸善書粒米隻字必惜之戒殺放生尤好施與至老益篤子豫彬恂恂一遵父訓道光己酉大水民多乏食每持錢票入市間見貧苦者輒暗擲一紙於地俟拾得乃去其陰行善事如此

程澍森庠生行誼純篤咸豐庚申由儒學申報好學篤行義士中丞胡文忠賞給古之良士額准其建坊

劉維祺字正常年甫逾冠妻故有子一遂不再娶喜施與嘗偕兄弟共立義學並造橋修渡諸善舉賀學使熙齡以敦行不怠額獎之

嚴惇仁原名有象號靜菴歲貢生性謙謹言笑不苟動遵禮法以義方訓其子長啟棠次啟柱皆以舉人官教諭孫用熙貢生用勳舉人現任四川廬山縣知縣用烈副榜松滋縣教諭

曾元林立咸以爲積德之報云

萬裕青號選亭邑庠生性純謹潛心理學務實踐事嗣父以孝聞授徒家塾絕意仕進咸豐四年粵逆蹂躪沿鄉有鄰村某導賊搜括家貲殆盡及鄉團立多赴局究治或勸青首其事置不校某感悔私圖賠償卻不受其生平仁恕多類是壽八十四卒子邦華舉人

鄒雲龍字蘭臺監生議敘布政司經歷性敏爽工書法尤好善樂施遇邑中水旱災捐貲助賑每數百金凡逋租稱貸多不取償咸豐初粵匪陷鄂人心不靖雲龍招集鄉人曉以大義出穀千餘石並勸家庭戚友共捐穀千石散給里中貧戶地方遂安謐旋奉縣諭舉行團練捐軍需千餘金復命子姪帶勇隨郡守許賡藻勦賊並捐米數百石郡守嘉之



羅殿俊字傑夫輕財重義咸豐六年河南正陽大饑酒匠高某將鬻妻給金贖之夫婦獲全有游姓鬻女於殿俊家女之姑母謀贖之即遣還不索原值嘗自正陽旋里過光山遇乞食二小兒詢悉一家老幼流離相繼物故僅存兄弟二人爲之惻然均收養之後送歸原籍平生善舉多類此子雲程廩生

萬裕襄字琴樵歲貢生家貧力學尤勇於義里中有貧不能葬者襄出館穀一一代厝之鄉黨迄今常稱道焉

盧鴻熙字六于諸生事親孝終身愛慕如嬰兒父沒廬墓側甫數月賊至號泣不忍去家人諫曰殺身斬祀無益也強曳之匿近村伺賊去即奔墓哭奠早夜追思肖像奉之如生前性方嚴敦行誼嘗置功過格以勸懲子弟與人處遇容止不恭衣冠不整必斥之見人有敗行輒諄諄誨導手著勸善書數

萬言里舊有溺女習乃捐囊貲凡貧不能舉者給湯餅錢二千逾月勸貧戶取爲養媳全活甚眾因力不贍爰立藉援堂蓋取藉手援溺意募善士共捐以繼之居恒不事生產而又喜施濟家以是中落猶孳孳不倦同治壬戌公舉孝廉方正邑人以爲名實無愧云

徐佐文布政司理問銜生平多義舉嘗經修問津書院捐修鴨溝石橋曾家河橋行人便之每歲暮見貧不能償逋者輒焚其券里中有牙角爭佐文必多方排解雖傾囊金不惜也至今鄉人猶稱道之

馬先甲先福異母兄弟也先甲甫歲遇母劉卒繼母朱撫育之先甲事之孝與弟先福相友愛逾同母中年後嘗寢處一室有姜家大被風同治甲子之難閭里凋敝兄弟憫之出粟數



百石以賑巴河鎮因築堡濬濠塚骨纍纍置櫬數百具瘞之他如修橋梁施藥餌皆樂行不倦先甲無子先福生子二長煥階庠生出繼甲次煥南貢生

李傑字俊亭家僅中貲而好施與里中有楊姓因饑鬻婦傑止之佽以三十金俾得偕老又有龍王二姓搆訟傑捐四十金釋之其善行多類此

龍逢洙字積齋性謹厚樂於爲善玉帶橋圮洙捐貲補葺遇有貧乏者竭力佽助黃太守益杰撰幾輩效廉公謙約平生無得失毀譽十四言獎之可想見其概云

羅毓蘭字九畹光祿寺署正銜喜交文士嘗繼先志施藥餌歲寒每散米以給貧老無依者同治六年凡賊中逃出小兒均收養於家後皆貲送回籍又捐立樂善堂濟人尤眾

范紳字朝典性伉爽家素封勇於爲義里中有迫於債而鬻婦者代償以金婦獲全每歲春夏間二麥未登人乏食紳振廩貸之不責其償嘗修橋以便行人助河東書院膏火以勸多士咸豐九年巡撫胡文忠廉得其名聞於
朝越明年奉
旨建坊　旌曰義士子四廉斌欽鈺斌字廷士號璘齋布政司經歷性坦易喜吟咏日與學士騷人相結納持躬儉約而施與不吝道光辛卯辛丑歲洊饑倡捐施粥存活無算族隣多故力爲排解遇緩急傾身濟之漢黃道劉肇紳知府徐上鏞知縣王介儀各贈以額旌其閭年五十九卒子三華棣議敘八品華翰邑庠生華琳光祿寺署正

曾泰號廷輝性忠直生平無欺人語乾嘉間教匪滋事泰充騎



校衝鋒陷陣爲卒伍先以功累保千總歸睦族和鄰交友以信至今里人猶稱道之

范華玉號寶田年十三而孤弱冠後棄舉子業理家政援例爲翰林院待詔生平勇於爲善里人蕭姓者家貧鬻其婦議已成華玉急走人贖以金且給之衣食河南民年饑鬻媳亦爲給資遣之歸咸豐間軍興華玉捐貲助官餉以萬計家素饒因是中落初無悔志許太守廣藻贈以詩云抒忠益信貽謀善人物西陵第一流蓋紀實也大府嘉其義保陞光祿寺署正加五品銜
賞戴花翎子粹純廩生現任兩淮鹽大使

胡國安字六平其家　旌表孝義之門也同居百餘人國安分衣遞食一門無閒言與朋友有肝膽寒唳尤敬禮之咸豐四

年賊起國安慷慨集團毀家紓難安麻兩邑人士均倚重之
越八年以勞勩卒子祖植諸生
張煥清字玉階家素封世重儒術煥清益折節讀書承先志喜
推解咸豐閒粤氛熾甚煥清捐重貲練勇從知縣葛致遠勦
賊不避艱苦巡撫胡文忠廉得之獎以義士額
胡國韶監生性孝友四世同堂内外肅穆無閒言道光閒歲洊
饑爲食於路以濟窮餓病者醫之死者殮之義聲遍閭里粤
匪之難奉縣諭爲團首先後捐金數千李勇毅公聞其名聘
襄軍務贈以聯云松樹精神梅樹骨蘭花氣味藕花心蓋嘉
其老而益壯也未幾抱病歸卒年七十有一
羅應鵾邑諸生五世同居男女千指雍穆無閒與兄逢源相友
愛咸豐寇難源練勇禦賊應鵾竭力捐貲助餉無吝色巡撫



胡文忠高其義奏准給銀建坊
劉熊典字欣園少孤知嚮學至老彌篤授徒里黨閒嘗訓其子
維楨曰吾家世讀書吾以目眚屢躓場屋汝須力學繼先志
性慷慨戚友以緩急告者必周恤調護之及維楨貴尤以爲
善爲最樂其著者如營建祖祠昭忠祠置備祭產義田義塾
義局善堂社倉設三台河橋渡皆督令其子次第舉辦又於
京師岡邑會館江夏勺庭高觀兩書院暨郡城河東書院賓
興館卷價孤貧口糧以及赤壁黃鶴樓洪山塔廟三泉亭長
亭諸名蹟各令其子捐貲助之而直晉兩省大荒先後捐賑
尤鉅奉
旨旌表建坊平生工吟咏好遊覽脩然自得視富貴淡如也年七十
祇一子維楨光緒六年秋俄夷不靖奉
旨防堵山海關依依不忍遽離熊典勖以移孝作忠催促起程赴闕
後恆寄手諭以戰陣無勇非孝等語爲誡及病革猶以馳驅
王事不令信知卒後李傅爵相輓以聯云教子以忠老眼望
穿榆塞北與人爲善仙心歸傍竹樓西論者以爲無溢美焉
以子維楨貴
封振威將軍
華佑禧監生少失怙恪遵母教規行矩步爲閭里重嘗有人袒
金屬謀某陰地葬父佑禧正色曰陰地不如心地詭譎如此
其能昌乎其人慙沮去生平嚴正多類此學師黃敦素以孝
友端方額獎之

隱逸

蘇子云光黄間多異人往往佯狂污垢不可得而見今豈有異於古耶况貞元代嬗之時西徵東菊抗名節於當時扇清風於後葉實有不可泯沒者至於終南捷徑處士虛聲北山之靈將馳煙騰笑矣又可錄乎

周

江上丈人者楚人也楚平王以費無極之讒殺伍奢奢子員亡將奔吳至江上欲渡無舟而楚人購員甚急自恐不脫見丈人得渡因解所佩劍以與丈人曰此千金之劍也願獻之丈人不受曰楚國之法得伍員者爵執珪金千鎰吾尚不取何用劍爲不受而別莫知其誰員至吳爲相求丈人不得每食輒祭之曰名可得聞而不可得見者其爲江上丈人乎按江上丈人舊志不載武昌縣志謂蘆洲漁父寓高義於短歌一統志亦謂伍員所渡之蘆中即蘆洲在武昌縣西今查蘆洲實黄岡地故補列於隱逸之首



宋

王文甫博學篤行隱居不仕東坡來黄嘗因其弟子辨過從往來凡四歲及移臨汝有留別王文甫記

元

范愷字士元博學能文性恬約不肯仕進年九十餘終

吳應澍性樸實重義好施歲饑設食於路貧不能殮者助之棺置櫝四十餘處井十九居民便焉湖廣平章事以聞詔徵不起賜書西山二字人稱西山先生祀鄉賢子琳明初官吏部尚書有傳

董敬中字仁輔一字建中成宗大德八年爲參知政事明初隱居團湖因以自號劉基屢爲薦辟躬往聘之竟不起有鏡心樓見古蹟

明

吳榮一洪武初棲中和石壁山博覽豪吟種蔬養鶴抗志不仕嘗荷鑱劚藥以濟疾苦後有王瓚及思裕者俱以隱德聞

畢奇中好讀書家貧歲授生徒講課不輟脩然自遠聞達漠如也

樊志張原名維甫字山圖府志字玉衡次子隨父戍雷陽二十四年及玉衡歸卒志張慟幾殞遂不應試潛心易學著易象易數易適易占益王遣使再聘皆不就

陳鴻恩字大罄萬歷丁酉舉人累官貴陽知府所至有政聲後退居林泉手一編不輟以老



洪周祿字半石天啟壬戌進士知常州府解綬歸里肆志詩文行草書妙絕一時急難好施鄉里德之年七十餘卒曾孫宗鍪諸生甘貧力學善書法

陳師泰字交甫性端方崇禎庚午舉人累官蘇州知府告歸隱居樂道好吟咏工書法家貧問字者餉以酒即留客談論竟日年八十餘卒

韋克濟字孝忍崇禎丁丑進士授南安知縣以誠格巨猾邑人賴之丁艱歸遂隱武昌之賢庚鄉卒諸子躬耕自給究心典籍與從弟克振爲詩文以自娛

袁希燮字子理文伯子年十五和李維楨黄鸝白鷺詩各十五章維楨大器之已而與三袁唱和又與喻羨長錢仲舉聾贈答於金陵遊跡幾半天下歸隱茅山之麓結茅曰遯園以著

作娛老子璜琮副榜詩文敏捷有稱

王一才字遠居弱冠補諸生以文名爲詩皆泉石之音人或勸以用世輒唯唯然不屑也寄興花竹魚鶴時坐桐陰下擊節高歌而已著有後絕交論時人傳之

易爲鼎字用王有文在手曰汪因號汪來子蚤以文章氣節著明季壬午學使高世泰修三楚文獻錄鼎與汪三奇龍墳劉醞驥皆與焉築室白雲山授徒以老龍墳字夢先貢生官應城訓導江西文德翼雅似堂集云墳以文名海內者三十年蓋高士也其後無考

李之泌字鄰仙父雲築諸生以詩文名之泌窮性理發程朱之旨明季隱白雲劍峯下歲薦及徵聘皆不就爲人嚴正不妄交喜默坐有財輒分與故舊貧之者卒之前二日猶與同學



論顏子四勿中庸西銘天人之意與才人何履仕齊名人稱何李子孝迪孝种皆敦篤力學种善詩及書法依府志增敘

杜濬字于皇號茶村原名詔先崇禎已卯副榜父祝進舉人官國子助教精藻鑑有隱德濬負異才以詩文名家壬午不售遂絕意仕進游覽名山水才聲雄概驚豔江淮士大夫以不識其面爲恥乃益隱避甘心窮餓以守道義老於江南之雞鳴山右日寓齋年七十七卒越十九年長沙陳鵬年知江甯府始葬其地桐城方苞爲墓表子世捷世農世濟遂家焉皆能以詩文繼其業

杜岕字蒼略同兄濬居江南以吟咏自適雖饘粥不繼廓然不介胸臆桐城方苞與兄舟從受業焉岕年七十七卒苞爲之銘其墓依府志增敘

王一翥字子雲號補菴太僕追皋子有異才以忠孝自矢貧窶好讀書文宗西漢詩本風騷一時名士無不知有王子雲者少以父廕當得官不就魏瑺聞其至都下將招爲記室卽日棄僕從逃去庚午舉於鄉明年獻賊破三江口其妻樊氏死之詳列女傳一翥奔白雲山尋隱於匡廬之吳鄣嶺著書十餘年一夕爲賊竊去乃歸寓於巴口卒葬其地曰鳳山子封帶封洽當闖賊之變從父居廬山封帶以憂憤卒封洽後歸於黃

鄭光郢字爾忠弟光黃字爾孝前雲南知府鄭謙孫也少孤母甄守節教之皆孝友勵名節同補諸生及長隱居相與著述積卷甚多燬於兵然至老猶力學不怠光郢子宏博字古遺亦名諸生隱居自守時稱長者



官撫辰字凝之太常卿應震長子也少穎異博學工詩古文精天文兵法以選貢授桃源知縣上治河需兵議當事不能用丁母喪歸總督徐標舉爲眞保監軍又擢徐州知府皆不起及閩粵諸藩聘之撫辰慨然曰天道不可違也臣節不可變也遂祝髮於維揚名德昰又號知劍道人雲游名山古刹老歸黃居維摩堂卒葬其處

萬爾昌字師二少能文好賢尚節義崇禎丙子舉於鄉流寇亂母陶遇執爾昌泣護求代賊感其孝釋之徙武昌見楚藩函言防城不如防江爲陳策不聽遂歸黃自是杜門絕口不言功業見樵夫漁子輒坐對終日無倦容嘗與兄里春築隄障湖禦賊湖環陂岡江夏三邑冬夏巨浸人東西避寇於是十餘年無患又倣社倉春出秋入行之五年人稱便會大饑乃

悉付郡守王輔以賑一方全活甚衆遂安毛際可序其詩文集以爲大節在淵明間而詩亦得其遺意年八十四卒子爲恪爲懌別有傳

萬爾昇字退修少豪華爲諸生有聲年三十棄舉子業結茆居側顔其齋曰秋水岑兄弟師友一門之内雍如也往來者惟王一翥魏公韓數人耳置一榻負牆坐當肩牆凹至尺四十餘年未嘗至門内與家人接年七十四卒弟爾㬌字舒季篤學尚節義以諸生隱子燦別有傳

曹大䕶字尙白諸生父之棟有傳大䕶生而偉異莊言厲節不求仕進年八十餘清癯鶴髮士林重之善詩文工書法臨摹古帖甚富子本復字剛來詩與書法亦有稱

魏澤霖字鶴山家貧嗜學讀書於湖山之一葦菴厭舉子業怡



情山水少交游人多不識者從孫希聖亦能詩

杜士鷴字騫公諸生博極羣書研究經術寓蘄水北夕山授生徒三十餘年每因事導人於善年七十餘卒無嗣門人陳汝鱗王宏毅諸人葬之墓在路口建祠北夕山下置田以祀

王士龍字水簾工詩古文名籍甚以歲薦授潛江訓導及歸刈茅結廬遠近多請業者年八十餘卒同邑陳大章稱其逸才高節古之文獻爲序其集孫南朋舉人官知縣

萬年鼎字常銘諸生嗣母張苦節教之以孝閒閉戶力學不求仕進與李之泌鄭先慶易爲泰鄭宏博爲執友築室東弦路口村修講禮法動引古先一時仰爲模範年七十卒子初陽字甯周諸生

樊維師字尙父少負逸才詩文下筆立就宏光時由附貢任淮安司李一時名士多與游後歸田結廬寒溪側吟咏以老

汪國瀠字漪公明諸生才敏贍以詩名晚隱並阜山麓號阜山樵人魏公韓稱爲雲霄之上有其人麋鹿之羣亦有其人

張岐字鳳鳴本姓周幼失怙事母孝好讀書絶意科目隱居邑西之松樟湖體羸弱而健飯雅談横經操觚至老不衰嘗自題壁聯云慾寡精神爽心清夢寐安又曰門外無大賓此心儼若室中有上帝一念懍然古所謂獨行君子此其流亞歟年八十八焚香端坐而逝揚用愼爲之銘稱曰萬松處士子澤舉人官蒙自知縣

嚴子靜字淑修廩生博涉經史窮探理蘊崇禎癸未聞獻賊陷省城歸聚鄉勇畫策防禦里得無恙後隱居武湖濱號學晦居士鄉人罕覯其面其婦翁萬一奇任開封推官數召之不



赴年八十餘卒子八半諸生孫世同雍正癸卯舉於鄉世勳
贈奉政大夫

國朝

胡來通字安吾明嘉靖時人年十二僧見之曰此人間百歲翁也性好施與楚撫魏光緒表其廬順治庚子壽百歲僉謀建坊來通力辭之忽一日沐浴更衣端坐卒孫珙珠能繼其志珙字石屋諸生好學汲古以詩名金聲譚元春雅重之爲序其集後散佚珠別有傳

楊鍾乾字健之父企虞家訓有法鍾乾性穎嗜學淹貫經史隱於邾城龍邱間論學不倦子允禎進士

周綃字元初性穎異博涉經籍遯跡山林無人知其學者里人惟見其輕財好施推爲長者子之美進士浦城知縣以經濟

稱

余師皋字迪甫諸生積學邃養多所著述明季流賊亂手錄無一存者乃隱居龍岡山中子世羽康熙癸卯舉人瑞安知縣有清白聲

錢材海字會川簡默端嚴讀書城山龍泉寺歷數十年罕與外接通易理兼工顏柳書法孫兆清諸生世其學 以上舊志

黃德三號岷堂諸生年七十事衰親如孩提時晚年蒔花種竹賦詩自娛號百花主人名其別墅曰怡園又別號怡園逸翁

嚴承功號趣園家貧嗜學手輯十三經尤精於易年三十不遇遂絕意仕進以筆耕老妻沒不再娶性友愛日與弟承柏奉觴浮白不盡歡不罷嘗謂人曰天倫中有至樂奔走名利者何齷齪也卒年七十有八無子柏以其子庠生有侗嗣之



丁傳道號省齋璜兄性簡易髫年即馳譽文壇屢試不遇弱冠後棄舉子業隱居於龍泉山莊吟嘯自得門無雜賓進士李士夔師事之執弟子禮唯謹年八十知縣羅登瀛欽其品書洛社耆英贈之著有山莊詩集

殷材字國選家貧力學於羣經注疏類能記誦屢赴試不利棄制舉業日與牛童馬走歌吟躑躅性耿介無所求謁所居茅屋一椽井竈牀席外無餘物併日而食晏如也年七十餘卒無子詩稿散佚有林昏鬼瞰人句士林傳誦比之楓落吳江冷云

王元定字長卿家貧嗜學通經籍能文問字者盈門年四十不遇遂寄情山水忘懷得失以此自終子兆翔副貢生

方伎

周禮師保以六藝教國子大司徒以六藝興賢能神而明之伎也通乎道矣後世醫如扁鵲卜若君平書法鍾王畫傳顧陸雖無與於世道人心之大而挾伎以濟時隱身以利物蓋亦有足多者

元

葉如菴儒醫診視有方撰傷寒大易覽一編爲時所宗

明

宋鯨幼業儒未就遂精岐黃術診驗生死如神不責貲謝里人管大用病死將殯鯨過其門試治之復蘇類此全活者甚眾

陶仲文初名典眞少喜方術嘗授符水訣於羅田萬玉山嘉靖中由黃梅縣吏爲遼東庫大使秩滿需次京師素與邵元節



善寓其宅時元節得幸年老宮中黑眚見治不效因薦仲文以符水噀劍絕妖十八年南巡元節病以仲文代有旋風繞駕仲文言主火是夕果火帝益異之於是授神霄保國宣教高士尋進封神霄保國宏烈宣教振法通正忠孝秉一眞人明年以祈禱卻疾功授少保禮部尚書尋加少傅仍兼少保帝自二十年遭宮婢變居西內日求長生君臣不相接獨仲文得時見輒賜坐稱之爲師而不名以獲大同諜者王三功加少師仍兼少傅少保一人兼領三孤終明世惟仲文而已二十九年春災異頻見仲文言有冤獄得雨方解時都御史胡纘宗下獄株連數十人悉從輕典果得雨乃以平獄功封恭誠伯歲祿千二百石仲文得寵二十年位極人臣然小心愼密不敢恣肆郡中橋梁多所剏建行人利之卒年八十餘

賜葬祭加謚榮康惠肅隆慶初追奪秩謚詳明史

胡大順嘉靖中寓京師以巫術召子姑神見幸敕賜方外散人詩文奇詭一時傳誦見明史

馬蕃字松雲善繪事有夏珪馬遠劉松年筆意黃邑知繪事自蕃始然莫能重之貧困以歿

李藻字文甫能詩有氣節畫筆清遠得李營邱家法不治生產每得數千金立盡年七十餘尚好遊卒於河南息縣葬其地常自題畫云一幅輞川無着處夜深猶自月中看人多傳之

宋子京學舉子業不售去而爲醫望人輒知其病有巡道不能食或以子京進子京曰且無往當先觀之於是伺其出從輿上觀之乃儆衣冠垢汙而進巡道怒次日病愈詰其故曰昨日垢敗乃醫公者也公平生常得喜病一怒而喜消便能食



又見舁棺者血出曰此可生也問之則婦以難娩死呼其夫開棺針之娩一男母子俱全視郡守脈謂十年後當領西南節鉞然必墜下頦至期撫蜀果病邀子京至將下拜以手掖撫軍起而下頦已上矣

甘霖字時望少嗜河洛奇門禽星之學歷滇粵窮塞上屢遇奇人授以太乙六壬皇極範圍周易大定諸數後謁武當宿紫霄宮又得南無礙師元裘接命之祕形家之術常聘贊幕府平播會平島夷屢犯虎口卒獲全雲間陳繼儒謂霖忠孝塡胸精神滿腹功成不受爵長揖歸田廬關中張儀仲刻其所著五種祕竅全書謂根柢儒理非楊曾廖賴所能頡頏云

國朝

宗心安明季避亂揚州求卜遇異人曰子以吾術終可得中富然當病一足心安師之五年盡得其祕歸以善卜名占驗奇中終身一如異人言

胡延大字德孚性孝有文名其父教之醫名溢三楚活人無算隨遇施濟不責貲謝人稱長者年九十二卒子有謙應周俱諸生

袁黃琮字三山有文學尤精於畫常畫觀音像安國寺僧戒顯視之曰筆已通神可留寺中供養然不久存人世也未幾禪堂火衆見畫像銜烟而去其徒汪欒正亦能詩畫得其祕邑中以畫名者又有余昇王以璋李中柱昇字羲馭以璋字彤佩中柱字天擎

陳繼謨字五彝學問博洽屢試不遇遂業醫治病多奇效名聞於京師由太醫院薦舉授八品吏目六年以親老告歸性孝



友行藹甚豐歸卽盡散諸兄生平著述甚多值所居濱河水漲壞其居僅存陳氏醫案一書業岐黃者皆奉爲準繩焉

索震字獻子工隸書善寫墨竹風致瀟灑鐫石法文三橋其外孫徐元士字素臣傳其法亦稱能品又有王如琮字寶臣諸生有詩名許考六書篆刻蒼秀

易時澤字汝悅父爲泰有傳時澤邑諸生同從弟時範學醫於隱士李之泌皆精其術時稱二易初之泌受醫法於江南劉霖生著庸峯醫學寶露又授方洛呂君調洛字東卜君調字戒平著醫方人華集其子大呂著傷寒心要識者以爲正宗後二易既老黃忩貽何子康歐斯萬許承生以良醫名皆之泌門人也故黃岡醫學獨稱師授過於他邑

晉秉哲字匡生性穎異博通書史家世業醫嘗游吳會燕豫間

過沈疴投劑卽痊有某妻孕而疾延診脈曰倏隱倏見尺中
有神非癥非痞結爲狐形以藥投之果產異物中丞夫人病
革已就木秉哲至觀其色以爲可活乃藥於木中須臾聞聲
息竟獲再生其神效多類此後徙居江夏
方可發字適成貢生能詩善繪事以畫梅著名得揚補之梅沙
彌不傳之祕曾寫老梅一株勒石於赤壁坡仙亭與東坡老
梅並美惜墨本世不多見寸縑尺幅人爭購之
易洪周原名德溥博涉羣書精岐黃術雍正七年
召對授禮部額外主事年七十一卒於官
謝仁淑字玉亭惠孫如錦子生性肫摯初攻舉子業試不利改
業醫熟精本草綱目句櫛字梳其術實能生死肉骨數百里
外有相延者弟仁溢工篆刻兼善丹青子從本方朱分授內



外科皆爲名醫
曹昌曉字耀動本榮嫡孫家多藏書好涉獵務博覽不樂仕進
喜作擘窠大字眞書章草均學董文敏鄉人有珍藏者
謝殷字懷仁年十六補弟子員明季薦饑傾家賑貸避土寇亂
由庶安鄉遷城中母病禱龍王山而愈曰是不可恃爲人子
當知醫因殫心靈樞素問及諸家書奇方異驗所活無算府
縣官皆加禮敬邑嘗大疫人患頭腫足腿般出二千金市藥
爲丸救之名益盛有所獲悉以施藥物諸生澄廩生酯其曾
孫也
汪士璠一名士瑤諸生工書畫畫授自沈縣尉然不多作書參
趙董而骨格超逸性善飲醉筆益佳
賀澤璜字美玉以母老疾棄儒業伏誦內經素問等書遂精醫

理蘄邑熊某患病醫皆謝不治夢老叟言得白石篠當愈有
知賀者令其訪延果得痊白石篠蓋賀之里名也
童瑾字建三學米元章書嗣遇異人授以醫方脈訣習十年乃
敢視病嘗有人伏中患寒疾服三緼袍不汗瑾診其脈曰且
褫其一少頃又褫須臾且盡問寒否病者曰不寒矣一藥而
愈
嚴文鼇幼穎悟師事胡大廷精岐黃術從兄患血蠱飲啖如故
鼇曰危甚三日不起後果然又鄉人患傷寒死半日矣鼇曰
服藥卽愈治之果驗卒年七十三子承冠亦善醫
高亭奎庶安鄉人善風角星象占卜多奇中不取値常手周易
一卷眉評縫註皆徧書凡數十更嘗於居室側作小渠僅容
斗水人問之曰偶作劇耳數日鄰舍火而奎居如故又嘗哭



入鄰家促臥人起梁傾直碎其牀居恆室內几席多參差置
之作奇門式盜不得入晚年遁去不知所終
姚希伯通文藝晚得叔父吉玉枕祕葬經所談多奇驗年七十
卒子本泗傳父書
程之驊字仲超性沈靜精於醫養生得運氣法調息月餘能於
暗室中視物如晝卒之日沐浴端坐若前知然子啟厚孫豐
邱皆以醫世其業時有樊明睿與世達亦以醫名
張利川號星槎國子生少秉異資知縣葉世度奇之贈以勵志
詩屢困場屋遂棄舉子業留心圖史旁及雜流善草書得米
南宮筆意尤精卜筮占驗多奇中晚愛遊覽常客吳下求書
者坌集年九十餘歸老於家
涂必魁武生常從軍有功不受賞以疾歸習形家言郡城中揞

龍改水修塔濬濠諸議魁爲倡之惜功未竟而沒

涂治屺字已山諸生工書法自成一家同時有李濤者自號青虬道人善丹青有馬夏遺意涂書李畫一時並稱

汪垂裕幼攻制舉業屢試不利遂絕意進取博覽羣籍於醫卜星象堪輿之書無不畢覽尤精天文凡七政躔次九州分野皆瞭如指掌晴雨水旱問之輒驗喜作詩有晚唐風韻惜多散失

馬天寵字師中諸生性質直嗜酒工書法得顏魯公眞髓乞書者研墨與酒並置几案間揮灑立就

陶宜炳字星浦監生豪邁不樂進取熟於史鑑日以臨池爲樂小楷摹晉人愛學懷素草書別有風致子致孝舉人官知縣

蕭麟長字華亭業儒不售去而學醫博綜岐黃家言疾者盈門投以藥無不效著有內經知要子鳳翥監生曾孫向榮皆世其業鳳翥著有傷寒綱領向榮著有先正格言參訂

李之蘭號玉階郡增生本姓趙家貧勵學善書摹王夢樓筆酷肖戶外索書者屨恒滿同里馬光烈字斌生邑諸生性敏慧字摹顏柳尤工擘窠書兼通六書說文善繪山水花卉書名與之蘭埒之蘭子鳳藻光烈姪錫蕃俱庠生

謝漢宗號醴泉精六書之學尤善繪畫力倣倪雲林黃子久王石谷諸大家筆意道光二十八年知縣俞昌烈纂修縣志凡郡城鎮市各圖皆出其手子庭書拔貢生官州判孫蔭華郡庠生又有王燕賓字穆門博學能詩書法板橋中年以繪事自娛遍遊山水酒酣耳熱潑墨淋漓無不畢肖

徐習功號敬夫喜讀書明易理旁通風角壬遁諸術語人禍福



有先幾之哲時粵賊竄黃知縣翁汝瀛葛致遠先後練勇勦賊聞習功名聘襄軍務出奇謀占勝負多奇中人驚爲神

歐陽攀桂字蕙田精醫術診驗如神不索謝雖饔飧不繼處之晏如且通音律善譜赤壁二賦交遊者多知名士鮑侍郎桂星督學黃州聞其名常招之遊嘉慶間舉醫學正科又有張朗軒鄭亦錠皆以善醫稱

洪植楊字豫高少習內經素問諸書治疾有奇驗一人大笑脫頦口張不可合來求治植楊乃置食於案令病者以頦承之自後持斧擊案案動頦合病頓瘳其精思多類此家素康製藥不惜重貲貧富一例施治無所受値人咸德之

流寓

邾子遷黃是爲寓公時代湮遠其軼事不可考已以余所聞韓稚圭陳季常龍麟洲輩先後來此邦人士猶嘖嘖道之蘇子瞻云黃人尊德樂道異於他邦子瞻居黃最久豈無所見而云然哉流客騷人鴻泥託跡有以夫

漢

周仁周平王次子汝墳侯烈十八世孫至西漢居黃岡繼烈封侯

梁

周靈起仁之後其先以避西晉亂去黃岡至靈起仕梁爲桂州刺史復歸黃岡

按唐宰相表周仁當漢時封汝墳侯後徙安成傳五世至決曹掾燕燕九世孫防防十三世孫靈起其先世避西晉之亂徙居永安黃岡是徙自晉世者當爲防之後人周仁封侯地則汝墳時則漢代並無徙居黃岡事諸志似失考存以傳疑



宋

韓琦字稚圭相州安陽人兄琚天聖間守黃州琦從之讀書安國寺白晝青燈風雨無怠後登進士仁宗時入相封魏國公謚忠獻黃人想其德望爲立祠於讀書處

蘇軾字子瞻眉山人嘉祐二年進士元豐二年知湖州言事者摭其謝表及諸詩語爲訕謗謫黃州團練副使本州安置寓居定惠院遷臨臯亭故人馬正卿爲請於守與故營地軾築雪堂以居自號東坡居士與潘大臨陳慥王文甫游時策杖往來江上泛舟赤壁游西山寒谿後先題咏甚富將買田沙湖老焉尋以量移汝州去累官至兵部尚書後謫海南放歸至常州卒贈崇政殿大學士加贈太師謚文忠

秦觀字少游高郵人元祐中爲祕書省正字工樂府與蘇子瞻相友善紹聖初坐黨籍出判杭州尋以御史劉拯誣其增損實錄削秩編管黃州府志

張耒字文潛淮陰人弱冠第進士累官起居舍人紹聖初知潤州坐黨籍謫監黃州酒稅徙復州徽宗立起通判黃州後知潁州復坐黨落職初在潁聞蘇軾訃爲舉哀行服言者論其罪貶房州別駕安置於黃凡三至黃五年得自便居陳州耒有雄才論文以理爲主士人就學者衆日載酒殽飲食之晚益貧郡守欲爲買公田謝不敢乃監南嶽廟主管崇福宮卒建炎初贈集英殿修撰

陳過庭字賓王山陰人宣和間爲御史中丞時方臘陷諸州過庭上言致寇者蔡京養寇者王黼又言朱勔父子本刑餘小人竊取名器罪惡盈積宜昭正典刑以謝天下三人憾之陷以罪謫海州團練副使黃州安置



陳慥字季常蜀人扶風守希亮之子少豪俠晚隱居黃岡號龍邱居士嗜讀書以溪山自娛人見其所著帽方屋而高因謂之方山子蘇子瞻謫黃往來唱和爲作方山子傳子瞻去黃送者皆止磁湖惟慥至九江後講學於雪堂孫去非以詩爲高宗所賞官至執政

元

龍仁夫字觀復廬陵人文學與同郡劉詵齊名而奇逸流麗過之所著周易多發前儒所未發用薦署爲江浙儒學副提舉不就見元史明志至正間徙黃州明五經嘗講學孔子山下

為時矜式學者稱麟洲先生

蔣彥忠南昌人勸課蘄黃元末兵起隱居邑之庶安鄉講學授徒因家焉

明

劉簡字孔章號東園江西臨川人明初守黃州有惠政士民德之成祖靖難兵起遂稱疾棄官寓居赤壁下旋徙東弦鄉遂家焉服官十餘載清介自持惟留書數篋而已人稱所居為留書灣

陳世昌江西舉人官武昌同知有治聲民愛戀之遂家於黃廷瓚仕懿卽其子孫也

周浩字季深四川人正統間官黃州同知視民如子遷石阡知府致仕附籍黃岡孫瓚舉人為偃師知縣



程豪字子德蘇州人習儒術商於邑歲饑有積粟盡輸之以給饑人知縣旌之兄表字子儀亦有文行督學高世泰為立兩儒賈傳

蔣墀貴州昌邑人明諸生天啟時避難僑寓陽邏以經義教授生徒多所成就卒葬大乘山饒英寺側里人欽其品誼刊石為銘稱蔣公墓

國朝

補帽匠不知何許人無家室居止嘗擔補帽具書數卷琴一襆被一小鐺一往來團風間以所得值市米取小鐺飯之或煎茶為飲暇則隨其所至澄潭激澗斷岸層巒長松之下或讀書或彈琴歌咏或坐臥數日不去問其姓名漫曰姓何字白雲後卒於蘄州

李之華岳州人順治初游黃為農家傭繫耒於頸曳而耕農家惡其無能數叱之旣而曰吾不能制牛也嚮者嘗教人矣或試以文輒就中和鄉陶叟一佐與語大悅延之歸使子克壯正發克家受學焉後皆以文行顯之華無子旣沒一佐為營葬於居室之東並設主世祀之

梅士棟字敬亭宣城人僑於黃性清潔厭豪華每至村市無絃誦聲卽迂途避之曰俗塵汙人也能詩善書尤精繪事晚寓上巴河南梨花院名士多與之游得其筆意者唯訓導馬正塾

冷紘玉號芝巖山東膠州進士官安陸同知緣事罷主講河東書院凡十餘年引掖後進多所成就後有張錦珩字如亭黃安人已未進士官南安知府歸亦主講河東書院為文專尚



清眞士林傳頌謂之珩璜比玉云

朱澤楠字小西別號鴻洲居士廣濟縣人咸豐壬子科舉人道光初歲洊饑來游於邑東之漁博橋時年未及冠布經歷范斌家素封能鑒別人物一見卽奇其才令與兒輩同受學於歲貢生朱兆槐膏火之費皆仰給於范久之遂挈眷居焉平生善篆隸工詩尤致力於古文瓣香六一紆徐頓宕令人往復不厭同治五年以大挑二等權武昌學教授卒於官著有小西詩古文鈔

# 黃岡縣志卷之十三

知黃岡縣事合肥戴昌言編輯

## 人物志

### 列女一

范蔚宗錄鮑宣妻十七人爲列女傳後世方志因之委巷窮嫠得與賢人君子輝煌典册嗚呼美矣舊載節婦貞媛以千百計類皆有疾風勁草松柏後凋之操咸豐後蛇豕縱橫民無安堵而弱質貞性齒劍如歸卽忠臣烈士何以過之昔人謂黃閨範整肅知禮義自守雖飢寒患難不變茲益信

節婦

明

熊谷眞妻魏氏　知縣吳受妻胡氏　熊拳妻吳氏谷眞歿魏年二十四奉養舅姑壽終撫幼子拳長娶吳受女生子官受官童拳歿於五開衞戍所其子當補伍時吳受妻胡亦寡三孀相依爲命吳私計曰兒獨往必亡我隨兒往姑與母無託亦必亡乃赴京陳情洪武中詔有司勘實魏胡以節旌吳以孝義無雙旌並復其家後官童之子仁博學有文名

進士余文瑞妻周氏文瑞歿蓬髮垢面足不踰閫偶婢曝其衣誤近男子衣立焚之

生員倪天瑞妻劉氏年二十夫歿撫孤士觀後爲諸生授徒里中奉養備至氏年踰九十卒萬歷二十二年旌其節後十二年並旌士觀爲孝子

舉人盧靜妻方氏年二十四夫歿氏事姑以篤孝稱守節七十二年萬歷二十三年建坊旌表



贈參議奚世亮繼妻王氏世亮殉興化難氏時年二十二苦節七十餘年年九十四卒後封恭人萬歷間三經存問詔建忠臣節婦坊並附世亮之諭葬文

生員王追宣妻汪氏夫歿無子弱齡苦節年六十餘卒事聞旌表

生員曹銓妻盧氏年二十二夫歿遺孤自化方在襁褓偶鄰媼微言挑之氏翦髮囓指以誓卒年七十五萬歷三十六年建坊旌之

韋體亨妻周氏生子石麟方幼體亨疾篤指老母幼子目之俄卒氏守志奉姑孝謹撫石麟辟纑佐讀後石麟官主事氏封安人旌表建坊

陶以憲妻王氏以憲早歿氏守節撫孤子斑成立以選貢判裕州氏年八十餘卒



曾祿妻吳氏　魏璋妻邱氏俱年少守節養舅姑撫遺孤茹苦終身

樊熔妻鄭氏　藍繼妻吳氏舊志稱其節久入憲綱

孝子唐治妻桂氏治死於孝氏撫孤之屛兄弟食貧勤業不忘訓迪

詹景麟妻雷氏夫歿守志撫孤收夫遺文成帙教二子有法及孫時明爲名儒氏年九十六卒

貢生王箕繼妻何氏年二十夫歿子鳳閣在襁褓依前子孝廉鳳陽以居苦節四十八年卒鳳閣子都諸生都子欽濂見宦蹟志

於伯貴妻熊氏　舉人於廷諍繼妻張氏伯貴早歿熊苦節五

十餘年壽八十孫廷諍亦早歿張守節四十餘年事聞建坊
額曰完名全節
徐某妻汪氏萬歷四十二年御史趙應元疏云十九于歸未及
期而良人早逝廿年守志不移時而姑舅雙亡建坊旌表
生員林廷模妻陳氏年十七適廷模未逾年廷模病劇製木主
授氏而歿氏慟欲絕遂血貫雙眸事舅姑孝年五十病且死
治棺自題曰復主廬命與主俱瘞其故篋中有横江詞云日
落孤帆盡江流片石危千秋明白水不逐海風吹蓋自謂也
然生前無一字示人萬歷四十二年旌表建坊
袁文仕府志作文任妻王氏孝婦何氏王氏適文仕甫二載文仕性
孝友以兄冤代杖死時舅姑年皆九十遺孤希詩僅閱月氏
孝養備至撫子成立萬歷三十二年下詔求民間節婦兩台



獨表王氏希詩與其婦何氏皆以孝稱王氏年八十病篤何
刲股救之事聞天啟四年賜坊曰節孝流芳
知縣樊玉衡繼妻余氏玉衡謚孝介有傳方歿家益貧氏勤苦
奉姑能得懽心立從子維孝爲嗣一女適漢陽李應橘苦節
四十餘載天啟六年詔以廉貞雙美旌之維孝亦以孝稱
賈爟妻袁氏年十四適爟二年而爟歿遺一女氏茹蘖飲冰清
苦萬狀迨女嫁誡曰自汝父死我眼未嘗覰男人女生一世
不可輕覰人也年六十六卒
生員王相妻李氏年二十夫歿子崇擢僅三歲氏截髮明志食
貧教子以孫用予貴受封旌表
鄭一魯妻宋氏一魯父之良爲四川副使一魯省父還至巫峽
歿氏年二十一聞訃觸牆幾斃撫二孤成立長可教江夏訓

導次可訓諸生氏衣終粗麻足不踰閫卒年七十四
生員杜桂芳繼妻劉氏年二十七夫歿氏屏飾長齋撫孤琬以
苦節終流寇陷城廬舍俱燼氏柩獨存人謂苦節之報
曹獻甫妻胡氏年二十二夫歿守節撫孤尋夭母與兄弟欲嫁
之誓死不變伶仃紡績年七十二卒
指揮牛斗妻陶氏黄州衛指揮牛可耕母也娠三月而斗歿氏
日夜禱天祈牛氏一綫不絕及可耕生覬世爵者欲害之保
護備苦家益貧可耕年十五有異才陶乃指其幼時所坐草
薦曰此中有金可取之兆上襲祖職矣後可耕子若麟成進
士官御史具疏上請事聞旌表
張懷橘妻屠氏年二十五夫歿家貧更值荒亂兩子繼歿子然
無依汲水負薪自給年逾七十卒



舉人曾齊賢妻余氏年二十齊賢歿撫二子成立長克明貢生
次克修諸生氏苦節五十年崇禎間大學士姚明恭疏請旌
之
生員黃榜開妻蔡氏　黄文宗妻鄧氏蔡年二十榜開歿撫遺
孤文宗娶婦鄧氏逾年文宗亡生遺腹子燕裔撫之成立姑
婦皆高壽人稱雙節
生員何高甫妻陳氏年十九夫歿遺腹生女相依齋素終身壽
八十七卒
生員汪繼周妻王氏年二十三夫歿無子氏閉處一室自牖納
饘粥年六十病將死始開關治後事焉其父家屏爲合葬於
繼周墓
宋蒙妾余氏蒙妻劉舉子女各一余無所出蒙病篤託余以子

女及蒙歿劉他適余辛勤撫育日事紡績非丙夜不休壼政嚴肅親屬莫敢窺其門踰三十年忽謂子廷琦及女曰吾不能終視若輩惟望若輩爲上流人越宿卒年五十四事載明史廷琦及其子一龍俱以孝稱

生員余大鉤妻欽氏父取爲蔚州倅贅大鉤歸黄大鉤歿氏年二十守節撫遺腹子壽七十卒

王朝文妻陳氏年二十二夫歿撫一子維繼爲諸生守節五十二年

武舉人蕭鄧侯妻王氏年二十夫歿家貧守節撫遺孤箕爲諸生事舅姑孝年逾八十卒孫之年舉人

黄正存妻王氏年二十七夫歿家貧苦守撫三歲遺孤紡績自給年六十八卒



熊行之妻李氏年二十四夫歿家貧苦守孝事舅姑撫兩遺孤成立年逾七十卒次子飛熊諸生

邱九囿妻劉氏夫歿子玉岡甫週歲氏矢志苦守撫孤成立年八十七卒玉岡亦以孝稱

周升岐妻王氏年二十一夫歿貧甚撫孤學易艱苦萬狀誓死不渝年逾七十卒

生員吳茂兑妻汪氏副使士瑞孫婦也年十八夫歿撫孤景星事姑以孝稱守節四十五年

生員周之誥妻曾氏夫歿無子冰節自矢年七十卒

陶莘野妻余氏夫歿無子氏守節備極艱苦事姑以孝稱撫按匾旌之邑長史邱民心爲之傳

易明虛妻蔡氏年二十四夫歿遺孤二長僅數歲次遺腹生家甚貧母家欲嫁之氏以死自誓事姑鞠幼孝慈兼盡守節五十年

熊爾興妻吳氏年二十四夫歿事繼姑孝撫遺孤文華成諸生屢經寇亂艱苦全節年逾七十卒

汪晨妻趙氏年二十二夫歿遺孤應秋甫二歲氏矢志撫之奉姑舅殯葬如禮守節六十年足不踰閫壽八十二卒

生員陶旺妻姜氏年二十四夫歿撫孤守節四十四年

張淩雲妻何氏　諸生陳彭時妻阮氏俱年二十餘夫歿家貧無子孝事舅姑拮据送終窮老而卒

易明著妾汪氏明著歿氏撫嫡子女恩勤育閔下逮諸孫治家勤儉有法守節五十五年

生員易遂之妻劉氏年二十三夫歿守節撫二孤教之成立次子道位諸生



易建之妻王氏年二十四夫歿撫子道備族有利其家貲者將害孤氏辛勤保護得無恙時稱其節

易道敏妻趙氏年二十七夫歿書篋外無長物撫孤紡績自給寇焚其廬百折不渝卒年五十一

生員易爲經妻柴氏年二十九夫歿遺贅子及一女子夭氏苦節以終女適方姓罵賊以烈死

易明晉妻陳氏　易儀之妻董氏妾陳氏　易道端妻應氏八稱三世四節

易明序妻葉氏　易偲之妻蕭氏　易明占妻王氏　易傳之妻余氏俱姑婦雙節

易念之妻段氏妾郭氏段與郭共撫庶子以嫡庶雙節稱

易依之妻陳氏　易從之妻陶氏　易道新妻周氏俱年少守節撫孤

陶雍妻邱氏　陶以陽妻徐氏　陶瑗妻戴氏　陶世儒妻蔡氏　陶思魯妻魏氏　陶思仁妻熊氏俱年少守節

生員王之經妻鄒氏年二十三夫歿撫孤成諸生尋夭氏挈一老婢獨處樓上守節四十餘年卒

生員陳繼善妻林氏年二十五夫歿守節撫孤夫兄弟欲嫁之氏剌目矢志值寇亂備閱艱險卒興家道撫二子士閎肇遠俱諸生卒年六十七

舉人魏師田妻靖氏師田歿於京邸氏依父科元避寇小崎山科元闔家死氏藏石窟得免撫幼子成立守節四十餘年卒

靖天錫妻萬氏錫歿於小崎兵難氏年十九攜孤必純得脫又



遺腹生子嘉植氏教之成立俱諸生

生員蕭璧妻李氏年二十二隨璧避難璧罵賊死賊偪氏不屈挺刃交加無完膚賊去越三日復甦苦節四十年撫孤邦符成諸生

易明徵妻羅氏明徵及妻俱歿遺孤僅五歲氏撫之艱辛備至伯氏利其產將害孤羅籍產付之丐餘以活孤長乃大會族里收產而還

陶克順妻甘氏克順從戎麻陽死氏年二十四止一女誓死守志事姑孝年七十四卒

易崐生妻楊氏年二十二夫歿生子甫歲餘氏誓守紡績自給撫孤成立年八十卒

同知何世遠妻羅氏世遠歿於桂林無子羅扶櫬還楚涉險五千餘里途遇盜劈其棺殺其僕羅身護之亦被重傷閱盡艱辛始得歸葬苦節以終

晏霨明妻樊氏副使維城女博通書史霨明隨父清歿於鬱林氏扶櫬越崎嶇數千里得歸葬焉自是長齋誦佛書苦節而死嘗爲文祭夫有曰子孫同稻蟹之無遺夫姑已若敖之不食孤忠淪落撫時而泣文山未亡飄零逢人而思范式風鳴鶴唳觸身獨竄蒼梧瘴雨蠻烟離魂誰歸赤壁邑人哀之

萬五玉妻張氏幼明大義夫歿無子氏毀容自矢撫從子年鼎爲嗣教誨方嚴守節三十年年鼎諸生能守氏教有傳

陳季昌妻萬氏夫亡守節明末攜子道平避賊潛子灘爲賊追及氏奮投江中有物承之浮流十里得免道平得舟亦濟漢陽熊伯龍爲撰奇節記



贈文林郎王追騄妻程氏年二十八夫歿值寇亂三幼孤各隨乳母逃散氏傾囊求之既而皆得課子禮師能承其家苦節四十二年

生員姜璽妻徐氏夫歿無子依女以老守節五十年壽七十七卒

生員樊玉衡繼妻張氏夫歿三子俱幼氏茹苦撫而教之後維域成進士維鼎維忠俱諸生守節三十餘年卒

生員何昌祖妻樊氏年二十七夫歿誓死撫二女遣嫁畢獨棲一樓三十年以全節稱

生員王憲伯妻王氏年二十二夫歿守節撫子女各一事姑孝姑病刲股進之愈後子女俱夭煢孑以終卒年八十四

生員鄭季艮妻余氏年二十九夫歿守節事姑孝撫二孤成名

長一洪舉人官知縣次一灝諸生年八十五卒
朱光坤妻易氏無子苦節依從子以居閉室誦經不見一八年
六十九卒
何昌祚妻王氏昌祚歿無子氏終身衰絰閉居一室三十餘年
一日櫛笄扃戶而死
王學任妻甘氏年二十八夫歿守節事姑孝撫孤子成立卒年
六十二
生員易學汾妻王氏賢而有勇年二十二避亂遇寇氏抱子持
槍連刺三賊得脫比歸學汾已歿苦節撫其子康時以文行
稱康時妻死撫其子德宣及成立而歿氏與德宣妻方復撫
其曾孫嘉會方守節年六十二卒王年九十九卒及嘉會亡
其妻馮氏無子守節康時門人王道明爲立三節傳見府志



生員曹激揚妻葉氏崇禎十六年流賊陷城激揚殉難氏青年
矢志苦節四十餘年卒年七十據採訪補入

國朝

陶光先妻劉氏年二十光先歿氏勤紡績養姑撫子苦節五十
年順治九年建坊
劉三重妻魏氏年二十二夫歿無子刺目自誓依兄子紡績爲
活守節四十餘年順治間建坊
生員陳天球妻陶氏讀書知大義年二十天球歿無子事姑張
氏朝夕相依與姒劉紡績自給守節五十八年足不踰閫康
熙二十八年建坊
知縣王欽濂繼妻陳氏　舉人王承啟妻杜氏陳年二十七欽
濂歿撫二歲孤承啟苦志訓迪承啟舉於鄉尋卒婦杜氏年
二十四遺孤懋德甫八月茹荼飲血養姑教子後懋德成進
士官知縣陳守節五十六年杜守節四十年康熙二十九年
以雙節建坊
鄧顯奇妻劉氏年二十五夫歿截髮矢志敬事舅姑撫二子成
立卒年八十二雍正元年建坊
李又白妻徐氏年二十二夫歿遺孤孔瑞氏訓之極嚴遇娣姒
和而有禮守節四十餘年雍正元年建坊
宋正元繼妻邱氏年二十三夫歿撫前子曲盡母道奉舅姑孝
守節三十餘年雍正四年建坊
生員邵之瑜妻方氏　監生邵先陟妻宋氏方年十六之瑜歿
撫遺腹子先陟復早亡一孫光祖甫五歲其婦宋氏年二十
五守志方以憂慟寢疾十七年宋百計調護及歿拮据營葬
如禮教子光祖成立選貢有文名雍正四年以姑婦雙節建
坊



修職郎王時聖妻陳氏年二十六夫歿子道明甫七齡家貧舅
姑俱八十餘伯氏老病無子皆仰給於氏氏守義孝養自啖
糠粃歲大饑食且盡道明拾遺金歸氏不視令覓其主還之
教子以明經官訓導年五十三病革指所坐木榻曰吾苦守
廿餘年但對此無愧耳端坐而逝雍正四年建坊
生員魏裕淵妻段氏年二十四夫歿遺孤永楷氏矢志苦守紡
績養姑撫子成立卒年五十一雍正四年見坊
鄭可榮妻龍氏年十九夫歿守節事舅姑以孝聞夏逆之亂舅
病弗能起比里皆逃氏侍湯藥不忍離撫孤雯燕爲諸生持
家勤儉婣戚貧乏者周之雍正五年建坊

陳位一妻熊氏年二十夫歿無子守節事舅姑孝舅姑卒未葬值夏逆亂所居一里河爲往來孔道氏獨依柩不去撫嗣子經才爲諸生勤儉自給時出貲以周鄉里雍正七年建坊

夏同霖妻蔡氏夫歿守節撫孤克倧成立娰娣皆早寡氏持家有法待諸從子如己出同居四十年內外和睦無間雍正七年建坊

王漢烝妻張氏夫歿氏矢志守節孝奉舅姑撫週歲孤懋蘭勤苦備至年五十四疾篤懋蘭刲股以進延三月乃卒懋蘭副榜雍正八年建坊

生員李元龍妻胡氏元龍以才幹見知總制蔡毓榮從征洞庭陣亡氏遣僕李堃扶櫬歸見血衣慟幾死懸之閨中日夜號泣斷髮誓志操作勤苦二子槐及崇義俱幼教之成立戚里



婚葬無力者助之崇義副榜氏守節五十年卒雍正八年建坊

孫維巘妻樊氏年二十四夫歿氏孝養舅姑教子士謀爲名諸生值山寇竊發居民爭走氏以舅姑未葬號哭不忍去旣免歸葬有枯柏復榮之祥子亡又撫二孫之煒天祿俱成名苦節六十二年卒其元孫承暉娶陶氏年二十歸三月寡撫遺腹子守志人謂能繼樊節樊以雍正九年建坊

生員方應張妻周氏年二十三夫歿守節有欲奪其志者斷指以誓子介甫六月撫之成立介輕財好義有稱孫可榮可觀俱明經氏年六十六卒雍正十一年建坊

劉翔妻楊氏年二十一夫歿撫遺腹子夔趙教之成立持守端嚴締造辛苦守節三十年卒雍正十一年建坊

喻順澤妻夏氏年二十二夫歿撫孤人悅成立姑年九十餘氏孝養及歿哀毀盡禮守節二十九年卒雍正十一年建坊

孫自融妻杜氏年二十三夫歿氏事祖舅以孝稱教二子維翰廣堝成名守節三十四年雍正十二年建坊

陳來蘇妻汪氏年二十三夫歿家貧無子立從子爲嗣守節四十五年雍正十三年建坊

陳可麟妻王氏雍正十三年建坊

邵光國妻張氏光國應試墮水死氏迎尸殯畢慟絕數四撫遺腹子成立奉姑盡禮守節三十七年乾隆元年建坊

程逢泰妻龍氏年二十五夫歿家貧教二孤甚嚴事舅姑盡禮守節五十五年乾隆元年建坊

吳之灤妻虞氏年二十五夫歿家貧勤紡績以撫三孤守節三



十三年乾隆二年建坊

曾承鞏妻何氏年十六適曾甫八月夫歿無子守節撫嗣子履泰成立卒年八十一乾隆二年建坊

胡生奇妻汪氏生奇歿一子復夭撫從子爲嗣守節三十六年乾隆三年建坊

鄭洪勳妻秦氏年二十五洪勳歿撫七月孤教之成立守節三十一年乾隆四年建坊

鄧光國妻鄧氏年二十五夫歿家貧紡績以奉舅姑撫孤鵬成立爲諸生守節二十九年乾隆四年建坊

舒其彩妻徐氏年二十九夫歿撫孤學韶成立守節四十三年乾隆四年建坊

舉人陳大華妾顧氏年二十五大華歿嫡早亡無子氏撫嗣子

師栻登賢書守節四十年乾隆四年建坊

王家勳妻陳氏　王之統妻陳氏家勳歿陳年二十五撫二孤成立長之統早亡婦陳氏年二十四與姑共撫孤孫姑守節五十二年婦守節三十五年俱乾隆四年建坊

程熾祚妻朱氏　程基統妻余氏朱年二十熾祚歿撫遺腹子基統既授室復亡婦余氏年二十三無子同姑矢志朱守節四十七年余守節三十一年俱乾隆四年建坊

生員劉隆禮妻朱氏幼時父柩在堂鄰火延及氏撫棺號哭火遂反年二十七隆禮歿遺孤甫兩月氏矢志守節姑病目日餂之目復明教子芳熹以道嘗拾遺金斥棄之芳熹亦以孝稱氏守節三十一年乾隆四年建坊

陳光濟妻張氏年二十六夫歿遺子士昆甫三歲居倣廬中盎無儲粟勤苦教子後士昆舉於鄉氏守節五十九年乾隆四年建坊

秦琢成妻馮氏年二十六夫歿家貧守節事姑孝撫從子爲嗣年六十八卒乾隆四年建坊

陳起龍妻藍氏年二十六夫歿家貧矢志鞠育孤子成立其從子少孤氏亦撫如己子未幾從子夭氏復撫其從孫守節三十五年乾隆四年建坊

生員鄒一標妻龔氏年二十七夫歿家貧苦節撫孤之駿成名卒年七十三乾隆四年建坊

謝其恩妻李氏　謝如鈖府志作宏材妻高氏姑婦也俱青年夫歿撫孤守志乾隆四年以雙節建坊

陳大鵬採訪改作程大鵬妻高氏年二十八夫歿奉姑以孝稱撫三歲



孤成立守節四十二年乾隆四年建坊并據採訪

生員邵澄中妻張氏年二十四夫歿守節事舅姑盡禮嗣從子光煜撫之成立年六十二卒乾隆四年建坊

蕭徵文妻李氏年二十五夫歿守節紡績不倦事舅姑盡孝二子俱歿撫嗣孫俊偉成立乾隆四年建坊

沈應晟妻吳氏　余思湟妻曾氏　陳艮佐妻胡氏　劉承祚妻潘氏俱乾隆四年建坊

生員胡㙻也妻饒氏年二十五夫歿僅遺一孤艱辛撫之守節五十四年乾隆五年建坊

李孚極府志作朱孚極妻吳氏年二十六夫歿守節事衰舅繼姑以孝稱撫四月孤成立卒年五十三乾隆五年建坊

奚祿貴妻張氏夫歿氏奉舅姑以孝稱撫二孤成立守節四十



年乾隆五年建坊

訓導宋一俊妾胡氏年二十九一俊與嫡俱歿氏撫育嗣子守節三十九年乾隆五年建坊

朱峙中妻陶氏年二十四夫歿氏事舅姑盡孝撫育二孤守節四十三年乾隆五年建坊

生員王溢勳妻孫氏年二十二夫歿氏紡績事姑盡孝姑歿倍服衰麻以代子職撫二歲孤履中爲名諸生守節三十九年乾隆五年建坊

胡純虞妻羅氏夫早歿家貧守節撫孤乾隆五年建坊

吳璋珽妻王氏年二十六夫歿氏撫孤守節二十六年乾隆五年建坊

靖必昂妻黃氏　靖必昱妻祝氏黃年二十一必昂歿無子氏

事姑孝嗣從子本誠撫之成立祝年二十必昱歿無子氏事舅姑孝撫從子本誥爲嗣黃守節三十二年祝守節三十三年俱乾隆五年建坊

高一申妻易氏年二十一夫歿撫從子爲嗣飢寒勞瘁清操獨茂卒年六十餘乾隆五年建坊

鄭墉妻丁氏年二十七夫歿氏事舅姑孝撫二子成立守節二十七年卒乾隆五年建坊

楊春曉妻劉氏年二十五夫歿氏撫孤成立舅病足氏事奉盡禮守節三十五年乾隆五年建坊

曹本洪妻陶氏年二十夫歿封面自矢事繼姑孝撫從子爲嗣守節三十一年乾隆五年建坊

夏祐申妻楊氏年二十七夫歿矢志撫孤守節三十年乾隆五年建坊



生員李天柱妻孫氏年二十三夫歿遺一子一女艱辛撫之守節三十八年乾隆五年建坊

王克俊妻龍氏　蕭徹文妻李氏俱乾隆五年建坊

陳道洙妻梅氏年二十二夫歿以從子爲嗣守節三十九年乾隆六年建坊

歐陽秩妻何氏年二十五夫歿孝事衰姑撫孤成立守節三十二年乾隆六年建坊

生員孫光錫妻劉氏　孫自怡妻張氏劉年二十二光錫歿家貧矢志撫孤自怡甫授室尋夭婦張氏年二十同姑矢志撫孤人龍成立劉守節五十七年張守節四十年俱乾隆七年建坊

潘二有妻聶氏年二十五夫歿氏泣血嗚咽死而復甦者再事姑孝紡織以養撫八月孤成立守節四十六年乾隆七年建坊

生員張瑄妻黃氏年二十六夫歿僅遺一女撫從子承洙爲嗣守節三十五年乾隆七年建坊

生員孫惟翰妻李氏年二十四夫歿撫二孤成立守節二十六年乾隆七年建坊

王嗣可妻樊氏年二十四夫歿撫五月孤時鞠教之成立守節五十四年乾隆七年建坊

湯德治妻王氏年二十八夫歿氏養姑撫子守節三十六年乾隆七年建坊

劉隆業妻李氏年二十九夫歿氏孝養衰姑撫子成立守節五十三年乾隆七年建坊



樊齊文妻陳氏夫歿守節撫孤勤苦經營置祭田以奉禋祀臨歿屬子孫曰善守此田鬻者不孝乾隆七年建坊孫廣居諸生

朱葢興妻彭氏年二十四夫歿撫從子爲嗣家貧居一茅廬母家有諷以難守者氏號泣遂終身不歸苦節三十四年乾隆九年建坊

朱徹文妻吳氏年十九夫歿氏孝事舅姑撫孤成立守節三十四年乾隆九年建坊

張則我妻馮氏年二十七夫歿氏事舅姑盡禮撫週歲孤成立守節四十一年乾隆九年建坊

生員靖匡世妻周氏年二十五夫歿氏奉姑孝撫從子天祐爲

嗣守節三十五年乾隆九年建坊
饒萬次妻吳氏年二十六夫歿氏撫孤成立守節三十年乾隆九年建坊
魏光瀚妻王氏年二十三夫歿氏孝事舅姑撫從子爲嗣守節三十三年乾隆九年建坊
葉日周妻張氏年二十八夫歿孝事衰舅撫從子爲嗣守節五十八年乾隆九年建坊
陳啟運妻吳氏年二十六啟運歿斷髮自誓事姑與嫡盡禮撫三歲孤金甌成立守節四十四年乾隆九年建坊
徐戴甯妻湯氏　監生徐鏊妻余氏湯年二十七載甯歿氏撫二孤成立其次子鏊復夭婦余氏年二十六矢志養姑以從子爲嗣湯守節四十六年余守節三十七年俱乾隆九年建坊
陳方模妻黃氏年二十二夫歿氏撫三孤成立守節五十四年乾隆九年建坊
生員童曰康妻吳氏年二十六夫歿氏孝事舅姑撫育孤子守節四十二年乾隆九年建坊
張其源妻朱氏年二十六夫歿氏孝事舅姑撫孤成立守節三十八年乾隆九年建坊
許帝簡妻陳氏年二十六夫歿撫週歲孤成立守節三十七年乾隆九年建坊
監生朱一麟妻陳氏夫歿辛勤撫孤乾隆九年建坊
許賜文妻趙氏年二十六夫歿氏事姑孝撫從子爲嗣守節四十三年乾隆九年建坊



龍南伯妻汪氏　龍勝友妻范氏汪年二十五南伯歿氏撫孤勝友娶范氏生子僅六月勝友歿范年二十六與姑同志撫孤汪守節四十二年范守節五十四年俱乾隆九年建坊
吳克繩妻王氏年二十一夫歿氏撫孤成立守節三十六年乾隆九年建坊
曹廷鍵妻汪氏　監生曹熙妻汪氏姑婦也廷鍵歿姑年二十四撫遺腹子熙成立尋夭婦年二十五同姑矢志事姑孝撫遺孤昌壁成立姑守節四十餘年卒乾隆九年建坊婦守節亦四十餘年
李子言妻陳氏年十九夫歿遺一子辛勤撫之守節五十九年乾隆九年建坊
張畹林妻唐氏年二十八夫歿三歲孤復夭氏撫從子爲嗣守節三十餘年乾隆九年建坊
胡之恂妻彭氏年二十夫歿氏孝事七旬舅姑撫育三歲孤子守節四十八年乾隆九年建坊
生員王天爵妻周氏年二十五夫歿氏孝事舅姑撫孤成立守節六十一年乾隆九年建坊
劉文台妻程氏年二十五夫歿氏奉姑孝撫孤成立守節四十九年乾隆九年建坊
雷國燦妻張氏年二十夫歿撫孤方興成立方興夭偕婦陶氏撫孫恢先苦節三十八年乾隆九年建坊
胡德玉妻吳氏年二十九夫歿家貧氏撫育二孤守節三十八年乾隆九年建坊
沈應昇妻李氏年二十七夫歿撫從子爲嗣治家嚴肅足不踰

閫守節三十一年乾隆九年建坊

周祚仔妻林氏年二十四夫歿家貧撫孤成立復夭再撫二幼孫苦節五十二年乾隆九年建坊

程熊占妻王氏年二十二夫歿氏事姑孝撫孤大才成立守節四十四年有孤燕巢梁之異乾隆九年建坊

甄載耜妻劉氏年二十八夫歿遺孤七歲氏奉姑鞠之守節五十四年乾隆九年建坊

蔣穎菴妻陶氏年二十三夫歿氏紡績養舅姑撫一子尋夭復撫幼孫守節三十四年乾隆九年建坊

杜柱妻龍氏年二十三夫歿家貧守節紡績事姑撫六月孤繼烜成立乾隆九年建坊

周則堯妻袁氏年二十五夫歿守節撫孤超凡成立乾隆九年建坊



余啟宣妻成氏　孫廣錦妻周氏　孫有道妻歐氏俱乾隆九年建坊

懷遠將軍馮明修妻方氏年二十九夫歿茹苦守志撫二子馗旭成立後以馗貴
封太淑人年八十卒乾隆九年建坊

葉豐暘妻孫氏年二十八夫歿氏事姑孝撫孤成立守節三十八年乾隆九年建坊

聶從儒妻吳氏年二十六夫歿氏事姑孝撫一子復夭又撫幼孫守節六十八年乾隆十年建坊

教諭鄭昌妾鄧氏年二十六昌歿嫡亦亡子可楫幼撫之成立子亡又撫幼孫守節四十三年卒乾隆十年建坊

張西在妻李氏年二十九夫歿家貧氏撫孤成立守節三十一年乾隆十年建坊

方可正妻汪氏年二十五夫歿氏奉繼姑以孝稱撫從子爲嗣守節四十二年乾隆十年建坊

齊國楫妻羅氏年二十夫歿撫十月孤成立教以義方守節五十年乾隆十年建坊

生員詹世賓妻嚴氏年二十二夫歿撫遺腹子啟龍成諸生守節三十四年乾隆十年建坊

孫士彬妻馬氏年二十七夫歿氏事姑撫子守節三十三年乾隆十年建坊

生員汪維鉅妻鄭氏年二十三夫歿甘貧守志撫嗣子士澄成立嗣夭又撫孤孫苦節五十四年卒乾隆十年建坊



生員霍維源妻喻氏年二十八夫歿矢志事姑孝姑病氏侍湯藥不倦撫孤志瀛爲諸生守節四十一年乾隆十一年建坊

桂崇妻程氏年二十二夫歿以從子承緒爲嗣守節四十三年乾隆十一年建坊

生員胡士昂妻吳氏年二十七夫歿氏孝事舅姑撫二歲孤成立守節四十一年乾隆十一年建坊

梅長綍妻曹氏年二十八夫歿家貧矢志事姑孝撫孤成立守節四十二年乾隆十一年建坊

邱古璋妻童氏古璋少時母病割股救之娶氏後病歿時氏年二十四撫遺腹子希昂成立守節三十一年乾隆十一年建坊

郁重榮妻劉氏年二十八夫歿遺孤甫八月氏撫之成立守節

三十六年乾隆十一年建坊
李世麟妻舒氏年二十三夫歿氏撫五月孤成立守節五十五
年乾隆十一年建坊
黃鉅妻沈氏年二十一夫歿事姑撫子守節四十年乾隆十一
年建坊
孫仔儒妻羅氏年二十三夫歿家貧撫孤士英成名守節三十
二年乾隆十一年建坊
胡啟爵妻任氏年十九夫歿勤紡績以奉舅姑撫孤紹虞成立
其孫蓋凡登賢書守節五十六年乾隆十一年建坊
韋鍾焜妻盧氏年二十四夫歿氏撫育孤子守節三十二年乾
隆十一年建坊
生員萬信妻張氏　生員汪念祖繼妻萬氏張年二十四信歿



僅遺二女撫從子爲嗣一女適汪念祖年二十五念祖歿子
與前妻子俱殤亦嗣從子撫之成立張守節四十七年萬守
節二十七年卒俱乾隆十一年建坊
張紹江妻姜氏年二十三夫歿氏奉姑孝撫三歲孤成立守節
五十一年乾隆十二年建坊
袁心宅妻周氏年二十八夫歿氏孝事舅姑撫二孤成立守節
三十四年乾隆十二年建坊
周世軸妻李氏年二十六夫歿撫孤士佩教之讀書後士佩復
夭苦節三十一年乾隆十二年建坊
朱堯儒妻周氏，朱昭茲妻柳氏周年二十四堯儒歿氏撫二
孤長子昭茲授室復夭婦柳氏年二十七撫從子爲嗣周守
節五十九年柳守節三十五年以雙節稱乾隆十二年同建

坊
鄭日冕妻程氏年二十四夫歿撫從子爲嗣嗣子復夭氏與婦
楊氏力撫孤孫守節五十一年乾隆十二年建坊
生員余光先妻宋氏年二十七夫歿氏撫三歲孤成立守節三
十二年乾隆十二年建坊
王道亨妻龍氏年二十五夫歿家貧遺孤甫二歲撫之成立孝
事舅姑及歿喪葬悉如禮守節三十七年乾隆十二年建坊
劉永輿妻邵氏年二十二夫歿氏紡績養姑撫嗣子成立守節
三十二年乾隆十二年建坊
生員程元義妻靖氏年二十一夫歿孝事舅姑撫姪爲嗣守節
四十四年乾隆十二年建坊
生員張湞妻陳氏年二十二夫歿氏撫四月孤甫成立病夭復



撫孤孫偱兩姒俱亡氏並撫其幼子女如已出守節三十年
乾隆十二年建坊
生員孫鈞妻張氏年二十六夫歿無子氏孝養舅姑立再從子
祚淞爲嗣舅姑歿夫弟及姊俱亡遺孤甫二歲氏撫育如己
出家貧甚朝夕莫給艱苦自立守節三十九年乾隆十二年
建坊
易德瞍妻徐氏年二十夫歿無子氏撫從子爲嗣守節三十三
年乾隆十三年建坊
生員蕭建極妻顧氏年二十七夫歿撫從子爲嗣孝事舅姑守
節四十五年偭火災鄰宅俱燬氏室獨無恙人以爲節孝所
感乾隆十三年建坊
周懿德妻姜氏年二十七夫歿氏撫孤成立守節五十年乾隆

十三年建坊
生員徐尙文妻陳氏年二十七夫歿氏撫二歲孤成立守節四
十一年乾隆十三年建坊
生員邱自西妻王氏年二十二夫歿兩子繼亡撫姪爲嗣守節
三十八年乾隆十四年建坊
周卜恆妻陳氏年二十夫歿無子氏矢志甘貧其兄勸再適氏
翦髮自誓終身不至兄家忍飢杜門頻死者數守節四十二
年卒乾隆十四年建坊
童昌惠妻林氏年二十五夫歿撫姪爲嗣與從娣蕭矢志不移
守節二十八年乾隆十四年建坊
郭祚起妻高氏年二十二夫歿氏撫二歲孤成立守節三十一
年乾隆十四年建坊



李宗唐妻汪氏年二十六夫歿事哀舅以孝稱撫八月孤成立
守節三十四年乾隆十四年建坊
邱之進妻霍氏乾隆十四年建坊
張亮工妻馮氏年二十七夫歿遺孤繩祖尋夫兄亮彩亦歿其
子念祖幼與姒孫氏苦節撫教與蘄之節婦馮雲龍母盧氏
奚孔文妻吳氏居近互以名義相勵後繩祖積學早卒復與
婦周撫孤孫卒年七十二乾隆十五年建坊
龍哲希妻李氏年十八夫歿守節事姑撫遺腹子廣材甫成立
病夭復與婦童撫嗣孫年八十卒乾隆十六年建坊
劉昌明妻梅氏年二十夫歿守節親族欲嫁之氏劙面翦髮得
免撫半歲孤成立乾隆十六年建坊
程華柏妻余氏年二十夫歿無子守節孝事舅姑立從子爲嗣

乾隆十六年建坊
顔煜妻張氏年二十九夫歿貧苦矢志事姑孝撫教七月孤喬
有文名守節四十年卒乾隆十六年建坊
梅源仁妻姚氏年二十二夫歿無子守節事舅姑盡禮撫嗣子
成立乾隆十六年建坊
夏克炯妻蕭氏夫歿無子與從娣克埏妻王氏誓死守節乾隆
十七年建坊
方思种妻王氏年二十一夫歿氏守節養舅撫週歲孤同壽成
立乾隆十七年建坊
童尙賓妻袁氏年二十一夫歿家貧矢志事舅姑盡禮撫孤成
立守節三十三年乾隆十七年建坊
副使陳大輦妾姚氏大輦卒於臺灣署中氏年二十八扶櫬歸
里矢志不二嫡卒爲嫡撫二孤既孫啟謨早亡氏與其妻冷



氏同撫嗣子元忠卒年六十三乾隆十八年建坊
謝仁瀜妻程氏年二十夫歿矢志守節事舅與繼姑盡禮撫遺
腹子方東成立乾隆十八年建坊
生員王爕佐妻陳氏年二十二夫歿氏矢志撫孤時旣時及其
婦俱亡復撫孫錫璋成立卒年八十餘乾隆十九年建坊
孫士瑋妻曹氏年二十五夫歿氏孝事姑姑卒夫弟妹俱幼氏
爲撫育有成課孤子之寅爲諸生守節三十三年乾隆二十
年建坊
汪鄰山妻甄氏年二十一夫歿氏事姑孝撫孤廷棟成立守節
三十七年乾隆二十年建坊
鄭辭魯妻陳氏年二十八夫歿守節撫嗣乾隆二十年建坊

監生謝如鏞妻靖氏年二十二夫歿守節孝事舅姑立從子仁
湛爲嗣乾隆二十一年建坊
於正宗妻王氏年二十一夫歿守節孝事舅姑撫孤著林尋夭
復撫嗣孫士鄰乾隆二十一年建坊
史君宣妻陳氏年二十九夫歿矢志守節事舅孝　旌表建坊
監生鄭珌妻王氏　鄭心菊妻孫氏王年十九珌歿矢志守節
事舅盡禮撫孤心菊尋夭婦孫氏年二十二守志事姑孝撫
嗣子存祖王年四十五卒孫年五十八卒俱乾隆二十四年
建坊
監生汪聯芳妻王氏年二十八夫歿守節撫孤啟運尋夭與婦
王氏茹苦撫孫成立乾隆二十四年建坊
孫坦妻呂氏年二十三夫歿氏矢志撫孤子錞子夭撫孫祚海
成立卒年七十六乾隆二十四年建坊



龍祖輝妻鄭氏年二十三夫歿守節事姑孝撫嗣子廣智成立
年四十九卒乾隆二十四年建坊
張隆昱妻方氏年二十三夫歿守節事姑孝力置祭產二畝以
供祠祀撫孤京鯨成立貢成均乾隆二十四年建坊
姜之琇妻黄氏年十九夫歿氏守志孝姑撫八月孤文灼成立
守節四十四年乾隆二十四年建坊
詹宇㷆妻江氏年二十八夫歿守節孝事舅姑撫三歲孤授室
而夭復撫兩月孤孫乾隆二十四年建坊
汪顯祖妻龔氏年二十夫歿守節撫姪爲嗣事姑孝姑卒鄰火
發撫棺號慟風反火滅柩得存乾隆二十四年建坊
李翰妻劉氏年二十二夫歿遺一子早殤母家欲爲改適誓死
不可奪撫嗣子基榮成立乾隆二十四年建坊
黄士郊妻程氏年二十八夫歿守節孝事舅姑撫孤成立卒年
五十八乾隆二十四年建坊
童繼松妻王氏年二十七夫歿守節奉事舅姑撫孤成立年五
十三卒乾隆二十四年建坊
王必選妻周氏年二十三夫歿守節撫二孤成立年六十四卒
乾隆二十四年建坊
熊時元妻陳氏年二十夫歿守節事姑孝撫遺腹孤成立年八
十六卒乾隆二十四年建坊
童繼模妻舒氏年二十五夫歿守節孝事舅姑撫孤志瑶成立
年五十七卒乾隆二十四年建坊
舒學昌妻彭氏年二十六夫歿守節奉養舅姑撫二孤成立年
五十七卒乾隆二十四年建坊



監生姜維寬妻胡氏年二十二夫歿守節事祖舅以孝稱撫孤
蔓鯉能文孤夭媳魏氏亦相繼亡復撫孤孫備嘗艱苦時年
八十有二侍婢貞靜相依不嫁時年六十八乾隆二十五年
建坊
黄會楷妻劉氏事姑盡孝年二十餘夫歿乏嗣氏矢志守節撫
從子光國爲嗣成諸生乾隆四十一年建坊
陳貞俊妻李氏年十七夫歿乏嗣姑病三載氏侍湯藥不倦後
母家憐其青年微言探之氏毀容翦髮以見志撫姪國泰爲
嗣教養成立乾隆四十一年建坊
王乃立妻靖氏年十八適王甫三月夫歿無嗣時姑患筋骨疼
痛氏扶持歷久不懈撫嗣子大文成立乾隆四十三年建坊

會建中妻孟氏年二十二夫歿無嗣氏矢志守節奉舅姑備得歡心夫弟建鏞幼撫之成立鏞以次子爲之後乾隆四十五年建坊

姜如法妻繆氏年二十適姜閱三月夫歿時舅姑早逝夫之叔母胡氏氏事之如姑同居守節撫從子起鳳爲嗣尋夭復撫嗣孫文佐成立乾隆四十八年建坊

夏克㨗妻王氏年十八夫歿守節家貧日夜紡績事舅姑饔飧無缺舅歿鬻簪珥備棺殮葬成禮姑目瞽氏多方醫治得愈撫嗣子必貴成立乾隆五十二年建坊

王廷佩妻史氏年二十三夫歿無子哀慟絶粒閉門自縊母覺破壁入救得甦奉舅姑孝撫嗣子運翥列成均乾隆五十四年建坊



李君讀妻汪氏年十八夫歿守節事舅姑以孝聞勤儉持家立胞姪文肅爲嗣撫養成立乾隆五十四年建坊

監生李可校妻童氏年二十四夫歿守節事舅姑盡孝撫二子成立乾隆五十四年建坊

汪延岳妻易氏年二十六夫歿氏欲以身殉其母勸以養姑撫孤爲孝徒死無益遂矢志苦守竭力孝養撫子于全于曾成立亦克盡孝族鄰嘉之乾隆五十四年建坊

童承曾妻趙氏年二十七夫歿無子哀號絶粒母秦氏諭以事老撫幼遂截髮矢志隨姑紡績姑歿盡禮撫弱叔教嗣子宣恩成立後建坊

邱世祿妻童氏年二十八舅姑均逝夫繼亡家貧守節訓二子成立後題請建坊

生員劉晉運妻杜氏年二十三夫歿守節時訛傳富室求婚氏引刀自頸幾絶以救甦奉養舅姑撫孤隆譽中副榜卒年六十二

文林郎范維藩妻田氏年二十五夫歿守節家酷貧朞功無依事舅以孝聞教子基祚力學荼苦萬狀人謂有孟母風後基祚成進士爲循吏氏受
封典年五十九卒孫曾仕宦猶守氏遺教云

文林郎王漢澳妻余氏年二十一夫歿家貧苦守撫教孤子懋績以進士官教授得膺
封典年七十卒

生員陶克讓妻詹氏年二十八夫歿無子守節事姑孝卒年五十一



州判徐尙禮妻胡氏年二十五夫歿守節撫孤時濟以武進士官守備得膺榮祿年八十卒

僉事官撫濵繼妻孫氏撫濵歿於會稽之難氏年十八矢志守節撫孤純心承蔭官知縣氏年五十餘卒

舉人王用世妻田氏年二十四夫歿守節閫範清肅撫遺腹子澤霖由歲貢官瀘溪教諭氏年八十卒

王某妻沈氏未嫁壻病癩父母強令他適不聽歸於王生一女年二十二夫歿苦節以終卒年六十

生員曹世治妻張氏年二十六夫歿守節撫孤紹琦成立卒年六十四雍正間布政使徐鼎扁旌之

王尼望妻馮氏年二十二夫病氏刲股食之及歿三子繼殤氏勤苦守志養姑孝卒年六十四

生員熊養模妻熊氏年二十二夫歿守節撫教兩孤卒年六十餘布政使徐鼎匾旌之

王維邦妻舒氏年二十一夫歿家貧苦守撫三月孤成立閨範整肅卒年六十餘

楊文炳妻劉氏　楊瑞松妻宋氏劉年二十六文炳歿矢志撫孤瑞松早夭媳宋氏年二十五同姑守節撫孤事姑極孝劉年六十五卒宋哀慟而死

王基逵妻鍾氏　王銓勳妻成氏鍾年二十二基逵歿苦節撫孤銓勳早夭媳成氏年二十五同姑守節撫孤永裔成立鍾卒年六十六

周國寶妻夏氏　周國棟妻陳氏娣姒也夏年二十九夫歿陳年二十六夫歿俱苦節撫孤夏年七十餘陳年六十餘卒



龍時藹妻王氏年二十四夫歿苦節撫孤孝養舅姑年八十四卒

陳滄瀛妻龔氏年二十二夫歿家貧苦節孝事舅姑年八十三卒

周國華妻瞿氏年十九夫歿家貧苦節撫遺腹孤成立年七十一卒

生員宋敏功妻張氏年二十四夫歿守節立嗣撫之年四十卒

袁達士妻雷氏年十八夫歿撫遺腹子亦殤苦節以終卒年六十八

王夷和妻姚氏年二十七夫歿守節孝姑撫孤卒年八十一

涂幼澤妻呂氏年二十七夫歿家貧撫孤孤早夭苦節以終年六十卒

成汝齡妻陳氏年二十二夫歿苦節立嗣卒年六十餘

孫徵吉妻呂氏年二十六夫歿苦節撫孤卒年七十

監生葉槐妻曹氏年二十五夫歿守節孝事舅姑卒年五十

方與時妻汪氏年二十四夫歿守節立嗣孝事繼姑卒年六十

生員孫一軏妻陳氏年十八夫歿守節立嗣卒年六十九

百戶朱元吉妻余氏年二十二夫歿撫孤守節卒年八十一

毛有昇妻李氏年二十二夫歿家貧苦節撫遺腹孤成立年六十五卒

鄒治秩妻楊氏年二十二夫歿矢志苦節子卒撫孫

黃逵妻鄧氏年二十七夫歿守節撫孤事姑以孝稱

鄧鼎和妻王氏年十九夫歿守節撫嗣嗣夭撫孫

王世浩妻祝氏年二十二夫歿苦節撫孤事姑盡孝年六十四



卒

操士敏妻鄒氏年二十三夫歿守節孝姑撫孤卒年七十三

石在珩妻王氏年二十夫歿守節孝姑撫嗣子成立

操廷棟妻李氏年二十夫歿家貧苦節奉姑教子

童子位妻袁氏年二十六夫歿守節孝姑撫孤子成名

操釆若妻熊氏年二十夫歿苦節撫孤卒年六十五

吳調遠妻王氏年二十六夫歿守節撫孤卒年九十四

范純炎妻袁氏年二十一夫歿苦節撫孤孝養舅姑

吳天樞妻祝氏年二十二夫歿守節撫嗣子成立

齊同鏞妻吳氏年二十八夫歿家貧苦節撫二孤成立卒年七十六

孫維章妻王氏年二十夫歿守節撫孤孝養舅姑卒年五十二

王映文妻張氏年二十七夫歿守節家貧無子姑苦含辛卒年五十四

生員汪沃之妻段氏　汪度孚妻吳氏姑婦也段年二十九沃之歿矢志守節撫二孤成立吳年二十六度孚歿同姑守志撫教二孤長開運爲名諸生段年八十三吳年六十七卒

生員黃志忠妻李氏　黃珍妻何氏李年二十四志忠歿撫遺孤珍成立珍病婦何刲股卒不救時何年二十歲守節事姑撫歲餘孤德溥成立李年六十九何年七十三卒

主事王材升妾尤氏長洲人工詩好學年二十五材升歿氏矢志守節撫子溢勳居小樓教之溢勳成諸生早卒氏復撫孫履中爲名諸生卒年六十三著有紅餘草琴瑟吟諸種按氏幼依舅吳氏故清詩二集梓吳姓



生員李正芳妻陳氏　監生李光庭妻陳氏姑婦也姑年二十六夫歿撫週歲孤光庭成立尋夭時婦年二十八守節奉姑孝撫孤元開成立姑年七十五婦年五十九卒

黃榮麟妻郭氏刲股救夫病夫歿氏年二十九家貧守節紡績養姑撫歲餘孤極成立

王養烈妻湯氏年二十八夫歿貧苦守節撫二孤俱夭氏慟夫無嗣投繯者再人咸憐之年五十七卒

汪士通妻胡氏　汪芳妻湯氏胡年二十四士通歿撫孤子芳成立芳歿湯年十六矢志奉姑立嗣

左經國繼妻陳氏年二十八夫歿氏守節撫前子如己出子亡撫孫孫夭又撫曾孫卒年八十三

孟應洛妻李氏年二十七夫歿家貧守節紡績養姑以孝稱撫孤孤夭立嗣復夭年五十八卒

王昌嗣妻羅氏年二十五夫歿家貧守節孝事舅姑二孤繼歿諸從無可嗣哭泣以殞卒年六十七

生員呂修齡妻余氏年二十七夫歿家貧守節事姑以孝稱伯舅德芝老無出氏奉養盡禮撫二孤成立

夏道永妻黃氏年二十五夫歿家貧守節竭力養姑撫孤成立爲諸生卒年五十六

汪德智妻周氏年二十夫歿守節卒年七十五

黃萬鎰妻曹氏年十九夫歿守節卒年七十七

王長泰妻曾氏年十七夫歿守節撫嗣卒年八十七

杜宗木妻李氏年二十五夫歿守節撫二歲孤成立卒年六十五



張君耀妻戴氏年二十四夫歿苦節撫孤卒年六十四

生員喻炳元妻劉氏年二十夫歿守節撫孤卒年五十二

生員劉隆時妻牛氏年二十一夫歿守節無子卒年七十

王季占妻劉氏年二十一夫歿守節無子卒年七十

官攸妻陳氏　官思誠妻汪氏陳年二十一攸歿貧苦守節撫孤思誠尋夭媳汪氏年二十三守志事姑撫孤成立陳卒年七十二汪卒年六十六

王伊充妻江氏年二十四夫歿守節卒年五十一

熊輔妻程氏年二十七夫歿家貧苦節教二子成名年八十卒

監生張玉起妻熊氏年二十四夫歿守節撫孤年五十六卒

朱一龍妻盧氏年二十三夫歿守節撫孤孤夭立嗣年六十七卒

邵幹臣妻熊氏年二十夫歿守節撫嗣子早殤年三十五抑鬱
卒
生員姚兆麟妻樊氏年二十五夫歿守節撫孤卒年五十二
袁士翰妻項氏年二十四夫歿守節無子夫庶弟三歲失怙恃
氏撫之成立卒年六十二
姚士琳妻吳氏年二十四夫歿守節貧苦無子假從姑宅紡績
門不舉火有饋遺堅不受卒年六十四
監生程正綬妻隗氏年二十三夫歿守節事姑孝撫嗣子大澍
列成均
杜識妻張氏年二十五夫歿守節撫孤卒年九十一布政使李
基和爲詩嘉之
沈應昌妻金氏年二十九夫歿守節撫孤啟貴成諸生



監生李聯芳妻龍氏年二十二夫歿守節撫孤先緒爲明經孫
元輔諸生氏卒年八十五
楊友金妻袁氏年二十三夫歿守節家貧無子姑壽逝撫夫幼
弟成立及夫弟生子立爲夫嗣
張驎妻孫氏　張騡妻廖氏娣姒也孫年二十二夫歿廖年十
九夫歿俱無子守節
謝永命妻袁氏年二十九夫歿守節撫教三孤孤亡撫孤子般
孫文光俱諸生氏卒年九十二
曹世濬妻馮氏　曹世湛妻孟氏娣姒也馮年二十五夫歿守
節立嗣孟年二十六夫歿守節撫孤俱年七十三卒
杜士煥妻鄭氏年二十六夫歿守節無子家貧苦事舅姑以孝
聞卒年八十七

生員陳宗禹妻楊氏年二十六夫歿守節撫孤
楊作校妻吳氏年二十六夫歿守節撫孤士煥成立年七十六
卒已旌　并據採訪
劉志向妻楊氏年二十五夫歿家貧苦守子夭撫孫
奚光緒妻劉氏年二十六夫歿守節撫孤
唐耀卿妻王氏年二十五夫歿守節撫孤成立卒年八十七
唐文藻妻何氏年二十五夫歿無子守節卒年七十八
劉訓臣妻孫氏年二十四夫歿守節撫二孤成立卒年九十五
生員吳世英妻周氏年二十九夫歿守節撫孤
梅國楠妻張氏年二十七夫歿苦節撫孤
生員胡桂宮妻劉氏年二十六夫歿守節撫孤卒年六十六
胡元位妻周氏年二十九夫歿守節



余承嶸妻奚氏年二十八夫歿守節撫孤
尹嗣美妻劉氏年二十夫歿守節撫一子殤茹苦終身
張惟中妻馬氏年二十四夫歿守節撫二孤成立卒年五十
監生張思和妻吳氏年二十九夫歿守節撫孤卒年六十四
錢名震妻王氏年二十四夫歿守節立嗣年四十六卒
監生包輝序妻田氏年二十一夫歿守節立嗣年五十三卒
許可妻張氏　許廷珍妻周氏張年二十可歿氏撫七月孤廷
珍尋夭媳周氏年二十五隨姑守志撫三歲孤成立張卒年
七十八周卒年七十六
李永貴妻郭氏年二十三夫歿守節撫孤卒年六十七
陳文烜妻王氏年二十四夫歿守節
龔學乾妻歐陽氏年二十二夫歿苦節撫孤

夏爲炳妻張氏年二十四夫歿守節

杜茂長妻陸氏　杜鄴侯妻吳氏姑婦也陸年二十五夫歿撫孤鄴侯尋夭吳年二十七守節撫孤陸卒年六十九

郭助發妻魏氏年二十六夫歿苦節撫孤

李國枚妻陳氏年二十六夫歿守節撫孤卒年七十四

王如璉妻柳氏年二十八夫歿守節撫孤宗堯成立

郭步韓妻左氏年二十一夫歿家貧苦節撫六月孤成立卒年六十一

馮書賢妻霍氏年二十五夫歿守節撫孤

楊以鍠妻程氏年二十三夫歿守節撫嗣子曦成諸生

張世艮妻李氏年二十三夫歿守節撫孤卒年五十四

李可梅妻姚氏年二十四夫歿守節撫二孤成立



王永言妻鍾氏年二十夫歿守節撫孤孤夭孫亦夭苦節以終

生員劉芳妻李氏年二十三夫歿守節甘貧撫孤

劉耀南妻霍氏年二十夫歿守節事姑撫遺腹孤成立

夏方傑妻秦氏年二十四夫歿守節撫孤孤夭復撫嗣孫

張之仲妻黃氏年二十八夫歿守節撫孤

毛文峯妻徐氏　楊崑妻李氏俱青年守節姑苦終身

陳起義妻程氏由江左遷邑孫家嘴年二十五夫歿誓死守節蓬垢而居以刺繡爲業冬擁草日不再食室無人聲教二子嚴正不受人憐有嘉其節助以薪米者謝不受卒年六十餘

龍宗猷妻劉氏年二十二夫歿家貧苦節以孝聞或議奪其志氏抱遺腹孤悲號投繯死復甦事乃已

生員杜士諒妻吳氏　生員杜梅妻王氏吳年二十二士諒歿矢志守節撫教子梅成諸生梅歿王年二十六守節養姑撫孤

龍宗傳妻萬氏年二十一夫歿守節撫遺腹子廣珠早亡復撫三歲孫閱十八年復夭悲號而卒年六十一

生員陳浩妾倪氏年二十一浩歿無子氏斷髮依嫡誓守既嫡歿嗣夭勤苦紡績撫孫成立卒年七十一

龍際嘉妻熊氏年十八夫歿截髮誓守撫教嗣子華封中副榜有文名氏卒年六十九

呂昌柏妻童氏年十八夫歿誓守事姑孝撫遺腹子期烈成立期烈歿與婦方撫二孫女守節三十二年

程世祥妻李氏事舅姑以孝稱年二十五夫歿守節嗣子復夭撫三幼孫成立卒年六十五



陳常儀妻鄧氏年二十夫歿家貧無子或欲奪其志氏毀面截髮乃止苦節終身

汪永康妻曹氏年二十六夫歿守節撫嗣子材霖成立尋夭復撫嗣孫卒年五十

喻順時妻淩氏　喻乾在妻張氏姑婦也淩年二十二順時歿矢志撫三月孤乾在孤夭婦張氏年二十一同姑守節撫六月孤成立淩已請　旌（并據學冊）

王世銘妻張氏年二十四夫歿守節撫孤孝養舅姑年九十一卒

監生陳茂績妻高氏年二十三夫歿無子守節孝事祖姑及姑卒年七十三（并據採訪）

龍毓旭妻項氏年二十五夫歿守節孝養舅姑撫孤成立年六

十餘卒
王如琳妻邱氏年二十四夫歿家貧苦節撫遺腹孤成立
龍欲瑗妻陳氏年十九夫歿守節撫孤崇雍成立卒年八十三
呂昌槐妻喻氏年二十四夫歿守節撫嗣事姑孝
陳茂覲妻王氏年二十四夫歿守節撫孤事姑孝卒年四十七

已旌并據學冊

龍廣盛妻胡氏年二十三夫歿苦節撫孤逢俊卒年七十四
劉熙光妻張氏年二十三夫歿守節孝養舅姑撫二孤成立年
七十卒
李函靖妻王氏年二十四夫歿守節撫嗣子成立
龍廣炎妻王氏年二十六夫歿守節訓子巖正卒年五十九
陳茂祚妻柳氏年二十夫歿守節撫月餘孤成立卒年五十一



高公爵妻倪氏歸高五載夫歿無子苦節
王汝剛妻鍾氏年二十五夫歿家貧苦節撫教二孤成立
陳基才妻王氏年二十一夫歿家貧苦節撫孤成立
龍維松妻曾氏年二十二夫歿守節撫二孤成立卒年六十八
杜機妻甄氏年二十四夫歿苦節無子孝事舅姑卒年五十五
陳士銓妻王氏年二十七夫歿守節撫嗣子成立
王佑我妻龍氏年二十六夫歿守節撫二孤成立
生員呂自超妻黄氏年二十七夫歿無子苦節終身
王氶第妻呂氏年二十五夫歿無子守節事姑孝
呂應泉妻陳氏年二十三夫歿守節事姑孝
王元思妻呂氏年二十五夫歿苦節撫子子夭撫一孫卒年七
十

喻順衍妻呂氏年二十二夫歿守節撫孤卒年七十三
謝漢江妻汪氏年二十五夫歿家貧苦節勤績自給
奚祖炳妻徐氏年二十六夫歿苦守饔飧不繼勤撫二孤次子
萬和夭氏與婦劉復撫遺腹孤孫
倪若凡妻何氏年二十六夫歿家貧無子苦守以終卒年八十
六
龍萬選妻夏氏年二十一夫歿苦節撫嗣子成立
王如珍妻殷氏年二十六夫歿無子守節
黄玉墀妻劉氏年二十五夫歿守節撫嗣子以任成諸生卒年
八十四
陳肇禮妻嚴氏年二十二夫歿家貧苦節事舅姑孝撫兩月孤
炎成立



鄭道渙妻殷氏年二十二夫歿家貧苦節一孤之樞早亡與婦
童撫孫成立
張文煜妻倪氏年二十二夫歿無子誓死守節
監生楊履善妻周氏年二十五夫歿守節撫孤卒年七十三
生員王光福妻孫氏年二十六夫歿苦節撫孤卒年七十八
杜學昌妻孫氏年十九夫歿守節立嗣
殷大瑞妻王氏年二十一夫歿殮畢引刀自刎未殊復絕粒祈
死姑止之乃撫遺孤事姑二十餘年不怠姑病劇刲股以進
不愈氏曰吾死期也一慟而死
貢生樊齊英妾李氏年二十二齊英歿無子嫡勸改適誓死不
可忍飢寒以事嫡卒年七十五
生員趙世芳妻朱氏年二十五夫歿守節事姑孝撫二孤皆早

夭長子大任妻黃氏年二十五守節次子大本妻劉氏年二十七守節皆事姑孝黃無子撫嗣復夭劉撫孤超成立朱卒年七十七黃卒年六十九

孫祚洛妻黃氏年二十適孫生一子甫二年夫歿氏矢志守節繼姑童老病臥牀七載氏日夕扶持不懈撫子廷樞成立乾隆五十年學使王懿修予額旌獎

樊念和妻邱氏年二十三夫歿無子家貧長齋苦守卒年七十八

樊舒宙妻汪氏年二十六夫歿家貧無子苦節以終卒年七十

晏時妻曹氏年二十四夫歿家貧苦守事姑孝撫二孤成立卒年六十一

朱之倫妻高氏年二十六夫歿家貧苦守孝事舅姑撫孤成立



監生熊于瀚妻樊氏年二十三夫歿守節立嗣卒年六十三

生員劉昌運妻孫氏年二十五夫歿守節撫孤卒年七十八

江迴瀾妻袁氏年二十五夫歿無子苦節

生員葉道謙妻樊氏年二十四夫歿苦節撫孤卒年七十二

廩生馮清原妻祝氏年二十九夫歿守節撫孤

汪某妻謝氏沙河頭人年十八夫歿苦節撫孤卒年八十四

黃某妻曹氏黃家灣人年二十二夫歿守節撫孤性貞靜鄉里稱之卒年七十後嗣遷徙失其夫名字

馬正彩妻李氏年二十四夫歿守節卒年九十五學政胡高望額獎

熊文亮妻劉氏年二十一夫歿守節家貧婦工自給夫兄迫以改適誓死拒之撫從子爲嗣卒年七十三

張表海妻熊氏年二十三夫歿守節事姑孝姑折足扶持左右者四年撫三歲孤並週歲孤姪成立

陳世甫妻袁氏年二十七夫歿家貧苦節孝養舅姑撫孤成立卒年七十

高時春妻熊氏年二十五夫歿苦節撫孤卒年六十五

包有周妻陳氏年二十二夫歿家貧苦節孝姑撫嗣卒年七十五已旌并據採訪

易德棟妻鄭氏年二十八夫歿家貧苦節孝姑撫孤

易時宣妻曹氏年二十五夫歿家貧苦節撫孤成立

陳介仁妻舒氏年二十七夫歿家貧苦節撫孤成立

陳應位妻黃氏年二十七夫歿守節貧苦撫孤卒年六十二

陳應鏗妻程氏年二十五夫歿家貧守節撫孤卒年六十四



易子頎妻劉氏青年守節治家嚴肅

王之瑾妻程氏　王時聯妻陳氏　王道泮妻盧氏程年二十八之瑾歿守節撫孤二長時聯早夭陳年二十九守節撫孤道泮道泮夭盧年二十二相繼守節撫孤成立程年八十四卒陳年七十四卒盧年五十四卒里稱三節

陳方際妻王氏年二十二夫歿守節無子日夜禱夫主前求娣得男男生裂襟裹之抱見夫主爲嗣含漿哺之事舅與繼姑盡禮卒年七十六

易時遇妻方氏年二十二夫病刲股食之比歿家貧子夭苦節終身卒年九十一

生員易德忠妻趙氏年二十二夫歿守節奉姑立嗣

孫君明妻楊氏年二十四夫歿截髮誓死苦守終身卒年七十

一

何如代妻易氏　何在職妻李氏姑婦也易年二十六如代歿家貧守節撫二孤成立李年二十九在職尋歿同姑矢志撫孤易卒年八十七李卒年六十三

熊養純妻孫氏年二十九夫歿氏苦節撫孤孤夭婦何氏年二十一同姑守節撫孤成立

熊運鋅妻楊氏年二十五夫歿守節其娣陳亦寡均無子家復貧苦相與奉養舅姑撫養嗣子成立

易壽淮妻陶氏年二十一夫歿守節無子夫弟壽漢妻呂氏亦寡共撫一孤孤夭陶慟感疾年四十五卒

易敦懷妻熊氏年二十一夫歿守節孝事舅姑撫數月孤甫冠而夭與婦孫氏撫嗣孫成立



孫之玕妻賈氏年二十三夫歿貧苦守節卒年五十六

孫立繩妻汪氏年二十九夫歿無子守節卒年七十一

汪世崇妻丁氏年二十四夫歿守節撫二孤成立卒年七十

易德隆妻鄒氏年二十三夫歿無子守節事姑孝年六十卒

張體乾妻魏氏年二十夫歿苦節以孝稱撫遺腹孤成立

童偉元妻倪氏年二十四夫歿守節撫二孤成立卒年九十一

余克勝妻邵氏年二十二夫歿貧苦守節撫二孤成立

孫之覲妻王氏年二十九夫歿守節卒年九十一

孫半秩妻汪氏年二十八夫歿無子守節卒年六十

熊追烈妻何氏年二十夫歿貧苦守節卒年六十

熊文焼妻劉氏年二十九夫歿苦節撫嗣卒年七十

生員何士讓妻張氏年二十六夫歿苦節撫孤卒年八十六

丁式義妻雷氏年二十一夫歿守節孝養舅姑撫孤成立

盛若堯妻尹氏年二十八夫歿貧苦守節卒年七十

丁盛海妻何氏年二十五夫歿家貧毀容自誓苦節終身

胡慕廬妻何氏年二十一夫歿苦節撫孤卒年五十一

但希文妻劉氏年二十三夫歿守節撫子子亡撫孫

易魯瞻妻陳氏年二十九夫歿守節撫孤

藺及三妻何氏年二十四夫歿守節撫孤

魏芳範妻陳氏年二十四夫歿守節撫孤事祖姑孝

藺茂周妻何氏　熊湘水妻陳氏俱青年守節

廩生靖乃心妻段氏乃心與父爲賊所殺氏年二十一誓死復仇請於官誅賊首祭墓撫二孤起鳳如松俱諸生守節四十二年卒



廩生程起淵妻陳氏年二十八起淵歿於靖州氏守節歸黄事祖姑及姑以孝聞課子次竹爲諸生卒年七十一

袁愔妻丁氏年十九夫歿家貧苦節撫孤子成立子遠遊不歸婦陳氏事姑以孝稱

靖天工妻甘氏年十七夫歿守節撫嗣必發成立嗣夭與婦劉氏復撫嗣孫

靖必泰妻吳氏年二十四夫歿守節撫孤本謫尋夭與婦顧氏撫三月孤孫

監生陳喬妻汪氏年十八歸陳八月而寡撫遺腹子鼎鼎夭氏苦節以終卒年七十四

石玉書妻蘇氏年二十九夫歿守節孝養舅姑撫孤裔宗爲黄州協城守氏卒年六十三

蘇宏勳妻李氏年二十八夫歿守節撫孤應昌兄弟成名卒年
七十五
姚亨豫妻王氏年二十一夫病刲股療之及亨豫歿矢節撫二
孤長之煥諸生
凌以滀妻黃氏年二十二夫歿家貧苦守節撫孤卒年五十五
生員王世迪妻吳氏年二十三夫歿苦節撫孤卒年七十四
倪之麟妻舒氏年二十二夫歿家貧守節立嗣
謝惟楚妻秦氏年二十一夫歿守節撫孤
王埰妻邵氏年二十夫歿守節撫嗣子乃鎬
萬壁妻汪氏年二十一夫歿貧苦守節撫週歲孤成立
張漢宗妻陳氏年二十夫歿茹苦守節立嗣撫之
吳名高妻王氏年二十八夫歿守節撫孤孝養舅姑



靖天禔妻邱氏年二十二夫歿守節撫遺腹子成立卒年五十
三
靖天授妻操氏年二十夫歿守節事姑孝撫二孤成立卒年六
十三
童永安妻靖氏年二十一夫歿家貧無子苦節終身
靖本濬妻謝氏年二十五夫歿守節撫嗣以孝聞
邱雨滋妻靖氏年二十夫歿守節撫孤事繼姑孝
李自天妻陳氏年二十八夫歿守節撫孤
監生王一豫妻徐氏年二十二夫歿截髮誓守撫孤封祖成立
封祖歿氏不食卒苦節二十九年封祖妻詹氏撫遺腹孤如
彀娶操氏旋歿詹慟哭遂卒苦節二十八年操氏無依與夫
從妹王氏同居王氏適夏克瑚早寡無子誓死守義人謂一
門苦節
劉起洙妻胡氏年二十七夫歿家貧苦節撫孤卒年六十四前
令項禕立碣表之
汪逑蔣妻龔氏事姑孝侍病五年不倦年二十五夫歿守節有
孤燕巢其梁二十餘年不去里人奇之
宋岍源妻葉氏年二十四夫歿家貧苦守紡績養姑撫子廷杰
成立
隗道南妻姚氏年二十四夫歿家貧苦守事祖姑及姑孝撫孤
孤夭撫孫孫夭撫曾孫
龔伯友妻羅氏年二十四夫歿守節無子或令別適氏截髮毀
面家貧甚拮据事姑年六十六卒
吳名成妻王氏年二十六夫歿守節言動不苟無子嗣子逢盛



甫匝月含漿哺之年六十二卒
葉之華妻鄧氏年二十六夫歿貧苦守節撫教四齡孤瑞麟有
文學中副榜氏卒年六十九
生員宋鐘妻胡氏通書史能詩年二十八夫歿守節教子嶽源
舉於鄉卒年四十九
劉一濤妻程氏年二十六夫歿苦節撫八月孤繡刺易米以事
舅姑己常不飯
舒兆占妻邵氏年二十四夫歿苦節性貞靜人罕聞其聲
龔世則妻周氏年二十二夫歿守節撫孤孤亡撫孫卒年七十
汪鑌妻周氏年二十九夫歿家貧守節事舅姑孝撫孤永謨成
立
修職郎劉世濂妻宋氏年二十二夫歿守節以孝聞嗣子昌檜

由舉人官教諭
龔宗韓妻曹氏年二十七夫歿守節撫孤事姑孝年六十一卒
曹錫璋妻姚氏年十九夫歿守節撫遺腹孤成名年七十卒
於事公妻曹氏年二十八夫歿守節茹苦終身
陳定位妻操氏年二十八夫歿苦節終身
周祗安妻朱氏年二十六夫歿苦節撫孤養姑
汪承祚妻江氏年二十二夫歿家貧苦守卒年五十
汪永元妻童氏年二十四夫歿苦節奉養祖姑撫孤成立
胡世熙妻劉氏年二十二夫歿守節奉養舅姑撫孤成立年五
十卒
童子恕妻詹氏年二十四夫歿守節奉養舅姑撫孤成立卒年
七十



生員汪世爵妻邱氏年二十七夫歿苦節撫孤卒年六十八
霍正直妻曾氏年二十四夫歿守節撫孤朝鉅卒年五十九
生員王封典妻杜氏年二十五夫歿守節撫孤卒年五十六
杜若權妻張氏年二十夫歿苦節撫孤元驥年四十七卒
王如績妻樊氏年二十七夫歿苦節撫孤
涂錦妻倪氏年二十三夫歿守節撫從子爲嗣年四十七卒
於萬巽妻呂氏年二十七夫歿苦節撫二孤成立年六十一卒
吳名施妻陳氏年二十一夫歿無子守節年五十四卒
鄭亦鍠妻王氏年二十四夫歿守節撫嗣子成立
甄封淇妻邵氏年二十一夫歿守節撫嗣子成立年四十六卒
吳炤妻王氏年二十五夫歿嗣子早亡苦節終身
胡世佑妻王氏年二十八夫歿撫孤一孤復夭苦節以終

曹廷楠妻汪氏年二十四夫歿守節撫嗣奉姑以孝稱
梅啟昌妻周氏年二十三夫歿苦節撫孤
邵先楚妻徐氏年二十三夫歿守節撫孤
王方般妻涂氏年二十三夫歿苦節撫孤
龔昇高妻曾氏年二十四夫歿守節不渝
梅光被妻夏氏年十七于歸甫七月夫歿氏守節撫嗣子涉川
聘李崇義孫女年尚幼氏迎而撫之嗣子未婚而夭李女誓
死從姑其里兩遭火數逢水害惟氏家得免人謂節義所感
廩生黄聯驥妻宋氏年二十四夫歿守節無子家貧事姑孝姑
患癰日吮之遂愈卒年五十四
生員陶起瓊妻謝氏年二十九夫歿守節撫一子養姑有欲奪
志者誓死絕之卒年八十五



姜文烈妻彭氏年二十五夫歿守節撫嗣奉舅姑孝
蔡三若妻姜氏年二十七夫歿守節撫孤成立卒年五十七
監生陶國澍妻劉氏年二十九夫歿守節
黄志道妻何氏　黄得其妻劉氏何年二十三志道歿守節奉
養舅姑撫孤得其得其夭劉年二十同姑苦節撫孤
王霞汝妻夏氏年十八夫歿守節事祖舅姑暨舅姑孝養曲至
撫三月遺孤成立
游甯遠妻夏氏年二十八夫歿苦節養姑撫三歲孤孤歿撫孫
監生黄士鄗妻王氏年二十七夫歿祖姑暨舅姑皆老三子幼
氏矢志孝養撫孤成名次紹葱歲貢
夏必銑妻隗氏年十八歸夏甫八月必銑歿氏持剪自殺救則
投繯姑止之遂蓬垢操井臼以事姑

戴朝尊妻操氏年二十六夫歿守節無子時姑老夫無昆季遂促舅買妾數請而後行生子氏撫之曲至

黃士郊妻程氏年二十八夫歿守節舅姑老病氏曲盡孝養撫孤紹忠成立卒年五十九

劉思達妻楊氏年二十二夫歿備棺矢志食貧茹素戚里罕見其面

袁紀雲妻王氏年二十夫歿守節無子事舅姑以孝聞撫嗣子宗道爲諸生卒年七十二

王光履妻李氏年二十二夫歿苦節事姑孝撫遺腹子成立

操履岷妻杜氏年二十一夫歿守節以孝聞撫月餘孤成立

王來鋪妻劉氏年二十五夫歿守節養姑撫子世淮成立子亡與婦陶氏撫遺腹孫有成卒年七十九



吳象乾繼妻曹氏年二十八夫歿守節事姑撫前子二以孝慈聞卒年六十八

王光祥妻劉氏光祥勤學早歿氏年二十守節遺腹生女家貧甚紡績易食卒年七十一

劉啟哲妻鍾氏年二十一夫歿守節撫敎二孤長漸逵諸生次鋒恩貢氏卒年七十七

鄒受員妻方氏年二十四夫歿守節奉舅姑盡禮撫孤時獻爲諸生卒年六十四

邵文升妻張氏年二十七夫歿守節撫孤成立先是氏于歸時舅姑俱歿依夫之伯父母以居事之如舅姑以孝稱卒年七十七

王世源妻王氏年二十一夫歿苦節養姑撫孤

涂之綸妻洪氏　涂思智妻徐氏洪年二十七之綸歿守節奉姑撫孤二長子思智早歿其婦徐年二十五守節事姑人稱雙節

生員操履壽妻盧氏年二十三夫歿苦節撫孤麟成諸生卒年七十六

王立業妻王氏年二十夫歿苦節撫孤孤亡撫孫

黃士英妻吳氏年二十二夫歿守節以孝稱撫孤成立卒年七十三

王倫伯妻左氏年二十七夫歿無子苦節

戴裕祿妻舒氏年十九夫歿苦節撫月餘孤成立

程曰耀妻劉氏年二十夫歿守節撫嗣子成立

生員易德揚妻趙氏青年苦節



監生朱岳妻楊氏年二十五夫歿守節事舅姑孝姑病目以舌舐之久復明撫孤成立

程世瑛妻熊氏年二十夫歿守節撫敎孤子化龍以明經舉孝廉方正氏卒年八十四

余文燦妻程氏年二十歸余甫五月夫歿貧苦守節孝事舅姑

生員邱式儀妻馮氏幼敏能文年二十七夫歿守節敎子延英爲諸生卒年六十八

鍾斐生繼妻徐氏　鍾衛生妻錢氏　鍾魯生妻潘氏娣姒也家貧茹苦斐生歿徐年二十撫前子成立衛生歿錢年二十六撫孤成立魯生歿潘年二十三撫孤孤夭復撫嗣孫人稱三節

胡盱妻徐氏年二十二夫歿守節族有欲奪其志者氏抱孤歸

毋家與寡婢陳相依教子成立卒年七十二

庠生程光旦妻汪氏年二十二夫歿苦節撫嗣淑元成諸生淑元卒與婦施氏共撫孤孫

童之翰妻李氏　童之旦妻高氏　童士雷妻林氏　監生童國材妻周氏之翰歿李年二十二守節撫孤士霏之旦歿高年二十三撫孤士雷士雷歿林年二十七撫孤國材國材歿周年二十二撫孤敬綸李林卒俱年六十三高卒年七十五三代四節族黨哀之

余濟川妻彭氏年二十四夫病刲股卒不救家貧苦守孝養舅姑撫孤成立卒年七十四

監生彭化龍繼妻馮氏年二十七夫歿守節撫前室子子婦歿復撫遺歲孫卒年六十一



黃士濬妻彭氏年二十二夫歿無子誓死苦節孝事舅姑卒年八十三

汪叔友妻江氏年二十四夫歿苦守一孤孤復夭卒年七十三

李長達妻朱氏年二十四夫歿守節撫孤孤夭撫孫卒年七十三

監生姜之釆妻廖氏年二十七夫歿守節卒年八十二

周頤妻熊氏年二十一夫歿守節撫嗣事舅姑孝

彭思周妻劉氏年二十一夫歿苦節撫孤

劉甫哉妻鍾氏年二十一夫歿苦節撫孤

呂應玟妻史氏年二十夫歿無子家貧苦節孝事舅姑

黃禮哉妻姜氏年二十五夫歿無子貧苦守節

徐繼松妻楊氏年二十六夫歿截髮矢節以孝聞年七十卒

鍾載陽妻曹氏年十八夫歿苦節撫孤卒年六十九

錢自輝妻桂氏年二十四夫歿守節撫嗣年四十九卒

張紹前妻黃氏年二十夫歿守節撫孤事姑孝

曾太占妻張氏年十九夫歿貧苦守節撫孤成立

曾萬侯妻庫氏年二十二夫歿貧苦守節撫孤成立

胡朝岳妻王氏年二十夫歿守節撫遺腹孤成立卒年八十

萬文伯妻錢氏年二十五夫歿守節以孝慈稱

程履安妻何氏年二十五夫歿苦節撫嗣嗣復夭卒年六十八

鍾奇生妻袁氏年二十夫歿苦節撫八月孤成立卒年五十七

鍾秉烈妻盛氏年十九夫歿茹苦含辛撫孤姪成立

鍾神燦妻張氏年二十二夫歿守節撫歲餘孤成立

萬敘水妻胡氏年二十七夫歿守節慈撫庶出子



邱龍翔妻吳氏年二十三夫歿守節撫嗣嗣夭撫孫卒年七十三

汪國伸妻陶氏年二十夫歿苦節撫孤卒年七十一

張必友妻劉氏年二十夫歿苦節撫孤卒年七十三

余海書妻程氏年二十五夫歿苦節撫孤卒年六十

胡鶚妻邱氏年二十夫歿守節撫教嗣子成立

胡子颺妻陶氏年二十夫歿守節立嗣以孝稱

徐學言妻蔡氏年二十二夫歿守節撫孤事姑孝卒年五十六

徐世松妻程氏年二十六夫歿守節撫嗣孝姑卒年五十五

徐正言妻高氏年二十二夫歿貧苦守節撫子成立

汪國寶妻劉氏年二十夫歿家貧苦節卒年六十一

姚士瑾妻朱氏年二十五夫歿苦節撫孤

姚次仁妻劉氏年二十六夫歿守節撫嗣子成立
庫型侯妻童氏年二十六夫歿苦節撫孤
庫從忠妻張氏年二十二夫歿苦節撫孤
黃名儒繼妻徐氏年二十夫歿守節撫孤成立卒年八十四
黃雲純妻曹氏年二十八夫歿守節撫孤事姑孝年七十卒
黃雲盛妻郭氏年二十七夫歿守節以孝慈稱卒年九十一
黃朔妻熊氏年二十二夫歿苦節撫孤事舅姑孝卒年六十
黃士璿妻朱氏年二十二夫歿苦節撫孤卒年八十八
邱龍光妻蕭氏年二十五夫歿守節撫孤卒年七十四
邱士菽妻吳氏年二十一夫歿無子苦節
邱體仁妻許氏年二十六夫歿苦節無子孝事舅姑
邱世繹妻黃氏年二十夫歿守節撫孤



孔四重妻王氏年二十四夫歿家貧無子苦節終身
張瓊之妻姚氏年二十三夫歿守節撫孤成立
黃之驥妻蕭氏年二十三夫歿苦節撫孤事繼姑孝
黃之錦妻徐氏年二十四夫歿苦節撫孤
程邦傑妻湯氏年二十七夫歿守節撫孤孝事舅姑年六十卒
吳叔嗣妻謝氏年二十一夫歿苦節撫孤卒年七十五
李之垣妻楊氏年二十一夫歿苦節盡孝撫孤成立卒年五十
二
錢之嵩妻程氏年二十四夫歿家貧苦節事姑孝
胡如坤妻陳氏年二十一夫歿苦節撫孤事姑孝
李世儒妻袁氏年二十三夫歿守節以孝稱撫孤成立
胡士元妻柳氏年二十三夫歿苦節撫孤事姑孝

童仰之妻曾氏年二十二夫歿苦節撫孤孝事舅姑
王世馳妻張氏年二十一夫歿苦節撫孤卒年七十五
吳登尼妻鍾氏年二十五夫歿守節撫孤
蔡宏玉妻謝氏年二十夫歿苦節撫孤承翼卒年六十二
童昌懿妻曾氏年二十五夫歿守節撫孤
王家傳妻汪氏年二十四夫歿守節撫孤孝事舅姑
余承颯妻胡氏年二十三夫歿苦節撫孤
余烈學妻張氏年二十六夫歿苦節盡孝撫遺腹孤成立卒年
七十
黃源渤妻胡氏年二十三夫歿苦節撫孤
汪世銓妻陳氏年二十一夫歿守節立嗣事姑孝卒年五十四
任如海妻黃氏年二十一夫歿家貧苦節撫孤卒年六十一



黃云瑜妻朱氏年二十二夫歿苦節撫孤卒年五十七
李克俊妻萬氏年十九夫歿撫孤孤夭苦節終身
喻世顯妻余氏年二十二夫歿守節事姑孝
陳友龍妻胡氏年二十六夫歿家貧苦節事舅姑孝撫孤奇峯
成諸生年七十卒
余璧六妻吳氏年二十四夫歿守節撫孤
余斐明妻陳氏年二十夫歿苦節撫孤
余廷杰妻周氏年二十夫歿守節撫孤孝事舅姑
余崇志妻羅氏年二十一夫歿家貧苦節撫遺腹孤成立
蕭正則妻余氏年二十夫歿守節撫週歲孤成立
任克理妻陳氏年二十一夫歿苦節撫孤
周克厚妻余氏年二十夫歿撫半月孤復夭苦節終身

邱士茆妻劉氏年二十八夫歿苦節撫孤
監生許云旭妻黄氏年二十七夫歿守節撫嗣子成立
王全宜妻鄧氏年二十四夫歿苦節撫孤
汪世雄妻王氏年二十八夫歿守節不渝
汪世寶妻周氏年二十夫歿家貧苦節撫嗣子成立
黄家谷妻高氏年二十四夫歿苦節盡孝撫嗣子成立
胡之常妻汪氏年二十一夫歿守節立嗣孝事舅姑
陳世勳妻胡氏年十九夫歿守節立嗣卒年八十七
生員萬爾㬌妻蔡氏年二十七夫歿守節孝奉舅姑撫孤爲境
爲名諸生建族祠置義田卒年六十二
生員萬爲壯妻魏氏年二十六夫歿家貧苦節勤紡績食雜草
蔬撫孤繩祖成立卒年六十五



高岱妻萬氏年二十九夫歿家貧苦節撫二子成立補諸生
生員王飛雄妻萬氏年二十九夫歿苦守一女貧甚弟或分館
穀助之輒不受年五十六卒
魏重光妻萬氏年二十四夫歿守節撫遺腹女艱苦備嘗三萬
姊妹也時稱三節
生員朱國順繼妻柳氏　朱承標妻陶氏柳年二十八國順歿
矢志撫孤承標及前室子承樂恩勤曲至成樂夫婦亡撫二
孫尋承標歿陶年二十六姑婦相依陶事姑以孝聞姑卒年
七十四
葉自華妻王氏　葉時培妻周氏　葉時濟妻戢氏王年二十
七自華歿撫二孤時培時濟皆早夭周年二十二守節事姑
孝戢年二十二守節姑病刲股食之王卒年七十四戢卒年
六十四其婢王女亦老死不再嫁
袁應鳳妻萬氏年二十三夫歿守節撫三月孤事祖姑及姑以
孝稱
江象瀾妻柳氏年二十八夫歿守節無子孝養舅姑家貧甚昆
季迓之不歸日與庶姑馬紉績爲生
監生蔡朝榆妻宋氏年二十三夫歿家貧苦節事舅孝撫孤必
俟成立卒年六十七
陳德鳳妻周氏　陳德翥妻周氏　陳宗騄妻程氏二周娣姒
也姒年二十五夫歿娣年二十二夫歿各撫遺孤俱事姑孝
程氏從子婦也年二十七夫歿事祖姑及姑以孝稱撫二孤
成立人稱三節
生員邱安行妻吳氏年二十八夫歿苦節孝事舅姑遺孤殤嗣



子士藻亦夭立從子士鑑甫婚復夭與士鑑妻吳撫士藻遺
孤姑婦相依備嘗艱苦姑守節四十一年卒
林方海妻程氏年二十夫歿無子嗣子復殤竭力以養舅姑有
憐其貧餉遺者謝不受茹苦終身卒年七十
羅澤珍妻彭氏事姑孝以刲股聞年二十五夫歿守節立嗣
李立貞妻黄氏夫病刲股比卒氏年二十三守節立嗣事姑孝
監生朱承澍妻周氏年二十一夫歿守節撫遺腹子事姑孝
黄之梅妻田氏年二十五夫歿守節撫孤二長子開周夭僅遺
一女氏與婦熊共撫之
陳之洪妻胡氏年二十四夫歿守節立嗣事姑極孝姑患痺氏
爲盥櫛起居數年未嘗假手他婦
張象樞妻熊氏年二十四夫歿守節事舅姑盡禮張四世同居

氏與羣從娣姒處雍穆無間
萬廷衡妻周氏年二十七夫歿守節撫孤孝事舅姑年五十卒
萬輝祖妻鄧氏年二十八夫歿守節撫孤連城
萬廷顯妻金氏孝事舅姑年二十七夫歿無子翦髮以誓苦守終身
朱承耀妻陶氏年二十三夫歿守節撫孤事姑孝
生員林應奎妾鄧氏年十九應奎歿劃面自誓苦節終身年九十五卒
張浩源妻周氏年二十六夫歿守節撫孤事姑孝
周熙懷妻朱氏年二十一夫歿守節孝事舅姑
生員宋景洛妻周氏年二十六夫歿守節撫孤
生員許甫榮妻張氏年二十二夫歿撫孤尋夭苦節以終年六



十四卒
朱承詰妻程氏年二十七夫歿家貧苦節撫遺腹孤成立
生員邱信古妾周氏年二十四信古歿守節撫孤卒年五十二
萬廷昇妻許氏年二十二夫歿家貧苦節
何永涵妻黄氏年二十四夫歿守節撫孤事舅姑孝姑目疾日舐者三日復明姑病篤刲股食之愈
杜天相妻李氏年二十二夫歿貧苦守節有欲奪其志者以死拒之乃止撫遺腹子成立
熊文鳳妻萬氏年二十五夫歿撫二孤足不踰閾惟機聲與泣聲相聞
陶次侯妻李氏年十九夫歿守節撫孤事舅姑孝
陶思慶妻張氏年二十三夫歿守節撫孤事姑孝卒年八十

劉廷柱妻張氏年二十夫歿守節撫孤事舅姑孝年六十三卒
劉之炯妻張氏年二十二夫歿守節撫孤事舅姑孝
王柱極妻何氏年二十五夫歿守節撫孤事姑孝姑病五載奉侍晝夜不懈刺指血和丸病以愈
潘西佑妻程氏年二十四夫歿守節撫孤孤夭撫孫
陶文開妻譚氏年二十六夫歿守節撫孤卒年六十三
陶文舉妻姚氏年二十二夫歿守節撫遺腹子成立卒年五十五
陶克遂妻金氏年二十八夫歿苦節撫孤年七十五卒
陶文旭妻桂氏年二十四夫歿苦節撫孤
陶文洪妻程氏　陶文昌妻方氏　陶文耀妻徐氏　陶文佑妻常氏　陶文宗妻陳氏娣姒也均年二十餘夫歿苦節撫



孤以壽終人稱一門五節
陶宇望妻汪氏　陶思道妻蔡氏姑婦也守節各四十年
陶文貴妻邱氏年十八夫歿遺腹生子命名明意茹苦撫之絶跡戶外者五十餘年
葉念依妻程氏年二十夫歿守節撫孤孤夭立嗣卒年六十八
葉晉水妻童氏年二十四夫歿撫子授室子婦俱亡苦節以終
葉文昭妻詹氏年二十六夫歿苦節撫孤事姑孝卒年八十五
葉某妻周氏年二十夫歿守節撫孤晉贍成立卒年八十二
葉佩周妻陶氏年二十夫歿苦節撫孤卒年六十八
陶應昱妻萬氏年二十三夫歿守節撫孤
吳明彌妻胡氏年二十九夫歿苦節撫孤卒年九十餘
熊至仁妻潘氏年二十七夫歿守節撫孤卒年七十

朱承懋妻周氏年二十四夫歿守節撫遺腹子成立

朱天錇妻鄧氏年十八夫歿苦節立嗣

金能因妻童氏年二十四夫歿苦節撫孤成立卒年七十七

生員李有略妻陳氏年二十四夫歿無子苦節

喻友臣妻李氏年二十六夫歿家貧苦節孤與從子俱夭或憐其飢寒賙之輒不受

生員林朝宗妻程氏年二十夫歿守節嗣子嗣孫俱夭卒年六十七

胡應運妻喻氏年二十六夫歿苦節以孝稱撫孤成立卒年七十二

周世仁妻徐氏年二十三夫歿守節撫孤孝養舅姑

程東泉妻吳氏年二十餘夫歿無子守節立嗣



萬位育妻劉氏　林廷仁妻曾氏　吳秀卿妻汪氏　吳璁祖妻張氏　生員萬鼎黃妻程氏俱青年矢志守節

江世經妻劉氏年二十一夫病刲股以進比歿守節二孤繼夭貧苦養姑姑病復刲股姑疑所食覗其手創血淋然姑哭曰兒孝乃至此及姑歿氏曰吾得下見吾夫矣絶粒而死年五十六里人厚葬之勒碑紀其事

鄧尚勳妻彭氏年二十四夫歿守節立嗣撫之鄧本義門氏持家四十年小大輯睦毋事之年五十九預定時日而卒其家有蔡氏者刲股救姑以孝聞

江存治妻劉氏年二十二夫歿氏齧指血自題其主矢節撫二孤尋夭舅姑相繼病氏刲股者再病以愈姑老遘脾疾氏席日十數易氏扶持上下者逾年氏年五十一卒

揭宗軻妻周氏年二十四夫歿家貧姑老子幼氏經營苦守康熙癸酉冬里中火姑病不能起氏呼天捧夫靈而哭火驟返獨免卒年八十五

劉鍾鼎妻葉氏　劉之源妻萬氏葉年二十鍾鼎歿苦節撫孤之源之源歿萬年二十一守節撫孤廷華廷華歿妻曾撫遺腹孤孤病將死葉與萬號哭曰吾何生相率投於江救免孤亦瘳

陳芳烈妻魏氏年二十九夫歿守節教子裕以明經任訓導卒年八十二

童士焜妻沈氏年二十一夫歿守節無子姑年八十多病奉事以孝稱姑歿悲痛而死

生員周士禮妻汪氏　生員周邦獻妻杜氏汪年二十五士禮



歿守節貧苦撫二子邦獻中規俱諸生邦獻歿杜年二十四苦節立嗣汪卒年七十

段邦彥妻周氏　段爾康妻張氏周年二十邦彥歿矢志守節撫嗣子爾康爾康夭張年二十二守節撫孤周卒年八十餘

陶思洵妻陳氏年二十四夫歿苦節以孝稱撫孤成立

監生周价繼妻范氏年二十四夫歿守節撫教前妻子奇觀弱冠成諸生

誥贈奉政大夫生員嚴文任妻周氏年二十二夫歿守節撫教孤子承夏成進士氏卒年七十餘

誥贈宜人方之德妻周氏年二十九夫歿氏自築墳塋日常不炊勤績以撫諸孤卒年七十三

宋宗燦妻陶氏年二十夫歿守節撫孤兆桂事姑孝姑病刲股醫之

程兆義妻宋氏年二十五夫歿守節撫孤紹川成諸生

徐國章妻呂氏　徐隧孺妻周氏　徐大元妻王氏三世姑婦也呂年二十八國章歿苦節撫孤隧孺隧孺歿周年二十四苦節撫孤大元大元歿王年二十七苦節無子事姑孝呂卒年五十四周卒年八十五

生員夏瑜妻蕭氏年二十六夫歿苦節撫孤孝事舅姑姑老疾氏晝夜扶持者四載卒年八十三

陳三瞻妻胡氏年二十六夫歿守節無子或勸改適氏忿甚終身不往母家撫孤姪以終卒年五十二

余宏仁妾馮氏年十九宏仁卒於陵水氏扶櫬數千里歸承嫡事姑盡禮撫孤成立年四十五卒

陶思球妻鄭氏年十九夫歿守節撫二孤及夫幼弟俱成立卒年七十三

生員程應祚妻李氏年二十夫歿守節撫二孤成立長彝諸生

葉仲載妻胡氏年二十二夫歿守節奉姑孝撫月餘孤肇錨成立孤亡又與婦魏撫幼孫

陳維翰妻張氏年二十五夫歿守節課子廷鈞食餼有名早卒其婦靖氏年二十七同姑矢志

陳希妻徐氏年二十三夫歿守節撫孤家貧日茹菜根

吳有庠妻夏氏年二十五夫歿苦節孤夭家貧甚其兄遺以衣食辭不受卒年七十七

魏現妻雷氏年十七夫歿守節撫遺腹孤或欲奪其志截髮誓



死奉舅姑無闕子夭撫孫卒年六十九

程之孟妻鍾氏年十八夫歿守節無子夫弟甫週而孤氏獨力撫之卒年七十

張之瓊妻程氏年二十四夫歿守節立嗣姑病刲股壽愈氏卒年六十餘

葉自超妻邱氏　葉祥士妻周氏姑婦也自超歿邱年二十二矢志撫孤祥士壽夭周年二十守節無子邱卒年五十餘

劉芳輝妻周氏年二十九夫歿守節事姑孝姑病刲股病以瘳卒年五十七

董祚連妻殷氏年二十三歸祚連甫三月祚連游四川歿氏甘貧守節

朱國機妻陶氏　朱承詰妻周氏陶年十八國機歿苦節撫孤承詰壽夭周年二十五守節奉姑陶卒年七十七

生員韓大紳妻余氏年二十八夫歿守節

賀克成妻余氏年十八夫歿守節

周之美妾范氏年十九之美歿守節無子年六十卒

周榮路妻潘氏年二十三夫歿苦節撫孤

生員周華國妻余氏年二十一夫歿苦節撫孤

周熙陶妻萬氏年二十一夫歿苦節撫孤運騤

周季襄妻杜氏年二十六夫歿守節撫孤和鸞成諸生

童繼栩妻孫氏年二十夫歿守節無子撫戀墀爲嗣孫

周運詵妻袁氏年二十五夫歿守節撫孤

劉國甯妻江氏年二十五夫歿苦節奉姑撫子卒年七十三

陳芳馥妻陶氏年二十二夫歿苦節撫孤卒年六十五

靖本棟妻王氏年二十九夫歿苦節無子孝養舅姑
陳徂徠妻孫氏年二十一夫歿家貧苦節
萬一能妻葉氏年二十六夫歿家貧苦節事姑撫嗣
監生李之斌妻陳氏年二十六夫歿守節撫孤
陳大郁妾熊氏年二十大郁歿守節撫遺腹子卒年五十五
陳偉昆妻錢氏年二十三夫歿守節撫孤啟祥
陳錦裳妻余氏年二十五夫歿守節卒年六十四
陽邏鄭某妻張氏年二十二夫歿苦節無子年七十四卒
陶思恆妻齊氏年二十四夫歿守節撫孤應緝
王天義妻林氏年二十八夫歿守節
陳思道妻盧氏年二十八夫歿守節撫二孤成立
陳世則妻邱氏年二十四夫歿守節



周秩斯妻邱氏年二十五夫歿苦節撫孤
周熙冕妻葉氏年二十四夫歿苦節撫孤
周熙樸妻雷氏年二十四夫歿守節奉姑撫子
周運會妻朱氏年二十六夫歿苦節撫二孤成立
周承璽妻童氏年二十五夫歿苦節撫孤
周熙權妻魏氏年二十四夫歿守節撫孤成立
周熙輝妻張氏年二十夫歿守節以孝稱撫孤成立
監生周惟樞妻陳氏年二十四夫歿苦節撫孤
周利川妻熊氏年二十五夫歿守節立嗣
周柏石妻向氏年二十四夫歿守節撫二孤成立
周汝興妻邱氏年二十三夫歿守節撫孤觀海
周熙萃妻童氏年二十五夫歿苦節撫孤

周士高妻朱氏年二十一夫歿苦節撫孤
周作霖妻張氏年二十夫歿無子苦節
生員周文憲妻袁氏年二十五夫歿苦節撫孤
周承銘妻陶氏年二十五夫歿苦節撫孤
周熙光妻陶氏年二十一夫歿家貧苦節撫嗣子成立
余艮才妻楊氏年二十六夫歿守節盡孝撫孤卒年七十一
余在文妻楊氏年二十四夫歿守節撫遺腹子成立卒年六十
程利厚妻周氏年二十四夫歿無子苦節
程兆正妻周氏年二十六夫歿苦節撫孤事姑孝
張子淑妻周氏年二十五夫歿無子苦節
陳道妻盧氏年二十五夫歿苦節
童士利妻錢年二十四夫歿家貧苦節事姑撫子



吳國箎妻黃氏年二十八夫歿苦節撫孤事姑孝
黎元榮妻余氏年二十夫歿守節立嗣事姑孝
陳文在妻何氏年二十一夫歿守節
陳效虞妻黃氏年二十二夫歿守節
陳選周妻周氏年二十三夫歿守節
陳博也妻林氏年二十二夫歿守節
陳子佳妻雷氏年二十三夫歿守節
陳念松妻袁氏年二十七夫歿守節
陳秉章妻郭氏年二十七夫歿守節
陳咸若妻李氏年二十七夫歿守節
陳瓊夫妻戢氏年二十八夫歿守節
生員袁幼成妻林氏年二十四夫歿守節

林載揚妻陳氏年二十六夫歿守節
林魯仲妻胡氏年二十二夫歿守節
葉倫針妻朱氏年十九夫歿守節
王德昭妻陶氏年二十二夫歿守節
張書懷妻陳氏年二十夫歿守節
林方挹妻鄭氏年二十八夫歿守節撫遺腹子成立卒年七十
七
陳啟盛妻何氏年十九夫歿苦節撫遺腹子成立卒年八十五
黃正和妻葉氏年二十二夫歿苦節撫孤
生員夏夢齡妻魯氏年二十五夫歿苦節盡孝年五十卒
陶應邴妻曾氏年二十夫歿守節撫孤
葉昌義妻童氏家貧守節奉繼姑孝撫孤成立卒年六十六



劉文彩妻李氏年二十五夫歿苦節撫遺腹子成立
李如龍妻高氏年二十三夫歿誓死守節撫孤成立卒年七十
三
程嘉盛妻何氏年二十三夫歿苦節孝姑撫子
陶文焯妻陳氏年二十三夫歿守節事姑撫子
陳克極妻邵氏年十八夫歿守節
戢世礪妻余氏年二十夫歿守節撫孤事舅姑孝
楊眉玉妻葉氏年二十夫歿苦節撫孤卒年七十八
葉溢懷妻林氏年二十八夫歿守節撫孤事舅姑孝卒年七十
五
葉阜兆妻童氏年二十八夫歿守節立嗣事姑孝
陶思懌妻王氏年二十夫歿守節立嗣

林振翯妻葉氏年二十一夫歿苦節撫孤
魏玉田妻葉氏年二十二夫歿守節撫孤年七十餘卒
魏峯妻雷氏年二十一夫歿守節撫孤光澧成立年六十五卒
程景綱妻向氏年二十五夫歿苦節撫孤
陶應輝妻葉氏年二十二夫歿守節立嗣
魏綱妻萬氏年二十五夫歿苦節立嗣卒年七十餘
魏崠妻周氏年二十二夫歿苦節無子
陶應純妻陳氏年二十六夫歿守節撫二孤成立年五十卒
陳芳極妻韓氏年二十九夫歿苦節無子卒年八十六
陳世嶽妻周氏年二十四夫歿守節撫孤
陳世連妻袁氏年二十九夫歿苦節孝事舅姑
陳德和妻葉氏年二十二夫歿守節



周桐柏妻張氏年二十五夫歿守節
周繼胡妻蔡氏年二十四夫歿守節撫孤
周祚峒妻陳氏年二十五夫歿苦節撫孤
廩生周世熣妻陶氏年二十二夫歿苦節
周世熉妻葉氏年二十五夫歿苦節
周祚隩妻韓氏年二十五夫歿苦節
周祚新妻喻氏年二十一夫歿守節立嗣
周祚調妻張氏年二十四夫歿守節撫孤
周祚榜妻葉氏年二十五夫歿無子苦節
葉應軒妻何氏年二十五夫歿苦節立嗣
劉廷棟妻常氏年二十五夫歿無子苦節孝事舅姑
陳元照妻童氏年十七夫歿守節撫孤成立

周伯山妻陳氏年二十二夫歿守節事舅姑孝卒年八十二
陳子重妻葉氏年十九夫歿守節
陳大文妻王氏年二十三夫歿守節
周祚秀妻陶氏年二十五夫歿無子苦節
林宗揆妻汪氏年二十五夫歿守節撫嗣子成立
林若許妻韓氏年二十四夫歿苦節撫孤
揭若嵐妻李氏年二十一夫歿苦節事姑撫嗣成立
程兆準妻江氏年二十四夫歿守節無子孝事舅姑年五十卒
張一棠妻余氏年二十三夫歿守節撫孤孝事舅姑
袁應逵妻李氏年二十四夫歿苦節
陳憲章妻戢氏年二十三夫歿苦節
林常春妻陳氏年二十七夫歿守節



柳一元妻王氏年二十夫歿奉姑撫子子殤嗣子亦夭苦節以
終年五十卒
程梧妻杜氏年二十二夫歿守節
陳同仁妻向氏年二十八夫歿守節撫孤成立
鄭辦玉妻陳氏年十八夫歿守節
葉大材妻程氏年二十五夫歿守節
林常耀妻雷氏年二十六夫歿守節
林常士妻雷氏年二十二夫歿守節
林常通妻李氏年二十四夫歿守節
林常甯妻葉氏年二十三夫歿守節
林常美妻葉氏年二十七夫歿守節
陳先一妻熊氏年二十六夫歿守節

廩生陶隆運妻王氏年二十八夫歿守節
許東會妻張氏　許正昌妻張氏姑婦也姑年二十四夫歿矢
志撫孤正昌尋夭婦年二十一無子苦節奉姑孝姑卒年六
十六
生員鄧文煥妻李氏年二十四夫歿守節撫孤
葉出萬妻李氏年二十八夫歿守節撫子子夭立嗣孫撫之
柳載千妻徐氏年二十一夫歿苦節撫孤事姑孝
葉世經妻陶氏年二十七夫歿苦節事舅姑孝撫二孤成立
陶應譜妻周氏年十九夫歿守節立嗣
汪提逵妻周氏年二十六夫歿守節立嗣
袁應熉妻陶氏年二十五夫歿守節以孝聞撫孤成立
段邦基妻陳氏年二十三夫歿守節撫孤成立卒年六十六



葉同桂妻高氏年二十一夫歿守節盡孝立嗣撫之
葉同榜妻熊氏年二十三夫歿守節盡孝撫孤成立卒年六十
一
監生袁應求妻韓氏年二十四夫歿守節奉姑孝
徐部妻陳氏年二十六夫歿守節撫孤
徐大隆妻余氏年二十五夫歿無子苦節
殷閎周妻呂氏年二十一夫歿苦節撫孤事舅孝
郭鴻功妻王氏夫病刲股夫歿氏年二十守節立嗣
生員程人文妻周氏　生員程兆坤妻吳氏俱青年守節
周世丕妻盧氏　周祚輝妻彭氏　江象濱妻魏氏
余艮論妻朱氏　余國構妻郭氏　向全熙妻陶氏
陶會極妻黃氏　張天和妻林氏　賀克健妻朱氏

張應樂妻黄氏　周以甯妻張氏　周民長妻向氏
林永芳妻張氏　陳德成妻孫氏　張一濂妻陳氏
陳世祚妻張氏以上俱矢志守節
生員詹世賢妻林氏年二十二夫歿守節撫孤事繼姑孝
詹世瑞妻嚴氏年十九夫歿守節
詹世賚妻袁氏年二十三夫歿守節
詹啟才妻陳氏年二十三夫歿苦節撫孤
淩君顯妻程氏年二十一夫歿守節撫八月孤成立
熊聞遠妻程氏年二十夫歿守節盡孝撫孤成立
萬世昌妻王氏年二十三夫歿苦節撫孤
李先懋妻吳氏年二十八夫歿苦節撫二孤成立
陳材勤妻雷氏年二十二夫歿苦節立嗣事姑孝



生員陳漢章妻楊氏年十九夫歿守節撫孤材美孤夭復與婦
謝撫兩孫卒年八十
陳焯觀妻周氏年二十一夫歿守節事姑撫子
胡慕文妻何氏年二十九夫歿無子繼嗣亦夭苦節以終
胡近光妻袁氏年二十夫歿守節撫孤卒年五十一
商範維妻蔡氏年二十四夫歿守節撫孤
黄昆山妻林氏年二十四夫歿守節撫孤
黄龍山妻喻氏年二十二夫歿守節撫孤
聶世子妻汪氏年二十五夫歿苦節撫孤
夏必榮妻李氏年二十三夫歿守節撫孤
李宗常妻汪氏　汪毓元妻鍾氏　鍾三陽妻沈氏
夏超萬妻邱氏　淩思儒妻周氏　商方訓妻童氏

商世興妻施氏　鍾載萌妻張氏　童次妻淩氏俱青年守節
詹啟鉉妻陳氏年二十六夫歿守節
童士俊妻許氏年二十六夫歿守節卒年八十二
戴基泰妻汪氏年二十六夫歿苦節撫孤
曹本梁妻胡氏年二十五夫歿守節孝姑撫子卒年六十五
袁其賓妻曹氏年二十四夫歿守節
監生余思澤妻甄氏年二十夫歿守節立嗣孝事祖姑年四十
四卒
朱世宏妻熊氏　黄雲斐妻劉氏　陶韶久妻程氏　陶德堯
妻淩氏俱青年守節
魏基鉅妻邵氏年二十二夫歿苦節撫孤
監生王如錦妻李氏年二十六夫歿守節立嗣年四十七卒



監生湯光謙妻盛氏年二十六夫歿無子苦節
張夢俊妻孫氏年二十五夫歿無子苦節
程宏任妻王氏年二十二夫歿無子苦節
葉光祖妻奚氏年十八夫歿無子苦節卒年六十一
齊維臣妻龔氏年一十九夫歿守節撫二子
朱士龍妻魏氏年一十六夫歿守節卒年五十七
崔任遠妻徐氏年二十五夫歿守節
徐慶忠妻汪氏年二十二夫歿守節
監生朱彭年妻王氏年二十七夫歿守節撫孤
李和珠妻周氏年二十七夫歿守節撫孤
監生馬自榮繼妻朱氏年二十五夫歿撫孤孤夭苦節以終
樊廣霖妻熊氏年二十四夫歿守節撫孤

鄒祖顯妻姚氏年二十夫歿守節卒年六十八
余連玉妻包氏年二十五夫歿守節撫孤
汪國燃妻吳氏年二十四夫歿守節撫孤
繆品茲妻江氏年二十二夫歿守節
童希穆妻魏氏年二十夫歿守節
邱孔在妻胡氏年二十三夫歿守節撫孤卒年八十二
邱翊仁妻王氏年二十二夫歿守節撫孤
邱世有妻孫氏年二十五夫歿守節撫孤卒年五十四
邱子善妻朱氏年二十五夫歿守節撫孤卒年六十五
邱時文妻汪氏年二十六夫歿守節撫孤
邱能遠妻張氏年二十八夫歿守節撫孤卒年五十七
邱賓泰妻羅氏年二十八夫歿守節撫孤卒年四十六



邱廷宗妻李氏年二十九夫歿守節
邱亦山妻陶氏　邱裕後妻王氏姑婦也亦山歿陶年二十九矢志撫孤卒年七十四裕後歿王年二十九同姑苦守卒年五十六
魏中虛妻蔡氏　魏汝明妻汪氏　魏萬國妻陳氏娣姒也蔡陳年二十夫歿汪年二十三夫歿均守志撫孤人稱三節
余先進妻姚氏年二十三夫歿無子守節
鍾立賢妻黃氏年二十五夫歿守節撫孤卒年七十五
鍾全章妻江氏年十九夫歿守節撫孤
桂斗山妻彭氏年二十四夫歿守節撫孤卒年六十
李懸玉妻汪氏年二十七夫歿守節撫孤卒年七十四
張利涉妻徐氏年二十七夫歿守節撫孤

吳次周妻周氏年二十夫歿守節撫孤
邱之廷妻胡氏年二十二夫歿守節撫嗣子成立
張克遠妻任氏年二十三夫歿守節卒年七十八
胡世美妻王氏年二十四夫歿守節撫嗣子成立
萬昆山妻林氏年二十四夫歿守節撫嗣子成立
羅結遠妻高氏年二十夫歿守節撫孤
鍾儒望妻雷氏年二十三夫歿守節撫孤卒年六十
鍾儒行妻程氏年二十夫歿守節卒年六十三
姚偂能妻郭氏年二十七夫歿守節撫孤卒年八十六
郭元章妻可氏年二十九夫歿守節
以上舊志　按舊志列女三卷此卷全錄王志

荆楚文庫

# 〔光緒〕黄岡縣志（下）

〔清〕戴昌言 修
〔清〕劉恭冕 纂

荆楚文庫編纂出版委員會
武漢大學出版社

黃岡縣志卷之十四

知黃岡縣事合肥戴昌言編輯

人物志

列女二 節婦

陶若霖妻劉氏年二十夫歿守節撫嗣事姑孝卒年五十四乾隆二十七年建坊

張思鯨妻胡氏年十九夫歿守節撫嗣乾隆五十四年建坊

監生劉文煥妻蘇氏年二十四夫歿守節事姑孝卒年四十七嘉慶十年建坊嗣子士壎監生

詹伯章（採訪作百章）妻劉氏夫歿無子舅姑先故依叔翁苦志守節拒嫁以死嘉慶十五年建坊（并據採訪）

陳應楫妻林氏年二十四適陳五月夫歿誓以身殉孀姑舒氏勸止之遂守志事姑孝撫嗣成立嘉慶二十一年建坊



程應本妻胡氏年二十四夫歿苦節撫孤卒年六十一道光元年建坊

劉成達妻陶氏年二十四夫歿守節事姑孝姑患痿痺氏不離左右撫嗣嗣天復撫孤孫卒年六十道光元年建坊

王楙章妻陳氏年二十九夫歿守節卒年八十道光二年建坊

胡王淵妻王氏年二十六夫歿守節撫孤卒年六十七道光四年建坊

夏正樞妻汪氏年二十夫歿守節撫嗣道光六年建坊

監生陶連魁妻游氏年二十七夫歿守節撫孤定安列成均道光六年建坊

許世福妻殷氏 生員許文達妻李氏姑婦也殷年二十世福歿矢志撫孤文達成諸生尋夭李年二十五守節撫孤子成立子希曾議敘鹽知事銜孫汝齡汝梅諸生汝鳳從九品汝鐸議敘八品汝勳監生殷卒年八十一李卒年六十四道光六年建坊



鄧丕椿妻詹氏年二十夫歿守節卒年七十九道光六年建坊

魏瑛妻萬氏年二十七夫歿守節撫孤卒年九十二道光六年建坊

劉光發妻鍾氏年二十七夫歿矢志守節事繼姑孝撫教二子成立長成柏舉人湖南試用知縣氏卒年七十一道光七年建坊（并據採訪）

游瓊妻羅氏 贈職游定寰妻汪氏姑婦也羅年二十六瓊歿矢志守節孝事舅姑撫孤定寰成立尋夭汪年十九守節事姑孝羅卒年七十一汪以子豐元布經歷銜



封太宜人卒年七十六道光八年建坊

馬重書妻易氏年二十六夫歿守節孝事舅姑嗣子歿撫孫先駒貢成均氏卒年六十六道光九年建坊

曾必仁妻洪氏年十九夫歿守節茹苦終身道光十年建坊

李嗣溶妻姜氏年二十二夫歿守節事重闈曲盡孝養撫二子成立士杰監生士爕進士氏卒年五十道光十一年建坊

許傳智妻劉氏年二十九夫歿守節撫嗣卒年四十六道光十一年建坊

范綱妻胡氏年二十二夫歿守節撫嗣子二濂諸生欽捐職都司氏卒年八十道光十七年建坊

廩生王士奎妻何氏年二十五夫歿守節撫嗣卒年四十一道

光十七年建坊
江開華妻周氏年二十三夫歿守節撫孤道光十八年建坊
徐萬春妻李氏年二十二夫歿守節事舅姑孝撫遺腹子士湄
列成均孫錫楷庠生彥樽職員曾孫方炯舉人長陽教諭氏
卒年八十九道光十八年建坊并據採訪
林世簇妻程氏年二十五夫歿守節事姑孝撫孤士寵成立卒
年六十五道光二十二年請　旌准建坊孫方啟太學生元
孫潤郡廩生候選訓導癸武生王道光己亥解元由教職截
取知縣選國子監監丞并據採訪
劉漢東妻陶氏　劉宗賢妻張氏　劉方琦妻胡氏三世姑婦
也陶年二十三漢東歿張年二十六宗賢歿胡年二十七方
琦歿相繼守節陶卒年九十三張卒年六十八胡卒年五十



道光二十年建坊胡長子昌傑郡廩生
劉士長妻許氏　劉士遠妻范氏娣姒也許年二十四士長歿
范年二十五士遠歿均矢志守節孝事舅姑初許未有子常
以夫祀爲念范歸生子照翁姑命許撫之爲嗣遠旋歿別無
次丁時翁已故姑命兩氏同心撫養成立列成均議敘八品
兩氏均於道光二十五年建坊并據採訪
范吉妻喻氏年二十夫歿守節卒年四十三道光二十五年題
請建坊
監生汪振鐸妻何氏年二十八夫歿守節撫嗣卒年七十五道
光二十五年建坊嗣子擊遠監生孫森廩生并據採訪
鄧之璜妻姜氏　鄧丕楹妻張氏姜年二十二夫歿守節撫孤
卒年七十三張乃姜之孫媳年二十三夫歿守節卒年八十
九道光二十五年建坊
周運隆妻盧氏　周功升妻賈氏盧年二十六夫歿守節撫二
孤成立愷監生盧卒年五十七賈其孫媳也年十九夫歿守
節備歷艱辛道光二十六年建坊
胡名鋃妻董氏年二十四夫歿守節撫嗣卒年三十四道光二
十七年題請建坊
張長宣妻章氏年二十九夫歿守節撫孤子成立子椿年布政
司理問銜孫遐翥遐齡俱監生炳南都司銜氏卒年八十九
道光二十八年題請建坊
廩生黃元汲妻賈氏年二十四夫歿守節舅姑年九十奉養周
至嗣子宗瑆自襁褓撫養成立捐職州同長孫鑫從九品次
孫森縣丞幼孫垚從九品氏卒年九十三道光二十八年建
坊并據採訪



王蘭錫妻曾氏年二十夫歿守節撫孤俊列成均卒年五十二
道光二十八年題請建坊
宋官樾妻陳氏年二十一夫歿守節現年八十二道光二十八
年題請建坊并據採訪　以上已　旌建坊節婦
贈職劉世芬妻龍氏年二十二夫歿氏觸棺幾斃時有娠翁姑勸其
保重以存夫祀氏始忍泣侍奉月餘舉一子撫之成立道光
二十年以子錫璜捐職同知遵例
封宜人
龍逢熙妻姚氏年二十九夫歿守節撫嗣嗣夭復撫嗣孫卒年
六十
呂期和妻陳氏年二十五夫歿守節撫孤卒年六十五

呂麟祥妻李氏年二十二夫歿守節撫嗣卒年七十一
陳光裕妻謝氏年二十八夫歿苦節撫孤卒年五十八
喻凝五妾張氏年二十八凝五歿矢志守節卒年六十二
徐兆茂妻張氏年二十四夫歿守節撫孤卒年八十五
謝時順妻徐氏年二十六夫歿矢志守節撫孤成立卒年七十
八已　旌并據採訪
呂期烈妻方氏年二十二夫歿守節撫嗣事孀姑童氏以孝聞
童節已入前志方卒年六十
劉士箎妻范氏年二十二夫歿守節撫嗣秉珩列成均卒年六
十二
劉世義妻許氏年二十五夫歿守節撫嗣咸豐十年　旌并據採訪
王宗泰妻陳氏年二十八夫歿守節撫孤子成立卒年七十六



已　旌并據採訪
龍逢魁妻孫氏年二十三夫歿守節撫孤卒年四十二
龍毓復妻謝氏年二十三夫歿守節撫孤卒年七十八道光七
年　旌并據採訪
龍廣玉妻余氏年二十八夫歿守節撫孤卒年七十五道光七
年　旌并據採訪
楊在宏妻孫氏年二十六夫歿守節茹苦終身
陳德剛妻曾氏年二十八夫歿苦節撫孤子成立卒年六十二
已　旌并據採訪
傅天池妻喻氏年二十四夫歿守節卒年八十二
陳宗貞妻鄭氏年二十六夫歿守節卒年四十一
吳宗輝妻李氏年二十八夫歿家貧苦節孝姑撫孤

王材耀妻范氏年二十四夫歿矢志守節撫孤成立卒年七十
二已　旌并據採訪
甄光朝妻楊氏年二十二夫歿以苦節終
王文琳妻王氏年二十五夫歿守節撫嗣定邦成諸生卒年六
十四
張承顯妻孫氏年十九夫歿守節撫孤卒年八十九
龍廣珠妻范氏年二十五夫歿守節撫嗣卒年八十六
孫家偉妻范氏年十九夫歿守節卒年八十三
孫之仕妻鄧氏年二十四夫歿苦節撫孤卒年七十六
王建雍妾吳氏年二十二建雍歿矢志守節事嫡盡禮撫兩子
成立卒年九十
生員王宗相妻呂氏　王士玉妻梅氏姑婦也呂年二十一宗



相歿矢志守節撫遺腹孤士玉成立尋夭梅年二十五守節
孝姑撫嗣呂年四十一卒梅年七十一卒
陳應松妻翁氏年二十三夫歿守節事舅姑孝撫姪懿順秀椿
為嗣俱監生氏卒年六十四已　旌并據學冊
陳應桂妻許氏年二十五夫歿守節事舅姑孝撫嗣成立卒年
七十六已　旌并據學冊
王家琪妻詹氏　王家政妻涂氏娣姒也詹年二十六家琪歿
守節撫孤鵠登賢書涂年二十八家政歿亦矢志守節卒年
六十五
劉楚義妻汪氏年二十七夫歿守節茹苦以終
吳世豪妻王氏年二十八夫歿親族欲嫁之氏截髮自誓紡績
養姑撫孤成立

高永才妻李氏年二十三夫歿守節撫二孤成立卒年八十
孫紹周妻殷氏年二十四夫歿守節撫嗣卒年六十八
尹之琳妻熊氏年二十八夫歿守節備歷艱辛
劉文勳妻馬氏年二十八夫歿守節撫二孤成立卒年七十三
劉文蒸妻張氏年二十九夫歿守節撫二孤成立長肇基監生
氏卒年九十三
劉文熉妻孫氏年二十七夫歿守節卒年九十一
劉懷瑾妻袁氏年二十五夫歿守節撫孤墀列成均卒年八十
六
劉士登妻黃氏年二十夫歿守節撫遺腹孤成立卒年六十三
劉士垣妻張氏年二十九夫歿守節撫孤卒年六十四
劉世作妻郭氏年二十八夫歿守節撫孤卒年六十六光緒三



年請　旌准建坊并據採訪
劉華貴妻彭氏年二十九夫歿守節撫孤成立
呂鳳銷妻龍氏年二十五夫歿守節撫嗣卒年七十四
呂應光妻楊氏年二十夫歿苦節撫孤卒年六十五
呂昌瑛妻吳氏年二十六夫歿苦節撫孤卒年七十一
呂期煓妻淩氏年二十四夫歿苦節撫孤卒年七十七
呂期燭妻袁氏年十九夫歿守節撫嗣卒年七十九
李可則妻龍氏年二十九夫歿苦節撫孤卒年八十一
李可元妻曾氏年二十五夫歿苦節撫孤卒年八十
李可鉅妻袁氏年二十九夫歿苦節撫孤卒年八十一
李可珠妻郭氏年二十一夫歿守節撫孤卒年七十
李時曦妻陳氏年二十六夫歿守節卒年五十六

李其溥妻王氏年二十三夫歿苦節撫孤卒年八十
李可久妻孫氏年二十二夫歿苦節撫孤卒年七十二
陳宗亮妻楊氏年二十夫歿苦節撫嗣卒年七十六
陳光瑜妻周氏年二十五夫歿苦節撫孤卒年六十四
陳永梅妻鄧氏年十九夫歿苦節撫孤卒年六十四
張夢熊妻喻氏　張書緒妻孫氏姑婦也喻年二十三夢熊歿
矢志守節撫孤書緒成立娶媳孫氏年二十六緒歿隨姑守
節姑卒年八十五
王以義妻廖氏年二十六夫歿守節卒年五十七
王風節妻鄭氏年二十七夫歿守節撫嗣卒年八十
庠生王大烈妾淩氏年二十六大烈歿守節撫嗣卒年六十三
袁宗純妻鍾氏年二十六夫歿守節撫嗣卒年七十四



劉經書妻陳氏年二十九夫歿守節卒年八十二
呂因相妻趙氏年二十夫歿守節撫孤卒年六十七
尹嗣楝妻劉氏年二十七夫歿守節撫孤孤夭復撫孤孫卒年
八十六眼見曾元
喻和秀妻龍氏　喻大桂妻劉氏姑婦也龍年二十和秀歿守
節撫孤大桂大桂歿劉年二十九立姪芝爲嗣同姑守志龍
卒年八十四劉卒年七十二芝監生并據採訪
喻大用妻熊氏年二十一夫歿守節卒年六十四并據採訪
高殿榮妻趙氏年二十七夫歿守節撫嗣成立
謝時秀妻殷氏年二十六夫歿守節撫孤卒年八十四并據採訪
張思鯛妻呂氏年二十五夫歿守節撫孤卒年五十四
張其昌妻吳氏年二十八夫歿守節撫孤卒年六十五

張其瑁妻潘氏年二十七夫歿守節卒年五十八
陳萬鼎妻王氏年二十四夫歿守節撫嗣卒年七十九
劉世霖妻夏氏年二十七夫病危適子殤恐增夫病忍泣吞聲
夫旋歿屢欲身殉悼念舅姑强起奉養立嗣誓守咸豐十年
請　旌（并據採訪）
張文元妻何氏年二十六夫歿守節撫孤成立
嚴紹墩妻吳氏年十九夫歿守節撫嗣卒年六十
張其輝妻傅氏年二十二夫歿守節撫孤卒年八十九（并據採訪）
張其鵬妻霍氏年十八夫歿守節撫孤卒年五十二
龍逢清妻喻氏年二十七夫歿守節撫孤卒年五十
龍可輔繼妻牛氏年二十四夫歿守節卒年八十八
庠生龍兆麟妻樊氏年二十四夫歿守節撫遺腹孤卒年五十



庠生龍際堯妻詹氏年二十八夫歿守節撫孤卒年八十一
龍澤潤妻鄭氏年二十八夫歿守節卒年七十八
龍宗元妻周氏年二十九夫歿守節卒年七十七
龍宗珍妻陶氏年二十九夫歿守節卒年六十八
龍廣璞妻陳氏年二十四夫歿守節撫嗣卒年五十
龍宗章妻周氏年二十五夫歿守節卒年五十五
龍敬若妻高氏年二十五夫歿守節撫孤卒年七十六
龍逢翼妻李氏年二十一夫歿守節撫孤卒年五十三
凌朝勝妻謝氏年二十八夫歿守節卒年七十一
劉玉松妻李氏幼字玉松松癡又患惡疾松父辭婚氏年十六
聞之截髮自誓歸松侍疾十三年不懈年二十九夫歿守節
事舅姑孝撫嗣子成立

夏萬青妻王氏年二十九夫歿守節撫孤成立
夏萬年妻李氏年二十八夫歿守節茹苦終身
柳祥福妻齊氏年二十六夫歿守節撫孤成立
孫廣濟妻尹氏年二十八夫歿守節卒年八十八
孫善洋妻李氏年二十五夫歿守節卒年七十五
孫善崢妻董氏年二十八夫歿守節孝事舅姑卒年七十八
孫善倡妻陳氏年二十一夫歿守節撫孤卒年八十三
孫自惕妻李氏年二十五夫歿守節撫嗣卒年七十四
孫自濬妻汪氏年二十八夫歿守節卒年七十
孫善宏妻吳氏年二十七夫歿守節卒年六十一
孫善舒妻王氏年二十八夫歿苦節撫孤卒年七十九
孫善士妻徐氏年二十八夫歿守節撫孤卒年八十一



孫家啟妻趙氏年二十九夫歿守節撫孤卒年八十九
孫家選妻夏氏年二十八夫歿守節卒年七十八
孫善源妻李氏年二十九夫歿守節卒年七十八
孫善楫妻吳氏年二十七夫歿守節撫孤卒年八十
孫善俊妻方氏年二十八夫歿守節卒年七十六
孫善炎妻陳氏年二十四夫歿苦節卒年八十二
孫善鼇妻祝氏年二十三夫歿守節卒年七十九
龍廣生妻孫氏年二十八夫歿守節撫嗣卒年五十六
馮文昇妻孫氏年二十六夫歿守節卒年七十五
孫克雯妻董氏年二十一夫歿守節卒年六十
龍景芬妻孫氏年二十八夫歿守節卒年三十九
高家善妻龍氏年二十夫歿苦節撫孤卒年七十四

范鍾秀繼妻喻氏年二十二夫歿守節撫二孤黼黻列成均卒年七十五已旌并據採訪
監生張萬景妻王氏年二十一夫歿守節卒年七十三
范秀發妻柳氏年二十五夫歿守節孝事孀姑撫孤成立
陳錫璠妻喻氏年二十四夫歿苦節撫孤卒年六十三
陳錫璜妻鄭氏年二十六夫歿守節撫孤卒年六十一
祁宏仁妻晏氏年二十六夫歿守節卒年六十四
祁芳蓮妻張氏年二十五夫歿守節撫孤姑病三載朝夕侍養不怠卒年七十二
魏家興妻陳氏年二十三夫歿無子舅姑勸之嫁氏苦守鄰家火及氏居而返者二次卒年五十三
王全倫妻孫氏年二十四夫歿苦節卒年八十四



喻國樂妻杜氏年二十八夫歿守節卒年七十五
喻陞妻許氏年二十五夫歿守節撫嗣卒年四十六
生員喻繼業妻歐氏年二十九夫歿守節撫孤卒年八十八
范夢熊妻王氏年二十四夫歿守節撫孤
張年亨妻程氏年二十六夫歿守節卒年六十九
陳章增妻王氏年二十夫歿矢志守節遺腹孿生二子撫之成立卒年七十六已旌并據採訪
段從崙妻楊氏年二十八夫歿守節撫孤卒年三十九已旌
周艮材妻胡氏年二十九夫歿守節不渝
范夢印妻奚氏年二十六夫歿守節撫孤二卒年七十七并據採訪
喻洪妻楊氏年二十六夫歿守節撫嗣泰勷中副榜卒年七十一已旌并據採訪

朱學寬妻程氏年二十八夫歿守節撫孤卒年六十一
張應隆妻余氏年十九夫歿守節卒年五十六
陳光逵妻謝氏年二十九夫歿苦節撫孤卒年七十一
監生張其瑞妾聶氏年十七其瑞歿守節立嗣毓樫登賢書卒年五十五
袁方烜妻楊氏年二十四夫歿守節撫嗣孝事孀姑
張希齡妻董氏年十九夫歿苦節撫孤卒年八十三
廩生王家佐繼妻陳氏年二十二夫歿守節撫二孤成立卒年八十七
王宗順妻楊氏年二十三夫歿守節撫孤卒年九十二
監生王駿發繼妻歐陽氏年二十七夫歿守節撫前妻子及已子成立蘄水陳澐爲立節孝傳載家譜



邱煜妻夏氏年二十三夫歿守節事翁姑孝撫遺腹孤成立卒年八十三
陳一焜妻柳氏年二十五夫歿矢志守節撫嗣成立卒年八十一已旌并據採訪
陳一炳妻舒氏年二十五夫歿守節撫孤事舅姑孝卒年七十九已旌并據採訪
陳定瞢妻王氏年二十二夫歿守節立嗣事舅姑孝卒年六十六
劉思聖妻謝氏年二十六夫歿夫兄欲嫁之氏截髮自誓茹苦撫孤卒年六十六
王基漢妻金氏年二十四夫歿守節撫孤事舅姑孝卒年三十八

陳本達妻胡氏年十九夫歿守節撫嗣卒年八十四
劉一詩妻吳氏年二十夫歿守節撫孤事舅姑孝卒年四十三
唐開興妻張氏年二十八夫歿守節撫孤卒年六十二
唐國相妻鄒氏年二十六夫歿守節事姑孝卒年六十三
龍逢貴妻許氏年二十三夫歿守節撫孤卒年三十四
鄭子恆妻劉氏年二十八夫歿守節撫二孤成立卒年七十八
倪成天妻黃氏年二十五夫歿守節茹苦終身
鄒廷詔妻王氏年二十五夫歿守節撫孤卒年六十五
孫志方妻黃氏年二十夫歿守節撫孤成立
楊之統妻姚氏年二十四夫歿守節撫孤卒年八十九
楊德芳妻張氏年二十七夫歿守節撫孤卒年八十九
楊於海妻孫氏年二十九夫歿守節撫孤卒年六十一



楊在祿妻謝氏年二十九夫歿守節撫孤卒年六十六
廖惟誠妻王氏年二十一夫歿守節撫孤子成立卒年六十一
已旌并據學冊
高廷昌妻李氏年二十六夫歿守節卒年七十九
汪于申妻黃氏年二十二夫歿守節撫嗣事姑孝
喻泰謙妻王氏年二十五夫歿守節卒年六十四
龍景華妻許氏年二十二夫歿守節不渝
龍景傑妻楊氏年二十七夫歿守節撫孤成立
喻大中妻呂氏年二十六夫歿守節撫孤二卒年八十并據採訪
喻大祿妻謝氏年二十三夫歿守節撫孤卒年五十并據採訪
劉際遠妻鄒氏年二十八夫歿守節撫遺腹孤成立
呂期俊妻謝氏年二十二夫歿守節撫孤卒年八十一咸豐十
年旌并據採訪
呂至泰妻尹氏年二十三夫歿守節撫孤成立
呂仕賢妻龍氏年二十五夫歿守節撫孤事舅姑孝卒年九十
三
庠生孫萬全妻張氏年二十九夫歿守節茹苦以終
孫貴榮妻尹氏年二十九夫歿苦節終身
蘇恆琪妻龍氏年十九夫歿守節家貧紡績供姑膳姑病瘓氏
親扶持十數載不懈撫嗣子早夭復撫嗣孫
孫自朝妻張氏年二十八夫歿守節卒年六十
孫廣璠妻陳氏年二十八夫歿守節卒年六十
龍景雩妻陳氏年二十九夫歿守節卒年六十二
龍逢華妻林氏年十九夫歿守節卒年六十



劉世福妻尹氏年二十七夫歿守節撫孤成立
劉世瑜妻范氏年二十四夫歿守節撫孤成立
呂昌橋妻楊氏年二十三夫歿守節撫孤卒年七十八
呂應淇妻周氏年二十四夫歿守節撫孤卒年六十二
張文藻妻金氏年二十五夫歿守節撫嗣廷楨成增生卒年三
十九并據採訪
孫善為妻姚氏年二十九夫歿守節卒年六十三
孫顯璋妻羅氏年二十夫歿守節撫嗣卒年三十九
庠生孫欽妻喻氏年二十八夫歿守節撫嗣卒年七十九并據採訪
胡棌妻劉氏年二十三夫歿守節撫孤成立
鍾志安妻蔡氏年二十六夫歿守節撫孤卒年七十七
王啟富妻吳氏　王東興妻李氏姑婦也吳年二十九啟富歿

守節撫孤二長東興娶李氏興歿李年十九隨姑守節撫孤
吳卒年六十一
龍景栻妻黎氏年二十六夫歿守節事姑孝現年八十三并據採訪
龍廣志妻李氏年二十六夫歿守節撫孤卒年四十六
佘之斌妻張氏年二十八夫歿守節撫孤卒年七十七
王武松妻劉氏年二十六夫歿守節撫孤成立
龔兆輝妻程氏年二十五夫歿守節撫孤成立
余大富妻李氏年二十五夫歿守節撫孤成立
監生孫顯功妻龍氏年二十八夫歿苦節終身
楊在煜妻袁氏年二十八夫歿無子家貧紡績度日苦節終身
陳宗會妻祝氏年二十五夫歿守節卒年七十七
呂期崇妻夏氏年二十三夫歿守節備歷艱辛



吳纘銳妻宋氏年二十四夫歿守節撫孤卒年七十四
秦厚元妻汪氏年二十七夫歿守節撫嗣事姑孝卒年七十三
孫顯璸妻陳氏年三十夫歿守節艱苦備嘗
孫顯環妻胡氏年二十八夫歿以苦節終
龍逢茂妻喻氏年二十六夫歿守節已　旌并據學冊
龍逢吉妻張氏年十九夫歿守節卒年六十三
張其佐妻章氏年二十夫歿矢志守節撫遺腹孤成立卒年八
十七并據採訪
呂麟潤妻劉氏年二十七夫歿守節撫孤成立
呂麟蒼妻邱氏年二十七夫歿守節撫孤成立
王漢光妻劉氏年二十八夫歿守節事舅姑孝撫二孤廣時廣
進俱監生孫宗級邑庠生氏卒年九十八已　旌并據採訪

淩士堃妻楊氏年二十五夫歿守節卒年六十三
淩世琯妻胡氏年二十五夫歿守節卒年五十八
張之友妻郭氏年二十五夫歿守節撫嗣
張應高妻馬氏年二十六夫歿守節撫孤卒年六十
張之炯妻余氏年二十八夫歿守節撫嗣
許勳照妻范氏年二十二夫歿守節撫嗣子步瀛列成均卒年
三十三并據採訪
姜思濂妻包氏年二十六夫歿守節撫孤卒年七十三
張必才妻王氏年二十七夫歿守節卒年五十七已　旌并據採訪
張必發妻熊氏年二十七夫歿守節卒年六十五已　旌并據採訪
倪章常妻喻氏年二十二夫歿守節撫嗣
陳棶梅妻周氏年十九夫歿守節撫嗣卒年六十已　旌并據採訪



喻封治妻李氏年二十八夫歿守節撫孤卒年七十
陳書銘妻杜氏年二十六夫歿守節撫孤子成立卒年七十七
已　旌并據採訪
涂天柱妻范氏年二十五夫歿守節撫孤卒年六十八
鄭忠壽妻朱氏年二十六夫歿守節撫嗣卒年四十四
毛朝貴妻鄭氏年二十二夫歿守節撫孤成立已　旌并據採訪
吳士俊妻徐氏年二十二夫歿守節撫孤卒年七十二
吳文燦妻陳氏年二十四夫歿守節卒年七十三
吳應隆妻范氏年二十三夫歿守節撫孤孤早夭復撫孤孫卒
年八十二
吳家爵妻胡氏年十九夫歿守節撫遺腹孤成立
高傳遠妻阮氏年二十二夫歿守節撫孤成立

已　旌并據採訪
陳一煋妻孫氏年二十二夫歿守節撫嗣成立已　旌并據採訪
劉成元妻陳氏年二十六夫歿矢志守節撫嗣子成立卒年五
十已　旌并據採訪
吳緒燦妻陳氏年二十一夫歿守節撫孤成立
劉應璜妻殷氏年二十二夫歿苦節終身
監生余文鑾妻何氏年二十八夫歿守節卒年四十四
劉成冕妻劉氏年二十夫歿守節卒年四十立從子監生燿焜
爲嗣并據採訪
馮世衡繼妻金氏年二十二夫歿守節捐堵城街屋三重爲馮
氏支祠又捐香火地五升卒年四十三
王宗恆妻孫氏年二十四夫歿守節撫孤成立



嚴名彰妻潘氏年二十二夫歿守節卒年八十
陳椕高妻范氏年二十四夫歿守節撫孤卒年四十八并據採訪
張期珍妻馬氏年二十四夫歿守節卒年五十六
劉衡妻汪氏年二十四夫歿守節卒年七十八
庠生孫維楚妻單氏年二十三夫歿守節卒年七十二
夏永芝妻張氏年二十夫歿守節撫嗣孝事舅姑
龍世潤妻孫氏年二十八夫歿守節撫孤卒年八十一并據採訪
呂文海妻夏氏年二十四夫歿守節撫遺腹孤早夭復撫孤孫
呂兆棠妻張氏年十八夫歿守節無子道光十一年水災舉家
逃散氏乞食死於途里人槀葬之計守節二十六年
劉成基妻朱氏年二十二夫歿苦節終身
涂敷炳妻許氏年二十二夫歿守節茹苦以終　以上東弦鄉

胡璋妻鄒氏年二十一夫歿守節孝事舅姑撫遺腹孤成立孫
曾繁衍親見五代卒年九十四
胡永才妻唐氏年二十二夫歿矢志守節孝事舅姑撫嗣子成
立已　旌并據學冊
胡傳薪妻金氏年十九夫歿守節卒年三十三已　旌并據採訪
李其倫妻彭氏年二十四夫歿守節卒年七十一
李其錞妻王氏年二十一夫歿守節撫孤卒年五十五
李可楹妻邱氏　李英烇妻楊氏姑婦也邱年二十七可楹歿
守節撫孤英烇成立尋歿楊年二十九隨姑守節邱卒年七
十五楊卒年七十一
龍世富妻黃氏年二十八夫歿守節撫孤現年八十四并據採訪
陳宗訓妻羅氏年二十四夫歿守節撫嗣成立



王家楫妻曾氏年十八夫歿守節撫嗣卒年六十九
王家猷妻張氏年二十一夫歿守節撫嗣卒年六十九
龍太敏妻喻氏年二十七夫歿守節卒年五十一
龍景福妻王氏年二十八夫歿守節撫嗣成立
龍逢添妻胡氏年二十夫歿守節卒年四十八
監生王士甡妾胡氏年二十九士甡歿矢志守節與嫡撫嗣卒
年六十九已　旌并據採訪
王如柏妻汪氏年二十六夫歿守節卒年八十九
夏思雄妻鍾氏年二十八夫歿守節撫孤成立
龍逢相妻周氏年二十九夫歿守節撫孤卒年六十一
夏永黃妻張氏年二十夫歿守節撫孤成立
陳德垟妻孫氏年二十二夫歿守節撫孤子成立卒年六十一

秦其塏妻楊氏年二十九夫歿守節事舅姑孝撫子攀龍汝彌俱列成均卒年六十二
翁開勳妻尤氏年二十二夫歿守節與孀嫂龍氏孝事舅姑撫孤昌翥列成均卒年七十三
江世茂妻倪氏　江可榮妻余氏姑婦也倪年二十三世茂歿守節撫孤可榮成立尋歿余年二十七隨姑守節撫孤二次洊貢生倪卒年九十三余卒年八十四并據採訪
舒尚淇妻郭氏年二十二夫歿守節撫嗣子成立卒年七十七已　旌并據採訪
華載治妻盧氏年二十二夫歿守節撫孤卒年六十九
孫家烈妻吳氏年二十夫歿守節撫遺腹孤卒年八十三
何世遠妻王氏年二十六夫歿守節撫孤孤早夭復撫嗣子成



立卒年八十七
樊明通妻邵氏年二十六夫歿守節事舅姑孝撫孤成立卒年八十二
周可發妻周氏年二十夫歿守節事舅姑以孝稱卒年八十七已　旌并據採訪
杜德興妻宋氏年二十二夫歿守節撫孤卒年五十六
盧朝揚妻楊氏年二十八夫歿守節撫孤卒年六十六
賀文煥妻朱氏年二十七夫歿守節撫孤卒年四十二
羅名俊妻劉氏年二十五夫歿守節撫孤成立
楊一忠妻林氏　楊以爵妻葉氏姑婦也林年二十七一忠歿葉年二十八以爵歿相繼守節家素貧共茹辛苦林卒年七十九葉卒年七十八

方思禹妻孫氏年二十五夫歿家貧苦節撫孤成立卒年八十三道光七年　旌并據採訪
周顯仁妻王氏年二十九夫歿矢志守節撫孤成立卒年九十一已　旌并據採訪
張德遠妻賈氏年二十八夫歿守節卒年七十八
傅尙學妻蔣氏年二十八夫歿守節撫孤卒年六十四
樊明揚妻董氏年二十四夫歿家貧苦節紡績養姑卒年六十九已　旌并據採訪
樊明珠妻鍾氏年二十四夫歿守節卒年八十一
柳地寬妻陳氏年二十二夫歿守節撫孤卒年七十二
羅名位妻高氏　羅洪福妻方氏姑婦也高年二十八名位歿守節撫孤洪福尋夭方年二十二同姑守節高卒年八十二



方卒年五十四
徐成雁妻王氏年二十八夫歿守節撫孤成立
范世溥妻陳氏年二十二夫歿守節撫嗣嵩年任溫縣典史氏卒年七十八
祁方梅妻喻氏年二十二夫歿守節卒年七十七
高仕周妻韋氏年二十四夫歿一子旋夭氏夜投於池救之復甦撫從子爲嗣壽八十二
高維昌妻邵氏年二十二夫歿守節撫遺腹孤姑病十餘年奉事不倦氏齒落重生卒年九十五
吳承僅妻李氏年二十四夫歿守節撫孤卒年七十七
程兆虞妻孫氏年十七夫歿守節卒年七十二
王克讓妻宋氏年二十八夫歿守節撫遺腹孤成立

黃宗熙妻余氏年二十六夫歿守節撫孤事舅姑以孝稱卒年
八十四并據採訪
程心楷妻汪氏年十九夫歿守節卒年七十八
張其祥妻王氏年二十夫歿守節勤苦撫孤事舅姑孝卒年八
十六并據採訪
舉人朱大勳繼妻趙氏年二十九夫歿守節事孀姑孝撫嗣子
兆槐成歲貢生卒年七十八
劉沉恕妻陶氏年二十六夫歿守節撫孤卒年七十五
馬思奎妻汪氏年二十二歸馬六月夫歿守節撫嗣成立
張德富妻余氏年二十五夫歿守節撫孫卒年八十七
州同朱廷運妾劉氏吳氏廷運歿劉年二十七撫子映奎映昌
吳年二十七撫子映華合志守節映奎候選通判映華監生



映昌布經歷劉卒年七十六
封宜人吳卒年五十
於萬繼妻陳氏年二十九夫歿守節撫孤卒年五十四
於事羲妻余氏年二十九夫歿守節撫孤卒年七十三
於子玕妻包氏年二十夫歿守節撫孤成立
徐培基妻官氏年十九夫歿守節撫孤卒年六十一
夏觀信妻陳氏年二十一夫歿守節撫孤卒年五十
同知銜朱映光妾陳氏年二十六映光歿矢志守節撫所生子
炳南成諸生氏卒年六十三
黃宗鼎妻劉氏年二十八夫歿守節撫三孤成立卒年六十一
監生劉馨妻張氏年二十夫歿矢志守節撫三孤成立卒年八
十并據採訪

余敏勝妻孫氏年二十九夫歿守節撫三孤成立卒年八十六
余志煒妻盧氏年二十五夫歿守節孝養舅姑撫嗣子成立卒
年八十六
徐之胡妻徐氏年二十三夫歿守節撫嗣事姑孝卒年八十三
袁起杰妻張氏年二十八夫歿守節撫孤卒年八十三
王汝麟妻賀氏年二十九夫歿守節事舅姑孝撫二孤成立卒
年九十
黃景先妻戚氏年二十五夫歿守節撫遺腹孤舅姑廢疾十餘
年孝養不倦卒年四十五
鍾善義妻孫氏年二十四夫歿守節養姑撫嗣卒年七十一
熊會達妻曹氏年二十四夫歿守節撫二孤成立
汪承祥妻孫氏年二十二夫歿守節撫嗣卒年四十六



童志開妻何氏年二十四夫歿守節撫遺腹孤成立卒年六十
七
郭延昌妻汪氏年二十九夫歿守節撫孤成立卒年六十七
汪宏仁妻邱氏年二十七夫歿守節事姑孝撫二孤成立卒年
七十八
童楙發妻黃氏　童楙達妻林氏娣姒也黃年二十九楙發歿
林年二十八楙達歿均矢志守節事姑孝撫孤成立黃卒年
七十林卒年八十五
王在學妻倪氏年二十三夫歿守節養姑撫遺腹孤成立卒年
七十八
林際錦妻童氏年二十一夫歿氏自縊姑救之復甦遂誓守終
身事姑孝卒年六十五

秦後鍠妻周氏年十九夫歿自經者再防之乃止姑病侍湯藥
忘寢食撫孤子併撫孤姪成立
江可舉妻李氏年二十七夫歿守節卒年四十二
江可河妻陳氏年二十七夫歿守節撫嗣事姑以孝稱卒年七
十五 并據採訪
李永華妻汪氏年二十七夫歿守節撫孤卒年七十五
邵光經妻熊氏年二十一夫歿守節孝養舅姑撫嗣成立卒年
八十一
賀國政妻阮氏夫歿青年守節孝姑撫嗣卒年五十三
劉成禮妻龔氏年二十二夫歿守節撫孤卒年七十
華載典妻汪氏年二十七夫歿守節撫孤卒年八十
樊允偕妻杜氏年二十一夫歿守節事姑孝撫二孤成立



吳世熙妻胡氏年二十三夫歿矢志守節撫孤子成立卒年九
十巳 旌 并據採訪
徐佳齊妻姚氏年二十二夫歿守節撫孤
王正國妻吳氏年二十夫歿守節撫孤孤歿撫孫成立卒年七
十六巳 旌 并據採訪
樊允志妻童氏年二十九夫歿守節撫孤卒年八十八
羅應武妻程氏年二十夫歿守節不渝
於象椿妻余氏年二十六夫歿截髮自誓苦節撫孤卒年六十
七
汪維均妻何氏年二十二夫歿守節撫嗣卒年五十八
董德光妻周氏年十九夫歿守節卒年七十四
操全介妻盧氏年二十四夫歿守節撫孤卒年八十四

蕭有宏妻傅氏年二十八夫歿守節撫孤卒年七十六
劉自光妻祁氏年二十六夫歿守節撫孤卒年八十九
汪德權妻丁氏年十九歸汪八月夫歿遺腹生子夭悲憤自縊
救之得甦遂誓守撫嗣子成立卒年七十
汪希廉妻張氏年二十七夫歿守節撫孤卒年八十
樊明易妻龍氏年二十八夫歿守節撫孤卒年八十四
王國隆妻樊氏年二十四夫歿守節撫孤卒年七十五
監生汪振勳妻朱氏年二十八夫歿守節撫孤卒年四十二
徐世英妻朱氏　徐廷春妻金氏姑婦也朱年二十四世英歿
守節撫孤廷春壽夭金年二十三隨姑苦守家貧姑老甘旨
不缺撫嗣成立朱卒年九十四金卒年八十八
晏如錦妻袁氏年二十三夫歿守節撫孤卒年七十二



曾家駒妻周氏年二十七夫歿守節撫二孤成立卒年六十七
郭維彬妻靖氏年二十二夫歿守節卒年五十二
盧克三妻楊氏年二十夫歿守節撫遺腹孤成立卒年八十三
何萬才妻周氏年二十八夫歿守節卒年七十五
涂尚仁妻龔氏年二十八夫歿守節撫遺腹孤成立卒年六十
九
汪士謨妻秦氏年二十七夫歿守節卒年七十五
樊廣系妻鄒氏年二十七夫歿守節卒年六十
程應樟妻郭氏年二十七夫歿守節卒年七十一
程遇煥妻於氏年二十九夫歿守節卒年五十四
柳天波妻孫氏年二十二夫歿守節茹苦以終
柳維啟妻華氏年二十八夫歿守節卒年五十六

柳一耀妻馬氏年二十三夫歿守節卒年六十五

馬思泌妻陳氏年二十八夫歿守節撫嗣卒年六十七已　旌

孫獻珍監生 并據採訪

包宗煌妻宋氏年二十八夫歿守節卒年七十五已　旌 并據採訪

樊廣元妻江氏年十八夫歿守節撫孤卒年八十八

齊相傳妻杜氏年二十八夫歿守節撫孤成立

李世際妻周氏年二十五夫歿守節卒年六十四

李曰堯妻陳氏年二十八夫歿守節卒年七十七

趙直道妻李氏年二十九夫歿守節撫孤卒年六十五

方同銑妻孫氏年二十八夫歿守節養姑卒年五十八

汪佑貞妻熊氏年二十八夫歿守節卒年六十

王本帶妻熊氏年二十八夫歿守節撫孤卒年九十六



樊咸山妻盧氏年二十四夫歿守節撫孤卒年五十四

周瀛先妻徐氏年二十八夫歿守節撫一孤成立卒年八十八

賈封宋妻陳氏年二十五夫歿守節撫二孤成立卒年八十八

徐中興妻包氏年二十四夫歿守節撫孤成立

孫光明妻葉氏年二十九夫歿貧苦守節卒年九十二

樊明廉妻夏氏年二十七夫歿守節撫孤卒年八十九

何世昌妻殷氏年二十八夫歿守節撫三孤成立卒年六十一

晏恭安妻曹氏年二十二夫歿守節撫孤卒年七十八

程炳文妻李氏年二十三夫歿守節卒年七十二

郭志嵋妻余氏　郭志崙妻盛氏娣姒也余年二十九志嵋歿盛年二十八志崙歿均守節撫孤余卒年六十二盛卒年九十五

程之駇妻王氏年二十八夫歿守節撫孤卒年七十七

徐之鯨妻涂氏年二十六夫歿守節撫嗣卒年八十

何永海妻孫氏年二十四夫歿守節撫孤卒年六十八

劉宗艮妻王氏年二十二夫歿守節撫孤卒年八十一

樊東海妻熊氏年二十六夫歿守節撫孤卒年三十六

汪承姬妻李氏年二十一夫歿守節撫孤卒年五十

徐京邦妻孫氏年二十五夫歿守節撫孤卒年六十

汗輔仁妻楊氏年二十五夫歿守節撫孤卒年五十六

孫光照妻宋氏年十九夫歿守節卒年三十一

林有義妻易氏年二十八夫歿守節撫孤卒年五十六

余師潤妻歐陽氏年二十五夫歿守節撫孤卒年八十三

童有禧妻余氏　童志晨妻盧氏姑婦也余年二十四有禧歿



盧年二十五志晨歿相繼守節貧苦撫孤余卒年八十三盧卒年七十四

余鍾萁妻周氏年十八夫歿守節撫嗣成立

丁中家妻陳氏年二十五夫歿守節卒年五十二

余從松妻方氏年二十三夫歿守節撫二孤成立

余從逵妻王氏年二十七夫歿守節卒年四十一

余從任妻韓氏年二十八夫歿守節撫二孤成立

余道楹妻賀氏年二十八夫歿守節撫嗣成立

余必郅妻孫氏年二十八夫歿守節撫三孤成立卒年七十九

馬思茂妻汪氏年二十六夫歿守節撫孤成立

夏盈之妻陳氏年二十七夫歿守節撫孤成立

劉兆興妻余氏年二十六夫歿守節撫孤卒年八十

樊淵深妻周氏年二十二夫歿守節撫孤成立
祁芳有妻樊氏年二十三夫歿守節事姑孝撫孤步雲成立得
六品銜氏卒年七十三并據採訪
程源智妻孫氏年十九夫歿守節撫兩嗣成立卒年八十
包有善妻倪氏年二十九夫歿守節卒年四十九
包一汶妻朱氏年二十九夫歿守節卒年七十八已 旌并據採訪
孫承倡妻李氏年二十夫歿守節茹苦以終
包宗佁妻馬氏年二十七夫歿守節已 旌并據採訪
盧國佐妻余氏年二十七夫歿守節茹苦終身
包嗣義妻張氏年二十九夫歿守節卒年七十二已 旌并據採訪
包宗也妻汪氏年二十九夫歿守節卒年五十三已 旌并據採訪
余道先妻孫氏年二十六夫歿守節事翁姑孝撫二孤成立卒



年六十九
余道克妻童氏年二十八夫歿守節撫嗣卒年四十九
羅隆謙妻甄氏年二十四夫歿守節撫二孤成立卒年六十
戴鉅貴妻張氏年二十八夫歿守節撫孤卒年六十七并據採訪
王仁全妻劉氏年二十六夫歿守節撫孤成立已 旌并據採訪
羅錫久妻徐氏年二十三夫歿苦節終身
夏光敘妻易氏年二十八夫歿守節卒年五十三
何承鉷妻鄭氏年二十一夫歿遺一女家貧氏截髮自矢與孀
娣孝養衰姑同心苦守
賀文成妻王氏年三十夫歿守節撫嗣事舅姑孝
段大定妻曹氏年二十八夫歿守節撫孤
汪維强妻孫氏年二十七夫歿守節撫孤

張周耀妻陳氏年二十八夫歿守節撫孤
何永緒妻葉氏年二十七夫歿守節撫孤
江發第妻熊氏年二十一夫歿守節撫孤孤夭立嗣撫之卒年
四十二
黃齊鳴妻劉氏年二十四夫歿守節撫嗣卒年七十五并據採訪
李守相妻樊氏年二十四夫歿守節撫二孤成立長孫錫禧諸
生氏現年八十一并據採訪
何德煥妻朱氏年二十一夫歿守節撫孤卒年六十八
何永洋妻陳氏年二十九夫歿守節撫孤成立
王家海妻祁氏年二十一夫歿守節撫孤子成立卒年九十三
周熙福妻徐氏年二十八夫歿守節撫二孤成立卒年八十八
已 旌并據採訪



周會祥妻王氏年二十六夫歿守節撫孤現年八十六并據採訪
周輔龍妻李氏年二十九夫歿守節撫孤卒年六十九
徐培德妻盧氏年二十九夫歿守節撫孤卒年七十
馬先模妻范氏年二十四夫歿守節事姑孝撫孤成立卒年六
十七已 旌并據採訪
涂定意妻何氏年二十六夫歿矢志守節備歷艱辛撫孤子成
立已 旌并據採訪
涂定華妻樊氏年二十四夫歿矢志守節勤苦紡績撫孤子成
立已 旌并據採訪
涂錫宏妻呂氏年二十夫歿守節卒年三十七
譚之桁妻馬氏年二十四夫歿守節撫孤卒年五十三
譚德壽妻華氏年十九夫歿守節茹苦終身

梅士玖妻孫氏年二十九夫歿守節撫孤子成立卒年六十九
已　旌 并據採訪
何德瓊妻孫氏年二十六夫歿守節孝姑撫孤卒年八十一
夏思忠妻張氏年二十八夫歿守節撫孤卒年六十四
賀章坦妻孫氏年二十八夫歿守節撫孤卒年五十五
樊允龍妻徐氏年二十六夫歿守節撫孤卒年五十六
樊明進妻王氏年二十九夫歿守節卒年六十六已　旌 并據採訪
生員翁運吉妻嚴氏年二十九夫歿守節撫孤成立
馬思湯妻陳氏年二十二夫歿守節立嗣卒年三十四已　旌
嗣孫用康從九品 并據採訪　以上還和鄉
何世鉿妻丁氏年二十四夫歿守節撫嗣成立
雷世郕妻曹氏年二十三夫歿守節撫孤卒年五十六



監生雷榮妻夏氏年二十夫歿守節撫孤卒年六十一
熊澤均妻何氏年二十二夫歿守節撫孤成立
賀澤炎妻熊氏年二十三夫歿守節撫嗣事姑孝卒年七十三
林開爵妻徐氏　林開桂妻胡氏娣姒也徐年二十七夫歿無
子胡年二十二夫歿遺腹生子與徐共撫之事舅姑孝人稱
一門雙節徐卒年六十六胡卒年七十已　旌 并據採訪
林開翰妻童氏年二十三夫歿守節撫嗣子成立卒年九十餘
已　旌 并據採訪
林維初妻王氏年二十三夫歿守節撫嗣向榮列成均氏卒年
六十三已　旌 并據採訪
熊方泰妻程氏年二十三夫歿守節撫嗣卒年七十
王肇瑩妻曹氏年二十八夫歿守節孝養舅姑撫孤成立

易世錫妻謝氏年二十六夫歿守節撫孤事姑孝
林開耀妻王氏年二十六夫歿守節撫孤孝事舅姑卒年六十
六
包宗尹妻劉氏年二十一夫歿矢志守節撫孤成立卒年七十
三已　旌 并據採訪
熊定周妻李氏年二十九夫歿守節撫嗣孝養祖姑卒年八十
四
生員王永忠妻戚氏年二十七夫歿守節卒年三十八子二長
亦捐列成均
王永鸞妻方氏年二十夫歿守節撫子臣先捐職從九子歿撫
二孫成立卒年八十
徐大璋妻金氏年二十七夫歿守節撫遺腹孤卒年七十三



何萬常妻丁氏年十七夫歿守節撫嗣卒年五十五
何萬明妻蘭氏年二十六夫歿守節撫嗣孝事舅姑卒年七十
三
何能遂妻盧氏年二十八夫歿守節撫孤事姑孝卒年七十二
何正國妻朱氏年二十八夫歿守節撫嗣卒年七十
丁宴瓊妻何氏年二十八夫歿守節無子撫兩女有閨訓卒年
六十三
丁道伷妻金氏伷早嬰惡疾辭婚氏執義不從洎歸伷已肢體
不完氏曲護之伷卒貧無以殮氏鬻奩具治喪事姑孝撫嗣
成立
丁道禮妻蕭氏年二十八夫歿守節撫嗣成立
丁學梗妻徐氏年二十八夫歿守節撫孤賢舉列成均卒年八

十
丁華國妻朱氏年二十六夫歿立嗣家貧姑老孝養不衰
陳貢玉妻熊氏　陳世官妻徐氏姑婦也熊年二十七貢玉歿
撫嗣世官官卒徐年二十五同姑誓守撫嗣子復撫嗣孫熊
卒年八十八徐年至九十餘
熊庭煥妻夏氏年二十六夫歿守節撫孤卒年八十八
熊廣宣妻蔡氏年二十七夫歿立嗣苦守卒年七十七
熊御南妻丁氏年二十二夫歿苦節紡績撫孤
熊彩章妻陳氏年二十七夫歿守節撫孤卒年六十
熊金藺妻姚氏年二十七夫歿家貧苦節丐食撫孤卒年七十
舒永富妻何氏年二十三夫歿守節卒年六十八
熊士振妻賀氏年二十五夫歿守節撫孤事姑孝卒年五十七



王桂山妻易氏年二十三夫歿守節撫孤成立
王永武妻楊氏年二十九夫歿守節撫孤事姑孝卒年九十二
王永長妻董氏年二十八夫歿守節撫孤事姑孝卒年五十二
童榮華妻戚氏年二十六夫歿守節撫孤事姑孝卒年八十
江天壽妻方氏年二十七夫歿守節孝姑撫嗣炳堃列成均
曹振楷妻戚氏夫病割股療之夫故氏年二十一矢志苦守撫
孤成立
李宗達妻朱氏　李國垂妻孫氏姑婦也朱年二十四夫故撫
孤國垂早卒婦孫年二十五與姑苦守人稱雙節朱卒年六
十七孫卒年七十
陳開祿妻熊氏年二十一夫歿守節撫嗣事姑孝卒年七十四
胡德峻妻周氏年二十三夫歿守節撫嗣成立

李開文妻高氏年二十三夫歿守節撫孤成立
生員易德忠妻趙氏年二十二夫歿守節撫嗣卒年八十
熊運發妻戚氏年二十五夫歿守節撫孤孤天復撫孤孫卒年
八十三
王宏順妻童氏年二十二夫歿守節撫嗣舅嬰篤疾曲盡孝養
卒年六十九已旌并據採訪
何登榮妻王氏年二十四夫歿守節孝事舅姑父士珍强之從
宦辭不往撫孤樹鵠成諸生
易世謨妻蘭氏年二十八夫歿守節撫孤成立
胡道煥妻但氏年二十九夫歿守節撫孤卒年六十四
童棶榆妻劉氏年二十二夫歿守節撫嗣卒年六十八
熊富貴妻江氏年二十二夫歿守節撫嗣嗣天復撫孤孫



熊遠明妻徐氏年二十九夫歿守節卒年五十一
熊需懷妻徐氏年二十七夫歿守節撫嗣成立
方從權妻倪氏年二十四夫歿守節撫嗣成立
戚良津妻方氏年二十八夫歿守節撫孤卒年六十九
曹朝綱妻易氏年十九夫歿守節撫孤卒年八十四
戚方城妻王氏年二十九夫歿守節撫孤成立
戚方陞妻熊氏年二十八夫歿守節撫孤成立
陳焯吕妻梅氏年二十三夫歿守節撫孤卒年六十二
孫之鋆妻鄒氏　孫廷璜妻梅氏　孫廷瀚妻余氏姑婦也鄒
年二十七之鋆歿撫孤廷璜廷瀚璜歿婦梅氏年二十九瀚
歿婦余氏年二十七與姑同守鄒卒年六十四梅卒年八十
六余卒年七十四

何楚珍妻孫氏年二十四夫歿苦節終身
丁名麟妻史氏年二十二夫歿守節不渝
張裕傑妻陳氏年二十八夫歿守節撫孤廷楝列成均
熊文煥妻何氏年二十八夫歿守節撫孤卒年六十七
王永紹妻易氏年二十九夫歿守節撫孤卒年六十七
鄧時翔妻易氏年二十七夫歿守節撫孤
蘭多璵妻孫氏年二十三夫歿守節撫孤
易壽海妻高氏　易中立妻黃氏　易世昌妻諶氏　易繼祖
妻孫氏四世姑婦也壽海歿高年二十一中立歿黃年二十
三世昌歿諶年二十繼祖歿孫年二十五相繼守節高卒年
七十黃卒年七十六諶卒年六十七孫卒年六十人稱一門
四節　以上永甯鄉



秦廷璋妻邵氏年二十二夫歿守節撫嗣事姑孝
陳紹堯妻熊氏年二十七夫歿守節撫嗣
操履秀妻汪氏　操履祿妻李氏娣姒也汪年二十八夫歿撫
嗣李年二十夫歿撫遺腹子家貧同守孝養舅姑汪卒年七
十李卒年六十一
胡穀妻秦氏年二十一夫歿守節事繼姑孝教子成立
錢興佐妻曹氏年二十八夫歿守節卒年八十六并據採訪
游烈承妻邵氏年二十八夫歿苦節撫孤事舅姑孝卒年五十
八已　旌并據採訪
張先照妻曾氏年二十七夫歿守節事舅姑孝卒年五十七
張先灝妻姜氏年二十三夫歿守節事舅姑孝卒年五十九
牛員嚴翼妻褚氏年二十八夫歿守節撫孤卒年七十九咸豐

孫廷蹇妻錢氏年二十九夫歿守節撫嗣承紀成諸生卒年六
十四
孫廷渭妻丁氏年二十七夫歿守節卒年五十九
孫廷騮妻劉氏年二十三夫歿守節撫嗣卒年六十四
孫承羙妻李氏年二十七夫歿守節卒年九十一
孫承玒妻邵氏年二十二夫歿守節卒年五十
孫承昂妻樊氏年二十八夫歿守節卒年六十二
孫宏猷妻張氏年二十七夫歿守節勤苦紡績至老不倦
孫承耀妻王氏年二十八夫歿守節卒年六十五
易中復妻戚氏年二十八夫歿守節卒年七十三
蔡興盛妻方氏年二十夫歿守節撫孤孝事舅姑卒年九十一
易宗儒妻徐氏年二十四夫歿守節卒年七十一



林榮高妻王氏年二十四夫歿守節撫孤成立
易世詮妻熊氏年二十二夫歿苦節終身
熊學桂妻南氏年二十夫歿守節撫遺腹孤成立卒年六十
林開瑞妻於氏年二十九夫歿守節撫孤早夭復撫嗣孫卒年
七十九已　旌并據採訪
林世礽妻戚氏年二十五夫歿守節撫孤事姑孝卒年九十九
王臣艮妻華氏年二十一夫歿守節撫孤卒年五十八
丁道玉妻陳氏年二十夫歿守節事姑孝撫孤成立卒年七十
八并據採訪
魯勳隆妻何氏年十九夫歿守節撫遺腹孤事翁姑孝
江正瀅妻陳氏　江天德妻何氏姑婦也夫歿時年俱二十一
守節撫孤陳卒年八十五何卒年五十六

十年 旌（并據採訪）

朱萬福妻韋氏 朱萬安妻劉氏娣姒也萬福歿韋年二十六萬安歿劉年二十四同志守節鄉里稱之

徐宗美妻林氏年二十八夫歿守節撫兩孤成立卒年五十三已 旌（并據採訪）

何永揚妻易氏 何永陞妻詹氏娣姒也易年二十二永揚歿守節撫嗣承貴成立孫宗謨游孳詹年二十五永陞歿守節撫遺腹孤東旭成立捐從九品孫紹棠邑庠生紹楨職員易卒年五十四詹卒年五十九咸豐九年 旌（并據採訪）

陳德智妻宋氏 陳志逵妻傅氏姑婦也宋年二十一夫歿守節傅年二十七夫歿同姑守節撫嗣子成立宋卒年七十一傅卒年七十四



陳德敏妻馮氏年二十九夫歿守節事舅姑孝撫三子成立長利賓監生卒年七十五

詹宙經妻舒氏年二十三夫歿守節撫嗣卒年七十三

詹聞鉞妻胡氏年十九夫歿守節撫遺腹孤成立卒年六十七

詹亮采妻鄒氏年二十九夫歿守節撫嗣卒年八十

詹楚彥妻徐氏年二十三夫歿守節撫嗣卒年四十七

傅适世妻樊氏年二十六夫歿苦節撫孤卒年七十五

王運通妻謝氏年二十三夫病篤割股療之比歿矢志守節事姑孝撫嗣志賢成庠生

王大焴妻張氏年二十二夫歿守節撫嗣卒年五十九

王紹通妻李氏年二十五夫歿守節卒年七十五

王繩模妻陳氏年二十五夫歿守節卒年八十

黄存榮妻邱氏年二十六夫歿守節撫孤成立

王維揚妻謝氏年十九夫歿守節卒年八十三

吳文藪妻朱氏年二十夫歿守節卒年七十三

王乃鋼妻萬氏年三十夫歿守節卒年七十一

張道炳妻張氏年二十夫歿守節撫二孤成立

王漫妻黄氏年二十四夫歿守節卒年八十五

王潡妻程氏年二十三夫歿守節卒年六十六

程其潔妻夏氏 程基裕妻吳氏姑婦也夏年二十六夫歿守節撫孤卒年六十吳年二十一夫歿繼姑守節事姑以孝稱

王運韶妻劉氏年二十一夫歿守節撫嗣成立

但啟龍妻易氏年二十夫歿苦節撫孤事舅姑孝卒年八十一

程鱗占妻王氏年二十八夫歿苦節卒年九十三

監生鄧璽妻汪氏年二十一夫歿守節撫嗣事舅姑孝卒年五



十一

劉如璉妻程氏年二十六夫歿守節事姑孝撫孤秉道文炳俱列成均

張禹則妻葉氏 監生張超妻葉氏姑婦也姑年二十三夫歿守節事繼姑孝姑病割股療之撫孤超列成均超歿婦年二十九守節事姑孝撫子彩玉成貢生姑卒年六十九婦卒年六十一

霍本志妻朱氏 霍蒸妻鄒氏姑婦也朱年二十九本志歿守節撫嗣子蒸蒸歿鄒年二十五同姑誓守苦節不渝

吳新祖妻劉氏年二十五夫歿守節茹苦終身

靖本詵妻萬氏年十九夫歿守節卒年七十七

姚開煜妻王氏年二十夫歿守節卒年六十一
程大康妻周氏年二十七夫歿守節撫孤卒年七十二
吳復祥妻王氏年二十八夫歿守節卒年六十七
馮錦妻秦氏　馮淘妻夏氏姑婦也秦年二十七錦歿守節撫
孤淘淘歿夏年二十一同姑守志事姑孝姑病割股救痊撫
二子成立秦卒年八十夏卒年七十七
吳宗欽妻洪氏年十六夫歿家貧無子苦節四十六年
邵明株妻陳氏年十八夫歿守節卒年六十八
曹昌坦妻吳氏年二十四夫歿苦節事舅姑孝撫孤萬年列成
均卒年八十七
夏懋池妻趙氏年二十三夫歿苦節奉姑孝撫嗣成立卒年六
十四



王繩法妻程氏年二十二夫歿守節卒年六十八
張鈴妻黃氏年二十七夫歿苦節撫孤姑臥病七載孝養不懈
卒年八十二
生員王南恢妻姚氏年二十四夫歿守節孝事舅姑撫孤運斌
占魁成諸生卒年六十一
吳繼祖妻宋氏年二十六夫歿守節事姑孝姑患痺十餘年氏
奉事不倦撫孤曉堂列成均
生員靖必會妻萬氏年二十七夫歿守節撫孤卒年八十九
生員靖若愚妻胡氏年二十四夫歿守節撫嗣崇彌舉於鄉卒
年七十
監生靖式玉妻胡氏年十九夫歿守節撫嗣卒年八十九
龔傅式妻袁氏年二十八夫歿守節撫遺腹孤卒年九十三

李維政妻熊氏年二十一夫歿守節撫遺腹孤成立
鄭宗濂妻王氏年二十二夫歿守節撫孤事姑孝卒年七十三
已　旌并據學冊
劉廷瑛妻李氏年二十二夫歿守節卒年八十四
監生龔合志妾魏氏年二十八合志歿矢志守節卒年八十一
夏斯才妻陳氏年二十七夫歿守節茹苦終身
陳鴻翮妻郭氏年二十四夫歿苦節撫孤卒年九十三
張肇祥妻王氏年二十三夫歿守節卒年六十三
余艮法妻李氏年二十七夫歿守節撫孤成立
盧翔遠妻高氏年二十二夫歿守節撫孤卒年六十八
盧永定妻汪氏年二十七夫歿苦節撫孤卒年九十三
王名智妻王氏年二十一夫歿守節卒年七十一



鄒開美妻潘氏年二十三夫歿守節卒年八十二已　旌并據採訪
監生程廷梅妻龔氏年二十六夫歿守節撫孤卒年六十九
項世球妻徐氏年二十六夫歿守節茹苦終身
郭洪晉妻朱氏年二十夫歿守節撫孤卒年七十七
宋文焘妻方氏年二十七夫歿守節撫孤事舅姑孝卒年六十
六已　旌并據採訪
詹際鋒妻陳氏年十九夫歿守節卒年七十七
曾光照妻吳氏年二十八夫歿守節撫孤事舅姑孝
韋堯彩妻熊氏年二十四夫歿守節撫孤卒年七十三
徐正隆妻程氏　徐宗仁妻葉氏　徐國彩妻高氏三世姑婦
也程年二十一正隆歿守節撫嗣宗仁宗仁歿葉年二十八
守節撫孤國彩國彩歿高年二十二守節撫孤一門三世人

咸憐之俱 旌（并據採訪）
徐正立妻許氏年二十一夫歿守節撫孤子成立卒年六十八
已 旌（并據採訪）
萬遂遠妻史氏年二十三夫歿守節備嘗艱苦
王乃輝妻張氏年二十五夫歿守節茹苦終身
舒明選妻左氏年二十二夫歿守節事繼姑以孝稱
武舉姚開第妻吳氏年二十九夫歿於京邸聞訃幾不欲生苦
節撫嗣卒年七十二
黄經河妻張氏年二十四夫歿苦節撫孤卒年六十六
州同劉百明繼妻孫氏年二十二夫歿守節撫孤成立
王祚錦妻王氏年二十七夫歿守節撫孤
李丕元妻謝氏年二十四夫歿守節撫孤卒年六十二



涂建昌妻徐氏年十九夫歿守節卒年六十三
張起祥妻徐氏年二十九夫歿守節撫孤成立
王子望妻晏氏年二十四夫歿守節撫孤事舅姑孝
汪堂玉妻劉氏年二十九夫歿守節孝養舅姑
汪東明妻劉氏年二十八夫歿守節事舅姑孝撫二孤成立卒
年七十
李士睿妻華氏年二十八夫歿苦節撫孤事舅姑孝卒年七十
三
生員劉百縉妻汪氏年二十六夫歿守節撫孤孝事舅姑卒年
七十
監生張光濟妻王氏年二十夫歿守節撫嗣孝養舅姑
何世全妻樊氏年二十七夫歿守節撫遺腹子成立卒年七十

六
謝運濟妻李氏年二十二夫歿守節撫孤
黄經泮妻詹氏年二十七夫歿守節撫嗣卒年七十二
夏會南妻邵氏年二十二夫歿守節撫孤卒年七十一
汪東魯妻陳氏年二十七夫歿守節備嘗艱苦
汪希聖妻李氏年二十九夫歿守節不渝
袁同熙妻高氏年二十八夫歿守節孝事舅姑撫二孤成立卒
年八十一
熊志位妻於氏年二十八夫歿苦節卒年七十五
靖必遠妻熊氏年二十七夫歿苦節卒年八十六
靖本謙妻李氏年二十五夫歿苦節卒年六十
史承禧妻汪氏年二十八夫歿苦節撫孤事舅姑孝卒年七十



一
夏長進妻夏氏年二十九夫歿守節撫嗣事舅姑孝
生員熊于岡妻陳氏年二十一夫歿守節卒年九十五
熊國宋妻張氏年二十三夫歿守節撫嗣成立
靖厚地妻李氏年二十七夫歿守節撫孤卒年七十二
汪家苾妻熊氏年二十四夫歿苦節撫孤卒年四十八
吳之潤妻朱氏年二十五夫歿苦節撫嗣事繼姑孝卒年七十
三
吳光祖妻易氏年二十一夫歿守節撫嗣卒年八十四
吳光輝妻袁氏年十九夫歿守節撫嗣成立
陳文典妻吳氏年二十夫歿守節孝事舅姑撫三月孤成立
汪惟鎬妻吳氏年二十二夫歿守節撫孤事姑孝卒年七十八

邵正渾妻孫氏年十九夫歿苦節撫嗣事姑孝卒年七十九
監生邵正翔繼妻秦氏年二十夫歿守節撫夫前妻子成立卒
年七十九
邵正恆妻王氏年二十夫歿守節孝事孀姑撫嗣際和列成均
卒年七十八
方思讓妻王氏年二十一夫歿守節孝事舅姑撫遺腹孤孤夭
復撫孤孫卒年八十六
史敘典妻孫氏年二十三夫歿守節孝事舅姑撫二孤成立卒
年七十五
史崇傴妻汪氏年二十四夫歿守節撫孤奉舅姑孝卒年七十
鄭廷檍妻張氏年二十一夫病劇割股療之延數月歿氏矢志
苦守養姑以孝稱後十五年卒



余德莊妻張氏年二十夫歿守節撫遺腹孤卒年七十三
易中祿妻史氏年二十六夫歿守節不渝
陳時特妻韓氏年二十七夫歿苦節事舅姑孝
秦有龍妻徐氏年二十九夫歿守節撫嗣卒年七十七并據採訪
秦有炘妻唐氏年二十九夫歿守節撫二孤成立卒年五十七
邱裕德妻張氏年二十七夫歿苦節撫孤卒年七十一
羅萬鼎妻吳氏年二十三夫歿守節孝事舅姑撫嗣成立
陳嘉猷妻童氏　陳可相妻林氏　陳永康妻楊氏三世姑婦
也童林夫歿時年俱二十五楊夫歿時年二十六相繼守節
童卒年七十九林卒年五十五楊卒年七十二
童志壽妻張氏年二十五夫歿守節撫孤事舅姑孝
李成才妻程氏年二十六夫歿守節撫孤卒年七十六

宋照妻霍氏年二十七夫歿苦節撫孤
吳裕彩妻程氏年二十三夫歿守節不渝
吳大槐妻江氏年二十四夫歿守節撫二孤成立卒年七十四
姚廷剛妻吳氏年二十六夫歿守節撫嗣孝事舅姑
陳載道妻童氏年二十三夫歿矢志守節事姑孝撫孤子成立
已　旌并據採訪
監生詹人壽妻舒氏年二十九夫歿守節撫嗣錦文成立捐布
經歷銜婢女林女相依不嫁舒卒年五十九
曹汝倫妻王氏年二十二夫歿守節撫孤鴻唐列成均卒年六
十五
曹鴻鳴妻汪氏年二十六夫歿守節事姑孝撫孤成立
曹首魁妻舒氏年二十夫歿守節撫嗣卒年四十九



孫開燦妻鍾氏年二十八夫歿守節撫三孤成立卒年五十六
監生郭維聰妻熊氏年二十七夫歿守節事舅姑孝撫二孤成
立卒年六十四
鄒孚鍾妻蘇氏年十八夫歿守節撫嗣眼覩五代卒年九十
張崇和妻陳氏年二十四夫歿守節撫二孤成立卒年八十八
傅其雲妻徐氏年二十八夫歿守節撫孤卒年六十四
傅其銑妻徐氏年二十四夫歿守節卒年六十七已　旌并據採訪
傅其鍾妻林氏年二十四夫歿守節卒年七十二已　旌并據採訪
徐學舉妻曹氏年二十八夫歿無嗣茹苦終身
邵昇章妻許氏年二十七夫歿守節不渝
傅萬全妻黃氏年二十九夫歿守節茹苦終身已　旌并據採訪
徐萬銘妻曹氏年二十四夫歿守節撫孤成立

童架書妻馮氏年二十八夫歿守節撫孤卒年五十四
鄒檢琇妻郭氏年二十八夫歿守節撫孤
鄒檢珂妻夏氏年二十七夫歿守節撫孤
鄒善聰妻方氏年二十九夫歿守節撫孤卒年六十四
鄧覲光妻黃氏孝事舅姑年二十八夫故矢志撫月餘孤琛六歲
令就外傅歸則紡織課讀動止必教以禮法尤敬重塾師訓琛
成名由舉人授知縣入爲刑部郎中氏卒年四十九已　旌
趙應和妻陳氏年二十二夫歿守節撫孤
汪鵬翥妻洪氏年二十八夫歿守節撫孤卒年六十九
余廷佐妻熊氏年十九夫歿守節撫孤
蘇海潮妻盧氏年二十四夫歿守節卒年六十八
羅朝貴妻郭氏年二十一夫歿守節不渝



謝年亨妻陳氏年二十夫歿守節撫嗣
朱元泰妻王氏年十八夫歿守節卒年五十九
張道傳妻周氏年二十七夫歿守節卒年六十三
黃心坦妻范氏年二十夫歿守節撫孤事舅姑孝
王大山妻程氏年二十八夫歿守節撫孤卒年五十六
王大松妻姚氏年二十七夫歿守節撫孤卒年七十一
拔貢王廉妾涂氏年二十四廉歿守節撫孤自清列成均
張道燿妻王氏年二十八夫歿守節撫孤卒年五十九
桂光禮妻張氏年二十四夫歿守節撫孤事姑孝
沈正煜妻王氏年二十七夫歿守節撫孤成立
王際昞妻湯氏年二十八夫歿守節撫三孤成立已　旌并據採訪
王際晨妻黃氏年二十六夫歿守節卒年七十

王昌育妻夏氏年二十七夫歿守節撫孤孤早夭又撫孤孫
吳起鉏妻吳氏年二十一夫歿守節不渝
黃才壯妻吳氏年二十六夫歿守節撫孤卒年七十三
張之濤妻劉氏年二十夫歿守節不渝
王大灼妻靖氏年二十夫歿守節不渝
王大信妻張氏年二十四夫歿守節撫孤事舅姑孝卒年七十
三已　旌并據採訪
毛繼仙妻史氏年二十七夫歿守節撫孤卒年七十六
史先達妻劉氏年二十夫歿守節撫孤卒年七十八
張文煥妻喻氏年二十六夫歿無嗣苦節以終卒年七十一
張文錦妻姚氏年二十三夫歿守節事姑孝卒年五十四
王自浩妻余氏年二十九夫歿守節撫孤



吳其義妻黃氏年二十六夫歿守節撫孤事姑孝卒年九十五
吳從招妻劉氏年二十八夫歿守節撫孤事姑孝
楊全恆妻李氏年二十夫歿守節茹苦以終
陳應蛟妻左氏年二十夫歿守節撫孤
張永基妻王氏年二十八夫歿守節撫嗣事舅姑孝卒年七十
八
羅萬吉妻程氏年二十六夫歿守節撫二孤事祖舅姑孝卒年
五十八
程基裕妻吳氏年二十二夫歿守節卒年六十九
程其舉妻梅氏年二十七夫歿守節卒年六十二
程其祿妻蕭氏年二十三夫歿守節卒年六十六
程希彭妻姚氏年二十五夫歿守節卒年五十六

易壽仁妻羅氏年二十八夫歿守節卒年八十四
易中模妻周氏年二十八夫歿守節撫孤事姑孝卒年六十四
易立山妻史氏年二十七夫歿守節撫孤事姑孝卒年七十四
吳作黃妻王氏年二十九夫歿守節茹苦終身
吳宗泰妻姚氏年二十四夫歿守節撫孤事姑孝卒年八十四
靖華齡妻張氏年二十六夫歿守節撫孤卒年七十八
吳兆嵘妻尹氏年二十二夫歿守節撫孤事姑孝
程基案妻史氏年二十八夫歿家貧苦節孝事舅姑撫嗣成立
熊士俊妻靖氏年二十九夫歿家貧苦節撫二孤成立
史義和妻汪氏年二十一夫歿守節撫嗣卒年六十七
監生靖華蓮妻程氏年二十二夫歿守節撫孤念夫少孤賴叔
撫之成立曲盡孝養叔歿氏哀毀過於所生



劉殿揚妻靖氏年二十三夫歿守節卒年五十八
史先紹妻蔡氏年二十夫歿守節卒年七十八
汪國容妻史氏年二十六夫歿守節撫孤卒年八十
程國泰妻邱氏年二十二夫歿苦節撫孤卒年六十
靖必榮妻張氏年二十五夫歿守節撫孤卒年六十八
靖本芷妻袁氏年二十九夫歿守節撫孤事姑孝卒年九十三
靖本開妻萬氏年二十一夫歿守節撫孤事舅姑孝卒年七十
二
靖本鑑妻陳氏年二十八夫歿守節撫孤事舅姑孝卒年七十
二
靖厚鋒妻吳氏年二十五夫歿守節撫孤事姑孝卒年七十五
靖華超妻汪氏年二十九夫歿守節撫孤孤早夭又撫孤孫卒
年七十七
汪必榮妻蔡氏年二十九夫歿守節撫孤卒年七十一
劉玉堦妻劉氏年二十三夫歿守節撫孤成立
汪國爵妻羅氏年二十二夫歿守節撫孤事姑孝
史緒桂妻汪氏年二十七夫歿守節撫孤事舅姑孝卒年五十
三
靖華莨妻陳氏年二十八夫歿苦節卒年七十五
靖華元妻趙氏年二十七夫歿守節撫孤卒年七十
靖華塗妻李氏年二十三夫歿守節撫孤卒年四十八
靖厚福妻黃氏年二十夫歿守節撫孤卒年七十
靖華山妻王氏年二十六夫歿守節撫孤
吳啟鎔妻夏氏年十九夫歿守節不渝



姚輝儼妻靖氏年二十五夫歿守節撫孤事舅姑孝
生員靖厚鐔繼妻鮑氏年二十六夫歿守節事舅姑孝撫教夫
前妻子華璧舉於鄉雲南知府氏卒年六十一 并據採訪
靖華玥妻杜氏年二十五夫歿苦節撫嗣事舅姑孝卒年八十
四 并據採訪
靖應堂妻周氏年二十六夫歿守節撫孤方傑列成均氏現年
八十已　旌 并據學冊
吳憲成妻王氏年二十五夫歿守節撫遺腹孤成立
詹其華妻吳氏年二十四夫歿守節不渝
靖崇宣妻童氏年二十六夫歿守節撫孤事姑孝卒年六十四
程備錦妻羅氏年二十一夫歿守節不渝
袁大維妻羅氏年二十二夫歿守節撫嗣

劉其桂妻靖氏年二十七夫歿守節撫孤
涂繡章妻倪氏年二十三夫歿守節撫孤卒年六十
涂兆西妻徐氏年二十四夫歿守節撫嗣卒年五十九
董先達妻黃氏年二十夫歿守節撫嗣成立
鄧漢三妻靖氏年二十八夫歿守節撫孤
程其貴妻王氏年二十夫歿守節卒年七十七
萬宗福妻洪氏年二十八夫歿苦節終身
羅世球妻劉氏年二十二夫歿守節撫嗣卒年四十二
趙文燧妻黃氏年二十六夫歿守節撫嗣卒年六十三
劉之鎔妻黃氏年二十一夫歿守節卒年六十六
王自安妻王氏年十八夫歿守節撫姪爲嗣現年八十八并據採訪
王大祥妻黃氏年二十八夫歿守節卒年六十



陳吉寶妻黃氏年二十七夫歿守節不渝
曹烈豐妻王氏年二十一夫歿守節卒年五十一
武庠姚之煥妻舒氏年二十五夫歿守節刲股救姑卒年七十
九
姚之炯妻朱氏年二十九夫歿守節卒年七十二
涂建賢妻趙氏年三十夫歿守節卒年六十九
涂端儀妻夏氏年二十八夫歿守節卒年六十二
涂端佩妻張氏年二十六夫歿守節卒年六十二
涂端傑妻蕭氏年二十六夫歿守節卒年五十六
熊長海妻陳氏年二十一夫歿守節不渝
王乃厚妻吳氏年十九夫歿守節撫嗣卒年五十九并據採訪
楊子銓妻李氏年二十四夫歿守節茹苦終身

張淩雲妻劉氏年二十六夫歿守節卒年五十六
朱元彩妻周氏年三十夫歿苦節終身
隗理文妻王氏年十八夫歿守節不渝
王大埘妻吳氏年二十夫歿守節撫孤成立
監生嚴光第妻邢氏　嚴紹遵妻萬氏姑婦也邢年二十九光
第歿矢志守節卒年八十八萬年二十六紹遵歿同姑守節
現年八十五咸豐十年並旌并據採訪
吳禮學妻王氏年二十八夫歿守節撫三孤成立卒年六十九
萬宗緒妻靖氏年二十七夫歿守節撫孤
監生羅萬鈞妻史氏　羅學政妻劉氏姑婦也史年二十九萬
鈞歿守節撫孤卒年五十四劉年二十二學政歿同姑守節
卒年三十六



張之法妻王氏年二十三夫歿守節撫姪孝事舅姑
鄒裕蘅妻胡氏年二十六夫歿守節撫孤卒年五十八
周明萬妻吳氏年二十八夫歿守節撫孤
王一位妻於氏年二十四夫歿守節卒年七十
熊正喻妻王氏年二十九夫歿守節卒年七十
熊正富妻馮氏年二十三夫歿守節不渝
丁元彩妻張氏年二十二夫歿苦節終身
熊國富妻馮氏年二十夫歿守節不渝
王全茂妻王氏年二十五夫歿守節卒年六十三
張一賢妻王氏年十九夫歿守節事舅姑孝姑病刲股療之愈
撫三孤成立
陳名魁妻王氏年十九夫歿守節撫孤

王大杰妻劉氏年二十二夫歿矢志守節撫孤成立卒年四十
五已　旌并據學冊
靖厚坦妻袁氏年二十八夫歿守節撫孤卒年七十
秦鼎舒妻呂氏年二十八夫歿守節撫孤卒年五十四
秦紀光妻黃氏年二十五夫歿守節事姑孝卒年四十九
秦紀華妻徐氏年二十六夫歿矢志守節撫孤成立卒年五十
七已　旌并據學冊
靖華明妻陳氏年二十六夫歿矢志守節撫嗣成立卒年七十
五已　旌并據學冊
陳厚珍妻程氏年二十三夫歿守節貧苦紡績自給卒年五十
已　旌并據學冊
林美章妻熊氏年二十七夫歿守節卒年五十二



秦紀廉妻唐氏年二十七夫歿茹苦以終
監生陳希俊妻張氏年二十九夫歿守節不渝
陳德豐妻汪氏年二十五夫歿守節不渝
項世琛妻徐氏年二十四夫歿守節卒年七十六
秦明泰妻吳氏年二十二夫歿守節事姑孝卒年五十六
陳燿妻廖氏年二十八夫歿守節撫孤卒年八十八
陳德祿妻汪氏年二十六夫歿守節撫孤成立
陳光裕妻汪氏年二十六夫歿守節撫嗣卒年五十三
吳紹貞妻蕭氏年二十八夫歿家貧無子苦守以終卒年五十
九
鄒啟柱妻吳氏年十九夫歿家貧無子苦守以終
秦德富妻熊氏年十九夫歿守節卒年五十已　旌并據學冊

秦德楷妻周氏年二十八夫歿守節不渝
徐光名妻程氏　徐崇安妻葉氏　徐先覲妻高氏　徐世洪
妻劉氏四世姑婦也程年二十夫歿葉年二十六夫歿高年
二十五夫歿劉年二十三夫歿相繼守節程卒年四十八葉
卒年八十九高卒年四十五
徐光廷妻范氏年十八夫歿守節撫嗣卒年八十九
徐崇爵妻戴氏年二十八夫歿守節撫孤成立
徐崇喜妻劉氏年二十四夫歿苦節撫孤成立
徐先鼎妻曹氏年二十九夫歿守節茹苦終身
徐先定妻陳氏年二十九夫歿守節不渝已　旌并據採訪
徐先長妻范氏年二十八夫歿守節撫嗣
徐先正妻曹氏年二十六夫歿守節不渝



徐先弟妻邱氏年二十五夫歿守節卒年四十九
龔於璋妻周氏年二十八夫歿矢志苦守撫孤成立卒年七十
二已　旌并據採訪
徐世乾妻曹氏年二十六夫歿矢志守節撫孤子成立卒年七
十已　旌并據採訪
監生龔於瑾妻宋氏年二十九夫歿守節卒年五十九
霍正泰妻李氏年二十一夫歿守節撫嗣子紹光列成均卒年
七十　并據採訪
徐崇有妻林氏　徐先潔妻趙氏姑婦也崇有歿林年二十九
先潔歿趙年二十八相繼守節撫孤林卒年五十三趙卒年
五十
武生王際成妻鍾氏年二十三夫歿矢志撫孤昌愷愷故婦羅

氏守節十年卒鍾復撫嗣孫
秦明謨妻涂氏年二十三夫歿無子苦節以終
胡益善妻汪氏年二十三夫歿守節撫孤
胡益禮妻熊氏年二十一夫歿守節撫嗣
秦紹恩妻胡氏年二十四夫歿守節撫孤
江樹青妻盧氏年二十六夫歿守節撫孤
霍淵妻田氏年二十四夫歿守節撫孤卒年六十一
陳廷福妻汪氏年二十六夫歿守節撫孤子成立卒年八十六
已　旌（并據採訪）
汪希奭妻鄒氏年二十五夫歿守節撫孤成立
李如山妻胡氏年二十六夫歿守節撫孤卒年六十二
李義申妻詹氏年二十四夫歿守節撫孤



陳力昌妻汪氏年二十九夫歿苦節撫孤事舅姑孝
庠生張淏妻陳氏年二十一夫歿守節撫孤卒年六十四
王大淋妻陳氏年二十三夫歿守節撫孤卒年六十一
王際貞妻張氏年二十四夫歿守節已　旌（并據採訪）
監生秦允治妻余氏年二十六夫歿守節卒年七十三
劉正泰妻宋氏年二十四夫歿守節撫孤卒年四十
宋佑啟妻戴氏年二十二夫歿守節撫嗣孝事舅姑
涂純璜妻梅氏年二十八夫歿守節撫孤
邱尚泗妻羅氏年二十四夫歿守節撫孤卒年八十四（并據採訪）
邱亨煥妻王氏年二十夫歿矢志守節撫嗣成立卒年六十一
已　旌（并據學册）
余粹和妻王氏年二十八夫歿守節撫二孤成立

高登庸妻劉氏年二十九夫歿守節撫二孤成立
邱竑鼎妻陶氏年二十九夫歿守節撫二孤成立卒年八十三
邱炳耀妻王氏年二十夫歿守節撫孤卒年六十一
史緒洪妻王氏年二十二夫歿守節撫二孤成立
張克順妻王氏年二十一夫歿守節撫遺腹孤成立
熊應翀妻劉氏年二十一夫歿守節撫孤卒年七十二
邵明智妻張氏年二十六夫歿守節撫孤孝事舅姑卒年七十
六
詹宙光妻鄒氏年十七夫歿守節卒年八十
邵際淑妻萬氏年二十八夫歿守節撫孤成立
鍾大進妻倪氏年二十九夫歿苦節終身
鍾光輝妻余氏年二十八夫歿守節不渝



鍾大彬妻黄氏年二十八夫歿守節茹苦以終（以上慕義鄉）
監生梅啟鳳妻余氏年二十四夫歿守節撫嗣事姑孝卒年八
十七
孫世學妻曾氏年二十四夫歿守節撫孤事舅姑孝卒年八十
鄒檢鏵妻鄭氏年二十夫歿守節撫孤事舅姑孝卒年七十八
謝方高妻曹氏　謝方漢妻黄氏娣姒也曹年三十夫歿守節
卒年九十黄年二十九夫歿守節撫嗣年至九十餘
張士耀妻梅氏年二十五夫歿守節事姑孝姑病刲股救之愈
撫遺腹孤成立卒年五十五
張永銑妻李氏年二十四夫歿守節撫孤孝事衰舅卒年六十
四
蕭如鳳妻李氏　蕭學書妻謝氏姑婦也李年十九如鳳歿守

節撫孤學書成立卒年六十三學書歿婦謝年二十九同姑
守節卒年六十六
李步雲妻謝氏年二十七夫歿守節撫孤二次克瑋監生氏卒
年六十九
蔡汀鶴妻王氏年二十七夫歿守節孝事祖姑撫三孤成立卒
年八十
李成鯤妻王氏年二十四夫歿守節撫嗣事姑孝卒年五十五
監生陶履恕妻董氏年二十六夫歿守節撫孤事孀姑孝卒年
七十六
曾德鳳妻劉氏年二十八夫歿守節撫孤成立
梅長高妻張氏年二十一夫歿守節卒年七十四
謝方成妻胡氏年二十八夫歿守節撫二孤成立卒年七十八



劉祚興妻朱氏年二十三夫歿守節卒年七十五
劉祚逵妻汪氏年二十六夫歿守節卒年七十二
貢生曹宜松妻董氏年二十七夫歿守節卒年六十一
洪植楨妻梅氏年二十七夫歿守節撫教孤子成名學使王贈
芳頌奬扁額曰節壽雙輝子恩淦舉人候選同知氏卒年八
十七
誥封宜人已　旌并採訪
陶國綱妻蕭氏年二十九夫歿守節卒年八十二
陶履棟妻張氏年二十二夫歿守節不渝婢玉蝶守義不嫁依
氏終身
陶宜亨妻胡氏年二十四夫歿守節卒年八十
陶履潔妻史氏年二十九夫歿守節撫孤卒年六十二

陶國朋妻龔氏年二十夫歿守節孝事舅姑卒年八十七
陶成龍妻周氏年二十二夫歿守節撫孤孝事舅姑卒年七十
周才瑄妻王氏年二十四夫歿守節孝事舅姑撫遺腹孤成立
卒年五十一
周國是妻劉氏年二十六夫歿守節孝事舅姑卒年三十八
何國梁妻和氏年二十九夫歿守節卒年六十九
陶成鳳妻王氏年二十七夫歿守節撫孤卒年六十
李榮檜妻胡氏年二十二夫歿守節撫孤事姑孝親見曾元
於孚守妻梅氏年二十五夫歿守節卒年六十八
李啟爵妻梅氏年二十七夫歿守節卒年七十四
王子騂妻雷氏年二十一夫歿守節卒年六十八
張頁佐妻陳氏年二十六夫歿守節撫嗣卒年五十九



何萬卷妻蔡氏年二十九夫歿守節撫孤卒年八十九
曾德鴻妻王氏年二十九夫歿守節卒年八十
熊世滄妻左氏年二十七夫歿守節撫孤孝事舅姑卒年六十
二
熊世渻妻何氏年二十二夫歿守節卒年七十七
熊世淵妻王氏年十七夫歿守節卒年六十五
熊以樓妻張氏年二十夫歿守節撫孤孝事舅姑卒年八十
熊以椿妻楊氏年二十六夫歿守節孝事舅姑卒年七十五
熊以榮妻陳氏年二十三夫歿守節撫孤成立
熊永炳妻胡氏年二十一夫歿守節撫孤孝姑卒年七十七
熊履埠妻劉氏年二十八夫歿守節事姑孝卒年七十
劉長曜妻梅氏年二十二夫歿守節撫嗣卒年九十一

梅之法妻戴氏年十九夫歿守節孝養舅姑卒年六十四
高楚傳妻方氏年二十五夫歿守節卒年八十
劉裕達妻湯氏年二十一夫歿守節撫嗣卒年七十五
王世英妻夏氏　王出賢妻胡氏姑婦也夏年二十六世英歿守節撫孤出賢成立尋夭婦胡氏年二十四矢志守節覔食養姑夏卒年七十八胡卒年七十
陳明璽妻何氏年二十三夫歿守節卒年八十二
何世清妻方氏年二十二夫歿守節撫嗣卒年六十六
戴世泰妻陳年二十九夫歿守節卒年七十三
梅之桓妻楊氏　梅涓妻喻氏楊年二十七之桓歿守節撫孤卒年六十五涓其孫也涓歿喻年二十四苦節不渝卒年六十五



馮理勝妻劉氏年二十七夫歿守節卒年九十
鄧丕棕妻戢氏年二十三夫歿守節撫遺腹孤成立
鄧三卿妻操氏年二十七夫歿守節茹苦終身
曾宏韜妻戴氏年二十七夫歿守節撫嗣成立
熊永輝妻呂氏年二十五夫歿守節撫嗣孝事舅姑卒年六十三
監生王懷琮妻馮氏年二十一夫歿守節卒年八十
張光義妻王氏年二十二夫歿守節卒年七十
張永浩妻竇氏年二十六夫歿守節撫孤事姑孝
張永法妻許氏年二十五夫歿守節撫嗣成立
張永波妻梅氏年二十三夫歿守節撫孤
吳兆黄妻張氏年二十夫歿守節撫孤成立

徐維楚妻吳氏年二十五夫歿守節事祖姑及翁姑以孝稱
熊永譽妻邱氏年二十八夫歿守節撫孤成立
謝仁濱妻宋氏年二十三夫歿守節卒年七十
洪啟裔妻曾氏年二十二夫歿守節孝事舅姑撫遺腹孤成立
洪啟輝妻徐氏年十九夫歿守節撫嗣子銑列成均卒年五十一　光緒三年　旌　并據採訪
陶文蕙妻龔氏年二十夫歿守節撫孤成立
曾必俊妻李氏年二十七夫歿守節撫孤卒年五十九
武生鄒聯元妻謝氏年二十六夫歿守節撫嗣成立
孫世琮妻張氏年二十二夫歿守節撫孤事姑孝
李克成妻戚氏年十九夫歿守節撫嗣成立已　旌　并據學冊
王蘭錫妻曾氏年二十二夫歿守節撫孤卒年五十五



鄭建洲妻蔡氏年二十三夫歿守節撫遺腹孤成立卒年八十二
鄭建洛妻盧氏年十九夫歿守節撫孤卒年六十六
謝仁崇妻熊氏年十九夫歿守節卒年七十二
汪斯祥妻張氏年二十二夫歿守節撫孤卒年八十九
汪宗煥妻萬氏年二十夫歿守節撫孤
曾德慎妻余氏年二十夫歿守節撫嗣事舅姑孝
李先剛妻李氏年二十五夫歿守節不渝
李朝念妻徐氏年二十五夫歿守節撫孤卒年六十六
於符宋妻梅氏年二十四夫歿守節撫孤事姑孝姑病刲股療愈卒年四十三
曾必位妻左氏年二十一夫歿守節撫遺腹孤事孀姑孝姑病

封股以進立愈已旌并據採訪
胡燮山妻王氏年二十四夫歿守節撫孤孝事舅姑
馮長春妻于氏年二十夫歿守節撫遺腹孤卒年六十三
監生洪恩漢妻李氏年二十五夫歿守節撫孤成立卒年五十
五并據採訪
徐其裕妻王氏年二十八夫歿守節撫孤孝事舅姑
羅鎮烈妻胡氏年二十夫歿守節撫遺腹孤孝事舅姑卒年八
十二
羅士志妻王氏年二十二夫歿守節撫孤事舅姑孝卒年八十
戚定超妻謝氏年二十九夫歿守節撫孤事舅姑孝
戚定讓妻周氏年十七夫歿守節撫孤
周啟梁妻黄氏年二十五夫歿守節撫孤孝事孀姑



梅用渾妻蔡氏年二十四夫歿守節撫孤姑病刲股救之卒年
九十
梅用篤妻鍾氏年二十二夫歿守節撫孤卒年九十三
梅用衍妻劉氏年二十八夫歿守節撫孤卒年七十三
於子桂妻楊氏年二十一夫歿守節撫孤事姑孝
於子阮妻陳氏年二十二夫歿守節撫孤事姑孝
於子蓉妻陳氏年十九夫歿守節撫嗣卒年六十二
周文瑤妻周氏年二十三夫歿守節卒年八十四
於南山妻程氏年二十一夫歿守節撫孤卒年四十三
李榮榜妻胡氏年二十六夫歿守節撫孤成立卒年七十
戴宗信妻張氏年二十九夫歿守節撫孤孝事孀姑卒年七十
五

監生姜作桓繼妻王氏年二十三夫歿苦節卒年七十五
胡楚章妻彭氏年二十七夫歿守節撫嗣成立
李光全妻徐氏年二十三夫歿守節孝事舅姑
陶之龍妻梅氏年二十五夫歿家貧苦節孝事舅姑撫二孤成
立卒年六十七
汪朝棟妻江氏年二十一夫歿守節撫孤成立
汪遵海妻王氏年二十二夫歿守節撫孤卒年九十六
朱文毅妻王氏年二十夫歿守節卒年五十九
朱楚琳妻黄氏年十六夫歿守節卒年四十五
洪源偉妻尹氏年二十三夫歿守節撫遺腹孤成立卒年八十
二
陶履恭妻程氏年二十六夫歿守節卒年六十



陶履英妻胡氏年二十一夫歿守節撫嗣卒年五十三
陶文龍妻王氏文龍從征金川數年無耗父強之他適氏以剪
刺喉幾死文龍歸成婚尋歿時氏年二十九撫孤苦守數日
一食非親故贈之不受卒年七十以上伍鄉
熊長濬妻邵氏年二十五夫歿守節事姑孝撫嗣之昱成諸生
卒年五十五
馮鑳妻王氏年二十夫歿守節奉姑卒年六十八其婢蘭花未
嫁而壻焦正元歿遂奉王守貞卒年七十三
馮鈖妻楊氏年二十二夫歿守節撫嗣卒年七十三
馮萬豐妻張氏年二十四夫歿矢志守節撫二孤成立卒年七
十二
馮起鯉妻詹氏年二十二夫歿矢志守節事姑以孝稱撫嗣成

立卒年七十四
馮之綿妻但氏年二十三夫歿守節撫孤事姑孝
程曰燿妻劉氏年二十夫歿守節撫嗣孝事舅姑卒年七十五
梅之珠妻李氏年二十三夫歿守節孝事舅姑撫孤肇春成諸
生卒年五十九
梅鉅濤妻楊氏年二十夫歿守節卒年七十八
陶景羅妻彭氏年二十四夫歿守節撫孤事舅姑孝
梅淦妻王氏年二十五夫歿守節撫孤孝事舅姑卒年七十六
胡世康妻竇氏年二十八夫歿守節撫孤翼高成諸生卒年八
十八
陳之岡妻李氏年二十五夫歿守節撫孤卒年八十九
喻德寬妻陳氏年二十七夫歿守節撫二孤成立卒年七十三



李世榮妻蘇氏年二十二夫歿守節孝事舅姑撫孤文璿列成
均卒年八十四
王基壽妻舒氏年二十四夫歿守節卒年五十八
葉光熙妻左氏年二十夫歿守節繼姑傷足醫需鷲血和丸不
得氏刺股血和之愈卒年八十二
胡必琇妻朱氏年二十六夫歿守節撫孤卒年八十七
生員操大承妻邵氏年二十七夫歿守節撫三孤成立次南薰
郡庠生氏卒年九十
葉應龍妻靖氏年二十夫歿守節撫孤孝姑訓子卒年七十八
孫汝泉妻甄氏年二十三夫歿守節撫孤孝事舅姑卒年五十
五
黄基崑妻祝氏年二十三夫病刲股療之罔效夫歿守節孝事
舅姑撫二孤成立卒年六十八
汪其格妻黄氏年二十四夫歿守節孝事舅姑撫二孤成立
許仲英妻王氏年二十一夫歿守節撫嗣卒年六十一
王光容妻胡氏年二十夫歿守節家貧紡績養舅撫孤早夭復
撫孤孫卒年八十四
王流長妻梅氏年二十七夫歿守節撫孤孝事舅姑卒年七十
九
梅滮妻於氏年二十五夫歿守節撫孤孝事舅姑卒年八十二
蕭大鶴妻陳氏年二十七夫歿守節卒年八十三
胡道海妻李氏年二十四夫歿守節撫孤孝事舅姑卒年九十
八
李可喬妻孫氏年二十七夫歿守節撫嗣孝事舅姑卒年七十



二
趙其懷妻王氏年二十二夫歿守節卒年八十六
童懋霖妻董氏年二十五夫歿守節卒年七十八
陳發剛妻王氏年二十八夫歿守節卒年七十八
李士英妻王氏年二十一夫歿守節茹苦終身
胡世玖妻黄氏年十九夫歿守節撫孤卒年八十三
李世發妻唐氏年十九夫歿守節卒年八十七
操啟盛妻葉氏年二十四夫歿守節撫孤孝事舅姑卒年八十
三
胡世璟妻胡氏年二十一夫歿守節撫孤卒年八十二
秦同昇妻劉氏年二十九夫歿苦節以終
左宏健妻汪氏年十七夫歿守節卒年八十三已旌（并據採訪）

舒昌晰妻邵氏年二十五夫歿守節孝事舅姑撫嗣子瓊樹列成均
范乃珍妻陳氏年二十六夫歿守節卒年五十七
黃紹怨妻操氏　黃克從妻甄氏姑婦也操年二十六紹怨歿守節撫孤克從成立克從歿婦甄氏年二十依姑苦節操卒年八十五甄卒年七十二
徐炳蔚妻童氏年二十四夫歿守節事姑孝撫遺腹孤成立卒年七十四
舒光元妻邵氏年十九夫歿守節姑病癱氏負之出入伺卧起不倦撫嗣成立卒年八十四
王巨英妻蘇氏年二十四夫歿守節撫孤成立
張夢珩妻童氏年二十六夫歿守節撫二孤成立卒年七十八



張夢桂妻汪氏年二十夫歿守節撫孤卒年七十六
生員張有聲妻靖氏年二十八夫歿守節撫孤仁溥列成均卒年六十五
張對山妻黃氏年十八夫歿家貧守節紡績養姑撫嗣成立卒年七十八
唐世位妻劉氏年二十六夫歿守節撫孤卒年九十一
舒光耀妻徐氏年二十七夫歿守節撫孤紡績度日茹苦以終
何玉光妻李氏年二十六夫歿守節撫孤成立
李躍勝妻余氏年二十八夫歿守節卒年八十五
李萬隆妻王氏年二十四夫歿守節撫嗣卒年五十六
張本魁妻羅氏年二十九夫歿守節撫孤卒年八十六
齊觔妻舒氏年二十夫歿守節孝姑撫嗣成立卒年六十三

夏上珣妻汪氏年二十八夫歿守節撫孤卒年七十八
夏楙興妻胡氏年十九夫歿守節卒年七十八
夏楙勝妻熊氏年二十八夫歿守節事舅姑孝卒年八十二
夏楙岏妻王氏年二十七夫歿守節卒年七十三
夏炳暲妻朱氏年二十六夫歿守節撫孤孝事舅姑卒年七十五
夏基蕙妻熊氏年二十三夫歿守節撫嗣卒年六十四
左道坤妻周氏年二十一夫歿守節撫孤卒年七十一
王鉅源妻熊氏年二十二夫歿守節撫孤
李華國妻許氏年二十九夫歿守節孝事舅姑撫二孤成立卒年七十
張光烈妻汪氏年二十七夫歿守節撫孤成立卒年五十



毛之瓊妻程氏年二十夫歿守節茹苦終身
舒廣儒妻徐氏年二十九夫歿守節撫嗣孝事舅姑
孫祚漢妻徐氏年二十七夫歿守節孝事舅姑撫三孤成立
孫德昇妻夏氏年二十四夫歿守節撫嗣成立
孫廷柜妻陳氏年二十二夫歿守節撫嗣事姑孝卒年五十八
孫祚源妻甄氏年二十三夫歿守節撫孤事姑孝卒年五十五
胡必傳妻張氏年二十六夫歿守節事舅姑孝撫孤桂馨成諸生卒年六十四已旌（並據採訪）
高華重妻李氏年二十八夫歿守節撫孤
戴高起妻熊氏年二十四夫歿守節撫孤卒年五十一
戴名章妻徐氏年二十二夫歿守節撫孤事姑孝卒年八十一
王正清妻靖氏年二十五夫歿守節撫嗣事舅姑孝

左宏潤妻何氏年二十夫歿守節不渝
許天吉妻黃氏年二十四夫歿守節撫嗣成立
戴紹經妻王氏年二十二夫歿守節撫嗣卒年五十
舒明珣妻嚴氏年二十一夫歿矢志守節孝事舅姑撫嗣成立
已　旌并據採訪
李應生妻喻氏　李應侯妻蔡氏娣姒也喻年二十四夫歿守
節撫孤二蔡年二十二夫歿守節撫孤家貧均紡績度日孝
事舅姑喻卒年七十二蔡卒年七十五
舒光海妻王氏年二十一夫歿守節撫孤卒年七十八
陳文蓮妻邵氏年十九夫歿守節撫嗣
王緒煦妻胡氏年二十二夫歿守節撫孤
王基梓妻祝氏年十九夫歿守節撫嗣事姑孝卒年六十一



王基瀚妻徐氏年二十夫歿守節撫孤
王基仁妻劉氏年二十四夫歿守節撫嗣
王基濬妻王氏年二十五夫歿守節撫二孤成立
王基鎬妻舒氏年二十三夫歿守節撫孤
王緒唐妻王氏年十九夫歿守節撫孤事姑孝
王緒柳妻孫氏年十九夫歿守節撫孤
王緒眞妻童氏年二十三夫歿守節道光辛卯水災隨隣婦乞
食於外族有謀嫁者氏覺之夜投水達旦已浮過漲渡湖得
還家無恙苦節以終
舒大山妻曹氏年二十一夫歿苦節撫孤卒年七十
張維嶽妻劉氏年二十四夫歿守節卒年七十二
陳楙緒妻龍氏年二十八夫歿守節撫孤卒年六十

陳基闢妻吳氏年二十四夫歿苦節卒年七十七
王緒廣妻陳氏年二十三夫歿守節撫孤卒年六十九并據採訪
王緒昌妻陳氏年二十六夫歿守節撫孤卒年七十九并據採訪
喻通詳妻曾氏年二十二夫歿守節撫孤事舅姑孝卒年七十
八
喻通謐妻徐氏年二十三夫歿守節撫孤事舅姑孝卒年八十
二
喻今詳妻楊氏年二十八夫歿守節撫孤事舅姑孝
胡必封妻梅氏　貢生胡必際繼妻陶氏　胡華祝妻喻氏
胡華文妻徐氏梅陶娣姒喻梅媳徐陶次媳也梅年二十五
必封歿矢志守節事姑孝氏先生子華蓋貢成均承繼夫兄
夫歿無子嗣夫弟次子華祝祝歿喻年二十守節以華蓋次
子忠琪爲嗣列成均陶年十九必際歿矢志守節撫夫前室



子二長華麟貢生次華文文歿徐年二十二守節以麟子宜
丙爲嗣入邑庠一門四節人咸重之梅卒年五十七喻卒年
五十陶卒年七十三徐卒年八十俱　旌并據採訪
監生胡必璜繼妻許氏　胡必鋤妻李氏娣姒也許年二十四
夫歿守節事姑孝撫夫前室子華汝列成均現年八十李年
二十六夫歿守節孝事舅姑撫嗣華藻議敘八品卒年五十
二并據採訪
胡世祿妻邵氏年二十四夫歿守節卒年八十
王世傳妻劉氏　王佳準妻韓氏姑婦也劉年二十九世傳歿
撫嗣子佳準準病歿韓年二十三同姑苦節撫嗣
舒席儒妻徐氏年二十九夫歿守節卒年八十三并據採訪

羅炳輝妻汪氏年二十六夫歿守節撫孤成立
羅炳有妻萬氏年二十一夫歿守節撫嗣
王鉅雄妻李氏年二十一夫歿守節撫二孤成立
戴耀楚妻梁氏年二十六夫歿苦節撫孤
以上下伍鄉



# 黄岡縣志卷之十五

知黄岡縣事合肥戴昌言編輯

## 人物志

### 列女三　節婦

汪世景妻范氏年二十一夫歿守節孝事舅姑撫嗣煥章列成均卒年五十一

汪世曉妻李氏年二十五夫歿守節孝事舅姑撫嗣元愷成貢生卒年七十六

生員喻廷佑妻成氏年二十四夫歿守節翁病篤氏侍湯藥不懈姑哭子喪明氏日夕禱之愈撫三月孤成立氏卒年九十一

生員汪奉璋妻陶氏年二十八夫歿守節撫孤卒年五十八



程源福妻周氏年二十夫歿守節撫孤卒年六十

陳服官妻朱氏　陳服典妻程氏娣姒也朱年二十四夫歿撫三孤程年二十四夫歿子夭嗣朱次子同朱守節孝事舅姑朱卒年八十程卒年七十七

李茂楠妻汪氏年二十三夫歿守節撫孤紹陽列成均卒年七十

施國隆妻戴氏年二十六夫歿守節四十餘年卒

喻廷仕妻汪氏年二十六夫歿守節撫孤卒年八十四

喻承龍妻余氏年二十四夫歿立嗣守節卒年六十五

喻承柏妻汪氏年二十五夫歿守節撫孤卒年六十四

喻在元妻吳氏年二十一夫歿守節撫孤孝養舅姑

繆春和妻汪氏年二十一夫歿守節卒年八十六

繆聯魁妻魏氏年二十六夫歿守節撫孤卒年七十
朱俊鉉妻吳氏年二十四夫歿守節撫孤孝事舅姑卒年七十
一
胡正國妻黃氏年二十六夫歿守節撫嗣卒年五十九
汪于揆妻宋氏年二十八夫歿守節撫孤卒年八十五
生員汪兆引妻陶氏年二十五夫歿守節事姑孝卒年六十八
陳啟明妻徐氏年二十七夫歿守節撫三孤成立卒年八十八
陳尚德妻張氏年二十夫歿守節撫孤成立
陳必興妻劉氏年二十三夫歿守節撫二孤成立
汪永驥妻許氏年二十夫歿守節撫嗣卒年六十一
吳光道妻徐氏年二十八夫歿守節孝養舅姑撫孤成立
余元洪妻舒氏年二十三夫歿守節撫孤敬事舅姑卒年九十



四
余之騏妻汪氏年二十一夫歿守節撫嗣事姑孝卒年三十五
童敬壽妻陳氏年二十六夫歿守節撫嗣成立
袁悅石妻何氏年二十四夫歿守節撫孤卒年八十
照磨胡永孚妻陶氏年二十六夫歿守節撫二孤成立卒年八
十
邱之棟妻李氏年二十一夫歿守節撫孤孝事舅姑
朱翺濂妻胡氏年二十于歸夫有惡疾供湯藥不厭越二年夫
歿無子誓死苦節卒年五十七
汪于彰妻陶氏年二十二夫歿守節孝事舅姑撫嗣子引光成
廩生卒年五十四
汪于彩妻姜氏年二十四夫歿守節撫嗣事舅姑孝卒年五十
六
余元太妻邱氏年二十夫歿守節姑早亡舅與伯翁久分居氏
勸合爨俱孝養無違撫子成立
童恆熙妻王氏年二十八夫歿守節撫嗣卒年八十四
余履珍妻余氏年二十三夫歿守節撫嗣卒年五十二
汪永恆妻袁氏年十九夫歿守節紡績養姑以孝稱
汪于傑妻陳氏年二十夫歿守節家貧撫孤孝事舅姑卒年七
十六
汪淵妻朱氏年二十九夫歿守節撫孤卒年七十
汪謹文妻林氏年二十夫歿守節卒年九十一
汪視封妻王氏年二十五夫歿苦節撫孤卒年八十二
汪君義妻宋氏年二十四夫歿守節卒年七十五



胡師剛妻魏氏年十九夫歿苦節撫孤卒年八十
汪世瑜妻霍氏年二十四夫歿守節撫嗣成立
汪世昶妻錢氏年十九夫歿守節茹苦終身
胡景義妻張氏年二十六夫歿守節事姑孝卒年六十
余依德妻鄧氏年二十九夫歿守節撫二孤成立
程心梓妻涂氏年二十五夫歿守節卒年七十一
商永方妻李氏年二十三夫歿守節卒年六十七
商祚珩妻李氏年二十四夫歿守節茹苦終身
余良瑶妻周氏年二十夫歿守節撫嗣事姑孝
黎從善妻汪氏年二十九夫歿守節撫孤卒年七十九
童敬彭妻陶氏年二十八夫歿守節撫孤二長觀國監生氏卒
年八十四

萬方有妻童氏年二十二夫歿守節撫孤卒年六十五
李士智妻程氏年二十六夫歿守節撫孤孝事舅姑卒年六十
九
劉以玉妻桂氏年二十八夫歿守節撫嗣卒年八十
童敬綬妻萬氏　童奉璘妻張氏萬年二十三夫歿守節撫嗣
子早夭復撫嗣孫卒年八十九張乃萬姪婦也年二十一夫
歿守節不渝
生員汪萬年妻陶氏年二十八夫歿守節勤苦紡績撫二孤成
立
汪兆彩妻劉氏年二十八夫歿守節撫孤卒年五十七
汪兆輝妻童氏年二十五夫歿守節撫孤卒年八十一
童敬輿妻周氏年二十四夫歿守節卒年八十二



童敬禮妻張氏年二十四夫歿守節卒年七十三
童鳳儀妻陳氏年二十六夫歿守節卒年七十
任開福妻陶氏年二十一夫歿守節撫孤卒年七十三
邱正身妻張氏年二十三夫歿守節卒年八十九
邱之自妻朱氏年二十三夫歿守節撫孤卒年七十五
胡品三妻任氏年二十五夫歿守節撫孤成立
童先坊妻周氏年二十六夫歿守節撫孤孝事舅姑
徐炳蔚妻童氏年二十二夫歿守節撫孤孝事舅姑卒年五十
四
沈習英妻汪氏年二十五夫歿守節事姑孝卒年六十一
汪世暄妻余氏年二十七夫歿守節撫孤成立
監生汪代鏞妻張氏年二十四夫歿守節撫孤成立

童敬義妻王氏年二十九夫歿守節卒年六十二
邱之凰妻魏氏年二十一夫歿守節撫孤卒年八十
李之墉妻楊氏年二十八夫歿守節孝事舅姑撫遺腹孤成立
卒年六十七
監生陳樹蟾妻鍾氏年二十八夫歿守節撫二孤成立
徐恆盛妻童氏年二十五夫歿守節勤苦紡績至老不倦
童之昭妻陳氏　童奇猷妻汪氏　童敬桂妻陶氏　童光湘
妻周氏陳年二十五夫歿守節孝事舅姑撫教二子成立卒
年八十四孫婦汪夫亡時氏年二十一撫遺腹孤光泗列成
均曾孫婦陶氏周氏各年二十八夫歿同志守節壼範肅然
汪亨珠妻童氏年二十一夫歿守節卒年八十一
童奇彬妻魏氏年二十六夫歿守節撫二孤成立卒年七十四



童士華妻王氏年二十夫歿守節卒年六十三
汪代第妻陳氏年二十夫歿苦節終身
謝燿宙妻汪氏年二十七夫歿守節卒年六十
童宗鼎妻董氏年二十六夫歿守節卒年七十四
童士重妻袁氏年二十八夫歿守節卒年六十四
童士欽妻周氏年二十二夫歿守節卒年七十二
周熙庸妻陶氏年二十六夫歿守節年七十餘猶勤紡績
袁心繪妻陳氏年二十二夫歿守節卒年八十
袁心谿妻周氏年二十五夫歿守節撫二孤成立卒年八十三
童奉鞏妻劉氏年十九夫歿守節卒年六十九
童奉義妻汪氏年二十五夫歿守節卒年六十九
童敬憲妻胡氏年二十八夫歿守節卒年八十

童奇勞妻江氏年二十九夫歿守節卒年七十
余良會妻李氏年二十夫歿守節撫嗣卒年七十九
監生李振鈜繼妻戴氏年二十五夫歿守節孝事舅姑撫嗣子
早夭復撫嗣孫
余咸正妻桂氏年二十八夫歿守節撫嗣
魏理才妻程氏年二十八夫歿守節撫孤
喻在岾妻任氏年二十夫歿守節撫嗣
高起義妻萬氏年十九夫歿守節撫嗣
汪依仁妻喻氏年二十三夫歿守節不渝
汪引銑妻朱氏年二十一夫歿守節不渝
魏志煌妻林氏年二十四夫歿守節撫孤
李伯池妻謝氏年二十七夫歿守節撫孤卒年九十二



生員吳兆鼎妻呂氏年二十六夫歿守節撫嗣
汪延福妻袁氏年二十八夫歿守節撫孤事姑孝卒年六十三
曾智厰妻余氏夫患廢疾氏侍養二載不懈比歿氏年二十六
守節立嗣
魏可篠妻袁氏年二十五夫歿守節撫遺腹孤成立
汪于煜妻李氏年二十二夫歿守節撫嗣成立
袁耀邦妻陳氏年二十三夫歿守節撫孤歷四十餘年卒
童敬巽妻袁氏年二十五夫歿守節卒年七十三
余獻鈺妻童氏年二十七夫歿守節撫嗣咸豐十年　旌（并據採訪）
張大衡妻蔡氏年二十七夫歿守節撫孤卒年八十八
汪懋舜妻饒氏年二十三夫歿守節撫孤孝事舅姑卒年八十
汪封徐妻霍氏年二十夫歿守節撫嗣孝事舅姑卒年三十六

蔡周富妻張氏年二十九夫歿守節事舅姑孝撫二孤成立
萬方興妻魏氏年二十七夫歿守節撫孤孝事舅姑
魏可嘉妻周氏年二十夫歿守節不渝
余國鳳妻萬氏年二十八夫歿守節撫孤孝事舅姑
胡正立妻古氏年二十六夫歿守節撫嗣成立
汪兆聯妻陳氏年二十二夫歿守節撫嗣孝事舅姑
武生汪大鵬妻劉氏年二十五夫歿守節孝事舅姑撫二孤成
立
曾志豪妻汪氏年二十八夫歿守節紡績事姑
汪引恭妻姜氏年二十四夫歿守節撫孤
汪引松妻霍氏年二十四夫歿守節撫孤
童演琛妻汪氏年二十三夫歿守節撫孤



王玉昆妻汪氏年二十三夫歿守節撫嗣事姑孝卒年三十九
王祚師妻程氏年二十七夫歿守節撫嗣事舅姑孝卒年九十
四已　旌子國柱貢生（并據採訪）
李正琛（採訪作振琛）妻尤氏年二十四夫歿矢志守節現年八十九
咸豐九年　旌（并據採訪）
余商珍妻劉氏年二十九夫歿守節撫孤成立五世同堂眼見
元孫卒年九十四
汪瑞林妻邱氏年二十四夫歿守節撫孤
余時獻妻沈氏年二十二夫歿守節撫嗣
陶比山妻許氏年二十二夫歿守節不渝
魏可桂妻林氏年二十四夫歿守節撫孤孝事舅姑
魏可鳴妻童氏年二十七夫歿守節茹苦以終

魏可試妻徐氏年二十八夫歿守節茹苦終身
宋志順妻王氏年二十三夫歿守節卒年六十四
職員宋加貞妻劉氏年二十二夫歿守節不渝
監生童應瑞妻周氏年二十九夫歿守節卒年六十六
監生童龍文妻袁氏年二十四夫歿守節撫孤孝養舅姑卒年
八十四
監生汪引鵬繼妻華氏年二十九夫歿守節撫嗣卒年五十二
余艮琪妻汪氏年二十七夫歿守節不渝
陶廷楷妻范氏年二十八夫歿守節不渝
童錫光妻萬氏年二十九夫歿以苦節終
繆大猷妻汪氏年二十二夫歿守節撫孤卒年七十二
徐繼助妻郭氏年二十一夫歿苦節撫嗣卒年八十九



張士任妻沈氏年二十二夫歿守節撫孤卒年六十九
張爲禮妻邱氏年二十三夫歿守節撫孤卒年八十一
黃世茂妻張氏年二十三夫歿守節卒年八十八
張虞卿妻吳氏年二十五夫歿守節撫孤卒年八十三
程國賢妻陳氏年二十二夫歿家貧苦節孝事舅姑撫孤成立
卒年七十四
劉宗五妻曾氏年二十四夫歿守節撫孤孝養舅姑卒年五十
四
徐秉溫妻吳氏年二十二夫病割股以進卒不救氏矢志奉姑
姑病又割股救之卒年六十五
游明坤妻徐氏年二十夫歿守節備歷艱辛
彭終理妻操氏年二十四夫歿守節卒年九十

張維麟妻蕭氏年二十五夫歿守節卒年七十
蕭其秀妻夏氏年二十六夫歿守節卒年七十七
曹鳳舉妻熊氏年二十五夫歿守節撫嗣事舅姑孝卒年六十
三
劉正朝妻劉氏年二十九夫歿家貧守節孝事舅姑撫孤成立
卒年八十四
郭言諄妻黃氏年二十于歸甫七月夫歿矢志守節孝事舅姑
撫嗣成立卒年七十八
郭言詠妻徐氏年十七夫歿守節撫遺腹孤成立卒年五十八
郭維珍妻程氏年二十八夫歿守節撫孤卒年八十一
巴行遠妻潘氏年二十一夫歿守節撫孤成立
吳光倫妻徐氏年二十八夫歿守節撫孤卒年六十二



張爲祿妻方氏年二十四夫歿守節茹苦以終
張世敦妻徐氏　張守馥妻王氏姑婦也徐年二十四夫歿守
節撫孤卒年七十六王年二十六夫歿同姑守節撫孤成立
卒年六十 并據採訪
張世茂妻宋氏年二十四夫歿守節撫嗣卒年七十六 據採訪增入
張世恩妻馮氏　張守暄妻李氏姑婦也馮年二十四夫歿守
節撫孤卒年六十八李年二十六夫歿同姑守節撫孤成立
卒年五十八 據採訪增入
張萬福妻方氏年二十六夫歿守節撫孤卒年八十七 據採訪增入
熊騍妻劉氏年二十五夫歿守節卒年八十五
鄭之常妻徐氏年二十五夫歿守節撫遺腹孤成立卒年八十
七

朱正連妻楊氏年二十八夫歿守節撫孤卒年七十二

馮應昌妻蔡氏　監生馮康伯繼妻鄧氏　馮華封妻許氏三世姑婦也蔡年二十四應昌歿斷髮守節撫孤康伯尋夭鄧年二十八撫孤華封封故時許年二十八孝奉孀姑撫二孤成立蔡卒年八十四

鄧如鋭妻陳氏年二十四夫歿守節撫嗣卒年七十七

宋正武妻徐氏年二十九夫歿守節事姑孝

鍾敘毅妻胡氏年二十九夫歿守節撫孤卒年七十三

蕭天成妻湯氏年二十二夫歿守節事舅姑孝

劉士昭妻何氏年十九夫歿守節撫嗣卒年七十九

徐文鼎妻林氏年二十五夫歿守節茹苦終身

徐華露妻黄氏　徐文粱妻張氏姑婦也黄年二十四華露歿守節撫孤文粱尋夭婦張氏年二十三矢志守節孝事孀姑



程家珏妻萬氏年二十五夫歿守節卒年五十七

監生黄芝妻曾氏年二十四夫歿守節撫孤卒年七十九

曾大愷妻陳氏年二十七夫歿守節卒年七十二

庠生游欽璋妻余氏舅姑病割股療之年二十一夫歿撫五月孤守節卒年七十五

曹應海妻周氏年二十二夫歿守節事祖姑及翁姑以孝稱下逮曾元親見七代五世同堂卒年九十四

郭守成妻李氏年二十二夫歿守節奉姑撫孤備歴艱苦卒年五十八

郭士太妻彭氏夫客死西蜀氏年二十四矢志守節卒年五十六

郭維昭妻李氏　郭言株妻王氏姑婦也李年二十七維昭歿守節撫孤言株成立株歿婦王氏年二十九依姑苦守李卒年八十王卒年六十九

郭載友妻阮氏年二十四夫歿守節撫孤卒年八十三（并採訪）

郭艮臣妻王氏年二十三夫歿家貧守節撫嗣成立卒年五十八

郭志泰妻張氏　郭洪元妻余氏姑婦也張年二十四志泰歿守節撫子洪元早歿婦余氏年二十六同姑守節張卒年八十余卒年六十八

郭卜彩妻龔氏年二十六夫歿守節孝事衰舅撫孤成立卒年七十九

郭廣傳妻徐氏年二十三夫歿家貧守節撫孤成立卒年八十九（并採訪）



郭紹楚妻趙氏年二十五夫歿守節撫孤卒年六十四

郭紹嵛妻成氏年二十六夫歿守節撫孤卒年六十八

劉經廷妻阮氏年二十割股救夫夫歿苦節撫嗣成立卒年七十五（并採訪）

徐國和妻段氏年二十六夫歿守節孝事舅姑撫嗣成立卒年七十一

邱汝咏妻鄧氏年二十一夫歿守節茹苦終身

劉作檐妻曾氏年十八夫歿守節卒年九十二

郭維耀妻徐氏年二十一夫外歿截髮誓守撫嗣成立卒年八十二

劉作極妻郭氏年二十三夫歿貧苦守節撫孤成立卒年五十

七

監生徐繼銳妻盛氏年二十六夫歿守節撫嗣卒年八十一

胡樹森繼妻陶氏妾袁氏年俱二十七樹森歿相依守節撫孤子成立

誥封孺人子忠佐議敘八品 并據採訪

胡錫粱妻張氏父病劇割股以進祖父病又割股救療及于歸孝事翁姑及祖翁姑年二十七夫歿守節撫孤齋素十年卒

邱氏俊妻陳氏年二十三夫歿苦節撫孤事姑以孝稱卒年九十五 并據採訪

程景怡妻鍾氏年二十二夫歿守節撫孤奉姑孝卒年六十八

江台選妻張氏年二十夫歿守節撫嗣炳章成諸生卒年六十八



程大瑛妻彭氏年二十六夫歿守節撫孤卒年八十二

徐世遴妻鍾氏年二十九夫歿守節撫孤卒年九十三

黃見夏妻胡氏年二十八夫歿守節茹苦以終

胡士榮妻朱氏年二十一夫歿守節撫嗣卒年七十八

程家熙妻陳氏年二十四夫歿守節撫孤事姑孝卒年六十八

柯行三妻王氏年二十四夫歿守節撫孤卒年八十餘

劉孔祥妻曹氏年二十七夫歿守節卒年八十六 并據採訪

董楚湘妻李氏年二十五夫歿守節撫孤卒年七十五

郭國正妻葉氏年二十四夫歿守節卒年八十一 并據採訪

郭祥宇妻羅氏年二十二夫歿守節撫孤卒年七十九 并據採訪

劉學柏妻溫氏年二十二夫歿守節奉姑撫孤卒年六十四

劉學嗣妻陳氏年二十四夫歿守節撫孤孝事舅姑卒年八十二 并據採訪

劉學凱妻徐氏年二十九夫歿矢志守節事舅姑孝卒年七十七 并據採訪

余艮傑妻陳氏年二十六夫歿守節卒年六十三

陳萬傑妻陳氏年二十五夫歿守節孝事舅姑撫孤蓮列成均卒年八十四 并據採訪

張世俊妻吳氏年二十一夫歿守節孝養舅姑撫孤成立卒年九十一 并據採訪

劉士凱妻趙氏年二十五夫歿守節撫孤卒年九十

江嘉言妻汪氏年二十四夫歿守節撫孤事姑孝卒年七十

何應麟妻汪氏年二十八夫歿守節撫孤卒年八十九 并據採訪

程德洪妻曾氏年二十七夫歿家貧苦節撫孤成立卒年六十九



邱安禮妻熊氏　邱汝吉妻鄒氏姑婦也熊年二十九夫歿守節撫孤卒年八十六鄒年十九夫歿同姑守節卒年七十一

王廷煌妻趙氏年二十夫歿守節撫嗣卒年八十三 并據採訪

胡占鼇妻施氏年二十七夫歿守節撫孤孝事舅姑

王越來妻巴氏年二十四夫歿守節撫孤孝事舅姑

柯秀廷妻汪氏年二十八夫歿守節撫孤

曾茂賢妻王氏年二十四夫歿守節撫孤卒年七十九 并據採訪

曾春華妻夏氏年二十八夫歿守節撫孤卒年八十三 并據採訪

曾希唐妻鄧氏年二十七夫歿守節撫孤卒年七十二 并據採訪

曾宏貴妻張氏年二十九夫歿守節撫孤卒年六十二 并據採訪

曾兆金妻汪氏年二十六夫歿守節撫孤卒年七十一 并據採訪

湯維慶妻宋氏年二十入夫歿守節撫孤孝事舅姑
余國清妻徐氏年二十夫歿守節卒年七十三 并據採訪
胡聲有妻宋氏年二十三夫歿守節撫孤卒年六十二
楊楚襄妻閔氏年二十九夫歿守節撫孤成立
蕭廷柱妻湯氏年二十六夫歿守節撫孤孝事舅姑
徐保泰妻胡氏年二十八夫歿守節孝事舅姑撫孤成立卒年七十九 并據採訪
廖勝元妻江氏年二十二夫歿守節撫遺腹孤成立
廖昇揚妻朱氏年二十六夫歿矢志守節撫孤成立卒年八十三巳 旌 并據採訪
廖宗泰妻黃氏年二十七夫歿矢志守節艱苦備嘗撫孤成立巳 旌 并據採訪



廖其址妻高氏年二十五夫歿矢志守節撫孤成立卒年八十二巳 旌 并據採訪
劉玉斗妻陳氏年二十五夫歿守節撫孤成立
郭言順妻余氏年二十三夫歿守節撫嗣孝事衰舅卒年八十
郭宗唐妻王氏年二十五夫歿守節撫孤卒年九十三
徐盛煒妻余氏年二十二夫歿守節撫孤卒年六十四 并據採訪
胡思美妻胡氏年二十二夫歿守節卒年八十四
胡宗長妻陳氏年二十九夫歿守節卒年八十五
胡元鈺妻曾氏年二十九夫歿守節卒年七十一
陳重矩妻黃氏年二十四夫歿守節茹苦終身
張揚彩妻李氏年二十二夫歿守節卒年七十六 并據採訪
張啟高妻江氏年二十五夫歿守節卒年六十一

施廷南妻張氏年二十五夫歿守節卒年七十四 并據採訪
張輝海妻羅氏年二十六夫歿守節卒年七十一 并據採訪
宋致朝妻張氏年二十四夫歿守節茹苦終身
張垂棘妻宋氏年二十七夫歿守節卒年七十五 并據採訪
胡士逷妻施氏年二十一夫歿苦節卒年七十二
郭在泮妻段氏年二十夫歿守節撫嗣卒年七十四 并據採訪
劉正龍妻程氏年十八夫歿守節卒年七十七 并據採訪
胡常椲妻張氏年二十八夫歿守節撫孤成立
庫日浩妻曾氏年二十九夫歿守節撫孤成立
監生姜巨川妻戴氏年二十八夫歿守節撫孤成立
邱汝潤妻朱氏年二十五夫歿守節不渝
黃仕可妻黃氏年二十六夫歿守節撫孤卒年九十二



黃均輝妻陳氏年二十六夫歿守節孝事舅姑
徐合義妻蔡氏年二十四夫歿守節撫孤卒年七十一 并據採訪
徐春方妻郭氏年二十八夫歿守節卒年六十六 并據採訪
李思舜妻郭氏年二十夫歿苦節卒年六十九
許呈槐妻高氏年二十五夫歿守節卒年四十八
黃世禧妻胡氏年二十二夫歿守節撫孤卒年七十七
彭保合妻余氏年二十四夫歿守節撫嗣卒年六十
彭保柏妻劉氏年二十四夫歿守節撫孤卒年八十八 并據採訪
彭保雄妻徐氏年二十六夫歿守節卒年八十一 并據採訪
朱席東妻胡氏年二十二夫病割股比歿守節撫孤卒年七十
朱府賓妻徐氏年二十八夫歿守節撫嗣卒年七十二
朱格義妻黃氏年二十五夫歿守節撫嗣卒年六十八

朱致甫妻巴氏年二十九夫歿守節撫孤成立
朱輔臣妻陳氏年十九夫歿守節撫孤卒年六十七
徐耀芝妻黄氏年二十九夫歿守節撫孤卒年七十六并據採訪
郭維政妻黄氏年二十二夫歿守節撫嗣卒年六十二
曹某妻胡氏年二十夫歿守節卒年八十
廖澤賢妻陳氏年二十六夫歿矢志守節撫孤成立卒年八十
已旌并據採訪
劉維疆妻段氏年二十一夫歿矢志守節撫孤成立卒年六十
八已旌并據採訪
劉有棐妻張氏年二十八夫歿苦節卒年八十
劉作楨妻朱氏年二十一夫歿守節撫孤卒年六十八
曹朝綱妻郭氏年二十三夫歿守節卒年七十二
曹興周妻張氏年二十五夫歿守節卒年七十二并據採訪
曹純福妻鄧氏年二十四夫歿守節撫孤卒年七十三并據採訪
曹靖黄妻劉氏年二十九夫歿守節撫孤卒年五十五
曹希望妻鄧氏年二十八夫歿守節撫嗣卒年六十八并據採訪
曹靖夏妻徐氏年二十四夫歿守節撫孤卒年四十二
劉孔瑞妻郭氏年二十八夫歿守節卒年七十三
郭存悌妻張氏年二十一夫歿守節撫嗣嗣夭復撫孤孫卒年
九十一并據採訪
余獻正妻趙氏年二十四夫歿守節撫孤卒年六十八并據採訪
余良智妻陶氏年二十八夫歿苦節卒年六十八并據採訪
徐泰山妻周氏年二十夫歿氏哀毀誓守卒年三十四繼姪承
祀



朱新發妻郭氏年二十五夫歿守節撫孤孝事舅姑卒年七十
七并據採訪
郭維熙妻劉氏年二十四夫歿守節撫子言治列成均卒年七
十五
朱正亨妻郭氏年二十二夫歿守節撫孤事姑孝卒年六十一
余良睿妻劉氏年二十六夫歿守節撫孤卒年五十三
周庭佩妻左氏年十八夫歿守節撫嗣嗣夭復撫孤孫卒年七
十并據採訪
周常泰妻董氏年二十一夫歿守節孝事翁姑撫嗣嗣早夭復
撫孤孫卒年七十七并據採訪
監生余德徽妻余氏年二十六夫歿守節事姑孝撫孤文瀚成
諸生卒年六十四并據採訪
曹靖洲妻郭氏年二十九夫歿守節卒年七十二并據採訪
程從龍妻胡氏年二十夫歿守節孝事舅姑撫孤成立卒年七
十四并據採訪
程明羽妻梅氏年二十夫歿守節撫孤孝事舅姑卒年六十八
程光星妻馮氏年二十四夫歿守節撫孤孝事舅姑卒年九十
程明伊妻鍾氏年二十二夫歿守節撫孤孝事舅姑卒年六十
四
程明桂妻劉氏年二十八夫歿矢志撫孤孤夭婦雷氏年二十
五相依守節孝事孀姑撫孤成立劉卒年八十雷卒年七十
一并據採訪
程明廉妻徐氏年二十九夫歿守節撫孤卒年六十六
陳勝甫妻霍氏年二十七夫歿守節撫嗣孝事舅姑卒年六十

三
陳步林妻高氏年二十八夫歿守節撫嗣孝事舅姑卒年六十
四（并據採訪）
陳正輔妻張氏年二十夫歿守節撫嗣孝事舅姑卒年六十
程廷光妻熊氏年二十八夫歿守節撫孤卒年九十四
成良輔妻熊氏年二十三夫歿守節撫孤卒年四十
程光前妻梅氏年二十一夫歿苦節撫嗣孝事舅姑卒年六十
六（并據採訪）
黃慶吉妻宋氏年二十七夫歿苦節撫孤
胡楚望妻童氏年二十夫歿守節撫遺腹孤事舅姑孝
監生張光理妻高氏妾謝氏光理歿高年二十九謝年十九同
志守節撫孤成立高卒年九十三



何永揚妻劉氏年二十八夫歿守節撫孤卒年七十九（并據採訪）
劉崇效妻何氏年二十九夫歿守節撫孤卒年七十五（并據採訪）
邱汝賢妻吳氏年二十八夫歿守節撫孤
鍾朝榮妻程氏年二十七夫歿守節不渝
鍾德仲妻黃氏年二十六夫歿守節不渝
董興隆妻廖氏年二十七夫歿守節撫孤卒年七十五（并據採訪）
黃興朝妻余氏年二十一夫歿守節卒年五十二
程斯治妻李氏年二十五夫歿守節撫孤事舅姑孝卒年七十
四（并據採訪） 以上庶安鄉
沈章榮妻陳氏年二十六夫歿守節撫孤卒年三十九
夏振文妻蔡氏年二十四夫歿守節撫嗣卒年六十
陳廷珠妻潘氏年二十五夫歿守節撫孤卒年七十三

陳玉池妻周氏年二十四夫歿守節撫孤卒年五十六
熊士祿妻柳氏年二十四夫歿守節撫孤成立長世濃監生次
世澤諸生氏卒年七十六
監生胡鶴壽（採訪作鶴級）妻陳氏年二十七夫歿守節撫嗣嗣夭復
撫嗣孫卒年七十六嗣孫一桀副舉人候選教諭（并據採訪）
胡述江妻張氏年二十四夫歿守節卒年三十七
封職汪于濰妻程氏年二十五夫歿家貧守節孝養舅姑撫孤極三
成進士卒年七十九
陶啟涵妻蔣氏年二十九夫歿守節不渝
施渭濱妻李氏年十九夫歿無子苦節紡績自給卒年八十一
呂昌茂妻葉氏年十九于歸甫月餘夫歿守節撫遺腹孤成立
黃榮麟妻郭氏年二十九刲股救夫夫亡家貧守節事姑孝撫



孤成立
羅永觀妻程氏年二十五夫歿守節撫孤
周文旺妻尤氏年二十三夫歿守節孝事舅姑撫二孤成立長
尚珍布經歷氏卒年七十二
萬希松妻程氏年二十八夫歿有欲出之者氏明於族誓以死
守家貧茹苦紡績自給
曾敬中妻王氏年二十二夫歿守節撫嗣成立
羅遠耀妻胡氏年二十七夫歿守節撫二孤成立
張應檀妻王氏年二十二夫歿家貧守節撫嗣成立卒年五十
七
林申錫妻童氏年二十八夫歿守節撫孤成立
陳廷鎬妻胡氏年二十五夫歿守節撫嗣嗣夭又撫孤孫

生員呂自超妻黃氏年二十七夫歿守節撫孤
曾有基妻柳氏年二十三夫歿守節撫遺腹孤道傳列成均卒
年七十七
庠生萬希煜妻陶氏年二十七夫歿苦節孝養舅姑撫嗣鼎基
成諸生卒年八十三
萬希炯妻易氏年二十四夫歿苦節孝事舅姑撫孤鼎均成諸
生卒年七十四
庠生萬裕泉妻鮑氏年十九夫病危刲股救之卒不起氏矢志
守節勤苦撫孤後舅病氏復刲股救之延十餘年氏卒年六
十五已旌 并據採訪
張應壽妻材氏年二十九夫歿家貧守節茹苦終身
余天才妻呂氏年二十八夫歿家貧苦節撫孤成立



監生李明義妻徐氏年二十三夫歿守節撫孤孤夭復撫嗣孫
雷懋鱗妻張氏年二十六夫歿守節家貧撫孤卒年七十六
張本翰妻揭氏年二十一夫歿守節撫孤成立
朱豐積妻陳氏年二十八夫歿守節撫遺腹孤成立
向起賢妻陳氏年二十九夫歿守節卒年四十一
宋明光妻黃氏年二十五夫歿守節孝事舅姑撫二孤成立
張之鯨妻宋氏年二十九夫歿守節撫孤成立
供事王世烈妻萬氏年二十九夫歿矢志守節撫孤成立卒年
六十七 并據採訪
王國輻妻陳氏年二十二夫歿撫孤孤夭立嗣又夭苦節終身
卒年七十六 并據採訪
王國連妻張氏年二十夫歿家貧苦節紡績易食撫孤成立卒

年五十九 并據採訪
王馨譜妻袁氏年二十三夫歿無子家貧苦節終身
欒重豪妻薛氏年二十夫歿守節不渝
汪延熺妻陳氏年二十二夫歿苦節卒年七十
陶鳴柏妻陳氏年二十八夫歿守節撫孤成立
李位三妻郭氏位三偕兄弟應試溺水兄弟俱死已獨獲救感
痼嘔血踰年死氏年二十四無子守節勸姑爲舅買妾生子
庶姑歿氏撫之成立
監生許德華妻胡氏年二十五夫歿守節撫孤厚均列成均卒
年七十三
萬希范妻陳氏年二十五夫歿守節年八十餘紡績不輟
周運光妻汪氏年二十二夫歿守節撫嗣紡績自給



許正官妻周氏年二十夫歿家貧無子以苦節終
李達建妻江氏年二十六夫歿守節撫孤事姑孝
王源保妻萬氏年二十五夫歿守節撫孤
劉文德妻楊氏年二十七夫歿守節撫孤
葉肇海妻韓氏　葉大勳妻黃氏姑婦也韓年二十五肇海歿
守節撫孤大勳大勳歿黃年二十同姑守節撫二孤成立
林常儼妻程氏年二十夫歿守節撫孤遇春列成均卒年八十
一
程美材妻張氏年二十一夫歿家貧守節孝養舅姑撫孤成立
周熙鈁妻靖氏年二十七夫歿守節撫二孤成立長濂庠生次
溪監生氏卒年七十六
林志遠妻王氏年二十五夫歿守節撫嗣

朱慶奇妻陶氏年二十一夫歿守節撫孤

陳方際妻王氏年二十二夫歿守節無子日夜禱夫主前求娣得男娣生男裂襁褓之抱見夫主爲嗣含漿哺之事舅與繼姑孝卒年七十六

廪生萬鼎養妻徐氏年二十二夫歿矢志守節備歷艱辛卒年六十已 旌并據採訪

朱廷珍妻李氏年二十五夫歿守節撫孤卒年六十一道光四年請 旌并據採訪

黃澤普妻宋氏年二十五夫歿守節撫遺腹孤早夭立姪爲嗣卒年七十

程定先妻甘氏年二十六夫歿守節撫孤事繼姑孝卒年七十八



商一澤妻邱氏年二十夫歿守節撫孤權中副榜卒年六十

童有直妻程氏年二十二夫歿守節撫孤念祖列成均卒年八十四

監生周偉烈妻陳氏年二十三夫歿守節撫孤天祿貢成均卒年七十五

陶應緕妻汪氏年二十四夫歿守節撫孤卒年六十七

州同王岑妻陳氏年二十八夫歿守節撫嗣志鑑列成均卒年四十六

程道廣妻嚴氏年二十三夫歿守節撫遺腹孤永成諸生卒年八十一

杜天柏妻李氏年二十二夫歿家貧苦節撫遺腹孤成立卒年五十四

葉大藏妻林氏年二十五夫歿守節撫孤成諸生卒年八十一

楊宜發妻周氏年二十九夫歿苦節撫孤卒年七十八

韓初官妻李氏年二十一夫歿守節撫孤卒年五十二

陶景康妻胡氏年二十五夫歿家貧苦節撫孤成立卒年六十二

監生曾紹龍妻呂氏年二十一紹龍歿矢志守節事嫡盡禮卒年七十二

周士愷妻萬氏年二十六夫歿守節卒年七十九

曾紹麟繼妻施氏年二十四夫歿守節撫孤訓孫列成均卒年八十九

曾朝桂繼妻王氏年二十一夫歿守節撫嗣卒年五十四

監生周䙫妻程氏年二十二夫歿守節撫孤卒年九十三



張光明妻范氏年二十三夫歿守節卒年七十二

羅之屏妻宋氏年二十八夫歿守節卒年八十二

萬希懋妻葉氏年二十四夫歿無子苦節以終卒年七十五

萬廷瑞妻董氏年二十七夫歿守節事舅姑孝卒年三十七

萬廷儒妻王氏年二十六夫歿守節撫孤二次希曬增貢生氏卒年八十八

萬廷任妻王氏年二十四夫歿守節卒年六十五

夏公祿妻嚴氏年二十七夫歿守節撫孤卒年七十七

陳章德妻柳氏年二十五夫歿守節撫孤卒年六十五

張勝海妻胡氏年二十三夫歿守節撫嗣卒年七十

曾薪傳妻胡氏年二十八夫歿守節撫孤履中列成均卒年四十九

熊世法妻朱氏年二十夫歿守節撫嗣卒年三十八
趙文鷺妻陳氏年二十六夫歿守節卒年七十九
劉文悠妻林氏年二十八夫歿守節撫孤卒年八十九
佘烈鶴妻葉氏年二十七夫歿守節撫孤集英成諸生孫錦才
兆李俱諸生氏卒年八十道光八年奏　准建坊（并據採訪）
萬鼎雯妻鄧氏年二十八夫歿子殤舅恐絶祀置媵生子媵死
氏撫之成立舅卒殯葬如禮家產紫芝人以爲孝感云卒年
七十二
嚴文正妻張氏年二十四夫歿守節撫嗣卒年八十七孫有侗
諸生
嚴文玖妻陶氏年二十九夫歿家貧紡績自給三子三孫相繼
亡苦節以終卒年八十六



嚴文藪妻杜氏年二十四夫歿守節撫孤卒年七十八孫家煇
家焜俱諸生
嚴世熏繼妻萬氏年二十二夫歿守節撫孤卒年六十
嚴文符妻姚氏年二十夫歿守節撫孤卒年七十
嚴承忍妻廖氏年二十五夫歿守節撫二孤成立卒年八十八
嚴家騏妻胡氏年二十三夫歿守節立嗣嗣歿撫兩孫卒年七
十三
嚴承輝妻張氏年二十一夫歿遺腹生一女矢志守節孝事舅
姑教女撫嗣卒年五十二
周熙泮妻朱氏年二十三夫歿守節撫嗣卒年六十九
周熙安妻萬氏年二十五夫歿守節撫二孤成立卒年七十
甄永隴妻許氏年二十七夫歿守節撫孤卒年七十五

陳錫鵬妻周氏年二十二夫歿守節卒年七十三
張德茂妻胡氏年二十七夫歿守節撫孤卒年六十六
陶之昺妻張氏年二十九夫歿守節撫孤卒年八十三
商一淵妻王氏年二十四夫歿守節卒年七十四
萬希俊妻周氏年二十八夫歿苦節卒年八十
監生萬希軾妻蕭氏年二十八夫歿守節卒年六十一
曹家臣妻許氏年二十二夫歿守節卒年七十六
揭宗輌妻周氏年二十四夫歿守節卒年八十五
余宏仁妾馮氏年十九宏仁卒於溆水縣氏扶櫬歸家守節同
嫡事姑盡禮撫孤成立卒年四十五
陳受琯妻袁氏年二十八夫歿守節撫嗣成立
陳受韜妻周氏年二十九夫歿守節撫二孤成立卒年七十



陳受韓妻林氏年二十五夫歿守節撫二孤成立
陳受經妻鄭氏年二十二夫歿守節撫孤
陳啟爍妻陶氏年二十二夫歿守節撫孤卒年九十
陳啟錧妻張氏年二十六夫歿守節撫孤卒年七十七
陳之蘭妻汪氏年二十七夫歿守節撫孤卒年七十二
陳德孝妻周氏年二十七夫歿貧苦守節撫孤成立
陳德馨妻陶氏年二十三夫歿守節不渝
陳美文妻汪氏　陳才高妻郭氏姑婦也汪年十九美文歿守
節無子撫姪才高爲嗣才高歿婦郭氏年二十五同姑守節
撫孤成立汪卒年八十一
段朝東妻柳氏年二十五夫歿守節撫孤成立
周宗郜妻聶氏年二十八夫歿守節撫孤成立

李有裔妻王氏年二十五夫歿守節撫孤靑選成諸生
李克先妻劉氏年十九夫歿守節撫嗣成立
盧煥仁妻張氏年二十六夫歿家貧守節撫二孤成立卒年八十一
盧基典妻游氏年二十八夫歿無子苦節以終卒年五十九
盧鍾輔妻孟氏年二十九夫歿貧苦守節撫二孤成立
監生羅啟麟妻盧氏年二十八夫歿守節撫嗣卒年八十二
羅道翊妻程氏年二十三夫歿守節撫孤冠楚列成均卒年六十六
陸獻公妻胡氏年二十三夫歿貧苦守節卒年六十
羅元碧妻童氏妾劉氏元碧歿童年二十七劉年十八相依守節撫姪文彪成諸生童卒年八十三劉卒年六十一咸豐八



年 旌 并據採訪
羅元豫繼妻周氏年二十六夫歿守節撫嗣卒年七十六
羅起延妻金氏年二十六夫歿守節卒年七十二
羅起杏妻金氏年二十四夫歿守節卒年六十四
張起祥妻劉氏年二十七夫歿守節卒年九十
羅道份妻錢氏年二十二夫歿苦節卒年八十三 并據採訪
羅千善妻張氏年二十二夫歿守節撫嗣卒年八十四道光二十三年建坊 并據採訪
羅千京妻李氏年二十四夫歿守節卒年六十
黃章品妻陳氏年二十七夫歿守節撫遺腹孤成立卒年六十八已 旌 并據採訪
羅千惠妻曾氏年二十四夫歿守節撫嗣卒年八十四 并據採訪

羅啟爵妻謝氏年二十五夫歿守節卒年六十八
生員羅啟泰妻楊氏年二十八夫歿守節卒年六十八
羅啟鳳妻張氏年二十九夫歿守節茹苦終身
方福祿妻胡氏年二十九夫歿守節卒年五十一
程世瑛妻熊氏年二十夫歿守節撫孤化龍貢成均卒年八十四
陶之年妻周氏年二十二夫歿守節撫孤卒年三十二
監生曾雲翔妻余氏 曾聖淸妻張氏 曾聖拔妻朱氏娣姒也余年二十六夫歿守節卒年八十四張年二十三夫歿守節卒年七十二朱年二十一夫歿守節卒年七十八
曾聖傳妻余氏年二十四夫歿守節撫孤卒年七十九
游瑞妻萬氏年二十八夫歿守節卒年八十二



游瓚妻胡氏年二十四夫歿守節卒年七十八
游理妻程氏年二十七夫歿守節孝事舅姑撫二孤成立長克仁監生次金鼇諸生氏卒年五十七
游珠妻李氏年二十九夫歿守節孝事舅姑尤得繼姑歡撫孤獻廷成諸生卒年八十二
監生游衡周妻李氏衡周繇事伏法事見呂德芝書事時氏年二十九孝事舅姑撫孤璧教養兼盡列成均其孫曾入邑庠者七列成均者八任教職者一人稱爲節孝之報卒年八十
游克茂妻李氏年二十五夫歿守節卒年七十二
庠生游萬青繼妻胡氏年二十五夫歿守節事姑孝姑年八旬病淹牀褥氏侍湯藥衣不解帶者月餘撫六月孤成立卒年七十四已 旌子綰光祿寺署正銜 并據採訪

游克信妻張氏年二十九夫歿守節卒年八十
游逢青妻羅氏年二十三夫歿守節卒年四十四
游逢時繼妻劉氏年二十六夫歿守節卒年四十
韓豐全妻吳氏年二十四夫歿守節撫孤孤夭立姪爲嗣卒年
六十八
陶之緯妻余氏年二十五夫歿守節撫孤卒年七十并據採訪
陶之棟妻程氏年二十三夫歿守節撫一子兩女家貧以女紅
度日卒年八十二并據採訪
陶思繩妻潘氏年二十六夫歿守節卒年六十
庠生胡春岱妻朱氏年二十八夫歿守節孝事舅姑立嗣子二
長殷六諸生次榮監生氏卒年六十二
胡士琯妻李氏年二十三夫歿守節卒年七十二



張受玉妻徐氏年二十一夫歿守節卒年八十一
張德昌妻李氏年二十四夫歿守節茹苦數十年
張廷相妻張氏年二十八夫歿守節卒年九十
張正楚妻萬氏年二十四夫歿守節卒年五十二
張聖瑜妻胡氏年二十三夫歿守節茹苦終身
張世鼇妻羅氏年二十七夫歿守節卒年四十二
張文浩妻聶氏年二十二夫歿守節卒年七十五
張文耀妻熊氏年二十二夫歿守節卒年七十六
守備銜武生張楚雄妻涂氏年二十五夫歿守節孝事舅姑撫
嗣成立卒年七十已　旌嗣子翠之增生并據採訪
張履謙妻高氏年二十九夫歿守節卒年六十五
張希瑾妻羅氏年二十夫歿守節撫一女旋夭夫弟婦產男氏
裂襟裹之抱拜夫主前立爲嗣含漿哺之嗣子夭氏三日不
食誓必死弟婦止之後別立嗣撫之成立
張希琪妻陳氏年二十五夫歿越八日得遺腹子氏守節撫孤
孝事舅姑卒年四十一
張敦本妻潘氏年二十四夫歿守節卒年七十一
張定遠妻范氏年二十九夫歿守節卒年六十三
張雲會妻程氏年二十九夫歿守節卒年八十二
張鳳翽妻黃氏年二十夫歿守節事姑孝撫教遺腹子士旻舉
於鄉卒年九十四已　旌并據採訪
張崇智妻杜氏年二十二夫歿守節不渝已　旌并據採訪
張利邦妻熊氏年二十七夫歿守節事舅姑孝姑足疾躬侍湯
藥雖嚴寒不怠子楷捐職千總孫秉文廩生氏卒年八十一



陳世松妻余氏　陳序宗妻熊氏姑婦也余年二十九世松歿
熊年二十四序宗歿相繼守節余卒年八十三
陳序新妻劉氏年二十三夫歿守節卒年五十一
陳序炎妻熊氏年二十二夫歿家貧苦節紡績度日卒年四十
八
陳序堂妻喬氏堂遠貿客死氏年二十六僅育一女母女相依
苦節堅守卒年七十六
陳啟玉妻魏氏年二十八夫歿守節卒年五十二
陳玗妻程氏年二十四夫歿守節卒年七十八
陳啟桐妻楊氏年二十一夫歿守節卒年七十八
陳世昌妻欒氏年二十三夫歿家貧苦節紡績事姑以孝稱撫
嗣成立

陳本智妻王氏年二十一夫歿守節卒年七十四
陳治世妻徐氏年十九夫歿守節撫孤卒年八十三
陳圭瓊妻丁氏年二十四夫歿撫孤八歲而殤苦節以終卒年
七十三
陳錫永妻蕭氏年二十五夫歿氏嚙指矢志事姑孝撫二孤成
立卒年六十三
鄧陞華妻黃氏年二十六夫歿守節茹苦終身
鄧陞茂妻程氏年二十九夫歿守節卒年七十
鄧青山妻柳氏年二十三夫歿苦節終身
鄧顯庸妻桂氏年十九夫歿守節撫孤宏昌列成均卒年八十
鄧正全妻汪氏年十八夫歿守節備嘗艱苦
鄧正朝妻高氏年二十九夫歿守節卒年九十三



李源馨妻陶氏年二十七夫歿守節勤苦自持
李應奎妻蔡氏年二十六夫歿守節茹苦終身
朱成名妻潘氏年二十七夫歿守節撫嗣成立
蔡常富妻彭氏年二十五夫歿守節卒年六十八
蔡守相妻彭氏年二十六夫歿苦節終身
徐鳳綸妻陶氏年二十九夫歿以苦節終
徐世紀妻劉氏年二十六夫歿守節卒年七十六
周高士妻李氏年二十九夫歿苦節撫嗣成立
周功崇妻陶氏　周功峙妻楊氏　周崇崧妻葉氏陶年二十
七夫歿守節卒年六十三楊年二十八夫歿守節卒年七十
二葉年二十八夫歿守節卒年五十八
周永裕妻徐氏年二十五夫歿守節卒年八十三

袁紹庭妻沈氏年二十七夫歿守節卒年八十五
袁紹祖妻賀氏年二十四夫歿守節撫孤卒年六十并據採訪
羅啟祥妻邱氏年二十二夫歿守節勤苦紡績至老不倦
羅昌發妻庫氏年二十四夫歿守節卒年五十五
羅千古妻陶氏年二十四夫歿守節卒年五十七
羅元盛妻邱氏年二十四夫歿守節卒年五十九
羅學知妻繆氏年二十四夫歿守節撫遺腹孤成立卒年五十
八
周展斌妻潘氏年二十四夫歿守節卒年五十一
周高爵妻張氏年二十四夫歿守節卒年五十
劉之炫妻張氏年二十三夫歿家貧氏依母家守節卒年八十
四



孟永亨妻張氏年二十三夫歿守節不渝
沈正相妻商氏年二十夫歿守節撫遺腹孤成立
商一秀妻李氏年二十四夫歿守節卒年七十四
商應昌妻陳氏年二十五夫歿守節卒年九十二
商德顯妻程氏年二十四夫歿守節卒年六十八
王正福妻商氏年二十八夫歿守節卒年七十六
王一瑾妻徐氏　監生王楫妻李氏姑婦也徐年二十四一瑾
歿撫子楫列成均楫故李年二十六同姑守節撫孤徐卒年
六十七李卒年八十一
曾漢儒妻劉氏年二十八夫歿苦節終身
商一渚妻黃氏年二十八夫歿守節卒年六十一
商勳遠妻鄧氏年二十四夫歿守節卒年六十三

庠生余蘭妻嚴氏年二十六夫歿守節勤苦撫嗣事姑及祖姑
以孝稱已　旌　并據採訪
庠生余獻芝妻鮑氏年十九夫歿絕粒六日死而復甦矢志苦
守立嗣撫之已　旌　并據採訪
金廷獻妻徐氏年二十一夫歿守節撫遺腹孤成立
邱希瓊妻曾氏年二十三夫歿守節不渝
邱希琪妻桂氏年二十三夫歿守節不渝
曹鳳彩妻許氏年二十九夫歿守節卒年七十五
劉廷梅妻劉氏年二十五夫歿守節不渝已　旌　并據學冊
吳崇聖妻鄭氏年二十夫歿守節不渝
林宜盛妻陶氏年二十三夫歿守節不渝
杜前躍妻程氏年二十一夫歿守節卒年五十八



夏元智妻林氏年二十三夫病篤割股療之踰月卒氏苦節撫
孤成立
潘德輝妻游氏年二十九夫歿守節紡績自給孝事繼姑
周振泰妻李氏年二十四夫歿守節卒年七十二
劉宗智妻陳氏年二十八夫歿守節卒年八十
方鳳彰妻劉氏年二十二夫歿守節茹苦終身
雷懋功妻靖氏年二十四夫歿守節卒年六十七
雷谷省妻魏氏年二十二夫歿守節卒年七十
楊鴻棟妻葉氏年二十四夫歿矢志守節撫孤成立現年七十
九已　旌　并據採訪
王志理妻陳氏年二十四夫歿守節卒年六十五
李文德妻余氏年二十五夫歿守節卒年七十五

喻在治妻葉氏年二十六夫歿守節卒年九十
柳德耀妻李氏年二十六夫歿守節卒年九十八
李士衮妻倪氏年二十二夫歿守節卒年五十三
劉政玉妻張氏年十八夫歿守節卒年七十四
陶之倌妻張氏年二十三夫歿守節卒年七十五
潘萬祿妻林氏年二十七夫歿守節撫孤事姑以孝稱卒年七
十一　并據採訪
夏正圻妻程氏年二十四夫歿守節撫二孤成立卒年七十七
夏起棟妻蕭氏年二十三夫歿守節撫孤成立
夏起功妻劉氏年二十四夫歿守節撫嗣卒年八十
陳章憲妻柳氏年二十六夫歿守節卒年八十五
張元致妻孫氏年二十五夫歿守節撫孤于錫成立孫廷瓚庠
生氏眼觀五代卒年八十四　并據採訪



庠生張元芝妻林氏年二十四夫歿守節撫子于謙謙卒又撫
孫和琦成壇廩生卒年七十五　并據採訪
張元蘭妻沈氏年二十五夫歿守節卒年六十五
羅啟鼇妻游氏年二十一夫歿守節撫嗣卒年六十二
童先莊妻汪氏年二十八夫歿守節卒年六十九
童先寬妻周氏年二十九夫歿守節年至八十餘猶親操作
袁承譜妻殷氏年二十八夫歿苦節數十年
雷方銘妻周氏年二十二夫歿守節卒年七十二
雷方英妻張氏年二十九夫歿守節卒年七十四
監生陳允茂繼妻劉氏年二十九夫歿卒年八十五
庠生雷光祐妻高氏年二十夫歿苦節終身

周尙鎬妻胡氏年二十八夫歿守節不渝

庠生游克憲妻羅氏年十九夫歿守節卒年七十七

游豐彩妻程氏年二十八夫歿守節孝事舅姑撫嗣成立卒年七十三（并據採訪）

監生游爵妻程氏年三十夫歿守節撫孤克俊列成均卒年六十一

游豐鎧妻沈氏年二十三夫歿矢志守節鎧係獨子既亡氏以婦兼子職曲盡孝養撫孤成立卒年八十（并據採訪）

游克宗妻揭氏年二十三夫歿守節卒年六十四

游豐豪妻張氏年二十八夫歿守節卒年四十八

羅啟綸妻方氏年二十八夫歿守節撫孤雲似列成均氏卒年七十九已旌（并據採訪）



羅啟綱妻鍾氏年二十六夫歿守節撫二孤成立長千仞監生卒年五十四

曾朝梓妻方氏年二十四夫歿守節不渝

熊衍慶妻趙氏年二十五夫歿守節卒年五十二

張金海妻胡氏年二十三夫歿守節卒年六十

張文超妻羅氏年三十夫歿守節卒年五十

劉同發妻劉氏年二十六夫歿守節卒年五十五

吳士欽妻萬氏　吳潤圭妻張氏姑婦也萬年二十八士欽歿守節撫孤卒年七十三張年二十一潤圭歿相繼守節事姑以孝稱

劉之高妻劉氏年二十二夫歿守節卒年八十五

張玉堂妻楊氏年二十二夫歿守節茹苦終身

張景垣妻李氏年二十六夫歿守節卒年八十（并據採訪）

張本道妻嚴氏年二十四夫歿守節卒年三十五

張文祚妻張氏年二十六夫歿守節卒年七十二

曾有基妻李氏年二十四夫歿守節茹苦數十年

雷方興妻陶氏年二十六夫歿守節卒年七十六

雷時英妻呂氏年二十夫歿守節勤苦紡績至老不倦

雷名琮妻汪氏年十九夫歿守節撫孤丙奎成諸生氏卒年七十九已旌（并據採訪）

陳光才妻程氏年二十四夫歿守節茹苦終身

照磨張士晸妾孟氏年二十七士晸歿矢志守節艱苦備嘗

陳士鳳妻劉氏年二十八夫歿守節卒年六十一

陳序賢妻周氏年二十三夫歿守節撫遺腹孤成立卒年六十一



監生劉光曙妻彭氏年二十六夫歿守節撫孤定楨定經俱監生已旌（并據採訪）

劉大綱妻蘇氏年二十五夫歿守節卒年六十一

劉光銓妻劉氏年二十六夫歿守節不渝

羅千橋妻楊氏年二十二夫歿守節不渝

羅千戸妻桂氏年十八夫歿守節卒年六十

羅道錦妻石氏年二十夫歿守節卒年六十七

羅啟暘妻程氏年二十四夫歿守節卒年六十七

羅啟乾妻徐氏年二十二夫歿守節卒年七十

羅永康妻許氏年二十七夫歿守節卒年七十八

羅永寅妻孫氏年二十六夫歿守節卒年七十四

劉大宇妻桂氏年二十八夫歿守節卒年七十四
方鳳章妻劉氏年二十二夫歿守節卒年六十三
陳子仲妻葉氏年十九夫歿守節卒年五十
李可梅妻姚氏年二十四夫歿守節備歷艱辛
高宗泗妻朱氏年二十四夫歿守節不渝
鄧克申妻陳氏年二十夫歿苦節以終
方經濟妻揭氏年二十一夫歿守節茹苦終身
張元智妻孫氏年二十三夫歿守節以苦節終
林向連妻朱氏年二十七夫歿貧苦守節紡績自給
余本艮妻邱氏年二十二夫歿守節撫嗣成立
余以年妻陶氏年二十四夫歿守節茹苦終身
甄模詣妻阮氏年二十四夫歿苦節終身



劉公純妻熊氏年二十三夫歿守節卒年七十九
曾庭玉妻張氏年二十一夫歿守節卒年七十九
賀開相妻汪氏年二十一夫歿守節撫孤卒年六十
陶之佐繼妻向氏年二十四夫歿守節卒年六十二
潘宏保妻劉氏年二十六夫歿守節撫孤
林宜璜妻阮氏年二十七夫歿守節卒年七十八
林宗弟妻金氏年二十八夫歿守節卒年九十二
林宗信妻張氏年二十八夫歿守節卒年八十七
林宗禮妻劉氏年二十二夫歿守節卒年九十六
揭先鍛妻聶氏年二十四夫歿守節備嘗艱苦
杜河源妻程氏年二十三夫歿守節卒年三十七
程錫長妻林氏年二十九夫歿守節茹苦以終

程爲則妻賀氏年二十四夫歿守節備歷艱辛
程開宗妻高氏年二十七夫歿守節卒年八十八并據採訪
程承宗妻潘氏年二十五夫歿守節現年八十五并據採訪
鄭安樂妻程氏年二十九夫歿守節勤苦自持
程異黃妻吳氏年二十六夫歿守節卒年四十六
程國珍妻方氏年二十九夫歿守節茹苦終身
程俱揚妻周氏年二十四夫歿守節茹苦終身
張秀玉妻程氏年二十三夫歿守節不渝
袁起廉妻程氏年二十三夫歿守節不渝
程兆準妻江氏年二十四夫歿守節撫孤益振成諸生卒年六
十
程源國妻宋氏年二十五夫歿守節卒年四十五



程上達妻張氏年二十八夫歿守節茹苦終身
程心中妻汪氏年二十五夫歿守節卒年七十
程源椿妻陶氏年二十七夫歿以苦節終
貢生程俊妻周氏年二十二夫歿守節撫嗣卒年五十并據採訪
程一寬妻沈氏年二十三夫歿守節撫嗣成立
項家英妻程氏年二十五夫歿守節艱辛備歷
周以翰妻欒氏年二十四夫歿守節艱苦備嘗
吳作鼎妻宋氏年二十七夫歿矢志守節撫孤成立卒年五十
五巳　旌并據採訪
庠生程其祥妻袁氏年二十一夫歿守節卒年七十四
程源瀚妻李氏年二十六夫歿苦節終身
邵奎光妻李氏年十九夫歿守節茹苦以終

潘先達妻張氏年二十九夫歿守節茹苦終身
段朝彬妻陳氏年二十七夫歿守節撫孤卒年九十并據採訪
揭緒桊妻邱氏年二十八夫歿守節茹苦終身
揭昭陛妻程氏年二十三夫歿守節不渝
孫希傅妻鄭氏年二十八夫歿守節不渝
呂昌義妻葉氏年二十五夫歿守節卒年七十
曾朝櫓妻胡氏年二十三夫歿苦節終身
熊宗璠妻姚氏年二十五夫歿守節撫嗣卒年六十五嗣子樹
中舉人并據採訪
金保定妻劉氏年二十四夫歿守節年八十餘紡績不輟
林宜銑妻徐氏年二十夫歿守節卒年九十六
林宜恕妻商氏年二十三夫歿守節卒年六十



林常溢妻桂氏年二十四夫歿守節卒年五十八
林宗苞妻余氏年二十一夫歿守節備嘗艱苦
林向模妻邱氏年二十二夫歿守節茹苦終身
林向彬妻羅氏年二十夫歿守節卒年四十六
林常美妻商氏年二十夫歿守節茹苦終身
李東曉妻林氏年二十二夫歿守節卒年六十一
左繼隆妻李氏年十九夫歿守節撫孤卒年五十七
左學銳妻程氏年二十二夫歿守節卒年六十七
左聖英妻商氏年二十九夫歿守節卒年六十三
監生左琛妻楊氏年二十九夫歿守節茹苦終身
王履中妻徐氏年二十八夫歿守節不渝
左法楷妻徐氏年二十七夫歿守節不渝

熊世清妻聶氏年二十夫歿守節不渝
張錫爵妻甄氏年二十八夫歿守節卒年七十八并據採訪
陶鳴洙妻林氏年二十八夫歿守節撫孤卒年五十六
葉先美妻段氏年三十夫歿守節撫嗣成立
張席珍妻邱氏年二十二夫歿守節卒年七十八
張于鑑妻金氏年二十五夫歿守節卒年六十
戢榮菁妻葉氏年二十二夫歿守節卒年七十九
葉克和妻雷氏年二十夫歿守節卒年七十七
張輝啟妻周氏年二十一夫歿守節撫孤
張先緒妻陶氏年二十七夫歿苦節撫孤卒年七十七
高宗衍妻朱氏年二十四夫歿守節卒年七十八
陶之康妻呂氏年二十五夫歿守節卒年六十七



高祚格妻葉氏年二十二夫歿守節茹苦終身
萬成烋妻蕭氏年二十五夫歿守節撫嗣孝事衰舅卒年六十
五己旌并據採訪
生員余紹璘妻朱氏年二十六夫歿守節撫嗣
余文德妻童氏年二十一夫歿守節撫嗣成立
林允剛妻余氏年二十四夫歿守節撫孤卒年六十九
生員林天錦妻周氏年二十二夫歿守節卒年七十一
監生林大興妻王氏年二十九夫歿守節撫孤卒年七十長子
太倉恩貢生孫曾科第相繼
武生顧夔典妻葉氏年二十九夫歿守節撫嗣成立
程加頎妻林氏年十九夫歿守節卒年七十
周熙府妻袁氏年十九夫歿守節卒年六十一

武生陶銑甲妻張氏年二十八夫歿守節孝養孀姑撫嗣成立
已　旌并據採訪
林有枝妻楊氏年二十二夫歿守節卒年七十
林宗禹妻鄭氏年二十七夫歿守節卒年七十二
林復初妻王氏年二十六夫歿矢志守節撫嗣美璞成增廣生
已　旌并據採訪
童有智繼妻余氏年二十五夫歿守節撫嗣娶婦婦亡氏復撫
孫
童承潤妻葉氏年二十二夫歿守節撫孤成立
知縣林希貞妾艾氏年二十六希貞歿守節撫孤卒年七十六
林向光妻周氏年二十九夫歿守節撫孤卒年七十八
林常全妻陳氏年三十夫歿守節撫孤成立



林向玠妻童氏年二十六夫歿守節事姑孝卒年七十二
林向信妻周氏年二十九夫歿守節卒年七十一
程源淇妻周氏年十八夫歿守節卒年八十四
程心逵妻欒氏年二十八夫歿守節卒年七十四
程人保妻祝氏年二十九夫歿守節卒年七十五
程昱豐妻杜氏年二十二夫歿守節卒年五十二
張長宜妻張氏年二十九夫歿守節卒年九十
萬文熾妻王氏年二十八夫歿守節撫孤成立已　旌并據採訪
孫永萬妻陳氏萬幼患癘氏于歸奉巾櫛不倦萬卒氏年二十
五矢志守節撫二孤成立卒年六十九
葉應鶴妻袁氏年二十八夫歿守節茹苦終身
葉應鸞妻蕭氏年二十夫歿守節卒年六十

葉同讓妻蕭氏年二十四夫歿守節卒年七十八
葉萬慧妻蕭氏年二十二夫歿守節卒年八十一
楊鴻轉妻汪氏年二十四夫歿以苦節終
楊鴻壽妻郭氏年二十一夫歿苦節終身
桂兆華妻胡氏年十九夫歿撫孤孤夭撫孫孫夭撫曾孫苦節
終身卒年七十九
游豐杰妻劉氏年二十八夫歿守節卒年四十一
萬成愷妻童氏年二十一夫歿守節孝舅姑勤紡績卒年六十
二
夏起則妻柳氏年二十夫歿守節卒年三十六
徐繼銑妻熊氏年二十七夫歿守節卒年五十五
張于瑞妻陶氏年二十九夫歿守節茹苦終身



張于傳妻揭氏年二十五夫歿守節茹苦以終
張和昇妻程氏年二十八夫歿苦節終身
林宜鶴妻李氏年二十八夫歿守節不渝
監生揭楚良妻程氏年二十九夫歿守節撫嗣成立卒年八十
三嗣子塏職員并據採訪
林宜成妻胡氏年二十八夫歿守節備嘗艱苦
林宜華妻柳氏年二十九夫歿守節不渝
鄭國寶妻姚氏年二十七夫歿守節茹苦以終
林宜章妻李氏年二十九夫歿艱辛備歷
林常師妻邱氏年二十八夫歿守節不渝
周熙錦妻陶氏年二十七夫歿守節撫孤宏運成諸生曾孫雜
埜舉人氏卒年七十三并據採訪

周熙貴妻朱氏年二十八夫歿守節撫二孤成立卒年八十
賀克學妻周氏年二十七夫歿守節卒年八十
張景元妻潘氏年二十九夫歿守節卒年八十四
李一仁妻温氏年二十九夫歿守節卒年六十二
徐天申妻羅氏年二十六夫歿家貧苦節事姑孝撫孤成立卒年八十一
徐心睿妻劉氏年二十八夫歿守節撫孤成立
徐爔祥妻胡氏年二十二夫歿守節孝事舅姑撫遺腹孤成立
張錫艮妻萬氏年二十八夫歿苦節終身
程建業妻潘氏年二十二夫歿以苦節終
夏起儒妻柳氏年二十六夫歿守節卒年七十
林宜斌妻王氏年二十夫歿守節卒年四十九



林常吉妻羅氏年二十九夫歿守節卒年四十九
林宜璋妻楊氏年二十九夫歿苦節終身
陶啟喦妻雷氏年二十四夫歿守節撫嗣成立
王本瑜妻向氏年二十夫歿守節茹苦終身
王本琮妻汪氏年十九夫歿守節不渝
監生李佐堂妻徐氏　李景超妻萬氏姑婦也徐年二十三佐堂歿守節撫孤景超娶婦萬氏萬年二十七景超病劇割左股以進卒不救萬矢志奉姑姑病復割右股進之遂愈徐卒年六十三
邱成偉妻雷氏年二十二夫歿無子苦節紡績自給
陳本讓妻邱氏年二十九夫歿守節撫孤春熙成諸生卒年四十四

陳元陶妻孫氏年二十四夫歿守節卒年八十
陳受金妻周氏年二十八夫歿守節撫孤卒年六十八
陳德阜妻陶氏年二十五夫歿守節不渝
陳受逑妻張氏年二十九夫歿苦節終身
陳啟峯妻陶氏年二十四夫歿守節卒年八十七
陳元盈妻陶氏年二十九夫歿守節卒年八十二
陳世開妻周氏年二十九夫歿守節卒年四十二
陳元忠妻陳氏年二十八夫歿守節卒年六十一
陳世名妻周氏年二十八夫歿守節卒年八十九
陳世瑗妻張氏年二十九夫歿守節卒年八十二
陳德庸妻陶氏年二十五夫歿守節卒年七十七
陳祜恆妻葉氏年二十九夫歿守節撫孤成立



陳德潛妻吳氏年二十七夫歿守節卒年七十二并據採訪
陳德富妻王氏年二十九夫歿守節卒年七十
陳振陞妻余氏年二十八夫歿守節茹苦終身
陳受錫妻汪氏年二十四夫歿守節撫孤成立
陳祜發妻郭氏年二十八夫歿守節撫孤
陳元易妻陶氏年二十八夫歿守節撫孤卒年七十八
陳啟鴻妻鄭氏年二十七夫歿守節撫二孤成立卒年五十八
陳啟紹妻黄氏年二十三夫歿守節卒年七十五
陳其文妻王氏年二十六夫歿守節卒年七十七
陳元軫妻朱氏年二十九夫歿守節撫孤卒年七十四
陳德健妻雷氏年二十八夫歿守節撫孤
陳其任妻葉氏年二十夫歿守節撫孤卒年六十七

陳德長妻周氏年二十六夫歿守節撫孤卒年五十
陳元楷妻張氏年二十九夫歿守節撫孤卒年七十八
陳受箴妻萬氏年二十九夫歿守節撫孤
陳德昭妻陶氏年二十九夫歿守節撫孤
陳祜璈妻周氏年二十五夫歿守節茹苦以終
陳德邃妻何氏年二十八夫歿苦節終身
陳受椈妻王氏年二十九夫歿守節撫嗣子煜列成均卒年七十八
陳德飭妻陶氏年二十九夫歿以苦節終
陳受治妻向氏年二十九夫歿守節撫二孤成立
陳日安妻梅氏年二十一夫歿苦節終身
王盤妻程氏年二十九夫歿守節撫三孤成立



陳啟梁妻葉氏年二十八夫歿守節卒年六十八
胡履泰妻金氏年二十二夫歿守節撫孤成立
監生董潤藿妻楊氏年二十九夫歿守節年八十餘猶親操作
何兆珍妻戢氏年二十八夫歿守節撫孤卒年八十
何兆聖妻袁氏年十八夫歿守節撫孤卒年六十九
陶啟鳳妻童氏　陶鳴春妻余氏　陶鳴泰妻黃氏　陶懋雪妻余氏三世姑婦也童年二十九夫歿余年二十四夫歿黃年二十夫歿余年二十二夫歿相繼守節撫孤人稱一門四節
陶鳴車妻程氏年二十七夫歿守節撫孤
張世鏡妻范氏年二十六夫歿守節撫嗣復撫嗣孫卒年六十三

張先文妻易氏年十九夫歿守節撫遺腹孤成立卒年七十一
楊世望妻李氏　楊世積妻陶氏娣姒也李年二十五夫歿陶年二十四夫歿同志守節撫孤李卒年九十陶卒年三十四
楊芳龍妻袁氏　楊錦妻林氏姑婦也袁年二十七芳龍歿守節撫孤錦錦歿林年二十三同姑守節袁卒年八十林卒年六十五
薛承德妻余氏年二十六夫歿守節撫孤卒年八十八
薛承峻妻曾氏年二十夫歿守節撫孤卒年七十一
薛承緒妻袁氏年二十四夫歿守節撫孤卒年八十四
薛天榮妻朱氏年二十八夫歿守節撫孤卒年七十
薛祚樂妻朱氏年十八夫歿守節撫嗣早夭卒年六十二
薛祚祥妻方氏年二十九夫歿家貧苦節撫孤卒年六十五



薛祚緒妻萬氏　薛遠桂妻余氏姑婦也萬年二十七祚緒歿守節撫孤遠桂桂歿余年二十八同姑守節撫孤成立
薛遠岳妻甘氏年二十夫歿守節撫孤成立
薛遠登妻朱氏年二十四夫歿守節撫孤成立
朱國成妻程氏年十九夫歿守節撫孤卒年八十五
朱國鞏妻施氏　朱承奎妻徐氏姑婦也施年二十一國鞏歿守節撫孤承奎奎歿徐年二十三隨姑守節撫孤事姑以孝稱施卒年七十九余卒年六十五
朱國匡妻周氏年二十三夫歿守節撫孤卒年六十九
朱承統妻柳氏年二十四夫歿守節撫孤卒年五十五
朱承輔妻杜氏年二十七夫歿守節撫孤卒年七十
朱承禹妻周氏年二十三夫歿守節卒年五十四

朱承應妻楊氏年二十夫歿守節卒年五十六
朱承煜妻金氏年二十二夫歿守節撫孤卒年六十
朱承校妻閔氏年二十四夫歿守節卒年七十九
朱承明妻陳氏年二十六夫歿守節撫孤卒年七十二
朱承傑妻黃氏　朱岱山妻林氏姑婦也黃年二十四承傑歿
守節撫孤岱山岱山歿林年二十二同姑守節撫孤黃卒年
七十四林卒年六十九
朱天秩妻陳氏年二十三夫歿守節撫孤卒年七十
朱天祥妻陶氏年二十五夫歿守節撫孤卒年六十五
朱天既妻熊氏年二十三夫歿守節撫孤事姑孝卒年六十三
朱天容妻黃氏年十九夫歿守節撫孤卒年五十三
朱天明妻童氏年二十四夫歿守節撫孤卒年五十七



朱天庸妻諒氏年二十五夫歿守節撫孤卒年六十八
朱天勅妻陶氏年二十三夫歿守節撫孤事姑孝卒年七十一
陶啓亨妻錢氏年二十七夫歿守節撫孤卒年九十三（并據採訪）
朱遺昭妻葉氏年二十三夫歿苦節撫嗣旋夭紡績自給卒年
六十三
朱天忠妻喻氏年二十一夫歿無子苦節事姑孝卒年四十九
朱鳳會妻張氏年十九夫歿守節撫遺腹孤成立卒年六十一
朱士宏妻葉氏年二十八夫歿家貧守節事姑以孝稱撫二孤
成立卒年八十六
朱乾吉妻胡氏年二十三夫歿守節撫孤事舅姑孝卒年七十
三
朱慶貫妻程氏　朱豐孝妻程氏姑婦也姑年二十五夫歿守
節撫孤豐孝娶婦年餘孝卒無嗣婦時年十九同姑守節事
姑以孝聞姑卒年六十五
朱雨溪妻陶氏年二十一夫歿守節撫孤事姑孝
朱慶忠妻葉氏年二十二夫歿守節撫孤卒年六十八
朱慶會妻蔡氏年二十六夫歿守節撫孤卒年六十三
朱占魁妻楊氏年二十四夫歿守節撫孤卒年八十
朱時義妻周氏年二十二夫歿守節孝事舅姑撫孤復撫孤孫
朱豐炎妻李氏年二十夫歿守節撫嗣孝事舅姑卒年四十九
朱豐元妻王氏年二十一夫歿守節撫嗣事姑孝卒年五十二
朱豐垣妻李氏年二十五夫歿守節孝姑撫孤孤夭復撫孤孫
卒年六十三
朱豐純妻楊氏年二十二夫歿守節撫孤卒年七十二



朱豐梅妻林氏年二十四夫歿守節撫嗣嗣夭復撫孤孫卒年
七十二
朱豐輝妻甘氏年二十二夫歿守節撫孤事繼姑孝卒年六十
朱豐良妻楊氏年二十六夫歿守節撫孤成立
朱豐彰妻余氏年二十三夫歿守節撫孤卒年六十七
朱功純妻周氏年二十三夫歿守節撫孤成立
周繅芹妻朱氏年二十一夫歿守節撫孤孝事舅卒年七十
八
曾聖扶妻朱氏年二十一夫歿無子苦節事姑以孝稱卒年六
十
葉能徵妻朱氏年二十四夫歿守節撫孤卒年六十九
汪有光妻朱氏年二十夫歿守節撫孤成立

金致中妻朱氏年二十夫歿無子苦節事衰姑孝
張希昌妻朱氏年二十五夫歿守節撫孤
羅千槁妻余氏年二十六夫歿守節撫孤
鄧盛富妻張氏年十九夫歿守節不渝
王一榜妻童氏年二十九夫歿守節卒年六十
王自傳妻哂氏年二十二夫歿苦節終身
王成憲妻周氏年二十六夫歿守節撫嗣卒年五十九
李翼煌妻王氏年二十五夫歿守節卒年五十七
程有仁妻陳氏年二十六夫歿守節茹苦以終
陳星貴妻吳氏年二十一夫歿守節卒年七十
萬元周妻周氏年二十六夫歿守節勤苦自持
萬元孟妻周氏年二十一夫歿守節茹苦終身



林向勇妻何氏年二十四夫歿守節撫嗣卒年八十二
張禘妻喻氏年二十適張數月歸省值明季流賊亂夫舉家被害氏聞欲以身殉因有娠父母强止之後生男氏撫之成立卒年六十一　以上中和鄉
李元樑妻劉氏年二十二夫歿守節撫嗣鴻勳列成均卒年七十一
朱鍠妻徐氏年二十七夫歿守節撫孤事舅姑孝卒年八十
姚世銓妻周氏年二十二夫歿家貧苦節卒年八十
左宙乘妻朱氏　左洪高妻陳氏姑婦也朱年二十七宙乘歿守節撫孤洪高洪高歿婦陳氏年二十九同姑守志朱卒年七十六陳卒年四十一
方德進妻劉氏年二十三夫歿守節公姑俱亡夫弟甫一歲多病氏調護得延方祀族黨稱之
余豫壽妻黃氏年二十八夫歿家貧苦節卒年六十八
謝發達妻左氏年二十七夫歿守節以鍼黹養舅姑撫孤成立
邱亨富妻張氏年二十八夫歿姑老子幼家貧苦節備歷艱辛
閻朝棟妻盛氏年二十一夫歿守節撫嗣卒年七十九　并據採訪
監生魏闕妻汪氏年二十八夫歿守節撫孤卒年七十
魏士鈺妻殷氏年二十五夫歿守節卒年六十三
高必鉉妻許氏年二十六夫歿守節卒年七十九
萬方昇妻邱氏年二十七夫歿守節撫嗣子成立卒年六十四已　旌　并據學冊
袁國相妻王氏年二十四夫歿守節卒年八十一
嚴厚棟妻陳氏年二十七夫歿苦節撫孤事姑孝



朱宏道妻湯氏年二十四夫歿守節撫孤子成立卒年八十八已　旌　并據採訪
余廷相妻孫氏年十九夫歿守節孝事祖姑及姑撫嗣成立
周文德妻鄭氏年二十一夫歿苦節撫嗣成立
吳英榮妻汪氏年二十三夫歿守節撫孤孝事舅姑家貧苦以紡績自給
王正昌妻胡氏年二十七夫歿守節撫嗣孝事舅姑卒年五十三已　旌　并據採訪
王正紀妻蔡氏年二十五夫歿守節撫孤子成立卒年八十三已　旌　并據採訪
王正春妻李氏採訪作季氏年二十六夫歿守節撫孤成立卒年七十一已　旌　并據採訪

鄭士漖妻吳氏年二十二夫歿守節茹苦終身
鄭士滂妻周氏年二十六夫歿守節撫子邦興成武庠現年八
十五已 旌并據採訪
張廷隆妻孟氏年二十四夫歿守節茹苦以終
職員朱大有妻周氏年二十九夫歿守節家極貧竭力撫三孤
成立三霞遠舉人官知縣氏年五十九卒以霞遠貴
貤太孺人
龔應瑞妻魏氏年二十七夫歿守節撫嗣德溥列成均卒年六
十七
李世烈妻劉氏年二十八夫歿守節撫二孤成立卒年六十九
曾金材妻左氏年二十六夫歿守節卒年八十已 旌并據學冊
龔應璽妻李氏年二十六夫歿守節卒年七十三



李世熙妻陳氏年二十八夫歿守節撫嗣卒年四十五
龔應琦妻黃氏年二十八夫歿守節卒年六十五
郭玉芹妻徐氏年二十二夫歿守節事姑孝卒年四十七
康錫侯妻羅氏年二十夫歿守節撫孤成立
許開玉妾劉氏年三十開玉歿家貧嫡老子幼氏矢志苦守事
嫡以禮撫子成立已 旌并據採訪
李元琮妻宋氏年十八夫歿無子苦節孝事舅姑卒年七十
歐陽永照妻李氏年二十九夫歿家貧苦節撫孤成立
歐陽永烈妻郭氏年二十八夫歿苦節終身
嚴堦妻唐氏年二十一夫歿守節撫嗣成立
秦大柱妻夏氏年二十四夫歿守節撫孤紡績度日殯葬舅姑
如禮卒年四十四

曹承德妻黃氏年二十七夫歿守節卒年八十二
王永和妻朱氏年二十八夫歿守節撫孤事祖姑以孝稱卒年
七十三
石華松妻劉氏年二十一夫歿守節孝事舅姑撫嗣星策成諸
生卒年六十六
石景松妻汪氏年二十九夫歿守節事姑以孝稱撫子星彩入
武庠卒年六十二
李可桂妻曹氏年二十九夫歿貧苦守節撫孤成立
邱文會妻倪氏年二十八夫歿守節撫數月孤成立卒年八十
三
黃發科妻蕭氏年二十八夫歿守節撫孤卒年七十七
殷學書妻黃氏年二十六夫歿家貧苦節撫二孤成立卒年六



十七
邱尚環妻張氏年二十七夫歿公姑年老遺孤甫四月艱苦誓
守卒年八十九
黃虞堦妻高氏年二十一夫歿無子家貧苦節立姪爲嗣
王士進妻魏氏年二十六夫歿守節卒年六十七
王全偉妻李氏年二十八夫歿守節卒年六十五
王世義妻黃氏年二十八夫歿守節茹苦終身
魏封晉妻童氏年二十一夫歿守節撫孤事姑孝卒年八十三
曾開榜妻姚氏年二十三夫歿守節撫孤事祖翁姑以孝稱卒
年四十九
徐懋炳妻呂氏年二十夫歿守節卒年八十五
徐希均妻李氏年二十四夫歿守節撫孤卒年六十八

徐希塏妻鄭氏年二十七夫歿守節撫孤卒年五十一
許道秀妻涂氏年二十九夫歿守節撫孤卒年六十一
監生姜維寅妻汪氏年二十九夫歿守節撫遺腹孤聞韜列成
均以孫玉成布經歷銜援例
貤贈安人卒年五十七
姜溥妻王氏年二十四夫歿守節撫教孤子成立次維紱諸生
氏卒年五十八
監生姜如篆妻李氏年二十九夫歿守節卒年六十六
郭景雲妻夏氏　郭昂雲妻李氏　郭鼎蘇妻魏氏　郭金波
妻王氏　郭金泥妻周氏夏年十九景雲歿撫子鼎蘇成立
卒年七十三李年二十四昂雲歿矢志守節卒年七十三魏
年二十一鼎蘇歿守節撫子金波金泥卒年六十八已　旌



王年十九金波歿周年二十九金泥歿相繼守節王已　旌
周卒年五十四人以一門五節稱之
袁起鸞妻熊氏年二十九夫歿守節卒年三十四
左登榜妻盛氏年二十八夫歿守節卒年五十二
李嗣江妻張氏年二十八夫歿守節卒年四十五
王世桂妻吳氏年二十五夫歿苦節卒年四十三子名焜諸生
奚先志妻鄭氏年二十五夫病刲股療之卒不救氏矢志守節
卒年六十八
黃尊昊妻舒氏年二十九夫歿矢志苦節已　旌子家駿家騆
俱從九孫際寅教職際雲庠生（并據採訪）
余列東妻陳氏年二十七夫歿貧苦守節卒年五十一
王家聘妻李氏年二十八夫歿守節撫孤成立

屠永清妻石氏年二十四夫歿守節撫孤成立已　旌（并據採訪）
沈鈺妻嚴氏年二十四夫歿守節撫二孤成立
余勝壽妻朱氏年二十八夫歿守節撫三孤成立卒年八十九
馮文忠妻胡氏年二十五夫歿守節事繼姑孝嘗割股療姑疾
卒年六十七子占鼇武舉
秦榮先妻夏氏年二十四夫歿守節撫孤卒年九十
陳隆妻蕭氏年二十六夫歿守節撫孤卒年六十五
周國秀妻劉氏年二十一夫歿守節撫孤卒年八十五
杜大陞妻王氏年二十八夫歿守節撫孤卒年七十
雍智亨妻郭氏年二十二夫歿守節孝養舅姑撫子成立卒年
七十八
蔡英全妻陳氏年二十七夫歿守節撫二孤成立卒年九十一



杜之鐸妻吳氏年二十九夫歿守節撫三孤成立
張德興妻蔡氏年二十三夫歿欲殉之姑力勸止立嗣守志卒
年五十三
王大猷妻季氏年二十八夫歿守節事姑孝撫二孤成立卒年
五十六（并據採訪）
嚴道漢妻朱氏年二十六夫歿守節撫孤卒年八十六
操養亨妻洪氏年二十六夫歿守節撫孤成立
李士富妻周氏年二十二夫歿守節撫嗣成立
宋金玉妻柯氏年二十四夫歿守節撫孤卒年九十二
屠瑤妻袁氏年二十五夫歿守節撫孤卒年六十一
柯昌倫妻許氏年二十七夫歿守節撫孤卒年七十七
柯昌塏妻楊氏年二十五夫歿守節撫孤卒年八十三

沈家駒妻趙氏年二十七夫歿守節撫孤事舅姑孝
王正元妻龍氏年二十九夫歿守節撫孤卒年九十二并據採訪
鄭堉妻劉氏年二十二夫歿守節撫嗣卒年七十六
李元相妻徐氏年二十歸李逾月元相歿氏矢志守節撫嗣成
立卒年五十三
張光前妻謝氏年二十一夫歿守節茹苦終身
郭映雲妻徐氏年二十三夫歿守節卒年八十八已　旌并據學冊
洪奎斗妻胡氏年二十三夫歿守節撫子治岐列成均
李國琪妻楊氏年二十八夫歿守節年九十猶勤紡績
監生李士龍妻姚氏年二十七夫歿守節撫三孤成立卒年五
十九
熊字柱妻歐陽氏年二十七夫歿守節卒年六十七



汪輔杞妻賀氏年二十四夫歿家貧守節紡績養姑撫孤成立
馮艮思妻劉氏年二十九夫歿守節勤苦紡績至老不倦
張試妻章氏年二十四夫歿守節撫孤成立
卒年七十一
周俊妻葉氏年二十一俊歿矢志守節事嫡以禮撫嗣成立
廖秉鑑妻黃氏年二十七夫歿守節撫遺腹孤成立卒年六十
五道光二十三年　旌子志灝監生孫立權吏員并據採訪
李大才妻程氏年二十六夫歿守節撫孤卒年五十八
萬作材妻吳氏年二十八夫歿守節撫孤成立
黃光燕妻張氏年二十八夫歿守節撫嗣成立
涂啟祿妻林氏啟祿兩足痺縮議退婚氏不從歸涂侍疾祿歿
氏年二十四守節以終卒年七十

生員藏光鎮妻蔣氏年二十七夫歿守節事夫兩毋以孝稱教
二子成立長如蘭副榜氏卒年六十一
汪芝妻程氏年二十夫歿守節卒年六十
李能增妻郭氏年二十九夫歿守節卒年七十八
曾金棟妻袁氏年二十六夫歿守節卒年七十八已　旌并據學冊
汪起昌妻葉氏年二十四夫歿守節不渝
吳光熙妻張氏年十九夫歿守節卒年三十四
徐希垣妻談氏年二十九夫歿守節撫孤卒年五十一
徐大順妻王氏　徐大用妻程氏娣姒也大順歿王年二十五
大用歿程年二十八同志守節撫孤王卒年八十程卒年七
十一
杜世杰妻邱氏年二十九夫歿守節撫孤孤歿氏貧無所依紡



績自給卒年七十三
朱鈺妻嚴氏年二十九夫歿家貧苦守撫二孤成立長兆斗優
貢孫彥藻際庚俱諸生氏卒年八十二并據採訪
吏員石秉衡妻章氏　石勝璐妻王氏姑婦也章年二十七夫
歿守節王年十九夫歿同姑守節章卒年七十一王卒年五
十八已　旌章次子紹崘歲貢生紹榮廩生并據採訪
把總李志全妻郭氏年二十九夫歿守節卒年五十三
曾先登妻陳氏年二十九夫歿守節撫二孤成立
周兆熊妻袁氏年二十五夫歿守節年八十猶勤紡績
周位列妻陶氏年二十五夫歿守節備嘗艱苦
陶懋富妻袁氏年二十三夫歿守節艱辛備歷
鄭之金妻徐氏年十九夫歿守節卒年七十六

歐陽永勳妻程氏年二十八夫歿守節不渝

歐陽永清妻馮氏年二十八夫歿守節不渝

職員許汝鳳妻李氏年二十九夫歿守節撫孤卒年三十九

石勝琮妻龍氏年二十九夫歿守節撫孤卒年五十三

陳秉鏞妾吳氏年二十八秉鏞歿守節撫嗣卒年七十四

杜輔勳妻喬氏年二十五夫歿守節撫孤卒年八十八

滿鳳麟妻吳氏年二十八夫歿守節不渝

李宗祿妻淩氏年二十九夫歿守節撫孤成立

秦道乾妻龔氏年二十二夫歿守節撫嗣孝事舅姑

馮應隆妻劉氏年二十九夫歿守節卒年八十四

程澤普妻嚴氏年二十三夫歿守節不渝

黃振基妻龍氏年二十六夫歿守節茹苦終身



王官沔妻喻氏年二十七夫歿守節卒年六十六

黃廷材妻甘氏年二十六夫歿守節卒年八十孫錦章諸生曾孫啟運啟濬俱舉人濬江西候補知縣 并據採訪

馬元長妻白氏年二十五夫歿守節撫孤卒年六十五道光二十三年　旌孫希亮監生曾孫光烈元孫錫蕃俱庠生 并據採訪

邱亨太妻王氏年二十二夫歿守節撫孤成立

謝時熙妻鄭氏年二十五夫歿守節撫孤已　旌 并據學冊

奚先懋妻詹氏年二十八夫歿守節卒年六十六

張士俊妻柳氏年二十八夫歿守節撫孤卒年六十二

樊聖龍妻陳氏　樊聖鳳妻李氏娣姒也聖龍歿陳年二十八聖鳳歿李年二十七同志守節陳有子二李分撫之陳卒年八十六李卒年七十

李兆奎妻曾氏年二十五夫歿守節卒年八十一已　旌 并據採訪

項祚錕妻曾氏年二十七夫歿矢志守節撫孤成立卒年六十五已　旌 并據採訪

曾世勳妻殷氏年二十八夫歿守節撫二孤成立次綬齡監生氏卒年八十六已　旌 并據採訪

庠生劉遐智妻曾氏年二十九夫歿守節撫嗣成立卒年七十三已　旌 并據採訪

楊以貴妻曾氏年十八夫歿苦節事舅姑以孝稱卒年七十五已　旌 并據採訪

陳光林妻龍氏年二十六夫歿守節撫嗣成立

鍾清利妻陳氏年二十九夫歿守節撫嗣子成立卒年七十五已　旌 并據採訪



黃家駒妻曾氏年二十五夫歿守節卒年七十四已　旌 并據採訪

陳懋桂妻龍氏年二十八夫歿守節撫嗣卒年五十九

劉有貴妻汪氏　劉有榮妻呂氏娣姒也有貴歿汪年二十九有榮歿呂年二十七同志撫孤人稱雙節汪卒年五十五

王試業妻左氏　王試才妻李氏娣姒也試業歿左年二十七試才歿李年十九同志守節左有子一李共撫之

劉煥妻夏氏年二十八夫病割股救之罔效夫歿矢志苦守卒年八十六

徐大發妻鄧氏年二十七夫歿守節撫孤卒年六十七

黃自鈞妻汪氏年二十三夫歿守節撫嗣

生員姜若熊妻龍氏年二十九夫歿守節撫二孤成立長炳芳諸生氏卒年四十七

舒大紳妻單氏年二十夫歿守節撫孤卒年六十七 採訪并據
舒大紋妻曾氏年二十九夫歿無子苦節以終卒年七十二
徐宗鎧妻熊氏未婚宗鎧患惡疾氏請於父母往奉湯藥父母從其志及年二十成婚事夫不倦家貧與姑紡績度日次年夫歿奉姑益謹苦節終身
曾家相妻孟氏年二十七夫歿守節茹苦終身
高有立妻趙氏年二十九夫歿守節撫嗣成立
龍逢天妻吳氏年十八夫歿守節卒年四十七
汪士鼇妻沈氏年二十八夫歿守節撫孤卒年六十五
杜廷鍠妻操氏　杜廷榮妻李氏娣姒也廷鍠歿操年二十四廷榮歿李年二十一同志守節撫孤成立
監生杜長青妻黃氏年二十八夫歿以苦節終



杜廷魁妻鄭氏年二十六夫歿守節撫孤振揚列成均卒年六十五
杜紹鎰妻周氏年二十八夫歿守節卒年七十一
鄭士芬妻閔氏年二十六夫歿守節備歷艱辛
鄭士濬妻喬氏年二十四夫歿苦節終身已　旌 學冊并據
鄭良棻妻杜氏年二十四夫歿守節卒年五十三
鄭作揆妻劉氏年二十五夫歿守節不渝
鄭良棫妻郭氏年二十三夫歿守節不渝
杜紹璋妻江氏年二十四夫歿守節撫嗣卒年七十七 採訪并據
王龍顏妻鄭氏年二十五夫歿矢志守節撫孤成立卒年七十二已　旌 採訪并據
張宏域妻陳氏年二十二夫歿矢志守節撫孤子成立現年八十已　旌 採訪并據
鄭良棫妻袁氏年二十四夫歿守節不渝
喻家溥妻章氏年二十五夫歿守節撫孤
章廷瀠妻孟氏年二十四夫歿守節撫三孤成立卒年九十六
朱長庚妻郭氏年二十一夫歿守節撫嗣現年八十五嗣子定楊庠生 採訪并據
成士義妻李氏年二十四夫歿守節卒年六十四
詹文明妻江氏年二十四夫歿守節卒年六十八
羅發軔妻劉氏年二十二夫歿守節撫嗣成立
唐堦妻徐氏年二十七夫歿茹苦守節撫孤復撫孤孫卒年六十六已　旌 採訪并據
孫宜萬妻王氏年二十夫歿守節茹苦終身



邱亨鼎妻李氏年二十一夫歿守節撫孤成立
劉天爵妻徐氏　劉德餘妻朱氏姑婦也天爵歿徐年二十七德餘歿朱年二十七相繼守節朱事姑以孝稱已　旌 學冊并據
方明發妻左氏年二十九夫歿無子苦節卒年四十六 採訪并據
楊世封妻李氏年二十六夫歿矢志守節撫孤成立卒年八十六已　旌 採訪并據
鍾廷梅妻魏氏年二十六夫歿守節卒年七十九 採訪并據
姜大倫妻王氏年二十九夫歿守節卒年六十已　旌 採訪并據
謝本鎵妻萬氏　謝道泰妻夏氏姑婦也萬年二十本鎵歿守節撫嗣夏年二十二道泰歿同姑守節撫嗣萬卒年七十
謝本鉅妻徐氏年十九夫歿守節撫嗣
余必貴妻姜氏年二十九夫歿守節撫孤成立子兆祥官黃安

外委
劉士信妻雷氏年二十九夫歿守節撫教孤炯舉於鄉官漢陽
教諭氏卒年八十六并據採訪
王如仁妻鄭氏　王如師妻杜氏娣姒也如仁歿鄭年二十五
如師歿杜年二十二同志守節孝事衰姑撫孤成立紡績自
給鄭卒年五十八子養曾監生杜卒年七十四子炳禾壽典
史
胡元壽妻汪氏　胡朝楨妻鄒氏姑婦也汪年二十一元壽歿
守節撫嗣子朝楨朝楨歿鄒年二十四同姑守節撫遺腹孤
成立汪卒年五十九
謝宏仁妻邱氏年二十八夫歿矢志守節撫二孤成立卒年六
十　以上廂坊鄉



生員陶鳴岡妻王氏年二十八夫歿守節卒年七十四
陶國維妻余氏年二十八夫歿守節撫孤勤苦紡績至老不倦
謝方德妻繆氏年二十八夫歿守節卒年六十九
楊學琦妻胡氏年二十九夫歿無子苦守以終
吳德璋妻王氏年二十五夫歿守節事姑孝卒年三十九
韓春旭妻劉氏年十八夫歿守節卒年三十七
徐秉禮妻朱氏年二十四夫歿守節茹苦終身
楊名安妻林氏年十七夫歿守節不渝
黃樹檀妻孫氏年二十六夫歿守節撫孤成立
李正鈺妾周氏年二十八鈺歿同嫡高氏守節撫孤成立
張大海妻陳氏年二十二夫歿守節不渝
陳正萬妻黃氏年二十五夫歿守節茹苦終身

張大志妻胡氏年十九夫歿苦節終身
靖厚壽妻魯氏年二十四夫歿守節撫孤事姑孝
吳賜福妻周氏年二十四夫歿守節撫遺腹孤成立
尹金銳妻霍氏年二十九夫歿守節不渝
尹金錡妻黃氏年二十五夫歿守節卒年七十
歐陽某妻程氏年及笄贅壻母家夫甚愍事之盡禮氏年二十
八夫歿依堂兄嫂守節卒年八十一
王勝禔妻劉氏年二十九夫歿貧苦守節卒年四十一
袁某妻熊氏年二十四夫歿守節撫孤卒年七十三
吳某妻劉氏年二十三夫歿守節卒年六十七
陳大洛妻尹氏年十九夫歿守節撫嗣卒年八十三
陳元軨妻陶氏年二十九夫歿守節撫孤卒年七十二



曹繼志妻駱氏年二十二夫歿守節卒年八十
曹繼富妻何氏年二十六夫歿守節撫嗣
曹克元妻方氏年二十七夫歿守節撫孤成立
張鳳哺妻許氏　吏目張士昂妻鄧氏姑婦也鳳哺歿許年二
十九士昂歿鄧年二十七相繼守節許病鄧刲股以進尋愈
許卒年七十八鄧卒年七十三鄧孫崇鼇諸生崇第進士四
川知縣巳旌并據採訪
李成琈妻詹氏年二十四夫歿守節撫孤卒年八十一
孫顯勤妻殷氏年二十八夫歿苦節終身
程行懋妻張氏年二十八夫歿守節撫孤
王臣鳳妻何氏年二十夫歿守節撫遺腹孤成立
胡世恢妻曾氏年二十九夫歿守節撫孤卒年七十六

李懷萬妻程氏年二十五夫歿守節撫孤卒年六十七
鄒檢鋒妻喻氏年二十八夫歿守節撫孤傑貢成均氏卒年六
十八
徐太甯妻戴氏年二十夫歿守節撫孤事舅姑孝
李有章妻沈氏年二十七夫歿守節不渝
周中枏妻賀氏年二十六夫歿守節撫孤卒年七十六并據採訪
周中貴妻李氏年二十九夫歿守節茹苦以終
庠生許詩篪妻張氏年二十九夫歿守節孝事舅姑卒年五十
四
陳力魁妻汪氏年二十七夫歿守節撫孤成立
蔡騰蛟妻高氏年二十五夫歿守節撫嗣成立
蔡中玉採訪作中理妻宋氏年十九夫歿守節事舅姑以孝稱卒年



八十三并據採訪
詹楚恆妻蔡氏年二十一夫歿家貧苦節丐養舅姑
呂紹華妻夏氏年二十六夫歿守節撫嗣
監生楊肇端妻周氏年二十八夫歿守節撫孤
孫世宗妻李氏年二十二夫歿守節撫孤成立巳　旌并據採訪
祁承祖妻吳氏年二十八夫歿守節撫孤卒年七十八
王季庠妻邱氏年二十九夫歿守節卒年四十八
王受貞妻周氏年二十六夫歿守節卒年三十七
黄基俊妻劉氏年二十七夫歿守節卒年七十九巳　旌并據學冊
余艮紳妻陳氏夫歿矢志守節捐田二十畝族人入泮者分食
其租并據採訪
余艮永妻邱氏歸永一年永歿守節撫嗣時弟妹均幼氏撫育
之巳　旌并據採訪
徐本進妻樊氏年二十八夫歿守節茹苦終身
生員游豐際妻邵氏年二十九夫歿守節撫孤成立長亨祖蔵
貢生
盧鍾漣妻游氏年十八夫歿守節撫嗣英澤中書科中書氏卒
年五十并據採訪
周明選妻陶氏年二十六夫歿守節不渝　以上補遺
王全貞妻劉氏年二十一夫歿守節茹苦終身
孫國勳妻朱氏年二十四夫歿守節卒年三十四
孫武烈妻曹氏年二十一夫歿守節卒年四十
喻大壯妻金氏年二十八夫歿矢志守節撫二孤成立卒年八
十四并據採訪



朱宿蘭妻邵氏年二十三夫歿守節卒年六十一
熊紹宗妻潘氏年二十夫歿守節卒年三十二
汪方章妻程氏年二十六夫歿守節辛勤操作至老不倦
趙家龍妻陳氏年二十六夫歿以苦節終
余宗哲妻羅氏年二十八夫歿守節茹苦終身
馬裕德妻謝氏年二十八夫歿守節年八十餘猶勤紡績
吳廷棟妻呂氏年二十三夫歿苦節終身
王正萬妻孫氏年二十四夫歿苦節終身
王宏第妻汪氏年二十九夫歿守節撫孤二卒年六十六并據採訪
鄭逢吉妻吳氏年二十四夫歿守節茹苦終身
鄧聯登妻操氏年二十三夫歿苦節終身
董宗純妻林氏年二十七夫歿守節卒年六十五

董潤乾妻徐氏年二十六夫歿守節卒年四十八
董潤坤妻陶氏年二十八夫歿守節勤苦自持
楊遠明妻雷氏年二十五夫歿守節茹苦以終
易世璟妻徐氏年二十三夫歿守節卒年四十四
易世瑚妻葉氏年十九夫歿苦節終身
易萬希妻雷氏年二十四夫歿守節卒年五十五
張祖繪妻王氏年二十六夫歿守節年八十餘紡績不輟
祝祖英妻靖氏年二十夫歿苦節終身
生員周兆鳳妻陶氏年二十三夫歿以苦節終
生員周開鼎妻陳氏年二十六夫歿守節茹苦終身
易中和妻袁氏年二十七夫歿苦節以終
舒明鎧妻王氏年二十六夫歿苦節以終



舒之祿妻賴氏年二十二夫歿守節卒年七十一
張雲龍妻羅氏年二十六夫歿守節卒年八十七
巴紹鎮妻華氏年二十一夫歿守節勤苦紡績至老不倦
王乃鉅妻蔣氏年二十六夫歿守節卒年七十一
程應捷妻郭氏年二十三夫歿守節卒年六十九
王尚仁妻高氏年二十九夫歿守節年八十餘猶勤紡績
程心元妻鄧氏年二十二夫歿守節卒年七十
程源深妻孫氏年二十七夫歿守節年八十餘猶親操作
蔣趣尋妻汪氏年二十四夫歿苦節年八十餘紡績不輟
張祖禨妻高氏年二十四夫歿守節卒年七十五
詹宙鎧妻徐氏年二十三夫歿守節茹苦終身
淩憲武妻馮氏年二十八夫歿守節卒年六十

劉士華妻王氏年二十六夫歿守節茹苦終身
史利和妻汪氏年二十四夫歿守節卒年八十三
汪廷祥妻張氏年二十一夫歿守節卒年九十五
葉遠服（採訪作遠福）妻周氏年二十四夫歿守節撫孤成立卒年八十四（并據採訪）
葉遠堂（採訪作遠棠）妻曾氏年二十一夫歿守節卒年七十六（并據採訪）
程光顯妻陳氏年二十二夫歿苦節以終
周東明妻汪氏年二十二夫歿苦節以終
職員柯心一妻王氏年二十四夫歿守節卒年八十八
葉代勳妻張氏年二十五夫歿守節卒年八十一
葉復初妻陶氏年二十六夫歿守節卒年七十二
胡景秀妻周氏年二十三夫歿守節不渝



易壽漢妻呂氏年二十四夫歿守節四十八年
生員石起鵬妻顧氏年二十四夫歿守節四十六年
錢芝山妻羅氏年二十一夫歿守節六十年
楊開三妻張氏年二十五夫歿守節三十七年
喻人樞妻方氏年二十四夫歿守節三十年
王有文妻吳氏年二十六夫歿守節五十五年
童有用妻林氏年二十三夫歿守節四十年
童承忽妻陳氏年二十六夫歿守節三十四年
胡占勳妻梅氏年二十三夫歿守節三十二年
郭正爵妻汪氏年十七夫歿守節七十七年
溫之琮妻郭氏年二十五夫歿守節五十八年
鄧德昭妻徐氏年二十五夫歿守節五十五年

沈克修妻馮氏年二十三夫歿守節二十三年
徐寶泰妻胡氏年二十九夫歿守節三十四年
胡文玉妻李氏年二十四夫歿守節四十二年
夏起謨妻余氏年二十四夫歿守節四十一年
王在洪妻周氏年二十八夫歿守節四十七年
宋家龍妻詹氏年二十二夫歿守節四十年
宋家駒妻朱氏年二十三夫歿守節三十一年
袁永昇妻戢氏年二十六夫歿守節三十一年
袁永成妻葉氏年二十七夫歿守節三十三年
沈楚萬妻高氏年二十四夫歿守節四十年
朱學俊妻鄭氏年二十一夫歿守節三十一年
雷榮越妻夏氏年二十八夫歿守節二十八年



朱益銜妻沈氏年二十五夫歿守節三十八年
監生孫祚泗妻朱氏年二十五夫歿守節三十七年
董德全妻蔡氏年二十三夫歿守節三十二年
隗有盛妻黃氏年二十四夫歿守節三十四年
陳之定妻吳氏年二十六夫歿守節三十九年
馮正元妻劉氏年二十五夫歿守節三十一年
葉應熙妻吳氏年二十一夫歿守節六十九年
袁承桂妻李氏年二十五夫歿守節三十九年
姜大經妻單氏年二十于歸大經外出留蜀另娶不歸氏茹苦
以待後聞夫故氏服喪三年守節不渝
高壽春妻吳氏年二十五夫歿守節茹苦終身
王世柏妻彭氏年二十五夫歿守節撫嗣現年八十嗣子緒震
監生并據採訪

周運江妻葉氏年二十五夫歿守節四十五年
沈邦翰妻紀氏年二十四夫歿守節五十九年
宏緝妻李氏年二十五夫歿守節四十九年
曾宗聖妻童氏年二十二夫歿守節五十年
徐鍾澤妻熊氏年二十九夫歿守節六十五年
袁國士妻孟氏年二十五夫歿守節四十六年
袁鵬翥妻陳氏年二十七夫歿守節四十五年
曾廷松妻葉氏年二十七夫歿守節四十四年
袁本堯妻盧氏年二十九夫歿守節五十二年
袁本仁妻葉氏年二十九夫歿守節四十五年
高見習妻李氏年二十二夫歿守節六十二年



雷肇統妻楊氏年二十七夫歿守節二十五年
孫師任妻朱氏年二十五夫歿守節四十五年
涂治楚妻喻氏年二十七夫歿守節四十五年
王永驥妻許氏年二十三夫歿守節四十一年
張紹坤妻喻氏年二十三夫歿守節五十年
葉克明妻陶氏年二十四夫歿守節五十年
沈錦光妻黃氏年二十一夫歿守節二十九年
林漢雲妻何氏年二十一夫歿守節四十二年
陳立本妻周氏年二十三夫歿守節三十三年
生員程益振妻袁氏年二十七夫歿守節五十一年
揭洪澤妻程氏年二十四夫歿守節六十二年
程君𣈶妻楊氏年二十八夫歿守節六十四年

葉肇聖妻魏氏年二十四夫歿守節五十一年
張鼎芳妻王氏年二十三夫歿守節二十四年
胡道煇妻童氏年二十九夫歿守節二十七年
程履蟾妻王氏年二十九夫歿守節六十年
謝年樂妻姚氏年二十二夫歿守節三十七年
監生程源照妻陶氏年二十夫歿守節四十年
項之珩妻曾氏年二十一夫歿守節三十年
邱豐景妻劉氏年二十一夫歿守節四十八年
汪先仲妻郭氏年二十七夫歿守節六十九年
汪元賢妻余氏年二十三夫歿守節二十五年
魏可久妻汪氏年二十一夫歿守節七十四年
陶鳴球妻曾氏年二十夫歿守節五十八年



張一楷妻蔡氏年二十二夫歿守節四十九年
商一濆妻桂氏年二十六夫歿守節五十五年
趙光渭妻張氏年二十七夫歿守節四十一年
趙光濟妻袁氏年二十七夫歿守節四十一年
鍾乘軏妻胡氏年二十四夫歿守節五十四年
傅宰世妻但氏年二十七夫歿守節四十四年
林龍望妻徐氏年二十六夫歿守節三十四年
方舟啟妻楊氏年二十四夫歿守節四十九年
游作相妻張氏年二十八夫歿守節四十年
周宗玉妻張氏年二十二夫歿守節卒年六十一 并據採訪
李銓簡妻王氏年二十二夫歿守節二十八年
羅千富妻王氏年二十三夫歿守節三十五年

熊輝彩妻李氏年二十三夫歿守節三十年
嚴文禧妻王氏年二十九夫歿守節三十八年
嚴士俊妻石氏年二十五夫歿守節三十六年
王自錦妻程氏年二十七夫歿守節二十八年
何之驪妻李氏年二十八夫歿守節四十一年
何國元妻陶氏年二十九夫歿守節十四年
汪勝長妻張氏年二十二夫歿守節三十八年
程聿懷妻蔡氏年二十八夫歿守節四十五年
葉同榮妻袁氏年二十二夫歿守節四十四年
張開泰妻殷氏年二十六夫歿守節三十四年已旌
王家壽妻陳氏年二十七夫歿守節撫孤子成立卒年八十二
已旌 并據採訪



奚必獻妻周氏年二十三夫歿守節四十二年
殷學海妻張氏年二十五夫歿守節不渝
邱汝器妻周氏年十九夫歿守節卒年七十四
監生邱吉妻鄧氏年二十一夫歿守節茹苦終身
萬有紳妻喻氏年二十五夫歿守節三十年
生員呂起鵬妻顧氏年二十四夫歿守節四十六年 以上縣冊學冊
游豐傑妻靖氏年二十九夫歿守節撫孤已旌 并據採訪
王朝模妻袁氏 張漢奎妻何氏 胡成義妻周氏
徐茂李妻汪氏 陳心梓妻涂氏 王之富妻聶氏
王開泰妻汪氏 彭天振妻樑氏 康逢原妻彭氏
謝心一妻齊氏 鄧東海妻謝氏 羅毓崑妻王氏
李大訓妻劉氏 朱必秀妻羅氏 陶早成妻彭氏

張玉聲妻童氏 張萬年妻汪氏 舒光珍妻蔡氏
黃德任妻舒氏 王昌棟妻舒氏 王向陽妻馮氏
彭其壽妻王氏 吳文海妻施氏 朱雄楚妻王氏
程世勳妻汪氏 陶履棫妻曾氏 夏一倩妻柳氏
范霖如妻陳氏 舒明鼇妻方氏 吳承先妻李氏
王周清妻楊氏 吳學書妻謝氏 黃錦東妻詹氏
羅啟琳妻王氏 王必秀妻吳氏 張士雄妻李氏
張鼎芳妻王氏 隗起鳳妻姚氏 張探玉妻葉氏
胡家駿妻陶氏 蔡得貴妻趙氏 陳士芳繼妻周氏
巴高峯妻戢氏 葉肇左妻魏氏 生員童橋藻妻楊氏
韓豐曉妻吳氏 羅鎮文妻姚氏 潘明昆妻夏氏
童渭濱妻周氏 喻有功妻陳氏 喻有文妻李氏



鄭鳳舉妻朱氏 林朝九妻陶氏 韓宏猷妻陳氏
韓宏道妻劉氏 朱文運妻秦氏 張世章妻段氏
張大清妻邱氏 胡家俊妻蔡氏 胡朝宗妻陶氏
童承曾妻趙氏 奚振鏞妻詹氏 張以州妻李氏
程自有妻徐氏 項永安妻朱氏 項永昌妻曾氏
余炳南妻朱氏 甄世烈妻舒氏 張世常妻段氏
王承桂妻李氏 張五卿妻章氏 王兆瑩妻曹氏
徐繼鍠妻盛氏 汪於俊妻姜氏 彭時中妻錢氏
胡永耀妻竇氏 吳運崧妻潘氏 以上學憲冊
朱廷傑妻陶氏 程彭時妻阮氏 洪楠妻熊氏
奚孔文妻吳氏 易文中妻王氏 易德宜妻方氏
易克家妻馮氏 易甫冠妻孫氏 陳啟宏妻鄭氏

吳文明妻張氏 李榑九妻周氏 甄之炳妻舒氏
余學禮妻黃氏 黃淑懷妻左氏 俞書粹妻汪氏
孫隆吉妻沈氏 曾序妻童氏 喻定榜妻萬氏
宋起鳳妻皮氏 杜東瞻妻蔡氏 汪宗元妻王氏
胡啓緒妻胡氏 蔡德紹妻汪氏 高延祝妻葉氏
周自邠妻劉氏 胡哲士妻曾氏 陳復殤妻阮氏
陳杜妻陳氏 萬年苞妻周氏 萬希杜妻杜氏
萬履祖妻邱氏 萬希勳妻胡氏 萬希楷妻王氏
萬希文妻杜氏 童印授妻萬氏 程家鈺妻萬氏
陶應普妻周氏 周青選妻金氏 李謨妻周氏
熊繼楷妻陳氏 雷啟觀妻汪氏 靖亦是一名本卉妻高氏
陳其言妻雷氏 朱敏德妻皮氏 靖必普妻王氏



萬茂才妻王氏 周克履妻盧氏 賀開戀妻王氏
劉伯勤妻劉氏 張若海妻程氏 王應伯妻朱氏
羅道遂妻涂氏 魏士文妻邵氏 胡允澤妻謝氏
喻定三妻胡氏 蔡昭岐妻吳氏 蔡覲揚妻謝氏
程錫印妻孫氏 周士川妻王氏 周厚安妻程氏
周鳴林妻王氏 周素安妻蔡氏 周儀舜妻杜氏
孫象賢妻杜氏 孫和鳴妻鄭氏 孫學高妻陳氏
萬文柏妻錢氏 沈萬祿妻葉氏 胡志高妻葉氏
王際春妻李氏 鄭文耀妻張氏 馮季艮妻童氏
余開文妻余氏 吳汾瑞妻宋氏 王維藻妻胡氏
程德應妻蔡氏 周紹中妻周氏 胡叔際妻王氏
胡定邦妻周氏 林紹興妻胡氏 林鳴玉妻周氏

商順妻程氏　郭宇妻邱氏　童德全妻余氏
孫顯揚妻金氏　孫孟遠妻邱氏　胡元高妻宋氏
曾聖亮妻張氏　童奉綱妻程氏　杜天相妻李氏
程元勳妻童氏　李光玉妻詹氏　趙祝三妻胡氏
余九開妻胡氏　胡心德妻汪氏　胡承基妻黃氏
童發祥妻熊氏　孫金美妻吳氏　胡應安妻張氏
唐君輝妻尤氏　饒金美妻胡氏　朱奎妻袁氏
朱慶云妻張氏　朱慶勳妻袁氏　朱慶昌妻蔡氏
朱慶祥妻陶氏　朱錫貴妻周氏　高延禧妻朱氏
朱天元妻胡氏　汪延淵妻朱氏　周甫山妻工氏
賀克政妻朱氏　方佑我妻羅氏　羅啟賢妻萬氏
曾正智妻胡氏　羅道尊妻夏氏　馮承龍妻方氏



段謨典妻金氏　王本智妻王氏　童昌名妻李氏
鄭可揖妻靖氏　丁式玉妻胡氏　靖大銑妻萬氏
邱勝庠妻周氏　王應灝妻周氏　張文燦妻陳氏
羅道術妻商氏　徐立元妻羅氏　蔡全安妻王氏
蔡仲和妻李氏　邱艮壐妻張氏　朱天懿妻袁氏
羅廷貞妻張氏　靖本謜妻王氏　段本纖妻陳氏
陶應章妻葉氏　曾銑妻王氏　妾呂氏
陶應璜妻許氏　邱漢三妻陳氏　邱有三妻魏氏
邱方明妻謝氏　孫洪恩妻杜氏　孫永福妻蔡氏
萬呂伯妻余氏　揭鴻章妻陳氏　揭緒禮妻周氏
李振興妻柳氏　李太嵩妻劉氏　王升佑妻朱氏
王升阜妻李氏　王升華妻閭氏　王朝會妻嚴氏

左成祿妻李氏　商錫禎妻蕭氏　商錫柏妻黃氏
余朝定妻葉氏　余聖全妻袁氏　曾文煥妻張氏
曾廷祿妻張氏　曾槐茂妻朱氏　張倫謙妻喻氏
張重信妻杜氏　尤一禎妻曹氏　尤芳林妻汪氏
尤帆山妻杜氏　林在躬妻李氏　桂山璞妻徐氏
桂耀宗妻李氏　朱士偉妻黃氏　朱天任妻孫氏
朱慶德妻嚴氏　朱國翹妻周氏　媳柳氏
程熾佐妻朱氏　吳基統妻余氏　劉士亨妻黃氏
劉廷立妻蔡氏　周運昌妻童氏　游國英妻羅氏
游祚廣妻汪氏　張運奎妻楊氏　張運桂妻錢氏
張連正妻胡氏　周伯三妻陳氏　吳益增妻曾氏
金錫文妻沈氏　程載華妻韓氏　朱孔位妻程氏



朱然妻柳氏　羅之迅妻柳氏　段語典妻方氏
張文驥妻熊氏　曾大宗妻馮氏　張大勳妻汪氏
張應宗妻吳氏　余維城妻胡氏　趙士倫妻尤氏
蔡連舉妻宋氏　霍一勳妻余氏　朱維賢妻周氏
陳大章妻殷氏　周熙适妻向氏　余瑤婢閔氏以上省志
王世祿妻馮氏　王如柏妻孔氏　孫自修妻陳氏
孫時傑妻龍氏　孫貴業妻李氏　孫顯玫妻傅氏
靖必智妻王氏　汪全貞妻劉氏　陳盛高妻曾氏
陳啟楷妻謝氏　黃宗陞妻徐氏　黃曉南妻鄧氏
童奉侯妻王氏　童奉琛妻胡氏　生員游綸召妻童氏
楊雄楚妻童氏　楊玉華妻陶氏　楊世旺妻李氏
楊世精妻陶氏　羅之榮妻張氏　游德隆妻李氏

葉應鶴妻汪氏　葉肇聖妻魏氏　葉同謨妻徐氏

王德義妻李氏　趙蘭如妻朱氏　子媳黄氏

黄步文妻羅氏以上係道光十一年并本年各鄉採訪節婦其夫歿及現在存歿年分漏未開載存之俟考

以上舊志



黄岡縣志卷之十六

知黄岡縣事合肥戴昌言編輯

人物志

列女四　節婦

王業勝妻祁氏年二十一夫故守節撫嗣卒年三十五已　旌

建坊

王國華妻李氏年二十六夫故守節撫嗣卒年三十六已　旌

建坊

蘇昌運妻張氏年二十八夫故守節現年五十六已　旌

范燿燈妻秦氏年二十九夫故無子苦節現年六十二已　旌

監生范步雲妾董氏年二十五雲故氏守節撫孤卒年三十二

已　旌



袁必發妻胡氏年二十夫故守節現年五十已　旌

鄭恩榕妻夏氏年二十四夫故守節現年六十三已　旌

陳德倫妻馮氏年二十三夫故守節卒年三十一已　旌

布都司范鈺妻樊氏年二十五夫故守節撫嗣成立已　旌嗣

子華琳鹽知事

王學燿妻李氏年二十五夫故守節撫孤現年六十五已　旌

武生呂兆麟採訪作兆齡妻王氏年二十七夫故守節撫孤現年五

十五已　旌子藻華監生

呂麟麒妻李氏年二十六夫故守節撫孤卒年四十五已　旌

張家燿妻嚴氏年二十九夫故守節撫嗣現年五十已　旌

喻治焜妻范氏年二十一夫故守節撫嗣現年五十三已　旌

孫顯亨妻周氏年十九夫故守節現年五十已　旌

文童段由基妻宋氏年二十六夫故守節撫姪爲嗣現年六十一已　旌
呂麟鵬妻劉氏年二十一夫故守節撫孤現年五十一已　旌
王勝材妻龍氏年二十九夫故守節現年七十一已　旌
殷道泰妻馬氏年二十二夫故守節現年六十三已　旌
董超奇妻陳氏年二十五夫故守節撫嗣卒年七十二已　旌
邱承富妻徐氏年二十四夫故守節撫嗣卒年八十五已　旌
監生龍次夔妻石氏年二十九夫故守節撫嗣成立卒年五十九已　旌
文童劉世澤妻潘氏年二十八夫故守節子殤撫嗣孫成立現年七十九已　旌
監生劉錫璥妻聞氏年二十七夫故守節現年七十一已　旌



文童劉泰賓妻翁氏年二十四夫故守節卒年四十二已　旌
廖世英妻鄭氏年二十八夫故守節孝事舅姑撫孤授室旋夭與婦涂氏撫嗣孫成立卒年七十一已　旌
方繼隆妻涂氏年二十八夫故守節現年六十七已　旌
文童喻泰純妻金氏年二十八夫故守節卒年四十三已　旌
文童喻人龍妻張氏年二十七夫故守節卒年六十五已　旌
文童喻民服妻宋氏年二十五夫故守節卒年六十八已　旌
劉際瀛妻彭氏年十八夫故守節孝事衰翁撫遺腹子六歲而殤憂鬱成疾卒年三十一已　旌
趙國勝妻殷氏年二十七夫故守節現年六十九已　旌
喻治梯妻鄭氏年二十四夫故守節卒年二十九已　旌
喻泰烈妻馬氏年二十夫故守節撫孤現年五十二已　旌

孫顯貞妻蘇氏年二十二夫故守節撫孤備嘗艱苦現年五十二已　旌
張家騏妻章氏年二十六夫故守節撫孤現年五十九已　旌
子繼祖五品藍翎
王鉅林妻張氏年二十八夫故守節撫嗣卒年八十已　旌
劉成紹妻胡氏年二十八夫故守節撫孤卒年四十三已　旌
子肇成增生
庠生劉浩妻王氏年二十九夫故守節撫三孤成立現年七十九已　旌
郭啟泰妻李氏年二十六夫故守節撫孤現年七十四已　旌
孫宇禮妻尹氏　孫宇射妻江氏娣姒也尹年二十八宇禮歿江年二十七宇射歿同志苦節撫孤尹現年七十七江現年



七十四俱　旌
庠生鄒棣芬妻余氏年二十四夫故守節撫孤成立卒年六十九已　旌
張士英妻李氏年十九夫故守節撫孤卒年八十八已　旌
監生殷道明妻賀氏年二十二夫故守節撫嗣成立現年七十七已　旌
胡光國妻黃氏年二十四夫故守節撫孤現年七十七已　旌
監生王勝禧妻石氏年二十七夫故守節撫嗣成立卒年七十一已　旌
監生王勝祥妻汪氏年二十三夫故守節撫嗣成立卒年五十五已　旌
邱忠瑚（採訪作忠朝）妻康氏年二十六夫故守節撫孤現年五十五

已　旌
邱忠堙（採訪作忠漣）妻張氏年十九夫故守節撫孤成立現年五十
已　旌
誥贈奉政大夫王槐長妻夏氏年二十七夫故守節撫孤卒年七十
二以姪燕瓊貴
誥封宜人已　旌
孫顯瑭妻呂氏年二十二夫故守節撫嗣現年七十一已　旌
陶光祖妻范氏年二十九夫故苦節撫孤現年五十二已　旌
劉大鵬妻杜氏年二十九夫故守節撫孤卒年四十九已　旌
王勝楷妻馬氏年二十六夫故守節卒年五十五已　旌
謝宏猷妻劉氏年二十四夫故守節撫孤現年五十六已　旌
監生劉熙和妻謝氏年二十九夫故守節孝事舅姑撫嗣成立
現年五十八已　旌



章能義妻潘氏年二十七夫故守節撫孤現年五十八已　旌
楊時言妻吳氏年二十五夫故守節卒年七十九已　旌
趙延樂妻龍氏年二十二夫故守節撫嗣現年六十四已　旌
喻民福妻宋氏年二十二夫故守節撫孤現年五十三已　旌
監生殷棋妻賀氏年二十三夫故守節撫嗣成立現年五十六
已　旌
王正綱妻許氏年二十六夫故守節撫孤現年五十四已　旌
喻民欽妻方氏年二十七夫故守節撫嗣卒年七十已　旌
吳紹椿妻王氏年二十八夫故守節撫孤現年五十一已　旌
范燦妻張氏年二十八夫故守節撫孤事孀姑以孝聞卒年六
十八已　旌

文童程世友妻金氏年二十九夫故守節現年五十四已　旌
張啟才妻王氏年二十九夫故守節現年五十七已　旌
監生范應昇妾趙氏年二十三昇故守節撫孤孤歿復撫孫嫡
病侍湯藥罔懈卒年六十六已　旌
范宏爵妻周氏年二十七夫故守節卒年六十六已　旌
范朝榮妻周氏年二十二夫故守節卒年五十七已　旌
范一槐妻柳氏年二十八夫故守節卒年七十三已　旌
范鵬程繼妻邵氏年二十九夫殉難氏守節撫孤家酷貧備嘗
艱苦卒年四十一已　旌
范耀璟妻王氏年二十九夫故家貧甚氏守節撫孤艱辛備歷
現年五十五已　旌
范崑源妻王氏年二十六夫故守節撫遺腹孤成立卒年三十



三已　旌
徐光武妻包氏年二十八夫故守節卒年六十九已　旌
陳謙吉妻殷氏年二十四夫故守節撫孤卒年七十八已　旌
喻國淇妻楊氏已　旌　以上東弦鄉
徐延恭妻黃氏年二十六夫故守節撫孤現年六十八已　旌
舒兆海妻盧氏年二十二夫故守節撫孤事姑孝現年五十四
已　旌
王希元妻樊氏年二十三夫故守節撫孤現年七十四已　旌
文童曾光璧妻胡氏年二十八夫故守節撫嗣成立卒年六十
八已　旌
羅朝富妻郭氏年十九夫故守節撫嗣卒年八十四已　旌
羅朝陽妻許氏年十九夫故守節撫嗣卒年七十五已　旌

沈登春妻夏氏年二十三夫故守節撫嗣現年七十二已　旌
施開禎妻吳氏年二十一夫故守節卒年六十八已　旌
馬澤學妻何氏年二十六夫故守節撫嗣卒年三十五已　旌
馬思潤妻李氏年二十三夫故守節撫嗣現年七十二已　旌
孫定三武生
馬重鈴妻張氏年十九夫故守節撫嗣卒年六十一已　旌
馬重瑜妻李氏年二十七夫故守節撫嗣現年六十二已　旌
賈起勝妻龔氏年二十一夫故守節撫孤現年七十六已　旌
子兆凱監生
徐景文妻李氏年十九夫故守節現年七十一已　旌
馬思純妻周氏年二十六夫故守節撫孤三事舅姑孝卒年五
十七已　旌長子杰一作先杰庠生



馬先恩妻鄧氏年二十三夫故守節撫嗣現年五十二已　旌
縣丞涂淩雲妻高氏年二十九夫故守節撫孤二現年五十八
已　旌長子秉忠從九品
余道泰妻熊氏年二十八夫故守節撫孤現年五十已　旌
王宏信妻徐氏年二十六夫故守節卒年二十六已　旌
孫有益妻陳氏年二十六夫故守節撫孤卒年四十七已　旌
梅家鼇妻李氏年二十三夫故守節撫嗣現年六十六已　旌
王士盛妻朱氏年二十九夫故守節撫孤現年五十四已　旌
施天珍妻吳氏年二十一夫故守節撫嗣卒年六十六已　旌
吳遠祖妻徐氏年二十一夫故守節撫嗣卒年九十三已　旌
樊恭福妻熊氏年二十八夫故守節撫嗣卒年三十八已　旌
文童趙必柱妻張氏年二十七夫故守節撫孤孝事舅姑現年
八十四已　旌
羅朝謨妻孫氏年十九夫故守節撫嗣現年七十四已　旌
羅朝輔妻王氏年二十夫故撫遺腹孤孤夭復撫孫孫殤苦節
以終卒年七十二已　旌
孫含暉採訪作含輝妻胡氏年二十九夫故守節撫孤現年六十四
已　旌
吳兆忍妻葉氏年二十九夫故守節撫嗣現年六十九已　旌
文童王勝淮妻樊氏年二十四夫故守節撫嗣成立卒年四十
九已　旌
監生高潤妻何氏年二十九夫故守節撫孤成立卒年五十五以上還和鄉
已　旌
孫正麟妻林氏年二十三夫故守節撫孤現年六十一已　旌



監生林際綸妾劉氏年十九綸故守節撫嗣成立卒年八十三
已　旌嗣子之蘭庠生
熊正翿妻鄧氏年二十八夫故守節撫孤現年六十八已　旌
鄧能承妻郭氏年二十六夫故守節撫嗣卒年七十七已　旌
鄧能會妻何氏年二十六夫故守節撫孤卒年六十已　旌
吳作道妻徐氏年二十四夫故守節撫孤現年六十已　旌
吳作垣妻戚氏年二十九夫故守節撫孤現年六十二已　旌
陳封朓妻鮑氏年二十八夫故守節撫孤卒年六十三已　旌
孫允道妻王氏年二十七夫故守節撫孤現年六十九已　旌
丁深植妻蔡氏年二十九夫故守節撫孤現年六十九已　旌
林光烈妻鄧氏年十九夫故守節無子立姪孫承祧辛勤撫之
氏卒年五十二已　旌嗣孫介眉監生

文童林光彩妻黃氏年二十六夫故守節撫姪爲嗣現年五十
已　旌嗣子中繡監生
庠生舒鷟妻何氏年二十八夫故守節撫孤成立歲饑出匳貲
數百金以濟夫族現年七十二已　旌
文童舒興棚妻黃氏年二十九夫故守節撫孤成立現年六十
二已　旌
貤朝議大夫林大溶妻周氏年二十二夫故守節撫孤卒年四十
六
封恭人已　旌子時化同知銜
文童林錫恩妻邵氏年二十三夫故守節現年五十一已　旌
文童邱恕揚妻翁氏年二十二夫故守節撫嗣成立現年五十
四已　旌
以上永甯鄉



文童王自鑗妻汪氏年二十六夫故守節撫姪爲嗣現年六十
一已　旌嗣子尊庠生
文童張生珠妻姚氏年二十三夫故守節撫姪爲嗣現年五十
六已　旌
庠生靖家清妻邱氏年二十九夫故守節撫孤事舅姑孝現年
五十八已　旌
張永謙妻吳氏年二十五夫故守節撫孤事姑孝念母無子迎
養其家與姑同事現年七十四已　旌
張光孚妻鄭氏年二十七夫故守節撫孤現年五十已　旌
曹封惠妻江氏年二十八夫故家貧苦節撫孤成立現年七十
七已　旌
蕭開基妻陶氏年二十八夫從戎陣亡氏守節撫孤現年五十
二已　旌
曹隆順繼妻廖氏年二十夫故守節撫孤現年七十四已　旌
吳步高妻王氏年二十八夫故守節撫嗣嗣又復撫孤孫現年
六十三已　旌
職員廖道合妻朱氏年二十九夫故守節撫孤成立現年五十
九已　旌
廖同書妻熊氏年二十六夫故守節撫孤卒年三十六已　旌
廖同元妻徐氏年二十四夫故守節撫孤卒年三十五已　旌
廖同鼇妻徐氏年二十九夫故守節撫嗣卒年三十九已　旌
廖一堃妻葉氏年二十九夫故守節撫孤卒年四十八已　旌
廖道厚妻饒氏年二十九夫故守節撫孤卒年五十七已　旌
子遐松藍翎把總



廖一沚妻張氏年二十九夫故守節撫孤現年五十二已　旌
廖澤興妻程氏年二十三夫故守節撫孤卒年七十六已　旌
廖澤銘妻黃氏年二十八夫故守節撫孤卒年八十一已　旌
廖道德妻張氏年二十六夫故守節撫孤現年六十已　旌
廖一正妻江氏年二十五夫故守節撫孤卒年七十八已　旌
廖道廣妻蕭氏年二十七夫故守節撫孤卒年六十二已　旌
廖一煜妻程氏年二十七夫故守節撫孤卒年七十三已　旌
廖一品妻祝氏年二十八夫故守節撫孤卒年六十三已　旌
鍾光清妻舒氏年二十四夫故守節撫嗣現年五十已　旌
宋光熹一作九熹妻方氏年二十八夫故守節撫孤成立卒年六十
三已　旌
傅其祥妻胡氏年二十五夫故守節無子撫姪爲嗣卒年四十

四已　旌
龔珍法妻鄭氏年三十夫故守節撫孤二卒年八十五已　旌
舒正梅妻曾氏年十九夫故守節撫姪爲嗣事繼姑孝卒年四十已　旌
郭熙煜妻徐氏年二十八夫故守節撫孤卒年四十已　旌
王緒鈞妻劉氏年二十二夫故守節無子撫姪爲嗣現年五十三已　旌
涂定榮妻孫氏年二十二夫故守節撫遺腹孤成立卒年七十四已　旌
文童夏鈞德妻張氏年二十六夫故守節撫孤二事舅姑孝卒年五十九已　旌次子世澤監生
文童夏鈞祿妻徐氏年十八夫故家貧守節撫嗣嗣夭復撫嗣孫現年五十六已　旌
方可謀妻邵氏年二十八夫故矢志守節事舅姑孝卒年五十四已　旌
方可傳繼妻趙氏年二十六夫故守節撫孤事舅姑孝卒年八十四已　旌
方同嵋妻何氏年二十一夫故家貧歸母家守節卒年四十九已　旌
游家珍妻何氏年三十夫故守節撫孤現年七十四已　旌
宋之壎妻王氏年二十七夫故守節卒年六十四已　旌
宋之均妻萬氏年二十四夫故守節卒年七十三已　旌
宋之坡妻劉氏年二十一夫故守節現年七十六已　旌
曹祥興妻王氏年二十七夫故守節撫孤現年六十四已　旌



祝煥銑妻張氏年二十四夫故苦節撫嗣嗣歿復撫嗣孫現年六十六已　旌
文童張宏煜妻高氏年二十四夫故守節撫孤成立卒年八十四已　旌
文童李啟遇（學冊作啟運）妻彭氏年二十夫故守節撫嗣卒年六十一已　旌嗣子錦蓉貢生
文童黄行讓妻江氏年十九夫故守節撫孤孤歿復撫孤孫現年六十六已　旌
文童黄繼美妻熊氏年二十一夫故守節撫孤成立現年五十一已　旌
巴貽範妻邱氏年二十五夫故守節無子將田宅捐入義學以助經費卒年五十九已　旌
文童張榮爵妻張氏年十九夫故苦節卒年三十六已　旌
余獻清妻邱氏年二十一夫故苦節撫嗣現年七十三已　旌
嗣子蔭祖監生孫毓齡按察司檢校
鄢行輔妻陳氏年二十九夫故守節撫孤事舅姑孝現年五十五已　旌
鄢行福妻呂氏年二十九夫故守節撫孤現年五十一已　旌
梅祚義妻周氏（採訪作江氏）年二十夫故守節撫孤成立現年六十七已　旌
余獻銘妻陳氏年二十三夫故苦節撫二孤成立現年六十一已　旌
余獻發妻鄧氏年二十八夫故守節撫孤現年六十已　旌子蔭坤職員

陳積桂妻黃氏年二十一夫故守節撫嗣卒年四十七已旌
汪士模妻秦氏年二十八夫故守節撫孤卒年八十三已旌
余篤禮妻游氏年二十九夫故守節撫孤卒年四十五已旌
王光明妻夏氏年二十七夫故守節撫孤卒年六十九已旌
王蔭貴妻魏氏年二十四夫故守節撫孤卒年八十四已旌
王純章妻涂氏年二十二夫故守節撫嗣卒年四十九已旌
徐國銘妻張氏年二十九夫故守節撫孤卒年七十四已旌
徐國儉妻趙氏年二十九夫故守節撫孤卒年四十八已旌
監生徐步青妻戢氏年二十八夫故守節撫孤成立卒年八十
七已旌
巴貽秀妻戢氏年二十六夫故守節撫孤卒年七十六已旌
徐國安繼妻邱氏年二十一夫故守節撫孤成立卒年四十七



已旌
邱蟄昱妻朱氏年二十二夫故守節撫孤卒年八十五已旌
邱時敘妻王氏年十九夫故守節撫孤現年七十一已旌
邱時敏妻張氏年二十夫故守節撫孤卒年五十三已旌
尹衍義妻吳氏年二十九夫故守節現年八十三已旌
李自强妻涂氏年二十七夫故守節撫孤現年六十一已旌
范亨壽妻秦氏年二十七夫故守節撫孤現年七十二已旌
徐國萬妻范氏年二十九夫故守節撫嗣現年五十七已旌
徐國勳妻曹氏年二十八夫故守節撫嗣現年五十六已旌
邵同梅妻雷氏年二十一夫故守節撫嗣現年五十二已旌
陳志瑛妻詹氏年二十六夫故守節撫嗣卒年六十八已旌
邵希魁妻張氏年三十夫故守節撫孤卒年七十二已旌

江金波妻王氏年十九夫故守節卒年三十九已旌
邵正達妻熊氏年二十七夫故守節現年六十一已旌
嚴承基妻王氏年二十八夫故守節現年七十八已旌
潘全烈妻何氏年二十五夫故守節現年七十六已旌
巴正榜妻邱氏年二十八夫故守節卒年六十二已旌
黃維勳妻熊氏年十九夫故守節現年五十一已旌
宋生富妻洪氏年二十七夫故守節卒年六十九已旌
黃心恕妻喻氏年二十六夫故守節現年六十三已旌
鳴象志妻華氏年二十四夫故守節現年六十八已旌
余獻文妻范氏年二十四夫故守節撫孤卒年三十五已旌
文童郭耀彬妻鍾氏年二十九夫故守節撫孤成立現年五十
一已旌



庠生王廷瑤妻姚氏已旌　以上慕義鄉
張和平妻王氏年二十二夫故守節卒年六十一已旌
鄧三墀妻吳氏年二十五夫故守節卒年七十已旌
鄧文翰妻周氏年二十夫故守節卒年六十已旌
監生洪銑妻龔氏年十六夫故守節撫嗣現年六十二已旌
文童洪賢寶妻朱氏年二十六夫故守節現年五十九已旌
胡正明妻張氏年二十六夫故守節撫孤卒年五十六已旌
余起堉妻曹氏年二十一夫故守節撫孤卒年六十九已旌
文童洪鉞妻胡氏年二十八夫故守節撫嗣成立卒年四十八
已旌
洪恩灝妻徐氏年二十夫故守節卒年六十一已旌
隋慶元妻成氏年二十九夫故守節撫孤現年七十三已旌

按司嶽洪駿妻蔡氏年二十九夫故守節撫嗣成立卒年三十
五已　旌
庠生鄭森烺妻曾氏年二十九夫故守節撫二孤成立卒年五
十已　旌
胡國仁妻吳氏年二十七夫故守節撫孤卒年七十三已　旌
曹逵亨妻熊氏年二十四夫故守節撫孤卒年四十八已　旌
詹聞泰妻江氏年二十四夫故守節撫遺腹孤成立現年五十
七已　旌
監生洪賢奇妻胡氏年二十七夫故守節撫孤成立現年五十
一已　旌
王斯信妻羅氏年二十夫故守節撫孤現年五十三已　旌
陳如文妻姜氏年二十四夫故守節現年七十已　旌



熊履剛妻王氏年二十三夫故守節現年五十七已　旌
熊履正妻劉氏年二十一夫故守節現年六十一已　旌
王義成妻蔡氏年二十一夫故守節現年五十三已　旌
劉其揚妻高氏年二十七夫故守節卒年八十已　旌
宋清海妻李氏年二十七夫故守節現年五十七已　旌
羅承天妻畢氏年二十九夫故守節撫孤現年六十二已　旌
王蔭松妻謝氏年二十二夫故守節撫嗣現年六十已　旌嗣
子晉卿監生
鄧函燧妻汪氏年二十八夫故守節撫孤卒年六十六已　旌
鄭家楚妻謝氏年二十九夫故守節撫孤現年七十已　旌
曾連枝妻余氏年二十四夫故守節撫嗣現年六十一已　旌
監生梅文煥妻鄒氏年二十四夫故守節撫孤成立卒年六十
九已　旌
監生王蘭銘妻張氏年二十四夫故守節撫孤成立現年六十
八已　旌
曾晉若妻蔡氏年二十五夫故守節撫二孤成立卒年六十七
已　旌
曾世銑妻陳氏年二十六夫故守節撫孤現年七十九已　旌
子瑞芝匯川俱庠生
曾世鎮妻謝氏年二十二夫故守節撫嗣卒年六十一已　旌
鄧有富妻王氏年二十二夫故守節撫嗣現年五十四已　旌
王懷燕妻高氏年十九夫故守節撫嗣現年六十八已　旌
鄧秀臨妻吳氏年二十三夫故守節撫孤現年五十四已　旌
鄧耀清妻周氏年二十二夫故守節撫嗣現年五十三已　旌



鄧志東妻蔡氏年二十三夫故守節撫孤現年五十三已　旌
鄧丕杭妻隗氏年二十四夫故守節撫孤卒年五十二已　旌
蕭庶增妻邱氏年二十一夫故守節撫嗣現年五十一已　旌
王尊華妻陶氏年二十九夫故守節撫孤現年五十一已　旌
監生洪賢榜妻龔氏青年夫故守節現年六十一已　旌
洪良棟妻徐氏年二十二夫故守節撫孤卒年三十三已　旌
何佳華妻陶氏年二十一夫故守節撫嗣卒年六十七已　旌
周名馭妻黃氏年二十九夫故守節撫孤孤天復偕孀媳黃氏
撫孫卒年八十七已　旌　以上上伍鄉
夏基禮妻舒氏年十九夫故家貧守節孝事舅姑無子立姪爲
嗣尋夭復以姪孫承祧辛勤撫之卒年四十一已　旌
舒昌珣妻嚴氏年十九夫故守節撫嗣事舅姑孝卒年六十五

已　旌
王心清妻靖氏年二十五夫故苦節撫孤卒年八十五已　旌
王心潤妻李氏年二十三夫故無子苦節現年六十已　旌
文童操養瑢妻鄧氏年二十八夫故守節現年五十三已　旌
夏佐賢妻李氏年二十九夫故無子苦節現年五十七已　旌
馮榮富妻夏氏年二十九夫故守節撫姪爲嗣事舅姑孝卒年五十六已　旌
文童李其環妻操氏年二十三夫故守節撫姪爲嗣現年七十三已　旌
文童毛正己妻戴氏年二十三夫故守節遺孤甫三月辛勤撫之尋夭氏痛夫無嗣遂旬日不食卒年四十三已　旌
文童鄭直彩妻徐氏年二十一夫故守節撫姪爲嗣事舅姑孝



卒年六十六已　旌
庠生胡宜丙繼妻李氏年二十四夫故守節撫一歲孤成立現年六十已　旌子貞奎從九品
文童胡華濟妻王氏年二十三夫故守節撫嗣成立卒年五十三已　旌嗣子忠爘監生
文童胡貢珍妻張氏年二十九夫故守節撫孤成立現年五十已　旌
王模治妻張氏年二十四夫故守節撫孤卒年六十九已　旌
左治瑩妻黃氏年二十六夫故守節事舅姑孝娣氏生男甫一月氏含漿哺之撫以爲嗣現年五十二已　旌
李光燕妻趙氏年二十六夫故守節撫孤現年六十二已　旌
毛模臣妻戴氏年二十四夫故守節撫嗣卒年四十二已　旌

王廣泰妻李氏年二十四夫故守節撫孤現年五十五已　旌
李定清妻呂氏年二十八夫故守節現年六十三已　旌
王純熉妻徐氏年二十四夫故守節撫嗣現年五十四已　旌
王純燬（採訪作純燩）妻李氏年二十八夫故守節撫嗣現年五十九已　旌
左宏全妻何氏年二十夫故守節撫嗣卒年七十二已　旌
張立楷妻吳氏年二十八夫故守節撫孤現年六十四已　旌
曹允澍妻舒氏年二十夫故守節卒年六十六已　旌
王純志妻張氏年二十一夫故守節撫孤現年六十二已　旌
州同趙堯章妻王氏年二十二夫故守節卒年三十已　旌
文童唐斯枝妻王氏年二十六夫故守節撫孤成立卒年四十已　旌



監生胡忠弼妻詹氏年二十三夫故守節撫孤成立卒年五十已　旌
監生胡翊治繼妻周氏年二十四夫故守節孝事舅姑撫夫前室子及己子辛勤備至卒年三十九已　旌
文童胡忠樹妻詹氏年二十九夫故守節撫孤事姑孝現年五十六已　旌
監生胡必珂妻李氏年二十九夫故守節現年七十一已　旌
文童胡忠黼妻張氏　胡貝材妻洪氏姑婦也張年二十八夫故守節事舅姑孝撫孤二長貝材早夭洪年二十九守節撫姪爲嗣張現年五十五洪卒年三十八俱　旌
戴瓊英妻洪氏年二十六夫故守節現年五十五已　旌
戴鉅珠妻戚氏青年夫故守節三十八年已　旌

何養福妻梅氏年十九夫故守節現年五十五已　旌
王鉅惠妻王氏年二十四夫故守節已　旌　以上下伍鄉
童奉麟妻張氏年二十三夫故守節撫孤孤夭復撫姪孫爲嗣
卒年六十五已　旌
李之培妻舒氏年二十夫故守節撫孤事舅姑孝卒年六十九
已　旌
程一翥妻童氏年十九夫故守節撫孤現年六十三已　旌
文童易堃山妻陶氏年二十一夫故守節撫孤成立卒年四十
一已　旌
文童汪相永妻游氏年二十一夫故守節撫嗣事孀姑孝現年
五十二已　旌
胡運松妻潘氏年二十一歸胡數月夫故氏自作祭文千餘言



極是沈痛閉戸三載憂鬱成疾卒年二十六已　旌
沈正準妻余氏年二十九夫故守節撫孤卒年八十四已　旌
子樹楠庠生
沈成松妻李氏年二十一夫故守節撫孤孤歿撫孫現年五十
一已　旌
沈成禮妻汪氏年二十三夫故守節撫嗣現年七十三已　旌
監生沈連溪繼妻王氏年二十九夫故守節事舅姑孝撫孤二
卒年四十四已　旌子紹欒士豪俱監生
喻承爵妻錢氏年二十六夫故守節撫孤卒年七十一已　旌
邱豫垙妻陳氏年二十六夫故守節撫孤現年七十五已　旌
劉光嵩妻徐氏年二十九夫故守節撫嗣現年七十八已　旌
佾生饒兆棠妻歐氏年二十五夫故守節撫孤事孀姑孝姑衰

年昏瞶嘗臥牀褥氏事奉不怠現年八十四已　旌子美彥
職員
周邦杰妻劉氏年二十八夫故守節撫嗣現年六十四已　旌
庠生汪家駒繼妻李氏年二十八夫故守節撫孤卒年五十七
已　旌
陳臨甫妻汪氏年十九夫故矢志撫孤守節四十四年已　旌
文童汪引文妻梅氏年二十九夫故茹苦撫二孤成立守節二
十九年已　旌
余獻鎰妻朱氏年三十夫故守節撫孤現年七十八已　旌
汪久智妻陳氏年二十九夫故無子苦節現年五十八已　旌
贈修職郎汪引霄繼妻羅氏年二十四夫故守節撫孤事姑孝卒年
五十二已　旌



汪士銑妻沈氏年二十九夫故守節撫孤現年五十二已　旌
汪士芳妻夏氏年二十七夫故守節撫孤現年五十二已　旌
余性嚴妻胡氏年二十八夫故守節撫孤現年五十一已　旌
徐利賓妻劉氏年二十九夫故守節撫孤事舅姑孝現年六十
三已　旌
余國猷妻張氏年十九夫故矢志守節撫姪爲嗣卒年三十二
已　旌
誥封恭人嗣子謙員外郎銜
徐能祥妻郭氏年十九夫故守節撫孤現年五十六已　旌子
文濬監生
監生朱誠榮妻余氏年二十八夫故守節卒年六十一已　旌
監生朱誠黜妻李氏年二十七夫故守節撫嗣成立現年五十

七已　旌
朱成功妻陶氏年二十六夫故守節卒年五十一已　旌
徐能行妻李氏年二十八夫故守節撫孤現年六十九已　旌
徐能桂妻張氏年二十六夫故守節現年七十一已　旌
徐達理妻黃氏年二十六夫故守節撫嗣現年五十二已　旌
徐能煥妻陳氏年二十六夫故守節撫嗣現年五十一已　旌
蕭道福妻邱氏年二十四夫故守節現年七十一已　旌
黃可霞妻陳氏年二十九夫故守節現年六十三已　旌
文童張守孝妻楊氏年二十六夫故守節撫姪爲嗣事舅姑孝
現年五十六已　旌
徐克賢妻李氏年二十九夫陣亡氏守節撫孤成立現年五十
六已　旌



黃世發妻熊氏　黃子清妻尹氏姑婦也熊年二十五夫故守
節撫孤事舅姑孝卒年七十二尹年二十七夫故守節撫孤
事姑孝卒年六十三俱　旌
文童鍾盛矩妻庫氏年二十四夫故守節撫姪爲嗣卒年六十
九已　旌
文童徐文梓妻張氏年二十七夫故守節撫嗣事舅姑孝髮賊
至將戕其姑氏請代賊感而免之現年八十一已　旌
文童熊元意妻王氏年二十六夫故守節撫孤成立現年八十
六已　旌子濟舟監生孫煥金庠生
文童熊名豪妻郭氏年二十六夫故守節撫孤成立卒年六十
一已　旌
文童熊名讓妻朱氏年二十四夫故守節撫孤成立現年六十
七已　旌子際丁庠生
文童徐文渠妻李氏年二十夫故守節撫孤成立卒年五十九
已　旌
徐文炳妻郭氏年十九夫故守節撫孤孤夭復撫孫成立現年
六十六已　旌
職員徐憲章妻陶氏年二十六夫故守節勤苦撫孤現年五十
已　旌
曾毓重妻黃氏年二十夫故守節撫嗣現年五十七已　旌
吳天晰妻徐氏年二十七夫病劇刲股療之尋愈逾年夫故守
節撫嗣成立卒年六十四已　旌
朱正發妻徐氏年二十二夫故守節撫孤卒年八十一已　旌
徐直軫妻項氏年二十六夫故守節撫孤卒年七十四已　旌



蕭服江妻左氏年二十三夫故守節撫孤卒年六十四已　旌
朱元勳妻王氏年二十八夫故守節撫孤現年七十一已　旌
石錦雲妻徐氏年二十九夫故守節撫孤現年五十五已　旌
監生朱聯芳妻朱氏年二十九夫故守節撫孤成立現年五十
六已　旌
張玉蘭妻彭氏年二十夫故守節撫孤現年五十二已　旌
徐光前妻徐氏年十八夫故守節撫嗣現年五十一已　旌
李有華妻何氏年二十七夫故守節現年六十五已　旌
徐服楚妻左氏年二十四夫故守節現年五十七已　旌
左在全妻朱氏年二十三夫故守節現年五十八已　旌
徐秉鈞妻王氏年二十六夫故守節現年七十八已　旌
沈光第繼妻王氏年二十八夫故守節現年七十二已　旌

沈成鵬妻胡氏年二十六夫故守節撫孤卒年七十一已　旌
徐文柄妻郭氏年二十一夫故守節現年四十九已　旌
徐巨川妻游氏年二十八夫故守節現年六十七已　旌
徐愼煒妻余氏年二十六夫故守節現年六十一已　旌
江高成妻黃氏年二十七夫故守節現年六十四已　旌
沈正燚妻李氏年三十夫故守節卒年三十七已　旌
朱功浩妻徐氏年二十三夫故守節現年五十三已　旌
余猷烺妻朱氏年二十六夫故苦節撫孤現年五十六已　旌
熊元亨妻程氏年二十七夫故守節撫孤現年八十二已　旌
江定宗妻鍾氏年二十八夫故守節卒年五十六已　旌
雷名熺妻徐氏年二十一夫故守節現年七十已　旌
徐神賜妻朱氏年十九夫故守節現年六十已　旌



曹靖周妻郭氏年二十五夫故守節現年七十五已　旌
王昌梓妻汪氏年二十四夫故守節現年五十三已　旌
熊起濬妻許氏年二十八夫故守節卒年六十已　旌
熊明愷（採訪作民愷）妻熊氏年十八夫故守節現年五十一已　旌
王廷燾妻毛氏年二十九夫故守節撫孤卒年八十三已　旌
江有聲妻饒氏年二十四夫故守節卒年六十六已　旌
鄧文松妻王氏年二十八夫故守節撫嗣現年五十一已　旌
彭定塏妻王氏年二十八夫故守節撫嗣現年六十四已　旌
程鳳儀妻童氏年二十七夫故守節撫孤現年五十二已　旌
封職宋懷玉妻蕭氏　監生宋德一妻朱氏姑婦也蕭年二十二夫
故守節撫孤
誥封恭人朱年二十六夫故守節撫孤渭川捐職經歷蕭卒年八十
八朱卒年六十二俱　旌
黃亨清妻尹氏年二十七夫故守節撫孤卒年六十三已　旌
程從虎妻商氏年二十六夫故守節撫孤現年五十五已　旌
文童李繩武妻吳氏年二十三夫故守節現年五十三已　旌
沈則岐妻李氏年二十九夫故守節卒年三十四已　旌
封職胡名輔妻柯氏年二十六夫故守節撫孤三卒年八十二
誥贈一品夫人　旌表建坊次子昌會　簡放提督三子如東副將
文童袁祥寬妻程氏年二十二夫故守節撫嗣成立卒年七十
三已　旌嗣子志清庠生
熊應昌妻蔡氏已　旌
熊正松妻許氏已　旌
熊德明妻鄧氏已　旌　以上庶安鄉



文童劉定經妻沈氏年二十四夫故守節撫孤孤殤撫嗣事孀
姑孝茹素終身卒年五十六已　旌
謝先揚妻陳氏年二十四夫故守節撫孤卒年八十三已　旌
子樹華監生
監生余開文妻錢氏年二十夫故守節撫孤成立現年七十三
已　旌子育芝武生
余有翼妻韓氏年二十四夫故守節撫嗣現年六十九已　旌
子烜監生
謝先埴妻孫氏年二十四夫故守節卒年七十五已　旌
朱功潤妻程氏年二十五夫故守節撫孤卒年六十一已　旌
朱裕吉妻程氏年二十七夫故守節撫孤現年七十三已　旌
周宗品妻邱氏年二十九夫故守節撫孤卒年三十六已　旌

子家祜監生
周振維妻黃氏年二十二夫故守節撫孤卒年八十二已　旌
王文鉊妻蕭氏年二十七夫故守節撫孤現年五十四已　旌
周丕鈞妻童氏年二十五夫故守節撫孤現年七十六已　旌
周振才妻項氏年十九夫故守節撫嗣卒年五十已　旌
周奎運妻胡氏年二十九夫故守節撫孤卒年七十九已　旌
周宗孝妻陳氏年二十三夫故守節撫孤卒年六十四已　旌
程品璋妻龔氏年二十一夫故守節撫孤卒年四十七已　旌
吳秉風妻程氏年二十七夫故守節撫孤卒年七十二已　旌
子濟川監生孫樹棠庠生
王家説妻萬氏年二十六夫故守節現年七十八已　旌
王家培妻張氏年二十九夫故守節現年七十四已　旌



韓安福妻劉氏年二十四夫故守節撫孤現年五十七已　旌
監生陶清妻程氏年三十夫故守節撫孤現年七十二已　旌
子禮庠生
文童萬鼎賓妻田氏年二十八夫故守節撫孤成立卒年五十
七已　旌
文童邱希愷妻陳氏年二十六夫故守節卒年七十五已　旌
文童萬裕樅妻周氏年二十九夫故守節撫孤二卒年七十五
已　旌長子成瀾庠生
張崇翰妻靖氏年二十四夫故守節撫孤卒年七十九已　旌
子翔鵬監生
張崇志妻李氏年二十六夫故守節卒年七十已　旌
童奉璘妻張氏年二十五夫故守節卒年六十五已　旌

羅千懌妻張氏年二十六夫故守節撫孤事姑孝卒年八十二
已　旌孫雲程廩生
方以謨妻羅氏年二十二夫故守節撫嗣現年六十五已　旌
建坊
貤贈中憲大夫監生盧湘妻鄭氏年二十二夫故守節撫孤現年七
十二已　旌
盧鍾曦妻徐氏年二十二夫故守節撫嗣卒年五十四已　旌
盧鍾嶽妻徐氏年二十九夫故守節撫孤現年七十一已　旌
劉光祖妻胡氏年二十八夫故守節撫孤卒年八十已　旌
監生劉紹基妻羅氏年二十七夫故守節卒年七十七已　旌
監生劉晉侯妻楊氏年二十四夫故守節撫孤事舅姑孝現年
八十已　旌子烜午庠生



監生劉鳳詔妻滕氏年二十四夫故守節撫嗣成立現年七十
二已　旌
監生劉作霖妻潘氏年二十五夫故守節撫孤成立現年七十
已　旌
監生劉厚村妻朱氏年二十五夫故守節撫孤成立卒年五十
五已　旌
劉光昌妻楊氏年二十二夫故守節卒年七十四已　旌
劉明烜妻馮氏年二十四夫故守節現年八十已　旌
劉萬柄妻楊氏年十九歸劉甫二月夫故守節撫嗣性好善捐
貲續修曾家墩大石橋其一端云現年五十五已　旌
職員楊慶相妻皮氏年二十五夫故守節撫孤成立現年五十
八已　旌

監生游豐銳繼妻唐氏年二十九夫故守節撫孤二卒年六十
四已　旌長子道南庠生
甄光彩妻周氏年二十八夫故守節撫孤卒年七十五已　旌
張和煊妻邱氏年二十六夫故守節撫孤現年五十二已　旌
周宗坤妻邱氏年二十八夫故守節撫孤現年五十三已　旌
盧鍾春妻劉氏年二十六夫故守節撫孤現年六十八已　旌
李敦墉妻陳氏年二十一夫故守節撫孤卒年四十六已　旌
劉昌渭妻陳氏年二十七夫故守節撫孤卒年五十五已　旌
子德馨都司銜
劉萬杰妻周氏年二十六夫故守節撫孤現年五十九已　旌
子遂初監生
監生張作霖妻沈氏年二十五夫故守節撫孤成立卒年三十



二已　旌
馮頁智妻胡氏年二十七夫故守節撫孤卒年六十五已　旌
段啟淦妻甄氏年二十四夫故守節撫孤現年六十六已　旌
子喬齡監生
張章鵬妻林氏年十六夫故守節撫嗣現年五十六已　旌
張重寶妻施氏年二十七夫故守節卒年八十七已　旌
張文光妻朱氏年二十五夫故守節卒年六十二已　旌
張承澤妻程氏年二十七夫故守節卒年四十五已　旌
張瑞堂妻胡氏年二十五夫故守節撫孤卒年六十四已　旌
子躍鯉翰林院孔目
貢生張楙妻張氏年二十九夫故守節撫孤成立卒年六十七
已　旌子秉鈞監生孫錫榮安徽巡檢

職員林甲妻李氏年二十三夫故守節撫孫事舅姑孝現年五
十八已　旌
監生劉繼棠妻明氏年二十四夫故守節撫孤事舅姑孝現年
六十已　旌
文童張正時妻劉氏年二十八夫故守節事姑孝姑歿依母侍
奉不懈喜施予有乞婦號寒者解衣衣之撫孤授室尋夭復
偕孀媳游撫二孫現年五十已　旌
文童張用衡妻徐氏年二十八夫故守節撫孤成立現年七十
五已　旌子鵬翼監生
張宗燾妻潘氏年二十八夫故守節撫孤卒年八十已　旌子
福田監生
庠生萬裕恩妻桂氏　萬成梢妻桂氏姑婦也亦姑姪也姑年



二十五夫故守節撫孤成梢梢歿婦年二十一同姑守節姑
卒年七十六婦現年五十一俱　旌
庠生萬成桂妻靖氏年二十四夫故守節卒年三十已　旌
陳作梅妻陶氏年二十六夫故守節無子日夜紡績積貲置田
五畝捐入族祠作舅姑祭產現年六十九已　旌
庠生陳寅妻葉氏年二十八夫故守節撫孤成立卒年四十二
已　旌
汪入勳妻萬氏年二十四夫故守節撫嗣現年七十八已　旌
嗣子榮珪庠生
徐宗琇妻袁氏年二十八夫故守節撫孤現年六十七已　旌
童理明妻汪氏年二十四夫故守節撫嗣現年五十八已　旌
韓嗣忍妻周氏年二十四夫故守節撫孤卒年七十一已　旌

武生韓俊妻周氏年二十夫故守節撫孤卒年二十六已　旌
武生韓獻檳妻陶氏年二十七夫故守節勤苦撫孤卒年三十
二已　旌
監生韓步璜妻陶氏年二十五夫故苦節卒年三十一已　旌
韓仲熙妻童氏年二十八夫故守節撫孤卒年四十五已　旌
韓夤慶妻阮氏年二十二夫故守節撫孤卒年七十二已　旌
張斗柄妻周氏年二十九夫故守節撫孤卒年八十四已　旌
汪于鐸妻周氏年二十八夫故守節撫二孤成立卒年七十二
已　旌
監生袁允謙妻余氏年二十五夫故守節撫孤二現年七十一
已　旌
周位列妻陶氏年二十五夫故守節撫孤現年九十已　旌子
鵬舉職員



吳式萬妻吳氏年二十夫故守節撫孤卒年七十三已　旌
庠生范應昌妻童氏年二十三夫故守節撫嗣成立現年七十
三已　旌嗣子禹疇庠生
杜前躍妻程氏年二十三夫故守節撫孤卒年三十七已　旌
孫貴卿妻甘氏年二十三夫故守節撫嗣卒年五十六已　旌
孫貴灝妻葉氏年二十夫故守節撫嗣現年八十三已　旌
程源連妻周氏年二十七夫故守節撫孤現年七十四已　旌
劉明成妻任氏年二十六夫故守節卒年七十三已　旌
張純祖妻邱氏年二十三夫故守節現年五十一已　旌
陶之珞妻葉氏年二十九夫故守節撫孤卒年五十九已　旌
陶鳴凰妻向氏年二十八夫故守節撫孤現年六十五已　旌

揭昭鏞妻邱氏年二十三夫故守節撫嗣現年七十一已　旌
嗣子棣華庠生
邱九和妻涂氏年二十一夫故守節撫孤現年七十一已　旌
程一舉妻商氏　程本桂妻左氏姑婦也商年二十一夫故守
節撫孤本桂桂故左年二十四守節撫孤商現年七十左現
年五十一俱　旌
監生程環溪繼妻江氏年十九夫故守節撫孤成立卒年五十
九已　旌子樹棠候選知縣
宋明亨妻余氏年十九夫故守節撫孤眼觀四代壽百有一歲
已　旌孫登瀛監生曾孫逢癸庠生
倪開恒妻張氏年二十九夫故守節撫孤現年五十九已　旌
朱時義妻周氏年二十六夫故守節撫孤現年七十六已　旌



張鳴珂妻李氏年二十九夫故守節撫孤現年九十五已　旌
張勝鼇妻陳氏年二十三夫故守節撫嗣現年六十三已　旌
王超謨妻袁氏年二十九夫故守節撫孤現年七十五已　旌
王夢富妻蕭氏年二十九夫故守節撫孤現年六十五已　旌
庠生王用賓妻趙氏年二十三夫故守節勤苦撫嗣卒年三十
四已　旌
王家愷學冊作家塏妻蕭氏年二十四夫故守節撫孤卒年四十九
已　旌
王家謨妻余氏年二十七夫故守節撫孤卒年四十八已　旌
王家詵妻萬氏年二十六夫故守節撫孤現年五十九已　旌
王家諆妻鄧氏年二十七夫故守節撫孤現年六十五已　旌
王家鉞妻彭氏年二十八夫故守節撫孤現年六十一已　旌

王家駟妻張氏年二十七夫故守節撫孤現年五十六已　旌
項必達妻王氏年二十八夫故守節撫孤卒年六十九已　旌
張光杰妻袁氏年二十夫故守節撫嗣現年六十一已　旌
楊鴻琪妻蕭氏年二十八夫故守節撫孤卒年七十三已　旌
陶應河妻王氏年二十六夫故守節撫孤卒年八十四已　旌
增生林杰妻袁氏年二十九夫故苦節撫孤成立卒年七十三
已　旌
陶應欽妻楊氏年二十夫故守節撫孤卒年五十七已　旌
陶啟蘭妻楊氏年二十七夫故守節撫孤卒年六十六已　旌
沈文普妻甘氏年二十四夫故守節撫孤卒年七十四已　旌
陶懋昭妻童氏年二十八夫故守節撫孤現年五十七已　旌
陶懋賞妻林氏年二十四夫故守節撫嗣現年六十一已　旌



陳祜祥妻曾氏年二十六夫殉難氏守節現年五十四已　旌
陶鳴榁妻陳氏年二十一夫故家貧苦節撫嗣性至孝極力營
舅姑葬地親撿夫骨祔之現年五十二已　旌
余有春妻蕭氏年二十八夫故守節撫孤現年五十已　旌
武生徐飛鵬妻劉氏年二十八夫陣亡氏守節撫孤事舅姑孝
現年五十五已　旌
徐文斌妻金氏年二十一夫故守節撫嗣卒年五十已　旌
曾道謨妻朱氏年二十三夫故守節撫嗣卒年七十五已　旌
朱演之妻汪氏年二十四夫故守節撫孤卒年七十已　旌
葉啟榮妻袁氏年二十九夫故守節撫孤卒年九十六已　旌
游豫霖妻萬氏年二十三夫故守節撫嗣卒年三十八已　旌
張承洙妻段氏年二十八夫故守節撫孤卒年五十已　旌

張懋之妻張氏年二十九夫故守節撫孤卒年六十八已　旌
張景綬妻胡氏年二十六夫故守節撫孤卒年三十九已　旌
汪明佑妻周氏年十九夫故守節現年五十已　旌
李裕章妻徐氏年二十八夫故守節撫孤現年五十七已　旌
李英奇妻程氏年二十八夫故守節撫孤現年七十四已　旌
翁紀琇妻楊氏年二十二夫故守節撫嗣現年六十六已　旌
胡元鏵妻萬氏年二十九夫故守節撫孤卒年六十六已　旌
舉人嚴家珩繼妻段氏年二十九夫故守節撫前子啟亨已子
啟第啟院後三子相繼逝復撫啟院子用庥已　旌長子啟
亨廩生次子啟第庠生
嚴家瑜妻陶氏年二十五夫故守節撫孤卒年七十三已　旌
夏朝瑞妻童氏年二十五夫故守節撫嗣卒年六十二已　旌



張濟寬妻葉氏年二十三夫故守節撫嗣卒年八十一已　旌
雷必檀妻邱氏年二十五夫故守節撫孤現年六十九已　旌
徐之啟妻袁氏年二十三夫故守節撫嗣現年六十六已　旌
文童李名顯妻張氏年二十九夫故守節撫孤事舅姑孝現年
六十六已　旌
姚宏宗妻林氏年二十六夫故守節撫孤卒年七十八已　旌
李國彥妻蔡氏年二十七夫故守節撫孤現年七十八已　旌
周宗遴妻王氏年二十五夫故守節撫孤現年六十五已　旌
曾道生妻盧氏年二十六夫故守節撫嗣現年六十已　旌
王自珢妻周氏年二十一夫故守節撫嗣現年五十二已　旌
王養松妻胡氏年二十九夫故守節撫孤成立卒年一百一歲
已　旌

文童陳光璧妻聶氏年二十七夫故守節勤苦撫孤卒年五十
六已　旌
程宗翰妻余氏年二十五夫故守節撫嗣卒年四十五已　旌
監生張文綸妻祁氏年二十七夫故守節撫孤成立卒年七十
七已　旌
阮天錫妻李氏年二十九夫故守節撫孤卒年五十五已　旌
雷名桂妻周氏年二十四夫故守節撫嗣卒年三十四已　旌
張鳳翥妻熊氏年二十四夫故守節撫嗣卒年七十七已　旌
王世熹妻汪氏年二十八夫故守節撫孤卒年六十六已　旌
王澤海妻余氏年二十九夫故守節撫孤卒年五十五已　旌
朱功煜妻李氏年二十三夫故守節撫嗣現年六十七已　旌
朱功爛妻余氏年二十一夫故守節撫嗣現年六十五已　旌



朱功燁妻葉氏年二十一夫故守節撫孤現年五十五已　旌
謝光祖妻祝氏年二十二夫故守節卒年七十八已　旌
謝萬發妻姜氏年二十夫故守節卒年三十六已　旌
童篤亭妻萬氏年二十五夫故守節撫孤卒年八十已　旌
文童萬成棵妻周氏年二十七夫故守節卒年四十已　旌
張居宜妻蔡氏年二十八夫故守節撫孤卒年八十一已　旌
庠生張于江妻周氏年二十九夫故守節撫孤成立現年六十
八已　旌
王一浤妻鄭氏年二十九夫故守節撫孤現年五十四已　旌
張受書妻葉氏年二十六夫故守節撫孤現年七十四已　旌
張之燮妻夏氏年二十六夫故守節撫孤現年五十二已　旌
曾先登妻陳氏年二十五夫故守節現年六十四已　旌

監生程步雲妻李氏年二十八夫故守節撫孤成立現年五十
八已　旌
吳作健妻萬氏年二十八夫故守節撫孤卒年七十六已　旌
吳兆華妻張氏年二十四夫故守節撫孤卒年七十已　旌
陶啟富妻劉氏　妾徐氏啟富歿劉年二十九徐年二十四同
志守節撫孤劉現年五十八徐現年五十三俱　旌
徐文梁妻張氏年二十二夫故守節現年七十二已　旌
林繼善妻王氏年二十四夫故守節撫嗣現年六十四已　旌
張祺柏妻周氏年二十九夫故守節撫孤卒年五十九已　旌
張斗大妻邱氏年二十九夫故守節撫孤卒年八十三已　旌
徐華雲繼妻黄氏年二十四夫故守節撫孤成立卒年八十一
已　旌



貢生袁允玉妻萬氏年二十四夫故守節撫孤成立現年六十
五已　旌
羅士英妻陳氏年二十八夫故守節撫孤已　旌
監生盧湘繼妻鄭氏年二十一夫故守節撫孤成立現年五十
一已　旌
尤定邦妻陶氏年二十八夫故家貧守節撫姪為嗣現年五十
三已　旌
王崇玖妻張氏年二十二夫故守節已　旌
謝永和妻劉氏守節撫孤已　旌
庠生李雲棟妻龔氏年二十九夫故守節撫姪為嗣卒年三十
九已　旌　以上中和鄉
雞澤縣典史汪益猷妻曾氏年二十九夫故守節撫孤粤匪竄

黃氏聞警將子女付家人遠避從容自盡時年四十四已
旌並　准建祠子鎔浙江經歷
文童黃振璧妻王氏年二十二夫故守節撫嗣成立卒年五十
七已　旌嗣子啟焜附貢生
馮盛柯妻呂氏年二十八夫故守節撫嗣現年五十一已　旌
張之燮妻夏氏年二十六夫故守節撫嗣現年六十九已　旌
文童聞佐堂妻楊氏年　二十六夫故守節勤苦撫孤卒年三十
七已　旌
聞佐幗（幗一作國）妻董氏年二十四夫故守節撫孤成立現年五十
九已　旌
文童龔之宜妻王氏年二十六夫故氏守節撫嗣現年五十一
已　旌



文童龔之紱妻魏氏年二十八夫故守節勤苦撫嗣現年五十
一已　旌
王先映（映一作光）妻吳氏年二十四夫故守節卒年四十已　旌
文童羅錦瀾妻葉氏　羅志清妻陳氏姑婦也葉年二十八夫
故守節撫孤現年七十三陳年二十八大故守節撫嗣現年
五十一俱　旌
李傳俊（學冊作傳竣）妻張氏年三十夫故守節撫嗣成立卒年六十
九已　旌
李傳圻妻余氏年二十五夫故守節撫孤粵賊亂時氏毀面逃
避卒年三十五已　旌
汪維清（學冊作維先）妻何氏年二十夫故守節撫孤成立現年八十
已　旌

朱儲渭（學冊作儲江）妻高氏年二十八夫故苦節撫孤卒年六十二
已　旌
何紹琮妻楊氏年二十五夫故守節撫孤卒年四十五已　旌
張家騏妻顧氏年二十六夫在省陣亡氏苦志守節現年五十
五已　旌
李榮光妻黃氏年三十夫在廣濟陣亡氏苦節撫孤現年五十
九已　旌
劉年芳妻孫氏年二十九夫故守節撫嗣現年六十二已　旌
文童方本樹妻李氏年十九適方甫三月夫故氏苦節撫嗣卒
年二十六已　旌
歐陽宗燦妻項氏年二十八夫故守節勤苦撫嗣現年五十一
已　旌



文童蔣廷甲妻喻氏年二十七夫故守節撫孤孝養舅姑現年
六十一已　旌子之炯庠生
文童張榮翰妻王氏年二十八夫故守節撫孤善事衰姑現年
七十一已　旌子華爵監生
張能鈺妻王氏年二十一夫故守節撫孤事姑孝現年七十一
已　旌
張廣浩妻劉氏年二十二夫故守節撫孤性好善捐產以資祠
祀現年五十四已　旌
張能銓妻王氏年二十夫故守節撫孤家極貧勤苦紡績孝事
孀姑現年五十三已　旌
王代玉妻姚氏年二十七夫故守節現年五十二已　旌
吳春士妻龍氏年二十八夫故守節撫嗣現年六十六已　旌

吳遇選妻潘氏年二十九夫故苦節撫孤事衰姑孝現年五十九已　旌子道南庠生
監生吳秉鈞妻樊氏年二十八夫故守節勤苦撫嗣現年五十五已　旌
吳遇連妻倪氏年二十一夫故守節撫嗣現年五十一已　旌
孫顯瑽妻王氏年二十八夫故守節撫孤卒年六十八已　旌
胡永揚妻陳氏年二十七夫故守節撫孤現年五十二已　旌
楊興銘妻白氏年二十八夫故守節撫孤現年七十七已　旌
庠生黃鎰妻劉氏年二十八夫故守節撫孤事舅姑孝現年五十五已　旌
文童黃道煜妻沈氏年二十八夫故守節撫孤事舅姑孝現年五十一已　旌



庠生周繩祖妻龔氏年二十八夫故守節撫孤成立卒年五十二已　旌
李榮華妻黃氏　李榮廷妻呂氏娣姒也黃年二十六夫故呂年二十四夫故相依守節同撫一子炳奎捐從九奎呂出也黃卒年六十四呂卒年六十一俱　旌
胡承基妾孫氏年二十四承基故氏守節撫孤二現年七十七已　旌長子永清吏員次子澤潤從九品
朱德魁學冊作得魁妻胡氏年二十夫故守節撫嗣成立現年七十八已　旌
劉昌爵妻柳氏年二十六夫故守節事姑孝現年五十已　旌
吳緒遠妻萬氏年二十八夫故守節撫孤卒年五十八已　旌
張昌材妻韓氏年二十八夫故守節撫孤現年七十二已　旌
何渭妻魏氏年二十八夫故守節撫孤事衰姑孝卒年七十一已　旌子士棠庠生
范柏松妻徐氏年二十九夫故守節紡績自給撫孤四俱成立現年九十三已　旌
魏之璜妻李氏年二十四夫故守節撫嗣紡績自給現年五十一已　旌
嚴厚銓妻奚氏年二十七夫故守節撫嗣現年七十一已　旌
文童胡志淵妻王氏年二十七夫故守節撫孤成立卒年八十二已　旌
葉承勳妻魏氏年二十一夫故守節卒年七十已　旌
楊名立妻童氏夫病刲股和藥以進病頓愈後三年夫歿氏年二十八守節撫孤現年五十八已　旌



雷名祖妻熊氏年二十四夫故守節撫孤現年五十六已　旌
文童雷名珧妻陶氏年二十八夫督團殉難氏守節撫孤事衰姑孝現年五十八已　旌子燿春庠生
監生徐萬年妻曾氏年二十九夫故守節撫孤成立現年六十六已　旌
劉文德妻楊氏年二十七夫故守節撫孤卒年七十七已　旌
文童雷錫湘妻程氏年二十四夫故守節卒年三十一已　旌
雷錫清妻陶氏年二十四夫故守節卒年五十已　旌
夏錦彩妻郭氏年二十九夫故守節撫孤現年七十三已　旌
倪良楷妻呂氏年二十七夫故守節撫嗣卒年六十五已　旌
誥封宣德郎張景雲繼妻姜氏年二十四夫故苦節撫教二孤成立現年六十四已　旌長子光孚布經歷次子光斗從九品

舉人奚德湮妻章氏年二十九夫故苦節撫孤成立卒年五十
六已　旌
沈之寅妻萬氏年二十四夫故守節撫嗣現年五十五已　旌
李光瀚妻杜氏年二十二夫故守節撫遺腹孤事姑孝現年五
十三已　旌
李盛科妻陳氏年二十三夫故守節撫孤現年五十一已　旌
文童杜啟錦妻周氏年二十九夫故守節事舅姑孝卒年四十
二已　旌
杜紹涇妻李氏年二十一夫故矢志守節事舅姑孝卒年三十
六已　旌
文童鄭信安妻胡氏年二十四夫故守節撫孤成立現年七十
八已　旌



鄭耀全妻周氏年二十四夫故守節撫嗣現年五十四已　旌
王龍順妻涂氏年二十四夫故守節撫孤現年六十已　旌
劉玉藻妻董氏年二十七夫故守節撫孤事舅姑孝現年五十
四已　旌子錫庚增生
胡宗仁妻顏氏年二十九夫故守節撫孤辛勤操作孝事舅姑
現年五十一已　旌
朱學源妻李氏年二十八夫故守節撫嗣卒年六十七已　旌
四會知縣李士燮繼妻潘氏年二十四夫故氏守節撫孤二尋
夭兩孫亦續亡氏改屋為祠以存夫祀現年七十二已　旌
文童姜念赤妻龔氏年二十四夫故守節卒年三十三已　旌
庠生姜炳芳繼妻嚴氏年二十六夫故守節撫嗣卒年六十八
已　旌

文童姜景儒妻汪氏年二十五夫故守節撫孤成立卒年七十
二已　旌
姜景伊妻王氏年二十四夫故守節撫嗣卒年六十四已　旌
汪光旦妻陳氏年二十九夫故守節卒年八十二已　旌
周學瀛妻包氏年二十夫故守節撫孤卒年五十已　旌
余春有妻蕭氏年二十八夫故守節撫孤現年五十已　旌
高世選妻袁氏年二十六夫故苦節撫遺腹孤成立現年六十
已　旌
王家政妻汪氏年二十夫故守節撫嗣現年五十已　旌
監生華景濂妾楊氏年二十五濂故氏守節撫孤二現年五十
九已　旌長子棣棠光祿寺署正次子佑禧監生
葉大志妻劉氏年二十六夫故守節撫嗣現年七十八已　旌



葉年學妻胡氏年二十一夫故守節撫孤現年五十七已　旌
嗣子衍慶從九品
王鉅楫妻曾氏年二十夫故家貧守節孝養舅姑辛勤撫嗣卒
年八十五已　旌嗣子翼張庠生
胡心舉妻樊氏年二十九夫故守節撫孤現年五十已　旌
江美玉妻吳氏年二十一夫故守節撫孤卒年七十九已　旌
秦明光妻黃氏　武生秦德裕妻洪氏姑婦也黃年二十五夫
故守節撫嗣德裕旋歿洪年二十守節撫孤黃卒年五十洪
現年七十俱　旌
武生陳鼎昌妻程氏年二十九夫故守節撫孤成立現年七十
二已　旌
霍希潛妻呂氏年二十四夫故守節撫孤卒年六十一已　旌

王純章妻涂氏年二十一夫故守節撫嗣卒年四十九已　旌
郭世佑妻張氏年二十三夫故守節撫孤現年五十二已　旌
魏明海妻張氏年二十六夫故守節撫孤事繼姑孝卒年五十
八已　旌
魏明儉妻張氏年二十八夫故守節事舅姑孝撫孤二屢遇歲
祲備嘗艱苦卒年八十二已　旌
葉應燦妻魏氏年二十二夫故苦節撫嗣卒年六十四已　旌
監生程高森妻余氏年二十九夫故守節撫孤成立現年八十
二已　旌
童先愷妻雷氏年二十八夫被賊戕氏守節撫孤三現年五十
九已　旌
誥封振威將軍雷方德妻殷氏年二十六夫故苦節撫孤卒年七十



五
誥贈一品夫人已　旌長孫芸桂現任浙江處州副將次孫映斗武
生
誥贈承德郎曾組齡妻張氏年二十九夫故守節撫孤卒年六十五
已　旌子寶銓直隸縣丞藍翎六品銜
文童邱豫貴妻梁氏年二十九夫故守節勤苦撫孤卒年四十
四已　旌
監生雷輝邦妻張氏年二十五夫故守節勤苦撫嗣現年五十
一已　旌
王逊貴妻陶氏年二十八夫故守節撫孤卒年六十七已　旌
監生陳萬年妻熊氏年二十七夫故苦節撫孤事舅姑孝卒年
五十二已　旌孫允欽廩生

文童朱楚材妻沈氏年二十七夫故守節撫孤成立卒年七十
二已　旌子炳南庠生
王廷柱妻王氏年二十九夫故守節撫嗣卒年八十五已　旌
張昌檍妻劉氏年二十九夫故苦節撫孤卒年八十已　旌
周學溥妻熊氏年二十四夫故守節撫嗣卒年六十四已　旌
歐陽學文妻張氏年二十八夫故守節撫孤成立現年八十二
已　旌
王應蛟妻陳氏年二十六夫故守節撫嗣現年五十六已　旌
李鳳棠妻劉氏年十八夫故守節撫教遺腹孤成立現年五十
一已　旌
葉新炯妻陳氏年二十夫故守節撫嗣卒年二十八已　旌
倪世珍妻項氏年二十四夫故守節撫嗣現年五十八已　旌



吳遂達妻王氏年二十九夫故守節撫孤現年七十八已　旌
子定泰黃陂千總
王六楷妻王氏年二十八夫故守節撫孤現年八十六已　旌
王文成妻余氏年二十夫故守節撫嗣現年六十一已　旌
杜紹龍妻鄭氏年二十一夫故守節撫嗣現年六十一已　旌
王定元妻饒氏年二十六夫故守節撫孤現年七十四已　旌
李學煥妻殷氏年二十四夫故守節撫孤現年五十六已　旌
王國琛妻嚴氏年二十三夫故守節撫嗣績麻織蓆孝事舅姑
現年五十二已　旌
劉思友妻翁氏年二十一夫故遺子女各一均在襁褓氏矢志
苦守撫之成立現年五十二已　旌
職員馮成龍妻鄭氏年二十八夫故苦節撫嗣事舅姑孝現年

五十二已　旌
戴承經妻張氏年二十七夫故守節撫孤現年五十六已　旌
王克震妻栁氏年二十八夫故守節舅姑衰老奉養周至撫嗣
成立現年五十四已　旌
杜祖輝妻沈氏年二十五夫故守節撫孤現年五十七已　旌
淩興宇妻蔡氏年二十三夫故守節撫孤現年六十三已　旌
王模極妻吳氏年二十一夫故守節撫孤現年五十一已　旌
邱豫輝妻劉氏年二十八夫故守節撫孤現年五十二已　旌
劉心培妻方氏年二十八夫故守節撫孤現年五十已　旌
趙文耀妻高氏年二十二夫故守節撫嗣現年五十七已　旌
武生胡楚欽妻吳氏年二十八夫故守節撫孤成立卒年八十
四已　旌



霍裕壽妻劉氏年二十二夫故守節卒年三十四已　旌
李天才妻程氏年二十六夫故守節撫孤卒年四十八已　旌
秦紀光妻黃氏年二十五夫故守節撫嗣卒年四十九已　旌
陳紹蕘妻熊氏年二十八夫故守節撫孤卒年七十五已　旌
秦有璋妻邵氏年二十二夫故守節撫嗣卒年七十七已　旌
邱亨泰妻王氏年二十七夫故守節撫孤卒年六十二已　旌
生員吳道豐妻鄷氏年二十八夫故守節撫孤成立卒年七十
二已　旌
文童呂兆恆妻胡氏年二十六夫故守節勤苦撫嗣現年五十
五已　旌
胡得壽妻汪氏年二十夫故守節撫孤卒年五十九已　旌
胡啟昌妻鄒氏年二十五夫故守節撫遺腹孤成立現年七十
已　旌
徐雲松妻黃氏年二十七夫故守節撫孤現年五十五已　旌
殷道濟妻黃氏年二十五夫故守節撫孤現年五十二已　旌
郭啟泰妻李氏年二十八夫故守節撫孤現年五十三已　旌
龍大霖妻鄧氏年二十六夫故守節撫孤現年五十一已　旌
夏定朝妻徐氏年二十三夫故守節撫孤現年五十三已　旌
范柏青妻徐氏年二十九夫故守節撫孤現年五十九已　旌
汪啟倫妻杜氏年二十七夫故守節撫孤現年七十已　旌
秦紀廉妻唐氏年二十七夫故守節撫孤現年七十八已　旌
熊承終妻陳氏年二十四夫故守節現年六十四已　旌
熊光耀妻李氏年二十八夫故守節撫孤卒年六十八已　旌
王隆順妻涂氏年二十六夫故守節撫嗣現年五十一已　旌



郭鍾運妻胡氏年二十九夫故守節撫孤現年五十七已　旌
郭鎰運妻金氏年二十八夫故守節現年五十四已　旌
黃蒿雲妻曾氏年二十八夫故守節撫孤現年五十二已　旌
白開華妻徐氏年二十四夫故守節撫孤現年五十一已　旌
夏興國妻劉氏年二十九夫故守節撫孤現年六十一已　旌
喻安懷妻劉氏年二十二夫故守節撫嗣現年五十二已　旌
曾傳信妻汪氏年二十三夫故守節撫嗣現年六十已　旌
雷朝岡妻胡氏年二十九夫故守節撫孤卒年七十三已　旌
余廷梅妻王氏年二十一夫故守節撫嗣卒年五十已　旌
監生廖志灝妻蔣氏年二十九夫故守節撫孤呈祥吏員氏卒
年六十七已　旌
王純忠妻詹氏年二十六夫故守節撫嗣卒年七十五已　旌

王純熙妻王氏年二十九夫故守節撫孤現年八十二已　旌
廖志堅妻王氏年二十一夫故守節卒年六十一已　旌
趙啟俊妻歐陽氏年二十五夫故守節卒年五十七已　旌
何世學妻孫氏年二十四夫故守節撫嗣現年七十三已　旌
雷名芳妻李氏年二十八夫故守節撫孤現年七十已　旌
雷名萱妻周氏年二十三夫故守節撫嗣現年六十已　旌
孫正隣妻林氏年二十七夫故守節撫嗣現年五十九已　旌
生員胡炳元妻嚴氏年二十六夫故守節勤苦撫嗣現年六十
九已　旌
陶宜熉妻胡氏年二十二夫故守節現年六十五已　旌
文童邱豫彬妻熊氏　妾王氏豫彬歿熊年二十九王年二十
同志守節撫孤成立熊卒年七十二王現年六十三俱　旌



子二長子忠誨孫兆華俱庠生
文童雷錫湘妻程氏年二十六夫故守節卒年七十五已　旌
世職劉承勳妻余氏年二十四夫故守節撫孤事孀姑孝現年
七十一已　旌次子壽蕊藍翎五品銜
盛文選妻趙氏年二十六夫故守節撫孤現年五十六已　旌
袁祥振妻戢氏年十九夫故守節撫孤現年六十二已　旌
徐先瑞妻汪氏年二十九夫故矢志守節撫孤二現年五十九
已　旌
盧盛宇妻張氏年二十三夫故守節撫嗣現年五十四已　旌
霍仁麟妻朱氏年二十一夫故守節撫嗣現年五十一已　旌
張鳳鳴妻吳氏年十九夫故守節卒年三十一已　旌
孫廷楷妻李氏年二十五夫故守節撫孤孤夭復撫孤孫事姑
孝姑病刲股療之氏現年六十七已　旌　以上廂坊鄉
文童張正銑妻江氏年二十一夫故守節現年五十八已　旌
文童雷名宗妻汪氏年二十二夫故守節現年七十四已　旌
葉文炳妻周氏年二十九夫故守節現年六十已　旌
葉永發妻陳氏年二十八夫故守節卒年六十一已　旌
宋選周妻靖氏年二十二夫故守節現年五十三已　旌
陳（學冊作程）備錦妻羅氏年二十二夫故守節現年五十二已　旌
王祚起妻吳氏年十八夫故守節現年五十一已　旌
胡正明妻張氏年二十一夫故苦節現年五十二已　旌
謝先晛妻劉氏年二十九夫故守節現年五十九已　旌
石忠業妻唐氏年二十四夫故守節現年五十六已　旌
李永清妻周氏年十九夫故苦節撫孤卒年八十六已　旌



余廷鏞妻王氏年二十八夫故守節現年六十七已　旌
李大增妻陳氏年二十六夫故守節撫嗣卒年五十七已　旌
陳書照妻汪氏年二十夫故守節現年五十已　旌
葉世寅妻郭氏年十九夫故守節卒年六十二已　旌
韓檳妻陶氏年二十七夫故守節卒年五十八已　旌
楊家杰妻董氏年二十八夫故守節現年七十已　旌
監生陶清妻程氏年三十夫故守節現年七十二已　旌
范松妻徐氏年十九夫故守節現年八十七已　旌
廖一習妻周氏年二十八夫故守節撫孤現年七十三已　旌
文童汪金安妻程氏年二十六夫故守節撫孤成立現年六十
一已　旌
李有紀妻徐氏年二十一夫故守節撫孤卒年五十一已　旌

王應元妻奚氏年二十八夫故守節撫嗣現年六十六已　旌

監生王朝選妻胡氏年二十八夫故守節撫孤成立卒年七十九已　旌孫開榜庠生

文童汪文彬妻姜氏年二十六夫故茹苦守節撫孤成立卒年七十三已　旌

雷名柱妻林氏年二十三夫故守節事姑孝撫孤二現年六十已　旌

監生陳玉華妻蕭氏年二十三夫故守節撫嗣事姑孝現年五十二已　旌

孫有敬妻朱氏年十七夫故守節卒年四十七已　旌

石耀章妻蔣氏年二十五夫故守節現年五十三已　旌

郭宗梅妻謝氏年二十四夫故守節現年五十三已　旌



鄭耀勝妻王氏年二十九夫故守節現年五十九已　旌

周振玉繼妻馬氏年二十九夫故守節現年六十已　旌

楊得春妻周氏年二十九夫故守節現年五十已　旌

以上各鄉採訪所報及縣冊學冊登載已　旌節婦

祁隆基妻孫氏年二十九夫故守節撫孤二卒年九十三

陳德文妻周氏年二十九夫故守節撫孤現年五十三

范芝友（一作蕭芝友）妻王氏年二十二夫故守節撫姪爲嗣現年六十二

陳一魁妻劉氏年二十七夫故守節撫姪爲嗣卒年四十二

吳成善妻柳氏年二十七夫被賊害氏守節撫孤現年五十

庠生呂謙妻龍氏年二十四夫故守節撫孤卒年四十四

陳基闕妻吳氏年二十五夫故守節撫孤卒年六十四

陳椕博妻龍氏年二十七夫故守節足不踰閫撫嗣成立卒年四十五

程時元妻賈氏年二十六夫故守節撫孤現年五十

黃開明妻倪氏年二十七夫故守節撫孤卒年七十七

聞興乾妻趙氏年二十三夫故守節撫孤卒年八十六

龍景賓妻趙氏年二十五夫故守節撫孤二現年五十六

文童萬應松妻奚氏年二十二夫故守節撫孤卒年七十三

吳義芳妻徐氏年十六于歸逾年夫故矢志守節撫姪爲嗣現年五十

吳逢琳妻祁氏年二十一夫故家貧苦節撫孤卒年三十五

吳家馴妻祁氏年二十八夫故苦節撫二孤成立現年七十六

陳德增妻沈氏年二十夫故守節撫孤卒年四十二



庠生喻成彥妻徐氏年三十夫故守節撫教孤子孝事舅姑現年五十

從九品周振玉妻馬氏年二十九夫故守節撫孤現年五十九子福疇監生

喻宗振妻葉氏年二十九夫故守節卒年八十五

喻思健妻孫氏年二十六夫故守節卒年五十五

喻榮夫妻袁氏年二十九夫故守節撫孤卒年八十二子流善職員

鄭聖煉妻喻氏年二十七夫故守節現年五十五

周乘詳妻夏氏年三十詳遇賊被害氏守節撫孤現年五十

柳元美妻張氏年二十六夫故守節撫孤現年六十六

呂至瑚妻沙氏年二十六夫故守節現年五十六

文童王宗炳妻張氏年二十六夫故守節撫嗣卒年四十五
張昌標妻黃氏年二十四夫故守節卒年六十
龍景瑞妻金氏年二十二夫故守節卒年六十三
喻大猷妻劉氏年二十八夫故守節卒年六十七
喻大鵬妻馬氏年二十八夫故守節撫孤卒年七十
喻泰崧妻金氏年二十九夫故守節撫孤卒年六十
喻民魁妻馮氏年二十九夫故守節撫孤二卒年四十
張文栻妻方氏年二十九夫故守節卒年六十九
王基貴妻劉氏年二十八夫故守節孝事舅姑撫孤成立卒年六十九
汪源亮妻鄭氏年二十八夫故守節撫孤閫範肅然卒年五十三



袁昌伊妻楊氏年二十二夫故守節撫孤卒年四十八
袁榮杞妻劉氏年二十三夫故守節撫孤卒年四十六
袁克容妻劉氏年二十八夫故守節撫嗣卒年五十一
袁方呈妻傅氏年二十五夫故守節撫孤卒年七十九
劉泰紋妻汪氏年二十八夫病劌氏刲股療之踰月夫歿守節憂勞成疾卒年三十六
劉士奎妻金氏年二十六夫故守節撫嗣卒年八十二
呂因照妻金氏年二十九夫故守節卒年五十八
陳宗禹妻范氏年二十五夫故守節卒年七十五
張世燗妻王氏年二十六夫故守節現年五十四
劉士轅妻龍氏年二十九夫故苦節撫孤卒年七十五
方之本妻劉氏年二十八夫故守節撫孤現年五十六

王士信妻龍氏年二十六夫故守節撫孤卒年五十七
袁昌煦妻劉氏年二十八夫故守節撫孤二卒年三十八
呂一順妻陳氏年二十九夫故守節撫孤現年五十九
周勝和妻夏氏年二十九夫故苦節養姑撫孤現年六十九
李得意妻鍾氏年二十七夫故守節辛勤操作現年五十六
劉泰康妻陳氏年二十七夫故苦節撫孤現年六十五
劉際祥妻龍氏年二十一夫故守節現年五十八
王勝麟妻劉氏年二十四夫故苦節撫嗣現年五十四
劉泰鈁妻陳氏年二十八夫故守節撫孤事姑孝現年五十九
劉際洙妻周氏年二十八夫故苦節撫嗣現年六十一
劉泰金妻龍氏年二十五夫故守節撫孤現年六十九
王昌硅妻尹氏年二十六夫故家貧守節撫孤現年六十三



喻安富妻張氏年二十三夫故苦節卒年三十二
吳廷玉妻馮氏年二十一夫故守節撫孤卒年五十八
王勝福妻宋氏年二十六夫故守節現年六十六
王勝賢妻夏氏年二十四夫故守節現年六十四
王克鑑繼妻顧氏年二十五夫故守節卒年四十
王槐燿妻龍氏年二十九夫故家貧苦節撫孤現年七十五
袁昌潤妻劉氏年二十夫故苦節現年五十六
許定緜妻黃氏年二十六夫故守節卒年八十九
蔡大奎妻楊氏年二十八夫故家貧苦節撫孤授室旋夭偕孀媳王氏撫一歲孤孫現年六十二
孫之啟妻陳氏年二十一夫故守節撫嗣事舅姑孝現年六十四

陳光勝妻呂氏年二十四夫故守節紡績撫孤現年六十三
劉士藥妻許氏年二十九夫故守節撫孤二現年八十三
龍得順妻吳氏年二十七夫故守節撫孤卒年四十八
李如槐妻劉氏年二十一夫故守節現年六十
孫宏山妻孫氏年二十九夫故守節卒年五十
袁昌先妻殷氏年二十二夫故守節撫一孤早夭茹苦終身現
年七十
黃衍敘妻秦氏年二十七夫故守節現年六十七
劉世富妻呂氏年二十九夫故守節卒年八十八
楊修衡妻范氏年二十九夫故守節現年五十三
楊於蛟妻孫氏年二十八夫故守節卒年八十
楊在倫妻陳氏年二十九夫故守節卒年七十六



楊於旃妻宋氏年二十五夫故守節卒年九十一
龍逢懷妻邱氏年二十五夫故守節現年六十
楊修聰妻鄭氏年二十七夫故守節卒年九十
楊於滙妻周氏年二十九夫故守節卒年七十一
盧全驥妻王氏年二十九夫故守節現年五十九
李能先妻陳氏年二十八夫故守節現年八十五
劉泰晉妻顧氏年二十九夫故守節撫嗣現年六十一
文童夏景文妻陳氏年二十九夫故守節卒年三十六
傅高典妻殷氏年二十七夫故守節現年五十一
縣丞呂桂馨妻張氏年二十八夫故守節撫孤現年五十一
監生呂青選妻孫氏年二十九夫故守節撫孤現年五十二
鍾金萬妻龍氏年二十六夫故守節現年五十七

呂期堿妻劉氏年二十七夫故無子苦節現年五十一
呂一玲妻孔氏年二十六夫故無子苦節現年五十一
劉開榜妻周氏年二十六夫故守節撫孤現年七十五
孫顯琛妻張氏年二十五夫故守節撫孤卒年六十五
文童謝厚弼妻鄭氏年二十八夫故家貧苦節撫孤現年七十
七
孫貴報妻倪氏年二十六夫故守節撫遺腹孤現年六十六
許登瀛妻蔡氏年二十二夫故守節現年五十一
貢生劉廷賓妻汪氏年二十九夫故守節撫孤三事姑孝現年
六十一長子際虞庠生
監生王基常妻沙氏年二十六夫故守節卒年四十六
孫平勤妻孫氏年二十九夫故守節撫孤三現年五十六



孫胥第妻龍氏年二十八夫故守節卒年六十四
喻泰原妻王氏年二十九夫故守節撫孤卒年六十一
文童趙必凱妻周氏年二十夫故守節撫孤現年五十二
監生王士賢妻喻氏年二十八夫故守節撫孤卒年六十五
王勝鏞妻劉氏年二十九夫故守節卒年四十九
王先澤妻周氏年二十二夫故守節現年五十二
王勝鵠妻鄭氏年二十七夫故守節撫嗣卒年四十一
文童王勝棠妻曾氏年二十八夫故守節撫孤現年六十三
文童徐家駒妻陳氏年二十四夫故守節撫嗣現年六十八
高長青妻魏氏年二十八夫故守節撫孤現年七十一
張元宗妻孫氏年二十七夫故守節撫三孤成立現年六十九
李宗友妻劉氏年二十四夫故守節撫孤未嫁時父病劇氏刲

殷癈之現年六十三
楊廣仁妻戴氏年二十三夫故守節撫孤現年七十三
謝時祿妻劉氏　謝啟田妻劉氏姑婦也姑年二十二夫故守節撫孤卒年五十七婦年二十九夫故守節撫孤卒年六十
謝定逵妻劉氏年二十九夫故家貧守節撫孤卒年六十七
謝定季妻夏氏年二十三夫故守節撫孤卒年四十四
李永全妻劉氏年二十三夫故守節撫孤現年五十五
宋緒武妻張氏年十九夫故守節撫孤現年五十一
龍景礄妻曾氏年二十七夫故守節卒年五十三
王勝祜妻孫氏年二十七夫故守節撫嗣卒年六十二
王勝霖妻劉氏年二十六夫故無子苦節現年五十三
文童劉成檜妻黃氏年二十七夫故守節撫嗣現年五十七



文童劉成棣妻宋氏年二十九夫故守節撫教孤子成立現年五十
文童劉成勳妻胡氏年二十四夫故守節以姪兼祧勤苦撫之卒年五十八
文童劉功極妻王氏年三十夫故守節撫孤卒年五十二
文童劉功迪妻游氏年二十九夫故守節現年五十九
文童劉功尚妻汪氏年二十歸劉三月夫歿矢志守節卒年三十八
文童劉功立妻殷氏年二十八夫故家貧苦節撫孤二現年六十四長子廷謨增生
尹金龍妻吳氏年二十九夫故守節撫遺腹孤現年六十二
吳先合妻廖氏年二十八夫故守節撫孤現年五十七子正泰監生
劉光駒妻霍氏年二十九夫故守節撫孤二現年六十七
唐國漢妻胡氏年三十夫故守節撫孤二現年五十
鄒學欽妻吳氏年三十夫故守節撫孤卒年四十
文童方極焰妻呂氏年二十九夫故守節撫嗣喜施予卒年六十一孫吉監生
殷之棟妻劉氏年二十五夫故守節撫孤現年六十一
殷之楊妻李氏年二十五夫故守節撫孤現年七十四
劉明珠妻尹氏年三十夫故守節撫孤卒年四十二
監生夏永松妻鄒氏年二十八夫故守節撫孤現年七十六
文童王子徵妻劉氏年二十八夫故守節撫遺腹孤成立卒年七十六



戴永發妻李氏年二十五夫故家貧守節撫孤卒年七十三
陳艮棟妻林氏年二十八夫故守節撫孤現年五十九
文童張揮域妻劉氏年二十八夫故守節撫遺腹孤成立卒年五十一子炳鐈監生
文童唐國輔妻姚氏年二十七夫故苦節撫孤孤夭復撫孤孫事舅姑孝現年五十九
董祥玖妻李氏年二十六夫故守節撫孤三現年六十六次子玉田從九品
劉一鳴妻吳氏年二十九夫故苦節撫孤現年七十四
夏隆勝妻劉氏年三十夫故守節撫孤現年六十
梅高陞妻尹氏　梅春華妻黃氏尹年二十九夫故家貧守節撫孤成立卒年七十三黃乃尹孫婦也年二十七夫故撫嗣

事姑孝姑病篤刲股療之尋愈卒年四十三
殷道彰妻金氏年二十九夫故守節撫嗣現年五十三
殷澤璜妻董氏年二十六夫故守節五十年
文童黃基崑妻祝氏年二十七夫故茹苦守節卒年四十二
文童劉玉琛妻王氏年二十夫故守節撫嗣現年五十三
文童劉玉琮妻陳氏年二十五夫故守節撫孤卒年四十九
文童劉能鐸妻馬氏年二十一夫故守節撫孤現年五十
劉維邦妻許氏夫罵賊殉難氏青年守節撫孤現年五十五
吳紹奎妻霍氏年二十二夫故守節撫孤現年五十三
楊一道妻許氏
楊之桂妻劉氏　以上東弦鄉
鄭其節妻張氏年二十六夫故守節撫孤有欲奪其志者氏持



翦刀大罵誓欲自盡嗣後常以翦刀自隨卒年九十七眼觀
五代
涂錫鼇妻程氏年二十八夫殉難氏守節撫孤卒年五十一
文童高世洙妻郭氏年二十三夫故守節撫孤卒年五十七
涂錫田妻淩氏年二十三夫故家貧苦節撫孤現年六十三
杜希富妻舒氏年二十六夫故守節撫孤事瞽翁以孝聞卒年
六十四
文童王純渚妻何氏年二十八夫故守節撫孤卒年六十三
劉祖剛妻張氏年二十八夫故守節撫孤現年六十九子鴿臣
庠生
何承桐妻童氏年二十九夫殉難氏守節撫孤現年五十二
涂定祥妻朱氏年二十九夫故守節撫孤卒年五十六

涂錫三妻華氏年二十七夫故苦節撫孤卒年三十五
徐立禹妻石氏年二十一夫故守節撫孤現年五十四
孫功元妻傅氏年二十七夫故苦節撫孤現年七十五
何宗喜妻童氏年二十五夫故苦節事姑孝卒年五十一
鄭聞朝妻徐氏年二十九夫故守節撫孤現年六十二
涂錫有妻馬氏年二十五夫故守節撫孤現年五十二
涂祚啟妻霍氏年二十一夫故守節卒年三十二
曹運材妻倪氏年二十四夫故家貧守節撫嗣卒年七十
王宏鵬妻童氏年二十九夫殉難氏聞以刀自刎姑力勸乃止
守節撫孤事姑孝卒年四十五
鍾大盛妻蕭氏年二十九夫故苦節撫孤卒年五十六
杜希高妻操氏年二十夫故苦節撫遺腹孤事舅姑孝卒年六



十七
文童汪後佾妻鄭氏年二十四夫故守節撫嗣事舅姑孝現年
五十四
黃道煥妻何氏年二十二夫故守節撫嗣卒年七十八
江宏旺妻方氏年二十七夫故守節撫嗣卒年四十
林光映妻張氏年二十六夫故守節撫嗣現年七十九
王士盛妻朱氏年二十六夫故守節撫嗣現年五十二
王士全妻蕭氏年二十九夫故守節撫孤卒年六十五
李待剛妻朱氏年二十八夫故守節撫孤二現年五十九
賈榮陞妻張氏年二十二夫故守節撫孤現年六十五
徐善發妻尹氏年二十七夫故守節撫孤現年七十三
徐延長妻華氏年二十一夫故守節撫孤現年五十一

周其瑾妻童氏年二十三夫故守節撫孤現年五十一
周其信妻鄭氏年二十七夫故守節撫孤二現年五十
王士武妻包氏年二十八夫故守節撫孤二現年六十六
蕭潔壽妻操氏年二十八夫故守節撫孤卒年八十七
汪時先妻倪氏年二十九夫故守節撫孤二現年七十三
賀文玉妻張氏年二十四夫故守節撫嗣現年六十四
朱福馨妻黃氏年二十二夫故守節撫嗣現年八十二
孫正艮妻洪氏年二十四夫故守節撫孤現年六十三
王希文妻易氏年二十八夫故守節現年七十七
文童曾庭魁妻吳氏年十九夫故守節撫孤卒年三十七
文童曾庭槐妻張氏年二十夫故守節撫嗣現年五十二
文童羅朝佐妻胡氏年二十一夫故守節撫嗣卒年六十四
文童羅朝鳳妻王氏年二十八夫故守節撫孤孤夭復撫孤孫



現年六十六
外委羅得勝妻張氏年二十八夫殉難氏守節撫遺腹孤現年
五十六
文童孫胥前妻陶氏年二十夫故守節撫孤卒年三十八
文童涂錫祥妻鄭氏年二十四夫故無子苦節卒年六十一
孫光韶妻宋氏年十八歸孫三月夫故無子苦節卒年三十
曾光烙妻張氏年二十七夫故家貧守節撫孤事衰姑孝現年
五十一
羅錫九妻徐氏年二十夫故苦節卒年九十二
張光彩妻曹氏年二十四夫故家貧苦節撫孤卒年七十三
華陽旭妻曾氏年二十六夫故苦節撫嗣現年五十四

華陽逵妻汪氏年二十八夫故守節撫孤現年五十三
胡緒麟妻何氏年二十八夫故守節撫孤現年五十八
淩士堃妻楊氏年二十一夫故守節撫孤卒年七十六
盧世武妻余氏年二十四夫故家貧苦節事舅姑孝卒年四十
四
賈起模妻陳氏年二十八夫故守節撫孤卒年六十五
秦同意妻何氏年二十二夫故守節撫孤卒年四十二子道昕
從九
秦同芳妻賈氏年二十三夫故守節撫孤卒年六十七
秦同節妻傅氏年二十三夫故守節撫孤卒年六十七
秦道宇妻尹氏年二十二夫故苦節撫孤現年五十八
秦道崇妻詹氏年二十四夫故苦節撫孤卒年三十八



何宗岳妻張氏年二十八夫故守節撫孤現年六十五
周宗武妻王氏年二十六夫故守節撫嗣卒年七十八
周宗山妻賈氏年二十二夫故守節撫孤同治三年八月被賊
戕時年六十六
朱德業妻何氏年十九夫故守節撫嗣卒年八十五
劉士瑛妻蕭氏年二十七夫故守節卒年七十
贈奉直大夫王鉅清妾蘇氏年二十六清故氏守節卒年七十四
文童趙邦輝妻葉氏年二十四夫故守節撫孤卒年四十三
李士貴妻葉氏年十八夫故守節撫孤卒年六十
貢生孫金諾妻朱氏歸孫月餘諾故氏守節撫嗣卒年五十
淩聲本妻吳氏年二十五夫故守節撫孤現年六十五
羅盛懷妻李氏年二十四夫殉難氏苦節現年五十二

縣丞馬重鑾妾程氏年二十四鑾故氏矢志守節撫嗣孫成立
卒年六十四
馬先橘妻陳氏年二十夫故守節撫姪爲嗣卒年三十一
馬先絅妻林氏年二十三夫故撫嗣早夭茹苦守節現年六十
五
翁奎烺妻王氏年二十二夫故守節事祖姑及姑以孝聞撫三
孫成立現年五十七
職員翁壽田妻張氏年二十九夫故守節孝事舅姑撫孤暨姪
成立現年五十一子封渭監生
馬詒金妻盧氏年二十一夫故守節撫孤卒年三十三
劉啟煌妻李氏年二十七夫故苦節撫孤現年五十七
陳熊氏　陳百魁妻翁氏姑婦也熊年十九夫故守節撫嗣百



魁授室旋夭翁年二十四繼姑苦志守節熊卒年六十四翁
現年八十二
夏賢喆妻包氏年二十七夫故守節撫三齡孤勤苦倍至以勞
成瘵卒年三十五
翁運麟妻李氏年二十七夫故守節撫孤事舅姑孝卒年八十
二
余必詠妻胡氏年二十九夫故守節撫孤卒年八十九
萬光賓妻孫氏年二十九夫故守節撫孤卒年四十六
余道柱妻樊氏年二十八夫故苦節撫孤卒年六十八
樊篤恒妻黄氏年二十九夫故苦節撫孤卒年七十二
朱承瀚妻王氏年二十八夫故守節撫孤現年五十四
孫正啟妻江氏年二十九夫殉難氏守節撫孤現年五十

宋世琥妻方氏年二十九夫故苦節撫孤現年六十一
余鍾箭妻包氏年二十六夫故苦節撫孤卒年五十三
余鍾凝妻孫氏年二十八夫故守節撫孤現年五十九
余鍾笙妻張氏年二十九夫故守節撫孤卒年五十五
賈榮魁妻周氏年二十二夫故守節撫嗣現年六十三
賈榮會妻馬氏年二十六夫故守節卒年七十九
梅列鼇繼妻李氏年二十二夫故守節撫嗣現年七十一
樊允侃妻汪氏年十九歸樊二十餘日夫故氏守節撫嗣卒年
七十一嗣子純瀚監生
從九樊純溶妻馮氏年二十五夫故守節撫嗣現年五十四
杜之珠妻涂氏年二十九夫故守節撫孤卒年五十二
夏賢妻徐氏年二十一夫故守節撫嗣卒年六十三



徐際順妻吳氏年二十九夫故守節撫孤卒年七十一
程明祿妻邵氏年二十九夫故守節撫孤早夭茹苦以終卒年
七十三
程明玉妻於氏年二十二夫故守節撫孤卒年四十五
詹以昆妻李氏年二十九夫罵賊被戕氏守節撫孤卒年四十
羅運壽妻劉氏年二十九夫故守節撫孤現年六十四
李達三妻鄭氏年二十五夫故守節卒年七十七
李達孝妻劉氏年二十七夫故守節撫孤卒年五十一
李達岐妻張氏年二十八夫故守節現年五十九
監生樊篤喜妻舒氏年二十九夫故守節撫孤現年五十一
盧進賢妻孫氏年二十七夫故守節撫孤卒年七十三
程時鐸妻汪氏年二十八夫故守節撫孤卒年三十四

程時順妻苗氏年二十四夫故守節撫嗣現年五十一
葉承恕妻趙氏年二十五夫故守節撫孤孝事舅姑卒年四十
一
文童黄聖熙妻賀氏年二十一夫故守節卒年三十四
李紹乾妻劉氏年二十一夫故守節撫孤現年七十六
程明愷妻曹氏年二十九夫故家貧守節撫孤事姑孝現年六
十六
張全美妻吳氏年二十三夫故守節撫孤現年五十一
張之應妻劉氏年二十九夫故家貧守節勤苦撫孤現年七十
張有昆妻周氏年二十六夫故守節撫孤現年六十七
監生張道璋妻盧氏年二十七夫故守節撫孤成立卒年七十
一　以上還和鄉



文童王希華妻鄷氏年二十九夫故守節撫孤事姑孝現年五
十一
文童湯天毅妻舒氏年二十三夫故守節撫姪爲嗣事舅姑孝
卒年六十四
湯天壽妻倪氏年二十五夫故苦節撫孤事舅姑孝卒年七十
文童王臣武妻鄷氏年二十八夫故守節撫姪爲嗣現年五十
文童王希鈞妻陳氏年二十八夫故苦節撫孤事舅姑孝現年
五十
文童胡德俊妻周氏　胡德彩妻傅氏娣姒也俱年二十二夫
故守節周無子傅子生甫八月共撫成立周卒年八十二傅
卒年八十一
文童胡成豐妻徐氏年二十八夫故守節撫孤現年七十五

王永財妻陳氏年二十夫故守節撫姪爲嗣卒年六十
羅齊勝妻倪氏年二十八夫故守節撫孤二事舅姑孝現年五
十三
胡業美妻王氏年二十七夫故守節撫孤卒年四十七
戚其璵妻涂氏年二十九夫故苦節撫孤現年六十九
戚必貴妻王氏年二十九夫故守節撫孤卒年六十七
羅祚佑妻王氏年二十七夫故苦節撫孤現年五十五
王希鳳妻羅氏年二十九夫故苦節撫孤事舅姑孝現年五十
王臣秀妻戚氏年二十夫故守節撫遺腹孤卒年五十五
王希勝妻羅氏年二十四夫故苦節撫孤事舅姑孝現年五十
王士彥妻程氏年二十五夫故苦節撫孤事舅孝卒年五十一
王臣懷妻何氏年二十九夫故守節撫孤卒年四十五
王希焜妻熊氏年二十二夫故苦節撫嗣事舅姑孝卒年七十



一
易繼耀妻湯氏年二十九夫故守節撫孤卒年三十六
戚必明妻陳氏年二十四夫故守節撫孤現年八十
戚光照妻佘氏年二十四夫故守節撫孤現年七十二
王士友妻程氏年二十八夫故守節撫孤卒年五十三
林大琮妻王氏年二十歸林甫五月夫故苦節撫姪爲嗣事舅
姑孝卒年五十八
林光冀妻易氏年二十五夫故守節撫孤事姑孝卒年六十三
倪艮荆妻杜氏年二十七夫故守節撫孤現年六十二
倪世坰妻陳氏年二十九夫故守節撫孤事姑孝現年六十
監生倪玉山妻林氏年二十八夫故守節撫姪爲嗣現年五十

一
林維松妻王氏年二十八夫故守節撫孤二現年七十一長子
際陽從九品
傅昌域妻童氏年二十八夫故守節撫孤事姑孝卒年三十六
林大運妻吳氏年二十八夫故守節撫姪爲嗣事姑孝卒年七
十三嗣子先田監生
林繡春妻甘氏年二十六夫故守節撫孫卒年六十三
林光揚妻孫氏年二十三夫故守節撫姪爲嗣卒年六十二
易繼煒妻林氏年二十八夫故守節撫孤卒年七十六
包一瀼妻馬氏年二十七夫故守節卒年七十三
包宗顏妻熊氏年二十五夫故守節卒年五十三
包宗僩妻鄒氏年二十三夫故守節卒年七十



包宗烜妻馬氏年二十四夫故守節撫孤卒年六十四
陳與驪妻彭氏年二十三夫故守節卒年八十四
陳與貞妻索氏年二十八夫故守節卒年六十一
熊至德妻陳氏年二十八夫故守節撫孤卒年五十二
賀國鈞妻陳氏年二十八夫故守節撫孤孤早夭撫嗣成立卒
年八十三
易繼藻妻熊氏年二十九夫故守節撫孤家貧事舅姑曲盡孝
養卒年六十六
孫正太妻林氏年二十九夫故守節撫孤卒年四十四
方一乾妻張氏年二十二夫故守節卒年四十五
賀文濟妻程氏年十九夫故無子苦節現年五十七
賀文漂妻王氏年二十八夫故無子苦節現年五十七

林大縉妻孫氏　林鄒氏姑婦也孫年二十九夫故守節撫孤
授室旋夭鄒年二十八繼姑守節撫孤二孫現年六十八鄒
卒年三十七
林大紘妻孫氏年二十八夫故守節撫孤現年五十二
曹光炟妻劉氏年二十八夫故守節撫嗣現年六十五
孫允財妻熊氏年二十八夫故家貧守節撫嗣事舅姑孝現年
五十二
孫允佑妻江氏年二十九夫故守節撫孤現年五十一
孫正旺妻饒氏年二十九夫故守節撫孤現年五十六
李顯廷妻汪氏年二十八夫故守節撫孤現年六十九
熊厚昭妻方氏年二十八夫故守節撫孤事舅姑孝現年五十
八



萬運通妻王氏年二十八夫故守節撫孤現年七十七
熊先槐妻孫氏年二十八夫故守節撫孤現年五十三
倪元櫟妻於氏年二十八夫故守節撫孤現年九十三
孫宏理妻陳氏年二十九夫故守節撫孤現年六十八
熊玉音妻萬氏年二十八夫故守節撫孤現年五十二
田受元妻賀氏年二十八夫故守節撫孤現年五十一
孫正鴻妻徐氏年二十四夫故守節養姑現年六十二
汪慈豪妻賀氏年二十四夫故守節現年五十
汪洪秀妻方氏年二十七夫故守節撫孤卒年五十六
易濟川妻熊氏年二十一夫故守節撫嗣現年七十五
方豐盛妻蔡氏年二十八夫故守節撫姪孫爲嗣孫現年六十
二

方東山妻徐氏年二十八夫故守節撫孤現年六十六
方永隆妻徐氏年二十五夫故守節撫嗣二卒年四十一嗣子
文炳廷选俱監生
華揚光妻李氏年二十五夫故守節撫孤現年五十五
華名琳妻何氏年二十五夫故守節撫孤孤歿復撫孫現年六
十四
方獻珠妻熊氏年二十夫故苦節卒年三十
舒允賡妻何氏年二十四夫故守節撫嗣卒年八十
舒昌滌妻熊氏年二十二夫故家貧苦節孝事孀姑撫姪爲嗣
現年五十六
何國敬妻朱氏年二十八夫故守節撫孤現年五十四
何第焱妻熊氏年二十八夫故守節撫孤現年五十



何利富妻方氏年二十夫故守節撫孤事姑孝卒年五十四
何廣傳妻徐氏年三十夫故守節撫孤卒年五十九
辜德懷妻鄢氏年二十九夫故家貧苦節卒年七十五
張修德妻何氏年三十夫故守節撫孤卒年六十一
曹宏麟妻邱氏夫病剖股療之尋愈氏年二十三夫歿守節撫
嗣現年五十三
何登紳妻華氏年三十夫故守節撫孤卒年七十二子繪藻庠
生
史作舟妻王氏年二十七夫故守節撫孤現年五十
監生邱向榮妻尹氏年二十八夫故守節撫孤現年七十四子
盛舉庠生
邱汝礪妻王氏年二十七夫故家貧苦節現年六十七

邱澤含妻雷氏年二十六夫故守節撫嗣事舅姑孝現年五十
一
劉大成妻尹氏年二十四夫故守節撫遺腹孤卒年四十二
雷鉅勝妻余氏年二十九夫故守節撫嗣現年五十三
雷鉅宗妻張氏年二十六夫故守節撫孤現年五十四
何元應妻史氏年二十五夫遇賊被害氏守節撫嗣現年五十
三
熊每照妻何氏年二十七夫故守節撫孤事姑孝卒年七十
熊正譽妻高氏年十九夫故守節撫孤卒年六十
熊明士妻王氏年二十九夫故苦節撫孤現年八十七
熊律明妻方氏年二十三夫故守節撫嗣卒年六十三
熊維亮妻高氏年二十九夫故守節撫遺腹孤事姑孝卒年六



十
方柱興妻丁氏年二十六夫故守節撫孤卒年四十一
方仲秀妻華氏年二十九夫故守節撫孤現年五十六
方成名妻余氏年二十九夫故守節撫孤現年七十
方春發妻熊氏年十九夫故守節撫嗣現年七十
方光朝妻熊氏年二十四夫故守節撫孤現年五十六
方日暌妻董氏年十九夫故守節現年七十六
方洪州妻樊氏年二十九夫故苦節撫孤現年六十
鄢能福妻何氏年二十五夫故守節撫孤卒年四十八
鄢能玉妻王氏年二十一夫故守節撫嗣事舅姑孝卒年三十
一
鄢時喬妻賀氏年二十四夫故守節撫嗣卒年七十五

陳言沛妻熊氏年二十九夫故守節撫孤卒年六十六
韓豐壽妻陳氏年二十四夫故守節撫嗣卒年四十四
十二
何君瑞妻杜氏年二十七夫故守節撫遺腹孤事姑孝卒年七
十四
何景言妻劉氏年二十九夫故守節撫遺腹孤事姑孝卒年五
熊起鑾妻方氏年三十夫故守節撫孤現年六十六
文童方炳煥妻林氏年二十六夫故守節撫嗣現年五十四
方懷奇妻陳氏年二十夫故守節撫孤現年五十三
楊均佐妻劉氏年二十夫故苦節撫嗣現年六十五
監生黃鍾輝妻蔡氏年二十四夫故守節現年七十
陳學原妻黃氏年二十八夫故守節撫孤卒年六十三



何利興妻陳氏年二十二夫故守節撫遺腹孤卒年六十三
陳應典妻何氏年十九夫故苦節撫姪爲嗣卒年七十三
府經歷銜
蔡科瑞妻丁氏年三十夫故守節撫嗣現年六十三嗣子第煩
蔡第永妻雷氏年二十四夫故守節現年五十
蔡科翊妻何氏年十九夫故苦節撫遺腹孤卒年八十
生
蔡科球妻方氏年二十五夫故苦節撫孤卒年六十子第桂貢
蔡興松妻丁氏年二十二夫故守節撫嗣卒年八十
熊國禮妻易氏年二十五夫故守節撫孤現年五十二
熊國讓妻鄭氏年二十一夫故守節撫孤現年五十六
胡榮封妻何氏年三十夫故守節撫孤事孀姑孝現年五十

一
以上永甯鄉
易繼觀妻熊氏年二十九夫故矢志守節撫孤成立卒年七十



劉昌進妻邱氏年二十五夫故守節撫孤現年五十一
丁金榜妻黃氏年二十九夫故守節撫孤卒年八十二
聶退聯妻雷氏年二十七夫故守節撫嗣現年六十二
聶世啟妻何氏年三十夫故守節撫嗣卒年六十
聶萬欽妻張氏年二十五夫故守節撫孤卒年八十九
成疾卒年二十六
庠生丁鑑妻許氏年二十夫故守節事姑至孝痛夫無子憂鬱
彭履中妻華氏年二十七夫故守節撫孤現年五十五
四
鄧維垣妻方氏年二十八夫故守節撫孤事舅姑孝卒年五十
熊正美妻丁氏年二十七夫故守節撫嗣事姑孝卒年七十一
丁道猷妻廖氏年二十九夫故守節撫嗣卒年五十三

黃岡縣志卷之十七

知黃岡縣事合肥戴昌言編輯

人物志

列女五 節婦

程鎮孚妻張氏年二十六夫故守節撫孤卒年六十四

程鎮煦妻孫氏年二十八夫故守節撫孤現年五十六

章朝相妻隗氏年二十七夫故守節撫孤現年六十八

姚開佐妻靖氏年二十六夫故守節撫孤現年六十五

吳秉廚妻程氏年二十七夫故守節現年五十一

文童易中模妻周氏年二十八夫故守節撫姪爲嗣卒年七十一

黃濟敏妻程氏年二十八夫故苦節撫孤現年五十一



熊道美妻劉氏年十九夫故守節撫姪爲嗣現年六十

文童徐澤榮妻黃氏年二十夫故守節卒年四十七

文童徐澤廣妻萬氏年二十六夫故守節現年五十一

文童張之淮妻史氏年二十夫故守節撫孤卒年六十九

文童史緒珖妻張氏年二十七夫故家貧守節撫孤現年七十

史緒洪妻王氏年二十七夫故家貧守節撫孤現年七十七

毛象乾妻劉氏年二十一夫故家貧守節撫孤現年六十五

華繼明妻洪氏年二十六夫故守節現年六十二

洪國翥妻汪氏年二十七夫故守節撫孤現年五十七

文童余獻金妻涂氏年二十六夫故守節撫孤現年五十

洪國臣妻袁氏年二十九國臣勦賊陣亡氏守節撫孤現年五十六

史存德（一作清）妻喻氏年二十夫故苦節撫嗣現年六十三

史存枋妻程氏年二十二夫故守節事舅姑孝現年五十三

邱民悅妻廖氏年二十八夫故守節撫孤現年六十六

涂正亨妻洪氏年二十四夫故守節撫姪爲嗣現年五十六

朱和久妻洪氏年二十八夫故家貧依母家守節事父孝卒年四十八

王毓壆妻李氏年二十三夫病氏刲股療之卒不起氏苦志守節現年五十

靖華梅妻操氏年二十四夫故守節撫孤現年七十三

黃濟塽妻喻氏年十八夫故守節撫孤現年五十五

張廣英妻黃氏年二十七夫故守節撫孤卒年四十四子鏡清州同銜



陳祚和妻王氏年二十四夫故守節撫孤現年五十三

靖應利妻范氏年二十一夫故守節現年五十一

祝恆棟妻程氏年二十六夫故家貧苦志撫姪爲嗣守節三十四年

黃濟堂妻程氏年二十六夫故守節撫孤現年六十五

董延福妻胡氏年十七夫故家貧苦節撫遺腹孤現年五十三

汪忠瑞妻李氏年二十六夫故守節撫孤現年五十三

汪厚遠妻胡氏年二十八夫故守節撫孤現年五十一

文童黃鴻烈妻巴氏年十八夫故守節撫孤卒年三十

文童江景琳妻饒氏年二十三夫故守節撫孤事舅姑孝現年五十三

江運化妻吳氏年二十四夫故守節撫孤事舅姑孝現年五十

三
趙文燧妻黃氏年二十九夫故守節撫孤卒年五十四
邱忠文妻黃氏年二十四夫故守節撫嗣卒年四十二
邱忠昌妻華氏年二十六夫故守節撫孤現年六十二
文童李宣馴妻劉氏年二十一夫故守節撫孤卒年四十二
程春圃妻孫氏年二十七夫故苦節撫孤現年五十四
文童程鎮清妻吳氏年二十四夫故守節撫孤現年五十六
文童張能哲妻靖氏年二十夫故守節撫孤現年五十
巴思城妻方氏年二十四夫故家貧守節撫孤卒年八十三
巴貽秀妻張氏年二十四夫故守節撫姪爲嗣事孀姑孝卒年
七十六
文童巴謀珏妻汪氏年二十九夫故守節撫孤現年五十一



程源創妻余氏年二十八夫故守節撫姪爲嗣卒年七十八
洪見田妻吳氏年二十七夫故守節撫孤現年五十七
黃濟時妻羅氏年二十八夫故守節撫孤現年七十八
文童羅正猷妻熊氏年二十五夫故守節撫孤現年五十四
文童余獻釗妻汪氏年二十九夫故守節撫孤卒年五十二
史天蒙妻程氏年二十四夫故守節卒年三十四
史天廷妻駱氏年二十五夫故守節撫孤卒年三十三
監生巴炳南妻張氏年二十四夫故守節撫孤現年五十一
文童黃世烈妻劉氏年二十七夫故守節撫孤二現年五十二
子慶鍾霞瑞俱監生
文童張能楨妻蔡氏年二十八夫故守節撫嗣現年六十七
黃必陞妻程氏年二十七夫故守節撫孤現年六十七

張大俊妻黃氏年二十六夫故守節撫嗣現年五十
隗廷樑妻華氏年二十九夫故守節撫孤三現年五十七
徐澤普妻黃氏年二十八夫故守節撫孤卒年五十五
徐澤民妻謝氏年二十四夫故守節撫孤卒年五十二
張大材妻汪氏年二十八夫故守節撫孤現年六十一
洪敦九妻張氏年二十三夫故守節撫孤現年五十一
謝顯親妻劉氏年二十五夫故守節撫嗣現年五十二
謝顯佐妻汪氏年二十四夫故守節撫嗣現年五十一
呂正富妻楊氏年二十六夫故守節現年五十一
熊國貴妻楊氏年二十七夫故守節撫孤現年五十
文童黃世榮妻黃氏年二十一夫故守節撫孤現年五十
文童黃能瑛妻張氏年二十八夫故守節撫孤卒年三十四子
席珍職員



文童黃謹錫妻張氏年二十夫故守節撫孤卒年二十七
黃心順妻黃氏年二十九夫故守節撫嗣現年六十三
文童王毓潤妻邵氏年二十五夫故苦節撫嗣現年五十
胡福昇妻朱氏年二十八夫故守節撫孤卒年三十八
彭光振妻汪氏年二十九夫禦賊陣亡氏守節撫孤現年五十
靖應鶴妻余氏年二十七夫故守節現年五十七
史汝和妻吳氏年二十一夫故守節撫孤卒年五十四
李正漢妻趙氏年十九夫故守節撫嗣現年五十一
李大鍾妻袁氏年二十四夫故守節現年五十一
李大純妻夏氏年十九夫故守節撫嗣現年五十
李正英妻羅氏年二十一夫故守節現年五十四

姚克祚妻劉氏年二十八夫故守節撫孤現年五十一
文童鍾定森妻鄭氏年二十四夫故苦節撫孤現年五十一
程紹坤妻單氏年二十六夫故守節事舅姑孝現年六十七
程華基妻劉氏年二十四夫故守節卒年七十三
靖應權妻宋氏年二十八夫故守節撫孤現年七十一
靖源燦妻張氏年二十八夫故守節撫孤現年五十
靖應坎妻程氏年二十八夫故守節現年五十五
余葆清妻吳氏年二十六夫故守節現年五十
靖茂椿妻鍾氏年二十九夫故守節撫孤現年五十三
曹隆爵妻奚氏年二十九夫故守節撫姪爲嗣現年六十九
王世倫妻舒氏年二十夫故守節卒年六十六
吳運進妻夏氏年二十八夫故守節撫孤現年六十



王出佐妻蕭氏年二十七夫故守節現年六十八
曹楚學妻張氏年二十九夫故守節撫孤現年六十二
王出樂妻陳氏年二十五夫故守節現年六十八
王甸鼇妻曾氏年二十二夫故守節卒年九十
王出伸妻林氏年二十六夫故守節現年五十二
王師鴻妻陳氏年二十七夫故守節現年六十二
王昌熾妻史氏年二十八夫故守節現年六十五
王出强妻林氏年二十五夫故守節卒年五十二
曹同岱妻王氏年二十二夫故守節撫孤卒年八十
鄢耀發妻汪氏年二十九夫故無子苦節卒年八十
涂國順妻鄢氏年二十六夫故守節撫孤卒年五十六
王祚冬妻汪氏夫病劇氏刲股療之尋愈年三十夫故守節卒
年七十
陶之松妻汪氏年二十四夫故守節撫姪爲嗣卒年八十五
陶啟輝妻吳氏年二十五夫故守節撫孤卒年八十六
陶啟燧妻王氏年二十九夫故守節撫孤三卒年八十四
曹隆英妻王氏年二十八夫故守節卒年八十
曹隆週妻童氏年二十九夫故守節現年五十五
李克明妻鄒氏年二十九夫故守節撫孤現年六十八
王昌貞妻李氏年二十五夫故守節撫孤現年五十四
李克成妻左氏年二十九夫故守節撫孤現年六十九
龔後垣妻操氏年二十九夫故守節撫孤卒年四十六
盧安樂妻王氏年二十六夫故守節撫孤二事衰姑孝現年五
十



梅仁智妻馮氏仁智遇賊殉難時氏年二十二家貧守節撫遺
腹孤卒年三十四
鄒啟杜妻吳氏年二十四夫故守節撫姪爲嗣卒年七十
徐科發妻余氏年二十九夫故守節撫嗣現年五十九
舉人鄒運寅妻范氏年二十九夫故守節撫姪爲嗣卒年六十
八
操元瑞妻余氏年二十八夫故守節撫姪爲嗣現年七十
李國銓妻余氏年二十七夫故守節撫姪爲嗣現年六十
鄧聯榮妻沈氏年三十夫故守節現年六十二
謝志剛妻陳氏年二十三夫故守節撫孤現年五十
周有貞繼妻施氏年二十四夫故守節撫前室孤卒年八十二
汪鳳霖妻姜氏年二十七夫故守節撫孤現年六十二

錢榮熙妻徐氏年二十二夫故無子苦節現年五十九
余延發妻王氏年二十五夫故守節撫嗣現年五十
毛之墀妻徐氏年二十七夫故守節撫嗣現年五十九
劉閈品妻秦氏年二十九夫故守節撫孤現年六十七
邵一龍妻余氏年二十九夫故守節卒年七十二
徐用恩妻舒氏年二十九夫故家貧守節撫孤二卒年七十一
陳高善妻徐氏年二十八夫故守節撫孤現年五十四
張家魁妻鍾氏年二十五夫故家貧守節撫孤現年五十八
張昌炎妻余氏年二十六夫故家貧守節撫孤現年七十二
張其柏妻胡氏年二十一夫故家貧守節撫遺腹孤卒年八十
一
舒中汶妻張氏年二十八夫故守節撫孤卒年七十一



何克松妻秦氏年二十六夫故守節撫孤卒年五十九
夏澤洪妻賈氏年二十三夫故守節事孀姑孝卒年三十
陳善亨妻張氏年二十一夫故苦節撫姪爲嗣現年五十
文童梅思哲妻宋氏年二十五夫故家貧守節撫姪爲嗣事姑
孝現年五十
文童梅思達妻張氏年二十八夫故守節撫孤現年五十二
文童梅思仁妻童氏年二十二夫故守節撫姪爲嗣卒年三十
九
文童張昌森妻鄭氏年二十五夫故守節撫嗣卒年三十八
汪啟鈺妻鄧氏年二十三夫故守節現年五十一
胡德進妻錢氏年二十三夫故守節撫嗣卒年五十九
李自強妻周氏年二十二夫故守節撫孤現年八十三

霍厚彬妻孫氏年二十一夫故守節撫嗣卒年三十二
方追駱妻許氏年二十二夫故家貧守節撫孤現年五十九
張崇節妻王氏年二十五夫故家貧守節撫孤卒年七十三
張肇謹妻汪氏年二十六夫故家貧守節撫孤事舅姑孝現年
六十三
陳炳科妻顧氏年二十夫故苦節撫孤卒年三十九
華啟富妻盧氏年二十八夫故守節撫孤現年六十八
高正茂妻但氏年二十八夫故家貧守節撫孤三卒年七十三
宋國鎮妻陳氏年二十九夫故守節現年五十
黄家麟妻林氏年二十四夫故守節撫孤卒年八十八
邵正業妻胡氏年二十八夫故守節撫嗣卒年五十三
邵際開妻胡氏年二十八夫故守節撫孤卒年四十



邵正學妻孫氏年二十九夫故守節撫孤卒年七十八
詹文郁妻舒氏年二十四夫故守節撫孤卒年三十一
張咸宏妻邱氏年二十四夫故家貧守節養姑撫孤現年五十
監生邵芳妻陶氏年二十七夫故守節事舅姑孝撫孤二現年
五十八長子德滋監生
歐陽和椿妻傅氏年二十七夫故家貧苦節撫孤卒年七十五
歐陽榮有妻徐氏年二十七夫故守節撫孤事舅姑孝現年五
十六
文童邵正達妻熊氏　邵際强妻徐氏姑婦也熊年二十四夫
故守節撫孤二徐年十八夫故守節撫孤熊卒年七十八徐
現年五十
邵希魁妻張氏　邵同梅妻雷氏姑婦也張年二十七夫故守

節撫孤卒年七十五雷年二十夫故守節撫孤現年七十

鄒鳳翔妻黄氏年二十八夫故守節撫孤同治三年賊逼近氏恐見辱投塘中賊旋退獲救得甦現年五十九

文童邵同杜妻黄氏年二十六夫故守節撫孤現年五十

詹文藻妻邵氏年二十四夫故守節撫孤卒年七十

文童曹鴻勳妻孫氏年二十三夫故守節撫孤卒年七十三

童盛漢妻陳氏年二十九夫故家貧守節勤苦撫孤現年五十

鄒定太妻葉氏年二十八夫故守節撫孤現年六十八

邵正和妻韓氏年二十四夫故守節撫孤現年七十五

邵希德妻王氏年二十八夫故守節撫孤現年七十七

鄒補元妻孫氏年二十九夫故守節撫孤現年五十六

梅善章妻曹氏年二十四夫故守節撫孤現年五十九



邵正葵妻殷氏年二十四夫故守節撫孤現年七十四

邵際煥妻舒氏年二十八夫故守節撫孤現年六十二

歐陽榮仕妻張氏年二十五夫故守節撫孤現年六十八

陳三妻歐陽氏年二十六夫故守節撫孤卒年七十一

陳應豐妻徐氏年二十八夫故守節撫孤現年七十五

張肇智妻蔡氏年二十五夫故守節撫孤現年八十五

張肇貴妻舒氏年二十四夫故守節撫孤現年六十八

張一梅妻何氏年二十二夫故守節撫孤卒年七十四

邵際琪妻童氏年二十五夫故守節撫孤現年七十七

邵開泰妻吳氏年二十七夫故守節撫孤卒年六十二

邵正豐妻胡氏年二十八夫故守節撫孤卒年三十五

邵正鏞妻夏氏年二十九夫故守節撫孤卒年八十

童志洪妻傅氏年二十六夫故守節撫孤卒年八十三

羅光連妻姚氏年二十一夫故守節撫孤現年六十五

郭耀溥妻曹氏年二十四夫故守節撫孤現年五十

童世祥妻汪氏年二十七夫故守節撫孤卒年七十八

趙學珍妻曹氏年二十六夫故守節撫孤現年五十九

趙繼坤妻曹氏年二十八夫故守節撫孤現年五十一

趙學春妻羅氏年二十一夫故守節撫孤卒年五十一

趙學陞妻舒氏年二十六夫故守節卒年三十三

邵際福妻王氏年二十四夫故守節撫孤現年五十一

舒中逵妻吳氏年二十一夫故守節撫孤現年七十一

歐陽榮蛟妻蘇氏年二十四夫故守節撫孤現年五十三

歐陽和洙妻朱氏年十九夫故守節撫孤卒年五十八



邵正荃妻余氏年二十九夫故守節撫孤卒年七十一

邵正洋妻舒氏年二十二夫故守節撫孤現年五十二

歐陽和春妻胡氏年二十三夫故守節撫孤卒年八十三

陳文學妻王氏年二十五夫故守節撫孤卒年六十五

曹廷鳳妻詹氏年二十九夫故守節撫孤現年七十三

何永容妻邵氏年二十七夫故守節撫孤卒年五十六

從九陳士彬妻顔氏年二十八夫故家貧苦節孝事舅姑撫孤二卒年三十八

王本桂妻曹氏年二十八夫故守節撫孤卒年七十五

王烈煦妻張氏年二十九夫故守節撫孤卒年五十二

趙得元妻程氏年二十九夫故守節撫孤卒年五十

鄒善賢妻王氏年二十八夫故守節撫嗣卒年五十四

鄒善應妻汪氏年二十九夫故守節撫嗣現年六十七
張兆景妻汪氏年二十四夫故守節撫孤卒年六十四
熊世海妻邵氏年二十四夫故苦節卒年五十三
陳芝魁妻蔡氏年二十五夫故守節撫孤事姑孝卒年五十七
文童詹華道妻黄氏年二十三夫故守節撫孤卒年三十
陳曜勳妻郭氏年二十二夫故守節撫孤現年五十二
楊材高妻郭氏年二十夫故守節撫孤現年五十一
王永棠妻汪氏年二十八夫故守節撫嗣現年六十
張肇祖妻梁氏年二十八夫故守節撫孤現年五十九
高能典妻秦氏年二十一夫故守節撫嗣卒年二十九
詹人獻妻羅氏年二十八夫故守節撫孤卒年九十六
文童詹炳文妻劉氏年二十四夫故守節撫孤現年七十四



文童詹以鏞妻霍氏年二十四夫故守節撫孤現年六十六子
名瀚從九品
孫開信妻洪氏年二十九夫故守節撫孤卒年七十二
孫開文妻汪氏年二十三夫故守節撫孤卒年五十五
王景智妻詹氏年二十五夫故守節撫孤二現年五十五
詹文鳳妻徐氏年二十八夫故守節撫孤現年五十三
鍾明道妻何氏年二十四夫故守節撫孤卒年五十二
張人喜妻秦氏年二十三夫故守節撫嗣性至孝母病刲股療
之氏卒年四十一
王景華妻趙氏年二十二夫故守節卒年五十
王景星妻但氏年二十三夫故守節卒年二十九
鍾光雄妻徐氏年二十四夫故守節現年五十二

曹元發妻朱氏年二十四夫故守節撫孤現年六十
曹基甯妻魏氏年二十九夫故守節撫孤現年五十
范明文妻盧氏年二十七夫故守節撫孤二卒年四十五
傅萬有妻陳氏年二十九夫故守節撫孤卒年七十三
傅昌祺妻汪氏年二十六夫故守節以姪兼祧辛勤撫之事舅
姑孝卒年三十二
文童鄒守已妻涂氏年二十三夫故守節撫遺腹孤現年五十
三
鍾光族妻曹氏年二十七夫故守節撫嗣現年六十一
鍾明理妻周氏年二十四夫故守節撫孤二卒年三十
張朝綱妻胡氏　張中元妻霍氏姑婦也胡年二十九朝綱歿
守節撫孤二長中元早夭霍年二十五同姑守節撫孤成立



胡現年八十四霍現年五十一
鍾光斗妻柯氏年二十五夫故守節撫孤現年六十三
詹景雲妻董氏年二十六夫故守節撫孤現年六十一
詹以鈊妻王氏年二十三夫故守節撫孤現年五十一
鍾明廣妻郭氏年二十二夫故守節現年五十二
詹人堂妻程氏年二十九夫故守節撫孤卒年五十四
詹勤修妻黄氏年二十八夫故守節撫孤現年五十三
詹有發妻邵氏年十九夫故守節撫嗣現年五十一
詹文習妻靖氏年二十九夫故守節撫嗣現年七十一
詹宙鍔妻陳氏年十九夫故守節撫孤卒年六十七
詹宙鎧妻徐氏年二十一夫故守節撫孤卒年四十七
孫學珊妻姚氏年二十九夫故守節撫孤卒年三十九

張家和妻余氏年二十八夫故守節撫孤三現年五十二
喻最高妻徐氏年二十七夫故守節撫孤三現年五十四
馮明萬妻陳氏年二十六夫故守節撫孤現年六十三
汪應遇妻余氏年二十一夫故守節撫嗣現年五十
陳名昭妻徐氏年二十九夫故守節撫孤現年六十四
陳志學妻舒氏年二十八夫故守節撫孤卒年五十四
邵希元妻徐氏年二十六夫故苦節撫孤二卒年六十四
汪應迎妻曾氏年二十九夫故守節卒年四十
吳秉爵妻靖氏年二十六夫故守節撫嗣卒年四十四
霍厚銓妻李氏年十九夫故守節撫孤現年五十一
舉人王定儀繼妻陶氏年二十九夫病刲股療之比歿氏矢志
守節撫前室二孤成立卒年四十二次子福庠生



文童汪汝忠妻姚氏年二十九夫故守節撫姪爲嗣性至孝姑
病刲股療之病頓愈氏現年五十七
文童汪汝選妻熊氏年二十四夫故守節撫孤卒年五十八
王鼎初妻靖氏年二十三夫故守節撫孤卒年五十一
王伯樂妻余氏年二十三夫故守節撫孤現年七十二
王毓祜妻徐氏年二十六夫故守節撫孤卒年三十三
王自谷妻舒氏年二十一夫故守節撫姪爲嗣現年六十五
王自任妻陶氏年二十六夫故守節撫姪爲嗣卒年六十七
汪極烺妻陳氏年二十二夫故守節撫孤現年五十三
王大慶妻熊氏年二十三夫故守節撫孤卒年四十六
史志周妻張氏年二十六夫故守節卒年五十八
史志學妻汪氏年二十九夫故守節撫孤現年六十六

王自儀妻蕭氏年二十四夫故守節撫孤現年七十四
周永和妻王氏年二十六夫故家貧守節撫孤現年五十二
游亨益妻王氏年二十四夫故家貧苦節撫孤現年五十
洪子棣妻謝氏年二十四夫故守節撫孤現年六十三
童振銘妻唐氏年二十六夫故守節撫孤現年六十一
馮天高妻張氏年二十四夫故家貧守節撫孤卒年六十二
陳百物妻李氏年二十八夫故守節撫孤現年六十二
張知蘭妻隗氏年二十五夫故守節撫孤卒年八十二
張知模妻江氏年二十五夫故守節撫孤卒年七十四
汪極哲妻巴氏年二十八夫故守節撫孤現年五十三
張知李妻涂氏年二十六夫故守節撫孤卒年七十
張知熙妻程氏年二十七夫故守節撫孤卒年六十三



張本福妻何氏年二十八夫故守節撫孤卒年六十四
程元福妻萬氏年二十四夫故家貧守節撫孤卒年七十
陳積銓妻宋氏年二十六夫故家貧守節撫孤卒年三十三
陳德泰妻姚氏年二十九夫故守節孝養舅姑現年七十
文童靖源烱妻陶氏年二十夫故守節撫姪爲嗣現年五十
文童靖源照妻但氏年二十一夫故守節撫姪爲嗣現年五十
文童但德珍妻吳氏年二十八夫故守節撫姪爲嗣現年五十
文童吳經典妻詹氏年二十六夫故守節撫孤現年五十八
郭應先妻姚氏年二十七夫故守節撫孤卒年四十七
王毓藝妻張氏年二十七夫故孤早夭茹苦守節現年六十六
文童陳德泰妻姚氏年二十四夫故守節撫姪爲嗣現年七十
八

吳兆錩妻汪氏年二十三夫故守節撫姪爲嗣現年八十二
吳秉璉妻姚氏年二十四夫故守節撫孤卒年六十五
吳兆瑢妻夏氏年十九夫故守節撫姪爲嗣現年八十三
吳邦翰妻繆氏年二十八夫故守節撫孤卒年五十二
吳秉如一作秉卹妻汪氏年二十五夫故守節撫孤現年八十四
吳德輝妻洪氏年二十四夫故守節撫孤卒年六十四
吳兆寬妻易氏年二十四夫故守節撫孤現年五十七
吳秉茹妻張氏年二十三夫故守節撫姪爲嗣現年五十三
吳作埈妻江氏年二十二夫故守節撫孤卒年六十二
吳作剛妻楊氏年二十八夫故守節撫孤現年七十六
吳作黃妻王氏年二十一夫故守節撫孤卒年六十一
吳兆鈿妻李氏年二十二夫故家貧守節撫孤卒年八十一



吳秉璧妻吳氏年二十五夫故守節撫孤現年七十一
張本康妻黃氏年二十七夫故守節撫孤卒年四十五
吳邦烈妻吳氏年二十七夫故守節撫孤現年七十七
吳體仁妻邱氏年二十四夫故守節撫孤卒年三十六
左宏朝妻胡氏年十九夫故守節撫孤卒年六十
文童程奉維妻張氏年二十六夫故守節撫孤卒年三十八
姚禮亨妻靖氏年二十八夫故守節撫孤現年七十四
傅昌澤妻王氏年二十二夫故守節立姪兼祧辛勤撫之卒年三十一
傅昌淦妻舒氏年二十七夫故守節撫姪爲嗣現年六十
傅昌溶妻方氏年二十三夫故守節撫姪爲嗣現年五十二
陶懋明妻江氏年二十七夫故守節撫孤卒年四十三
陶德道妻徐氏年二十九夫故守節撫孤現年五十四
童振祿妻蔡氏年二十九夫故守節撫孤現年六十一
張慎敏妻孫氏年二十九夫故守節撫孤卒年六十六
庠生楊樹華妻霍氏年二十九夫故守節撫孤現年七十四
張廷恩妻黃氏年二十七夫故守節撫孤現年五十七
於子瑄妻毛氏年二十八夫故守節撫姪爲嗣現年六十四
張咸炳妻汪氏年二十四夫被賊戕撫孤早夭立嗣亦亡氏茹苦守節現年五十
熊國豪妻洪氏年二十四夫故守節撫嗣卒年六十五
蔡延桂妻項氏年十九夫故守節撫孤卒年八十
龔世鴻妻鄒氏年三十夫故守節撫孤現年五十
孫承杰妻庫氏年二十九夫故守節撫孤卒年六十七



但傳禧妻王氏年二十夫故守節撫孤現年七十八
熊克棠妻舒氏年二十六夫故守節現年七十
熊鳳愷妻馮氏年二十二夫故守節撫孤現年五十五
程由燦妻呂氏年二十九夫故守節撫孤現年五十
王乃吉妻霍氏年二十八夫故守節撫孤卒年六十八
王大熙妻袁氏年二十九夫故家貧守節撫孤現年七十八
張乃鴻妻李氏年二十夫故守節撫嗣現年六十
王昌敬妻張氏年二十夫故守節撫嗣現年五十一
張乃坷妻姚氏年二十三夫故守節撫遺歲孤成立卒年七十九
張生意妻吳氏年二十六夫故守節撫孤現年五十八
易用和妻張氏年二十夫故守節現年六十三

熊養鳳妻王氏年二十八夫故守節撫嗣現年五十
左化違妻王氏年十九夫故守節家貧撫孤奉翁孝卒年六十
姚乃鑄妻吳氏年二十八夫故守節撫孤卒年六十三
王師洛妻姚氏年二十九夫故守節撫孤現年五十三
熊國富妻馮氏年二十五夫故守節卒年五十四
熊家進妻程氏年二十一夫故無子苦節現年五十三
熊如海妻王氏年二十八夫故守節撫孤現年六十
朱佑天妻姚氏年二十四夫故守節撫孤現年八十六
文童王際寅妻陶氏年二十九夫故守節撫孤現年六十五
王際早妻劉氏年二十八夫故守節撫孤現年八十
王昌紱妻王氏年二十八夫故守節撫孤現年五十一
文童王昌託妻王氏年二十一夫故守節撫遺腹孤事祖翁姑



孝卒年六十三
史志生妻吳氏年二十九夫故守節撫孤現年五十四
王明祿妻汪氏年二十七夫故守節撫嗣卒年五十六
王際晟妻吳氏年二十九夫故守節撫孤卒年六十三
文童黃心墀妻廖氏　黃謹銘妻余氏　黃厚典妻高氏三世
姑婦也廖年二十五夫故守節撫孤謹銘銘夭余年二十六
守節撫孤厚典典夭高年二十四守節撫孤廖卒年六十五
余現年六十八高現年五十
庠生靖厚奕繼妻喻氏年二十四夫故守節撫孤現年五十一
庠生靖鳳祥妻黃氏年二十四夫故守節撫孤現年五十六
靖成藝妻熊氏年二十四夫故守節撫孤現年五十一
靖源煒妻姚氏年二十一夫故守節撫孤現年五十二

靖源烺妻沈氏年二十四夫故守節撫孤現年五十
王毓濬妻靖氏年二十八夫故守節撫孤現年五十
但德貞妻吳氏年二十夫故守節撫孤現年五十一
姚秀常妻吳氏年二十五夫故守節撫孤現年六十七
曹仲恆妻舒氏年二十八夫故守節撫嗣事舅姑孝卒年四十
四嗣子慶元庠生
劉廣發妻吳氏年二十八夫故守節撫孤
邱螢煌妻朱氏　以上慕義鄉
陶慶文妻謝氏年二十六夫故守節撫孤卒年五十二
陶慶煊妻周氏年二十四夫故苦節卒年四十六
文童陶慶鳳妻朱氏年二十六夫故守節撫孤現年五十八
陶慶武妻何氏年三十夫故守節撫孤現年七十一
曹允庥妻劉氏年三十夫故守節撫孤現年六十二



孫益雄妻朱氏年二十一夫故守節撫孤現年五十一
曹允清妻陶氏年二十八夫故守節撫孤卒年七十五
徐本林妻孫氏年二十九夫故守節事姑孝卒年五十
彭可文妻曹氏年二十九夫故守節撫孤現年六十五
陶慶珍妻李氏年二十八夫故守節現年五十六
李汝輝妻陶氏年二十九夫故守節現年五十八
陶兆齡妻李氏年三十夫故家貧守節現年六十三
張世勳妻管氏年二十八夫故守節撫孤卒年七十六
張正春妻梅氏年二十九夫故守節撫孤卒年四十六
周積身妻秦氏年二十九夫故守節撫孤現年七十六
余重德妻徐氏年二十九夫故守節撫孤現年六十

文童成天義妻傅氏年十九夫故守節現年五十二
陶宜權妻梅氏年二十九夫故家貧苦節撫孤現年六十一
梅慶豪妻胡氏年二十八夫故守節事姑孝現年五十
梅慶澤妻徐氏年二十七夫故家貧守節現年五十
汪承烝妻陳氏年二十六夫故守節撫孤現年五十
孫之虎妻舒氏年三十夫故守節撫孤現年六十三
孫師國妻李氏年十七夫故家貧苦節無子辛勤紡績置田數
畝擬爲夫立祠卒年七十
孫之艮妻梅氏年二十九夫故守節撫孤現年六十四
陶慶宏妻張氏年三十夫故守節撫孤現年七十六
周維烈妻周氏年三十夫故守節撫嗣現年五十一
陳錦華妻謝氏年二十夫故守節撫孤卒年六十



陳名傳妻劉氏年二十五夫故守節撫孤現年七十四
李惟貢妻曾氏年二十九夫故守節撫嗣卒年五十
李光華妻陳氏年二十夫故守節撫孤卒年五十八
李騰輝妻孫氏年二十六夫故守節撫嗣現年六十四
張東元妻陳氏年二十四夫故家貧無子茹苦守節現年八十
四
王家玳妻張氏年二十二夫故苦節撫嗣卒年七十六
王世怡妻梅氏年二十三夫故苦節撫嗣卒年七十三
何文楨妻張氏年二十夫故守節撫遺腹孤卒年六十八
何士春妻詹氏年二十六士春遇賊被害氏貧苦守節現年五
十二
陳如志妻汪氏年二十夫故家貧無子茹苦守節卒年六十四

謝宏麟妻方氏年十九夫故守節現年五十一
何金生妻朱氏年二十四夫故守節窮苦撫孤現年六十四
文童梅文燦妻徐氏年二十三夫故守節奉姑孝撫孤成立現
年五十三
文童梅發章妻謝氏年二十七夫故苦節撫孤現年六十五
庠生梅海奎妻戚氏年二十九夫故守節撫嗣現年五十二
監生楊志璠妻鄭氏年二十八夫故守節撫嗣卒年六十六
文童姜天烝妻何氏年十九夫故守節撫孤事姑孝卒年七十
一
王巨祿妻張氏年二十九夫遇賊被害氏守節撫孤現年五十
一
邱朝綱妻黃氏年二十六夫故守節現年六十五



謝志點妻姚氏　謝道坎妻姜氏　謝德蔭妻程氏三世姑婦
也姚年二十八夫故守節撫孤卒年八十四姜年二十二夫
故守節撫姪爲嗣現年七十九程年二十八夫故守節撫孤
現年六十四人稱一門三節
何敬仕妻鄒氏年二十八夫故守節撫孤現年七十
劉維朋妻梁氏年二十六夫故守節撫孤卒年五十
黃如文妻姜氏年二十六夫故守節撫孤卒年九十二
羅鎭文妻姚氏年二十八夫故守節撫嗣現年六十
曾桀安妻喻氏年二十八夫故守節撫孤現年六十三
曾廣仁妻朱氏年十八夫故守節撫孤現年六十
曾廣才妻王氏年二十六夫故守節撫孤現年六十八
曾昭福妻洪氏年二十六夫故守節撫孤現年五十八

黃如剛妻張氏年二十七夫故守節撫遺腹孤卒年六十一
方之銓妻王氏年二十六夫故守節現年五十八
羅海晉妻楊氏年二十九夫故守節卒年六十八
羅海照妻周氏年二十八夫故守節卒年七十六
羅海瞰妻陳氏年二十九夫故守節撫孤卒年六十一
羅鎮毅妻盧氏年三十夫故守節現年六十
謝德琮妻張氏年二十五夫故守節撫嗣現年五十一
謝德俊妻鄒氏年二十四夫故守節撫孤現年五十五
謝德茂妻蕭氏年十九夫故守節撫嗣卒年四十七
徐國智妻蕭氏年二十九夫故守節撫孤現年五十三
文童葉啟虎妻蘇氏年二十七夫故守節撫孤卒年七十四
監生葉芝秀妻梅氏年二十八夫故守節撫孤卒年三十七



職員葉蘭馨妻梅氏年十九夫故守節卒年二十七
王定元妻王氏年二十九夫故守節撫孤現年五十二
喻際盛妻曾氏年二十七夫故守節撫孤現年七十一
羅從丞妻胡氏年二十七夫病刲股療之尋卒氏守節歷四十
七年
姜守虎妻段氏年十八歸姜甫八月夫故矢志守節卒年六十
四
姜鳴鴻妻胡氏年三十夫故守節撫孤卒年六十八
姜之珩妻蘇氏年二十夫故守節卒年六十八
曾意祥妻毛氏年二十二夫故守節撫孤現年六十
文童鄭澤堂妻唐氏年二十八夫故守節卒年三十五
文童鄭澤春妻蕭氏年二十二夫故守節撫孤卒年三十五

孫爲友妻史氏年二十九夫故守節撫孤現年六十二
汪璜妻程氏年十八夫故守節撫孤現年五十二
陳茂暢妻周氏年二十二夫故守節撫嗣卒年八十六
劉其銓妻江氏年二十四夫故守節撫孤卒年七十六
方步宗妻蔡氏年二十六夫故守節撫孤卒年七十八
江同倫妻程氏年二十一夫故守節撫孤卒年八十一
江國輔妻章氏年二十二夫故守節撫孤卒年七十三
汪長富妻江氏年二十二夫故守節撫嗣現年五十一
姜貞才妻蔡氏年二十七夫故守節撫孤現年五十六
姜應梅妻詹氏年二十五夫故守節撫嗣卒年五十七
姜開萬妻逆氏年二十九夫故守節捐田產供祠祀現年五十
五



彭天濬妻汪氏年二十三夫故守節現年六十四
汪佐鈞妻黃氏年二十五夫故守節撫嗣現年五十一
汪南山妻朱氏年二十六夫故守節撫孤現年五十一
文童汪映三妻彭氏年二十四夫故守節撫孤授室旋夭復偕
孀媳姜撫嗣孫現年六十三
汪策勳妻吳氏年二十八夫故守節撫孤現年六十二
汪潤川妻程氏年二十七夫故守節撫孤卒年七十八
汪忠保妻曾氏年二十六夫故守節撫嗣現年五十一
程含宏妻廖氏年二十八夫故守節撫孤現年五十一
程行謨妻沈氏年二十九夫故守節撫孤卒年六十八
程敦庸妻蔡氏年二十八夫故守節撫孤現年五十三
程惇容妻江氏年二十三夫故守節撫孤現年六十五

程勝耀妻姚氏年二十九夫故守節撫嗣現年七十五
吳倫發妻吳氏年二十六夫故守節撫孫卒年七十一
羅鎮烈妻胡氏年十九夫故守節撫孫卒年七十
朱方仁妻曾氏年二十六夫故守節撫嗣卒年八十六
朱方華妻舒氏年二十四夫故守節撫孫卒年八十三
曾崇溢繼妻江氏年二十夫故守節卒年三十二
職員洪鑑妻胡氏年二十三夫故守節撫嗣現年五十二
文童洪良明妻張氏年二十六夫故守節卒年四十七
梅揚福妻張氏年二十四夫故守節撫孫卒年六十
劉紹先妻董氏年二十八夫故守節撫孫現年五十四
曹文榜妻李氏年二十九夫故守節撫孫現年六十九
汪坤元妻朱氏年二十八夫故苦節撫孫卒年七十五



汪文俊妻孫氏年二十六夫故無子苦節現年五十六
呂耀全妻汪氏年二十七夫故守節撫嗣卒年四十一
胡柏壽妻陶氏年二十一夫故守節撫孫卒年七十
李兆鴻妻陶氏年二十二夫故守節撫孫卒年六十八
李清和妻傅氏年二十五夫故守節撫孫卒年七十一
李士穀妻戴氏年二十五夫故守節撫孫卒年七十三
洪啟壽妻周氏年二十四夫故守節撫孫卒年七十八
洪啟禧妻尹氏年二十七夫故守節撫孫卒年五十五
洪賢林妻傅氏年二十五夫故無子苦節現年五十一
孫師勤妻胡氏年二十八夫故守節撫嗣卒年六十
胡明楷妻李氏年二十九夫故守節撫孫現年六十八
李才昇妻陶氏年二十四夫故守節撫嗣現年五十一

胡天助妻陶氏年二十七夫故守節撫孫現年五十一
余啟甲妻劉氏年二十七夫故守節撫孫現年七十五
文童曾連祿妻何氏年十八夫病刲股療之尋卒無子氏茹苦
守節現年五十一
王朝楨妻阮氏年二十三夫故守節現年七十
余成桃妻陳氏年二十二夫故守節撫嗣卒年六十七
陶文敏妻龔氏年二十五夫故守節撫孫卒年七十
余起埏妻阮氏年二十八夫故守節撫孫卒年六十三
余士銅妻陶氏年二十七夫故無子苦節現年七十
余士鐸妻陶氏年二十八夫故無子苦節現年七十八
張敬道妻傅氏年二十八夫故無子苦節現年五十八
呂新桂妻徐氏年二十四夫故無子苦節現年七十六



徐其玉妻龔氏年十九夫故無子苦節卒年七十一
徐之璜妻張氏年二十五夫故守節撫孫卒年八十
徐其泰妻鄒氏年二十八夫故守節撫孫現年六十
孫之才妻徐氏年二十二夫故無子苦節卒年八十
徐之鳳妻趙氏年二十四夫故守節撫孫卒年七十
徐正有妻周氏年二十六夫故無子苦節現年五十九
徐正耀妻龔氏年二十四夫故守節撫嗣卒年四十三
謝道堯妻張氏年二十二夫故守節撫孫卒年七十
周國壽妻王氏年二十八夫故守節撫孫卒年六十
徐國鵬妻朱氏年二十六夫故守節撫孫現年七十一
徐其勳妻何氏年二十八夫故守節撫孫卒年一百一歲
余士珍妻戴氏年二十六夫故守節撫孫卒年七十三

方宗獻妻余氏年二十八夫故守節撫嗣現年五十九
徐本珍妻蔡氏年二十七夫故守節撫孤現年五十四
徐本盛妻葉氏年二十九夫故守節撫孤現年五十七
周慶祥妻洪氏年二十八夫故無子苦節卒年六十三
汪某妻呂氏年二十一夫故苦節撫嗣現年七十二
徐本馥妻蔡氏年二十六夫故守節撫孤現年六十五
文童周訪疇妻何氏年二十九夫故守節撫孤現年五十二
待詔周標妻胡氏年二十八夫故苦節撫孤現年五十一
胡天錫妻洪氏年二十八夫故守節撫孤現年五十七
胡天柱妻洪氏年二十九夫故守節撫孤現年五十九
武生周傑妻洪氏年二十八夫故守節撫孤卒年六十二
從九洪艮澐妻傅氏年二十七夫故守節撫嗣現年五十一



王光朗妻孫氏年二十四夫故守節撫孤現年五十六
陶宜智妻汪氏年二十八夫故苦節撫嗣卒年四十二
文童洪艮辰妻胡氏年二十四夫故無子苦節現年五十三
文童戚可誨妻成氏年二十一夫故守節撫嗣卒年五十六
監生戚德滋妻梅氏年二十夫故守節撫孤卒年七十
曾新喜妻楊氏年十九夫故守節撫孤卒年六十
縣丞洪艮璧妻王氏年二十九夫故守節撫嗣卒年四十六
監生曹占魁妻傅氏年二十四夫故守節撫孤現年五十二
王士章妻曾氏年二十四夫故守節撫孤現年六十八
劉永欽妻洪氏年二十七夫故守節撫孤現年六十五
文童洪艮想妻傅氏年二十六夫故守節撫孤現年五十二
巡檢洪福善妻胡氏年二十七夫故守節撫孤現年五十一

胡儒芳妻周氏年二十四夫故守節撫嗣卒年四十八
石久發妻曾氏年十七夫故守節撫嗣卒年七十五
熊松國妻曹氏年二十四夫故守節撫孤現年七十二
朱文煥妻周氏年二十四夫故守節撫嗣現年五十
文童曹章煥妻劉氏年二十二夫故撫遺腹孤事姑孝守節歷三十年
成天鎰妻曹氏年二十四夫故孝事舅姑撫姪爲嗣苦節二十八年
余重才妻陳氏年二十二夫故守節撫孤卒年四十一
文童鄒守仁妻王氏年二十二夫故守節撫孤卒年五十七
從九品楊潤川妻謝氏年二十九夫故守節撫孤現年五十二
文童陳志張妻朱氏年二十九夫故守節撫孤現年七十八



陳繼美妻曾氏年二十二夫故守節撫孤卒年七十二
陳正仁妻謝氏年三十夫故守節撫孤卒年六十
程光煥妻戴氏年二十八夫故守節撫嗣割股療姑病獲痊氏現年六十五
文童熊永燎妻朱氏年二十八夫故守節撫孤卒年八十孫炳焜庠生
文童熊錫祿妻鄧氏年二十三夫故守節撫孤現年五十
文童熊洪慈妻徐氏年二十夫故守節撫嗣現年五十一
文童熊錫璜妻梅氏年二十九夫故守節撫嗣現年六十一
文童熊錫强妻彭氏年二十七夫故守節卒年七十
熊錫侯妻蔡氏年二十八夫故守節撫孤現年五十
熊錫瑜妻許氏年二十五夫故守節撫孤現年五十一

文童洪桂林妻蕭氏年二十九夫故守節撫孤現年五十
文童許天船妻李氏年三十夫故守節撫嗣現年五十二
鄧三品妻馮氏年二十八夫故守節卒年六十四
鄧三多妻陳氏年二十六夫故守節現年七十
鄧三墡妻彭氏年二十六夫故守節現年五十六
鄧三統妻李氏年二十九夫故守節現年五十三
鄧三坦妻蔡氏　鄧維孝妻宋氏姑婦也蔡年二十二夫故守
節撫孤卒年四十二宋年二十四夫故守節現年五十五
鄧維銶妻楊氏年二十夫故守節卒年六十二
鄧維海妻姜氏年二十八夫故守節現年六十五
鄧維義妻張氏年二十七夫故守節現年五十三
鄧維聰妻陶氏年二十九夫故守節現年五十五



鄧函炣妻高氏年二十四夫故守節現年五十八
姜裕盛妻詹氏年二十八夫故守節卒年六十八
姜元徿妻李氏年二十五夫故守節卒年六十七
姜體恆妻宋氏年二十七夫故守節現年六十六
姜亭元妻方氏年二十三夫故守節卒年七十一
姜守典妻張氏年二十七夫故守節現年五十九
馮朝發妻鄧氏年二十六夫故守節現年五十二
蕭尙讓妻高氏年二十五夫故守節卒年七十三
蕭倫春妻李氏年二十九夫故守節卒年六十九
蕭紹達妻朱氏年二十四夫故守節現年七十四
魏可則妻高氏年二十七夫故守節卒年七十六
魏可義妻蕭氏年二十七夫故守節現年六十五

魏道和妻高氏年二十六夫故守節現年六十五
吳世俊妻劉氏年二十五夫故守節撫孤卒年八十
劉天秀妻周氏年二十三夫故守節撫孤卒年六十二
彭光儀妻鄧氏年二十六夫故守節撫孤卒年三十三
蔡呈祥妻宋氏年二十六夫故守節現年五十九
徐正珩妻鄒氏年二十四夫故守節現年五十六
蕭倫愉妻高氏年二十九夫故守節現年五十一
鄒守盛妻朱氏年十九夫故守節撫嗣卒年五十八
周貞楠妻邵氏年二十六夫故守節撫孤現年五十三
周恆嶽妻張氏年二十八夫故家貧守節撫孤現年五十六
周恆瑞妻喻氏年二十五夫故守節撫孤現年六十
周恆山妻曹氏年二十六夫故守節孤子爲賊擄久無耗撫姪



爲嗣事舅孝現年五十九
周恆昌妻李氏年二十八夫故家貧守節撫孤卒年六十一
周名馳妻謝氏年二十三夫故守節撫孤卒年五十二
周恆玥妻周氏年二十六夫故守節撫孤卒年七十
楊奇斌妻鍾氏年二十四夫故家貧守節撫遺腹孤先氏歿氏
抑鬱以終卒年六十六
楊重鏞妻周氏年二十八夫故守節撫孤卒年八十
甘榮禎妻梅氏年二十九夫故守節撫孤現年六十
於孫霓妻王氏年二十一夫故守節撫嗣事舅姑孝現年六十
八
於孫霍妻徐氏年二十四夫故守節撫孤事舅姑孝現年五十
五

於孫瑋繼妻吳氏年二十四夫故守節撫嗣現年六十
於孫㬋繼妻陳氏年二十四夫故守節撫姪爲嗣現年六十
於孫玼繼妻程氏年二十一夫故守節撫嗣事舅姑孝現年五
十一
於孫琅妻張氏年二十八夫故守節撫孤現年五十二
於孫棟妻徐氏年二十八夫故守節撫嗣現年五十一
於孫元妻梅氏年二十九夫故無子苦節現年七十
於賢良妻童氏年二十九夫故守節撫孤現年五十三
徐志美妻蘇氏年二十六夫故守節窮苦撫孤卒年五十八
劉治孝妻於氏年二十九夫被賊戕氏守節撫孤事舅姑孝現
年五十七
周國卿妻梅氏　周宏廣妻於氏姑婦也梅年二十四夫故守



節撫孤現年六十五於年二十八夫故守節撫嗣現年五十
李之林妻周氏年二十八夫故家貧苦節撫孤現年六十三
李時彬妻周氏年二十六夫故守節撫孤現年五十二
曹高雲妻黃氏年二十夫故守節現年六十
胡天球妻傅氏年二十六夫故矢志守節撫孤成立現年五十
一　以上上伍鄉
舒正裘妻范氏年二十八夫故守節家酷貧撫三孤成立備嘗
艱苦卒年六十八
王景慶妻喻氏年二十九夫禦賊陣亡氏守節撫孤卒年五十
六子光嗣雲騎尉世職
舒明粱妻徐氏　舒明棟妻王氏娣姒也徐年二十八夫故守
節撫孤卒年四十五王年二十八夫故苦節撫嗣卒年五十
九
馮康宗妻陳氏年十九康宗殉難氏茹苦守節事舅姑孝舅姑
歿氏哀痛不食卒時年四十六
孫崇儒妻王氏年二十五夫故守節撫孤現年五十
王昌燦妻童氏年二十一夫故守節撫孤卒年九十六
徐懋堂妻曾氏年二十九夫故苦節撫孤現年七十三
夏懋春妻夏氏年二十九夫故守節撫孤卒年五十六
王祚裔妻熊氏年二十八夫故守節撫孤現年五十
王緒桂妻王氏年二十六夫故守節現年七十
舒中樞妻王氏年二十八夫故守節撫孤三現年六十九
舒正炬妻郭氏年二十九夫故守節撫姪爲嗣現年五十一
王緒能妻詹氏年二十六夫故守節撫孤現年八十



徐炳騆妻王氏年二十六夫故苦節現年六十二
徐炳健妻王氏年二十四夫故苦節撫遺腹孤孤夭復撫孤孫
卒年七十一
徐基彬妻樊氏年十九夫故守節撫嗣卒年三十六
徐基昆繼妻王氏年二十四夫故守節撫嗣卒年四十二
徐基耀妻王氏年二十一夫故守節撫嗣現年六十九
徐基瑛妻許氏年二十三夫故守節撫嗣現年六十
徐基粱妻但氏年二十九夫故守節現年五十五
徐基珊妻傅氏年二十四夫故守節撫嗣現年五十七
徐基璧妻王氏年二十七夫故守節卒年四十九
徐炳煥繼妻錢氏年二十八夫故守節撫孤現年五十一
徐厚本妻王氏年二十八夫故守節撫孤現年五十四

王景鏞妻劉氏年二十二夫故守節撫孤現年六十二
熊家富妻李氏年二十夫故守節撫孤卒年五十一子敬庠生
舒中武妻陳氏年二十八夫故家貧苦節撫孤一現年六十七
舒正郤妻曹氏年三十夫故守節撫孤卒年四十八
徐鍾球妻范氏年二十七夫故守節撫嗣現年五十二
孫廣寬妻彭氏年二十一夫故苦節撫孤現年五十三
孫宗海妻徐氏年二十八夫故守節撫孤卒年八十一
舒光藻妻姜氏年二十二夫故守節撫嗣卒年五十二
舒桐妻謝氏年二十二夫故守節撫嗣卒年六十五
舒楷妻王氏年二十八夫故守節撫嗣卒年八十二
舒昌珍妻徐氏年二十九夫故守節撫嗣事舅姑孝卒年八十
二



舒昌駒妻靖氏年二十六夫故守節撫孤現年八十二
舒昌淮妻程氏年二十六夫故守節撫孤卒年六十四
舒中海妻王氏年二十九夫故苦節撫孤現年八十五
舒中錡妻蕭氏夫病氏刲股療之年二十九夫故苦節撫孤事
姑孝現年六十九
庠生舒謙受妻萬氏年二十九夫故守節撫嗣現年七十一
程大用妻王氏年二十九夫故守節撫孤現年八十一
舒光曉妻李氏年二十八夫故守節撫孤卒年八十八
徐炳騄妻童氏　徐基槐妻黃氏姑婦也童年二十七夫故守
節撫孤基槐歿黃年二十苦節撫遺腹孤童現年七十八
黃現年五十三

王景嶸妻邵氏年二十九夫故守節遺腹孤逾月殤撫姪為嗣
嗣子及孫相繼歿復撫姪曾孫巽嘗艱苦現年七十
劉超顏妻夏氏年二十九夫故守節撫孤卒年五十
王景應妻楊氏年二十四夫故守節撫孤事舅姑孝現年五十
一
馮之貴妻夏氏年二十夫故守節撫孤卒年五十九
王祚棣妻夏氏年二十四夫故守節撫孤卒年五十一
徐懋官妾張氏年二十一官故氏守節事嫡有賢聲卒年七十
八
蔡宗駒妻曹氏年二十六夫故無子苦節現年五十一
王緒純妻舒氏年二十四夫故無子苦節現年五十三
王基信妻魏氏年二十一夫故守節撫嗣卒年七十三



王緒傳妻詹氏年二十七夫故守節撫孤卒年六十三
王祚楷妻陳氏年二十九夫故守節撫孤事舅姑孝卒年五十
三
王景太妻張氏年二十八夫故守節撫孤現年五十
劉稱億妻李氏年二十七夫故無子苦節現年六十五
王子鴻妻許氏年二十三夫故守節現年五十
羅士英妻夏氏年二十四夫故守節撫嗣卒年六十八
羅士鴻妻汪氏年二十二夫故守節現年五十二
張廣傑妻朱氏年十九夫故守節撫嗣卒年二十五
汪學修妻吳氏年二十二夫故守節卒年六十三
吳成圭妻汪氏年二十八夫故守節撫孤卒年四十八
周金鳳妻劉氏年二十七夫故守節撫孤二現年五十八

洪國川妻張氏年二十五夫故苦節撫孤現年五十四
羅正官妻張氏年十九夫故無子苦節現年五十一
吳德高妻王氏年二十九夫故守節撫孤現年七十五
文童吳大鏞妻王氏年二十七夫故守節撫孤現年五十二
蔡繼修妻吳氏年二十七夫故守節撫孤現年五十四
文童徐春周妻張氏年二十八夫故守節撫孤事姑孝現年六
十九
文童操元猷妻程氏年二十四夫故守節撫孤現年五十一
操元炎妻高氏年二十九夫故家貧茹苦守節撫孤卒年六十
二
操元福妻李氏年二十七夫故家貧苦節撫孤卒年四十六
操三意妻姜氏年二十九夫故家貧苦節撫孤現年五十一



涂啟耀妻彭氏年二十四夫故苦節撫孤卒年八十四
涂直艮妻章氏年二十夫故守節撫嗣卒年四十五
涂其琳妻章氏年二十八夫故守節撫孤卒年五十
涂正啟妻劉氏年十九夫故守節撫嗣卒年六十
涂尚德妻徐氏年二十四夫故守節撫孤現年六十四
涂耀妻徐氏年十九夫故守節撫孤現年五十
高成祚妻吳氏年二十夫故守節撫嗣卒年五十六
曹清太妻吳氏年二十二夫故守節撫孤現年五十一
蔡士仁妻周氏年二十六夫故守節撫嗣卒年七十
戴則貞妻涂氏年二十五夫故守節撫孤現年五十二
馮開永妻王氏年二十七夫故守節撫孤現年五十二
范乃浤妻羅氏年二十六夫故苦節撫嗣現年五十四

范受霖妻吳氏年二十二夫故守節撫孤現年五十一
史天寅妻曹氏年二十四夫故守節撫嗣現年五十二
史存登妻孫氏年二十八夫故守節撫孤現年五十三
羅文瀚妻王氏夫病割股療之延三月歿時氏年二十矢志守
節現年五十三
羅文藺妻夏氏年二十八夫故守節現年五十八
羅治美妻張氏年二十七夫故守節現年五十四
羅光龍妻張氏年二十夫故守節撫嗣卒年二十九
羅文華妻任氏年二十五夫故守節撫嗣現年六十八
秦道廷妻韓氏年二十四夫故守節撫孤現年六十七
秦同儀妻黄氏年二十八夫故無子苦節現年五十九
劉越秦妻陳氏年二十六夫故守節撫孤現年五十六



黄宗舜妻羅氏年二十六夫故守節撫嗣現年五十一
夏炳堃妻陳氏年二十二夫故守節撫嗣現年五十一
文童劉國相妻吳氏年二十八夫故守節撫孤二現年五十五
次子光熯庠生
吳天財妻韓氏年二十夫遇賊殉難氏守節撫嗣現年五十一
吳首元妻夏氏年二十六夫故守節撫嗣現年七十三
陳物郁妻黄氏年二十七夫故守節撫嗣卒年三十四
江發雙妻詹氏年二十八夫故守節撫嗣卒年四十八
史德盛妻陳氏年二十八夫故守節卒年四十五
夏友儒妻葉氏年二十四夫故家貧苦節撫孤孤夭復撫兩孫
現年七十八
韓順篚妻陳氏　韓澤華妻劉氏姑婦也陳年二十九夫故守

節撫孤二次子澤華夭劉年二十二同姑守節撫嗣事姑孝
陳現年八十八劉現年五十一
韓嚴德妻夏氏年二十八夫故守節撫孤事姑孝現年五十一
高時耀妻張氏年二十六夫罵賊被戕氏守節撫孤現年五十
一
劉馭爵妻夏氏年二十九夫故茹苦守節事舅姑孝嘗割股療
父病光緒四年於江禹山下捐田修橋人因名夏姑橋現年
七十一
李定豪妻操氏年二十五夫故家貧無子茹苦守節卒年六十
五
文童李厚吉妻羅氏年二十九夫故家貧守節撫孤現年五十
二



文童李忠直妻王氏年二十六夫故家貧守節撫孤現年五十
涂尙質妻王氏年二十四夫故守節撫姪爲嗣卒年三十八
馮地泰妻劉氏年二十六地泰殉難氏守節事病姑孝現年五
十六
劉越清妻李氏年二十六夫故家貧守節撫嗣現年六十四
劉超冕妻夏氏年二十四夫故守節撫嗣現年五十六
張述選妻范氏年二十二夫故無子苦節事姑孝現年七十八
劉耀祖妻張氏年二十二夫故守節撫嗣孝事舅姑現年五十
七
毛正聰妻劉氏年二十四夫故茹苦守節卒年六十五
毛正烈妻沈氏年二十九夫故守節撫孤卒年六十三
毛正輝妻程氏年二十八夫故守節撫孤現年七十三

毛正邦妻涂氏年十九夫故守節撫嗣現年六十
文童張榮遠妻劉氏年二十五夫故守節撫孤事姑孝卒年七
十九
童開朝妻孫氏年二十七朝勦賊陣亡氏守節撫遺腹孤現年
五十八
胡必榮妻韓氏年二十九夫故守節撫孤二卒年五十五
胡華縉妻王氏　胡忠勳妻鄒氏姑婦也王年二十九夫故守
節撫孤忠勳勳卒周年二十二同姑守節備嘗艱苦王卒年
七十三鄒卒年四十五
胡忠楧妻王氏　胡艮燿妻王氏姑婦也姑年二十五夫故守
節撫孤三長艮燿早歿婦年二十四守節撫嗣姑卒年三十
二婦現年六十一



胡忠榆妻劉氏年二十四夫故守節撫孤現年五十一
胡艮燮妻詹氏年二十六夫故守節撫孤現年五十四
監生李寶林妻李氏年二十四夫故守節撫嗣現年五十九
徐基杜妻李氏年二十五夫故守節撫孤事姑孝卒年四十二
文童徐基棠妻黄氏年二十七夫故守節撫孤現年五十一
喻同英妻王氏年二十六夫故家貧無子茹苦守節現年六十
文童李春壽妻林氏年二十四夫故守節撫孤現年六十一
戴鉅暢妻曹氏年二十三夫故守節撫孤現年六十四
戴永順妻曾氏年二十一夫故守節撫嗣卒年八十二
戴永宗妻胡氏年二十八夫故守節撫孤二現年五十二
戴楙宗妻林氏年二十八夫故守節撫孤現年七十二
戴楙郁妻程氏年二十七夫故守節卒年五十三

戴炳坤妻王氏年二十三夫故守節撫孤現年五十二
文童徐基琚妻胡氏年二十六夫故守節撫嗣卒年四十六
王純濤妻熊氏年十九夫故守節撫孤二卒年四十四
王尊榮妻徐氏年二十四夫故守節撫嗣現年五十五
黃錦標妻巴氏年二十三夫殉難氏守節現年五十一
曹國烜妻馬氏年十九夫故家貧苦節撫嗣事姑孝現年五十
一
梅綱妻操氏年二十六夫故守節撫孤卒年六十
戴鉅緣妻彭氏年二十七夫故守節撫嗣現年五十五
戴鉅瞰妻操氏年二十六夫故守節撫孤現年五十五
戴鉅曉妻曾氏年十九夫故守節卒年六十四
戴鉅納妻操氏年二十八夫故守節撫孤二現年六十五



戴永翥妻蔡氏年二十八夫故守節現年五十二
文童程年杜妻李氏年二十六夫故守節撫嗣現年五十六
程斯莨妻王氏年二十五夫故守節現年六十一
戴鉅曜妻高氏年二十四夫故守節撫孤事繼姑孝現年五十
八
許行望妻李氏年二十四夫故守節卒年五十二
高慶檳妻梅氏　高畢愍妻徐氏　高畢懃妻沈氏姑婦也梅
年二十七夫故守節撫孤畢愍畢懃授室相繼夭徐沈青年
同志守節梅卒年六十四徐沈現年五十
高慶森妻操氏年二十四夫病刲股療之比歿氏守節撫孤現
年五十八
文童梅綸甫妻靖氏年二十八夫故守節撫孤二卒年三十六

朱興智妻陳氏年二十三夫故守節現年六十三
朱興福妻胡氏年二十八夫故守節卒年五十六
朱興會妻陳氏年二十三夫故守節卒年四十七
王純全妻戚氏年二十九夫故守節現年五十三
王純樂妻張氏年二十五夫故守節現年五十二
王純珍妻劉氏年二十二夫故守節卒年五十七
武生王純焜妻梅氏年二十二夫故守節撫嗣卒年六十二
高畢怡妻喻氏年二十六夫故守節卒年五十九
王純熺妻於氏年二十夫故守節卒年六十
王純柏妻王氏年二十九夫故守節卒年六十一
高慶蔚妻王氏年二十夫故守節卒年六十二
高慶競妻徐氏年十八夫故守節撫嗣卒年五十五



王模泰妻程氏年二十夫故無子苦節現年五十五
蘇必庸妻孟氏年二十四夫故守節卒年六十二
蘇必興妻胡氏年二十三夫故守節撫孤卒年四十
庠生趙棠繼妻楊氏年二十五夫故家貧苦節撫嗣卒年六十
九　以上下伍鄉
童承龍妻張氏年二十四夫故守節撫孤卒年七十三
童演玗妻熊氏年二十四夫故守節撫嗣現年五十三
童本諒妻廖氏年二十八夫故守節撫孤現年五十六
職員童慶恆妻葉氏年二十九夫故守節撫嗣卒年三十六
童祚煜妻陶氏年二十九夫故守節撫孤現年五十六
童祚佳妻呂氏年二十八夫故守節撫孤卒年五十
童祚佶妻汪氏年二十七夫故守節撫嗣卒年三十五

庠生李騰蛟妻葉氏年二十九夫故守節撫孤卒年八十四
李假常妻葉氏年二十九夫故守節撫孤卒年九十一
文童徐炳濤妻童氏年二十九夫故守節撫孤卒年五十八子
基玉從九
陶啟太妻雷氏年二十七夫故守節撫孤現年七十七
陶鳴化妻段氏年二十八夫故守節撫孤卒年七十七
陶鳴信妻韓氏年二十七夫故守節撫孤現年五十
陶守楨妻程氏年二十九夫故守節撫孤現年五十
陶鳴桂妻王氏年二十九夫故守節撫孤卒年七十八
宋選舟妻靖氏年二十二夫故守節卒年六十九
宋選梁妻童氏年二十八夫故守節撫孤卒年四十四
宋選志妻吳氏年二十三夫故守節撫孤現年六十四



陶之宏妻孫氏年二十一夫故無子苦節卒年六十二
陶鳴誠妻雷氏年二十四夫故無子苦節卒年三十
童有奇妻袁氏年二十四夫故無子苦節卒年七十二
童有昭妻胡氏年二十八夫故守節撫孤卒年六十五
童有相妻陳氏年二十八夫故守節撫孤卒年四十二
童演珏妻葉氏年二十八夫故守節撫孤現年五十六
童演乾妻尹氏年二十六夫故守節撫孤卒年四十五
陶懋堂妻易氏年二十九夫故守節現年六十一
陶懋棣妻余氏年二十七夫故守節卒年三十六
文童汪鵬妻高氏年二十八夫故守節撫孤現年五十一子宏
庠生
夏正鼇妻汪氏年二十九夫故守節卒年八十八

夏朝瑄妻陶氏年二十五夫故守節撫孤卒年三十一
夏朝運妻胡氏年二十九夫故守節現年五十
夏萬鴻妻魏氏年二十八夫故守節現年五十四
夏慶彰妻黃氏年二十八夫故守節撫孤三現年五十一
夏朝賡妻庫氏年二十九夫故守節撫孤二現年五十
童奉玠妻汪氏年二十九夫故守節撫孤卒年三十六
謝先堃妻胡氏年二十夫故守節撫孤卒年四十八
袁步魁妻魏氏年二十九夫故守節勤苦撫孤卒年六十九
汪守先妻徐氏年二十八夫故守節撫遺腹孤現年六十
胡士海妻汪氏年十九歸胡甫十日海故氏守節撫姪爲嗣現
年六十四
胡應柏妻童氏年二十五夫故守節撫姪爲嗣現年五十四



胡孔漢妻馮氏年二十七夫故守節現年五十
李邦敬妻錢氏年二十夫故守節卒年三十六
徐宗傳妻汪氏年二十六夫故守節卒年八十二
徐敏德妻周氏年二十九夫故守節現年五十六
徐必量妻童氏年二十八夫故守節卒年四十九
魏道剛妻徐氏年二十八夫故守節現年五十四
謝健亨妻童氏年二十夫故守節撫孤卒年六十三
謝崇貞妻盛氏年二十四夫故守節撫孤卒年六十六
陳文仲妻任氏年二十九夫故守節撫孤卒年九十三
淩烈祥妻吳氏年二十九夫故守節撫孤現年五十五
淩生財妻魏氏年二十八夫故守節撫孤現年七十四
淩正倫妻汪氏年二十六夫故守節撫孤現年五十

胡天錫妻汪氏年二十七夫故守節撫孤現年七十三
陶鳴富妻段氏年二十夫故守節撫孤現年八十一
胡名士妻汪氏年二十四夫故守節撫孤現年六十三
任從豪妻程氏年二十二夫故守節撫孤現年七十六
李運暢妻尤氏年三十夫故守節現年六十三
陶禮泰妻汪氏年二十八夫故守節撫孤卒年七十三
程源敬妻周氏年二十三夫故守節撫孤卒年五十六
程昱蘭妻余氏年二十九夫故守節撫孤卒年七十四
程毓靈妻陶氏年二十六夫故守節撫孤卒年六十三
程昱茂妻李氏年二十九夫故守節撫孤三卒年五十二
佾生魏道洸妻林氏年二十六夫故守節撫孤現年八十一子
楷貢生孫鑾庠生



魏正高妻林氏年二十八夫故守節撫孤現年五十二
文童汪八亭妻林氏年二十八夫故守節撫孤家貧自食糟糠
積米養姑卒年七十五
汪延逵妻程氏年二十八夫故守節卒年七十六
文童汪永燮妻宋氏年二十二夫故苦節養姑撫孤卒年六十
八
汪永穉妻童氏年二十八夫故守節撫孤卒年六十五
文童汪八垣妻童氏年二十四夫故守節撫孤現年七十八
汪永耀妻陳氏年二十七夫故守節撫孤卒年八十
汪永寬妻童氏年二十九夫故無子苦節現年七十五
汪八順妻陳氏年二十四夫故守節撫孤卒年七十八
汪永松妻霍氏年二十六夫故守節撫孤卒年七十五

汪緒釗妻胡氏年二十六夫故守節撫孤現年五十二
汪八珠妻吳氏年二十四夫故守節撫孤現年五十三
文童汪啟祖妻余氏年二十三夫故守節撫孤現年五十一
庠生李度妻吳氏年二十九夫故守節撫嗣現年五十
汪至典妻胡氏年二十七夫故守節撫孤現年七十九
李振堦妻汪氏年二十八夫故守節撫嗣卒年四十一
李運宏妻王氏年二十八夫故守節撫孤現年六十
李象文妻陳氏年二十三夫故守節撫孤卒年六十七
童奉職妻周氏年二十八夫故守節撫孤現年六十一
職員萬里鵬妻張氏年二十八夫故苦節撫孤現年五十五
萬詞謙妻黎氏年二十二夫故守節撫嗣現年五十六嗣子燿
南庠生



萬有江妻余氏年二十三夫故守節撫孤現年五十
萬年富妻吳氏年二十五夫故苦節撫孤現年八十
萬盛光妻蕭氏年二十三夫故苦節撫孤現年五十一
萬一理妻袁氏年二十八夫故無子苦節卒年八十
文童劉承炯妻某氏年十九夫故苦節撫嗣現年五十
曾泰保妻張氏年二十二夫故守節撫孤卒年五十二
劉元年妻萬氏年三十夫故家貧守節事舅姑孝現年五十四
從九童蘭亭妻王氏年二十九夫故守節撫孤現年六十二
張期鵕妻何氏年二十二夫故守節家無立錐遺孤方在襁褓
勤苦撫之卒年六十九
張敬瀚妻陳氏年三十夫故貧苦守節撫孤成立卒年六十二
程世曜妻王氏年二十八夫故守節撫孤卒年六十

程生願妻王氏年二十三夫故守節撫孤現年六十三
程步瀛妻魏氏年二十六夫故守節撫孤四卒年六十七
程榮洪妻陳氏年二十三夫故守節撫孤卒年二十八
程發勝妻夏氏年二十七夫故苦節撫孤卒年六十九
程椿元妻汪氏年二十八夫故守節撫嗣卒年七十七
程本勳妻游氏年二十五夫故苦節撫孤現年五十二
陳遠彰妻邱氏年二十四夫故守節撫孤現年七十
胡景望妻童氏年二十一夫故守節撫孤事舅姑孝卒年七十
二
胡景謨妻張氏年二十二夫故守節事姑孝卒年七十八
胡運攖妻舒氏年二十八夫故守節事舅姑孝卒年四十八
胡運亨妻吳氏年二十五夫故守節撫孤現年七十五



胡運遴妻袁氏年二十八夫故守節撫孤現年六十
胡傳薪妻徐氏年二十六夫故苦節現年五十五
邱忠輔妻張氏年二十三夫故守節撫姪爲嗣現年五十三
文童邱忠潤妻鄧氏年二十七夫故守節撫姪爲嗣卒年五十
三
蔡天秀妻劉氏年二十一夫故守節撫孤卒年五十六
夏文舉妻李氏年二十三夫故守節撫孤卒年三十
夏子驥妻何氏年二十七夫故守節撫孤二現年五十三
余有發妻陶氏年二十六夫故苦節撫孤現年五十二
謝鎮臨妻汪氏年二十一夫故苦節撫姪爲嗣卒年六十
汪典章妻陳氏年二十四夫故守節撫姪爲嗣現年八十五
汪以容妻蔡氏年十九夫故守節撫孤現年六十二

曾聯魁妻周氏年二十八夫故守節撫二孤繁楷繁權均遇賊
害復撫姪爲嗣現年六十一
曾聯鶴妻魏氏夫病割股療之年二十七夫故守節撫孤事寡
姑孝現年五十三
曾全松妻汪氏年二十一夫故苦節撫孤卒年三十九
曾慶玲妻桂氏年二十九夫故守節撫孤三現年五十
曾澤普妻汪氏年二十九夫故守節撫孤三現年七十九
曾預豐妻余氏年二十五夫故守節撫嗣現年五十一
汪承鴻妻王氏　汪秉撝妻程氏姑婦也王年二十一夫故苦
節撫孤秉撝尋夭婦程氏年二十七同姑苦守撫孤成立王
現年七十二程現年五十四
汪方珍妻魏氏年二十六夫故苦節撫孤卒年六十八



汪克起妻楊氏年二十四夫故苦節撫孤現年五十八
汪新譜妻張氏年二十五夫故苦節撫孤二現年五十四
汪華譜妻蔡氏年二十三夫故苦節撫孤現年五十二
汪慶禾妻沈氏年二十四夫故苦節撫孤現年五十一
汪慶甫妻程氏年二十二夫故苦節撫孤現年五十二
汪邦慶妻尹氏年二十九夫故苦節撫孤卒年六十三
胡芝蘭妻汪氏年二十二歸胡月餘夫故翁姑先已棄養氏依
母家守節紡績度日撫嗣成立現年六十四
童有庚妻王氏年三十夫故苦節撫孤現年六十三
陶廣夏妻童氏年二十八夫故家貧苦節事舅姑孝現年六十
八
魏道偉妻謝氏年二十四夫故苦節撫孤卒年六十二

魏可武妻任氏年二十二夫故苦節撫孤卒年八十一
魏道夂妻阮氏年三十夫故守節撫孤卒年八十七
魏正茂妻任氏年二十二夫故守節撫孤事舅姑孝卒年五十
六
魏道松妻童氏年二十九夫故守節遺孤生甫九日勤苦撫之
卒年七十五
魏道溶妻曾氏年二十九夫故守節撫孤卒年五十五
張敬燃妻姚氏年二十四夫故守節撫孤二卒年六十八
萬喬秀妻熊氏年二十四夫故守節撫孤卒年七十二
王永惠妻余氏年二十七夫故守節撫嗣卒年六十八
王熠妻高氏年三十夫故守節撫孤二卒年七十
高天壤妻江氏年二十六夫故苦節撫嗣現年五十七



童期貞妻周氏年二十六夫故守節撫孤卒年八十二
文童程一槐妻余氏年十九歸程甫八月夫故氏矢志撫嗣守
節歴三十四年嗣子鵬萬職員
陳思艮妻喻氏年二十九夫故守節撫孤現年七十
高天潤妻謝氏年二十二夫故守節撫孤卒年八十一
程運確妻沈氏年二十七夫故守節撫孤現年五十一
陳思立妻沈氏年十八夫故苦節撫嗣事姑孝卒年七十
陳吉林妻余氏年二十二夫故守節孝養翁姑撫孤成立卒年
五十八
陳仁楊妻程氏年二十二夫故苦節撫孤事舅姑孝卒年六十
高天泰妻周氏年二十一夫故守節孝事舅姑撫孤成立卒年
七十三

霍必僑妻劉氏年二十二夫故守節撫孤卒年七十九
張清泰妻余氏年十九夫故苦節撫嗣事舅姑孝卒年七十三
錢海民妻夏氏年二十六夫故苦節撫孤卒年四十二
錢必遠妻陳氏年二十九夫故守節撫孤卒年七十七
錢其林妻余氏年二十八夫故守節撫孤卒年四十一
李傳詩妻何氏年二十四夫故孝事舅姑撫二孤早夭茹苦守
節現年六十一
李殿紀妻曹氏年二十七夫故守節撫孤卒年六十九
黄佑啟妻陳氏年二十六夫故守節撫孤事祖姑孝卒年三十
八
劉崇輔妻陳氏年二十八夫故守節撫嗣現年六十五
汪文志妻蕭氏年二十二夫故守節撫嗣卒年八十



汪封疆妻李氏年二十六夫故守節撫嗣卒年六十
汪封蘭妻廖氏年二十八夫故守節撫孤現年五十七
汪鴻翼妻李氏年二十八夫故守節撫孤事孀姑孝現年五十
汪銘玉妻霍氏年二十八夫故守節撫孤卒年四十八
邱忠池妻王氏年二十三夫故守節撫孤現年五十二
羅千蟲妻張氏年二十三夫故守節事姑孝卒年三十六
王業岐妻萬氏年二十八夫故守節撫孤卒年七十七
王維綱妻余氏年二十七夫故守節撫孤卒年七十四
喻承宗妻林氏年二十二夫故守節撫孤卒年九十
喻在周妻黄氏年十九夫故守節撫嗣卒年八十
喻在灼妻胡氏年二十三夫故守節撫嗣現年八十
喻獻臣妻沈氏年二十七夫故守節撫嗣現年五十一

喻美彰妻汪氏年二十八夫故守節撫孤卒年六十四
喻治起妻張氏年二十六夫故守節撫孤現年五十一
喻友生妻黃氏年二十九夫故守節撫嗣現年六十八
喻錫琳妻吳氏年二十九夫故守節撫孤現年五十
喻錫堃妻劉氏年二十九夫故守節撫孤卒年五十五
喻在元妻朱氏年二十四夫故家貧苦節卒年八十四
喻承鼇妻余氏年二十六夫故苦節撫孤現年六十
喻承達妻邱氏年二十九夫故苦節撫孤二卒年七十二
喻承業妻汪氏年二十九夫故守節撫孤現年五十七
喻克章妻吳氏年二十六夫故守節撫孤卒年七十
沈正壽妻桂氏年二十七夫故守節撫孤現年六十六
文童沈正文繼妻邵氏年二十四夫故苦節撫孤現年五十六



沈正泰妻周氏年二十夫故守節撫姪爲嗣事姑孝卒年二十
七
沈正朝妻程氏年二十五夫故守節撫孤孤夭復撫孤孫卒年
六十六
沈成廈妻程氏年二十二歸沈甫三月夫歿氏矢志守節事姑
孝卒年三十六
沈正河妻周氏年二十四夫故守節撫嗣遇賊害復撫孤孫卒
年六十
庠生沈肇鳴妻徐氏年二十一夫故守節撫嗣事舅姑孝卒年
三十六
程明銑妻繆氏年二十九夫故守節撫孤卒年七十八
程明英妻錢氏年二十九夫故守節撫孤現年五十三

程明豪妻吳氏年二十八夫故守節撫孤現年五十一
程仁先妻余氏年二十七夫故守節撫嗣現年六十八
吳天蔭妻詹氏年二十二夫故守節撫孤現年六十五
陳邦熙妻程氏年二十九夫故苦節撫孤現年六十二
陶新照妻高氏年十九夫故守節撫孤現年八十
陶啟前妻庫氏年二十四夫故守節撫孤二卒年五十八
胡吉堂妻高氏年二十三夫故守節撫孤現年五十三
汪恢業妻童氏年二十九夫故守節撫孤現年六十二
汪先仲妻郭氏　汪元賢妻余氏郭年二十八夫故守節撫嗣
卒年七十四余乃郭孫婦也年十九夫故守節撫嗣卒年七
十一
汪元佩妻袁氏　汪元璲妻陳氏娣姒也袁年二十六夫故守
節撫孤現年六十二陳年十九夫故守節撫孤卒年三十五



喻在炯妻黃氏年二十九夫故守節撫孤卒年七十三
李呈吉妻董氏年二十五夫故守節撫孤事祖孝現年五十四
胡文理妻余氏年二十七夫故守節撫孤事祖姑孝現年五十
五
劉光時妻陳氏年二十八夫故守節撫孤卒年七十三
劉周易妻桂氏年二十六夫故守節撫嗣卒年四十八
劉法喜妻高氏年二十六夫故守節撫嗣現年五十一
劉啟瑚妻高氏年二十八夫故守節撫孤卒年六十七
袁潮海妻邵氏年二十七夫故守節撫孤現年七十九
黃正容妻沈氏年二十九夫故守節撫嗣事姑孝現年五十一
沈正惠妻陳氏年二十二夫故守節撫嗣子瑞蘭成諸生尋歿

復偕孀媳陳撫孫孫現年五十二
陳仁昌妻沈氏年二十八夫故守節撫孤卒年六十
沈成藝妻朱氏年二十九夫故守節撫孤現年六十二
沈成仁妻夏氏年二十九夫故守節撫孤現年六十四
沈成雁妻葉氏年二十五夫故守節撫孤卒年三十九
沈成窦妻汪氏年二十五夫故守節撫孤現年五十二
張佐廷妻徐氏年二十夫故家貧苦節撫姪爲嗣事舅姑孝現年五十三
胡文華妻汪氏年二十二夫故守節事姑孝現年五十自光緒元年後歲有孤燕巢梁之異
羅鳴鳳妻潘氏年二十六夫故守節撫孤現年五十三
陶鳳池妻汪氏年二十七夫故守節撫孤事祖姑孝現年五十一



陶鳴鈴妻蔡氏年二十六夫故守節撫孤卒年六十
喻錫恭妻江氏年二十三夫故守節撫孤現年五十五
沈成名妻胡氏年二十五夫故守節撫孤現年五十六
沈世烈妻桂氏年二十七夫故守節撫孤卒年九十四
沈成昇妻邱氏年二十七夫故守節撫孤卒年五十五
沈正盛妻繆氏年二十五夫故守節撫孤現年五十六
饒錫慶妻胡氏　饒源潤妻黄氏姑婦也胡年二十二夫故守節撫孤卒年四十八黄年三十夫故守節撫孤卒年八十二
霍順德妻喻氏年二十九夫故守節撫孤現年六十六
喻德均妻萬氏年二十三夫故守節撫孤事舅姑孝卒年七十二



高天曙妻周氏年二十九夫故守節撫教孤子成名卒年七十八子浚舉人孫德光庠生
高佑勳妻余氏年二十九夫故守節撫孤現年七十七
高輝典妻潘氏年二十七夫故守節撫孤卒年六十八
夏仁壽妻胡氏年二十八夫故守節撫孤現年五十五
夏餘柯妻程氏年二十二夫故守節撫嗣現年五十二
夏道信妻閻氏年二十五夫故守節撫孤現年五十一
夏敦元妻劉氏年二十夫故守節撫孤現年六十三
雷名虎妻繆氏年二十九夫故守節撫孤現年五十五
夏道炳妻羅氏年二十五夫故守節撫孤現年五十二
霍坤倫妻吳氏年二十四夫故守節撫孤事舅姑孝卒年六十三
劉啟永妻陶氏年二十二夫故守節卒年四十三



陶對佑妻宋氏年二十一夫故苦節撫嗣現年五十二
萬誦勝妻歐氏年二十八夫故守節撫嗣卒年七十四
余獻銳妻詹氏年二十四夫故矢志撫孤守節歷五十六年
余篤敏妻汪氏年十八夫故矢志撫嗣守節歷三十三年
余性蕙妻余氏年二十六夫故養姑撫嗣守節歷二十五年
黄世仁妻余氏年二十九夫故矢志撫孤守節歷三十八年
黄世用妻余氏年二十九夫故矢志撫孤守節歷三十年
余國明妻黄氏年二十九夫故矢志撫孤守節歷二十二年
余性澤妻高氏年二十八夫故守節撫孤卒年四十八
余獻善妻陳氏年二十八夫故矢志撫孤守節歷二十四年
汪于珊妻黄氏　汪引煜妻童氏姑婦也黄年二十夫故守節撫遺腹孤引煜禦賊被害婦童氏年二十六茹苦守節事孀

姑孝撫孤三黃現年七十二童現年五十三
汪久興妻易氏年二十八夫故守節撫孤卒年六十六
汪能全妻周氏年二十九夫故矢志撫孤守節歷三十六年
汪緒斑妻夏氏年二十四夫故矢志撫孤守節歷二十七年
汪緒雯妻童氏年二十夫故守節三十年
余性仁妻徐氏年十七夫故撫姪爲嗣守節歷四十九年
余世義妻夏氏年十九夫故矢志撫嗣孝事舅姑守節歷五十
四年
余篤宏妻陶氏年二十九夫故矢志撫孤守節歷五十五年
余世秀妻張氏年三十夫故矢志撫孤守節歷二十七年
余篤元妻盧氏年二十八夫故矢志撫孤守節歷二十五年
余世廉妻陶氏年三十夫故矢志撫孤守節歷二十六年



余世繡妻梅氏年二十九夫故矢志撫孤守節歷二十二年
余艮珊妻徐氏年二十七夫故矢志撫孤守節歷二十三年
余世隆妻李氏年二十八夫故矢志撫孤守節歷二十五年
余世盛妻張氏年二十七夫故矢志撫孤守節歷二十四年
余篤仕妻余氏年二十七夫故矢志撫孤守節歷三十三年
余篤富妻陳氏年二十八夫故矢志撫孤守節歷二十六年
余紹祖妻劉氏年十八夫故矢志撫嗣守節歷六十七年
余世乾妻汪氏年二十八夫故矢志撫孤守節歷二十六年
余世艮妻汪氏年二十二夫故矢志撫孤守節歷二十九年
余篤全妻庫氏年三十夫故矢志撫嗣守節歷二十一年
文童余篤經妻沈氏年二十二夫故守節撫孤卒年四十三
監生余慶芳妻胡氏年二十九夫故守節撫孤卒年五十五

文童余篤裀妻陳氏年三十夫故矢志撫孤守節歷二十五年
余篤垓妻陳氏年二十九夫故矢志撫孤守節歷二十七年
魏大有妻余氏年二十九夫故無子苦節歷三十八年
余國英妻靖氏年二十五夫故矢志撫孤守節歷三十五年
余國柱妻魏氏年二十八夫故守節撫孤卒年八十五
余國福妻汪氏年二十五夫故守節撫遺腹孤獻紀禦賊被害
氏憂憤成疾卒年七十五
余性運妻黃氏年二十五夫故無子苦節歷三十九年
夏朝選妻姚氏年二十六夫故矢志撫孤守節歷二十五年
余體泰妻汪氏年二十四夫故矢志撫孤守節歷二十七年
高起仁妻黃氏年二十八夫故守節撫孤事舅姑孝卒年七十
七



黃安定妻汪氏年十九夫故矢志撫孤守節歷三十六年
汪引滋妻沈氏年二十六夫故撫姪爲嗣守節歷三十二年
汪世英妻陳氏年二十四夫故矢志撫孤守節歷三十九年
陳雄甫妻胡氏年二十九夫故矢志撫孤守節歷三十一年
李繼宗妻陳氏年二十六夫故守節撫孤卒年五十七
陳有昇妻余氏年二十八夫故矢志撫孤守節歷三十年
陳祥發妻萬氏年二十五夫故矢志撫孤守節歷二十七年
蕭國泰妻童氏年十九夫故守節撫孤卒年六十
蕭國柏妻陳氏年二十四夫故守節撫孤卒年五十八
黃源法妻胡氏年二十六夫故守節撫孤卒年九十六
黃艮能妻袁氏年二十七夫故守節撫孤卒年八十二
黃才椿妻胡氏年二十夫故守節撫孤卒年七十一

黃國清妻劉氏年二十九夫故守節撫嗣成立以績貲捐置學
產現年六十九
黃艮開妻程氏年二十九夫故撫孤國仁禦賊被害氏茹苦守
節捐產助學現年五十六
黃國仁妻余氏年二十一夫故守節撫嗣卒年七十七
黃國興妻曾氏年二十六夫故守節撫嗣卒年六十六
姚永傑妻高氏年二十七夫故守節撫嗣卒年七十八
黃國鈞妻童氏年二十三夫故矢志撫嗣守節歷三十四年
游大懷妻李氏年二十二夫故守節撫孤卒年六十
桂雅懷妻邱氏年二十九夫故無子苦節歷四十六年
桂陶鑰妻余氏年十九夫故矢志撫嗣守節歷五十八年
桂紹金妻俞氏年二十九夫故矢志撫嗣守節歷二十二年



李艮鈋妻余氏年二十八夫故矢志撫孤守節歷三十八年
文童黃可棟妻胡氏年二十九夫故守節撫孤卒年六十四
文童黃才陞妻徐氏年二十六夫故守節撫孤卒年五十五
黃艮溥妻鄧氏年二十七夫故守節撫孤卒年八十五
貢生黃步文妻羅氏年二十八夫故守節撫孤卒年五十一
文童黃艮松妻程氏年二十三夫故守節無子捐產助學卒年
六十三
黃可綸妻曾氏年二十五夫故矢志撫孤守節歷三十九年
黃用久妻張氏年二十七夫故矢志撫孤守節歷二十七年
黃國壽妻孫氏年二十六夫故無子苦節歷二十六年
黃國佐妻程氏年二十八夫故矢志撫孤守節歷二十六年
黃艮勤妻余氏年二十九夫故矢志撫孤守節歷二十六年

黃才選妻劉氏年二十七夫故無子苦節事姑孝卒年六十八
黃才號妻陳氏年二十八夫故守節撫孤卒年八十二
黃艮喜妻易氏年二十四夫故苦節撫嗣事姑養母以孝稱卒
年七十一
黃艮壽妻喻氏年三十夫故矢志撫孤守節歷二十四年
黃源平妻熊氏年二十七夫故守節撫孤卒年五十九
黃可貴妻余氏年二十六夫故守節撫孤卒年八十四
邱豫興妻孫氏年二十八夫故矢志撫孤守節歷二十三年
黃源翥妻程氏年二十五夫故守節撫孤卒年七十二
黃源明妻陶氏年二十一夫故守節撫孤卒年五十二
黃可弱妻朱氏年二十九夫故守節撫孤卒年六十七
黃艮鴻妻陳氏年二十二夫故無子苦節歷二十八年



黃濟堯妻靖氏年二十二夫故守節撫孤卒年四十八
黃艮珍妻喻氏年二十六夫故矢志撫孤守節歷二十六年
黃艮鳴妻陳氏年二十九夫故矢志撫孤守節歷二十三年
蕭露瀼妻童氏年二十夫故守節撫孤卒年八十
文童錢仁民妻周氏年二十八夫故苦節撫孤現年五十九
李艮富妻羅氏年二十四夫故矢志撫嗣守節歷三十四年
胡希榮妻譚氏年二十四夫故矢志撫孤守節歷二十六年
高永隆妻蕭氏年二十九夫故矢志撫孤守節歷二十一年
高爲俊妻詹氏年二十九夫故矢志撫孤守節歷二十四年
高士鏵妻蕭氏年二十八夫故守節撫孤卒年七十八
汪引霄妻胡氏年二十夫故無子苦節卒年二十七
汪于立妻李氏年二十六夫故守節撫孤卒年八十五

汪偉盛妻林氏年二十七夫故守節撫孤卒年六十四
汪殿舟妻王氏年二十一夫故無子苦節卒年二十九
汪殿起妻余氏年二十四夫故無子苦節卒年三十五
汪偉耀妻李氏年二十六夫故無子苦節卒年五十九
監生汪引黠妻曾氏年二十九夫病割股療之踰月夫歿氏苦
節撫孤孤天復偕孀媳雷撫兩孤孫現年六十八
文童羅載瀛妻鄭氏年二十九夫故撫孤守節歷二十九年
監生黃屢豐妻劉氏年二十九夫故守節撫嗣卒年八十四
黃爲學妻歐氏年二十八夫故守節撫孤卒年五十三
程源銑妻沈氏年二十八夫故守節撫孤現年五十一
胡瑞祥妻周氏年二十五夫故守節撫孤現年五十
余性道妻蕭氏年二十夫故守節撫孤卒年七十



范光彩妻吳氏年二十五夫故守節撫孤卒年七十八
范光天妻余氏年二十七夫故守節撫孤卒年七十九
范光西妻陳氏年二十八夫故守節撫孤卒年六十
高起毅妻萬氏年十九夫故守節撫姪爲嗣卒年七十六
文童萬年宏妻饒氏年二十九夫故守節撫嗣現年五十四
武生萬鼎揚妻劉氏年二十八夫故守節撫姪爲嗣現年五十
一
蔡道剛妻程氏年二十九夫故守節撫孤現年七十一
余良清妻陶氏年二十八夫故守節撫孤卒年六十四
李元洪妻桂氏年二十九夫故守節撫嗣現年五十六
吳秉武妻黃氏　吳德潤妻王氏姑婦也黃年二十八夫故守
節撫孤現年八十一王年二十九夫故守節撫嗣現年五十

八
劉某妻胡氏年二十適劉甫數月夫故貧苦無依歸母家守節
紡績度日卒年五十二
李列熹妻余氏年二十八夫故守節撫孤卒年八十一
余性順妻陳氏　余心化妻陳氏姑婦也姑年二十八夫故守
節撫孤五世同居卒年八十六婦年二十七夫故守節撫嗣
現年七十
文童程鎮容妻張氏年二十六夫故守節撫孤卒年五十四
陳得先妻余氏年二十六夫故守節撫孤現年八十一
余良湧妻余氏年二十二夫故守節撫孤卒年七十六
朱仁耀妻余氏年二十八夫故守節撫孤卒年七十三
劉棣華妻朱氏年二十七夫故苦節撫孤現年五十一



江其周妻歐氏年二十五夫故守節撫孤現年五十
劉明倫妻劉氏年二十九夫故守節撫孤事舅姑孝現年六十
一
劉光閔妻郭氏年二十七夫故守節撫孤事姑孝卒年六十四
劉光祿妻曾氏年二十七夫故苦節撫孤卒年七十二
陳懷泰妻劉氏年二十五夫故家貧無子苦節撫敎孤女辛勤
紡績現年五十二
劉學彥妻溫氏年二十六夫病割股療之比歿氏矢志守節撫
孤成立現年八十二
蕭源逵妻郭氏年二十八夫故守節撫孤現年六十二
劉明剛妻劉氏夫病割股療之越二年歿時氏年二十六矢志
守節撫孤成立卒年六十七

張廣元妻金氏年二十六夫故貧苦守節撫孤現年六十四
郭黻佩妻陳氏年二十八夫故守節撫嗣現年六十
職員郭克爽妻鍾氏年二十八夫從軍陣亡氏苦節撫孤現年五十一
郭肇崇妻吳氏年二十九夫故守節撫孤現年六十二
郭存釁妻張氏年二十四夫外出客死氏守節撫孤現年七十九
溫永豐妻郭氏年二十九夫故守節撫孤卒年八十一
溫正和妻鄧氏年二十五夫故守節撫孤卒年四十七
柏昇宏妻張氏年二十八夫故無子苦節卒年八十八
陳聞博妻陳氏夫病割股療之比歿氏年二十七矢志守節撫孤事姑孝現年六十一子煥清從九品



余國康妻張氏年二十六夫故守節撫孤現年六十四
郭春榮妻楊氏年二十四夫故守節撫孤卒年四十二
程利勝妻熊氏年二十八夫故苦節撫嗣現年六十八
程占春妻郭氏年二十九夫故守節事姑孝姑病割股療之現年六十五
程克進妻秦氏年二十九夫故家貧守節勤苦撫孤現年五十
程耀啟妻李氏年二十八夫故無子守節現年五十
程高宏妻陳氏年二十八夫故守節撫孤現年六十
程運進妻惠氏年二十八夫故守節撫孤現年五十
程耀廷妻趙氏年二十七夫故守節撫孤二現年五十一
程耀壽妻郭氏年二十四夫故苦節撫孤事舅姑孝現年五十
江延芬妻朱氏年二十四夫陣亡氏守節撫孤現年五十一

劉德鳳妻吳氏年二十夫故貧苦守節事衰姑孝卒年四十九
江永玢妻歐氏年二十五夫故守節撫孤現年五十九
曹華國妻劉氏年二十歸曹甫三月夫故氏矢志守節撫姪爲嗣事姑孝卒年五十嗣子秉春監生
劉光洛妻熊氏年十九夫故守節撫一孤女茹苦終身卒年六十八
程全妻胡氏年二十四夫故守節撫孤現年五十二
靖春妻沈氏年二十六夫故守節撫教孤女辛勤操作現年五十三
程國福妻易氏年二十八夫故守節撫孤事姑孝現年五十
程太伢妻魏氏年十六夫故守節現年五十
曹懷玉妻劉氏年二十六夫陣亡氏守節撫孤現年五十八



劉維奎妻郭氏　劉循銹妻郭氏姑婦也姑年二十八夫故守節撫孤循銹尋夭婦年二十二同姑守節撫半歲孤成立事姑孝姑現年七十六婦現年五十一
桂均元妻張氏年二十九夫故守節撫孤現年七十五
宋清江妻蔡氏年二十五夫故守節撫嗣現年五十二
程勝從妻羅氏年二十七夫故守節撫嗣現年五十八
余應南妻張氏年二十一夫故守節撫嗣卒年七十四
劉序鴻妻林氏年二十九夫故守節撫嗣現年五十四
郭肇修妻龔氏年二十夫故守節撫孤卒年五十七子源逵待詔加五品藍翎
許呈樂妻劉氏年二十九夫故守節撫孤卒年七十
許宏烈妻徐氏年二十八夫故守節撫孤卒年七十

朱誠瑜妻彭氏年二十六夫故守節撫孤現年五十一
監生蕭成亨妻黃氏年二十八夫故守節事姑孝姑病割股療
之立愈氏卒年七十六
彭爾善妻郭氏年二十六夫故守節卒年三十三
黃德楊妻熊氏年二十二夫故守節卒年六十七
黃世强妻郭氏年二十一夫故守節撫孤卒年六十
黃師淑妻湯氏年二十四夫故守節現年五十一
黃可鏞妻陶氏年二十七夫故守節現年五十二
監生程天鑑妻邱氏年二十八夫故守節現年五十三
許詩俊妻黃氏年二十三夫故守節現年六十
黃可發妻吳氏年二十九夫故守節撫孤現年六十二
黃明學妻許氏年二十五夫故守節撫孤現年五十一



周宏發妻黃氏年二十九夫故守節現年五十四
黃兆奎妻曾氏年二十八夫故守節現年五十一
宋官志妻余氏年二十六夫故守節撫孤現年五十一
宋官祿妻徐氏年二十一夫故家貧苦節撫嗣現年六十一
宋官巨妻李氏年二十七夫故守節現年五十一
文童黃可銓妻李氏年二十夫故守節現年六十二
方耀明妻詹氏年二十一夫故守節現年五十一
彭爾鈐妻姜氏年二十八夫故守節撫孤現年六十
李發富妻余氏年二十七夫故守節撫孤現年五十一
李慶元妻黃氏年二十七夫故守節現年六十二
李繩武妻蕭氏年二十八夫故守節撫孤二現年六十
李長春妻喻氏年二十六夫故守節卒年七十四

文童黃吉妻彭氏年二十五夫故守節撫孤現年五十四
黃光賢妻王氏年二十九夫故守節撫孤現年五十七
黃亮彩妻喻氏年二十九夫故守節現年五十五
黃兆彩妻董氏年二十六夫故守節撫孤現年六十四
黃光第妻周氏年二十六夫故守節卒年五十七
邱民惠妻黃氏年二十四夫故守節撫孤卒年七十
程天錫妻黃氏年十九夫故守節撫孤卒年五十八
程元富妻許氏年二十五夫故無子苦節卒年六十一
熊起能妻黃氏年二十九夫故守節撫孤卒年六十九
熊明善妻胡氏年二十四夫故守節卒年三十
邱汝潤妻朱氏年十九夫故守節性至孝父病刲股療之立愈
氏卒年七十三



文童徐慎燮妻郭氏年二十九夫故守節撫孤現年五十一
石志義妻朱氏年二十二夫故守節現年六十二
吳開甫妻夏氏年二十四夫陣亡氏守節撫孤孤夭立嗣撫之
事舅姑孝現年五十
吳天長妻江氏年二十八夫病刲股療之逾年夫歿氏矢志守
節撫嗣現年五十四
江訓成妻吳氏年二十三夫故守節撫嗣現年五十五
文童吳天瞀妻羅氏年二十九夫故守節撫嗣卒年四十三
黃光陞妻庫氏年二十八夫故守節撫孤現年五十九
許光宏妻吳氏年二十六夫陣亡氏守節撫孤現年五十二
陶啟鴻妻郭氏年二十四夫故苦節撫孤二事舅姑孝卒年六
十二

把總潘慶方妻江氏年二十九夫陣亡氏守節撫孤現年五十
五
羅萬里妻高氏年二十一歸羅甫一月夫陣亡氏矢志守節孝
事舅姑卒年三十四
羅萬程妻沈氏年二十六夫故守節撫孤現年五十三
江景潘妻桂氏年二十四夫故守節撫孤卒年六十四
程鼎琛妻羅氏年二十六夫故守節撫嗣現年五十三
謝南鼇妻饒氏年二十四夫故守節現年七十三
陳嘉琪妻吳氏年二十六夫陣亡氏守節撫嗣現年五十二
羅永昶妻談氏年二十六夫故守節撫孤卒年五十九
羅方定妻桂氏年二十六夫故守節撫孤卒年四十五
李恭太妻施氏年二十九夫故守節撫孤現年五十七



庫楚斌妻邱氏年二十九夫故守節撫孤現年五十一
張永萬妻江氏年二十九夫故守節撫孤現年六十六
彭正大妻陳氏年二十八夫故守節撫孤現年五十一
謝邦意妻江氏年二十九夫故守節撫孤現年五十一
陳奉先妻鍾氏年二十八夫故守節撫孤現年五十九
江開南妻王氏年二十八夫故守節撫孤現年七十四
江海明妻何氏年二十五夫故守節現年六十一
江理中妻何氏年二十夫故守節現年七十三
江景才妻廖氏年二十夫故守節撫孤現年七十五
江開第妻吳氏年二十六夫故守節撫孤事舅姑孝現年六十
五
江景芝妻劉氏年二十九夫故守節撫孤現年五十九

江景信妻徐氏年二十三夫故守節撫孤現年六十四
江國楚妻張氏年二十夫故無子苦節卒年六十二
張先久妻謝氏年二十八夫故守節撫孤二卒年八十八
張永公妻庫氏年二十六夫故守節撫孤卒年八十四
江順興妻王氏年二十七夫故守節撫孤現年五十六
文童鍾金妻徐氏年二十九夫故守節撫孤現年六十八
靖建文妻胡氏年二十八夫故守節撫孤卒年六十三
姚起璜妻靖氏年二十九夫故守節撫嗣卒年五十七
雷聯元妻程氏年二十四夫故守節撫孤現年六十
喻錫榮妻劉氏年二十四夫故守節撫嗣現年五十五
喻治易妻庫氏年二十六夫故守節撫孤卒年六十三
喻治士妻高氏年二十夫故守節撫孤卒年六十三



吳永起妻江氏年二十一夫故守節撫孤現年六十
羅昌瑤妻江氏年二十四夫故守節現年六十三
李共發妻高氏年二十九夫故守節撫嗣現年六十
李共華妻桂氏年二十八夫故守節撫嗣卒年六十四
劉履恒妻庫氏年二十八夫故守節撫孤現年五十
張全順妻庫氏年二十八夫故守節撫嗣現年五十
程元烈妻江氏年二十四夫故守節撫孤卒年五十八
文童成天錫妻徐氏年二十九夫故守節撫嗣現年五十三
程朝聘妻熊氏年二十夫故守節撫嗣現年六十
程道傳妻魏氏年二十夫故守節撫嗣卒年六十五
程朝爵妻熊氏年二十四夫故守節撫孤現年六十
文童程朝品妻許氏年二十八夫故守節撫孤現年五十八

文童程朝太妻邢氏年二十一夫故守節撫嗣現年七十
程衍緒妻董氏年二十九夫故守節撫孤卒年七十
文童程宏發妻劉氏年二十八夫故守節撫孤卒年五十二
文童程運太妻朱氏年二十二夫故守節撫孤卒年七十五
程裕楷妻雷氏年二十八夫故守節撫孤卒年七十八
沈高林妻施氏年二十四夫故守節撫孤卒年四十
黃伯宗妻徐氏年二十八夫故守節撫孤現年五十五
黃緒明妻汪氏年二十八夫故守節撫孤現年七十六
黃楚發妻程氏年二十九夫故守節撫孤現年五十五
黃宏昇妻王氏年二十五夫故守節撫孤卒年六十七
沈志忠妻鍾氏年二十八夫故守節現年五十
曾全亨妻王氏年二十九夫故守節撫孤現年七十五



曾全貴妻潘氏年二十七夫故守節撫孤現年七十六
程常珍妻陳氏年二十八夫故守節撫孤卒年八十
鍾嘉蔭妻程氏年二十七夫故守節撫孤現年六十四
曹儒浩妻史氏年二十四夫故守節撫孤卒年六十三
庠生余玉聲妻張氏年二十九夫故守節撫孤現年五十九
文童余玉光妻張氏年二十夫故守節撫嗣現年五十八
文童羅岐鳳妻高氏年二十九夫故守節撫孤現年五十
鍾寶興妻汪氏　鍾定邦妻魏氏姑婦也汪年二十四夫故守
節撫孤卒年八十四魏年二十五夫故守節撫孤事姑孝卒
年七十三
沈寶林妻胡氏年二十六夫故守節撫孤卒年七十一
文童徐玉琦妻劉氏年二十三夫故守節撫孤現年五十二子
修坦議敘縣丞
文童胡世永妻邱氏年二十二夫故守節撫嗣事舅姑及伯翁
以孝稱卒年三十七
徐懷智妻郭氏年二十一夫故守節撫孤卒年七十六
徐修辭妻郭氏年二十九夫故守節撫孤四卒年七十一
徐懷蔭妻陳氏年二十九夫故守節撫孤現年五十四
徐從智妻郭氏年二十一夫故守節撫孤現年五十一
徐秀傑妻余氏年十九夫故守節撫孤二現年五十
徐光典妻朱氏年二十七夫故守節撫孤二現年五十五
徐光第妻蕭氏年二十八夫故守節撫孤二現年五十
余長命妻徐氏年二十五夫故守節撫孤現年五十一
石厥典妻李氏年二十八夫故守節撫孤現年五十二



楊祚亨妻劉氏年二十夫故守節撫孤現年五十七
楊豫章妻張氏年二十八夫故守節撫孤二現年六十
胡邦甫妻劉氏年二十三夫故守節撫孤現年六十六
朱光坦妻郭氏年二十二夫故守節撫孤卒年六十九
余國琇妻周氏年二十八夫故守節撫孤三現年八十四
余獻琛妻項氏年二十四夫故守節撫嗣卒年六十
余艮恭妻李氏年二十四夫故二子早殤苦守以終卒年八十
二
余國斌妻陳氏年二十八夫故守節撫孤孤遇賊殉難氏卒年
八十四
郭濟元妻王氏年二十七夫故守節撫孤卒年八十三
郭家亨妻黃氏年二十四夫故無子貧苦守節現年六十二

文童胡世琨妻張氏年二十八夫故守節現年五十三
文童胡世琮妻李氏年二十六夫故守節現年五十二
監生徐兆鯤妾佘氏年二十鯤故守節撫孤卒年八十
文童徐文林妻張氏年二十四夫故守節撫孤旋夭復撫姪孫
爲嗣現年六十一嗣孫修垣布理問銜
文童徐文柏妻汪氏年二十七夫故子夭家貧苦節事哀翁孝
卒年四十九
文童郭存道妻蕭氏年二十八夫故守節撫孤卒年五十三
文童郭厚義妻陳氏年二十歸郭數月夫故矢志守節撫嗣成
立現年五十三
郭言福妻朱氏年二十三夫故守節撫嗣卒年七十五
徐慎熠妻蕭氏年二十九夫故守節撫孤現年五十八



徐文興妻周氏年二十六夫故守節撫孤卒年四十八
朱順慶妻陳氏年二十六夫故守節撫孤現年五十九
張晏林妻宋氏年二十八夫故守節撫孤孤歿復撫孤孫現年
七十一
張守國妻江氏年二十三夫故守節撫孤現年五十六
張登山妻鄭氏年二十八夫故守節撫孤事舅姑孝現年五十
八
王乃松妻詹氏年二十八夫故守節撫孤卒年六十一
徐慎熙妻丁氏年二十八夫故守節撫孤孤歿復撫孤孫現年
五十三
郭在庠妻黄氏年二十四夫故守節撫孤現年七十二
郭存會妻黄氏年二十六夫故守節現年六十

熊邦輔妻劉氏年二十二夫故守節現年六十五
徐慎德妻周氏年二十夫故守節撫嗣卒年三十四
徐慎直妻謝氏年二十四夫陣亡氏守節撫孤現年五十一
朱祥順妻徐氏年二十六夫陣亡氏守節撫孤現年五十四
徐慎志妻巴氏年二十四夫故守節撫嗣現年六十六
徐象愷妻郭氏年二十九夫故守節撫嗣現年五十
徐景傳妻戢氏年二十六夫故貧苦守節撫孤現年五十五
徐惟善妻郭氏年二十八夫故守節撫孤現年五十
徐文鳳妻陳氏年二十五夫故守節撫孤現年五十四
徐開勝妻鄭氏年二十一夫故守節撫孤現年五十四
程顯仁妻陳氏年二十夫故守節撫嗣現年五十一
曾興剛妻吳氏年二十夫故守節撫孤現年六十一
曾勝武妻巴氏年二十五夫故守節撫孤現年五十八



曾先明妻徐氏年二十二夫故守節撫孤現年五十一
曾炳勝妻蘇氏年二十四夫故守節撫孤現年五十
劉明玉妻徐氏年二十七夫陣亡氏守節撫孤現年五十一
徐榮顯妻劉氏年二十六夫陣亡氏守節撫孤卒年三十八
郭慶合妻程氏年二十七夫陣亡氏守節撫孤卒年四十
徐華祿繼妻黄氏　徐建高妻張氏姑婦也黄年二十五夫故
守節撫孤卒年八十五張年二十二夫故守節撫嗣卒年七
十五
文童胡錫藻妻阮氏年二十四夫故守節撫孤事姑孝卒年三
十一
文童胡世洋妻佘氏年二十八夫故守節事病姑歷久不懈姑

卒水漿不入口者數日因毁致疾卒年五十
文童徐秉漪繼妻黄氏年十九夫故苦節撫孤卒年八十四
文童熊名利妻周氏年二十六夫故守節卒年五十六
文童郭文秀妻劉氏年二十一夫故守節撫嗣現年七十一
黄楚善妻黄氏年二十八夫故守節撫孤現年六十一
文童郭在鎬妻劉氏年二十七夫故守節撫嗣現年五十四
胡元濟妻詹氏年二十三夫故守節撫孤現年七十五
胡名高妻徐氏年二十四夫故守節撫孤現年七十七
胡名輝妻夏氏年二十六夫故守節撫孤卒年六十四
胡名煌妻徐氏年二十六夫故守節撫孤卒年六十五
胡名煋妻郭氏年二十六夫故守節撫孤卒年五十
胡名煒妻黄氏年二十六夫故守節撫孤卒年六十九

黄岡縣志　卷之十七　節婦　六十七

胡元照妻余氏年二十三夫故守節撫孤卒年四十
宋如岡妻胡氏年二十七夫故守節撫孤現年七十四
郭國義妻徐氏年二十二夫故守節撫孤卒年六十七
徐秉德妻黄氏年二十七夫故守節撫孤卒年九十五
夏朝猷妻胡氏年二十三夫故守節撫嗣卒年三十四
陳士玉妻胡氏年二十七夫故守節撫孤卒年六十
胡元珠妻傅氏年二十四夫故守節撫孤現年七十二
余國榮妻鄧氏年二十四夫故守節撫嗣成立尋夭與婦李相
依爲命艱苦備嘗現年七十二
余國有妻張氏年二十五夫故守節撫嗣卒年五十
朱必魁妻朱氏年二十六夫故守節撫孤現年五十六
徐啟富妻劉氏年二十三夫故守節撫嗣現年六十八

余應效妻徐氏年二十二夫故守節撫孤現年七十五
文童胡世涵妻洪氏年二十九夫故守節撫孤卒年三十八
文童馮永耀妻熊氏年十九夫故守節卒年二十六
文童余性發妻靖氏年二十五夫故守節撫孤現年六十一
文童靖華瑗妻周氏年二十八夫故守節撫孤卒年五十四
文童程鎮陞妻王氏年二十四夫故守節撫嗣現年五十七
金世有妻操氏年二十九夫故守節撫孤卒年八十二
金昌貴妻方氏年三十夫故守節撫孤現年六十六
文童周錫綸妻臧氏年二十五夫故守節現年五十五
張正利妻程氏年二十八夫故守節卒年七十六
邱永祥妻董氏年二十六夫故守節撫孤現年六十二
汪永瑤妻曹氏年二十八夫故家貧依母家守節卒年七十五

黄岡縣志　卷之十七　節婦　六十八

靖
學妻錢氏年二十六夫故守節撫孤卒年五十一
吳天階妻黄氏年二十八夫故矢志守節撫孤成立現年五十
三
以上鹿安鄉

# 黃岡縣志卷之十八

知黃岡縣事合肥戴昌言編輯

## 人物志

### 列女六節婦

李本有妻李氏年二十七夫故守節撫孤現年五十二
胡元楨繼妻沈氏年二十三夫故家貧守節撫孤現年六十一
胡昌壽妻張氏年二十五夫故孤亦殤苦節奉姑現年五十二
涂春山妻劉氏年二十七夫故守節撫孤現年七十二
監生張書紳妻滕氏年二十七夫故守節撫孤卒年六十七
張殿昇妻程氏年二十七夫故守節撫嗣卒年七十一
劉仲珩妻鍾氏年二十六夫故守節撫孤現年六十六
監生張希椿妻曾氏年二十四夫故守節撫孤現年五十五



劉谿達妻余氏年二十三夫故守節撫孤現年六十五
劉建中妻胡氏年二十六夫故守節撫孤卒年五十六
劉遠嶶妻張氏年二十七夫故守節卒年七十一
游正名妻劉氏年二十六夫故守節撫嗣現年六十七
游豫源妻郭氏年二十六夫故守節撫孤現年五十
何利啟妻涂氏年二十三夫故守節卒年七十八
張大文妻胡氏年二十七夫故家貧無子茹苦守節現年八十
張爰柏妻陳氏年二十九夫故守節撫孤三卒年七十
桂仲英妻郭氏年二十二夫故守節撫嗣現年八十一
張正寬妻桂氏年二十六夫故守節現年五十八
劉之垣妻李氏年二十八夫故守節撫孤卒年九十元孫毓琯
庠生

劉永錕妻高氏年二十三夫故守節撫孤卒年八十一子彬傑
監生
劉永鑾妻陸氏年二十夫故守節卒年四十五
劉昌漣妻張氏年二十五夫故守節撫孤卒年五十一
張元盛妻沈氏年二十七夫故守節卒年六十三
張臨畚妻劉氏年二十四夫故守節撫孤現年五十
張殿桂妻徐氏年二十六夫故守節卒年五十二
張錫烔妻章氏年二十九夫故守節現年五十二
張席珍妻朱氏年二十四夫故守節撫孤卒年五十九
張錫珍妻劉氏年二十三夫故守節撫嗣卒年六十四
張志寬妻胡氏年二十三夫故家貧守節撫孤卒年七十六
張則薇妻李氏年二十四夫故守節撫孤卒年三十五
監生張鈞緒繼妻鄭氏年二十二夫故守節撫姪爲嗣現年五
十三嗣子則玉監生



張西銘妻劉氏年二十五夫故守節撫孤現年五十五
何仁勝妻李氏年二十三夫故守節卒年四十七
張德昌妻李氏年二十二夫故守節卒年六十四
張仲明妻雷氏年二十七夫故守節卒年三十三
張希瑞妻李氏年二十四夫故守節卒年四十四
彭均明妻羅氏年二十四夫故守節撫孤現年五十一
張斌羽妻吳氏年二十三夫故守節現年五十二
張傳德妻李氏年十九夫故守節現年六十九
張以義妻胡氏年二十五夫故守節卒年六十二
張廣先妻陳氏年二十八夫故守節撫孤現年六十

張國楚妻汪氏年三十夫故守節現年七十
張連魁妻李氏年二十六夫故守節撫孤現年五十四
張士周妻劉氏年二十七夫故守節撫孤現年八十五
張宗理妻程氏年二十夫故守節撫孤現年六十
李名富妻張氏年二十五夫故守節撫孤現年六十四
李名煥妻程氏年十九夫故守節撫姪爲嗣現年五十一
潘錫嘏妻羅氏年二十二夫故守節卒年五十二
游亭詔妻胡氏年二十九夫故守節撫孤三卒年七十九長子豫楠次子豫梓俱從九品
潘紹庭妻張氏年二十一夫故守節現年八十二
潘世運妻張氏年二十夫故守節現年五十三
潘輝前妻陳氏年二十夫故守節撫孤卒年五十二



黃臨志妻潘氏年二十三夫故守節現年五十二
庠生游豫承妻廖氏年二十八夫故守節現年五十一
潘俾昌妻何氏年二十二夫故守節現年六十五
游豫序妻張氏年二十一夫故守節撫孤現年五十八
游豫堃妻張氏年二十六夫故守節撫孤卒年五十八長子大鎮從九品
潘起紹妻涂氏年二十夫故守節現年五十四
余艮燈妻劉氏年二十七夫故守節撫孤現年五十五
張德盛妻阮氏年二十九夫故守節撫孤卒年七十三
張德順妻傅氏年二十夫故守節卒年六十三
張松林妻胡氏年二十八夫故守節撫孤卒年六十六
張金萬妻胡氏年二十九夫故守節撫孤現年五十八

朱忠蓮妻陳氏年二十三夫故守節撫嗣現年六十七
劉繼楊妻程氏年二十一夫故守節撫嗣事舅姑孝現年五十
周長林妻張氏年二十三夫故家貧守節勤苦撫嗣事姑孝現年六十六
周步樓妻馮氏年二十八夫故家貧守節以孝稱撫孤成立現年七十三
周殿銑妻程氏年二十八夫故守節以孝稱撫一子一女成立卒年七十
錢邦純妻周氏年二十七夫故守節撫嗣事舅姑孝現年五十五
彭國瀛妻劉氏年二十八夫故守節撫遺腹孤成立卒年五十七孫煜庠生
封職朱成名妻潘氏年二十五夫故守節撫嗣事舅姑孝卒年六十五



監生劉定遠妻范氏年二十六夫故守節撫嗣現年五十三
劉明槐妻謝氏年二十九夫故守節撫孤現年六十一
劉德發妻張氏年三十夫故家貧守節現年八十二
劉朗柏妻徐氏年二十六夫故苦節撫遺腹孤現年六十四
劉承喆妻劉氏年二十六夫故守節現年五十九
劉光銓妻劉氏年二十一夫故守節撫嗣卒年八十四
程勝先妻江氏年三十夫故守節卒年八十一
劉光海妻劉氏年二十六夫故守節現年八十七
馮家麟妻陳氏年二十六夫故守節卒年七十一
馮家本妻周氏年二十九夫故守節現年七十三

馮世楷妻童氏年二十四夫故守節現年五十六
馮家興妻羅氏年二十三夫故守節卒年七十二
庠生劉名宣妻游氏年二十八夫故守節撫孤二事舅姑孝現
年五十次子榮坤武生
劉犖忠妻劉氏年十八夫故守節撫嗣現年五十
陶思圻妻周氏年二十二夫故守節撫孤卒年六十
劉繼枝妻劉氏年二十五夫故守節撫嗣事姑孝現年五十一
成子淑妻潘氏年二十四夫故守節現年五十九
李有倫妻張氏年二十七夫故守節撫孤現年五十
曾繼程妻嚴氏年二十夫故守節撫孤卒年二十六子國華監
課大使
羅承理妻李氏年二十四夫殉難氏守節撫嗣現年五十二



羅載燕妻徐氏年二十六夫故守節撫孤卒年五十六
羅載燾妻劉氏年十九夫故守節撫嗣現年五十一
羅爲國妻林氏年二十四夫故守節現年六十六
蔡常節妻周氏年二十七夫故守節撫孤現年五十
林向森妻蔡氏年二十五夫故守節卒年三十一
周宗銀妻胡氏年十八夫故守節撫孤現年五十六
周宗海妻胡氏年十九夫故守節撫孤現年五十
周學新妻陳氏年二十八夫故守節撫孤現年五十六
周學經妻雷氏年二十五夫故守節撫孤現年五十三
周學先妻胡氏年二十九夫故守節撫孤現年五十二
周學書妻羅氏年二十四夫故守節撫嗣現年五十一
周學雲妻雷氏年二十九夫故守節撫孤現年五十四

周學舉妻袁氏年二十九夫故守節撫孤現年六十一
庠生羅慶墀妻周氏年二十九夫故守節撫孤卒年五十九
羅以祜妻嚴氏年十九夫故守節撫嗣卒年三十四
羅啟謨妻佘氏年二十七夫故守節卒年六十五
羅千烜妻徐氏年二十八夫故守節卒年七十二
羅千樾妻周氏年二十七夫故守節卒年六十七
羅光綬妻馮氏年二十七夫故守節卒年八十八
羅啟璇妻王氏年二十八夫故守節撫孤卒年七十四孫權武
舉人
羅千元妻潘氏年二十九夫故守節現年七十三
羅發源妻彭氏年二十一夫故守節撫孤現年五十一
羅千朝妻彭氏年二十六夫故守節撫孤現年五十七



羅承先妻彭氏年二十六夫故守節撫嗣卒年八十八
羅載魁妻高氏年十九夫故守節撫嗣卒年五十二
羅載書妻黃氏年十七夫故守節撫嗣現年六十一
羅載卓妻張氏年二十八夫故守節撫孤卒年七十
羅載瑋妻張氏年二十四夫故守節撫孤現年五十一
羅以垓妻顧氏年十九夫故守節撫嗣現年五十一
陳昆須妻柳氏年二十四夫故守節撫嗣事姑孝卒年三十九
陳昆美妻王氏年二十九夫故守節撫嗣現年五十一
陳序原妻潘氏年二十六夫故守節撫嗣卒年八十八
陳兆岐妻潘氏　陳昆綬妻詹氏姑婦也潘年二十九夫故守
節撫孤昆綬綬歿詹年二十二守節撫嗣潘卒年七十六詹
卒年三十四

彭耀先妻羅氏年二十三夫故守節撫孤現年五十四
彭如寶妻曾氏年十九夫故守節撫孤卒年六十四
彭國富妻張氏年二十九夫故守節撫孤卒年七十六
彭國綱妻黃氏年二十七夫故守節撫孤卒年八十六
彭萬煜妻胡氏年二十一夫故守節撫嗣卒年六十二
彭萬申妻雷氏年二十六夫故守節撫嗣卒年六十九
彭萬合妻李氏年二十二夫故守節撫嗣卒年五十六
陳啟均妻蔡氏年二十八夫故守節撫嗣卒年六十五
方以卜妻陳氏年二十九夫故守節撫孤卒年七十八
方以璁妻馮氏年二十六夫故守節撫孤現年六十三
方以亮妻陳氏年二十九夫故守節撫孤現年六十五
方萬錦妻羅氏年二十九夫故守節撫孤卒年八十五



葉文顯妻陶氏年二十七夫故守節撫嗣現年七十七
劉以恆妻陳氏年二十六夫故守節撫嗣現年五十二
雷宗法妻周氏年二十一夫故守節撫孤卒年七十六
方厚業妻劉氏年二十三夫故守節撫孤現年五十二
何貞才妻蕭氏年二十四夫故守節撫孤現年五十二
匡春融妻陳氏年二十六夫故守節撫孤現年五十三
劉庭楨妻周氏年二十一夫故守節撫孤現年五十一
鄭步雲妻蔡氏年二十九夫故守節撫孤現年六十七
馮祥貞妻羅氏年二十八夫故守節撫孤現年五十八
楊應春妻張氏年二十九夫故守節撫孤現年六十九
游亨灝妻沈氏年二十六夫故守節撫孤現年五十二
游亨法妻周氏年二十六夫故守節撫孤現年六十六

游大江妻張氏年二十夫故守節撫嗣現年五十一
黃斐昭妻鍾氏年二十八夫故守節撫孤現年七十六
劉大明妻張氏年二十八夫故守節撫孤卒年八十
劉大志妻彭氏年二十八夫故守節撫孤卒年九十
劉繼浩妻周氏年二十七夫故守節撫孤現年六十一
劉明鈔妻羅氏年十九夫故守節撫嗣卒年六十三
劉楚鎮妻游氏年二十九夫故守節撫孤現年五十一
曾紀綱妻羅氏年二十九夫故守節撫孤現年六十六
劉明炅妻羅氏年二十三夫故守節撫孤援室旋夭氏現年六
十
雷正發妻喻氏年二十五夫故守節撫孤現年六十四
雷正全妻謝氏年二十六夫故守節撫嗣卒年七十六



羅以明妻劉氏年二十八夫故守節撫孤現年五十六
雷勝先妻徐氏年二十八夫故守節撫孤卒年六十五
方福修妻蔡氏年二十九夫故守節撫孤現年五十一
方壽旭妻劉氏年二十四夫故守節撫孤卒年三十
黎在京妻朱氏年二十六夫故守節撫嗣現年五十一
胡大善妻方氏年二十二夫故守節現年七十
方邦垣妻雷氏年二十九夫故守節撫孤現年六十
盧鍾鸞妻張氏年十九夫故守節撫嗣現年五十七
盧英洛妻程氏年二十四夫故守節撫孤現年五十三
盧惠銀妻劉氏年二十一夫故守節撫嗣現年六十
王天爵妻胡氏年二十九夫故守節撫孤卒年八十二
劉承華妻陳氏年二十五夫故守節撫孤現年五十一

陳昆縉妻王氏年二十九夫故守節撫嗣現年六十二

趙宏峻妻張氏年二十八夫故守節現年六十一

徐永盛妻方氏年二十七夫故守節撫嗣現年六十五

羅應林妻左氏年二十八夫故守節撫孤卒年七十二

羅依斗妻陶氏年二十七夫故守節撫孤卒年七十三

羅光明妻柳氏年二十八夫故守節撫孤卒年五十

鄧新德妻張氏年二十三夫故守節撫孤現年七十

張豐禹妻施氏年二十夫故守節撫姪爲嗣現年六十嗣子鏞

職員

吳懷仁妻王氏年二十三夫故守節撫孤現年五十六

吳蓋爲妻汪氏年二十一夫故守節現年五十八

吳雙富妻王氏年二十九夫故守節撫孤現年五十八



張道清妻姚氏年二十四夫故守節撫孤現年五十一

李祚元妻甘氏年十九夫故守節撫孤現年六十二

張文炳妻彭氏年二十八夫故守節撫姪爲嗣現年八十一

李秉剛妻童氏年二十九夫故守節撫孤現年五十

程前錦妻沈氏年二十三夫故守節撫孤現年六十四

陶聯宏妻程氏年二十三夫故守節撫孤現年五十

陶啟根妻魏氏年二十八夫故守節撫孤現年五十一

武生陶步超妻萬氏年二十六夫陣亡氏守節撫姪爲嗣現年五十二嗣子壎庠生

陶子清妻甄氏年十九夫故守節撫孤現年五十

張均妻姜氏年十九夫故守節撫孤現年五十

桂伯勛妻吳氏年二十四夫故守節現年六十

桂陶詵妻陳氏年二十夫故守節撫姪爲嗣現年六十八

程家福妻徐氏年二十三夫故守節現年五十六

張恆升妻李氏年二十八夫故守節撫孤現年五十三

王時來妻程氏年二十四夫故守節現年五十六

趙大吉妻陶氏年二十五夫故守節撫孤現年五十

彭隨許妻汪氏年二十六夫故守節撫孤現年六十

劉陶氏年二十八夫故守節撫姪以順爲嗣氏現年五十

徐長春妻張氏年二十四夫故守節撫孤現年六十四

徐景會妻程氏年二十八夫故守節撫孤現年六十一

陶懋賞妻李氏年二十三夫故守節撫孤現年五十

陶七伢妻王氏年二十八夫故守節撫孤現年六十

陶先則妻羅氏年二十四夫故守節撫孤現年五十



陶崴鸞妻金氏年二十三夫故守節撫姪爲嗣現年五十

趙羅氏年二十五夫故守節撫孤耀彬氏現年五十八

趙家聲妻李氏年二十四夫故守節撫姪爲嗣現年五十四

張丰庭妻陳氏年二十七夫故守節撫孤現年五十一

李汪一作永寬妻童氏年二十八夫故守節現年六十四

汪祈藻妻程氏年二十夫故守節現年五十

陳封元妻羅氏封元啞不能言而又善病兩家父母議將別字氏不從卒歸封元生三子元病歿氏年二十八茹苦守節撫孤成立現年五十二

陶復順妻林氏年二十五夫故守節撫孤現年五十

萬開來妻施氏年二十二夫故家貧苦節撫孤現年八十六

譚陶氏年二十四夫故守節撫孤宏春氏現年九十二

王家俊妻金氏年二十四夫故守節現年五十七
王承璜妻金氏年二十八夫故守節現年七十六
王家瑞妻陶氏年二十一夫故守節現年六十
王開成妻李氏年二十八夫故守節現年六十一
王世臣妻陳氏年二十九夫故守節現年五十四
王萬源妻徐氏年二十八夫故守節現年五十二
王可易妻程氏年二十七夫故守節現年七十五
王欽點妻羅氏年二十三夫故守節卒年七十
王兆俊妻張氏年十九夫故守節卒年七十六
王春回妻林氏年二十夫故守節卒年二十九
陶思道妾曾氏年二十思道故氏守節卒年八十
陶思繩妻潘氏年二十五夫故守節卒年六十



陶應敏妻張氏年十九夫故守節卒年七十二
陶啟文妻胡氏年二十四夫故守節卒年五十九
陶鳴泱妻段氏年二十三夫故守節卒年五十七
陶復元妻王氏年二十六夫故守節卒年七十
陶啟廣妻童氏年二十五夫故守節卒年五十八
陶應超妻熊氏年二十五夫故守節卒年八十
張豐舜妻李氏年二十八夫故守節卒年三十五
張少川妻宋氏年二十五夫故守節卒年九十
張紹富妻呂氏年二十五夫故守節卒年八十七
張作朋妻張氏年二十五夫故守節卒年六十七
張恆椿妻胡氏年二十九夫故守節卒年八十六
張恆位妻曹氏年二十夫故守節卒年八十四

程慶陽妻王氏年二十五夫故守節卒年六十四
程承淩妻李氏年二十八夫故守節卒年六十二
程仁清妻甘氏年二十八夫故守節卒年七十八
程如珩妻高氏年二十四夫故守節卒年六十四
程仲能妻甘氏年二十四夫故守節卒年七十五
徐耀德妻鄧氏年二十二夫故守節卒年九十
徐慶千妻陶氏年二十五夫故守節卒年五十八
徐一尊妻李氏年二十三夫故守節卒年五十六
陳錄義妻張氏年二十六夫故守節撫孤卒年六十
易用鐸妻陶氏年二十二夫故守節卒年三十八
易用鍌妻孫氏年二十三夫故守節卒年三十四
黄本宗妻程氏年二十七夫故守節卒年七十二



張周氏年二十夫故守節撫孤遂懷氏現年八十四
余良弼妻陳氏年二十四夫故守節卒年八十四
桂承壽妻張氏年二十夫故守節卒年五十三
余良達妻周氏年二十五夫故守節卒年七十五
高天承妻桂氏年二十夫故守節卒年三十八
王用賢妻徐氏年二十八夫故守節卒年九十九
桂天才妻戚氏年二十三夫故守節現年六十
桂陶陞妻李氏年二十三夫故守節現年五十三
尤脩冕妻盧氏年二十九夫故守節撫姪爲嗣現年五十二
尤瀛海妻傅氏年二十九夫故守節撫孤三現年五十一
尤脩翥妻雷氏年二十三夫故守節撫姪爲嗣現年五十
陳封衔妻桂氏年二十三夫故守節現年五十四

陳封初妻羅氏年二十九夫故守節現年五十三
胡李氏年二十八夫故守節撫孤伯懷氏卒年七十七
程前鎬妻鄭氏年二十八夫故守節現年五十
李大秋妻林氏年二十五夫故守節卒年六十六
李大宗妻甘氏年十六夫故守節卒年九十三
陳元閣妻王氏年二十八夫故家貧守節撫孤二現年七十三
陳師舜妻周氏年二十三夫故無子苦節家極貧以十指供養
舅姑己嘗蔬食卒年三十三
陳敦甲妻呂氏年二十三夫故守節撫孤卒年五十
陳明善妻葉氏年二十五夫故守節現年五十九
陳德儉妻雷氏年二十六夫故苦節養舅撫孤卒年七十一
陳國相妻王氏年二十五夫故守節卒年六十二
庠生陳海觀繼妻王氏年二十八夫故家貧守節撫前子及二



齡孤成立現年五十一
陳癸箴妻萬氏年二十八夫故家貧守節撫孤現年八十二
陳振坌妻楊氏年二十歸陳甫三月夫故家貧苦節撫嗣現年
五十四
陳師湯妻周氏年二十八夫故家貧守節撫孤事姑孝現年五
十二
陳癸榮妻宋氏年二十七夫故守節撫孤現年五十一
陳祐棠妻王氏年二十九夫故守節勤苦撫嗣現年五十七
陳慶源妻蕭氏年二十九夫故孤早夭茹苦守節現年五十九
陳鳴方妻陶氏年二十五夫故守節撫孤卒年七十四
陳祜凝妻周氏年二十六夫故守節撫孤卒年六十八

監生陶瑞庭妻陳氏年二十六夫故苦節撫遺腹孤現年五十
陶啟業妻熊氏年二十五夫故截髮誓守卒年六十四
陶懋學妻周氏年二十三夫故守節撫孤現年六十六
陶開義妻龍氏年二十五夫故守節撫孤現年六十六
陶鳴三妻林氏年二十夫故守節撫孤卒年六十三
邱法程妻段氏 邱忠慈妻欒氏姑婦也段年二十六程歿守
節撫孤二長忠慈早歿欒年二十九守節撫嗣孝事孀姑段
現年七十八欒卒年五十
邱忠告妻陳氏年二十二夫故守節孝事衰舅撫嗣早夭遺一
孫復殤抑鬱以終卒年四十九
邱樹蘭妻袁氏年二十七夫故守節撫遺腹孤事孀姑孝姑尋
歿孤亦相繼亡氏哀毀成疾卒年三十六



庠生汪榮珪妻萬氏年二十七夫故守節撫孤卒年四十八
童先謨妻周氏 童人壽妻雷氏姑婦也周年二十八夫故守
節撫孤二卒年七十三雷年二十九夫故守節撫孤現年五
十九
葉肇達妻張氏年二十四夫故家貧苦節撫孤事舅姑孝卒年
六十九
黃仕紫妻潘氏年二十六夫故守節撫孤卒年六十九
貢生周天祿妻文氏年二十八夫故守節撫孤卒年六十七
袁士英妻周氏年二十六夫故守節撫孤現年九十六
庠生葉周鼎妻段氏年二十七夫故家貧苦節撫孤卒年五十
七
李彥彬妻陳氏年二十九夫故守節撫孤現年五十二

葉祖芬妻袁氏年二十九夫故守節撫孤卒年五十五
葉祖藻妻黃氏年二十五夫故無子苦節現年五十四
胡美垣妻魏氏年二十夫故苦節至孝撫孤早夭復撫二孫成
立卒年八十六
易中林妻邵氏年二十四夫故守節撫孤卒年九十五
易世康妻陳氏年二十六夫故守節撫孤卒年六十八
羅岐寬妻陶氏年二十六夫故守節撫孤現年五十二
監生陳錫嘏妻楊氏年二十八夫故守節撫孤卒年五十八
童廷顯妻陳氏年二十五夫故守節撫嗣現年五十五
童維芹妻陶氏年二十六夫故守節撫孤現年五十二
林向俊妻周氏年三十夫故無子苦節現年五十六
林向傑妻陶氏年二十九夫故守節卒年五十



林常和妻周氏年二十七夫故守節撫孤卒年五十一
林常峻妻周氏年二十六夫故守節撫孤卒年五十八
林宜衞妻王氏年二十二夫故守節撫孤卒年六十一
林宗梁妻陳氏年二十六夫故守節撫孤卒年六十一
林宜國妻周氏　林常華妻張氏姑婦也周年三十夫故守節
撫孤卒年六十四張年二十六夫故守節撫孤卒年五十八
林繼玘妻段氏年二十一夫故守節撫嗣現年五十
林美穗妻童氏年二十四夫故守節撫孤現年五十
林美珏妻藍氏年二十夫故守節撫孤卒年七十四
林向蕙妻童氏年二十六夫故守節撫孤卒年七十五
林美瑛妻夏氏年二十三夫故無子苦節卒年八十八
王源保妻萬氏年二十四夫故守節撫孤卒年九十一

楊家會妻韓氏年二十二夫故守節撫孤卒年六十
楊和鋭妻林氏年十八夫故守節撫孤卒年五十六
郭作睿妻向氏年二十夫故守節撫孤卒年五十五
韓謙讓妻楊氏年二十夫故守節卒年五十
韓膠春妻程氏年十九夫故舅姑亦相繼歿氏無依歸母家守
節事父孝現年六十一
童本煜妻周氏年二十八夫故守節撫嗣卒年五十四
陳振華妻林氏年十九夫故守節撫孤卒年七十四
段時彥妻向氏年二十三夫故守節撫孤現年七十二
張世洋妻周氏年二十三夫故守節撫嗣現年七十一
張世光妻邱氏年二十九夫故守節撫孤現年五十七
張先煥妻陳氏年二十八夫故守節撫孤卒年八十



張錦林妻朱氏年二十四夫故守節撫孤現年五十九
周宗瑞妻李氏年二十五夫故守節撫孤卒年六十四
張應祜妻楊氏年二十八夫故守節撫孤現年六十九
張應鳳妻邱氏年二十八夫故守節撫孤卒年六十八
張世杏妻劉氏年二十七夫故守節撫孤卒年四十八
邵忠杰妻周氏年十九夫故守節撫孤卒年五十四
葉陽春妻郭氏年二十九夫故守節撫孤現年七十一
葉百順妻林氏年二十九夫故守節撫嗣現年五十
文童胡美坦妻魏氏年二十五夫故守節撫孤卒年七十八
胡美堉妻周氏年二十四夫故守節撫孤卒年七十
候選縣丞汪永清妻葉氏年二十三夫故守節撫嗣現年五十
一

監生葉濟川妻張氏年二十六夫故守節撫孤現年五十六
王家惠妻鄧氏年二十四夫故守節撫嗣卒年六十
尤列廣妻周氏年二十八夫故守節撫孤現年六十六
庠生陳慶颺繼妻張氏年二十二夫故守節卒年三十
項國棟妻萬氏　項緒除妻邱氏姑婦也萬年二十五夫故守
節撫孤卒年六十七邱年二十四夫故守節撫孤現年六十
項緒耀妻羅氏年二十九夫故守節撫孤現年五十一
潘志貞妻郭氏年二十四夫故守節撫孤現年五十三
潘貞祥妻余氏年三十夫故守節撫孤現年五十六
陳祜渚妻顧氏年二十四夫故家貧苦節撫孤卒年五十六
葉毓芬妻孫氏年二十二夫故守節撫孤卒年五十八
呂永暢妻陳氏年二十六夫故守節撫孤現年五十



熊復宗妻胡氏年二十五夫故守節無子以姪兼祧辛勤撫之
現年五十七
熊引宗妻汪氏年二十一夫故守節卒年二十八
熊祖蔚妻段氏年二十八夫故守節撫孤現年六十一
熊宗合妻李氏年二十四夫故守節撫嗣現年五十一
熊宗珂妻夏氏年二十六夫故守節撫嗣現年六十六
熊維楨妻周氏年二十九夫殉難氏守節撫嗣現年五十一
熊念典妻商氏年二十夫故守節撫孤孤夭復撫嗣孫卒年三
十三
段煥學妻方氏年二十一夫故守節撫孤卒年四十八
段煥張妻熊氏年二十九夫故守節現年六十
段煥新妻張氏年二十三夫故守節撫孤現年七十一

汪引樞妻童氏年二十六夫故守節撫孤現年五十
童先崇妻葉氏年二十四夫故守節撫孤現年五十九
童先禧妻劉氏年二十六夫故守節撫孤現年五十二
黃榮春妻魏氏年二十九夫故守節撫孤二現年八十一
向承聖妻陳氏年二十三夫故無子苦節卒年六十八
向承福妻林氏年三十夫故守節撫孤卒年七十五
向揚高妻陶氏年二十二夫故守節撫孤卒年六十一
向仲寬妻王氏年二十六夫故守節撫孤卒年六十四
林向燁妻黃氏年二十九夫故守節撫孤卒年六十一
監生施吉祥妻林氏年二十九夫故守節撫孤二現年五十
黃朝聖妻鄭氏年十九夫故守節養姑撫孤卒年八十八
林先甲妻朱氏年二十三夫故守節撫孤現年五十



林廣福妻姜氏年二十五夫故守節現年五十
林克緒妻張氏年二十八夫故守節撫嗣現年五十一
林財聖妻夏氏年二十七夫故守節撫孤現年五十
林更元妻周氏年三十夫故守節現年五十
葉漢文妻林氏年二十八夫故守節撫嗣現年八十七
陳兆文妻周氏年二十三夫故守節撫孤現年五十五
楊炳武妻陳氏年二十八夫故守節撫孤卒年四十二
林功唐妻周氏年二十八夫故守節撫孤卒年三十五
林有源妻陶氏年二十七夫故守節撫孤卒年七十一
林美琳妻袁氏年二十八夫故守節卒年五十
葉祖禧妻陳氏年二十三夫故守節卒年五十九
葉祖賓妻周氏年二十八夫故守節撫嗣現年五十二

段煥祖妻柳氏年二十八夫故守節撫孤現年六十九
段煥謨妻徐氏年二十九夫故守節撫孤現年七十三
段煥錦妻郭氏年十九夫故守節撫孤現年六十四
段啓珩妻羅氏年二十九夫故守節撫孤現年五十九子葆森
庠生
段啓榮妻余氏年二十四夫故守節撫孤授室旋夭復偕孀媳
撫孫事舅姑孝卒年五十二
段煥書妻林氏年二十五夫故守節撫孤卒年三十九子啓斌
從九品
從九段選齡妻張氏年二十九夫故守節撫孤三現年六十二
子慶恩慶元慶華俱庠生
段煥銘繼妻吳氏年二十七夫故守節撫孤卒年八十三



段煥綸妻柳氏年二十九夫故守節撫嗣授室旋沒婦亦亡氏
復撫孤孫成立卒年八十四
段道章妻雷氏年二十八夫故守節撫孤現年七十八
段煥蔚妻阮氏年二十九夫故守節撫孤現年五十七子魁元
武生
段啓明妻王氏年二十二夫故守節撫嗣現年五十
曾藎明妻林氏年二十九夫故守節撫孤現年七十五
曾有美妻王氏年二十八夫故守節撫孤卒年八十子光國從
九品
曾有功妻闞氏年二十四夫故守節撫嗣卒年四十四
曾有翼妻胡氏年二十九夫故守節撫孤卒年八十一
曾有睿妻張氏年二十二夫故守節撫嗣現年五十一

曾道貴妻黃氏年二十七夫故守節撫孤現年五十三
曾萬里妻蕭氏年二十五夫故守節撫嗣卒年四十八
曾朝慶妻吳氏年十八夫故守節撫嗣卒年四十九
曾有年妻胡氏年二十四夫故守節現年六十五
張景璋妻蕭氏年二十九夫故守節現年六十九
張景恆妻姚氏年二十一夫故守節現年六十四
陳光彩妻段氏年二十九夫故守節撫孤現年六十子恩瀚從
九品
張雲峰妻施氏年二十八夫故守節撫孤三卒年六十
張景春妻汪氏年二十九夫故守節撫孤現年五十八
議敘八品段長吉妻張氏年二十九夫故守節撫嗣現年五十
二



羅作琳妻王氏年二十八夫故守節撫孤卒年七十八
羅德奎妻周氏年二十七夫故守節撫孤現年六十
羅作珠妻宋氏年二十四夫故守節撫姪爲嗣現年七十
陳展祿妻張氏年二十九夫故守節撫孤四卒年六十二
監生張煥之妾湯氏年二十九煥之歿氏守節撫煥之嗣子錫
齡成立入邑庠氏現年五十一
汪承勝妻羅氏年二十九夫故守節撫孤現年六十八
柳祚興妻徐氏年二十五夫故守節撫孤事姑孝現年六十二
甄在藻妻邱氏年二十三夫故家貧苦節撫嗣現年五十六
嚴啓儒妻萬氏年二十三夫外貿客死氏守節撫嗣卒年四十
五
嚴啓儲妻徐氏年二十九夫故守節撫嗣卒年七十二嗣子用

中監生
周曾輝妻張氏年二十七夫故守節撫孤卒年七十二
姚崇潤妻邱氏年十九歸姚四月夫故矢志守節孝事舅姑撫
嗣成立卒年五十一
張鳴鏞妻曹氏年二十二夫故守節撫孤孝事舅姑現年六十
四
沈文治妻童氏年二十八夫故守節撫孤卒年八十一
黃裕寬妻程氏年二十八夫故守節卒年八十
柳端翼妻晏氏年二十四夫故守節撫二孤成立卒年八十一
柳延洪妻程氏年二十七夫故守節撫孤卒年五十七
柳延壽妻萬氏年二十八夫故守節撫孤現年七十
柳洪炳妻蕭氏年二十四夫故守節撫孤現年五十一



柳洪遐妻葉氏年二十四夫故守節撫孤卒年五十六
匡公義妻張氏年二十九夫故守節撫孤卒年五十五
柳宏鵠妻王氏年二十九夫故撫孤粵匪躪黃孤殉難氏以苦
節終卒年五十二
夏正鉅妻程氏年二十八夫故守節撫孤卒年六十八
夏朝貞妻黃氏年二十九夫故守節撫孤現年八十二
夏宗雯妻沈氏年二十八夫故守節撫嗣現年五十八
李錫檢妻葉氏年二十七夫故守節撫孤卒年七十三
李忠松妻張氏年二十八夫故守節撫孤現年五十一
余信麟妻陳氏年二十七夫故守節撫孤現年六十一
柳宏亮妻談氏年二十九夫遇賊被戕氏守節撫嗣現年五十
五

夏朝忠妻江氏年二十九夫故守節撫孤現年七十三
李忠彬妻周氏年二十六夫故守節撫嗣卒年四十二
李忠梭妻萬氏年二十六夫故守節撫孤現年五十二
潘輝先妻商氏年二十七夫故守節撫孤卒年六十二
陳本仁妻周氏年二十二夫故守節撫孤卒年四十三
陳封相妻彭氏年二十二夫故守節撫孤現年五十四
黃祚福妻劉氏年二十八夫故守節撫孤現年六十三
吳宗華妻張氏年二十七夫故守節撫嗣卒年七十八
萬咸强妻方氏年二十六夫故守節撫孤二現年五十二
萬旭東妻陸氏年二十一夫故守節撫孤現年五十五
夏朝璐妻廖氏年二十九夫故守節撫嗣現年六十三
夏朝椅妻張氏年二十八夫故守節撫孤現年七十四



甄承保妻劉氏年二十夫故守節卒年七十
甄廷棟妻楊氏年二十六夫故守節事姑孝卒年七十
金承松妻林氏年二十七夫故茹苦撫孤計守節已三十七年
段燠來妻羅氏年二十八夫故守節撫孤卒年八十四
彭家鑑妻劉氏年二十夫故守節撫嗣卒年六十六嗣子國浩
都司
張勝芝妻陳氏年二十一夫故守節撫遺腹孤現年六十
張泰福妻張氏年二十六夫故守節撫孤現年五十二
萬長泰妻張氏年二十六夫故守節撫孤現年六十
熊傳恕妻葉氏年二十二夫故守節撫孤卒年三十
劉豐亭妻張氏年二十二夫故守節撫孤卒年三十二
董輝先妻劉氏年二十九夫故守節撫孤卒年七十一

林向鵬妻夏氏年二十六夫故守節撫遺腹孤現年五十二
林錦昌妻柳氏年二十五夫故守節撫嗣現年五十六
曾全松妻汪氏年二十四夫故守節卒年三十二
陶啟祥妻姚氏年二十七夫故守節窮苦撫孤現年五十八
王宗進妻金氏年二十八夫故守節撫孤二現年六十一
林宜佑妻吳氏年三十夫故守節撫孤二現年六十一
林常勤妻陳氏年二十九夫故守節撫孤現年五十一
林常春妻柳氏年三十夫故守節撫孤現年五十一
林常鑫妻何氏年三十夫遇賊被害氏守節撫孤二現年五十
林向讀妻左氏年十七夫故苦節撫嗣卒年二十九
柳延禧妻潘氏年二十八夫故守節撫孤卒年八十一
柳文耀妻王氏年二十七夫故守節撫孤現年六十六



張守貞妻陳氏年二十六夫殉難氏守節撫嗣現年五十二
程紹郑妻葉氏年二十九夫故家貧守節撫孤事姑孝現年五
十二
程開旺妻金氏年十九夫故守節撫孤現年五十三
林宜章妻李氏年二十八夫故守節撫孤現年七十六
恕儉段曜奎妻萬氏年二十六夫從軍甘肅翁衰老家徒四壁
氏竭力奉養翁卒喪葬如禮明年聞夫歿於軍氏痛哭誓守
茹苦以終卒年四十八
胡明善妻段氏年三十夫故守節現年七十
嚴連陞妻陳氏年十九夫故苦節撫孤卒年四十九
萬裕寅妻張氏年二十四夫故守節撫月餘孤成立現年八十
廩生萬裕芴妻胡氏年三十夫故守節撫孤現年五十一

萬成鑑妻陶氏年二十七夫故守節撫孤現年五十四
萬成嶠妻鄧氏年三十夫故守節撫孤四現年五十三
汪引球妻萬氏年二十九夫故守節撫孤二現年五十
商元玉妻萬氏年二十九夫故守節撫孤現年五十一
萬鼎玟妻李氏年二十九夫遊蜀客死家極貧氏茹苦守節依
嫂撫姪裕隆授室生子二氏以一孫承祧隆尋歿嫂與姪媳
亦相繼逝時二孫總角勤苦撫之卒年九十六
辛從泰妻張氏年二十六夫故守節現年六十二
萬鼎讓妻周氏年二十六夫故守節窮苦撫孤現年六十七
文童萬咸貞妻陳氏年二十二夫館漢南溺於水氏茹苦守節
終身不忍南望孝事舅姑撫孤成立現年五十二
張翔蔚妻萬氏年二十八夫故守節撫孤現年五十一



游豐世妻張氏年二十八夫故守節現年六十五
龍輔國妻萬氏年二十三夫故守節撫孤現年五十三子祚松
監生
萬咸明妻陶氏年二十八夫故守節撫姪爲嗣現年五十一
文童萬裕秀妻唐氏年二十九夫故守節撫孤現年五十
萬成基妻童氏年二十七夫故守節卒年三十八
萬成遴妻吳氏年二十三夫故守節撫孤現年五十
萬成溥妻童氏年二十六夫故守節撫孤現年五十一
程輝模妻萬氏年二十六夫故守節現年五十一
潘開緒妻戴氏年二十三夫故守節撫孤卒年五十三
文童萬鼎書妻陶氏　萬裕鏜妻陶氏姑婦也姑年二十九夫
故守節撫孤裕鏜歿婦年二十八守節撫孤姑現年九十

五婦現年七十五
庠生邱登榜妻章氏年二十九夫故守節現年五十二
邱發全妻童氏年二十九夫故守節現年五十三
章發毅妻羅氏年二十六夫故守節現年七十一
章能儉妻曾氏年二十四夫故守節現年八十三
章遠甫妻潘氏年二十一夫故守節卒年七十一
萬裕福妻林氏年二十八夫故守節卒年五十六
萬成杞妻童氏年二十四夫故守節撫孤二卒年五十九
萬成梓妻朱氏年二十五夫故守節撫孤現年六十三
文童萬成檢妻阮氏　萬咸舉妻張氏姑婦也阮年二十一夫
故守節撫孤咸舉舉歿張年二十七守節撫嗣阮卒年六十
七張現年五十四



張崇科妻陶氏年二十三夫故守節卒年六十
陳啟純妻萬氏年二十七夫故守節撫孤二事舅姑孝現年八
十六
監生張翔鵬妻王氏年二十八夫故守節撫孤現年五十一
張翔仞妻羅氏年二十八夫故守節撫孤卒年四十六
孫至猷妻邱氏年二十九夫故守節撫孤現年五十一
孫至盛妻邱氏年二十七夫故守節撫孤現年五十一
文童萬炳文妻倪氏年二十歸文文病氏割股療之越三年文
故氏守節撫孤卒年三十四
庠生萬鼎文妻蕭氏年二十六夫病割股療之比歿氏守節撫
孤卒年六十一孫成球庠生
萬清照妻周氏年二十八夫故家貧守節撫孤卒年七十五

沈鴻賓妻萬氏年二十六夫故氏絶粒數日姑諭以大義始强
起誓守茹苦撫孤事姑孝現年五十一
嚴啟方妻周氏年二十八夫故撫孤孤夭復撫姪爲嗣現年六
十一
嚴啟蓁繼妻李氏年二十二夫故守節撫姪爲嗣事孀姑孝姑
被賊害氏號泣幾喪明現年五十
嚴應福妻許氏年二十三夫故守節撫孤卒年六十五
嚴用煦妻揭氏年二十一夫故苦節撫嗣現年五十
嚴獻朝妻許氏年二十九夫故守節撫孤四現年五十一
嚴啟厚妻余氏年二十八夫故守節撫孤現年五十四
嚴用琚妻張氏年二十四夫故守節撫孤事姑孝現年五十
嚴承瀚妻張氏年二十七夫故守節撫孤現年五十八



嚴家柏妻陳氏年二十夫故守節撫孤現年七十三
嚴啟永妻葉氏年二十八夫故苦節撫孤孤夭復撫孤孫現年
七十三
嚴啟謨妻楊氏年二十八夫故守節撫孤現年五十五
程金衡妻嚴氏年二十七夫故守節撫孤現年五十六
熊光成妻陳氏年二十八夫故家貧苦節撫孤二現年六十三
邱恕敬妻萬氏年二十三夫故守節撫姪爲嗣事舅姑孝現年
五十一
邱忠格妻葉氏年二十二夫故守節事翁姑孝現年五十一
邱忠弼妻萬氏年二十四夫故守節撫孤二卒年四十五
邱法孟妻程氏年二十六夫故守節撫孤現年七十一
潘業章妻嚴氏年二十九夫故苦節撫孤現年五十五

文童嚴文華妻柳氏年十九夫故守節撫嗣卒年七十五
王國富妻韓氏年二十三夫故守節撫孤事姑孝卒年七十七
庠生嚴家騏妻胡氏年二十二夫故守節撫孤卒年七十一
喻維學妻胡氏年二十八夫故家貧守節撫嗣授室媳旋病夭
氏一身操作辛苦備嘗現年六十七
胡心銀妻陳氏年二十九夫故家貧守節撫孤現年五十五
胡光炳妻朱氏年二十八夫故家貧守節現年五十一
金世灝妻林氏年二十五夫故守節撫孤事舅姑孝現年七十
六
金承烺妻林氏年二十九夫故守節現年五十
金承熹妻宋氏年二十九夫故守節現年七十五
金世璜妻陳氏年二十六夫故守節卒年六十七
金承勳妻甄氏年二十四夫故守節撫遺腹孤現年五十九



金之慰妻吳氏年二十八夫故守節卒年六十
金永甯妻商氏年二十五夫故守節卒年八十五
金永貴妻宋氏年二十五夫故守節撫姪爲嗣卒年八十
金世恆妻黃氏年二十五夫故守節現年六十一
林常江妻金氏年二十八夫故守節現年七十二
程一榮妻陸氏年二十六夫故守節卒年八十三
吳秉江妻周氏年二十九夫故守節撫孤三現年五十
嚴家幹妻柳氏年二十三夫故守節撫孤現年五十三
張元鼇妻程氏年二十三夫故守節撫孤現年八十二
張于亮妻錢氏年十九夫故守節撫孤卒年五十二
張和剛妻程氏年二十一夫故守節撫孤卒年六十七

張居爵妻李氏年二十二夫故守節撫孤二卒年三十九長子
鐸庠生
沈文甲妻陶氏　沈章潤妻袁氏姑婦也陶年二十四夫故守
節撫嗣卒年七十八袁年二十九夫故守節撫孤二現年六
十長子鑾階庠生
沈恆昇妻林氏年二十八夫故守節撫孤現年五十四
沈益啟妻金氏年二十七夫故守節撫孤現年六十八
沈章與妻金氏年二十七夫故守節卒年三十八
范崇壇妻魏氏年二十九夫故守節撫孤現年七十二子期濟
職員
范崇垠妻李氏年二十八夫故守節撫孤現年五十四
范崇坤妻汪氏年二十四夫故守節撫孤現年五十二
羅永宗妻程氏年二十九夫故守節撫孤三卒年七十九



羅流芳妻陶氏年二十四夫故守節撫孤現年六十九
羅澤蘭妻陳氏年二十九夫故守節撫孤卒年七十六子登鼇
監生
劉士魁妻姚氏年二十八夫故守節撫嗣卒年七十五
劉貞琦妻羅氏年二十八夫故守節撫孤現年六十八子利才
監生
金世貴妻張氏年二十一夫故守節撫孤現年七十
龔心樂妻程氏年十九夫故無子苦節現年五十二
杜引愷妻孫氏年二十五夫故守節撫孤現年五十三
杜永煦妻程氏年二十四夫故守節撫孤卒年四十二
金世鳳妻羅氏年二十一夫故守節撫孤卒年六十一

杜前表妻金氏年二十五夫故守節撫孤卒年六十
杜志善妻程氏年二十二夫故守節撫孤卒年四十四
杜鼎庸妻黃氏年二十五夫故守節撫孤現年六十五
邱恕柘妻柳氏年三十夫故守節撫孤事舅姑孝姑病劇氏割股二次和藥以進里黨稱之
杜祚舜妻胡氏年二十七夫故守節撫孤四卒年六十
揭駿模妻王氏年二十七夫故守節現年五十一
孫貴相妻邱氏年二十八夫故守節撫嗣卒年四十八
甘承虞妻沈氏年二十九夫故守節撫孤卒年八十三元孫樹棠職員
周如俊妻程氏年二十九夫故守節撫孤卒年八十一
周如鑌妻邱氏年二十七夫故守節撫孤卒年八十五



金德普妻程氏年二十八夫故守節撫孤現年六十
程兆發妻劉氏年二十九夫故守節撫孤二卒年四十九
庠生嚴啟棣妻鄭氏年二十四夫故守節撫姪爲嗣現年五十四
文童嚴濬妻杜氏年二十四夫故守節撫孤現年五十一
周丕富妻潘氏年二十七夫故無子撫姪爲嗣守節二十三年
萬方周妻周氏年二十五夫故守節撫遺腹孤卒年七十五
萬邦儉妻周氏年二十九夫故守節現年五十九
謝先掄妻張氏年二十七夫故守節撫孤現年六十八
謝玉聯妻余氏歸謝數月夫病刲股療之獲瘳氏年二十六夫故守節撫孤二現年七十
袁效武妻邱氏年二十八夫故守節撫孤卒年七十

邱忠懐妻周氏年十九夫故苦節撫嗣現年五十
邱忠貴妻袁氏年十九夫故守節撫嗣現年七十
邱法達妻李氏年二十二夫故守節撫孤現年六十二
祝光雯妻陶氏年二十九夫故守節窮苦撫孤現年七十六
祝廣友妻張氏年二十九夫故守節撫孤二現年五十六
祝正發妻朱氏年二十九夫被賊戕氏守節撫孤現年五十四
邱希治妻陳氏年二十五夫故守節撫嗣卒年七十五
陳士奇妻何氏年二十夫故撫嗣嗣夭茹苦守節現年七十
周中烈妻邱氏年二十七夫故守節撫孤現年八十一子鳳監生孫肇雄庠生
周中炳妻林氏年二十五夫故守節卒年五十
朱德貴妻陶氏年二十八夫故守節撫嗣現年五十九



周振才妻李氏年二十七夫故家貧守節事翁姑孝現年七十
余宏量妻袁氏年二十四夫故守節撫嗣卒年五十五
余獻緒妻鍾氏年二十四夫故守節撫孤卒年五十
余獻功妻張氏年二十二夫故守節撫嗣事姑孝卒年八十八
余性申妻吳氏年二十九夫故守節撫孤事姑孝卒年六十七
余有華妻周氏年二十三夫遇賊被害氏苦節撫嗣現年五十
余國坦妻宋氏年二十九夫故守節撫遺腹孤事舅姑孝卒年七十三子獻琪孫福亭俱監生
余德元妻胡氏年二十四夫故守節撫遺腹孤現年七十五
余性善妻張氏年二十九夫故矢志撫孤事姑孝守節歷三十七年
余正邦妻程氏年二十一夫故守節撫孤事姑孝現年五十二

壹号



余獻琅妻沈氏年二十四夫故守節撫孤事孀姑孝卒年七十
三
余獻岐妻陳氏年二十六夫故守節撫嗣卒年五十八
余有讓妻童氏年二十四夫故守節撫嗣卒年六十三
余有惇妻邱氏年二十六夫故守節撫嗣現年七十
武生余兆清妻周氏年二十九夫故守節撫孤現年五十三
張雲門妻余氏年二十七夫故守節撫孤現年五十三
余國安妻楊氏年二十六夫故守節撫孤現年六十三
余桂馨妻童氏年二十八夫故茹苦守節現年五十三
余有德妻涂氏年二十九夫故守節現年六十七
余獻珂妻吳氏年二十四夫故守節撫孤卒年八十四
余性靈妻謝氏年二十六夫故守節卒年六十七



謝文周妻周氏年二十四夫故守節撫嗣現年五十一
朱廷榮妻余氏年二十八夫故守節撫四月孤現年八十九
賀克錦妻薛氏年二十九夫故守節撫孤卒年八十六
賀良全妻孫氏年二十六夫故家貧苦節撫孤現年五十三
閔錫珍妻胡氏年二十九夫故守節撫孤現年六十五
周宗發妻吳氏年二十八夫故守節撫嗣現年六十二
周功地妻薛氏年二十九夫故守節撫嗣現年六十二
周巨興妻陶氏年十九夫故守節撫嗣卒年七十五
周功茂妻陳氏年二十一夫故守節撫孤二現年七十
周功姜妻楊氏年二十夫故守節撫孤卒年八十
周振動妻張氏年二十夫故守節卒年六十
周爲富妻楊氏年二十八夫故守節卒年六十

周永康妻朱氏年二十八夫故守節撫孤現年五十三
潘鳳麒妻朱氏年二十夫故守節現年七十
周向朝妻吳氏年二十八夫故守節現年五十
周宗顯妻張氏年二十八夫故守節撫嗣卒年六十六
周方文妻陳氏年十九夫故守節撫孤現年五十一
周宗魁妻張氏　周功瑜妻朱氏姑婦也張年二十四夫故守
節撫孤功瑜瑜歿朱年二十九守節撫孤二張卒年五十一
朱現年五十九
余希成妻周氏年三十夫故守節撫孤卒年五十五
汪廷法妻郭氏年二十三夫故家貧守節撫孤卒年四十三
薛遠淮妻余氏年二十七夫故守節撫孤現年五十四
周宗坤妻邱氏年二十八夫故守節撫嗣現年六十六嗣子國
治監生



朱廷翰妻蕭氏年二十四夫故守節撫孤現年六十八
朱子目妻孫氏年二十三夫故守節撫嗣現年五十一
楊遷鶴妻朱氏年二十二夫故守節撫孤現年五十
施瑞林妻白氏年二十九夫故守節撫孤現年五十一
施宗茂妻胡氏年二十九夫故守節撫孤現年五十七
施爲珍妻陳氏年二十九夫故守節撫孤現年五十一
陳家齊妻謝氏年二十九夫故守節撫孤現年五十
施宗盛妻蕭氏年二十八夫故守節撫孤現年五十二
周祖茂妻余氏年二十七夫故守節撫孤孤夭媳亦亡復撫嗣
孫卒年八十六
朱豐孝妻程氏年二十夫故守節撫嗣現年七十三

朱豐霖妻關氏年二十四夫故守節撫孤現年七十
朱功潤妻汪氏年二十四夫故守節撫孤卒年七十六
朱功浩妻徐氏年二十五夫故守節撫孤現年六十三
庠生朱雨金妻戚氏年二十五夫故守節撫孤現年五十三
朱功元妻張氏年二十二夫故守節撫孤現年六十三
朱功禮妻程氏年二十四夫故守節撫孤二現年五十五長子
樹滋翰林院孔目
朱功來妻萬氏年二十六夫故守節撫孤現年七十二
朱豐利妻劉氏年二十八夫故守節撫孤卒年六十五
朱豐年妻陶氏年二十七夫故守節撫孤卒年七十八
朱澤志妻賀氏年二十四夫故守節撫孤現年六十六
朱澤氏妻陳氏年二十一夫故守節撫孤現年六十五



朱澤富妻施氏年二十七夫故守節撫孤現年五十四
朱澤斌妻余氏年二十四夫故守節撫孤現年七十三
朱稚傑妻邱氏年二十五夫故守節撫孤現年五十三
朱萬紫妻施氏年二十三夫故守節撫孤現年五十五
朱起文妻陳氏年二十八夫故守節撫孤現年五十一
朱澤煐妻高氏年二十一夫故守節撫孤現年五十二
朱功勝妻邱氏年二十四夫故守節撫嗣現年七十
朱萬應妻葉氏年二十八夫故守節撫孤現年五十一
朱澤炳妻周氏年二十二夫故守節撫嗣現年五十二
朱澤柏妻周氏年二十三夫故守節撫孤現年五十一
朱萬鎰妻閔氏年二十五夫故守節撫孤現年五十一
夏立本妻朱氏年十九夫故守節卒年六十八

李煥林妻朱氏年二十四夫故守節撫孤現年六十一
庠生余兆麟妻朱氏年二十四夫故守節撫孤卒年七十五
陳方斌妻朱氏年二十八夫故守節撫孤現年六十二
薛遠康妻蕭氏年二十八夫故守節撫孤現年六十
薛存峻妻葉氏年二十七夫故守節撫孤現年五十二
薛存蘭妻朱氏年二十六夫故守節撫孤現年五十五
薛存桂妻方氏年二十五夫故守節撫孤現年五十三
張廷禮妻韓氏年二十夫故守節撫孤卒年六十
張定海妻向氏　張念元妻林氏姑婦也向年二十八夫故守
節撫孤念元元歿林年二十九守節撫孤三向卒年六十二
林卒年六十
張鵬九妻周氏年二十四夫故守節撫孤現年六十



曾傳意妻余氏年二十二夫故守節撫嗣卒年八十六
曾傳種妻胡氏年二十夫故守節撫孤現年七十五
曾傳修妻余氏年二十七夫故守節撫孤卒年七十
程輝炎妻鄭氏年二十二夫故守節現年五十
李從周妻郭氏年二十八夫故家貧守節撫孤現年七十一
劉堯武妻楊氏年二十五夫故守節撫孤現年五十四
周宗邈妻王氏年二十八夫故守節撫孤現年六十六子繼勳
監生
陳志棟妻朱氏年二十九夫故守節撫孤二卒年六十
汪明忠妻邱氏年二十八夫故守節撫孤孤夭復撫嗣孫卒年
六十八
童奉久妻劉氏年二十九夫故守節撫孤卒年五十七

陳厚明妻雷氏年二十八夫故守節撫孤一現年五十二
陳金勝妻朱氏年二十七夫故守節撫孤二現年六十二
周宗澄妻王氏年二十夫故守節撫孤卒年三十
周高科妻周氏年二十八夫故守節撫孤現年八十
邵金鳳妻周氏年二十三夫故守節撫孤現年六十一
葉大奎妻周氏年二十九夫故守節撫孤四現年五十一
周鼎揚妻陳氏年二十九夫故守節現年六十
周伯菁妻陶氏年二十九夫故守節現年五十九
周家瑞妻陳氏年二十八夫故守節現年五十一
周輝楚妻童氏年二十七夫故守節現年五十
周錦宣妻林氏年二十九夫故守節撫孤三卒年六十八長子
毓棠監生孫拱辰庠生



周元一妻余氏年二十九夫故守節撫孤卒年五十八
周功瑚妻周氏年二十九夫故守節撫孤三現年五十
周功楷妻陶氏年二十一夫故守節卒年七十一
周功春妻段氏年二十九夫故守節現年七十九
周功龍妻段氏年二十八夫故守節撫孤現年五十五
周功熹妻郭氏年二十五夫故守節撫孤現年七十九
周丕謨妻張氏年二十九夫故守節撫孤現年五十
周功摠妻向氏年二十九夫故守節現年七十
周振華妻嚴氏年二十七夫故守節撫嗣現年六十四
周振嵐妻陳氏年二十四夫故守節現年五十三
周丕承妻沈氏年二十九夫故守節現年五十二
周振堂妻郭氏年二十八夫故守節現年五十二

周功傑妻張氏年二十七夫故守節現年六十
周宗海妻葉氏年二十八夫故守節撫孤現年六十
周功億妻魏氏年二十二夫故守節現年六十九
監生周啟祥妻陶氏年二十九夫故守節撫孤現年五十二
周功仕妻陶氏年二十四夫故守節現年七十四
周功敬妻邵氏年二十二夫故守節現年五十四
周振烜妻羅氏年二十六夫故守節現年六十
周功愷妻宋氏年二十七夫故守節卒年五十
周運福妻許氏年二十四夫故守節撫孤卒年八十四
周功仁妻林氏年二十九夫故守節撫孤現年八十一
周宗建妻宋氏年二十九夫故守節卒年七十三
周功宏妻蔡氏年二十八夫故守節卒年六十三



周振棋妻林氏年二十四夫故守節撫孤卒年六十四
周熙和妻李氏年二十八夫故守節撫孤卒年八十三
周宗剛妻林氏年二十九夫故守節撫孤現年八十二
周功美妻陶氏年二十二夫故守節卒年三十一
周運儆妻陳氏年二十四夫故守節撫孤卒年六十五
周天祿妻黃氏年二十夫故守節撫孤現年八十歲五世同堂
子兆廷監生孫啟祥監生鳳章庠生
周丕遴妻鄭氏年二十八夫故守節現年五十七
周丕熙妻童氏年二十四夫故守節卒年八十三
周丕烈妻張氏年二十九夫故守節現年六十六
周振官妻韓氏年二十七夫故守節撫孤事哀舅孝現年五十

周振起妻陶氏年二十五夫故守節撫孤事哀舅孝現年五十
三
周功顧妻張氏年二十七夫故守節撫孤現年七十二
周功華妻陳氏年二十七夫故守節卒年七十四
邱宏新妻周氏年二十六夫故守節撫孤二現年五十一
朱承宗妻劉氏年二十三夫故守節撫孤卒年七十二
高祚格妻朱氏年十九夫故守節撫嗣卒年八十五
陳大魁妻周氏年二十五夫故守節撫孤二卒年六十六
陳士元妻黃氏年二十六夫故守節撫嗣卒年四十七
陳篤敬妻成氏年二十二夫故守節卒年五十九
李邦衡妻周氏年二十八夫故守節現年五十一
宋廷輝妻方氏年二十八夫故守節撫孤二卒年六十



宋雁賓妻高氏年二十七夫故守節撫嗣現年五十一
周中接妻陳氏年二十六夫故守節卒年七十六
葉訓文妻陶氏年二十四夫故守節撫孤現年五十
楊正美妻張氏年二十四夫故守節撫孤卒年六十八
楊心忠妻周氏年二十二夫故守節撫孤現年六十五
鄭方遠妻余氏年二十九夫故守節現年五十四
宋明仕妻余氏年二十二夫故守節撫孤卒年七十一
程勝萬妻胡氏年二十六夫故守節卒年七十六
程德剛妻吳氏年二十四夫故茹苦守節卒年八十一
程恆初妻蔡氏年二十八夫故守節撫孤卒年七十三
程源坦妻張氏年二十六夫故守節撫孤卒年七十八
周可該妻易氏年三十夫故守節撫嗣卒年六十二嗣子鳴鏞
監生
周可達妻林氏年二十七夫故守節撫孤現年五十三
吳秉瑄妻蔡氏年二十九夫故守節撫孤現年六十七子世榮
監生
吳兆勳妻魏氏年三十夫故守節撫嗣卒年六十四
吳秉悌妻林氏年二十五夫故守節撫嗣卒年五十七
吳宗道妻施氏　吳作節妻程氏姑婦也施年二十八夫故守
節撫孤作節節歿程年二十四繼姑守節事姑孝施卒年四
十六程卒年四十三
喻長青妻程氏年二十九夫故守節撫孤孤夭復撫嗣孫現年
六十一
羅文獻妻蕭氏年二十九夫故守節撫孤卒年七十一



蔡祈龍妻項氏年二十七夫故守節撫嗣卒年六十六
蔡仲義妻張氏年二十九夫故守節撫孤現年五十一
潘臨高妻范氏年二十九夫故守節撫孤卒年八十四
袁紹冕妻周氏年二十三夫故守節卒年七十
袁紹時妻葉氏年二十八夫故守節撫孤卒年五十
袁承緯妻張氏年二十九夫故守節撫嗣卒年七十五
袁士和妻余氏年十九夫故家貧苦節撫八月孤卒年六十四
孫法顏妻葉氏年二十九夫故守節撫嗣現年六十七
孫崇儒妻鄭氏年二十二夫故守節撫嗣卒年七十一
邱長福妻羅氏年二十九夫故守節撫孤三卒年三十五
邱玉全妻程氏年二十九夫故守節撫嗣卒年七十五
邱鳳彩妻徐氏年二十五夫故守節撫孤現年六十六

邱迎春妻韓氏年二十二夫故守節撫孤現年五十二
邱占鰲妻童氏年二十九夫故守節撫孫孫夭復撫嗣子二現
年五十二
邱忠圭妻周氏年二十八夫故守節撫孤卒年三十五
孫貴相妻邱氏年二十八夫故守節撫孤卒年三十八
蔡朝鈞妻程氏年二十九夫故守節撫孤卒年五十二
程一雄妻林氏年二十三夫故守節撫嗣卒年三十九
程一敏妻欒氏年二十三夫故守節撫嗣現年六十六
程源全妻孫氏年二十九夫故守節撫嗣現年五十四
程源神妻劉氏年二十八夫故守節撫孤卒年六十五
邱希聖妻朱氏年二十七夫故守節撫孤現年六十二
周丕鼇妻胡氏年二十六夫故守節撫孤現年五十



楊顯琳妻沈氏年二十九夫故守節撫孤卒年七十九
周振榜妻陳氏年二十六夫故守節撫孤現年五十
周功備妻陳氏年二十八夫故守節卒年七十三
周丕泰妻陳氏年二十九夫故守節現年六十三
周國艮妻張氏年二十九夫故守節撫孤三卒年五十三
周宗福妻柳氏年二十二夫故守節撫姪爲嗣旋夭復撫嗣孫
現年六十
余德文妻童氏年二十三夫故家貧苦節卒年八十三
賀克璧妻張氏　賀開運妻涂氏姑婦也張年二十二夫病刲
股療之夫故氏守節撫孤開運運卒涂年三十守節撫孤張
卒年六十涂卒年七十三
方翊壽妻葉氏年二十四夫故守節撫孤現年五十二

余獻得妻孫氏年三十夫故守節撫孤事舅孝卒年九十
周祚長妻賀氏年二十三夫故守節卒年七十
周宗鼎妻段氏年二十二夫故守節現年五十
周功潤繼妻胡氏年二十八夫故守節現年五十一
周祚榮妻張氏年二十夫故守節卒年九十
劉思魯妻周氏年二十九夫故守節現年六十三
周振和妻白氏年二十四夫故守節撫孤現年五十四
余有範妻賀氏年二十八夫故守節撫孤卒年七十五
余勝郁妻朱氏年二十六夫故守節撫孤現年六十八
周宗璜妻林氏年三十夫故守節撫孤卒年七十三
周丕矩妻童氏年二十四夫故守節撫孤現年六十
文童張謙宏妻周氏年二十一夫故守節撫嗣現年六十八



黃奇宏妻汪氏年三十夫故守節撫孤二現年六十七
王家惠妻鄧氏年二十四夫故守節撫嗣卒年三十六
成天鑑妻曹氏年二十四夫故撫姪爲嗣事舅姑孝守節歷二
十八年
庠生周服冕妻陳氏年二十九夫故守節撫孤卒年三十六
王一幹妻汪氏年二十二夫故矢志撫孤守節歷三十九年
王自焰妻陳氏年二十五夫故矢志撫孤守節歷四十七年
王自恕妻賀氏年二十九夫故矢志撫孤守節歷三十五年
王自燦妻汪氏年二十八夫故矢志撫孤守節歷三十二年
王德輔妻陳氏年二十九夫故矢志撫孤守節歷四十八年
王成壽妻周氏年二十五夫故矢志撫孤守節歷四十九年
王成發妻周氏年二十九夫故矢志撫孤守節歷二十二年

張昌義妻李氏年二十七夫故守節卒年七十
周成鵠妻萬氏年二十九夫故守節撫孤卒年八十四
邱勝悌妻袁氏年二十七夫故守節現年六十一
武生邱忠福妻姚氏年二十八夫故苦節撫孤事舅姑孝現年
六十
王自桂妻邱氏
王朝剛妻羅氏年二十六夫故守節撫孤現年八十六孫雲龍
藍翎守備　以上中和鄉
夏太和妻陳氏年二十六夫故守節撫孤現年五十六
殷明炯妻聶氏年二十七夫故守節撫孤現年五十二
袁運昇妻單氏年二十九夫故守節撫嗣卒年七十一
詹文明妻汪氏年二十五夫故守節撫嗣現年九十六



楊兆祺妻邱氏年二十二夫故守節撫孤現年六十四子銑庠
生
鍾廷椿妻胡氏年二十七夫故守節撫孤卒年七十
王全均妻鄭氏年二十六夫故守節撫孤卒年六十八
王永恆妻夏氏年二十四夫故守節撫孤卒年七十五
王光映妻吳氏年二十六夫故守節現年五十二
王永厚妻胡氏年二十七夫故守節現年五十五
王本朝妻郭氏年二十二夫故守節撫孤現年七十五
王光煦妻吳氏年二十四夫故守節撫孤現年五十二
文章奚德鴻妻歐陽氏年二十八夫故守節撫孤卒年四十六
汪浩猷妻龍氏年二十三夫故守節撫遺腹孤尋夭立嗣孫撫
之現年五十一

文章奚德沅妻汪氏年二十八夫故守節撫孤卒年六十四
熊文海妻王氏年二十六夫故守節撫姪爲嗣卒年六十四
熊文林妻何氏年二十二夫故守節撫姪爲嗣卒年五十六
胡永秀妻汪氏年二十五夫故守節撫姪爲嗣卒年四十三
胡文學妻林氏年二十四夫故守節撫姪爲嗣卒年五十五
王光華妻葉氏年二十七夫故守節卒年四十一
潘定安妻胡氏年二十二夫故守節卒年五十二
汪禮文妻鄧氏年二十五夫故守節撫姪爲嗣卒年四十五
張定國妻王氏年二十三夫故守節卒年四十五
汪明遠妻熊氏年二十六夫故守節撫姪爲嗣卒年四十四
潘志遠妻栾氏年二十四夫故守節卒年六十五
葉廣勝妻王氏年二十五夫故守節卒年四十四



葉大金妻鄒氏年二十五夫故守節卒年三十四
柯元興妻胡氏年二十四夫故守節卒年七十二
張興盛妻王氏年十九夫故守節撫嗣卒年四十一
張興懷妻葉氏年二十六夫故守節卒年四十六
祝煥相妻楊氏年二十九夫故守節撫孤卒年四十四
庠生王炯妻余氏年二十五夫故守節撫嗣現年五十五
倪書德妻龍氏年二十四夫故守節撫孤卒年三十六
孫祚烈妻陳氏年二十六夫故守節現年七十七
郭家梅妻謝氏年二十七夫故守節撫孤現年五十四
文章馬明曙妻羅氏年二十八夫故守節撫孤現年五十一
李承燮妻余氏年二十七夫故守節現年六十八
萬成祖妻王氏年二十七夫故守節撫嗣卒年六十三

李興槐妻錢氏年二十六夫故守節撫嗣現年五十七嗣子連
魁武生
包信祥妻王氏年二十九夫故守節撫孤現年六十四
魏之琮妻方氏年二十九夫故守節撫嗣現年五十一
鍾清祿妻郭氏年二十九夫故守節撫嗣現年七十一
鍾清瑞妻左氏年二十七夫故守節撫孤孤夭卒年五十八
鍾清一妻王氏年二十七夫故守節撫孤卒年七十四
鍾清富妻歐氏年二十七夫故守節撫孤現年七十八
孫學俊妻鍾氏年二十八夫故守節撫孤現年五十一
林炳坤妻江氏年二十四夫故守節撫嗣卒年三十九
錢鳳鳴妻王氏年二十六夫故守節撫嗣卒年三十八
廖成瑞妻蔡氏年二十七夫故守節卒年七十三



鍾大榮妻左氏年二十四夫故守節卒年三十九
魏德賢妻周氏年二十七夫故守節撫孤二卒年四十四
錢咏齋妻張氏年二十六夫故守節撫孤卒年八十二
謝多祜妻蔣氏年二十六夫故守節撫嗣卒年八十六
張其愷妻謝氏年二十八夫故守節卒年七十七
鄧兆熊妻王氏年二十七夫故守節卒年五十八
周開榜妻左氏年二十八夫故守節撫嗣卒年七十四
王夢熊妻鄧氏年二十九夫故守節卒年七十四
祁鳳標妻馮氏年二十七夫故守節卒年五十三
徐學成妻蕭氏年二十六夫故守節撫孤卒年七十二
喻德乾妻孫氏年二十七夫故守節撫孤卒年五十五
趙廷樂妻龍氏年十九夫故守節撫遺腹孤現年八十五

王夢麟妻戢氏年二十二夫故守節撫嗣卒年六十五
趙必寬妻姚氏年二十五夫故守節撫孤孤夭復撫嗣孫現年
七十八
曾啟樂妻劉氏年二十三夫故守節卒年七十
林常普妻曾氏年二十八夫故守節現年六十二
萬咸秀妻蘇氏年二十夫故守節撫嗣現年五十二
邱忠行妻李氏年二十七夫故守節撫孤現年六十三
范開陽妻余氏年二十九夫故守節卒年三十九
尹天浚妻鍾氏年二十五夫故守節撫嗣現年七十四
李文照妻朱氏年二十九夫故守節現年七十一
鍾明玉妻汪氏年二十七夫故守節卒年六十一
汪光泰妻徐氏年二十九夫故守節卒年三十八



文童廖秉禮妻程氏　舉人廖志基繼妻高氏姑婦也程年二
十七夫故守節撫孤卒年四十四高年二十八夫故守節撫
嗣卒年四十一
方光俊妻李氏年二十六夫故守節撫孤卒年八十二
方一沅妻單氏年二十七夫故守節撫嗣卒年五十七
高運棠妻方氏年二十四夫故守節撫孤現年五十一
盛承書妻陳氏年二十六夫故守節撫孤現年五十一
姜正興妻楊氏年二十九夫故守節撫孤現年五十二
舒開齡妻劉氏年二十一夫故守節撫嗣卒年二十七
監生歐陽永清妻張氏年二十四夫故守節撫嗣卒年七十一
鄧兆榜妻羅氏年二十九夫故守節撫孤現年五十九
夏振海妻葉氏年二十五夫故守節撫孤卒年五十一

杜祖武妻余氏年二十七夫故守節撫孤現年五十六
黃家驥妻夏氏年二十七夫故守節撫孤卒年六十三
潘先敬妻劉氏年二十八夫故守節撫嗣現年七十七
徐本應妻王氏年二十八夫故守節撫孤卒年三十八
胡顯誥妻邱氏年二十五夫故守節撫孤現年五十八
胡顯詔妻楊氏年二十四夫故守節撫孤現年五十八
孫顯發妻袁氏年二十四夫故守節撫孤現年六十五
程正熙妻張氏年二十三夫故守節撫孤卒年六十七
梅加珠妻李氏年二十七夫故守節撫孤現年六十五
龍瑞啟妻鄧氏　龍長青妻徐氏姑婦也鄧年二十瑞啟故守
節撫孤長青青歿徐年二十八同姑守節撫孤成立鄧現年
七十徐現年五十四



杜維炳妻陳氏年二十五夫故守節撫嗣現年七十九
胡道周妻康氏年二十一夫故守節撫孤現年五十一
候選經歷胡楷妻張氏年二十六夫故守節撫孤卒年六十三
子文炳吏員
文童石勝年妻王氏年二十七夫故守節撫嗣現年七十二
鄭清淮妻劉氏年二十九夫故守節撫孤卒年七十八
柯益濤妻彭氏年二十四夫故守節撫嗣現年五十二
張友高妻鍾氏年二十五夫故守節撫孤現年七十一
李步魁妻石氏年二十七夫故守節撫孤現年六十四
孫萬春妻袁氏年二十六夫故守節撫孤卒年七十六
石耀秀妻李氏年二十七夫故守節撫孤現年五十一
劉穀程妻王氏年二十夫故守節撫嗣現年五十一

朱存華妻李氏年二十四夫故守節撫嗣現年六十一
黃安把總吳占魁妻吳氏年三十夫故守節撫孤二現年七十
長子德懷候補外委次子德亮黃陂站外委
從九曾寶賢妻呂氏年二十九夫故守節撫孤事孀姑孝現年
五十一
潘啟先妻秦氏年二十八夫故守節卒年七十九
胡之文妻王氏年二十五夫故守節撫孤現年六十二
胡之準妻熊氏年二十六夫故守節卒年四十三
胡文富妻白氏年二十七夫故守節撫嗣卒年五十六
陳兆鰲妻何氏年二十八夫故守節撫孤卒年四十七
陳德彰妻王氏年二十四夫故守節卒年五十
陳德才妻左氏年二十七夫故守節卒年五十四



康復興妻王氏年二十九夫故守節撫姪爲嗣卒年五十
劉兆光妻洪氏年二十七夫故守節卒年三十八
劉兆雄妻王氏年二十九夫故守節卒年四十九
秦樹儀妻陳氏年二十七夫故守節卒年五十二
周同志妻巴氏年二十八夫故守節撫孤卒年五十四
周明玉妻夏氏年二十六夫故守節卒年四十八
周必義妻陶氏年二十八夫故守節卒年四十七
鄒承鏞妻李氏年二十四夫故守節撫孤卒年五十三
張其才妻夏氏年二十七夫故守節撫孤卒年四十一
洪廷槐妻胡氏年二十七夫故守節卒年四十
王德元妻夏氏年二十六夫故守節撫孤卒年四十三
王德輝妻夏氏年二十四夫故守節撫孤卒年四十

汪兆德妻柯氏年二十六夫故守節撫嗣卒年四十四
汪世才妻胡氏年二十六夫故守節卒年四十九
王兆勳妻喻氏年二十五夫故守節撫嗣卒年四十二
陳光泰妻左氏年二十二夫故守節撫嗣卒年四十
陳光典妻周氏年二十夫故守節卒年四十
汪佐勛妻王氏年二十五夫故守節撫嗣卒年三十九
胡楚才妻何氏年二十五夫故守節撫孤卒年五十五
秦世運妻王氏年二十五夫故守節卒年四十一
羅朝佐妻夏氏年二十三夫故守節卒年三十八
陳照藜妻鄒氏年二十三夫故守節撫嗣卒年四十六
潘德璋妻張氏年二十九夫故守節撫嗣卒年四十
李華山妻楊氏年二十四夫故守節撫孤卒年三十二



監生李朝順妻王氏年二十七夫故守節現年五十一
蘄水把總萬世清妻汪氏年二十九清在汛陣亡氏守節撫嗣
現年五十三子福珍世職
余光德妻曹氏年二十八夫故守節撫姪爲嗣現年五十五
許繼祖妻汪氏年二十八夫故苦節撫孤卒年七十二子國樑
六品銜
王家順妻張氏年二十四夫故苦節撫姪爲嗣現年七十二
宋之壯妻胡氏年二十九夫故苦節撫孤孤夭撫孫卒年六十
六
候補未入流龔士濬妻杜氏年二十九夫故守節撫嗣事姑孝
姑病劇刲股和藥以進病頓愈氏卒年六十四
石耀江妻汪氏年二十九夫故守節事孀姑孝現年五十一

倪發藻妻高氏年二十九夫故守節撫孤現年五十
文童鄭振洋妻白氏年二十七夫故守節卒年八十八
高伯環妻柯氏年二十七夫故守節現年七十三
劉王浣妻王氏年二十八夫故守節撫孤現年五十一
詹太發妻黃氏年二十八夫故守節撫孤二卒年七十三
許茂先妻歐氏年二十九夫故苦節撫孤家貧自食糠粃謀甘
旨事舅姑現年五十一
朱振松妻徐氏年二十五夫故守節撫孤現年五十九
謝復初妻胡氏年二十九夫故守節撫孤卒年七十三
謝封臣妻郭氏年三十夫故守節撫孤現年八十九
謝廷弼妻賈氏年二十九夫故守節撫孤卒年七十四
李鳳凌妻汪氏年二十七夫故守節撫孤事舅姑孝卒年六十



謝南强妻張氏年二十五夫故守節撫嗣卒年五十七
謝正坦妻黃氏年二十九夫故守節撫孤卒年八十四
杜啟釗妻周氏年二十八夫故守節撫孤卒年七十六
文童柯世鈺妻田氏年二十四夫故守節撫孤卒年七十餘
庠生柯澍妻吳氏年二十八夫故守節撫孤現年五十一
屠啟鼎妻張氏年二十六夫故守節撫孤現年六十
嚴之秀妻杜氏年二十五夫故守節撫孤卒年八十三
陸定富妻吳氏年二十八夫故守節撫孤卒年六十八
秦廷俊妻史氏年二十九夫故守節撫孤事姑孝現年五十一
王永恆妻夏氏年二十夫故苦節撫孤事舅姑孝現年五十二
金時崇妻沈氏年二十八夫故守節撫孤卒年七十六
蕭啟智妻金氏年二十四夫故守節撫嗣卒年七十四

余廷容妻左氏年二十九夫故守節撫孤卒年六十三
董尙英妻湯氏年二十八夫故守節撫孤事舅姑孝現年五十
一
鄭世壯妻王氏年二十五夫故守節撫孤事姑孝現年五十二
雍子輝妻范氏年二十八夫故守節撫孤事姑孝現年六十
雍孫玉妻張氏年二十四夫故守節撫孤二卒年七十五
謝儒度妻張氏年二十九夫故守節撫孤卒年九十
杜德蕙妻吳氏年二十四夫故守節現年九十八
王國琛妻嚴氏年二十琛遇賊殉難家極貧氏苦節撫孤事姑
孝現年五十一
鄭良椋妻蔡氏年二十六夫故守節撫孤二現年六十三
鄭良棨妻陳氏年二十六夫故守節撫孤二現年六十四



鄭燿臺妻陳氏年二十六夫故守節撫孤卒年三十七
鄭士漣妻何氏年二十五夫故守節撫嗣卒年八十
鄭良本妻吳氏年二十五夫故守節撫孤卒年五十八
鄭良杞妻王氏年二十三夫故守節撫嗣現年七十一
鄭玉堂妻徐氏年二十一夫故守節撫孤事舅姑孝卒年九十
六
繆長生妻黃氏年二十一夫故守節撫遺腹孤卒年四十
朱顯謨妻徐氏年二十五夫故守節撫孤卒年九十五
王光蘧妻陳氏年二十九夫故守節撫孤事姑孝卒年七十三
杜紹瑄妻程氏年二十四夫故守節撫嗣現年六十四
蕭世煥妻陳氏年二十三夫故守節撫孤現年八十
余光裕妻王氏年二十九夫故守節撫孤現年五十五

沈家起妻陳氏年二十四夫故守節撫孤孤歿復撫孤孫卒年
六十二
沈家壽妻高氏年二十六夫故守節撫嗣現年八十六
徐宗選妻談氏年二十八夫故守節現年五十六
林光玉妻劉氏年二十二夫故撫孤一逾年孤殤舅姑相繼歿
氏歸母家守節侍母四十餘年卒年六十六
陳椿齡妻秦氏年二十四夫故守節撫孤事姑孝現年七十四
劉啓榮妻熊氏年二十六夫故守節撫孤卒年五十五
何科盈妻王氏年十九夫故氏守節撫遺腹孤卒年六十
龍泰霖妻鄧氏年二十一夫故守節現年六十一
江蘭璨妻熊氏年二十夫故守節撫嗣卒年三十四
陳德秀妻葉氏年二十九夫故守節撫嗣卒年六十



陳德星妻廖氏年二十五夫故守節撫孤卒年七十四
陳德玲妻熊氏年二十七夫故守節撫孤卒年七十四
陳厚恩妻張氏年二十六夫故守節撫嗣現年六十五
秦明常妻程氏年二十八夫故守節撫孤卒年八十六
蕭圖豪妻李氏年二十四夫故守節撫嗣卒年七十五
張盛文妻李氏年二十八夫故守節撫孤卒年九十
汪啓綸妻杜氏年二十四夫故守節撫孤現年五十
汪啓盛妻邵氏年二十六夫故守節撫嗣現年五十四
童先泰妻陳氏年二十六夫故守節撫嗣現年五十六
熊承絡妻程氏年二十七夫故守節撫孤孤歿撫孫現年八十
三
熊敏禮妻朱氏年二十九夫故守節卒年六十

胡益芳妻楊氏年二十九夫故守節撫嗣現年五十六
陳邦佐妻王氏年二十九夫故守節撫孤現年五十二
陳祜松妻吳氏年二十九夫故家貧守節撫嗣事舅姑孝現年
六十
吳紹椿妻王氏年二十五夫故守節事孀姑孝撫孤授室旋夭
復偕孀媳撫孫現年六十九
吳光佐妻胡氏年二十六夫故守節撫孤卒年六十二
李之綱妻戴氏　李茂槐妻張氏　李開富妻吳氏三世姑婦
也戴年二十六夫故張年二十三夫故吳年二十九夫故相
繼守節撫孤戴卒年九十一張卒年七十五吳卒年六十三
人稱一門三節
霍仁江妻馬氏年二十八夫故守節撫嗣卒年六十一
霍仁淮妻曾氏年二十九夫故守節撫嗣卒年八十



霍仁萬妻吳氏年二十四夫故守節撫孤卒年七十三
王能哲妻陳氏年二十四夫故守節撫嗣勤苦紡績捐貲入祠
以供祭費卒年六十一
王模瑄妻許氏年二十四夫故守節撫孤現年五十三
王模潤妻胡氏年二十八夫故守節撫嗣現年五十六
王模理妻夏氏年二十六夫故守節撫嗣卒年五十四
秦宗鎧妻吳氏年二十六夫故守節撫孤現年五十一
李慶元妻方氏年二十九夫故守節撫孤卒年九十一子長入
監生
霍厚全妻李氏年二十七夫故守節撫孤孝養衰舅現年五十
二

程光馨妻黎氏年二十九夫故守節撫孤現年七十一
許代連妻胡氏年二十六夫故守節撫孤現年五十八
楊延銘妻周氏年二十四夫故守節撫孤現年五十四
楊延鏡妻桂氏年二十一夫故守節撫孤現年五十一
陶懋絢妻陳氏年二十六夫故守節撫孤現年五十八
楊遠德妻陶氏年二十九夫故守節撫孤二卒年七十七子西
山獻白俱從九品
楊遠懷妻邱氏年二十四夫故守節撫孤卒年六十
職員魏明傑妻陳氏年二十八夫故守節撫孤事姑孝現年五
十二
葉壆志妻張氏年二十六夫故守節撫孤卒年五十七
葉大宏妻陶氏年二十七夫故守節撫孤現年五十五
葉大東妻袁氏　葉年安妻童氏姑婦也袁年二十八夫故童



年二十九夫故相繼守節撫孤袁卒年六十三童現年五十
二
葉年美妻牛氏年二十九夫故守節撫孤現年六十四
汪永綸妻王氏年十九夫故守節卒年五十八
汪永緯妻胡氏年二十二夫故守節卒年六十
袁祥貴妻黃氏年二十八夫故守節撫孤卒年八十二
袁秉勝妻葉氏年二十二夫故守節撫孤卒年五十六
陳應洪妻徐氏年二十九夫故守節撫孤現年五十
葉祖喜妻陳氏年二十四夫故守節撫孤事姑孝卒年六十五
陳方佳妻徐氏　陳應許妻葉氏姑婦也徐年三十夫故葉年
二十九夫故相繼守節撫孤徐現年七十六葉現年五十二

陳步隆妻王氏年二十九夫故守節撫孤現年六十一
陳應恕妻黃氏年二十六夫故守節撫嗣現年五十二
陳鳳題妻葉氏年二十四夫故苦節撫孤現年五十一
袁傳黨妻張氏年三十夫殉難氏守節撫孤現年五十
曾光聰妻張氏　曾廷江妻張氏姑婦也俱年二十九夫故守節撫孤姑卒年六十九婦現年五十
戢一諧妻傅氏年二十夫故守節撫孤卒年七十三
戢世貴妻陶氏年二十八夫故守節撫孤孤歿復撫孤孫卒年八十一
戢昌福妻胡氏　戢榮壽妻林氏姑婦也胡年二十六夫故林年二十五夫故相繼守節撫孤胡卒年八十林卒年七十
戢昌蘭妻桂氏年二十七夫故守節撫孤卒年七十九



文童戢昌梅妻陳氏年二十五夫故守節撫孤卒年七十
戢昌顯妻徐氏年二十六夫故守節卒年七十一
戢繼春妻胡氏年二十五夫故守節撫孤卒年四十一
孫裕瀛妻黃氏年二十九夫故守節撫孤現年六十二
孫上達妻黃氏年二十六夫故守節撫孤卒年六十四
程明聲妻陳氏年二十八夫故守節撫孤卒年五十五
程高栢妻袁氏年二十七夫故守節現年五十一
文童陶含珠妻嚴氏年二十三夫故苦節撫嗣事舅姑孝現年六十二
程方熙妻萬氏巳　旌節孝余媳也年二十四夫故繼余守節現年五十三
沈文郁妻張氏年二十夫故守節撫孤現年七十

葉大萃妻霍氏年二十四夫故守節撫孤現年五十八
雷肇富妻許氏年二十七夫故守節現年六十六
黃可觀妻何氏年二十四夫故守節現年七十一
何熙榮妻程氏年二十六夫故守節卒年六十
何高律妻陳氏年二十八夫故守節現年六十一
何高昌妻戢氏年二十六夫故守節現年五十一
文童余忠誠妻黃氏年二十九夫故守節現年五十六
余學猷妻童氏年二十六夫故守節撫孤現年五十一
楊遠炳妻林氏年二十四夫故守節撫孤現年六十八
楊逸齋妻徐氏年二十八夫故守節撫嗣事病舅孝卒年八十六
楊殿魁妻邱氏年二十二夫故苦節撫孤卒年六十四



程啟馥妻夏氏年二十一夫故守節撫孤事舅姑孝卒年五十一
雷時松妻韓氏年十九夫故守節事舅姑孝卒年七十六
雷名著妻胡氏年二十九夫故守節撫孤卒年六十
雷錫廉妻呂氏年二十二夫故守節撫姪爲嗣現年五十三
雷錫高妻葉氏年二十三夫故守節撫姪爲嗣現年五十四
雷時謙妻余氏年二十八夫故守節撫孤卒年五十三
雷名倫妻董氏年二十八夫故守節撫孤現年五十一
文童雷名松妻呂氏年二十六夫故守節撫孤二卒年六十二
監生呂邦治妻張氏年二十六夫故守節現年八十
呂從順妻雷氏年二十一夫故守節現年八十
監生呂暢妻葉氏年二十五夫故守節卒年六十二

庠生呂錦春妻李氏年二十九夫故守節卒年七十二
貴州候補府經歷胡澤經妻呂氏年二十四夫故守節現年五
十六
庠生呂定安妻童氏年二十夫故守節現年七十一
尤貞坊妻雷氏年二十九夫故守節撫孤現年五十一
蕭鵬程妻雷氏年二十四夫故守節哀毀成疾卒年三十
雷時鐸妻楊氏年二十九夫故矢志撫孤事姑孝守節歷三十
七年
葉開壽妻童氏年二十八夫故守節現年七十二
葉克强妻袁氏年二十八夫故守節現年五十六
雷時清妻陳氏年二十九夫故守節撫孤現年五十八
雷名揚妻殷氏年二十六夫故守節撫孤現年六十



葉華封妻趙氏年二十八夫故守節撫孤現年五十二
文童雷錫渠妻易氏年二十七夫故守節撫孤卒年五十
雷懋純繼妻馮氏年二十夫故守節撫前室子如已出安貧養
姑現年七十二
徐之驤妻汪氏年二十八夫故守節撫嗣現年五十七
雷懋綸妻邱氏年二十九夫故守節撫孤卒年七十四
林向千妻童氏年二十九夫故守節撫孤現年七十九
劉成魁妻奚氏年二十一夫故守節現年五十
袁可珍妻何氏年二十八夫故無子苦節卒年六十一
何世福妻呂氏年十八夫故無子守節卒年三十三
張正發妻梅氏年二十九夫故守節撫姪爲嗣現年六十一
王定魁妻胡氏年二十七夫故守節卒年四十一

林紹庚妻董氏年二十三夫故守節撫孤卒年三十二
林紹甲妻黃氏年三十夫故守節撫嗣卒年三十七
王先華妻汪氏年二十五夫故守節撫姪爲嗣卒年三十六
蔡新盛妻何氏年二十五夫故守節撫孤卒年六十二
孫顯昌妻王氏年二十八夫故守節撫孤現年五十三
林光祖妻翁氏年二十七夫故守節卒年六十七
林光耀妻何氏年二十七夫故無子守節卒年五十
宋永壽妻曾氏年二十五夫故守節撫孤卒年七十一
宋化山妻霍氏年二十七夫故守節撫孤卒年三十四
陳鼎旺妻楊氏年二十八夫故守節撫孤現年六十二
陳開揚妻黃氏年二十九夫故家貧苦節現年六十五
王玉南妻陶氏年二十四夫故守節卒年六十四



汪如顧妻王氏年二十四夫故守節撫孤卒年五十五
曾新耀妻李氏年二十二夫故苦節撫孤卒年七十三
邱裕考妻董氏年二十七夫故守節卒年七十一
霍仁正妻熊氏年三十夫故守節撫孤現年五十四
沈鴻漸妻徐氏年二十九夫故甘貧守節撫孤現年五十八
袁士斌妻游氏年二十八夫故守節家極貧姑勸改適氏泣曰
媳去姑何以生遂茹苦養姑無二志現年五十一
沈先照妻張氏年二十八夫故守節孝事衰姑現年五十四
宋天成妻胡氏年二十九夫故守節卒年四十六
廖志元妻曾氏年二十九夫故守節現年五十三以上廟坊鄉
萬泰其妻喻氏年二十八夫故苦節撫二孤成立現年六十
徐從權妻鄧氏年二十五夫故守節撫孤事翁姑孝壽百一歲

彭三意妻萬氏青年夫故守節現年五十

以上各鄉採訪所錄待　旌節婦

黃岡縣志　卷之十八　節婦



知黃岡縣事合肥戴昌言編輯

人物志

列女七 烈婦

明

劉鵬妻盧氏夫歿痛哭嘔血自縊死嘉靖中旌

洪有奇妻牛氏于歸逾年夫歿氏痛哭淚血淋漓而死其兄若麟爲請旌表

州判秦一才繼妻杜氏雲南大理人年十八一才官雲龍州將歸娶之或謂一才老且無子氏聞之曰不能偕老獨不能偕死乎未幾一才病屬其族弟繼宗爲治棺氏請治兩棺繼宗如其請一才歿氏服斬衰成禮喪畢服酖以殉血漬五官猶自拂拭不假侍婢手臨絶乃令加故稼衣於衫上時稱爲杜烈婦



監生王封帶妻杜氏年二十夫歿無子氏以死殉衆救之氏曰不死何歸號泣不食而死

生員杜鈺妻樊氏鈺救弟溺死有傳氏年二十九攜幼孤迎屍殯於堂慟不欲生喪三年畢語其子曰兒長不須我矣不食而死

汪鼎臣妻殷氏姑與夫避亂蠻蒙山寨破被殺氏値母病歸省鴨蛋洲聞之布奠江濱號泣投江死

王躬靖妻張氏年二十三躬靖殉獻賊亂氏聞訃曰吾夫忠義今不屈死可告無憾矣吾夫無後吾何以生爲遂焚香叩首入室自縊死

李富妻項氏正德中爲流賊齊彥明所劫氏自誓不辱赴水死

贈太僕卿王一桂妻姚氏妾邱氏一桂死昌平之難姚與邱及子女二十七人俱投井死

贈光祿卿周之訓妻劉氏妾楊氏王氏之訓死濟南之難劉與楊相持入井死王自刎死

按察使杜應芳妻樊氏年七十獻賊破城氏白髮皤皤坐堂上賊亦不欲加害會見眷屬受傷正色罵賊遂被殺

生員樊維清妻吳氏崇禎癸未氏奉姑避難鴨蛋洲氏爲賊執欲犯之以手抓賊面罵曰吾父按察使吾夫名士賊子何敢爾賊怒斷其左臂與耳賊去其母家婢爲尼者適見之掖入廟次日姑尋至氏語姑曰吾可以對吾夫矣又曰姑老矣淚雨下不復能言握姑手而歿



舉人王一翥妻樊氏太常玉衡女也研究書史歸一翥閨中若嚴友獻賊破鴨蛋洲氏隨一翥將奔鄂州至三江口賊突至兒女盡散賊逼之氏叱曰我天下名士黃岡王子雲妻也何敢辱我賊問曰名士有何官職氏曰不作賊遂大呼尋子二字躍入江死一翥後以尋子名其集

生員徐天初妻李氏年二十七夫歿遺二孤長斐三歲次雯方襁褓氏矢志守節養姑誠孝教其子皆爲諸生循例旌表獻賊陷城被執劫氏爲爨不屈死之斐以身殉詳孝子傳

張問達妻李氏武進士張應祖子婦也居城內六劉巷年二十一夫歿奇貧苦節獻賊陷城投巷井死骸骨瘞井中

王二林妻屠氏流賊陷城被執罵不絕口引頸就戮屍彌月不壞

李君實妻王氏居道觀河過流賊逼之不從賊殺其舅姑及夫氏不爲屈奪刀自刎死

吳周封妻曾氏性介不苟言笑勤紡績與簪珥佐夫誦讀及流寇亂爲賊所掠瞋目詬詈不屈賊欲殺氏度不能脫抱七歲女奔赴火中時廬舍方焚髮膚立燼賊義之拾其骨裹以白絹瘞之

生員黃正遠妻蕭氏爲賊執大罵見殺知縣李希沆奠其墓事聞獲旌子文繡舉人士錄諸生

同知奚祿詒妻王氏通經史獻賊破城隨祿詒避亂於大冶之駕虹山下祿詒爲土賊石可鼎劫去氏聞信投水死惟八歲幼子在傍及祿詒脫難歸死十餘日矣後因夫貴封孺人

朱日灝妻李氏幼讀書曉大義年二十五避亂西鄉並阜山遇



流賊掠之瞋目大呼曰汝何等賊奴敢辱我奪一矟自刺其面且刺且罵賊怒殺之越七日得其屍面如生

生員易道尊妻王氏崇禎乙亥二月氏與二女爲賊所迫躍入塘賊攢石破腦母女沈水死

易道一妻熊氏賊至奔山谷遇賊被殺賊退子爲璘野哭求之七日獲其屍刀痕叢聚血漬衣裾

易時昇妻汪氏性孝敬婉娩生子甫週有婢陳乳之同居邑之天井畈昇辭婦將適舍館聞寇警汪曰君無慮寇至當以死報君及賊至以其莊爲寨入見汪容色豔麗迫之脅以刃罵不從斷其臂不動再斷其臂仍不動始刃之陳抱子哀籲賊有愛婦子見之喜就其懷賊歸見之亦喜遂得無恙既而賊與婦欲將其子行陳叩頭曰自吾爲易家婢若干年矣夫婦

爲善僅此一子今其母喪伊父亦未識死所幸哀之賊感陳之義也因得與子俱歸 依舊志據閩增敘

易吉甫妻陳氏聞賊警以麻遍束其身及爲賊掠令治爨夜深賊呼睡陳曰此身可殺睡不可得也賊叢紙作炬焚之罵聲激烈而死 依舊志據閩增敘

易道旦妾華氏爲賊所迫躍於池中賊亂刃攢之死

易道重妾周氏避亂洞中爲賊所得驅之不行殺之屍坐不仆

生員何剛妻易氏罵賊賊怒磔之

生員夏繼璜妻易氏素喜讀女誡繼璜死於賊氏守節撫孤仲父迓之避難氏不肯歸賊至抱幼子厲罵拒之攢以刃躑蓬中蓬焚屍化

生員何際時妻易氏避賊龍井寨賊索深箐中見之罵賊死



李爾常妻易氏崇禎丙子賊襲白雲寨氏泣謂毋曰與其受辱生毋甯潔身死自投懸巖而斃

劉伯昇妻易氏避亂泉華山抱一子藏小蓬中賊迫之亢聲大罵刺之不懼焚其林而死

方爾聞 省志作爾文 妻易氏賊至日自祖居奔避山莊道遇賊被縶大罵賊脅以刃罵愈甚至刃無完膚猶罵不絶口 依舊志據閩增敘

易爲禧妻郭氏　易爲祉妻郭氏女兄弟也爲禧早卒郭守節十餘年癸未三月獻賊破郡城不屈死五月獻賊襲白雲寨爲祉妻復被執不屈賊怒撻之斃復刃剸之其子時弧同遇害

易爲瑾妻陶氏癸未城陷扶姑王氏登埤賊至厲聲罵賊賊迫之同姑墜城死

易伯昇妻王氏并其女俱爲賊縶迫之走過塘偕投水中賊擊以石破腦沈水死 依舊志據閩增入

何石父妻易氏遇賊被縶受重創死 依舊志據閩增入

生員潘南嶽妻李氏避亂武昌縣遇流賊以烈聞見武昌府志

生員胡珙妻邢氏江夏人歸珙避亂鄂城城破居鄰皆逃氏曰女人面目可令人見耶投井死

汪部孫妻熊氏義士熊霈之姑也避亂鄂城城破自縊死

余明貴妻鄒氏年十七適余獻賊陷黄州驅之行投塘死賊退鄉人收葬之身帶箭及重創數十處

生員熊兆聖妻夏氏避獻賊亂於白雲山寇破寨氏恐爲賊辱投水死

蕭鄭氏失其夫名夫爲四川黎雅營弁氏避兵憩郵亭見柱有



驛梅驚別意隄柳暗離愁句遂成十絶題書於壁自經其旁其七曷夫云日星浩氣在人間立志當如張別山音信須憑隴外寄暗傳汝婦已投繯見者傷之見楚北詩佩

林廷爵妻尹氏崇禎丁丑爲賊所掠氏搶地求死罵不絶口賊怒刃之裂其屍

謝宗湯妻梅氏獻賊之亂爲賊所執大罵而死

黄名儒妻邱氏年十九名儒客於外流寇至里人促之避亂氏以少婦不可令賊見攜幼女投塘死

包明文妻劉氏獻賊之亂氏從明文避之巒蒙山寨寨破賊執明文氏泣請以身代明文得逸去賊欲逼之奮詈而死

邱翊蓮妻楊氏崇禎癸未避獻賊亂至大士閣磯爲賊所執逼登舟氏奮罵投江死

舉人汪建遇妻杜氏隨毋與建遇避亂於白雲山寨寨破其母
投巖下死氏泣屬建遇潛逃建遇未果氏曰君慮妾爲賊汚
耶請先死以明妾志言訖亦投巖下死
布政使吳思温妾田氏子婦游氏及兩女寓居武昌崇禎十六
年獻賊之亂城陷聞思温殉節相率投井死
陳順道妻湯氏　陳由道妻李氏俱守志盡孝明末寇至二人
棄子扶姑胡氏逃避蹶步難前姑以朽軀不忍累及二媳乘
倦瞑自縊媳覺皆相隨縊死里鄰憐其節孝斂三屍瘞之
吳岳妻朱氏年二十四岳卒守志事姑陳氏以孝稱明末流寇
將近陳自揣累媳蹇投於井朱覺棄子廷朝於道亦投井死
里人欽爲節孝井至今石封不啟
博士黃正元妻邱氏　庠生黃正珩妻朱氏　黃正亨妻朱氏



俱明末遇賊不屈死節
倉廒烈婦不知姓氏獻賊破黃州殺人盈城貢生李拱䄠走伏
糧倉下見衆賊擁一少婦至坐石上婦抱嬰兒賊求歡婦奮
怒大罵脇以刃不避復置刃婉諭之竟罵不絕聲賊怒斬之
首躍五六步身抱兒端坐不仆

國朝

王大任妻喻氏年二十二夫病劇禱天祈代預製兩棺期同死
及歿覗殮畢遂自縊乾隆六年建坊
王宗楷妻謝氏年二十一夫歿既葬氏密縫周身衣自縊乾隆
九年建坊
生員舒之巘妻胡氏之巘有文名早歿無子氏年二十痛極絕
粒死族以從子光澧嗣之乾隆十八年建坊

方昆一妻杜氏夫歿無子守節事祖姑孝或勸之嫁號泣絕之
旣議者有成言氏聞之曰我思葬舅姑及吾夫耳今不能待
也遂自縊死時年二十六人稱方烈婦
齊昇妻包氏父煥早卒無子母李苦節撫之旣適昇昇力學成
瘵氏刲股以救昏仆復甦比歿無子立夫兄曦子爲嗣哀號
嘔血五月而死時年二十七郡中士大夫多爲詩傳以表其
烈
余承嶟妻徐氏夫歿守節無子勤撫從子家貧甚或議嫁之氏
聞方爲從子綴襦襦成縊死人稱余烈婦
熊元裕妻何氏性端莊勤女職夫歿無子立從子爲嗣殯畢越
三日引嗣子於殯前跪而哭拜辭舅姑曰婦不孝不能終事
舅姑有姒娣在舅姑可無慮拜姒娣託舅姑與其嗣子是夜
縊死遠近聞其烈赴弔之



何汞裕妻周氏年二十五夫病劇語氏曰家貧子幼余死汝可
他適氏曰君無我慮比歿營殮畢家人有議更適者氏聞之
以二子託其父投繯者三飲酖者再卒自縊死郡守禹殿鼇
匾旌之
邢王氏團風民家女年二十二夫歿貧苦無子富室求婚其母
許之氏聞自縊
周宗聖妻張氏農家女也嫁浹旬宗聖歿殮畢氏夜赴水死厥
明家人得其屍面如生爲合葬焉
監生陶國渾妻程氏年二十適陶夫歿遺腹生子復殤遂自刎
未殊姑奪其刃乃不食數日死
黃樂鈞妻操氏歸黃甫一年樂鈞歿殯葬後氏蓬垢不欲生舅

姑强止之越四十九日適氏二十初度遂號哭不止至不成
聲而絶

操履駿妻鄒氏幼失恃從繼母訓年十八歸操越二年履駿歿
氏慟不欲生逾九十九日而死

王逑祖妻胡氏年二十二夫歿殯殮畢泣曰今可從夫地下事
舅姑矣徐以一女託姒氏素饌祀先抱夫主號慟閉戶自縊
死

葉大俊妻程氏年二十四夫卒誓以身殉家人防之乘閒自刎
死距夫亡七日乾隆二十三年事

劉亘才妻蕭氏年十九夫歿守節姑聽讒勒嫁不從斃命前令
張辦擬仍令與夫合葬建坊墳前

徐懋德妻王氏年二十一夫歿哭頻絶因有娠勉進飲食旋以
胎墮慟夫無後泣累日入夜遂投繯死距夫亡五日嗣子光
岳貢生乾隆五十九年建坊

楊於琥妻周氏年二十六夫歿無子氏父母憐其少勸改適遂
自縊死

范明久妻金氏年二十四夫歿枕屍痛哭而絶

監生范興妻周氏年二十八（一作十九）夫歿遺二孤朝夕泣血越數
日抱主嘔血死咸豐九年　旌子步雲監生銜六品銜（并據採訪）

陳德朝妻何氏乾隆乙巳大荒夫鬻氏於湖南商者詐之行甫
登舟投江死時年二十九

張其珠妻汪氏年二十夫歿誓以身殉不食死

王登泰妻李氏江南人登泰駿且貧家長逼改嫁不從投水死
夜闖鬼哭諸生王家祿作文弔之遂寂



陳一爝妻熊氏年二十六夫歿遺孤僅歲餘氏哀慟骨立半月
死已　旌（并據學冊）

張烈婦河南人遭河決鬻身入楚劉某買配家僮望楚婚數月
僮歿氏悲號不已主翁慰之曰待覓佳壻匹汝氏聞迸淚入
房雉經死衣裳密縫髻鬟緊綰面尚漬涕痕主翁憐而合葬
之諸生劉揚烈紀以詩載藝文志

劉孔利妻張氏年二十一夫歿欲以身殉家人防之遂絶食死

徐本燦妻余氏本燦患痰疾氏茹共痰禱神願以身代本燦歿
氏投水死時年二十九遺子女各一

馬思濱妻汪氏年二十一夫歿氏哀毀成疾彌月嘔血數升卒
立姪爲嗣咸豐十年　旌嗣子成已從九品（并據採訪）

生員馬河清妻熊氏年二十四夫歿覓殉不獲哀毀骨立未幾
卒已　旌嗣子澤澳監生（并據採訪）

王世崇妻賀氏節婦祁子婦也祁撫世崇成立尋夭氏年二十
八哀極投繯死

賀澤淋妻熊氏年二十六夫歿誓以身殉姑防之密一日乘姑
偶出自經於牀距淋死四十九日

童盛秀妻何氏年三十夫歿無子治喪事三日畢遂以身殉

靖士彥妻邵氏年二十八夫歿無子家極貧服闋有欲奪其志
者氏哭於夫墓歸雉經死

萬廷梓妻石氏年二十二夫歿雉經死

史先遇妻羅氏夫病革時慮其家貧年少難守及夫歿氏遂雉
經死

周才楠妻梅氏年二十四夫歿氏誓以身殉家人防稍懈雉經

死
王時成妻徐氏年二十歸王家貧氏紡績養舅越歲夫嬰劇病氏侍奉藥餌衣不解帶凡三年夫歿氏雉經死啟視其笥已爲舅預備身後所需衣衾等物舅悲痛尋卒氏亦無子同里紳耆醵貲葬之並立碑墓側紀其事
李宏才妻程氏年二十二夫歿無子矢志守節姑將嫁之氏遂縊死
魏基恒妻汪氏年二十三夫歿氏誓以身殉旣念舅歿姑老娣氏未歸勉留奉養越三載夫弟受室乃自縊死
胡運松妻潘氏于歸八月夫歿氏不食而死
余獻珍妻陳氏適余一載夫歿氏哀痛不食卒
生員熊廷瑞妻周氏年二十六夫歿遺腹生男數月而夭氏朝



夕號泣遂不食而死
嚴家義妻劉氏年二十六夫歿無子二女俱幼氏朝夕號泣不食旋卒
羅大志妻梅氏年二十夫歿誓以死殉家人防之後月餘自經死
生員朱繼前妻周氏年二十四夫歿無子朝夕泣血不已延至月餘竟以毀卒塜生異草經冬不凋
楊兆福妻潘氏年二十八夫病禱神願以身代病劇時氏持剪割股救療卒不起氏旦夕悲號遺腹生子託姒氏育之遂以毀卒
汪朝選妻劉氏年二十九夫歿無子欲以身殉舅姑止之後數月家人強之他適遂不食而卒

馬先疇妻林氏先疇歿氏旦夕悲號覓死不得家人防稍懈乘間投水死
林基仁妻商氏年二十四夫歿守節撫遺腹子未幾夭亡氏痛夫絕嗣憂憤自盡
傅士璜妻夏氏年二十餘道光二十一年大水夫謀鬻婦濟飢氏覺之一日同往市乞食經相隱橋氏乘間投水死夫抱三歲子倉皇往救亦墮水同斃次日屍浮出氏面如生里人哀之爲醵貲合葬青雲塔側
任何氏夫佚其名強暴欲犯之不從而死康熙五十四年建坊並將樊口倉基詳請招佃納租每年淸明由府委員致祭
范彩雲妻吳氏歲饑乞食於賀坳涼亭彩雲早出樵子田士義過亭見氏抱小女獨處欲犯之氏大怒罵不絕口田斧斫之



及其小女氏創甚五日死田後伏法雍正二年建坊
孫時霖妻皮氏家貧甚鄰人夏道生乘時霖外出強逼之氏怒拒獲免遂自縊雍正十二年建坊
柳延忠妻胥氏胥朝棟女年及笄歸柳姑王氏逼以非禮挫辱百端竟以餓死
尼志修武邑民婦嚴張氏在沙街三官殿出家夜遭強暴趙滿生圖姦抗拒不從被毆死時年二十九趙伏法題請建坊墓前
以上舊志
方可珍妻杜氏年二十四珍故氏同日自盡已旌
汪大皓妻涂氏浩故遺腹生子數月殤氏日夜哀號嘔血不止未幾卒

以上採訪所錄已　旌殉夫烈婦

喻本仁妻謝氏咸豐五年正月仁隨知縣翁汝瀛剿賊漢鎮陣亡氏年二十一哀毀不食嘔血死

高能典妻秦氏同治三年典被賊戕氏悲涕十餘日嘔血數升卒

萬咸滋妻呂氏年二十六滋病氏侍湯藥無懈滋故誓死殉之家人救免終不食死

文童王代陳妻呂氏年二十一陳故氏以頭擊地誓不欲生每哭暈至終夜始甦遂憂鬱成疾卒

方瑞霖妻邱氏年二十霖故氏日夜飲泣覓殉不獲憂鬱成疾卒

何科發妻邱氏年二十二發故氏誓以身殉家人密防之數日



稍閒投水死

楊道生妻劉氏年二十六生故氏以憂死

歐陽和廉妻傅氏年二十二廉故撫遺腹子悲痛不輟卒以憂死

鄒善楫妻陳氏楫性癡氏執婦道無怨事舅姑以孝閫楫故氏悲號數月卒

補用知府洪恩澤妾劉氏澤病危氏刲股以進卒不救氏哀毀卒

洪艮丞妻王氏丞病瘵氏割股和藥以進病稍閒越六日竟死氏呼天大慟創迸裂數月亦死

吳光榮妻王氏年十九于歸半月夫歿氏哀毀卒

曾富若妻蕭氏年二十五若歿三日不食卒

余篤貞妻劉氏年二十五貞故家貧竭力營葬畢以孤託兄嫂獨往貞塋泣奠奠已投水死

潘德一妻張氏年十八歸一甫百日一故氏哀毀成疾死

夏朝瓛妻胡氏年二十八瓛故氏飲血失聲將以身殉家人占護甚密不得死自是晝夜痛哭淚盡繼之以血日飲水一勺月餘卒

文童陳名熙妻汪氏年十九熙故誓以死殉姑嫂救之卒不食死

杜紹瑾妻徐氏年二十六瑾故守節母家憐其貧苦欲奪氏志不從投水死立姪爲嗣

職員朱福基妻張氏年二十五夫故守節撫姪爲嗣因姑哭之慟氏飲泣不敢發聲憂鬱數月嘔血卒



以上各鄉採訪所錄待　旌殉夫烈婦

張必發妻熊氏節孝已入前志　張繼厚妻陳氏熊姪婦也咸豐十一年二月賊至熊赴水死陳抱幼子從之俱死已　旌

舉人陳曦繼妻馬氏同治三年八月賊至氏病劇時亢旱里有餓子塘水不盈尺力疾詣之泥首自盡賊退就殮衣履猶未溼也已　旌見節義錄

文童王先瀚妻羅氏年二十五瀚故守節無子同治八年六月賊至投水死已　旌　（以上東弦鄉）

文童孫有銓妻陳氏年十九銓故氏守節撫孤孤殤復撫嗣同治三年八月罵賊被戕已　旌

馬澤進妻吳氏同治三年八月賊至投水死已　旌

孫紹煌妻朱氏　煌從子正清（縣冊作正昌）妻賀氏同治三年九月

閏警合家走避蘄水東港橋賊至朱率女必第投河死賀亦
攜幼子時良時迴從之俱死煌從子正啟正成皆以救護被
創投水死成子時安亦同溺死一門殉難者凡八人已 旌
見節義錄 以上還和鄉

邵同彬妻王氏咸豐五年三月賊至投水死已 旌

監生王毓滋妻蔣氏同治三年十月避賊至陳家溝見賊逼近
投水死已 旌見節義錄

余獻斗妻高氏年二十四斗故守節撫孤歷三十五年賊至死
之已 旌

監生劉鎔妻傅氏同治三年五月賊劫氏氏大罵賊亂刃斃之
已 旌見節義錄 以上梟義鄉

陶長生妻梅氏同治三年賊至投水死已 旌見節義錄

黃岡縣志 卷之十九 烈婦 十四

何佳華妻陶氏同治三年賊至投水死已 旌 以上上伍鄉

左植基妻劉氏咸豐五年三月賊至氏攜女庚見避難西畈賊
逼近母女俱投水死已 旌

戴敦倫妻程氏年二十七倫故守節咸豐五年三月賊肆焚劫
氏匿牀下焚死已 旌入節義祠倫兄鉅暉弟鉅智並同時
陣亡

程年堜妻巴氏年二十四堜故守節咸豐五年三月避賊徐家
高橋賊近投河死已 旌

生員程濟壬妻許氏 程年堉妻王氏娣姒也許孝女順姑年
十二王長女珍姑年八歲同治三年五月避賊崎山山下有
塘水清洌而深值賊逼近先後攜二女日坐塘側謂村人曰
賊果至吾輩必死於此吾輩乃程家河程秀才眷屬也來覓
吾屍煩爲告之賊至四人者皆投水死閱數日濟壬遣葉某
覓其屍村人指示之而一水茫茫沈底不見葉祝曰吾奉秀
才命覓汝屍兮汝如有知曷其歸兮祝畢屍皆浮起已 旌
見節義錄

生員梅兆棠繼妻周氏同治三年五月賊劫氏索取釵鈿氏罵
曰吾家世寒儒安有長物資寇盜耶時兆棠已罵賊殉難氏
愈憤投梅家河死 文童梅垂綏妻邵氏兆棠孫媳也亦於
是月遇賊死於鐵冶清水塘後數日垂綏復以不屈死於賊
已 旌俱詳節義錄及兆棠墓表中

胡良駿妻張氏同治三年避賊熊家山賊突至舉家相失氏投
山塘死已 旌見節義錄

戴永槐妻程氏同治三年避賊崎山賊至赴水死已 旌見節

黃岡縣志 卷之十九 烈婦 十五

義錄 以上下伍鄉

廩生徐方穀妻黃氏同治二年九月賊至氏奉姑走避姑衰病
行步踽旅適與賊遇賊釋姑逼氏氏厲聲大罵賊殺之已
旌

文童張守弟妻江氏年二十八弟故守節同治三年九月聞警
抱子走避經徐家河見賊近棄子投水死已 旌

候選訓導鍾臨書繼妻劉氏咸豐五年三月賊至投水死子清
鵠年十三遇賊劫之大罵不屈賊斷其舌死已 旌見節義
錄

文童汪代鉞妻王氏年二十二鉞故守節撫孤同治五年正月
賊至死之已 旌 以上庶文鄉

汪開福妻汪氏咸豐五年三月罵賊被戕已 旌

潘春華妻王氏同治四年十二月賊猝至不及避賊驅之行時久旱沿途乏水求死不得頃至孫棧埠濟河未半躍橋下溺死已　旌

程東金妻周氏同治四年冬捻逆蹂躪金挈妻子走毛集區蘇山猝遇二賊排迮不得進氏屬金負子奔獨立山旁賊至逼上馬氏大罵賊怒舉矛濫刺血殷地立死已　旌

文童尤眞澍妻萬氏年二十一澍故守節同治四年賊至氏閤門自盡已　旌

文童胡元鐸妻萬氏年二十九鐸故守節同治四年遇賊不屈死已　旌

劉兖美妻羅氏年二十美故守節撫嗣同治六年四月避賊至陽邏江未濟賊逼近攜二女投江死已　旌



夏朝琨妻周氏琨少癡有隱疾及長不能人琨兄諄氏家令別字氏聞以死誓卒歸琨咸豐十一年二月流寇剡黃岡氏避居石界牌與賊遇氏投水水淺不濡首賊下捽其髮氏罵曰逆賊汝頭尚不知當爲何人所去敢犯人耶賊怒刃之未殊罵愈烈賊亂刃之先是里中有陷賊旣而庯亡得歸者實目擊其事言之甚悉已　旌見節義錄

五品封職萬裕愷妻靖氏賊至投水死已　旌

監生萬裕京（部文作裕金）妻胡氏京故守節撫孤女家貧甚泊如也同治四年十二月賊至投水死已　旌

以上中和鄉

陳泰仁妻錢氏咸豐六年避賊蘄水均紙山賊至氏抱子投水死已　旌

文童余獻玉妻方氏　徐某妻余氏母女也方年二十五玉故守節撫孤女適徐徐故女亦守節同治三年方攜女同嗣子性棠避賊東山賊擄棠母女均死焉已　旌

王自浩妻余氏年二十八浩故守節五十七年已　旌後罵賊遇害

陳受恩妻韓氏同治五年賊至投水死已　旌

張崇智妻杜氏智故守節已　旌後罵賊遇害

姑嫂雙烈姑宋姓嫂黃姓避賊至陶璜寨賊近赴寨外大塘中溺死已　旌

以上各鄉採訪所報已　旌殉難烈婦

監生高森妻劉氏咸豐三年十二月賊至劫氏氏大罵賊怒支解之子兆奎郡庠生見節義錄

張大才妻王氏咸豐七年六月避賊陽陰嶺賊至投水死



羅朝元妻孫氏年二十五元故守節撫孤咸豐六年六月避賊白雲山賊逼近投崖下死

歐陽廣興妻姚氏咸豐七年六月賊至投水死

趙邦高妻袁氏咸豐七年六月賊猝至氏走避不及遂剺面自毀乘閒竊出攜幼子投趙家潭死

蕭書朝妻胡氏咸豐七年賊至死之

陳勳坤妻涂氏咸豐七年賊至投水死

監生高笙妻劉氏咸豐十一年二月遇賊不屈死之

高通綵妻鄒氏咸豐十一年二月避賊松楊鋪賊至投水死

吳光量妻王氏咸豐十一年二月賊至鵠子湖氏奔水次賊逼近抱女投水死

祁開明妻涂氏　祁開旺妻孫氏　祁開勝妻方氏娣姒也咸

豐十一年二月避賊陳策樓灣賊至俱投水死見節義錄
柳地江妻馬氏咸豐十一年三月賊至投水死
孫克全繼妻王氏咸豐十一年賊夜至松楊鋪劫氏迫具粮糒
氏不爲炊賊撻之氏憤投水死
王有生一作友生妻童氏同治三年五月避賊小崎山盧家衝賊至
赴水死
徐延隆妻邱氏同治三年八月避賊烽火山賊逼近攜子投潔
白井死之
陳德福妻李氏　吳逢海妻陳氏同治三年八月賊至俱投水
死
范應發妻熊氏同治三年八月避賊走蘄水東波橋賊至投水
死熊女氏子聘妻也時未婚亦隨氏投水死



陳德環繼妻劉氏環長子以鑾前婦王出也同治三年八月避
賊淩家汊賊至氏令鑾獨奔自攜已出子女隨姑馬氏俱投
水死環尋亦病故一門幾無噍類惟鑾獨存氏之力也
郭耀玉妻喻氏同治三年秋避賊至馬家河無舟楫時婦女皆
藉男子濟有戚屬欲負氏氏揮之去急躍入水水淺不得死
次日至蘄水湯鋪嶺聞賊馬聲仍赴水死
龍繼汝妻王氏同治三年九月賊逼至李家墩抱子投水死
李如初妻龍氏同治三年九月在葉家嘴罵賊被創赴水死
楊萬高妻邢氏　楊世元妻李氏姑婦也同治三年九月賊逼
至葉家嘴俱投水死賊退家人得屍猶握手不可解
張芝蓉妻李氏同治三年十月遇賊賊迫氏令歸家梧鼎爲炊
氏聲色俱厲罵不絕口賊殺之

陳德圻妻方氏同治三年十月聞警攜幼子走舒家灣賊至劫
氏氏大罵賊斫之血漬子衣尋斃見節義錄
柳黄河妻夏氏同治三年十月避賊土門賊至投水死
文童王勝銓妻胡氏年二十八銓故撫孤先澤澤歿偕澤妻周
氏守節同治五年二月賊至迫之氏罵曰我名將胡定泰女
孫也狗賊何敢無禮賊刃之
王兆武妻陶氏同治五年一作咸豐五年四月避賊孫家嘴賊至投水
死
范耀聯妻陳氏同治六年二月隨姑避賊與賊遇氏以身蔽姑
賊刃之創劇赴水死
劉維炳妻王氏同治元年八月遇賊鴿子湖賊圍逼氏不屈大
罵抱三歲子投水死



劉維楝妻胡氏同治元年八月在鴿子湖見賊逼近攜五歲女
赴水死　以上東弦鄉
泰同旭妻邵氏咸豐五年二月賊至投水死
汪維第妻王氏咸豐十一年二月遇賊羅家倉戟手大罵賊碎
其首死血漬地經年雨洗不滅
李鑑堂妻王氏咸豐十一年三月在宋家榨遇賊賊劫之氏時
有身以言紿賊乘間投水死
柳黄泰妻李氏咸豐十一年三月泰攜氏避賊巴河滸賊至戕
泰欲犯氏氏大罵賊殺之
余永興妻劉氏咸豐十一年三月避賊巴河滸賊至投河死
李國華妻汪氏同治元年三月賊劫氏經塘側紿賊取水投塘
中死

方追禹一作追汝妻易氏同治二年五月在易里河駡賊被戕
劉宗年妻余氏同治三年七月偕鄰婦避賊蘄水白洋河賊至方肆搜牢氏與爭被戕至死駡不絶口
林光興妻王氏　林光鼇妻童氏娣姒也同治三年八月避賊金雞山湖賊至俱投水死
徐家全妻汪氏同治三年八月隨全避賊走赤山湖賊至逐全全溺死氏投水殉之
監生韋履謙妻徐氏同治三年八月避賊甯家汊賊至劫氏氏不屈被創赴水死
姚四佑妻劉氏同治三年八月避賊響水巖賊至欲犯之大駡被創投藤樹塘溺死
何敦祿妻楊氏　何敦仁妻張氏娣姒也同治三年八月賊至俱投何家湖死



曹光太妻張氏同治三年八月避賊何家湖賊至抱子投水死
涂祚剛妻胡氏同治三年八月賊至抱幼子奔鴿子湖見賊勢逢午棄子湖畔投水死
秦後富妻吳氏同治三年八月遇賊不屈死之
監生賈兆凱妻傅氏同治三年八月聞警攜幼女走何家湖水次賊至俱投湖死見節義錄
文童樊純楷繼妻劉氏同治三年八月避賊走外八斗水次賊猝至不得渡抱女投水死
李居貴妻林氏同治三年八月避賊六家廟下堰賊至劫氏氏赴水大駡被重創溺死一子尚幼賊手殺之
陳裕容妻周氏同治三年八月氏時有身不及遠避賊及之傳刃傷其胎死於孫家竹林之山塘
羅錫蔦妻龍氏同治三年八月避賊葉家嘴賊麕至投湖死
汪大邦妻賀氏同治三年九月避賊蘄水巴河驛賊至投河死
余道煥妻汪氏同治三年九月避賊蘄水明家洲賊至劫氏氏大駡賊殺之
職員朱承浩妻歐陽氏同治三年九月避賊西洋河舟中賊逼近投河死
宋宗禮妻程氏　徐傳宗繼妻李氏同治三年九月賊至俱投南湖死
劉祖全妻邵氏同治三年遇賊不屈死之
李待問妻汪氏同治三年避賊迴龍山賊至投水死氏姪錫福從溺死



程時學妻曾氏同治三年八月賊至投水死
殷道吉妻陳氏同治三年八月賊至氏攜幼子明暉赴水死
樊誠環妻易氏同治三年隨環避難蘄水賊至擄環氏赴水死
江周氏職員江履和姪媳也同治三年遇賊於涂家腦賊逼之行氏駡曰吾家固能殺賊不能從賊者也賊猝胡刺其顱血染草皆殷創重死履和見忠義傳
劉希有妻蔡氏同治四年十二月遇賊不屈死
鄭問興妻邵氏同治四年十二月駡賊被戕
張新勝妻羅氏同治四年十二月賊至投水死見節義錄
李永光妻何氏同治五年五月賊掠鄰婦氏憤駡賊釋婦執氏殺之
張正發妻陳氏同治五年賊劫氏氏大駡賊殺之以上還和鄉

廣靈知縣孫承炳妾吳氏年二十六炳故守節咸豐四年罵賊
被害嗣子宏均監生
雷鉅印妻周氏咸豐十一年避賊黃岡廟賊至投水死
朱時行妻項氏同治二年三月賊竄四泊河氏聞警投梅家灣
塘死之
熊全義妻聶氏同治三年五月在泗巴廟罵賊被戕
史立泰妻萬氏同治三年五月避賊湖濱賊至投水死
監生熊玉衡妻張氏同治三年五月避賊崎山賊至氏投水賊
擲戈刺之被創溺死
湯伍烝妻戚氏同治三年五月避賊趙家畈賊至投水死
操敬廷妻萬氏同治三年五月避賊崎山賊至投崖下死
李應廣妻方氏同治三年五月避賊泉華山李家坳賊至投水



死
陳德齊妻林氏同治三年五月避賊毛家腦賊逼近投水死
陳懷楚妻胡氏同治三年五月避賊天池寺賊近投水死
華福容妻汪氏同治三年五月避賊泉華山賊至投崖死
邱恕仍妻余氏同治三年五月避賊蘄水四方山賊至投水死
齊遠昇妻易氏同治三年五月避賊羅田葉家苑賊至擕女投
水死
張興業妻熊氏同治三年五月避賊蘄水何家寨賊至投水死
孫永楷妻曹氏　孫永模妻林氏娣姒也同治三年五月在蘄
水白洋河遇賊大罵賊並殺之
林步升妻周氏同治三年五月遇賊於林家山不屈死之
林大順妻周氏同治三年五月避賊易家山賊至投水死

王全興妻程氏同治三年五月避賊羅田李木崖賊擄其舅氏
忿極大罵賊殺之
生員何樹鵠妻王氏年二十九鵠故守節事姑孝遺孤早殤立
姪撫之同治三年賊至氏避居深山抱節伏巖五日不食死
時年四十四
從九林際陽妻熊氏同治三年五月賊至投水死
孫正高妻童氏　孫正亭妻戚氏娣姒也同治三年五月避賊
蘄水型家社賊至泣相謂曰與其受辱生不如潔身死遂擕
手投水死
戚容宏妻王氏宏故守節撫孤女同治三年五月避賊破山東
鐵尖山下賊至擕女投水死
劉爵廷妻夏氏同治三年六月避賊湖家衝賊至投水死



丁名幸妻范氏同治三年六月避賊黃岡廟賊至投水死
羅正順妻熊氏同治三年六月在黃岡廟遇賊賊劫順氏大罵
賊怒支解之
徐三元妻何氏同治三年六月避賊三里畈朱源洞賊至投水
死
劉宏進妻雷氏同治三年六月避賊陳河畈賊至投水死
文童王臣瑞妻汪氏同治三年六月避賊羅田界之尤河賊至
死之
林時元妻程氏同治三年六月賊焚其室氏厲聲罵賊賊刺之
被重創死
史雲發妻楊氏　高成啟妻周氏同治三年避賊麻城千口堰
賊至均投水死

湯象炳妻方氏同治三年避賊小崎山賊至劫氏氏大罵賊截其耳尋死

盧文俊妻王氏同治三年賊竄盧家衝俊被擄氏遥望痛哭赴水死

鄧顯順妻方氏同治三年在三界園罵賊死之

鄧體和妾徐氏同治三年避賊麻城蔡店賊至投水死

鄧能準妻熊氏同治三年避賊羅田李木崖賊至不屈賊刃之

陳瀛洲妻楊氏同治三年避賊楊家呰賊至投水死

庠生何毓浦妻曹氏同治三年避賊曹家衝賊至投水死

何玉樹妻舒氏同治三年避賊匾擔坳賊逼近投水死

汪昆璜妻易氏同治三年從璜避賊羅田璜遇害氏赴水死

戚方煇妻林氏同治三年賊至投水死



倪世塤妻賀氏同治四年十二月賊至投水死

高春光妻童氏同治四年十二月在白雲山堡遇賊不屈賊亂刃斃之 以上永甯鄉

孫開瑞妻湯氏咸豐五年二月賊躪淋山河殺瑞及瑞兄開祥復逼氏氏罵不絕口賊又殺之

舒章貴妻栴氏年二十八貴故守節撫孤咸豐五年二月聞警自母家歸途遇賊賊劫氏氏且拒且罵賊怒磔之

王大勳妻黃氏咸豐五年三月賊至投水死

黃心應妻余氏咸豐五年三月避賊葉家大橋賊至投水死

陳廣忠妻余氏咸豐五年十月賊竄新洲氏聞警出走適與賊遇賊劫之氏大罵不屈賊殺之

劉昌桂妻鄧氏繼妻高氏鄧於咸豐五年避賊紫潭河賊逼近投水死高於同治三年在大吳圩罵賊被戕

王德成妻萬氏咸豐五年遇賊不屈死之

張朝松妻林氏咸豐六年八月賊至縛氏索婦女氏年適不堪其苦紿賊釋縛投水死

張萬福妻葉氏咸豐六年八月賊至縛氏恐喝逼賄氏大罵賊殺之

諶可六妻余氏咸豐六年八月避賊艾家岡賊至投水死

邵正芝妻徐氏咸豐六年賊竄滾子河逼氏索賄氏罵賊賊將露索氏憤投水死

譚大庸妻姚氏咸豐九年賊猝至不及逃賊掠之去氏乘間投水賊追至水中氏大罵賊怒刺被數十創死時氏年十九

文童巴興泉妻徐氏年二十二泉故守節咸豐十一年二月避



賊黃安紫檀河賊至投水死

登仕郎黃國燊妻吳氏　黃某妻湯氏姑婦也吳於咸豐五年三月避賊葉家大橋賊至投水死湯於咸豐十一年二月避賊紫檀河賊至亦投河死

王世亮妻何氏咸豐十一年二月賊至投水死

歐陽榮義妻張氏　歐陽榮富妻張氏娣姒也咸豐十一年四月賊突至兩氏面雍樹馳至清水塘見賊近棄子於路各擕女投水死

職員黃慶餘妻黃氏咸豐十一年避賊紫檀河賊至投水死

邵會元妻戚氏咸豐十一年避賊淋山河賊逼近投水死

盧萬啟妻張氏同治三年五月避賊何家湖賊至抱子投水死

汪佳鵠妻易氏同治三年五月罵賊被焚死

王自謨妻周氏同治三年五月罵賊被創赴水死

江澤周妻易氏　江澤忠妻羅氏娣姒也同治三年五月避賊大圍賊逼近連袂赴水死

方志玉妻舒氏同治三年五月賊竄金盆堡沿村劫殺氏閉戶積薪自焚死

鄒善發妻吳氏同治三年五月避賊張吳嶺賊至抱子投水死

傅其先妻歐氏同治三年五月賊至投水死

林大光妻尹氏同治三年五月賊逼氏氏不屈賊殺之

謝廷祿妻劉氏同治三年五月賊擄氏子氏執子與賊抗爭氏女再生恐賊傷母自僻處潛窺之賊偵覺索女母女俱投水死

左世連妻汪氏同治三年五月賊竄淋山河氏走避不及賊掩



至劫使乘馬道經塘側氏躍入水賊以矛刺之瀕死猶罵不絕聲

汪全勝（一作金勝）妻舒氏同治三年五月賊至石磬嘴逼氏索婦女迫以刃氏投水死

詹文華妻方氏同治三年五月賊掠婦女氏憤罵賊怒以槍擊死

詹崇元妻江氏同治三年五月賊至投水死

曹基珠妻吳氏同治三年五月罵賊被槍擊死

朱高太妻吳氏同治三年五月遇賊不屈賊殺之

軍功徐炳貴妻盧氏同治三年五月賊至劫氏氏大罵賊怒剖其腹

王超傑妻詹氏同治三年五月賊至投水死

曹基埏妻劉氏同治五年五月罵賊被創死

王景宏妻時氏同治三年八月避賊鄭西湖賊至抱女投水死

王緒秋妻胡氏同治三年八月賊逼至張興湖投水死

童振敦妻鍾氏同治三年八月避賊金雞山湖畔賊至劫氏氏奮力捽賊入水俱死越日漁人得屍手猶握賊髮不可解屍置於路旬日面如生家人舁歸葬之至今稱烈婦墓

鍾光明妻諶氏同治三年八月遇賊不屈攜幼子明誠明久明紹俱投水死見節義錄

鍾明璧妻朱氏同治三年八月遇賊不屈賊亂刃刺死見節義錄

鍾明敦妻郭氏　鍾明祥（縣冊作明强）妻朱氏同治三年八月賊至投水死見節義錄



鄧玥華妻馬氏　鄧林華妻馬氏娣姒也亦姊妹也同治三年八月避賊獨鼻嘴賊逼近攜手赴水死

杜輔賢（一作甫賢）妻張氏同治三年八月避賊梅婆橋賊至赴水死

陶啟元妻涂氏　陶啟虞妻王氏同治三年八月避賊梅婆橋賊逼近俱投水死王有子在抱亦溺死

程啟楷妻秦氏同治三年八月賊至赴水死

貢生張景良繼妻李氏同治三年十月在白塔河遇賊不屈死

史天堦妻邱氏同治三年十月避賊辛家衝賊至投水死

詹寶昌妻夏氏年二十八昌故守節同治三年十月遇賊不屈賊殺之

張炳奎妻梅氏同治四年十二月賊至投水死

程國楫妻吳氏　吳秉芹妻桂氏姑嫂也同治三年賊至攜手

赴水死
巴貽仁妻鄧氏同治三年遇賊大罵死之
張肇禮妻陳氏同治三年賊掠氏子氏憤持農器擊破賊額賊
殺之
邵希杠妻童氏同治三年氏奉姑童氏在宋家牆避賊賊至露
刃逼氏姑力拒之賊刺姑暈絶氏乘閒投水死
秦三妻邵氏同治三年避賊響水巖賊逼近投水死
王之年妻李氏同治四年八月避賊至林坡渡口人衆不得渡
見賊近赴水死
陳明忠妻梅氏同治四年十二月避賊黃泥嘴見賊逼近抱子
赴水死
汪時啟妻余氏同治四年十二月避賊雩壇廟賊至大罵不屈



賊怒殺之燔其屍鄉人瘞之名其墳爲烈婦墩
朱長全妻李氏同治四年十二月賊至赴水死
林程遠妻李氏同治四年十二月賊至赴水死
邱忠斌妻吳氏年二十五斌故守節撫孤同治四年十二月避
賊邱家橋賊至投水死
詹以珍妻程氏同治四年十二月賊至投水死
從九王際鈺妻姚氏同治四年遇賊不屈死見節義錄
王超連妻戴氏同治五年八月賊至劫氏迫以刃氏曰頭可斷
志不可奪賊殺之
陳攀枝妻黃氏年二十五枝故守節撫嗣同治五年遇賊不屈
死
張道熊妻王氏能病氏割股餌熊熊卒撫孤成立同治五年賊
至罵賊遇害于士傑從九品
張自開妻徐氏同治六年二月在赤山橋遇賊賊劫氏馬上氏
過地掇橋石投賊且投且罵賊大怒縛氏爲的支礮擊死時
年十七
王萬和妻王氏年二十四和故守節撫孤同治六年二月在黃
家湖遇賊不屈被槍傷死
李本福妻彭氏同治十三年遇賊不屈死 有案
陳澤妻方氏遇賊不屈死
陳積桂妻黃氏年二十五桂故守節撫嗣歷二十年賊至不屈
賊怒剮殺之
汪錫福妻吳氏年二十六福故守節三十七年賊至投水死
文童左化蓮妻王氏年十九蓮故守節撫孤歷四十年賊至死



之
監生吳舜庸妻黃氏庸遇賊殉難氏自經死
邱興榮妻黃氏賊至投水死
張廣洛妻易氏洛故守節四年值粵匪亂氏時居母家賊至投
水死
萬成虞妻江氏年二十九虞故守節撫孤孤殤復撫嗣苦志八
年賊至投水死
鄒子建妻邢氏年二十四建故守節撫孤歷十四年賊至投水
死
邵希高妻童氏 姪婦吳氏賊至均投水死 以上縻義鄉
梅如篪妻方氏咸豐四年閏七月遇賊於梅家岡不屈死之
江開福妻汪氏咸豐五年三月賊至氏大罵賊殺之

胡瑞蘭妻李氏年十九蘭故守節撫嗣咸豐六年二月賊至投水死

胡出楷妻李氏年十八歸楷逾年楷卒守節咸豐六年春賊至適姑病氏不忍走賊露刃索金布婦紿之曰我孀婦無多貲有錢投匿門外塘中爲若取之至塘側投水死

胡永林妻張氏　梅必武妻陶氏咸豐七年七月均遇賊不屈投宋家大塘死

姜象雲妻王氏　姜象雄妻鄧氏咸豐十一年二月賊至俱投水死

巴貽豐妻邱氏姪謀道妻華氏咸豐十一年二月賊至俱投水死

監生張春陽妻鄭氏次子兆潤妻蕭氏咸豐十一年三月賊至



俱投周泥金灣塘死　周氏兆潤繼妻也同治二年八月避賊過泥金灣知爲先姑及蕭氏自盡處涕泣不忍去比聞賊近亦投是塘死人稱一門三烈

徐其發妻張氏咸豐十一年三月遇賊不屈死

謝長興妻陳氏年二十七興故守節咸豐十一年挈子女避賊於太保社賊近遣子奔避母女投水死

王道學妻范氏咸豐十一年賊至投水死

陶宜廣妻王氏年二十四廣故守節撫孤同治三年五月遇賊不屈死

汪能萬妻蔡氏同治三年五月萬遇賊不屈死氏殉之

周長順妻陶氏長媳何氏次媳張氏同治三年五月避賊大屋衡賊至俱投水死時與張氏並稱一門三烈云

胡國鼇妻鍾氏年二十四鼇故守節撫孤同治三年五月遇賊不屈死

謝道芳妻宋氏同治三年五月避賊崎山見賊逼近投水死

王長有妻汪氏同治三年五月避賊鐵冶賊至投水死

孫爲楷妻梅氏　孫師肇妻蔡氏同治三年五月在桂雨尖遇賊均不屈死

監生陶維垣妻徐氏　梅烈勝妻陶氏同治三年五月在崎山遇賊均不屈死

何敬福妻王氏年三十福故守節撫嗣同治三年五月賊至投水死

周啟槐妻汪氏槐故守節同治三年五月賊至投水死

鄧維駟妻吳氏同治三年五月賊至氏攜子女投水死



鄧維審妻傅氏同治三年五月賊至隨姑吳氏投水死

熊錫琛妻何氏同治三年五月賊至氏抱子投水死

巴興周妻鄧氏年三十周故守節同治三年五月賊至投水死

鄧在進妻洪氏　文童劉堯民妻鄧氏同治三年五月賊至俱投水死

陶楚宏妻熊氏　黄顯烈妻王氏　董傳高妻胡氏　洪景田妻吳氏　胡德貴妻余氏均同治三年五月遇賊不屈死

王朝翰妻何氏　陶邦佑妻吳氏　趙新燦妻曹氏均同治三年六月遇賊不屈死

胡正茂妻陶氏　胡正薰妻周氏　胡登鼇妻曹氏均同治三年七月遇賊不屈死

胡儒珍妻劉氏　劉雅南妻周氏均同治三年九月遇賊不屈

死
庠生朱德滋妻陳氏滋故守節收滋遺稿珍藏之同治三年賊
至括財帛並火其書氏忿與爭賊怒手刃之
方之源妻王氏同治三年避賊呂家灣賊至投水死
曾廣貴妻謝氏　楊萬盛妻陳氏同治三年賊至俱投水死
江景星妻呂氏同治四年十二月避賊白塔河賊至投水死
劉昌泰妻姜氏同治四年十二月在大吳圩聞賊至自經死
孫兆桂妻陶氏同治四年十二月在牛馬嶺遇賊不屈死
姜天富妻汪氏　姜似源妻汪氏娣姒也同治四年十二月賊
至先後救姑罵賊賊並殺之
文童朱家燧妻彭氏歸燧甫六月燧故氏守節同治四年賊至
掠氏氏大罵賊殺之



張學輝妻王氏避賊古姬寺賊近抱子投水死
朱家信妻胡氏避賊太保社賊至死之
朱恆發妻喻氏　黃德榮妻朱氏賊至俱投水死
管宏鈞妻程氏　管明珠妻某氏賊至俱投水死以上上伍鄉
胡華柄妻胡氏咸豐四年三月避賊姚家河鐵門限見賊逼近
投水死
王樸循妻張氏咸豐四年七月在細河口遇賊不屈死之
生員馮焜妻程氏　文童馮占連妻程氏娣姒也咸豐五年賊
逼近氏相謂曰殺身事小辱身事大遂赴近村之兩河口連
袂投水死
王景鍾妻韓氏咸豐五年賊逼近投水死
監生胡華泗繼妻夏氏咸豐六年八月在舊街東大屋山遇賊
不屈投水死見節義錄
胡定舉妻夏氏年二十八舉故守節撫孤咸豐六年賊至劫氏
氏憤極戟手大罵賊怒剸之以刃創劇投水死
戴基寶妻鄧氏年二十四寶故守節咸豐十一年二月避賊道
士岡賊至投水死
王樸健妻涂氏咸豐十一年二月賊至投蕭家塘死
王基暢妻泰氏咸豐十一年四月賊至投水死
胡兆愷妻詹氏年二十八愷故守節撫孤同治三年四月在淋
山河遇賊不屈賊殺之
王城經妻梅氏同治三年五月避賊明家河賊劫氏氏大罵激
賊怒賊支解之
周長元妻劉氏同治三年五月遇賊於楊柳寺側不屈死之



趙錫璜妻劉氏同治三年五月遇賊於大崎山下不屈死之
余其發妻楊氏同治三年五月賊竄伍重鄉發遇害氏奉毋徐
攜幼子又賜同赴楓樹坳塘死之
王純學妻徐氏同治三年五月賊至投鐵冶鍾家塘死見節義
錄
左法湯妻蔡氏同治三年五月在崎山遇賊湯不屈死氏殉之
陳坦元妻李氏同治三年五月賊至投蕉家塘死
高舉徵妻王氏同治三年五月避賊林家砦賊至投水死
文童陳瑞芝妻操氏年二十餘芝故守節同治三年五月避賊
鐵冶賊逼近投漆園寺門首塘死見節義錄
孔憲山妻葉氏同治三年五月遇賊於葉家衙不屈死之
徐懋柏妻葉氏　徐炳智妻賈氏姑婦也同治三年五月賊殺

懋柏見賈將迫之葉怒罵曰鼠賊旣殺吾夫復逼吾婦耶當死爲厲鬼殺賊耳言已相率赴水死賈子尙在襁褓亦溺死炳智尋以憂卒

王基治妻洪氏同治三年五月賊至投水死

王崇浩妻邵氏同治三年五月賊至刦氏氏大罵賊殺之

舒中瑛妻王氏同治三年五月遇賊憤罵乘間投水死

五品銜胡華級妻梅氏　生員胡桂馨妻張氏娣姒也同治三年五月避賊團風賊逼近俱投水死見節義錄

文童陳瑞蘭妻操氏蘭故守節同治三年五月賊至投漆園寺門首塘死

王名州妻鄧氏年二十二州故守節同治三年五月避賊祁家衝賊逼近投水死



羅治熠妻鄒氏年二十四熠故守節同治三年五月在鄒家衝遇賊不屈死之

麻城張汝蘭妻舒氏同治三年蘭被賊擄氏聞卽自經家人救之始甦後於四年十二月避賊團風鎭賊逼近投江死

章廷揉妻朱氏年二十八揉故守節同治三年遇賊不屈死之

秦楚春妻韓氏同治三年避賊石盤嘴見賊至投水死

涂尙勇妻江氏同治三年（一作四年）攜幼子避賊崎山賊至棄子投水死

王光驥妻黃氏　王光炯妻陶氏娣姒也同治四年十二月在何家湖見賊逼近俱投水死

王緒亨妻高氏同治四年十二月遇賊不屈死

王世蘭妻宣氏同治四年十二月在石磯腦遇賊不屈死之

操元興妻鄧氏年二十四興故守節撫孤同治四年冬遇賊不屈死

徐之冕妻彭氏同治四年十二月賊至投水死

王景宏妻童氏同治四年賊至投水死

王光漢妻孫氏同治四年賊刦氏氏指賊大罵賊怒撲之地榜管刺烈無可擊者氏至死終不少挫　以上下伍鄉

余獻銖（節義錄作獻珠）妻徐氏咸豐四年五月氏抱幼子同娣程氏及夫妹豔姑避賊岐亭賊至俱投水死見節義錄

程鵬舉妻張氏咸豐四年六月賊肆焚刦氏罵賊被殺

羅方溥妻徐氏咸豐四年六月罵賊被戕

監生曹鴻彬妻張氏咸豐五年五月避賊麻城薛家山賊至投河死



江景鸞妻吳氏咸豐五年十月賊至氏時在母家見父長烈投水死遂攜子從之俱死

李世盛妻陳氏咸豐五年遇賊不屈死

軍功施世泰妻彭氏咸豐五年世泰練勇勦賊六年三月賊刦氏勦泰降氏瞋目大罵賊斷其舌猶喃喃不絕聲賊怒積薪焚之

庫南山妻王氏咸豐六年三月罵賊被戕

張全喜妻宋氏　張煥春妻李氏咸豐十一年二月避賊紫潭河見賊逼近均投水死

李振堧妻張氏咸豐十一年二月（一作咸豐五年五月）在倉子埠遇賊賊掠堧氏指賊大罵賊刃之

李大誤妻吳氏咸豐十一年二月賊至投水死

張同發妻陳氏咸豐十一年十二月遇賊不屈投水死
吳光魯妻張氏同治二年九月罵賊被戕
彭保佑妻李氏　劉光琳妻林氏林姪孫女珍女同治二年九
月避賊同匿村後溝中賊覺之呼之出不應積薪爇死
劉序德妻徐氏同治二年九月在張公橋遇賊不屈被創死
任楚善妻胡氏同治三年五月遇賊不屈死見節義錄
高章達妻歐氏同治三年五月賊至攜子采喜女梅秀赴水死
江景權妻徐氏同治三年五月避賊鐵冶耳子嶺賊至投水死
羅貞啟妻劉氏同治三年五月避賊葉店賊逼近投水死
汪煥文妻張氏同治三年五月遇賊於彭城坂谷家嘴不屈死
李楊普妻張氏同治三年五月賊掠普氏忿極大罵賊殺之
蕭式容妻徐氏同治三年五月遇賊於安仁湖不屈死之



胡秀坤妻李氏同治三年五月遇賊於李家楊林秀坤遇害氏
與女桂枝皆不屈死
黃良富妻張氏同治三年五月遇賊於葉店黃六官不屈死之
劉學勝妻郭氏勝遠貿久無耗氏親執家苦二十餘年同治三
年五月氏時居母家賊至劫氏氏愊億大罵賊殺之
監生郭亮禹妾胡氏禹故守節同治三年五月避賊段家灣賊
至投水死
溫志亮妻陶氏　溫丞升妻曹氏同治三年五月賊至俱投水
死
徐長林妻郭氏同治三年五月賊戕其姑氏以身衛姑賊復劫
氏氏大罵賊殺之
劉遠輝妻張氏　劉同輝妻朱氏同治三年五月賊至張投水
死朱抱幼女亦投水死
監生周大修妻郭氏同治三年五月遇賊不屈被創投水死
曹紹元妻劉氏　曹紹貴妻馮氏娣姒也同治三年五月賊至
同赴水死
曹志道妻張氏同治三年五月賊至投水死
黃輝獻妻曾氏　生員黃家福妻黃氏同治三年五月均遇賊
不屈死
彭爾麒妻徐氏同治三年五月遇賊不屈死
郭元春妻程氏同治三年五月在邱家田遇賊不屈死之
徐天印妻郭氏同治三年五月避賊磧子灣賊至投水死
徐慎慶妻董氏同治三年五月在爛泥河遇賊不屈被創死
徐修榜妻雷氏同治三年五月在爛泥河罵賊被戕



文童熊名簡妻孫氏同治三年五月避賊潘家塘賊逼近攜幼
女赴水死
文童汪引盛妻吳氏同治三年六月賊寇麻城時氏適母家隨
母走鉋頭河高岸村遇賊劫氏氏大罵賊怒殺之見節義錄
汪蔚彬妻張氏同治三年十月遇賊於深丈埠大罵激賊怒賊
殺之
張秉翰妻徐氏同治三年九月聞賊近投徐家港死
曹義取妻周氏同治三年避賊麻城丫頭山西衝賊至劫氏氏
大罵賊磔之
郭能貴妻梅氏同治三年賊至投水死
文童徐明福妻余氏同治三年遇賊不屈被創赴水死
陳昇山妻王氏　陳光第妻胡氏同治四年五月在方一渡遇

賊賊劫之俱大罵被殺
王合意妻劉氏同治二年九月賊劫氏氏大罵賊磔之
袁章翥妻徐氏同治四年冬遇賊不屈死
李勤交妻陶氏同治四年冬遇賊於三分湖不屈死之
李克美妻楊氏　陳秀嶺妻王氏同治四年冬避賊廟耳墩賊
至俱死之
黄才緯妻張氏同治四年十二月賊至投河死
黄世壽妻戚氏同治四年十二月賊夜至獲壽索金不與將殺
之氏紿之曰釋我夫我與若金賊卽釋壽問金所在氏瞋目
罵曰我適誑賊救夫耳安得金賊怒殺之
程純柏妻任氏同治四年十二月在紫荆湖遇賊不屈賊殺之
蔡望華妻袁氏同治四年十二月罵賊被戕



沈正望妻何氏年二十九望故守節同治四年十二月罵賊被
戕
鍾起義妻羅氏同治四年十二月避賊孫贊華見賊近投水死
六品軍功鍾與信妻姜氏同治四年十二月賊至投水死
高純亮妻沈氏同治四年十二月賊至見藏書將焚之氏憤甚
罵賊賊捽氏投水中溺死
劉萬清妻曾氏　陳長興妻曾氏　王文進妻張氏　何福全
妻朱氏均同治四年十二月遇賊不屈死
李基柏妻楊氏　彭扶佑妻蔡氏均同治四年十二月遇賊不
屈被賊焚死
喻仁圃妻汪氏同治四年十二月賊至索金氏與賊抗賊怒煅
其室氏憤觸牆死

吳成發妻李氏　吳有富妻沈氏　羅志大妻高氏　羅明太
妻李氏同治四年十二月遇賊均不屈賊俱殺之
潘夏典妻程氏年二十典故守節同治四年十二月遇賊不屈
賊殺之
陳季隆妻梅氏　劉萬年妻李氏同治四年十二月遇賊不屈
賊並殺之
喻治全妻張氏同治四年十二月遇賊被創氏大罵賊捽投火
中焚死
陳育英妻李氏年三十英故守節四十三年嘗乞食奉公姑同
治四年十二月遇賊不屈賊怒積薪焚死
黄才年妻高氏同治四年十二月賊劫氏氏大罵賊抉其齒罵
愈烈含血噀賊賊殺之



高春山妻余氏同治四年十二月賊至投葉店余家塘死之
余握衡妻李氏同治四年十二月避賊葉店青頭嘴賊至死之
庠生陳見灼妻曾氏　文童陳道坦妻劉氏姑婦也同治四年
十二月賊至俱投水死
方步青妻黄氏年二十四青故守節同治四年冬賊至投水死
郭存怏妻徐氏年二十六怏故守節撫嗣同治四年冬避賊劉
集區賊逼近氏曰我節婦也義不受辱赴水死
熊世剛妻胡氏同治四年十二月聞警走張店賊至劫氏氏大
罵不屈賊磔之
監生熊元修妻羅氏同治四年十二月罵賊被戕
王廷圭妻李氏同治四年十二月賊至投水死
庫太友妻陳氏同治四年十二月避賊至泥河賊逼近投水死

黃師彭妻邱氏年二十八彭故守節同治四年遇賊不屈死之

黃遐遠妻胡氏同治四年避賊白頭汊賊至投水死氏有女適周是日從溺死

荆振乾妻黃氏同治四年避賊白頭汊賊至抱幼女隨母胡氏投水死見節義錄

羅啟芳妻童氏（節義錄童作董）年二十九芳故守節撫孤同治四年賊至在羅家大樹西灣投水死見節義錄

喻錫億妻高氏同治四年遇賊不屈死

徐紹倫妻萬氏同治四年避賊吳太村賊逼近投水死

江長松妻高氏同治五年正月罵賊被戕

軍功張惠膽妻鍾氏同治五年正月賊執氏剚刃於頸曰吾當殺汝念汝老有金即免死氏大罵曰死即死耳安得金賊殺之

黃可際繼妻洪氏同治五年正月賊至際被戕氏指賊大罵賊刺之傷劇數日不食死

職員黃家璧妻董氏同治五年正月賊至投水死

黃全階妻林氏同治五年正月罵賊被戕

張惠先妻繆氏　張紹祖妻章氏同治五年正月賊至俱罵賊被戕

黃全魯妻徐氏同治五年正月罵賊被戕

劉萬春妻吳氏同治五年正月在張店遇賊不屈死

吳光崇妻羅氏同治五年正月賊至投水死

徐秉暘妻陳氏同治五年正月在柳子港南見賊逼近投水死

朱[illegible][illegible]妻郭氏同治五年正月賊至赴水死



李德高妻汪氏同治五年正月遇賊於廟耳墩不屈死之

陶啟華妻向氏年二十八華故守節同治五年罵賊遇害時年一百歲

職員程毓楠妻施氏同治六年二月避賊陶家河舟中賊逼近舟氏棄子女赴水死

萬方吉妻余氏同治六年二月在棋杆灣見賊逼近投水死

霍汝錫妻汪氏（縣冊汪作王）年二十七錫故守節撫孤女同治六年二月在袁家灣遇賊不屈攜女投水死

喻錫瑛妻黃氏同治六年賊至投水死

劉學頵妻陳氏年二十四頵故撫孤守節六十年賊至死之

彭定銳妻譚氏銳死於賊倉卒不能斂氏守屍三日賊復至氏投水死

劉學灝妻郭氏　劉光煦妻董氏賊至同赴水死（以上庶安鄉）

從九品殷俊妻夏氏咸豐五年五月攜子女避賊與賊遇賊劫氏不屈賊殺之俊亦遇害

張永秀妻陳氏咸豐五年賊至氏以秀病不忍遠離遂遇害

葉大銳妻陳氏咸豐五年賊至死之

項玉先妻黃氏　項明德妻萬氏　項遂輝妻胡氏均咸豐五年遇賊不屈死

柳廣和妻逄氏　柳宏發妻魏氏均咸豐五年遇賊不屈死

萬長友妻張氏　萬炳義妻柳氏　萬炳坤妻張氏均咸豐五年遇賊不屈死之

朱功普妻潘氏　朱玉德（節義錄作德玉）妻彭氏均咸豐五年遇賊不屈死見節義錄

羅應愷妻李氏　羅永緒妻張氏　張文太妻柳氏咸豐五年
賊至俱死之
柳德新妻熊氏年二十五新故守節撫孤延焘咸豐五年五月
賊至氏年七十六焘負之逃賊及之母子俱遇害焘載孝友
傳
監生林味根妻羅氏咸豐十一年二月避賊黃安吳王廟賊至
赴水死越數日得屍面如生先是根伯林志依以陣亡受䘏
氏嘗曰人誰不死阿翁雖死死不朽矣至是死節
皮昌業妻駱氏咸豐十一年二月氏率二女孫避賊黃安樟樹
凹賊逼近俱投水死
方壽天妻羅氏咸豐十一年二月賊至攜子及婦俱投水死
方壽和妻程氏　方壽江妻陳氏咸豐十一年二月賊至俱投



水死
陳鴻翥妻胡氏　陳鴻猷妻葉氏咸豐十一年二月賊至俱投
水死
監生劉作霖妻張氏咸豐十一年二月避賊興隆集賊逼近投
水死
張希恩妻章氏咸豐十一年二月避賊黃安廣勝寨賊至投水
死
張履坦妻馬氏咸豐十一年二月避賊黃安賊至投水死
潘潤和妻劉氏咸豐十一年二月在黃安廣勝寨李家下塘見
賊臨至投水死
謝永興妻徐氏咸豐十一年二月賊至投水死
彭百興妻黎氏咸豐十一年二月賊至投水死

游亭鋐妻夏氏同治二年九月避賊八里坂普菴塘賊逼近投
水死
監生游亭煦妻羅氏　生員游與楊妻劉氏同治二年九月在
童家嘴見賊至俱投水死
羅載崇妻李氏年二十八崇故守節同治二年九月賊至氏匿
劉閔溝內賊積薪爇死
歲貢生游鴻運妻黃氏同治二年九月賊竄李集氏投水死
鄧家起妻桂氏同治三年五月賊至投水死
劉叔玉妻宋氏同治三年五月賊至投水死
劉庭光妻朱氏同治三年五月賊至抱女投水死
劉士啟妻許氏同治三年遇賊不屈死之
張緒楷妻胡氏同治三年十一月賊至投江死



陳仁親（節義錄作榮親）妻韓氏同治三年賊踞江北執氏翁索貨氏詭
言以身代質釋翁取貨賊信之翁遁氏投水死見節義錄
張登連妻劉氏　張全壽妻周氏同治三年在大崎山遇賊均
不屈死之
舉人嚴家珩繼妻段氏節孝已見前傳同治四年冬賊至氏遇
害見節義錄
嚴啟信妻李氏同治四年十二月信長子用賓爲賊掠信罵賊
不屈賊殺之氏救信觸賊怒賊又殺之
嚴保元妻萬氏同治四年十二月遇賊不屈被賊焚死
嚴家治妻曾氏同治四年十二月賊執氏撲殺之長子啟相馳
救亦遇害見節義錄
張和澍妻余氏　李延仁妻商氏　甘顯朝妻李氏同治四年

冬遇賊均不屈死
賀奎煥妻周氏同治四年十二月在水口見賊逼近投水死
賀向辰妻余氏同治四年十二月避賊柴泊湖賊至劫使乘馬
氏自馬上躍入湖溺死
程錦春妻樂氏同治四年十二月賊劫氏不屈苦無死所適經
孫贊埠橋乘間投橋下死
萬成恒妻周氏同治四年十二月賊至投江死
黃陂萬迪宏妻夏氏同治四年十二月氏時在母家遇賊投溷
軒磯不可近賊棄去氏見後賊踵至遂投龍王墩河死
萬鼎燕妻張氏同治四年十二月賊至闔戶自縊死賊燔其屍
萬鼎豫妻朱氏同治四年十二月賊至劫氏氏不屈賊怒挺擊
立斃積薪焚之



萬裕燉妻魯氏同治四年十二月賊至劫氏氏大罵賊怒殺之
萬成全妻李氏同治四年十二月遇賊不屈死之
監生張於晉妻程氏同治四年十二月賊擄氏孫氏執孫與賊
爭遂遇害
文童萬裕楨妻嚴氏同治四年十二月楨遇賊害氏憤罵投水
死楨見忠義傳
李光栄妻童氏同治四年十二月賊至赴水死
李光明妻李氏同治四年十二月在九家泊見賊逼近投水死
從九品張崇源妻薛氏同治四年十二月遇賊不屈被重創投
水死
監生陳照明妻柳氏同治四年十二月賊入氏村氏閉戶抗拒
賊火其廬被焚死

章殿魁妻程氏同治四年十二月氏聞警抱幼子走避與賊遇
賊奪其子將犯氏氏枚柱大罵賊刃之未殊棄去氏投水死
賊退魁收葬子猶在懷見節義錄
陳元宏妻羅氏同治四年十二月賊至投柴湖死
增生陳澤溥妻秦氏同治四年十二月賊至焚氏廬舍氏罵賊
賊磔之見節義錄
程萬年妻張氏同治四年十二月賊至投水死
李發殿妻李氏同治四年十二月賊劫氏不屈縛小犢背上驅
之行至柳林氏紿賊飲牛乘間投水死
林向桐妻金氏同治四年十二月遇賊不屈賊劈其首死
甘必重妻李氏同治四年十二月遇賊不屈被重創死
陳廣生妻朱氏同治四年十二月賊執生戕之氏聞自經死
職員張熺鈞妻熊氏同治四年十二月避賊慕義鄉賊至投水



死
李英祥（一作英强）妻李氏　陳致修妻周氏均同治四年賊至投水
死
劉以順妻明氏同治四年遇賊不屈死之
周振起妻魯氏起故守節二十餘年同治四年遇賊不屈被戕
朱澤淩妻周氏同治四年避賊走蘇家山下賊至赴水死
朱福昇妻周氏同治四年避賊至界埠半辮山賊至抱子投崖
死
朱功燗妻余氏年二十燗故守節同治四年在水口遇賊赴水
死
周振發妻賀氏　周振富妻陶氏娣姒也同治四年避賊至界

埠河口見賊麕至均投水死
方壽銀妻屠氏同治五年正月賊至投水死
陳嘉會妻汪氏同治五年正月賊肆焚掠氏罵賊被創赴水死
吳成禮妻胡氏同治五年正月賊至投水死
文童羅以堃妻劉氏同治六年二月賊至投水死
鄧家亭妻羅氏同治六年十二月賊至抱子投水死
鄧元亨妻羅氏同治六年十二月遇賊不屈被重創投水死
羅載策妻萬氏年二十一策故守節撫嗣同治七年賊至投水
死
羅啟煜妻盧氏年六十罵賊遇害
張克仁妻羅氏賊至劫氏氏憤罵賊怒灼之至死不絕聲
鄧永升妻張氏賊至攜女寶姑同赴水死



程秀椿妻張氏賊突至不及避以抱中幼子屬椿走自投水死
陶鳴壽妻許氏壽故守節二十餘年賊至投水死
羅方明妻徐氏　彭逵喜妻劉氏遇賊均不屈賊並殺之
尤紹家縣冊作紹嘉妻萬氏家故守節三十餘年賊至登樓自經死
見節義錄
揭昭陞妻程氏陞故守節二十餘年賊至罵賊被戕
彭啟才妻袁氏　彭高類妻王氏　程松發妻李氏　張應貴
妻彭氏均遇賊不屈死
張序章妻劉氏在岐亭見賊至赴水死
柳宏科妻陸氏賊至抱幼子投水中賊入水擘其袂氏罵不絕
聲賊怒并其子俱殺之
柳宏富妻魏氏　王德成妻張氏　周高堃堃一作旺妻張氏均遇
賊不屈死
陳光錫妻李氏　陳德發妻曹氏均遇賊不屈死
張新富妻蔡氏　張重慶妻朱氏　張德妻吳氏均遇賊不屈
死之　以上中和鄉
周振鐸妻熊氏咸豐三年十月賊陷黃州勢官兵有庸亡者投
氏舍匿之賊比搜獲並氏殺之
邱衍春妻姜氏咸豐三年冬賊劫春及氏氏罵賊賊俱殺之
監生胡兆鼇妻姜氏咸豐四年二月賊掠雅淡洲氏抗賊遇害
長子益元因救母罵賊亦被創次子逢吉武舉人少子文楠
監生
葦興隆妻廖氏隆故守節撫孤正山咸豐四年五月賊至殺山
氏憤投水死



汪德明妻石氏咸豐五年二月氏歸母家經龍家渡遇賊至投
水死
殷特柯妻周氏咸豐七年六月賊逼至葉家埠抱子投水死子
浮水面得生
萬世澄妻廖氏咸豐十一年二月賊至投水死
胡楚才妻何氏咸豐十一年二月遇賊大罵賊殺之
徐行貴妻王氏咸豐十一年二月在東弦鄉見賊逼近投水死
王域先妻劉氏同治三年遇賊不屈賊殺之
徐天應妻郭氏年二十一應故守節同治四年正月罵賊被戕
徐道松妻何氏　徐道溢妻周氏娣姒也同治四年十二月賊
至同赴潭水死周次子尙幼隨母溺死
陳先貴妻陶氏同治四年十二月賊至投江死

會啟壽妻甄氏同治五年五月賊執氏索錢帛不與賊笞之氏負氣大罵賊怒縛氏手足懸梁下積薪焚死

呂茂昌妻葉氏年二十歸昌甫三月昌故守節五十年賊至不屈被焚死

黃州協守兵夏開貴妻喻氏賊至貴奉協差偵事事洩縶氏嚴詰氏潁死不屈既恐賊無左驗必更羅酷毒且終累貴遂引頸就縛索力自縊死

以上厢坊鄉

曹某氏咸豐五年五月避賊麻城薛家山賊至投河死子大畲甫五歲見母屍浮水面沿河號泣十餘里至楊叉河遇鄉人避亂歸者求拯出舁歸瘞之

李蕭氏　李劉氏均咸豐五年遇賊不屈死之

徐童氏咸豐六年七月在徐家樓遇賊不屈死之



涂吳氏　涂敷堂妻李氏姑婦也咸豐七年六月賊至均投水死

趙袁氏咸豐七年七月賊至氏時有身攜子避亂至孫家橋見賊近赴水死

譚姚氏咸豐十一年二月賊至罵賊投水死年十九

邱烈婦某氏邱能順子婦咸豐口年遇賊不屈投水死

劉胡氏同治元年八月在鴿子湖見賊逼近攜幼女投水死

劉王氏同治元年八月在鴿子湖被賊圍逼甚氏罵賊攜子國祚投水死

蕭洪氏同治二年九月賊至投水死

曹楊氏同治三年五月賊至死之

鄧吳氏　鄧維審妻傅氏姑婦也同治三年五月賊至均投水死

汪曹氏同治三年五月遇賊不屈死之

監生黃席恆妾某氏同治三年五月遇賊不屈死之

陳芳獻妻喻氏　陳胡氏姑婦也同治三年五月避賊張家山賊至胡赴水死喻及女孫芙蓉孫乾軼皆不屈餓死

張詹氏張守先母同治四年冬遇賊不屈死之

蔡氏　徐氏同治三年五月均遇賊不屈死

劉氏　郭氏　林氏同治三年秋賊至同匿溝中賊呼之出不應積薪薰死

宋黃氏避賊陶璜寨賊至赴水死

許金氏同治四年十二月賊至自刎死

鄧氏年二十五夫故守節同治四年十二月遇賊不屈死之



袁喻氏同治四年十二月遇賊不屈死

金許氏同治四年十二月賊至自刎

嚴羅氏同治四年冬賊夜至氏逃避他室賊獲之不屈被殺

嚴陶氏同治四年十二月遇賊不屈死之

王陳氏　周熊氏　龔氏　胡氏同治六年二月均在鴿子湖遇賊不屈被戕

千總胡希翰妻某氏同治四年避賊木楊宗賊至不屈賊刃之

汪極源祖母毛氏賊至源負氏走遇賊擄源氏罵賊賊怒並殺之

巴華氏　巴邱氏賊至俱投水死

李孟氏賊至罵賊被戕

李李氏賊至不屈投水死

烈婦十九娘咸豐六年三月賊踞黄岡劫掠良細百餘人置團風江舟中俾人輸金粟自贖烈婦嘆曰身雖爲虜義不受辱於飛廬板上題詩一首云生長朱門十九春而今竟作亂離人殺身無益君王事盡節聊酬夫壻情江水夜深沈弱質月明誰與弔孤魂傷心父母恩難報但願來生作子孫時夜闌賊防護稍懈遂潛出投江死嗚呼烈婦可不朽矣惜姓氏不傳爰取詩中十九二字名之謂之十九娘

易家山烈婦不知姓氏同治三年五月避賊至易家山套子灣見賊近投水死

連湖烈婦乙丑之亂避賊連湖港者近萬人港四面皆水中一洲往來者以船濟賊偵知之無如何也適擄一婦賊即改裝作擄家屬避難狀來喚渡舟子信之推船至將傍岸所擄婦



大呼曰此賊也特劫我以誘汝者汝愼勿來舟子大駭揚帆亟去回視則婦已爲賊寸磔矣

洪家栗林烈婦不知姓氏同治三年五月避賊至洪家栗林偵日暮賊至苦不得死大罵激賊賊磔之

鄭家濠二烈婦不知姓氏同治三年五月避賊至鄭家濠賊近俱投水死

雙塘烈婦不知姓氏年二十許同治三年五月避亂鐵冶壞兵橋至雙塘見賊至投水死越日浮出幼子猶在抱土人埋之雙塘側議敘於瑞芝爲立碑

界埠渡口烈婦同治四年十二月避賊至界埠渡口賊及之劫婦婦不屈大罵賊怒寸磔之鄉人朱昌林等隔河見之

無名氏烈婦年六十餘同治四年十二月遇賊投金家橋下死

新洲烈婦無名氏同治四年冬遇賊於新洲賊驅婦入民舍婦罵曰咄反賊死即死耳我豈肯爲奴輩辱哉賊好言慰之罵益厲褫其服縫結不可解賊怒積薪焚之女姥黄目擊其事

無名氏婦女白屋山有劉姓村村後陰溝長半里許周以巨石中空洞可容百餘人同治二年秋捻逆下竄人不及逃多匿溝中賊偵知之呼之出不應則以毒煙薰之男子皆出婦女懼爲賊虜卒不出盡死其中賊退發視諸屍悉爲煙毒所薰七竅流血枕藉以死無一失節者

以上各鄉採訪所報待　旌殉難烈婦間有姓氏里居及殉難年月未詳者皆附載備考

漢州知州劉退亮妻曾氏咸豐二年隨亮寓居省垣城陷死之氏女大姑二姑從之俱死



徐敦禮妻涂氏　馬先珠母范氏　生員程錫疇妻馬氏均咸豐三年殉難

王子樹妻喻氏　余占鰲妻操氏　操媳江氏

余魁榜妻張氏　余良駿妻朱氏　李應生母楊氏

曹鴻釗妻張氏　胡長安妻王氏　左有銘妻洪氏

羅正春母劉氏　韓明太妻童氏　韓宏昇妻余氏

武生程前榜妻陳氏均咸豐四年殉難

朱世豪妻張氏　陳百楷妻胡氏　張智仁妻羅氏

左毅銳妻劉氏　劉文庚姑　梅長青弟婦王氏

程大興母馮氏　程大興妻吳氏　陳懷玉母黄氏

馮天章弟婦程氏均咸豐五年殉難

宋功勳妻唐氏咸豐六年在漢陽殉難

前保康汛千總呂森妻金氏咸豐六年殉難
左宏勳妻蔡氏　張開明妻陳氏　張理占妻雷氏
宋宏大妻趙氏　易起訓妻李氏均咸豐六年殉難
余國輝妻張氏咸豐七年殉難
徐德明妻余氏　余應泰聘妻張氏　生員余文翰母卜氏
均咸豐十一年殉難
監生張六起妻何氏同治二年殉難
畢運儀妻陳氏　賀榮逵（縣冊作榮達）妻夏氏　張金鐸妻王氏
張澤玉妻鄧氏　黄民富妻胡氏　黄兆福（縣冊邱作邵）妻邱氏
黄有萬妻熊氏　黄伯侯妻宋氏　謝光鵠妻歐氏
熊玉圖口張氏　戚細佑妻林氏　王光發妻程氏
何善政妻舒氏　於五福妻賀氏　戚家太妻林氏



吳兆賀（縣冊作兆賢）妻徐氏　林登魁妻程氏　監生汪步瀛母熊氏
戚懷珍祖母陶氏　戚懷珍母梅氏　鄧兆珠妻馬氏
鄧兆芳妻馬氏　陳河清庶母余氏　劉玉田妻謝氏
劉玉田養媳謝女　王文凱妻李氏　胡愷妻操氏
胡美振妻胡氏　左春藻妻蔡氏　王樸書妻徐氏
胡榮遠妻梅氏　胡忠利妻張氏　胡長元妻王氏
王純翊妻胡氏　汪緒綠妻張氏　陳萬年妻張氏
孫昌正妻賀氏　李復元妻彭氏　貢生張之屏妻黄氏
均同治三年殉難
郭兆先妻馮氏　涂春陽妻程氏　汪科高妻趙氏
陳德成（縣冊周作張）妻郭氏　張有才妻邱氏　周宗煥妻張氏
周明珠妻邵氏　周功起妻林氏　林美英妻劉氏

程炳裕妻周氏　周宏盛妻徐氏　葉紹春妻陳氏
陳斯和妻周氏　郭廣運妻吳氏　韓普盛妻陳氏
向有倫妻周氏　吳尙德妻林氏　陳祜猛妻周氏
張兆豐妻陶氏　童守典妻鄧氏　林繼先妻向氏
徐秉先妻胡氏　徐兆奇妻程氏　陳泰封妻汪氏
周景文妻陶氏　胡家湧（縣冊作家誦）妻朱氏　周效太妻潘氏
陳緒漢妻朱氏　陳有貴妻周氏　林向珩妻張氏
黄自福妻張氏　陳金榮妻汪氏　陳先登妻陳氏
林和義妻段氏　繆才選妻程氏　陳楚勝妻吳氏
周文魁妻丁氏　黄元禮妻齊氏　陳輝映妻袁氏
劉永亨妻周氏　嚴秀蘭妻李氏　嚴家哲妻羅氏
嚴家瑜妻陶氏　熊宗洛妻陳氏　齊恆山妻郭氏



熊天福妻夏氏　劉永治（縣冊作永志）妻盧氏　劉永正妻潘氏
任荒兒祖母陳氏　任荒兒母劉氏　童錦烈妻李氏
彭開城妻陳氏均同治四年殉難
陳祖受妻邱氏　陳得高妻周氏　陳國祥妻林氏
陳丕輝妻朱氏　王熙灼妻顧氏　韓家珍妻程氏
陳受和妻王氏　張可信妻葉氏　張榮傳妻童氏
張成虎妻張氏　胡紹遠妻姜氏　張國用妻張氏
陳順理妻袁氏　周福來妻吳氏　左法舜妻戴氏
李長甫妻孫氏　吳作富（縣冊作雅富）妻秦氏　王時英妻曹氏
張運太妻鄧氏　張宏光妻李氏　汪鳴鳳妻曹氏
王有章妻林氏　陳祜勝妻陶氏　黄近貴妻胡氏
劉芝敖妻胡氏　易繼會妻蔡氏　何利傳妻孟氏

劉光明妻曹氏　劉其仁妻胡氏　任孔運縣冊作運孔妻盛氏
羅啟芳妻董氏　程本寬妻施氏　黃時佑妻陳氏均同
治五年殉難
霍汝揚妻任氏　黃可祥妻宋氏　黃可吉妻巴氏均同
治六年殉難
徐涂氏同治三年殉難
周黃氏　張周氏　林向氏　林潘氏　張陶氏　周丁氏均
同治四年殉難
周徐氏　向周氏　周羅氏　周葉氏　張周氏　陳程氏
周潘氏　汪趙氏　林葉氏　王顧氏　林楊氏　葉氏均同
治五年殉難
楊李氏咸豐七年偕幼子聲炳殉難



以上依節義錄增入
黃傳準妻劉氏傳準陣亡氏於咸豐十一年四月聞賊近擄三
歲幼女赴水死
江有恆妻陶氏同治五年正月遇賊不屈被戕
汪得名妻陳氏同治五年正月賊至大罵被戕以上據縣冊補
吳廷貴妻趙氏湖南衡山籍廷貴運鹽爲業常挈眷泛宅於江
漢淮揚間咸豐二年冬髮逆陷武昌趨黃州廷貴船泊陽邏
賊縱火焚舟氏赴火死其長子德和痛母憤罵賊以矛剸其
腹腸出立斃奉府札附入

貞女

明

朱貞女許字張倫未婚倫病劇請於父母親侍湯藥倫歿守貞
不返卒年八十八萬歷間旌表
陳貞女知縣陳相道女通論語許字汪二南未嫁二南歿女毀
容自誓衰絰歸汪守志五十七歲卒
余貞女安湖余承靖妹許字張氏子張子幼爲賊掠父母欲更
嫁之女曰吾已許張閉門誓守以終

國朝

劉貞女劉若順女許字陳仲玉未嫁而仲玉亡遂終身不字父
母歿教弟之勳成名守貞五十四年乾隆十年建坊
孫貞女孫如藩女幼許字李廷桂未嫁桂歿女年十七聞訃往
弔遂不返紡績奉姑喪葬盡禮守貞三十八年乾隆二十三



年建坊
曹貞女曹有章女幼許字徐應舉未婚而應舉歿女年十九聞
訃絕粒七日父送歸徐拜姑成服與姑同室奉事盡孝舉兄
生子茂松甫半月請以爲嗣育之成立卒年四十一乾隆二
十四年建坊
蔣貞女蔣元珖次女幼許字屠銘年二十未婚而銘夭女聞信
痛哭絕粒翦髮自誓身更縞素親往奠殯乘間覓死舅姑慰
之遂留養衣粗食淡紡績以佐晨夕嗣舅姑先後歿靡所依
仍還母家孝事父母及歿喪葬如禮乾隆五十二年建坊
余貞女余店鄉民余君儒女未嫁而壻夭有豪宦求之女毀容
矢志依父終老同知于清端匾旌之

周貞女永寧鄉民周子極女許字同里陳氏子陳子遠出不歸父歿或勸改適女正色曰幼受陳聘已決終身言者慚退紡績自給年六十餘卒

周貞女生員周有光女許字張紫文未婚而紫文夭時女年十七請於父母歸張守志舅姑已逝或勸其改適誓死拒之身無完縷並日而食紫文之伯叔父各出錢米以作膳貲

程貞女大崎山民家女也許字同鄉陳敦本年十九敦本歿女往涖弔遂不歸家貧守貞紡績修子婦職足不踰戶卒年七十六黄麻兩邑人士爲之禮葬焉

詹貞女孝廉詹士懿女幼許字王封爵未嫁封爵歿王欲其別字女請母曰女從一而終奈何以歿易封爵歿女往弔遂執婦道事其繼姑守貞五十三年卒封爵弟亦早亡妻王氏與



詹同居苦節六十年卒後合葬焉

馬貞女上伍鄉民馬輝九女許字同里陳命儒未嫁命儒外出不歸或議别字女怒誓死依父母守貞

張貞女張君卿之女也許字同鄉劉必昆未婚必昆遊四川久不歸其母病無所依女遂執婦道奉姑日夜勤侍數年不懈必昆歿人勸改適女怒誓死苦守終身鄉人以貞孝傳

戴貞女鄉民戴中時女許字孫蓋臣次子年十八壻歿矢志守貞或議更適女覺悲號毀容乃止紡績茹齋至親罕見其面年七十一卒

江貞女訓導江漢書孫女幼許字徐世經未婚經歿女聞訃請於父母歸徐衰服成禮事姑孝年四十七卒

萬貞女幼許字鍾天錫未嫁錫歿女年十六聞訃歸於鍾茹苦安貧族人嗣以從子麟生守貞五十六年卒

左貞女左芳名女幼許字張氏子未嫁張子遠貿尋歿女年二十四守志依父母勤苦終身年五十九卒

程貞女南湖程氏女幼許字胡氏子未嫁壻歿女誓守志父喪兄嫂俱亡養母撫姪守貞五十餘年卒

蔡貞女幼許字蕫士占次子未婚壻歿女堅貞自守家貧勤紡績以養母人稱孝姑守貞四十五年卒

巴貞女幼許字黄禾璧子年二十未婚壻歿有勸其改字者女哭拒之孝養其母守貞四十四年卒鄉里立牓稱之

萬貞女許字徐氏子年十八壻夭女衰服臨喪或以未字爲言曰名分已定吾生猶死也遂立嗣以守茹苦終身足不踰閾年七十餘卒



殷女江夏童兩松女許字周昆樹子運康周以子廢疾謝有議改適者女聞截髮自誓至於毀面截耳事乃止壻歿女閉居密室十餘年惟一婢侍及壻弟生子請立爲後曰吾今有母道乃出與家人見

王貞女許字殷履雲之次子殷子外出十餘年不歸殷語其父母爲别字女誓不可苦守六十餘年

邱貞女許字鄭某子鄭子外出十餘年其父母將爲改嫁女自誓曰願守終身閉室紡績卒年五十七

梅貞女諸生梅志郊女許字王宗玠未婚玠卒女年二十二聞訃往弔矢志守貞事舅姑以孝稱卒年五十九嗣子士訓諸生候選縣主簿乾隆六年建坊

徐貞女徐繼直女許字胡名銓未婚名銓歿女年十九矢志守

貞撫姪職員國經爲嗣舅病劇女割股救療尋愈卒年七十道光二十七年題請建坊

劉貞女劉文煊女幼許字倪文錦年十八錦病垂危父命往視錦數張目矚之不能言錦歿女遂留養翁姑服除歸甯老姨微諷之女郎頳怒哭拜父母與家絶越二十餘年父母壽各八十乃一往省撫姪以存錦祀修撰陳沆紀以詩載藝文志

陳貞女陳名揚女幼許字孫顯達年二十未嫁壻歿女聞訃往孫臨殯矢志守貞孝事舅姑卒年七十

嚴貞女教諭嚴承啟長女幼許字喻治豐年十九未嫁豐故女聞訃毁容矢志守貞父母壽之送歸喻事舅姑孝撫姪爲嗣教之成立女卒年五十巳　旌巴東令劉家麟紀以詩載藝文志



蔣貞女蔣敬羣女幼許字張昌棻年十五未嫁聞棻歿矢志守貞終身不字

馬貞女監生馬經邦女幼許字賈榮鳳未婚鳳歿女聞訃奔喪持服立嗣事姑孝卒年七十二并據採訪

程貞女歲貢程光國女許字靖華班未婚班歿女年二十聞訃矢志靡他歸靖守貞足不踰閾

鄧貞女吏員鄧廷烈女幼許字林國彩未婚彩歿女年十九聞訃同母往弔號痛成服誓不返奉彩叔母盡禮撫嗣成立卒年三十一

許貞女許瑄女幼許字陳應祖祖病卒故無家女聞訃終日悲泣有以別字言者幾自經死依父母苦守終身卒年九十四已　旌并據採訪

吳貞女吳元甫女許字程氏子年十八未嫁壻亡女矢志守貞卒年七十八

張貞女幼許字吳文明文明夭女歸吳守貞孝養舅姑卒年七十九

操貞女操履康女許字梅邇連未婚連歿女時年十九聞訃奔喪守貞撫嗣孝事舅姑卒年八十八

靖貞女歸州學正靖崇弼女許字謝氏子遊學四方不知所終女矢志守貞卒年六十八

靖貞女監生靖榮賢女許字謝氏子年十九壻亡誓以死守謝氏具禮迎之女設主於室足不踰閾病家人延醫治之女指手曰有診吾手者吾必自斷之乃止一日索筆書曰吾某日去及期沐浴更衣端坐而逝



劉貞女幼許字陶永州未婚永州歿誓不他適守貞六十三年卒

王貞女幼許字陶慶鶴年十六未嫁鶴歿女往弔誓守孝事舅姑撫嗣成立

汪貞女幼許字李得宜宜歿女歸李立嗣守貞卒年八十餘

陶貞女幼許字戚定乾年二十一乾歿歸戚守貞孝事舅姑撫嗣子成立

方貞女方一林女幼許字謝氏子年二十未嫁壻歿矢志守貞卒年七十六

徐貞女徐對重女幼許字胡格非未婚壻歿女年十七歸胡守貞事姑孝撫嗣成立卒年八十

張貞女張歷壽女幼許字李定中年十六未婚定中歿聞訃歸

李守貞撫嗣
熊貞女江夏熊廣旃女幼許字趙材未婚材歿女年十九聞訃請於父母歸趙守貞閉戶紡績孝事舅姑撫教嗣子雲熊成諸生
王貞女　謝貞女王係王光祿女許字陶履華年十八聞陶卒詣陶大慟欲遂留守陶家貧又無舅姑可倚乃歸母家守貞其弟基陶幼聘謝方杰女未婚卒謝時年十七聞訃卽奔王哭奠矢志同守王家亦貧兩女閉門紡績雖比鄰罕見其面王卒年七十一陶族迎歸與華合葬謝撫嗣成立卒年七十
胡貞女胡廷桂女幼許字劉名義年十九未嫁義歿女適劉守貞甘貧事舅姑孝爲增立嗣卒年六十三
陳貞女幼許字余徳方未嫁方歿父母將他許女聞誓死不從



越三年歸余守貞孝事舅姑撫嗣成立
李貞女許字袁悅素未婚素歿誓不他適歸袁守貞立姪爲嗣勤苦撫之
陳貞女陳諒釆女許字汪敬祖年十九未婚祖歿女聞訃卽過門守貞爲增立嗣凡十有七年卒
黃貞女黃元純女許字徐汲海年十九未婚海歿女矢志守貞卒年六十一
王貞女監生王徳化女幼許字邱汝嘐未嫁汝嘐歿女年十九矢志守貞旋以哀毀歿
欒貞女欒勝友女幼許字張永青未婚青歿女矢志守貞卒年七十八
張貞女幼許字黃世用年十九未婚用歿女矢志守貞卒年七十九
郭貞女郭南岡女幼許字彭宗禮未婚禮歿女年十七矢志守貞卒年七十一
胡貞女胡伯嘉女許字鍾國保年十八未婚保故女矢志守貞卒年六十五
程貞女幼許字廖澤興年十七未婚興故女矢志守貞終身不字
吳貞女許字程明昇未婚昇歿女年十六矢志守貞卒年七十二
姚貞女幼許字陳之駠之駠遊學未歸女依母家守貞不字人罕見其面卒年七十三
易貞女幼許字陳受禮受禮歿女年十九守貞不字立姪爲嗣



勤苦撫之
胡貞女胡昇東女幼許字涂志方甫及笄方卒於蜀女誓不別字涂無親屬可依隨母紡績守貞卒年七十八
余貞女監生余敦欒女幼許字周文珊年二十珊歿女聞欲往毋止之閱二年適周守貞立姪爲嗣
程貞女監生程鴻潤女幼許字萬裕燡燡遊學未歸女矢志守貞撫姪爲嗣
李貞女李仁高女幼許字鄧萬明女年十七明歿女往弔衰絰成禮誓以死守立從子爲嗣卒年五十三
陳貞女貢生陳畏三女幼許字熊衍杞未婚杞夭女年二十三聞訃往弔毀妝成服立姪爲嗣
張貞女許字曾搃莪未婚莪歿女時年十八聞訃泣絕家人救

避誓不別字往弔守貞撫從子爲嗣事姑孝謹兩次刲股救
姑旋以姑亡哀毀成疾年三十五卒
陳貞女幼許字朱承武未婚武卒女聞訃奔赴誓死守貞卒年
七十九
余貞女余成章女幼許字歐陽華家貧依歐母年十七未婚華
歿舅姑憐其少命改適女誓死不二立姪撫之紡績自給卒
年七十七
徐貞女幼許字余廷桂桂患惡疾女立志待痊桂歿女父母亦
故與孀嫂相依守志卒年六十
李貞女李嗣曾女許字王宗富未婚富夭女年十九聞訃投繯
者再家人防護之矢志守貞終身不字
徐貞女徐天柱女許字余氏子增歿依父母守貞終身卒年七



十六
以上舊志
周貞女麻城周秉藺女幼許字陳封震未嫁震故時女年二十
一矢志歸陳守貞立嗣撫之現年六十二已　旌
汪貞女幼許字王必選未嫁選卒女守貞不字已　旌並建坊
吳貞女職員吳正倫長女幼許字張占魁魁病劇女奉父母命
詣張侍湯藥魁故女痛不欲生舅姑勸止之爲立魁姪華珠
爲嗣現年五十六已　旌
王貞女王永逵女幼許字趙承明年二十一未嫁明故女聞訃
歸趙守貞事舅姑以孝稱卒年四十六已　旌
張貞女軍功張崇典女幼許字汪引梧年十九未嫁梧故女麻
衣往弔矢志守貞撫姪爲嗣現年五十七已　旌

朱貞女朱定山女幼許字徐神賜年十八未嫁賜故女歸徐矢
志守貞族人爲之立嗣現年六十三已　旌
王貞女王光全女幼許字徐秉鴻未嫁鴻故女年二十歸徐守
貞立嗣撫之現年五十已　旌
江貞女貢生江清峯女幼許字徐世輔未嫁輔故女年二十歸
徐守貞卒年四十五已　旌
張貞女幼許字余應太未嫁太故女年二十矢志歸余守貞卒
年四十七已　旌
雷貞女監生雷英女幼許字林常菖年二十未嫁菖故女泣請
於父母誓歸林守貞立嗣撫之現年五十八已　旌
沈貞女沈文郁女幼許字杜前桂未嫁桂卒時女年十六矢志
歸杜守貞撫嗣視姪炳琦如己子課讀不少貸現年六十一



以琦貴
貤封宜人已　旌
曹貞女幼許字王祚杰未嫁杰卒女適王守貞孝姑撫姪現年
七十五已　旌
徐貞女幼許字徐光前未嫁前故衰服奔喪守貞立嗣撫之現
年五十一已　旌
程貞女程楷女幼許字萬裕燁未嫁燁故女年十八矢志守貞
現年七十七已　旌核與舊志小異并存之
蔣貞女蔣超義女幼許字張昌棻未嫁棻故女矢志歸張守貞
撫姪爲嗣現年六十四已　旌
華貞女華啟順女因母多病矢志不字侍奉終身卒年八十一
已　旌

趙貞女監生趙敦乾女幼許字陳巨勳年二十二未嫁勳卒女慟欲絶誓不再字陳族人嘉其節立勳姪爲嗣卒年三十六已　旌

程貞女文童程文女幼許字萬咸輔未嫁輔卒女聞訃絶咽數日矢志守貞歸萬事輔父母及大父母惟謹逾年輔父卒次年大父卒女愼終盡禮三年服滿會輔生日女潛至輔墓以輔所遺絲髮縊自經死族人憐之葬附咸輔墓英太守啟有詩見藝文志已　旌

以上採訪所錄已　旌貞女

高貞女滴川府經歷銜高樹槐女幼許字馬澤墀未嫁墀故女聞訃毀容奔喪歸馬矢志守貞

汪貞女汪厚耀女幼許字易未嫁堉故哭泣喪明守貞不字現年六十六　還和鄉



汪貞女幼許字王運大未嫁大卒女立志守貞不字茹苦終身　永甯鄉

黃貞女黃衍孝女幼許字曹世鏞未嫁鏞被賊擄女年二十二矢志守貞依父母終身現年五十

王貞女幼許字王明友未嫁友故女立志守貞撫姪爲嗣現年五十七

熊貞女監生熊芝女幼許字洪才能同治三年能陷於賊女歸洪守貞事姑以孝聞年二十九卒

王貞女桂容王烈桑女幼許字鍾明礐年十九未嫁礐故女聞訃誓不欲生越日歸鍾遂不返守貞數年以憂死

羅貞女幼許字程國森未嫁森故女守貞十餘年卒

劉貞女發容劉兆錄女因父無子守貞不字族人立其堂弟子以爲之嗣　以上慕義鄉

陶貞女陶慶讓女幼許字徐宜粱未嫁粱卒女聞訃痛絶歸徐守貞粱有二弟尙在襁褓家貧姑病女勤紡織供甘旨教粱弟各成立現年五十餘

謝貞女幼許字梅紹寅年十八未嫁寅卒女欲往哭父母未之許也卒亡歸梅矢志守貞現年五十二

胡貞女幼許字羅從灝未嫁灝故父母欲別字女誓不從遂歸羅守貞六十餘年卒與灝合葬焉

管貞女幼許字徐國禮卽育於徐未婚禮故姑欲爲擇壻女不許矢志守貞事姑以孝聞現年五十七

何貞女幼許字甘仁玳玳卒女年十九歸甘矢志守貞立姪爲嗣卒年七十八



霍貞女幼許字梅揚福未嫁福故女年十六矢志守貞現年五十八　以上上伍鄉

吳貞女蓮姑幼許字汪廷獻未及笄獻卒父母擬別字女誓不二後父母家中落女紡績度日艱苦不移族人敬之爲立廷獻姪爲嗣

張貞女張永貞女幼許字胡忠檜年二十未嫁檜故女聞訃奔喪願以身殉舅姑再三勸止遂誓守貞三年哀毀成疾卒與檜合葬焉　以上下伍鄉

胡貞女幼許字劉名義未嫁義卒女年十八矢志守貞撫姪成立卒年六十二

周貞女周大典女幼許字曹大玉玉故女年二十聞訃往奠遂歸曹守貞現年六十五

謝貞女幼許字劉氏子未嫁而劉卒女矢志守貞不字卒年四十六　以上庶安鄉

彭貞女幼許字朱成學年二十未嫁學故女歸朱守貞卒年六十八

喻貞女九姑喻聰四女江西人隨父遷黃幼許字胡年十七胡氏子卒女欲以身殉父不許遂誓不再字卒年七十六

蔡貞女幼許字汪傳受未嫁受故女年十六聞訃歸汪茹苦安貧守貞撫嗣現年五十九

雷貞女幼許字袁祥集未嫁集故時女年二十一守貞不字卒年五十一

潘貞女潘學山女幼許字邱年十四壻故女歸邱矢志守貞現年五十



熊貞女字敏貞嗣榜重游泮水熊寅典女幼許字陂邑劉啟泗啟泗宦游未歸其父劉某勸熊别字女矢志守貞養親不倦現年七十

段貞女段之璠女幼許字程昱基未嫁基卒女聞訃適程守貞事姑以孝稱卒年八十二

徐貞女陂邑廪生徐漣女幼許字熊宗琦未嫁琦卒女聞訃歸熊守貞立嗣撫之現年五十

許貞女幼許字張永義年十一父母俱逝育於張未婚而義故女守貞事姑卒撫小姑復事繼姑錢氏錢又卒遺幼子永昇女又撫之俾成立焉現年七十一嗣子輔正

董貞女董鼎煥女幼許字朱志漣年十九漣卒女辭父母歸朱守貞立嗣撫之現年六十

朱貞女朱有福女幼許字邱勝先未嫁先故誓不再字卒年三十二　以上中和鄉

劉貞女劉榮宗女幼許字甄年十二壻故女守貞不字父母病皆割股以進撫嗣其藻女病藻亦割股人以爲貞孝之報云

謝貞女如姑謝畢元女元無子女誓終養不字卒年四十六

廖貞女大姑監生廖文秀女年十四左目忽眇願不字養親後女病篤時以紡績之資建祖祠於南城外長塘街並置祭産以供歲祀咸豐間祠燬於兵卒年七十二

韓貞女百歲翁韓士宗女母病痿痺久不愈女不字以侍湯藥現年八十六一作六十八　以上厢坊鄉

以上採訪所錄待　旌貞女

烈女

明

陶烈女名足大中和鄉民陶誠之女年十四許字張廷傑廷傑死女欲往奠父母堅止之涕泣竟日自縊死程副使啟朱有弔貞女陶足大詩

金烈女鴨蛋洲漁家女明末許字李氏次子比李子長尫戲日甚李欲以長子阮之父母許諾女聞悲憤曰此何事可移易乎乃縫其周身衣夜半投江死

張烈女嘉靖時人其父先有所許已而悔乃挈居團風鎮見富商許之女引刀自剄遺詩云摇落林居風日淸黄花白露客心驚頻傳信美非吾土卻憶飄零卽此生隱几書聽飛海幰杖藜秋色醉山城年華轉换俱陳跡底事猶牽世上名



劉烈女父負薪爲活正德間流賊過黄見女姝色欲亂之女紿賊以飾妝將登舟遂投江死

易烈女易道八女許孫某乙亥遇賊不屈死

易烈女易道光女許熊友嘉仲子養於熊賊襲白雲寨熊子被殺女憤駡號哭賊攢刺之死

團風鎮烈女逸其姓明季獻賊破團風女登樓賊招之不下焚其樓女掌痕般然頳牆間

竹瓦鋪池邊烈女失其姓氏賊至女結衣履自縊於池邊高樹邑人易爲鼎爲之記

樊口烈女不知姓氏年及笄未嫁左兵東下過樊口掠置馬上以手侵其乳女怒嚙賊手不得脱賊衆斷其首批其頰齒已入骨賊刳肉出齒亦頃刻死詳武昌縣志

國朝

歐烈女歐彝臣女性端厚每誦貞烈事輒三復不厭許字蘄水徐基盤基盤歿女遂自縊時年二十父母合葬之康熙五十九年建坊

吳烈女幼讀書許字桂登瀛未嫁瀛歿女聞之不食旬日父母密防之乘間至後圃竹林中自縊死衣帶有句云此身已許桂三生誓不將身別字人兩家合葬之乾隆八年建坊

汪烈女長姑團風市民汪用和女也言笑不苟許字王必選未嫁而選歿女聞訃欲往弔父母止之自經者三防之密乃絰素而居既而父欲别字女聞一夕整衣自縊乃歸於王合葬焉乾隆十五年建坊

楊烈女生員楊以鏞女幼習父訓以淑愼稱許字蘄水汪士敏



未嫁而士敏歿女聞訃同母往弔號痛成服投繯者再家人防護之絶粒十日而死乾隆十七年建坊

王烈女王其富女許字葛世華年二十未嫁而世華歿訃至女大慟欲往奠母阻之值世華葬女更素服乘母寢熟扃戸自經族戚憐其志爲祔葬世華墓乾隆四十年建坊

喻烈女喻章彝孫女也許字蘄水高渭璜之子未嫁高子廢疾流爲丐其家令女别字女泣曰命定矣安知富者之不丐乎事遂止次年復議改適有期女聞之默無言夜斂衣自縊見

蘄水縣志

李烈女幼許字同里尹繼宗未嫁繼宗夭女聞訃誓欲身殉母止之乘間自縊死

梅烈女道觀河梅以衡女許字同鄉鄭心應年十八未嫁心應

歿訃至女方理絲母起爲餐遂登樓自縊死兩家義而合葬
之前令暢于熊申詳請　旌
朱烈女生員朱建三女許字程文正未嫁文正歿女聞訃遂自
縊死時年十八合葬於五雲寺側
孫烈女理問孫承照女許字馬先知未嫁先知歿女聞訃朝夕
飲泣絶粒死立二姪承祧長澤球監生 並據採訪
張烈女張榮安女幼許字何世爲年二十未嫁爲歿女聞訃奔
弔投水死
何烈女何煅揚女幼許字舒興建未婚建歿女聞訃奔赴撫尸
慟哭未幾卒
萬烈女許字王乃禧未嫁禧歿女聞訃遂以身殉
靖烈女職員靖天柱女許字汪封雍未婚雍歿訃聞女七日不



食卒家人以色絲裹足旋弛改換素帶始受汪迎棺合葬爲
之立嗣
張烈女幼許字程其鐵年十九鐵歿女聞訃三日不食投河死
彭烈女幼許字朱家珣年十九珣歿女聞訃欲往弔父母不允
遂雉經死
王烈女王廷起女幼許字臧氏子年二十未婚聞壻歿悲痛竟
日其夜雉經死
劉烈女劉光錡女幼許字周德風未嫁壻歿女年十七欲往周
守貞母止之遂哀號嘔血踰月死母嘉其志歸於周合葬焉
劉烈女監生劉廷光女幼許字方元美年十七元美歿女欲往
弔家人止之乃縞衣守義謂父母曰兒當以死殉但不服衰
三年非志也服闋終縊死父母移棺與方合葬



楊烈女許字林㑹駿未婚駿歿聞訃泣血月餘自縊以殉
蕭烈女蕭惟玉女鄰人欲犯之不從自縊死乾隆三十八年建
坊
以上舊志
徐烈女王婧武生徐起鵬女幼許字麻城胡金元未嫁元卒女
求歸胡父母未之許也女知志不遂逾三月沐浴更衣服毒
自盡先告父母曰我死當與胡生同穴言已氣絶赴告於胡
爲合窆之焉
段烈女段漢章女幼許字通判劉榮華之長子代焠未嫁焠卒
女誓不再字哭泣月餘卒兩家感其義合葬之
余烈女十姑余永延女幼許字陶懋利嫁有日矣値利病故女
引剪自刺其喉死父母哀其志固請諸陶與利合葬於陶姓



居基之後
以上採訪所報待　旌殉夫烈女
陶烈女幼許字戚定乾未嫁乾故歸戚守貞立嗣撫之見舊志
甲子之亂女年已七十矣偕嗣婦同避東山賊驟至劫女索
金女罵曰爾作賊合斫頭死須金何爲賊怒撻之將及其婦
女犢犇婦投水死已　旌
喻烈女喻泰陞女幼許字王之家未嫁聞賊至自經死已　旌
張烈女張瑛女幼許字余應太未嫁年二十一太故歸余守貞
撫嗣歷二十六年遭粤匪難偕媳投水死已　旌
朱烈女聘珍監生朱洪女及笄未字同治二年九月隨母陶氏
避賊嘉魚村賊逼近女泣拜母曰兒不能復事母矣陶援之
起曰女能死吾復何求女遂投水死已　旌

游氏二烈女三姑四姑歲貢生游坊女同治二年九月避難童家嘴賊至連袂投水死　陳烈女秀英游氏婢也亦同溺死巳旌

陳氏二烈女一名銀菊陳鵬彩女一名梅蘭監生陳彥昭女同治二年九月在麻城新寨塘見賊逼近均投水死巳旌

熊烈女曾姑幼許字呂咸豐五年十二月賊至投水死巳旌

許烈女宗珊邑庠生許佐猷女幼許字蘄水吳作霖同治三年八月女隨母避賊孫家竹林賊至出刃作殺母狀要女行女大罵賊逼上馬左右翼之經一山間路狹不能並轡馬先驅賊尾於後女躍入澗中水淺不得死賊趨救之女急出懷中利剪自刺其喉死巳旌

以上採訪所報巳旌殉難烈女

某烈女有弟聶氏子養媳也未婚有漢陽民李發全欲犯之不



從遂被害

孫烈女艾姑孫之浩女咸豐二年十二月賊至女聞聲投水死

劉烈女秦敏劉際欽女幼許字孫咸豐三年十一月聞聲女謂鄰媪曰賊如相逼吾必死之後賊至女指賊大罵及賊逼近女巳投水死

鍾烈女金壽幼許字孫卽育於孫咸豐三年十二月賊至投水死

朱烈女朱位艮女幼許字孫咸豐七年六月賊至投水死

祝烈女祝煥舉女幼許字朱列富適朱未婚咸豐七年六月賊至與列富女弟均投水死

萬烈女萬成翥女同治三年八月賊至投水死

龍氏二烈女一監生龍步高女一龍泰安女同治三年九月避賊李家墩賊逼近同赴水死

陳烈女陳一順女同治三年十月賊至欲驅之行女罵不從母汪以護女被創女罵益厲賊亂刃之

祁烈女祁文綬女同治三年閏賊逼近投水死

黃烈女黃宗彌女同治三年五月避賊羅湖洲賊至投水死　以上東茲鄉

馬烈女馬先儔季女同治三年五月賊至投水死

徐烈女徐之虎女同治三年八月避賊赤山湖賊至投水死

徐烈女徐傳松女　林烈女傳松養媳同治三年九月避賊南湖賊至連袂投水死

江烈女職員江履和女幼許字汪家瑚咸豐四年和拒賊殉難女憤不欲生後歸汪未婚避賊狹石衝望見賊幟投水死同治三年事



張烈女幼許字杜同治三年賊至投水死

王烈女王英王純志女同治三年賊至投水死　以上還和鄉

熊烈女熊玉音女同治三年五月賊至崎山劫女女母萬力拒之嬰賊怒女紿賊曰幸釋吾母賊釋之女乘閒投水死

王烈女王朝美女同治三年五月避賊破山東胡家砦賊至投巖死

王烈女文童王學忠女同治三年五月遇賊大崎山南不屈死

石烈女鐵冶人同治三年五月在小崎山南白石衝遇賊躍入塘中賊捽起出草索縶之女抽賊刀斷索復投水死

李烈女李長富女同治三年五月避賊硤石衝賊至投水死

戚烈女戚容宏女同治二年五月隨母避賊破山東鐵尖山下

見賊近攜母手投水死
林烈女田姑監生林一枝女幼許字孫未婚壻歿守貞同治三
年五月在小崎山罵賊被戕
陳烈女陳應順女同治三年五月在金耳崖遇賊不屈死
操烈女操某女同治三年五月避賊崎山賊至投崖死
林烈女監生林秉良女同治三年八月在淋坡聞賊至自經死
熊烈女熊永順女同治三年在樸樹店遇賊大罵不屈賊不欲
殺驅之行至中途詗賊不備躍入水賊亦入水拯之女捽賊
髮泅沒久之俱斃
熊烈女熊富禮女同治三年在金耳崖遇賊逼甚女剣手衝賊
廚賊接以兵創劇遏地被縶途次見水奮勢躍入池內溺死
何烈女何深遠女同治三年在金耳崖遇賊不屈死



倪烈女倪世友女幼許字孫永成同治三年在黃岡廟閭成被
掠女泣曰我何以生爲哉投水死　以上永甯鄉
邱烈女蓉姑邱時晏女咸豐五年三月賊至投水死
黃烈女富姑黃心泰次女咸豐十一年二月在紫潭河見賊逼
近投水死
陳烈女幼許字王咸豐十一年五月賊至搜掠將及女家女赴
水死
江烈女江公甫女幼許字陳同治三年五月賊至投水死
陳烈女陳道遠女幼許字鄭同治三年五月在陳家堖遇賊賊
欲犯之女紿賊至塘下比至女已投水賊怒舉矛刺之水濡
首猶聞罵聲及死賊獲其屍裂之
汪烈女鳳生汪應透女同治三年八月賊至抱兒子投水死

郭烈女郭甸揚女同治三年八月在梅婆橋見賊逼近投水死
陶烈女陶彬孫女幼許字梅同治三年八月在梅婆橋見賊逼
近投水死
張烈女張紹全女幼許字杜甫宗年十八適杜未婚同治三年
八月賊至梅婆橋宗不屈被戕女亦投水死
舒烈女舒中鑌女幼許字王明文即育於王同治三年十二月
在穆家涇舟中見賊至投水死
童烈女和姊童盛元女同治三年遇賊欲劫之迫以刀女奮力
奪刀砍賊賊衆至女不能支赴水死
鄒烈女鄒守厚女同治三年賊至投水死
靖烈女靖棟有女許字羅未嫁同治四年十二月賊至投水死
姚烈女融姑姚啟貴女幼許字趙及長適趙未婚賊至投水死



王烈女幼許字王春望望卒女矢志守貞聞賊至赴水死
易烈女易二和女遇賊不屈死　以上慕義鄉
王烈女蓮女咸豐十一年賊至投水死
鄧氏三烈女長鄧維祿女次鄧維瑤女三鄧維錦女從姊妹也
同治三年五月賊至相率投水死
吳烈女吳禮恆女同治三年五月避賊林家山賊至投水死
葉烈女同治三年避賊麻城望花山賊逼近投水死
徐烈女幼許字朱致儒未嫁避賊磐石橋賊至執女女大罵賊
殺之
史烈女香蓮年十六遇賊不屈死
余烈女幼許字冷咸豐十一年二月賊至劫女馬上女強爲歡
笑賊大喜不女疑也行里許經塘側女紿賊需人馭馬賊馳

去將有所掠女乘間投水死 以上上伍鄉
徐烈女如意徐炳泰女幼以廢疾未字咸豐五年賊至投水死
王烈女文童王純善女咸豐十一年二月賊至投蕭家塘死
王烈女王某女幼育於姑咸豐十一年遇賊被劫經山塘女絶
裾奮身投水死
石烈女徐基琳家婢也咸豐間賊突至女望賊大駡赴水死
舒烈女庠生舒占彜女幼許字張同治三年八月賊至投水死
鍾烈女庚女鍾光勳女幼許字汪同治三年九月避賊梅婆橋
賊突至投水死 以上下伍鄉
李烈女李世治女幼許字黃咸豐五年遇賊不屈死
張烈女幼許字余應泰泰歿矢志守貞咸豐十一年避賊黃安
馬頭山賊猝至赴水死



陳烈女菊㑹幼許字雷錫爵及長適雷未婚同治二年九月賊
至投水死
徐氏二烈女一文童徐正常女一徐兆華女同治二年九月在
麻城古龍集駡賊被創俱投水死
徐烈女徐紹甫女同治二年十月避難麻城賊至投雙成湖死
吳烈女孽弟吳秉文女幼許字胡同治三年五月避賊柴湖賊
至投水死
余烈女重姑余學海女同治三年避賊安仁湖賊至劫女女紿
賊渴甚思飲水賊縱之飲投水死賊去海拯其屍槀葬湖畔
至冬斂之面如生
朱烈女朱興禮女同治三年避賊指坡河賊近赴水死
汪烈女金蓮 縣冊作蓮弟 汪步朝女幼許字戴同治四年十二月在
穆家涇遇賊大駡賊怒支解之
胡氏三烈女一胡廷彩女一胡學彩女一胡潤田女同治四年
冬搶逆下竄三女走陽邏未渡賊至俱投江死
余烈女幼許字袁郎育於袁同治四年賊至投水死
蔡烈女蔡天鑄女同治四年賊至赴水死
王烈女幼許字徐秉鴻未嫁鴻歿女適徐守貞撫嗣同治五年
正月聞賊至死之
劉烈女太靑監生劉宗祺 一作榮祺 女咸豐十一年二月賊至投楊 以上庶安鄉
家田清水塘死
張烈女元潤張建章女咸豐十一年二月在黃安廣勝寨見賊
至投水死
皮氏二烈女長淸秀皮明勳女次潤秀皮明儉女從姊妹也咸
豐十一年二月賊逼近俱隨祖母駱投水死



程烈女幼許字雷才高咸豐十一年二月在紫潭河見賊至投
水死
陶烈女陶方秀女同治三年五月避賊柴湖賊逼近死之
邱烈女桂女邱希廉女同治四年十二月賊至投朱家湖死
袁烈女袁一淸女同治四年十二月賊至劫女女駡賊被殺
袁烈女茜女袁成名女同治四年避賊朱家衙賊至欲犯之女
戟手大駡賊恐喝之俾刃於頸女引頸就刃死之
王烈女餘慶允經祖家婢女年十六賊至投水死 以上中和鄉
鄒烈女掌珠咸豐三年十月在鍾家灣遇賊人駡不屈賊殺之
裂其屍
王烈女素貞庠生王基鎬女咸豐十一年六月避賊斷水鳳凰

由賊至女投懸崖觸石死

魏烈女職貝魏鏞女幼許字林同治三年九月鏞命次子送女歸林至鵠子湖遇賊女急投湖中賊刺殺之

鄧烈女寶姑鄧永升女賊至投水死

李烈女同治六年五月賊至女隨母出走賊及之劫入民舍女哭且罵賊怒以竹爲弓榜桀其手足㕛火槍擊死女至死猶罵不絕口　以上廂坊鄉

蔡家畈烈女不知姓氏同治三年五月避賊蔡家畈賊逼近投塘中溺死鄉人憐其烈收骼瘞之

蔡家塘二烈女不知姓氏同治三年五月避賊於沙河賊驅之行經蔡家塘女乘賊不備俱投水死

羅萍塘烈女不知姓氏同治三年五月賊劫女授以騎至京溝



羅萍塘女自馬上躍入水中溺死

羅家橋烈女不知姓氏同治四年十二月在羅家橋遇賊大罵不屈賊殺之土人葬之橋東

呂家塘烈女不知姓氏同治三年五月賊至投呂家塘死

楊家塘烈女不知姓氏同治三年五月賊至投楊家塘死

關山烈女同治三年五月十八日女避賊至關山賊及之女投水賊怒擲矛刺死土人憐而瘞之婦女疾病禱之輒有效或曰女余姓新洲人遂呼爲余姑墓爲立碑

長官塘三烈女不知姓氏同治三年八月賊夜至三女俱投水死賊退里人撈其屍其手猶相挽云

鋪司塘烈女不知姓氏同治三年八月遇賊逼至鋪司塘投水死

倉埠鎮烈女同治四年冬女被賊劫至倉子埠大罵不屈賊厲老嫗勸之不聽問其姓復不答賊怒撲殺之嫗曰其聲類邑之東鄉人

北流河烈女年二十許不知姓氏同治四年避賊北流河見賊近投水水淺不濡首賊刃之村人歸殮其屍葬河畔名其墓曰烈女墓

尤家泊烈女不知姓氏捻匪之亂死於孔埠區尤家泊塘中監生尤本珣等具棺斂之葬隄畔有疾病者禱求輒應村人復斂貲數十貫存尤姓生息以供祭費

無名氏烈女乙丑之亂有丐婦自言曾乞食賊中見賊掠一女子年可十七八不屈則械縛馬上至張姓新屋灣甫脫縛即解行纏自經賊奪之將褫其衣女嚙賊指賊負痛脫去旣作款曲狀與之食女罵曰待官軍至臨賊爲脯吾當飽食賊怒



然終無殺女意於是賊方毀宅積薪爲臺焚之火熾縶女臺下曰不從當死女曰即死不從賊大怒捽投火中骸骨皆燼賊久之歎曰眞烈女

無名氏烈女同治三年五月在王集區蔡家田見賊至投河與一婦同溺死土人疑爲姑嫂憐而葬之

無名氏烈女同治四年十二月遇賊於金家橋投水死土人葬之今河側沙墩即烈女墓

以上各鄉採訪所報待　旌殉難烈女間有姓氏里居及殉難年月未詳者皆附載備考

喻淑玉喻華亭女　羅蓮踪羅志仁妹　左庚姑左鈙鈗女

熊念姑熊克安女　王長姑王光潤女　毛得姑　呂美姑均

咸豐六年遇賊不屈死
霍烈女霍汝楊女　鳳姑掉姑皆楊李氏女均咸豐七年遇賊
不屈死
徐犟姐徐德明女咸豐十一年隨母余氏避賊賊至死之
張烈女張能升女　郭烈女郭光甲女　許烈女許言愛女
許烈女許安國女縣冊作國宏　熊貞姑熊士珍女均同治三年遇賊不屈
死
周雁姑周振乾女　周鳳姑周明强女　陳烈女陳緒主女俱
同治四年遇賊不屈死
張巧姑張萬年女同治五年遇賊不屈死
以上依節義錄增入
涂烈女涂之望女　方烈女方朝發女均咸豐十一年殉難
宋烈女同治三年殉難以上採縣冊補



孝婦

國朝

柳一亨妻周氏年二十五夫歿氏救縊姑壞戶救既甦且訓之
氏乃起奉姑撫遺孤成立家貧甚姑老病逾年氏晝夜服
伺不少懈姑曰婦之孝也苦矣姑卒氏殮畢是夕自縊以殉
守節三十六年族人義之爲合族於鳳臺山
夏似妻劉氏年二十五守節立嗣姑患癰吮之得痊祖姑老遘
脾疾滌濯不懈以孝稱卒年七十五
劉士珽妻陳氏家貧事舅姑孝舅患癱數年肉腐臭氏浣垢衾
垢衣無倦容藥餌不繼鬻衣供之
劉士華妻王氏幼育於姑後姑患痿痺氏就姑寢便抑搔飲食
捧箸以進暑則負姑起涼其簟再負還之凡八年無倦色
陳文秀妻呂氏事孀姑克盡孝養文秀幼孤叔撫之成立氏歸
時叔患惡疾體潰爛無子秀又時外出氏調養周至經六年
不倦
生員賈驟南妻王氏事繼姑孝姑病劇氏刲股和藥以進病遂
愈
州同詹八縣妻邵氏事舅姑孝舅病危氏潛割股療之愈子鈺
文貢生
監生李光遠妻靖氏姑病篤氏割股啖之尋愈
生員程思孝妻吳氏姑病篤氏割股啖之尋愈
贈修職郎監生謝從本妻靖氏翁病氏私刲左股和藥救甦越二
年小嬸洩其事姑李氏素嚴氏因是得其歡心子志煇歲貢
生孫炎舉人官知縣

王基澍妻張氏家貧紡績佐夫養姑夫卒姑患病十餘年氏扶卧起奉湯藥浣瘡血衣旦夕未嘗離姑歿喪葬俱如禮

監生徐士芬妻舒氏事姑孝姑病劇氏刲股療之即愈

舒灼妻張氏事舅孝舅患篤疾刲股救之果愈

生員余復琥妻舒氏姑卧病五載氏同琥日夜扶持未嘗就寢後琥卒氏素病足侍疾時膝行終不假手子婦姑年九十四卒氏亦以哀逝

監生汪步青妻童氏值姑病割股啖之而痊越三年姑病發益劇氏又割股供於神前禱告進食毫無痛楚姑病亦痊氏年九十五歲五世同堂而氏猶康健人以爲孝姑之報云

監生邵正勳妻許氏割股救舅

靖華國妻黃氏　袁宏陞妻魏氏　監生張立棟妻方氏



劉光斗妻杜氏　楊天申妻燕氏　監生舒中炳妻徐氏

鄢光勝妻劉氏　吳起祖妻吳氏均割股救姑

洪孝婦陳氏夫名事實俱佚

以上舊志

余玉美妻程氏粵匪之難氏母張依玉美避賊雅淡洲隣舍火起氏先出復冒火救母適風烈火猛母女俱焚死已　旌

文童吳廷楷妻孫氏年二十三楷故守節撫嗣事翁姑孝姑患乳癰氏常以舌餂患處勤紡績以供湯藥姑終氏撫棺慟哭三日不食死時年五十五

監翎訓導包長庚妻余氏事舅姑以孝聞姑晚年得昏憒疾常自絶粒食或以利刃自抳其吭氏多方救護湯藥非氏不能强進姑病劇氣虛溺遺矢不下氏手劄剔之不避臭惡

左鵬程妻邵氏　邵希澤妻鄒氏　程錫侯妻溫氏

鄧丕楷妻劉氏　汪才高妻曹氏　庠生舒韡妻張氏

李光啟妻徐氏　何清晏妻丁氏　謝名樂子婦某氏

布經歷黃如鐸妻胡氏均爲翁割股

邱恕桁妻柳氏　王大伸妻何氏　王先照妻汪氏

張大楠妻晏氏　孫文珺妻管氏　翁運淮妻熊氏

周恆忠妻李氏　邵錦庭妻楊氏　曹世錦妻梅氏

程文魁妻吳氏　沈正容妻詹氏　黃貴啟妻羅氏

汪銘傳妻官氏　舒中耀妻劉氏　陳啟濱妻金氏

徐宏發妻羅氏　何德洋妻田氏　職員李彬妻邱氏

鄧函熠妻但氏　范芝選妻王氏　監生蔡福田妻張氏

張光後妻孫氏　邱恕松妻孫氏　外委鄭燿璇妻張氏



吳大順妻梅氏　程子華妻劉氏　生員靖應杰妻羅氏

萬振英妻夏氏　程奉馨妻熊氏　未入流龔士濬妻杜氏均爲姑割股

把總鄭兆燊妻杜氏爲祖姑割股

以上採訪

孝女

明

朱孝女通政使於倫妻隨夫任萬安縣聞母死廢飲食哭泣五日而卒時以孝稱其地祠祀之事聞旌表

國朝

晏孝女晏萬勝女母卧病身有惡瘡除之不盡女泣取數十枚吞之乃絕病劇刲股和藥以進遂愈

熊孝女熊玉成女事繼母孝母病危女焚告乞代割股以進尋愈女旋不疾而卒

王孝女甯紹台道王一導女也幼抱病母曹憂勞成疾女痛母病由己誓養母終身曰北宮之女獨異人耶父歿事母以孝稱母卒哀毀數月亦卒年五十六



以上舊志

周孝女秀蘭周鳳儀女同治五年遇賊不屈賊傷其臂父負歸醫愈後母患目疾女以舌舐之母目復明父病侍湯藥年餘不倦父故哀毀不食死已　旌

吳孝女回弟儒童吳天賚女幼許字沈年十六未嫁同治三年五月奉母羅氏避賊蓮湖港母病跪侍湯藥焚香願以身代及母歿晝夜號泣勺水不入口家人勸之女曰父死依母母死何依終不食死

曾孝女直隸按察司司獄奚德琇妻事父母翁姑至孝撫子女備歷艱辛道光二十八年父病割臂和藥救療同治七年旌嗣子承祚監生

邵孝女張廷耀妻　胡孝女庠生王連福繼妻　曹孝女發弟

鄭孝女鄭耀光女　沈孝女沈秉鐸女　張孝女張文開女

舒孝女監生舒杰女均為父割股

黃孝女張夏和妻　張孝女胡光泰妻　盧孝女羅仲臺妻

李孝女羅建聲妻　沈孝女周輝澤妻　劉孝女劉年裕女

徐孝女徐正椿女　臧孝女臧永祿女　王孝女名雲

張孝女張星煥女字葉　許孝女從九品許光樞女

張孝女張本順女適靖均為母割股

曾孝女曾挹芳女為叔割股

以上採訪

壽母附

生員徐逝伯祖母林氏生於順治戊戌年沒於乾隆丁丑壽百歲會元七十餘人

張汝賢母江氏壽逾百齡乾隆十八年　旌表建坊

洪顯達妻汪氏嘉慶十一年九十九歲六世同堂子源祿源岐源渠源柱俱列成均孫曾元凡三十餘人源渠妻梅氏亦年九十六五世同堂詳請額獎

贈職胡宗返妻徐氏嘉慶十四年年九十歲五世同堂

恩賞七葉衍祥匾額並緞疋銀兩嘉慶二十四年年百歲

恩賜貞壽之門　旌表建坊卒年一百一歲子啟華文炳文郁俱監生文盛布經歷孫玉森舉人

李開緒妻鄧氏年一百二歲五世同堂道光二年



恩賞七葉衍祥額緞疋銀兩子三次怡榮監生孫振烈振軍斌傑俱武生

鄭建潤妻孫氏道光十年年九十八五世同堂詳請督學額獎

汪佳祥妻羅氏道光二十四年年八十九五世同堂詳請督學額獎

葉啟榮妻袁氏道光二十四年年九十一五世同堂詳請督學額獎

庠生張商六母李氏年一百二歲道光二十五年

恩賞緞疋銀兩　旌表建坊

封職庠生李夢麟妻吳氏年一百一歲道光二十六年

恩賜貞壽之門　賞緞疋銀兩　旌表建坊長子振堃舉人官清江通判次振𢿱監生

從九杜和萬妻唐氏年九十六歲五世同堂道光二十七年詳請督學額獎子鳳超監生漢超從九高陞武庠孫曾四十餘人

汪亭瑞妻陳氏五世同堂

恩賜七葉衍祥匾額並緞疋銀兩卒年九十八

胡文麒妻涂氏生於康熙丁酉卒於嘉慶丁丑壽百有一歲五世同堂子五孫七曾孫十六元孫二知縣陳若疇獎給國瑞家祥匾額　以上舊志

監生沈世家妻程氏生於雍正己酉卒於道光戊子壽百歲子二光殿諸生錫麒監生孫連漢諸生連洪舉人

雍慶亭妻沈氏年一百四歲督學獎給石貞山壽獎額

汪永發妻王氏生於乾隆辛卯卒於同治癸酉壽一百三歲



張一恆妻陳氏生於乾隆辛巳卒於咸豐辛酉壽一百一歲

余起崚妻李氏生於乾隆辛丑卒於光緒庚辰年百歲會元四十餘人

徐其勳妻何氏光緒六年年百歲會元三十餘人

涂士印妻施氏生於乾隆己亥卒於光緒戊寅年百歲目及五代

李正剛母童氏年百歲

奚大發妻韓氏生於乾隆乙未卒於光緒戊寅壽一百四歲

汪純臣妻程氏現年百有二歲

孫祿高母戢氏生於乾隆丙申卒於光緒丁丑壽百二歲

魏世徵妻車氏壽一百一歲

魏澤富妻劉氏壽一百歲

周中申妻李氏生於乾隆戊寅卒於同治癸亥壽百有六歲
監生余渭叟妻賀氏壽百有四歲詳請督學給五葉衍祥匾額
子步瀛步青俱監生孫定清庠生蔭桐江西候補縣丞
增生萬鼎新妻余氏生於乾隆巳亥卒於光緒戊寅年百歲
儒士張宏燦妻董氏生於雍正甲辰卒於道光癸未壽百歲
陳大定妻孫氏生於乾隆乙丑卒於道光甲辰壽百歲
張玉安妻朱氏現年百歲
張承先妻徐氏現年百歲
夏宗燿妻閔氏現年百歲
夏基立妻周氏年二十八歲守節現年百有一歲
徐朝章妻鄧氏生於乾隆癸未卒於咸豐壬戌享壽百歲
夏聲富妻李氏現年百有三歲



涂崑妻張氏現年百有二歲子八人孫十八曾孫二十四元孫
二
李鉉簡母盧氏年百歲目及五代
道世德妻唐氏生於乾隆庚子現年百有二歲
陳士琪妻程氏生於乾隆丁亥卒於同治巳巳壽百有三歲
王基恆妻萬氏生於乾隆丁酉卒於光緒巳卯壽百有三歲
胡華瑞妻操氏生於乾隆辛丑卒於光緒辛巳壽百有一歲
方康氏生於乾隆丁亥卒於同治甲戌壽一百有八歲
李正國妻徐氏壽一百有一歲
儒士王養松妻胡氏生於乾隆巳丑卒於同治庚午壽百有一
歲詳請督學給康強逢吉匾額子榮孫家鼎曾孫世岐俱業
儒

尹萬書妻張氏壽百有一歲眼觀九代其夫萬書壽九十六歲
卒次子天成媳徐氏現年各九十三歲曾元林立翕然一堂
汪承恩妻徐氏生於乾隆乙亥卒於咸豐甲寅享壽一百歲
杜權時繼妻孫氏舉人樹滋祖母現年百歲五世同堂子三孫
五曾孫九元孫七
監生黃鏊妻宋氏壽百有一歲五子皆庠生以孝友稱詳請督
學給孝友端方匾額孫曾蕃衍五世同堂
黃世珂妻方氏壽百有一歲五世同堂
徐年江母王氏守節七十餘年現年百歲五世同堂
萬祥瑛妻徐氏現年九十二歲五世同堂
桂自輝妻羅氏百有二歲五世同堂
恩賜貞壽之門　賞給銀兩　旌表建坊



王龍久妻嚴氏現年九十七歲五世同堂
余良信妻楊氏　封夫人年九十二歲五世同堂子四孫八曾
孫六元孫三
鄒希龍妻蘇氏現年九十八五世同堂子四孫十曾孫八元孫
三
余文烈妻蔡氏咸豐三年年一百歲五世同堂詳請督學額奬
陶堯章及妻鄔氏俱年九十八歲卒五世同堂
宋朝驥妻童氏現年九十九歲五世同堂
向欲東母段氏年八十二歲五世同堂
葉鶴林母汪氏年八十四歲五世同堂
林心泰母賀氏年八十一歲五世同堂
周德富妻楊氏年九十五歲五世同堂子乃仲及婦萬氏均年

九十餘亦五世同堂

汪承桂妻鄭氏年九十五五世同堂

職員林繡依母張氏年九十六歲五世同堂長子志依陣亡奉
旨賜卹入忠義傳孫媳羅氏賊至投水死入列女傳

職員羅文發妻劉氏年九十八五世同堂子四孫七曾孫九元
孫二

段朝楚妻胡氏年九十三五世同堂道光戊申年詳請督學給
昇平人瑞匾額

陳治平妻張氏現年九十二歲五世同堂

監生易榮昌妻尹氏現年九十三歲五世同堂詳請督學額獎

孫德貴妻龍氏七世同堂卒年九十六歲

戢海若妻巴氏生於乾隆辛丑卒於光緒庚辰壽百歲五世同



堂

儒士黃承武妻黃氏生於乾隆壬寅現年一百歲五世同居

張鳴珂妻李氏年九十六五世同堂咸豐九年題請　旌獎

程明惠妻朱氏年九十六歲五世同堂同治三年詳請　旌表

監生甄在畇母李氏年九十歲五世同堂一門之內嚴整雍穆
男婦六十餘人無間言

於孫楷母胡氏現年九十八五世同居

熊文珍妻曹氏現年九十二子二孫四曾孫八元孫三五世同
堂

王振謨妻胡氏生於乾隆甲申卒於同治丙寅壽百三歲五世
同堂親見八代子四孫六曾孫十一元孫二人

儒士羅一川妻陳氏現年九十一五世同堂

監生張遐齡妻黃氏現年九十歲五世同堂

四川石砫同知王燕瓊母葉氏生於乾隆丁未卒於光緒戊寅
年九十二親觀七代五世同堂

喻元博妻陶氏生於乾隆元年卒於咸豐九年壽九十九歲五
世同堂

喻錫樂妻陳氏生於乾隆二十一年卒於光緒四年壽九十七
歲五世同堂

陳光斗妻彭氏生於乾隆二十六年卒於光緒六年壽九十四
歲五世同堂

劉名泰之母陳氏現年九十五歲五世同堂

陳張氏年九十二歲五世同堂

陳春圃妻張氏年九十二歲曾元林立五世同堂巡撫嚴樹森



獎給鳳卜其昌匾額

曾楚麟妻胡氏年九十七五世同堂曾元六十餘人

陳光明妻穆氏年九十四歲五世同堂

李定州妻曾氏年九十八歲五世同堂

宋明亨妻余氏年二十九歲守節壽百有一歲五世同居子二
孫四登瀛監生曾孫十逢癸諸生元孫一咸豐十年巡撫胡
文忠公獎給翠柏蒼松匾額

龍景春妻李氏生於乾隆四十七年卒於光緒七年壽百歲五
世同居子瑞熙瑞棋均監生瑞楨瑞清均從九品孫曾元七
十餘人

李國甯妻龍氏生於乾隆四十八年現年百歲子四孫曾元凡
六十餘人

# 黃岡縣志卷之二十

知黃岡縣事合肥戴昌言編輯

## 藝文志

聖朝覃敷文德應運者邑不乏人矧自宋明迄今文儒接踵飛光弄響厥云盛哉茲於有關邑治者綜錄之雖其人或屯蹇終身或仳離異域而中所發抒實可藉觀世變矣自餘迤造篇目斯存分著經史子集各類願以餉後之冥心此道者

### 古文上

列聖綸音

世祖章皇帝勅大學士傅以漸日講官曹本榮

朕覽易經一書義精而用溥範圍天地萬物之理自魏王弼唐孔穎達有注與正義宋程頤有傳朱熹本義出學者宗之明永樂間



命儒臣合元以前諸儒之說彙爲大全皆於易理多所發明但其中同異互存不無繁而可刪華而寡要且迄今幾三百年儒生學士發揮經義者亦不乏人當並加採擇折衷諸論簡切洞達輯成一編昭示來茲爾等殫心研究融會貫通析理精深敷詞顯易務約而能該詳而不複使義經奧旨炳若日星以稱朕闡明四聖作述至意欽哉故勅

世祖章皇帝諭祭東鄉知縣汪基遠文

皇帝遣黃州府堂上官知府王偉

諭祭於故東鄉知縣今贈江西按察使司僉事汪基遠之靈曰爾試宰東鄉剋勤撫字方資保障遽罹賊氛抗節不回殞身城社可謂烈矣所司上聞良用憫悼緣賜祭一壇造墳安葬爾靈不昧尚克承之

聖祖仁皇帝贈東鄉知縣汪基遠僉事文

康熙元年九月十九日奉

天承運

皇帝制曰鞠躬盡瘁人臣奉職之猷表績褒庸朝廷勸忠之典爾原任江西東鄉知縣汪基遠奉職無愆臨難不苟身膺民社之寄克彰夙夜之勤當小醜之陸梁遽捐軀而殉節稽諸常典宜沛貤榮茲贈爾爲江西按察司僉事於戲宏敷紫誥之華永作黃壚之賁幽靈不昧鉅典式承

諭祭署守備管游擊事劉志高殉難文

康熙十五年季秋月二十日

皇帝遣湖廣湖北承宣布政使司經歷成試銓

諭祭署守備管游擊事陣亡劉志高之靈曰鞠躬盡瘁臣子之芳蹤



卹死報功國家之盛典爾劉志高賦性忠直國爾忘身禦敵衝鋒奮勇陣沒朕用悼焉特頒祭葬以慰幽魂爾如有知尚克歆饗

諭祭湖廣黃州協副將王宗臣文

康熙十六年六月初四日

皇帝遣湖廣湖北承宣布政使司經歷成試銓

諭祭故

贈左都督湖廣黃州協副將王宗臣之靈曰鞠躬盡瘁臣子之芳蹤卹死報功國家之盛典爾故臣王宗臣性行純良才能稱職方冀遐齡忽焉長逝朕用悼焉特頒祭葬以慰幽魂於戲聿垂不朽之榮庶享匪躬之報爾如有知尚克歆享欽此

仁宗睿皇帝勅襲陣亡道士洑營外委鄒元熊世職

嘉慶八年九月初四日奉

天承運
皇帝制曰朕惟尚德崇功國家之大典輸忠盡職臣子之常經古聖
帝明王戡亂以武致治以文朕欽承往制甄進賢能特設文武勳
階以彰激勸受茲任者必忠以立身仁以輔衆智以察微防奸禦
侮機無暇時能此則榮及前人福延後嗣而身家永康矣敬之勿
忽鄒元能原係道士洑營外委因在本省打仗陣亡賞給雲騎尉
與過繼子鄒覲光承襲准再襲一次
勅汪基遠六世孫封渭襲世職
嘉慶九年三月十二日奉
天承運
皇帝制曰朕惟尚德崇功國家之大典輸忠盡職臣子之常經古聖
帝明王戡亂以武致治以文朕欽承往制甄進賢能特設文武勳

階以彰激勸受茲任者必忠以立身仁以撫衆智以察微防奸禦
侮機無暇時能此則榮及前人福延後嗣而身家永康矣敬之勿
忽汪封渭爾六世祖汪基遠係知縣順治六年流寇餘黨陷城不
屈死欽奉
特旨賞給恩騎尉與爾承襲世襲罔替

## 前代誥勅

### 明

賜吏部尚書詹同以翰林學士致仕勅
朕起布衣提三尺劍總率六師以拯民艱延攬英雄以圖至治凡
二紀於茲曩者親征武昌平城之日爾同以文學之美從朕同游
厥後任博士起居注學士皆舉其職又長吏部辨人才之賢否審
職任之輕重咸得其宜今年雖已邁猶輸誠效謀迄無少怠可賢
也已朕不忍以爾耄年服役奔走特命以翰林學士致仕爾惟欽
哉

賜吏部尚書吳琳誥
惟古帝王之治天下在於得人才然人才實由於銓選朕所以於
吏部之職必擇器識公明者居之爾琳學術既醇踐歷尤正事朕
由博士歷僉憲克振風紀及貳鹺臺國課以辦俾居記注獻納爲
多茲用陞長天官以掌銓衡之重爾其量材而受官計功而考能
使賢愚有別而黜陟合宜庶克稱朕爲官擇人之意

諭祭贈參議奚世亮文
皇帝遣黃州府堂上官知府葉期遠諭祭福建延平府同知贈參
議奚世亮爾發身科甲才畧有聞歷職曹郎出佐閩郡署篆鱗封
倭夷入寇爾登城戰守誓與存亡兵力不支遂罹鋒鏑守臣上奏

良用悼傷念爾死綏晉官藩秩並加祭葬以示卹恩爾靈有知尚
其歆慰

贈刑部尚書王廷瞻太子少保誥
大臣樹績當年垂聲異世雖加恩卹猶晉官聯匪直旌祇服之忠
亦以示勤勞之勸爾原任刑部尚書王廷瞻性資沈毅才識疏通
邁蹤制科起家郡憲烏臺妙簡早蜚骨鯁之聲卿寺洊登益勵羔
羊之節陟明開府佐計河漕司寇陪京克佐協中之化遺榮田里
衆推難繼之風後生視爲典刑法臺蜚騰薦剡賜環非遠捐館遽
聞宜需殊恩用酬往勣茲特贈爾爲太子少保錫之誥命於戲昔
之進而宣猷秩省今之沒而晉秩春宮是惟優渥之恩永作泉臺
之賁

賜工科左給事中邱岳勅

國家倣古諫議之職分設六科愼簡才賢寘諸近列資其獻納之猷棐底敷言之績厥惟重矣非端愼明允練國事而識治體者烏能勝斯任乎爾工科左給事中邱岳清素勵於特操敏達優於敷政昔居劇邑夙著賢聲繼陟諫垣益隆譽問銓書奏最亟用嘉焉兹特晉爾階徵仕郎錫之勅命以爲爾榮夫古人不慕專城之柄符竹之榮而願出入禁闥者爲其身依清近而雅言易聞也爾尚以古之賢臣自期勵志儒猷拾遺補闕用裨治化之成無負掄授之意其爾倘亦有顯秩矣欽哉

疏

明

寶應越河成請河名疏 萬歷十三年 王廷瞻

寶應地方澤國委流氾光一湖尤居窪下上接淮泗長合七十二山之水下通鎮鹽新與伍祐等場之疆由射陽湖穿廟灣東注於海地勢沮洳素稱險阻國初宣德間平江伯陳瑄築隄於湖之東蓄水以爲運道上有所受下無所宣一綫之堤當萬頃之波是以決爲八淺匯爲六潭興鹽田廬竈蕩俱被淹沒而糧運往來至不可以舟近來高堰既築足禦伏秋之漲而淮水間從周家橋漫入則橫流白馬湖而直射寶應亦勢所必至也矧其東西相望浩淼無涯洪濤迅浪不時常作加以西風號起洶湧排空蕩擊不隄摧殘舟楫人人不能必命而葬之魚腹中者無月無之無論其遠如萬歷十年間一日而斃者千餘人即萬歷十二年間糧船沈溺者數十隻漂沒漕糧至七八千石殊爲運道之梗遠近之民談此湖不寒而慄且東南財賦轉輸以充軍國之需命脈所係豈容哽噎若此臣仰遵廟畫殫力經營夫役用銀募招未嘗派擾里甲木石



差官採買亦不干及有司雖勿亟之命屢申而胼胝之趨益勵與工甫及八月用費猶有餘銀兩隄並築五閘屹然數十里之湖患屏之藩維千百萬之生靈盡居衽席且舊隄有重關之險永無潰決之虞不唯行旅藉之以爲安而又居民恃之以無恐萬口歡呼咸稱不朽再照先年高郵越河開成得蒙欽定河名康濟近年淮安新河開成亦蒙欽定河名永濟今寶應越河視之二河尤爲緊要自此而南由高儀以達於江自此而北由淮浦以出於河實爲運道咽喉第一之關利害懸殊事體更重伏乞皇上特賜佳名以光萬世無疆之業 部覆奉旨是河名與做宏濟

請起用樊侍御疏 陳邦瞻

直臣久戍瘴鄉敬遵恩詔請乞赦還錄用事戍官樊玉衡孤忠天挺小臣抱廟社之深憂浩氣雲蒸讜議關儲君之大計雖一時緣慾直忤主而究竟以血誠回天當時之早建元良今日之快睹聖主縱未必皆其强諍之功亦不可謂無一激之力而乃以諫行言聽之臣使終老於雷陽荒徼之境竟亦天王聖明所不忍也況召用卹錄屢奉恩綸豈諸臣可紓朱委珮於班行而玉衡猶未可生入玉門關乎所宜即日赦還亟爲起用以爲批鱗折檻者勸也

乞致仕疏 樊玉衡

爲聖恩高厚難報愚臣止足宜知謹瀝血陳情伏乞俯准致仕以安愚分以全晚節事臣仕無中人之助言有狂直之辜風霜五六千里瘴癘二十四年中經皇太后東宮兩赦不得開伍先臣前典隆備教授煒疾終不得與諸弟侍湯藥老妻長子繼沒亦復半年得問臣荷戈卑溼之鄉屢遭悲惋之事摧傷五內遂染風痺調攝連年始復初體臣幸得及見休明拭目而覩太平之業又幸以前

建白微勞得此覃恩起廢諸臣除授今職文憑到時值臣在疚徂夏具疏謝恩辭任至秋得報已蒙俞旨雖嘉其言而未許休其職時以部堂正官未到意俟春暖抵任申繳乞休不圖獻歲之朝稽首兆祝之後拜奠家廟感慕先人夙疾頓發遂歷三時朝夕藥餌雖神明無損而筋力已衰回思臣今所授之官不容坐論方將明罰勅法省獄慮囚雖在留都罔敢暇豫陛下以濬哲臨朝諸臣以明作就列而臣當過七望八之年抱福盡災生之恐即刻擁帶之儔尚有懸車之限況於山林痼疾麋鹿同遊久别簪紳不堪軒冕者乎臣前者自揣踈野上負聖明曾於辭疏之中稍及時事雖語無足擇而報下公車愚臣荒耄之言何幸得瀆聖聽臣始以言謫雖被謫而言終見錄竟能開皇考三旬之治與陛下萬禩之休雖曰臣二十四載魑魅於廣南猶之班鵷鷺於闕下也今臣荷陛



下起用洪恩循省微軀莫能宣力故於前疏復陳十事幸蒙嘉納臣自維衰朽之餘得不屏斥已云福矣敢辱白雲之司於桑榆之景恐人將指臣曰是以言爲市而老不知止者也伏祈察臣愚衷鑒臣苦志准臣致仕於家俾得與擊壤之民扶杖而覩德化之成以終其天年則聖朝佚老之仁自臣而先受之矣

## 請補楚中諡典疏

李若愚　愚公

爲易名一代大典褒德千秋盛事謹據會典特舉幽貞事臣竊惟世運剝復全繫人心人心邪正祇賴名教人心者匡復宇宙之具諡法者春秋義也大夫沒則請所以易其名者其制昉於周公而定於沈約杜預蘇洵諸名臣或以全德名或以一事名貞禰惠繆正不妨褒剌並見夫法有賞罰一時之榮辱也諡有貞醜萬世之榮辱也一時之榮辱甚輕萬世之榮辱甚重我國家鄭重其議五

年一舉行綦嚴矣然議者多拘攣守文不從名教起念高賢湮沒不傳者比比而是往徐師魯建議止覈人品高下不拘官品泉壤始稍稍生色矣大明會典一款寔云官品未高勤事死義例得特諡臣考本朝以四品諡者曾文恪是也以知縣諡者鄧文簡是也鍾同以御史贈大理丞諡矣楊繼盛以員外贈太常卿諡矣何遵以主事贈尚寶卿諡矣陳選以布政贈光祿卿諡矣沈鍊以經歷贈光祿少卿諡矣近議鄒智以州吏目補諡矣楊源以五官監補諡矣何得以官品高下而廢勸懲大典也近奉明旨咨訪諡册發留會議臣楚人也例得言其鄉先正頃如楊漣首發逆謀精忠大節已蒙皇上鑒錄先是給事中李沂抗疏擊大璫杖闕下給事中孟養浩抗疏請册立杖闕下一段義烈俱載萬歷實錄中秉禮諸臣能任之惟據臣所耳而目之可表可傳者楚有三大賢公論久



定祇以官爵未顯議者闕焉臣敢摅赤以聞故戸部員外郎漢川張緒清操苦節胡威劉濵一流人而風節不減薛仁輔惠政不減陸九淵緒夙與張居正友及柄政不少遜始終以忠告相匡其力拒故人巡撫一語至今在海内名人口居然孫覺錢顗矣林居二十年孜孜以講明正學成就人才爲急遠近謂程明道再見晚節上疏乞代師李材死中外義之跡其一二正足廉頑立懦史臣焦竑傳之以告四方而幽芳徒挹嘉名未錫識者恨之故崑山縣知縣黃岡樊玉衡爲諸生便有徐穉非力不食梁鴻不肯因人熱風節起家兩劇邑家無石儲身無完衣苦節孤誼一肖其師張緒九年滿以吏禮兵啟事皆不報父病乞身歸竟以孝死學臣董其昌表曰孝介先生銓臣王士騏誌其墓禮臣郭正域紀其傳至今兩邑尸祝之種種芳猷郡志完陳瑩中不是過也公議已僉同矣而

以官卑不爲請不有知縣鄧文簡例歟故長興縣知縣贈太僕少卿黄梅石有恆清操卓識有膽有骨爲令發奸摘伏澡身礪節治平爲兩浙最壬戌偵知葉朗生謀逆聞於撫臣得先發一日擒其魁請於朝立磔之不爾則吳越半壁皆震矣逆黨乘元旦拜萬壽禮突執有恆以報前憤欲因而起兵且逼奪其城印有恆曰有斷頭將軍無降將軍殺卽殺耳朝廷倉庫城池不是我買命物也遂遇害中外咸謂張巡許遠後身今世何得有此社稷臣蒙上贈且卹矣而易名大典方在會議臣有恆友也應爲之請自反此心可對君父臣不愧矣皇上若以臣爲聳言請徵諸左驗張緒仕留都日久大節清風今留都人仕中朝者余大成方孔炤等可訪而證也樊玉衡歷中州三吳治績最著今三吳中州京朝官多矣劉可法顧錫疇等可訪而證也石有恆死節始末大司馬王洽撫浙時嘗列其狀以聞現在朝端可訪而證也其可令此三臣者姓字不一耀於春秋也哉伏望皇上下該部一照會典從公咨議簪筆之臣速定所以易其名者勿以官階不高而格之世教人心所補裨大矣



請文武一例殿試以尊主權以別真才以濟實用疏

甄　淑

我朝之制武科舉於鄉拔於會選於兵部祖宗之法至善也但思文致治武戡亂古今兩重之在文固寬取於三途制科以三試而武獨畧非立法之意有偏輕也蓋兵者凶事也談兵者雄心也在太平之世宜鎮之以靜故凶事不使之爭營而雄心不使之妄動聊設科以收之以存武之一局以適少文者之用而已不似文科制度詳備令其人戶誦讀率土之濱莫不務爲亨途也此文則勸之修而武則示之以偃之隱意也今何時哉四方蠢爾處處兵興博衣大帶之儒不惜仗銳披堅之味卽號曰大將偏裨亦不過平日之按籍而選循級而遷以充員數而已見猶之捕而遽責以獵奚能之皇上軫念封疆曾出榜招天下智勇而竟無一應且大小諸臣抱憂危之心亦莫不各舉所知而竟無當於用者非天不生才亦非草澤有真才忍不效於上也品必受鑑而後妍媸辨木必受削而後曲直明人必觀察而後真僞定今大比武士天下英雄之萃拔矣與其出榜勤使招募不相知之人於不可得之數孰若乘其負劍抱策翕然而赴闕下面擇之而精練之之爲便哉與其以無功之爵祿無窮之帑費餉有名無實之人冒上瀆下壑之欲孰若宏吾網羅嚴吾明試行無私之登庸於無私之爵秩之爲公哉與其寄耳目於羣情施蒐求於影響孰若聚之廷下俟聖聰聖明親見親聽之爲確哉凡此人數多士弓馬試矣策論試矣恐騎射之一或遺諸藝之全而尺幅之華難信韜鈐之實況掄武與掄文不同其膂力欲强也技能欲精也年力欲壯也神情欲奮發也心膽欲忠也志量欲沈毅也才德欲智勇仁義信也眉宇骨幹欲雄也此數者可於尺幅弓馬間悉之否臣請皇上比照塲例除頭項瑣屑不敢煩宸嚴而以策問面試之再以考選之法參酌其用待放榜之日暫令中試武舉以本等巾服謝本月末旬職方司査照各生履歷前數名加列單察訪會同九卿科道備細查核其單次分年貌勇力謀藝才德塡註簡明句語或二字三字四字十月上旬內該司按單諸生過堂諭令各陳所能先期演驗部臣閣臣商訂揭進十月之望皇上臨軒策問閣臣與兵部尚書提其銜分官讀卷一聽皇上欽點傳臚第一甲三名始擬僉書都司二甲三

十名始擬守備三甲百餘名始擬鎮撫各出身職方司陸續遇缺補授定於三年內選完以免壅塞臣之膚見如此況總督鎮守廷推國家之舊典也大將廷遣皇上之新美也當武臣進用之始而儼然廷試豈不赫赫盛舉哉雖祖宗原無是法然於舊制加詳非於舊制有背也儻於百六十人中得五得十以濟目前實用而由是永行天下不復貴文賤武人皆童習而壯行之閭里健兒艮家義士不堪章句者莫不磨礪以圖一售而國家從此收武之效矣伏乞勅部轉行臣無任激切之至

請旌表祖母陶氏苦節及妹洪有奇妻牛氏疏　牛若麟

奏為聖世闡幽最切祖母苦節堪憐懇賜旌表用慰孤貞以廣皇仁以隆孝治事竊惟激勸表揚朝廷馭下之禮制忠孝節義臣子



立身之防維有禮制而後有紀綱有防維而後有風俗此帝王鼓舞一世之大權也我皇上自御極以來凡攸關綱常名教雖細必矜無微不錄一時大小臣工無不砥礪勸勉以觀德化之成而恐有負於堯舜之世況奇行苦節如臣祖母保遺可泣鬼神矢志輒回天地言之神愴思之淚雨能不嘔心灑血為我皇上陳之臣祖父牛斗承襲祖職授黃州衞指揮同知世沐國恩捐軀莫報乃以急公糧運積鬱積勞而病且死傷哉於時祖母陶氏僅踰及笄忽當異變不但自計一死即家人亦拚臣祖母勢不獨生臣父牛拱極孕腹中止兩月耳一時倉皇涕泣莫知所為獨臣曾祖母力解慰曰汝產男耶牛氏有祀女耶死未晚也臣祖母少悟每於風霆震怒之際望空泣訴雖夜必興曰天不絕牛氏一脈亦當轉女成男俯地叩頭聲聞於外里人知之者為之寒心至期當產臣祖母恐未必生男陰備殯具蓋前時之强忍自護者實非真生此際之從容就義者誓在必死矣幸而皇天俯憐獲生臣父家庭戚里皆為加額感傷至一週臣父佈痘危險甚幾不可起醫人觀之者掉臂不顧臣祖母搶地碎首昏懣復甦次晨臣父忽有起色若神助醫驚異之痘已病脾乳漿不能入口臣父或一匕一器或并日一食臣祖母亦一食再食而不能下咽也臣父七歲求師臣祖母訓誨愈切辨色則促之就館暮歸則督課於臣祖父主前背誦如流始命就寢赴館後屬內戚之賢者往瞰之稍弗若家訓未嘗不扑責而繼之以泣也里中紳士知臣祖母之賢欲為聯姻而臣母陳氏實與斯舉臣祖母莫知所從焚香告天曰牛氏再傳之後一綫之脈全係諸此願憐而明告之卜臣母凡叶吉者三遂定盟納采及臣父成婚禮臣母事臣祖母備極孝養臣祖母性剛烈竟日整



襟危坐不輕笑語治家清嚴以古賢母自任臣母侍立不敢少懈命之坐乃敢坐也家雖食貧歲不登甯儉於飲食而臣父師友之費未嘗惜焉稍不給即脫簪珥以為供至臣父欲襲祖職時則無其資矣旁求之親友終無應者臣祖母傾金五十兩泣授臣父曰汝父遺也此與汝併相為命初念留此正為今日地否則世職無由得襲矣臣父泣而受之始得襲受祖職理學先臣耿定向題其堂額曰千秋閒節曰節艱撫遺一時闔郡公舉響應皆同乃臣祖母猶謂臣父曰婦人撫孤守節是自家本分內事何必令官府知道是臣祖母尚不欲有生後之名而臣愈不覺增生前之淚矣傷哉臣祖母也臣痛之猶不能言之言之猶不能盡之也計臣祖母苦節四十年而以積慘病終其間奇窮異困酸辛備嘗臣祖母卒而臣尚未生也臣讀書祖母主前一思及此輒嗚咽不已臣妹幼

時恆問之臣語以臣祖母苦節之故後臣妹適臣妹壻洪有奇踰年而早卒臣妹求死再四其姑勸諭之云汝青年自宜再適何自苦臣妹應之曰此亦恆情但恐死後無面見我祖母耳遂痛哭益甚血淚淋漓而死臨終時語臣曰可葬我於祖母之側矣臣一痛幾至傷生雖臣妹栢舟矢志出自性成實臣祖母之奇行苦節默有以風之也臣伏讀大明會典一款凡民間孀婦三十以前夫亡至五十以後不改節者旌表門閭又查辛未刑科進士龔焴爲母褚氏舉節建坊壬戌禮科進士夏時亨爲祖母夏侯氏生母石氏繼母王氏舉雙節俱蒙恩允臣事與例合而臣祖母精誠感格尤於苦節中爲人所難臣妹牛氏仰承祖母之風竟殉始終之義血心不泯至性難忘臣是以反本呼天特抒積痛我皇上以孝治天下闡揚之典幽隱不遺臣水木恩深情難緘默不揑於我皇上之



前而不忍安也伏乞勅下禮部轉行本處撫按衙門照例旌表不敢上煩國計准臣備資自行建坊則九原之下臣祖母率臣妹相與申嵩祝於億萬斯年而臣此後犬馬之身益盡瘁而不能自已矣

國朝

進奏議疏　劉子壯

爲懇請力行以光

親政事臣草茅書生荷蒙

聖恩拔置詞垣三年以來日夜思維矢竭頷愚光贊

高厚及至今春我

皇上親政

恩詔上傳頒頒德意及內外諸臣先後奏疏見我

皇上所以進賢愛民布德除弊爲開代致治億萬年久遠者悉且備矣率是行之雖唐虞三代可以漸臻而望治之心猶有待者豈言之者已詳而行之尚未能敏而奮也臣觀數日以來所降

德音諸臣所條便宜自臨朝講學執經侍班臺諫立仗以及用人理財省刑寬斂諸大典者皆已具備無俟臣言臣所請者惟祈

皇上勤御便殿日召院部大臣將向來須行及題奏者勅以力行其已施行者務在持久其未盡行者宜加敏速務求至當則內外咸精心實事而天下咸被德澤故不自揣冒昧謹錄

親政以來

恩詔



上諭及內外大小諸臣奏疏爲二卷進呈儻蒙賜繙譯得登

御覽將諸事件每朝臨問責以成效臣不勝幸甚

請罷湖口關復九江關疏　王澤宏

題爲湖口之設關甚險九江之舊關宜復請照成規收稅以裕

國課以全商命事竊惟

國家之本計惟財與賦財賦之充足在鹽與關我

皇上頻頒蠲租之

詔屢減額外之徵數十年來農工商賈無不仰戴

皇恩固已淪肌浹髓矣乃有不費

內府之金錢不損

朝廷之額課

綸音一下各省歡呼則莫如湖口之仍歸九江關之爲善也請爲

我
皇上陳之夫昔日之設關九江者因上有龍開河官牌夾下有老
鸛塘白水港俱可停泊多船冬夏不涸無波濤洶湧之危輪
將甚便此誠利
國利民經久不易之善地也後以江西東下亦應納稅暫移湖
口此一時權宜之計耳初未計及湖口一縣地處下流乃江
湖兩水交會之衝又有上下鐘山巉巖峭壁插入江中既已
設關遂成商船納稅必泊之地止有虹橋一港水漲之時大
船僅容數號小船僅容數十隻纔水涸船多不得已盡泊江
外大風暴起巨浪滔天欲求入口而不得欲求渡關而不能
故其患不可勝言此湖口斷斷不宜設關之明效也或謂自
江西出湖以下江南自江南入湖以上江西恐有漏稅之弊



不知九江一關征船而不征貨丈尺已定稅無可匿臣查大
姑塘去九江四十里在湖口之內舊係泊船之地應聽部司
委員在彼收稅彙繳關庫以給票爲憑至各省出湖船隻大
姑塘收稅者九江驗票放行各省進湖船隻在九江納稅者
在大姑塘驗票放行則兩處自無漏稅之處矣年來風濤時
起沉溺疊見商情以積久而不得伸差員以時暫而不敢請
此臣所以不得不代爲請命也儻荷
允行則往來舟楫無傾覆之虞東西商賈無漂沒之苦既於額設
國課一無所虧又於貿易民生皆得其便乃經久無弊之良圖
也臣本楚人九江湖口皆臣久居故於情形甚悉伏乞
勅部詳加酌復務審稅課之盈虛查風濤之險易考人心之向背
一經改正庶船多稅足商悅民安無不仰頌

覆載之恩同於天地矣緣係條陳事宜字多踰格貼黃難盡未
敢另繕如果臣言可採伏乞
皇上俯賜施行

請通行常平倉法疏　　　　鄭昱

題爲積貯成效宜廣變通仰祈
睿斷迅賜施行事竊惟民爲國本食爲民天食足而民安民安而
國阜此古今不易之理也臣辦事垣中見戶部覆直隸撫臣
郭世隆爲
聖心憂民甚切米穀久積宜商亟請變通以濟實用一疏內稱應
如該撫題請各州縣所存米石加謹收貯以備賑濟其餘米
穀平價糶賣秋收照數糴買還倉仍將賣買過銀米價值數
目造具清冊報部查核等因具



題奉有
俞旨欽遵在案將見直隸之積貯卽足直隸之民食穀貴不致傷
民穀賤不致傷農年凶則有備無患年豐則出陳易新常平
倉之善制直隸被其利矣臣請得而推廣之竊思直隸而外
各省俱報有積穀之數俱開有捐輸之例存貯米穀無邑無
之但未奉部文不敢擅動耳查各省昨年豐熟者固多而饑
荒者間有如河南山陝江淮等處內有
奏報發賑者有請停漕糧者是目下青黃不接之狀與直隸同
也夫積穀原以爲民也穀積而無濟於民食其謂之何仰祈
我
皇上迅飭部議凡各省積貯捐輸米穀行令各撫臣酌量州縣之
大小詳察存積之多寡應留若干米穀以備饑荒其餘賸者

俱於每年五六月照市價減糶所糶銀兩仍於本年九十月糴買新穀還倉稍有羨餘存爲修倉之用夫夏則舊穀必貴秋則新穀必賤穀貴則量減而糶以利民穀賤則量增而糴以利農豐歲則出所存之銀買穀以補倉而常使其有餘凶歲則發原留之穀給賑以救荒而無使其不足更將賣買價值動用銀米數目造冊報部查核買穀則覈實在給賑則予開除民得通其緩急穀不至於紅朽如此則常平倉之良法美意行之北直而效行之各省而罔不效雖有水旱而天不能使之災所謂議變通以濟實用足民食以安民生者莫亟乎此也如果臣言可採伏乞

睿鑒施行

劾疏入 高宗實錄　萬年茂



爲特參無恥之學士以儆官邪臣謂廉恥爲國維之大學士列清華之長本年八月二十八日我

皇上賜宴臣工於瀛臺殊恩異數千載一時際此隆遇正當深自砥礪以圖報稱詎有侍講學士于振陳邦彥於排班恭迎

聖駕之時二人同列東班適值戶部侍郎傅恆經過陳邦彥向之請安打跧二次于振打跧一次大廷廣衆屬目驚駭而二臣恬不爲怪臣查侍郎學士品級雖有不同而翰林院之講讀學士則體與六部之侍郎相等以其相等而屈膝打跧是替官方也且我

朝制度京員惟諸王認識者近前打跧請安貝勒以下平立答話而已其諸王不相認識亦不請安故雖在部司屬無向侍郎打跧之例而二臣甘心爲之是違朝制也禮曰侍坐於尊前見同等不起又曰朝廷不涉位而相與言不踰階而相揖矧

聖人在上嚴肅清明觀禮之場白晝獻媚二臣誠不自愛如國體何臣在班目擊祗緣賜宴大典仰叨曠代之榮私懷包羞之義嗣又恭逢

聖駕謁

祖陵巡方問俗普天同慶未敢上瀆

聖聰惟是兩月以來道路播聞人人訕笑午夜慚惶隱徇滋懼爲此繕摺糾參伏乞

皇上嚴示戒懲立賜罷斥以申朝制以肅官方俾知無禮之逐共敦羞惡之心整飭廉隅振興士氣所關人心世道誠非渺小臣愚不勝悚切待命之至

附議諱萬御史彈章辯　王德新



昨承籤示萬南臯侍御劾陳于兩學士疏不必載入邑乘亦似存厚周防之道新熟思之吾楚自前明楊忠烈擊魏璫奚忠烈參丁紹軾後彈劾不避臺閣生風者百餘年寥寥鮮聞幸有萬公一疏足接前武後之人收拾表章當不啻隋珠和璧乃棄而擲之忍令梓里無傳可謂仁乎藉曰存厚柱冠直鯁之臣爲國家持風紀鋤邪佞乃忠誠之心之所鬱發薄夫豈能出此今必爲之深諱是以其言爲傷世教也以其言爲逆人情也容容者舉世皆陰德矣害義孰甚焉若曰防患當其奏疏之時公正發憤有必不敢隱情惜已者固已置寵辱於不顧何賴後人之回護爲且

純皇帝止輦受言特因其稍戇而抑退之迨

仁宗修

高宗實錄仍令芟潤載入固未嘗斥其言也足明言者之無罪矣昔歐陽永叔詆高若訥謂其不知有羞恥事激烈過於此疏而其文傳播當時膾炙人口公未聞搆奇禍傳之者亦未聞有所株連況在聖朝不諱之時乎且其嗣君梓巖現官直牧郵屬採登此疏彼其子孫審知無患而局外乃代爲杞憂抑何不智之甚也閣下是典非徒循故事而已蓋將綱紀人倫表揚直節也猥獻芻蕘伏維亮詧

## 策

國朝殿試策　劉子壯

臣對臣聞人君致治在力行不在多言人臣進言與其文毋



寗過質今臣拜獻之始也又蒙聖諭許以直陳要言而復以浮蔓之詞聲韻之體雖宏麗可采而眞實或闕毋乃非所學而或睾明問乎欽惟皇上陛下道闢乾坤化包中外驅除亂逆奠安生民隆祀典以達孝廣試額以求賢罷廠衞以寗人去寺宦以謹始近且勤召對以開言路弛養馬挾弓之禁寬隱匿連坐之條凡寬大之政蓋亦漸已舉行四海被其風而仰其德矣然猶聖不自聖下訪於愚豈以爲臣之言誠有當乎雖然處不諱之時而有所不盡非臣志也夫帝王以天下爲一家則滿漢皆一家也

朝廷雖無異視而百姓不能不異也卽滿人漢人不能不相異也百姓之所以異視者何也邊防之外愚懦之民見一滿人則先驚之矣又有挾之爲重者以相恐其實滿人之與人未嘗不愛也處事未嘗不明也守法未嘗不堅也居身未嘗不廉也而小民預有畏怯之意雖其極有理之事嘗恐不能自直於其前則其勢不能以卒合而又時當變革之初民重其生是以雖有相愛之誠而不敢相信雖無相淩之意而先已自怯也此百姓之所爲異也滿漢之不能不相異者何也滿人有開創之功其權不得不重滿人有勤勞之績其勢不得不隆漢人雖尊貴之位力固不敢相抗志固不能必行也其中自專者未免輕漢人爲善狡爲朋交其中自疑者未免懼滿人之多強之多執是以有懷而不能相喻有才而不得自



盡也此滿漢之相爲異也今欲去其異而同之臣謂滿人尚質以文輔之漢人尚文以質輔之其以文輔之者設滿學焉或如國子監或如教習庶吉使讀四書五經以通其理觀通鑑綱目以習其事限爲歲月以考之亦可以知奉教之人卽爲他日奉法之人又可以察其才之所堪以爲選授之地其樸者敎之禮數以知謙讓通之市易以知義利同之好惡以達其意通之交遊以習其情日漸月積至於化而相忘矣其以質輔之者凡在官以實事責之選授之公於所選之人參舉多少知之錢穀之任於所掌之務出入淸愼知之司敎者於風俗美惡人才盛衰察之典戎者於民生安擾盜賊平定察之監司以屬吏奉法舉劾當可爲考有司以土田開墾民人歸業爲課凡在民以實心責之如往來毋以其少文而畏

其難近如事理毋以其好勝而懼其相使如貿易毋疑其貪狠而設爲欺冒如居處毋厭其鄙固而多所棄遠如是則習俗雖不同道德同之也音語雖未通氣類習之也意見雖偶殊義理達之也一文一質方將變通古今轉移造物而有何不化之畛域哉抑臣所祈者願復古日

御便殿之制令大臣如唐虞君臣論道取內外章奏面相商訂諫官仍得於仗下封駁則上下情通滿漢道合中外權均宰輔不僅以奉行爲職卿貳不僅以署紙爲能則中心隱微皆可告語而海荒萬里如在目前此古和衷之休也又何遠近百姓之風不可同與至於地之多荒者逃亡多也民之好流者賦稅煩也

國家未嘗不寬恩而上之所放下復收之則民不感也



國家未嘗不定額而令之所減吏欲益之則民不知也蓋古者理財以愛民爲先籍民以墾田爲實今欲足賦稅必先減之何則今田之闢者不及十之五而賦不可免則終不能應不能應則必有中飽於里甲零侵於差票而民益亡田益荒故不如察其荒者議蠲焉是上寬必不可得之賦以活民之生實收散可漸歸之民以厚國脈也若夫民之不能耕者官給牛種春以助之秋以收之焉又設常平之倉荒歲以備救豐歲以備賞倣社倉之法察之以月報積穀司之以廉正鄉紳又訪古西北之水利或堰或防以時築洩東南之圍田如圩如沙因地修舉務在不擾民而利民則民知田之可種自能歸業民知賦之可供自能墾田民益歸而農大起農大起而稅自足矣若夫盜之多有民之不靖則在亟廣寬大之政而已矣漢光武遣將每曰凡征討豈務多殺傷要在平定安集之耳裴度平淮西卽以蔡人爲牙兵或諫之度曰蔡人卽吾人庸何疑故臣以爲一在酌叛服之法也其來歸者或本於投誠或迫於兵力以恩待之使安其爵祿以信予之使保其身家則無有自疑而爲叛者矣其未歸者或地遠阻化或迫挾相從宜別其首從毋及善良宜完其室家毋多係累則將有相率而格心者矣一在弭禍亂之萌也

國家沛大恩令爲兵者與爲賊者悉許歸農而此輩不知感也彼其喜亂之資以掠刼爲長技以焚淫爲本業豈能退而修農桑之勞事商賈之謹哉其平居三五成羣凌厲鄉黨剽竊江湖聚匿山壑法有所及則望影而逃風有所聞則羣譟而起去之則無盡殺之理留之必求處置之宜臣請令所在揀



其强者備爲勁旅如古府衞之法什伍相制儒者率令屯田以時教閱居則有城守之功出則有禦侮之用上無養兵之費而下無夜呼之聲此亦杜萌之道也一在清釀成之源也小民經數亂之餘幸少安息無不欲守其田廬長其子孫然而守令不治則有重賦以迫之有雜役以困之將帥不治則兵未討賊而先虐民民未受賊而先受兵誠能慎有司之選嚴閫外之法則百姓能安其身奸猾何所藉以爲用乎百姓不生其心叛逆何所指以爲名乎此又端本之治也如是則執亂首而誅之是殺皆仁天下之心也取亂民而釋之是宥皆定天下之術也而奚憂盜之不息民之不安耶自古開國祈命必在敬德和兵故周以忠厚享年八百故臣以謂宜廣寬大之政也然而臣有

清問所未及不敢不直陳者夫二帝三王爲古神聖功化之極然其治本於道道本於心故講學爲明心之要修身爲齊家治國平天下之本請

簡宰輔侍從先將大學正其句讀說明意義然後四書五經漸而進焉至於大學衍義尤爲切要下手之書

經筵之餘仍將內外奏疏逐事講說印證經傳以敬爲正心之功以誠爲復性之道以仁爲成已成物之本理明可以知人幾審可以制變享國億萬年而臣民咸獲覆載無疆之福者將在茲乎　臣草茅新進罔識忌諱干冒

宸嚴不勝戰慄隕越之至　臣謹對

上學使六策　六正文體　　呂德芝

五經四子之書聖賢明道之精言也而士子以制藝闡發之能明其道者內可以修齊外可以平治故朝廷以之取士然而有其體矣吾楚以文名海內前哲如林可不具論至今日而文體不正惡濫競登每鄉會墨卷歲科試牘一出强者如飲狂藥弱者如受腐刑其貌襲先正者則印板衣冠絕無生趣而言情致者又如游絲之罥烟爍愈媠娜而愈汙穢追問發明聖道哉竊以爲文章之爲物也剽青剜紫不患乎無詞偷格換律不患乎無局二家村師亦必取左史八家之佳句爲帖括不患乎無調纖側取媚諧謔爲妍又不患乎無姿與態所難者體耳何謂體詳明誠慤者告君體也殷勤懇至者誨下體也淵懿端直者贊頌體也委曲諷諭者規諫體也數典相機準情酌勢高不亢卑不貶者詞命體也援据允當不溢不苛者論斷體也紀事紀言無所加損者敘述體也詳引實詮如義類而轉注者訓詁體也稽其事究其理盡其常變而徹其上下者辨駁體也且也廟堂之體宏以贍山林之體曠以逸燕閒之體安以舒祭告之體肅以整責問之體嚴以正宣慰之體溫以寬碑碣之體謹以信箴銘之體微以戒然此皆其易辨者也必也有實理有真氣有雅致而後可謂之體何則文有正體有變體而無非正體辟如青天白日天之正體也而暴風疾雨迅雷非變乎然無風雷也不可以爲天九逵康莊地之正體也而高山幽谷非變乎然無山谷也不可以爲地總之爲正爲變皆有天地之實理真氣以流行其間而其致自雅雅致者生趣也於人亦然人有長短肥瘠皙黔美陋之不同夫長肥皙美人之正體也而短瘠黔陋則變矣然均謂之人而未嘗異者以其皆有人之實理真氣雅致以流於官骸之間而形非所論也爲文也亦若是而已矣渾噩精微平通正直按之而泉原萬斛揚之而光芒萬丈者文之正體也幽奇刻削險峭孤寒若巫峽之猿啼陰墳之鬼語者變體也然十三經楚辭以及先秦史漢魏晉唐宋諸大家固炳若日星而老列莊荀虞晏淮南與夫諸子之自成一家者代代多有而終古不能廢者以其皆有真氣流行於楮墨之間以欣欣然動其雅致而實理未嘗不寓焉耳當今日而欲正文體亦取其有實理真氣雅致者而已矣雖濃素平奇手捥不一而有之者必高超而樸穆精警而醕細發越而光輝整暇而疏暢洗俗豔而卻時趨如是者取之矣言者心之聲也自優劣法廢而士子無所勸懲奔競路熟而士子無復廉恥賄屬徑開而士子不復學問心之亡也久矣安問其言即有一二自好者杜門鼓篋亦不過以帖括備鈔襲非能如古人之立言修辭也卒之贋鼎售矣魚目混矣彼又何所樂而勞心

苦神以求之於古耶良醫之治病也急則治其標緩則治其本今楚文章標本俱病而且急焉者也竊謂救之之法當取勝朝天崇及國初諸名稿以針砭其標庶膚浮俗濁之惡俗可殺而俳優油滑之媚骨以更然後反而求其本以六經明其理以秦漢魏晉厚其氣以唐宋諸大家盡其變而博其趣以成宏正嘉諸名作定其式而正其趨而至要者又在以廉隅風節端其心術性情如是教之涵濡旣久神骨一清發爲文章莫不各得其體國家豈不重有是文賴有是人哉不然文病日深非細故也此上繆學使沅策也學使激賞之後訪知其學行親書孝友文章四字額並跋以贈之

書

晉

與西陽令孔德玫　應璩

嘉麥正祥惟日未久不圖飛蝗一旦至止知恤蒸庶念存良苗親發赫斯爰整其旅駘背皓首奔走道路旌表曜日鼉鼉雷動以此掃敵必將席捲況於微蟲能無驚駭卓茂治密魯恭在中牟時雖有災未若斯勤亦猶子賤鳴琴巫馬出入勞逸有殊立功惟一重雲比興不降靈雨麗此二災憂心忡惙逐蝗之道敬聞命矣不審致禳將以何物

宋

與潘彥明　蘇軾

東坡甚煩葺治乳媼墳亦蒙留意感戴不可言令子各計安寶兒想見頎然矣郭興宗舊疾必全平愈酒坊果如意否韓氏園亭曾興葺乎若果有亭榭佳者可以小圖示及當爲作名寫牌然非華事者則不足名也張醫博計安勝一場災患且喜無事風顛不少



減否何親必安竹園復增葺否以上諸人各爲再三申意僕暫出苟祿耳終不久客塵間東坡不可令荒蕪終當作主與諸君游如昔日也願遍致此意

贈別王文甫　蘇軾

僕以元豐三年二月一日至黃州時家在南都獨與兒子邁來郡中無一人舊識者時時策杖至江上望雲濤渺然而不知有文甫兄弟在江南也居十餘日有長而髯者惠然見過乃文甫之弟子辯留語半日云迫寒食且歸東湖僕送之江上微風細雨葉舟橫江而去僕登夏陳尾高邱以望之髣髴見舟及武昌乃還爾後遂相往來及今四週歲相過殆百數遂欲買田而老焉然竟不遂近忽量移臨汝念將復去此後期不可必感物悽然有不勝懷者浮屠不三宿桑下有以也哉七年三月九日

明

與郭善甫書　王守仁

朱生至得手書備悉善甫相念之懇切苟心同志協工夫不懈雖隔千里不異几席又何必相與一堂之上而後快耶來書所問數節楊仁夫至適禮事方畢親友紛至未暇細答然致知格物之說書前已得其端緒但如此誦泳深厚諸如數說將沛然融釋有不俟於他人之言者矣荒歲道路多阻且不必遠涉須稍收稔然後乘興一來不縷縷

與里人書　樊煒

黃白之術世人祕之吾丈樂與人同之盛心哉顧若而人者其輿馬僕從周身之物無不畢給耶抑縣鶉枵腹望屋而趨者耶儻用無不給固宜深居簡出無求於世若猶作窶子狀胡不自治也其

來也果疇昔道義交耶抑絲蘿之好耶不爾則當有一面雅若生平未嘗有一面而間關千里授以神奇之事則所謂明月之珠無因而至前不能不令人按劍也

## 與郭桐岡　王廷陳

廷陳謹啟桐岡先生僕於左右輒有所薦幸君侯聽之客有居門下者施生雨泗上人也能琴琴能自合材質由膠漆徽軫以上不一假他手古今人所爲曲操彼誦之曰是可絃輒譜而被之五音不爽能書書兼真行草八分又能漢楷能篆刻能雜畫數者雖未臻妙善然其品不下矣能吳謳謳能爲疾響爲慢聲其疾也則激烈悲壯若劍客互擊瞋目而語難忽然爲慢則闡緩婉媚如孽媵病姬隱呻澁訴欲盡而不能予每傾耳而聽之未嘗不怪其宮徵之暗移歡戚之驟遽也其最奇者則於方寸之楮作小楷數千點



畫不淆體裁各具於粒麻之上宛轉書之成五言詩一絕卽有炯眸非極覘專瞪數拭屢翕蓄而後張不可得其髣髴誠文囿之絕伎生平之未覩也僕見古昔丸奕庖削之流皆得專精於記籍亟贊於聞人此君子下逮之仁曲成之誼也况生所能乃儒術之支逹雖無典學之績而妙性資之合雖在韋素之賤而蘊紳佩之器裔學士之旁暢乎卽其人跌宕負氣澹泊寡營羈控莫施疏逸近雖被泥滓之跡而勵振刷之操雖寡儋石之儲而絕悒怨之色至於負俗之謗時時有之人不以病生生亦自謂不病也然則僕之禮之獨以其能哉僕於暇日於後二藝面令爲之知其非妄茲不敢蔽乃以所爲敬致記室一以明慧匠之未乏一以證吾言之不虛我侯多材藝而好奇其於此子必有鑒賞矣

## 詒銓部諸老書　樊維城

職父當戊戌之春深計社稷靈長之慶不惜碎首隕命冒觸天威幸遇聖明寬仁放之嶺表此其忠鯁獨至誰人不知抑其辛苦備嘗誰人不憫且前後謫戍有因詿誤者有因礦稅者至於國本惟職父一人詔書云云定有以應此一款職思爲父孤忠吐氣靜俟休命無何亦蒙吏部列名奏請然所列者止姓名耳今八閱月矣職父既不言祿祿亦弗及豈諸老先生竟忘之耶夫以勞勩則職父剖臟以爭國本其疏具在似不可忘以困阨則職父白首瘴鄉流離廿載似不忍忘以恩澤則明詔特爲職父更宏一網似不當忘况諸老先生舉親舉讐乃千古之遺直而職父一起一廢關盛世之典章此寧可漫以意行止者職海隅小吏初釋父書安知銓除大政忠而見錮必有其端獨自去秋引領望恩至於今日時接邸報凡詿誤觸犯諸臣咸蒙推授卽未及者亦有一二疏中稱其



才望何於職父寂爾無聞深可駭嘆假令職父向以他事去官不由貪酷亦得際逢覃恩閑居冠帶此朝廷禮士之仁縉紳自重之體也何况職父所言者國本所爲者君父以正直忠厚如諸老先生豈以重縉紳而輕君父耶盍試權之職父之宜急推者從來之國典也其欲緩推者近日之銓事也其不容不授者萬世之公論也其竟不肯授者一時之私議也國典銓事一屈一伸孰大孰小職父盡忠原非有榮華之冀然瘴癘風霜艱難險阻幸得再見天日職爲人子忝竊章綬縱未敢妄冀殊恩豈忍令不返初服乎職父年雖七旬筋力尚壯况意氣銷磨二十餘年精神歷練不復激烈能爲國家持大體豈遂無益時事而虛縻爵祿者卽職父恥邀後福絕郵朝媒亦不肯以進退未明之身受職貽典職不自揣奉職無狀敢以上請職父向爲臺官不敢望登卿寺班於前者起用

諸臣惟與職所引例亦應得復父職不煩銓曹設處但祈實授一銜則於録舊之典既全而於權時之誼亦無礙矣

國朝

## 與熊次侯書　劉子壯

昨座上所言夜來思之過卻此時别無機會蓋撫臺所題楚省兵餉每歲十七萬有奇而民間止供十一萬有奇其在餉兵者分文不可減而取之民間者則有荒熟之異地水旱之異天完欠之異人催科撫字之異官在十一萬尚有三分之一不能全徵是楚省之餉欠至十餘萬矣卽使能完亦欠六七萬無措處以此入告將望發帑金乎抑望各省協濟乎今内帑告匱是上無可發而江西之餉責之江南大河南北荒蕪遍地自支不能倘能及他乎計惟有清兵一着汰其冗者則兵不擾而餉無煩再增也近如敝郷民間極苦屯兵婦子不得甯而雞犬無遺種其望兵之去不啻望歲



矣爲司農計上之則盡徹以爲征湖南入廣西之用次之亦宜少減老弱無用以節損浮縻之費如謂地方纔定未宜輕議則敝府止留三五百精卒自足以彈壓飛揚蘄州有道台亦可不設兵爲守況前歲之亂全由蘄鎮兵丁凌辱士民蠶食紳富以致激成變亂是有兵更以生亂亦非能靖亂也度此時楚省之困已極新有助修城工之旨則民間無可廣額藩司無處設處不如去無益之兵以損有用之食上不至於憂之而下不至於重困也敢祈老年兄親詣大司農一商此事以惠困窮以拯軍國不勝幸甚今早期於衙門言之會年兄未來又恐一二日卽司農覆奏遲不及事矣故不避倉卒草此奉聞

## 上徐藩憲修志事宜書　王道明

通志之修莫難於人物藝文人物尤難於藝文人物中之忠孝節義更難於鄉賢名宦楚自南華著於漆園離騷作於三閭策論表賦傳記詩歌代有作者然去春華取秋實期於羽翼經傳黼黻皇猷而已其繁文豔曲無補於治無當於道者芟而去之可也鄉賢爲衆論所歸名宦有政績足據理學名儒非其人不傳蓋必實行有徵而後舉之口又幾經詳核而後筆之書或有實而不傳傳而不實者鮮矣惟此忠孝節義或生當鼎革之際或託跡微賤之中或其人已死而子孫並無遺類或其事已佚而父老無所傳聞或身以隱而自晦其迹或格於勢而莫闡其幽苟非索之極詳求之極切其剛腸正氣盤鬱固結可以貫金石而昭日月者不免與荒煙蔓草同没矣而勢力之家好名之士思誇張其祖先標榜其親故或非忠而飾爲忠非孝而飾爲孝非節義而飾爲節義刻傳刊銘連篇累牘公呈私託積案填門幾於人盡夷齊母皆歐柳不且



玉石無分耶恭逢

皇上雍正二年特頒恩詔凡忠臣孝子烈女節婦一經舉報靡不立祠建坊勒碑題位其所以維持風俗振起人心者厚且至矣然柴門桃戶之内山陬海澨之遥力不能舉者有之舉而中格者有之他如東海無子令女無親木蘭遠戍貞別嫌微陶嬰早寡禮拒强暴者又豈少也耶而忠臣義士其宜聞而不聞者大都類此執事以館閣之鴻儒作江漢之西伯承

俞開局纂修通志羽檄星馳搜求遺佚固將無美不採無幽不達矣而愚心切切恐奉行者文而不實舉報者私而不公也懇加檄屬郡嚴飭地方官其採訪也甯詳勿畧其申送也甯嚴勿濫果係忠義必臚列其素行果係節孝必條舉其實跡舉得其實褒以賞

格舉失其實懲以罰規夫以執事一人之耳目欲周知夫八府其何能遍而分責之府則無不遍矣以一府之耳目欲周知夫各屬其何能實而分責之縣與學則無不實矣而縣更責之里正學更責之士子做
皇上保舉例而行之務使幽無不達滯無不宣庶幾採者皆遍遍者皆實有以仰副
皇上之俞旨乎他如發凡起例比事屬辭則操觚者責也無所復贅矣

與萬南泉書　　蔡新

舍弟都中來信知門長兄二月得郎真大慶也有子萬事足無官一身輕吾兄今日兩得之矣聞四月內南旋未知何時到許闕為面別特草數字以當促膝我輩平日過失叢滋稍不及檢即墜落



萬丈坑塹但當時時動心忍性搜尋自己病痛力加振刷克治使身心中確有可據然後可以言命吾兄氣質剛勇學識深邃非弟鄙劣所能望萬一者獨迂懸處亦頗同病回家以後更望一意涵養口不言出都之事素精易理即取屯坎蹇困剝復履謙等卦時加觀玩講求古人寡過之方而實體之至斯世斯民之故亦無時不往來於胸中此自是吾儒心性中事非關用舍也此際卓然有見方有站腳處若徒於盈虛消息禍福榮辱等事淡漠置之一達觀者能之非所望於賢者也弟拙疎如故悔吝尨尤日見其多受命以來刻刻悚惶數月之間心力俱瘁祇求自盡此外是非聽之輿論得失憑之氣數亦不以介意也伏冀細不便即留息相示知交落落又復水流雲散然精神貫注亦無時不合併也久不談不覺縷縷餘不一

## 論

國朝

論往事　　朱日濬

天生人才固無所不用然用之於常雖庸夫亦有一得用之於變在賢者不免失措按長水日抄云通州距京城之南四十餘里城中積糧數百萬石英宗己巳之變北方兵起諜報欲據通州倉糧
朝議先焚倉廩會周文襄公忱至京師都御史陳僖敏公鎰問計於周周曰若如此是敵未至而棄軍實非計也盍若檄示在京官軍旗校預支一歲之糧各令自支則糧歸京師又免輦運之費不數日賊至通州無所獲而去濬謂文襄此計自是正當道理初不難知但倉卒之間無由遽見及此耳故曰居常貴經遠之略御難重應變之才昔流賊張獻忠將破黃州府北城外即蘇東坡赤壁



也中有高樓三層逼近於城衆議恐賊據以窺城遂焚之樓之下有大石碑十二列於兩旁皆擘窠大字係東坡親書赤壁二賦遒麗勁秀昔人所謂上下五百年縱橫一萬里罕有儔匹者俱付之一炬之中濬當時年方十餘曾建言若焚樓先移碑碑不及遷當折樓以全碑當時司收及鄉先生於卒然之頃無暇熟計且不留情國寶置之罔聞遂使千年勝蹟蕩爲灰烟嗚呼惜哉

葬論上　　呂德芝 時乘

葬者藏也所以愛其親也人不能無死至愛如父母及其死也不能久留於其家故葬有定期人有長物藏以善地況父母之身乎故葬地必卜卜也者愛其親之至也人之目不能及泉壤恐土薄水淺葬者或速朽焉人子之心弗忍也卜吉矣深掩而堅築之時時而展視之人子之事畢矣然而骨肉斃於下陰爲野土未有不

朽者也而孝子之心以爲不朽斯不朽矣何嘗有某山某水宜子孫某干某支宜富貴之説乎自聖道不明人欲横流陰陽之説又從而蠱之不肖者乃挾父母之骨以爲奇貨淹閣暴露養術士數十年以謀之大者望卿相次者科目下者温飽舉人生之道德學問一無所用而惟待命於地靈卽盜跖而得善地其子孫亦必昌熾焉士大夫又從而緣飾之傅會之遂將人子愛親之心一切出於私利而牢不可破夫五經四子之書聖人之爲後世計者至深遠也屬在教孝者益諄諄焉至於葬不過曰卜其宅兆而安厝之葬之以禮與無使土親膚數語耳孔子爲中牟宰教民以五寸之棺七寸之槨依山爲墳不封不樹曾子問喪禮詳且盡矣未嘗及於擇地使果有堪輿之説何難明示一言教人子以審愼而反刻爲定期久卽罪其暴露哉晦菴朱子大賢也誣之以五遷其母夫



防墓之崩孔子泫然曰古不修墓告其始之未愼也朱子當此大事不愼於始已非矣乃至五遷何不愛親之甚耶市俗不足道薦紳先生以爲美談抑又何耶漢陽王孫羸葬以速化張奐幅巾措牀襯斂卽掩以土盧植亦命土穴掩埋不用棺槨趙咨遺令時服素冠藉黄壤以速朽固曰賢知之過而要皆不惑於葬師者河南吳祐葬其親於不封之地術者謂法將滅族祐不之動宋司馬温公葬其先人以己意擇便利者行之不用葬法吕東萊買荒山四十步哀兩世之喪以昭穆法厝不計支干向背然吳祐四世爲司空温公兄弟爲列卿至宰相吕氏名賢代出文獻中原是遵何道哉或曰如子之言當如何而葬曰如孔子之言葬之以禮耳禮何如曰貴賤視其職有無視其家五月三月踰月視其等祔祖而依其昭穆者善也無可祔惟擇山之南向而後日不爲城郭道路田畝者掘之五尺而視土之燥溼燥可用矣加之卜筮以致愼焉有財者爲灰隔瀝青之制以盡人子不欲速朽之心否則縣棺而封仁人君子當不以薄其親而非之也是之謂禮曰若然葬書不可廢乎曰其當廢也久矣温公嘗疏請焚之其言不用安望於今其亦存吾之説以俟後之知道君子耳

## 葬論中

呂德芝

或曰子既非堪輿之説矣但易曰俯以察於地理公劉之詩曰于胥斯原瞻溥原陟南岡楚邱之詩曰揆之以日景山與京周書曰我卜澗水東瀍水西惟洛食又何以稱焉曰是皆謂民事與國都非葬法也剛柔燥溼五方之土不一其生民種藝亦異聖人察之教以稼穡而定其貢賦故土田之沃瘠耕穫之早暮風俗之奢儉人民之强弱無一不知而酌其政治使安其職業此民生之事也豈支干向背之説乎至立邦建都相陰陽而觀流泉則國制也向



明而治九重尊焉左祖右社前朝後市以臨民而聽政故必土圭以考景城郭以設險宮寢廨宇以置官司闤闠閭閻以處百姓於以長久生聚蓋卜以定之而後遂人匠人各奏其技詩曰爰始爰謀爰契我龜者是也然亦僅曰築室于茲耳豈謂葬乎至於葬則有其法矣周禮大宗伯之職其屬有冢人掌公墓之地辨貴賤定廣狹圖以限之先王葬居中子孫以昭穆爲左右諸侯卿大夫士以遞而降罔敢踰焉又有墓大夫掌凡邦葬之地域爲之圖令國族葬各從其親而亦以昭穆爲左右然皆就郭外寬閒之地各爲塋域毋祔於父穆面其昭無所爲龍穴沙水之法也蓋先王之於民也生則教之樹畜導其妻子以盡愛養死則定其宅兆聯其戚屬以永孝思故宋儒謂周禮爲天理爛熟之書此類是也秦漢以

求古制雖湮邪說未盛卽奉尋郢孟之徒精於陰陽而仍無一言及埋葬至晉郭璞以方外之學著葬經二十篇其說始堅而後世傅會增益之者一曰宗廟之法主於星卦宋王伋行其說始於閩中流於江浙一曰江西之法主於形勢以爲龍穴沙水始於贑人楊筠松曾文廸賴大有而盛行於天下至謂其術可以奪神功回天命致功於人力之所不及以致人子之於父母生則利其身爲怙恃之資死猶挾其骨爲富貴之具儼然商賈之畜奇貨焉士大夫又援地理之說以文之謬戾背道不求於心其爲說也白晝喚嬖生人鬼語不可以欺牧豎而搢紳信之若詔令焉以致離其祖域棄其禮祔破人之塚盜人之墳甚且並已親之骸暴露棄置焉而恬不爲怪唐太史呂才著葬經序以闢之其言有物而人不之信愚夫之難曉乃至此與聖道不明邪說恣作生民之禍至於死



後而未有艾也有心世道者能不思所以挽之乎

議事以制政乃不迷論應　萬年茂

制

臣謹案帝王之治天下以道其本道而行之則以制制者因時制宜以求合於道焉爾天下君臣父子夫婦昆弟朋友之倫親義序別信之理未嘗一日泯於人心聖人順民欲而爲之禮防民慝而爲之刑其禮與刑又視時之上下而斟酌焉及其既定子孫守之數百年而莫之或改然臣觀聖人之制禮也恆詳其制刑也恆略古之治民者飲食有經祭祀有時燕饗有節冠昏相見之儀一切皆有限制使其養之以天安之以性使民油油然趨於爲善之路民之得過者亦寡矣其或過而卽於刑也然後有五聽八議三刺三宥三赦之法夫聖人之於刑其輕重非至難明也然必原父子之親立君臣之義同犯一科情有淺深臨事而詳議之以爲其事既著於禮矣出乎禮乃入乎律而小大之比使人得引禮而求其當者蓋亦例所自昉也夫未有律之先刑從禮出以禮爲制既有律之後刑從律定以律爲制制既定於律矣而古今之沿革時事之同異與人之情僞日滑或麗於法而律所不載者例實載之於是例始別於律而有以操禮制輕重之權禮之輕重一操於例則必能守例以通例之窮而求禮之意乃行之既久一事數例議事之人不能記覩也以其案委之吏胥吏胥因緣爲姦輒匿其案其具斯者然後爲出例焉斯多更擇其善且輕者予焉既以欺嫚有司而有司之文巧者復利其然亦得意爲比照以快其恩怨而遂其自便之私苟其私之不便雖以法所當然亦將置之不行矣而所行者又必例之所有例或無之則曰情理雖協如名例何若以



例居情理外者於是例又別於禮而並以其權操律之輕重夫例既以權操律之輕重則其去禮益遠而例幾於不可勝窮宋臣蘇軾有曰人勝法則法爲虛器法勝人則人爲備位自今觀之宋之無法甚矣熙甯以來敕目滋多日以脞脅而當時諸臣猶曰任法彼其例果可謂之法乎天下之弊至不可防也我之防弊者逐弊而生而人之弊又常出於所防之外故莫若審其端於禮而一其權於律禮者陽也律者陰也陰常居於冬以佐陽律常宰乎例以佐禮例不定則律輕律輕則人玩法人玩法則上下遁上下遁則無以成尊尊親親之化而教事無權然而議例者不知也譬之物然寘於堂矣又以爲宜於奧寘於牖矣又以爲宜於楹天之雨露不私一物聖人德教不私一民卽令寘之而安亦無益於天下之大況其不安而以供吏胥之抵欺滋有司之抗弊焉政之迷也有

自來矣且夫琴瑟而更張之必其不調之甚者也爲政而更化之必其不行之甚者也天下更化之事自有其大者遠者而豈在區區之間乎果能立綱紀興禮讓成教化使上下有序六親和睦則天下固已無事矣惟其不然故多其例以制之又不能深知天下之利弊而出以至忠之心愛國之實惟以疑事嘗試於上苟爲自媒而儌倖其一遇焉然則其議幸而不行耳行之或滋擾矣下或以爲具文矣久之或復故處矣夫當其言之已無要其必成之意其濟否不可知其當否未嘗問又何怪弊之叢生而他人之更苛而議其後耶此所謂無制之大者也史稱蕭何爲政較若畫一曹參代之守而勿失夫高祖定天下興禮致治一切未遑不以此時講求三代之制以幾所謂復於古者術亦疎矣然而兢兢守法之意未嘗不可師焉何也古者秉禮以權律後世秉律以權禮禮經



散軼若不主律則律奪於例而例益以繁故守律莫如定例也定例者必息紛息紛者必當理息紛而後能達當理而後能久達者行之以疆久者要以之信疆以信然後能通律之窮求禮之意而以合於王道之大全焉則天下其庶幾可得而理也與

## 三烈婦論

汪士倫

曩余聞枝江曹靜軒先生之女適馮樂道卒以身殉夫其事甚烈先生唁而責之有余不知其所以死之言心識之未幾而吾邑周世五之女適胡登祿胡靜山之女適嚴厚鏞亦先後殉夫事畧相類然後知三君子之教能行於其女而三烈婦之所以死未始不可大白於天下夫夫歿稱未亡人言其旦夕可亡以了從一而終之願彼代國小君摩笄著地王家少婦死骨猶香雖有慷慨從容之不一終不得以其死爲過也卽曰無成有終夫亡代養如漢陳孝婦之所爲固方靈皋之所謂承夫之義而亦不必責之於有他子侍養者也夫志之堅者思必苦思之苦者慮必深殺身成仁舍生取義亦自顧其時勢何如耳今三烈婦皆以舅姑有他子菽水可託各行其志亦固其所且烈女之不更二夫與忠臣之不事二君等孔父仇牧之死石碏之不死皆春秋所予未嘗有所軒輊於其間烈婦之死其道彰彰無可議者在昔崑山歸善世之妻自數宜死者四無子宜死少年宜死舅姑老異日無倚宜死舅姑自有子奉養無須我宜死竟死之倫謂其所見之大尤在自有子奉養一事蓋人子能使其妻死義是道行於妻子而爲死孝人子能使其妻代養是亦道行於妻子而爲生孝三烈婦殆欲成夫死孝志固與生孝無殊而其志豈不諒哉或又謂殉夫之事得無有瘠色洵涕叨膺憂容類於敬姜所云好內女死之之言乎倫曰不然敬



姜所戒溺於情余之所聞止乎義故從禮而靜貞也從一而終亦貞也猶之毀不危身爲孝而子野哀毀而卒聖人特表而彰之亦不得謂非孝也世風日下有能捐其身以植綱常者君子必從而進之亦猶行古之道也

# 議

## 明

### 上兩院夫役議

茅瑞徵

本縣水陸要衝八省紳冕之域舊例夫役臨時給價召募乃夫價除容夫力夫兩項虛抵差占外實編歲不過千四百餘金耳以四季析之每季不過三百五十金一遇鋃損用夫動以數百名計募夫之價動以數十金計此等一二起便去百金矣過客取道用去百名以爲常如送黃陂每名一錢六分用百名卻去一十六金矣

勘合之外又出火牌本色之外復勒乾折動曰照前應付而境上委官掛號中多曲徇有避風險改由陸路添用損夫數十擡後遇船至用亦如之者江行多乘風便乃拽船夫輒用四五十名間多至百名明知無用儘飽長行之橐者上司長損一擡用夫役三名官轎兼程間用三班以上乃過客亦緣以為例動請多加稍不如意即公堂鼓噪者年來夫價缺額一至秋冬束手無措必至挪借條編湊用語所謂錙銖取之而泥沙用之正為此項曾查舊時經奉明例隔省不准應付吹手不用馬匹習舛至今勢多掣肘若非憲禁申飭將來何所底極合無今後定為成例凡遇使客往來水路應付船上水挽舟夫無過三十名下水隨流夫無過二十名陸路應付照損照轎每損一擡止許用夫二名每轎一乘止許用夫二班吹手止用一副家屬不許多用阜壯勘合火牌不得重支隔



省武職不得濫給仍請刊示木榜豎立通衢有仍前冒濫應付及聽折乾者查參議處庶杜一切虛糜之弊

實錄補牘議　　賀逢聖 對揚

逢聖等近睹禮部會議謚典一疏欲將國初不盡名賢另行補牘且云不信傳家之錄不憑諛墓之文惟駿德鴻猷煌煌國史者予之逢聖等考得原任應天府府尹張璘則載在章皇帝實錄者也按實錄璘字文玉湖廣黃岡人永樂中由進士擢山東布政司參政改山西宣德二年調福建考最陞應天府府尹璘聰明廉潔幹濟所至能恤民為京尹不諂中官雖屢譖璘於上不聽未幾以病死夫章皇帝實錄纂修於楊文貞士奇楊文定溥楊文敏榮王文端直王文安英數君子之手其抑揚予奪最稱嚴謹嘗攷中間品題絕少全瑜之語京兆非有清潔真操𢿘歷實跡安得邀此特書諸先達非係商搉最真嘉與最切安肯錄之死後二百年之定論旣已久而可徵諸名卿之公評尤為確而可據視近日之取信於碑銘傳誌雖連篇累牘而猶費推敲者不啻星淵也儻得俯賜稽查概從補牘庶人知姱修者雖幽必闡論定者雖久不遺將謚典有光而國史亦重矣

國朝

條陳徐藩憲修志議　　王道明 雙崎

伏惟

聖天子萬國同文大憲臺三楚敷命奉

詔令而纂修通志徵材藝而開局棘闈洵

熙朝之盛事曠代之希逢某漢濱末學崎麓散材欣逢徵命仰接清塵叨咨訪之維般已芻蕘之先獻不盡鄙意載冀鈞裁謹



條其目於左

一曰愼總裁以專委任衣必有領領挈則衣振網必有綱綱舉斯目張故三軍受命於元戎而六官總成於冢宰明乎權有攸屬而職有專司也志書之為例甚繁局中之人員不一欲定規模以從事莫先總理之得人判公私議蘇文只緣意見各出盈川恥居王後總由才識相當非品第素高則物望難服必文行俱美斯筆削可操惟執事謙衷欽物如姬公多藝而驕吝兩忘善氣迎人若東里修辭而羣材悉展以之品隲人物定堪祖述麟經上下古今無難衙官馬史迺復不自滿假謙讓未遑如其聘彼鄰封必求道重一時不但學儲四庫郎或採茲楚地亦須德高八郡又能才擅三長然後鍾繇閣筆於王粲君苗服膺於陸機也

二曰量才學以分職事夏鼎商彝非不寶貴也過其時或無所用宋斤魯削洵可珍重矣遷其地弗能爲良故帝世五臣工虞不侵水火之職孔門十哲言語不隸政事之科人各有能有不能才各有用有不用也修志人員得自徵聘其採之也各舉所知其應之者唯命是聽疇敘事疇斷制彼此不必相兼或古潔或高華體裁烏能一致惟是分厥職事量乃材能如令狐芬作周書政務採之蘇綽清言採之牛宏要自各見一斑若歐陽修纂唐史百官撰於堯臣五行撰於羲叟不妨兼收衆美惟隨材而器使期相與以有成將見其始也如百工居肆分則專專則精其成也如千腋爲裘合斯備備斯美矣

三曰蒐遺書以備稽考周監二代傷杞宋之無徵禮闕冬官因



簡編之散佚故蘭臺石室寶片紙如球圖天祿石渠拾遺文於灰燼其傳之者精由收之者備也楚北志書以八郡爲分地八郡私乘以各屬爲權輿無事遠徵卽言黄郡郡志自太守蘇艮嗣手爲蒐輯後則闕有間矣縣志自邑令茅瑞徵重加纂修前之存者僅焉李公彥瑁續蘇之舊書成身沒其遺槀挈之西歸董子元俊纘茅之遺文煩未梓並前板付之南正他郡別屬雖不盡然文散獻凋大都類此惟收遺補缺購求之切若河間自瓊册瑶函收集之多同汲冢連昌舊事豈無故老能傳秦火餘灰自有伏生竊記後先並採同異兼收然後去謬删繁萃純白於册府磨光刮垢發綺麗於塵封作三楚之成書爲一統之底本是所願也詎不美哉

四曰廣採訪以宣幽滯山川風土班史合朱劉爲一書紀月編年綱目本春秋以載筆雖天文與地理並重而人物較藝文更難蓋藝文所載不出詩賦歌文而人物之編尤重忠孝節烈時當鼎革之際舍生取義忌諱偏多處人骨肉之間殺身成仁嫌疑莫辨江濱城畔誰弔忠魂蔓草荒煙長埋貞魄矧夫滄桑忽易事漸不傳子孫式微力難自達雖題請之疏靡歲不申而節孝之行所遺過半願借仁君之巨筆發茲潛德之幽光不費帑金東海之行不朽但濡楮墨西山之操永傳此風俗所以長醕而人心於焉復古也故前已言之切切茲復更爲惓惓

五曰嚴考課以責成功處囊脫穎志士以之自伸並駕登先才人於焉其奮故歐薛各修五代史長短聿分葺劉共著舊唐書煩簡互見況夫文不一手職各有司苟非考核維嚴必致優絀莫辨志書大綱領之總裁分纂寄之衆手發凡起例不



免技畫雕蟲比事屬辭豈曰才皆倚馬應準日省月試之法以定餼廪稱事之規如其次第敷陳長於體要參互考訂得其指歸敏若袁宏速如子野卽當獎以優格薦之當途如或考古旣乏其實立言或無其學專家有愧分校弗勝卽使數牙籖於甲乙彙部帙於丙丁自是用無求備之心不失教其不能之意如是將見敏拙立分情勤立辨局無冗食之員志有立成之日矣

六曰寬時日以求精研據案制書世推阮瑀當食草奏古重禰衡公權七步而成三詩劉敞一揮而就九詔此皆得之天才未可强以人力至於濡墨腐毫相如取多而用博輟翰驚夢揚雄思苦而詞難張衡賦兩京十年左思作三都一紀必遲

歲月乃搆鴻篇然則著作之遲速不可概繩而纂修之工程豈能預刻乎修志義主尊王立言事同作史傳疑傳信必因畧以求詳大書特書在別微而辨似考於古錯之綜之參之伍之不可以不謹也證於今討焉論焉修焉飾焉何敢以或苟乎惟嚴其課而寬其期毋刻日以考成俾擇之精而語之詳得備稽而切究則子野之拾遺稗川之雜記可以兼收蔚宗之斐亹承祚之高簡無難媲美矣

序

明

貳守趙君述政序　王廷陳

趙君自黃之貳移倅書郎黃人愛莫借焉夢澤子乃爲之言曰嗟乎今之弊吏二而俗謂良也一曰畏吏二曰怒吏何謂畏吏舉虞



其咎執辟其怨遭事首鼠苟而日月而傳視官惟其私之善而已斯之謂畏吏何謂怒吏不能其上奴遇其屬怙愎以逞而人莫之堪微沮焉拂衣起矣斯之謂怒吏其畏也是惟救過不暇而何理之能其怒也擇而官之冀其圖也而以憤誰則懟焉茲二者俗謂良焉而予弊也布君之履而祛之可乎君之涖黃也守乏而攝焉者過半是故國人忘其貳也君忘其攝也長吏之臨也弗毀閑以務悅焉上不謂簡禮而褻之弗恃而倨殷務薦至是惟他有司宵續不給徐而措之不疲而輯吏而爲衆虞後至則曰咎惟身焉其利也引寮以分推而不有於胥無愛以小賄覺曰胥也士責之過矣杖而釋之胥憚莫繼犯故郡之門無晝扃入者不何而胥貧亦無賄敗胥德焉曰賴以免戾君寶庇之其敢懟於里之俠不假也傒而踰修軌以幅之里之悍少誣右之良或曰必窘右君曰右民之望也夠其良一而裁之其何能平直右而罪誣者夫其不毀度而詇也其不辟告也其不暱胥也其不俠之假也是非僻而畏者也夫其不恃以倨也其不有譽也其不微疵之指也其不執而窘右也是非僻而怒者也是故君之治屬安焉而長吏宜民德焉而羣胥不怨孱者籍焉而右不病也是而進之其天下將裕黃何得專君焉

賈子篤本序　王廷陳

賈子黃人也而家於燕其先世皆葬黃焉始祖勝葬賈坳六世祖興甫仕元葬泉嶺明之初造五世祖忠往歸焉累官指揮則自雲中反葬楊畈忠子恆恆也死事後是無復反葬也而守者浸弱業也他有有者不仁暴而據之於其巔也屋焉於其側也竊而葬焉枌檟見誅山麓不完守者莫何靈也用悖賈子適滇道黃拜墓下愴然悲焉曰嗟呼狐死首邱代馬悲風羈鳥商號故棲是眷操而



南音土風之係也疾而越吟悰寄之由也是故太公封於營邱比及五世皆反葬於周聖之準也仁之則也恆之後無黃葬者力也乃心未一日去黃也鄉人不仁而暴吾祖吾敢不讎暴而不讎罪浮於暴聞於官官曰有弗讎者無祖也於是乎童之山也植於是乎裂之陵也完於是乎渙之族也收於是乎怖之靈也妥君子曰仁哉賈子禮樂在茲樂樂其所自生禮不忘其本

節推嚴君嘉政序　王廷陳

觀風者嘉嚴君之政而禮焉國人以聞諸夢澤子夢澤子曰政可聞歟曰可夫黃繁獄之域也夫子聽焉而優且多習訟者也精跡乏核則躐而翹以下覬聽者以其自也而曲庇焉聽者匪人忌忤而務媚得而不執夫子不然惟得而已不虞其忤上亦遂之國也

蝗委捕焉曰蝗異也異由政政之不求而捕是務捕以已異爲劇之矣乃省告去斂精禱迹阡量獲差賞有輸之原蝗無留也庥之學宮邇河漲而衝圮親宮學士謀徙長老曰地則靈而徙焉不可且不防而徙衝復及其能亟徙亟徙將棄邑則曰誰能河夫子乎大吏聞之因以命夫子曰弗費莫輯矣乃命虞詠材之能久者遵岸之足布而入之出其顛腹實礫焉巨石藉而壘岸立若磐鑿支河二其旁分其衝而殺之水至三注邑之人幸焉曰微君學宮魚入矣室廬其濺沫矣茲而後其名巖河三者政之大者也夔澤子曰政止是歟曰何爲其然也譏口亂聽枝論奪本斯其爲訟也大矣饕餮是肆魚肉我良斯其爲蝗也大矣暴客伏姦伺焉而泱斯其爲河之患也大矣夫子惟是之務息也訟如是之務捕也蝗如是之務防也河如夔澤子曰政止是歟曰何爲其然也利義戰心



互勝不下斯其爲訟也葢大矣私妄族據蝕我善萌斯其爲蝗也葢大矣奔欲潰理隄之莫遏斯其爲河之患也葢大矣夫子惟是之務息也奚啻訟如是之務捕也奚啻蝗如是之務防也奚啻河如夔澤子曰韙哉國人之言茲政之所由來歟其見禮也惟以是歟

貳守蕭君明慶序　王廷陳

黄貳守蕭君遷司徒郎或問於王子曰國人慶乎曰不曰何故曰其君子明於其政而冀其顯庸曰君之良也六年而遷其晚矣其小人幸君之足賴而欲私之以終惠焉曰吾母也俾不吾是子孰令借之借孰聽之是以弗慶曰於子謂何曰其弗慶也慶孰大於是何則夫子之政不近名而近民爲廉也弗爲矯爲直也弗爲激爲嚴也弗爲苛爲寬也弗爲弛爲明也弗爲察爲敏也弗爲驟爲斷也弗爲愎是故其於民也無或陰焉無或窘焉其於屬也無或馮焉無或雁焉其於長吏也無或逼焉無或媚焉夫其不爲矯之類也其於名也不亦不近乎夫其爲廉之類也其於民也不亦近乎夫其不近名也是以後聞焉而竟聞也乃遷焉夫其民之近也是以民望私焉其竟弗能私也乃懟焉是故晚而遷者養君之譽也不以君私黄者國之公也或以王子之言聞於國人於是乎君子不以其晚恨君之遷小人不以其私幸君之留今而後國人無弗慶者

郭善甫歸學序　王守仁 陽明

郭子自黄來學踰年而告歸曰慶聞夫子立志之説亦既知所從事矣今茲將遠去敢請一言以爲夙夜勗陽明子曰君子之於學也猶農夫之於田也既善其嘉種矣又深耕易耨去其蝥莠時其



灌溉早作而夜思皇皇惟嘉種之是憂也而後望於有秋夫志猶種也學問思辨而篤行之是耕種灌溉以求於有秋也志之弗端是荑稗也志端矣而功之弗繼是五穀之不熟弗如荑稗也吾嘗見子之求嘉種矣然懼其或荑稗也見子之勤耕耨矣然猶懼其荑稗之弗如也夫農春種而秋成時也繇志學而至於立自春而徂夏也繇立而至於不惑去夏而秋矣已過其時猶種之未定不亦大可懼乎過時之學非人一己百未之敢望而猶或作輟焉不亦大可哀歟從吾遊者衆矣雖同説之多未有出於立志者故吾於子之行卒不能舍是而別有所説子亦可以無疑於用力之方矣

贈王行甫序　郭子章

王行甫北上公車走武昌辭予予無以贈行甫則以言行甫之才

雄幾於八斗士大夫爭下之行甫之數奇阨於一第士大夫爭憐之茲行之燕上黃金臺下者憐者交譽而互推上之入佐史局藻繪謨猷球璉禮樂次之出佐劇郡煥奇山川覆露閭閻即未能究行甫且抒其一二而予所期於行甫不謂是也黃自蘇文忠公監稅以來林籟結響泉石激韻至於今是則是效奕奕熊熊亦充箱照軫矣二程祖父世居黃陂發祥於茲蔚爲名儒至於今能紹明其學者唯耿天臺先生主之周廷尉與其弟太常君羽之即有談仁義稱古昔者不過若文士之林林豈興起於文者易而興起於道者難邪乃行甫論文與王元美吳明卿二先生遊論學與耿先生遊意固欲成之邪夫文與道非判然兩物也行甫以其根原窮二程之正脈而以其枝葉陟文忠之芳躅即才雄八斗不自知其雄即數阨一第不自憫其阨赤壁邪金臺邪夫惡往不自得邪予



之所期於行甫者以此

瑴音館桂楣隙景自序　樊維城 紫蓋

先太孺人生城時家大人夢癃若見靈異城生五日即呼父母再言悔悔於兄弟中稍得憐愛也竹馬之年感厲氣嘔血斗餘夢天帝召如李長吉故事力辭父母情愛不忍割後雖用不死自此得癲疾發則狂躁號走成童以前歲恆八九作父兄有事四方不及課城所肄業是以年近弱冠學尙未殖先伯兄自粵省父旋屑榆講論城不解始內慙稍從事制舉藝朝夕依仲兄先伯兄不獲卒教復奉檄之德陽城時雖諸生恥誦帖括年漸壯家人責以典謁負薪事不得專意下帷乃悔其幼同輩以城未知名與遊者亦少惟往來里中三何君甚驩先太孺人見城得一友即色喜然城甚愚不能承志每試輒後中外昆季多名士城自媿避不敢雁行乙卯先太孺人捐簪珥拊膺罔極瞻屺無從先伯兄既早卒偕仲兄治喪煢煢之餘繼以總總無復問舊業矣丙辰冬始殯先太孺人於先塋側時家大人養疾來以七年未嘗見一吉祥善事開口而笑計此身縱事母日短猶當竭綿力以慰吾父顧親友益落落復依三何君遠思敬臣問父之語時覽僧虔誡子之書不羞凡駑猶意十駕戊午領鄉薦錄其夏課詩文若干首題曰桂楣隙景紀時也嗟呼勉承庭教尙遜肯堂感念先慈忽焉過駟城敢梓是以自鳴耶聊以志吾哀思云耳何君者二爲婣兄弟韋長緘仲也與年相先後一爲同門兄絅卿也年雖項背望而城實師之戊午陽月一日黃岡樊維城拭血書

汪闇夫文序 汪名爔南　湯顯祖 若士

說者云舒攖甯實蚤慧其家司馬故晦之以神其事夫以攖甯之



太對其撥古昔切時務有學究老吏所不能說者良不妄以予所聞汪闇夫何年少而多奇也其爲文奇肆橫出穎異獨絕磅礴而前天下莫能當聞其家太史故欲爲聃闊扃之深室寘書數萬卷絕不通賓客度非太史不能成闇夫矣雖然闇夫之光故自難掩賈生弱冠吳河南舉秀上聞王僧虔弱齡袁司徒望風推服世豈無吳袁耳此道父不能譽其子亦安能祕其子耶風胡之治劍也百辟而成之祕不以示人而鋒芒朕絕迺至於斗截彗飛鳴吳出楚其祕之久也玉人之治玉也百琢而成之不示人以璞而精華流炫迺至晁釆宵光城秦國虢其藏之久也闇夫之祕藏久矣太史公可出以示人矣

朱咸一近藝序 茎宰　艾南英 千子

事之至難者莫難於御衆一畝之宮上妻子而下僮僕不待智者

而後能御之也淮陰論兵過十萬不以許高祖夫將百萬之衆如使一人故多多而益善不然智愚勇怯雜揉不齊金鼓之聲作而敗端見矣此苻秦之師所以殲於淝水也讀書爲文者亦然苟其學一先生之言而止則亦何難之有至於上下數千載什什伍伍井然於吾心而又融洽其神情使達於吾之手與口此何異於將百萬之衆呼吸運用如使一人者哉蓋嘗思之國朝著述之富無踰於楊用修用修生平所編輯百有餘種老師宿儒不能悉其書目可謂有衆百萬者矣及觀用修所自爲文何其萎爾不振也豈用修徒有其學而不能達之手與口歟若是則雖有百萬之衆而不能呼吸運用如使臂指無羨乎其爲博也假有人焉其博無愧於用修其役使載籍不獨見之於古文辭而併見之舉子業使其性靈與其學術相輔而行乎聖賢之旨則君子於其人宜何如然



自吾求友於天下始於豫章得王孫鬱儀鬱儀著書頗宗用修然及其所爲文則吾不能不以慽用修者恨鬱儀而又以王孫故不得見其長於制藝則吾尤以爲歉最後至齊安又得朱咸一咸一著書不亞鬱儀而詩通文通詞通於予意尤合齊名一錄較班氏人物踵事而增詳未知古今人相去若何其於樂書窮律尺聲器之變則又爲儒先之功臣意咸一所編輯必窮年矻矻備精神忘寢食疑無暇於詞章之學而咸一游刃恢恢讀疏圃草比物連類有足悲者計咸一所得於載籍如將百萬之師呼吸運用若使臂指已見其全矣而間出一二制舉業以示予則鬱儀之所無而用修之所僅有也嗟夫學之博者每至舉子業而窮何也彼其所傳者古人之神也其蘊籍古今嘗具數千年載籍之理而性靈之妙至蹈襲古人一句一字而不可則所謂將百萬之衆如使臂指者又在言語文字之先此吾終身習之而猶見其不及而咸一爲之有餘地故予至黃岡獨深交咸一而黃岡人竟無有知咸一者彼將學一先生之言而足豈能窺咸一之涯涘哉咸一廉讓孝友與其兄析箸而居多所推予而獨留心著述然咸一於車戰舟師皆有師授與予言天下事嘗有杞憂嫠恤之慨區區制舉藝與其所編輯又其小者天下無事則已天下有事不能不用咸一則吾所謂事之至難莫難於御衆者又豈獨於咸一之文見之哉

王孟侯踏花篇序　艾南英

踏花篇者黃岡王孟侯居桃花源所得詩因以名篇也予至武陵去桃源不百里而未嘗有遊觀之志夫神仙之說誠不知其有無卽使有之然所貴於神仙者以其淡泊無累異於常人使得一邱一壑而守之若美田宅長子孫之計其貪且愚若此則亦與庸人



何異今夫庸人得一廛以終老願世世無失人未有過而問焉者也而獨浮慕於貪愚之神仙何歟或曰其得名不以神仙而以山川窔深可以避世則今之窮山僻塢其人鳥言夷面不通商賈不知鹽醯者何限誠得是地而種桃其間皆桃源也嗚呼得吾說而存之桃源猶諸山也亦何必以未至爲慽哉乃孟侯之詩其於是山不一而足且以名其篇孟侯家世儒顯棄妻子婚宦不事獨來窮山中豈神仙之說惑之耶抑有大不得已者存故託而逃焉也夫是山以靖節之文而重非以桃源重也則謂以孟侯重桃源可矣予獨怪世之爲文者不知六籍子史之大而後花草蟲魚爲高逸雖名山水亦反以其人其文而汚後爲斯遊者其愼之哉

樊尙父十年制義序　方應祥 孟旋

余自蘊輝庵中看梅花逢尙父坐樹下昂昂如野鶴心知其非常

士也與語大快尙父旣盼余譚亦色飛心折自謂得未曾有嗣是往返過從坐輒竟日或衡量千古或商摧當世交相樂也久之漸覘其眉睫間有悲怨意而又若不欲見於色余益歎且疑因謂尙父今國家特廣薪槱之途其所奉爲功令惟是表章六經所爲道性情之正以提治亂之紀也吾輩舍此安之耶尙父逡巡乃始出其十年稿相質辨其孰爲懸國門者孰爲藏名山者孰爲誤刻他名稿者孰爲小遇大不遇者有從元草浪草同歸草海上操仙草及四方諸名社之所選錄若干卷以七百餘計曰此十年來嘔心之僅存而喪身失命之幾不免也身將隱焉用文爲行將盡舉焚之委十年於草莽爾吾亟起檢閱有如峻嶺危巖極目超忽使人欲絶有如瀟湘明月煙波萬頃使人欲觀有如曲澗幽泉一步百折使人欲迷有如蒲團四壁老衲參禪使人欲寂有如風雨江河



龍搏虎攫使人欲怖亦有如夜半笳聲清秋鶴唳使人欲愁要皆原本經術洸酣子史盤礴吾之胸次直與往昔聖賢相映發而絶不肯銖稱寸校以影襲於尺幅之間至其得意疾書一瀉千里横槊賦詩盾于上磨墨作檄文古人所謂才之不逮豈不遠哉時余方以中氣逆上捉筆卽心動屏除一切獨得尙父文置床頭覺神采煥發都忘病苦每讀一義未嘗不作天際真人想異哉豈非寸管精靈冥徹造化能轉法華故耶吾因語尙父天地萬物之氣時刻出入吾之鼻端吉祥善事息息可從鼻端候之但勿自煎憂撓其湛靖昔軒轅氏鼎成而龍化去一器之工苟精神不可淹滅則神物猶將呵護而況此殘膏賸馥吾人身心性命託焉者乎負尙父之才何憂不達操尙父之器何事無成稍理喘息爲秋風必勝之計以光昭今天子薪槱之緎綮啻一日九萬而鬱鬱不自聊爲鄧仲華所笑嗟乎尙父於此欲吾之不大聲疾呼吾其能自已哉尙父俯而思仰而嘆良久謝曰先生知我勝我自知才足以有爲而甘自放棄不祥負吾知己不義吾將俛首理舊業雖然羇旅之人一瓢爲贅頷此槖橐奚囊充寒猶奴不能負矣吾且力自刪汰畧存十一以副先生之知并以識吾倣帚享千金之意先生曷爲序之余大書其首簡曰李杜文章在光燄萬丈長斯可得十年稿之崖略矣他日過尙父見其繩床供養又皆十年來所自爲詩歌古文詞余略拈數篇蕭瑟不可多讀再爲咏少陵詩解之曰何人錯憶窮愁日愁日愁時一線長尙父呼童煮茗破歎爲歡久之亦似漸忘其悲怨之故

## 送王子雲遠遊序

金　聲

子雲忠臣子今窘急且不能自活而餬其口於四方四方人知其



餘念子雲尊大人當時若弗堅意殉國生死間稍稍能自謀子雲亦何遽爾恐自今以往天下之棄其子孫以從王事者將寥寥也子雲且休其勿遊乎哉雖然子雲不遊子雲則端坐而餓無已則有先人遺廬可半其値以沒於富貴之家之二者吾知子雲不能徵獨子雲不能今天下之皦皦囂囂淵憲自命者余皆知之且余既拙不能爲子雲計何以勸子雲勿遊也子雲行矣莫愁前路無知己天下何人不識君有能爲吾子雲計使其三年內無復毋弟饔飧憂者其必勸子雲勿復遊耶上則爲文成次亦不失眉山吾師岷瞻先生之許吾子雲者蓋若此也余尙憶斯語也子雲念之

## 雲鴻洞詩序

詩句入妙若天生地成後千古無能更一字而其惡習則處處能落自失手眼銜口滿紙再設已陳常見小慧寡學人稍稍涉獵輒

爾握管倣摹調句頗文成篇諧同鈔寫終無入處今之人有匠意特造不恨我不見古人恨古人不見我者余拜之向來吾友伯敬友夏使我每觸意新今讀凝之詩廣陵散何曾絕也俗不如野滑不如迂和不如艱豔不如樸渾不如鑿共昔人生活不如任今人笑罵凝之意乎每得凝之詩未嘗不令人思思之未嘗易盡詩有別腸吾舍凝之誰與及聽凝之談兵則古法畢具余嘗譬之覓句如剝鮮宿而薦之盤非其味矣用兵如服藥反古方而投之則必殺人凝之蓋分用而各得之壇上圭盟閣中畫像頫自看鏡能無沾沾乎哉雖能是猶知一之說也好古而有獲是以有驚人之句百變不窮者古法之所以可用也詩與兵無兩法門凝之之通會而神明之蓋久矣夫

學統序　杜濬



學之所以爲天下裂也愚齋先生獨知之於是潛心二十年輯學統一書若干卷自夫子正統而降凡敘五統臚列差次有述有斷粲然明備無以復加矣錄成以視余余卒讀而歎曰卓哉此書之作自兩宋先儒以來絕而僅續也雖然求其成效必在十年之後乎何則風俗不古足以閡學也學之徒落落可數而風俗徧天下彼便其所習熟而視正學若弁髦吾其能家至而戶說哉茲姑舉其槩古者人各祀其先而今也剞木摶土其神滿家致享致虔反蹶其上古者非祭祀不齋非大故不絕葷而今也齋名百出自公卿以至村嫗持行如一古者士明一經敏者兼五經而今也經教龐雜問其所誦或非吾孔氏或出於重譯或造於巫師愈俚則愈盛古者士大夫惟拜君親師以及嚴事之友而今也三拜九拜未易致詰古者慎終追遠自有經理而今也親雖聖善至舉喪葬祭典必延愚劣之僧道謂之懺罪資福古者淵懿之士常妙思經書期有心得而今之儒者豔慕參宗鵝臭當風過者掩鼻也古者建學廟祀先聖先師而學舍飭築於其旁俾學者肄業其中所以使之親近模範不見異物而遷故記曰九年知類通達強立而不反謂之大成而今之衿士非趨蹌學使者暨守令有樴常終歲不一近宮牆惟禪關道院則欣然負笈焉風俗如此蓋習與性成始堅強牢固而不可破於斯時也與之陳說學統道金聲玉振之孔子析格致誠正之精義何異以水投石耶然則將聽之乎未可也不則以武斷取勝乎尤未可也夫風俗之詭必有權宜之學術以召之如昔人所詭謂神道設教者其流敝故至此耳誠欲易其轍是在有世道之責者黜權以崇經經正庶民興然後簡魁碩傑出之士與之講求學統猶治統然有紀綱法度焉有是非邪正焉有褒



貶賞罰焉如是者五年衆既通曉矣方將悔習染之非悟異教之謬薰蒸漸被什百相勸以至於千萬無算如是者又五年則風俗一變而正統之學四達而不倍可拭目而觀也蓋用禮教以變風俗而風俗既古則正學益明其先後節次鑿鑿然矣顧此豈可望之中立之愿儒兩可之膚說哉夫砭頑俗者利用剛蓋必如愚齋之作人正容以悟物愚齋之立言方嚴以礪世然後可許十年而收曠代之功也其學里弟黃岡杜濬謹撰

國朝

於滄洲文集序　許汝霖　時菴

吾友於子滄洲將以制藝問世屬余一言弁其首夫於氏楚黃望族也自先人樂葵公博通經史以孝廉薦名傳海內其姪太常公爲名進士厥後甲第蟬聯代有聞人滄洲以蜚躓於時深懼不克

負荷先業日夜兢兢思所以傳世而行遠亦出疆載贄之意也余因語之曰有明以制藝取士率天下之人聚精會神殫志敝力攻取於其中三百年內登甲乙第者何止數十百萬而以文字稱不朽者寥寥可屈指盡當是時士不熟性理通鑑而與童子試者罪及父師則平日之所揣摩與所以見知於有司必確乎有以自信非若近世之標名獵譽逐影附聲以攫取科名於旦夕者可比而卒多不傳者何也蓋制藝之所發明孔曾思孟之書也孔曾思孟之所傳述堯舜禹湯文周之緒也程朱當日原本昔人遺意參以己見詁訓註釋至於毫髮無憾尚自謂幾經脫稿幾經改訂而後定今以庸庸氣息代聖賢語言而復限以朝廷功令排仗列隊比句櫛字存十一於千百固已難矣而況剖裂破碎窔梯脂韋雖因之霍林諸先正已多遺議而世之評文者輒曰是以先秦兩漢唐



宋諸大家之筆而發濂洛關閩之理者抑何談之容易耶於予所著不必銖銖兩兩求合古人自有一種不可磨滅之處而其言亦有得於聖賢大旨之所存以視明季諸社刻皷管轢韓撏佛撦老真不啻鄭雅殊聽朱紫異觀矣顧吾於此竊獨悲於子之遇而嘆身任衡文者之爲可惜也夫今之文藝今之經明行修也今之制科今之鄉舉里選也上非此無以取士士非此無以見知於上學者讀書數十年業成而不能博一第以表暴其所長與艱難辛苦之所得徒僕僕走數千里道攜一敝篋以求鳴於世則當時之所謂拔十得五者果安在哉雖然遇與不遇亦何常之有子能堅其所學於獨居旅處風雨晦明不以得失易其慮力田逢年會須有日於以振先緒揚明廷盎出其篋中所藏公之海內歷時愈久而光芒愈不可掩試較之淺中速化之士與寒烟蔓草俱盡者真不可同年語也子其待之矣

## 贈王又沂序

許　東

我家四世師友於黃岡獨多豈不異哉有識其父於三十年之前既友其子於三十年之後者黃岡王氏又沂之於予父子是也有識其子於十五年之前既友其父於十五年之後者予與黃岡朱氏菊廬父子是也我先君性沈靜簡默不妄交遊每談士競引重始應四方文社事又沂之識家君也在乙酉正月時先君方出謝友人之會弔先大母故相遇吳中丞家又沂爲予言先君白衣冠顏色顦顇若重有哀者同坐爲張九臨吳羽三吳宏人兄弟予聞之泣下蓋先君以是年春三月哀毀嘔血至明年春不勝喪殁矣嗟乎今天下文章之士如雲予小子幸多四方賢豪長者交然自江浙數百里外求一人曾識我先君若又沂先生少矣然則東對



先生言動間稍輕躁狂易有悖先君對客謹愼意先生必心非之東也敢不敬乎況先生夙有聲譽藝林爲昊廬王公舅氏而與公諸賓客飲食起居不求稍異謙抑能下人論文得矩矱變化觀其持己論文可以知其人文矣敢不敬乎尤異者天啟初東先大父在成均觸忤魏忠賢黨人中以家難幾不測而時以縣令力爲保全者黃岡晏泰徵吏部也爲一世拔我先君童子科中三試皆第一後院試亦第一俾先君自此知名亦晏公也爲再世東丁酉舉於順天黃岡曹厚庵先生予座主也知予二十年館穀予俾予得負米以將母爲昊廬王公而因公得交其親串若菊廬又沂及公子子重菊廬子庭怡門人陳翁餘又皆黃岡人也爲三世予長子準交庭怡其事詳于贈庭怡序中爲四世夫黃岡之至我邑凡二千餘里可謂遠矣而寒門四世所師友得諸賢人君子於黃岡若

此亦盛矣豈不異哉因又泝之與我先君之相識遂牽連及此亦猶古史傳書法之意也夫

## 張貞媛詩序

貞媛姓胡氏名秀溫江陵諸生張儀參聘妻荆門封少宗伯胡公振翼女也

王如玫 二思

千古之文章皆忠孝節慈之性情爲之煌煌乎與天地相終始非若風雲月露之章祇榮悴於旦夕已也丈夫而力爭人禽之界者無論矣自陰陽健順厥賦維均香匳粉黛中固有所天不幸而誓死靡他復咨嗟歌詠以見志者未嘗不嘆其性情之肫摯直令綱常大義賴以長留又何巾幗之不鬚眉哉若張貞媛銜心閣詩尤錚錚者矣古人云慷慨捐生易從容就義難跡貞媛芳躅始則投繯絶粒畢致其慷慨既則仰事俯育倍形其從容此熟思審處於難易之際而毅然以身嘗之者也而其用心亦良苦矣既不忍以



蒼白乖從一之義又不欲以決絶傷高堂之心哀絰一室彷彿信國之遺風焉洎乎餒鬼血食苦節上

聞而教孝教忠且不菲薄其後嗣是舉兩間忠孝節慈之理已皆備於一身爲千古之完人所謂無乃太周折者不誠曲致其周折矣乎故其發而爲詩也生氣獨標浮華盡汰古鐵石琴香無細響而洸吟反覆之餘又覺藹然以温中和備至況之柏舟不諒於父母黄鵠見疑於舅姑雖韻落魂銷響成心瘁足以寫其金石之誼而求如此之葆真全志以不失哀樂之常者曾未可同年語蓋其爲從容難也今貞媛亦既高義表於

天子芳聲乖諸史册不必藉詩而後傳而以揆諸風人之旨靡不發乎性中乎情儼然與昔賢不朽之業同爲扶植綱常則貞媛之詩不又千古乎哉適其孫振鐸哀輯成帙俾予一言爰盥手爇香斂容正襟而爲之序

## 省志訂譌序

王道明 雙崎

予承乏志局分修長沙乃取縣志府志及一統志而參酌之然反之余心而有未安者因作訂譌焉蓋有隆重勢位於崇高者則詳之而側陋者畧焉是貴貴之書也專於貴貴則不平有篤愛家鄉强以族婣里黨之庸材而文飾之與英賢等是親親之書也局於親親則不公有奇節偉行而訾其過激者是善善之未宏也善善匪長則傷仁有含垢納汙而美其包荒者是惡惡之未切也惡惡過短則害義至若惑異端者則搜仙佛之祕怪溺詞章者則裒藝文之浮夸是皆不足以垂訓也曷不以春秋綱目折其衷乎宰周公之會則書之王人以下不詳焉貴貴之義如是而已矣匪是則縉紳焉耳孔父之節則錄之正考父以下無聞焉親親之義如是



而已矣匪是則家譜焉耳荀息之忠子野之孝宋伯姬之節皆大書焉蓋賢者之過猶愈於愚不肖之不及也文姜之孫仲遂行父之聘意如荷躒之會皆特書焉蓋尊親雖所當諱而三綱五典不可以淪也且夫同泰之捨身上清之致祀皆存之以示誡則仙佛之學豈周孔之名教乎柏梁之聯句汴州之作記皆刪之以明蕪則辭章之技豈詩書之遺則乎不去此數弊志雖工勿善也噫前民之得吾之師前民之失吾之鑑烏可苟焉而已哉

## 送李生鳳止鄉居序

呂德芝 時素

人心而尚湻樸則君子多在都邑人心而尚機械則君子多在山林非山林之盡湻樸而都邑之盡機械也世際承平人趨奢侈都邑間集五方之民籠山海之貨奇嬴可操淫蕩易起酬歌博奕討致而術取之舜面蹠心莫可窮詰所以思湻樸者多求之山林爲

夫不見可欲心不之亂中人之性也鄉村之間土厚而風古塵靜而民勞游手者寡力作相習無燕溺之招奢逸之慕足以盡其心者也飯出於田鮮得於漁鹽酪而外無他市焉婚祭伏臘速媚友者不過雞豚醪醴無所謂珍錯旨滑足以驕其口腹者也勤可以畜德儉可以養財况耕且讀更有志者藏修之地乎李生鳳止世居郡城外少孤而能立善事其後母而友於昆弟與余鄰奉其父之遺命執經余門頗受教其文字可以干祿而家計鹽米累之一日告余曰將奉其母挈其妻若弟而徙居於鄉詢其意則以都市之機械憂其弟之無所職而荒其筋骨而後且有飢寒患也將牽之以終其先畝以課若耕其暇爲讀書計吁智矣哉抑勇矣哉夫人之患莫大乎狃於宴安而不一卻顧也吾嘗見有襁縷而寄食於走隸家者怪其貌不類丐人或曰某公卿子若孫也是向之紈



綺叢中鳴鐘而列鼎者也惟不事詩書且不習勞勤酗歌博奕以致此耳李生雖未必生於富貴蓋亦不飢寒矣父母嚬咻親友護惜豈知所謂曉作夜息者而一旦能慨然引去爲久遠計也非智且勇者能乎今而後居於鄉勤於耕謹身節用以養其母學可有成也兄弟合力和氣致祥數年之後其道可以富何則淳樸者富道機械者窮道也吾年將五十而母且衰老長以梟比爲菽水資非計也以無田可歸故泄泄居此闔子之行靦然而媿因述山林之善以堅子求淳樸而逃機械之志然數年後余將買田而耕仍與子爲鄰云

郭三山先生心齋集序　張念祖 緒茲

天地無心人即天地之心人亦何心心天地者即其心三光四序雨儀六府佐天地者也皆心天地之心以庇乎人之心生人者祖宗主人者大君教人者師保以及古聖賢彰明義類發揮實行所以庇斯人者要無非以天地之心爲心而亦即斯人同然之心人之心不綦大哉顧心動則妄靜則潔心二則雜一則醨苟以此心心天地因心乎天地之三光四序兩儀六府暨天地來之祖宗大君師保以及古昔聖賢之心匪齋其將奚以齋之說見於經傳其非變食遷坐之謂其謂肅此心以靜明此心以一而反此心於醨潔也是以夙夜寅清獨有必愼宥密肆靖身有專修齋固宜問諸心矣世或以心齋之語見於蒙莊疑爲大道詬病詎知二帝三王之所謂欽孔曾思孟之所謂誠漢宋諸儒之所謂敬俱不離乎心齋義蘊哉流俗靡靡知此者蓋鮮吾鄉懷泉郭先生起而見諸實履因著爲心齋報本一書本者何即心是也蓋其心以齋而心天地之心因心乎三光四序兩儀六府之心且心乎大君祖宗師保



及古昔聖賢之心而即發明其所爲心以假諸言使斯人從而祓濯之應亦自得此心不妄不雜之本則謂心之齋報本也可謂本心之齋報心也可即謂使斯人心心之齋各報其心也亦何不可之有此書一出將天地無心而有心三光四序兩儀六府心天地之心亦心此書之心大君祖宗師保以及古昔聖賢以天地之心爲心亦以此書之心爲心心齋之義其無窮乎得是義而愼厥身修因推以經綸家國彼帝王之欽孔孟之誠漢宋諸儒之敬當自實踐中發明深蘊所報何極哉儻有訴諸大道者其亦返而自問其心可爰弁小言於端

傳經閣序　彭崧毓

傳經者劉氏之故實也黃州有傳經閣則幹臣軍門所建剏也劉氏子孫讀書其中能傳劉氏之經幹臣所深願也若夫上感太乙

之精然黎照讀則好學者之自勉非幹臣所得而希幸故不名黎照而名傳經求其實也幹臣之所爲亦第求其實而已矣夫事有由近而推及遠者義田贍一族先同父之親次同祖次同曾祖次同高祖次無服之親推而至疏族不遺一人則義盡矣事有由遠而返之近者義舉周一鄉先同郡之人次同邑次同里次同族次已之子孫推而至於里中之先賢耆舊不沒其蹟則義亦盡矣義之盡仁之至也幹臣贍一族之田比於蘇州范莊尚已捐修京城岡邑試館重公車也捐增本邑賓興勸賢能也捐復郡城河東書院并捐膏火卹寒畯也修理赤壁蘇文忠公祠茶村杜先生祠并刊茶村詩文集繼往哲也設義塾以課生徒開來學也無一事不求其實卽無一事不合夫義久之感迓天庥異日必有能讀石渠天祿之書者豈止傳經云爾哉黃岡之劉莫著於克猷先生一支



而幹臣以譜牒失考不敢附會此狄襄武不祖梁公之故智其器識尤何如哉

# 黃岡縣志卷之二十一

知黃岡縣事合肥戴昌言編輯

## 藝文志

### 古文下

記

明

#### 復蘇公舊蹟記　羅玘

宏治戊午予同年天台盧侯以刑部郎中出知黃州黃蘇文忠公謫居地也公嘗築雪堂於東坡今僅存地丈餘侯出過之喟然曰是滑於民不可公嘗寓定惠院遊乾明寺黃泥坂諸處侯問於民曰是皆何在民皆不知侯曰是不可也吾其究諸於是遷雪堂於府治之東與竹樓配使麗於公所可恆存也明年按地櫛驗院寺



坂以次皆復遂度勝而亭焉黃人始眛若不知有公也既而恍然訝公復生繼又駢然或欲從公復遊又若眞有公也填郭溢郛或聚或散去而復來旋絡新觀若味飲食且曰舊之守多矣何寥寥乎不丞吾復也又曰吾林有材可以爲棟吾山有石可以爲礎吾庾有粟可以食匠其貧者亦曰具吾版鍤可以築堵具吾鶯鬲可以沃塗晝爾可茅宵爾可綯侯皆不吾預也侯則孔仁吾其何民遂相與礱石造侯願記之侯曰辭俚弗傳不可民曰盍徵諸朝曰吾自有記匪可施諸遠者大者志吾復公之跡實宜蓋指予也夏六月乃以書屬吾盱江舒侯督予記蓋舒侯黃人也先是與予論侯是役也凡民之所欲爲而民不知既成又無德色於民有類古之爲政者予故樂爲書之

#### 當無室記　王一鳴

王子居於市以㸚之者不置也山中有先人之敝廬在其左爲懷柏堂右爲孝友堂兩堂之介地隙先孝廉常架二閣其間穿懷柏堂右介之屋漏穿爲斥鷃閣閣前有軨軒階戺具體而微軒前爲焦螟閣短垣限之上積書數十卷及備輭釜罌罏康瓠之屬下爲道趨孝友堂蓋從外窺之無閣也而居閣者其眺望可盡目境故可以卧起亦不廢羅雀王子居而樂總名之曰當無室因太息曰老子之旨廣矣夫天下孰非當無者孰非無者生者其變也死者其常也貴者其變也賤者其常也富者其變也貧者其常也生者可死死者可生也貴者可賤賤者可貴也富者可貧貧者可富也常變之塗可否之路疑必之途皆所以趨於無者也卽以室論先大夫髯芧而居頃之易版瓦稍稍有壁帶三傳而及先孝廉不佞生於斯已而有毀傷薪木之警徙國中視爲邱亭數歲不一至先



孝廉捐館有農事歲一至亡何以身督農歲再三至至於今始不以野外視之故不以資婧出而以爲家在所然猶未卜其終居之也是人之居是室也有者寡而無者衆也每登閣望見嶢崝而搉嵟者黃歇壘及永安故城也長江從西來釃渠經其下皆俯而有之以助閣觀然吾閣不能與助閣者競是速朽在閣閣中之身方與隙駒俱其趨老死猶眴所之於盱也復不能與閣競其勢必先閣朽蓋無一可有者其何論貴賤富貧矣或曰子辨矣然知無者也非無無者也無無者忘其無者也無之終也知無者明其無者也有之始也王子曰子非無無者也亦非知無者也乃當其無者而爲之言哉

## 黃岡令題名記

茅瑞徵 五芝

蓋余自受牒爲令恆怵然懼也既得量移揆所以息肩者更得楚之巖區爲懼滋甚古亦有言不善爲吏視成事矣黃㓝鷟難馭甲三楚然前數公用以顯名起家擁戴天子邑人今猶尸祝不廢將難治又豈在黃也余自度賦材最瑣劣殫其弋獲無以踰前數公意復倣軼事可踵行者因攷邑乘輒旁質先後爲令歲月及其爵里而銓次已苦無徵矣今擬令者强顏親之曰民父母有人子而不能憶若父母世必怪之而至其所不知誰人重累而上必系之以譜而始核爲漸疎也又況夫令以强爲親固無强而疎耳然則重累而上欲叩之以所不知誰人通其纖曲此非譜而勒之貞珉其子之不能而他將焉取徵無徵不信茲今所爲急題名也隆萬以前郡志略備郡有志後今又幾十春秋前數公最著餘亦多不能驟憶然姓氏尚可譜舉其人可以知其政有衆同舌以榮有衆同舌以嗤等此姓氏而榮且嗤之間若莛與楹嗟可畏也語云前



覆後誡前者以鶩則後者以趨卽先後受牒諸君子無慮若而人夫其姓氏具在謹視而度俛仰之間應已得所師矣如前數公非有瑰政瑋術以奇用吾民而民到於今便之衆之所便則父母也令秩固輕而爲天子息養一方稱名曰父母則甚重夫孰知父母之謂者以子產之賢傳猶曰僑衆人母故知父母之義能兼之者蓋寡大學稱絜矩之謂父母其道可以平天下度天下之與一邑尋之與尺也前數公筮仕辨爲令今佐天子以調化燮辨乃踰令黃號難馭而前數公名以崛起難固在令豈在黃哉知爲民父母後乃辨爲令且辨爲天下今譜壁間之石而曰某名九鼎某名龔士幾能强顏爲之父母余亦懼未艾矣

## 邑侯趙公去思碑記

邱 岳

趙公中宇去黃之十六年然後黃中父老子弟始立石道周紀述

公德政效畏壘故事斯所稱君子之得民心者久而黃中父老子弟懷德滋深者歟夫公之德政人人能口道之而至於鐫石以識不朽蓋心碑也計往歲辛酉間當今上採言官言天下洪甯久阡陌之間相錯如繡開墾者多而賦額不加益由是定爲甲令盡檢天下土田概量其數則一時繁難囂陵莫可名狀縣長吏實當其事會是歲天雨雪寒甚公單騎行田間僅數人隨從窮鄉遐谷必至其甘苦與百姓共之不欲煩民間一錢四境肅然安定初不知長吏之往來也狙獪之胥卽欲因緣簿書爲姦而公牘一字如山不可移迄於今百姓奉爲傳別以其賦入三賦五令徵輸有定限卽窶子單丁皆得趨事赴納從旁莫敢僑索其所餘兩階簿對則謝絕一切請託而每用片言以折之入者冰壺出者秋月又不喜任意輕入人卽得情不之喜也以故白粲鬼薪城旦舂者六年之



內未嘗枉一匹夫匹婦蓋愼之哉黃故舟車孔道也飾傳廚得過客懽心則米鹽絲帛刀錐之微甯獨非著赤脂膏耶一邑如斗大予一人豈有愛焉庭前之影清可懸魚狐鼠之窺簾而潛蹤者寂如也暇日延見褒博之士發抒什襲講究道物其所取士類多豹變隆隆日以起語曰百年樹人其庶幾乎居常省視黌序輪奐翼如而境內壇壝烝嘗以時則禱雨雨應禱晴晴應簞車告成鼓果然之腹而忘於何有矣乃獨曠度闊視下嘗之而不報上陵之而不尤輕省之未嘗藐焉危加之未嘗怵焉蓋伺上不欲爲射隼而罔下不欲爲揜羣惟求盡其在我者已耳此豈晚近世可易及哉大都公器宇瑰瑋不羣至性篤厚問學宏衍樸茂質直不尚紛華山立時行卓有古大臣風度然則其志潔其行修其量宏以遠也殆硼中而彪外者乎卽今去黃之後弈然爲名御史晉陟卿寺帝眷日新福祿申重將未艾也黃中父老子弟德之深故思之久思之久故識之欲不忘昔衛武公盛德至善沐浸民心至播爲詩歌曰有斐君子終不可諼今知武公則知公矣知衛民不諼之詩則知黃人立石之思古今人情豈相遠哉是爲記公庚辰進士名士登號中宇涇縣人銘曰黃邑盤桓環山帶川甌窶汙邪畝陌芊芊彼美我公道大德全甫維下車概量土田朔風大陸露宿霜飧羊飛晨飲犢自隴眠簾潛鼠首屋掉魚懸吏畏其威士服其賢尹何製錦單父彈弦魯恭三異劉寵一錢我思循吏惟公比肩休休有容千頃洪淵桃李門牆郁郁翩翩甘棠蔽芾鴻雁連卷愷弟君子可愛可傳晉祟躋膴八座三遷芘銘鐘鼎帶礪燕然久而不忘去思綿綿綏我樂土貞固千年

## 松風墨寶記　杜濬

南京國子生吳郡顧苓濬之老友也所居塔影園去虎邱才數武濬舟過虎邱數往覓苓於園中一日導濬啜茗於其草堂西偏之密室仰視梁間懸一小匾作松風二字大不盈尺端勁軒翥非一時文士筆力所能及濬心異之以問苓苓具告所以則巍巍宸翰也濬肅然下拜伏地悲泣良久不能起自是以後每過苓輒先入室中叩首已然後與主人揖苓以爲知禮謂濬盍記之濬竊惟古賢哲之君每以幾務餘閒留心翰墨唐之文皇至與廷臣講求戈法而宋仁宗御書飛白尤重於時歐蘇所記者是已恭惟先烈皇帝稽古右文蓋唐宋二君之亞而遭際懸絕至於不可梯級鼎湖之弓蒼梧之淚此天下臣民所當痛心遇其流傳一點一畫如亡子之見慈父惟恐失之春露秋霜生其哀慕天球大璧方其矜重迺其宜也而風俗之薄藏者以爲災患見者爲之色變甚而背棄

襤褸稱謂無章尤在於受恩深厚三台八座之子孫不知持世之道敎孝作忠禁網殊不如此而其人自欲如此不必然而然何其愚哉計此二字設落若輩之手必久付之水火幸而藏者有秊拜者有濬國家養士三百年僅如斯而已乎可悲也矣歲在癸丑暮春之望記

聽雁樓記　杜濬

聲音哀樂之感豈有常哉吹竹彈絲敲金戛石所以悅耳也而古之人或聞樂而泣代馬晨嘶邊笳暮咽天下之至苦也而有求於其地者得所欲而喜聞斯聲也猶简韶也何則人之悲者聞歡聲而益悲人之樂者聞悽聲而愈樂也而何有於空中之過雁乎吾友汪子育風少得逸妻延陵之裔也不幸而早夭汪子悲思之名其所居之樓曰聽雁豈非謂雁乃摯禽義不再匹故昏禮奠雁聖



人取之有夫婦之道焉是以失耦之夫端居獨夜聞此聲而傷心歟由是言之則是悲生於雁也而非也向使汪子汎汎然同於世俗之薄夫鼓盆既罷歌哭兩忘佳麗之前何愁不盡雁至之時秋深之候也良夜爲歡雁聲入耳方且快珍簟之生涼蘭閨之無暑也雁聲可樂孰謂其悲哉足見雁聲不悲而悲生於聽雁者由傷逝之情深也傷逝情深則豈第聽雁而已即與之聽九皋之鶴百囀之鶯猶將愴神焉而況於嘹唳之音失羣之響乎聞汪子之風者可以增伉儷之重矣且夫雁之爲物不但有夫婦也而且有兄弟之序有君臣之分不媿禽鳥者幾人乎彼皓首歸來之子卿固亦老於聽雁其聽之於北海之濱視聽之於南歸之後哀樂不侔矣意非斯人不足以記斯樓也

白雲樓記　杜濬

余久客廣陵既倦且病謝文字不作而金子汝宜介其叔氏三餘來再拜以請曰願得先生之文余方欲例辭而顧其容甚戚其意若迫不容已則姑聽終其說三餘泣然曰余小子天下之薄祜人也生六年而失怙九年而失恃今年垂三十思親之淚未嘗乾也嘗聞古人覩白雲而思親在其下故小子亦以白雲名吾樓念非先生莫能記之以傳是以請耳余爲之憮然既不忍峻拒徐謂金子曰吾知子之樓矣固不必問其面勢若何修廣若何同於世俗侈觀美備登眺圖晏樂之樓也蓋㟁以思親也故蘭橑桂棟不足以爲華繩樞甕牖不足以爲陋敷天之下無之而無白雲也即無之而不觸子之思親也無之而非子之樓也即敷天之下有處無白雲也子固無處不思親也亦無處而非子之白雲樓也子欲人也黄海者雲之所都瀰瀰萬頃子對之思二親欲隨几杖而不可



得也則黄海即白雲樓矣且子嘗西上潯陽望匡廬之山匡廬之白雲綿亙三百里子對之思二親欲奉躋攀而不可得也則匡廬即白雲樓矣子又嘗過洞庭歷瀟湘憩於岳麓之野白雲蒞無邊際子對之思二親欲伴游觀而不可得也則洞庭瀟湘岳麓即白雲樓矣故曰出則銜恤入則靡至又曰無所逃於天地之間此雲此樓也豈區區誇結搆之工丹采之麗乎哉是故予辨之有餘無俟余記者余特爲記子罔極之思終天之慕如此後之君子可以憐其孝而哀其志也矣

寄園記 並序　王士龍 蓑廬

凡人精神無所棲泊則漸懶成癖余草堂無事築寄園半區日夕灌鋤其中非近計鄙粗抑使心骨筋力與天命人事相遭可不苟也而客有嘲且嘆者因作寄園記以當解嘲滚圜

叟將無聞之亦覼然而頷之乎

寄圃者蓮花汉逸叟所築菜畦也逸叟歸汉上者六年食貧茹淡直不可終日而又若將甘終身焉者迺因廢屋址可三畝許在草堂南湄叟促石史鹿伻兩蒼頭織荻而樊之遂成圃圃成而字曰寄蓋若寄吾終日而終身焉者於是圃有禁畫厥嘉種以蓺非其種者芟且薙無匿厥土膏而腴厥塊破以細疇平洫衍族區類別無迕性無豁時未幾厥種甲而茁茁而茂枝旗揚起葉片紛披我寄圃春長矣逸叟一編之暇或倚籬而嘯或緣徑而歌或秉鋤而剔其翳或沿架而支其蔓則見橫之縱之勿猥勿并疎疎密密兩兩三三掛珊苞於初萼拖玉緌於修藤朝華者哺風飲露夕秀者嬛月胥煙雨吐香而徐噴晴湧翠而層舒交絡駢織弄態抽姸逸叟皤皤然白禿其頂影青蔭綠如行壺天碧靄中意致孰可佳勝



以是而思元圃閬風則紫芝沆瀣難覬也以是而思平泉金谷則玉樹秋風莫問也吾寄圃榮生不關春夏消枯不問秋冬滄桑不悲陸海逸叟曰寄寄圃而樂之樂其寄家此汉上而圃又其寄寄者也彼古今來亦何者非寄耶昔有寄於農寄於漁寄於樵逸叟今寄於圃大有快終日而終身焉者圃中日用正自悠長也哉至逸叟或有所寄而寄或無所寄而寄是在逸叟獨寐寤言際自知之請學者不得知也或曰寄圃亦寄於記也可是爲序

國朝

## 黃州朱氏雙修堂記

許　東 吳江人

黃州臨大江枕赤壁西去百里而遥爲洪山洪山之東湖有僻壤少居民多女蘿薜荔蘭蕙諸芳草古柏數十株偃蹇蓊翳大以圍計皆萬歷年間物也丙午冬大雪草木盡萎柏歸然獨存明年春隱君子朱菊廬先生聞之而喜卜築數楹於其間顏曰雙修堂每靜夜先生危坐讀書響震山谷虎輒嘯以應之若壎篪然先生愛而居之不忍去或問先生雙修之義先生荅以易太極生偶二四八之象數及天地萬物無所不雙之故其意大抵與程伯子所悟略同而其自記之終篇則又曰我安得無雙之士而與之語乎繹其言未嘗不三嘆夫先生見雙之義而易有獨立不懼遯世無悶之君子焉讀易者謂用之則獨立不懼周公當之舍之則遯世無悶顏子當之必若周公顏子然後可爲無雙之士吁亦難矣先生儻求其人而未得吾願獨以其讀書之聲與虎嘯聲相響應仰古柏下想見雪深數尺時偃蹇不屈之狀先生亦可樂而忘憂矣予遥憶斯堂之氣概有不能不動於心者遂援筆而爲之記

## 雙修堂又記

許　東 甫草



予既爲菊廬先生作雙修堂記而菊廬復語予曰予數年以前未嘗一日離斯堂也自游京師以歸亦苦其僻遠不能朝夕於此室邇人遐爲我心惻我將於堂之傍求田二十五畝納其稼穫命一僕守之廣爲朱氏祠堂以奉我先人烝嘗示子孫無有變也且我聞之人生而樂寄於是者沒而魂魄依焉堂之額我已乞吾友王太史大書爲碑記而復屬記於子子其爲之予將泐之石以計久遠也予曰不亦善乎先生之志也合於古儒者之教矣我聞之考亭夫子夫子聞之胡先生曰天下有是氣者有是理有其誠者有其神山川之氣樂憑依於人人樂山川而不忍去者氣相感也氣聚則理乘之以顯矣子孫之於祖考一氣之所生也子孫能聚其誠敬之氣以翕集祖考將散之氣而祖考必來格者氣與理交相貫也人之歷存沒猶歷旦暮也生而愛其居猶旦晝之飲食言笑

於其居也沒而魂魄依之猶夜而讀書偃臥於其中也先生今日祠先世於此其烝嘗也必誠必敬先生之子孫他日亦修烝嘗於此如先生焉猶旦暮之相代於前而莫知所止也理之與氣誠之與神人聚之則聚散之則散有之則有無之則無固自我操之矣予常從兖州入曲阜見三十里草不生荆棘度淮泗過虞姬墓見墓傍之草雖大風不能摇又聞我吳門城上要離墓碑不可樹樹之則城門白晝殺人其氣之所聚可以千百年憑依草木及其里人而況其子孫乎今以先生之言而合之先賢理氣之說我知朱氏之堂其千百年不可泯滅也亦若是焉已矣遂爲記

## 孝義社記　顧景星

有名古而義非者今之社其一也社今醵飲而已矣唐人始作詩社白杜司戸審言始今廬陵之西原有詩人堂云宋元踵而行之



遂有禪社茶社蹴踘葉子博簺唱說手搏梳剃吟叫諸社社之名義遂濫而莫濫於明末之制藝社居恆論之社之善者如淳熙初朱文公之社倉社學河北之鉏社元前至元之苜蓿社明洪武初之里社正德時邱文莊之家社嘉靖時先中和邠州之義穀社此治世之社熙甯初京東之弓箭社建炎中兩河之忠義社崇禎中陳士業之守望社此亂世之社皆有益於國家與其合少年佻達治舉業無用之學談仕宦熱中之事失德起於乾餱憂患不相衛恤則何如老死不相往來之爲愈矣邇者陽邏鎮亂後煙突僅數百有長者遵洪武制立社曰孝義集鎮中之有父母大父母者十人至數十人歛而與之盟遇有喪則人出一金一布無他醵會惟此施彼報數十人中有喪者之家無復嘆敍衰之不具而傷孝子慈孫之心者嗟乎不亦善哉推而行之治與亂皆可是周禮四閭爲族八閭爲聯使之相葬薶也云爾近吾里稍稍舉春社餕餘醵飲譁浿而已於俗非有裨益豈惟無益已也昔元祐時王景亮與鄰里浮薄子結社純事嘲誚後皆及於禍可不戒哉可不戒哉

## 重修文昌閣暨二程子祠碑記　王正常

周禮大宗伯以槱燎祀司中司命星傳稱文昌六星一上將二次將三貴相四司命五司中六司祿先王制祀不曰文昌而曰司命司中使民知所受之有中以正其德又知所稟之有命以定其志即所以祀文昌也道家者流遂以梓潼神當之謹按神生於蜀之越嶲姓張氏名亞子爲父報讐仕於晉以死勤事其後唐元僖兩宗入蜀神顯靈異故奉之由是言之文昌天神也梓潼人鬼也合而稱之經生以爲疑顧禮以義起神忠孝大節炳然天壤精氣所聚著於星象如說之箕尾朔之歲星詎盡無稽者即以梓潼神爲



文昌固無不可郡舊有祠在府學左歷時既久風雨剝蝕幾於頹壞乾隆丙午歲余調茲邑瞻拜之餘爲慨然者久之越明年紳士等欲募衆修葺屬余爲倡都人士翕然從之逾月遂完好如初先是二程子祠在河東書院以諸生出入懼其褻也移像於祠之前庭昔宋時五星聚奎二程子誕於齊安與周張朱子先後應運而出天人之應昭昭也黄陂舊爲齊安屬邑二程子之得祀於郡也固宜後之人見先哲於羹牆知天人一理仰不愧俯不怍人事之盡上合天心不獨文昌梓潼二而爲一即有宋諸儒亦一脈同原於以風示來茲俾景行有自其有關於教化詎淺鮮哉至如書覽勝亭形家以爲郡之風水在是雖其言未可深信然規矩高曾之謂何而任其蕪沒耶貲所餘用以建之其修廢舉墜均有可記者因彙而記諸石

傳

宋

方山子傳　蘇軾

方山子光黃間隱人也少時慕朱家郭解爲人閭里之俠皆宗之稍壯折節讀書欲以此馳騁當世然終不遇晚乃遯於光黃間曰岐亭庵居蔬食不與世相聞棄車馬毁冠服徒步往來山中人莫識也見其所著帽方屋而高曰此豈古方山冠之遺像乎因謂之方山子余謫居於黃過岐亭適見焉曰嗚呼此吾故人陳慥季常也何爲而在此方山子亦瞿然問余所以至此者余告之故俯而不答仰而笑呼余宿其家環堵蕭然而妻子奴婢皆有自得之意余既聳然異之獨念方山子少時使酒好劍用財如糞土前十有九年余在岐山見方山子從兩騎挾二矢遊西山鵲起於前使騎



逐而射之不獲方山子怒馬獨出一發得之因與余馬上論用兵及古今成敗自謂一時豪士今幾時耳精悍之色猶見於眉間而豈山中之人哉然方山子世有勳閥當得官使從事於其間今已顯聞而其家在洛陽園宅壯麗與公侯等河北有田歲得帛千匹亦足以富樂皆棄不取獨來窮山中此豈無得而然哉余聞光黃間多異人往往佯狂垢汙不可得而見方山子儻見之與

元

黃岡隱士西山吳公傳　魯貞

天有知乎天無耳目之視聽天無知也主宰於冥冥之中作善者降之百祥作不善者降之百殃是天之有知也人感之天啟之猶影之隨形聲之應響也以爲未定者是不知天者也觀黃岡吳氏積善厚施而身未食其報者何哉夫生賢子孫能世其家卽天報之也況子孫賢天爵修而人爵至是天厚報之也閩南招撫使吳□生公七歲而父亡賴母夫人汪氏保養延師教以詩書及長通儒業習國語博學多能以德義爲鄉里所推服其兄長東山次南山東山兩淮鹽場司殁無後繼以南山之次子南山亦早世遺孤五人女六人西山撫育教誨男爲之娶女爲之嫁以己財擴充產業數倍於前與均分之公樂善好施惠宗族鄉黨禮名士大夫自陽邏至桃花地高處得水甚艱公鑿井一十九所家不闕水自太平橋五里至陽邏地高險不通車馬公爲開險造橋行者便之砌路自陽邏至蓮花橋一百三十餘里鄉人立石以記功歲施棺以濟死者日施粥以活飢人立義塾招名師以訓鄉里之子弟名士大夫若吳草廬魯子翬龍鱗洲黃子肅皆與公交天歷已巳湖廣省平章同薦公德義不求聞達上遣異珍庫大使陶宗卿齎詔徵



之公不起御書西山二字賜之公建御書樓以侈賜危太僕爲之記公生於至元甲申殁於至正己丑娶袁氏名妙本後娶虞氏名妙恭葬中和五里之原生四子長魯思花入爲內臣次琳次琛幼桂琳琛皆與余交琛乃曰西山之樓已毁翰苑諸公之詩文皆不復在子其爲我先人作傳將刻石以示子孫余謂洪範九疇曰念用庶徵言天人感應之理也曰嚮用五福威用六極言天人感應之效也爲善而報之不差毫釐天卽理也未嘗不定也吳氏子孫之昌也宜哉

明

劉廣文託孤傳　耿定向天臺

進士王一鳴黃岡鉅室也十三喪父十四喪母上無令伯之祖母次無第五之叔父內無昌黎之兄嫂外無齊秦之婚媾煢煢然與

一弟居乃攻治博士家言尤嫺古文詞甫弱冠取高第名滿京國而故恂恂雅飭無纖微憍蹇浮薄態近從余游因詢其所以成立生瞶容含淚應曰小子何知先君子託孤於吾師之所造也師劉氏先君子中表也知其賢屬纊時以小子屬焉始師日課誦經史諸子百家言不如程則撻之不少姑息已自不忍撻之苦則時時捧先君子主置座上跪小子前師自抱主而長號曰孤嬉惰不學吾負君矣何面目見君地下小子維時悲愴且愧欲死甯受撻百十不忍聞此語也師之數年一歲以小子有他過忽辭去小子自分不能一日遠離吾師乃敀明自艾祈得悛新跪堂下泣懇者累日師乃復下教壬午小子幸舉於鄉師一日臨吾家小子倉皇衣履未整師怒叱跪之庭下欲扑踰時嫺友曲爲解乃免其方嚴類如此先君子遺命每歲贄三十金師計日而分之每一日當取八



分日籍記之如偶以家務耽半日程則減取其半耽一二晷則減取三之一曰卽爾孤幼可欺不忍欺而父於冥冥也其介又如此小子之有今日也蓋多賴云耿子曰昔曾子以可託六尺之孤爲君子託孤維艱哉跡劉君之撫教王生若此抑君子人與藉令早逼顯躋膴仕當亦不負人國矣乃王生當髫年失怙恃師嚴如是依依不肯違離繄誰督之其識卓矣亦王氏之禮教素嚴濡漸然也余交海內人士姚江之孫靈寶之許安成之鄒閩中之林其子弟大都仁厚醕謹故能熾昌興盛若斯也由斯以觀王氏其長世乎

劉字表卿名文元仕爲華容廣文先生

## 樊太常本傳　樊良樞

公姓樊諱玉衡字以齊號友軒黃岡還和鄉樊畈人其先世來自豫章在元中葉相傳爲省一公莫知其名生了曰漢章黃之有樊自漢章公始士人所稱爲樊將軍者也數傳而爲東廂公以明經官留都司城東廂公生汝文是爲桐山公舉邑茂才公大父也桐山公生一子諱燁應明經選三爲學博學者多遊其門稱曰崙川先生詳郭文毅楊太史志傳中崙川公娶蘄春鄉進士李公承陽女是爲公母以嘉靖己酉誕公於樊畈東南二里之陳莊公幼時聰驪異於常兒崙川公每授以孝經論語一再過母李太夫人代授之日數百至千言無不立誦年十八補邑弟子員明年食餼每試與崙川公皆高等名相次時傳樊氏父子文公六齡喪母至是易太夫人繼政大母黃太夫人猶健匕箸不問家事熊恭人來歸稱賢易太夫人生四子玉衡是爲孝介先生玉衢邑茂才玉銜孝感司訓玉衞郡茂才公天性純篤時人謂公有孝友之實而不居其名嘗授徒於邑歲數歸省親日暮不忍去諸幼弟更相抱攜銜



時方幼被疹公視之浹旬既愈猶閒日來視日暮抱送至路側則伏地哭公去復回亦泣下崙川公深於易桐山公著戴禮菀錄未顯則尤顓治曲臺藝邑先輩於孝廉廷諍以戴記鳴時所稱樂葵先生也公與漢川尹中丞應元同邑余進士心純王進士一鳴劉學博功遠同受業公最爲入室所著有中說故當時號禮有樊公學公嘗論志謂大丈夫得時當爲面折廷諍之臣無令汲黯朱雲輩寂寂地下笑人若止爲一身妻子計溫飽未足了樊生事也神宗壬午舉於鄉明年癸未得雋禮部除廣信李官時爲李者率深文巧詆任爪牙詷伺奉上官指以擊斷破滅爲勝任而公持大體折獄多平反獨爲上官臺使者所敬信臚陟狀舉首者以十數然不務矜詡故子弟少所覩記時主撫者慕王文成勳賞爲贛以南諸山建擣巢之議軍興破金錢數百千萬桶岡大帽浰頭諸遺孽

騷動殺官軍不可計而債帥紈弁則大掠纍縶附近農民數千百計號爲渠魁主撫者益張其事則召饒撫吉信四李官監決上首功即予上考公奮身而出曰此皆良民無死法願得覆按無使冤濫主撫者震怒他官皆目攝公爭之益力久乃得按釋俘囚二百七十人他李官亦得準此意末減强半公歸未嘗語家人後戊戌秋仲子甫從公入粤舟過白鷺洲公指曰此余昔釋誣俘處也屆指十年强矣因語之故誡勿言已丑冬徵召爲江西道試御史巡視西城是時皇長子逼處寵介在廷巧窺宮府者以此卜菀枯之集公奮然曰九廟根本大計孰先此乎即於援事之初爲庚寅二月以儲位宜以時定儲教貴在夙成亟正元良之位飭講讀之儀以重國本具奏其略曰臣聞賈誼之言天下之命懸於太子太子之善在早諭教古者人生八歲始入小學十有五年則自天子之



元子以至士之適子與凡民之俊秀莫不入太學國家制度祖宗貽謀有此名分然後有此官屬有此位號然後有此等威未有不讀書而可以凝圖不正位而可以出閣者今皇太子生九年矣以主器則繼體爲震以天顯則同氣爲尊以承華則毓德爲盛今且踰古人入學之期名不正則人心疑蒙不養則聖功疎我祖宗朝子均以嫡繈勝衣冠便受璽册其爲根本計有不勝豫焉其爲輔毓宛天位之逸豫不可言矣臣無暇遠引即我皇上册立之年與導計有不勝夙焉何者懼其疑與疎也間一涉疑與疎而邦本之學問之期視今皇長子不已早乎皇上將畀皇長子以天下獨不思舉其治天下者而畀之乎今日不立而種種危疑將有明日乘之者則見以爲急而實緩也今日不學而種種邪僻將有明日乘之者則見以爲早而猶晚也宋寇準之告其君此事謀及婦人謀

及中官皆不可唯斷之聖心天下幸甚而唐李泌之諫德宗且曰願陛下還宮勿露此意左右聞之將樹功於舒王太子危矣此今日之炯鑑也夫斷而必行鬼神且避其鋒天地且助其順而況中外宵憸如斯高京豐之輩乎疏奏不下尋差印馬屯田按部直隸河南山東是時議者以馬自入價代息率皆駑瘠應故事欲復養馬民間又開馬市一切權宜然積重權他釁而歲當大祲瀛灤以南數千里盡鴻肥遯之跡如掃逃亡未盡復業躪虛鑿空者人人趨過爭言水利奇策以佐軍儲故兩政皆號難治有寶坻令首以開荒請所上圖說沸騰公卿間公曰此方土物不宜稻其荒者苟可耕種民必不遺力曼死以盡其利諸所言率鹵斥蘆葦甌脫夏苦潦水秋苦暵雖縣官給與牛種一再歲得不償失不可施行欲實軍儲當覈屯政裁眾芻藁登耗本折丁中農曠有定法而苦權



勳豪戚中貴人僕區兼并其間則屯政大壞於是按行諸屯無所得匿露章劾奏惠安伯壞屯法暨諸戚貴而下數成其才幹奴公曰國事戎爲大戎事馬爲大法久滋弊在以漸復而不亟去其害馬者徒爲權姦外廐則又露章劾奏臨淮侯以私占役妄請騷足無人臣禮得奏下馬隸戎政冏卿如祖宗舊自此勳戚權貴皆畏閻樊侍御名漸思有以中之矣壬辰冬廷臣之請建儲愈急忽傳有三王並封待嫡册立之旨癸巳正月公復上疏曰皇長子之必爲太子也天下所共知也我皇上平日雖間有難色然不過曰待其稍長曰再遲一年初未嘗有所謂留待中宮之說今天地祖宗垂精儲思於上四海臣民延頸企踵於下萬口一辭想見册立而忽然藉口於立嫡之訓以脫手於親王之封爲謀雖工而人心愈不敢信爲說雖辯而人心愈不敢從天下耳目豈能盡塗乎如謂

長幼已定名分自存册爲太子固當爲天下主封爲親王亦不妨爲天下主而不知千石之重加銖兩則移宦官宮妾當前而逢左右近習見利而合異日事勢其能逆覩且輔臣志皋臣位皆新拔自夢卜之中而元輔錫爵又獨際君臣魚水之遇四海仰望在此一舉相與唯唯諾諾展轉附和陰翊嬖倖之蠱邪陽塗輿師之視聽顯邀翼戴之虛譽暗市觀望之私恩成受其榮敗不與禍里克之中立將見於今鮑牧之誰非又在其後此三臣者何以謝天下而皇上安用此三臣爲也臣竊爲皇上計誠無難者册立太子是二十年之旨也並封親王是今日之論也莫若兩信而俱行之斥蠱惑之私謀奮乾剛之獨斷皇長子照舊册立皇三子皇五子一併封王根本永固而枝葉並茂億萬年磐石之安孰加於此疏不下臺省交章攻者益急時相漸不安其位前旨竟中寢而戚畹陰



賕及前所論劾伉公者希時蜚語遂謫判無爲州是歲冬量移全椒令民憚直指使威重又謂遷客牢騷不堪簿書至則豈弟平易因俗便民平役覈賦剔奸蠹禮賢士民大喜過望三年考最推金部比部及廷尉評皆不報丁酉初夏河決蕭碭總河漕大司空楊公檄署淮河防丞事是時河南徙歲伐竹石下楗卷埽費萬億功且決黃堌口公至則露蓋行泥沙中率三省氓隸開小浮橋二十里以受黃堌南出之支築夂安壩以隄之使不得入妃永二湖濬里吉沙陶莫直淺以分舊河之流穿渠建閘宣漲葆洪略費萬金紆道旬日而漕艘銜尾並進語詳楊公一魁隄記碑中公將歸全椒乃著河上臆說以貽大司空其後楊公坐上流不治鐫秩去治河者益思公頗採用其說而迦河今爲利涉之津公歸椒旣懷前星之慮又見公卿臺諫之請建儲一不報於是復上疏曰我皇上御極二十有六載幅員萬里威令八荒寵無煬突之奸阿鮮倒持之柄不可謂不治矣獨奈何於根本之地缺焉不講上感天災下徵嶽沴遠近藉爲口實桀黠生其心機若今日皇長子不册不冠不婚以重貽天下大慮者乎昔人謂大臣不敢言故小臣言之今大臣之言亦已屢矣近臣不言故遠臣言之今近臣之言亦已勤矣臣最小最遠亦曾履文石之陛簉執戟之班荷蒙國家數百年養育培植之恩於此畏鼎鑊避鈇鉞而不一極言之天下後世其謂盛明何我皇上十齡嗣位天縱聰明古今善敗何所不鑒於中一則曰父子至親再則曰兄弟有序炳如日星昭揭海宇而今日人心皇皇若不勝其杞憂者則以所信者不在皇上之空言而在皇上之實行也所疑者不在昔日之温語而在今日之遲回也何則數年以前皇長子尚弱藉口從容猶可言也今且十七齡矣男



子願有室女子願有家父母之心也臣庶之家冠婚亦必及時而況帝王典禮祖宗彝憲忍使天下萬世謂有子不立有子十七齡而不冠不婚蔑常棄典自此始乎夫天下者聖祖神宗櫛風沐雨而得之天下也册立冠婚諸大禮者聖祖神宗貽謀燕翼而垂之典禮也祖宗朝豈無一二親昵之人而終不以愛廢禮先皇帝遲暮春宮天下猶或憂之而冠婚二禮亦未嘗過時不舉誠以昭繫望之重杜窺伺之萌監前古之亂亡建萬年之長策不可易也今天下慮無不以皇長子之不册立歸過於貴妃者而我皇上又故依違以成其過不知貴妃何以自託而我皇上又何以託貴妃於天下伏願我皇上亟聽公卿臺諫之言蚤定皇子元良之位而後冠婚大禮次第舉行使天下臣民不至䚡䚡然如有不可測之憂則名分繇是正宗祏繇是安臣雖虀醢無悔也臣年五十如鴻毛

之軀有補萬一則鼎鑊不足爲臣憂鈇鉞不足爲臣懼臣願得先伏重誅以上悟明主而下隆萬世磐石之安進效涓埃而退爲出位言事之戒疏上留中月餘賫奏人繫保舍得放歸讒者摘疏中語謂人臣訕上大不敬罪當誅上猶豫不忍於是一夕三四票擬相國趙公志皐極諫救之累密揭封進者不已事乃得寢戚畹既無所洩忿時有憂危竑議之訛則別牽給諫戴士衡請同公逮訊欲委罪相國新建張公以及正人爲一網之計乃別旨內降罪以妄指宮禁干撓典禮而公有雷陽之行全椒父老攀號悲思名其草疏處曰冀日堂歲時伏臘拜祠下詳全椒名宦傳中公聞命之日襆被就道經故里拜伏父前謝不孝無狀嵩川公慨然曰兒行自愛我乃不及范孟博母耶熊恭人曰君此舉差勝疇昔天佑忠良萬里何慮亟爲治裝南征是冬謁制府大司馬趙公燿於端州



而同戍給諫戴公士衡爲大司馬宗人會於座上始相識面退而坦然蓋給諫坐蜚語實累公公不急自白其生平退讓率如此時粵有珠稅兩璫詗刺公私間徵反唇輒聞於上公益祇畏自端州陸行千餘里迫歲抵雷陽旱疫之後暴骨如莽僦屋索米大不易後漸與雷陽人講學受束脯如儒生時瓊廉陽電間有負笈至者日與諸生游西塘弔旌忠祠寇蘇而下十賢人者嘯詠忘歸泊如也吳川令周公應鼇爲賈故馮侍御地築室而居之卽公所自記思齊書屋而大宗伯王公宏誨所署讀易臺者也服則渡海爲海忠介公瑞重輯其祠請於當事爲之立後辛丑冬青宮正位壬寅春內閣傳旨罷礦榷且特赦公尋復追停公先後聞詔惟纍服焚香北向拜祝無覬倖之意其述懷詩所謂無訧思古昔有道祝皇唐去住皆天地棲遲繫紀綱者是也又嘗爲海語云川行虞盜屋居虞虺飲食虞毒呼吸虞瘴啟口虞讒舉足虞阱皆實事也癸丑春長子鼎遇以德陽令考績引神宗初邵康生例乞以身代父罪其略曰臣父得罪南竄愁苦憂思雜以瘴癘臣萬死一生無復志意傷駑駕之不前遲彝綸之無日又曰臣父觸犯雖在不赦之科而遭遇聖明曾有特赦之諭臣職卑賤雖無贖父回天之力而明典寬仁實有停封復職之例但使荷戈遺老得脫蠻煙瘴雨歸老邱園爲內地氓黎斯大幸矣疏奏不報伯子以憂思卒大宗伯李公維楨爲著樊德陽家傳甚核公自庚戌踰嶺染嵐溼致足疾甲寅冬制府張鳴岡直指周應期刑科姜信諸人交章請釋戍俱不報庚申八月泰昌改元光宗首詔有抗言國本降黜謫戍永錮歿身者分別召用卹錄列名王德完孟養浩等三十二人公名與焉九月熹宗復詔錄建言諸臣起用未盡者蓋公恬默絕朝貴歸然



一老以戍籍應詔者未上聞也明年辛酉天啟改元叔子維城以進士令鹽官覃恩當封又引邵康生事請復父職其略曰臣父得罪劾之雷海二十餘年値陛下大孝之推實臣父如天之福獨因當日疏奏留中科部查覆稍緩列名在後遂令應得之典不獲冒承値災告肆赦之日獨無解於向隅當恩賚溶及之時尚靳封於比屋誠不願聖朝旌直尚遺折檻之臣明主教孝未普賜環之澤使纍纍垂白進不得從侍從之班擯國之爵退不得比就閒之列享子之榮臣亦猶人何以視息於是起補南比部福建司添註主事公方居易太孺人喪未禫聞命不敢具冠裳北面稽顙踰年壬戌服除公用初志上疏辭任且陳時政其略曰臣七旬殘喘萬里纍臣絕望生還無心後福二十四載荷戟長征雖流離瘴癘之鄉猶食息投樂之處在皇祖肆矜愚戇得寬蕭斧於讒謁構會之時

在皇考曲紀細微首霈溫綸於劍履棄遺之後我皇上英明天授仁孝夙成聖繼聖而不改其臣生並生而益宏其度如臣疵釁尚及維新自顧衰羸鎮邀異數臣聞命之日雪涕感泣卽欲匍匐趨朝捐糜就列緣離家久戍物是人非母慟方纏父殯未舉旣不敢以苦塊不祥之語辭瀆覃恩又不敢以創痛未定之身曠瘝清署迨今天啟二年二月負土之役粗畢彈弦之制難逾矧國家多事之秋豈臣子避難之日膂力既愆猶思一奮鉛刀雖鈍磨厲以須則未遠犬馬之餘皆戀主展報之地也但念臣魍魎久縈髮體變衰心緣省疚而驚悸多忘足以侵歲而趦趄弗給討懸車之格越三四年竭叩囊之愚或千一得是以審思陳力不敢以衰質輕黜朝班惟有瀝血貢丹猶得以野謀共襄廟算自知惛耄不過常談遠隔春明罔知時務但臣進難備於奔走退有愧於恩榮緘默不



言首邱遺憾於是列陳其事一曰明聖學二曰勤實政三曰培元氣四曰固人心五曰核名實六曰信賞罰七曰隆鐵輔八曰酌兵餉九曰申武備十曰久使任疏入詔褒之是疏十條皆不存草時有見其數語者如怨讟流而課政最關節到而科目榮庸奴充將帥之材破格爲速化之徑又如朝懸不次而相顧莫前使過屢聞而後效益寡皆切中時政者尋復疏乞休乃以太常少卿致仕年七十六卒又二年逆璫竊命黨獄大興皆不出公所料及叔子維城從監簿上疏請誅逆璫語在本傳人謂忠諫有子云公在雷陽時嘗游沈中丞思孝謫寓之地憩借山亭上因爲又借亭記至是諸生得請於官祀中丞與公於其地而全椒人亦請祀公於名宦祠公之先世遷黃入傳至崙川公欲合豫章之族而未能也及公理信州每過鍾陵顧瞻祖樹愀然動念輒求三陽北山之譜不可得以故公與族祖參公不能敘余與仲甫叔城亦不能敘余自庚午宦遊湖北取道於黃始知修甯於楚爲近仲甫遂走修甯至仁鄉之畫橋有樊氏祠宋理宗時建也仲子猶以支孫之禮拜祠下明日宗子出譜示之果與黃合符者也又聞雲巖寺鼎銘爲樊之先世所遺仲子往求得之果甯黃之所共也余以松隱公十九世孫距公析十七世曾拜公之堂得聞敘言又與仲甫叔城季獻有道義之雅則深知公者莫余若也余始爲義喆將軍立傳作寶鼎頌序今乃得爲公傳而歸之庶幾存其質而拙者使後世之有所攷焉子若孫曾孫元孫婚嫁名氏詳具狀中不悉載

論曰樊氏入黃至於崙川以孝友傳者數世矣太常忠介絕俗動觸機阱時人謂其位不稱德實過於名往往惜之然其忠白於廟廷投荒萬里錦衣而歸不可謂非幸及其衰老初復猶陳時事不



避忌諱蓋忠臣之志死且不變也子四皆能世守忠孝叔子請誅魏璫白眾正沉冤其後身死孤城之難尤赫赫在人耳目者樊氏之忠孝也可謂盛矣

## 官古愚傳

鍾惺伯敬

官古愚先生者楚之學行君子也始名惟德更名如臯字直卿黃岡人先生終諸生以伯子應震令戶科給事中前繼令滿考貤文林郎先生父福福父永富永富父清清父守忠守忠數世上有避元末兵由鄱陽徙黃岡者乃爲黃岡人母王孺人夢麟入懷而生因以字之生慧篤姿神端遠稍長厲志絕人爲文有氣概里師避之然益攻苦夏簟於松下冬則甕置絮加足焉日以吾從眾讀書進取何必是但吾以自鍊使其骨可用年二十九始補諸生丙子已卯試兩見格直指讀其文賞之悲其遇後屢試皆高等然卒不

第終自以為學不力教授里中為養出其門輒為名士舉進士孝廉及廩於庠者分國中為官氏弟子矣甲午伯子舉其鄉第三人先生始不得自歉其學之所不至將老焉稍與其同志匿於文酒間手唐人詩擬之然自出心眼疾革猶作重陽詩及信則人任為制義其胷中如此有孝友至性所受諸生月俸備極甘溫視寢膳無時安節乃已母疾時伯子方患疹舍之侍母走望請代居喪孺子哭慕終其身事繼母如之尤愛季弟同居四十年季弟子舉孝廉受室將析箸泣數日曰吾乃生分然愛益篤孝廉幼清能教如己子曰弟姪一身耳且老人之性無不愛其少子若孫者吾愛其所愛而代為之所亦以安吾親族子或以歲儉自鬻出金贖之凡四三黨存沒待命者一一為計必信必周不敢以口惠誑人束髮讀書不能有所酬心雖安之而嘗隱有憂天下之志負經世方略



雅不欲出仕有所見其不平時託於家人語以稍洩其微旨戊子伯子舉進士觀政大司馬移書問司馬何政若何所觀所觀何得邊腹要害兵食充詘將士惰整俱若何必責對曰身到處不放過他日當事不出此初授宛令手會典律令寻之曰祖宗道法居官謀斷具是矣汝曹平日有才臨事不無識然掌故不習則疑畏生不能使其才與識之必伸為國家用夫思而不學則非獨儒生為治亦有之不讀會典諸書者是也伯子退食問其科條功課以為喜慍又言宛孔道飾廚傳媚客若誠恥之然古者峙粻遄行賓至如歸皆必節愛之主與廉慎吏所為未間節愛廉慎必虐賓旅者凡舉事依於誠恕乃可久大勿立異以為名伯子拜受教居宛數月病伯子不視事乃促之出先一月召季弟往治木江陵木至之日則屬纊之日從容取筆書震也當事雲也作人耐煩二字謹識之雲其仲子也又言某某有德於吾父母吾不及報必勿忘遂瞑卒數年而贈文林郎又數年而伯子拜今官仲子及孫多以文行世其業者先生貞峻節獻行而於世無忮所儆居火或謂公盍聞諸官公笑而不應豪侵其配程孺人墓田倍寻直以厭之其為長者皆此類料事成敗不失而不自喜其言中以為功面折人過出於實心無已甚使人嚴而不怨久之人各自以為官先生愛已傷其前事而改德焉至今思之稱曰官古愚先生鍾子曰吾幼誦伯子東鮮應舉文以為有豪傑之氣寻舉進士後東鮮一紀居都比鄰是時為庚戌辛亥間寻誠不識其意所在然淵靜坦然望而知其端人也及癸丑再入都東鮮有所論事中黴制大使人壯而敬之對人淵靜坦然如故其不得已而有言之意中心達於面目又使人稱其言之美而不忍發諸口然世未有不如此而能為端人



者也今惜不得起先生而見之覩先生誠子數事皆有本末從學問孝友中出東鮮用之安能盡嗟乎父兄之教其子弟但以舉進士作高官為大學止至善事朝廷安得力臣而用之寻觀先生誠子之意似微自見其向所攻苦自鍊者決不但以舉進士作高官為止至善事也吾所謂先生厲志絕人以此今年三月東鮮命寻為尊公作傳逡巡未成而寻與東鮮先後以使事出都自愧宿諾然胸中位置已有古愚先生傳矣故特而無恐特以性緩六月長途兼程實無下筆時耳七月初四日行至清化驛聞東鮮由武陵使竣歸訃遇諸途審甚乃小憩解衣槃礴放筆而成與前位置迥不相蒙又是一古愚先生傳乃知作文當機心手或易文與可所謂有成竹於胸又自一說也次日憩大龍驛宿焉去武陵一舍偶檢隹紙書之書成而東鮮尚未至寻此行以典黔試例不見客不

通書書數語以當相見通書露封以與驛亭長俟東鮮至授之乙卯七月六日竟陵友弟鍾惺識

國朝

周中憲周僉事王光祿傳　　劉湋驥

周公之訓號曰臺黃岡人曾祖爲蒙自令有惠政居與王文成門人吳石梁以理學倡父啓孫歲貢從耿恭簡涂鏡源講學篤行爲人倫師公髫齒氣節自許弱冠舉於鄉務爲經世大文萬歷癸丑成進士授戸部主事大司農篤國計疏議多出其手督榷淮上約己裕商甦埠役困勤頌尋除福建副使督學鑑閱精嚴風教動海表會璫禍起楚人熊尚書楊忠烈殊事同僇痛傷之遷陝西參政弗顧遽拂衣歸逆璫誅廷論思其風節起補江西驛傳以郵符詿誤歸復起山東參政兵備萊海先是登州叛將沈志祥殺監軍副



使於皮島而挾先亡朝鮮者勢要我公募人責以大義而陰散其部曲將討之志祥懼遁去朝鮮公乃懸重賞購得其腹心誅巡撫軍前而沿海築城工亦畢故登萊無事戊寅冬

本朝大兵入山東時巡撫移鎭德州按察司無官公以兵巡總司事倉皇部署不滿數百人警報至城守無一具公捐貲日夜治攻守器粗備而兵已至城下公與方伯張公秉文糧儲鄧公謙督學翁公鴻業晝城守公獨守南門以民兵不足恃親厲所部往來欲給士卒糧而糧儲沮之竟不給兵民悒悒時城內有遼兵數千議者謂不可令乘城侍御乃給出城壁而復命入大兵攻南城急公自督守二日夜礮傷長帥乃引去明日圍復合公枕甲城頭嚴待之兵撤圍始去時援兵無一至者遼兵索德藩餉不遂而百姓守歲陴間怏怏思潰已卯正月朔兵復來架雲車登西北城東草爲人梯諸陴亂箭射城內人遥望臆落會天大風礮皆反擊城西北陷報至公亟分卒往救而兵已至公被創墮馬死東南城上妾三人劉氏楊氏相持入井王氏爲兵執矢死不屈遂寸斬之壬午春贈光祿寺卿廕一子入監公立身方嚴好學治聞薦紳士咸推重之書法亦佳而竟以節死至今稱惜

周公啓元字善長黃岡人父有爲甯國知縣啓元年十二就任省親父病單心醫藥晝不暇食夜不解衣父卒哀痛泣死地上移時扶櫬歸次蕪湖大風舟覆啓元抱櫬從水浮出歸事孀母竭力承歡憤志誦習天啓丁卯舉於鄉署枝江教諭補公安除高苑知縣歲凶賊警多方綏輯上官奬其能令兼攝樂安臨朐而

本朝大兵至山東郡縣望風降高苑陷啓元不屈身擕三縣印吉服北面稽首再拜引頸就死士民感其忠烈藁斂葬署中贈山東



按察司僉事廕一子入監

王公家錄字愧修黃岡人天啓辛酉舉於鄉署武昌教諭陞國子監學錄歷刑部郎中有請恤刑熱審諸疏改戸部陝西司出督延綏餉晉陝西副使駐節關南方候代而闖賊李自成破西安率衆十萬攻榆林時巡撫缺總兵去家錄同鄉之仕者督率軍民捍禦卽懷利刃誓死賊圍城戰且守半月殺賊屍橫野賊礮雨至城無完板天寒家錄令丁男殺賊婦人運水結冰城賊穿地入火藥轟燒之且盡勢稍卻因會甯夏諸賊合攻而我兵孤立竟無救者家錄見力竭難支引所挾刀自刎南城樓鄉官尤世威奪刀慰云城尚未破何遽死家錄乃命取紙筆染頸血大書忠義數百字呼軍士用心守城殺賊城陷自縊尸六日不僵賊見之驚嘆贈光祿寺少卿廕一子入監

劉修撰傳　金德嘉（會公）

劉修撰稚川先生者黃岡人也諱子壯字克猷其先江西清江人遷黃岡團風鎮四世而生贈公贈公二丈夫子伯克章先生其次也贈公暨太孺人蚤卒先生鞠於季父髫齡穎慧讀書一目數行下屬文奇肆甚弱冠登崇禎三年賢書洲居有文昌閣先生下帷其中博綜六經左氏公穀史漢暨唐宋大家書戶外事不聞也順治六年成進士廷對策萬言

上覽之大悅於是臚傳第一授國史院修撰其條奏如經筵滿漢學敎習屯衛諸大政悉著令甲次第舉行之八年分校南宮得二十有二人皆天下知名士尋請告旋里明年疾卒享年四十四元配張先卒繼曹侍讀學士曹公本榮姑也子孫茂甫二齡先生天性孝友諸父伯兄沒弟姪五六人孤弱拊而訓之婚娶成禮雖亂



離不苟也嘗過崑山令雅與厚善願以千金爲壽有小吏獲罪急請救用將嫁女質數十金餉先生先生聞而止之入白令曰第貰吏罪即拜賜千金矣令從之吏得脫而女婚以全然終不以告人也邑子某遭兵亂妻被掠至京爲貸百金贖歸後生數子戶口大蕃息南歸抵家甀虆蕭蕭如布衣諸生時性端莊嚴恪不問米鹽淩雜而覃精論著制舉文湛深經術門人陸進士鳴時刻以行世至今傳誦之初肄業文昌閣省身唯謹且晝所爲夜必焚香以告誥數十年如一日云曹夫人拊孫茂成立安陸府學訓導孫丞錫純錫且繩繩矣金子曰余讀稚川先生對策竊謂經術爛然矣迺歷觀先生生平抑何恂恂篤行君子也名冠當時慶流後裔有以也夫

甯都尹宋公家傳　顧景星

故江西甯都尹宋公諱必達字其在其先江右遷楚自明經文衛公下皆爲黃州人公幼異慧四歲就塾八歲詩書易皆上口九歲居母孟太孺人喪哀禮如成人十六補弟子員十八受室於程氏事父席上公偕有孝名避亂寓武昌張獻忠陷武昌驅男女老幼數十萬人於江公扶父挈程先從城闉水竇出無所往亦自投磯下有片板承載流至陽邏岸上人從洄湍中投篙起之是時浮屍蔽江鮮有活者人以爲獨公孝感所致無以資生敎村童小學奉席上公甘旨席上公卒周身周棺無憾順治甲午鄉舉辛丑進士知甯都以循良治瘠邑邑有清泰懷德二鄉土寇屯聚死徙荒蕪公請蠲逋賦招流亡貸牛種二歲桑麻彌望甯治濒河夏雨浹旬水暴長逾三版則灌城中跣詣神廟爲文禳禱食頃水落循故道而去按行壕上知歲久壅淤且多隱占據縣志疏濬之四月而



工成廣七尺深半之引河通舟楫東西跨二石梁車可方軌自是邑免水患是役也鍤下白骨籍籍皆前代刀兵棄骸作巨坎十數以瘞祭而碑之使後人毋復廬并其上也自新建伯治兵甯都有南北二城南民北兵公曰古者藏兵於農有團練保甲弓弩社奈何餉甲士而惰壯夫一旦不虞分守乎合禦乎甚不便昔新建之剿宸濠也守令各領兵邢珣出贛城王冕出萬安王天與出甯都强半保甲義勇於是法其意練義勇甲寅夏閩亂作而甯都已有義勇二千成一軍矣賊前鋒突至北城營將劉請議事而南城民雲集馬首曰公毋往恐不測公曰豈有文武嫌猜軍民疑貳而可以禦敵乎策馬馳赴甫揖坐劉曰餉援不繼眾寡勢殊令君云何公曰今日之事且堅守人臣之義有死無二賊本烏合可一鼓而破劉曰公言是也我前公守公曰戰氣也語曰禽制在氣公前我

繼之劉率所部亂流以勁弩斃十數人賊少卻公揮義男橫擊大敗之方是時鄰郡邑多陷羽書不通賊全軍集城下號六萬巨礮墮雉堞隨墮隨壘會都督許公援師至賊解去有管中軍者言於巡撫中丞曰甯都各堡砦多從賊請發四協官兵摻撲以威衆中丞許之仍取縣令結狀公曰賊勢猖獗非無二三脅從今又以脅驅去其坐家保妻子者皆良民若殺以示威某一官可棄七尺可捐此結不可出也四協以業經調發決難回軍公刺血上書中丞感動檄軍還事小定鞫逆案首犯稱彭榮實教我彭榮者邑之諸生嘗與縣役訟語侵令犯者疑令銜之冀嫁禍脫罪公怒曰天道神明安可枉也不問榮論犯者如法汀師凱旋公出犒聞婦女悲歎聲隨傾橐解衣裘計口贖之詢籍里姓名命老押衙送其家甯人建祠祀礱碑記其事始公治甯邑鹽政甯人便之明初贛食淮



鹽新建改食粵其後苦銷引之累公請以粵額增淮額則商民皆便三上中丞書獲允蓋與新建先後補救無異義乃卒以粵引帶銷不及額歸咎免官甯人哭而送之餞貽皆不受路梗間道出豫章賊邏獲送其渠魁脅以兵公瞋目大罵我天朝清白吏從汝鼠子叛逆耶賊分梏僕從而繫公空屋斷飲食忽夜半踰牆排闥持兵杖者數十人曰宋爺安在我等皆甯民並僕從擁而去潛行達南昌方伯姚公驚喜曰公以至誠出於坎窞豈易易哉具舟送歸黃時江督董公移鎮楚以公咨內部還故職徐俟優敘公受咨無行意或問之公曰故吏如棄婦忍自衒乎卒不行所居臨皋江滸茅屋一區确田一頃褐衣補紩與農牧遊顧喜著述有古文辭若干卷終年六十有三崇祀鄉賢子庶常敏求

## 馮徵君傳

朱日濬 睿水

馮雲路字漸卿黃岡人父承遇應藩撫掾史辟陰行善令德著閭母江氏夢岳神以俎豆餽已而誕路香光滿室四歲與小兒戲語每及宣尼家語中事六歲通孝經論語一目數行客異之曰甯馨兒青紫不足拾也路正色曰詩書顧爲富貴設乎性靜慧溫厚每以古絕學自任黃安耿定向定力黃檗無念咸樂與之遊錢塘葛寅亮督楚學拔諸生第一直指黃宗昌檄司李歐起鳴將三百金入表禮徵所著述孔孟眞參七篇宗旨左傳智定及歷代悟門宗門直指諸書讀而服服而梓路淡如也闢三樂堂奉兩尊人暨弟雲紀等考德問業而已崇禎三年黃景昉主試楚闈榜揭路落第黃嘆曰得九十六人不足喜失一馮君終身羞憾八年乙亥讀書江南之九峰山賊騎數萬至黃肆焚屠戒勿驚馮善人家承遇公大罵曰賊奴殺我閭里殆盡而吾家獨存辱莫此甚賊怒仍不忍加害公奮挺擊賊觸石而死路風雨夜渡泣血禮殯雞骨支床割



己產半爲兩弟饘粥資乃奉母隱居九峰山中杜門絕與縛草爲亭題曰待與亭有序言著用書周子圖書讀書大略三百徵吟酉銘大旨撫軍宋一鶴兵憲張秉貞許文岐三顧請教不得見惟賀逢聖金聲鄧雲程至啟帷磨切焉闔林銘球大巡畢特疏入告云馮雲路濯濯清修淵淵靜養還妾全婚高誼尤稱隱德鳴冤救友義聲足振澆風化盜捐金王彥方之芳躅也勵操卻聘楊伯起之介節乎奉旨徵見不就林造其廬拜曰主試者咸云安車載道徵君固爲白雲留住矣儻稅駕棘闈若輩得以榜頭副皇上求賢之典雖私亦公也路頓首謝曰是何言哉路敢以一人之伸作國家亦公之偏乎制科取士堂曰至公未聞亦公也林益嘆服捐俸梓漢晉兩朝用書是歲著藏編四大人傳江陵相略王文成用行實

錄卒用書業唐宋及本朝俱成稿楚王專官賫啟幣問起居崇禎十三年庚辰賀逢聖再入相登廬再拜曰聖此行上告天子願徵君必出山副蒼生望路固辭曰先生知我賀長跪請盍爲具陳當世急務如某某衙門急宜起用者某某人必有可觀賀拜曰謹奉敎直指注承詔再疏舉率諸當事固請登車路謝曰身將隱矣焉用文之獨天下無無用之學路自揣地下隆中實非所願儻有持我書致世太平致主堯舜者則九峰片石於我皇上天高地厚之恩未必無涓埃之報也奉母命入居會城隅茅屋數間聯其門曰菽水歡宜市松風夢在山雖甘脃不供而菽水未乏見母偶有憂色跪請曰母之不豫以姊壻郭有泰之不給乎卽割餬口田若干貽之母大悅九峰集成付梓督學高世泰沔令章曠爲梓西銘諸書十六年春闖逆僞將白旺犯漢窺省省大震合城宗民士推路



主盟路從之布袍麈尾訓練整密開漢陽門出城揚兵士馬用命旌旗蔽空賊宵遁遂作人眼中金屑矣歸告母曰賊勢孔棘以目前論不在闖而在獻且江南亂始江北亂終路請奉母歸故里母曰昨者會城億萬命兒既全之若先去以爲民望賊再至億萬命將安託乎吾不忍也未幾蘄州陷浠羅又陷三月而黃州且陷矣盤踞沿江掠舟縛筏治院李乾德北院王揚基司李傅上瑞亦請敎路披瀝前籌金屑復增麻城僑宦毛祈藩等沮不行賀逢聖通山王力爭之不得路泣請於母曰事急矣奉母歸里不許是時雲紀知賊南渡間道入城迎還母兒路率紀泣請母命之曰紀至吾與俱兒無憂矣兒爲楚城望城全吾受兒養正有日若顧私恩而忘大義吾不能見兒父泉下也路泣血固請母怒曰非吾兒也欲若母以一婦人身而喪億萬人命乎吾不出戶庭矣路拜命拭淚與母出城而王揚基賀逢聖暨諸郡王等共擁戶怨留乃遣族弟雲起潛入賊營偵賊知必渡詣揚基細陳方略將面從而毛祈藩以訛言惑眾橫恣牴牾致楊基面從之方略仍付之憒憒而已閱數日雲紀密報至云賊的於五月二十八日渡江路至各衙門撾鼓請備祈藩誕之宗兵萬人請出城列營以待又爲祈藩所抑當事者又在夢中路作詩自責云刃缺自知藏未善箭來還信垛爲招乃二十八早賊抵東城下矣城上守具百無一備逢聖手書請敎路報之曰在內以甯湖爲止水在外以漢江爲汨羅甯湖在平湖門內路談經處也是時賊尚未全渡不過以脇降數百人嘗虛實路請率所練宗民兵及方外敢死士而以驍將黃朝宣牟文綬湯先墀爲先鋒一鼓而出賊可卻也不聽乃鑿城穿穴縱火焚門之慘日將西而畢見矣路投袂拔劍大呼於西市曰百姓當出死



力拒賊自戰自守西市人戎服佩刀以從子永明持杖尾之路回顧曰汝祖母在里善事之明猶泣從呵之曰汝父奉母命與城相終始汝違父命以棄祖母乎麾之去及至保安門而城陷矣路從容赴甯湖水中水淺人眾不能死賊至持令招安同里有朱生者勸暫屈以全身答曰學道數十年不曾讀降賊書湖中人皆起路獨懷所著藏易自沒時五月三十日也年四十八歲賀逢聖亦沒於此焉路生平端直寡言當道諮訪無問難卽終日默然於沈冤隱德奇才革地方大利大害不避忌諱力言不留而惟恐人之知少喜浮屠內典不茹葷亦不棄道家清靜之說已而嘆曰洋洋乎吾儒之大也釋迦老子到此方有安身立命處故方外從遊者必通曉儒書時賢先後爲楚執政如徐日久袁繼咸林增志方應祥楊四知蔡官治曾一唯李乾德周大啟章曠傅上瑞諸君子徒步

式廬促膝問道輓近以來競稱盛概路不驕不苟瀟宕自如遇姤謗卽引咎內省從不伸辨一字崇禎十二年會城平子永明年十二以童子試補庠員命字清原書扇示之曰祖逖渡江中流擊楫曰所不澄清中原者有如大江今天下陸沈盜賊交訌吾以清原名子有謂也三百年來祖父相承鑿井耕田誰非帝力盡茲微渺永奉吾志吾家世積德當有興者儻在吾子澄清中原其勉之哉壬午秋選全書中岳飛討劉豫檄胡銓奏秦檜疏安世逼獻楊輔書付明曰讀此三篇便爲汝立骨矣迄今時移事換子明與諸父投筆耦耕遯跡奉母時人既服其先識更敬其有賢子弟云

## 節婦李氏傳

鄭昱 方南

節婦李氏都使士奇公之季女烈婦朱家婦妹也崇禎十六年都使君死於義朱家婦李氏閱月亦以罵賊不屈死是時天地正氣



凜凜在一門矣氏年二十適諸生晏勛明越五載而勛明卒將卒知氏素有正氣恐其倉卒死也乃謂氏曰我度不能生若固忠臣女也能爲前人光乎氏流泣曰唯唯再曰若又烈婦妹也然非入險義不犯難若能從一以終乎氏掩淚曰諾晏乃悲啼曰吾與汝永訣他非所敢望獨吾親老矣子且幼幸毋激於義而爲其過舉是余志也氏曰已矣雖有漆室之憂亦奚益哉言已而逝殮殯畢氏於帷大慟數聲而絕家人救之半日乃得蘇氏誓死不食六晝夜娣姒勸之曰獨不追悟匹婦吟魯之義乎卽不悟死者之言如弗聞耶氏曰吾卽苟活亦無益於人世矣然母之子死子之父死吾其如死者之母子何於是決意終其養撫其孤五十年如初入稱此五十年中未嘗一至梱外母家雖里閭猶萬里不復歸甯兄弟與兄弟子及兄弟子之子來省闕而與言未嘗逾閾其節而有禮如此年七十五卒卒時士大夫具狀白當道請建坊表之其族人以無力辭後督學藩公廉得之令建祠命郡縣諸公親入主祀焉

論曰李氏之節前進士惕庵楊君爲余言之最詳惕庵次孫李氏孫壻也嘗與予言曰世間節烈成於禮故李氏一門三義予曰然抑其天性也又曰節與烈孰難予曰一也而論不可以一律人莫難於一死必死而其事始完是以難也彼朱家婦有死之道無生之理欲生不復婦朱家不死不得稱朱家婦也若此李氏之不死也其夫早知其有死之心故臨死而諭以不必死之故與不可死之義斯時人尚未知李氏之能死與否猶未及見李氏之不死難於死也李氏不死者五十年無一旦同於生人至於代其夫子於姑以其子父於夫凡婦之惰且貧者或難若勤而有力者不忍死



其夫因不忍夫之母死其子不使夫之子死其父皆婦之分也獨年七十有五爲婦者僅五載後此光陰其間寒風凉月淒楚千般知不足動冰鐵肝腸而未死孤魂必銷磨到老然後與薤露俱晞此知不死者之難於死也

## 萬退修先生傳 爾昇

欽士佃 文思

萬退修先生者隱君子也年甫三十謝絕功名搆秋水岑於山側杜門著述孝謹事尊人外惟與仲兄嘯傲長吟歷終身如一日博覽書史綜核事實原本末而出斷制集爲史求求也者得不得未可知之詞也吾鄉王補庵讀而嘆曰必傳之書他若滋言初集用進德也古詩三十用寄慨也山居三十用遣興也梅花百韻柳眼雁字指頭禪俱以三十爲程用索枯也他如歌賦文詞幾累尺許其爲毛會侯所評訂以行世者惟詩五種在先生亦祇是不敢暇

逸以自怡悅不欲人之傳之也而其所以傳之者繼述之意究豈先生之意耶當流寇之充斥也里中人文事廢弛閑檢蕩軼先生法言法服坐荒齋如處女不必動聲色煩戒董而其時之親炙者謹翔步聞風者易轍弦迄於今敦詩書崇孝友相續弗衰者先生潛移默率之功大矣乎至於不愧人以所不逮不屈人以所不伸亦有怒而怒不藏亦有怨而怨不宿未嘗用恩而其諒其無私未嘗示信而咸服其無詐遺行所述歷歷可紀要亦先生大公至正之本性自然行之於不覺者哉易曰不事王侯高尚其事先生之謂與又曰鴻漸于逵其羽可用爲儀先生之謂與先生年七十有四丈夫子一人諱燦者同予譜名重於楚孫曾繩繩蔚起亦博科名而方興未艾焉其亦潛德之光也夫　贊曰志鬱結兮正則蹈高潔兮淵明率羽儀兮貞晦擅詞翰兮延卿追孤芳而不可卽安



得不景秋水岑以深情

吳烈女傳　靖道謨 果園

烈女姓吳氏世居黃岡之慕義鄉在明嘉靖間有號石梁者師事王文成傳良知之學黃安耿天臺嘗造廬訪之烈女父援徒村塾援烈女女誦諸書皆能記誦及笄許聘同邑桂氏子將婚而桂之父母死又三年桂氏子亦死女聞之欲奔其喪父不許遂欲以身殉家人防守甚嚴十餘日女不得間乃佯飲食如平時家人以爲可無慮矣未幾其嫂歸甯兄送之女爲其姪女捉髮挽髻纏其足曰兒至外家善自愛母往田中鋤木棉室中盧無人女扃其戶至後圃竹林中自經死鄰舍隔籬窺之見林中赫然有死人急呼其母揞戶視之氣絕矣康熙辛丑五月十六日事也家人從衣帶間得絕命詞一首有此身已許桂三生誓不將身別字人之句桂氏聞之請與其子合葬焉舊史氏曰女未適人而爲其夫死非禮也蓋女子旣嫁而後夫婦之道成聘則父母之事而已女子尚不能自主也有廉恥之防焉禮記曾子問篇嘗言之矣卽考諸令甲凡女子夫亡守節必以歷久不渝者爲正激烈捐生例所不許然有司彙以上請每邀特恩表厥門閭豈非律設大法重生命萬世常經而特沛之殊恩爲磨俗勵鈍立懦廉頑之至意也歟烈女許字未出閣而矢死靡他不少顧慮意其讀書時聞烈女不事二夫之說遂確守不易而遽自蹈之也雖違於中道可以爲難矣彼士大夫日讀忠孝廉節之書而能取義守死者有幾人也哉

杜茶村先生傳　胡紹鼎 牧亭

杜濬號茶村原名詔先黃岡人明季已卯副車也祖若芝萬歷已卯舉人官南充知縣父衹進壬子舉人官國子助教世有厚德重



於鄉邑濬少負才氣欲建功業於世壬午再乙遂絕意仕宦思天下名山水若豫章之廬阜新安之黃山浙東之天台雁蕩一往遊焉氣凌顯貴名壓東南道義之守死生不變而遂老於江南

國朝順治丁亥歲春濬自金陵泛維揚太平初定天下名士適聚秦淮於是燈船方盛有富者列貨寶滿舟榜曰名公能爲詩先成者願以爲壽濬繼至筆不加點爲長歌千餘言投其稿而去不問主客爲誰氏也者去之自門名愈盛楊龍友肅冠帶以五十金乞一傳茅止生非之曰細甚未知文章之難也一時爭傳雖不知其文者皆來趨之亦如此推重云於是濬復避其居曰寓齋在雞鳴山之右城之遠僻處也茅屋數閒梁棟欹腐牆屋皆傾倚欲淩人然人猶有至其室者則惴惴然恐其壓已焉謂杜子何乃居於是人又爭相傳聞皆謂杜子何乃居是而濬方安之且喜人之不能

數至此也其後數十年窮愈盛所守愈拙飢不再食者率以爲常賣其衣冠及於書籍及於瓶罍且盡遂及於牀乃徐曰無所不賣矣絺帳飄蕭有離别可憐之色吾將何以留之哉既而有客自嶺南來貽以沈水香或又貽以六安梅花片而紀伯紫又贈以湖毫一管皆絶品也濬列三物坐其閒皞皞然自誦其所爲詩古文者其言自古作者以其好學深思又必經挫折偃蹇身世牴牾仕宦蹉跌至於飢寒困頓拂逆之至而後有以激發其聰明鍛鍊其材格而其根柢在於聞道乃可傳於後世蓋其生平之行事而能爲詩文者以此又嘗曰吾欲删訂四十以後所作爲一集而焚其所不欲存者是志未逮愴然老矣故所傳眞贋不一濬弟岕字蒼略與濬齊名另有傳子世捷世農家於江南皆能爲詩文猶未免於窮濬去黄四十六年而卒壑於江南之埜路口故其後無居於黄



者論曰明季之詩古文壞於名士矜率爲之遂失其體濬毅然修復昌黎廬陵之業於詩獨推少陵宜乎名之重矣而必絶交遊之趨慕甘心窮餓以自守也讀其生平所作庶幾見大而能行之遠其知道也夫

## 姜節母傳

工　鑾

姜節母者胡氏黄岡人父必祿太學生有候選州同嗣芝恩貢生經世襄陽訓導如琮者節母之胞兄也母年十八歲歸同邑姜太學維寬時舅姑已先没而祖父逵公先生尚存母隨大孝養維謹越四載夫病卒母絶食誓以身殉翁流涕語曰吾今年已篤老煢煢孤弱誰與爲生此門戶誰與支拄孫婦其不可死母感悟乃强食以生蓋是時祖翁年八十餘既喪其子若婦而長孫維寛又夭遺孤如法五歲母夫其次孫也遺孤夢鯉三歲其弟三孫維寅七歲一門四世一老耄三孤孩耳家故饒裕契券筦籥紛紛然無可委託由是撫育教誨經紀出納之事母以一身任之其明年祖翁下世姜姓族人利其貲謂寡弱之可以嚇而攫也筱訟於官肆意攘奪郡邑不能治遂成　欽部大案讞就時母涕泣申訴正氣凜凜然聞者莫不折服大吏下其事於守宰重懲族人案乃杜時乾隆丙辰歲也厥後維寅如法皆受室母嘆曰十數年來所不憚苦瘁者非以吾子暨汝叔姪二人耶今可分吾任矣於是綜計貲產三分之并使别居已而如法則又卒其妻繆氏依母守志母代庀其家事如故母之子夢鯉年二十餘卒子婦魏氏繼亡遺孫二人長起龍次起鳳起鳳爲如法後旋又夭母於起龍珍惜倍至然訓迪謹嚴無異昔之教子夢鯉也母既苦節數十年堅貞之操明達之才邑人士無不知之於是合詞上請諸當事聞於　朝得



旨旌表遂建坊於所居郡郭賈氏巷之里門方母之以祖翁命而不死也自念一切家計非所素諳大懼弗克負荷焦思之餘忽若有悟由是六書九數及諸經史文章觸目輒如故物内外事靡不就理且與子若孫講授文藝每娓娓如經師母今年七十五猶健在子男一人卽夢鯉少補國子監生有文名遺腹女一人適邑候選州同夏方垣孫一人卽起龍例貢生曾孫五人其次者又以爲如法孫而如法妻繆氏今亦請旌遂爲一門雙節繆氏既隨母居又有婢子名眞靚者矢志不字服役終身家中所畜女猫不乳梁閒孤燕來巢者十餘年人皆以爲節母所感云王鑾曰向者胡先生如琮曰吾父母教吾姊氏主孟母言不欲以才見也而卒以才見非命之不辰何以至是然姜氏是時危若朝露非姊也才奚以成其節哉予既聞胡先生言又與起龍交好故備知其事嗟乎母

之節聞於　朝志於邑歌詠於諸人士矣顧略焉弗詳或浮而失實也爲傳其事以流之

盧氏節孝傳　　王鑾

節孝盧母者姓楊氏予佃人盧文楚等之諸母也盧氏世業農父子兄弟竝佃耕高士莊乾隆庚戌莊歸予諸盧各設具相款內一家飲饌至潔而座無主人諸盧同辭而告曰此吾三伯母楊氏所手治也母年二十伯父克三沒遺腹子曰文起母矢志撫之越二十餘年文起又沒母煢然獨居帷以向所佃田雜募諸姪代耕供租稅而分食所餘者生平粗糲自甘而饗客則精好今此特以奉田主也予聞而敬之且謁謝母辭是時母年六十八矣已而予遷居莊中家人輩與母熟具言母立身嚴潔雖老不渝造次言動必於禮法而接下慈恕女紅勤苦無間時予益敬之命家人事之如



諸母之禮母有女一適鄰村王氏善事母母年七十女卒母自此乃益無聊是時諸盧次第散去外家楊氏又往來絕無一人予恐母難存活乃分沃田數畝擇盧氏之稍謹愿曰文楚者佃之使尊養母然母紡績所獲歲有羸餘亦不專恃文楚養也嘉慶乙丑予以舉第四子招里媼飲母時年八十三猶扶杖入席盡歡去後數日忽微疾不快方假寐遂逝棺衾衣絞及凡殯葬之資皆母十指所素備者母向有錢數十緡諸盧之無良者誑而奪之母不校待之如初養媳陳氏者文起妻也既寡母謂之曰吾固願汝效我然難矣其改嫁便遂爲擇壻徐某出厚奩嫁之母爲人無大言無嚮笑無叱呵之聲遇外人必引避八十後目瞀不見或偕諸婦坐門巷間予適趨過母知之必相尤曰爾等何不早言乃使我失禮於君子乎蓋其死之前一日尚如此

白洋山人曰盧母之節卓矣且其出自寒陋而循循禮法有大家風則又不徒以節異也卽以節論其守志以二十其終身以八十有三無一不符　旌例諸盧儻有顯人或家資豐裕當無不聞諸有司得蒙上請者三家之村五都之市巍巍綽楔者何限豈其間固有幸不幸耶士之懷才抱悳湮沒無稱者多矣吾於盧母尤悲感不置云

董節孝傳　　王鑾

節孝董母者姓周氏黃岡儒童董德光妻也德光年二十隨其父起遠翁赴試郡城返宿舅家舅故業農有穀種數斗裹懸梁間俗所稱爲芧包者也德光適寢其下夜分芧包墜壓胸死焉尸歸母大慟勉隨翁姑經理其喪斂如禮將葬百計求殉以救免是時母年十九尚無孕育其姑繼姑也以母孝婉愛之篤憫其少寡又知



其志不可奪恐竟死朝夕防之母言於姑曰姑慮新婦死乎新婦乃除死不可者吾聞未亡人之義有子則守無子則殉耳他何倖焉當是時母覓死益切翁姑憂之甚因母固云有子則守計不如子以生之然翁家七世單傳旁無服屬至孫輩則疎族亦幷無其人不得已欲卽以己子與之而翁自長子外止次子一難之姑曰是不難吾方有娠若男也則固可以與之矣翁姑私議既定乃泣以諭母母感翁姑誠懇不忍違逆姑生男名之曰培桂更相提抱姑輒導兒呼媳曰阿妹呼已曰阿婆阿婆者俗呼祖母阿妹者俗呼母也初時母瞿然不敢當以翁姑故亦遂安之已而姑復有男遂專撫培桂推燥就溼如出己腹久之翁姑卒培桂漸長大娶婦生子立門戶焉董氏家不中資培桂又性至揮霍好結交母時以紡車績案濟之晚年自爲終制絞衿褊柎條理秩如舉不欲以累

培桂蓋其貞白之守勤苦之功惠卹之意數十年如一日也母卒於嘉慶乙丑距其生年七十有四時培桂已先卒母疾亟召培桂三子而命之曰爾父乃吾小叔爾等吾姪也吾向以爾姑命汭所稱未改耳吾卽卒訃告碑主爾等勿祖母我亦并勿母我祖母我則昭穆不順母我則爾等各自有母且三人并吾所愛擇一以繼吾又不能伯母固猶母也墓田不失祠祭不遺鬼而有知亦甯有恨哉其明於大義如此

白洋山人曰立後之義禮志之律言之未有兄弟可相爲後者也流俗之人苟且遷就而縉紳亦或昧之不可訓矣近代汪氏琬者經術文章凌厲一世於喪服及置後諸禮尤辨之斷斷顧其長子筠死乃使幼子詒爲之後或者非之則作書以辨曰足下盛稱兄弟不相爲後與僕平時所見最合僕於祭告之文以



權字措詞權之云者可彼可此邐迆未定之詞也蓋恐新婦之哭泣傷生而姑以慰之目前且以代老人守亡兒士重耳此書載其所著堯峰文鈔中予嘗見而疑之謂其所謂權字措詞者權子耶權弟耶爲弟則畢世皆弟不必稱權爲子則無久無暫皆爲失禮其又何可權耶此其平時所見又安在耶汪氏如此他無足責矣今者董氏之失蓋亦類之而母卒能自改於其將沒之際非所謂得正而斃者乎毋少以節矢老以義終於婦德誠卓然矣哉

靖阮南先生傳　江士倫 彝仲

先生諱厚欽字阮南一字葆村吾邑望族也元季由江右徙黃岡自其高祖乃勤公以名諸生重士林曾祖天績祖式政父本詔皆以儒術世其家而伯曾祖道讃以康熙辛丑翰林官雲南楊公名時延主志館行誼峻潔文筆清超當時以爲得人科名宦績特其餘事耳先生生長見聞既深以君子之澤而自望殊不碌碌甫冠授徒郡城時特制軍拔以冠全楚旋泮游食餼出其門下者言談舉止不問而知爲先生弟子也然命與時違屢薦房薦直至道光辛巳癸未年踰六十始登賢書挑南宮授四川平武縣縣處萬山中幅員近三千里久失文教且輕生先生委曲導民其秀者捐置書院以教之艮以德化之久民多感泣而分校所取士多得聯第去在位未及六載姚合所謂方拙天然性爲官世事疏殆先生之謂與故卒以不屑折腰權貴告歸優游林下親見哲嗣捷辛卯鄉試諸孫皆就外傅而後捐館識者以爲厚德之報云先生性伉直勇於爲人乙丑歲試學使有惑於人言謂萬梓嚴爲不守臥碑者先生爲之力辨蘄水徐熙輿所謂試院厲聲一節今人不可多得



者也及其館於魏氏之梯雲山房時代州郎牧雲方攝邑令語及邑明經陳光國諸子先生力勸其往見且自爲之介紹蓋直人之冤而不顧已試之屈成人之子而竟忘已子之名生平行事類此頗多倫生也晚惟卽所親見者言之他如蜀中諸善政自有頌揚者上之史官今難喻度也先生之高祖妣王曾祖妣汪祖妣吳妣氏周類皆嶶音克嗣故有其後必大之徵先生前娶周無子後娶熊所生女二長適李次適萬悉艮奧之家子一郁齡辛卯舉人孫四應熊應鶴應鵾應驥倫於辛卯季冬往弔先生得以登堂拜師母於時先生兩弟雍雍穆穆終老於其家則師母之和於室人可知已倫兄弟事先生最久而倫更蒙孫陽之顧自念老大無成始衰多病聊敘其大概以待他日之采擇焉爾

論曰韓子言古之老於鄉者將自佚非自苦閭井田宅俱在親戚

之不仕與倦而歸者不在東阡在北陌可杖屨來往也倫每誦斯語未嘗不慨慕其爲人然卒求之而不可得噫淡於名利急流勇退非吾師其誰與歸

紀事

明

志雨　王廷陳稚欽

吳侯治黃之壬辰春不雨至首夏炎曦布威廣澤化陸坌揚於畝潦除於池霄漢滌雲林麓忌焚居者病汲飲者競滴畯不在田農不于耜且麥秋也逋民族攘客據圭場炊煙在野是故困不專貧憂不但智國人謀而請於侯曰其使巫侯曰天則不雨而望之愚巫毋乃已卑乎曰某水之淵龍宅焉其怒諸雨可致也侯曰人則不能而索之龍於以致之毋乃已踈乎曰數富之實而罪其出惟賑之侯侯曰公則不儲而恃富之藏彼實應且懟抑澤未叓及而首以懟富以是期濟也毋乃已覼乎曰然則何如侯曰告在予卽予求之其可矣令於國中市不屠道不除輕罪弗繫纖訟輟聽貶食省用己徵減從去蓋謝乘禱於壇昕夕至其衷疚其辭傷其容若將隕越於地國人曰君無病乎其何以小人之故而病吾君侯聞之曰民病是虞吾何愛焉如是者日行之不雨旬行之不雨月行之乃令於野曰修而隄防達而溝洫監而竇視而築展而具宜而種時雨且降令之明日壬寅雨至甲辰陂池滿受原野流溢山麓改色田畯在田農人倍作婦子喜饁逋者反其室廬攘者修讓悲吟者歌國人曰君實生我敢不拜賜侯聞之曰天實悔虐於爾有衆予敢或奸天則生汝而疑於予誣矣君子謂吳侯於是乎能格天夫格天者在實非文之能夫侯始而罪已中而疚已不已終



而人功之懼其誣已夫罪已者凶而不委不委則日遠於戾而納於順未有順而不應者也疚而弗輟履之以恒未有恒而不動者也天功不攘弗侈弗張咎休以遜未有遜而不益者也三者格天之實也吳侯有焉雨也天豈侯是私

雨紀　王廷陳

一日黃之父老數十輩造夢澤子之庭而言焉曰我大夫郭侯守黃之三年爲戊申歲五月不雨逮夏杪苗且就槁用軫我大夫率其僚齋禋而禱焉禱之三日大雨瀕槁之禾以回吾儕小人溝壑其免矣我大夫實賜之願得子之言以頌之也夢澤子曰雨也何如請言其狀曰是日也山川出雲鬱鬱蒸蒸族結朋徵薄如玄顏朝暾倏冥霢霂稍聞如筵如繩旣乃滂濡沸渭交灑互濺紛射側激散漫滃渫已則潢潦交於街塵湍瀨鳴於原隰澌洳生於塵埬遂乃浸淫衍溢奔壑注溪而入於陂池以達於甽畝無坎不盈有量必受於是農畯之流命厥徒侶跡於阡陌之間覘塍窺竇曷室曷築殺其已盈引其未足然後攜厥婦子休隴自勞鼓忭謳吟樂莫具陳夢澤子曰止此田父之雨何足以稱於大夫也曰大夫之雨可得聞歟曰可我大夫受命而來務佐百姓之急去泰甚之害布中和之政侵牟我民者則炎火是畀矣根荑我民者則芟夷是加矣使我主上汪濊浩蕩之德滲漉於閭閻淪漬於心髓而又潤我以仁液滌我以義瀋過我以禮坊謹我以法湯肉我枯瘠澤我顛頓雪我煩冤激我靡頹是故不電而明不雷而威不沫而濡不溼而滋洽物入人窮高極深此吾大夫之雨也汝知今日之雨也而豈知吾大夫之雨於民也亦已渥乎夫其雨於民者之渥也用是能說於鬼神而孚於幽隱故一旦陳忠信之辭求咎吝之實黜

巫尪之謬後露跣之文卒使上天悔禍羲和紆馭屏翳效職祝融收烈汝知禱之輒應也而豈知吾大夫之禱亦已久乎汝獨不見昔之鄰大夫乎嘗罪雨矣而不知已之雨慳也嘗罪禱之不輒應也而不知其禱之素昔者乘且乏也於是諸父老喜而言曰吾儕小人乃今知我大夫之雨又知其禱不在今日也遂退而謀登其事於石曰使後之長民者知雨且知禱也我大夫不及知知之不能止也

陳節母錄　王廷陳

母談氏陳君禮之妻也其母方娠父謂其母曰若女必勿舉俄夢德媛庭降已稍長頁異慧女事無訓飭愔治步弗裾駭也禮父異禮而儷之雖聞母之賢請焉占之曰吉是謂玉英綺蘤健篁倚柏摧引無折馨流芳接將歸或曰何不裝務母曰吾聞之前者或卻



約焉基豐惟其立也不立之務而侈以歸恃侈而怠實墜之速其何能競歸矣舅姑而下皆宜之踰年生子武五年禮卒母仰天而泣曰舅暨姑老矣武少祚微天其不振陳天也振陳武無恙札母之母憐母幼而寡諷之曰雙鳥于洲或射其雄孤雌哀鳴孰我更同母曰雁無再隊君子攸取人不烏如胡不遡死竟不奪事舅姑倍禮武日立舅姑喜曰婺也善事我我是以無禮憂而有婦孤之娛以宴會請輒謝曰未亡人悲眾之樂耳幸勿以樂悲我每忌哭之痛謂終身之喪也訓武複述往狀武哀母少歷而務寬其晚母老以愉正德改元會寬典求天下婦之節者而表之里之人謀聞毋母泣曰吾分也不偕以死之愧而忍以活復聞之是以愧聞也且吾求吾分而聞以愧我其非我心抑世之婦或乏純節子若孫誣稱焉以為仁吏議不核而賄之圖惟其誣之遂吾懼世之人將附吾於無核而賄為之為公典羞者乃寢卒之先一日謂武曰明旦吉乎曰吉曰吾行矣曰母行何之曰省汝父於九京目遂瞑論曰非節之難節而不欲以聞者之難夫淺夫朝飾行而夕惡聲之弗彰也彰弗逮行厥修以弛實君子難之況於婦乎旌淑之典世不恆舉幸一舉焉奉者無艮假以稱欲為婦所不屑噫其不屑也可以愧世之急聞而私以乘上之典者矣

江行紀事　王世貞　鳳洲

至黃州時御史方駐黃而余晨至左參政鄭君雲鎣僉事蔡君一槐戢君汝止來訪云御史將欲發疏謝謁客郡邑守令而下咸來見不勝煩報謁三君留飯戢君所多談佛理旁及書畫蕭然忘此身之將就籠也凌晨始修謁御史尋辭午飯同年邱侍郎岳邱公以都給事中事世宗疏稱旨擢貳禮部尋當出參外省遂棄官歸



秋熱不肯解而余復苦河魚疾飯畢亟發三君為餞赤壁問竹樓雪堂遺跡云俱在府署中亦略存梗概耳赤壁在黃西南門外城據其半以故所得地益少亭館剎閣之類復蔽之第土色正赤若硃砂堊丹而堂據其右阜表裏皆大江足憩也余攜所有王晉卿煙江疊嶂圖而蘇長公為手書歌中有語云武昌樊口奇絕處東坡先生留五年距於今為五年者八十矣而墨跡如新三君摩抄久之既賞且慨酒數行攜飲水月亭一大磐石也乃呼小舟方之汎江淩洲渚而渡蓋水久漲大江合夾而一極望渺瀰叢柳若蘆若藻依然獮人三君顧余而語曰今非七月望乎奈何寂寂令前輩笑人於是縱談江上形勝是否周曹鏖兵處與蘇長公詞翰之妙將壇藝苑奇絕爭勝然一轉盼間而有情者俱盡徒令無情之物以一培塿借而稱雄於長林大山間蓋不得不託之瞿曇維摩

氏家而蔡君時豈偶然難發余機二君亦爭自娛快也曰長公固言之第自具賓主耳恐不如也談謔久稍沃以酒故不能醉抵余舟盡三鼓乃別時月色益明而熱不解徙倚久之始就寢其明日發自是江頗平山亦多斷續不復如黃以東矣

國朝

書杜和尚事　呂德芝

靖州天柱縣邊苗地也有一徑方四十里可達黔中郵遞甚便而叢箐荆杞彌亙山谷諸苗穴之以肆剽掠有行僧杜和尚者能詩歌語天下事如指掌大抵明末高人爲僧者也武勇絕倫熟遊其地欲闢此徑募積多貲具鋤斧雇健夫百餘人力事斬伐月餘成坦道十餘里諸苗聳阻之杜持鐵杖可五六十觔獨戰礮苗三酋餘皆披靡散凡三月竟成康莊當事者擬旌之笑卻去遂結庵中



途獨居以護送來往數年矣一日晌後有異僧負裝掛木鋮大刀入庵釋任呼杜具湯沐聲甚厲杜訶之方事水火俛首竈前僧入其廚睨地有鐵火叉一足躝之即一足踏杜頸杜一手起僧迸擲牆上額破僧起奪火叉拔木函刀來砍杜急拾木片方八寸許左右格避應俱且盡因奪門出僧疾追走二三里時黃昏杜望山走渡小木橋因猿挂橋下僧過橋追之杜從下曳其足僧墜沮洳中杜下奪其刀問來故不應杜欲殺之亦不應固詰之乃曰知爾武勇欲降爾相幹一事今不諧殺耳復何問杜嘆曰吾老矣天下大事亦久灰心況他何當耶然爾敢忤我亦有膽識者攜手歸庵具湯沐飲食詰朝別去杜後語人吾黃岡人先人邱墓在黃今年暮思歸正首邱言之輒歎息泣下後不知所終康熙戊子靖州人遇吾友皮孝廉日升問杜已歸黃否皮固不知因告余以其詳余聞而異之因書其事將訪諸吾邑之杜氏云

朱節母事略　王鑾

朱君兆斗食餼邑庠以詩文書法鳴爭聞而慕之已知爲茂南先生孫尚于先生子蓋衛墩朱氏黃郡城名族也嘉慶癸亥爭至城見於朋座間君時年二十餘溫溫恂恂而精悍之氣隱出眉宇心益異之一日朱君肅衣冠介其友靖君厚欽汪君封渭謁予再拜請曰吾家自先祖以老諸生終吾父又貲志早沒今煢煢者兆斗與弟兆科耳而兆斗年且長尚未能爲祖父光顧念母氏食貧苦節鞠孑女支門戶幾二十年愈無以自容幸先生一表揚之予曰噫此當代有道而能文者事也雖然子試述本末予以草創先焉其可乎朱君迺言曰吾母嚴氏同邑老儒封唐翁女也幼以勤謹佐外家好贊成推解周䘏事及笄歸吾父父於祖爲少男伯父母



先筦家政自母歸則皆喜庶務每委焉當是時祖父爲邑儒祭酒著錄門下者百輩其所交遊又多因緣來謁賓客之需母未嘗不咄嗟立辦無何祖父下世弔客盈門母居中部署酬餉如禮戚黨皆以母爲賢足當大事也既而家驟落伯父父將析爨營生母謂已匳資尚足以供且盡之而後析以是遲析者三年會父屢病家益窘乾隆乙巳歲復大祲凡祖母之供膳父之湯藥兆斗及兩姊一弟之口食母一力支拄之丙午仲夏祖母沒閱月父沒伯父又在窘中適舅氏從姪館兆斗家雋院試出金酬母母盡以敷殯葬時稱貸不更以累伯父也丁未冬叔祖醒齋公宰臨城念母煢且窶寄以十金而伯父適謀遠遊母割半資之無所悋此數年間母曉夜率兩姊鬻鍼黹傭浣濯命兆斗等翦蔥斷韭售於門或適郊採野菜以食於是兆斗等幸不凍餒死而母之忍凍忍餓萬苦

不辭則非獨人不及知即兆斗亦不能盡述也朱君言至此流涕交頤予與靖汪雨君黯然莫能發語嗟乎世間冗財何限天於節且賢者顧靳之耶抑非是則節賢不顯耶朱君又言吾母治家織屑皆有條理兆斗少多疾母以意醫之輒效苦心所營卒能嫁二女娶二婦且贖歸父病時所質屯田數畝而尤以家世儒術昜兆斗等決勿廢學命受業於姜紫廷姑丈嚴尹庵舅氏暨翼南王先生各數年凡脩脯必致敬不苟方兆斗之未補諸生也或勸充郡縣吏爲謀食計母聞曰庶人在官古有常祿今則否矣吾烏知其食之所自來乎且棄汝先世素業必不可此兆斗所以幸不廢學也予迺作而嘆曰卓哉母乎年盛而矢節也窘而不私所有賢也練於家政家已落而力振之才也而其昜子以儒阻子以吏則又灼知大義如此以予所聞古名母殆不是過矣母今尚健在而朱



君拳拳惟恐無以表揚予惟歐陽文忠少孤自立卒以崇養報其母瀧岡緩表何必旁求而明末吳中有袁孝子駿者則念母苦節泣請於陳山人繼儒山人爲賦霜烏哺篇由是一時鉅公若吳梅村龔芝麓輩相繼有作袁母子遂顯名於詩今朱君欲揚其母而姑先請予其將以予爲陳山人乎然予則願朱君之不僅爲袁重其而且爲歐陽子也既諾其請爰爲草創著於篇

紀茶村先生入夢事　王德新

往予爲黃人士作茶村先生祠記遠想慨然殊有曠世相感之意及諸君寄示憑弔諸詩獨深契武昌王孝鳳夢茶村先生而繫以三綱將委地此老獨扶天之句未幾孝鳳萬里省親克敦內行益嘆忠孝性成人其符契也如是家居多暇客有談吾硯友秦納夫撤瑟事則尤掩卷三嘆而知茶村先生之示夢非偶也訥夫爲吾邑耆儒南遊金陵予嘗作詩送之頗聞其攜奇茶澆茶村墓因想見其爲人徘徊而不忍去予素習訥夫與時俗落落寡合閉戶著書三禮皆有註釋當日鄧甿舊好學著曲臺者在訥夫不忝黃直卿在予實宜倣楊信齋也憶予庚午鄉舉肩輿往拜訥夫拒不見翼日徒步訪之雞黍之具作竟日談跡其耿介拔俗之高風殆與廣漢蘇翁等近又聞漢邑夏君斗南夢茶村約訥夫復爲蘇杭之游寤而寄聲訥夫如欲赴約者閱書甫畢而終是豈滄甫之生前身高密文山之沒再世道鄰耶抑豈數十年前之澆墓因若惠而久要不忘耶否則茶村業習禮經（見茶村送沈彤庵詩序）與訥夫有鍼芥之合耶又或茶村氣陵顯貴與訥夫有聲氣之同耶予愧於茶村先生無能爲役而又慮訥夫之操行卓卓不傳於世爰紀其梗概於變雅堂評記之後以爲聞茶村之風而神交於夢寐者忠孝之心



徵於孝鳳道義之守著於訥夫曠世相感之說古之人不予欺也

## 頌

國朝

### 靈鏡頌并序　吳之勤

古者美盛德述形容而頌作焉類皆上之朝廷告之郊廟故劉彥和曰四始之至頌居其極云有限也自漢以來不獨甘露醴泉神雀龍馬擬清廟範駉邪而淵雅之倫騁意趣之旁流以文章爲游戲若靈壽杖與畫扇諸物亦竊附其體裁頌斯降矣余以爲頌者容也天下之物苟無功德被於人雖山海殊奇罔可以不頌天下之物苟有功德被於人雖尋常日用皆不可不頌何也體非朝廷宗廟而義則繫之者大也曩余守嶅安之十二載爲嘉慶甲戌自鄂會而下余月不雨皋月又不雨至於且月苗則槁矣余率屬走

顧百神不雨如故嗣用春秋繁露所載法不雨仍如故當斯時與民皇皇深慚失政惟日暴身壇所請罪於天而已會大藩檄郡縣遍行禱雨法設壇有圖有符呪內須眞正節婦鏡一枚對日設案仰而平放研極濃香墨潑其上誦咒而抹勻之余學陋不知法所出猶記異聞集載唐天寶中揚州鏡匠呂輝遇人自稱龍護爲鑄水心鏡遺一歌曰盤龍盤龍隱於鏡中分野有象變化無窮興雲吐霧行雨生風後大旱祠之須臾甘雨大澍此以神鏡通靈與節婦鏡無與又紹興志載上虞寡婦孝養其姑姑疾死夫女弟誣告婦鴆殺其地旱二年殷太守丹至知冤祭其墓而大雨此以表節婦致雨又與鏡無與余臆測之陽燧取火於日陰鑒取水於月以陰互陽理從制化又藉人道之幽貞感天心之仁愛神應故妙也爰遵臺檄令老吏廉取於民間吏白黃俗尚義節婦良多但貧者恐以捐飾致棄度城南許生希曾者其祖母殷母李皆青年守



志皎若雪霜久合例

旌猶以身未終志未畢堅拒宗人呈請篤節如此而其家不貧兩鏡必有存促取之其母果出諸笥及持至混混沌沌不知塵封幾何年乃粉之以元錫摩之以白旃如法安置潑墨誦咒復爲瀝忱祈禱俄而微涼襲人黑雲四起雷雨大作百植怒生於是吏民歡騰且不惟一郡沾濡已也余旣謝神撤壇卽遣鼓樂送還竊惟我

朝徵顯闡幽靡所不至民間婦女但能完節合格不辭重費給金建坊崇祀且採其特出者彙入史書如許生母與其大母縱力拒表揚百年之後不患無臚列事實援例請

旌者若鏡本頑然一物非必能爲之隱神爲之工而附眞褻之精爽輒能感格天地役使風雷雨澤被於禾苗功德及於民物守土者亦藉以寬不職之咎鏡雖頑不旣靈矣哉儻令消沈與凡鏡等曾不若木杖畫扇猶得見諸歌頌致

聖世靈物久而無傳抑亦詞人之疏也況身關其事者乎余時役於案牘促促未暇搦毫迨許生子汝齡梅雋郡試來謁詢其鏡故存而值余遷巡襄鄖又悵不及爲之玆以年老

予休歸里舟過齊安復見許生父子覺向所拳拳者怦怦難已因於舟暇操頹唐之老筆頌靈異之壽光工拙所不計聊存美盛德述形容之遺意云爾頌曰

淑媛載降金和玉貞儀節修整鑒玆容成鸞孤鵠寡塵掩光明天昭其節旱魃無情暴身罔濟循法乞靈啟匳向日潑墨雲行雷雨滂沛朽株枯榮通幽解沴其中有精焜燿家國澤被蒼生白陽取鑄莫之與京



## 神雀頌

李友杜 武昌優貢

伊歲丁未夏之初仲客自齊安還於鄂渚之會諄諄詫於衆曰聞黃岡異雀乎春夏之交江南北州縣嘗旱荒蝝蝻岬者大抵蝗蝝間起蔓藤飛欻瞻聽惶惑萬衆洶洶然吏民不以列令長不以請歷凡數月而無聲或曰不害嘉穀也是時黃岡得夏之秋有聚曰但店斜至回龍之山廣輪百餘里麥芸芸漾於蟹野稻蕊蕊蔚於穴澤粱黍菽麻果蓏吉貝淡巴菰之屬豫孛於風日雨露而不自難也民銍而擳者耨而捋者手耗而足梳者鄰無遁功夜不戶閉男婦奔躓老羸乃餉俄而有物道東北而來勢翁翁上迤如失火之煙稍近有聲如驟風雨男婦競歸收弄衣物操襏襫而赴隴間忽悟而謬曰蝗也奈何色然駭且嘯則頹山矃谷矣聞於縣王公公懼乃命愿吏倍道禱於劉猛將軍廟而命俤役先諭民備炎火

撲擊之具乃趨召保甲問狀將申於大府而急往治焉保甲至曰雀食之矣始蝗之來散處山澤無禾稼之地所食皆弱草以故未及鬪閱二日有雀青褙白襟睇睇蔽日而下行者馳居者出驚相擾亂以爲害必甚於蝗乃攫蝗而食之蝗大盡西掠而去遂莫知所往其遺蝝在土問者明日悉爲小蝦蟆也公曰故有是雀耶曰未見也曰雀食蝗女見之矣蝝化蝦蟆何據對曰昨日蝝子蠕蠕明日緣雞僕僕無數以是知其變也公霽容遣之然猶未之信也曰民苦撲蹦之擾不欲報而吏教之言耳吾心如日利害與人共何諛爲旣旬日躬巡鄉邑至蝗所興滅之域苗穀果無傷召耆老數輩迭問之如保甲言乃大異曰嗟乎予何德以致之此天子軫恤之餘恩故神發其稜以驗萬民之慶也吾不可以不報於是理新神宇率民吏祭告而揭諸顏寄區居士曰予嘗有五君



詠公處一焉異哉雀是竪予智也夫乃作頌曰維聖有仁惟官賦之官之宏化神相予之神之所相四邑有蝗不我來下休烈奚章氛惡爲螽休氣爲雀神馭而驅妖不勝德威稜之鑒太上之符吁嗟雀兮保障用周昔公在鄂咸甯繼續師古雩求轅迴竇歷公去二邦民越境將秩秩其酒[illegible][illegible]其香公不自伐威命是保告心有靈仰若天道

## 贊

國朝

### 鄧節母傳贊　梅見田

山右古陶唐地土瘠民貧勤儉質樸憂深思遠越數十百世猶有堯之遺風黃岡鄧獻之孝廉作宰其地見田弟儒寶嘗爲掾屬家書中屢述其政績獻之世居古烏林見田祖居相距數十里所聞於鄉人士者其內行之篤修則皆由節母黃太宜人之懿訓太宜人相夫贈公明逵先生事尊嫜遵內則惟謹乃獻之生月餘贈公捐館至五歲令出就外傅其間忍死撫孤負土成墳與夫授粲延師紡磚佐食大抵孶而貧者所同太宜人獨丁家庭多故伯叔析居之際則尤形影相弔非才非識無以了此耳迨一子二女婚嫁事畢向平之願有代有終焉者不負先靈之志少慰而獻之終身之慕則在選舉祿養太宜人均未之見也夫嚴母適子之官舍而怒歸也其子則非也其母則是也母之不幸耳獻之無此也體母生前之訓也陶母見子之遺吏而封鮓也其子未嘗非也其母則固是也母之過慮耳獻之不幸而不經此也亦惟體母生前之訓也見田所聞於鄉人其梗概也證之弟書所述在官廉明慈惠悉本於內行夫皇民敦秦民弊苟悅以爲時也居官者不改其素故



能不移易於時獻之所官之地猶有先王之遺民焉獻之莅官之法由有先人之遺則焉以愚昆弟兩人所各知兩地所各稱節孝之後流衍爲循良之譽自然符合非愚兩人之私也太宜人訓獻之語見周明府之墓誌萬明府之傳其他懿行詳哉言之見田無復贅因數千里郵示誌狀謹爲贊曰

古有鄧曼賢明政紀古有黃香和愉枕几黃以孝儀聱爾女士曰嬪于鄧枌榆滃瀰鄘之柏舟河之葛藟儀特何之本根曷倚古學必師身枝惟子敬敎勸學辨材入仕眾母之母無母何恃雲去烏林徽流晉水鄧爲南土楚材蔚起允懷遺訓西方之美

## 箴

宋

### 司刑箴送王牧仲爲黃州錄參　劉

惟聖好生以刑教德惟臣欽若哀矜惻惻曰彼嘉師於獄之麗緊我淑問貌温氣夷以察其情以盡其辭故曰祥刑非訖于威二典既邈五疵參互反惑於辭貨誘於賂外牽往還内偏愛惡惟明能察惟廉靡求四疵遠矣抑又何尤維時上官獄以意成所貴有司寶持其平云何不思惟意之承怒苟未息根連株逮捶楚鍛鍊以成其罪意之所有覆之翼之罪雖貫盈罰不毫釐曰吾之明非闇於理曰吾之廉非役於利不獲乎上志乃可諧意鄉一分職爲厲階淹速有度富貴在天釋之竟是周來疾顛名義懍然鬼神森列野人作箴敬告司臬

銘

明

茶邱銘　杜濬



吾之於茶也性命之交也性也有命命也有性也天有寒暑地有險易世有常變遇有順逆流坎之不齊飢飽之不等吾好茶不改其度清泉活火相依不舍計客中一切之費茶居其半有絕糧無絕茶也兼性耽香味惟在初烹旗槍一戰郎聽童子持去不知其亡矣一日友人過談邇年出關諸壯士走窮荒嶮惡水火不通言語道斷之地道竭欲死求馬溲不可得余始愯然媿汗念向來暴殄之罪殆不容贖自是始勉强啜再烹之茶舌本尋索亦覺津津有餘味因慨生平賦命奇薄與物無緣惟茶爲恩我負之不祥豈可使墮落汙穢中且余既有花冢矣耳目之玩孰如性命之交乎於是舉凡所用茶之敗葉必黠僮收拾置之淨處每至歲終聚而封之謂之茶邱磨石刻銘曰

石可泐交不絕

花冢銘　杜濬

余性愛瓶花不減連枝嘗竊有慨世之蓄瓶花者當其榮盛悅目珍惜非常及其衰顏則舉而棄之地或轉入溷渠莫恤焉不第唐突艮亦負心之一端也余特矯其失凡前後聚瓶花枯枝計百有九十三枚爲一束擇草堂偏隙地穿穴而埋之銘曰

汝菊汝梅汝水仙木樨蓮房墜粉海棠垂絲有榮必落無盛不衰骨瘞如此其魂氣無不之其或化爲至文與眞詩乎

行狀

國朝

清故中憲大夫内國史院侍讀學士曹公行狀　計東



曹先生諱本榮字木欣號厚庵湖廣黄岡人以明天啟元年辛酉八月二十九日生以順治五年戊子舉湖廣鄉試六年已丑成進士選授翰林院庶吉士八年授祕書院編修十年陞右春坊右贊善尋陞國子監司業十一年陞中允十二年充日講官十三年陞祕書院侍讀尋陞左春坊左庶子兼侍讀十四年八月充順天鄉試主考官取舉人萬嵩等二百六人九月充經筵講官冬以失覺察同考官不法事降五級十五年九月

特旨復級十八年補翰林院侍講學士尋轉侍讀學士十八年甄別謹愼稱職改國史院侍讀學士康熙元年考滿稱職賜表裏各一三年請假回籍遷葬以十一月二十三日卒於揚州年四十四六年四月其爲考官時所取士計東再遇先生子宜溥於揚州手授公行述一卷命東爲狀又三年庚戌東將屬草適閲邸報讀刑科給事中張維赤請急舉經筵日講一疏内追述順治十五年九

月

上諭吏部日講官曹本榮侍朕講幄日久著有勤勞著復原職級

云云以見

先皇帝稽古典學久而不怠所以軫念講官者如此東讀之泣下伏念先生之歿七年於茲矣先生篤志聖學特以樸誠孤忠上格

於天蒙

聖主非常之寵遇數年以來其事漸遠懼將失傳幸今

皇上克纘鴻業復舉經筵大典俾得追述

先皇帝眷念講官之旨以進於是先生講幄之勞始煌煌焉著於天下是先生雖死而不死也嗚呼當先生之客死於揚州也天下之士無論識與不識莫不歎息謂天下失此人師而獨蘇門孫徵君哭先生謂商周之際道在箕子宋元之際道在許子明清之際



道在曹子其言誠不可易也當武王克商之後使非箕子蒙難正志述洪範以授武王則是禹湯之傳幾乎熄矣元世祖之時使不得許魯齋修朱子之正學倡教於北方則程朱之傳亦幾熄矣自喪亂以來程朱之旨蓁蕪日久

本朝順治六七年之間亦未有究心聖學昌言啟沃者也使非我先生玩索性天之微奧釐定五大儒語要周張精義王羅擇編諸書倡率後覺則其後亦無足以備

聖天子勤學顧問使大道復昭然於天下也凡此者皆守絕學於草昧經綸之日舉世笑爲迂遠不切之務而皆得聖賢之主以成其志可謂幸矣顧獨先生中道早世使不得竟其志爲可哀也先生始爲童子時於父篋衍中竊見王陽明全書晝夜探索至廢寢食常屏跡山中夜半月出鹿鳴雊雊之聲接於耳先生坐至旦怡然有得及爲庶吉士遇館師胡此庵方講示明善之旨先生每聽其語喜曰何其似王文成也因與往復討論此庵曰子所言皆先儒之言非心悟獨得者與子何益先生由是益研究不釋每兀坐深思之不得輒泣下閱一年豁然大悟知天之所以與我者在是而無疑也趨質此庵此庵遥望見先生大喜曰子今有得可以教人矣先生家素貧其自庶常官編修司業也僦居黃岡會館中三年四壁頹墮不蔽風雨布袍菜食家人不勝其苦有同年生從容語先生曰今詞林在京師一兩年即請歸里盛冠蓋騶從出入輝赫爲親族交游光寵子何久京師自苦若是先生笑曰吾將以爲學也學貴澹泊明心使吾學有成一旦得以致之吾君使吾君爲堯舜飢寒困苦非所惜也聞者莫不笑先生之迂既

先皇帝親政不二三年具如先生志蓋其志素定也爲司業時日



夜以正學教成均子弟崇正堂冬至日會說及刊白鹿洞學規警迪後進所造就人才尤盛其上

聖學疏千言不具載載其大略云今

皇上得二帝三王之統則當以二帝三王之學爲學誠宜開張聖聽修德勤學舉凡四書五經及通鑑中有裨身心要務平治大道者內則深宮燕閒朝夕討論外則經筵進講敷對周詳從此設誠制行君德既定祈天永命必基於此有

詔嘉納踰四載

世祖皇帝益勵精求治右文稽古拔詞臣有學人品端方者充日講官先生與焉自是日侍講幄

世祖皇帝晝理萬幾夜勤誦讀時時與一二近臣論辨疑義先生問無不對對無不盡起居未及注外庭不及知惟

世祖皇帝及一二近臣知之嗚呼休哉先生之爲考官也世祖皇帝以順天爲首善重地特簡先生主考以中允宋公副之固有忌者矣後復有蜚語僩聖怒先生惟日夜懸孔子像對之涕泣自告待死而已賴聖主察知先生公忠無他罪狀與宋公俱從輕奪五級不踰年特詔吏部復原官寵眷如故既遭鼎湖之變先生擗踊哭泣嘔血遂病病於京邸二年始得請歸舟中每念先皇帝厚恩未報輒痛哭語子宜溥曰歲在龍蛇予其已矣夫其病革於揚州也東自吳門冒冰雪疾趨侍湯藥先生患中滿腹堅脹如鼓見東至喜動顔色指以示東曰昔許魯齋亦以是病死時有朱彦修且不能救況汝學問不及彦修乎氣喘急然猶教東窮理盡性之學曰當知此道最簡易勿過求之苦難歿之日起就沐



浴正衣冠視日影方中危坐而逝行李蕭然囊無十金之資會其爲司業時所賞識士陳祚昌守揚州爲治後事乃得歸其隴然無家可歸乃僦居武昌謀葬事生平所著書自五大儒語要諸書外有居業錄一卷此先生初有得於道之言非定論也有門人盧傳者附以雜著刻爲書紳錄十卷東與先生諸及門胡兆鳳輩以爲非先生志今其書已行矣兆鳳輩有切問錄一卷多載先生論學之語未行世又先生手定詩二卷甲辰春手授東東以授先生弟子孫光祀序之亦未行世大約先生之學其始入也從陽明致知之說直悟心原繼加以踐履篤實之功觀其論次五大儒以程朱薛文清與象山陽明並行不悖及二溪擇編之後附以陳白沙可以見公大略矣其教門子弟也亦以程朱及陽明說因人天資所近而誘進之有從事禪學者以先生之學初亦從陽明入欲以毀端虛無寂滅之學嘵嘵先生前者先生不答東直前叱之先生喜其人亦攘臂語東曰然則子何學東曰我生平愛讀小學而已先生頷之東嘗從容問曰今天下幸而前有朱夫子後有王陽明使心性之學昭然天下後世儻兩人不能先後生則誰爲天地必不可無者先生悚然厲聲曰甯無王陽明不可無朱子東躍然起拜曰聞先生之言今日乃論定按先生姓梁世居江西撫州宋德祐間有號仁齋者辟地黃岡上伍里鄉曹公文廣家撫爲子遂爲曹氏始祖仁齋生世忠世忠生克斌爲總兵官克斌生昱昱生貝輔貝輔生儀儀封山東監察御史儀生珪中正德辛未進士官御史進太僕寺卿珪生雲龍太學生雲龍生美嘉靖甲子舉人是爲先生高祖美生士彦萬歷乙卯舉人四川定遠縣知縣士彦生之建號中甫以明經爲廣東四會縣知縣之建生大輔是爲先生考贈



中憲大夫內國史院侍讀學士姚於氏贈恭人初娶李氏戸部郎中五美之女贈恭人繼娶晏氏吏部郎中清之女子一即宜溥官監生李恭人出又撫同年漢陽譚公鳳禎遺腹子爲子鳳禎以己丑進士爲大理寺評事卒於京師生子之妾且改適先生曰不可使我友無後乃特置乳媼撫育之如已出都諫魏環極先生作古人交行以紀之先生卒譚氏子擗踊哭泣如喪父云

誌銘

唐

東川節度使檢校右僕射兼御史大夫贈司徒周公墓誌銘

杜牧

周平王次子烈封汝墳侯秦以汝墳爲汝南郡侯之孫因家焉遂姓周氏自烈十八世至西漢周仁繼烈封侯其後逃西晉亂南去

黃岡靈起仕梁爲桂州刺史生昃在陳爲車騎將軍昃生法明年十二朝命巴州刺史陳滅臣隋爲趙之眞定令隋亂歸黃岡起兵取蘄安沔黃武德中籍四州地請命授總管蘄安十六州軍事光祿大夫封國於道太宗命虞世南銘書墓碑相國爲六代孫曾祖惲汝州梁縣令祖沛左拾遺王考頲右驍衛兵曹參軍贈禮部侍郎公少孤奉養母夫人以孝聞舉進士登第始試祕書正字湖南團練巡官母夫人亡哭泣無時里人過公廬曰無驚周孝子後自留守府監察眞拜御史集賢殿學士李公宗閔以宰相鎮漢中辟公爲殿中侍御史行軍司馬後一年復以殿中書職徵歸時太和末注訓用事夏六月始逐丞相宗閔立朋黨語鉤挂名人凡百日逐朝士三十三輩天下悼慄以目授意附宂者屢以公爲言注訓曰如去周殿中恐人益驚竟不敢意注訓取公爲起居舍人文宗



復二史故事濡筆立石螭下丞相退必召語旁側窺帝每數十顧遷公員外郎帝曰周某不可不見宜兼前官數月以考功掌言事帝曰就試翰林公辭讓堅懇帝正色以手三麾之遂兼學士遷職方郎中中書舍人政事細大必被顧問公終身不言事故不傳武宗卽位以疾辭出爲工部侍郎華州刺史八禁軍二十四內司居華下諸(集作者)籍沒等百姓不敢妄出一詞李太尉德裕伺公纖失四年不得知愈治不可蓋抑遷公江西觀察使兼御史大夫公旣得八州施展教令申明約束發虔守陳弁贓坐弁以法死吏手膠拳窮鄉遠井如公在旁縛出洞寇劉大朴徒數百人斸發根脈無有遺失彭蠡東口戍五百人上下千里無一賊跡遷禮部尚書鄭滑節度使老將某項領不如教約公鞭背降爲下卒聲北入魏皆曰周尚書文儒能治百姓仁愛兵士而復敢爾是豈可一犯九歲

入拜兵部侍郎節度支兼戶部東曹事積邊糧穀九十萬石今天子卽位二年五月以本官平章事後一月正位中書侍郎監修國史就加刑部尚書因河湟事議不合旨以檢校刑部尚書出爲劍南東州節度使明日入謝面加檢校右僕射公自舉進士第非其人不交一言旁睨後進鑴心鏤志及爲將相近取遠挽悉置於位李太尉德裕會昌中以恩撰元和朝實錄四十篇益美其父吉甫爲相事公上言曰人君猶不改史人臣可改乎元和實錄皆當時多士自書事實今而不信信德裕後三十年自名父功衆所不知者而書之此若垂後誰信史竟廢新本并帥王宰劉所部財貨承事貴倖自請來朝聲言我取平章事鎮大梁公上言曰宰破太原取汴州不知天下治所凡幾得如太原汴之大者可飽宰欲乞宰還鎮自補其殘後二日還宰詔下駙馬都尉韋讓求爲京兆尹公



言曰尹坐堂上階下拜二赤縣令屬官將百人悉可笞辱非有德者京兆不可爲豈止取吏事讓議竟寢自此非道求進者鼠遁自屏及鎮東蜀一歲欲歸閑洛陽徵得風恙曰我今去是以疾去疾愈去非晩大中五年歲在丁未二月十七日薨於位享年五十九訃至廢朝三日册贈司徒命諫議大夫盧懿弔恤其家公信於朋友公於爲官事親孝出告還面家事不敢自專同曾祖兄弟八門呵笞奴婢衣服飲食無二等免相位而去送公還者雖武將散秩嘆惜咨嗟曰周相公無私我惜其去豈有私乎夫人義興蔣氏先公某年終生二男一女長曰寬鐃崇文校書次曰咸喜京兆參軍皆孝謹有文學女嫁起居舍人薛蒙大中六年歲次壬申二月十二日歸葬先塋河南府河南縣穀陽鄉立行里銘曰姬之支封國自爲姓以周爲氏入唐不盛烈後幾世厥生賢孫當唐中興爲唐

相臣文思天子跨古爲治提起王道以公爲倚迈（音剛）蹊巢竄出者烏駭誰塞誰棘勞分碎指三屏大邦駿壯武事哺撫稚耋父母赤子曰將曰相公其愧幾指古爲比公其無愧以公遺唐而後公死不錫壽考誰其辨之

跋

宋

書韓魏公黃州詩後　蘇軾

黃州山水清遠土風厚善其民寡求而不爭其士靜而文樸而不陋雖閭巷小民知尊愛賢者曰吾州雖遠小然王元之韓魏公嘗辱居焉以誇於四方之人元之自黃遷蘄州歿於蘄然世之稱元之者必曰黃州而黃人亦曰吾元之也魏公去黃四十餘年而思之不忘至以爲詩夫賢人君子天之所以遺斯民天下之所共有



而黃人獨私以爲寵豈其尊德樂道獨異於他邦也與抑二公與此州之人有宿昔之契不可知也元之爲郡守有德於民民懷之不忘也固宜魏公以家艱從其兄琚耳民何自知之詩云有斐君子如金如錫如圭如璧金錫圭璧之所在瓦石草木被其光澤矣何必施於用奉議郎孫賁公素黃人也而客於公公知之深蓋所謂教授書記者也而軾亦公之門人謫居於黃五年治東坡築雪堂蓋將老焉則亦黃人也於是相與摹公之詩而刻之石以爲黃人無窮之思而吾二人者亦庶幾託此以不忘乎元豐七年十月二十六日汝州團練副使蘇軾記

明

書陶象庭將軍崇禎癸未甯前殉難傳後　杜濬

昔者吾鄉大司馬芝岡先生社稷臣也其論邊事諸疏一一如燭照數計無有不應而余獨怪其於杜大將軍松頗有違言夫先生雖性剛然非誣人者意者過在將軍乎及戊午之役將軍與劉大將軍綎同日授命忠節凜然然後知芝岡先生未免責備賢者太過也蓋節莫難於死故岳少保有武臣不愛死之論必能不愛死矣無論克敵之功國家之福即不幸而如武穆之死於權奸必不至於失身劉杜之死於封疆必不至於負國後來杏山之敗慘於長平之坑者由主帥不能死而坐甲以降生靈之元氣士大夫之廉節一時盡矣彼其人視劉杜何如哉若吾里陶象庭將軍之死甯前劉杜之亞也其設心敵愾所由與岳少保亦不異矣易名忠義太常得之余讀將軍傳而重悲其死也爰書其後而系以詩曰

杏山師潰國無門憤切戎衣點淚痕自是挺戈無反顧羞同坐甲有成言黃沙塞冷靈旗遠青史名高廟貌尊七尺豐碑誰敢作揮



毫吾欲表忠魂

國朝

古隸韻宗跋　李賡明

六書旨歸世不講久矣音韻之於騷壇如車在軌隱侯所定近世雖知遵循而弗探本源陳倉石鼓芝英薤葉遺音既泯因而宮商清濁平仄切反鮮能攷訂經生家輒引讀書當觀大義不求甚解之說自文其陋至昌黎先須識字一語則相與充耳寘之松巖是編彙許沈二氏之學佐以爾雅方言諸遺典訓詁簡備分署部居酌古準今燦若星掌實欲釐末師之舛謬追聲律之正始豈惟詞賦津梁抑經史功臣也松巖三楚異才淵源有自太翁雲庵先生海內宗工文章事業爲世羽儀以故綺歲得讀賜書無祕不窺無疑不晰天下名山大川與士大夫之賢豪間者遊覽幾徧胸中浩

浩落落靡所不有茲特其全豹一斑耳獨是宰剖巖邑理繁御紛當簿書旁午時洒能迎刃而解彈琴著書父子友朋優游討論其情深於古蓋有不可一世者焉觀其自敘猶謙讓未遑以爲是象數而非理學夫大易乃經天緯地四聖人手定之書究其所始起於一畫神而明之存乎其人安在象數之無關理學哉予恐世之讀是編者徒以子雲之奇茂先之博相比擬也於是乎言

引

明

問津處募修橋引　茅瑞徵

去縣治九十里有孔子河可一衣帶水土人褰裳濟謂卽子路問津處按孔子適楚於傳有之故老相稱當必有據此地鄰近有桀溺衝及回車坡庶幾是也廟不甚治猶奉孔子遺像舊有橋利涉



今圮矣余過其處以問守僧稱無善檀越資助者嗟乎釋氏之教福田利益舉婦人孺子爭趨之孔子之教仁義道德卽儒者亦掉臂不顧亦何其不思之甚也蒙莊氏之哂儒者曰生不布施死何含珠斯言雖戲頗婉而刺今吾郎無論此一瓣香爲聖賢遺跡但於迷津野渡廣作善緣乃是見前無量功德吾知從此一切知識捐金拾璧或無俟吾言之畢矣僧今第往其以吾言先之

還和鄉大同會引　穆天顏

居同里者有同福同恤之誼故云洽比其鄰又云匍匐救之古道也予自城毁巢焚寓居還和之巴溪與知己聚談惟以古人相勖勉適友人諸生馬季白謂予曰人不獨親也故老有所終是謂大同今偕同志廿餘人爰立大同會焉因屬予爲文文則予之所甚諱者情則予之所甚篤者言乎情焉用文之夫翁與母一人之親也翁若翁母若母附乎猶子之愛也嗣後親旬壽子不與聞於衆者有罰衆不恭爲祝者亦有罰耄耋期頤銜觴足樂也其或河清難俟而懼心生計一人惟一親而溘然先逝者各斂布若干銀若干以爲賻臨期不如數者罰加重焉窀穸之謀易舉矣用是爲諸君約將有異乎無異也諸君曰唯唯遵厥約噫嘻大道既隱貨力爲已江河其日下乎蕞爾地則古昔弗待勸而親弗待懲而肅不矜名不私利以樂趨於善斯世何幸而有斯鄉也斯鄉何幸而有斯人也予將遍觀斯人共成斯事也亦予之幸也夫亦予之幸也夫

國朝

和續咏蘭花詩引　劉醞驥

余友李鄰仙有大志遭時不得騁焚其筆硯去爲醫鏤心神農本草黄帝素問靈樞或者寄黄農虞夏之思乎其技日進於道學乃



益精儒生數奉祭酒後輩執經請業席亦未嘗暖然其爲醫自喜賣藥市中諸時貴直以醫名之愈喜卽刀圭切脈炮製視春傭門卒牧豕傖牛差逸愉且無俟陽狂握蔬負石詭激動人爲也不辱其身可謂孝矣乃忽念其尊人不言先生著作棄兵火僅記咏蘭二遺句續爲數篇如見先人焉夫父歿而不能讀父之書口澤存焉爾善讀父書豈在多哉承考貴得其意矣蘭之幽姿靜氣避囂塵而侶百草古人樹之佩之浴之其亦有取乎意讀父書而他無沿襲惟蘭是託以咏歌焉夫其世學濟美者在聲華妖麗外良弓之子直弓耳奚必爲箕耶益信鄰仙立身有自來也於時同人感鄰仙之意相與和其詩而余爲序之

賑饑募引　于成龍

民爲邦本故周官制貢必通以三十年食乃民天故周官救荒則

經以十二政蓋天災之流行時有而人事之補救宜然今奉督撫司道俱有賑濟之惠顧我紳衿士庶胥無樂輸之人余禱愧桑林憂深雲漢重念茲土罹此疾威自夏徂秋旣彌月而不雨爲耕爲薅遂百畝之如焚隔宿無糧十室恆有其九半菽不飽四民奚止於三余夜省而晝思念嗷鴻之無策恆傷心而慘目懼巧婦之難炊欲爲議代議更旣無緒之可議思爲移民移粟實無地之可移故效持鉢之小伎暫爲燃眉之急圖共丐洪慈大施惻隱幾石幾斗幾升可救一時之婦哭兒啼或銀或米或錢立甦片刻之飢魂餓鬼無忘七級崙賴一忱

募修安國寺引　來鳴謙

安國寺在郡城東南二里而近東坡志林及詩集中曾屢及之其偏爲韓魏公讀書處院曰睢陽亭曰春草軒曰竹嘯曲欄幽榭與



紺宇琳宮相輝映雖古宿之精廬亦先賢之別業也丁丑秋余奉檄來攝黃篆暨事畢將返寺僧偕郡之紳士耆老以重修募引爲請余自惟平生固身宰官而心行腳者也筮仕三十年蒞裘仍居湫隘卽抵黃以來日辦豫賑廨宇悉爲碾簸場寢興一室上雨旁風猶不暇計顧暇爲寺僧計哉雖然安國寺而非魏公所嘗遊憩也者則可以無言安國寺而爲魏公所嘗遊憩也者則惡可以無言蓋存則俱存廢則俱廢及今不圖他日必有求魏公遺構於荒墟斷塹中而以俗吏目守土者矣余則何甘攷寺創始有唐其址基係郡人張大用所施如布金故事黃人非好佛者歟然觀赤壁雪堂諸勝棟宇一新黃人又豈徒好佛者歟夫黃人最愛東坡其於東坡素所嚴憚之魏公當更何如然則以愛魏公故而鼎新茲寺黃人無待余言余獨喜夫時和歲稔一若冥冥中豫有以默相之也爰泚筆而引其端

重修東嶽廟引　萬年茂

邑西有鎮曰倉埠埠北境界豫居民遠前明以領征輸糧不便卽其地置倉貯焉後分黃安治山邑例改折倉廢而鎮如故鎮舊有東嶽廟相傳如十數家歲時伏臘闔一廛之隅爲廟祀祈禳以答靈貺亦古鄉社遺意也我

朝承平百餘年來湛恩汪濊委巷窮壤物阜民殷埠爲南北衝舟車米鹽絡繹無虛日踵相接肩相摩也鎮稱雄而廟貌聿增日閎以備顧基術濱湖閭嚙於水旋嚙亦旋葺洎今夏湖漲水倍前廟圮特甚榱棟瓦石埽略盡重葺之艱幾無殊鼎造者夫事可與樂成難與圖始傳曰先成民而後致力於神茲之因猶創也而旁近田廬淪波臣者什七八力懼不支乃鎮人士踴躍爭先家諮而戶



慶之皇皇焉遑往如已事然者志先定也夫衆志成城彊仁踵武慕義率俾以其力佽而襄之不日之成有立而竢耳抑東方物從受生漢五帝祀首靈威仰帝出乎震也封禪之登封泰山則嶽配帝者也後人祖之祀事孔明罔間海宇蓋盛德在木仁爲木德而水嚮用曰壽先之　嶽帝之佑民綦赫矣繼自今鎮人士以時報賽餘聚姻黨餕膏飲福繼好言歡而余以耄朽亦從鎮英耆後洛社已事攬湖山之勝迓庥爰釐爲國家仁壽無疆之祝也不其厚幸也與

勸諭捐輸疏復水道南堨引　吳之勳

形家之說近於術地理之訓本乎經岡屬附郭據崎山舉水之雄扼夏隩龍邱之勝前代每臻殷富

國初兼盛科名固氣運之鼎新實形勝所漸致乃自康熙而後士

鮮大魁民無巨富凡登仕版終少錦衣之歸稍有田廬旋非素封之舊家道則起落立見子弟亦淑慝並生種種不宜合邑共悉所以然者三臺北下之龍楓香掘而中斷一字西流之水織染建而南飛赤壁磯重湖宛轉不順其流青雲塔七級嵯峨未存其半風水已多遷變富貴焉能爲常夫察地之理者準人之情身體以血脈爲精神郡邑即以山川爲血脈血脈之氣弗貫未有身體不受其傷者山川之氣弗通未有郡邑不蒙其害者邑之咎休顯而易見本府自下車巡視不勝瞿然比聞李少宰會議修復於前汪舊令因而勸輸於後其時城鄉善士捐金有差舉而未竟已十數年兹者歲豐人和邑之士民有志斯役矣公矢慎實事實心相度悉出於官經理不由乎吏誠合邑快心之務得以復元氣而去沈痾者也惟事煩費重難於遍知其仰賴於捐輸者雖少之不遺實多



之爲美非數千金必數百金最少需數十金庶有志之竟成亦眾擎乃易舉首事籲請剴切勸輸本府守土於斯亦與有責除城南隍渠楓香龍脈現就存金督率興作外所有疏復東北水道修建橋梁以及增補南塔數層所需銀兩既多且急爰舉顛末敬告邑人首領莫存畏事之心眾人勉效急公之義趁此農隙重解囊金彼此勸成踴躍竣事出有餘之力奏無量之功卑者祟焉閎者逼焉使岡屬山水磅礴蜿蜒瀠環瀠繞雖銀盃蓋注富若季倫玉帶金魚貴如叔則其稱於形家者原不可信而以質之山澤通氣之說陰陽流泉之觀其必有裨益當時利及後嗣者氣脈聚而衣食豐山川靈而人材出安見不超軼於前而永振自今也本府亦惟率屬鳩成從而考核之獎勵之立案勒石與郡人士相附於不朽爾已此引

勸輸修建義學引　李錦源蓉艭

士不可無讀書之才而尤不可無讀書之福才與福固皆命於天者也然人有得而勉爲者則造福以成才其諸書院義學之建乎黃州山水清遠尊道樂義今不替於古惟附郭濱江新河未疏不利商舶地苦貧而士尤甚河東書院人士蔚興所造就者成材耳至經蒙子弟生質雖美力難延師就傅頗不乏人則義學不可不亟亟焉考舊義學爲蒙士訓者如魏公書院東坡書院振英書院或僅存其地或僅存其名當時貲費條約概委諸草莽查復修舉有需時日余去秋決訟得城外會同岡景聖堂一所鵲巢鳩占余斷作義學捐錢十千以贖之兹又捐錢十萬延令紳士舉報首領修建學舍並勸有力之家捐金相助存公生息永爲師徒脩火俾寒素之生而穎異者得成其才以光輔



國家其生而蠢愚者亦得變其氣質行習勿蹈非於鄉里則盡人事以贊天成人才以造福厥功當與書院等矧夫貧富無常維繫有在古處如黃諸君子踴躍好義慷慨捐金夫何待於余言而余顧有不容已於言者是爲引

文

唐

黃州准赦祭百神文　杜牧

會昌二年歲次壬戌夏四月乙丑朔二十三日丁亥皇帝御宣政殿百辟卿士稽首再拜敢上仁聖文武至神大孝尊號於皇帝受册禮畢迴御丹鳳樓因大赦天下咸告天下刺史宜祭境內神祇有益於人者可抽常所上賦以備供具牧爲刺史實守黃州夏六月甲子朔十八日辛巳伏准赦書得祭諸神因爲神稱贊皇帝功

德用饗神云皇帝嗣位天飭天付前庚申年造統大業慈仁寬恩聖明文武或曰誅殛曰我父母譬彼嬰兒豈不可怒或曰田遊苑大林深階嘐跳突千毛萬羽豹裂鵬擒其樂無伍皇帝曰匪我不知言豈假汝未撫四夷未攷百度天地祖宗未陳簋簠如寐未寤如痒未愈斥退狗馬未可以御或曰酒飲順氣完神酋樂工習自祖自父瑶簪繡裙千萬侍女酬以觥斝助之歌舞富貴四海不樂何苦皇帝曰不予聞四海蝗蔽田畝或曰亢旱或曰霍雨稃老孤寡未盡得所聞一有是首不能舉乃拔俊良乃登耆老夕思朝議依規約矩詳刑定法深刻不取標揭典制酌之中古遠師太宗近法憲祖怵慄思惟不治是懼四國既平六職攸敘黍稷稻粱嘔啞俯僂父父子子供養撫乳萬里齊俗寶皇帝力緊眠而食罔知其故皇帝乃曰予見郊廟嚴法物旟旃旒五帝坐壇百神立玷覍凝



肸蠁捧爵是醮海外天內戎狄蠻夷奇服異貌伏如除外歡喜呼噪迴御丹鳳大赦四海改元會昌滅論有罪紹功嗣德搜剔幽昧寒暑合節風輕雨碎穀溢陳囷畜繁腯大東南西北限岸壃紀無有頓悍不識災害三事大夫邦伯諸侯曰皇帝德古不能侔謳歌謠詠安得可稱百工庶人亦有聚謀拜章口呼願上大號神聽天聞欲揚鴻庥皇帝曰無功不可虛受懇請不已出涕叩頭皇帝不能止曰予慙羞曰因大赦維新九州不窮不詐不飢不偷有窮有飢寶吏之尤予寘天吏許之省修約束教戒纖悉丁甯品數細偉各當源流皇帝曰俞股肱耳目誠爾竭力寒暑風雨宜神是酬匪神之力其誰能謀凡爾守土各報爾望剝烹羹胾無愛牛羊天下聞命奔走承事牧寶遭逢亦忝刺史齋齊惕慄陵谷將墜視牲濯爵不委下吏殺羞且潔罔有不備衣冠待曉坐以假寐步及神宇蹐足屏氣神實在前恭敬跪起詩不云乎皇天上帝伊誰人憎天憎罪人天可指視止殃其身豈可旁熾刺史有罪可病可死其身既塞可及妻子無作水旱以及閭里皇帝仁聖神祇聰明唱和符同相爲表裏黃治雖遠黃俗雖鄙皇帝視之遠近一致洋洋在上實提人紀無負皇帝自作羞愧月維季夏日維辛巳寘神降止神如有言我答皇帝寒暑風雨其期必至瘥癘水旱永永止弭爾爲官人勉爲爾治牧敬再拜汗流霑地

### 黃州塞廢井文　杜　牧

廢井輒不敢塞於古無所據今之州縣廳事有廢井不塞居第在堂上有井廢亦不塞或匣而護之或橫木以土覆之至有歲久木朽陷人以至於死世俗終不塞之不知出何典故而井不可塞井雖列在五祀在都邑中物之小者也若盤庚五遷其都者社稷宗



廟尚毀其舊而獨井豈不塞耶古者井田九頃八家環而居之一夫食一頃中一頃樹蔬鑿井而八家共汲之所以籍齊民而重洩地氣以小喻大人身有瘡不醫即死木有瘡久不封即亦死地有千萬瘡於地何如哉古者八家共一井今家有一井或至大家至於四五井十倍多於古地氣洩漏則所產脆薄人生於地內今之人不若古之人渾剛堅一甯不由地氣洩漏哉易曰改邑不改井此取象言安也非井不可塞也天下每州春秋二時天子許抽常所上賦錫宴刺史及州吏必廓其地爲大宇以張其事黃州當是地有古井不塞故爲文投之而實以土

### 農夫禱文　劉　輌

丙戌歲大饑楚之南江黃爲甚明年予將之舒途出東山見老農輩稚共族爲禱於伍君祠其意誠而詞俚因得其文以潤色之亦

以儆於百執事者云農夫某謹達精誠於神明吁嗟我耕食之人誰非土之人人之有求神得不以聰明正直聽之耶曩者仍歲洊饑人爲鰥嫠田無耕夫桑無蠶姬癘疫瘡痍一方尤危踵以吳蜀弄兵吏呼其門畝荒餘之人挾弓持戟女子生别行啼走哭王師有征羣盜繼起乃歸其居乃復室廬廬壞田蕪亦莫蠲其租今之收合餘燼人百其力幸大成於秋誠慮旱而不雨既雨而潦且又慮其不苗不秀秀而不實又慮爲螟蝗又慮大廄馬之奪其食贓吏之厚其斂焉嗚呼必馬無厭粟者妾無厭羅紈者吾斂其薄矣亦於何厚其所薄耶伏希神明無有所忽禱口無瘠農人以肥廄馬無寒蠶婦以煖妓妾無銷耒耜以滋兵刃農人不飢而天下肥蠶婦不寒而天下安耒耜不銷而天下饒妾煖而嬌兵滋而殘馬肥而豪不績不馳足食足衣皇天皇天胡忍是爲苟不此爲民其



嘻嘻神其怡怡尚饗

國朝

祭曹厚庵學士文　熊伯龍

嗚呼厚庵匪今之人誤生今日肯戀囂塵定爻驢背、揖恂恂及與往復博大清眞金閨唱第或睨而視獨君於我執手狂喜空谷虛堂服君始此二人之心遂爲衆指一入詞館爲時目之問今問古取之擕之憲衣顏巷周情孔思陋彼馬肆撤其虎皮皐矣世祖天鑒昭廓選于侍從知君謹恪靡日不思如御醍醐君志若行李楊可作君之遇合遠過焦公前後丁酉機牙則同日月麗天山鬼終窮我友敬矣蛾眉敢工孤松何心蔦蘿來附講道論政亦趨亦步我厠其間嗒然莫悟手推敲碁口不問樹鼎湖一變各有肺腸臨於直廬顧影踽涼亦爲鄙人風雪連床遺弓悲號中夜淚淚自時厥後歸與在口景山靈旂依稀冬狩言念陵園敢問五畝蹉跎至今竟乖邱首謂宦未成甯瀛毋鄉家有才子不赴科名卽茲淡宕可概平生黄扉青史孰重孰輕謂齒未耋不朽何缺苟非其人百年一映謹疾尊生修容火滅恭而不壽繄天之謫嗚呼哀哉小臣褊躁處塵　至尊暨余砥礪毋負密恩豈期今日生死同塞巫咸不下噤莫敢言嗚呼哀哉君本無居誰分大宅君宜有卹誰告宗伯欲狂奔之支離跛躄相思則哭寢門奚擇嗚呼哀哉

祭樊孝介文　李可汧

嗚呼楚江東流潤我吳國寶山西峙地靈斯宅厥生大賢高蹤在昔百年旦暮人欽遺澤山高水長風清月白前古後今歌思罔極嗚呼先生往矣廟貌方崇大崎小崎依山爲宮馨香俎豆骨瘦容丰四陵壁立千古爲宗還念我邑祠在玉峰丹雘雖新屹屹垣墉



下民酌水禱祀雲從緊公明德疾苦時通起彼指瘠生死攸同神棲兩地靈爽安窮嗚呼先生之風旣孝且潔先生之政復清以冽奸訛革心膏枯燠暍秩秩涵涵士民胥悅三百年間惟公稱絶塗歌至今豐碑若揭追維先祖陳徐誼切師相友並稱先哲茲予校士江城駐節齋心勑志芳徽是謁登堂展拜瞻風溯雪神其來歆瓣香有飶

祭萬季方先生文　季方名燦　陳大章

嗚呼士之所能爲者其才與德而不可必者其命與時自古奇儁魁傑博碩淹雅之才能聲施於後代而當其阨窮遺佚雖庸夫豎子皆慢易而狎侮之此夫子所以責稱名於沒世老氏所以徵我貴於知希公生而敏異長號儒魁其丰容玉立也亭亭若千仞之榦其雅量淵涵也汪汪若萬頃之陂其出爲談論措于文辭若風

發泉湧電掃霆驅使當者耳易心掉神沮而不可以端倪故公卿皆許以國器鄉里共服爲英奇而才不偶命道與時違壈坎塞默束縛羈棲晚登一第仕止儒師此無論愛公惜公者爲之慷慨而獻欷即在仇之忌之者亦莫不附膺稱屈而其聞聲頌義同聲扼腕者又無論乎知與不知而公方傲睨兀放渾合天機嘯歌一室偃仰支離凡人世所謂淹蹇不平抑鬱無聊者則一寓之於酒而寄之於詩而絕未嘗有纖芥拂逆之意微見於顏面而稍介於胸臆嗚呼窮通得喪天實爲之自古聖賢莫之能離彼世之輕儇齷齪讒夸鄙者方且竊高位擁厚貲視公之無藉而實貴不脛而名蜚者曾不翅太山之於毫釐是故數奇而窮窮不爲怨任情而達達不爲畸方其舉觴浮白豪宕淋漓揮毫濡墨興致遄飛則固已渺生死齊得喪等蜉蝣于一氣無鵬鷃之可齊而又安知夫庸



庸者析圭而擔爵與夫赫赫者之勒鼎而銘彝章等情均骨月臭託蘭芝慟九原之不作傷宿草之離披哀深楚些淚結冰澌而公方駕神馭載雲旗遊於無何有之域而息於砊碭之歧其視吾輩之尸而祝之社而祭之者亦甯止夫塵垢與糠粃嗚呼哀哉

彭衡陬師祭文 彭衡山人名士商　　萬年茂

嗚呼師爲天下善祭以黃河先古之人其學力雖各有獨得而不敢自沒其淵源是故聲響谷應火盡薪傳此非徒以文而已惟意氣結性命之緣矧夫茂之於公蓋東坡之廬陵也而得力惟單始公鐸黃以癸卯距今凡十有八年而茂之受知也自甲辰來始遊霧飛雲而長從洗硯是時制藝競尚襞積不虞氏篪則王氏胭即不然又有矯爲艱深滯澀以文其陋者抑亦軋茁之續而或譏於斬足掘棺惟公一根理要以其樸雅蒼勁之作力迴狂瀾而年益劭學益粹益自愆於詩古文辭以橫決古大家之藩壬子春重修楚志平越王公撫楚雅重公名特聘公以備客員公爲文善敘次最熟龍門體至其機軸自抒則天授者半心悟者半而古人有所不能言茂嘗謂昌黎學史記變曲爲直廬陵學昌黎變直爲曲之二公者體製雖殊而皆與龍門爲一原公又合曲直爲一者也故縱橫百家黜竄舊文洵所謂事增於古而文減於前茂侍公匪朝伊夕矣乃得一一悉其末顛自是以來茂寓中州客長安日風塵於奔走而遂不得旦暮長仰公之顏嗣後猥列詞垣一時名公卿無不欽公學問之淵博品誼之端嚴然後歎翼之教思固已方洛水名賢蒙之家曰剛中而應惟公有焉丁巳歲茂假歸謁公齊安公泚泚乎有餘望忻忻乎有餘歡謂宇宙之無所逃者二古今之不可朽者三勉乎行諸吾望爾以眉山茂慚不才然其兢兢奉師



訓者未嘗一日而舍旃今秋復奉檄治嚴冀發軔時得上公堂重聆仁人之言嗚乎庸詎知剌未具於東萊訃已告於西川爲一席哭爲三踊卷奔泣靈座呼也誰還謂公不務生於所無者非所樂謂公不與死爲無終窮者將毋然傷哉公也茂將何以酬公於重泉臺之側斗之巔公明光兮奎中天石虬踞墨蛟蟠公攜手兮結後先波兮下嶠兮巒公樂山水兮神流連獨一東馬一慟哭不成聲兮告公以心悁

勸修安國寺塔及疏濬城河文　　李鈞簡

黃州自宋刺史王元之副使蘇子瞻莅茲土竹樓記赤壁二賦流傳至今近千年海內人士束髮受書即莫不膾炙斯篇如神往其地者蓋江山勝跡地以人傳急雨密雪明月清風光景常新而文章不朽宜乎人之低徊不置至今古蹟遺基有關於士氣之盛衰

民生之利弊必將爲之興廢舉墜以培其本而固其脈其亟宜修濬以垂諸久遠者又何如也郡城之南安國寺有南塔者亦稱文峰塔卽昔之青雲塔也自前明神宗時創始越三十餘年而壞其上五層飛入卯湖是塔爲武昌漢陽諸郡上游水口作鎮又爲本郡之文星起峰詳具於當時晏考功泰徵序中今邑志僅載其文而後之踵事經營者已不可考郡城之水自城外出者明水三自城内出者暗水四皆拱衛環曲自右轉左匯於塔前又由塔溝達羅星湖以注之江是其形勢之相爲表裏固自然而無可易者塔之說余少時聞鄉先輩之言甚習數十年來衆議罔不同然因循少成事今則水之環流者直而衝水之順流者逆而氾去余曩時之所見又懸絶矣詩曰崧高維嶽生甫及申此卽峰之挺拔峻起者必有靈秀鍾毓之驗也又曰相其陰陽觀其流泉此卽正位奠



居必審乎順逆向背之理也形家之言近於術地理之訓本乎經豈不彰明較著哉於是塔之宜增高水之宜利導邑人士咸有志於斯役嘉慶庚午夏余將以服闋赴都道郡城因得謁郭伊齋觀察吳淦厓郡伯汪潔亭邑侯而爲之請皆欣然應曰斯舉也固籌之久矣將先定其規模而後從事俾鈞一言以爲之引且爲闔郡勸當是時賢使君政和民理公暇諮詢方大有造於我邦而邑之人士又各竭其忱輸其力鼓舞踴躍而聽命焉豈非事之興舉有時不謀而合莫之然而然歟異時者塔之峩峩聳然而出於霄漢流之汩汩悠然而匯於溝渠經始某年月日落成某年月日相與歌頌於勿諼較之前賢當不僅登臨覽觀之樂爲可言也鈞不敏猶得援筆而記之

## 重修龍王廟碑文

李明墀

嗚呼神之靈其應昭昭迺如是耶迴憶宿廟乞靈閱二十有四年矣溯往事戴神庥涕泗横流不勝脊令之痛直至於今迺酬兹宿願也廟濱大江在黄岡縣西四十里之南岸去楊林磯十里去陽邏又八十里道光戊申十月十九日墀因聞伯兄豫齋振災黄屬舟覆陽邏之噩耗駛楫來求遺骸倉卒轉黄州偕姜楷月之晦日重返陽邏過廟下日已晡風濤大作撞激怒號舟師不能支促登岸他無館舍寄棲廟中中宵默禱儻託神佑得兄骸必新棟宇以酬比明焚香禮神得籤有今日長江風浪静勸君重整釣魚鉤之語墀敬念精誠之已達也靈爽之下鑒也波伏不興返棹泝流督所招小艇繫長絙截江櫛比而上撈起同時遇難數十人越明日得書吏一僕一同族之偕行者一益信神語不欺且度伯兄亦只在里許閒越明日果拯之於楊林磯所著衣衫如故襟上平時所



用小玉章繫焉撫尸痛哭亟殮之順流而歸於時重闈在堂驟遭此變排解萬端新廟之舉未暇議及繼而入官郎署十年出任楚南又數年比奉諱東旋復調督楚北糧臺往來江上風利不泊思尋泥爪匆遽未遑劉君幹臣黄人也曾與談及盡知其處惟云廟燬於兵土人僅以數椽爲神蔽風雨庳陋遜舊制宜若有待遂託軍門巡江之便相其故址廣狹營建神殿一宇其不能莊麗閎敞者地勢限之也廟既成軍門來告曰君既擴神棲復謀置田爲長守香火事之顛末畝之西東皆當記垂久遠嗚呼墀痛心事也捫管神愴語恐不文然述改廟之由我伯兄以死勤事之勞可以附載否或逾時過久將湮没無知者伯兄諱明壎字叶龢豫齋其號也道光丁未連捷進士分發湖北知縣歲戊申北省大水五月奉札勘災黄屬雖泥淖磯壤靡不親歷盡得昏墊淹没情狀以復大

府憫之八月復奉賑卹之委周巡兩岸屢涉艱險比戶清查惟恐一夫之不獲事既核實大懼賚不繼復倡捐巨款以助至今談者猶感激太息涕零十月十五日舟巡陽邏突遭風伯之虐竟死於事死時年甫三十於時黃屬紳民籲請立祠報德論者以官非實任艱於奏請議格事阻所欲獻而感歎者垂今日待罪之邦卽伯兄捐軀之所其伯兄之靈默相之歟抑龍王廟之神欲令畢前事歟惟我諸弟過我者必道陽邏亦睹灖灖東流傷孔懷歟迮見新廟翼翼俯臨怒濤亦知我當日急難情迫託神庇歟遂書之石令諸弟率兒子盛銘舁石牽牲來告於神樹之廟右時同治十年辛未某月某日也



# 黃岡縣志卷之二十二

知黃岡縣事合肥戴昌言編輯

## 藝文志

### 賦

宋

游東湖賦　張耒 文潛

紛不知吾之所如兮獨漫漫而若狂乘醉飽之餘力兮遂陟巘而緣岡惟嚴冬之栗烈兮莽川澤之茫茫農功休乎場圃兮平陸散夫牛羊憫大木之百圍兮慘赤立而無裳鶴鶴羣鳴而下上兮雜篁竹之青黃忽平陸之旣窮兮漸積水之汪洋曰是爲齊安之東湖兮右派合乎濤江荒灣寂寥而葭葦兮懸流響乎夕陽爲舉網而無獲兮嘉魚逝而洋洋弔林落之柴荆兮哀淮夷之阻荒呼徒侶吾還歸兮陰風振而塵揚畏星昴之將中兮冒元夜之飛霜顧謂童子汝其賦詩爰有小子㒝然致詞歌曰歲窮木落兮大澤空雁宵征兮天北風高不飲酒兮御元冬歸來歸來兮樂未終余曰汝姑置之乃歌曰臨山川兮悽故鄉歲窮陰兮晝不暘升高堂兮潔余樽耿余思兮古之人

明

放龜賦 有序　李夢陽 獻吉

畜有二龜李坪驛俯長江之流目發育之溶溶怛然有傷於二物復思趙抃放龜事千載同懷爰放二龜於汀潭已作斯賦比興諸義聊抒鬱志非諷一而勸百者擬也諭兒子亦作

精絪緼以游魂兮各含和而搆形何茲物之詭異兮獨神超而蘊靈準麟鳳之隱見兮呼吸陰陽而卷舒善伸縮以遠患兮匹神龍

而水居嘆賦命之多蹇兮過罝網而見執蒙君子之珍視兮戒航舟而並畜仁人細弗棄兮迺伊欽余之素質曰雕龍豈林游若兮爰偉賢哲而用情譬機鶡之顧脫兮慮曳尾及而遲暮俯洪流以余縱兮瞪長江而徑步歌曰醜混混以流形兮就厥龜而副嘉外負介以昭武兮內文柔而靜退體穹窿以則乾兮履坤方而袪慝鄙饕餮之訣世兮甯否浮而飲息沐澄洽以棲寂兮戢潭荷而保效誠悊穆卜之靡諧兮懼捐軀而莫明賡歌曰江滔滔以東下兮身文于刻以布象兮色蒼古而玢璘景至人之赴義兮將剡中以蒹葭莽而波濤幸已縻而終逝兮劃順泛而長逃念曩昔以中惕兮數惟拘縱之所殊思范檝以依徙兮願附孔而海浮烏故林以悲鳴兮獸躑躅於前邱軫宿豢以迴逶兮躍瀠溟而涕流亂曰聖欽元龜戒朵頤兮十朋四靈榮以時兮淵潛罔沕出斯縻兮求仁



見夢厥無惑兮刳腸灼蠕爰奚益兮謐兮麗兮齊天地徜徉兮

讀書鐙檠賦有序　工一翥

王子終夜讀書寶一鐙檠婦曰苟富貴毋相忘遂爲賦之

爾其爲器也闊而能納盈而徐沖卷舒惟時萬戶其同燭龍匿景蟾兔曈曨自非嘉德孰補昏蒙或照錦幕或耀朱櫳伴愁助笑提攜不窮相其體鑿製自良工如金如錫以錯以鏨莖擢藺膏餤吐玉蟲繚青縈白圍暈旁逼佳人是告以筮吉凶孰若佐讀唔咿相從槐燧初鑽松寮始烘葦屏竹舍苦雨老風漁燈如星佛火如虹室少木奴案乏青童丹黃丙夜形影孤蓬守此陶瓷陋彼銅虹首推素侶實爲厥功嗟彼酣嬉舊業罔攻椒煙登進草簹蒙戎折耳敗足委棄壁龍我則安敢夙夜靖共照徹汗青以及女紅高炬熒熒容爾始終



## 辭

明

黃州謁蘇文忠祠　廖道南

歲閼逢兮涒灘遭吾道兮江干遵黃墟兮浩淼艤舫舟兮盤桓趨靈祠兮擊鼓薦藴藻兮茭蘭悲伊人兮不作志坎壈兮多艱抗危言兮逢紛履險機兮罹讒屈鳳鳥兮鷦鷯詆麒麟兮貙豻擯璵琪兮瓦礫踐芝英兮草菅據蒺藜兮困石將孰往兮奚安嘯赤巘兮摘藻弄浦月兮潺湲駕一葦兮凌濤俯江閣兮觀瀾謇予來兮歲暮木葉下兮驚湍仰遺容兮若在鬱憤悢兮空山

寄贈萬退修　胡承諾

有美一人兮樂隱居十有七載兮碧溪之隅閉戶兮奚爲敔南窗兮著書訶韶華兮方盛怪壯志兮未攄欲寄言兮王孫冀招來兮



我須時不可兮坐失曷青紫兮往紆羌告我以不暇兮又申之以異趨山四更兮吐月水三篙兮落渠緯寒蕭兮障蟹漫春塘兮生魚辟野鹿兮巖屋放白鷴兮江湖林繽紛兮獨往市囂塵兮亟逋誓波瀾兮不起矯六翮兮誰笯人之相知兮貴相知心聽君之言兮益縱君之所如

## 古歌

周

渡伍洲　舊志在縣東南與武昌劉郎洑對東坡云子胥奔吳渡江處舊有伍君廟解劍亭今廢

白日昭昭兮寖已遲與子期兮蘆之碕

日已夕兮予心憂悲月已馳兮何不渡爲事寖急兮將奈何

蘆中人蘆中人豈非窮士乎

詩

五言古

宋

曉至巴河口迎子由　蘇軾

去年御史府舉動觸四壁幽幽百尺井仰天無一席隔牆聞歌呼
自恨計之失留詩不忍寫苦淚漬紙筆餘生復何幸樂事有今日
江流鏡面淨烟雨輕幕幕孤舟如鳧鷺點破千頃碧聞君在磁湖
欲見隔咫尺朝來好風色旗尾西北擲行當中流見笑眼清光溢
此邦疑可老修竹帶泉石欲買柯氏林玆謀待君必

杭州故人信至齊安　蘇軾

昨夜風月清夢到西湖上朝來聞好語叩戶得吳餉輕圓白曬荔
脆釅紅螺醬更將西庵茶勸我洗江瘴故人情義重說我必西向



一年兩僕夫千里問無恙相期結書社（故人相約醵錢僱僕夫一歲再至黃）未怕供
詩帳（僕頃以詩得罪有旨核杭取境內所留詩杭州供數百首謂之詩帳）還將夢魂去一夜到江漲（江漲杭州橋名）

陳季常見過二首　蘇軾

仕宦常畏人退居還喜客君來輒館我未覺雞黍窄東坡有奇事
已種十畝麥但得君眼青不辭奴飯白
送君四十里只使一帆風江邊千樹柳落我酒杯中此行非遠別
此樂故無窮但願長如此來往一生同

寒食雨　蘇軾

自我來黃州已過三寒食年年欲惜春春去不容惜今年又苦雨
兩月秋蕭瑟臥聞海棠花泥汙臙脂雪暗中偷負去半夜真有力
何殊病少年病起頭已白

戲作種松　蘇軾

我昔少年日種松滿東岡初移一寸根瑣細如插秧二年黃茅下
一一攢麥芒三年出蓬艾滿山散牛羊不見十餘年想作龍蛇長
夜風波浪碎朝露珠璣香我欲食其膏已伐百本桑人事多乖迕
神藥意渺茫朅來齊安野夾路鬚髯蒼會開龜蛇窟不惜斤斧創
縱未得茯苓且當拾流肪釜盎百出入皎然散飛霜槁死三彭仇
澡換五穀腸青骨凝絳髓丹田發幽光白髮何足道要使雙瞳方
卻後五百年騎鶴還故鄉

題王黃州墨蹟後　黃庭堅（魯直）

掘地與斷木智不如機舂聖人懷餘巧故爲萬物宗世有斲泥手
或不待郢工往時王黃州謀國極匪躬朝聞不及夕百士避其鋒
九鼎安磐石一身轉孤蓬浮雲當日月白髮照秋空諸君發蒙耳



汲直與臣同

寄陳季常　秦觀（少游）

一鈞五十牿始具任公釣揭竿趣灌瀆與爾不同調先生本西蜀
俠氣見英妙哀憐世間兒細黠似黃鷂侍童雙擢玉鬢髮光可照
駿馬錦障泥相隨窮海嶠平生攜手好十七登廊廟小生相吏耶
徒枉尺書召暮年更折節學佛得心要鬻馬放阿樊幅巾對沈燎
泠泠屋外泉兀兀原頭燒欲知山中樂萬古同一笑

別黃州　張耒

扁舟發孤城揮手謝送者山回地勢卷天豁江面瀉中流望赤壁
石腳插水下昏昏煙霧嶺歷歷漁樵舍居此實三載鄰里通借假
別之豈無情老淚爲一灑篙工起鳴鼓輕櫓健於馬聊爲過江宿
寂寂樊山夜

王立之大裘軒　謝　逸 無逸

小人拙生事三冬臥無帳忍寒東窗底坐待朝曦上徐徐晨光熙稍稍血氣暢熏然四體和恍若醉春釀此法祕勿傳不易重裀養君胡得此法開軒亦東向蘇公名大裘意豈在萬丈但覩名軒心人人如挾纊

燈下讀書　陸　游 務觀

少年喜書策白首意未足幽窗燈一點樂處超五欲而況黃州路小雨漁村宿蕭蕭蒹葭聲爲我洗昏毒琅然誦經史少俗見爲續何必效萊公長夜醉畫燭

發黃州泊巴河遊馬祈寺　陸　游

南望武昌山北望齊安城楚江萬頃綠著我畫舫橫雲帆不須挂疊鼓不須鳴淡然隱曲几山水相逢迎疏雨洞薄日非陰亦非晴



晚泊巴河市小陌聞屐聲紫髯刑馬地一怒江漢清中原今何如感我白髮生

明

黃州演武廳晏集贈石帥　王廷相 子衡

屏氛出江郊選幽憩武館秋容已淡沱雲物亦回緬江山佳入牖聊爾憑一覽道悟見乃超志愜興不淺招邀子所敦禊期我當款雖值旅務迫不廢賓筵展會屢詎流連談劇非縱誕窈窕漢上曲清切江南管投壺按魯鼓揮琴述中散居易命可俟撫化慮始遣江崩赤壁磯岸折黃泥坂蘇公豪遊跡咫尺竟莫辨賞心即命觴庶達養生纂

乞罷南歸過黃岡次舊游韻四章　林大輅

雙眸紫氣橫西郊寒飈廣伊懷西方人眷茲滄洲賞景曠融道情豈牽簪纓想仰高盼山椒東流大江朗渚鳴羣鷗飛煙舒獨鶴上唱予謝浮榮敢言愜疎放荒荒古木疎綿綿元雲長虛無只蓬瀛長公得眞象從之不可追試招漁人榜

投簪協遐思驅車游黃岡黃岡非我游所思赤壁長煙光連江滸石徑明宵霜林聲聞欲管簧影橫瓊觴策策羣飛鴉日暮鳴徜徉雲中雁相呼萬里獨南翔斗酒呼歲華況乃泛滄浪回首思佳人仙蹤今微茫問之元鶴夢何如炊黃粱

杲日照北林丹崖俯幽壑澄流碧於藍微風吹雲漠遠渚既縈紆層峯亦連絡樵路莽荆榛村樹棲鳥雀緬彼達士懷形骸非有託撫化薄浮名招搖千古樂我今已明農重游宛如昨神曠物徒縈歲寒江猶廓縱談天壤間豈復知龍蠖巾舄偕樵漁聊謝世人度

昔者蘇長公淹留黃泥坂羈旅本無營簞瓢同歲晚武昌魚雖薄



猶勝惠州飯赤壁對暮齡扁舟亦繾綣才高愛者稀瓠落還混沌爾賦達元門萬事奚寒暖二客者誰何時亦樂嘉遯張翰煙雲姿陳琳天趣遠方舟夾雙流淡日輝霜巘往事眷深衷茲游亦嬿婉北風吹歸輿麥斜林臥穩豈無他人懷江湖終偃蹇

擬矯志篇　王廷陳 稚欽

蛟龍雖困不資凡魚鸞鷟雖孤不配鶩雞雖有香草當戶必除雖有仁人在敵必誅狐白雖美炎暑必置舟車之用易地則棄蕙蘭不采無異蓬蒿千將不試世比鉛刀以驥捕鼠曾不如貍餓夫獲璧不如得糜郭生純臣胥連高士彼乃登臺此則蹈海甯直見伐無爲曲全甯渴而死不飲盜泉

壯士篇　王廷陳

少年學劍術英風聞九州慷慨出門去辭家將遠游遠游將何之

炎荒爲我仇昨聞遣飛將召募何時休國威有不揚無乃壯士羞奮矛如迅湍拔距踰亭樓猛氣伏羆虎勝躍捷獮猴置身百戰場妻子不顧留性命亘足憐聊以紓主憂揮戈盪蠻煙飲馬江漢流餘勇萬人買雄傑無匹儔功成獻大庭賜爵位通侯

眺江閣述感　　王廷陳

偶遣邱中步來眺江上閣樹裏呂王城草邊郭子郭遺宮隱莫尋往牒恍難託春深苦竹滋秋高白楊落故堞啼早鴉野田噪暮雀頗爲樵牧資焉免狐鼠虐雍門哀有餘九原何可作

園亭言懷　　王廷陳

駿死骨誰市象焚齒自累棄置悲團扇匏繫嘆方枘恥隨荆橘化樂與魏瓠乘素無金張援焉取邱園貴農圃衍世業桑麻綜歲計實飽三士桃芳引八公桂春原露未晞秋皋霜已被偶緣物態感



遂與神理契晷度無能淹金石亦善敝願言齊得喪庶以紓勞瘁

王稚欽吉士 八子詩之一　　吳國倫 明卿

維楚故有才誰爲稚欽偶早歲發天秀匠心應其手高覗千載前左馬相先後甯操湘女瑟恥擊秦人缶謫世如弄丸罵坐非使酒傲然詠新篇豈復聞師友遂爲禮法攻一官棄如垢傷彼荆山璞終焉不見剖

崑山馬工部席中有古詩見貽賦答　　陶允宜 同知

會稽佳山水行吟足朝夕驅車一以遠投轄每不懌侯罪刺黄州賞心在赤壁爲呼府中僚出訪江頭石矯有壁立姿而無斧痕劈甯向濁流邊獨作丹砂色人言三國時帝遣兩雄敵南軍勢不競東風借其力炎皇御燭龍雷車駐霹靂漫空朱鳥翔夾岸火雲赫大江蒸水氣洪鑪煉金液樓船盡煨燼壁石皆燔炙譬彼崑岡焚詎免池魚厄素質獨不灰亮節久彌赤或者百萬兵乃其膏血激烏林夜渺渺雀臺春脈脈念此蘄黄間留彼英雄迹客稱工部郎胸挂堪輿籍爲道赤壁磯乃在嘉魚北寒灣軒冕稀古蹟風濤蝕前賦或誣夸二客空詐騰我愛山水趣但遣才情癖束手受拘攣搖脣費彈射四海幾軒臺九州多禹蹟異人偶邂逅往牒爭組織爲謝祝融君巧奪老瞞魄總是一江連初非兩地隔楚王失其弓亦復楚人得好將壘塊澆剖破藩籬塞蘇公自仙才陶子今同謫片語誠可投千秋足相識賓主既笑喧歌人亦塡溢戎妝韎鞨鮮宮様胭脂飾茜燭媚珊瑚香醪浮琥珀天際絳霞飛臺前紅雨積紺宇映葳蕤酡顔並愉適起立石壇高下望江流窄冠蓋各東西江山又今昔

咏署中雙柏　　茅瑞徵



庭前有奇樹矯矯參天直古幹當勁風豐枝蔚其實閱世百年來朝華經幾革獨此雙珍木秀挺兩稱特豈必同衆芳所貴不朽德長夏落層陰赤日爲西匿高杪激清音遺芳故盈側雖無媚俗姿而有凌雲色吾拙久已徵偕爾宛相識違植在及時令名永不忒

臥病懷同好諸子　　劉養徵 康谷

辭翰雖割嗜好所鍾聊擬選體數章自娛寄當神遣

何韋長

周道有崩頹塵軫恣騰騖鍥金理既訛輟響念彌固伊余秉拙訥投足怯窘步譽尤非考祥雕飾虛違故猥以孤騃姿親蒙三益顧傾蓋樊山賞騁筵赤壁晤敘離仍萬端協懽匪一趣已悉德鄰比復慚文會與蘭茗沐芬芳琬琰霑溫裕洵美平生遊胡甯離合遽解纜乖雲雨臥痾變朱素余淹桑梓墟子滯淮泗路箕風振曠野

涼月麗高樹翩翩南雁翔悄悄西舟泝引領限河梁躑躅不得渡

何緘仲

臥疴尠懽趣感舊殷遙思豈伊嘗歲月延促無前期微躬懔淵冰
寤歎恆在茲美人敦懿義夙昔夢音徽音徽日夜隔心賞何由追
緬懷投情愫探道觀元微遵塗宏正軌忸顏隆萬規荆璞不隻剖
宋石必雙揮山川邈離異形影久參差昔別青陽徂今留白露滋
涼颸盪清襟朗月耀光儀與玩瑤華音想像瓊樹枝投桃理空切
盍簪願亦違古炙媿漸磐詠什愬緇衣久要崇篤固達權貴推移

聞易曦侯罵賊死　吳應箕次尾

憶昔泊荻港適有黃州船心疑此船中曦侯或在焉曦侯亦指予
問名頁復然夜半猶沽酒高談驚客眠秦淮一月聚古今皆窮穿
是時射策者四方多名賢時時來訊我相見出奇篇曦侯對我嘆



就流物理然愼子震驚意一善俾終全每感頁友規誦之中心鐫
自君別我去闊晤已三年盤懃憑尺素緜邈借山川豈知君死賊
遽有義聲傳君無一命寄君無百城專矻矻窮歲月閉廬絕市廛
著書已滿屋次第國門懸奄忽遭焚掠貫繫索金錢謂君門下士
何難質萬千君前爲致說解甲便歸田賊怒不可遏君論自便便
言窮益激厲髮指目睛圓大罵死狗奴爾罪已逼天卽予老禿翁
何惜須臾延頭可一刻斷氣常萬古鮮我也念疇昔五岳崩胸前
骨鯁不在朝死綏不在邊區區徒步士曾此一髮牽招魂豈江上
淚落如流泉

買山　官撫辰

何以見山深白雲路千曲何以謂高蹈瀑布濯吾足石頭半空垂
開口如相告見謂斯世人名美卽酖毒含章自高貴何事明如玉
聆此如蘭言嗒然驚幽獨

先奉常入祀雷陽旌忠名賢祠感頌四章　樊維甫

乾曜無終晦聖作乃物睹旣渙匪比羣旋殄二五耦薄海復昭回
纍臣發幽郁黽勉附前修肸蠁歆列俎攀寇雖讓肩躋蘇或聯伍
並受王朗福寶藉羣公剖
羣公敦懿好孤憤千載吐爲善豈近名庶以刮前垢昔有雍公孫
蹶秩十大聚炎荒貌榮覲信公惜其羽熙朝會一與繼此得再舉
登高誠易招司直賴吾友
吾友直以諒宿昔同堂廡漸漸君子澤海濱故鄒魯忍飽探腱魚
鄙愊歌兕虎悠悠闊世交生死隔修阻一聞記宗功櫜筆惟恐後
生竹出公安濡碑在峴首
生竹何精忱濡碑豈陟岵自有龍鸞奮焉用牛馬走大道已爲公



百神讋鼓舞先羲雖菲薄於昭亦云補傻然仰榱桷頹不薇風雨
廠正幸有託廣廈固不朽

遣懷　萬日吉

淩晨兔櫛沐出門見輪蹄云是市闤門車馬常栖栖富貴非可學
安得强攀躋落花任天風隨分得高低所受有本限理數何能齊
聞見苟非是且得聽黃鸝

山中夢何綗卿　王一翥

離穿睞斜月楓落餘枯井偕遊都邑俛訪度林阿永川霞黃安塘
幼同事黃安炎敦之先生寺鐘京國景密學有高騫遙仕無旋軫淪悞多方嘆
儒棄舌端省睡深酬斯論驚迴共層嶺肅風動哀嗟先軌蹈難覯
千古忖心中何代不堪忍

野田黃雀行寄魏雲庵　王一翥

儒者道不顯託名求神仙一日亂難逃千年壽豈鐫惟有閙村靜
魏子忘華軒俗人不相師如病畏藥言黃雀野田中銜泥戲丹鉛

寓園即事三首之一　杜濬

暫歸不得息復來叩園荆掃榻恣偃仰深綠怡我情假寐遂成夢
夢醒聞流鶯爲時已中伏宛作春曉聲奈何雀與烏努力方爭鳴
衆雀旣嘈雜羣烏尤豪橫坐令好音阻側耳不分明三歎推枕起
仰視天宇行

題張號泉公廬墓馴虎遺事　萬爾昌 師二

漢史載歐子依墓結草室虎紈適奔觸襟覆得以逸感承仁孝意
趨望竟如馴月爲致一鹿孝子供俎實千載有張翁踵事適相匹
虎亦變其廬馴馴等䶊勿此事餘十紀黃叟遞稱述龍負蝘蜓視
德至隨波沒湖䲡肆吞噬投文遣以出驅使奚能然兹理安可詰



至性極昭格豈云同幻術其時諸賢喆紀贊各鉅筆翁孫日聚上
表幽圖剞劂余也得寓目追詞齒猶慓豈惟光家乘國史借芬苾
誰續漢歐傳濡毫美無溢

國朝

同諸君望安寺餞曹檢討 宜溥　朱彝尊 竹垞

載酒入古寺柳林東湖頭將以送遠人豈惟恣讌遊精廬金源舊
香乳塗白牛二帝一宸妃遺像堂中留更聞王萬石辭榮返故邱
傾城出祖餞於此聚行輈古來離別地草木常先秋火雷焚怪柏
霜葉鳴老楸雖之斷碣存陳迹尚可求曹子酒大戶十榼飲不休
一朝忽言去無以申綢繆列席庭槐陰日午風修修窪匏截竹節
主客互勸酬未知臨歧語遠合古人不坐久林鵶集斜照忽已流
並馬歸道南明發期登舟一帆挂楚澤百尺卧竹樓川涂日以邈
何以寫我愁夢爲黃衣蝶飛繞崢嶸洲

送陳舍人大章歸黃岡　朱彝尊 錫鬯

君家玉山並君詩白雪高豈意采風人力不及楚騷策馬去京國
御佩腰間刀深䩞虎文韡短後茶色袍但愁別須臾何用心鬱陶
素業在黃岡潮田滿江皋烏犍三百尾種秫持作醪暇搜耆舊文
筆禿猩猩毫少年能著書此事亦足豪何時涉夏澳共爾浮金舠

弔貞女陶足大　程啟朱

江皋有貞女明妝立素月靜意慕孤芳緬焉懷往烈十四對流黃
鳴機織秋夕媒氏何殷勤手持雙玉玦繫以蛺蝶羅紅絲千萬結
女生願有家褵袂自此纈詎意狂飈生山摧梁木折梁木亦已零
女蘿焉所適止水矢從夫百折心益決死義非死情不必曾頑頡
再拜別慈親俯仰腸內裂魂魄今于歸九原有安宅世人競鉛華



聲容隨煙滅卓哉岳瀆英流輝映昔哲入夜起江濤今古聲悲咽

贈葉井叔　王士正 阮亭

作吏客伊洛門對嵩高山山色映終古客心長自閑朝看飛鳥沒
夕對孤雲還聞昔王子喬吹笙碧落間揮手駕白鶴一往三千年
至今緱山上逸響凌紫烟夫君有仙骨雲駕如可攀游目憩嵐巔
躡足升天關廬巖瀑布佳百丈聞琤潺懸流濺冬雪密樾生夏寒
何當蠟屐來與君躡飛湍

懷于雲念菴鄭仙　奚祿眙

昔在亂離時猶得同榕酒氣岸淩五侯他人瞠乎後不惜酒債多
常恐壁廚柳落筆掃風霜珠玉時在口地下韜龍泉紫花秀成土
我歸芙蓉江浮雲如舊偶三傑合精光玉京逢善友白虹吹萬城
春花被根莠去者杳層雲存者厭老醜安知草間人自與風月厚

莫自聞隣笛勞歌淚如劉何處是相思枝上子規鳥叶子柳切

代鶴南飛曲壽蘇小眉太守　王追騏

修翰翥北極翱翔指南隅憑高振清音流響聞天衢直扶雲漢上長呼從萊徒霞明閶海夢月繞楚江圖凌霄俯塵壤凝丹映冰壺軒舉復濟蕩新秋景物愉俛仰千歲松鳴和五雲翀羽儀鳳鸞並仙家律呂殊戛然橫江聲蘇公興正娛

紀曹子先死孝　胡珙

入火不能焚上世言其理居茲理亦無所以孝子死君堂有老親年近八十矣寒暑迭相侵病痿不能起君久廢飧眠夜深伺動止是日親粗安料君竊自喜親老健慈悲命公歸房裏公堅不肯從側身傍床第孝親不干天仁義終成否靜夜火忽來炎炎茅簷比兒告親急行親執不願徙反揮兒急去兒曰安有是痛哭前致辭



哀哀且拜跪一念猛然生正性無議擬衣被裹嚴親蹈火雄步履雖得出全身焦頭御委靡三日老親亡七日君身毀哀痛事方殷謳歌聲正美同儕走司鐸藉以惕人子倏忽十餘年尚有待國史空山霜雪中魂清夢及此稱君為死孝死孝復何訾悵悵記前因補綴愜所以斯理本中庸竊莫疑弔詭

東齋作　宋犖牧仲

官衙類荒村高齋莽寥廓几席控江湖軒楹帶巖壑往往山水音泠然座中作牆隅竹與蕉枝葉相參錯嚴霜旦夕來顏色已非昨臨風步廣除顧念修名薄載咏素餐詩于焉發內怍

湖居五首　張仁熙長人

朝登赤壁山暮宿磯邊寺山雲自往還獨與幽人遇蕭蕭坡叟心淒淒毛公思赤壁磯下有毛寶放龜處水向今時流石老前朝字湖山昔已遷日月誰能志但聞山氣佳漁艇時搖翠城荒亦避俗籬落鷺孤邃行李忽為家旦晚發深喟

平生誰志得坐卧見江山況復秋冬中竹樓已成灣平林兼島嶼物色會相關眾人各有作羌余獨解顏余心誠自遙聊復時閒閒

寶山雖不高當湖為日夕水落見魚梁光景胡歷歷呼兒採怪石過雨山如滌始悟旅人懷形影出沙礫居民亦古初顧盼生愉懌欣然已結隣荻徑連疏逖日暮有鐘聲古寺余夙昔

夕陽浮野水漁舟始自歸寒城挂衰柳竹氣亦微微羈客愛明月閒情無所依坦步入隣屋素髮坐漁磯清霜豈不嚴所惜在裳衣不見古賢心臨流知魚肥

昔我有良朋相邀洗墨池何子安嘗邀遊東坡祠池邊何楚楚雪照東坡時今我寓林皋斗酒忽如遺當年二客懷愴惻無人思洞簫隔明月



武昌亦在茲仙人不可遇草石今參差

里中四賢詩　陳大章

贈光祿少卿謚忠烈周公之訓

周公戟髯眉冷面骨高峙逡巡仕籍屯灑落詞翰美晚出崇禎中台省風塵起備兵濟南城萬騎森薄犄孤軍援路絕落日戰鼓死同時張布政秉文鄧擢儲謙馮都司失名蕞守分尺咫公獨當其南張髯劇嚙齒提戈憤一呼銜鋒斷雙髀烈哉三媵妾聯袂赴井水悽惻太常誄稠疊尚方璽至今六十年舊蹟傳鄉里事失野乘蒐時亡實錄紀我昔覽遺文纂言痛至髓癸亥修通志載公殉難本末嗣叨三館末大聲激充耳

聖朝無諱筆修明史有詔勿諱死事諸臣淪胥固有以何以慰忠魂遺績在青史

故孝廉王公一翁

龍性本難馴鳳羽實高舉偉哉王孝廉清芬揚六宇憶昔撰公詩掇拾得藏弆幽姿豔冰雪老力雕肺腑目無七子壇跡掃竟陵軌於時東林徵遺業紛咀茹落落布衣雄屹力相撐拄慷慨嘉魚叶交正希悽咽臨川語于一亂本起衣冠羣雄恣豺虎草屨兩都穿丹心一寸腐人嗤杞人憂我憐精衞苦長嘯隱廬山成名笑廣武爽氣不可攀逸躅渺前古朗吟乞食篇脈脈增酸楚

故大名副使魏公公韓

鉤黨終禍漢閹豎迄覆唐太阿一倒授白日慘無光惟茲有明季事勢何披猖三朝實同貫失道潰隄防正人旣殄滅國亦隨之亡魏公秉清鑒憤世懷激昂置身危亂際進退特周詳一麾行解綬歸臥松山陽季鷹有先見子美多慨慷每把金石句大義何琳琅



遺風溯高顧軼事徵左楊孤節屹萬仞逸氣淩穹蒼兒童識舊德松柏表新岡九原不可作湖水日洋洋

故孝廉萬公爾昌

誰謂子雲元劇秦甚謠諑誰謂阮公狂勸進何齷齪蹇予遊四方少小慕奇卓頗交隱側徒矢口在巖壑朝爲泛渚鷗暮作乘軒鶴迴首西山薇大笑絕冠索有美萬夫子聲名實噴薄世局幾滄桑雄心甘寂寞偕隱曰初平退修先生經史坐揚搉胸次無拘牽篇章得灑落高尚五十年飢腸厭藜藿前歲升公堂神明尚矍鑠頃來拜公墓荒草走狐貉服膺甲子詩痛哭西堂作悵望五湖濱寒雲莽寥廓

柬車雙亭余右弓訪茶村集　陳大章

茶村不羈人遁跡來江外聲價沸三吳絕學窺六藝簡傲或寡諧經奇亦可貴身死詎不耀遺文恐遂墜世傳變雅堂十百纔一二頗聞石室藏心精未茫昧文章與世運實用參否泰麗正日星芒耿介河嶽氣碧海掣鵾鵬幽潛出光怪作者豈必同道在無小大乾坤萬萬古此理終不易兩君篤嗜學蒐羅包巨細一字苟見珍心風甚抓疥廣川無逆流靈琥不辭芥知音世誠希賤目昔所戒誰爲定吾文應雪桓譚涕

擬古　王澤宏涓來

種樹長秋花鑿池待春水故人永相託所得僅如此水逝有還波花落無生理安知同堂客不似千萬里萬里隔鄉縣有時自相見片言偶乖離對面顏色變願言白頭好不願白頭早白頭難與期此心私自悲

山中同王涓來述懷　孫錫蕃斐臣



禽鳴林逾寂泉響山更深風塵歷顯晦巖壑少浮沈策杖過大難長驅逐寸陰清旦聞見靜乃格天地心雲物生懷抱山水託素琴斂情息羣動貧踞以長唫

鸚鵡洲 十五歲作　陳大華西嶽

漢祚日已非志士憤不已禰心固其常英氣亦何偉不見大小兒捐生同一理長嘯俯大江日暮酸風起

水溢決隄　靖道謨果園

澤國苦沮洳築隄以爲衞長夏雨連朝頓成江海勢頗疑古女媧補天留空際致令蜿蜒隄嚙缺如睥睨沈竈跳井蛙四野無涯涘嘆息此方民水災被連歲去年決程圩平陸成川逝方圩今又圮蟻穴不可閉三春原野閒百草拔根蔕庶幾麥有秋盼望欲決眥豈知秀油油徒供魚蝦憩河伯無乃忍胡爲此大戾眼看鳩鵠形

昏墊絕生計緬想九年潦何以在
帝世

呂一石素遺余王補菴詩　彭士商 𦾔鉄

少時癖咏吟老不廢毛穎選詩聊企之初唐亦幾幸延之體贗哉康樂獨清迴若夫陳正字廣大而淵永曲江抒忠藎豈屑才華逞奈何浮薄士舍神而繪影影隨光轉移不復有實境先輩王補菴風騷之袖領遭遇亂離時執節殊森挺國恤思難忘家禍言逾硬柔柔多沈愴小宛匪虛警或苦誦其詩如霜凝雪冷豈知陶庾後遺山亦足鼎滯理留古情新機開眾瑩友人石素翁持此一相訂吾久嗜此詩此詩通溟涬

搆小樓成呂石素畫卷阿之九章賦此奉酬　王道明 雙崎

舊宅兩峙南新規讀書屋阯基倚坡跎締構思古樸礎甃鍛頑石



粱欐葦巖木無瓦且縛茅有垣惟編竹最喜四山環崢嶸而崒嵂牖卑不能納佳氣勞瞻矚汲版駕作樓勢敵諸峯矗豈曰壯吾居聊以暢幽獨感君寫生手遺我雙鸑鷟九苞奇采鸑對舞神襟淑初日上碧梧如聞鳴足足德輝朗覽焉來下此林麓盛世太和翔四靈以爲畜凡稱藹吉多許聽雌雄六附翼雖未期題門詎貽辱憑闌展圖看孤情結遥目願言偕素交豐羽文章勵

晚步聞鐘　王養愚 可亭

日夕無所營徐步遣幽興白雲淡遠岑秋草萋前徑隔水暮鐘鳴悠然入清聽

醉吟篇　王養愚

無錢一身安有酒百事足既醉復長吟倚門歌一曲不敢妄求榮但期常不辱不敢自鳴高但期常不俗不辱與不俗便了半生局自歌還自罷夕陽春草綠

七言古

唐

郡齋獨酌詩黃州作　杜牧

前年鬢生雪今年鬚帶霜時節序鱗次古今同雁行甘英窮西海四萬到洛陽東南我所見北可計幽荒中畫一萬國角角棊布方地頑壓不穴天迴老不僵屈指百萬世過如霹靂忙人生落其內何者爲彭殤促束自繫縛儒衣寬且長旗亭雪中過敲問當鑪娘我愛李侍中標標七尺强白羽八札弓髀壓綠檀槍風前略橫陣紫髯分兩旁淮西萬虎士怒目不敢當功成賜宴麟德殿猨超鶻掠廣毬場三千宮女側頭看相排蹋碎雙明璫旌竿幖幖旗熚熚意氣橫鞭歸故鄉我愛朱處士三吳當中央罷亞名稏百頃稻西風



吹半黃尙可活鄉里甯惟滿囷倉後嶺翠撲撲前溪碧泱泱霧曉起鳧雁日晚下牛羊叔舅欲飲我社甕爾來嘗伯姊子欲歸彼亦有壺漿西阡下柳塢東陌繞荷塘姻親骨肉舍煙火遥相望太守政如水長官貪似狼征輸一云畢任爾自存亡我昔造其室羽儀鸞鶴翔交橫碧流上竹映琴書牀出語無近俗堯舜禹武湯問今天子少誰人爲棟梁我曰天子聖晉公提紀綱聯兵數十萬附海正誅滄謂言大義小不義取易捲席如探囊犀甲吳兵鬭弓弩蛇矛燕騎馳鋒鋩豈知三載凡百戰鉤車不得望其牆答云此山外有事同胡羌誰將國伐叛話與釣魚郎溪南重迴首一逕出修篁爾來十三歲斯人未曾忘往往自撫己淚下神蒼茫御史詔分洛舉趾何猖狂闕下諫官業拜疏無文章尋僧解幽夢乞酒緩愁腸豈爲妻子計未去山林藏平生五色線願補舜衣裳絃歌教燕趙

蘭芷浴河湟腥膻一掃灑兕狼皆披攘生人但眠食壽域富農桑孤吟志在此自亦笑荒唐江郡雨初霽刀好截秋光池邊成獨酌擁鼻菊枝香醞酣更唱太平曲仁聖天子壽無疆

宋

徐使君分新火　蘇軾

臨皋亭中一危坐三月清明改新火溝中枯木應笑人鑽灼不燃誰似我黃州使君憐久病分我五更紅一朵從來破釜躍江魚只有清詩嘲飯顆起攜蠟炬遶空屋欲事烹煎無一可爲公分作無盡燈照破十方昏暗鎖

石芝一首 有序　蘇軾

元豐三年軾在黃州五月十一日癸酉夜夢游何人家開堂西門有小園古井井上皆蒼石石上生紫藤如龍枝葉如赤箭主



人言此石芝也余率爾折食一枝衆皆驚笑其味如雞蘇而甘明日作此詩

空空明月清且新幽人睡思來初勻了然非夢亦非覺有人夜呼祁孔賓披衣相從到何許朱闌碧井開瑣戶忽驚石上堆龍蛇玉芝紫筍生無數鏘然敲折青珊瑚味如蜜藕和雞蘇主人相顧一拊掌滿堂坐客皆盧胡亦知洞府嘲輕脫終勝嵇康羨王烈神仙一合五百年風吹石髓堅如鐵

上巳日與二三子攜酒出遊隨所見輒作數句　蘇軾

薄雲霏霏不成雨杖藜曉入千花塢柯邱海棠吾有詩獨笑深林誰敢侮三杯卯酒人徑醉一枕春睡日亭午竹間老人不讀書留我閉門誰教汝出簷察枳十圍大寫眞素壁千蛟舞東坡作塘今幾尺攜酒一勞農工苦卻尋流水出東門壞垣古塹花無主臥聞桃李爲誰妍對立鵁鶄相媚嫵開拼藉草勸行路不惜春衫汙泥土褰裳共過春草亭叩門卻入韓家圃轆轤繩斷井深碧秋韆索掛人何所哦簾空復小桃枝乞漿不見曆門女南上古臺臨斷岸雪陣翻空迷仰俯故人餽我玉葉羹火冷烟消誰爲煮崎嶇束組下荒徑婭姹隔花聞好語更隨落景盡餘尊卻傍孤城得僧宇主人勸我洗足眠倒牀不復聞鐘鼓明朝門外泥一尺始悟三更雨如許平生所向無一遂茲游何事天不阻固知我友不終窮豈弟君子神所予

次韻孔毅甫久旱已而甚雨　蘇軾

去年東坡拾瓦礫自種黃桑三百尺今年刈草蓋雪堂日炙風吹面如墨平生懶惰今始悔老大勤農天所直沛然例賜三尺雨造



化無心怳難測四方上下同一雲甘霔不爲龍所隔俗有分龍雨蓬蒿下溼迎曉耒燈火新涼催夜織老夫作罷得甘寢臥聽牆東人響屐奔流未已坑谷平折葦枯荷恣漂溺腐儒粗糲支百年力耕不受衆目憐破陂漏水不耐旱人力未至求天全會當作塘徑千步橫斷西北遮山泉四鄰相率助舉杵人人知我囊無錢明年共看決渠雨飢飽在我甯關天誰能伴我田間飲醉倒惟有支頭甎

送任伋通判黃州兼寄其兄孜　蘇軾

吾州之豪任公子少年盛壯日千里無媒自進誰識之有才不用今老矣別來十年學不厭讀破萬卷詩愈美黃州小郡夾谿谷茆屋數家依竹葦知命無憂子何病見賢不薦誰當恥平原老令更可悲六十青衫貧欲死桐鄉遺老至今泣潁川大姓誰能箠因君寄聲問消息莫對黃鵠矜爪觜

陳季常自岐亭見訪郡中及舊州諸豪爭欲邀致之戲作陳孟公詩一首　蘇軾

孟公好飲甯論斗醉後關門防客走不防閑過左阿君百謫終爲賢太守老君閭里自浮沈笑問柏松何苦心忽然載酒從陋巷爲愛揚雄作酒箴長安富兒求一過千金壽君君笑唾汝家安得客孟公從來只識陳驚坐

書王定國所藏烟江疊障圖王晉卿畫　蘇軾

江上愁心千疊山浮空積翠如雲烟山耶雲耶遠莫知烟空雲散山依然但見兩崖蒼蒼暗絶谷中有百道飛來泉縈林絡石隱復見下赴谷口爲奔川川平山開林麓斷小橋野店依山前行人稍度喬木外漁舟一葉江吞天使君何從得此本點綴毫末分清妍不知人間何處有此境徑欲往買一頃田君不見武昌樊口幽絶處



東坡先生留五年春風搖江天漠漠暮雲捲雨山娟娟丹楓翻鴉伴水宿長松落雪驚醉眠桃花流水在人世武陵豈必皆神仙江山清空我塵土雖有去路尋無緣還君此畫三歎息山中故人應有招我歸來篇

過江夜行武昌山聞黃州鼓角　蘇軾

清風弄水月銜山幽人夜渡吳王峴黃州鼓角亦多情送我南來不辭遠江南又聞出塞曲半雜江聲作悲健誰言萬方聲一概鼉憤龍愁爲予變我記江邊枯柳樹未死相逢真識面他年一葉泝江來還吹此曲相迎餞

雙井茶送子瞻　黃庭堅

人間風月不到處天上玉堂森寶書想見東坡舊居士揮毫百斛瀉明珠我家江南摘雲腴落磑霏霏雪不如爲公喚起黃州夢獨載扁舟向五湖

次韻文潛　黃庭堅

武昌赤壁弔周郎寒溪西山尋漫浪忽聞天上故人來呼船渡江不待餉我瞻高明少吐氣若亦懽喜失微恙生來魄磊礧三豪詞林根抵頗搖蕩天生大材竟何用只與千古拜閣像張侯文章殊不病歷險心膽元自壯江洲鴻雁未安集風雪擁戶當寒向有人出手辦茲事政可隱几窮諸妄經行東坡眠食地拂拭寶墨生楚愴水清石見君所知此是吾家祕密藏

輸麥行　張耒

場頭雨乾場地白老稚相呼打新麥半歸倉廩半輸官免教縣吏相催迫羊頭車子毛布囊淺泥易涉登前岡倉頭買券槐陰涼清嚴官吏兩平量出倉掉臂呼同伴旗亭酒美單衣換半醉扶車歸



路涼月出到家妻具飯一年從此皆閑日風雨閉門公事畢射狐罝兔歲蹉跎百壺社酒相經過

蘇叔黨呂知止自許下見訪　張耒

三年齊安看江山可當中原故人面北來塵埃逢故人眼前卻作江山見君似江山定不疎能出吾言世亦無蘇郎下筆妙無敵呂郎與談驚未識鳳雛驥子未宜輕囊空各有千金璧贈君錦繡英瓊瑤報我琅玕金錯刀溪毛潢洿未相棄歲暮與君甘縕袍

久長驛書事　孔武仲常父

空堂深深閃燈燭羣奴鼾眠聲動屋豆肥草軟馬亦便嚼美只如蠶上簇天事由來不可量初更月出星煌煌須臾變作霏霏雨客枕不眠知夜長

閒齋安雜詠板成從沈守求印蒙贈　薛季宣

軑縣西南弦子國使君昭代文章伯氣吞雲夢納東坡心在江湖
輕赤壁月波蕩漾春山色崢嶸洲草芊芊碧政平訟簡暇居多杖
履逍遙神自適到眼風光看如畫罨畫溪邊舊游者高亭矗立畫
不如坐嘯雲屏自天寫使君好客非春申一夔已足無餘人哦詩
五百盡清警立使江山景物新江山景物古來有前賢相與天長
久近來百草漸埋沒賴有此詩爲一剖使君好善人如已鋟板巾
箱波遠邇良知何獨此麻城天下行聞爲商起我拘官禁僨杭葦
跂望亭高衣帶水高唐想像賦神遊遊客言詩詩信美空書從學
穆清風得見異書人見同解嘲不用潘郊老只在先生指顧中

明

贈王稚欽　　王廷相

休作梁甫吟發我千古萬古哀大道無徵賢聖隱至今心膽成寒



灰矯矯馮敬通文章擅當代口語成禍胎禁錮老煙海賈誼才高
更少年獻納多在王侯先誰云絳灌不相忌卻令流落長沙天吾
宗學士難比數文炳龍鸞氣羆虎不逐長安齪齪兒低眉覥面求
憐取心存匡濟人豪英白日未墮憂天傾閶闔九門不得入大叫
直與蛟龍爭上帝不言閽者怒黑夜搶落芙蓉城芙蓉城闕隔星
辰望美人兮江之濱三閭憔悴自多事五湖放浪真賢人茫然鼓
枻不知遠窈窕遊盡江南春紫清仙人笑相友不如且樂邱園身
君今莫邪尚在無欲劇兒象須吾徒天馬之足果無恙刷雲看躍
崑崙都里中小兒不省事鬬雞賭狗矜頭顱君不見朝歌屠叟稱
偃蹇八十垂竿渭陽岸時來欻作明良師分土營邱未云晚

鴻輪篇送楚客南歸寄王稚欽　　廖道南（鳴吾）

鴻輪運元樞鶤擢旋朱明獻蕤蘊隆冒慘黷有客今向洞梁行河
梁泝風湍風湍清且淺岸芷汀蘭翠堪搴彈箏擪筑暫徘徊置酒
當歌歌宛轉宛轉歌且柔君昔上都遊春花豔桃李春心鬱斗牛
蓬萊獨謁金銀闕閶闔雙瞻虎豹遊朝趨赤玉墀暮宿白雲司銀
魚金馬相追隨元臺爲奏靈飛曲四照花含五色芝五芝秀可餐
四照渥如丹採花烟圃側採芝雲林端倏忽青霓隔蓬島栖遲白
日生羽翰凌霞長望楚宮陽楚宮山色摩青蒼三湘時見蘢龜出
四澤聊羈鸞鳳翔芳渚浮丹荷松門裊綠蘿牽絲弱藻延蔓縈柯
裊儔鶴侶奈爾何奈爾歌白紵月挂層峰樹憐爾悠悠獨往心秋
落黃岡半江雨

憶昔行寄茶陵張內翰　　王廷陳

憶昔赤壁張華筵與君共醉長江邊白鳥飛隨金馬客蒼苔坐嘯
赤墀賢豈知雲雨歡不延尊前紅日墮山川予逐白雲歸楚澤君



隨明月上青天天中謁聖人獻納爲近臣馬遷石室羞前史方朔
金門見後身鸚鵡洲邊忽分手鳳凰池上頻回首但使心同各一
方何須對面啣杯酒俱稱賦客異升沉臨風三復白頭吟相如未
逢楊得意漢室誰當奏上林

楚岸吟寄牟子　　王廷陳

楚岸長楊垂至地百鳥嬌啼春欲醉晴絲冉冉墮碧空風光頗爲
遊人媚我家黃子國君往鄂王城大江東下雲霧接滔滔應瀉故
人情憶初同領南宮宴白馬青袍花映面本期霄漢并翱翔甯知
世路多更變我歸十年前君歸十年後榮華顛倒若夢中人情翻
覆無不有安能顧墮甑自令心不開陰巖積古雪白日何當來我
將振衣從子游請君洒掃鸚鵡洲遲日經行桃竹杖煙波搖漾木
蘭舟須令漢水變春酒更遺大別爲糟邱蛟龍自吟鶴自舞仙人

鐵笛沈高樓留連坐待明月上翠娥懽飲來沙頭竹林諸賢眞瑣瑣高陽酒徒安足傳吁嗟此會難卽得使我悵望無時休君不見楚宮寂寞臺殿荒歲歲東風開野棠三閭憔悴行吟處千古猶傳杜若香丈夫眼底安足計君行釆釆莫相忘

王行父爲稚欽先生從子師事明卿爲古文辭甚工　王世貞

王郎買舟千里來相詣開卷珠璣光照地不見竹林狂客阮嗣宗得見阿咸差足慰武昌以東建詞壇吳與首歃女捧盤齊安赤壁一時快郢里白雪千秋寒三閭沈湘九辨作古人未解今人樂多向維摩乞贈言不二門中無此樂

五日臨皐江行胡去飛邀飲次日移湖閣　官撫辰

輕舟細浪掠江浦江光淡蕩自今古高人遠笥多古心聚客偏當



五月五五月五日日氣揚坐深卻送寒溪雨把酒對雨雨相傾無端親故言平生二十年前今日事科頭信步廬山行白髮何爲不肯放空使風雲變萬狀興酣只任此留連移就湖心綠影圓昨不安排今此樂江山豈與高人約

別易曦侯　錢旃

但看古來盛名下終日坎壈纏其身少陵之言有激耳今於易子信其眞文章日論失敦龐交道日薄起鋒鱗易子慨然有憂之顧肩重遠迴迷津片語直提秦漢魄晶肝能戰秋露白手挽狂波歸崑崙一夫不獲如溝瘠力宏心苦神亦知玉刖珠曚天爲厄才人失意走四方搜奇挾雋聯今昔三年之前游吳越與余痛哭灘頭月三年之後游金陵雨心默欽翻成訥燕子磯前千尺濤不能洶盡英雄血桃葉渡頭酒如珠不能洗盡肝腸熱敬兒畫舫走如狂不能磨盡胸中鐵男兒有眼今古瑩男兒有手斯世挈百盤百錯百不迴有日風培看頡頏江干千里文心蕩恨不隨君叫奇絕吁嗟乎別君又是重午節

短歌贈族弟　萬爾昌

人生髮膚誰能久君日致身親則否今來未見致身人猶以全歸責藉口如弟至孝發天懷雙倚高堂奉箕帚忽焉慈氏罹阽危肺腑難言醫輟手長潸承睫亦依匪兒顧頂踵皆何有此身原是二人身兒今祈肉仍還母孜淚籲天天不聞卻付羹湯佐滫瀡母也食之倏然愈兒今痛定追恤後嗚呼世人俛首讀詩書隧中隧外紛好醜誰云忠孝待推移問向詩書何所取

陶烈女　萬爾昌

楚江西來走千里有石巉巉東如砥應以異人副山川數百年來



有女士女士珍育自陶門曰字于朱承所矢初學織素聽機鳴亦辦羹湯潔滫瀡忽有堂上歎息聲卻向嬌顏不忍覩微聞未肯向前詢側身似道朱家子從前鄭重羞爲言空嗟年少今已矣迴身解珮檢繡鍼細翦刀親織袺小時憐母大憐誰甯憶將心矢白水我心已決願從君多恐有聲難入耳何妨强語慰高堂訴向羅襦甘如旨昔聞大業託素屏亦有悲笳空轉徙女也素不嫻詩書追恤我躬備風史千縷萬緒已分明一心端爲朱家死嗚呼世人誰不妬蛾眉不惜蛾眉有如此我今作歌勿長言百年間氣猶憐爾

國朝

歌贈杜于皇　陳維崧（其年）

我昔佳冶城家近石子岡魏收能弄戟敬則解拍張江東冠蓋爭

轆轉臺下山川本鬱蒼一代清流歸太學六朝盤曲有諸郎至尊晝坐黃金牀牙籤堆滿中書堂瑤星不動澄少海二十八宿羅文昌肥牛大肉啖崔蔡輕軒細馬馱班揚中官赤棒避文士布衣白帢多輝光杜陵二十游京國青春彩筆增顏色豈惟公等增顏色僕亦翩翩有人識風塵澒洞羣傖來華林賓客安在哉杜陵老大不得志頭白只向江頭哀蜀岡柳絮正堪把逢君揚州古城下揚州酒價不肯低眼看高樓淚如瀉君不見飛龍廄下諸小兒轟隱夾路青絲騎又不見東家買得近跐跂人奴詎受侯家笞天生此輩本俊物爾曹嘍啃空爾爲

讀葉司城封嵩游草賦贈　朱彝尊

客居逼浴春復冬有如饑鳥仍投籠平生夢寐在五岳垂老未覩嵩陽峯峯頭玉女定笑我邪不控鶴鞭凝龍瓊漿勿飲良可惜白



髮滿鏡徒愁容葉君昔年宰登封苺苔洗字尋石淙霞梯高高八百丈筍鞵踏徧青芙蓉廬巖瀑飛一匹布鐵梁峽偃千年松仙人十六時相逢閒吹鵝管向明月有時髻插三花穠漸州俞叟與君往來熟言君愛奇恆未足開筵爲蒸玉面貍行樂曾騎雪色鹿測景還登測景臺逍遙宛在逍遙谷偶然長笑百里聞每遇殘碑三日讀不見囊中金石編何殊集古歐陽錄崇文門西車轂擊十里黃塵眯人目下馬尋君道名姓一笑情親爲鄉曲投我嵩陽詠百篇勝聽哀絲與豪竹近來海內工詩格新城王君最雄獨一見君詩許絕倫同調由來賞心速君今司城名籍甚栗果少年齊足蹋入門廳事半栽花插架圖書尚連屋作吏如君良不俗閒從巷北期王君更許高齋醉醽醁巾箱圖畫恣臥遊豈必盧鴻草堂宿

贈杜于皇　潘耒　次耕

男兒無家復無國六合飄然一孤客行落落雲出岑其去無跡來無心山水佳處便淹泊偶然相逢不可尋黃岡豪士世無偶胸吞雲夢者八九神鷹鍛翮不能飛丹霄碧海將安歸三十年來泛江舸大塊無塵能著我商山須眉大澤裘遊戲人間無不可往年訪友揚州城州人喧呼看歲星如雲冠蓋趨門庭先生酣眠醉不醒醒來洗眼焦山青金焦如螺意不快一葉翩然下江瀨青邱方壺不可期白龍赤鯉遙相待我亦汗漫之迂方束髮結交多老蒼惟翁差池未識面江雲關樹空相望錫山葉脫蠡湖朗散步禪房見筇杖怪來避地已經年笑我勞勞逐塵鞅昆明刼火方洞然老鼇抃山波接天土偶桃人莫相笑久客會有還山年先生無事但晏眠大瓢滿酌清泠泉君不見君家杜陵喪家者茅屋秋風淚盈把揮淚高歌洗兵馬



大江東去　孫錫蕃

蒼煙高寒靜練白大別北條黃河隔岷山南來幾千里夔荆朝發淮陽夕激流奔湊若朝宗黑水流沙猶西逆天塹誰云限北南巫山歌風怨楚客黃雲蔽日秋草枯佳人畹蘭在湘澤我欲崑崙探禹穴披髮採桐山之嶧長將海島挂釣泊沒窅冥神寂寞手提雲漢倒江流四游升降分潮汐

紫蓋歌　樊維城字紫蓋　吳亮思

紫蓋峯高插天起倒映瀟湘瀉江水絪縕鍾出大英雄三策天人敷治理一行作吏無邊幅讁向上林種桃李是時璫燄勢正張慷慨疏劾名姓揚詔佐司農掌錢穀小臣肝膽凜冰霜君至泉州多惠政不畏權門親百姓小兒竹馬快逢迎太守單車問民病三載清風六月寒曾無一字到長安黨人重伺東林隙海南不得靜波

瀾拂衣歸去攜琴鶴赤壁東臯戴舊冠烽火連年思請劍幾番躍馬復盤桓舉朝泄沓成何事紈袴遭逢拜將官公懷經濟憂天墮四郊多壘甘同禍整衣束帶受兵刃正氣如山死猶坐君拚一死剖丹衷身騎箕尾步虛空摹君忠烈高無極回首南瞻紫蓋峯

醉後歌贈郭郡侯翔伯　施閏章 愚山

東坡後身今太守能飲黃州幾斛酒丈夫五馬二千石安得風流滿人口生計曾犁江上田宦遊用盡囊中錢公庭草綠東風暖吏舍人稀白鹿眠赤壁直從盃底出橫江坐嘯心茫然三分戰鬬都已矣兩賦崢嶸今尚傳惜哉雪堂成瓦礫竹樓亦野火請君莫廢千秋蹟詩成箕踞無不可但恨古人不見我

桃源洞　胡珙

我憶桃源人來上桃源路惆悵仰烟寒溪水隨東注子驥當年未



及尋後人碑碣此還樹當時洞中果有人子孫終於何處住當時洞中若無人姑妄言之曷以該淵明羲皇人自與羲皇遇一念冥然山水佳開來寫出深居趣長沙若解此不作鵩鳥賦汨羅若解此不逢漁父譏我來隨地看雲山若接高懷與吞吐流水淡宕去桃花爛漫開過眼山川忘時代誰言不自洞中來

問水長歌仿盧仝月蝕　呂德芝

爲我致書陽侯與馮夷作惡太甚只恐天難欺去年夏秋漂沒我田畝十家九家二穗不穫無米可呼雞老弱飢餓展轉死溝壑丁壯男女顛連傾跛塞路爭流離蒿目一望空村落剩有孑遺三五仰天號泣無涕洟天帝仁恕暫不加爾以誅殛今來怙惡較乃故態尤甚之嗟我農人枵腹事春作豺骨土色鼻息如絲吹更復陰霖十旬助爾爲暴虐竈中蛙蚓沮洳難爲炊播種平原秔稻萬頃俱頽栗計日奄觀銍艾可以療朝飢劃然一聲遠近大小隄防俱決裂千畝萬畝浩浩蕩蕩無津涯更挾妖蛟毒龍與雷電飛濤激浪奔騰澎湃如山頹人民夜半夢中溺死幾千百安問兒女室廬器用財賄貲荒瀁野澨鳶烏相嘯聚殘柯斷梗牽壯浮屍衣傷哉民命何故如草芥連年殍死今還駢首填沙泥上天好生百計相長養遣爾作祟傷殘橫暴竟如斯至今憑陵洶湧不肯退魚鱉鬬入城市逐隊相遊嬉昨我守土官司設爾祭剎羊刲豕清酒還明粢爾飲食醉飽仍瘈如充耳蕩漾午風夕照夜月清漣漪天一生爾原以潤萬物何事憑威肆虐成阽危況今

聖明天子御極百神懷柔黃河千里澄清時惟爾江流之神桀驁不奉法不聞大禹泗洲龜山鐵鎖巫支祈屠龍之技更有朱汗漫周處赳昱劍斬蛟螭如折枝更有錢王射潮弩萬鼓鬼神當之亦



洞骨與肌如肯悔過卷濤安流地中去薶沈之祀仍不爾斂以時陳牲犧用是告爾爾其思

孤燕行爲程節婦作　彭士商

雌燕義不雙來巢主人簷誰婦嬬居漬面啼痕代膏沐痛妾無夫夫有子趙氏孤兒纔頭角吁嗟乎死者不可忘生者劇堪傷孤燕底心性宛轉件共羨燕春歸兮又秋去妾身歲歲空閨度

冬夜長爲黃岡周烈婦張氏作　夏力恕

冬夜長新嫁娘欲瞑未瞑在夫脉鄰雞初號燈無光殮夫夫未亡篋內有衣裳夫亡妾先亡門外有橫塘橫塘一入天茫茫哀魂迸起相翱翔堂上無姑舅目瞀撫兒聽息不可數長呼新婦已終古翁之幼子曳翁行墓門雙鬼泣寒冰夜夜牽牛織女星

烈女行爲歐彝臣女作　徐本仙

歐家有女顏垂髮東牀已作徐家榻蟾蜍飽月勢團圞封姨不教花匼匝柳白鶯黃正早春兒家夫壻初長成可憐黃茅撲初鶯可憐弱草瘦零丁二豎巧向膏肓結藥下倉公攻不克氣似晨星乍有無弱雲猥籍無顏色海棠羞日暗藏秋欲往咭之不可得邈分病勢死莫起黯獨傷情而已矣伯姊諸姑走相勸言語未足近道理甯作秋原霜下草莫作春花樹上好春花謝彼還開此秋草同根同節死頗疑截耳與斷臂猶是貪生心未止吾甯尺組赴冥關魂意心神從所使魂意追飛仗鬼憐黃昏已到夫家門女父男親怪相問此時不信謂飛魂此時夫命纔一線宛轉倉皇入相唁舉頭一顧乍銷魂夫命旋亡女不見夫家悖遣女父回始識義亡與櫬來墓上黃昏雙宿鳥至今重起青陵臺張雷神劍終當合化入平津兩龍躍何必會面始情親古人不侵爲然諾君不見照夜燈



炬乍無膏添膏別炬重相燒又不見楊柳之枝枝方折新枝還補舊枝缺請君試看籜中竹竹在籜中已有節

天寶鹿　陳大章

康熙壬子歲于清端公成龍爲黃州同知駐岐亭野人獲鹿垂斃獻之其高如馬角而斑公命作脯於項間剞得銀圜重一十七兩鐫天寶二年華清宮七字角下堅徹如瓊蓋所謂鹿玉也公以作帶環佩之友人黃安彭伯常在署親見其事屬予作歌

軋犖山前烽火起帚星下掃長安裏赤心一夕化豺狼唐家九廟皆荊杞夜雨愁埋劍閣雲春風恨滿温泉水何來决驟華清鹿萬里中原行不速慣隨花鳥上陽宮親見玉環頻賜浴彊字深鐫太府金角痕碧沁環瓏玉未逐仙人上博臺卻遣牧豎充庖肉君不見梨園菊部霓裳舞宏農唱罷來鞞鼓鸚鵡曾聞問上皇舞馬猶知悲故主秦家宮闕漢家陵千年幾度生禾黍休將遺事弔開元漠漠寒烟翳平楚

題畫　王澤宏

去年身臥西湖水今年看畫西湖紙宛然坐我一葉舟相送孤山小亭裏遠山遠水如無心一筆兩筆藏眞理不用墨處更奇絕雲烟萬丈徑寸耳平坡深樹何紆迴筆所凝注遂數里方竹杖芒草履愁顏只爲看山喜踏盡五湖歸不歸七十二峯從此始

前有車馬行　韋成賢

君不見車中父錦衣繡帶輕揮麈又不見馬上郎挽弓彈劍鏤冰霜丈夫得志安可及兩足馮虛雲路溼道旁心醉貧時交敢冀金蘭下車揖吁嗟原有桐陽有梓桐梓刊爲琴交道感終始不若燕趙之聲寒且靡竹枯鋏冷侵人齒故令深山綠綺翁抱琴獨泣長



安市長安市上車馬徒乘者無言御者呼試語老翁休太息此回得見古人無

望是故鄉行次韻送毛子霞隱君歸郢　陳肇昌

八尺昂藏一老子短棹蒼江弄烟水占盡風流賣盡癡手挽頹波追正始倚馬曾飛羽檄文英雄原上悲殘壘千載遭逢吏隱間轉瞬浮雲皆倣屣蘭芷由來楚澤多朝朝採擷行還止海內聲華久識君相逢卻在武昌市晴川黃鶴幾招邀載月傳花興無比相如善病復多情白頭紅粉同歡倚四壁蕭然不厭貧千金散去渾閒事朔來束書忽告歸吳頭楚尾知何處笑指郢中是故鄉十幅蒲帆去若咫聽雪樓中景物清錦瑟湘簾如畫裏只今赤日拂江長芳草王孫行未已勸君緩棹待秋風一片青山何彼此

節孝吟 爲節母王文學妻陳氏作　靖道謨

北山松柏淩雪霜千古萬古摩穹蒼造物鍾靈原不偶盤錯鬱積乃森張淮西大郡有齊安扶輿毓秀自崎山岐峋峭壁三千丈諸山都作培塿觀拔地倚天發閒氣王氏節母生其閒三歲背嚴父七歲失所恃十四適王家婉娩相夫子結縭十二年所天又崩圯藐焉七歲孤高堂急甘旨大旱滌山川晨炊無粒米集蓼茹菫荼苦心無此比之死矢靡他艱貞利傾否辛勤送往復事居雛鳳振刷錦翼舒幾年畫荻兼剉薦一日都邑騰名譽衆謂節母宜上請正色卻謝不肯居二十九年索木榻整衣端坐返太虛珠光玉氣竄久閟

天子聞之表其閭蟠霓綽楔峙舊里崎山巀嶭與之俱人生要當爭千古時窮節見傳於書滿室珠翠空塵土熒然嫠婦今何如

敖峯禱雨歌并序　　龍　澍肅齋



歲丙午官山左平陽春夏之交旱甚沐浴齋戒設壇龍神廟得雨數次未足也四月二十四日陟敖山頂俯伏哀號聲淚俱下幸邀神鑒大沛甘霖禾麥俱慶有秋爰作歌以紀之

平陽之東青雲山雲氣青青山之顏崇朝膚寸空際合岱兮敖兮澤一般環山古柏皆千尺盤根裂破山中石別有虬松骨未朽枯藤倒挂倚絕壁壁開佳氣鬱葱葱活水仙源出仙宮奇峯忽自天外落佳氣猶在半山中峯之巔兮有石屋雲之君兮常駐宿縹緲不見雲中君烟靄晝出春山綠傷哉斯民數適屯三載不見雨傾盆我來撫事煎百慮遺老逐我祈山神蓬跣仰度山之半畏途巉巖未敢憚攀藤繞樹過鳥道奇鬼突出當我面旁穿石穴路轉迷但聞山下鳥聲啼此身恍惚登雲梯不覺身與山峯齊長跪香銷古屋裏神兮憫我淚不已一聲霹靂邱巒崩滿眼山雲觸石起看峯後一徑開山雲送我下山來須臾滂沱滿山澗一洗歸路無塵埃雨玉雨金原非偶涼德之躬亦何有惟神達天天好生鑒此雲霓望已久神功收斂寂若無依然東峙一峯孤君不見青雲之山常如此十日一雨自今始

憫青衣張烈婦　　劉揚烈

劉家義奴名望楚主愛其勤僕得所買來一婢配與渠云是河南張家女張家有女未字人生長深閨十六春突遭河決田廬沒米珠薪桂富者貧爺孃凍餒女弗忍鬻身助養心所允異鄉淪落豈前因時命自安殊堪憫六親斷絕依一天結縭數月郎歸泉哭聲不停晝復夜比舍聞之都慘然主翁遣勸休如此待覓良家再嫁爾含悲掩泣回臥房更深嗚咽覺漸止日高如何夢未醒主人驚視戶牢扃撲窗一見齊駭異三尺綵懸竟雉經但見涕痕尚滿面



遍身上下密縫線緊綰髩髻易新衣顏色如生渾未變從容就義少人知我爲墮淚寫哀辭迄今合葬河洲下墓前應長連理枝

劉貞女行　　陳　沆秋舫

黃岡縣南長圻墩江水出其前其後有湖其中爲平原其民樸而野十室九種田有劉氏女倪氏婦塊然貞節聞其閒女父劉文暄女壻倪文錦兩家居不遠媒嫗一言允待年各修飾但未成合巹壻生十六年一病危如絲女請於父往視疾病者相向不語但涕垂女來七日而壻死女之來也未結縭女念死者有父母死者已死生者誰扶持無子有子是在婦服婦之服斬其衰舅曰有姪女嗣之煢然弱女兼有婦順與母慈壻之死也一殤耳女乃使之上有父母下有妻子有祭祠三年服除女母念女素車還家淚如雨有姨老矣細語刺刺意吞吐女聞語塞兩耳姨奈何言若此哭拜

父母前決絕姑與姊兒今去不來矣直至五十餘劉公劉姥各八十女乃再駕歸甯車歸家省其慈女死之時乾隆五十有四年苦節無人知縣官不聞名其姪章福爲我流涕而言之更有爲言章福亦純孝居今之世貌古貌朝出力田夜歸奉親父死廬父墓母死廬母墳六年之閒一晨昏窮冬僵臥夜雪紛紛母憐兒寒覆以魂夢中抱母不見母往往夜哭驚起村中八嗚呼忠孝天地理詩書有力扶不起茲乃得之農家子何況雙孝一門裏讀書數十年一節無可稱能不愧欲死作詩者誰蘄陳子告采風者書青史

紀嚴貞女　劉家麟

黃姑未會景已滅天孫耿耿凄欲絕除卻空中孤月輪誰照貞女心頭血貞女係出富春家㓜讀詩書明大節阿翁選壻得喻門繫定紅絲縭未結一夜玉樓天上傾郎君赴召都魂驚此身不得伴



郎去有志還當事竟成入門舅姑悲且喜兒死得女兒未死廚下洗手作羹湯姊姒長偕供甘旨女貞之葉何菁菁紫荊之樹邀冬榮冥冥天鑒貞女貞一朝阿嫂兒孿生分得珠光照兩室栽成玉樹森階庭高堂自此含飴樂兒亦聰明能向學嚴慈兼盡倍關情離鸞遥慰緱山鶴郎今兒亦成童久父書琅琅能上口鄉人爭羨有餘慶道路聞之齊領首主持風化有使君闡發幽光宇如斗我亦吟成貞女篇採付輶軒傳不朽

遊智林村贈北窗道士兼寄吳菊人　謝　焱

東風吹我來盈筐採文無出自城南門林樹烟模糊傍城石路曲且滑折齒舊屐同人扶北窗道士正高臥忽聞剝啄聲何大開門長揖聊軒渠白雲冉冉留人坐自笑年來作客忙登樓王粲多悲傷今日何日歸故鄉拍肩把袖爭飛揚座中喜見鬚眉古四壁圖書連棟宇天涯淪落誰當親好將舊事從頭數往者年少爲諸生才人不必無才名一自萍踪泛滄海那肯徵逐徒營營江風山月頻來去此是王公讀書處我來瞻拜鄉先生頗覺澄心剪思慮讀書不讀秦漢餘古人糟粕供胡盧試洗塵容揮襱襶何當夢境捐華胥昨日到雪堂論文酌樽酒延陵公子本人豪搜奇萬卷藏小酉問我遊踪索我詩姓名一一指誰某及今拭目看琳琅舊雨欣逢十八九吁嗟乎北窗如君卓識誠少雙君今到此腳跟定我又買棹浮荆江揮手更向同人別一曲驪歌兩耳熱但令皎皎行似銅何嫌磊磊面如鐵君不見林逋翁種梅飼鶴襟期同又不見參寥子長年高蹈無與比立言奚必依老莊不求甚解悟秋水此日羣賢韻事多奚囊收拾奈君何桃英落瓣飛紅雨柳絮成團捲白波半局棋百杯酒琴一張詩千首我去清風生兩肘君留此地應知否送人莫過虎溪來成佛豈容靈運後



潘貞女　龔斗南

郎命絕淚如血女性烈心如鐵未到郎家與郎訣郎死亦死死不得郎父郎母肝腸裂賴女如兒長在側九京郎正慰三年女忽亡彼蒼者天何茫茫道路聞之爲悲傷吁嗟乎潘貞女有女如此能不死世閒誰是奇男子

題黃岡程女貞烈事　英　啟

萬氏有兒美無匹程門有女松筠質御將未迨結縭期玉樹臨風驚遽摧帷女陳辭慰父兄孝事舅姑矢以貞帷女志在從夫子喪盡三年甘一死奇行鬱出庸行中觀過知仁仁得矣楚黃里巷風化醕矧程若萬皆名門行當騰章達

帝閽芳烈永表千秋存吁嗟乎世有頑廉懦立鄙寬而薄敦庶幾

無愧兮烈魄貞魂

## 五言律

### 唐

黄州　方干 雄飛

弭節齊安郡孤城百戰殘傍村林有虎帶郭縣無官暮角梅花怨
清江桂影寒黍離緣底事撩我起長嘆

### 宋

江上晚步　潘大臨 邠老

白鳥沒飛煙微風逆上船江從樊口轉山自武昌連星日懸終古
乾坤別逝川羅浮南斗外黔府若何邊

臨江亭　晁補之 无咎

古木嘯寒禽層城帶夕陰梁園多綠樹楚岸盡楓林山際豈爲險



江流長自深平生何所恨天地本無心

### 明

縱步　陶安

傍市人家聚灘江草徑遙燕尋曾到屋魚候未來潮訪友聊乘興
扶筇直過橋晚山煙外見重疊翠如澆

贈王稚欽　何景明 大復

王子萬人英詩名少日成驪珠眠自抱天馬傍誰行旅食青楓改
秋吟素髮生過逢見汝意潦倒媿吾情

夏黄岡採古桐製琴四牀見遺　許宗魯

單父君元是鍾期我未如遠傳哀玉片駢集草元居霞影飄牀黯
松聲澗坐虛南薰音久歇遲子一吹噓

江上別夢澤王子　許宗魯

沙岸移星舸雲汀倣夕筵水寒風色勁波淨月華妍酒興劉伶後
詩名謝朓先江湖爲別地解纜各淒然

山莊雜興十首　王廷陳

老夫諳稼穡次第葺園廬對酒唯田父呼門絕里胥桑麻經雨後
花竹宛秦餘如此生涯足何勞薦子虛

事去心逾壯年來迹轉孤濯纓臨漢沔安枕荷黄虞春澗偏魚鳥
秋窗近竹梧卽逢鄰叟飲醉倩野童扶

避人開石戶覽物坐山堂湘柚寒增色江蘺晚更香卜居悲楚客
招隱憶淮王寂寞吾甘守浮沈念總忘

計拙堪時棄謀生託野人鶯花無約束木石有比鄰溪上思龍贄
林間學鳥伸逢人無一面語契卽情親

天地一虛舟浮沈雙白鷗半生從失計萬事不關愁山月杯中映



江雲几上流狂歌人莫測吾興屬滄洲

圃坐晴逾麗畦行晚更宜客從蘿逕入自笑葛巾欹果熟山禽戀
林馴野鹿隨憑欄契物理衞足傾欽葵

樹古村墟僻江寒邑里秋過雲頻送目累月不梳頭廢禮緣多病
求仁未寡尤呼兒問網罟明發上漁舟

葉減山爭出林秋景故偏候蟲喧冷砌過雁影晴川月酌沾松露
風吟雜澗泉何人會幽興寂寂自鳴絃

物換竟誰使朋來非我期曙光隨日薄秋籟入雲悲速婦開新醞
從兒誦古詩自爲眞率飲忘卻鬢成絲

蘿軒時散帙苔澗亦垂綸翠竹供詩徧蒼林佐酒頻岫重遲見旭
源曲易迷津早契沈冥理難爲俗子陳

江上贈夏明府　王廷陳

令尹官初試江邦政已成節如秋壁峻心擬石潭清願契烹鮮理
無矜拔薤名操刀知善割愛助亦吾情

贈張子三峯 張名濟宏治甲子舉人知嵩與清河縣以氣節稱 王廷陳

自遂歸田臥何曾入郭行比鄰稀識面州郡祇知名但結漁樵侶
甯關婚嫁情溪潭垂釣處日見白鷗迎

訪王夢澤園亭 廖道南 鳴吾

蚤謝承明署冥棲小隱園曲亭圍樹密斜圃植花繁江近吟招鶴
巖虛臥聽猿即承宣室召禮樂待敷言

留別王夢澤 崔桐

赤壁迴孤棹黃城別曉雲情懸夢澤子昔是鳳池羣宋玉仍儒雅
周南滯典墳今宵楊柳月江笛不堪聞

送蔡安父之黃州 徐渭



安父黃州去乃當中夏時榴花作火豔梅雨爛蠶絲研墨沄沄燥
書窗葉葉吹今朝霽如此別馬快風嘶

月下聽王稚欽彈琴 鄭善夫 繼之

昭文鼓絲綺六氣指間流王子梅花思飄飄下隴頭月華終勝雪
商意自成秋今夕西方夢佳人不散憂

暮春共適軒小集 郭鳳儀 桐岡

壁峻臨修路亭虛俯近關到離江漢水隔岸武昌山簿領一春過
壺觴半日間便須同二客酩酊棹歌還

春日書舍八首 王一鳴 伯固

雲岫青天上山堂白水邊看花頻過日種樹不知年自咏陪春酌
無營費晝眠誰能悟瀟灑貧病接神仙

送目高城晚科頭小逕閒松筠圍野日紫翠共春山座上尊須滿
人間事不關苦憐叢桂發招客一躋攀

邱壑乾坤大漁樵歲月徂長來鄰叟熟爛醉小童扶江漢封春雨
吟哦老豈儒一區潛自隱何必似王符

出門愁磬折用意買盤桓雲擁水城豁天虛風竹寬試兒分棗栗
報客正衣冠事事堪幽絕何曾酒甕乾

近想郛城壘農家雨最需地寬疎步屧圃老信腰鎌趁涙黃魚肥
經時紫蕨甜一尊斟細細身世或陶潛

去國孤臣遠憂時萬事新過雲凭几席迸涙濺松筠匕首纏星急
旄頭望氣真英雄混塵土誰念捉刀人

醒夢移高枕登危送短笻一邱兼一壑為圃又為農天晚愁飛鳥
江深想蟄龍怕逢漁父問枯槁近形容

報主身多病逃名計漸知築牆鄰借樹澆竹水乾池割醬收魚子



鉤簾試燕兒柴門有天地幽獨一題詩

同江石鐘勘災二首 茅瑞徵 五芝

楚甸頻多難茲方更疊災停輿問桑海到處覓蒿萊風借炎蒸奪
天舒鴻雁哀撫心吾有感誰屬救時才

同是勤民出非關載酒來穿林全竹覆掃路半沙隤野老烹葵餉
村籬待客開寄言肉食者何術讚康哉

癸未三月十六夜同樊紫蓋城守 曹士謨

風雨巖城伴相逢咫尺迷暗途呼爾汝潦徑失東西倍蓰燃膏貿
參差列炬齊最憐鈴柝眾露立待聞雞

步放鶴亭 孫應鴻

長嘯答空響悲懷萬谷隨澗流松露冷鶴聽竹風吹山靜寒蛩悅
秋深落葉知登高望太古攜手柏皇時

輓周忠烈大參　宮撫辰

王事賢勞者生前總不羣名非重一死學豈著三軍魄散人猶惘公殁姬聞難相率死之忠孤君未聞當事盡掩公以飾所私鬼神終莫掩野史續遺文

寄龍夢先　宮撫辰

爾也不隨俗余焉同一心從來身外想偏向病中尋草發故根綠雲移何處深江流聲不斷應共虎溪吟

李坪漫意　王一翥

凋傷鄉國後尙有古泉亭不見浣紗女誰鐫處士銘衆雲飄不去獨樹亦能青別路惜殘語輿夫攜小瓶

同兒泊李坪欽宋小黃家　王一翥

借宿棲方渡攜兒過李坪荒江爭月艷柴壁逗沙明布被依鐏酒書幃接雁聲仰天輸舊願北斗向誰橫



哭汪愧孝二首　王一翥

幾年同隱約終母或隨君片晷行無跡孤心兩不分白頭誰寂水名士絕聲聞杖書山雲細秋宵一卷焚

吟醉陶元亮誄哀王景元何人敢僞託惜汝太無年詞祕春秋註神潛道德篇空山雲月影娟碧素心全

李坪　王一翥

盛世馳戎馬無非戰不庭只今鵲羽動惟見鬼燐青少婦停鍼線書生罷考經饑能迫石隱安得守殘扃

重到郡城　王一翥

霜重殘松影塘迴過雁聲幾番遊子夢猶遶故宮行買酒壺難借裝衣線不輕漢廷詞賦死抱甕老書生

筒溪蘇嶺　王一翥

誰地卜居好幸君知我貧晝輪淹古寺凍飲仗東鄰孤鶴夜啼怨綠蘿開踏春椒漿瑤席近浣月釣魚綸

寒食　萬曰吉允康

東郊明日靜北郭暮煙遲燕不巢新幕花猶戀故枝嬾投分肉社羞逐鬭雞兒屏絕人閒事綿田弔子推

旅感　萬曰吉

上院疏鐘曉開堦積雨殘澤中鴻未集天下士宜寒種種數莖髮勞勞一片肝窮途惟仗友應作古人看

江上逢王子雲　萬爾昌師二

江上逢人少崎嶇見老生聞知越嶠往只等看山行語習先朝典詩求異代名如何攜壯子曾不話躬耕

七月十五歸自黃州夜泊趙磯　萬爾昌



斷岸沿江路維舟信所安風連葭影靜月傴水光寒盃冷呼猶數更深語未闌幾朝欹䃸磯贏得此宵寬

季夏留何元方南漪　杜鈺子堅

颯渡晨光爛維橈岸草斑層波踏不沒流影射常閒風動微侵席雲歸遠在山論文佐清供破睡不須刪

邢孟貞過黃州有作見懷感答　杜濬于皇

長江日夜流江岸有黃州是我十年夢輸君一日游山從樊口密月對武昌愁處處邀篇翰殘黎豈解酬

哭李鄴仙李著有夙知錄　杜濬

事後論人品無如李鄴仙留身惟賣藥有子只耕田學道知原夙安貧力更堅白雲山下路誰表少微阡

晚泊黃州　杜濬

赤壁雲初暝烏林日漸紅波搖兩岸火人語隔江風夢鶴侵蝴蝶
燃犀逼水宮天寒遊子意清夜月明中

國朝

燒舊文　劉子壯

文字真成累名山多厚顔在前殊足戀於世懼無關梨棗千秋恨
筐箱一夕閒祖龍真有意難與後人刪

雨花閣　劉子壯

小閣斷巖半古藤一徑通藏經黛跡裏煮茗雨聲中下鳥窺高樹
開窗入遠峯悠悠江上路此地諒能容

舟泊水月菴　孫錫蕃

巖影移村半梵鐘過小舟人閒霜葉逕鳧宿露花邱夜永林烟寂
寒深江月浮空山佳氣滿香積一燈秋



雪中抵黃州　曹申吉

蒼茫天一色雪岸界中流帆影遥侵樹山光暗入舟風煙寒赤壁
詞賦重黃州三楚經行徧春來倦遠遊

計偕北上次李坪驛別家兄曁怡西昆季二首　葉封 井叔

行行此揮手能不作銷魂相送只垂淚孤征寗可論江聲趨故里
客夢待荒村向藉壺觴立銜杯未忍吞

行色誰云壯羈愁獨自經已難辭骨肉況復去零丁沙氣蒸燕路
寒雲暗楚汀江楓祇數葉霑淚下離亭

秋病　葉封

幽壑常相見茅齋久在茲梁泥傾燕壘梧葉碎蟲絲愁覺秋聲早
飢嫌穡事遲苟安非得計戎馬欲何之

春亭對雨柬于皇　熊賜履 敬脩

草堂花意近風雨亂春晴修竹搖空冷殘梅入望清煙霞本故物
邱壑自多情鹿鹿胡爲者輸君學晚成

黃州杜退思改號蜕斯其音近而義別索詩爲贈　吳偉業 梅村

述志賦秋蟲孤吟御遠風蜕皮忘我相換骨失衰翁畫以通靈妙
詩因入悟空杜陵更字說不肯效韓公

中秋諸友小集雨中罷去已復月明起望　樊維翰

邀月期今夕留人坐二更雨方催客去月忽爲誰明天意矜恢復
秋光苦戰爭有情還獨酌拈韻失同賡

同杜于皇李大有樊念菴夜集　奚祿貽

少陵方用拙元亮早投簪詩律當秋警鄉心入夜深鱣魚看楚味



蟋蟀聽吳音衣薄涼風動蕭騷事滿襟

立秋郡邸　奚祿貽

炎蒸猶不退節物閲年愁旅食彫菰米僧房蟋蟀秋梧桐飄漢水
烽火暗湘洲久閉蘇門跡還來問竹樓

杜于皇表兄見訪　奚祿貽

不以行藏異來探遠別人艱難如隔世涕淚共雙親笛裏梅花落
江頭燕子新相看在逆旅豈是故園春

小孤山　高登雲 丹壑

萬派朝宗水孤山砥上游直撐吳會脈横截楚江流幽壑潛虬蟄
危巢俊鶻愁疏鐘飄兩岸分送往來舟

客樊憲副亢宗延坐園亭二首　劉醕驥

問業西樓竹亭開洞壑光寒山風雨樹倦客古今牀石磴敲詩細

松欄倚嘯長折麻誰獨契耆舊本江黃
蕪閭具風雅門閉更幽清止酒知心靜添書畏眼生長江奔樹色
萬井避秋聲閣外崖陰夕彈琴意未營

樊憲副席上贈王子雲二首　劉醕驥

羣彥推王粲雄人舊藝林書多傳劍履地少種桑陰江海短秋鬢
知交剩此心到門車馬客無暇問懸琴
良會堪遺俗聲名老未忘主賓答鐘鼓天地失風霜燈動壁衣舞
秋濃井葉香共來高邁侶誰厭阮生狂

江樓即事　王封濚

偶能逢愜意茶熟客來初知有盧仝癖因讐陸羽書物情閒處辨
世味淡中餘簷日翩翩下休言駕去車

舟過江甯不及晤韋念莪祕書二首　高思忠



吾友韋中祕高才復坎坷歸來賦未早老去句如何一榻懸多載
千秋足浩歌相思對江水悵望不能過
老大乾坤裏馳驅共此身一官嘗濩落萬卷總艱辛客久家如泊
時危仕亦貧依依猶署閣魂夢數相親

和宋牧仲別駕於洗墨池作三賢祠題壁　王澤宏

石橋煙樹外蘭若雨花旁地近城偏靜官休隱不妨蔬齋同野衲
書史屬歸裝宿世君來此山川倘鬱蒼

贈周櫟園　王澤宏

虛堂披豁久靜氣若山深家剩千秋史身存百折心著書忘歲月
讀書當登臨舊恨渾無憶怡然託素琴

官素士扶尊公健之大參及弟櫬自蜀還孝思感格神異萬
端率此志慕（健之即應震）　詹大衡

萬里歸親櫬翻將蜀道輕一身渾是淚百險總能平風雨號長夜
江河鑒至誠從來忠孝骨原不爲虛名
弟與親同載孤魂弔杜鵑猿啼巫峽岸風冷楚江船名節追王裒
池塘夢惠連艱危集神異不愧直臣傳

歲在壬申岡邑癀旱公賑已畢民猶有飢爰歷鄉墟勸好義
者捐貲至諸生易爲泰家諭作領袖因贈以詩　王輔

匹馬寒山裏村墟一一過雁鴻飛漸集鳩鵠餒猶多無術慚爲守
相賙望匪他秀才天下任桑梓誼如何

秋夕湖上　於心匡

長嘯柴門外行居影自從晚風來爽氣野水度疏鐘壁古蟲因穴
沙寒雁少容宵闌人未臥殘月倘臨峯



暮秋過白沙灣　於心匡

赤壁遠三里白沙第一家徑橫彭澤菊籬掛邵平瓜祇覺風吹面
安知露溼靴傾來茶碗數巒岫散朝霞

孟秋客中　王追騏

秋飛一葉後人在萬山中遠笛荒村月孤衾野店風樹哀容自老
蟲細語偏雄知我今宵夢蕭蕭北地鴻

辰溪道中　宋敏道

叢篠牽危磴枯榕挂女蘿鳥言行不得客意竟如何澗道陰雲合
海門煙霧多望中天近遠斜日暮山阿

秋夜同王叔餘話媿孝山莊　汪國濚

夜靜談初洽露寒秋愈深一庭明月影千載故人心時論忘追逐
孤懷任隱淪更闌還剪燭聊以話知音

對雨懷張涵萬　張　楠

尺書容易寫無雁倩誰傳人遠春波外山寒暮雨前別離如隔世
著作各編年頭白期相信長吟企喻篇

白村秋夜　張　楠

蟲響江樓夕鳴蟬晝不如露生時浸葰葉落欲平除散髮坐秋夜
焚香讀道書涼風有餘好瀟灑白村居

薄暮再抵黃州謁李華西先生祠　王心敬

樊山江外暗赤壁柳邊黃此夜月如晝西州路久荒故人乘箕尾
吾道日蒼涼十載隔生死西風欲斷腸

題黃岡廟樓　彭士商

樓迥環春靄牕虛納宿雲甘芳茶鼎沸颯沓磬聲聞鳥喚征夫夢
僧隨野鹿羣無心出世好公事正紛紜時奉檄盤查黃岡諸鄉社倉穀



循堦長綠苔籬邊舊時菊雨過更須栽

自黔中歸果園　靖道謨

于役頻經歲林鴉報客回別當楓葉落歸及柳花開對鏡添蒼鬢

暮歸　呂德芝

秋山二十里夕照帽檐紅野寺一聲磬歸驢兩耳風衰年幸小健
晚稻喜重豐燈火衡門近飛還倦鳥同

秋泊聞砧　呂德芝

村舍鳴砧急聲聲到客舟長江自東下大火正西流雨露均維歲
桑麻貢有秋鄉關警寒信應為授衣謀

九日喜周五淑蔭田四仲含見過二首　呂德芝

二子清無敵同過黃葉齋既因尋菊到何不抱琴來風淡茶香遠
簾空野色開前山可登眺相與討尊罍

餘桂猶堪折殘荷尚可扈一年記好景老友託清時酒許衰顏壯
秋憐瘦骨知赤龍與白鶴笑爾學仙癡

靖果園先生輓詩　胡紹鼎

大用窮經得高言實事餘哲人今已沒論者復何如若祭當於社
將傳信此書顧瞻思往路霜葉曉風初
十五年前別三千里外遊月明廬阜夜木落洞庭秋爾日遲相問
頁辰遂不留寄言懷孝子後起見貽謀

歲試黃州較射　鮑桂星

拂柳旌旗出分花騎隊開角聲從地起山色過江來赤壁風濤壯
黃岡霹靂催挽强兼命中誰是軼羣材

過王氏山莊　謝　荚

樂極忘愁苦幽居趣頗深魚翻萍葉破鷺浴浦雲陰山翠流衣溼



松濤倒石陰濬之詩賦好何用價如金
萬里乘風客今依此地居池塘青草長亭院綠陰虛蛺蝶花間粉
鷗吞水上魚山中太荒僻久絕往來車

已卯重九擕晴山大令招飲覽勝亭時同鄭雪堂閫府會古棠二尹易可園巡政錢豫堂少尉　劉興灤

不上北山頂安知秋氣高孤亭越飛鳥萬里見奔濤烏帽風頻落
青天首自搔驚人應有句笑我負詩豪
仙尹行廚好朋簪聚令辰況逢黃菊酒恰送白衣人時晴山門人王緒塏遣人送酒
逸興忘賓主高歌動鬼神似聞來日別洗酌肯辭頻

輓陣亡族姪維權　劉熊輿

慷慨從戎去心因報
國長披肝昭日月瀝血答

君王萬里魂靈在千秋姓字香壽南遙憶處蘆荻映斜陽壽南陣亡地名

七言律

唐

卽事黃州　杜牧

因思上黨三年戰閒詠周公七月詩竹帛未聞書死節丹青空見畫靈旗蕭條井邑如魚尾早晚干戈識虎皮莫笑一麾東下計滿江秋浪碧參差

宋

十二月二十九日蒙國恩責受檢校水部員外郎黃州團練副使　蘇軾

平生文字爲吾累此去聲名不厭低塞上縱歸他日馬城東不鬭少年雞休官彭澤貧無酒隱几維摩病有妻堪笑睢陽老從事爲



予投檄向江西

初到黃州　蘇軾

自笑生平爲口忙老來事業轉荒唐長江遶郭知魚美好竹連山覺筍香逐客不妨員外置詩人例作水曹郎只慚無補絲毫事尚費官家壓酒囊

子由復至齊安以詩迎之　蘇軾

驚塵急雪滿貂裘淚灑東風別宛邱又向邯鄲枕中見卻來雲夢澤南州睽離動作三年計牽挽當爲十日留早晚青山映黃髮相看萬事一時休

姪安節遠來夜坐　蘇軾

南來不覺歲崢嶸坐撥寒灰聽雨聲遮眼文書元不讀伴人燈火亦多情嗟予潦倒無歸日令汝蹉跎已半生免使韓公悲世事白頭還對短燈檠又嘗記云元豐辛酉冬至僕在黃州姪安節不遠千里來省飲酒樂甚使作黃鐘梁州仍令小童快舞一曲醉後書此以識一時之事

太守徐君猷通守孟亨之皆不飲詩以戲之　蘇軾

孟嘉嗜酒桓溫笑徐邈狂言孟德疑公獨未知其趣爾臣今時復亦中之風流自有高人識通介甯隨薄俗移二子有靈應撫掌吾孫還有獨醒時

別黃州　蘇軾

病瘡老馬不任鞿猶向君王得敝幃桑下豈無三宿戀尊前聊與一身歸長腰尚載撑腸米闊領先裁蓋癭衣投老江湖終不失來時莫遣故人非

舟次慈湖以風浪留二日不得進子瞻以詩見寄作二篇答之　蘇轍子由



慙愧江淮東北風扁舟千里得相從黃州不到六十里白浪俄生百萬重自笑一生渾類此可憐萬事不由儂夜深魂夢先飛去風雨對牀聞曉鐘

西歸猶未有菟裘擬就南遷買一邸舟楫自能通蜀道林泉真欲老黃州魚多釣戶應容貰酒熟鄰翁便可留從此莫言身外事功名畢竟不如休

自黃州還江州　蘇轍

身浮一葉返湓城凌犯風濤日夜行把酒獨斟從睡重還家漸近覺身輕岸回樊口依稀見日出廬山紫翠橫家住庾公樓下泊舟人遙指岸如赬

答王立之惠書　潘大臨邠老

歸自江南郎定居漫勞親友問何如剛腸肯爲藜羹轉病骨聊憑

竹杖扶南圃土膜千樹橘東湖春水百金魚明年生計應堪說待倩君侯買異書

望西山懷洪駒父　李　彭

去歲湖湘賦凜秋聞君江國大刀頭百年會面知幾遇十事欲言還九休照眼遙岑落懷袖過眉拄杖立汀洲莫言青山淡吾慮誰料卻能生遠愁

黃州　孔武仲

客路深秋一轉蓬淮天牢落此將窮城開雲水蒼茫處人在茅篁掩映中對岸武昌風月近千年赤壁是非空悠悠陳迹慵開口謾把鈎竿伴釣翁

發安化回望黃州山　張　耒 文潛

流落江湖四見春天恩復與兩朱輪幾年魚鳥眞相得從此江山



是故人碧落已瞻新日月故園好在舊交親此生可免嘲傖父莫避北風京洛塵

宿黃岡　楊萬里 廷秀

我豈忘懷一畝居誰令愛讀數行書秋南春北雁相似柳思花情鶯不如上市魚鰕村店酒帶花松芥晚春蔬長亭一醉非難事造物相撩莫管渠

侯思孺將至黃州見簡　韓　駒

未用船頭報水程爲君持酒打愁城青山久負當年約白髮多從客路生點檢轉工新句法揩磨難減舊風情小留莫道無供給一味東籬有落英

寄張文潛右史　秦　觀 少游

解手亭臯纔幾月春風已復動林塘稍遷右史公何忝初閱除書國爲狂日出想驚儒發家風行應罷女爭桑東坡手種千株柳聞說邦人比召棠

黃州　陸　游

局促常悲類楚囚遷流還歎學齊優江聲不盡英雄恨天地無私草木秋萬里羇愁添白髮一帆寒日過黃州君看赤壁終陳迹生子何須萬戶侯

黃州偶成　戴復古 石屏

雁叫淮南欲雪天倚樓無味抱愁眠算從滄海白雲際行到黃州赤壁邊萬事忌於懷壯志一生窮爲聳吟肩鬢間白者休教鑷要使天知老可憐

寄何立可提刑　劉克莊 後村

故人握節守齊安聞說邊頭事愈難赤手募丁修險隘白頭擐甲



禦風寒半腰城甫包圍畢一把兵皆點摘殘收得去年書在架憶君燈下展來看

聞何立可李茂欽訃二首

初聞邊報暗吞聲想見登譙與敵爭世俗今猶疑許遠君王元未識眞卿傷心百口同臨穴極目孤城絕救兵多少虎臣提將印誰知戰死是書生

何老長身李白鬚傳聞死尚握州符戰場便合營雙廟太學今方出二儒史館何人徵逸事羽林無日訪遺孤病夫疇昔曾同幕西望關山涕自濡 二君皆舊同官

明

受命知黃岡縣事作詩送使者　徐　誼

紅旗招颭壓滄溟晝舸長驅上洞庭百萬生靈新撫納九重天語

自丁甯猿啼山月灘聲咽鼉吼江風水氣腥好語湖湘諸將帥漢家信誓重丹青

贈桐岡郭侯　王廷陳

依依山郭枕江流藉藉專城頌細侯高士獨過頻下榻（公即竹樓爲禮賢堂復扁其下日下榻處）自公多暇一登樓深恩久結黃人愛苦節眞分漢主憂躍馬忽看朝帝去攀轅何計望君留

禮賢堂倡和　郭鳳儀（桐岡）

昔賢遺構治西頭突兀簷楹敞素秋聊淨網塵供下榻非耽雲物快登樓肩輿肯爲尋常至步屧纔須咫尺游爲報南州高士道吏情原不遠滄洲

黃州留別袁履善　陳宗虞

一官何意竹樓居顦顇還同澤畔漁千載能忘燕市筑八年不寄



洞庭書匣中流水誰堪聽臺上黃金爾自疎卻是平津開閣日豈令詞賦失相如

九月十日同劉明伯叔孝攜酒龍山　王一鳴

年年重九趁登臺爲愛龍山約再來渺渺大江秋月吐冥冥高閣野雲開幸同杖履諸公在肯放乾坤一日迴忽憶賀蘭兵馬亂西風金鼓暮天哀

歸故園作　王一鳴

朔雪朔風日日顛孤帆遠客淮東旋入門忽聞掠雲雁隔樹更有浮江天靖節五柳貧猶活羲方雙桐清可憐開樽不愁不爛醉奈少沽酒青銅錢

贈倪氏節孝　姚履素

貞心千載憶共姜萊子斑衣更有光節孝並堪標綽楔恩褒重見

下巘廊歌殘黃鵠操如雪賦就南陔鬢亦霜好把姓名傳信史江天漢水共滂洋

別官暘谷太常（時之江右臬任）　周之訓（日臺）

重陽風雨正沈沈握别其如越鳥吟每悔出山成小草還思退步有長林憂時各灑英雄淚異地相懸大隱心廬嶽高臨彭蠡上何年三笑訪知音

次韻答王子雲　官撫辰

年年獨卧他山月昨夜同攜月裏人聽爾草元清冷句感吾虛白空閒身病餘只覺聲猶似睡起翻思夢逼眞呼喚任從春去鳥認誰是主是誰賓

送俞庵弟赴任　樊維翰

臨歧何以贈如蘭愛士憂民此大端牙角肯容喧雀鼠羽毛須記



訪鵷鸞官清夢絕錢神易吏弊明懸鏡炤難聞説頻年癀旱後窮簷風景日凋殘

夏旱喜雨　樊維翰

吏治但能驅碩鼠雷神亦合捕乖龍早知花草天相惜誰謂江湖帝所封稻水問人高下足茅檐補我兩三重明朝騎竹扶犂輩到處庬多笑口逢

張儒僧寄贈茶拄杖　樊維翰

宜輕宜直此孤莖老至吾將用則行時以向空書怪事幾堪荷篠學躬耕未須嫣鳥爲之飾亦復蛟龍莫與爭但使百錢常掛在登臨隨處有逢迎

蓮花草堂　王士龍

柴門禿鬢老漁灘深渡雲溪夢影寒一自衣冠成鹵莽遂令吾道

屬艱難貧餐脫粟三旬飽風飧廚烟半竈酸痛讀離騷空憶酒起看星月白團團

過何元方南滸　　杜　鈺 子堅

小隄風定落花輕賡唱時煩折屐迎俱爲青山愁冷落每從白髮卜陰晴門前未許荒三徑案上何須假百城把袂不知殘照盡倚隨芳草踏春行

黃州早發殢霧　　萬爾昌

客裏鷄鳴動曉栖參差蹀躞趁霜蹄烟含暝暝三江合樹擁濛濛萬堞迷帶酒呼童看夕照披氈尋友望朝隮依稀赤壁人如夢回首滄桑憶舊題

輓李鄴仙三首　　陳師泰

雲白山深似舊時遺民一去竟何歸醫方自隱名猶震詩句人傳和更稀世上公卿知不屑山中松桂復誰依少微那意遭眞犯珠淚難禁對客啼



李明自壽顏淵夭編曲仍嘗爲子歌劍折青萍斷虹影江拖素練咽霜波茂林修竹生非乏白蝗青蠅死更多虎賁無人可拉飲冀于清夢幸相過

塵荒戈戟剩丸天詎有王孫計萬年歧路敢因新約改陳人獨受古懽憐鬻羈苦趣隣無恙翔集深哀雉有權寄語黃壚貧一笑五湖煙水正悠然

求放還山　　馮雲路 漸卿

堪歎危城尚管絃杜鵑啼月血痕鮮呼天不應空舌敝拯溺無權愧我援所賴聖明威德遠莫教草野聽聞偏處分諒有東山在借箸何勞孺子前

眉州殉節留題　　蔡馨明

澄清板蕩是男兒大廈難將一木支父子酬恩思主德全家殉難想天知芙蓉城陷誰階禍大雅堂前獨卧屍萬里黃岡魂莫往好爲明聖護峩眉

國朝

送宋牧仲別駕歸黃州　　王士禎 阮亭

詞賦梁園憶勝遊一麾雲夢澤南州三分誰似周郎少九辨深知宋玉愁烏鵲南飛河漢轉大江東去古今流山川如此容高嘯羨汝黃泥坂下舟

次蕭文超韻輓王子雲　　熊伯龍 次侯

信美人間未易才有才無命使人哀崢嶸桓武封前碣殘剩陰何撥後灰死去只如耽久客生榮應已厭重回從今酒社詩籤裏那得忘機老友來 子雲先世爲司徒



贈何章長　　劉酉驥

柯山園北嶂磯東代有高人未數窮種樹承蜩遺夙昔斷碑殘冢得洪通揮毫嶽瀆諸侯譜避世羲皇六月風拱揖久忘偏好客冥城濁酒夕陽紅

黃州覽古和王方若　　費錫璜

樊城夏口鬱蒼茫烟樹離離隱武昌江上靈濤飛白馬墓前妖梓化紅羊傷春杜宇啼亡國映血桃花開戰場何處風光不堪弔山河滿目酒盈觴

銅鼓聲催戰伐頻女王故跡已成塵烏飛夜月思名將蝶化春衣痛美人斷雨荒汀迷夏隩斜陽故壘記春申涉江歌罷芙蓉死芳草於今不復新

萬嶺千峯擁大崎孤城殘堞晚笳悲青山白骨埋紅粉碧草黃花怨赤眉寒月偏于官署照春風莫近女牆吹栖烏未定驚三匝夜夜哀鳴知爲誰

直北雄關鎖虎頭東西形勝扼江流愁聞弱國分南戒忍見強藩據上游王謝未銷宣武恥張韓難復靖康仇江干到處生春草閲盡興亡是白鷗

貪看水鳥戲蒹葭獨坐山城到日斜羣盜何心亂江漢諸公無策靖風沙秋魂燈火刀頭血春女胭脂鏡裏花惆悵千秋衫袖溼非關月夜聽琵琶

平湖野望　林之華

薄暮平湖野望宜雙柑有伴聽黃鸝忽來遠客澄江句正值鄰家漉酒時烏鵲顧巢栖樹早牛羊戀草下山遲眼前一幅眞圖畫付



與丹青總未知

寄賈黃州 紘　朱彝尊 錫鬯

近聞南紀賈黃州到日題詩滿竹樓晝永淸香凝列戟月明赤壁愛停舟棘針花鳥眞無敵水墨雲山不易求別後相思意何限可能尺幅寄輕郵

讀樊奉常請告疏　金德嘉 會公

直諫當年動九天乞骸一疏倍淒然風霜地過三千里瘴癘身垂六十年詔下殊恩心更惻夢殘往事淚猶漣故園剩有茆堂在赤壁淸風江水邊

九日遊山暮從七星塘入城　王材升

登高直欲送斜暉緩步城南帶月歸可惜池荷都朽敗好看籬菊漸芳菲笑歌小閣聊酣酒涼冷全家未授衣恠殺碧天鴻雁過京華書不寄柴扉

寄方伯徐公　王材任

征南幕府杜荆州迢遞無因奉勝遊蜀道浪消巫峽險楚江雲淨洞庭秋風前草木無戎馬天末音書望斗牛見說政成多唱和近來悔不在楂頭

登黃州新城樓呈太守于公　王材任

蒼莽連雲百尺樓凭欄東望見行舟澤吞雲夢通三楚地壓徐淮據上游赤壁磯前煙樹曉崢嶸洲畔荻蘆秋諸君臨眺開詩思沙鳥飄飛散積憂

銓部需次還里即事　王材任

昔年我亦爲鴻鵠今日人先變鳳凰五品一官經十載二毛兩鬢返三湘身辭薊北春將暮路入江南草漸長從此生涯何所託黃



泥坂下自農桑

坡亭即事次張石虹韻　胡之太

爲仰芳蹤踏草蕪蘇公原亦愛遺軀蕭條異代頻迴首寂寞何人更拂鬚軼世鴻才終不朽横江鶴影望來孤揮毫嘯咏應如昔杖履逍遥客共扶

柳夫人廟　陳大章

琳琅虛想七星文綠鬢垂垂未化雲尙有烏鴉來下食每從龜卜驗靈氛人間巾幗餘生氣物外神仙見古墳一盞椒漿千陌紙歲時兒女自紛紜

雙姑廟　陳大章

永嘉國勢漸崩分繡甲提戈自一軍見說英雄多粉黛誰從保障策功勳鏡開明月重湖水旗捲西風巫峽雲寂寞三間香火地高

涼廟貌愴前聞

晚過楓香橋　王式丹樓村

迢遞山城結隊齊初冬朔吹已淒淒寒鴉下隴排牛背衰草連岡送馬蹄鄂渚直依平野北楚宮遙在亂峯西行行小住楓香路紅葉飄零白日低

重泛白湖　張楠

雲陰漠漠草芊芊渡口東風黯淡天三月客衣方脫絮一湖春水欲生烟夭桃穉柳無端發浴鷺浮鷗自在眠多少詩情消不得又攜樽上木蘭船

送程渠三南旋　朱敏求

曉天玉露未曾晞此際輕寒上客衣魏闕獻將三策去征鞍帶得五雲歸風高薊北砧聲急木落湘南雁影稀爲問故人分手後可



無清夢到金扉

得黃岡杜茶村未刻三種二首　夏力恕觀川

江南遺稿竟凋殘變雅堂從舊里看孤客有家啼鳥換三江無火夜螢寒野雲流破生前夢滄海橫飛筆下瀾況是楚風淪落盡把君詩卷一加餐

曾倚金陵北郭看草堂無路百花殘女牆疊疊孤藤蔓翁仲蕭蕭夾道寒江水六朝人夢覺秦淮雙槳月沈瀾誰家樓閣能消受猶共當年野客餐

留別黃州士民　錢鋆

江黃舊事記前賢暫領名都意惘然豈有風流誇五馬更無勞勩報三遷文園乍喜書平屋瑞穎終輸麥在田幾許關心懷往蹟一亭春草尚芊芊時修韓魏公書院未成

恭和

御製駕幸翰林院賜宴分韻聯句後復得七言律詩四首并示諸臣元韻　進呈　萬年茂

尺五堯天露灑春三層懸圃玉皆珍蓬山駐輦張軒樂虎觀橫經訪素臣垂咏早披星日爛飛文還睹錦霞新蘭臺石室千官集拜舞從容始一巡

庭有儀鴻陸有鸞葳蕤紺組映華冠鳳凰池上珊瑚聚光祿筵前玳瑁看宴罷四廂風律轉詩成七寶月華團遙知宸藻秋飈迅處處香生墨海瀾

文物周官備六聯虞廷仍喜和新篇延英東觀開閣策苑西京說望賢綺織花梭明絳雪書囊英錦護非煙瑤堦分賜承恩澤茗椀清芬更得仙



文明天下仰昭融萬國熙恬託睿衷冠代篇章引韓愈濟時人物待姚崇應知刻瑑流光久未許泥金讓德同御書有不取升中之旨愧之鴻才比枚馬校書長在石渠中

重赴秋闈恩宴紀事二首乾隆壬子　萬年茂

解組歸來五十年此心甘老向林泉忽聞折簡傳開府也喜簪花赴上筵謠避乘驄空底事歌聽鳴鹿尚依然漫猜席帽離身日白首重叨湛露緣

八十垂頭又六年那隨光氣躍龍泉恩傳桂殿陪芳宴快說瓊林近綺筵多士秋風新薦後故人漳浦獨翹然算同科第同庚甲謬附褒推二老緣

寄懷萬南泉侍御　黃自芳 貧沐

霜生諫草舊丹心（先生以彈劾權要罷官歸里）兩鬢能無許雪侵別後高名驚海內歸來清詠動淮陰蘭臺曉日烏棲冷芸閣春風鶴夢深兩向問津詢逸況（尊大阮侵素公主巴門津書院得詢先生近況）何時遊屐歇荒林

懷吳石梁先生（辛溪南下五里許有石磯名日石梁吳先生艮吉常釣其上因號石梁）　黃自芳

百尺長竿老釣磯常披風雨著荷衣惰容偶見知非敬（先生學宗主敬在邑庠侍文宗側見其搔頸斥爲不敬）名理深參自不違綠埜紅林行弔古青樽黃卷坐忘機淡鰕麥飯清如許飽殺天臺兄弟歸（先生性恬淡黃安耿天臺兄弟過訪遇霖雨凝漲不得歸者數日先生日以淡鰕麥飯餉之）

黃州同睹上人　陳際昌

乍出燕京龍繡鞍黃州風雨劇相看論心共證三生話竟日長攜七返丹棋局漫分青史案詩情遙指白雲寒應知後會非萍梗別緒愁縈且自寬



黃岡弔王公稚欽　喻文鏊

夢澤先生不可招滿城風雨颯蕭蕭殿庭抗疏龍鱗逆館閣留題烏母謠四海寬容才子座一官累折酒徒腰百七人中人已老紅衫窄袖未歸朝

暮春淡雲軒即事　黃元亮 果亭

繞屋松篁麗景舒明窗兀坐暖飄襦曉昏檐雨呼鳩婦春老庭階駐鼠姑屐齒頻看深印地煙痕時覺淡縈幮莫誇絲竹華林勝鼓瑟當風緬魯儒

懷萬蔚亭困學紀聞箋註之作　王鎏 徙洲

照閣青藜漢牒新晝門赤帛孔圖真祕文墜簡今何地窮谷深山尙有人如此纂修非小補不關榮利是奇珍羣兒腹笥空如洗北面應師井大春

遊聖泉山寺　歐陽賢 敬亭

踏破苔蹊上翠微清遊初悟壯遊非碁殘半島看花落（有仙人圍碁島）磬響中天聽水飛（有飛泉二道）香篆細縈諸佛座白雲閒補老僧衣無言薄暮枝頭鳥也向深山學息機

贈胡侍衞定泰　潘紹經 箬舟

鶡冠年少奉
恩初威衞將軍盡不如脫下鈿刀隨
御仗騎來龍馬報邊書千縱舊屬輪班領五節新官計日除獨有儒生輸早達相期金縷對垂魚

留別河東書院諸生　吳之勤 淦崖



青綬垂腰十六年齊安何幸結深緣遶城山色開圖畫比戶書聲當管絃睡足未能師小杜嘯餘時復酹坡仙輇材老去慙逾分叉奉
恩綸下日邊

鹿洞遺規洛下箴八城士集講堂深大魁今此探花宴小慰年來種樹心爲語書窗勤鐵擿況逢皋座度金鍼徘徊公暇論文地一聽驪歌思不禁

先大夫入祀黃岡縣鄉賢祠恭成述德紀
恩詩四首　李鈞簡 秉和

顯揚誰不願榮親疊荷
君恩寵
錫頻少尹沒堪祭於社彥方生已畏其神行成早入先賢傳（先大夫行）

略入湖北通志論定今爲不朽人遠紹楚材從祀者　宮牆列廡有任秦
先賢公孫龍任不齊秦商皆楚人
當年里譽重黃童此日鄉名指鄭公松野自留三徑菊先大夫山居種松百
餘株因號松村棣灣人愛一村楓村屬棠棣灣社十數年前近宅先塋自生楓樹數株里中人以爲瑞力田
孝弟鋤經裏載道文章橐筆中廟食若無眞行業偶題居士亦祠
叢
儒稱美並政聲傳滄海東隅華嶽巔江蘇寶山縣陝西同州府入祀名宦祠桑梓敬
深鄉黨日黍苗歌到子孫年初心未遂歸田錄舊德難忘有道阡
昨夜夢中仰遺像分明泉壤拜
恩延禮部具奏前夕夢先大夫來家感荷聖恩幽明不隔也
蓬萊三下謫仙班身世回思總汗顏勉效迂庸辜
聖代鈞備歷任倉督府尹皆以失察奸蠹護譴空談著作負名山閒來教子詩書重老

黃岡縣志　卷之二十二　詩　六四

去爲農稼穡艱奉祀得歸持俎豆
天恩無處不春還

風雨夜泊　楊庚星珊

勞勞人世歎浮生底事官程又客程小港雨回孤舫夢大江風挾
萬濤聲野多禾黍須無恙身似萍蓬總不驚獨有燈花仍送喜來
朝登岸快新晴

七夕感懷　楊庚

一鉤新月大江孤江上秋風響碧梧應免魚龍驚赤子不妨烏鵲
渡黃姑去年蓬島居仍舊今夕瓜筵續也無忽指鄉村紅樹岸此
間何處話蓴鱸

黃州中秋　楊庚

半年慄慄守黃州敢學坡翁樂此遊故國四千餘里路他鄉三十
六中秋魚龍漲退江隄鞏鴻雁聲嗷稟粟謀省識同僚籌畫苦銜
杯漫對月當頭

重九不登高時在黃州試院　楊庚

三年鞅掌任黃州欲學坡仙未暇遊況領童軍嚴日課敢因官守
說風流眼中山好光初霽腳底雲閒氣亦秋萬卷圍身紛落葉幾
人聳翠遠峯頭

留別黃岡士民四首　金雲門

頻年宦蹟逐萍浮泛泛桃溪更竹樓由崇陽調署長吏每邀青眼顧上憲
垂青甚至同人劇喜素心投同寅及紳士頗浹洽民稀訟牘風還古告期投詞十減其七天
不屯膏歲有秋禱雨輒應那料著名衝要地縣屬附郭又爲吳楚衝途轉容迂令拙
如鳩
隱之差敢飲貪泉烹治還虞悞小鮮斷獄美思書四百勸民息訟頗覺信從

黃岡縣志　卷之二十二　詩　六五

掄才細爲校三千季考三千人校閱頗慎織簾貧待資驎士河東書院經費不給束脩膏火
半係捐發祭塚文堪仿惠連城外荒塚多暴露與少尉魯君合力掩埋府憲以下捐俸有差莫訝化爲
柔繞指此邦那侯示蒲鞭余治崇以嚴肅而岡邑爲楚中文物冠冕非所宜施也
興役何須鼓鼙聲紛然畚挶各爭操江流曲抱重城固郡城坍塌合郡士商
捐金修復地勢全收一塔高邑有青雲塔係全楚文峯年久傾圮各憲倡議修復自督撫以下內外官紳士商捐
金各有差余督修拜禮崇祠新棟宇修葺文昌宮明倫堂蘇文忠公祠于清端公祠蔣蘿村棠舍追思
古蹟剪蓬蒿重建韓魏公讀書堂及春草亭急公自是民情厚辦理各工捐輸踴躍紳士監修自備
薪水當局遑矜尺寸勞
登高明日許婆娑匯補隨州以九月八日卸篆屆指瓜期一載過余以去年七月到任報
最那能三異著待恩轉覺四窮多捐貲以助育嬰並重修養濟院口糧之外隨時賑給然無依者
多不能遍及也更番送額勞虛獎紳士耆民屢次送額疊次來賓快飲和紳士因公進見每留
共飲況復羣黎攀臥切出署時餞送盈路別情無奈付驪歌

五言排律

唐

寄李岳州黃州作　杜牧

城高倚絕巘，地勝足樓臺。朔漠暖鴻去，瀟湘秋水來。縈盈幾多思，掩抑若爲裁。返照三聲角，寒香一樹梅。烏林芳草遠，赤壁健帆開。往事堪遺憾，東流豈不迴。分符穎川政，弔屈洛陽才。拂匣調冰柱，磨鉛勘玉杯。棋翻小窗勢，爐撥凍醪醅。此興予非薄，何時得奉陪。

宋

春日書懷　潘大臨

舟楫臨潭水，風濤接蠡湖。龍媒成跬步，驪頷脫微軀。樂土供游戲，深文苦縶拘。胸中雖磈磊，牆外或歌呼。老去嵇生懶，歸來谷子愚。千鍾眞臭腐，十畝借高腴。春雨何曾密，園花竟自都。小橋藏細柳，



方沼出新蒲。酒熟拈巾漉，經傳帶雨鋤。行盤隨所有，坐客幾時無。日轉槐陰暮，門通小徑迂。仰頭看哺轂，引手亦將雛。撫事盆纓繭，勞生戶轉樞。形骸浮大塊，毛髮燎洪爐。世論幾膠柱，人心盡好竽。屠龍非至計，射雉屈艮圖。借箸方隆漢，推枰已滅吳。從渠畫麟閣，吾自著潛夫。

明

初歸故園作　王廷陳

結髮負奇志，辭家作遠游。一言侵絳灌，萬死脫幽囚。倚仗虛疑鵩，光芒隱射牛。敢云疲漢戟，實已倣秦裘。習隱希元豹，忘機對白鷗。生涯惟素業，吾道已滄洲。

馬岐寺次邱過之韻　王一翥

甕牖埴荒草，筐籃避碧廊。前朝留古綠，鄰菜逗微香。巴水原無水，黃岡自有岡。膾萁酬乞士，凍籥供空王。豈復南征馬，徒懷夜月梁。漁歌非楚些，市唱詎西涼。邂逅單刀會，陂陀賈客航。靡顏修幕阻，誰繞美人腸。

懷何氏開繡堂三十二韻　劉養微

窈窕空山曲，檀欒陰竹光。列塘新蓺槿，開繡舊名堂。望覺心神迥，登矜羽翰揚。敞扉延廣陌，遐矚散高岡。宇宙何寥廓，江湖入渺茫。堰沙聯鵝鸛，墟落散牛羊。浦樹搖煙綠，畦花閒麥黃。悠悠江帆遠，脈脈楚雲長。蘭芷瀟湘意，壎篪伯仲行。洗天占象緯，徹夜矚光芒。奎壁羅文苑（堂階西直），珠璣落錦囊。薙蓬開蔣徑，高闕冒徐牀。憶我蒙深眷，同人得遠將。聯鑣過赤壁，攜手上橫塘。意愜狂無忌，交新樂詎央。絲濤分椀若，青案浮琴張。徑筍穿苔砌，鬭花映蒻房。枝夜低綴子，陌陌豔承筐。壘燕銜簾入，巢烏出樹翔。深心推物理，思職戒



居荒。比石聊攻玉，吹笙遂鼓簧。如何臨別浦，不道滯歸艎。小住期連茹，平陂遽復隍。長卿元病肺，道豈欲居肓。俯仰成今昨，呻吟度燠涼。循形趨緩帶，逼臆糺思纏。鴻雁書千里，蒹葭水一方。虛窗新促孟，輟櫂舊悲王。且戢滄溟翼，姑栽薜荔裳。剝牀餘碩果，休否繫苞桑。靜默存吾道，優游付彼蒼。獨餘看月意，耿耿憶空梁。

國朝

恭紀

殊恩詩　汪煉南

廿載趨華省，終朝侍禁帷。步行瞻聖近，前度受知遲。身被庸才滯，名甘國士遺。恭聞天語降，綸綍命摛詞。寶笈開龍窟，琅函啟鳳池。代言甯得體，分草

或無疑測影惝窺管探囊且效錐諛叨公輔奏云是小臣爲但憶
儒堪問敢稱文在茲辭條宜
紫禁
溫旨下丹墀幸際
天顔喜傳呼宰執隨㚡嘉猶過望賞賚況殊施霞錦來藏府冰蠶
出內司陸離皎日麗璀璨列星移蟬翼榮懷抱鴛文增羽儀凝霜
晶奪目取火豔交頤五兩
君王賜三盆
望毋慈煌煌鸞夢想蹙蹙失支持答效微臣忝聰明
宸聽卑珍羅九有貢德飽一人私拜闕朝華動歸軒夕照垂文章
難報
國聊爾獻先資



答劉克猷　顧景星

七稔吳閶別風塵望杳茫飛騰何迅速彷彿料行藏曾約山隱故友多
林壑高名獨廟廊余書石作室君草玉爲堂幾緉還思著雙魚寄
莫忘尋仙終五嶽志士各津梁

贈曹尙白　顧景星

憐君不得意載筆早從戎雨雪綈袍外江湖劍影中流離牛馬走
漂泊雁鳧同袖筆援無倦容刀佩在躬雨行鷺鶿落雙背妙猿通能左腕作顔米書
多藝才稱絕高譚理發蒙吳春梅耀在趙曲李奇工壇
好埋名築杯緣引興空越天霜練白僧院火鑪紅片語憐知己浮
名本至公莫愁員路逆休泣阮途窮君去如眞隱南山訪桂叢

唐

五言絕句

黃州竹逕　杜牧

竹岡蟠小逕屈折鬭蛇來三年得歸去知遶幾千迴

宋

送安節姪　蘇軾

索漠齊安郡從來着放臣如何風雪裏更送獨歸人

宿黃州觀音院鐘樓上　黃庭堅

鐘鳴山川曉露下星斗溼老夫梳白頭潘何壚麓集

黃州集杜　文天祥

始謂虜以襄陽船自漢入江後乃知虜之未渡蘄黃已先降故
其渡也襄漢蘄黃之船皆在焉
桓桓陳將軍東屯大江北化作虎與豺楚星南天黑

明



煙波亭　吳琳

漢水連天闊江雲護晚寒青青山數點正好倚欄看

黃州　李夢陽獻吉

日落清江遠光搖赤壁山無人說吳魏來往釣舟閒

至李坪驛始見竹筏上居民連亙三十餘家云隨流上下作篔治板行販　王世貞元美

何必問故鄉浮家任儂住一夜便風來盡呼鄰里去

入黃州　王世貞

青山曳地行雙眼鼻端看此豈翫世人憐爲世人翫

過宏化庵四首　茅瑞徵

開尋郊外游載酒山前寺幾處寒雲生雲臥人時至
蕉影橫窗綠鐘聲引梵長坐看秋色老簾外月如霜

曲徑風欹竹前軒月轉廊此中棲託好清興得誰嘗

寒到青谿水長吟白社詩還同眞率會剩有酒盈卮

國朝

送葉井叔歸黃州二首　王士禛 貽上

秋盡黃州路千峯送馬啼夢迴山館裏落月汝南雞

斷岸黃泥坂寒江千尺流羨君歸去好雲夢澤南州

送王涓來侍讀歸楚　王士禛

解纜銅陵江是向黃州路不見雪堂人江關邈烟樹

黃州除夕三首　宋犖

歲除官愈閒不復親文牒長嘯向高齋磨墨寫門帖

弟作燕山客兒爲漢水遊高堂當此夕兩地思悠悠

何限鄉關思天涯獨倚樓最憐小兒女談笑說黃州



河東書院送喩石農渡江　許兆椿 秋巖

日落帆初掛江寒潮未生秋心將別思同到武昌城

江干送客　王養愚

送客大江干記取江干樹他日再經過思君從此去

七言絶句

宋

李委吹笛　蘇軾

元豐五年十二月十九日東坡生日也置酒赤壁磯下踞高峯俯鵲巢酒酣笛聲起於江上客有郭古二生頗知音謂坡曰笛聲有新意非俗工也使人問之則進士李委聞坡生日作新曲曰鶴南飛以獻呼之使前則青巾紫裘腰笛而已既奏新曲又快作數弄嘹然有穿雲裂石之聲坐客皆引滿醉倒委袖出嘉紙一幅曰吾無求於公得一絶句足矣坡笑而從之

山頭孤鶴向南飛載我南游到九嶷下界何人也吹笛可憐時復犯龜茲

少年嘗過一村院見壁上有詩云夜凉疑有雨院靜似無僧不知何人詩也宿黃州禪智寺寺僧皆不在夜半雨作偶記此詩故作一絶　蘇軾

佛燈漸暗飢鼠出山雨忽來修竹鳴知是何人舊詩句已應知我此詩情

戲答陳季常寄黃州山中連理松枝　黃庭堅

故人折松寄千里想聽萬壑風泉音誰言五鬣蒼烟面猶作人間兒女心

次韻文潛立春　黃庭堅

渺然今日望歐梅已發黃州首更回試問淮南風月主新年桃李



爲誰開

同次韻　晁補之 无咎

誰憐舊日青錢選不立春風玉筍班傳得黃州新句法老夫端欲把降幡

絶句九首之六　張耒

天高列岫出林外霜落大江流地中晚日橋邊數歸牧牛羊部分聽兒童

樹頭三唱雞賓日門外斜行雁寄書十月江城霜霰薄滿山林葉亂藍朱

曉起山鴉噪作團西園霜木倚空寒風高斷雁呼前伴雨止歸雲赴舊山

千林黃葉總飛霜寂歷踈梅未肯妝誰信輪囷卧山木心知九地
有微陽
空山風雨冷蓬茅晨起幽人理緼袍深閉衡門且無出溼雲如曍
怒江號
黃葉桑林赤土岡蓬茅小徑度牛羊似聞流冗之唐汝歎息何人
爲發倉黃累年旱饑流民就食唐汝
齋中列酒數壺皆齊安村醪也今日亦强飲數杯戲成絕句
奉呈邠老昆仲　張耒
會嘗玉帝碧琳腴不醉長安市上酤作史官時歲節賜御醪飲溼先生今已
矣㗖醨留得與門徒東坡三年黃州城之酒但飲溼
東堂初寒創意作竹屏障門二首屏脚偶得朽梅株截用之完固質野有可喜者　張耒



丈室新屏用此君碧琅玕插古槎根白雲一片當空下護此寒堂
宴坐人
簡冊林中老蠹魚年來窮謫尙耽書竹屏風下憑烏几畫作柯山
居士圖
晚過黃州　楊萬里
數峯殘日紫將銷一片新秧綠未交道是今年春水小漲痕也到
岸花梢
黃州道中　崔鶠
莫愁微雨落輕雲十里長亭未墊巾流水小橋山下路馬頭無處
不逢春
明
過黃州　李東陽賓之
江上兵回烈炬空都將成敗付東風千年赤壁無尋處辛苦英雄
一戰中
贈黃州守　李夢陽
黃州江比使君清赤壁山留萬古名黃州小兒騎竹馬來時相送
去時迎
南濟山房作　劉養微
竹林深樹午鳴鳩何限浮雲天際流待得月明秋似水玉笙鸞鶴
到峯頭
登宏化庵　易登瀛
荒涼野寺小山阿面挹江城景色多最喜四郊籬落滿秋風禾黍
聽農歌
山中聞於文言信　王一翥



南昌沙岸舊隄荒凝盼虔州掩劍光只剩文山千點淚寒雲壓作
柿頭霜
過黃州　王一翥
綠楊啼鳥不會來只築荒城莫築臺夜半江聲聽不盡倚書宅後
野棠開
樊亢宗城隅別業　官撫辰
愛靜鑿池邀月小支亭當檻引風長隔江數點峯如碧掩映城頭
不肯藏
遺谷　杜濬
山裏尋山山更清倚嫌遺谷未遺名老僧不作閒功課槌磬一聲
幽鳥鳴
磵邊　杜濬

紅葉無風猶著樹青松媚日自生煙鐘聲出塢清如水早有幽人
立磵邊

雙柑園　杜　岕 些山

無復遺書似長卿雙柑久已絕聞鶯梅花苦竹層層老留與詩人
歎一聲

遣興　樊維師

四壁清陰冷薜蘿晏溫低卧養天和恰宜雲氣當窗在無奈鐘聲
到枕何

國朝

雜咏　曹本榮 木欣

盧橘新傳寵漢中尙衣聞道減洮羢諸州節使休蠲助
聖主清心在合宮



贈杜于皇　王追騏

隋隄佳景竟誰傳春月秋花盡可憐兩度邗溝尋樂事一年一見
杜樊川

撥棹雜咏　周體觀

不見當年劉克猷西風吹淚過黃州舊時江路能來否落日招魂
古驛樓

王賁澤先生故里四首　金德嘉 會公

先賢騷雅古壇在軼事傳聞今孰能避客踰垣王太史草間邂逅
顧中丞

二客周旋王裕州江村五月也披裘騎牛跨馬朝朝出不絕豪游
絕貴游

雷轟電激發臨皋尺牘熊熊亦自豪豈為窮居多侘傺楚才自合
續離騷

撫臣奉詔紀興都授簡歸田楚大夫直筆書成清議許雷同張桂
豈通儒 顧中丞聘公修興獻藩邸志隨州顏公木京山王公格同事志成不稱旨士論賢之

秋夜醉歸　呂德芝

王氏山頭路絕塵漱流庵外月如銀蒼蒼莽莽渾無際萬樹秋聲
一醉人

漫興　呂德芝

久因種菜休彈鋏時為歌風學理琴又是黃梅好時節書簾坐擁
落花深

六月一絕呈李庠師芸莊　呂德芝

六月曾經十度雨晚稅早稻壓西疇鵓鴿自笑生原小咏得堯天
幾顆秋



田家婦　呂德芝

桑柘陰稀蠶事成清晨又挈饁筐行城中少婦羅幃裏猶道東方
尙未明

綠楊池　胡之太

東坡高唱震浠川醉卧楊橋今尙傳 蘄邑亦有綠楊橋 若使經過見隄柳
也應歆枕詠池邊

月夜自楓臺步歸五首　萬為恪

楓青獨步碧雲流為愛晴光滿十洲幾掬愁心天萬里因風散作
五湖秋

野煙正傍晚鐘輕樹白巒蒼到處明一盼平原驚落葉長空雁唳
恰三更

溪邊吹笛憶誰憐零舞多情曲裏傳無限東風吹不轉淒清一片

落溪前
銀霄玉漢並星流松響山空起白鷗眾動自潛蘋自綠微波蕩漾
一扁舟
北斗平臨近可呼澄瀾遠浸數峯孤塵氛淨盡身如玉天水無分
總畫圖

畫竹碑立坡仙亭　賈鉉
寫此淩霜玉兩竿稜稜傲骨耐嚴寒坡公梅樹萊公柏許作同心
三友看

卧次過黃州　吳省欽 白華
著屐徑須登赤鼻挂帆笑未泊黃州臨臯道士如相問月小山高
付夢遊

題陶北窗濯足圖 北窗智林村道人　周凱 芸皋



踏破芒鞋萬里天嶺梅蜀雪悟前緣江湖看飽風波惡靜閉丹房
跂足眠

題汪彝仲上舍 士倫 拖雲書屋聽經圖　龔斗南 小梁
十載春風侍講堂座中人是魯靈光 謂王菊門先生 后山朋舊知多少祗
爲南豐爇瓣香
潭水桃花深復深踏歌江上別離音傳神也有龍眠筆難寫高山
嚮往心

黃州雜事詩三十首　陶樑 鳧薌
騎馬京華謁選忙偶同吟侶探春芳誰知古寺留詩讖眞到黃州
看海棠 道光壬寅三月余在京師偕葉蘭部東卿徐侍御星伯遊崇效寺看牡丹用東坡定惠院海棠韻賦詩紀事是秋赴任湘南旋奉有量移之命遂來齊安不可謂非詩讖云
閒憑戰壘說孫劉弔古還來赤壁遊不管興亡多少事大江日夜
向東流 赤壁在漢川門外距城數武蘇子瞻遊此作賦遂指爲吳魏鏖戰之地山上樓閣頗多明末悉燬嗣經屢次修葺今已漸復舊觀矣
讀書堂好傍叢林環珮空勞月夜臨比似維摩方丈室散花天女
試禪心 讀書堂在安國寺宋韓琦侍兄琚守黃時嘗于西廡讀書又天女寺見宋薛季瑄二女篇序
朱欄畫檻俯江流題壁元之好句留夜靜水光搖萬頃何人曾上
月波樓 月波樓宋王禹偁詩序曰月波之名不知得於誰氏故老皆無聞焉因作古詩一章凡六百八十字嵌於樓壁云
隔江隱隱樹青蔥聞說吳王有故宮暮靄朝煙看不盡西山日在
浪花中 西山在武昌縣境內相傳三國時孫權避暑於此上有宮殿與黃州城隔江對峙
渡頭芳草碧痕深鼓枻遙傳隔浦音應識靈均憔悴甚采蘭澤畔
慣行吟 蘭谿驛
文酒淸隨笑語同涵暉名在舊樓空集編花萼尋常事勳業何人
似魏公 涵暉樓在縣西南宋張安國書其額曰無盡藏樓韓魏公有詩臨江三四樓次第壓城首山光徧軒楹波影撼窗牖



余兄天壁中向攝齊安守兄才無不宜吏治孰可偶公庭常寂然所樂在文酒
名重人呼作黨魁一重公案在烏臺湖州不幸黃州幸題徧江山
要此才 按先生年譜元豐二年七月在湖州因到任謝表得罪追攝赴臺十二月十九日責授黃州團練副使
遙音遙辨俗工非載酒人來舊石磯難得扁舟逢李委新詞一曲
鶴南飛 紀年錄十二月十九東坡生日也置酒赤壁磯下踞高峯俯鵲巢酒酣笛聲起於江上客有郭古二生頗知音謂坡曰笛聲有新意非俗工也使人問之則進士李委聞坡生日作新曲曰鶴南飛以獻呼之使前則青巾紫裘腰笛而已既奏新曲又快作數弄嘹然有穿雲裂石之聲坐客皆引滿醉倒委求詩作一絕句王郎以詩見慶次其韻
犖确坡頭路未平營田覓得試躬耕阿誰隴上同勞苦廿載相從
馬正卿 東坡八首詩序余至黃州二年日以困匱故人馬正卿哀余乏食爲於郡中請故營地數十畝使得躬耕其中地既久荒爲茨棘瓦礫之場而歲又大旱墾闢之勞筋力殆盡釋耒而歎乃作是詩末首云馬生本窮士從我二十年日夜望我貴求分買山錢我今反累生借耕輟茲田
雞黍頻邀玉局仙豪游爭識厲公賢方山去後風流盡寂寞岐亭

五百年東坡詩集陳季常自岐亭過訪郡中及舊州諸豪爭欲邀致之有戲作陳孟公詩又有季常見過詩云君來輒館我未覺雞黍窄

空中神語是耶非一逕通幽掩竹扉憂患從來緣識字好憑天篆悟元機東坡詩集是日偶至野人汪氏之居有神降於其室自稱天人李全字德通善篆字用筆奇妙而字不可識云天篆也

松寮茅舍傍雲根隨意閒尋近郭邨我比坡公多束縛不曾日日出東門東坡詩有日日出東門步尋東城游城門抱關卒笑我此何求

半載山城苦索居東家問徧苦無書何人得似王齊萬散盡萬金買百車東坡詩集有王齊萬秀才詩君家稻田冠西蜀檮玉揚珠三萬斛塞江流柹起書樓碧瓦朱欄照山谷傾家取樂不論命散盡黃金如轉燭惟餘舊書一百車方舟載入荊江曲江上青山亦何有伍洲遙望劉郎藪明朝寒食當過君請殺耕牛壓私酒與君飲酒細論文酒酣訪古江之濆仲謀公瑾不須弔一酹波神英烈君

五載棲遲郎故鄉借他邠老過重陽蠻煙瘴雨南遷日倍覺歸心負雪堂按東坡圖云郡人潘邠老及弟大觀俱以詩知名多從先生游先生去以雪堂付之邠老因以居焉又先生有聚英州五絕云萬古仇池穴歸心負雪堂



舊院迴車路儼然南堂遺址剩荒煙西來消盡峨嵋雪春水生時浪接天齊安拾遺夏澳口之側本水驛有亭曰臨皋郡人以驛之高陂上築南堂為先生游息郡志臨皋亭在縣之南瀕江乃古之迴車院也蘇軾嘗寓居嘗曰亭下大江半是峨嵋雪水為築南堂於此

一谿明月景偏饒譜就新聲引鳳簫嘶過玉驄芳草地醉眠記得綠楊橋東坡綠楊橋西江月詞遍野瀰瀰淺浪橫空曖曖微霄障泥未解玉驄驕我醉欲眠芳草可惜一谿明月莫教踏破瓊瑤解鞍欹枕綠楊橋杜宇數聲春曉按郡志綠楊橋在城東蘇軾嘗醉臥其上作綠楊橋詞因名

淪落天涯悔已遲奇才畢竟九重知憐君曠世還相感為洗蒼苔讀舊碑按先生安國寺碑記建於元豐七年今在寺中

飯罷闍黎比挂單觀空便欲借蒲團慣來小院留遺蔭修竹森森綠萬竿安國寺東院有竹甚茂傳為坡公憩息之所額曰般若舟

一泓止水暗泉通挹注原知用不窮五百年前曾洗墨硯池還在雪堂東洗墨池在今府治雪堂東首

四望亭邊一杖攜悠然碧水浸深池浮萍合處蛙聲滿又是斜陽過雨時東坡詩集有雨晴後步至四望亭下魚池上詩云雨過浮萍合蛙聲滿四鄰

宿草離離認故阡遺書猶在感前賢山中近日紛傳說採藥曾逢李鄴仙郡志李之泌字鄴仙黃岡諸生精王弼京房之學屢徵不起著有夙知錄

鍾山深處掩蓬門海內空傳處士尊香火年年祠廟在梅花時節與招魂縣志杜濬字于皇一號茶村流寓金陵隱居不仕近日黃郡紳士為建祠堂於學宮旁正月十七日祀之蓋茶村誕日也

人間兩見娑羅樹淨土相依歲月深蓮苗三株原一本凌雲直幹已千尋娑羅樹在安國寺旁一本分三株結子纍纍據醫家云可治肝胃疾徐蓉舫太守云南京亦有此樹在燕子磯廣濟寺內高尚不及此樹之半云

閱歷深知蜀道難要將片石砥迴瀾宦途更比川江險行到中流



怕激湍郡志迴瀾石在城南蘇軾鐫激湍二字其上明成化間知府潘珏因建迴瀾亭

土風荊楚傳來舊除夕家家祀竈同卻怪歲時偏失記浮燈潔釜卜年豐郡志載李之泌詩序云吾黃里俗除夕潔釜浮燈祀竈祝歲逆子牛釜中見粒或嘉或秈或有或無種物各以類應歲之豐歉物之饒乏徵兆於此往往確驗過時視之則隱故人有知有不知者昨夜家釜浮粒有七圓明肥潤諦視真蚤秈米無他種乃為釜粒行以紀之俾異日採風者收入歲時風俗志亦一事也

喧傳價貴洛陽箋換比桃符一色鮮聞得新韶招利市裁成五彩帖門前黃俗每於歲首翦彩紙門邊牆脚遍帖之他郡未之見也

遺來俗客種常留豆莢槐芽滿地收帶得霜濃論擔賣至今老圃說元修東坡詩集元修菜詩引曰菜之美者有吾鄉之巢故人巢元修嗜之余亦嗜之元修云使孔北海見當復云吾家菜耶因謂之元修菜余去鄉十有五年思而不可得元修適自蜀來見余於黃乃作是詩使歸致其子而種之東坡之下云彼美君家菜鋪田綠茸茸豆莢圓且小槐芽細而豐種之秋雨餘擢秀繁霜中

羹材早已食單儲舉網人來慣趁墟怪底登盤滋味美新從樊口

獲鯿魚郡志鯿魚出樊口者佳

手擘黃甘欲薦新素羅香惹淚沾巾回頭三十年前事

恩賚曾叨侍從臣按東坡集有黃州食柑詩云一雙羅帕未分珍林下先嘗愧逐臣憶嘉慶乙亥余以講官扈蹕　兩陵仰蒙　寵賚　蒼梧回首不禁泫然

## 詩餘

### 宋

水龍吟公舊註云閭邱大夫孝直公顯嘗守黃州作栖霞樓為郡中勝絕元豐五年予謫居黃正月十七日夢扁舟渡江中流回望樓中歌樂雜作舟中人言公顯方會客也覺而異之作此詞　蘇　軾

小舟橫截春江上卧看翠壁紅霞起雲間笑語使君高會佳人半醉危柱哀絃豔歌餘響遶雲縈水念故人老大風流未減獨回首烟波裏　推枕惘然不見但空江月明千里五湖聞道扁舟歸去仍攜西子雲夢南州武昌南岸昔遊應記料多情夢裹端來見我



也參差是

水調歌頭快哉亭作　蘇　軾

落日繡簾捲亭下水連空知君為我新作窗戶溼青紅長記平山堂上欹枕江南煙雨杳杳沒孤鴻認得醉翁語山色有無中　一千頃都鏡淨到碧峯忽然浪起掀舞一葉白頭翁堪笑蘭臺公子未解莊生天籟剛道有雌雄一點浩然氣千里快哉風

西江月黃州中秋　蘇　軾

世事一場大夢人生幾度秋涼夜來風葉已鳴廊看取眉頭鬢上　酒賤常愁客少月明多被雲妨中秋誰與共孤光把酒淒然北望

南鄉子重九涵輝樓呈徐君猷　蘇　軾

霜降水痕收淺碧鱗鱗露遠洲酒力漸消風力軟颼颼破帽多情卻戀頭　佳節若為酬但把清樽斷送秋萬事到頭都是夢休休明日黃花蝶也愁

好事近送君猷　蘇　軾

紅粉莫悲啼俯仰半年離別看取雪堂坡下老農夫淒切　明年春水漾桃花柳岸隘舟楫從此滿城歌吹看黃州闐咽

江神子公舊註云陶淵明以正月五日遊斜川臨流班坐顧瞻南阜愛曾城之獨秀乃作斜川詩至今使人想見其處元豐壬戌之春余躬耕於東坡築雪堂居之南挹四望亭之後邱西控北山之微泉慨然而嘆此亦斜川之遺也　蘇　軾

夢中了了醉中醒只淵明是前生走遍人間依舊卻躬耕昨夜東坡春雨足烏鵲喜報新晴　雪堂西畔暗泉鳴北山傾小溪橫南望亭邱孤秀聳曾城都是斜川當日境吾老矣寄餘齡

哨遍公舊序云陶淵明賦歸去來有其辭而無其聲余治東坡築雪堂於其上人俱笑其陋獨鄱陽董毅夫過而悅之有卜鄰之意乃取歸去來辭稍加檃括使就聲律以遺毅夫使家僮歌之時相從於東坡釋耒而和之扣牛角而為之節不亦樂乎



為米折腰因酒棄家口體交相累歸去來誰不遣君歸覺從前皆非今是露未晞征夫指予歸路門前笑語喧童稚嗟舊菊都荒新松暗老吾年今已如此但小窗容膝閉柴扉策杖看孤雲暮鴻飛雲出無心鳥倦知還本非有意　噫歸去來兮我今忘我兼忘世親戚無浪語琴書中有真味步翠麓崎嶇泛青溪窈窕涓涓暗谷流春水觀草木欣榮幽人自感吾生行且休矣念寓形宇內復幾時不自覺皇皇欲何之委吾心去留誰計神仙知在何處富貴非吾願但知臨水登山嘯詠自引壺觴自醉此生天命更何疑且乘流遇坎還止

浣溪沙十一月二日雨後微雪太守徐君猷攜酒見過坐上作　蘇　軾

覆塊青青麥未蘇江南雲葉暗隨車臨臯煙景世間無　雨腳半
收簷斷綫雪林初下瓦疎珠歸來冰顆亂粘鬚

滿庭芳 中呂公舊序云元豐七年四月一日余將自黃移汝留別雪堂鄰里二三君子　蘇軾

歸去來兮吾歸何處萬里家在岷峨百年強半來日苦無多坐見
黃州載閏兒童盡楚語吳歌山中友雞豚社飲相勸老東坡　云
何當此際人生底事來往如梭待閒看秋風洛水清波好在堂前
細柳應念我莫翦柔柯仍傳語江南父老時與曬漁蓑

行香子　蘇軾

清夜無塵月色如銀酒斟時須滿十分浮名浮利休苦勞神似隙
中駒石中火夢中身　雖抱文章開口誰親且陶陶樂取天眞幾
時歸去作個閒人背一張琴一壺酒一溪雲



臨江仙　蘇軾

九十日春都過了貪忙何處追遊三分春色一分愁雨翻榆莢陣
風捲柳花毬　閬苑先生須自責蟠桃動是千秋不知人世苦厭
求東皇不拘束肯爲使君留 以上三詞俱先生眞蹟勒石赤壁

元

百字令　滕賓

柳蟹花困把人閒恩怨樽前傾盡何處飛來雙比翼眞是同聲相
應寒玉嘶風香雲捲雪一串驪珠引元郎去後有誰著意題品
誰料濁羽清商繁絃急管猶自餘風韻莫是紫鸞天上曲兩兩玉
童相並白髮梨園青衫老傅試與留連聽可人何處滿庭霜月淸
冷

# 黃岡縣志卷之二十三

知黃岡縣事合肥戴昌言編輯

## 藝文志

### 著述 經部

易類

宋

潘鯁易要義三卷

齊安潘昌言諱鯁從周希孟學登元豐己未進士初調蘄水
縣尉遷和州防禦推官知江州瑞昌縣監楚州都鹽倉吉州
軍事推官改宣德郎監漢陽軍酒稅以奉議郎致仕 宛邱集依省志
增入

明

樊煒周易外傳

煒字仲光別字崙川黃岡人以明經除漢陽儒學訓導精於
易著周易外傳數十卷以授孫子藩藩明其說以費孟焦京
之旨而微有異同以爲易有天道有地道有人道易與天地
準故能彌綸天地之道輔嗣以後程朱蘇楊之屬泥人蔽天
故其變難周變難周故其辭無據辭無據故不可得占也其
法以卦爻象周天周天三百六十乾策二百一十有六坤策
百四十有四凡三百六十當期之日六十四卦三百八十四
爻當閏之日閏歲之日餘二十四赤黃道相去之數盈縮遲
疾之差易之所積也先天六十四卦之序有位能按圖而述
之後天六十四卦之序無位不能測其分至啟閉故難述耳
後天八卦獨於兌言正秋乾兌兩卦先後天皆相次陰陽之

終始剛柔之分際也今正立兌當秋分則乾坤居戌未坎離居辰中是以魁步奎婁而履始杓擕龍角而發春四正既齊推移靡忒然後乾坤屯隨臨旡妄革七卦之元亨利貞蠱升二卦之元亨可得而言履謙復恒損益困井巽九卦之蘊可得而測先甲後甲先庚後庚巳日乃革之旨十年三年八月七日三日之數左腹右股右肱之方可得而辨大都以日星爲紀以月爲壘并六十四卦以爲天數去四卦以爲日數去八卦以爲月數而損益盈虛變化在其中矣非通周髀算經靈憲天體不能善解其義 郭北城黃離草 依省志增入

樊鼎遇易林

見經義考誤作樊直卿高世泰曰樊長卿著有易林詩林禮林樂林凡五十五卷



樊志張四易

志張字雨同黃岡人所傳易凡四種易象易數易適易占其弟維城合而刻之 三楚文獻錄

程艮球周易贅餘

易爲鼎易說

朱荃宰周易內外圖說

熊霈大易參

馮雲路易藏

孫應鴻古易圖

徐之卿易經微義

易道暹易傳

熊霈圖書懸象

孫應鴻河洛理數詮

國朝

易經通註四卷

傅以漸曹本榮等奉

敕撰順治十五年

世祖章皇帝以永樂易經大全繁而可删華而寡要因命以漸等刋其舛訛補其闕漏勒爲是書 見四庫全書

進易經表曰經筵日講官左春坊左庶子兼內翰林祕書院侍讀加一級臣曹本榮恭承

勅諭纂修易經今已成書謹奉表

上進者臣本榮誠惶誠恐稽首頓首上言伏以六經皆治世之書作述既垂於往哲一畫最先天之祕表章尤貴乎

熙朝唯其妙貫天人是用精探幽溯業資四聖實造化之元關道綜



羣儒殆源流之奧府聖人以之開物成務學者以之致遠鉤深包羅天地之神奇囊括陰陽之變態於吉凶悔吝之理洞若秋毫知進退存亡之幾捷於桴鼓遠則六合之外近則一身之中天道遠而無不可明人事紛而悉有可據顧前人窮理盡性原昭昭揭朗鏡而行奈後學觀象玩占每倀倀同幽室之步苟非博采章句檃括義疏會異旨於同原立片言以居要卽枝葉而究其根柢棄糟粕而尋彼淵微何以使大義炳於日星深著乎性命之理來學升其堂奧不疑爲卜筮之資然則讎校謬譌貫穿同異必有待於乘六御天之主始足垂爲函三得道之書矣茲蓋伏遇

皇帝陛下

通德類情
顯仁藏用
中正觀天下皇哉
天子之龍飛
和平感人心允矣
大人之虎變
乙夜之觀萬卷奎壁宏開三苗之格
兩階海山效順煥大文於經天緯地知
帝王之絕異儒生彙衆理於諸子百家陋古后之專言圖讖凡屬先
民正學悉垂
昭代鴻編況大易之全書尤六經之奧旨儒者研硃而莫究枉
飛露於華箋博士皓首以難窮還叢芸於渠閣即考注疏於



王孔未續微言幸遵傳義於程朱妙窺眞際猶恐百家爭喙
或多榛蕪之識兼之俗説流傳不少豕魚之誤用是渙啟
宸斷俾之修輯成書撮要删繁博選諸家之箋注要終原始獨探至
理之要歸固將沿流以遡源抑且得一而貫萬雖書不盡言
言不盡意參語當在文字之先而因經成傳因傳成文啟蒙
不出詮解之外誠一代尊經之表的更大道接續之微幾也
臣學愧眞儒才慚都講管窺蠡測未悉理數之兩家薪盡火
傳窅識南北之二派祗以恭承
勅命俯竭顓愚考訂不厭其再三舛訛或除其一二仰資
睿鑒乃垂金石而不磨允協
昌期如覩龍馬之復出伏願
天行時健

盛德日新在上有教思容保之功在下有遷善改過之實君子
之道日長聖人之教常新大啟儒宗用繼淵源於周孔丕躋
治化獲返淳悶於義皇臣無任瞻
天仰
聖激切屏營之至謹奉表上進以
聞

朱日濬訓蒙易門七卷

自序曰易之作吉凶與民同患則言易而不言占非聖人之意也或謂易道精微若止爲卜筮而作則卑視夫易而豈足以語夫通神明之德類萬物之情乎殊不知形而上者謂之道形而下者謂之器在聖人已有成説故家文公云易若只言道理聖人當初何不直作一書如大學中庸之類何必用



許多圖象通其變以極其數如此也故其注易也有象有占以爲此象占乃易之本旨故名曰本義以見程傳諸書皆非其本義耳故程言理邵言數本義言象即理也言占即數也象占設而理與數皆具易之道乃備後世又何須注易而濬之易門又何爲哉亦祇以本義辭簡旨深童蒙小子不能驟通其意爰就本義略加訓詁譔成口講句分字晰使因粗以求其精故云訓蒙云爾康熙癸亥仲春 依省志增入

孫錫蕃易經圖説

於斯和周易假我編

胡夢熊易林解

詹大衢大易疏晦四卷

林之華周易上下篇義補

林之華易賁日箋

萬年茂周易圖說六卷

蔡新序曰易者道之原也包羲遠矣其世遠其言荒而易託然八卦之名與其象蘉然可曉也而世滋疑者顧以孔子之言太極河圖洛書出繫辭傳先後天方序出說卦然說卦無先後天文河圖洛書無如今十九點畫者天一地二不言河圖洛書宋後乃俱有圖程朱之學一也程子於諸圖未之信也朱子信之後天之義闕焉而周子太極一圖程子祕之朱子傳之何也自漢千餘年程朱諸賢出而得其傳而世所爲不可知者乃若是我

聖祖仁皇帝御纂周易性理推闡圖書先後天美備精微

皇上性學高深淵源道脈作述兼隆學者欣逢其會尙未能仰體至



教乃循塗守轍致昧古人心法不敢旁參一解固矣南泉向以侍直日久親沐日月之光退而冥搜遐討深研三極與古人相質於百世之下雖以言自心裁要其指肆而不誣義剏而愈習譬如探星宿汎溟海一一具道其然而至者絕罕詑謂新奇耳夫古今相待者也天體卽道體向言天中言其空中者而已程子始謂天地之中理必相直朱子亦以天中言地而推步之法至我

朝而精天體定太極河圖洛書先後天之旨無不可定而儒釋眞妄之分朱陸異同之說皆可無辨而明此古人之有待於後而亦南泉所爲獨得者其言曰虛以塊成行生是出吾儒本天其實本地始余聞而疑之及讀

御纂性理以圖書中宮卽太極皇極然後釋然知其說之有據且道一而已自我西郊乾坤胡易列在東序龍馬胡陳相仍以八習駭若夷目常爲怪矣而若命若性若中若誠若止程朱以徃微言大義尋亦滋翳南泉壹以天地實跡體之而六經四子儒先之論指畫心印若其曹曉而衆著者以其知知其所不知而實無不可知蓋其所好者道也言易而不知道烏乎言易也方南泉以失職去治具且行矣猶矻矻於是圖成輒以示余怡然也歸而數年益廣正說而南泉之學方日進而未有已吾何以測其所至也哉

張鳳鳴周易彙參十八卷

張鳳鳴周易詮說

李璜易經正編

朱大年易攷三卷



李鈞簡周易引經通釋十卷

自敘曰易之爲書始於伏羲之畫卦繼以文王周公之繫辭孔子作十翼以終之所以用之卜筮者也古者國之大事謀及卜筮唐虞之枚卜官占成周之建都卜洛至於冠婚軍祭無不用之盡人合天之學莫備於易實聖人傳道之書也論語鄉黨一篇記聖人之言動而終之曰時哉時哉孟子曰孔子聖之時者也與時偕行易之全義聖人之全體大用矣夫子以易繼往亦以易開來而與門弟子未嘗言易子貢曰夫子之言性與天道不可得而聞也記者曰子罕言利與命與仁陰陽之道性命之理其旨精微而不欲輕言非不言也其言之見於論語者曰加我數年五十以學易可以無大過矣曰不恆其德或承之羞不占而已矣居則觀其象而玩其辭

動則觀其變而玩其占學易之道此二章足以盡之聖門得
斯道之傳者首推顏曾顏子有不善未嘗不知知之未嘗復
行其心三月不違仁克己復禮之學本於易曾子曰吾日三
省吾身君子思不出其位守身事親之學本於易善學夫子
皆善學易者也漢儒傳易者其授受皆本於商瞿孔氏之門
孰非以易爲教哉夫子未嘗言易學易之次章記之曰子所
雅言詩書執禮皆雅言也觀易象與春秋者曰周禮盡在魯
矣則知詩以道性情書以道政事禮以道威儀春秋以道名
分皆人事也惟易以天道明人事所以爲五經之原夫子刪
詩書訂禮樂修春秋蓋有無往而非言易者昔人謂孟子亦
不言易而深於易聖人復起不易吾言矣此卽明不易之理
也禹稷顏子同道易地則皆然曾子子思同道易地則皆然



此卽明變易之理也後之言易者其亦以羣經明之可矣而
豈俟他求乎曾子之傳大學引詩書而釋之子思之傳中庸
引詩書而明之孝經以及坊記表記其言皆以易詩書明之
爾雅之釋名物亦以詩書訓之釋經而本於經斯理無不明
而辭無不達矣恭讀
聖祖仁皇帝
御纂周易折中
案語內如解履五夬履貞厲曰心之憂危若蹈虎尾引書解大畜
上九何天之衢曰何天之龍何天之休引詩解睽二遇主曰
備禮曰會不備禮曰遇解震五有事曰凡祭祀曰有事引春
秋解坎象設險曰忠信以爲甲胄禮義以爲干櫓引禮解无
妄二不耕穫不菑畬曰先事後得先難後獲引論語解坤文
言正位居體曰立天下之正位引孟子解繫傳繼之者善曰
身體髮膚受之父母引孝經此類疊見隨義所及以經證經
周情孔思如指諸掌恭讀
高宗純皇帝
御纂周易述義如解恒象引書德無常師主善爲師善無常主協于
克一終始惟一時乃日新解屯初引詩載戢干戈載櫜弓矢
我求懿德肆於時夏允王保之解家人四引禮記父子篤兄
弟睦夫婦和家之肥也解繫傳舟楫之利引周禮作車以行
陸作舟以行水解師三引春秋左傳子爲元帥師不用命解
蒙初引論語有教無類解无妄五引孟子必有事焉而勿正
心勿忘勿助長也凡百十條因義發揮旁通經傳
聖作
明述廣大悉備易書絜靜精微之旨



聖學已括其全所以
昭示天下萬世蓋日星之經於天矣集說自程朱傳義外以及漢
唐注疏與諸說經之家其引經以解易者亦不一而足鈞簡
自束髮受學經書成誦後先君子以易學深微手錄
御案暨儒先成說口講指畫使之明白易曉鈞簡質性顓魯不揣檮
昧謹遵斯旨積思數十年廣覽注家傳參經解取各經之語
合於易之象彖爻傳者爲之字釋其詁句釋其義節釋其旨
以疏通而證明之遂得薈爲成書間有取於汲書者周書之
逸也國語者春秋之外傳也大戴禮者禮經之遺也家語者
論語之餘也山海經者爾雅之流也引伸觸類旁推交通易
理既明而於羣經之旨亦有相爲貫通者焉名之曰周易引

經通釋庶幾爲讀易者之一助云

靖道謨繫辭解

周興邦易書會通

王成易林解

汪兆柯周易辭象合參四卷

自敘曰易爲四聖人之書四聖各有易伏羲畫卦卦卽易也文王觀象而繫辭辭卽卦也周公觀爻象而作爻辭辭卽爻也孔子彖傳象傳文言繫辭說卦序卦雜卦雖通釋易義然有卽文王辭中之意而引伸之者有文王所未言特揭以示人者其引伸之者如伏羲文王祇有乾坤震巽坎離艮兌八卦之名孔子則有天地雷風水火山澤之象羲文祇有奇耦之畫孔子則有陰陽剛柔健順動入險麗止說之說伏羲有



卦象文王作彖辭周公作爻辭孔子作彖傳象傳皆羲文卦畫卦辭中所含蘊孔子引伸之者也其未言者如卦象文王繫辭未言象孔子則卽卦之上下兩象而統以人事釋之又如姤之卦辭言女壯勿用取女彖傳則言天地相遇品物咸章歸妹卦辭言征凶無攸利彖傳則言歸妹天地之大義人之終始睽之卦辭言小事吉彖傳則言天地睽而事同男女睽而志通萬物睽而事類後人因疑孔子與文王有異同不知文王統繫一卦之辭孔子旁通一卦之蘊凡十翼傳文無非曲盡易之理旁通六十四卦之蘊也是易至孔子發明之後更無餘蘊任後人言象言數言理總不出範圍之中向使孔子無翼易之功則易之義從何處推求除卜筮外卽爲無用之書而易道幾廢矣何以垂教萬世哉後之人言象數者昧乎義理言義理者遺乎象數皆未盡乎易之理也旨哉繫傳之辭曰君子居則觀其象而玩其辭動則觀其變而玩其占任後人學易用易總不出此二語至矣盡矣無以易矣今本此意以輯註卽取以名篇

後序曰易自費直鄭康成合彖象文言於經王輔嗣又取爻之象辭各附當爻而古易淆亂程子從輔嗣之書而爲傳朱子從呂伯恭古易而爲本義本不相混也自明初取士易學兼用程朱永樂中修周易大全取朱子卷次割附程傳之後於是朱子所定之古本仍復淆亂成化間姑蘇成矩爲奉化教諭以學者苦程傳過繁艱於記誦專習本義因取大全刪去程傳又不從朱子原書終明之世無更正之者至我

朝



聖祖仁皇帝

御纂周易折衷而後三百年淆亂之書復歸於正但成學之士咸知披閱古經而鄉曲小學質多椎魯翻校苦難案頭肄習之本義仍係成矩之書蓋取其尋省易了以便初學今辭象合參原名講義以本義辭意高渾學者驟難瞭解緣推廣本義之意而補其所未盡庶幾於聖經逐字逐句皆有所發明惟於周公爻象參以互變及彖傳往來二字不從卦變之說而宗繫辭乾坤合德之旨爲小異耳

汪兆柯周易圖說一卷

汪兆柯讀易總論一卷

萬裕澐周易通變

嚴耀京周易會纂

嚴承功周圖採要
嚴承功易辭辨似
童泗芳易林萃玉

書類

明

秦繼宗書經彙解四十六卷
見經義考誤以繼宗爲蘄水人
秦繼宗尚書疏意
汪三省尚書懷西四十八卷
易爲鼎尚書說
官如皋尚書解
樊維城皇極敷言



國朝

朱龍尚書講義六卷
林之華洪範說卦鎖鑰
張鳳鳴洪範論二卷
嚴承夏洪範圖說
自敘曰天一地二天三地四天五地六天七地八天九地十吾夫子以數言易非易之數洪範之數也夫洪範言天之陰隲民之彝倫不可謂數也迺大禹敘疇初一曰五行次二曰五事次三曰八政次四曰五紀次五曰皇極次六曰三德次七曰稽疑次八曰庶徵次九曰五福六極此其數之所自昉與說者曰伏羲時龍馬負圖因而畫卦禹治水神龜列文於背有數至九第其文以成九疇孔子以河圖之數繫易不與洪範準洪範九疇洛書之數也夫河圖洛書其數皆四十五虛五用八一得五二合十併二五爲九十數九範疇也十一之全五之合也故曰河圖揭其全數之體洛書肇其變數之用且夫易言象範言數數根理象根數故邵子皇極經世本洪範以立言而天地始終之圖闢於一一闔於八八卦象具在洪範數中矣其衍易也先天按九疇之分後天按九疇之合數立而象著不知範者誠不足與之語易然則大禹言九夫子言十何也蓋數始於一終於十十而百而千而萬而億十亦一也洪範用九不用十而一九二八三七四六其合皆十操於五爲五十不言十而十在九中所以大一之體殫五之用然天之陰隲一而已民之彝倫五而已故河圖一三二四之數十祇一之所循環七八之數十五九六之數十五皆



五之所布濩氣質渾於一陰陽肇於五河圖者五之流行一之統會也邵子所謂中環中渾然不著於物巳顧理有流行斯有對待有統會斯有散殊洪範之作凡以爲民而巳聖人仰觀於天俯察於地析河圖之文爲對待之體成散殊之形然後有洛書洛書者聖人以人道設教也一九三七陽正以明人之天二八四六陰畸以明人之地天氣也地質也氣行陽有陰爲天中之地正不倚於偏質具陰有陽爲地中之天畸不失其正五以一協正以四率隅道有經權理無盈縮是以謂之彝倫是以謂之陰隲余少讀洪範按圖書而詳其義知河圖非圖洛書非書陰陽五行之數也自數學不明而言易者主河圖言範者主洛書古今聚訟莫之適從惟邵子確然見二圖之相表裏四象八體根於一統於五以盡其變而

天地之消息人事之治亂物類之異同釐然可證雖其言浩汗渺邈不依文義而命數定象莫非陰騭之妙緒彝倫之奧旨竊不自揣倣其意爲洪範圖說四卷本經爲圖即圖釋經不敢妄附於前人而陰陽體用讀邵子書而撮其要有不得辭其責者至於因圖得數因數得象如九峯八十一圖原非洪範本意而約其數於呼吸動靜間庶幾修身寡過之道乎故並錄其言之與圖象相發明爲釋立象示人之意與潛心洪範者參觀焉

詩類

明

易爲鼎毛詩說

樊維城毛詩大成



朱荃宰毛詩類考

樊鼎遇詩林

見經義考

何直詩義出入傳注

國朝

陳大章詩傳名物輯覽十二卷

大章於毛詩用功頗深所作輯覽凡百卷凡三易稿而後成此乃其摘錄付梓之本凡鳥二卷獸二卷蟲豸一卷鱗介一卷草四卷木二卷蓋尤其生平精力所注也毛詩自陸璣以下詮釋名物者毋慮數十家此書成之最後故於諸家之說採輯尤夥其中體例之未合如釋鵻之奔奔則莊子之鶉居列子之性變以及朱鳥爲鶉首子夏衣若懸鶉之類無所不引釋雉棲于塒則列子之木雞呂氏春秋之雞跖漢官儀之長鳴雞亦無不備載皆體近類書非說經之旨又每條首錄集傳大意以紫陽爲主故於鄂不韡韡則取豈不光明之義而駁鄂作萼不作跗之說以爲不煩改字亦過於偏執至於載宋太宗賜耶律休哥旗鼓杓窊印則以遼事誤爲宋事尤爲乖舛然其徵引既衆可資博覽雖精覈不足而繁富有餘固未始非讀詩多識之一助也見四庫全書

靖道模過庭編

禮類

明

余心純禮經搜義二十八卷

黃洪憲序曰予在講幄時上命撤貞觀政要而講禮經因與



二三學士訂諸家說譔次講義而訓詁浩繁紛挐難決獨近世姑蘇徐伯魯氏集註字訓句釋博洽而精核說者謂其可列學宮肄太常也逮予告歸里楚黃葵明余公來宰武塘得閱其所謂禮經搜義大都爲制業作不屑屑於字訓句釋諸篇有缺而不錄者有略而不盡錄者至於郊社宗廟以和神人朝覲聘問射燕享以善交際愼終追遠以伸孝敬宮室車騎玉帛冠裳鼎爵以別器用選俊造進以興賢能庠序膠學以育英才絃誦羽籥以脩齒胄先王之制所爲取法乎天地觀變於陰陽效順於四時五行秩敘乎三綱五常者靡不揭其要而明其義大槪伯魯之集註詳於訓詁故浩瀚而不爲繁公之搜義主於要會故簡括而不爲略均之有功於禮經者也依省志增

秦繼宗禮記疏意

見經義考

陳鴻恩禮記手書十卷

鴻恩萬歷中舉人此書成於崇禎癸未乃鄉塾課蒙之本(諸志)

朱荃宰禮記會通

樊鼎遇禮林

見經義考

官如皋曲臺解

朱荃宰禮記金丹

樊維城周禮雜錄

國朝

王一佐禮記義疏



張鳳鳴儀禮節錄

王基仁儀禮捷解

鍾英周官典訓

樂類

明

樊鼎遇樂林

見經義考

朱荃宰樂通

春秋類

宋

潘鯁春秋斷義十二卷講義十五卷

明

呂元音春秋問難

熊霈春秋主左

國朝

錢材海左傳提綱

孝經類

明

樊鼎遇孝經傳

見三楚文獻錄經義考

國朝

詹大衢孝經論注

朱案扶孝經衍義纂

曾世儀古文孝經集義二卷



四書類

明

樊熽四書口講

易道暹四書內外傳六十卷

見經義考

曹之棟四書講義

易爲鼎四書說

樊鼎遇中庸繹

樊鼎遇中庸舉正

中庸繹中庸舉正俱見經義考

朱荃宰學庸權衡

朱荃宰孟子年表

國朝

朱霞燦四書彙纂四十八卷

林之華四書貿日箋

朱日濬四書門

王一奇中庸權衡

林朝昌四書訓義傳薪

宋鎣四書分辨詳解

宋鎣大中訓詁

宋鎣論語管窺

宋鎣孟子講義

王鑾四書翼註論文補正

汪代棠四書會纂圖考



羅景南四書講錄

王封渭四子講義

張鳳鳴學庸章句箋二卷

吳純德學庸講義

易中瑜學庸講義四卷

靖道謨中庸釋註

程光國鄉黨經傳通解

王鑾序曰其在鄉黨纂者新安江愼修圖考一書旣稱該洽近吾老友蘄陽胡爾亭更爲義考七卷句櫛字比視江尤詳數典者莫或過之而於辭不數數然也乃今吾邑程君黼廷則又有鄉黨經傳通解之作其書雖止二卷而其於典也約而該其於辭也醞而肆其確然而不易者蓋與江胡兩家而唱于而後唱喁而其沛然不窮者則鄭夾漈所謂後十五略人未之聞蓋程君之所獨也 截錄

程光國學庸講義

萬希煜孟子通義

王宏烈四書衷言

周光霽四書講義纂要

周光霽四書講義洗心耳

林一枝四書敬聽錄

萬裕臨四書闡義

王壽祺四書補義

諸經總類

明



熊霈十三經注疏評略

曾日省五經心要

汪陞延五經成

易爲鼎經說

國朝

朱日濬五經門句解一百二十卷

王封渭五經纂輯

朱案扶五經注疏纂

萬希槐十三經證異

孫偉略十三經原委

黃紹慈五經通義

胡必泉經義考異

程光國十三經釋要

洪兆雲十三經經解

小學類

明

朱荃宰韻通

國朝

林期昌字學合編

陳大華書法緒言十卷

林之華士音會韻



藝文志

著述　史部

正史類

明

樊煒史學集

萬爾昇史求四十卷

王一翥序曰昔鄭端簡公紀本朝事蹟卓有古風其集中所論往史獨有斷制如胡致堂真西山所論不讓邱文莊之讀史然鄭有真見不憑意氣不侈翻掀故永而可味萬歷末年立論者好用小慧自謂成一說一說弗成反與諸說有礙是一廢百也今不患不讀史患讀而無用不患不纂史患纂而紊舊必得約其志明其識者方可從靜中考訂夫志不約則



綱違於經識不明則變窮於事約在守之而已退脩有焉明在旁悟而截其絲而已退脩有焉乎不見史冊者垂二十一年矣客有操觚而問者乎對以前人已盡後人無勞疊見其實世不止無約志並無約本夫果何求乎求如其人而止耳如其人而止者如其昔所傳而止耳能止於心自止於心所欲言言不苟言而後得斷制之平退脩造史求乎見之即題此見乎之一見而服也亦如見鄭端簡之所論也退脩日累其功而成之可謂不負前人云

王陞綱鑑讀要

秦繼宗綱鑑要略

國朝

易中瑜各代史評三十卷

於心匡綱鑑簡正篇
汪謙綱鑑會纂補正
陶宜炳讀史隨錄
陳樾二十二史蒙求疊韻三十二卷
萬裕臨廿一史提要
王鍾邦讀史閒言
陳堯松史餘二十卷

雜史類

明

朱荃宰世史
朱荃宰尙史

國朝



樊齊敏袖史
林期昌史學搜僻

奏議類

明

曹珪南城奏議
樊玉衡三諫存草

自序曰孤臣萬里之行豈非天哉當臣不才釋褐皇長子生始岐嶷耳輒惓惓國本迨理信內召時爲諸君子言之曰此日當官第一疏也念之猶如昨日比已丑十一月入臺庚寅二月巡視西城卽有一疏如後草癸巳正月讀三王並封之諭復有一疏如後草至戊戌三月則臣望隔春明久矣乃有最後一疏以成今雷海之竄九年之中凡再三致意焉秉性奇褊執心不化無能仰窺我皇上淵微閎深之指於國家未有絲毫補而自開罪明時以重太和中一物不得其所之累至於國本已定恩赦重頒而猶未得與諸俔隸名在丹書者同其解網大耋老親經年臥病閉關百折僅一歸省而梟獍之齮齕隨之乃老親竟亦齎恨以沒則忠可爲乎雖然孤臣削牘之初卽鼎鑊甘焉不者庭杖不者詔獄而皇上之所以宥臣者乃在諸慮下顧不足臣所乎且也讎臣者與爲讎使者與爲讎之使使者方欲甘臣之肉不厭而卒無以加我皇上天寬地容之外臣罪實深臣罰猶薄雷霆雨露大用循環謂聖明不減堯舜而終無回霽之日哉固矣固矣抑臣竊怪夫世之窺言者淺也以爲捐糜於此顯融於彼若償博進然其言唐子方胡邦衡之事津津矣不曰寇蘇胡李趙任王秦



諸君子之負猶多哉奈之何其以忠爲市以百一爲倖也昔人有言凡吾所以爲此極難將以愧夫天下後世之爲人臣懷二心以事其君者如抗言以博名高而席言以徼厚利二孰甚焉卽衰周之烈士不爲熙朝盛世有之可令眾庶見耶

國朝

曹本榮奏議稽詢四十四卷

是書仿歷代名臣奏議之體彙輯自周迄明諸臣奏疏分六十六門然自君德至弭盜六十五門止二十六卷其中律歷一門又有錄無書最後禦邊一門自二十七卷起至四十四卷止共十八卷未免繁簡不倫體例未能盡善疑草創未全之本也見四庫全書

曹本榮聖學疏

政書類

明

詹同皇明寶訓五卷

詹同請如貞觀政要更輯聖政爲書以傳天下後世上從之自敬天至制蠻夷五卷名皇明寶訓 明史本傳

樊玉衡河漕臆説

邱岳貢舉考一卷

國朝

程後濂治河末議

地理類

宋

李訦黃州圖經五卷

李諤祥符間所脩舊經亦頗有後人附益者郡守李訦又以近事爲附錄焉訦參政邴漢老子也 書錄解題

厲居正齊安志二十卷

郡守呂昭問俾教授厲居正重脩慶元己未也 書錄解題

許靖夫齊安拾遺一卷

明

茅瑞徵黃岡縣志十卷呂元音王同軌編次

按志成於萬歷戊申邑人呂元音王同軌采輯經知縣茅瑞徵所裁定者文簡義覈具有條理可與康海武功志埒惜久散佚舊志僅載茅瑞徵志序九首論讚六十首例言六條其文古雅遷固並聲蓋茅與呂王皆史才故稱善本省志題呂元音黃岡縣志似歸美一人於義未協



茅瑞徵志小序九首

楚地延袤綦廣黃邑於其中得百九十里有奇往代分領併隸不常厥治第仰窺躔次俯驗山川斯庚萬古毋變也屬且乂安人都野民居殷軫相望庶幾稱沃土焉若流覽圖牒求曩昔名賢勝蹟與其坵壟令人欲獻入之至乃稽考風俗物土之宜而布之利茲固長吏事余且兢兢飲冰矣 輿地志敘

易稱王公設險周官之制掌固掌修城郭溝池維此保障與民守之莅官行法豈傳舍是爲中國授室絃歌蔚興矣無窮茲社稷壇宇實鬼神式憑大事在祀古也有志至乃謹蓋藏嚴比伍飭郵傳庀關梁修濬以導利坊表以厲俗井井煌煌斯善國焉若夫遊觀之臺老釋之宮有其存之莫可廢也 建置志敘

古者九賦任萬民民不以困井田什一足術也管子牧民輕重九府遂霸諸侯并田而阡陌而履畝幾無行矣太史公曰楚越之地地廣人稀無饑饉之患以故呰窳偷生無積聚余觀黃大都若斯云迭布縷粟米力役之征山澤不麗亡遺利矣間者歲不登日食半菽不興邑介郭中孔道縣官芻輓外日益拮据以事租庸調滋煩苦我父老何政令之爲也郡又榷韶車銅桼木鐵器卮茜之屬若干緡江淮之民罷焉夫豆區釜鍾刀幣金錢非較若畫一如圜如流恐民之無以守也 田賦志敘

釋名縣以懸郡爲義或云絃也施繩用法不曲於絃古必經宰縣始得入爲臺郎此詎易勝其任乎丞佐庠師一以職守贊勛一以功令厲士亞旅保傳爲重惟均黃邑建自隋唐官

與邑俱迺勝國而上寥寥無傳德靖以來稍具聲蹟余特爲銓次焉長此不絕是在來者矣 官師志敘

述鴻虞之政者不備於殷周人而逸其傳也前芳無稽後美何續黃邑宦蹟往世不可槪見入國朝來代幾更令長幾易迺所稱說僅僅如左其他湮滅無聞何耶以今覯傳列諸君子非必有殊尤卓絕之行而歲計有餘於越鑄金像蠡峴首望碑思祜人人深矣什百而得三五厥惟艱哉衆實有口吾將以爲陽秋 名宦志敘

古設科取士靡滯一途周典賓興漢法舉辟隋唐而下爰開進士諸科維楚有材黃郡實當其半矧茲邑首稱郡望前代豈繄無人抑世遠籍湮澌無可述或風會未偵應運斯興迄唐迨宋斷帙邈若晨星我國家文明化洽二百年來西陵一蕞土薦紳學士肩踵甡列英聲茂實固足上勒紀牒下映來茲者矣至若武爵嚴翹闕之選封廕重覃恩之制亦例所不遺得備書云 選舉志敘

吾聞光黃間多異人出則鸞翔處則豹隱夫皆孕靄光岳文行表表絕塵而馳殆指不勝屈云高賢流寓所至仰如九鼎大呂猶將地以人重深閨淑媛之操蘭馨玉立固闡幽者不廢焉余識非冰鑑敢負陽秋闇中摸索取其神駿度義不能曲筆諛世知我罪我亦載牘得失之林也 人物志敘

易稱觀乎人文大哉王言吐詞爲經鸞龍之文奮矣士昂首俊談千秋業腐毫濡翰遠希作者至或藏之名山播響來禩甯雕蟲小技云爾哉齊安自有王杜闡茲風雅至蘇端明益揚其波江山斐然增色明興王太史穉欽先鳴狎主詞盟楚



師遂方駕域中家挾荆璧夢有殊彩伯固後起咄咄逼人惜天未竟厥緒至乃宦游流覽神與境合每夸文外獨絕可分泯焉弗章羅綱舊聞揚摧刪述意在斯乎則余何敢讓焉 藝文志敘

邑他事臚次較覈矣五行沴應及四郊多壘之跡皆邑大故雖多掛漏猶可參而互也仙宗釋部頗幻妄然名逼有足稱者齊諧稗說雅饒瑋金闕略不備非以傳信語有云與過而廢之也甯過而存之道在瓦礫謀野則獲作平等觀一切神奇爰誌雜記以擬曲中之亂 雜志敘

芓瑞徵志論讚六十首

黃之號始春秋矣厥後列辟代興幸割異制爲郡爲西陵爲南安爲巴州爲木蘭或郡或縣分轄靡定迄隋而下始肇今名粵稽紀籍班班足據茲特原其世次綜其始終按圖而徵今古其目睫乎 沿革論

周官九州封域皆有分星以詧妖祥保章氏掌之其後若裨竈梓慎甘石之流辨分星所主往往奇中余非史氏惡知星遊讀天官書翼軫爲荆州夫全荆寥闊數千里僅應一二宿彈丸黃邑其分幾何又觀晉天文志云江夏入翼十二度邑故隸焉將無同之與然其詳不可得言矣姑述所聞以竢明哲 星野論

黃規土遼闊窮鄉去治百里而遙介諸險阻恆不若於法抑所謂鞭之長不及馬腹廣輪綺分而沃瘠誼淫入疆可徵有專士矣甌脫之爭何日蔑有以壤錯得跳而越焉幅隕實當孔道舟車如織則吾未諗所息肩也 疆域論

邑介淮楚池江漢而塹之實荆蜀門戶余上下境宇觀古戰守營壘若臨皋崢嶸烏林邏堡等處依稀在目未嘗不喟然拊膺焉異時紅巾嘯聚傾市遷蜀事定捘廛多江以西人此前車也西北岐亭盜賊雲擾嘉靖間督捕通判羅瑞登創立公署代石甃城尋以姜家畈邑黃安而岐亭之備遂撤然其地錯壤黃麻至今稱萑苻藪三江口扼東上游九督亢地昔蜀漢拒魏必伸好江東以藉長江之險金人渡淮岳飛乞覲至蘄黃議攻卻高皇於此首殪僞漢成萬世業皆地利使然頃設江防專督武黃與洞庭分勢控制而三江守備以戊巳游兵首尾策應庶幾石畫然猶朽艫鈍卒擁空名耳倉廩實而武備修其斯爲奧區神皋云論形勢

山若水地所爲理也黃故澤國又映帶岡巒自天馬山奔騰而來大崎小崎皆龍從秀削而住息於聚寶山蜿蜒數折實爲郡邑頭顱形家謂蘆花三㞸云前則武昌西山近爲几案青蒼百疊爲屏爲幛水從鄂渚匯洞庭江漢之流環抱而下彭蠡湞洞洄汨足稱勝美矣第山惟東擁運肘偏薄往代爲遷客之居國朝天運昌熾夾洲突起而城西赤壁磯民廬櫛比遙爲衞送形氣於焉完固在昔稱黃岡山靈川媚當生大賢爲國家慶瑞夫天地鍾孕亦自有時氣運推移衰以基盛黃猶苞蘖之地可不勉旃論山水

厢鎮鄉都周禮經野之義也古酇有長都有師鄉遂有大夫以掌厥戒令以歲時登夫家衆寡而察媺惡與賢能今之制不必同然不易俗而脩治雖茲黃邑畫地辨方星羅鱗次商捘廛旅捘館士食舊德農服先疇各得所矣邇年閒諸道路



物價騰貴庶民有嘆息聲而市肆爲甚此何以故有事茲土撫茲繁庶其何道以保厥甯宇使無有遠志吾願與當事者圖之論廂鎮

自有邑來閱人成世所不與俱盡者顧其人足爲陵谷增色耳黃邑故四戰之國也遺壘纍纍具存此委土師保敷若乃披斷莽剝殘碣間多名賢勝蹟物是人非莫可覼縷如第窮要耶之觀即瓊臺瑶水何關他時重輕是在瞻彼流風永言仰止庶幾神交其人庾道季云廉頗李牧千載上懔懔猶有生氣語雖不倫意極有會矣論古蹟

余縱觀境內馬鬣封白楊蕭蕭所在名半湮沒一蘇氏乳母乃至今稱說不置儻云附驥千里者耶非也黃鮮月出游衣冠諸名賢有膺制褒寵間爲當道尊顯得書故僅寥落如是鬱葱佳氣千秋生脈在焉亦既榮施矣不然俗多諛墓墓木之拱可旣乎論陵墓

四時異候五土異宜剛柔異稟風之爲也若浸若淫孰鼓孰舞漸以成俗莫知其繇江南之橘濟北之狐豈繄殊性封域則然今邑衣冠萃止詩書起家致位尊顯甚衆乃頃或間塵當事者憂士駕材而民僘法禎皇民之敦有閒矣人亦有言風行於上俗易於下余與邑父老子弟均有責焉勖之哉論風俗

物有無多寡相觭美惡貴賤相敵無論農與末競而農與農亦競譆哉計然謂知鬬則修備時用則知物故蠡用其術越霸而家三致千金也黃邑介藪澤民刀耕火耨有魚稻之利俯拾仰取嘻嘻自足至老死不去其鄉然實無他珍産如禹貢羽毛齒革皆非黃有今撮其可記者述於篇論物產以上輿地志

堅壘深池聊以固吾圉也黃於楚稱巖邑乃兵恬以熙久矣城復於隍識者慮焉卽一旦投兵登陴噬臍有及乎夫黃殆非無事之國也抑不腆寳託居此以保其聚奈何哉不慎固封守而瞑焉同處堂之燕雀長江天險思虜且共之矣 論城池

國家設官疆理各有甯居不惟逸豫薹堂廉攸辨矣黃邑舍苦湫隘獨庭有雙柏森森欲摩天其他署按往牒就圯者半甚且蕩爲魁陵喻圉相彼小人皆有闔廬以庇風雨况民上哉余間以餘力爲綴葺守茲勿壞在官茲土者幸無以蘧廬視也 論公署

余始入黃謁文廟鞠爲園蔬問故事業請當道動公帑百金迄無完績不敢理前請捐貲葺之黃固楚材藪也頃縫掖之士挾册而哦以萬計三歲一售得補弟子員僅數十人蓋游



士蠭屯矣及佹一日之得終其身不復慮再試然則奈何曰廣歲進之額而數課之以時奬其逸羣者而斥其敗羣者則黃士且彬彬矣 論學校

祭祀馭神首先入則洵巨典哉素王之宮萬世爲士駿奔走恐後矣四封以內社稷是崇犧牲玉帛其敢有愛他所祠宇多古名賢偉節功德孔昭流芳不朽睹厥廟貌庶幾景仰之思焉非是族也不在祀典卽煌煌伏臘吾甯置之 論秩祀

積貯生民之大命也周制縣都有委積以待施惠自平糴之法始於李悝漢常平宋義倉意率倣此今黃邑倉廒畢具矣儻歲祲不常水旱時有此嗷嗷待哺者其何道賑之千日之積以佐一日之需道莫如勸施如所稱宜任民給事公家而後高會粵有人焉若第仰給縣官而已贖鍰有盡度非天降地出其濟幾何 論倉廒

周禮族閭比黨之法抑何其防民之周也夫業巳相受相和親有罪奇衺則相及俗安得不善良民安得有姦宄黃邑負山帶江前此嵝峒萑葦聚嘯成羣余受事竊廪廪焉亦旣不啻五申矣惟爾邑長老子弟尙克相余使無卽騶若乃教化不明猶是武斷鄉曲以愚其民則讀法其爲戎首乎 論鄉保

邑稱舟車孔道紳冕旌節賓來相接皇華原隰置郵如綫如使毀垣而行無安卽次無乃委罪主者乎第前此郵舍久圯禾黍離離入境幾不識斥堠余竊按籍豎坊大書某鋪某里遠近始瞭然可辨其他祖帳供給業經全書減損巳甚若惟是飭廚傳稱使者意余且逡巡未能矣 論郵舍

辰角見而除道天根見而成梁自昔重之故武侯治蜀卽國



事倥偬之秋道路橋梁靡不修繕此其吏治精密矣邑故多山峪溪澗一值霪雨雨岸瀰蕩不辨牛馬行旅頓足可勝悼哉茲予於關梁津渡謹志之俾無就頹毀而民不病涉以從孟氏之義 論關梁

余讀太史公河渠書悉水利害神禹盡力溝洫備旱潦今築隄壅流抑豈其遺意與烝雲泄雨荷鍤是資興廢之原以揆史白井泉稀少虛口江流疏勒可爲鑒矣維馬與蟻吾將從問智焉 論水利

覲於楯檻而知朝廷激勸之意至渥也夫士崛起巖穴致身通顯卽得勒名貞石表表都邑間其他閭里婦子節行茂著亦且蒙頒旌垂不朽士習民風何能不爭自奮乎黃邑楯檻甚具爾來半頹圯截在舊乘猶可考記國瞻喬木家績貧衺

是有望後人云（論禪林）

亭臺池閣宵直恣遊覽已哉蓋揆天度察祲祥望雲物往往以之邑百里內率多名賢遺躅惟是芳韻猶存山河代變俛仰之間輒爲陳跡令人徘徊思慕無已時若徒侈陽雲之賦詠泣新亭之風景無裨勝具吾無取焉（論亭榭）

金宮貝闕以嚴老釋名山勝域以處髡緇獨黃邑也乎哉俗之浸淫久矣觧煩囂以苦空恣游戲於三昧士大夫且然況下愚乎余素不躋此寞曰遇高坐深公輩當復以禮法士相目旨哉陳仲醕氏有云佛氏一教乃天地間大養濟院斯言竊爲得之今所志寺觀自已見郡乘外不以汚簡册推波助瀾則吾豈敢（論寺觀以上建置志）



周禮大司徒掌人民之數詔王安擾邦國而鄉師遂人以歲時校夫家之衆寡登而籍焉國朝制歷十歲一閱其民以口自籍蓋亦猶周之遺意與今考洪武中甫脫戰爭宜戶口消耗寔孝以來承平日久民日以蕃息而戶更減豈有他繆巧麥之也高帝立册府皇都之後湖湖水四環夜不舉燭慮豈不淵哉（論戶口）

土色右黃黃以土名邑壤豈其上耶今進三老問民所疾苦兼士風所稱說團風陽邏堡西北百里而遥田多開曠有十畝價僅數金者還和永甯之間頗號沃饒俗言東鄉石可登數十金何懸絕也巽時清丈所得幾倍前額坍長陞擦里胥乘之欺隱每坐堂皇徵會簿書慮無不舌敝耳聾欲爽然失矣（論土田）

書稱則壤成賦黃不宜桑而稅絹額以千計往返荆岳不乃滋吾民重費與往余嘗議附織當事業難之頃直指以通省改折請尋復中格曰是成例無動爾將例豈天定耶必不得免則近議增費官織猶爲甦息焉若南絹數幾何而解役稱累已無算通融酌處以全吾民余未之能行也（論夏稅）

國家都南北而江南粟分餉焉漕徵速而運遲南運速而徵遲胥猾因緣轉多逋負余頃議併徵庶救狂瀾萬一云天潢租稅將茲仰給不腆之邑間於荆楚以奉湯沐不贍策安出哉他邑改抵稱貸黠吏者乎府倉浮額濫觴滋甚若乃貳糧水腳諸費不衡新議而聽無名之徵雖廉虎飽民間有重困耳（論秋糧）

黃陋邑也羽毛齒革其波及皆他壤之餘杼柚其空餅罍既竭以供君之外府往猶冀於寬政自左藏告乏而催科日急四司料價並入考成徵億唯恐後時反裘負芻惜乎無以其說爲吾君告者與（論額派）



邑原定食鹽鈔七萬六千六百六十八貫今改折著爲令國家詔祿米鈔兼支員有常額矣考闔邑官吏例支各湖課鈔近乃從周諮廉得之自茲邑無乘事之無稽又甯獨於此（鹽鈔論）

余覈糧册至驛傳棼如亂絲矣齊安郡驛也而仰給倣賦十居其八李坪陽邏且虛口外屬幾何不秦越視李坪之困自兩邑永充之議擧也往報殷實不堪命始議加編而應募蓋寡宿猾盤窟其間歲盡閉門要挾爲常耳陽邏改編起近歲甯人寶不堪而謂我已乎加夫加馬迄無常額夫皆有幸心矣行旅之往來無淫於巽日其可也此誰非民力而浚之哉

驛傳論

煩役非古也熙甯中差役罷役紛如聚訟然苟民所便是爲令豈顧問哉余嘗南涉鄂渚北達燕道光息間矣又邑水旱皆有車轍馬跡焉見董郵践更事不可缺黃固岩爾邑一切澤宮闕粱倉社與隸之屬動損數十百緡故無宗人大藩之仰給與萑苻之警而民困已甚古者役民歲不過三日若竭髓府怨難令矣 均徭論

蓋治邑如家然米鹽凌雜悉一之不共給敢憚煩乎衙附之區動輒取辦無米索炊巧婦不能乃吾民亦既殫其廬之入竭其地之出矣悉索敝賦車殆馬煩無若協濟之畫餅何往府學並本縣子弟故邑賦兼給焉今他邑每試輒爭額而賦籍自若此詩人疾首於西揭也 里甲論



邑自正賦外所輸上方畧有數等山澤所出幾無遺算矣頃徵商之令日益而爭利蔵末黃市人無賴子弟率攘臂其間賈舶爲之氣盡實藉諸當事者苦心調停勉副常額猶冀社稷有靈及是時弛一切無藝之徵與民休息惟此黃人庶乎其以甯也 湖課商稅等論 以上田賦志

周制千里百縣有縣正以掌其政令縣大而郡小上大夫受之春秋時縣邑之長皆曰大夫魯衛曰宰楚謂之尹漢制率因秦凡縣萬戶以上爲令唐有赤畿宋有望緊皆以戶口爲差元置達魯花赤一人丞簿尉及學校官則就地因時更置增革我國家縣有令庠有師而又分以佐領巡以員屬規模視前代宏遠矣 官制論

秩官志矣下及掾史諸曹得附載蓋掌簿書任奔走亦此輩是賴惡得曰卑之無足稱數乎論制祿而必及庶人在官吾聞之子輿氏 吏役論

迨余勒邑令題名記多從郡志頗殘缺頃乃從諸黃髮緩頰兼剝蘚斷碣中庚得若而人丞倅以下益無徵矣文學博士至武廟後始詳黃故文獻邑何脫略乃爾今特擴所已聞合而表之詮其世序系其邑里於義無所臧否史法也其灼然聲施足光簡冊者別有傳 縣官論

原夫一命莫非王臣斗食均爲祿仕往籍漫漶靡得而譜耳目所逮特並次之 雜職論

張令以名顯於宋若碩果然草昧之初撫循修葺非徐公不爲功哉胡簡位列華秩至今籍籍所謂登高而招者乎虞孫而下後先越數十年諸耆者猶能誦說之若趙少宰涂中丞



曹憲使徐武庠皆余所及知率廩廩德讓君子矣 名宦贊

張丞之傳賴兄友虞尉敦倫啟賢聲施至今尚儒淡泊受職亦人情所難若遇春事更奇余特爲搜而出之夫二百年間佐倅茲土者未易更僕迺所傳指不可多屈豈他片言隻行無可稱述抑以卑秩脫略耶考古傳記率以丞尉簿顯一命而上咸足自見又豈異人任也余特書此以廣後之君子 名官丞尉贊

庠序之地教化攸興煌煌多士身爲型範安在其投閒置散漫無短長之效乎今所載諸君子大都質有其文無曠厥職有足稱者楊參知居學署不能具養竦又所謂士非困阨惡能奮者耶若曰一席寒氈而弁髦視之則有諸君子左證在

學官贊 以上官師志

王制選俊造進論定任官而比閭族黨事舉言揚彬彬如也爾時辟士得者一適再適三適有賞不者大罰及之於戲聚矣洪武初尚沿古制有孝弟力田有經明行脩有茂才異等有文學才行出衆有秀才儒士人材童子諸科烝我髦士迺罷迺詳宜成以後茲制寖微卽屢詔遵行竟爾格閣豈釁序爲雜別無通鱗逸羽而巖棲谷飲者若傖父面目無足辱元纁耶此亦可以槩今古云論薦辟

自有進士科士之得雋與世之衷黷士者若祥麟威鷟然以余觀邑中後先數十公往往用經術起家蔚爲時棟惟言惟庸故自一道矣鄉舉翩翩各萃一時之勝杞梓皮革恆甲他邑獨貢以潦倒例得官少年至以相訾謷乃比部君而下其人類有以自豎三塗遲程何浸浸也相馬失之肥夫士竟可皮相哉論科貢



國家席治安久人人緩帶誦先王稱古昔見有以韜鈐顯輒相與揶揄之曰惡用是老兵若爾則管子所云拳勇股肱之士與漢制勇猛謀略堪將帥皆非耶卽一日有緩急縣官其有賴焉黃邑饒耕鑿秀士樂治博士家言二百年間得占名武科者僅數輩然又起自近代其人率敦說詩書有儒風未可以介冑唾棄矣論武選

古優臣之典亡踰周矣然異時勞人之賦曰不遑將父翟然有內顧之憂焉今表中所次諸貤君豈非以子哉閭里譽命若身有之卽其子靡盬王事何慮之與有邑稱任子者四王謝位躋華鼎澤衍胄嗣所謂仕者世祿乎康簽之先以死犯難並得錄其遺孤斯勸忠獨至云貤封廕襲論

景廟時邊圉孔棘始令天下人士得納粟馬爲國子生後代華代仍然終不可復易夫士坐困鄉序迺託足成均覬有鴻漸之望是其錚錚者若由是贄名假道徒丏餘寵以自顯庸似不足以辱邑乘然卜式東海鄙人後爲御史大夫有聲於漢馬卿倦游成都以詩賦顯夫非輸粟爲貲郎者耶士亦各自致耳豈必起家賢科然後聲施後世哉例貢論以上選舉志

德升抗言直節不爲時撓翩翩中葉賢相也我皇祖綜覈吏治黃邑三冢宰象賢迭起俱能以經術結主知猗與盛矣若張京兆之端亮謝中丞之樂易廖太史楚紀並稱之賈啓之而下三君子歷中外所在著聲致身台鼎宜哉大臣贊

廖德慶豪邁自喜遇真主委身靡二以功封侯雖材武亦致明哲哉西歸時上所佩將軍印綬庶幾郭汾陽韓蘄王風追其卒也竟未免高鳥良弓之慽予黯然悲之黃榮勳烈不甚張顯然脩轄懷徠有功梓里其名蹟可覩矣勳臣贊



余稽郡志及楚志云王思旻起家薦辟或曰掾曹也夫一刀筆吏內廉行修疏陳民利害十餘上必得請後已嗚呼難矣奕世載德蟬冕不絕有以哉樊元之兩爲令慕海忠介爲人一時治行千里誦義無窮而卒無後以死是又安可知耶名臣贊

吳左丞圖興復不克而死立意較然不欺其志廖武閔草昧識主建功竹帛一朝失利握節就囚彼誠欲有所用其未足非苟而已也汝寅敢任事與化之難躬蹈白刃蹇蹇之節誰曰不然良臣一尉身殞而錄典及之斯國家之待死事至渥矣義烈贊

黃邑山水渾樸風氣積聚士起家賢良文學砥節礪名斯經術輔翼固然若迺里巷匹夫懷獨行君子之德恂恂孝友重然諾取予閭人多困不矜其能此豈非世所謂賢豪長者閒耶傳曰不言而躬行觀茲益信 篤行贊

郊老稱詩蘇黃閒貧而益工豈詩故善貧耶斯舉而下著述不多見余獨怪以稚欽才小貶其氣爲所欲爲何不得而卒放置郢壑以死抑所謂不窮愁亦不能著書者乎萬甯州詩散見他集庶幾一臠呂丹稜雅有彭澤風其孫元音從余游頗能道之伯固世其家聲殊有鳳毛竟夭折不長惜哉 文苑贊

余觀仁與靈未嘗不歎周澤之遠也黃祀多他族兩人春秋伏臘缺焉何哉韓忠獻徵時卒業招提茲邑乃其發軔子瞻而下率多遷客流人牢騷坎壈江山借色又令人千載暢滌



矣 僑寓贊

余嘗登崎山望雲樹蒼茫意其中有巢許窟宂不可測識洎北上燕薊道經孔子河士人指問津故處未嘗不徘徊太息焉山靈不朽泉石宜人衡門考槃之士繼踵不絕有以也 隱逸贊

文王化行江漢雖游女皆有靜德焉黃豈其遺地耶以余所睹記諸貞淑非有圖史箴規率彼天性矯然厲志秋霜皦烈丈夫何以過他如張氏女不作商人婦以死抑又難矣古語曰郁烈之芳出於委灰繁會之音生於絕絃其是之謂乎 列女贊以上人物志

詩自江漢肇端而其變爲騷爲賦實擅響於楚黃無聞焉是何風之不競也子瞻以蜀江之派大開堂奧而季常邠老翟廣相唱酬一時風雅可念雖是嫠弧先登詩則收之文則元之黃庶幾不爲陋邦矣方王師東下而陶守徐令並以雅什張楚可不謂兼材哉雕龍繡虎爲勝泥下潛虯余茲按諸家集折衷之分途競爽要不詭大雅觸目琳瑯直郤車而載耳 藝文論

古人窮愁著書不以膴仕易身後名誠然乃懸書咸陽者字直百金而親見楊子雲自非宋邕孰知其書必傳於世盱衡今古亚索解人不可得耳野史方書苟無災木君子將有取焉 書籍論以上藝文志

洪範庶徵言天人最著乃京房翼奉輩牽合傅會儒者病其拘而不知變休咎事應當如桴鼓報耶精祲相盪是誠在我唯月唯日之義何不聞焉黃於縣寓雖如黑子著面故老所



占水旱雲物不得缺書韓太傅有言今災異可畏乃在人妖茲爲睹原者乎 災祥論

汝潁蘄黃之間夙多盜長江上下舟出沒若馬然西北步騎短兵弗格也邑又介浠川義水古亭山谷易嘯聚歲間祲民逋從潢池三尋之矛若鄧林矣頃承平久桴鼓不驚蘇聾附注諸君子席先世餘蔭干城豈有賴焉黃實古戰場桑土綢繆計安出所望於審敵者 兵燹論

二氏詭於正乃長生久視之術或冀得甘心焉開士晚多逃禪自喜近儒冠而緇服愈詭祕矣華山白骨如葬志大宇宙昔人所嘗然劉更生多識嘗傳列仙西方聖人其教雅擅超悟是未可概以幻妄遺之也 仙釋論

學者習分九流智窮五技精之不可以二也如此夫倉扁誰

傳願臣誰繼多岐志羊病同今古至仲文以刀筆之流傾動
人主與手卿相記稱文成五利豈足道哉予姑鄙術藉以階
藹文在劚棊下矣 方技論
蟬不知雪蟲不知冰爰居不知鐘鼓語寡聞者之茫如也六
合之大何所不有世人少所見多所怪縱言而及邑中故實
鮮所通曉何論其他玆予於耳目所識並收而次之旁及稗
官野史以備說乘 摭聞論以上雜志
茅瑞徵志凡六條
學窮二酉方窺玉檢之藏識局五車翻易金根之字乃茲庭
無聞咎嘗鼎妄意全牛室之賜書開卷每慚半豹縱問奇有
揚雄之癖而好事無范蔚之家誰得驪珠蠡測無資舊乘其
搜魚蠹鏤塵勉事新裁伺冀起予相期振我



羽毛瘡痏月旦多出畯名索米爰金雌黃豈皆符實故論定
多喬在盧前而衡爽尤羞與噲伍儕誇水鏡自同一字之褒
庶擬盧舟謹廩千人之指卽譽隆茂宰必去後始識留棠縱
望重人倫苟生前終嫌曲筆
斷編直擬碎金錯簡易成贋鼎淄澠誰辨亥豕多淆故知孟
震以字襲名宋賢以丞代令科目則甲乙混置學官則守令
同稱此皆前志之訛安免郢書之誚今從更定庶起膏肓
山川借色爰抽金石之詞魚鳥親人並叶宮商之韻但名家
旣別有專集而卽事或無當編摩槪錄恐病濫竽博采惟求
抽脉僞文堪長價揚鑣直取其擅場若詞可索瘢裂紈亦念
爲藏拙
剷要纂元義無取於冗雜參互攷訂詞不厭其浩繁此左邱
存君氏之文而正史遵郭公之舊言可兩存不妨譽矛功盾
事當層出何嫌採紫奪朱若乃錯舉以見微互文以標意名
姓間從附錄遺文多寄筌蹄妄意取材敢言寶錄
川陽了無長物雕鏤未盡遺編若同鋪陋以借名或起多求
而賈罪是以物非宜產不述琠雅之篇書未殺青聽作茂林
之祕
鄭抱素廉州府志
牛若麟吳縣志五十四卷
樊玉衡全邑志林
樊鼎遇旌陽餘略
樊維城鹽邑志林六十二卷
是編乃維城官海鹽知縣時輯海鹽歷朝著作共爲一集凡



三國三種晉二種陳一種唐一種五代一種宋三種元一種
明二十九種其中如陸績易解之類多出抄合明人所著又
頗刪節大抵近說郛之例其最舛誤者莫如顧野王之玉篇
廣韻直音玉篇自唐上元中經孫強增加宋人又有大廣益
會之本久非原帙舉今本歸諸野王已爲失考又玉篇自玉
篇廣韻自廣韻乃並爲一書尤爲舛謬且玉篇音用反切並
無直音之說忽以直音加之野王更不知其爲誰考卷首訂
閱姓名列姚士粦鄭端允劉祖鍾三人士粦固當時勝流號
爲博洽者也何其謬乃至於是 見四庫全書
國朝
陳肇昌等湖廣通志八十卷
孫錫蕃公安縣志

錫蕃任公安訓導與舉人咼拙菴袁夢溪諸生何粹中等纂修省志

孫如芝蜀志

靖道謨雲南通志三十卷

雲南先有康熙三十年舊志門目分合多不得當敘述繁簡亦多不中節此編刪訂釐正較爲條理分明見四庫全書

靖道謨貴州通志四十六卷

與雲南通志皆姚州知州靖道謨所撰而視雲南通志爲簡略葢舊籍寥寥無所取材故也見四庫全書

靖道謨下荊南道志

靖道謨黄州府志二十卷

詹大褵黄安縣志



胡紹鼎黄岡縣志二十卷

呂德芝岡邑續志

王道明湖廣通志

王道明長沙府志

宋鎣施南府志

此鎣官恩施訓導時知府王如珪檄令纂輯者也以搜采未備至今猶未板行省志

王掄士甯國府志

王掄士永安州志

王掄士漳平縣志

王掄士問津書院志

萬承宗江陵縣志

問津書院續志

此道光間萬承宗張履恒同輯

道光戊申黄岡縣志

此志始於道光辛卯因災中輟戊申乃得成書編纂姓名先後詳列卷首

葉封嵩山志二十卷

葉封嵩陽石刻集記二卷

是編乃康熙癸丑官登封知縣時作也登封地在嵩山南故其所録碑刻以嵩陽爲名考此書初出之時顧炎武潘耒皆嘗議之炎武之言曰開母廟石闕銘重曰二字出楚辭遠遊篇所謂言之不足而長言之也井叔誤以爲重日而言是年月一行按此一行今存六字二年之下重日之上空石未鐫



益明其非紀日矣耒之言曰太安二年後魏中嶽廟碑今在登封縣天寶十四載少林寺還天王師子記今在少林寺不知井叔何以遺之此其說誠然然炎武金石文字記采此記者不一而足而景日昣說嵩金石類亦全用此記古今金石之書其備載全文者在宋惟洪适之隸釋續在明惟都穆之金薤琳琅餘不過題跋而已此書錄取碑文便於參考漢嵩山太室神闕銘開母廟石闕銘少室神道石闕銘以及唐之則天之封祀壇碑夏日游石淙詩歐陽趙洪皆失載而此記能收之洪書惟載漢魏歐趙二錄僅迄五代此書載及宋金元明東魏嵩陽寺碑東譌東矩譌短馴譌巡苑譌菀洋譌庠此書能是正之王士禎蠶尾集有封嵩誌稱其精爾雅說文訓詁工於篆隸又稱其手輯嵩志二十一卷復旁搜漢唐以來

碑版文字別爲石刻集記二卷辨證精博人比之劉原父薛尚功則當時亦重其書矣見四庫全書

張光璧黃郡訌遺五卷

張光璧江陵雜録

傳記類

明

易道暹十五朝文獻

汪陛延楚文獻録

國朝

高思忠三楚文獻録

朱日濬黃文獻六卷

陳肇昌三楚文獻録一百卷

王掄士續三楚文獻録

張一珽孝行録

周漢德孝行録



藝文志

著述子部

儒家類

明

熊霈性理格言

蕭繼宗康侯語錄

王陛退省錄

朱荃宰經濟錄

朱荃宰論世篇

樊玉衡誨語自記

樊玉衡思齋記

樊玉衡了翁說

樊玉衡前後自訟

李之泌夙知錄

自序曰不肖自省生平無甚大顯惡亦無甚大隱惡然惡就在這裏許不幸早孤過庭失訓耳聞目見慣習尋常不知裏糧負笈遠求師友日對四子之書祗如瞭瞽懵焉無見所以悠悠忽忽過了半生滄桑以來棄舉業謝室家也想要尋箇路頭走只不發腳不知等待箇甚麽讀大全性理朱子語類等書毫無省發這病只是氣柔敝厚一時無人指點開發不來捱到甲午十一月十八日漏將盡纔動箇要學聖人底念頭天明披衣起看程子語錄至學者先須識仁少覺會心明年二月鄂城遇劉千里彼喜禪者不肖舉似程子語千里應曰即此便是這兩年來與常銘同坐起湖上晨夕商量此事

稍知用力沒那一棒一條痕一摑一掌血底工夫終不濟事日間逐物應副去欠隨事省察夜來一覺睡熟又沒甚想頭仍是悠悠忽忽過了已亥初夏到南安郡齋筆札之外雖無他閒事只可云坐不可云靜當年周濂溪先生理刑南安軍以太極圖說授二程夫子於此地六月五日入刑廳署中案上亂書堆積忽露聖學二字此元公之靈也抽出閱之乃聖學宗傳越東周汝登之所編測上自羲軒下逮元明裒集諸儒語錄發揮道學宗旨其大端左袒金谿餘姚然其書極開朗好看也六月八日又當初度先一日見吳草廬語昔程朱二夫子年十七八時已超然有卓絕之見慨然有求道之志然猶未至於化而死也今愚生十有九年矣失今不學更待何時日月逝矣歲不我與可不懼哉可不念哉今不肖年五



十有二矣悟道亦不早知非猶已遲況沒倒斷沒長進仍是這箇頭顱這般行止父母生我天高地厚之恩如何報得一分半分默誦蓼莪潸然流涕吳草廬語煞是痛切動人假如精壯力强之時一日工夫勝老年十倍故曰後生可畏何致成童時曉得有此一件大事得箇入頭就喫力向前做去當悠悠忽忽捱來捱去到今尙沒有箇倒斷耶乃即日取古今聖賢聞道發自早慧可紀記者二十有一人隨事率意著數語因采先賢語以足其意指示後學使他早見自有箇入頭省得論語上劈頭那箇學字讀書元來是爲這件事有志庶自然奮生向往不似不肖少年時汨汨世俗聞見中耽延歲月若小子有造自成人有德也題曰夙知錄抑之詩曰誰夙知而暮成衛武公年九十五猶箴儆於國曰自卿以下至於師長士無謂我老耄而舍我必恪恭於朝夕以交戒我其好學警策如此國人是以有淇澳之詠謂之睿聖武公今不肖雖老視武公猶少也敢自棄哉陸象山先生知荊門軍上元設醮黃堂以講義代醮人皆感動不肖自念平生無絲粒之德及物聊著此錄竊附小學之意儻有因此書而蚤見路頭勇猛精進後來成箇漢子彼此磋磨互相誘勸是亦不肖積慶以報答親恩雖曰爲人亦象山代醮之義也於乎小子未知臧否借曰未知亦旣抱子不看此書可也見此書略識大意視爾夢夢聽我藐藐不肯如古人精思力行志不立憤不發悠悠忽忽歲月消磨不肖旣自悲又以悲後人也誦抑之末二章知不肖苦衷矣已亥六月九日識

萬爾昌頤莊隨鈔



國朝

曹本榮五大儒語要

曹本榮居學錄

自序曰居學錄者曹子退習時與一二同志所論也蓋夫六經之理廣配天地人心之靈炳若日星大道不孤聖賢接踵斯錄也毋乃稊米之於太倉哉雖然道猶天也天體無方千萬世上下凡具知覺有目共睹則安得以寥廓爲天而謂昭昭者非天乎但聖言深遠末學支離執日用者以大本爲虛談樂徑造者以事爲爲粗跡各成擔板徒增藩籬其爲不合不公則一而已夫孩稚知能而同然之仁義已達墟廟哀敬而百千之禮制以生仁體事而皆存心隨處而各足顯微無間體用一源此千聖之道所以朗朗高懸而世儒往往莫之

悟也本榮學慚知路詣愧升堂閱歷淺則肯綮未嘗探索蹤則義蘊匪備顧以區區之淺陋仰窺聖道之大全豈有當乎然而性命之故費隱之間其通一無二者猶可默契也後之君子亦可以推其志矣錄成凡答問十之六告語十之三雜著十之一言率無心詞取達意故不復分別體例云

詹大備朱子本義

孫偉略四子參訂語錄

陳瑾性書或問

陳瑾資善錄

胡紹虞格言

陳大章抱節軒類記

張一珽寶質通論

操之盛理欲消長榮枯循環二圖說

鄒亟初三成堂家訓

龔錫恩鴛湖別錄

劉揚烈藜餘隨錄

胡之太萃古名言

王如曙困學日知錄

萬希槐困學紀聞集證二十卷

王鑾序曰儒者生古人之後於書無所事作也取古人所已作疏通而證明之古人之精神出焉無異於作也後儒生先儒之後於書並無所事述也取先儒所已述疏通而證明之先儒之精神出焉無異於述也諸子既往叢說乃興於以闡揚經史銓隲詩文往往自名一家之學若白虎通獨斷之於



經史通之於史文心雕龍詩品之於詩與文卓矣顧專而不兼容齋隨筆野客叢書兼之矣顧又不必其精且博求其包羅四庫杼軸一心語簡義閎辭微旨遠厥惟王伯厚氏困學紀聞一書蓋諸家弗如也人本宋儒書成元代流布已久循誦者稀近雖閻氏有註何氏有評然語焉不詳無能爲役未學小生乃遂鶩怖其言若河漢無他未能盡讀伯厚氏所讀之書卽無以知其疏通證明者之何如且何以爲有功於古也吾友萬子蔚亭伯厚氏之徒也自其少攻制舉文時則已枕葄古人掇其英華而扺其根柢策畧之業羣彥宗之今者學益深名益著四方問字者益多蔚亭拔其尤者雜援經史百家言而每以困學紀聞導之所以廣見聞入思議也荒江之濱高踞一座口講手畫原委歷然一事疊出則準以最初之文衆語分陳則衷以一定之說扼於邊腹者十之七抽於鄴架者十之三小註旁箋方幅徧滿門人抄撮成編名爲集證其於伯厚氏所以疏通證明乎古人者又復疏通而證明之蓋自原書以來五百餘年此其絕無而僅有者矣予與蔚亭別久去夏一相晤於郡城甫縱談蔚亭卽以食指蘸茗汁畫案上發明歷算家割圜八線諸術及句股三角之異同夜分對牀同邸者鼾聲相續兩人惟條舉黃氏日鈔顧氏日知錄相咨難子又別出臆見質之若連山歸藏必不首艮坤易大小象傳必不可合堯典實僅虞書典謨中稷字爲周諱追改武王未嘗滅殷周公不必不踐阼孔子出奔非歷聘三代貢助徹止各行畿內以及周子太極合於易而可不圖邵子先天不可不圖而實非易如是者數十條蔚亭皆聽而是非

之而徐以攻訐古人爲戒今予觀其集證精博已不讓前人乃至原書偶誤則止附著所知不加辨駁其謙謹又何如也然則此書一出一以爲饋貧之糧一以爲去矜之藥善讀書者家置一編焉可也

萬喦三餘隨筆一百二十卷

陳詩序曰曩余童子時得宮定山先生所爲讀書紀數畧其體源一出於王尙書小學紺珠而比物連類覶昔加詳遲之又久則又病其疎漏何也夫數生於書者也書無紀極數亦無有紀極非盡名山之藏則不能無見遺之書非舉全書之要則又不能無見遺之數書遺數也數遺書也二者之遺蓋幾幾乎皆未能免昔之人詎不知此夫亦曰吾據其力之所及以爲之其未及者以待夫後之人之爲之而已矣後人知



之而爲之而足以爲功於前人此前人志也後人知之而不爲而徒欲歸過於前人此非前人志也黃岡三峯萬子與余同出何曙亭先生之門素績學戊午晤余於漢上出其所爲三餘隨筆示余其書體例不襲王宮兩家而推之愈廣語焉而詳蓋昔之人所以待萬子者而萬子則旣已爲之矣或疑萬子雖爲之未必其果備也余告之曰爲之而不備終勝於不爲者且逆計其不備而不爲則世誰復有爲之者又烏知萬子之爲之者之不至於大備也耶萬子是書其志蓋與昔人同而其學則未有已也余故舉昔人待之之志與萬子爲之之心以告天下後世而深斥夫舍曰不爲而逆計夫不備以自沮者

萬喦鼠腊編四卷

靖道謨書院講義

靖道謨果園家訓

李鈞簡融齋日錄

朱澤遠經史諸解四十卷

萬鼎汾文法指南

萬渭芸窗筆獵

樊允武讀書記

許汝梅內省編

兵家類

明

汪陛延二十一史兵法

國朝

熊耀春武事類纂六十四卷



醫家類

元

葉如菴傷寒大易覽

明

樊煒醫學象陸篇

李之泌庸皋醫學寶露

李之泌醫方人華集

李大呂傷寒心要

國朝

陳繼謨醫案

胥秉哲診法精微

謝仁淑醫案紀畧
程啓厚醫方祕纂
汪代棠醫學提要
陶宜炳傷寒集錦
蕭麟長內經知要
蕭鳳翥傷寒綱領
蕭向榮先正格言參訂
邱翔濟世金丹
邱翔傷寒辨論
翔舉人詳選舉志

術數類

明



樊煒堪輿輯要

官應震三式全書

官撫辰先大夫三式全書後序曰式之爲言法也天式地式人式法乎道道法自然自然之謂數孔子刪書存泰誓以明百世可知孟子以數過與時可並衡董子以通天地人言儒邵子編年起唐堯至周顯德紀治亂以符其學豈非任理不任數乃不聞道者之談而非吾儒通論乎慨自大儒不出理數分馳身世如夢問所爲摶挖天地何事宇宙在手何物莫不空談名理鹵莽相欺古聖賢所自信安在哉至刃與刃觸者兩傷而後悔昔之所爲文經武緯者之爲陳迹而無當於用也亦已晚矣故道有所不傳傳有所必待待其人而後傳傳其人而又待終未聞以難知之事著爲世儀聖賢之微權在此矣傳之嫡者羲皇以下諸聖風后以下諸賢不可枚舉若夫待之者遇則爲太公爲留侯爲武侯爲衛公爲平章爲誠意伯之流不遇則學鄒魯之學者皆以其道爲百世師要於身世時數之故先有成算於中故卷舒莫不以其道所謂日月有數聖功生焉君子得之固窮者也先資治君岩居十六載當國家多難致身無從雖賜環之詔屢下而山公啓事竟比河清終望致之於身後則茲書之刻也忠藎之意深遠矣明乎此者三統之大綱斯舉將以通神明而類物情甯獨王侯將相所不能違於其身亦天地人所莫能相逆也式於天曰太乙太乙者道生一一生十百千萬億而不可勝循窮其本則自一始而太乙之神不得不尊太乙定君基臣基民基以至大將主客歲時風雨無不定自鴻濛至今丙子得年



之數凡一千零一十五萬五千五百五十有三其間陽九百六害氣所搆無時不賴神聖以扼於陰陽交戰之會按一百四十四局以與造化爭權考之史冊數與世符蓋知治亂興亡天人相與必取乎此式於地曰奇門縱橫什伍旋轉乾坤爲用至廣大矣分杪之數有差則起結之法不信計歲餘分五萬二千四百二十有五自鴻濛至今崇禎九年冬至積閏得五萬三千二百四十億四千三百四十七萬一千七百五十分閏餘不謬而後千八十盤所用之局始確乎其不可易蓋天道旋運於地道之外八卦定位九星於此摩盪焉故居中而運動必向方吉凶悔吝不從門出者寡矣古聖君賢將相所恃以變理於內運籌於外者蓋取諸此式於人曰六壬六壬者干支甲子上下乘之日得十二至甲子周七百二十

之數以周人世日用無時不與數俱第幾未動則隱幾一動而數始見聖賢擬言議動而鬼神來告者蓋取乎此夫是三者相爲用也立天地之道以二至司變易之門立人之道以日月審照臨之候明乎天式者古今猶旦暮也明乎地式者垓埏猶几席也明乎人式者趨避猶指掌也天以言乎其豫地以言乎其據人以言乎其機不豫則不備不據則不信不機則不神機也者動必見之者也據也者動必應之者也豫也者動必先之者也蓋天地雖大萬物雖賾不能不以數生而萬化生於聖賢之一身則聖賢實有以持乎數不孝辰篤信耑愚從過庭時游於其藩几焉而終莫能窺奥譬渴者之飲流知足而已府君猶江海也辰則奚足以識之今所謂全書以軍國大事則全生人日用詳在六壬而全書不必全也



以起手歌訣則全其神而明之存乎其人而全書不得而全也嗟乎大儒不作至道難言道以不傳傳必其親炙者真也吾見曾子固於其先大夫集則嘗序之矣邵伯温於皇極經世注亦曰過庭之際詩禮留情况微言緒論關乎至極欲造化之不欲泯沒不傳者今辰於兹刻也又何敢無一言以序於後 據省志增

甘霖五種祕竅全書

國朝

孫廷樞武林樓地理詳考

許希曾諏古纂要

汪兆柯山龍啟蒙

汪兆柯平洋發祕

陳芳烈周天易數

譜録類

明

樊志張硯史

汪陛延舟略

國朝

謝仁溢盈川畫譜

方可發梅譜

方可發琴譜

類書類

國朝

王追醕青箱類事



高登雲羣書衲四卷續羣書衲四卷

其弟登瀛跋曰世無純白之狐而有純白之裘此何爲也蓋集腋而成也集腋而成裘者蓋取乎御冬也是集積百集以成帙大無不包小無不貫流乎三才窮乎萬物靡不藏於其中亦何爲也蓋取乎御時也余因手錄既竣爰跋數言併紀其目類計一千三百五十九類類中分列不勝紀焉康熙四十年中秋日

王一鄴人物通志

王一鄴地輿考

邱勃輿地圖補

孫偉略天文地理考

林期昌人物備考

韻對類對諸聲略

馬正塾永道通考二卷

陳本謙姓氏紀略二卷

陳本謙李氏蒙求豔韻

萬鼎芬文獻通考集要

雜家類

明

樊玉衡智品三十卷於倫補輯

是編蒐輯古初至明代用智之事分爲七門一曰神品察兆於未萌者也二曰妙品知幾於將至者也三曰能品救敗於已然者也四曰雅品端士之善應變者也五曰具品小才之偶見長者也六曰詭品純任術者也七曰盜品陰賊害正者也雜隸古事而皆不著其所出如趙簡子欲殺孔子之事出宋人僞子華子管仲諸事出管子輕重諸篇詞皆依託而信爲實然未免失於考證又補過絺疵得列神品與大禹同科而文王周公乃僅入妙品殊爲倒置至竇艮女蠟書滅賊厥志尚可而乃列之盜品尤乖刺矣見四庫全書

於倫序曰孝介樊公酷嗜讀書署中輿中馬上舟中旅次無聊之際風雨孤燈之夜無不寄之於書蓋倦以當枕而飢以當餡矣而公之意匪直佔畢汲引爾也以爲天下事無不濟之於智者智之用在天如日在人如目無學無術而以人之國僥倖何異瞽者有求於幽室之中乎故卽古今人用事之智一一評之集爲一書名曰智品首曰神神以知來此秦越人隔牆而探五臟之術也不待占侯覩色而吉凶生死之狀



了然於胸中矣次曰妙妙以員應此呂梁丈人與齊俱入與汩偕出之奇也任風濤萬頃孟門陽侯之險無非坦途矣次曰能能以當機此屠牛坦一朝解十二牛而芒刃不挫之手也所排擊傳割皆中理解矣次曰雅雅與俗對無不粗疏者淺陋者夫惟君子智深而勇沈禮行而孫出夫是以百舉而百當也次曰具夫取瓦礫窒穴取狸狌捕鼠斯亦世之不可少者故有鴻儒效於小用曲士捷於小知合衆小以成其大正大人之事也次曰譎管子曰大勝時也小勝計也晉文公譎而不正而城濮之功亦與召陵之績並令宋襄而知此當無泓之辱矣末曰盜盜何常羿讓聶政荆軻之流有盜名無盜情衣冠仁義之士有盜情無盜名夫管仲遇盜取二人焉漢高之興取途中壯士數十輩下及戴淵甘甯祖逖若而人皆立功世主顯名後世盜遽可相訪病耶而用之不以其道遂至凶於而身禍於而國辨之可不早辨耶七品者公非以爲可盡天下之智也稍見智之用若此云爾公集未成而遽沒余與公居同里自爲諸生時卽相遊處聞其議論最稔公沒七年而予乃從其弟升之輩索此書讀之反覆不能去手因攜之南中不揣固陋而妄欲成之爲綜其世次删其重複而增補其未備其弟升之別有智門集深識遠想多發人所未發予擇其與此書相發明者并入之視原稿約益有十之四猶不敢遂以爲成書也僚友陳公等見而悅之急欲刻之署中以公同好客有曰讀其書不知其人可乎樊公何如人予曰樊公予之畏友也性剛毅能自立處窮愁抑鬱中不折其志處富貴紛華中不蕩其神悃愊無文吶吶若不出諸口

而忠實誠心信於士大夫死之日知與不知無不盡哀孔子曰剛毅木訥近仁公甚似之歷官十載不滓一塵辭榮歸侍親疾此天下所共知也是以謚曰孝介先生語具江夏太原傳記中不具述然予獨賞其遊蒲之日去麗色卻萬金如草芥及登第淚下如雨推田宅甘貧處約以安其身此何等心胸乎夫毛義之喜樊公之悲一也相如傲一世故受樊公不屑一世故不受亦一也然相如事武帝帝倡俳優畜之死又上封禪之書則以道事君非所以望於相如樊公其可也人悅之好色富貴無足動心者則廊廟與畎畝何在而不脩然又在商時排大璫勇過賁育夫惟有不爲而後可以有爲故曰無欲之臣可言王佐其在斯人與

程通里仁會約



王一才後絕交論

樊志張求真志百區

王同軌耳談二十四卷

此書皆纂集異聞亦洪邁夷堅志之流每條必詳所說之人以示徵信則用蘇鶚杜陽雜編之類前有陶冶序稱其事不必盡核理不必盡核文不必盡諱亦小說家之定評也然其中推重方士甯仲文稱漫加剗奪時論大乖則其他曲筆諒多矣 見四庫全書

其書目有藂德篇艮嶽篇精技篇奇合篇重生篇吪訾篇宾定篇史朏篇朏志篇語詮篇雅謔篇元旨篇諦義篇稽神篇畸墨篇文蕈篇詩芹篇長語篇瑣言篇中論篇外紀篇等名乾隆時開四庫館訪求遺書安徽巡撫某采進編入四庫全書存目今世絕少傳本余偶從其裔孫家璧少卿處見殘稿一冊因錄其目以存梗概云 古楡閣咨談

魏公韓漁臺說書

魏公韓餘餘篇

國朝

王追醇漁唱答咨文通

陳本謙坳硯齋雅目編八卷

陳本謙偭書堂六蔓略十二卷

陳本謙升菴諡諺補

王道明策略

張念祖可齋策略

王如玫三沙小式



朱清仁塵談十卷

王鑾粵輡紀聞

沈祓洛麗江梅坪雞山谷遊記

汪兆柯粵遊紀略

汪兆柯東遊紀略

汪兆柯見聞紀略

許汝梅房陵雜記

藝文志

著述集部

楚辭類

明

汪陛延離騷註

別集類

宋

潘大臨柯山集二卷

邠老唐太僕卿季荀之後衢之曾孫鯁之子寓居齊安得句法於東坡與洪駒父徐師川善山谷嘗稱邠老天下奇才也年未五十沒潘子真詩話

何頡之黃州雜詠

潘何壚篪集

俞志注潘大臨何頡之著見府舊志查府志僅文苑傳載山谷詩有老夫梳白頭潘何壚篪集句俞志据此似誤姑存之

明

詹同文集三卷

見明史藝文志

詹同天衢舒嘯集

詹同海涓集

潘子安海天清嘯集

江淵觀光集

江淵錦榮集

王廷陳夢澤集二十三卷



其集一刻於淮南再刻於蘇州此本乃其從孫追滄知潁州時所刻乃第三本也廷陳少年高第以恃才傲物致放廢終身器量殊爲淺狹至其詩意警語圓則不得不稱爲一時之秀王世貞藝苑卮言稱其如良馬走阪美女撫琴五言又似長城又稱王稚欽吳明卿之五言律各集妙境專至而有餘朱彝尊靜志居詩話亦謂其音高秋竹色豔春蘭樂府古詩殊多精詣蓋在正嘉之間何景明最爲俊逸廷陳之天骨雅秀抑亦驂乘矣若雜文則藻采太多華掩其實等諸自鄶無譏無庸深論也見四庫全書

皇甫汸序曰夢澤集者齊安王君之作也君名廷陳字稚欽號夢澤子因以名集云父南墩公濟孝廟時登壬戌進士爲吏部郎生君穎慧絕倫髫齔卽能綴文殆由性靈非假師授黃童世謂無雙倚相時稱能讀咸楚產也君實似之吏部公愛之甚常云王氏千里駒復見此子矣甫冠舉於鄉越丁丑試春官俱爲禮經第一廷對擢高第選爲庶吉士與東浙汪子應軫江子暉關中馬子汝驥許子宗魯任邱曠子灝大梁林子時曹子嘉西蜀余子承勛楚顏子木並摛藻掞天敷華緯國得人之盛彬彬首是科矣江子爲文鉤元獵祕雜以古文奇字指甌閎眇語復聱牙令讀者謬戾眙瞪至莫能句隱口汗顏而罷王君每有所造輒大叫以視人曰有能增損一字者願以千金爲贈恐呂覽金卒莫可得也又好爲譏評由是人多陽服而陰憾之矣歲餘解館拜爲吏科給事中值毅皇帝將南狩在廷羣臣咸諫止之章奏日盈於公車不獨言責也王子乃邀衆詣闕下上書宰相蔗峯石公典司館教危

言沮之曰儻禍叵測老夫力莫汝庇也君賦烏毋謡大署玉堂之壁語侵石公公爲大慙其縱誕多此類先是忌者以館中譏評浸淫聞於政府政府諷之言上果謫吏部出補州郡吏竟得裕州夫脂韋磬折不習其容訟牒委填又非所好至則治尚嚴竦不畏強禦法行貴戚有鷹擊之風謫御史不爲少貶迺希附權勢文搆爨稔遂使鍾儀縶冠於楚囚鄒陽按劍於梁獄悲乎今上嗣位湛恩汪濊虛納貸罪諸子稍稍皆復君獨絓網擯棄顏子嬰禍尤烈至使患同黨禁而榮異彙征去均淵墜而進乖薪積世共惜之自後一紀而余忝已丑進士識崑崙山人於都門山人者張施也雅善諸子間與余道夢澤事因聞其詳余亦濫有時名諸子引與締交未嘗不延頸想見王君也況負才使氣亦與同病尋以觸忤權貴賴天子寬頌謫爲黄州理官是役也不以左遷爲慽而以得繼蘇長公爲榮不以赤壁爲樂而以得見夢澤子爲幸下車亡何迺乘雪造其廬時君足跡久不入公府余置自外員居由別館君亦不惜造余乍奉半面驩若平生接以杯酒申以贈章辭載集中夫王氏業紹青緗官聯朱紱爲楚世家君又命其子暨弟若姪從余遊嗟乎君胡白眼於眾而傾蓋於余余亦胡爲在眾欲殺而在君獨憐也顏子雖清揚未覯而芳訊亦數相聞矣君屏居幾二十載釋戀於爵服娛志於琴書覃思古人專精作者屢勤剞劂恥赴弓招觀其上顧中丞陳監察書若嵇康之絶山守及寄余懋昭舒國裳二劄卽楊惲之報會宗其節概可想見矣君方斂英戢鋭撝謙履坦不以才華傲物而以道術誘人使早年砥行能然可優游以取卿相



然未能宣耿介發孤憤如晩歲所底也固知書成於去趙賦就於還卭人貌榮名豈有旣乎終不以彼易此矣夫楚多材之邦而辭賦之藪也屈原見詆於上官宋玉蒙訴於登徒爾衡被害於曹瞞然其志則爭光於日月而其言語則等儌於霄壤矣君亦奚媿哉是集也樂府古詩潘陸齊軌下擬陰何五七言律沈杜比肩參之盧駱文效左氏國語而兼駢班馬書類東京尺牘而雄視崔蔡足以不朽矣凡詩賦十一卷文六卷成一家言舊刻於家塾季弟雲澤君廷瞻刻於淮陽姪三湘君同道又刻於吳中而吳板益精矣二君皆以進士爲理官善治獄號神明涖淮者以賢拜河南道御史涖吳者亦被徵行矣三湘謂余知夢澤最深命序居首嗟乎甲寅之秋余有滇南之役取道齊安訪君故廬見其子若孫欷歔收涕賦詩弔之茲復序之是生叨敬禮賞訂之交死辱彥昇筆札之託不敢辭三湘者不忍負夢澤云爾言惡足爲集寵哉

吳艮吉居湖集

陶珪雪堂集

樊熯吏隱公集

萬民望鳴蛩集

呂禧蜀稿

楊慎序

呂禧見一山人集

王陛退問集

王同軌蒼蒼閣稿

王同軌合江亭草

王同軌遊燕草

王同軌蘭馨集

茅瑞徵舊志云同軌諸集板藏於家按錢牧齋詩引云行父嘗從吳明卿遊與王弇州李雲杜善作詩不多自有風格不欲寄諸公籬下今諸刻皆失傳其詩余從其後裔所刻片玉集中錄出皆莊雅可誦吉光片羽彌足珍惜古榆閣舊談

熊霖立齋古今文

呂元音無懷詩集

呂元音後軒集

王一鳴朱陵洞稿四十卷

王一鳴字伯固以進士宰太湖調臨漳負才自放不爲吏道所拘左官不得志飲酒近婦人而死伯固爲稚欽之從孫其



族有同軌者繼稚欽稱詩識伯固於兒童時以稚欽衣鉢授之伯固之得名自此始尉氏阮漢聞序其詩曰伯固再令臨漳之歲淹京邸三月酒酣大叫黃金白雪流毒千載授予自訂稿一帙爲人攜去無何沒於官戊戌過涇陽驛見題壁詩一章今但記孤臣長糞土萬事隔雲霄兩句耳伯固師法少陵每一讀輒批評而封識之其專勤如此所與稱詩者阮及秦京也牧齋詩引

伯固先生詩胎息少陵頓挫沈鬱而其和聲曼節亦時出入於大歷十子夢澤之淵雅行父之莊婉朱陵洞稿當與之鼎足而三按朱日濬徵黃岡文獻序略云夢澤集世爭豔之而語以朱陵洞稿則茫然不知豈非以彼有傳文而此無成書耶蓋朱陵洞稿向無刊本其抄本舊藏陳學士廷經家其裔孫王家璧少卿覓歸迨學士書籍燬於兵火而此本以先攜出獲完豈非詩人精靈有以呵護之耶古榆閣詩談

袁文伯絅齋詩集十卷

王同泰南北吟草

王同寅詞調別音

范芝三秀集

王同道侍御詩草

王同軌侍御遺草序云伯兄純甫跌蕩磊落幹濟優裕慷慨言事不習脂韋獨於詩文含光斂采不示人以璞又云情以牢騷而思日沈鬱境以曠蕩而法日婉麗才以淹緜而筆日融鍊枯桐含音固自性成而虎穴得子則流放之力也蓋先生出按粵南中忌者流謗謫汝上巳稍遷蜀內江令旋遷南



戶曹過家膺暴疾卒年未及五十詩稿初雜廢帙匿蔡稚閣中覓不可得其嗣追甫長籍博士始檢出其弟同軌序而刻之時明萬歷三十六年戊申歲也刻本今亦無存其後嗣某輯片玉集中載數首七絕尤工從軍行云雲暗天山慘不開轅門夜雨鎖荒萊數聲哀角西風裊吹入春閨夢裏來宮怨云白髮宮娃滿鏡愁生來翡翠掠朱樓葳蕤金鎖年年閉七夕猶能望女牛白帝城云宮殿邱墟徧草萊依稀雉堞傴江開牧童指說牛盤處正是公孫授禪臺甘露寺云仙掌高擎玉露新靈丹一顆萬年身如何歲歲中秋月不見絲囊獻紫宸

樊鼎遇詩集

集有小草南草蓋草戴星草病草空草諸目

程詹撫居雜詠
王追美峋嶁山人集
王追璞非非草
樊維城紫巖集
易為鼎雪香亭草
杜應芳西征吟
杜應芳荔枝吟
萬日吉東有堂集
鄧雲程懼菴集
杜鈺子堅集
杜濬有序
杜濬變雅堂文集六卷



杜濬茶村詩鈔五卷補遺一卷附錄二卷

茶村僑居金陵貧甚屢客廣陵甲辰人日大雪時鎖印無事寻造訪之清言竟日乙巳七夕余北上京師諸人祖于禪智寺即席賦五言茶村有句云記逢人日雪造我吟窮愁謂此也又于皇詠蘇子瞻云堂堂復堂堂子瞻出峨嵋幼讀范滂傳晚和淵明詩龔端毅每誦之以為二十字說盡坡公一生又茶村送人入蜀云古意淮南葉他鄉劍外州不滅古作 漁洋詩話

茶村與周櫟園諸名士觀燈舫於秦淮櫟園出百金置席上為采賭鼓吹詞茶村遽起攫之曰鮑叔知我貧也就吟席振筆直書立成長歌一百七十四句一座為之傾倒晚年貧益甚往來淮揚間客死金陵陳滄州鵬年作守乃葬之於太平門之麓生平論詩極嚴於時人多所詆訶有富於財者重價購其集而焚之鄉人某搜得其遺稿行世即變雅堂集蓋不及十之三云 漁洋感舊集

陶樑序曰壬寅之冬余持節至黃省風觀政士習民氣恂恂如也其明年江無盛漲歲則大熟絃誦歌謠之聲達諸巷陌余顧而樂之官斯土者幾幾乎訟庭草生印牀花落矣今其都人士以杜茶村先生全集求序於余受而讀之竊有感焉夫茶村生平為人之梗槩為詩之旨趣為文之淵源詳於本傳擴於各序恢於諸家之題詠記跋至如虞山新城之品評者又數十百人余又奚容贅一辭哉回憶庚申元旦由吳下冒雪放舟尋白門諸勝猶記漁洋老人詩話所稱楚中詩人杜茶村結廬雞鳴山下又味其詩中有楓林十廟晚蒼蒼之



句於是乎循北郭而遙徘徊臺城草樹間但覺夕陽塔影蔭寺鐘聲增人悽感蓋至今猶鬱鬱胸次也初余奉
天子簡命巡視荆南方謂可以訪茶村之里居償余夙願不知荆南去黃尚遠也越三載移節湘南則去黃為尤遠乃甫見洞庭諸山忽而特調是邦噫異矣夫黃州古名郡也昔賢如韓魏公王元之蘇子瞻為江山千古生色心竊喜之況又茶村生長之地乎黃人士以其集至真有先得我心者然余不多茶村而多茶村之鄉後進為能慕先哲敦風誼如此其遠且大也不然茶村往矣迄今蓋二百年矣彼流離窮困之羈魂安得一旦返諸邱墓之鄉哉而乃就其故居而祠之值其生日而祀之搜其遺稿裒輯而刊刻之蘋蘩辨香儼乎如見何其盛也聞斯風者要皆有所奮發而興起獨黃人乎哉然吾

固逆知黃之後起者必將父誡其子兄勉其弟志前儒之所志行前儒之所行相率而百年而數百年鄉則型於一鄉達則型於天下罔有墜替如茶村所稱能與聞於道者其在斯乎宜乎民和年豐而士日蒸蒸也茶村有知其含笑九原不必更爲長歌之泣矣吾故樂書其簡端如此

杜岕些山集

杜岕字蒼略原名紹凱黃岡人僑居江都與王軫石王漁洋汪蛟門往來倡和 廖元度楚詩紀

錢牧齋題蒼略自評詩文曰不見蒼略於今五年遇阨而氣益昌家貧而學益富才老心易趾高視下宜其所著撰宏肆兀奡富有日新一至於此也蒼略不以余爲老耄過而問道於聾請爲疏瀹其脈理而抉摘其指要則余固不能也豈惟



余哉雖古之人亦有所不能夫詩文之道萌坼於人心蟄起於世運而茁長於學問三者相值如燈之有炷有油有火而燄發焉今將欲剔其炷撥其油吹其火而推尋其何者爲光豈理也哉方其標舉興會經營將迎新吾故吾剝換於行間心神識神湧現於句裏如蛻斯易如蛾斯術心了矣而口或茫然手了矣而心猶介爾於此之時而欲鏤塵畫影尋行而數墨非愚則誣也柳子之讀毛穎傳也曰譬如追龍蛇搏虎豹欲與之角而力有不暇蒼略之詩文赴壑之龍蛇也當道之虎豹也顧欲爲之詆訶利病捃摭失得蹈龍蛇之頭而履虎豹之尾此則柳子之所不暇而余能暇之乎少陵之詩曰文章千古事得失寸心知蒼略之於詩文既已自爲評定則所謂千古寸心者蒼略蓋自知之矣若其靈心濬發神者告之忽然而睡渙然而興蒼略固不能自知也而余顧能知之也耶

靖科元若谷遺文

王一翥智林村稿

王一翥青蓮花樓集

王一翥長跡園稿

葉封序曰黃岡王子雲先生爲大司徒雲澤公曾孫天才超逸下筆驚奇初應童子試卽受知於馬公如龍拔置諸生異等嗣葛公寅亮亦以遠到期之崇禎庚午舉於鄉連上公車不第尋輒不果再上旋遭世亂播遷流離避地廬麓十有餘年乃還寓巴水困窮以殁其生平所著長迹園稿甚夥悉燼兵火後又以胠篋散失記錄僅存蓋百不及一焉憶昔歲在



壬午封嘗讀書先生之家先生始敎爲詩指論源流頗備比雖未能深領然心識之後每有省康熙戊申封從仕閩歸道謁先生時先生年已七十有七老且病甚相對欷歔悲感遲暮別去又十餘年而先生下世久矣先生之從父雪洲給諫封姻也謂封知先生深手先生遺稿屬封校而序之封受卒業泫然而言曰夫人必有軼羣之才而後其出言也不同瓦缶之響尤必有遺俗之志而後其用才也不僅爲鞶帨之華李白文章縱逸妙絕古今然以永王璘之辟終已不振王維爲詩雅秀迴出常境凝碧之篇幸微原宥而鬱輪袍之奏卒不免於貽譏是故人之遭逢坎壈固其不幸若乃身名一累白璧微瑕致使後之君子因其遇而惜其才則以視夫憂愁侘傺濯淖汚泥之中蟬蛻於濁穢者不大逕庭歟先生之詩

根本性情取材於漢魏六朝而緯以法度其爲文湛深經術稱左邱司馬班氏而餘子姑舍其爲人脫略拘檢不可一世當其蚤歲已有不羈之目晚罹喪亂轉徙徬徨抗懷高尙託迹於皐羽遺山之流益與世齟齬瑣尾顚頷老死無悔蓋其境可悲而其情誠可哀也已夫惟如是故其軼羣之才雖弗獲致用於承明視草高文典册之間而行吟放歌往往有以見其志不啻若杜甫之身歷艱難拳拳忠愛之意然則先生之可傳者亦豈必句櫛字比銖稱寸度第謂於虁澤公不墜其家風云爾哉

王一翥尋子集

王一翥西征集

萬爾昇滋言集



萬爾昇秋水岑集

毛際可序曰曩者邑父母萬儼菴明府以其尊甫頤莊集屬序竊謂大節在淵明間而詩亦得其遺意今年春復以季父退修先生秋水岑集五種見示先生三十後卽絶意仕進刻意爲詩以寓其歌泣或亦身世之感有同於頤莊者耶讀偶然作寓言十九如云前人網罟制後人無遺利物命方不堪人乃自言智智盡形亦勞取稱妻子意讒在位之營私也又云小鳥學鸚鵡遂受樊籠厄啾唧似能言聰明已爲累飢來向人呼何暇毛羽惜言文士依人宇下如班孟堅蔡中郎之屬身名俱喪卽少陵之於嚴武亦幾不免也又云本以射虎始而以射兔終豈無搏擊策酬欲已爭功譏古來邊將養寇以自封千載如一轍也又云桃花正欲謝木香色始鮮歡心猶昨日相愛已相捐桃花若寄語前此亦爭妍卽班姬團扇之歌不是過也又云凡物各有情强弱自爲生蔦蘿附高柯豈遂藉其榮竊恐秋風起高柯先自驚喻人之憑託權要而不知冰山之不足恃也至於指頭禪圓通解脫亦作是觀他君曰柳眼曰雁字皆多至數十首以及梅花百韻皆天巧人工備臻其至憶予應博學宏詞之徵有雁字詩八首頗爲同人所稱許然已覺江淹才盡始嘆人之才分相越不可以道里計云嗟乎以先生之詩使傳播於吳越間當高據作者之壇乃祕之篋笥致名不出於楚蓋先生之性情學術別有根柢卽選韻徵聲特其餘緒而非與世競名也持此五種行世亦述者意爲表章豈先生之志也哉

萬爾昌頤莊詩文集



毛際可序曰康熙乙酉邑父母萬儼菴明府蒞吾邃之三載政簡刑清拊循煢獨一意與民休息温柔敦厚之風油油然翔洽遠邇意其得於詩教者深而未嘗以詩自鳴適所首拔士姜子三如家有并頭蓮之祥明府次韻二律膾炙人口無不爭相傳寫其年秋姜子得與計偕人益謂明府之詩信而有徵也已而命駕過訪以其尊甫師貳先生頤莊詩見示相屬爲序先生楚黃右族登前丙子賢書主試者爲太倉吳梅村祭酒允推詩文宗匠特錄先生減膳撤樂表程式多士聲譽日起值明季喪亂淡然榮利偃息田廬尤愼簡交遊自一二知己外凡名位顯赫者罕與贈答讀其詩如遠岫之興雲如幽泉之下峽如孤桐之直上而無枝如百種之離離而出於土無一語沿襲三唐卽同里竟陵二君子詩選情逸韻一

時奉為依歸亦不欲寄其籬下惟五言古彷彿發源靖節然偶爾託興筆行腕止間未始自命為擬陶也獨是閱先生之石友胡君序謂先生備天倫之樂而又自庭除達於江湖恍若行於名園別墅中宜其為詩悠然而有餘乃余按集中編年多幽憂之所為作直以身歷滄桑之後觸物撫時百感交集有畢世不能告人者亦惟與靖節相視已耳先生更以餘力為詞賦慶弔諸篇俱登之別集蓋明府仁孝之思不欲一字任其遺佚況其足以傳世而行後也哉際可謹陋後學管蠡之見未足窺測高深聊附於校讎之役焉爾

李之泌悅泉詩集

李之泌松鱗集

胡珠無悶園詩文集一百卷

汪國瀠樂志齋詩集

鄭先慶肯巖集

于清端序

陶作聖正菴文集

王士龍蓑廬集

曹大濩豁隱詩文集

魏澤霖紅雪齋集

李藻橫鶴老人詩

曹喜玉詩文集

何元方遺集

曹石霞疏堂文集

國朝



劉子壯覲思堂文集八卷詩集一卷

子壯制藝與熊伯龍齊名雄厚排奡凌轢一時其詩古文亦以氣勝然精華果銳已消耗於八比之中又年僅四十四而卒未能於登第後復殫心於古學純以天資用事往往或失之粗豪二其翼者兩其足予之角者去其齒固亦事理之恆耳是集為其孫承錫等所刻壽序賀序連篇累牘而獨不載其對策恐其掇拾亦未必子壯意也見四庫全書

周世璉序其集曰稚川劉先生今文古文既售之世矣其所為聲詩亦散佚無存而質廬續為纂輯承金君會公張君金山之命俱梓而請之詞林益成此孝思以見前人之志又在乎詩也夫詩自卿雲賡歌康衢擊壤明良道合志意相同其始也本乎性情皎如太璞既而離騷漸作辭甚風雅雖曰濫觴大抵本三百篇之意明於治亂故龍門稱其志與日月爭光可也漢魏小變亦云近古六朝之靡曼盡黜輕婉宏麗居然一代名家沿及四唐漫誇初盛為清廟明堂之響好中晚者則日骨節珊珊無煙火氣象回憶柏梁近體孝武大司馬以下君臣各言其志詞意較然先生之詩鎔貫百家典型在哲野之歌朝之頌風雨晦明不無所懷感發懲創各有所寄其亦深於言志矣豈殆神超形越能解人頤者乎嗟嗟先生學然後詩中正和平之旨悉由於四始六義之文其有得於吾夫子刪之之遺意乎其有當於金張兩孝廉好之之心乎至若評論存削之權更質之詞壇君子余何能以廬陵南豐崆峒大復先比媺於前賢乎

韋成賢問鄉亭集

見廖元度楚詩紀

王澤宏鶴嶺山人集十六卷

是集乃其子材振所編前三卷皆題已刻詩若干首蓋皆澤宏舊作嘗爲魏憲錄入國朝詩選者四卷以下用編年體自丁巳迄庚辰題某年詩若干首附汪未刻稿則材振所裒輯也前有魏憲原序又附其祖用予傳一篇又澤宏請復九江關一疏澤宏喜與諸名士遊王士禎姜宸英洪昇等皆嘗點定其詩所作類皆和平安雅不失臺閣氣象而體骨未堅醞釀未厚尚不能淩轢一時見四庫全書

汪熻南天鏡堂遺稿

林之華鎖夢堂詩文集



奚祿貽知津堂集

杜濬奚蘇嶺詩序曰吾邑出郭里許過濂溪書院得異境焉望之蔚然陰森杳藹即之華表屹立有松櫪數百株皆偃蓋合抱中峙大邱左右列翁仲石馬豐碑穹窿高二丈餘深刻諭祭文一道是爲嘉靖中以丁未進士守延平州殉倭難贈光祿卿奚公默齋之藏今吾友蘇嶺則公之曾孫也塚旁有草堂三楹蘇嶺自幼時侍其尊大人讀書其中其地又與外王父陳公之廬相接近余與蘇嶺皆陳公外孫每値歲時節序外王父母暨諸舅氏生辰往偕拜賀之禮兩人嘗先後至相見握手歡抃讌集既罷必重過蘇嶺書屋酌茗論文徘徊於忠臣之墓下良久而後去方是時先慈暨諸姨母共四人表兄弟不下十許人而余與蘇嶺獨於其中岸然自異厚相期許慷慨相謂吾與若旣同所自出又同志同學異時通顯建樹將無所不同乃中更世變余流落金陵蘇嶺修業里社一別不知年及此相見笑啼狎至莫辨爲悲爲喜以俗情論之余兩人於是乎爲不同矣不知必於是而益見其所以同非世俗所知也詩曰同心之言其臭如蘭何嘗曰同迹哉姑崖略明之夫蘇嶺少而沈斂余少而輕率然而好學同也三十年來蘇嶺以才大不能藏余以器小不能行然而兼善獨善其學各有所本同也今讀蘇嶺之詩多清新跌宕之音余詩多志微噍殺之響然而貴眞不貴贋同也夫詩至於眞難矣然吾里一二狂士以空疎游戲爲眞而詩道遂亡眞豈如是之謂耶夫眞者必歸於正故曰正風正雅又曰變而不失其正詩至今日不能不變道在不失其正而已蘇嶺獨知之屬余言其端余惟序眞詩不可以作飾語而眞莫眞於疇昔



之日外王父家之所講摩及忠臣墓下之所期許蓋未嘗一日忘諸懷而於是焉發之以爲是眞詩之所繇來而且以見蘇嶺與余所以同之故其指深渺矣哉

胡珙人瑞堂集

胡珙石屋集

王追騏居侯樓集

魏惟度序曰雪洲詩新穎雋逸不屑屑步趨古人初讀之如月下梅花香影不可即離再讀之如帳中佳人情貌皆有實際熟讀之如聽成連鼓琴聲忘乎其爲天空海闊時也然雪洲由詞林入諫垣建節山左以伉直忤時而其詩寄託遥深絕不露侘傺無聊之概宋荔裳觀察比諸三閭大夫謂其目成

於美人含睇於山鬼纏緜悱惻超忽惝怳有不自知其何心
者可謂雪洲知己矣予急擕其詩向山巔水涯雲岑煙樹間
一洗繁縟焉 鶴徵錄

葉封慕廬集

井叔與王黃湄謝方山諸結進士十才子社悉擯諸詞館臺
閣名流且與新城王貽上分幟一時憚其鋒詩號慕廬集 挺 詩紀

朱錫鬯序曰周職方氏所掌蓋爲國一千七百七十有三而
附庸不與焉其得列於詩者自二南豳及王風外僅十有一
國而已夫以邶鄘曹檜之微不遺輶軒之采況疆域之大焉
者乎彼其國人豈無感於心而宣於言詠歌嗟歎以賦其事
然皆置而不陳何也傳曰若以水濟水誰能食之琴瑟之專



壹誰能聽之殆或所操類一國之音所沿悉前人之體製則
言不曲中膠固而不知變變而不能成方斯則可以無取而
馬遷謂古詩本三千餘篇孔子去其重複取三百有五其勿
信矣乎自後變而爲騷爲樂府爲五言爲七言爲六言爲律
爲長律爲絕句降而爲詞爲北曲爲南曲作之者恒慮其同
則變變而其體已窮則不得不復趨於古譬之冶金者必異
其齊改煎而不耗斯其爲器新而無窮倣盡而無惡故正考
父奚斯之頌不同乎周景差宋玉之辭不同乎屈平孟郊劉
叉盧仝李賀詩不必盡學退之張晁秦黃詞不必盡師蘇氏
此其人皆以雷同剿說爲恥視其力之所變而莫肯附和不
知者斤斤操菽黍圭臬以繩其非是欲其派出於一毋乃謬
論與三十年來海內談詩者每過於規倣古人又或隨聲逐
影趨當世之好於是已之性情汨焉不出惟吾里之詩音響
雖合取而繹之則人各一家作者不期其同論者不斥其異
不爲風會所移附入四方之流派惜夫工之者類多山澤憔
悴之士不汲汲於名譽或不能盡傳又或傳之不遠則一人
之言無以風天下歲在丙辰遇葉先生井叔於京師誦其詩
清而婉麗而不靡成削而無刻劃之迹至於友朋山水之好
流連唱歎而不已庶幾發乎情止乎禮義可以化下而風上
者與先生前知登封縣事入爲西城兵馬司指揮與一時士
大夫官京朝善詩者九人合刻其集以行比而觀之若金錫
之各異其齊不同夫琴瑟之專壹可謂善變古人者矣先生
雖家於楚實予里人也乃爲序之以質當世論詩之君子

王一煌草古堂焚餘集

杜世農斷雁吟



顧景星序曰老友杜于皇才情妙天下初不知其有令子也
甲辰冬始識其長君湘民與論古近人品詩格暸然不疑問
所爲詩出斷雁吟十八首哭其弟柏梁作也颯然如飃風如
奏枯桐破筑如聽泉三峽如荒雞遠號如桓山之禽流沫折
翅逐子之猿三擲三躍始讀而悲繼之唏噓於邑不知其所
致也湘民言其弟穎悟善詩十數歲即有雨闕多向夜秋氣
晚歸燈之句又聽蟲入幾層天淨雁微痕皆近日竟陵集中
佳語弱冠喪母嘔血斗許輾轉牀榻苦吟有云風前黃葉夏
能飛果以夏月卒以予觀柏梁詩慧則慧矣焉得壽湘民哭
之目欲眥可謂至性過人矣夫文章者性情之至也性情之
至能使薄者厚悖者廉奸臣逆子油然忠孝之心生舍是皆

落稃墜蕊朝華暮菸不足道也已湘民性孝友岸然貧約多呂力騄騎八尺騋弓六七石左右彀決拾審固旋掐磬控盡其妙而以之為詩忠厚惻怛伉寶儁偉如其人近聞于皇乞米廣陵號贖道人贖者何謂向五窮贖妻子贖已卽長往不來號不來子今有子如此可以自贖老子可以不來矣白茅堂集

曹衎還讀軒詩集

劉公玹哀哀草

鄧之愈鄧州詩略

邱勃環山文集

邱勃聚奎文集

王封崑憩菴詩集

王封濼蒙春園集

於斯和復園草

於斯和還來草

於斯和老狂吟

陳芳烈觀心堂集十卷

孫錫蕃復菴詩文集

詹大衢環溪草堂集

詹大衢白燕堂集

詹大衢寄遊黃山草

此集名見楚詩紀

胡之太卦餘集

張有孚南遊旅草

有孚字顒若一字澄菴黃岡諸生所著有南遊旅草諸詩楚



詩紀

王造周浣繡山人集

王造周賒月堂集

造周字邵石一曰西垣一曰識字山翁一曰賒月道人一曰浣繡山人黃岡諸生所著有浣繡山人集賒月堂集楚詩紀

陳肇昌抱節軒集

陳肇昌秋蓬詩草

肇昌字扶昇著三楚文獻錄八十卷抱節軒秋蓬詩文等集康熙戊辰夏逆陷武昌燬於兵楚詩紀

吳升東瑞芝堂集

吳升東玉磬齋集

曹宜溥鳳岡詩集

王材任尊道堂詩鈔八卷別集六卷

望雲集二卷南沙集四卷疊韻詩二卷集唐詩三卷集杜詩一卷劍外集二卷

朱日濬王子重集杜序曰蜀地古稱多才蓋其山川之氣如玉京大蓬插天連雲百花潭水濯錦分箋故長宏雲卿輩皆隱顯殊絕而杜子美以盛唐一代才人結廬浣溪之上故集中所著蜀詩為多蓋人地相期忠愛蘊積於中奇遇薄射於外故憂苦沈湛憔悴行吟之感往往若瞿塘灩澦之險驚湍噴激而出不能自已也子重壬子入為吏部出典蜀試以鶴禁冰鑑之司任皇華四牡之選抒其宿抱與蜀士遇將見倡風應雅屬辭賦事鷹揚其體鳳覩虎視出其天藻神思以潤為國華亦何不可顧獨取子美愁苦憔悴之咏而集之何耶

蓋子重一出一入皆爲　國家作人之用其入蜀也不獨公門桃李盡入夾袋即千載以上莫不追其旣往溯其流風蓋以求才之志引而爲憐才之思古之所謂登駿骨而致千里之足其即此與故曰駪駪征夫每懷靡及見詩人之不敢以皇華爲樂而以原隰爲憂也子重以天部侍從之臣志與時並極人生之至願乃於出使而不忘羈旅孤臣之子美所謂安石旣與人同樂自不得不與人同憂其忠君愛國之思必自有以著見於異日者而非徒以詩也

陳大章玉照亭詩集二十卷

軥輈集四卷傚帚前集五卷巢雲集二卷傚帚後集四卷秋蓬集三卷傚帚續集二卷

萬年茂書玉照亭詩集後曰昔范文正公負偉望仁宗朝東



坡先生年總角誦魯人石守道詩識其名後序文正集以數十年敬愛公不一識公爲生平憾欲挂名其文字中自託於門下士之末吾兩山先生歸卧碧山四十年士林仰之一時德望蓋不減文正茂於坡公擬非其倫顧茂少時先生索觀藝評閱之獎借再三謂十年當文章名世先生期茂太過然爾時早知茂茂年少未能趨杖履然心知敬愛先生有與坡公一揆者茂距先生里纔一舍歲孝皋世茂大父於先生伯季悉同年友先生與大父齊年交密詩文投贈無間此又范蘇二公之所無而茂與先生之所有者其敬愛當更何如耶先生捐賓客後十年茂厠名館中館中耆彥猶人人稱先生如韓富歐陽稱文正時先生秋蓬集詩巢雲集詩最蚤出讀之淵彝渾古如神遊清虛之表莫知其所窮際假如先生在時茂得通門牆心授口講規之法度其所至詎如是於先生厚望詎必無副而茂又非時地遠不相知先生者嗚呼其感也已先生嗣君道翁世丈文采風流彬彬世其家學客秋裒全集屬擔人王先生序之合王集爲黃岡二家詩於是又幸先生之有傳子而茂得私緒論於家庭纂述之餘一如坡公之交堯夫兄弟者其亦足慰也已先生之詩生平曲折所以信今而傳後者有王公序在惟是茂蒙先生之知十餘年未能一窺作者堂奧以自名於時而疇昔私願敬愛先生而不獲識先生其情緒有不可以無言者乃感而書之於後

萬爲懌樗窗稿

陳大華石髓集十卷

黃自芳晚翠堂詩文集



張先璧誠正堂詩文集

孫朝宗岱菴詩集

於心匡振巴音集

王如稱懶齋吟

陳大慶樂府古近體詩四卷

陳大慶遊詩三卷

陳大慶秋詩百首

欽士佃瀛洲集

呂德芝晉起堂遺集十二卷

王如琰瀛洲小草

王如宗少微堂詩集

王如璠鈍齋詩草

王如璠且園吟秋
靖道謨果園文鈔
靖道謨果園詩鈔
余世宗卯莘堂古文
胡紹虞怡齋文集
鄭可格永懷詩
鄭可格菊園集
王近顒若巖集
胡思樊樊川詩集
張念祖可齋詩文集
王道明雙崎詩文集
張鳳鳴愼餘堂集四卷



陳師栻敬義堂集
萬娛祖懷光集
萬娛祖桐莊集
萬壽祖晴沙集
萬覲祖松軒文集
王化行北遊草
王化行如衡詩稿
劉之鑾望雲堂詩文稿
范朝綱儲庵詩文集
萬廷奎可棲軒詩文集
謝仁濟錤山詩文集
郭維本道庵詩文集

杜乘時梅笑亭詩集
謝方杬自怡詩集
謝志烜芸叟自怡集
曹翰尊江詩草
歐陽賢適可齋詩集

張其章序曰：乾隆辛丑歲，余膺　簡命以縣令分發湖北，與同寅林公棲西共事，居多暇日，論及楚士，思得一讀書立品卓然有古君子風者爲性命交。棲西曰：余官此已有年，若子游子所謂澹臺滅明，其人不可多得，惟黃岡明經歐陽敬亭名賢者庶幾有之。敬亭少孤貧乏，幾難自存，而處之晏如，撫弟封五至於成立，竟大其家，且刻志勵行，清修不倦。及肄業江漢書院，大見知於撫軍梁文定公，其投契之誼雖家人父



子不是過也。余據所聞而訪謁之，其貌甚古，言論皆醞藉老成，無世俗氣，益信棲西之言，而定交遂自此始焉。敬亭僑寓漢陽，而余以需次調補往來江漢間，朝夕過從，相視莫逆。後余蒞任黃岡，敬亭非公不至，蹤跡反疎，余益愛之重之。若是者十餘年矣。嘉慶丙辰　詔求天下孝廉方正之士，原任雲南大理太守宋公廷採偕邑諸名士具呈保舉，敬亭以爲克充此選。又據黃岡教諭李君敦杜、訓導甯君乾錫所牒與紳士詞同，大約謂敬亭敦崇孝友，砥礪廉隅，方正持躬，詩書自德。余即用是語詳請上憲保　題，則已批俟軍務告竣核彙具奏矣。頃余染疾告假歸里，路過敬亭，見案上適可齋詩集，讀之駭歎，謂非流俗所有，蘊涵厚雅正，得古作者精意而自成一家之言，所謂文如其人。令嗣秋潭爰請序於余，余因不

其相交之久相信之深所舉以應旁求之　詔者以爲序

萬緜祖述莊文集三卷

萬緜祖石徑樵吟二卷

萬希煜玩易堂詩古文集

萬希槐惜分陰齋詩古文集

王養沖長吟集

王養愚隨意吟

王養翮旅館吟賸草

秦樂天擬樂府

秦樂天擬陶詩

秦樂天山居稿

孫廷樞武林樓詩文集



李鈞簡雕蟲集

王鑾徒洲詩文集

陳本謙蘆洲詩鈔二十卷

朱鎬占乙山房詩存

朱寵錫蜀西漫遊草

宋治咸幾復集

王翼雲詩古文鈔

黃樹棠蕉窗集

嚴承夏適適詩草

邵明銑龍皋詩草

孫承則春泉亭集

沈啟洛竹軒詩文

沈啟洛樸上吟

朱澤遴京蒙詩文集

范同文綠墅堂詩文全集

周興邦谿亭詩文集

吳鑣坳餘書屋詩草

黃元亮詠史詩十卷

黃元亮淡雲軒詩集

秦能泗不枯崖草

萬希良輕舫詩集

龍澍荷薪書屋詩文六卷

萬承宗引山堂詩古文集

吾邑萬梓巖先生湛深經術至老猶日鈔書數百字故記問



最博洽而詩尤工嘗言詩主性情在乎温柔敦厚比興則寓意深曲而今人但工賦體古人之賦亦必穆如清風而有含蓄之致今且習爲刻露尖巧甚或極事摹繪而無義藴存其中殆非所以理性情也嘗爲余書扇皆其近作純唐音亂後失去不復記憶矣近聞先生遺集板燬於兵因識其緒論於此 古榆閣詩談

陶宜炳莘園詩草

陶致孝調侊集

陶致廉天放閒人詩草

龔斗南小梁詩集

謝炎暢夫詩鈔四十二卷

初刻二十三卷有爽來詩草金臺詩草竹樓詩草瀔川遊草

高城遊草浠川遊草竟陵遊草振衣亭詩草漁城遊草肯構軒詩草得露軒詩草鷗波館詩草東坡老屋詩草燕支山館詩草雪堂詩草挹翠山房詩草輪蹄詩草南坡詩草揮霍詩草倚衡精舍詩草後庚詩草北樓詩草芙蓉山館詩草續刻二卷爲快綠園詩草循南鵠舫詩草第三刻七卷爲一壺庵詩草南雲館詩草見丙軒詩草艤舫居詩草晏廬呻吟草同志同聲詩草存存園詩草第四刻三卷爲隴岡舊業詩鈔無愠喜齋詩鈔翼軫從星詩鈔第五刻三卷爲焚餘詩草嚶嚶詩草冰繭園詩鈔第六刻四卷爲自訟齋詩鈔雪心詩草履尾居詩草知已知不足齋詩草每年一集每集冠一小序

李振堃菊存樓詩集

王鎮邦道山堂詩集



萬渭磻溪詩文集

王崇槐庭詩草

王志釗郊居吟

王志釗客遊詩草

王志鑑遼東集

王志鑑倦遊吟

萬裕瀚漱芳書屋詩鈔

曾廷彩拙齋詩集

曾邦俊小住山房詩文鈔

曾邦俊詠史詩一卷

陳堯松拗硯齋古文鈔

陳堯松聽松聲館詩集

陳堯松箋蟲蝦齋集

陳堯松聽雪餘吟二卷

王佐猷淡圃老人詩草

陳汝鈞惜老齋詩文集

方鏞笙甫詩草四卷

王燕賓爛柯山詩文集

樊東陽碧藁詩古文鈔

樊雯猿鶴鳴詩草

王燕瓊銅豆山房今樂府

許汝梅京華遊草

許汝梅蘇松遊草

姜煥垣味懶齋詩



吳榮誦芬書屋詩古文鈔

王家璧狄雲行館偶刊古文

鄧琛荻訓堂詩四卷

汪家驥葆素詩草

林作楨東山詩草

劉熊興碧雲山館詩集

李應覲碧桃軒集唐詩四卷

劉維楨重生詩草

劉維楨夢遊詩草

洪艮品龍岡山人詩鈔十八卷

有樹岡集崎山集焦尾集鷲巢集巴河集龍邱集聯鑣集羅湖集後龍邱集釋褐集巴船集東歸集北征集宣南集星馹

集木天集諸目

劉照雲湖詩鈔

總集類

明

王濟孝友堂詩

李東陽序曰吏部驗封郎中黄岡王君濟舉進士爲南京戸部主事會今天子登極詔兩京文臣當被封命者悉予誥勅獲封其父竹坡翁時躍如其官其勅命之詞有曰孝友躬行家居表率戸部尚書安陸孫公爲摘二字名其堂曰孝友之堂鄉大夫士傳之以及於予予惟孝友者弟子之道終身行之而不可易者也周命君陳曰惟孝友于兄弟克施有政孔子以爲是亦爲政又謂孝可移於君弟可移於長蓋家國一



道處則教焉仕則行焉不可以顯晦論也近世推恩之典資格所應類皆有之若不以爲異者顧天子命六卿吏部統百官文選之所簡考功之所最驗封乃得而行之計時而後請量功而後授其有失者寡矣閭閻之行不能悉達於朝廷誥勅之詞多出於代言之手若亦不爲甚異者然天子任之詞臣詞臣據之吏部而又采之輿論彼此之相參下上之相信其有失者寡矣夫以子之貴而褒錫其親所以勸忠與孝得之者固以爲難若親親老老之恩出於朝廷及於臣下嘉期勝會無俟乎考績之時者其難尤甚然京朝臺省大抵亦皆其人徐而考之其有失焉者亦寡矣予家本出長沙與黄州同省數百里而近聞湖南北稱王封君之賢謂其七八歲時連失怙恃鞠於庶母李氏恨弗逮養事李如母奉諸兄如事父然撫諸子皆如已出無異歲積粟數千斛以應族人之用年豐則去息年凶則棄責置祀田一區以備烝嘗祭掃之禮平生以勤儉起家寖至饒裕每戒子孫勿以奢僭廢業曰此所以保家而睦族也跡其言行皆出於倫理著於家庭勅命所褒殆非虛語濟方學古檢身不墮流俗以行藝爲吏部所簡至今官孝友之教得於家者有素是其封也不爲幸而其美也不爲濫矣况今驗封所掌躬自爲之必將精覈允覆爲有職者勸且其勳業所就功利所被殆未可量又以見緩猷之責作師之道得於累朝聖天子作養振勵之餘者豈獨於家教然哉夫自有經傳以來孝友者天下言之矣朱子入朝聞正心誠意之說爲時所厭謂生平所學在此竟以此言進學孔子者必自朱子始予豈敢以孝友爲常談庸行而不思



所以相勵乎哉今年翁六十濟方縻於官欲有所頌禱而未能也乃徵諸能賦者爲詩十章授簡於予張仲之孝友詩人言之亦孔子所取朱子所傳者予不能詩請以是言爲翁序

樊鼎遇道林五十五卷

象林形林生林數林易林禮林樂林刑林教林詩林凡十部總名曰道林見經義考

朱荃宰文通三十一卷

荃宰字咸一所著有文詩樂詞曲五編並以通名見於自序而文通獨先刻成其書取古今文章流別及詩文格律一一爲之條析蓋欲仿劉勰雕龍而作其末詮夢一篇酷摹勰之自序然大抵撫拾百家矜示奧博未能一一融貫也（見四庫全書）

朱荃宰詩通

朱荃宰詞通

朱荃宰曲通

易道暹詩徵四十卷

國朝

曹本榮古文輯略

是書文以體分各體前俱引文體明辨一條大概因是書而廣之然所分子目冗瑣特甚舛誤尤多漢文帝賢良文學策問武帝賢良策問之類亦往往一文而兩載皆失詳檢鐵券文類止載唐德宗賜王武俊一篇諭祭文類止載隋文帝祭薛濬一篇之類亦殊罣漏至每篇删削尤不免失其本來見四庫全書

吳純德古文纂略

王如玫楚北詩佩十卷

按此集係與江陵張鈞同編

蔡𩧐德乘槎詩選

見楚詩紀



附錄類凡自他邑寓來黃者其藝文附錄於後

宋

蘇公寓黃集三卷

邑人王同軌編荆鶴嘉禾陸志孝爲訂刻吳國倫序茅志

張耒柯山集一百卷

許端夫齊安集十二卷

見宋史藝文志

元

龍仁夫周易集傳八卷

每卦之下各分象變詞占雖大旨根據程朱而於卦象爻象反覆推闡頗能自抒心得故元史稱其發前儒所未發見四庫全書



明

鄒廸光郡齋稿

見茅志

茅瑞徵赤壁集

任邑令時編輯板藏署中

楊逢時寓黃集

逢時江陵舉人署黃岡教諭詳秩官志

國朝

賈鉝赤壁志

趙之鑾居黃間草

之鑾沔陽舉人任黃岡教諭詳秩官志

程大純筆記二卷

大純字漢舒孝感人康熙中由貢生官黃岡縣教諭是書皆
講學之語其謂陸王之學雖矯枉過正然用以敎口耳之學
不爲無功所見頗爲平允若以程子配孔子朱子配孟子則
聖賢之與大儒自有分際未必二子所敢居也四庫全書總目

王德新葆醕堂詩古文集
德新號菊門江夏舉人任黃州教授

陶樑黃州雜事詩一卷
樑字甯求號鳧鄉長洲人嘉慶戊辰進士詩爲漢黃德道時
作刻晚香倡和集中後官至禮部侍郎

朱澤楠小酉古今體詩鈔

朱澤楠小酉古文鈔
澤楠字小酉廣濟舉人詳流寓志



程之楨維周詩鈔十六卷
之楨字維周江夏舉人任黃岡教諭詳秩官志其集有嘗辛
集北遊草悵悵吟漂萍集歸硯草履棘吟墨池編磨盾草硏
園藻諸目

程之楨人鏡類纂四十六卷

# 黃岡縣志卷之二十四

知黃岡縣事合肥戴昌言編輯

## 雜志

### 祥異

鳳凰至蓍龜兆甘露下竹實滿流黃出朱草生瑞應之物昭
昭也而水有九年旱有七年祥桑雊雉之屬又何殷憂而啟
聖乎洪範庶徵曰休曰咎治天下者固以省厥躬也治一邑
何獨不然

吳

永安元年三月西陵言赤烏見

晉

大興元年西陽地震水湧山裂晉書



宋

元嘉十五年秋八月白雀見西陽江州刺史南譙王義宣以獻
宋書

南齊

永明十年齊安郡民王攝掘地得四文大錢一萬二千七百十
枚品製如一齊書

唐

貞觀十四年黃州進紫芝白兎

嗣聖十四年旱

中和二年春三月天鳴若轉磨無雲而雨

宋

乾德四年縣民段贇屋柱生芝一本三莖知縣鄧守忠以獻是

年黃州進白兎
太平興國七年知黃州裴仁鳳獻芝草
淳化元年黃州刺史魏丕獻芝草
至道三年黃州麥秀二三穟
咸平元年冬黃州西北雷震　二年瑞草生知黃州張鑑以獻
冬震雷十二月長蘄（省志作柳）村二虎夜鬭一死食之殆半　三
年秋八月羣雞夜鳴至冬不止　冬十月雷聲如夏
大中祥符元年黃州獻異竹一本雙莖
明道元年黃州竹及橘木柟木連枝
淳熙七年大旱
嘉定十四年春正月地夜震大雷（是春金虜入寇黃州失守）

元

至元三年大水　七年大水
大德三年旱秋九月有流星色赤尾長尺餘墜地聲如雷　十
年七月饑
延佑七年旱
至順元年饑
至元元年冬十二月地震　二年夏四月縣民周氏婦產一男
狗頭人身卽死咸以爲旱魃云　是年旱　秋七月蝗
至正七年大水　十二年大旱人相食　十三年大旱疫

明

洪武四年冬十月大霧北風寒勁雨黑雪草木竹柏皆枯
宣德三年夏六月隕霜殺稼
宏治六年興王之藩舟至黃州有烏數萬繞舟（明史）十一年自冬



十月至明年正月不雨火時發（有鴉銜火裹絮集人屋以翼扇焰居民露宿伺救）
十三年夏六月大水　十四年柳子港有虎害
正德元年大旱　三年大旱　四年夏旱　六年七年八年連
年大旱民窮盜起流亡衆多　十年滸子灘水怪出知府盧
濬滅之　十三年大水饑女王城有虎害　十四年夏五月
雨雹如雞卵壞民舍
嘉靖元年春三月地震　二年夏五六月不雨苗盡槁奏免田
租有差　九年秋八月大水有星如月流西北聲如雷　二
十三年大旱　二十九年雨霾　三十二年大水道觀河水
怪見大雨水溢民多溺死　三十三年大水　三十四年冬
十二月地震　三十五年民謝姓家豕生三子並一角牛尾
馬蹄　三十九年秋大水傷稼
萬歷元年春三月田鼠嚙禾殆盡自襲近郊虎食人　二年春
二月地震　十三年清源門災　十五年夏大雨城壞　十
六年大旱人食木皮多飢死團風鎮火延數百家　十七年
大旱饑虎入市　十八年夏四月雨雹如磚（時有宿松寇警）大疫人
相食　十九年大有年　二十四年府文廟災　三十一年
團風河西岸崩舟人壓死甚衆　三十二年府治災　三十
三年春二月地震　三十四年大水　三十五年彗星見昏
東晨西夏六月水白陽山蛟見　三十六年夏大水舟入城
四十二年大旱夏四月二日地震　四十五年大水滸子
灘水怪傷人　四十七年秋八月地震
天啟元年冬大雪自十一月至於二年春四十八日烏鵲死路
無行人　二年大旱斗米千錢

崇禎二年春三月地震一日五震有聲如雷屋瓦搖墮夏又震
冬十月又震　六年地震　七年地震晝晦如夜　八年鵲
成羣投河　冬地大震　十年雨蟲色黑大如菽食苗盡
十一年秋野彘入城　十二年夏五月鼠食禾渡江五六日
不絶城南門流血五日　十三年秋八月地震聲如雷民舍
壞　十四年夏六月飛蝗食苗盡入城陰翳障天是年大疫
十五年冬十月二日日食晝晦是年鴨蛋洲有飛鵲萬餘
投蘄州南城濠死　十六年春二月清源門五日夜鬼哭
十七年春正月四日大雨雹

國朝

順治三年春正月生員李遐齡妻一產三男　九年春正月朔
大雪十五日上伍鄉雨黑水如墨汁自正月至二月地屢震



六月一字門外災是歲大旱斗米四百錢　十二年大有年
十三年教場有白氣起平地蜿蜒如龍至空不見　十四
年旱

康熙元年夏四月白燕來巢秋旱　二年復旱秋七月十五日
城內外火焚民舍十之九八月大水　三年冬十月彗星見
翼軫分五十餘日　五年夏四月雨雹　六年春夏旱　七
年夏六月地震　九年夏五月雨黑米黑豆　十一年冬十
一月生員李宏妻張氏一產三男宏父遐齡兩世皆有三男
之瑞事見順治三年　十四年夏多虎害通判宋犖除之　十五年
夏六月大水　十七年大有年　十八年大旱　二十四年
大水　二十七年夏四月十七日白雪銀光見翼軫間層疊
團結中有五色氣如斷虹　二十八年田鼠食禾及秋化爲
魚　二十九年旱饑　三十二年夏大旱　三十三年旱
三十五年秋八月大水　三十九年春大雨地震三月十六
日地震　四十年夏六月大水　四十五年夏五月大雨江
水驟長五尺西陽河馬家潭蛟見姚二渡簡隄缺西瓜鋪魚
博但家店諸山市民居漂沒有溺者　四十七年春二月地
震秋旱　四十八年秋旱赤山潭居民掘地得魃擊殺之遂
雨　四十九年八月初三日地震　五十一年春二月雨雹
斃物大風伐屋夏蝗官捕之數日盡秋大熟　五十三年夏
旱　五十四年至五十九年秋大熟　五十七年冬十二月
雷電雨雪　五十八年夏五月有虎傷人於城南三日乃去
六十年秋旱　六十一年秋大熟

雍正四年夏大水　五年夏大水秋大疫　七年夏四月佗鴟



洲有蝗官撲滅之秋大熟　九年夏四月赤壁山下麥穗五
歧　十年夏六月大水　十一年夏四月地震鴨蛋洲麥穗
四歧五月大雨江水溢但店出蛟水淹民居　十二年秋大
熟　十三年春旱夏六月雨

乾隆元年秋大熟　二年夏大水　六年秋大熟　八年夏大
水　二十年春三月雨雹自鐵冶至柳林三十餘里大者盈
尺　二十一年至二十三年秋大熟　二十九年大水　三
十二年三十四年大水　四十三年旱　四十八年大水
五十年大旱賑鮑湖底有自然穀慕義鄉人採食甚衆　五
十二年春東鄉蝗有雀千萬食之間化爲蝦是歲大熟　五
十三年大水近清源門慕義鄉人見江心湧出破船浪高數
丈聲如雷踰時沒

嘉慶七年夏旱　二十年柳子港蛟水被害人百四十餘口衝沒廬墓無數冬慕義鄉麻陽灣有豹土人黃敍萬斃之　二十一年大水淋頭畈有虎患土人巴維太斃之

道光三年大水　五年夏鮑湖南麥三歧　六年馬跑嘴芝草生　八年牛車河雙河口雷擊異獸似驢一肩兩首四蹄鷹爪　十年冬震雷　十一年大水至清源門　十三年大水　十五年旱蝗　十六年蝗　十九年至二十二年大水　二十七年冬震雷　二十八年大水至清源門　二十九年夏五月二十四日大崎山腰裂數十丈響震百里居民屋舍傾圮年餘山漸合至今尚有裂迹秋大水舟入城斗米錢五百　三十年雨雹大者如瓜小者如彈丸壞稼傷人

咸豐元年秋彗星見西北方慕義鄉民種芥一畦結實如胡椒



其味辛　二年夏彗星見北方冬十二月三峽庵黃楊生花似桂而白　三年夏彗星見西方　四年雨木冰雨黑豆辛家衝王姓婦徐氏一産三子一面半赤一面半黑一面半駮生三日皆死　五年春大雨豆狀如槐實十月上永鄉各處水湧冬十一月桃華且實　六年塘水湧　七年得勝洲滸子灘麥穗兩歧秋蝗入境　八年秋彗星見西方　九年秋七月十五日大崎山下雨雹大如卵傷禾麻　十一年夏彗星見西方

同治元年夏六月蝗不爲災　四年春正月震雷烈風雹大如卵雨木冰　六年秋旱鴨蛋洲地中出火投以柴草可以爇水熟食物又陳姓茅簷出米以棒敲之米從麥稿中出用以治病頗效　八年秋大水　九年秋大水至清源門　十三年春三月十六日大崎山下雨雹大如升數十里麥菜盡壞

光緒二年麥穗兩歧夏六月割人髮辮無踪訛言雞翅生爪啄人立死民間殺雞殆盡秋治東宋家塹虎入民房土人斃之　三年春上永鄉破山鄷姓屋側楓樹結實如梨　四年水湧蝗不爲災夏樊口內東港雨雹雷擊一物首如鹿身尾如牛足如鷹爪一角其色光明長四尺許　五年水湧　六年秋大熟七月十八日上永鄉水湧　七年春二月雷電大雪酷寒雨木冰山松多凍折者夏彗星兩見一酉刻見北方一亥刻見東北方秋大熟

兵事 國防附

黃介江淮之交海内騷動必先受兵周秦及明末流寇已事可覩矣咸同間粤逆捻逆蹂黃最久天威震懾卒就廓清而土堡社團民自爲衛同袍同澤不乂歎民情大可見乎誌兵事而國防附之

周

惠王二十二年爲魯僖公之八年楚鬬穀於菟滅弦弦子奔黃於是江黃道柏方睦於齊皆弦姻也弦子恃之而不事楚又不設備故亡 左傳

按各代地理志江國在汝甯府新息縣西南八十里安陽故城黃國在今光州界或以江夏黃岡二縣爲古江黃二國非也 府志



漢

永和二年江夏盜殺邾長 茅志

魏

太和二年滿寵領豫州刺史三年春降人稱吳大嚴揚聲獵江北孫權欲自出寵度其必襲西陽而爲之備權聞之退還 魏志滿寵傳

後漢

後主延熙二年吳陸遜取魏邾以兵三萬戍之 時吳赤烏四年見通志

晉

咸熙九年秋七月吳將魯淑圍弋陽征虜將軍王渾擊敗之 晉武帝本紀

太康元年王濬督軍臨江吳牙門將孟泰以蘄春邾二縣降 續大事記

太興初陶侃爲武昌太守時天下饑荒山夷多斷江刼畧侃令諸將詐爲商船以誘之刼果至生獲數人西陽王羕之左右也侃卽遣兵逼羕令出向賊侃整陣於釣臺爲後繼羕縛送帳下二十人侃斬之自是水陸肅淸 晉書陶侃傳

咸和初陶侃以荆江二州刺史鎭武昌議者以武昌北岸有邾城宜分兵鎭之侃每不荅而言者不已侃乃渡水獵引將佐語之曰我所以設險而禦寇正以長江耳邾城隔在江北內無所倚外接羣夷夷中利深晉人貪利夷不堪命必引寇虜乃致禍之由非禦寇也且吳時此城乃三萬兵守今縱有兵守之亦無益於江南若羯虜有可乘之會此又非所資也及庾亮戍之果大敗 晉書陶侃傳



咸和五年鄧嶽爲西陽太守時郭默之殺劉應大司馬陶侃使嶽將西陽之眾討平之 晉書鄧嶽傳

咸康五年毛寶爲豫州刺史與西陽太守樊峻以萬人守邾城石季龍惡之乃遣其子鑒與其將夔安李菟等五萬人來寇張貉度二萬人攻邾城寶求救於庾亮亮以城固不時遣軍城遂陷寶峻等率左右突圍出赴江死者六千人寶亦溺死 晉書毛寶傳

元興三年五月劉道規與劉毅何無忌攻桓元西走江陵留郭銓等守湓口乃大聚兵眾召水軍造樓船器械率眾二萬浮江東下與冠軍將軍劉毅相遇於崢嶸洲時兵不滿萬人眾憚之欲退守潯陽道規不可麾眾而進毅等從之大破元軍郭銓與元單舸走江陵不復能守 宋劉道規傳

宋

元嘉二十八年西陽蠻緣江爲寇殺南川令劉臺並其家口時亡命司馬黑石廬江叛吏夏侯方進在西陽五水煽動羣蠻十月太祖遣太子步兵校尉沈慶之率江荆雍豫諸州軍討之使武陵王駿總統眾軍三十年正月武陵王出次西陽之五洲慶之自巴水至洲諮受軍畧柳元景率所領進西陽會伐五水蠻世祖初元西陽蠻田益之等起義攻郢州及末年遣沈慶之討西陽蠻大尅獲而還 宋書

孝建元年臧質反兵敗走至潯陽載妓妾西奔使所寵何文敬領兵居前至西陽西陽太守魯方平質之黨也至是誑文敬文敬棄眾走六月戊辰質走武昌爲人所斬傳首京師 宋書臧質傳



齊

昇明元年沈攸之反圍郢州遣中兵參軍公孫方平馬步三千攻武昌西陽太守王毓奔於盆口方平因據西陽以劉懷珍持節督豫司二州郢州之西陽軍事遣建甯太守張謨遊擊將軍裴仲穆帥蠻漢萬人出西陽破方平軍數千人收其器甲 南齊書劉懷珍傳

永元中西陽馬榮率眾緣江寇抄商旅斷絶刺史蕭遥欣遣弘農太守鄧元起率眾討平之 梁書鄧元起傳

中興元年四月梁高祖出沔命長史王茂冠軍將軍蕭穎達等進軍逼郢州五月東昏侯遣甯朔將軍吳子陽軍主光子衿等十三軍救郢州進據巴口西臺諸將議欲分兵以襲西陽武昌高祖曰西陽武昌取便得耳得便應鎮守守兩城不減萬人糧儲稱是卒無所出脫賊軍有萬人攻一城兩城勢不得相救若我分軍應援則首尾俱弱如其不遣孤城必陷一城既汲諸城相次土崩天下大事去矣若郢州既拔席捲沿流西陽武昌自然風靡何遽分兵散眾自貽其憂子陽等進軍武口高祖命眾軍乘流攻之大潰七月郢州下兩郡俱降 梁書武帝本紀

梁

天監三年夏侯夔假節西陽太守普通八年夔帥將軍裴元禮任思祖出義陽攻魏三關克之 梁書本傳

太清二年侯景遣兄子思穆據守齊安西陽太守周炅率驍勇襲破思穆擒斬之時炅據武昌西陽二郡招聚卒徒甲兵甚盛與甯州長史徐文盛擊任約於樊山 陳書周炅傳



大寶元年世祖猶稱太清四年九月侯景將任約進寇西陽武昌世祖遣左衛將軍徐文盛等下武昌拒約文盛入貝磯任約率水軍逆戰文盛大破之斬其儀同叱羅子通等傳首江陵仍進軍大舉口十二月壬辰世祖又遣護軍將軍尹悅巴州刺史王珣西荆州刺史杜幼安帥眾助文盛别攻武昌拔之約退保西陽文盛進據蘆洲二年正月任約告急於景三月景率眾二萬西上援約四月次西陽渡蘆洲上流以壓文盛等文盛不敢戰杜幼安宋蒞等率所領獨進與景戰大破之獲其舟艫以歸世祖以王僧辨代文盛率巴州刺史淳于量定州刺史杜龕等俱赴西陽會景襲陷郢僧辨留巴陵景軍圍之世祖遣平北將軍胡僧祐率兵二千赴援至揚浦景遣任約率鋭兵五千據白塔遥以待之僧祐由别路西上約

急追之及於南安芊口僧祐潛引卻至赤沙亭會信州刺史
陸法和至並軍擊約大破之擒約送江陵景聞之遁梁簡文帝元帝本紀徐文盛杜幼安侯景傳

陳

大建五年西陽太守周炅隨吳明徹北討所向克捷齊遣尚書左丞陸騫以衆二萬出自巴蘄與炅相遇炅留羸弱輜重設疑兵以當之身率精銳由間道邀其後大敗騫軍虜獲器械馬驢不可勝數進攻巴州克之於是江北諸城並誅渠帥以城降進炅散騎常侍追炅入朝初蕭詧定州刺史田龍升以城降陳以爲鎮遠將軍定州刺史封赤亭王及炅入朝龍升以江北六州七鎮叛入於齊齊遣高景安帥師應之於是令炅爲江北道大都督總統衆軍以討龍升龍升使弋陽太守



田龍琰帥衆二萬陣於亭川高景安營於木陵陰山爲其聲援龍升引軍別營山谷炅乃分兵各當其軍身率驍勇先擊龍升龍升大敗龍琰望塵而奔並追斬之高景安遁走盡復江北之地陳書周炅傳

隋

開皇九年以周法尚爲黃州總管上降密詔使經略江南伺候動靜及伐陳之役以行軍總管隸秦孝王率舟師三萬出於樊口陳城州刺史熊門起出師拒戰擊破之擒起於陣隋書周法尚傳

唐

興元元年李希烈反淮南泝江徇地江西節度使嗣曹王皋討之遣將伊慎爲先鋒與賊夾江陣賊柵蔡山不可拔皋聲言西取蘄引兵艦循厓泝江上賊聞以羸卒保柵悉軍行江北與皋直西去蔡山三百里皋遣步士悉登舟順流下攻蔡山拔之遂取蘄州降其將李良平黃州兵益振天子在梁州包佶轉東南財糧次蘄口賊遣驍將杜少誠以兵萬人遏江道不得西慎選士七千列三屯相望偃旗以待少誠分圍之未合慎自中屯鼓之諸屯悉出奮擊賊亂破之於黃岡少誠遁走斬別將許少華漕無留難拜慎爲安黃節度使貞元末詔安黃爲奉義軍即爲奉義節度唐書曹王皋傳及權德輿伊慎碑

乾符末黃巢亂江西出入蘄黃杭州刺史路審中爲董昌所拒走客黃州中和末入鄂州以守光啟二年爲安陸賊周通所攻亡去鄂州人杜洪乘虛入鄂自爲節度留後永興民吳討據黃州乾甯元年春三月黃州刺史吳討舉州附於吳夏五



月武昌節度使杜洪攻黃州楊行密遣行營都指揮使朱延壽救之按唐杜洪傳永興民吳討據黃州駱殷據永興二人皆隸土團者也故軍剽甚洪雖得節制而附朱全忠乾甯初身自將擊討乞師淮南楊行密遣朱延壽救之洪引還延壽拔黃州俘討京師駱殷棄永興走行密取其地與此畧異今從通鑑所載俱見十國春秋以先鋒指揮使瞿章權知黃州或作翟章瞿璋皆非今從吳錄見十國春秋十二月吳討畏杜洪之逼納印請代行密

乾甯四年夏四月朱全忠將朱友恭攻黃州吳遣右黑雲都指揮使馬珣等救黃州以樓船精兵助章守黃州刺史瞿章聞友恭至棄城擁衆南保武昌寨五月辛巳友恭爲浮梁於樊港進攻武昌寨壬午拔之遂陷黃州刺史瞿章死之馬珣收散卒三百自黃州間道走十國春秋

後梁

乾化四年楚岳州都指揮使王環襲吳徐溫黃州夜分南風暴

起乘風趨黃州以縋登城徑奔州署執吳刺史馬鄴展旗鳴鼓揚帆過鄂而歸 十國春秋

後周

顯德三年周遣齊藏珍攻唐黃州未下命司超遙領刺史五年世宗南征臨江遣水軍擊唐兵破之二月唐主遣使獻舒廬蘄黃四州地畫江以爲界周師引還 通鑑

宋

建炎初賊閻瑾犯黃州縱掠而去鄂州通守趙令宬渡江存撫之黃人乃安 宋史趙令宬傳

是年賊張遇過黃州城下知黃州趙令宬出城見之遇飲以酒一舉而盡曰固知飲此必死願勿殺軍民遇驚曰先以此試公耳更取毒酒沃地地裂有聲乃引軍去未幾丁進李成兵



迭至令宬俱擊卻之 宋史趙令宬傳

二年正月東平府兵馬鈐轄孔彥舟反引兵渡淮圍黃州守臣趙令宬率兵民固守拒之凡六日乃解 宋史高宗本紀趙令宬傳

三年金人犯黃州守臣趙令宬以內艱去詔起復已還在道郡卒得金人木笴鑿箭浮江告急令宬疾趨夜半入城金人力攻翌日城陷金人欲降之大罵不屈金人怒鞭之流血被面罵不絕口而死事聞贈徽猷閣待制謚曰愍忠初城破都監王遠判官吳源巡檢劉卓皆以不屈死焉 宋史趙令宬傳

乾道間江湖大旱流民北渡江宰相虞允文白遣薛季宣行淮西收以實邊季宣爲表廢田相原隰立二十二莊於黃州故治東並邊歸來者振業之季宣謂人曰吾非爲今日利也黃州地直蔡衝諸莊輯則西道有屏蔽矣 宋史薛季宣傳

嘉定十二年二月金人分兵自光州犯黃州之麻城十四年己巳金將僕散安正犯五關壬申治舟於團風刋克濟遂以十餘萬衆圍黃州丁丑詔李全救蘄黃三月丁亥金人破黃州淮西提刑知州事何大節自沈於江 按大節殉難見宋史忠義李誠之傳本紀以爲棄城遁死誤也 遂陷蘄州前後殺掠無算癸丑金人退師鄂州副都統扈再興擊敗之於久長鎮 宋史寧宗本紀

端平二年正月詔孟珙主管侍衛馬軍司公事暫駐黃州措置邊防三年珙至黃增埤浚隍蒐討軍實邊民來歸者日以千數爲屋三萬間居之厚加賑貸又慮兵民雜處因高阜爲齊安鎮淮二砦以居諸軍創章家山毋家山兩堡爲先鋒虎翼飛虎營兼主管內安撫司公事節制蘄黃光信陽四郡軍馬十月元答思復出鄧州遂至蘄黃珙遣兵解蘄州圍 宋史理宗本紀



及孟珙傳

嘉熙元年授孟珙諸軍都統制十月元將口溫不花別略黃州張柔自光州進趨黃州破三山寨至大湖中得戰艦沿江椓戰壁於黃州之西北隅時蘄光舒三守或遁或降元將遂合三郡人馬糧械攻黃有乘舟出者柔曰此偵我也夜必襲吾不備分軍爲三以待之二鼓時宋師果至柔遮擊俘數百人攻其東門矢如雨注軍少卻柔率死士奮戈大呼所向仆踣黃守王鑑江帥萬文勝戰不利柔執俘而還及珙入城軍民喜曰吾父來矣駐帳城樓指畫戰守全其城斬逗留者四十九人以徇諸將士彌日苦戰病傷者相屬珙遣醫視療士皆感泣 宋史孟珙及元史張柔口溫不花傳

淳祐四年命分兵三千備齊安孟珙言黃州與壽昌三江口隔

一水耳須兵卽渡何必預遣先一日則有一日之費無益有損萬一上遊有警我兵已疲非計之得也（孟珙傳）

開慶元年八月元世祖入大勝關次黃陂得宋沿江制置司榜有云今夏諜聞北兵會議取黃陂民船繫桃出陽邏堡以渡會於鄂州世祖曰此事前所未有願如其言辛丑晦元將董文炳下臺山寨師次陽邏堡九月甲辰世祖登香爐山俯瞰大江宋兵築堡於岸以大舟扼江渡水陸軍容甚盛世祖遣兵奪二大舟夜遣木魯花赤張文卿等具舟楫以通援兵絕宋往來路文炳言於世祖曰長江天險宋恃爲國勢必死守不奪其氣不可臣請嘗之卽與敢死士當其前率弟文用文忠鼓棹急趨李穀以一旅先請軍揚旗伐鼓叫呼畢奮三道並進天徐霽與宋師接戰者三文炳麾衆搏之殺獲甚衆徑



達南岸時世祖方駐香爐峯因策馬下山問戰勝狀扶鞍起立竪鞭仰指曰天也進圍鄂州張勝堅守不下死之會世祖北還乃命史權總兵鎮江北之武磯山（宋理宗元世祖本紀董文炳張柔李守賢史天倪傳）

景定元年宋宣撫大使賈似道奏蘄草坪與元兵大戰進至黃州元大帥兀良哈解率湖南兵北歸守將張傑作浮梁於新生磯賈似道自鄂趨黃與元回軍相遇用劉整計攻斷浮梁殺殿兵百七十人遂上表言夏貴等戰新生洲進至白虎磯躬自督戰有功（宋史理宗元史世祖本紀及賈似道傳）

二年元命鄂州青石磯滸黃灘所招新民遷至江北者設官領之（元史世祖紀時元中統二年）

咸淳二年元阿朮畧地蘄黃俘獲萬許（元世祖本紀時元至元三年）

十年（元至元十一年）十二月丙午伯顏軍自蔡店次於漢口宋淮西制置使夏貴都統高文明劉儀以戰船萬艘分據諸隘都統王達守陽邏堡荊湖宣撫朱禩孫以遊擊軍扼中流師不得進用千戶馬福計自漢口開垻引船會淪（元史作淪）河口先遣萬戶阿剌罕以兵拒沙蕪口逼近武磯巡視陽邏城堡逕趨沙蕪入大江壬子戰艦萬計相踵而至屯布蒙古漢軍數十萬騎於江北遂修攻具進軍陽邏堡伯顏遣人招之其將士皆曰我輩受宋厚恩戮力戰死此其時也安有叛逆歸降者伯顏攻之三日不克乃與阿朮謀夜以鐵騎三千泛舟上流爲擣虛計詰旦渡江襲南岸乙卯分遣右丞阿里海牙督萬戶張宏範等攻武磯堡堡[illegible]圍皆水總管李庭決其水而攻之夏貴以兵來援元阿朮率萬戶晏徹兒等四翼軍乘雪夜對青



山磯泊丙辰萬戶史格以一軍先渡爲宋荊鄂諸軍都統制程鵬飛所敗總管史塔剌渾等率衆赴敵血戰中流鵬飛敗歸鄂州都統高邦憲屯馬家渡棄舟走被執元軍進軍沙洲抵觀音山遂得南岸阿朮與鎮撫何瑋等擧岸步鬬宋軍起浮橋成列而渡兵十萬舟二千迎戰横截江上阿里海牙遣張榮實解汝楫等軍舳艫相銜直抵夏貴壘戰北岸獲宋大船二十餘二百斬宋將呂文信千戶陌世昌舍舟師率蒙古哈必赤軍步戰斬其一將宋師潰都統劉成以定海水軍戰死夏貴僅以身免走青山磯沿江縱兵大掠歸廬州伯顏遂破陽邏堡武定都統制王達戰死丁巳伯顏登武磯山望大江南北禩孫奔江陵鵬飛以鄂州降伯顏將大軍水陸東下俾阿朮先據黃州庚午鵬飛以北兵徇黃州宋沿江制置副

使知黃州陳弈降都統米立潰圍出走江西被執不屈死明年正月癸酉元兵入黃州宋史度宗元史世祖本紀及伯顏阿朮諸臣列傳

德祐二年宋淮民張德興起兵殺太湖縣丞王德顯據司空山與野人原寨主劉源司空山寨民傅高攻下黃州壽昌軍七月丁巳遇元宣慰使鄭鼎臣戰樊口鼎臣墜水死元宣慰使奧魯赤調兵攻司空山復黃州九月元陷壽昌軍德興死之黃州復歸元宋史瀛國公本紀及文天祥集

元

至元十三年興國軍毛遇順等作亂權軍事陳天祥撫之及天祥去復變大江南北多殺守將以應宣慰使鄭鼎臣帥兵討之至樊口兵敗死黃州遂聲言攻陽邏堡鄂州大震天祥言於參政賈居正曰陽邏堡依山爲壘素有守備彼若來攻我



之利也且南人浮躁輕進易退官軍憑高據險而逼之烏合之衆與之相敵不二三日死傷必多遁逃者十八九我出精兵以擊之惟疾走者乃始得脫乘此一勝則大勢已定然後取黃州壽昌如摧枯拉朽耳居正深然之問至陽邏堡乃引兵宿於青山明日大敗其衆皆如天祥所料擒其長斬於鄂州市遣諭其徒歸里元史陳天祥傳

十四年黃州復叛命宣武將軍管軍總管齊秉節討之斬余總轄八陣元史齊秉節傳

至正十一年羅田徐壽輝兵起九月陷黃州路敗威順王寬徹不花十三年淮西元帥咬住進討蘄黃十六年八月卜顏帖木兒守禦蘄黃等處十七年倪文俊謀弒壽輝不克遂自漢陽奔黃州壽輝僞將陳友諒襲殺之并其兵元史順帝本紀明史徐壽輝傳

二十三年八月明太祖敗陳友諒於江州克其城分兵徇蘄黃皆下明史本紀

明

正德六年僉事郭詔督兵追劉惠趙鐩等至油河擒獲三百餘人焚死二百餘人又天雨山水驟溢溺死者千人明世法錄

七年五月河北賊劉六等走湖廣自河南取道麻城至團風奔舟入江殺都御史馬炳然於爛泥鋪登陸焚漢口爲指揮滿弼等追及劉六中流矢與子仲淮赴水死劉七齊彥名率五百人舟行自黃州順流抵鎮江至通州颶風大作棄舟走保狼山官軍蹙之劉七亦赴水死明史陸完傳

正德中劇賊徐九齡嘯聚建昌醴源出沒江湖間積三十年黃州等處咸被害江南巡撫俞諫討平之俞諫傳



崇禎九年流賊張獻忠出太湖連蘄黃焚邑楓香橋一帶邑文學鄧雲程兜甲執鐵鞭率鄉兵數千格鬬退之是年獻賊駐邑之白楊山遂抵西北邑民被殺者六七萬人吏部郎中晏清率父老請兵於巡撫王夢尹夢尹不應董志

十二年流賊賀一龍賀錦犯黃州與楊嗣昌官軍相持

十六年春三月二十四日獻忠破黃州城內外官民房舍悉燬居民盡逃乃驅婦女剗城尋殺之以塡塹至四月二十八日破鴨蛋洲殺居民五月五日遂渡江陷武昌居之蘄黃等二十一州悉附於是白雲寨長易道三與監軍道王瓚泗陽知州章曠武昌生員程天一起兵討賊蘄黃漢陽三州府皆返正明史流賊傳

國朝

順治三年土賊圍黄州先是明季賊亂郡城殘破居民多據險結砦以守合黄岡蘄水羅田麻城共四十八寨在黄岡者王光叔易明甫楊維倘等各據一寨英王自九江傳檄諭之不下副將線維綺破之寨遂廢至是陳于藻王接骨等煽亂圍黄州副將唐國臣固守把總鄧克剛自蘄水赴援賊衆敗逃入東山及小李之亂鄖陽用兵檄調黄協兵往援千總田龍見素有異志鄧克剛亦以前功未賞至葉家洲激其衆叛與東山賊合所至擄掠巡撫遣兵至黄會討明年克之府志

十年東山李有實等倡亂攻黄州諸堡同知白秉正招撫之遂於石人寨設立千總領兵駐防尋罷府志

康熙十三年麻城東山劉青藜倡言官激民變程鎮邦鮑洪功陳恢恢李子茂等附之先是妖人黄金龍亡匿青藜家潛結



河南賊渠譚以從等私立名號約以七月爲亂事覺青藜恐遂於五月擁衆數千掠曹家河黄守將王宗臣率所部兵駐與福寺麻城知縣屈振奇率鄉勇駐白杲進討之劉君孚者青藜之從父素黠者也夜遣七旗砍黄軍鄉勇潰賊勢益張同知于成龍聞警自陽邏兼程進諭散其黨羽因以二人從徑抵君孚營示以至誠君孚素知成龍威信遂率其衆三百人獻傾心向化旗又招洪功恢恢子茂等獻安家樂業旗以降於是程鎮邦出山乞撫盡降其衆金龍遁黄麻解嚴于清端政書

秋七月黄金龍鄒君升復據麻城之紙棚河脅良助亂李家集賊方公孝等附之知府于成龍同知佟養俊麻城知縣屈振奇黄岡知縣李經政次岐亭徵鄉勇三千人進討至望花山武舉陶之琇貢生鼓喆諸人及麻城紳士從之舊官程鎮邦獻地圖成龍乃令生員蕭命福蕭士蓁劉君孚鄭丹施之瑞率其鄉勇集白杲生員劉青黎武童董錫董天祿拒寒坡岙唐殿袁與明何見子等拒塔兒岡劉以廷同伯卜等拒腦中山生員林斗文鄉保羅甸臣截其糧路夏仲昆余公俊以鄉兵伏布袋坳大崎山僧貫識伺賊於山後龍王墩區長王方遠等守賊出入隘口貢生吳晉爵生員戴宗禮程士極蔡作楫助軍糧於是生員吳之鄒貢生龔相旦領衆進剿駐鄒家河賊聞風夜遁追及油河王方遠獲方公孝斬之夏仲昆等生擒鄒君升於項家廟斬首四十餘級士民四面攻擊殺賊無算黄金龍二十人夜走馬鞍山伏兵皆起盡擒之斬其首餘黨撫定凡六日亂平政書



冬十月麻城東山李公茂陳頓徹鮑世榮擁衆數千據白水畈陳鼎業合逃兵由陽邏掠驛馬何士榮自永甯鄉應之賊勢大熾先是士榮與其兄士勝從吳逆士勝死士榮潛歸脅良爲亂鄉約熊爾忠上其變時鎮兵隨大軍征湖南議者欲退守麻城知府于成龍力持不可計先取士榮餘賊自潰諜知士榮據黄土坳乃遣諸生張本恕等徵集鄉勇分守山隘別遣知縣李經政同生員楊瑁枝陶大定密擒鼎業父子陽邏平十一月成龍率諸生二十二人次但店黄協千總李茂昇把總羅登雲吳之蘭百總涂魁凡杜保以所部五十人來會各區鄉勇至者二千人乃遣武舉張尚聖及登雲以偏師出黄岡廟茂昇之蘭程鎮邦驛丞李德等大隊進發下春鄉勇五千大集營箔金寨下八日黎明士榮率賊數萬人自牧馬

巖分兩路來攻成龍分令弁士各率其屬戰於黃土坳之蘭中鎗死茂昇陷陣射賊旗墜馳之馬斃遂徒步殺二人奪馬進戰李德揮鐵棍從之是時登雲尙聖自石山東路追賊越崇嶺數重衆軍齊合大敗之生擒四十八人殺賊無算士榮挾矛走左臂斷猶力戰陷泥中獲之餘黨解散遂乘勝抵呂王城白水畈至飢山河駐定慧寺時周鐵爪萬野于及公茂世榮頓徹據麻城之石壁賊衆數百人將入什子寨兵進戰獲野于公茂於是生員朱愷活擒周鐵爪劉青藜活擒世榮頓徹賊平東山悉定 政書

二十七年五月二十二日督標裁兵夏逢龍叛陷省城旋陷漢陽黃陂六月朔日賊舟薇江下寇黃州遂入城誘民從賊割辮爲識搜掠富戶近城數十里多被其害越兩月走金口爲



提督徐治都所敗奔武昌其將胡耀乾不納復至黃州八月鎭武將軍瓦岱引兵至賊將廸降逢龍逃白雲山里人縛送軍門磔於城東五里墩黃州平 府志

咸豐二年冬十二月十一日賊陷黃州先是道光三十年逆首洪秀全楊秀淸自廣西桂平金田倡亂踰嶺浮湘稽誅三載是歲十一月由湖南下竄陷漢陽十二月四日陷省垣至是陷黃焚掠而去

三年春正月四日賊在省垣俘男婦約五十萬人奪民萬餘艘蔽江而下疾趨江南黃州復遭殘掠

夏六月高唐州敗賊由豫竄楚約數千人至麻城宋埠奪舟將由鵞公頸出江同知伍愷張曜孫伏兵殲之殆盡

秋九月十五日賊陷黃州知府金雲門死之初總督張亮基聞九江賊上犯遣前武同知勞光泰率礮船駛至田家鎭飭糧道徐豐玉漢黃德道張汝瀛會辦防勦編巨筏橫江載礮以截賊路賊已踞田家鎭之半壁山臬司江忠節由瑞昌興國趨至按行營壘嘆曰此天險也而軍情地勢兩失之謀以次日移營羊角山日晡會食賊居山開礮下擊防兵遂潰徐豐玉張汝瀛陣亡時九月十三日也賊水陸並進遂踞黃州

四年春正月十五日軍營覆於堵城總督吳文鎔死之先是三年十二月吳督出省督師赴黃州駐堵城距郡二十五里是年正月初十日督兵進勦斃賊數百名時連日大雪諸軍凍餒有死者賊繞道出大營後設伏林麓間十五日全股悍賊自黃州麕至連營火起兵勇大潰吳督殉難臬司唐樹義率礮船退走金陵坐船被賊擊沈臬司落水死



秋八月曾文正克復武漢兩城餘賊潰竄黃州署知府許賡藻知縣翁汝瀛帶團追勦收復黃州

五年春正月朔日總督楊霈軍潰於廣濟奔赴德安賊上竄黃州陷知縣翁汝瀛率勇追勦戰於漢口下關敗績死之

六年夏四月馬步兵勇大破賊於柳子港三店初賊覦麻城屢爲團勇敗阻至是嘯聚新洲衆約三萬官文恭公檄黑龍江營總多隆阿吉林參領額爾庫率馬隊會同知府許賡藻知縣葛致遠集勇助勦行至柳子港西賊於東岸列陣以待馬隊矢不虛發應弦而倒賊不能禦紛紛潰退軍功吳之傑偵賊欲歸三店巢伏勇楊汊河叢葦處賊果至乘其不備槍礮齊施生擒僞檢點指揮將軍各一人長髮賊八十餘人進勦三店馬隊隨至斬獲無算追奔百餘里敗之於團風鎭

夏六月官軍勦賊獲勝進攻黃州先是沙口陸營獲賊諜知僞翼王石達開圖上竄官文恭派荆州將軍都興阿黑龍江營總多隆阿投誠四品軍功范湖蘭率馬步兵至堵城禦之接仗大勝賊敗走是時知府許賡藻知縣葛致達亦以團勇助勦乘勝毁黃州城外賊壘沿江礮船日夜轟擊子落城中如雨賊猶困守不下

冬十一月二十五日官軍克復黃州先數日武漢克復楊提督載福率水師清江面官大臣文恭胡巡撫文忠分師三路賊望風瓦解大戰於樊口各路斬首三千餘級合兵圍黃州殲賊二千餘焚燒賊營毁水壘四座遂復其城楊提督統帶礮船破巴河賊卡焚賊數百艘黃州平

七年夏六月巡撫胡文忠禦賊於黃岡盡殲之先是閏五月皖



逆悉回竄官文恭飭水陸弁兵扼要設防上竄之路始絕另股孫家嘴留書灣踞逆當黃岡蘄水之衝胡巡撫遣李續宜率五營進攻以馬隊舒保繼之左光培率水師會勦弁令候補道唐訓方都司余雲龍余際昌分途設伏以拒柳蘭灣馬家潭之援賊又派參將何紹彩繞山岡爲疑兵防其抄擊五路皆捷統計陣斬及溺斃者三千餘名而馬家潭大石港等處賊勢尚强李續宜舒保率馬步兵分二路進焚其老營中賊悉燔死此外網張禽獮無倖免者黃岡肅清

八年夏巡撫胡文忠駐黃州籌楚皖軍務十年冬移駐太湖縣

十一年春二月初八日逆首陳玉成竄蘄水遣悍酋假官軍旗幟襲黃州時知府周炳鑑方試士未及設防城遂陷賊踞後築壘濬濠爲持久計

秋八月二十四日克復黃州是年南岸肅清官文恭調派記名總兵成大吉候選道蔣凝學知府毛有銘率所部十八營由南岸渡江知府周炳鑑知縣薛元啟已集勇駐新洲爲官軍助勦七月十八日總兵李續燾等馬步進紮迴龍山攻戚家嶺賊三路獲勝總兵成大吉以千人駐上巴河援賊數萬圍之大吉伺賊近撲營槍礮齊施賊死傷山積餘遁去副水師副將成發翔督參將丁長春等會合陸軍敗賊於王帶橋焚卡壘殪其悍目賊悉入城負隅固守環攻不下有邑人劉維楨應郡試爲賊擄令幫文件至是援之兵使佐守蘄州乘間以大義諭衆還心腹詣督轅密陳黃城賊情請以計復官文恭嘉許之給藍翎五品軍功并檄知水陸各營相機策應維楨僞爲賊援率衆至三台河對岸造陳玉成僞文投城中賊



果哭圍出伏兵四面起合力併擊殺賊無算其竄往三台河者復經維楨迎勦殲溺殆盡水爲不流郡城遂復

同治元年閏八月逆首陳得才糾合捻首陳大濤張總愚張落刑等竄至孝感之小河司黃岡戒嚴賊旋颺去

二年春三月捻匪竄踞麻城白杲鎮賊馬駛入黃岡北境經官軍擊走之是年九月捻匪復由黃陂下竄疾馳一晝夜至縣屬之倉子埠李家集汪家集新州等處徧遭焚掠旋北竄去

三年夏五月二日逆首陳得才糾合張總愚賴文光任柱諸捻首衆數十萬直竄縣境自道觀河舊街柳林倉埠李集新洲馬鞍山淋山河迴龍山孫家嘴等處縱横二百里間賊壘賊館密如比櫛陳得才踞麻城之白杲二十七日總兵成大吉石清吉兩軍至捻逆圍攻成總兵親執旗鼓士卒浴血苦戰

礮子雨落賊不支始南竄出縣境初科爾沁僧親王督師至隨州勦辦捻匪至是其先鋒陳國瑞總兵姜玉順馳至麻城適捻匪由皖豫竄麻城追斬其僞天將於木牌樓賊狂奔下竄於八月二十九三十兩日過縣境大肆焚掠九月僧親王至上巴河與官文恭會商合勦并飭安徽兜勦賊勢窮蹙逆首陳得才服藥死降賊數萬餘人惟張總愚賴文光任柱等不降十月五日復由巴河迴龍山新洲焚掠北去

四年冬十二月捻逆由豫皖被創入楚賴文光牛老紅等竄向黃岡又值總兵成大吉營勇丁缺餉潰於宋埠賊乘勢呼嘯而至眾數十萬大江以北烽火彌月不絕居民渡江乃免江南岸及羅湖洲流民露宿加以饕風虐雪愁苦萬狀

五年春二月曾文正奏派提督劉銘傳率所部進援黃州遇賊



接仗大獲全勝賊乃折回豫境是年縣屬各區結砦自保

六年二月捻逆復竄縣境推張總愚爲首號小閻王擁眾數萬大肆焚掠居民皆徙入砦郡城戒嚴督學使者方按臨考試賊燒堵城南去巡撫曾國荃派福建汀漳道彭毓橘追勦在蘄水敗績彭道陷泥淖中死道員葛承霖記名提督羅朝雲王仕益陳致祥鄧泰福等皆陣亡賊旋於十九日由廻龍山淋山河道觀河北竄去七年六月官軍合圍捻匪於運河張總愚投水死黨匪數十萬皆滅捻患始除

團防

咸豐二年冬粵逆竄入縣境旋即颺去三年秋復踞郡城漸窺村鎮猶以納貢安民愚鄉里四年春吳督師潰夏省垣陷勢益張逆首徐晧子杜總制踞郡城僞丞相吉賊踞倉埠逼民蓄髮編冊人人義憤塡膺莫敢先發倡義者惟張店區民先是二月初八日賊掠該區赤土坡殺村民江大悅懸首於巴徐兩姓村巴徐怒以田器擊賊斃二十三名賊敗走遂糾區眾團結並錢家堡之近張店者聯爲六合旗得勇萬餘各造刀矛旗幟抄捕附近賊館擒斬數十名賊不窺境者數月此張店練勇之始也六月十八日大股賊韋正擁眾萬餘水陸並進團勇小挫陣亡十餘人被燬六百餘家次日復集勇萬餘奮力苦戰賊大敗走張店練勇之名遂震大江以北賊圖報復者數次皆敗去是時知縣翁汝瀛方練勇於潘塘區潘塘戶殷富蕭彭大族籍之得萬餘勇編成部伍諭監生羅海源鄭尙忠爲之長軍聲頗壯於是迤東道觀河區之生員洪鈞陶時敏徐古區之生員陶昌運陶宜燮武生徐起鵬新集



區之生員李學暢下謝店區之貢生梅發魁易家河區之監生鄒禧等起團應之迤西嘉魚村區之生員朱福源布照磨銜程履坦監生程鵬舉程鵬彩三店區之副榜黃炳珩武舉蕭兆寅生員黃澍監生黃鳳儀柳子港區之從九胡國安副榜徐方炯廩生胡錫渠生員徐文棣縣丞銜胡忠佐署正銜徐玉珂等起團應之張店得潘塘爲聲援又喜各區之應也膽氣益壯七月五日擊賊於汪家集七日擊賊於新洲十日擊賊於淋山河均敗之十三日倉埠踞匪僞丞相吉逆大隊來攻張店勇禦之馬鼓山錢家堡高姓勇夾擊之先是舉人高浚起族團擊賊六月二十二日敗賊於金家橋殺斃多名嗣復約族人起元式華心杰等整理團務與張店合至是聞警來助協力鏖戰婦女餉食相持三日生擒數十名殺賊數

百獲馬二十四匹追斬至陽邏界埠而還麻城紳民喜其遏賊上竄以米二十石豬十口犒之斯時也淩命其子德光同監生胡廷杞武生張大鵬周廷鑣詣潘塘陳齊團狀汝瀛即日率潘塘勇移駐李家集調遣傳諭張店以訓導鍾應鸞文童羅景蘭人民巴玉龍巴廣盛潘國治潘慶芳程鴻賓江運泰陳保和張惠聰監生吳泳附生鍾臨書爲團長錢家堡以從九邱振聲庠生喻九芝陳箭東張仁增生沈彪炳監生汪秀鍾沈鴻鈞職員饒美彥爲團長李集區以舉人張百揆廩生游鴻運爲團長張集區以衞千總張致清監生胡廷杞張瑞楚爲團長東馮區以舉人周禾田武舉劉定宇武生張大鵬周在田爲團長西馮區以廩生盧璲采生員羅文彪武生羅權爲團長汪集區以監生萬植槐庠生汪希文爲團長石



屋山區以布經歷陳履亨監生陳蓮爲團長周余堡區以職員郭秉忠府經歷郭瀛洲翰林待詔郭源遠爲團長余氏族團則武生余獻芳領之部署既定遣潘塘勇歸區自保選張店驍健數百人爲官勇各區勇口糧自備官勇由官勸捐按日給糧嚴守待敵是時武湖賊舟出沒欲內犯汝瀛會倉埠巡檢黎海初率勇駐埠待之賊夜來襲於火光中擊敗之八月二十三日會文正克復省垣餘賊竄黃州汝瀛率張店暨各區勇復黃州城總督楊霈賞張店義民旗十面米三十石豬十口各團長均經詳請給職銜頂戴有差此四年邑西北團防之大略也其練勇於邑東北者職員江履和擊賊於宋家坳中書林在田職員王嶽擊賊於把持嶺者民王崑岡戴華桂團練勁勇屢擊賊於三廟河鐵冶之於瑞芝楊在朝周

利魁於益聰亦練勇殺賊於三廟河而其最著者則監生丁之元教職胡華潤之元捐貲募勇尤善拊循陣亡者棺斂之並䘏其家故勇樂爲之用屢敗賊於七道河上巴河等處並帶羅田麻城勇攻蘄水團陂野鶴山賊擒斬靡遺華潤勇於倡義三年夏賊由河南回竄潤督勇截勦擒賊目唐幗化文六順二名四年三月賊竄三廟河潤遣子增貢生同治姪文童忠黼帶勇會勦擒斬賊八十餘名黼亦遇害冬十月賊目委員騶從甚眾潤廉知其僞會各堡勇圍捕當斬三十餘名生擒張登敖等二十四名解縣訊梟此四年邑東北團防之大略也

五年春正月楊督師潰於廣濟賊沿江上竄烽火晝夜不絕知縣翁汝瀛集勇於新洲勇聞縣諭如子趨父事新洲夾河旌



矛林立計二萬餘人適大營驍將劉富成收潰卒至新洲勇素耳其名氣益壯人皆自奮偵知賊隊已過陽邏遂鼓行而西初十日抵漢口下關賊聚闤闠間我勇牆進賊以槍擊之勇伏避槍再擊再伏忽有奸細騎而呼曰勇敗矣後隊遂亂賊躡而出前隊不支遂大敗知縣翁汝瀛死之舉人邱文暨紳勇從死者眾語在忠義傳時署黃州知府許賡藻駐勇倉埠聞敗移駐新洲探知張店陣亡二百餘人皆勁勇也親往該區爲酒食勞父老父老曰賊戕我子弟誓不與俱生但得官給口糧尚不乏壯健望勿解散團練賡藻壯其志遂招在籍刑部主事吳榮舉人高淩胡㶚經周禾田張百揆拔貢錢崇蘭副貢徐方炯從九胡國安王自簳監生胡廷杞等籌捐張店勇糧新敗之餘富商多徙措手萬難賴有張集區監生

張煥清捐制錢二千餘貫爲之倡始有繼者胡文忠所爲旌以義士也於是西路有警以張店勇應胡廷杞率之東路有警另募同仇會三百人王自爺率之勉力支撐日久將憊時團風巡檢高禮代行縣事呼應不靈局紳吳榮等商同舉人汪鏞鐘副貢錢崇柏增貢胡同治廩生游鴻運盧璲孚生員陳箭東武生張大鵬等稟請藩憲遴委幹員督率黃岡團練時徧地賊氛苦不得達張大鵬以稟納轍柄中晝伏夜行雜難民渡江抵省垣縋而入藩司夏廷楨延見之詢團練狀甚喜委棟發知縣葛致遠攝黃岡縣事此二月初旬事也三月二十九日始至李集四月初二日率各區勇勦賊於項子山大獲全勝語在葛致遠傳嗣是益整團務傳諭倉子埠以監生熊錫瑛等爲團長陶山鋪以廩生夏慶週等爲團長周山



鋪以范玉鴻劉唐傑等爲團長新洲以監生熊醉經爲團長其河東以武舉廖玉森監生巴利周毛翊臣爲團長河西以武生曹興舉爲團長辛家冲以在籍知縣王際雲王自鈞爲團長校魚寺區以廩生汪丹林（後中京闈更名洪壽）爲團長黃林六堡以儒士黃作霖爲團長舊街區以教職胡華潤生員梅兆棠程樹森爲團長夏家阪區以儒士夏連慶等爲團長縣選張店及各區勁勇並僧盜之魁傑者五百人曰官勇由局給發口糧以軍功孫紹東曾鼎芳庫百喜萬正喜蕭芝鳳武生王遐春分領之各區均選勁勇自備口糧隨官調遣曰團勇有警則官勇團勇應之事益急則各區起全勇助之時賊每踞陽邏團風兩路有警勇卽出應戰不勝紀其最著者五月初八日陶山鋪之戰十三日柳林河之戰斬馘無算我勇亦有傷亡十七日自降雨廟轉戰至沙溝橋生擒僞指揮李義一名長髮老賊三十餘名殺賊無算此後悍賊多踞團風七月致遠率勇駐淋山河追攻團風前隊逼賊賊乘舟遁致遠督隊於盤石橋夏家阪等區新集勇駐其後賊忽由東路抄至新集勇奔死亡過半致遠亦瀕於危幸前隊見後路火起急奔回救孫紹東等浴血苦戰翼致遠出致遠手刃數賊而身無寸傷人以爲神八月賊復聚於團風九月致遠復率勇擊之三十日賊以由新洲進不利改用舟師由萬家汊入錢家堡勇禦之於兌公嘴伏礮兩岸擊之賊驚潰落水無算斬首十餘級十月十五日賊隊麕至約萬餘人徑犯新洲駐之四面團勇雲集金鼓聲相聞張店勇復夜襲之賊懼竄回黃州自是致遠聲威大震十月宥賊目范瀾蘭領賊七百人由南



岸渡江乞降受之十一月十一日賊復攻新洲勇禦之於劉集河西敗走死傷百餘人斯時練勇擊賊將週一年官勇口糧漸形支絀從九胡國安等往告麻城各團長該團長以岡勇爲守門戶樂佽助之自舉水泛舟來者米數百石勇得於卒歲時一飽焉

六年春賊踞團風時擾淋山河爲窺伺麻城計先是五年夏知府許賡藻帶黃安勇駐道觀河遏賊上竄至此閱半載矣賊伺其懈擊之知縣葛致遠偵知賊情移駐三店時出勇柳林一路乘間攻勦爲牽制之謀柳子港三店等區時起全家勇濟之共計十餘戰屢有斬馘四月賊衆三萬上犯經官軍馬隊擊敗是役也隨馬隊追勦者約數萬人不待官紳徵調見馬隊至人人奮勇馬隊衝其鋒團勇四面兜裏賊罕得脫賊

受大創鼠竄黃州負嵎固守六月官文恭調撥馬步礮船圍攻黃州葛致遠督帶各區團勇隨官軍進攻而張店錢家堡柳子港爲尤力各勁勇奮力敢前劇賊卡塡賊濠架雲梯挖地道積薪城門以火攻之官軍施槍礮子落城中如雨相持月餘城中賊窘甚惜官軍因事調赴省垣勇亦撤回此次城雖未下賊已破膽矣十一月官軍克復黃州致遠帶勇入城距去年重整團練時將週兩年除各區自備勇費外統計勸捐官勇口糧制錢數萬貫皆出於西北一隅亦可見同仇之義矣

七年夏六月皖逆上竄巡撫胡文忠勦賊於邑東是時知府許賡藻帶黃安勇駐牛車河東嶽廟知縣葛致遠飭軍功孫紹東等帶領官勇駐蔡店城山一帶以柳子港等區勇歸府調



遣錢家堡等區勇歸縣調遣皆自備口糧兩月餘事平始撤

十一年春二月逆首陳玉成襲黃州踞之知縣薛元啟徵勇於李家集在籍刑部主事林鏞捧官文恭檄至襄辦團練捐輸武昌訓導汪寶忠亦來會元啟遂招舉人高浚周禾田張百揆盧遜采徐方炯錢崇蘭錢崇柏武舉劉定宇羅權副榜林夑元都閫劉照奎廩生游鴻運生員張崇鼇萬成模監生張煥清胡廷杞劉紹瀛等籌商團防事宜一切悉遵前任舊章各區團長均整練務官勇仍以千總孫紹東等領之三月官文恭先撥總兵李續燾一營駐鸞公頸四月李總兵孫千總會率營勇鄉勇進攻黃州不克而還五月初旬官文恭調派記名總兵成大吉候選道蔣凝學知府毛有銘率所部十八營至駐毛家鋪知縣薛元啟駐勇新洲助勦官軍以次東下漸逼黃州皆以鄉勇爲嚮導八月二十四日黃州克復仍留鄉勇守城事平始遣歸是年伏官兵聲勢勇無赫赫功然以悍賊踞郡上連德安而邑西北一隅得安耕鑿捐金輸粟猶足供億官軍未始非團防力也此後粵逆就衰捻逆復熾合縣地方均結砦自保砦均繪圖存縣有案

同治四年冬十二月捻逆賴文光牛老紅等竄擾黃岡是時內湖水涸水師不能堵截賊可近城知府黃益杰署知縣林讓昆督率紳耆訓練丁壯城中分甲四甲各有總有佐有棚頭分段防守日夜巡緝至五年二月賊退乃罷嗣於五月興工修城至十一月竣工各紳監理勤勞薪水自備迅速告成鉅工六年春捻逆張總愚復竄縣境是時九鄉居民遷徙入砦郡城戒嚴署知府牟嗣龍署知縣吳鳳笙復率紳民舉辦城



防正值學使按臨八屬應試者雲集尤加意盤詰賊知有備大股由堵城南竄旁擾郡東大肆焚掠其避難桃花洞神山兩寨居民數十萬計人心惶恐適邑紳劉維楨率忠義全軍襲後掩殺賊敗走郡城解嚴其修城垣出力者儘先守備徐兆逵副榜王兆翔生員陶鍾夏承恕黃際雲姜步雲監生王緒垣曾甫光蔣茂株殷道鴻曾唯吳春榮李永鴻龍炳章戴如洋職員郭利賓魏鴻倪光斗陳希準馬明照何朝彥吏員胡澤潤黃引亨陰陽學鄭如梁佾生李大霖文童陳文藻謝庭榮許裕堂盛承先耆民舒大鉞歐學源（據黃太守益杰補修府城碑記登載）其城防出力敘功者從九銜郭利賓高聲遠曾秉鈞吳秉緇典吏胡澤潤生員陶鍾文童黃引亨盛承楷佾生李大霖俱以從九品不論雙單月選用候選巡檢吳春田加州同銜藍

翎選用知縣李元清加同知銜布理問張寶森改爲議敘此外尚有園總殷道鴻龍炳章涂厚錕陳文藻歐學源許裕堂蔣茂株謝定謙戴如洋袁運貴鄭如梁陳希準楊世源王緒垣陳定升何世杰黃家駿夏承恕謝庭榮朱際庚郤大鉞白開學李永鴻張廣勝馬存受石鈺張崇本會起鳳黃家典黃品三何士棠李大本李耀南酆獻廷盛承光盛文辛王宗華魏純德魏鵠孟正均俱奉文獎給功牌



## 釋道 寺觀附

二氏之說近似亂眞放而距之宜也然而更生好學嘗傳列仙昌黎闢佛亦序釋演初何嘗絕其人火其書哉況兵燹以來間有衣緇衣陷白刃不爲賊屈者雖不得上旌於
朝亦何可與遊方衲子朵藥眞人同聽其湮沒不彰乎錄而存之連及寺觀蓋不欲以虛無妄誕槪置之也

### 晉

葛洪字稚川句容人咸甯中爲散騎常侍通神仙導引術以交阯出丹砂求爲句漏令號抱樸子世傳其鍊丹處凡十有三今元妙觀有井其遺蹟也

### 梁

宋益青州人番禺刺史棄官隱黃之黃齡洞有仙術能役鬼神救疾疫後人祠之嘗有應唐封顯應侯宋加封靈濟侯按黃梅志謂即瘟主神



### 唐

浮屠道泓邑人唐中宗時與侍郎張敬之善敬之子冠宗以父蔭宜入三品私詣有司言狀泓坐間忽曰君無煩求三品也敬之大驚已而知出冠宗意嘗爲燕國公張說市宅戒無穿東北隅他日見曰宅氣索然云何視東北隅穿丈餘矣泓驚曰富貴一世而已諸子將不終後果如其言

齊安深通禪理每說偈從當境點悟有偈云猛熾焰中人有路旋風頂上屹然棲鎮常有劫誰差覺杲日無言運照齊人莫能識

壽禪師居護國院弟子問如何是一路涅槃門師曰寒松青有

千年邑一徑風飄四季香問如何是靈山一會師曰如來纔一顧迦葉便低眉後證果尸解

德嵩居黃州栢子山栖眞院嘗上堂舉寒山撫掌欣欣拾得哈哈大笑大衆問二古聖何笑嵩良久更大笑曰蓮花一朵再逢逢不知胸中是何境界也

張憨子行止如狂見人輒罵云放火賊見紙輒書鄭谷雪詩人使力作終日不辭時從人乞予之錢不受冬夏一布褐三十年不易

宋

丐者趙生高安人蓬垢好飲酒見人輒言宿疾與所爲善否元豐中蘇轍謫筠生語以養生治性時年百二十有七矣久之來黃州謁蘇軾留半載軾歸從至興國爲縣隄死與國守楊



繪葬之後有蜀僧法震至京謁軾云遇於雲安酒家詢其狀艮是與國人發瘞視之惟一杖及兩脛骨存

明

柳夫人其先蜀人祖秉忠父正皆仕元夫人生而靈異齠年遭賊刃無所傷稍長好道家言歸龍氏有子父謀抗明兵止之不聽與壻敗死家俘焉洪武初放還夫人溯舟江上至武磯愛其林巒洲渚請地於官許之因入山績麻七日有老叟袖書一卷授之是夕風雷拔木鷙獸潛藏乃剪荆榛而居焉時將軍鄧愈討麻陽道過陽邏微服雜衆人往見夫人獨指之曰將軍何不與乎且將軍無輕敵脫有難吾當助之見羣鴉銜陣則我來也愈進兵果敗且急聞鴉聲掠羽而過則夫人緋衣躍馬風霆迸折沙石如射遂克麻陽事聞賜封妙眞夫人建祠武磯上後年九十餘卒子才七葬於武磯之陰世爲柳姓舟商祭曰水神鄉人以爲痘神皆祀之

楊師失其名住鐵爐寺言事輒驗鄉俗歲上元設諸天會爭得師至期皆有師在鄉人鄭賈將之彭蠡師送之曰行有難然無害也一日與人弈忽睡俄而覺屨襪盡濡及鄭賈歸云是日大風舟幾覆見師以足鎭舟遂得濟年百餘歲化去有二女皆修行一住鐵爐寺一住彌陀菴後不知所往

荷鐘禪師俗名捣鐘不知何許人明萬歷時師以檄柄荷大鐘至聖泉寺山下耕夫十餘人見而訝之師曰僧力倦矣檀越爲我送上山可乎衆欣然齊扛之不能移有頃僧仍自荷至寺中今鐘猶存有遺像祀之

釋死心明末諸生袁文煒也遊京師祝髮於崇國寺公安袁宏



道招之作吳越遊已而歸愛大別山水遂住藏經閣更築室以養母

國朝

僧谷庵邑人棄儒爲浮屠嘗住郡城報恩寺明末杖錫遊白下及維揚十餘年返則寺廢於兵燹乃摩頂重趼獨力募修邑中汪治夫學士洪半石太守陳公瑜儀曹韋莪斯銀臺及諸名士爲作疏及題詞皆書之冊藏弆於僧徒後二百年邑人王燕賓重摹其小影並原書冊子珍藏之

僧靈野不知何許人崇禎末忽來大雅冲危坐石崖下渴飲澗水飢餐山果年餘不出居人醵金爲建得雲寺野日夜誦經不輟有一虎一犬伏座下歲大旱野以錫杖揷崖旁令工掘之清泉湧出今名卓錫泉後虎犬斃野爲建塔瘞之土人疑

年間之不答一夕坐化約在百歲上也

僧靜悟張家畈王氏子少孤與弟悟容皆爲僧悟容學九龍仙化去靜悟師雙臺得臨濟之旨面壁長嘴庵二十年後遊麻城之東山就虎洞而居土人恐謀逐虎勸止之久亦不怪也初不識字至是能爲文乃譔文鐫石於父母墓復還洞翳松葉十餘年卒相傳有肉身在焉

僧亂峯住五雲山言笑不苟精解禪理工詩有老卒識之曰明末鴻臚寺堂上官也忘其姓名其徒自性名明斯麻城人嚴守戒律參悟有得住白虎寺禱雨立應

僧晦山名戒顯明末江南諸生或云太倉王元達張采之門人自江西雲居山來黃州過西塞有大魚負之舟人皆懼戒顯爲摩頂說戒而去住安國寺以詩文見稱其登黃鶴樓詩云誰知劫火憑陵後猶得重登黃鶴樓煙樹已隨人事散長江依舊大荒流楚王宮殿銅駝恨仙客乾坤鐵笛秋極目蒼茫悲慨遠一瓢歸挂亂雲頭書法二王人爭寶之

僧朗然九江人國初卓錫於邑之廣興庵掩關卻掃焚香誦經聲琅琅不絕尤通神悟知休咎然不恒爲人道圓寂後其徒合塔瘞之庵側人遂呼爲生公塔焉法裔了塵素高潔善書墨蘭工音律常坐安國禪林方丈盡得其衣缽傳云

釋此山康熙間結茅安國寺南募修成廟曰雨華林性慧悟能前知不妄言時與衆僧說偈遇高士輒講禪理能詩其餘技也雍正初無疾而逝

法楷倉子埠大覺寺僧乾隆二十四年中和鄉旱居民禱雨不應法楷臨壇作法未畢雨沛然降歲大熟知縣蔡韶清旌以



道同元濟額

宏道居國風善濟寺日夜持誦法華經忽語衆僧曰月之十五日吾當圓寂及期沐浴更衣焚香索筆書偈曰堂堂無去亦無來體露眞風絕點埃七十一年端的事好隨流水入天臺擲筆端坐而逝

釋慈航歷主叢林方丈晚駐錫上巴河之法王寺嘗閉戶入定窺者見頂上有光數點聚散如螢邑宰王方山與結方外交圓寂時飲檀香水七日壽八十餘

道士陶光斗號北窗新建諸生作幕百粤舟覆遇援遂棄塵世事遨遊鄂渚襄鄖間吳觀察守黃時招來住習林村遂駐鼎焉鶴髮童顏時與山左冷芝岩司馬燕山李樸園太守富陽周芸皋觀察相酬唱湘士王香雪爲刻其北窗詩存後孑然去不知所終

僧能善住持劉婆岩寺中性恬淡有戒行幼未讀書經典慣如也然歲旱虔誠祈禱科頭跣足曝日中言雨期輒驗

僧福清武昌人棄家落髮於邑之修靜庵日夜掩關趺坐誦經不輟積十餘年其坐處夕輒有光後潛往庵後積薪舉火自焚

僧蓮池文岐寺住持也有戒行談休咎多奇中一日有操生過寺適會食犂擊木魚生詰曰淸靜法門因何敲魚下飯池應曰只爲他不跳龍門故須敲打不斷月生果因事株連被縣官責後入邑庠池年九十八坐化

僧克阿東絃鄉龍氏子性好善多放生壯年祝髮於安國寺日以擔水爲事與人言多奇中道光十一年元旦阿擔寺池水

與江水互易羣怪問之答曰二水終必合是年江水果暴漲入城人益奇之問事者無虛日然有應有不應也

僧覺慧熊氏子也少孤貧為人傭工性不茹葷中年祝髮大崎山能仁寺晝夜誦經不輟外癲內慧談休咎多奇中能治病不受謝圓寂後葬崎山龍王坳病者禱其墓輒驗

僧空禪住下方廣寺誦經參禪不履生草不踐螫蟲同治三年十二月閉關入定六年開關冥心見性語休咎輒應自言十二月十五日當圓寂及期果逝

僧明星勇敢有戒行祝髮於梵王宮嘗隨鄉勇擊賊有功咸豐五年正月賊上竄黃州城陷星與明照明清立行諸僧從知縣翁汝瀛剿賊於漢口敗績死之是年十月十五日其徒懷彥元坤復禦賊於吳泰村南四方湖皆陣亡同時有僧海脫



廣盛悟進明新明燕明遠開朗滿情鴻禧能和滿容勝明普應者皆先後遇賊殉難

寺觀附

報恩天甯禪寺在青雲路巷唐貞觀五年郡人曹仁濟捐基僧乘禪師建明洪武八年僧繼法重建錫名報恩寺內有天啟五年所鑄銅佛及羅漢像崇禎時毀於兵燹國朝順治初僧谷庵募建康熙初知縣徐搢復建毘藏觀音二殿於大殿之東搢有落成詩乾隆初中二殿漸傾圮五十八年知府先福率各屬牧令捐廉於舊佛殿供奉龍牌更名為報恩萬壽寺道光二十八年知府祁宿藻知縣俞昌烈率闔屬紳士重修咸豐二年寺被兵燹今改作新軍儲倉　孫錫蕃報恩寺二殿落成詩崢嶸萬象出虛無劫火長憑灝氣扶風動雲旛留偈句鳥銜仙果種曇圖聞因半偈知天近悟徹三生指月殊劫火已過輪奐美僧儀嚴寂唄音敷

安國泰平講寺在城東南二里唐顯慶二年郡人張大用捐基僧惠立建宋蘇軾記云寺立於南唐保大二年始名護國嘉祐八年賜今名未詳孰是東坡志林云昨日太守楊素通判張規邀余出遊安國寺蓋名刹也明洪武初及萬歷戊戌再葺之邑紳國朝順治中黃州協副總兵張大治重修鼎建藏經閣邑紳孫錫蕃有疏記乾隆中知府先福重新前殿嘉慶中蘄州知州顧渏等重新觀音閣住持僧樂超密禪等募建圍牆復葺前後殿咸豐三年寺被兵燹光緒間住持僧月松募貲重建宋蘇軾黃州安國寺記元豐二年十二月余自吳興守得罪上不忍誅以為黃州團練副使使思



過而自新焉其明年二月至黃舍館粗定衣食稍給閉門卻掃收召魂魄退伏思念求所以自新之方反觀從來舉意動作皆不中道非獨今之所以得罪者也欲新其一恐失其二觸類而求之有不可勝悔者於是喟然嘆曰道不足以御氣性不足以勝習不鋤其本而耘其末今雖改之後必復作盍歸誠佛僧求一洗之得城南精舍曰安國寺有茂林修竹陂池亭榭間一二日輒往焚香默坐深自省察則物我相忘身心皆空求罪垢所從生而不可得一念清淨染汙自落表裏翛然無所附麗私竊樂之旦往而暮還者五年於茲矣寺僧曰繼連為僧首七年得賜衣又七年當賜號欲謝去其徒與父老相率留之連笑曰知足不辱知止不殆卒謝去余是以媿其人七年余將有臨汝之行連曰寺未有記具石請記之余不得辭寺立於偽唐保大二年始名護國嘉祐八年賜今名堂宇齋閣連皆易新之嚴麗深穩悅可人意至者忘歸歲正月男女萬人會庭中飲食作樂且祠瘟神江淮舊俗也四月六日汝州團練副使眉山蘇軾記

國朝徐惺安國寺放生池記黃州安國寺旁有蘇子瞻放生池居民占業久就汙監牛浴豕涉鵝鴨呷唼蘆罷鰍產鮒體不生歲癸丑某巡郡縣爰止寺中弔坡仙之遺蹟慨惠政之久墜出俸若干就居民贖還官稍加疏浚仍為放生池以寺僧主之唐白居易守杭即西湖為放生池宋神宗大有為之君聰明自許更絃拓經用兵西夏有事交瀘法令毛舉斯民頓困是時子瞻守杭濟西湖瀦溉田畝歲放魚鱗羸介數萬億計為天子祝壽在黃亦然所謂云何謂夫人主好生齊年如天不必好大喜功

勞神外物求海島之靈藥問神光於齋房第使百司奉職守庶布公小過不敢忽一物必得所卽臣子岡陵之頌爰君之極致矣今天子聖文神武薄海內外闓澤旁洽上下鳥獸魚鼈咸若而猶數放肆赦永除肉刑革部寺之苛條賜高年之酒帛率用舊章無所更易蒸蒸熙熙品彙獲遂雖禹泣湯網不足彷彿聖德又何唐宋之主所能企其萬一哉某旣復是池亦以宣揚皇仁無細不被遂爲頌勒諸石乾坤淸奠品物含靈肖翹蠕動罔匪帝仁天波涵濡包括海壑會是汙池而日放生過亦無小善亦無細性命羣分仁者一視百爾君子推恩廣惠我作頌辭風我屬吏　蘇軾

安國寺浴堂詩老來百事懶身垢猶念浴衰髮不到耳尚煩月一沐山城足薪炭烟霧濛湯谷塵垢能幾何翛然脫羈梏披衣坐小閣散髮臨修竹心困萬緣空身安一床足豈惟忘淨穢兼以謝榮辱默歸無多談此理觀要熟　又安國寺尋春詩臥閒百舌呼春風起尋花柳村村同城南古寺修竹合小房曲檻敲深紅看花歎老憶年少對酒思家愁老翁病眼不羞雲舟亂鬢絲颺理茶煙中遙知二月王城外玉仙洪福花如海薄羅勻霧蓋新妝快馬爭風鳴雜佩玉川先生直可憐一生耽酒終無錢病過春風九十日獨抱添丁看花發明王一翁同方還青邱過之兒治遊安國寺詩楚地悲風滿幽蘭宋已非尋燈魚市暗訪寺圃蔬肥塔裂前朝恨經炎過客稀武昌多霸跡臨岸易瞰欹邂逅桐眠俗郊林慷懷行廓寥嗟久宦僻遠歎吾生龍井孤亭在雪堂舊砌平微君思往緒感不獨山城　洪周髹安國寺詩荒草城南與昔時獨



西頹寺帶殘碑何緣不日成金碧想屬前生借護持塔影半敲寒月塢鐘聲遙度晚烟泗江秋雨岸安禪地悲仰雲居法雨埀　呂蘸夏日安國寺禪僧有作勝域依城爲幽尋入夏偏史鸞方外侶來上度師筵嵐色翠峯接江聲萬里連徑荒餘古柏地僻噪叢蟬忍草經行茂疊花拂翠鮮尼珠開映日篆縷靜騰煙寶鐸鳴虛籟金沙泗細泉涼宜甘露灑香似逆風傳馴鴿窺人舞霰虬隱鉢眼神通千界外身寄五居前蘸了塵中幻翻愉定後緣誦經翻貝葉轉語吐青蓮小品籤從下波句說俱捐冥心超有漏觀世得無邊等等忘諸相參寥證象先但有抽壯籥已自脫魚筌野老能參偈山狐亦解禪劫灰離火宅法路引人天操筏知誰極燃燈信有年幸逢龍樹客笑擬虎谿還　國朝楊允頎安國寺詩香臺飄落瓣蕭蒿前度人還續後勞捨宅姓名曾不改塗丹歲月正迴遺三神湧出金輪實千佛飛來碧海濤共指禪心誓安國麟圖獅座雨峯高

**大雲寺** 在城南五顯廟右今廢

**承天寺** 在大雲寺前今廢　宋蘇軾記承天夜遊元豐六年十月十二日夜解衣欲睡月色入戶欣然起行念無與爲樂者遂至承天寺尋張懷民懷民亦未寢相與步於中庭庭下如積水空明水中藻荇交橫蓋竹柏影也何夜無月何處無竹柏但少閒人如吾兩人者耳

**乾明寺** 在城東定惠院內今廢　宋蘇軾雪後到乾明寺遂宿詩門外山光馬亦驚階前屐齒我先行風花誤入長春苑雪月長臨不夜城未許牛羊傷至潔且看鴉鵲弄新晴更須攜被留僧榻待聽摧簷瀉竹聲

**永興寺** 在城南近大江岸宋刺史王禹偁有記今廢

**南塔寺** 在安國寺前道光二十八年闔郡官紳士商因修塔餘貲拓基添建廟宇牆垣今廢

**天王寺** 在䣥坊鄉長樂提奉一銅佛二十餘尊明萬歷時提舉方一盛建今廢

**板塔寺** 在城內今廢

**太平寺** 在梅家湖章家涼亭東北有木佛遡流至楓香渡土人迎祀之

**定香寺** 在東絃鄉距縣三十里古刹僧性天重建門臨湖水內有蓮池宋碑尚存佛像亦宋時塑

**雨山寺** 在東絃鄉唐武德九年建

**盂缽寺** 在東絃鄉明萬歷時建廟側有何白雲憩樹詳古蹟

**覺皇寺** 一名朝陽寺在東絃鄉明萬歷時重修

**延齡寺** 在東絃鄉道人湖北岸



**淨慧寺** 在東絃鄉孫家嘴

**朝天寺** 在還和鄉明永樂間鄭秀蘭建

**竹陂寺** 在還和鄉載舊志咸豐九年李勇毅公駐軍上巴河憩寺月餘題有堂額楹聯同治三年官文恭過寺捐金重塑神像詳載寺碑　明官撫辰過竹陂寺詩不問當年寺稱名示闍誰行行人盡去得得路何之佛古泥團動光留電影遲沙彌錯相識笑下殘堦墀

**法王寺** 在還和鄉上巴河唐武德二年僧直際建乾隆三十年僧慈航募衆重修

**白洋寺** 在還和鄉白洋山今廢

**白虎寺** 在還和鄉白虎山梁時勅建本名興善寺明成化時僧懷遠自性先後重修康熙時知縣鍾葦易名百福寺道光七年寺僧募衆修葺

**慈恩寺** 在還和鄉明司李樊維師捨宅建

**梵泉寺** 在還和鄉樂養山今廢

**橫溪寺** 在還和鄉

蓬萊寺　一在還和鄉一在陽邏　明鄧梵望過陽邏蓬萊寺江眺詩雁聲嘹唳度江洲僧舍蕭然歎滯留苦思吟邊飛落葉悲風起處見行舟愁心忽悟空王法久客真慚故國秋爲問奔濤何日返欲將心事語東流

三間寺　在還和鄉馬家潭明洪武時馬與隆建

御風寺　在永甯鄉元至順間建徐壽輝嘗欲毀之感鳴鵲數萬環翔而止

悟空寺　在永甯鄉京省通衢宦轍萃止

漆園寺　在永甯鄉林家山西相傳明嘉靖時建佛殿斲山園漆樹爲梁寺遂以漆梁名後更爲漆園峯巒迴複松竹蒼翠頗具清幽之致

安甯寺　在永甯鄉簸箕巖孤峯峻絕下臨深壑有石箕棋盤在焉

紵緯寺　寶華寺　俱在永甯鄉

萬壽寺　在永甯鄉五雲山相傳梁僧寶誌入定之所塔碑猶存明成化時僧可信重建康熙初僧寂明重修

能仁寺　在大崎山唐密雲禪師修行之所明成化七年僧常惠住持道光二十六年知縣俞昌烈禱雨有驗重加修葺

東山寺　在大崎山南明成化七年僧修信重修



禪寂寺　一名善濟寺在團風鎮明洪武九年僧崇慶建天順間僧福亮重修

圓通寺　一在團風鎮郭家壽古刹明洪武六年僧淨倉重建一在陶山北南古刹元僧懋意重修載王志明初林逵爲僧彥碧捐有巨鐘鐫以時號

獅峯山寺　在伍重鄉古刹明成化六年僧國秀重建

五雲山寺　在伍重鄉距縣九十里

紫霞寺　在道觀河北唐時古刹

戒圓寺　在上伍重鄉新集街北舊志誤作解元寺

得雲寺　舊名無盡燈寺在舊街之東詳見古蹟大雅冲

竹倚古寺　一在上庶鄉汪家集下半里許魏姓建二重汪姓建一重又汪姓與曾姓共建一重又眾姓共建一重

慶福寺　在下伍重鄉舊街中爲東嶽廟左文昌宮右關帝廟其餘凡數十楹頗極壯麗咸豐三年燬於兵光緒六年里人募貲重修

永虹寺　在伍重鄉

騰雲寺　在伍重鄉舊街東北咸豐時燬於賊光緒五年里人募貲重修

勝龍寺　在伍重鄉地極幽邃

清風寺　清涼寺　俱在伍重鄉

風火寺　在伍重鄉風火山地勢雄秀廟亦壯闊

華嚴寺　唐時古蹟在永甯鄉小崎山內明進士靖科元置崇禎九年居山避寇著有靈鵲記置香火田二石二斗五升柱名靖小崎乾隆間科元曾孫舉人克紀修葺同治初兵燬八年舉人玉津修造橫屋光緒七年庠生紹甲啟後等重修

龍潭寺　在伍重鄉赤山上基勢高聳四望可數十里

文岐寺　在伍重鄉黃林墅西

新興寺　在上伍重鄉謝家涼亭原名古靈刹係謝姓香火廟側有文昌閣亦謝姓廟道光元年公建

上方廣寺　在金鋪山北明初建寺踞大山山前有石如口俗呼獅子口口內滴泉雖大旱不竭

下方廣寺　在金鋪山東明嘉靖二十九年建前後二塔又有呂仙祠呂仙洞洞乃後人掘地得之不知始於何時深五尺闊四尺其門如竇　明王一翥望下方廣寺詩萬曆乙亥秋自白田至麻城獅子林弔死心禪師墓同其法孫長樂返過此寺攜師遺笈在焉越一年武昌署中與仲霖談及此數日後野行望此寺有寄　精舍藏山隱中途過法孫寧知兵火過不遺婦兒存魂夢求空像丹青到墓門人間酬酢盡鐘磬代師言　綠字迎仙籙黃金結寶纓當年獅子坐曾湧玉泉清著短羲爻失歸歸著人亡肇論成舒瀾歸鑰韜光鏡黃御史稍可詰無生



化樂寺　在舊州城古刹明天順五年重建同知袁福徵有記

靜安寺　在庶安鄉長河岸古刹

吉祥寺　一在廂坊鄉凌家灣舊名吉陽寺一在庶安鄉安仁村里人蔡中和及僧常昱建咸豐三年粵逆燬其半同治六年張姓合族補修

演教寺　一名文布寺在庶安鄉柳子港河西岸明景泰間僧大休結庵於此成化七年僧文布重建前有舉水清洌異常寺內有牡丹一本相傳爲東坡手植今尚存左爲新婢書院道光二十一年建祀文昌神邑士胡廷瑞捐建客堂爲祭祀齋宿之所黃陂御史金光杰有記勒石

西峯寺　在庶安鄉明邑人邱縉建

覺林寺　在庶安鄉安仁村古刹明成化三年僧祖超重修

寶禪寺在庶安鄉僧元俊重修寺側梵王宮僧應蓮建

準提寺在庶安鄉立阜山明洪武時建

興隆寺在庶安鄉河南坂左

勝蓮寺在庶安鄉明時建

如意寺在庶安鄉童家嘴東岸古剎

寶蓋寺一在松湖北岸大林山明正統十二年僧智定建嘉靖間重修有陳周林三姓方丈前有樓樓上舊爲陳甯山太史藏經閣樓下向係社倉中殿三重康熙二十年陳姓重修嘉慶二十三年陳姓住持僧自修募貲改建同治十三年合區捐貲重修一在上永鄉把守嶺

彌陀寺在陽邏鎮東之來山即蓬萊寺明景泰五年僧祖直重修成化二十二年蔡和劉文輝捐修大雄殿

鐵爐寺在中和鄉畢家鋪東五里明初建邑人程汝遷常讀書其中程號木庵有學行士人即以其號名寺曰木庵道光十一年大水淹圮光緒六年鄭程二姓重修

雙林寺在中和鄉咸化村古剎明正統元年僧直廣重建

黃岡縣志《卷之二十四　寺觀　四十六

香山寺在中和鄉亭子塘僧鏡智建

湖山寺在中和鄉

鎮龍寺在中和鄉賽雨山乾隆二十二年韓姓建修

古東華寺在中和鄉即楊裴灣宋時建明萬歷時重修

古觀音寺詳後鐵佛寺

淨麓寺在陽邏西北黃土坡

保隄寺在中和鄉王家集

白雲寺在中和鄉孫鎮埠

青蓮寺一在陽邏鎮即明戶部郎中江甫然所建法華庵舊地康熙二十年改建咸豐年燬於賊光緒七年眾募重建一在納頭寺下首乾隆五十二年山主羅名昭捐蕭家園舒家墩水田四担零二升以作佛祖香燈及修補廟宇之費

院基寺在中和鄉明萬歷時建

隆興寺在中和鄉西馮集

二聖寺在雙柳鋪唐貞觀時建

恆河寺在龍口下

龍川寺在汪家鋪上

天池寺古剎也在上永鄉盧林二姓建道光間州同林之棠倡募重修

龍窩寺在上永鄉方陳二姓建

黃龍寺在上永鄉滕姓建咸豐二年眾姓募貲重修

湧蓮寺在永凝鄉小崎山上係古剎

祈祥寺在永凝鄉小崎山南

向溪寺在永凝鄉小崎山南

廣蔭寺在永凝鄉小崎山下同治間王姓倡建

玉成寺古剎也在永凝鄉西神極靈應

接龍寺在蘆洲灣

黃岡縣志《卷之二十四　寺觀　四十七

復興寺在得勝洲

永安寺距縣治一百二十里在庶安鄉相傳寺前有八景一安寺曉鐘二崎峯晚翠三茶亭夕照四桐墅朝霞五松館暮濤六蓮塘夜月七隄橋漁笛八村兗酒帘

普度寺在東絃鄉戚家嶺同治八年邑紳王作霖同眾姓新建基係候選分縣王鈞捐

竹溪寺在韓家新集東二里許周棠甫後裔修

金山寺在中和鄉陶金山南

錦屏寺在錦屏山下

眺雲寺通政使韋成賢讀書處咸豐時兵燬同治四年住持僧募貲重建八年生員舒毓松龔兆梅職員吳善長舒元童生曾廷輝建文昌殿於寺左

永濟寺原在易家河街東南明末燬於兵康熙十五年寺僧永濟募貲重建乾隆五十一年火災殆盡道光五年街民醵金移建於街西

東禪寺古剎也距縣治四十里光緒三年募貲重建

赤脚寺在上淋頭畈寺前石上有仙人足跡因名

院基寺在張集區北流河處旁有文昌閣邑紳張合泰募貲修建

永隄寺在孔埠區白洋湖隄側順治十五年眾姓捐香火田一石一斗六升道光二十九年隄決寺亦圮三十年從九桂鵬旌開謨徐炳光萬祥瑞等倡首修隄仍建寺於隄側

先覺寺俗名余家寺在王家區元隱士余德山老而無子因易居室為寺其後僧席其業富甲一鄉邑庠生捐田為長燈計道光以後佛產蕩盡今住持僧洪開私置良田二石餘以作永遠香火

老君廟在城內咸豐九年縣銀工捐貲重建

馬王廟一在協鎮署前一在城南東嶽廟左俱被兵燬未建

南嶽廟在漢川門內高阜上今廢

張桓侯廟在青雲路街報恩寺右道光戊申知縣俞昌烈建後燬於兵舊基今修入新軍儲倉廟移建白衣庵後

瘟神廟在韓宋二公祠後詳祠祀志同治元年二甲士民捐貲重建

將軍廟在清淮門內祀明諸生鄧雲程同治五年三甲士民重建



藥王廟在今縣署後同治二年三甲士民募貲重建華景洙捐地以作佛產

東嶽廟在城南二里許同治二年眾姓重建九鄉所在皆有不備載

五顯廟在城南今廢

南堂廟今廢　華光廟俱在團風鎮後街明洪武十八年居民祝茂先建

忠義廟在東紱鄉許子口

馬背廟　仙姑廟俱在還和鄉

大王廟在上伍通鄉土名蜂城元末陳友諒之亂賊兵過此有仙人撒土成蜂以禦賊賊退土人立廟祀之呼為大王一在赤壁下郎江神廟詳見祠祀志今廢

晏公廟在阮家涼亭上里人王廣文等募建一甲士民重建餘詳祠祀志

張公橋廟在庶安鄉廟後石橋昔為張公所建故立廟祀之

塞口廟舊名大覺寺在倉埠街北康熙時知縣鍾華改建街南以塞水口故名左有文昌宮萬年茂侍御有引李鈞簡侍郎有記俞志載陽邏誤

賈家廟在上永凝鄉明嘉靖間建寺產詳載寺碑

水府廟在樊口下街兵燹後里人重建

經堂古廟在上庶安鄉葉家店黃六官南里許乾隆五十三年建同治三年燬於賊光緒四年黃姓重建

顯靈廟在上伍鄉熊家店南元泰定四年建廟角有風鈴又名為響鈴廟去廟四五里有雨壇岡歲旱紳耆共迎廟神於岡上設壇禱雨靈驗不爽香火最盛

蔡家廟在王集區隄窩坂九姓居民奉為社主

楊家廟在王集區

財神廟在新集區陶宜集捐修同治三年被賊燬眾姓募貲重建

楊陂廟即東華寺相傳創自宋明隆慶二年鐘尚存鐘係道光間掘地所得所鑄寺名楊陂俗訛稱楊裴羊皮均無據同治四年燬於兵住持僧會司海濤募貲重建

水浮廟在鄢家湖中雷姓祠下灣前右首明庠生雷孔和建修後被水圮基址尚存

蓮花庵一在城外陶家巷舊在真武觀後乾隆中蘄州管姓改建今處道光丁未重建後燬於兵同治中住持募建一在東紱鄉陽陰嶺明崇禎時建



百子庵在府城隍廟後嘉慶時邑士游豐元重修今廢

白衣庵在青雲街關帝廟後咸豐間二甲公建國朝葉封黃州移寓白衣庵適風雨夜作詩頻年事行李復為江

上客奔走非凡情棲隣喜梵釋寒溪春止殘風雨夜殊劇濛

濛竹樹中飛泉起危石枯坐闃長哦懷古空陳迹書堂邈千

秋寸陰嗟不惜凌晨渡江皋躑躅更塵役拜揖苦浹旬僧齋

始清久俄然風雨生其勢如疇昔雖微邱壑奇颯沓成幽僻

是時羈旅心乃覺境曠適所念柴桑居松菊煙仍碧曩夜嘗

相思問予新句獲挑燈茲何為躭住固性癖妙理發高吟寡

傳迴風格用媿忘年交論詩希莫逆

百福庵在城濠光緒時住持僧募貲重建

太平庵在河東書院後今廢

半偈庵　趙州庵俱在長蘄塝土人重建

雨華庵在淋山河僧懷水建後燬於賊僧覺松捐貲重建

翔雲庵在淋頭畈

眠雲庵在龍岡山中天晴霽時山光連雲五色映帶

觀音庵在團風鎮史壩橋明宏治間邑人孫子華建今廢

廣福庵明洪武時范勝三建東有蓮花池西有亭爲行人憩息之所

般若庵在東総鄉黃土墈

惠香庵在東総鄉牛馬岡

天乙庵在東総鄉

翼明庵在還和鄉烽火山明天啓二年建

廣嗣庵在還和鄉汪伯麟建

朝陽庵一在永寧鄉戚住山硤石冲明萬歷時王之朝建一在東総鄉戚家嶺

甘露庵在城東五里墩康熙時方兆奎修葺同治五年衆姓捐貲重建庵右觀音殿光緒二年邑人華棣棠建

萬緣庵在蘆洲灣

普渡庵在得勝洲



修靜庵在金鋪山東北上下兩方廣寺之間

極樂庵在庶安鄉係前明郭姓建

大悲庵一名總持庵在庶安鄉前明余姓建

陶家河白衣庵在汪集區明贈少師禮部尚書陶喦捐建并捐田地六斗九升陶以富捐田二斗五升爲香火費道光二十九年大水廟冲塌同治二年衆姓重建

吉雲庵在下伍鄉井邊寨明洪武初建光緒六年里人王景齡同衆募建

廣興庵明永樂時建同治六年重修

邱家庵在東総鄉戚家嶺咸豐五年被賊拆毀今衆建

慈義庵在城東三十里南湖區

顯道庵在王集區隄畔元時居民甘隆捐建同治八年大水隄決庵亦冲圮十一年陶馥倡修圍隄程仁杰程春發等約衆醵金仍於隄畔建廟今名李家廟

斑竹庵在永甯鄉邑庠生何士楨優貢生王道明舉人楊瑞杞等會課文藝後邑庠生熊光裕何調一等捐置任家壢田課三十八石五斗每歲二月初三日恭祝文昌壽誕初四日課藝其中

顯聖堂在陶家巷口兵燹未建

觀音堂在街埠市舊志郎古興化寺明洪武十八年里民張玉田募修

維摩堂在還和鄉城山下官撫辰隱居處　明官撫辰維摩堂過孝宜寺蘄水劉中尊雲麓聞信郎至詩文公軍旅日勸禮大顛師君今政事暇清晝只歌詩詩中有禪意情境任參差以茲親我理鸃爾過招提佛法無多子名聞未有私見君繼祖武動我舊時思今古同旦暮道岸無傍歧相彼滞流水棠陰無倦時　又維摩堂外十景詩火宅藏華種海心湧石蓮黑風雖鼓浪不打石蓮船[illegible]夜半雞爭曉因風越天表逆勢截橫流平蕪青不了[illegible]萬樹江聲起千山松影移碧空浮野水終古接盲瀛[illegible]濤敲空時作響特發海潮音指顧江天外誰來寄爾尋[illegible]見說龍無耳誰知鼻準空雖無雁蕩水時有漢王風[illegible]崎山天畔落東印轉身迎採薇石洞下高枕悟無生[illegible]松翠五峯間珍珠撒玉帳剪尺任後人栽雲時立量[illegible]是山皆有虎孰敢近前來退舍門庭後游人每見猜[illegible]羊沒蹤跡角掛半天東亦有雲生處推移到鏡中岫[illegible]春寒香噴雪夏煖實垂陰游子不能到幽人彈素琴[illegible]

鐵觀音堂在伍重鄉舊街河上乾隆初河中浮出鐵觀音一座高丈餘居人於岸側結庵祀之



普安堂王志在團風鎮巡檢司前古刹明洪武十五年居民魏中和重修俞志在伍重鄉餘詳古蹟

菩薩堂在上永鄉馬鞍山下光緒二年鄉民邵正宗同衆姓募貲倡建

大士閣一在城北覽勝亭下邑紳杜應芳建康熙時守備梁家楨重新同治三年一甲士民重建一在龍蟠磯上詳見古蹟一在陽邏閣下有磯甚險知縣錢萼捐銀三百鑿石開徑行旅便之

國朝萬禮祖大士閣修路記去陽邏之東南三里而近有磯突出江岸懸崖峭壁亂石叢生進舟者固苦牽挽徒步者亦惴惴失足恐也于清端公守黃時加意修治尋以擢去罷今四十餘年無有能繼其志者邑侯鍾公來涖茲土念切民瘼均丁賦建義學開河渠移糧倉修城垣嘉猷惠政不可枚舉壬寅春以公事道經於此停車周覽慨然嘆日服前皆赤子視其陷溺而不以安遺之無爲貴宰也歸與邑士大夫謀得己成棘達者數人授以方畧捐俸募工起春初迄夏首狹者開之險者平之而石之餘跂軀伏於水中者推之鑿之轉徙於傾圮崩裂之處而塡補之不三月畏途化爲坦道旋渦變作安瀾帆檣上下擔負往來無復昔時魚腹憂蓋公之力也又以邏鎮之水順流衝破巽方乃開河渠引歸元武公之興利除弊其功德豈淺鮮哉遠近之人爭欲表彰揚厲勒諸貞珉與于清端並傳不朽此甚盛事也是爲記

顧景星大士閣置酒遠眺還飲寶臣齋看月詩年少喜邊城愁心天上横今朝對荒嶺一片暮雲平雲平復何處雉堞新無數翻疑城外山近是城內路城外復如何長江空逝波

風流赤壁盡秋蓬自楊多徘徊不能住言向招提去半壑起松風殘陽在高樹憑高矚眾峯顧盼爲誰雄手揮三雅杯目送雙飛鴻可憐秋夜清三五月華明王生知我意對月洗金觥彭士商冬晴野眺憩城北大士閣詩夜聽鐘聲乾晨興發幽思同遊約不渝徒步鄙車騎迤邐城北隅崇岡邈然至山石若樗蒲山靈信多智聞昔東坡翁一怪石尤標致貿自僮豎手所費但餅餌我圖獨取之不得其一二茲念亦齟齬何況名與利下山憩僧寮酒榼詢童稚斟酌不辭頻敲推良已醉霜葉留餘青酡顏染其翠亭午風更和疑是春光麗石隱與吏隱地殊心豈異緇衲昔供石人胸臆無沾滯顧景星陽邏大士閣詩香碓荷巖岡雲根卧薜蘿長江迴地軸高閣入天河繫纜驚湍少扁舟乘興過聽鐘夜方半何處起漁歌宋舉陽邏大士閣詩陽邏江邊赤石磯崢嶸高閣帶斜暉干帆風雨當窗過萬頃煙波傍檻圍白鳥銜魚棲佛座紅桃映水出禪扉宋元戰伐傳來久弔古悲歌幾振衣

準提閣　即東樓閣在一字門外康熙時郡守于清端建并撥濠田收租以奉香火其東爲智林村門首有字藏爲焚化字紙之處道光二十七年廩生許汝梅弟兄叔姪公捐長蘄壕地一段付廟祝收租以資經費

觀音閣　在城西北赤壁磯明洪武八年僧智圓建正統六年通判黃容修今廢

玉皇閣　在元妙觀後明邑紳甄叔王同軌重建今廢

梓潼閣　在漢川門外即橫江館今廢爲民居

文昌閣　在縣治西北四十里雅淡洲修撰劉子壯讀書處咸豐四年粵匪焚燬七年里人募貲重建邑人陳莊捐置中順嶺地三畝六升六合六勺陳朝榮捐置中順嶺地三畝五升三合六勺

國朝劉子壯文昌閣死難序戊子秋朔劉子避山寇再至文昌閣登樓而望其東蓊然蓬蔚隱迤孽兒凸者垣址窪者塍血吾先子之廬而宗黨婚比之聚而處也南而左疏樹杈檮之閒以遺卉鳥弄花飛竹石散藉者吾書舍而良友藏修交遊之所至止也其前蔬圃居江茆簷錯峙中爲小祠僧種而嗥吾家所祀之洞庭神也閣之上諸君子以時射藝暇則飲酒而歌且樂焉此其地絕人區靜接有時當風晨煙夕霽曉月秋疎雨在林懸雪炤池近者眺遠者來處流瑣之時賴天子麻豈可謂不得其止者乎未幾年而賊繼以兵向之所偃處嚙呀者露蕪游羽從而有之矣方癸未之初弓先去適京師祖中推先叔父爲長其次爲約約有副非名德不得入自城豎山無不請屬爲之立條章設守禦雖云固圍亦以降士大夫之勢也當是時賊已潰浠川襲郡城揚旌江岸日遺諜爲招自守令棄避洲者咸避而諸君子益堅無敢離越有與賊閒者輒磔之至四月廿八日賊分向磯石遙渡眾稍引去而吾弟獨踞石治守具賊自洲首射數人入更出吾家之臂先叔父殞於水家之亡者十七友鄰之亡者十五僕妾以百數而洲中不可算計者矣是非有土城之責其殉而之死未盡合於義而朝廷之所不得聞而卹也然或



者猶將笑而訾之其後大兵復省以從賊誅繫者所在蔓引而洲之人免焉猶得以殺傷之慘蒙上憐惻豈非諸君子之有造於斯洲乎寇亂以來自河渡嶺越境迎降而亡其地死其官者復幾人使諸君子當其任雖未必不輸尺土亦豈肯陳香炬奉壺簞匍伏而丐活耶故夫諸君子以文弱之姿捍蛇豕之眾進無益於國退不能保其身家此誠甚過而至於以死自守義不招安洲之人得免亂賊之目又足以媿世之食祿寡恥者其道亦豈得而沒乎彼笑而訾者徒幸免耳非能有智以自全者也當賊之來獻牛酒者若而寨供舟楫者若而家導賊渡江而開省會上書求試爲之臣妾者若而人此不當一言以責之而顧不怨於諸君子亦獨何與余悲而明之亡其本末紀其姓氏庶有知者得以採焉其以水殉者余叔父劉文敬諱紹熙也其登舟復歸迎母不得者余弟子宣子偁元則子儼也其懼見檎於賊而卒家投江者杜亮公紀也其以宗覆絕者陳儀吉鴻帥遂夫有功鄭醒衷仕俊鄭嘿人嚴於爾翼斯行也其僅以身亡者黃伊平衡方祥明珪也其脫而卒不免者魏男英應羆張爾爲鴻儒張爾任鴻仁也其以悲傷而終者叔父君敬諱紹依兒克章諱子俊及先君也其他婦女不錄其身存而失家者微之此皆左右斯閣而向之所謂偃處嘯詠者已盡無有豈不慟哉今山谷沸涌余復踐茲洲之市廛再茂而此土就湮風雨之夜霜星之下宵然若形吻然若響其魄氣猶未忘於此乎時乃秋初屬有家祭普及疎曠澆而慰之爲之辭曰余聞古亂於傳則有豈其見之不自我後死節與忠昔謂之難凡今之人云胡不然嗟我君子爲誰而死賊投閒言毋敢近耳義不繫國名不贖身益之以家猶或哂嗔勿悔失策勿嘆失家視我天子不有京華嘯哲則菀嚀昧則落生死偶然求心不怍相彼苟生其骸僅存安能荷媿乞免彼寘遺利在里人莫知恤隱忠在王史復誰筆有而弗居先民所賢試此危酒旦暮百年生從何來沒從何往庶無怨怒息情潛壞

又冬春題文昌閣詩冬春宜晏起酣情享昏夢初日喚我窗破懶纔一動人事豈能厭遲之庶有中神足自多爽天閑志亦洞又偶題文昌閣詩常閒眞似旅爲累祇因官才盡方知拙貧長漸得安門深巢鳥徧庭靜落花寬良友能頻過相忘不著冠

元妙觀　在清源門外唐貞觀閒道士李雲外建內有葛洪煉丹井宋爲天慶觀即東坡作易傳與論語處明胥道紀司於內邑人王同觀修葺勅賜今名邑紳洪周咨額國朝順治年閒郡丞白秉貞重修邑紳孫錫蕃有記今廢明王廷陳過元妙觀有贈詩神君樓閣枕江濱鐘磬時時霄漢聞仙至忽逢青鳥使賓來頻舉白鷺羣當筵禪榻皆成雨煮鼎飛煙盡化雲雙鬢向衰渾欲盡洞天石髓若爲分

眞武觀　一在城南隅舊爲岳忠武廟後改今名同治五年遠安守備吳亮才捐貲重建觀後有火星塘一在磐石橋

清水觀　即古東華觀唐貞觀中建元末兵燬基存

鐵樹觀　在辛家衝古刹明宏治中建其後爲古觀音寺

凌虛觀在三臺河明嘉靖時勅建後兵燬光緒時丁長春捐貲重建

呂仙洞在還和鄉火柴港祠前有古柳係數百年物

仙人洞在上永鄉馬鞍山側咸豐十一年僧能禪募建

四官殿一在城東三十五里南湖區古刹也乾隆時水圮嘉慶二年貢生喻和晉募修有碑一在城外會同巷光緒時住持募建

文昌殿在城東三十里陶店光緒五年宋姓重建

華光古刹在庶安鄉安仁湖西岸

朝陽古刹在易家坂明庠生袁竹岐袁西岐捐基地一所并捐香火田兩石一斗七升後被水淹頽道光二十九年易袁二姓重修

協鯱宮在庶安鄉石屋山頂宮後有仙人洞並有石牛古蹟

寶林宮在庶安鄉柳子港下街徐姓建造邑士徐繼錚徐貢朝徐士純共捐香火田一石六斗一升貢生徐兆鯉捐田八斗五升



夫子庄在王三巷今廢

雷鼓墩在庶安鄉明時周姓建

雨華林在青雲塔南邑紳楊允楨嘗讀書於此其題額猶存同治六年衆姓重建

南山古刹在陽邏下三里刹基係處士雷聲先捐出

朝陽寺在還和鄉光緒三年里人募貲同建

華嚴寺在伍重鄉背水面山頗擅形勝

摭聞

上蔡云泰山不讓土壤河海不擇細流旨哉斯言郎志乘何獨不然邑之風土人物既蒐輯靡遺矣而名賢瑣事委巷奇聞塗附則義有未安棄置則典將就逸零縑斷錦不收拾之可惜也爰仿定保摭言之例鱗次成篇綴於末簡所謂鶴脛雖長不可截也

郭郡守鳳儀邀唐比部樞遊赤壁郭問天下兩府峙立武昌漢陽一府一縣峙立黄州武昌何謂唐云天下守法有據依據無據依援按晉陶侃在武昌不肯分兵北岸鎮邾城語詳兵事中蓋邾城東晉時密爾犨蠻所以不可置戍與今不同宋李宗勉建言荆襄殘破淮西正當南北之交齊安與武昌對欲保江南先守江北正謂聲勢可應援耳



天聖中韓魏公居所生憂從其兄琚守齊安郎安國寺西廡爲書堂以居恒有二女子夜至衣冠高古容裝麗甚公恬不以爲怪及去二女告曰妾非人也亦非仙人鬼魅遊處再歲而言不及亂公德士也郎推此澤天下讀齊安記屈原之死二女孝慈亦於此投江故武昌郡以五月五日競渡投角黍迎神舟上二女非仙人鬼魅豈靈均二子之靈爽耶浪語集

東坡遊赤壁者三今人知其二者由其有二賦也余嘗讀其跋龍井題名記云予謫黄州參寥使人示以題名時去中秋十日秋濤方漲水面千里月出房心間風露浩然所居去江無十步獨與兒子邁棹小舟至赤壁望武昌山谷喬木蒼然雲濤際天因錄以寄元豐三年八月記今古文赤壁賦注謂詣赤壁者三非此之謂乎據二賦在六年此則第一遊也七修類稿

元豐七年二月一日東坡居士與徐得之參寥子步自雪堂弁柯池入乾明寺觀竹林謁乳母任氏墳鋤治茶圃遂造趙氏園探梅堂至尙氏第觀老枳偃蹇如龍蛇形憩定惠僧舍飲茶任公亭師中庵乃歸且約後日攜酒尋春於此 東坡志林

東坡嘗記黃鄂之風云近聞黃州小民貧者生子多不舉江南尤甚聞之不忍黃之士古耕道雖椎魯無他長然頗誠實喜爲善乃使率黃人之富者歲出十金如願過此者亦聽使耕道擧之多買米布絹絮使安國寺僧繼連書其出入訪問里田野有貧甚不舉子者輒少遺之若活得百箇小兒亦閑居一樂事也吾雖貧亦當出十千

志林載東坡曰余來黃州聞黃人二三月皆羣聚謳歌其詞固不可解而其音亦不中律呂但宛轉其聲往返高下如雞唱



爾與廟堂中所聞雞人傳漏微似土人謂之山歌云又曰舊傳陽關三疊今歌者每句再疊而已通一首言之又是四疊或每語三唱以應三疊之說則叢然無復節奏余在密州有文勛長官自云得古本陽關其聲宛轉淒斷每句皆再唱而第一不疊乃唐本三疊蓋如此及在黃州偶讀樂天對酒詩云相逢且莫推辭醉新唱陽關第四聲注第四聲勸君更進一杯酒以此驗之則第一句不疊審矣

唐房千里竹室記稱環堵所棲率用竹以結其四角椬者爲柱楣撐者爲榱桷王元之竹樓記蓋其餘意秦人亦有板屋詩各從其俗也◐江上多以竹代瓦每苦延燒云 今黃州無竹屋

東坡與李通叔書蒙寄示雪堂篆字筆勢茂美足爲郊藪之光則雪堂扁當屬通叔筆今做印章成字實出前守上海潘公伯明妮古錄載其事稍異

夏文莊竦謫守黃州時龐穎公籍爲掾嘗疾屬文莊後事文莊親臨之曰異日當爲貧宰相亦有年壽疾非所憂龐語已爲宰相豈得貧耶文莊曰但於一等人中爲貧耳故龐晚年退老詩述其事曰田園貧宰相圖史富書生石林燕語載龐嘗在告數日忽吏報死矣文莊大駭曰此當爲宰相安得便死吏言其家已發哀文莊卽自往取燭視面語醫曰此陽證傷寒汝等治誤爾亟取承氣湯灌之有頃蘇

王禹偁嘗作三黜賦見志後知制誥忤時相出知黃州蘇易簡知貢舉適榜下放孫何等三百餘人奏禹偁禁林宿儒欲將全榜諸生送於郊上可之禹偁作詩曰綴行相送我何榮老鶴乘軒愧谷鶯三入承明不知舉看人門下放諸生至郡未



幾二虎鬬於境一死羣雞夜鳴冬雷而雹司天奏守土者當其咎卽命徙蘄州謝表云宜室鬼神之問不望生還茂陵封禪之文止期身後帝深訝異促召還臺未行竟卒

子瞻遷黃岡時曾子固居憂臨川死焉京師盛傳子瞻同日僊去如李長吉故事神廟以問左丞蒲宗孟嘆息久之故後量移汝州謝表有云疾病連年人皆相傳爲已死飢寒併日臣亦自厭其餘生避暑錄云子瞻在黃病赤眼踰月不出過客遂傳以爲死矣有語范景仁於許昌者景仁絕不寘疑卽舉袂大慟遣人賙其家子弟徐言此傳聞未審當先書問安否得實恤之未晚乃走僕以往子瞻發書大笑東答云平生所得毀譽殆皆此類也

子瞻謫黃布衣芒屩出入阡陌多挾彈擊江水每旦起不招客

語必出訪客所與遊亦不盡擇各隨其人高下談諧放蕩不復爲畛域有不能者强之說鬼曰姑妄言之數日必一汎舟江上乘興或入旁郡界嘗與客飲夜歸江面際天風露浩然乃作辭所謂夜闌風靜縠紋平小舟從此逝江海寄餘生者大歌數過而散翌日喧傳子瞻掛冠江邊拏舟長嘯去矣郡守徐君猷聞之愳州失罪人急命駕往則子瞻鼻鼾如雷

東坡至黃州邀一隱士相見但視傳舍不言而去東坡曰豈非以身世爲傳舍相戒乎贈以詩末云士廉豈識桃椎妙妄意稱量未必然此蓋用朱桃椎故事高士廉備禮請見與之語不答瞪目而去士廉再拜曰祭酒其使我以無事治蜀耶乃簡條目州遂大治東坡集有張先生詩序云先生不知其名黃州故縣人本姓盧爲張氏所養佯狂垢汙往來者欲見之多不能致余試使人召之欣然而來既至立而不言不應使之坐不可但俯仰熟視傳舍久之而去疑即張憨子



蘇公謫黃如稱東坡居士蓋亦慕白樂天而然白刺忠州有東坡種花諸詩蘇在黃與白忠州相似嘗有詩云出處依稀似樂天敢將衰朽較前賢則東坡名非偶因地稱也蘇又嘗東王定國云近於左側荒地數十畝買牛一具躬耕其中欲自號鏖糟陂裏陶靖節外紀東坡一牛病呼醫療之不識證王夫人曰此牛發豆斑瘡法當以青蒿粥啖之而效後舉似章子厚云自謫居後便作老農豈知老妻猶能接黑牡丹也

東坡和王鞏詩我來黃岡下欹枕江流碧江南武昌山向我如咫尺春蔬黃土軟凍笋蒼崖折此行我累君乃反得安宅他日與趙晦之云謫居既久安土忘懷一如本是黃州人元不出仕而已又與王定國云在彭城作黃樓今得黃州欲換武遂作圜練皆先讖

子瞻在黃州嘗書云東坡居士自今已往早晚不過一爵一肉有尊客盛饌則三之可損不可增有召我者預以此告之自言有三養曰安分以養福寬胃以養氣省費以養財與李公擇書云口腹之慾無窮每加節約亦惜福延壽之道乃日用錢不過百五十每月朔取錢四千五百斷爲三十塊掛梁上每日用畫叉挑取一塊以竹筒貯用不盡者以待賓客云此賈耘老法也

東坡在黃州嘗以蜜爲釀作蜜酒歌珍珠爲漿玉爲醴六月田夫汗流泚不知春甕自生香蜂爲耕耘花作米一日小沸魚吐沫二日眩轉淸光活三日開甕香滿城快瀉銀缾不須撥百錢一斗濃無聲甘露微濁醍醐清君不見南園採花蜂似雨天教釀酒醉先生先生年來窮到骨問人乞米何曾得世間萬事眞悠悠蜜蜂大勝監河侯序云西蜀道士楊世昌善



作蜜酒絕醇釅余既得其方作此歌遺之戲與吳君采云近日黃州捕私酒甚急犯者門戶立木以表之臨皋之東有犯者獨不立木怪之以問酒友曰爲賢者諱吾何嘗爲此但作蜜酒爾

蘇長公在黃州鄰近四五郡皆送酒長公合置一器名曰雪堂義罇後試墨三十六丸揄十餘品佳者擣合一品亦名曰雪堂義墨

黃州人造私酒俗謂之壓茅柴坡詩三年黃州城飲酒但飲濕我如更揀擇一醉豈易得幾思壓茅柴禁網日夜急韓子蒼茅柴酒詩三年逐客卧江皋自與田工釀小槽飲慣茅柴諸苦硬不知如蜜有香醪蓋亦謂差勝他酒爾張耒雜志直稱黃州酒可亞瓊液陳州酒名而差薄爲謫官中一幸豈陸待制所

云適有佳匠也

黄州東南三十里爲沙湖亦曰螺師店東坡將買田其間因往相田得疾聞麻橋人龐安時善醫遂往求療安時聾而頴悟絕人以指畫字輒了人深意坡戲云予以手爲口君以眼爲耳

東坡序聖散子方云得之於眉山人巢君穀謫居黄州比年時疫合此藥散之所活不可勝數巢初約不傳人指水爲盟余竊隘之乃以傳蘄水龐君安時避暑錄云聖散子方初不見於世凡傷寒不問證候一以是治無不愈子瞻奇之爲作序比之孫思邈三建散雖安常不敢非也乃附所著傷寒論中天下信以爲然疾之毫釐不可差無甚於傷寒安有不問證候而可用者宣和後此藥盛行京師殺人無數巢穀本任俠



好奇從韓存寶出入兵間不得志客黄州子瞻與之遊以穀奇俠而取其方天下以子瞻文章而信其言事本不相因而趨名又至於忘性命而試其藥人之惑蓋有至是也 東坡蒼水錄云黄州山中蒼朮至多就野買一斤數錢耳此長生藥也人以爲易不復貴重至以熏蚊子此亦可爲太息

東坡在黄州而王文甫家東湖公每乘興必訪之一日逼歲除至其家見方治桃符公戲書一聯於其上云門大要容千騎入堂深不覺百男歡 墨莊漫錄

賀元嘗於黄州訪東坡談論娓娓自云生於石晉仕爲水部員外郎討年近二百歲東坡寄元詩云舊傳老父晉郎官已作飛騰變化看聞道東蒙有居處願供薪火看燒丹

東坡赤壁賦客有吹洞簫者不著姓字吳匏庵有詩云西飛一鶴記何詳有客吹簫楊世昌當日賦成誰與註數行石刻舊曾藏據此則客乃楊世昌也按東坡次孔毅父韻不如西州楊道士萬里隨身只兩膝又云楊生自言識音律洞簫入手清且哀則世昌之善吹簫可知匏庵藏帖信不妄也按世昌綿竹道士字子京見王註蘇詩 陔餘叢考

舒王在鍾山有客自黄州來公曰東坡近日有何妙語客曰東坡宿於臨皋亭醉夢起作成都聖像藏記千餘言點定纔一兩字有寫本留舟中公遣人取至時月出東南林影在地公展讀風簷喜見眉鬚曰子瞻人中龍也然有一字未穩曰勝日貧不若曰日勝日負耳東坡聞之拊手大笑亦以公爲知言 載府志

野客叢談載王荆公詩云西風昨夜入園林吹落黄花滿地金蓋咏菊也而歐陽公譏之云秋花不比春花落爲語詩人仔



細吟荆公咏菊原非指目黄州譏出歐公眉山無與而元人小說謂子瞻以菊花遭貶今黄州無落瓣之菊子瞻謫黄乃舒亶李定等所爲時荆公已退居金陵不與朝政小說眞夢夢也 載府志

米元章自湖南從事過黄州初見子瞻酒酣貼觀音紙壁上起作兩行枯樹怪石各一爲贈有高述潘岐能作坡書亂眞山谷云東坡書彭城以前猶可僞至黄州後掣筆極有力可望而知其眞贋也

石林詩話云海棠詩爲東坡先生最得意之作嘗喜寫人間刻石有五六本邑農人於古墓掘得其一爲鉏钁所壞僅存百字有先生自繪像巾鳧拄杖正與詩意相發今石本存王同軌家 妮古錄稱東坡海棠詩山谷書之跋長沙縱筆特爲奇逸可喜

東坡詩話曰吾有詩云日日出東門步尋東城游又云駕言寫我憂章子厚謂參寥曰前步而後駕何其上下紛紛也僕聞之曰吾以尻爲輪以神爲馬何曾上下乎參寥曰子瞻文過有理似孫子荆曰所以枕流欲洗其耳所以漱石欲礪其齒

謝無逸溪堂集云亡友潘邠老有滿城風雨近重陽之句今去重陽四日而風雨大作遂用廣爲三絕其一滿城風雨近重陽無奈黃花惱意香雪浪翻天迷赤壁令人西望憶潘郎其二滿城風雨近重陽不見修文地下郎想得武昌門外柳垂垂老葉半青黃其三滿城風雨近重陽安得斯人共一觴欲問小馮今健否雪中孤雁不成行載府志

黃庭堅有謝何十三送蟹絕句三首何十三名覬邑人又東坡亦有書贈何聖可曰歲云暮矣風雨淒然紙窗竹室燈火青熒輒於此間得少佳趣今分一半寄與黃岡何聖可若欲同享須擇佳客不審聖可又何人也



東坡在雪堂一日讀阿房宮賦且讀且嘆賞夜分不寐給事者二老兵皆陝人甚苦之一人曰知他有甚好處一人曰他有兩句好其人大怒曰你理會得甚麽對曰我愛他道天下人不敢言而敢怒坡聞之笑曰不意斯人有此見識

東坡書夢祭句芒文云余在黃州夢黑肥吏以一幅紙請祭春牛文予笑而從之云三陽既至庶草將興爰出土牛以戒農事衣被丹青之好本出泥塗成毀須臾之間誰爲慍喜傍有一吏云此兩句會有慍者參寥能具道乃復錄之

何斯舉云壬寅正月雨雪連旬忽爾開霽閭里貧嫗相呼賀曰黃綿襖子出矣因作歌以紀之此名甚新但所作歌未甚愜人意乃更爲補作一絕句云范叔綈袍暖一身大裘只蓋洛陽人九州四海黃綿襖誰似天公賜與均鶴林玉露

黃州董助教甚富大觀己丑歲歉董爲飯以食飢者又爲粮餌飼小兒輩方羅列分俵飢人如牆而近不復可制董仆于地頗被毆踐家人咸咎之董不介意明日又爲具但設欄楯以序進退時或紛然迄月餘了無倦色省志

八景詩載郡舊志中斷文蠹簡多不可讀今摭其可咏者得鄒吏部亮詩四首聊復志此齊安地連雲夢澤迤邐岡巒帶阡陌故壘蕭條古戍荒爲弔英雄訪陳迹疎林烟雨秋暝濛宿雲忽開天宇空長江繞郭淨如練沙鳥風帆圖畫中黃岡晴霽絕巘凝烟掃空碧天塹橫分限南北舳艫灰冷戰氣消岸草汀花自春色沈沙鐵戟悲前朝割據英雄魂莫招興來釃酒酬



明月醉倚酡顏吹洞簫赤壁春暉朝宗門外西風晚臨皋館前烟景遠爲憶秦家生甯馨謾盡蒼生竟忘返露洗明月光欲流曾照人間千古愁褰衣徐步踏花影老鶴一聲天地秋臨皋月皎硯池水暖龍睛泣墨花暗冷金壺汁蝌蚪浮波翠藻紋香雲蘸影淋漓溼坡翁騎鶴上青冥誰復龍鵝寫道經疎雨淡烟人不到舊時行迹莓苔青洗墨雲生

宋奎章閣侍書學士虞集父汲爲黃岡尉乃右丞相允文四世孫汲僑居臨川娶國子祭酒楊文仲女楊以理學名家其女深通其義生集及弟槃受教內庭從父寓黃時稱爲一家之學槃著有非非國語

宋嘉定辛卯金師圍黃州守何大節召僚佐曰諸君親老且非守土臣可無死各以差檄使爲去計自誓不屈城陷沉於江

時蘄守李誠之亦以城陷自殺朝廷爲立廟而併祀乃請
大節棄城遁劉潛夫詩云淮堧便合營雙廟太學今方出二
儒（二人皆出太學）又云世俗今猶疑許遠君王元未識眞卿蓋爲大
節白冤

黄尚書由帥蜀中閣乃胡給事晋臣之女過雪堂行書赤壁賦
於壁間劉改之從後題一闋其詞云按轡徐驅兒童聚觀神
仙畫圖正芹堂雨過泥香路軟金蓮自折小小藍輿傍柳題
詩穿花覓句嗅蘂攀條得自如經行處有蒼松夾道不用傳
呼清泉怪石盤紆信風景江淮各異殊想東坡賦就紗籠素
壁西山句好簾捲晴珠白玉堂深黄金印大無此文君載後
車揮毫處看淋漓雪壁眞草行書後黄知爲劉所作厚有饋
睨（游宦紀聞）



子瞻故有洗墨池予判黄之二年梅川張子長人言墨池就湮
獨趙文敏手書三字猶存瓦礫中予聞大喜命與人移置東
齋又三年爲康熙己酉始從坡里坊求墨池遺址得之於是
甃以文石周以欄檻跨池爲橋翼爲亭而取文敏字揭之楣
（西陂類稿）

中大夫安詠信可宣和初守齊安下車訪東坡雪堂遺址雖存
堂瓦已爲兵馬都監拆爲教場亭子信可命復新之信可善
爲詩有云萬古戰場餘赤壁一時形勝屬黄岡

黄州西北百餘里有歐陽院院僧蓄一古編鐘云得之耕者發
地獲四鐘斸破其二一爲鑄銅者取去獨其一聲空瓏饒古
意見子瞻集又元豐四年正月子瞻自岐亭泛舟還古黄州
獲一鏡周尺有二寸銅色如漆背銘云漢有善銅出白陽取
爲鏡清如明左龍右虎俌之字如菽大雜篆隸甚精妙嘗以
示蘇子容子容以博名世曰此禹鼎象物之遺法白陽疑南
陽白水之陽漢人而如通用鏡微凸照人微小道家聚形鏡
也

盧公濬嘗浮舟江上陽侯風起舟師頻呼楠木大王問故以妖
對公歸撰文牒水府其畧曰象窮魍魎轉深鑄鼎之思誠格
神明欲下然犀之照雖川靈之失綱故令尾大者不掉彼風
師亦助虐其與首惡者何殊越三日忽一木自樊口至命縛
之登岸時修學宮以爲左柱後燬於火

黄州南門外安國寺舊有睢陽張公祠正德初太守盧濬徧毁
淫祠暴公於烈日中一輿卒目不識丁神附其口罵曰爾以
我爲何人走筆書云皇天生我兮男兒君王用我兮熊羆力



拔山兮風雷氣貫日兮虹霓月正明兮拔鎗捋劍星不落兮
擊鼓揪旗搗賊室兮焚寨營賊肉兮充飢食鳥鼠兮既盡殺
妻妾兮心悲誓與死戰兮身披鐵甲願爲厲鬼兮手執金鎚
是張巡兮在世與許遠兮同時漫濡毫而染翰俾世人兮皆
知太守慚懼舁神歸座焉（現果隨錄）

盧濬誕日假寐夢出一字門過織染橋越數家有嫗餽已中有
粉餈厭飫而返及覺唇胳猶香令掾偵之見老嫗設俎奠其
夫忌日粉餈從所嗜也亡方三十二年掾還報與盧誕日同
亦嗜粉餈因召嫗賻金經紀其家（耳談）

黄岡進士奚世亮爲延平守値倭寇陷城力戰而死遺骸於旗
亭其後倭入閩見荔枝樹將伐以爲薪次旗亭有一紅衣女
子抱樹而哭甚哀曰但殺我無伐吾樹倭憐而去樹遂存倭

亦隨解至今呼旗亭荔枝爲紅娘云核如丁香小肉甚甘美說者以亮死賊之氣所留也文獻錄

紫潭李翁族產俱盛嘗卜地得吉相者曰主出飛來金帶後浙有孝廉某北上阻雪過其家翁觴之屢日孝廉見傳餐小婢貌秀整悅之因人語翁欲購爲妾翁許之與偕行後孝廉登第歷任大司馬其夫人暨諸姬皆無子獨此姬生二男二女夫人歿遂續爲夫人夫人念其翁媼甚潛屬其門吏於黃岡人問翁媼消息是時翁媼歿已久家亦淪替如洗莫有知之者忽翁之子以解軍赴遼陽經都下過大司馬宅門與門吏誶語知爲黃岡人以聞於夫人夫人訊之其兄也大爲之慟餽贈甚盛夫人益不悅日涕泣曰能富貴人者公也今待妾家若此乎且何以令諸兒女有外家也時有侯李氏絕嗣而



山東人奏請襲者敘功績不合其功績冊在所司庫公無能解於其夫人陰以冊示李子令熟之亦奏請襲下所司辨之李子語合得襲侯今紫潭稱李侯家是也後復絕獨其家綽楔在焉相者稱飛來金帶始驗耳談

顧桂岩諸客傳云五百歲翁不知何許人語鄭重舉止亦愼雪天厚衣裘纊不圍爐謂渴火烘乾人體液又不沐浴或燂湯請洗曰予不見羊豕乎負塗結毳以爲生而翦毛瀎膩以爲死也卒於黃岡碑曰五百歲翁冢白茅堂集

長圻壋有老圃蓄一瓜最鉅將獻豪門丐者扶籬入竊食之老圃擊之斃卽瘞其地明年瓜復盛有一大如斗會令購瓜剖之皆血令大疑掘視根出死人口中推訊得丐者狀遂伏法

邑人歐普祥從徐壽輝以燒香起兵爲帥稱歐道人引兵掠江西攻袁州陷新喻諸縣據之壽輝加普祥左丞大司徒袁國公陳友諒弒壽輝徵其兵普祥不應一云友諒襲壽輝併其軍自稱帝都邾城卽新州是也後友諒滅徙其雉堞爲郡城今故址尚在

明洪武年間有書生犯夜知府問其何處人生答云舟泊蘆花淺水涯故人邀我飲金卮因歌赤壁兩篇賦不覺黃州半夜時城上將軍原有禁江南士子本無知黃堂若問眞消息舊有聲名在鳳池識者謂爲解春雨也堅瓠集

穆侍御天顏性至孝少貧甚父客死於蜀兄弟自黃奔喪附客舟晝夜哭舟中一老賈感之助以貲糧將抵夔老賈曰吾去此不遠約某日吾挈囊來待公過此也既而天顏扶柩走叢山中夜雨如注視電而行乞宿旅人不納至冶店老嫗憐而



飯之明日抵夔老賈至果贈以多金且爲之祭而哭乃曰與尊府素無交但念年老無子若客死誰爲奔喪者及天顏貴入蜀訪之賈尙無恙且有子矣於是厚酬之亦贈冶店嫗以百金後天顏巡按四川賈已死其子年十六補弟子員

王思旻少爲吏多陰德有鄉民誣陷重辟者以百金救之事已未一見也後官泰州歸卜地山中乞漿於村舍見其家祀以恩人牌位詰其故則向所平反者民因出子孫羅拜且曰山前後里許一皆我有若卜地請擇之果得地卽今邑中所稱赤勝龍是也思旻李詳宦續志

王刑部同鼎有知人鑑一日見書生荷於道上異之曰此人必爲御史問之則穆秀才天顏鄉人稱孝子者也遂成相識重以婚姻旣而謂之曰他日過飲君家時穆未有屋乃就所居

搆屋二重時舁酒肴雅集焉

樊憲副夫人易氏賢德逮下尤善應變乙亥春賊寇黃州夫人有內姪時舁妻汪氏以貞烈死於賊其僕承用者與賊通賊委之兵著以銅鐵二械械囚賊之章服也著鐵者領數十人著銅者倍其製範金爲圈兩頭作龍共啣圓珠合則無縫量背大小繫之承用遂奉賊指揮入郡城爲奸細先獨至其主家將應孶寇攻掠夫人聞承用歸遂匿多人於門外而呼之入曰爾主母死而爾歡笑此爲寇來非逃命也聞爲寇使者來見好語之曰聞爾在寇中何以放歸承用猶辭以逃命夫有銅鐵械盍示我承用推阻夫人命從人索之捉裏不見將發其衣懼而出之臂夫人詭曰此物罕覯付外觀之門外數十人齊出縛承用送官賊失內應不敢攻城遂遁去一城賴



以安全者夫人之功居多也 冷賞

樊伯括齊宏憲副公之長君也祖母熊太恭人暮年樊修事大士惟謹年五十五尚無孫次年祈得伯括甚憐愛之辛未夏偕所親往武昌歸至三江口舟覆伯括足爲同溺者抱持幾不能出忽水來衝擊如有稱大士以救者足遂得脫而身在壞船底與俱漂流十五里遇一人破舟出之衣仍不濡 省志

黃州被流寇之禍備極慘毒而其兆不止一二先見甲戌二月二十七日巳刻有聲自西北來如雷地爲之動坐立之人搖搖如在舟中房屋皆震黃州城傾數垛武昌諸處皆然橫亘凡二千餘里又黃之東北百里曰林家山避寇者多匿其處乙亥三月十六日將夕有大風雷如天崩地湧數圍大木拉如枯朽屋瓦皆飛行人盡騰起逾更次始定又數年前黃州大江中有黑水一道流至三月乃絕此俱希有之變也聞黃邑東鄉有山曰馬坡賊至鄉民團聚其上投石拒之賊不能攻乃遍搜山之前後得男女近百人引至大塘盡殺而投之水一男子自知不免手拉一賊偕投水中俱溺死後鄉人涸水瀌屍見男子與賊尙紐結不解此人亦豪矣哉 省志

易曦侯好接引後進多所成就自是黃人士爭爲善恥言財利鄉紳薦士多拔淹滯及一時名譽不欲專爲利媒士相見必汲引某貧而才出其文章相推獎引見其人相胥接以得士多者爲榮旣而曦侯遇流寇同其子爲璉罵賊死易用王裒辭有曰弋矢滿空偏中其鳳獵矢滿山偏中其麟或謂遊曦侯之門如被褐以入衣錦而出良然 省志

己巳歲黃州大祲小民有不謀朝夕者易曦侯思賑之無其具



與兩兄謀曰鄉之富人不信小民而信我輩一言曷不迂其身以爲質乎乃立劵富室貸穀轉貸貧者富人以曦侯義士因薄其息貧人息薄易償而一鄉之人遂得舉火待新矣 省志

陶廉憲家貧嗜酒爲諸生時偕任生讀書城隍廟陶赴友席夜半任猶咿唔不輟窗外忽有聲曰任某汝苦讀不過一道士耳試看陶廉使吟風弄月來也後陶成進士官至廣西觀察任次年以事被黜去而爲巫役鬼頗驗 省志

萬歷戊午秋黃岡樊憲副維城方在諸生偕何邃宿閎中汪闇夫爆南應試武昌寓止洪山寺小庵庵有千葉蓮植而不花樊浴其庭見之僧云從未開花自公至之日始蓓蕾數日後當開耳明日復浴則已數鮮枝頭數之正得三朵樊公戲謂邃宿闇夫曰此三花應吾三人及第兆也邃宿以爲然闇夫

笑曰異哉二人顛乎誕乎樊公曰予先折一枝供案上如萎則已茂則兆也既而果茂蘧宿亦自摘供之閱三月樊之花盡何之花方茂汪獨不摘任花自槁枝上及榜放三人皆中式然樊聯捷去何至壬戌始第汪止孝廉卒崇禎乙亥樊以憲副投閒何方轉學憲花若得氣之先矣竹賞

王御史同道夢澤雲澤之從子也少落魄不羈鄉人揶揄之遂發憤讀書再入省闈不見收自為文告於城隍之神一夕夢神人謂之曰汝志固可取奈命運何同道再懇之神曰惟有一事尚可通融汝願之否汝命中本有兩子若少生一子尚可得乙榜至於甲科則不能也又懇曰生所願在甲科一洒鄉人之辱誠得之雖無子願亦足矣明日謁神復禱如前後果中式萬歷壬戌進士入為御史巡按廣東罷歸竟無嗣少



宗伯愼庵說居易錄

劉克猷初登鄉薦夢一人語之曰爾須朱之弼做房考方中春榜及到京時偶出寓散步見數童子攜書包經其門一童子最秀出遂拉其手與談見其書上寫學名乃朱之弼也大驚隨之至其家見其父乃開柴廠主人因與款曲將筆墨數事贈之後遭流寇之難屢次不赴春官及己丑會試朱公已爲禮垣分校得首卷卽克猷也又康熙壬戌金德嘉在楚作教不肯會試俄夢劉克猷以門弟帖拜之因北上是年朱公禮闈總裁而金儼然會元始信夢兆之異述異記

涓來少宗伯說劉修撰克猷中明崇禎庚午舉人困於公車至順治己丑赴會試初入京居黃岡會館是夜夢一神人自空而下類人間所繪畫魁星者連呼狀元劉鶯起遜謝顧曰數定矣何遜謝為是科遂捷南宮殿試果及第第一既入翰林又一夕夢人告曰君雖狀元及第然官不過五品年不過五十時遇覃恩加一級爲從五品急請告歸歸未久病卒年四十有三卒時命家人洞開牕戶仰視曰天樂迎我我逝矣又曰我東華眞君第三弟子也今召復故位耳劉生平力守功過格制行不減古人居易錄

王予雲一翥雲澤尚書曾孫崇禎庚午舉人楚名士也亂後隱廬山講學五老峯下一日與諸生同觀瀑布忽發問曰逝者如斯夫汝等作何解諸生不能對遂拂衣歸素與龔端毅公善龔使東粤過黃州相見賦詩極懽或曰上巳時往黃州地佳予雲入佳公詩不得不佳省志

王昊廬宗伯未第時自黃岡赴京應試路過廬山宿於蓮花宮



內因次日仍欲啟行未晚便睡夢身坐大殿之上面供齋果下有袈裟百輩環拜誦佛因隨手取面前棗子偶啖數枚遂醒醒時口中有餘味正驚訝間忽見住房外燈燭輝煌几筵肆設衆僧方膜拜宛然夢中光景啟戶問之是日乃此庵已故淨月上人忌辰衆方祭祀宗伯大異起視所供盤中之棗其頂微缺如少二三枚者恍然自己前身乃此庵長老也故終身奉佛甚虔先是宗伯父用予公崇禎翰林殉節廬山故自號昊廬取昊天罔極之義子不語

黃岡王大宗伯昊廬由運河赴都水次舟淺篙師入水祛游覺有石隱亙舟底探取之石縱橫二尺有奇厚三寸許舁至舟中摩挲久之漸露字跡告諸宗伯宗伯見石質瑩潤拂拭審視乃唐太宗命褚河南摹蘭亭本宋米友仁跋爲小板蘭亭

第一碑驚喜過望寳而藏之雖連城不易也抵都有索觀者輒飾辭拒之久漸播揚來觀者衆乃褁囊置輿中命嫗載之歸藏於家及解組旋里建堂顔曰繩武嵌石於壁非親密者不輕以相示宗伯歿後家中落田產鬻且盡乃折堂而貨其材前一夕聞堂中隱隱有悲泣聲即之聲出石間無何爲一老明經持十斛麥易去明經故子孫亦不知珍惜乾隆癸巳武昌吳明府世雯聞而購得之丙申致仕攜歸今不知存否

吳霑化人也 秋燈叢話

王昊盧宗伯捐貲贖甲寅難婦百餘口沈方舟用濟贈以詩云紅淚千行濺鐵衣傾家不惜拔重圍揮金欲笑曹瞞吝只贖文姬一个歸 隨園詩話

康熙癸卯七月望日黃州城內外火延及江船獨善人數家如



楊雲峯任季先等皆火逼險極竟無損時朱衣巷一茅舍賣豆腐家當火衝無恙有司問之家姓淩夫婦事老父極孝養惜逸其名 參現果 隨錄

杜濬歿於江南家貧不能葬蘇州知府陳鵬年解組時知之爲典狐靑裘得三十金付蘄州徐琮營地於坌路口以葬之

何天申前志載其宿古廟夢判官以帽贈之後居官三十年不離判官

于清端公官黃州發奸摘伏如神有大盜窟宅野廟中公微衣顧入爲伍變姓名曰楊二旬日內盡得其行刼狀密召捕役擒之盜進見乃大驚服罪

盜湯卷者陽爲捕役于清端公知其槖中有盜籍欲得之每進見賜以酒肉久之詢以大小盜數卷唯唯不盡言乃乘其醉微服從之得聞卷密與其從語明日召之飲盡發其狀搜得槖中盜籍姓名乃誅卷遂按籍追緝無不悉得諸盜屏跡易爲泰多行善事有某生攜子以歲饑客於易病篤曰公厚恩莫報有方竹以付公表念壬午赴省試夜寢有盜至舉刃砍之方竹當其上得不死後避亂樊口舟覆沉水若有掖之登岸者蓋積善之報也

邑人賀士煥病其妻熊侍事至三載病劇熊私禱神願以身代遂乘夜赴水死明日家人見其身卓立水面衣帶不亂夫病果愈繼娶生子嗣續得不絕

汪文淵官金華時有吳生百朋幼聘勢宦女宦以其貧遂寒盟訟於公文淵訊其女願歸吳乃具袍帶綵輿送女至吳成婚禮而還是歲百朋冠童子試補諸生舉於鄉明年登第後官



至禮部侍郎浙人豔稱之

馬炳然正統間宰嘉魚羣盜刼藏去而欽召報適至以盜不得阻行始盜入馬於暗處稽其數三十八有長而髯者魁也因密屬捕者懸賞期必得會陽邏鎭渡江人數及一髯人正如盜狀縛之虐訊皆誣服馬始就道後豫章獲盜稱贓出嘉魚移楚臬守以是龍囚皆死獄中正德間馬建中丞節過楚入閩楚正戒嚴馬至陽邏與劇盜劉六劉七等遇磔其屍虜其女家屬死者三十八人謂冤報時郡守余公貴槖千金具牒屬靑衿方勇等往贖其女追及於潯江還之余具車馬以老嫗護女送還蜀郡

黃州村民閆邱十五富積米穀每幸凶年閉糶騰價細民苦之旣老病不能復飲食獨嗜羊矢家人憐之糢置粉餌如羊矢

狀使食之入手卽投地須眞矢乃咽歷數月死

山西志載譚章齊安人洪武初官靜樂縣丞建置縣署多善政任滿回京民爲立碑按齊安古黃岡名疑卽邑人

徐亦史授黃岡令蒞任次遭民間回祿火後躬往編戶點名及二千家遂罄家中所挈二千金散民搭蘆蓆棚暫令棲止未久徵國課四千金入朝在衙明晨卽起解大盜知之夜統五六十人從城頭突入衙內斬劈箱篋蕩無所有以救應賊遁次日呼解夫進衙銀乃在堂前露地以蘆蓆覆蓋盜不知也（現果隨錄）

萬一奇任開封推官擿發如神有夜行經柳林以胠篋告命刈柳榦之期某日至訊柳比讞察觀者一人色動訊之服罪又行部風旋輿蓋以去跡其所至得骷髏青草出眶內因命捕



殺人骨青果得之亦具獄伏法郡有宅扃鐍舊傳包孝肅宅上鐫萬人開三字見之曰謂我耳啓視闃然惟一榻冷風肅肅而已不懌出數日而卒人謂孝肅後身云

擔水夫偉軀幹力能肩重順治間來柳子港傭於市沉默似憨子衆易之不問爲何許人時難平人樂演衆圍出賽神議唱新出鐵冠圖院本夫聞懇請於長老曰何忍觀此諸少年叱退及演至煤山之慘夫適擔水過見之慟哭弛擔走中和橋下觸石死一市盡驚乃醵錢禮葬之噫此君其孤憤耶抑觸痛耶可哀也已舊有冢在河堧近年大水坍沒

邑西富民游燕后家貲巨萬有二子少名衡周納粟監生雍正癸丑秋燕后同其長子與佃人某口角致鬬衡周在塾聞之力勸其父兄而止佃者歸其子怒父不能圖賴推之仆肋枕春杜數日死遂以毆殺告縣縣令某少年從政其父兄貪戾不檢曾向燕后借穀不應銜之而佃適來控檢驗時親揭屍汁中得骨屑半豆許非屍身所有也强湊之肋間詳請定罪游父子三人皆論絞游破數千金援例納贖部議以燕后及其長子愚民無知許贖伊少子則監生也知律故犯不准檄下就决監生大呼曰爾以穀故誣我一家死罪三人天可欺耶令急命塞其口竟絞以死不兩月而令以他事罷將與其父兄就訊移寓報恩寺忽患疔瘡徧體腫爛數日死年尙未三十且無子鄉愚傳以爲游監生索命云（節錄晉起堂遺集）

萬嵒雅淡洲文昌閣記劉稺川父養吾公闢書屋於居之偏屋後水繞如環面桃花洞三山隱見一日天門周侍郎過此闢然款門見養吾曰咄咄怪事昨檥三江口夢一人導余遊平



楚間周遭八到約數百畝村中書聲咿唔其人云後玉帶水前筆架山此中可出公孤鼎甲徐伸一指書空作文昌閣三字適觀此地形勢惟肖時稺川年十二已入庠摩其首曰好頭角兆乎夢者此子也已而養吾公夢亦與之協因捨書屋搆文昌閣並其步之八到者指之事在天啟丙戌書上棟曰侍郎某建蓋因夢而屬之也鴨蛋洲本名雅淡俗呼譌耳（峯三文集）

道光乙酉夏四月邑諸生汪士俊偕仲兄士倫遊武昌寒溪寺見古碑立蓁莽中上鐫明孝子丁鶴年之墓俊曰孝子乃元人遭國變不仕蓋孝於家而忠於國者也當覓鐫石者更明字爲元是歲秋闈初八夜夢孝子黃冠鶴氅拊其背曰忠孝分股俊驚覺而題紙至頭題爲遡之事父三句心異之榜揭

郎中是科舉人

錢孝廉崇蘭之祖世居團風鎭於宅旁設肆貿易除夕人定後有偷兒入肆中燭之則其素識某甲也色甚慚沮錢曰爾不過無度歲資耳後勿爲此吾誓不言遂授以金某甲後以賣魚爲業每逢令節必擲一魚於其後園中錢得之不知所自來也踰年錢有仇某移一路斃尸於其門首適某甲夜往販魚過其門見之陰爲負置數里曠野樹林中仇計不得逞人兩賢之 依洪侍御良品寄稿增入

道光戊申夏大水有老人攜幼子掉小舟避水移家將泊岸風馳浪湧舟欹而老者溺幼者救之亦死兩尸相抱出没於洪濤中岸上人欲援之而無及也時謝葵以知縣告歸里居方纂修邑乘慨然曰此與古曹娥事異而情同也欲採入志惜



無由訪其姓名咸豐乙卯謝家扶乩一童子降乩謝曰爾何人乩判曰長者不憶在志局時聞郡城外有父子并溺者乎謝曰然乩又判曰長者不又謂可入邑乘乎謝口然不知姓名奈何乩又判其姓名曰吾農家子歐陽順興年十六父名文正年四十九吾以救父死上帝憫焉勅爲馬王侍兒父爲水府功曹

道光二十九年春有雁被彈傷墜於舉人廖志基家復有一雁哀鳴空際翱翔不忍去廖見之謂曰女且去吾必療之閱數月雁斃瘞於王家山之南是年秋雁復至哀鳴如前廖知其爲雁侶也告之故并指示瘞所雁嗷嗷不已觸墓旁樹死之遂合瘞焉立碑曰義雁墓江夏程之楨學博有瘞雁行

咸豐十一年二月粵逆竄黃蒙古馬兵與賊戰力竭死之賊利其馬爭相維縶馬怒哮狂躍傷數賊賊聚愈多馬奔至路口塘中溺死土人哀之葬兵於塘側馬附焉舉人石易誠立碑紀其事